B2B
Gestão de Marketing em Mercados Industriais e Organizacionais

Dados Internacionais de Catalogação na Publicação (CIP)
(Câmara Brasileira do Livro, SP, Brasil)

Hutt, Michael D.
 B2B: gestão de marketing em mercados industriais e organizacionais / Michael D. Hutt, Thomas W. Speh ; tradução Angela Tourinho Nery ; revisão técnica Andres Rodriguez Veloso. - São Paulo : Cengage Learning, 2010.

 Título original: B2B : business marketing management.
 10 ed. norte-americana.
 ISBN 978-85-221-0896-1

 1. Administração 2. Marketing industrial - Administração - Estudo de casos I. Speh, Thomas W.. II. Título.

10-13328   CDD-658.8

Índice para catálogo sistemático:
1. B2B Business-to-business : Marketing industrial : Administração   658.8

B2B
Gestão de Marketing em Mercados Industriais e Organizacionais

Tradução da 10ª edição norte-americana

Michael D. Hutt
Arizona State University

Thomas W. Speh
Miami University

Tradução:
Angela Tourinho Nery

Revisão Técnica:
Andres Rodriguez Veloso

Administrador (FEA-USP), mestre em Administração (FEA-USP),
doutor em Administração (FEA-USP)
Professor de Marketing do Departamento de Administração
da Faculdade de Economia, Administração e Contabilidade
da Universidade de São Paulo (FEA-USP)

Austrália • Brasil • Japão • Coreia • México • Cingapura • Espanha • Reino Unido • Estados Unidos

B2B – Gestão de Marketing em Mercados Industriais e Organizacionais
Tradução da 10ª edição norte-americana
Michael D. Hutt
Thomas W. Speh

Gerente Editorial: Patricia La Rosa

Editora de Desenvolvimento: Sheila Fabre

Supervisora de Produção Editorial: Fabiana Alencar Albuquerque

Título original: Business Marketing Management: B2B – 10th Edition
(ISBN 13: 978-0-324-58163-8;
ISBN 10: 0-324-58163-7)

Tradução: Angela Tourinho Nery

Revisão Técnica: Andres Rodriguez Veloso

Pesquisa iconográfica: Edison Rizzato

Copidesque: Maria Alíce da Costa

Revisão: Norma Gurukuma e Alessandra Miranda de Sá

Diagramação: Join Bureau

Capa: MSDE/Manu Santos Design

© 2010, 2007 South-Western, uma divisão da Cengage Learning.

© 2011 Cengage Learning Edições Ltda.

Todos os direitos reservados. Nenhuma parte deste livro poderá ser reproduzida, sejam quais forem os meios empregados, sem a permissão, por escrito, da Editora. Aos infratores aplicam-se as sanções previstas nos artigos 102, 104, 106 e 107 da Lei nº 9.610, de 19 de fevereiro de 1998.

Esta editora empenhou-se em contatar os responsáveis pelos direitos autorais de todas as imagens e de outros materiais utilizados neste livro. Se porventura for constatada a omissão involuntária na identificação de algum deles, dispomo-nos a efetuar, futuramente, os possíveis acertos.

Para informações sobre nossos produtos, entre em contato pelo telefone **0800 11 19 39**

Para permissão de uso de material desta obra, envie seu pedido para **direitosautorais@cengage.com**

© 2011 Cengage Learning: Todos os direitos reservados.

ISBN-13: 978-85-221-0896-1
ISBN-10: 85-221-0896-X

Cengage Learning
Condomínio E-Business Park
Rua Werner Siemens, 111 – Prédio 20 – Espaço 4
Lapa de Baixo – CEP 05069-900 – São Paulo – SP
Tel.: (11) 3665-9900 – Fax: (11) 3665-9901
Sac: 0800 11 19 39

Para suas soluções de curso e aprendizado, visite
www.cengage.com.br

Impresso no Brasil.
Printed in Brazil.
1 2 3 4 5 6 7   15 14 13 12 11

Para Rita e para Sara, em memória de Michele.

SUMÁRIO

Prefácio IX

PARTE I — O AMBIENTE DE MARKETING INDUSTRIAL 1

Capítulo 1   Perspectiva de Marketing Industrial 3

Capítulo 2   O Mercado Industrial: Perspectivas do Comprador Organizacional 34

PARTE II — GERENCIAMENTO DE RELACIONAMENTOS EM MARKETING INDUSTRIAL .. 63

Capítulo 3   Comportamento de Compra Organizacional 65

Capítulo 4   Estratégias de Gerenciamento do Relacionamento com o Cliente para os Mercados Industriais 94

PARTE III — AVALIAÇÃO DAS OPORTUNIDADES DO MERCADO 125

Capítulo 5   Segmentando o Mercado Industrial e Estimando a Demanda do Segmento 127

PARTE IV — FORMULAÇÃO DA ESTRATÉGIA DE MARKETING INDUSTRIAL 155

Capítulo 6   Planejamento de Marketing Industrial: Perspectivas Estratégicas ... 157

Capítulo 7   Estratégias de Marketing Industrial para Mercados Globais 183

Capítulo 8   Gerenciando Produtos para os Mercados Industriais 211

Capítulo 9   Gerenciando a Inovação e o Desenvolvimento de Novo Produto Industrial 235

Capítulo 10   Gerenciando Serviços para os Mercados Industriais 260

Capítulo 11   Gerenciando Canais de Marketing Industrial 285

Capítulo 12   Estratégias de Comércio Eletrônico para Mercados Industriais ... 306

Capítulo 13   Gerenciamento da Cadeia de Suprimentos 332

Capítulo 14   Estratégia de Precificação para Mercados Industriais 361

Capítulo 15   Comunicações de Marketing Industrial: Propaganda e Promoção de Vendas 386

Capítulo 16   Comunicações de Marketing Industrial: Gerenciando a Função de Venda Pessoal 411

PARTE V AVALIAÇÃO DA ESTRATÉGIA E DO DESEMPENHO DO MARKETING INDUSTRIAL 437

Capítulo 17   Medição de Desempenho em Marketing 439

CASOS

Guia de Planejamento de Casos		465
Estudo de Caso 1:	Columbia Industries, Inc.	466
Estudo de Caso 2:	O Gerenciamento do Relacionamento Eletrônico entre Cliente e Fornecedor	474
Estudo de Caso 3:	Circuit Board Corporation	495
Estudo de Caso 4:	3M Canada: Divisão de Negócios Industriais	508
Estudo de Caso 5:	FedEx Corp.: Transformação Estrutural por meio do Negócio Eletrônico	524
Estudo de Caso 6:	Clearwater Technologies	544
Estudo de Caso 7:	Barro Stickney, Inc.	550
Estudo de Caso 8:	Kone: O Lançamento do MonoSpace© na Alemanha	556
Estudo de Caso 9:	Infosys Consulting em 2006	576
Estudo de Caso 10:	Telezoo (A): de Mais ou de Menos?	603
Estudo de Caso 11:	Van Leer Packaging Worldwide: a Conta do TOTAL (A)	614
Estudo de Caso 12:	Dilemas Éticos em Marketing Industrial	625

Índice Onomástico 627

Índice Remissivo 637

PREFÁCIO

Desafios e oportunidades especiais confrontam o profissional de marketing que pretende atender às necessidades das organizações em vez dos negócios domésticos. Os clientes de business-to-business representam um mercado lucrativo e complexo que merece uma análise em separado. Um número crescente de faculdades de administração nos Estados Unidos, no Canadá e na Europa acrescentou o marketing industrial ou *business marketing* em seus currículos. Além disso, uma rede grande e crescente de estudiosos nos Estados Unidos e na Europa está ativamente engajada na pesquisa de teoria e prática avançadas no campo do marketing industrial. Tanto a amplitude quanto a qualidade dessa pesquisa cresceram marcadamente durante a última década.

A importância progressiva do campo pode ser demonstrada por meio de vários fatores. Primeiro, como mais da metade dos graduados em administração entra em empresas que competem em mercados industriais, um tratamento abrangente de gerenciamento de marketing industrial parece ser particularmente apropriado. A disciplina de marketing industrial fornece uma plataforma ideal para aprofundar o conhecimento de um aluno sobre as realidades competitivas do mercado global, gerenciamento do relacionamento com o cliente, processos interfuncionais de tomada de decisão, gerenciamento da cadeia de suprimentos, comércio eletrônico e áreas relacionadas. Essas áreas principais de conteúdo parecem familiares aos recrutadores corporativos e justamente abordam importantes prioridades educacionais estabelecidas pelo American Assembly of Collegiate Schools of Business (AACSB).

Em segundo lugar, a disciplina de marketing industrial proporciona um veículo perfeito para a análise das características especiais dos mercados de alta tecnologia e para isolar os desafios singulares que confrontam o estrategista de marketing nesse cenário. Os mercados de alta tecnologia representam um setor dinâmico e de rápido crescimento da economia mundial e um campo de batalha global ferozmente competitivo, mas recebem, em geral, apenas uma atenção modesta no currículo tradicional de marketing. O comércio eletrônico (e-commerce) também cai justamente dentro do domínio do mercado industrial. De fato, a oportunidade para comércio eletrônico no mercado de business-to-business é estimada como várias vezes maior que a oportunidade que existe no mercado de business-to-consumer (B2C).

Terceiro, o Institute for the Study of Business Markets (ISBM) da Universidade do Estado da Pensilvânia proporcionou um ímpeto importante para pesquisas na área. O ISBM tornou-se uma importante fonte de informações para pesquisadores e profissionais e assumiu um papel ativo no estímulo e no apoio à pesquisa sobre questões significativas do marketing industrial. Por sua vez, o número de estudos de pesquisa centrados no domínio de business-to-business expandiu de modo significativo nos últimos anos e os periódicos especializados na área atraíram um fluxo constante de artigos. O trabalho pesado, os compromissos plurianuais e a liderança dos editores desses periódicos são dignos de nota: *Journal of Business-to-Business Marketing*, J. David Lichtenthal, Baruch College; *Journal of Business & Industrial Marketing*, Wesley J. Johnston, Universidade do Estado da Geórgia; e *Industrial Marketing Management*, Peter LaPlaca, Universidade de Connecticut.

Três objetivos orientaram o desenvolvimento desta edição:

1. Dar destaque às similaridades entre marketing de bens de consumo e de business-to-business e explorar em profundidade os pontos de partida. É dada particular atenção à análise de mer-

cado, ao comportamento de compra organizacional, ao gerenciamento do relacionamento com o cliente e à garantia de ajustes exigidos nos elementos da estratégia de marketing usados para alcançar clientes organizacionais.
2. Apresentar um tratamento gerencial, em vez de descritivo, do marketing industrial. Considerando ser necessário algum material descritivo para transmitir a natureza dinâmica do ambiente de marketing industrial, a relevância do material está vinculada à tomada de decisão da estratégia de marketing.
3. Integrar o conjunto crescente de literatura em um tratamento estratégico do marketing industrial. Neste livro, o trabalho relevante é retirado do comportamento de compra organizacional, compra, comportamento organizacional, gerenciamento da cadeia de suprimentos, gerenciamento estratégico e das ciências comportamentais, assim como de estudos especializados dos componentes da estratégia de marketing industrial.

O livro está estruturado para fornecer um tratamento completo e adequado do marketing industrial, enquanto minimiza o grau de superposição com outras disciplinas no currículo de marketing. Uma disciplina sobre os princípios básicos de marketing (ou experiência gerencial relevante) fornece a fundamentação necessária para este livro.

Novidades nesta Edição

Embora os objetivos básicos, a abordagem e o estilo das edições anteriores tenham sido mantidos, várias mudanças e acréscimos foram feitos no sentido de refletir tanto o conjunto crescente da literatura quanto as tendências emergentes na prática do marketing industrial. Especificamente, os seguintes temas e características distintivas estão incorporados na décima edição:

- **Estratégias de Marketing de Relacionamento**: cobertura nova e ampliada dos geradores de eficácia do marketing de relacionamento e do impacto financeiro dos programas de marketing de relacionamento.
- **Alianças Estratégicas**: uma discussão adequada e ricamente ilustrada dos determinantes e ingredientes sociais do sucesso da aliança.
- **Marcas Sólidas de B2B**: etapas específicas para a construção e o gerenciamento de uma marca B2B lucrativa.
- **Medição do Desempenho em Marketing**: um tratamento adequado de métricas específicas para a medição do impacto das decisões da estratégia de marketing sobre o desempenho da empresa.
- **Uma Abordagem Baseada no Valor para a Precificação**: uma descrição adequada de uma estrutura para a identificação e a medição do valor por segmento de cliente.
- **Uma Abordagem Centrada no Cliente para o Desenho do Canal**: uma nova abordagem para o desenho de canais de baixo para cima, em vez de ser de cima para baixo.
- **Outros novos tópicos de interesse**: a nova edição inclui tratamento ampliado de **gerenciamento da experiência do cliente, empreendedorismo corporativo, posicionamento estratégico** e as tendências emergentes em **estratégias de propaganda on-line**.

Organização da Décima Edição

As necessidades e os interesses do leitor forneceram o foco na elaboração deste volume. A meta dos autores é apresentar uma análise clara, adequada e atrativa de gerenciamento do marketing industrial. Para isso, cada capítulo fornece uma visão geral, destaca os principais conceitos e inclui vários exemplos cuidadosamente selecionados da prática contemporânea do marketing industrial, assim como um resumo concludente e um conjunto de questões estimulantes de discussão. As estratégias contemporâneas de marketing industrial e os desafios estão ilustrados com três tipos de vinhetas: "Principais Realizadores em B2B", "Por Dentro do Marketing Industrial" e "Marketing Industrial Ético".

O livro está dividido em seis partes, com um total de 17 capítulos. A Parte I introduz as características distintivas do ambiente de marketing industrial. É dada especial atenção a cada um dos principais tipos de cliente, à natureza da função de compra e às principais tendências que estão remodelando os relacionamentos entre comprador e vendedor. O gerenciamento do relacionamento estabelece o tema da Parte II, em que a atenção de todo o capítulo é dada ao comportamento de compra organizacional e ao gerenciamento do relacionamento com o cliente. Ao atualizar totalmente e ilustrar o conteúdo principal, essa seção fornece um tratamento adequado e abrangente da análise da lucratividade do cliente e das estratégias de gerenciamento do relacionamento para os mercados industriais. Depois de estabelecida essa importante fundamentação, a Parte III centraliza as técnicas que podem ser aplicadas na avaliação das oportunidades de mercado: segmentação do mercado e análise da demanda, incluindo previsão de vendas.

A Parte IV está centrada no processo de planejamento e na elaboração da estratégia de marketing para os mercados industriais. Um estudo recente, retirado das áreas de gerenciamento estratégico e marketing estratégico, fornece a base para essa seção. Esta edição dá um tratamento ampliado e integrado do desenvolvimento da estratégia de marketing, usando o *balanced scorecard*, enriquecido pelo mapeamento da estratégia. É dada ênfase especial para a definição das características das empresas bem-sucedidas de business-to-business e para a interligação do marketing com outras áreas funcionais importantes como fabricação, pesquisa e desenvolvimento e serviço ao cliente. Essa perspectiva de planejamento funcionalmente integrada serve como um ponto focal na análise do processo de desenvolvimento da estratégia. Aqui, na parte mais importante do livro, um capítulo separado fornece um tratamento integrado de formulação da estratégia para o cenário do mercado global, dando especial atenção às novas formas de vantagem competitiva que são apresentadas pelas economias em rápido desenvolvimento (por exemplo, a China).

A seguir, cada componente do composto de marketing é analisado de uma perspectiva do marketing industrial. O capítulo sobre produto dá especial atenção ao processo de construção da marca e à importância estratégica de se fornecer valor competitivamente superior aos clientes. Visando adicionar mais profundidade a essa importante seção estão os capítulos sobre gerenciamento da inovação do produto e gerenciamento de serviços para os mercados industriais. Por sua vez, é dada especial atenção ao comércio eletrônico e às estratégias da cadeia de suprimentos para os mercados industriais. Com base no tratamento do marketing de relacionamento com o cliente da Parte II, o capítulo sobre venda pessoal explora os geradores de eficácia do marketing de relacionamento, assim como o impacto financeiro dos programas de marketing de relacionamento.

A medição do desempenho em marketing dá o foco central da Parte V. Proporciona um tratamento compacto dos sistemas de controle de marketing e usa o *balanced scorecard* como uma estrutura de organização para a análise da lucratividade no marketing. É dada especial atenção à identificação dos geradores do desempenho na estratégia de marketing e à área crítica de implantação da estratégia na empresa de marketing industrial. A Parte VI contém um conjunto de casos elaborados de acordo com o ambiente de marketing industrial.

Casos

A Parte VI inclui 12 casos, nove dos quais são novos nesta edição e três foram selecionados exclusivamente para a Edição Internacional. Esses casos, de tamanhos variados, isolam um ou mais problemas do marketing industrial. Estão incluídos entre as seleções para esta edição os casos que levantam questões provocantes e que ilustram os desafios e as oportunidades que as pequenas empresas enfrentam e as melhores práticas de empresas de ponta como a Infosys Technologies, a Kone e a 3M Canada. Outros casões, novos nesta edição, proporcionam aos alunos uma variedade de aplicações da estratégia de marketing industrial. Um *Guia de Planejamento de Casos*, que associa os casos aos capítulos de texto relevantes, fornece uma estrutura de organização para a Parte VI. Além disso, um breve caso, isolando os conceitos principais, está incluso em cada capítulo. Dois terços dos casos de final de capítulo são novos nesta edição e revelam oportunidades e desafios enfrentados por empresas como Apple, Intuit, Sealed Air Corp, SunPower e Cisco. Esses casos fornecem uma ferramenta valiosa para despertar a discussão em sala de aula e trazer à tona questões de estratégia.

Material Complementar

PowerPoint. As apresentações em PowerPoint dão vida às leituras e discussões em sala de aula. Essas apresentações estão organizadas por capítulo, ajudam a criar uma leitura fácil de seguir e são bem úteis ao professor. Esse material está disponível em **www.cengage.com.br**, na página deste livro.

Banco de testes. Para os professores que comprovadamente adotam a obra, também estão disponíveis em **www.cengage.com.br**, na página deste livro, centenas de exercícios dissertativos, testes de múltipla escolha e opções entre verdadeiro e falso que poderão ser utilizados para fixação de conteúdo ou em provas.

Agradecimentos

A elaboração de um livro-texto depende das contribuições de várias pessoas. Primeiro, gostaríamos de agradecer aos nossos alunos e ex-alunos das Universidades do Estado do Arizona, de Miami, do Alabama e de Vermont. Eles forneceram dados importantes e *feedback* quando conceitos ou capítulos selecionados foram originalmente testados em sala de aula. Também gostaríamos de agradecer aos nossos colegas de cada uma dessas instituições por sua ajuda e apoio.

Em segundo lugar, manifestamos nossa gratidão para vários colegas notáveis que revisaram com atenção o livro e forneceram comentários incisivos e sugestões valiosas que melhoraram a décima edição. Incluímos aqui: Blaine Branchik, *Universidade de Qunnipiac*; Brian Brown, *Universidade de Massachusetts, Amherst*; Abbie Griffin, *Universidade de Utah*; Peter A. Reday, *Universidade Estadual de Youngstown*; Larry P. Schramm, *Universidade de Oakland*; Judy Wagner, *Universidade de East Carolina*; e Jianfeng Wang, *Universidade Mansfield da Pensilvânia*.

Também gostaríamos de manifestar nossa apreciação continuada a outros que forneceram sugestões importantes que ajudaram a moldar as edições anteriores: Kenneth Anselmi, *Universidade de East Carolina*; Joseph A. Bellizzi, *Universidade do Estado do Arizona*; Paul D. Boughton, *Universidade de Saint Louis*; Michael R. Czinkota, *Universidade de Georgetown*; S. Altal Erdem, *Universidade de Houston-Clear Lake*; Troy Festervand, *Universidade Estadual do Middle Tennessee*; Srinath Gopalakrishna, *Universidade de Missouri, Columbia*; Paris A. Gunther, *Universidade de Cincinnati*; Jon M. Hawes, *Universidade de Akron*; Jonathan Hibbard, *Universidade de Boston*; Lee Hibbert, *Universidade Freed-Hardeman*; George John, *Universidade de Minnesota*; Joe H. Kim, *Universidade Rider*; Kenneth M. Lampert, *Metropolitan State University, Minnesota*; Jay L. Laughlin, *Universidade do Estado de Kansas*; J. David Lichtenthal, *Baruch College*; Gary L. Lilien, *Universidade do Estado da Pensilvânia*; Lindsay N. Meredith, *Universidade Simon Fraser*; K. C. Pang, *Universidade do Alabama em Birmingham*; Richard E. Plank, *Universidade do Sul da Flórida*; Constantine Polytechroniou, *Universidade de Cincinnatti*; Bernard A. Rausch, *Instituto de Tecnologia de Illinois*; David A. Reid, *A Universidade de Toledo*; Paul A. Roobol, *Universidade de Western Michigan*; Beth A. Walker, *Universidade do Estado do Arizona*; Elizabeth Wilson, *Universidade Suffolk*; James F. Wolter, *Universidade Estadual de Grand Valley*; Ugut Yucelt, *Universidade do Estado da Pensilvânia em Harrisburg*; e John M. Zerio, *American Graduate School of International Management*.

Somos especialmente gratos a quatro membros do Conselho Consultivo do Centro para Liderança de Serviços da Universidade do Estado do Arizona. Cada um deles foi um patrocinador executivo sênior de um estudo de pesquisa financiado, fornecendo acesso a organizações e contribuindo com percepções valiosas para a pesquisa. Em conjunto, esses estudos aprimoraram o conteúdo de estratégia do livro. Incluímos aqui Michael Daniels, vice-presidente sênior de Serviços Globais de Tecnologia da *IBM Global Services*; Greg Reid, diretor de Marketing da *YRC Worldwide Inc.*; Adrian Paull, vice-presidente de Suporte de Produto ao Cliente da *Honeywell Aerospace* e Merrill Tutton, presidente da *AT&T UK*, aposentado. Gostaríamos de agradecer a Jim Ryan, presidente e diretor executivo da *W. W. Grainger*, por suas percepções e contribuições a esta edição. Também gostaríamos de agradecer a Mohan Kuruvilla, professor-adjunto do *Indian Institute of Management Kozhikode*, por suas percepções apuradas e recomendações. Também estendemos nossos agradecimentos especiais ao Dr. Joseph Belonax, da *Universidade de Western Michigan*, por contribuir com ideias e conteúdo para o pacote de pesquisa.

A talentosa equipe da Cengage Learning/South-Western demonstrou alto nível de entusiasmo e merece aplausos especiais por suas contribuições na preparação desta edição. Em particular, Mike Roche forneceu assessoria valiosa e percepções apuradas para esta edição. Por outro lado, somos certamente afortunados por ter Erin Berger, nossa editora de desenvolvimento, em nossa equipe. Sua mão firme, estilo eficiente e magníficas capacidades de coordenação levaram o projeto adiante. Pamela Rockwell contribuiu com sua excelente capacidade de copidesque e Melissa Sacco, nossa gerente de projeto, proporcionou um estilo confiante e uma abordagem experiente durante o processo de produção. Manifestamos nossa gratidão a Diane A. Davis, da Universidade do Estado do Arizona, por emprestar sua excelente capacidade administrativa e seu talento criativo para o projeto e por fazê-lo sob pressão.

Por fim, mas mais importante, nossa grande dívida é com nossas esposas, Rita e Sara, cujo encorajamento, entendimento e apoio direto foram vitais para a conclusão desta edição. Seu envolvimento e dedicação são profundamente apreciados.

Michael D. Hutt
Thomas W. Speh

SOBRE OS AUTORES

Michael D. Hutt (doutor pela Universidade do Estado de Michigan) é o professor de Marketing com Distinção da Ford Motor Company na W. P. Carey School of Business, Universidade do Arizona. Também exerceu funções de docente na Universidade de Miami (Ohio) e na Universidade de Vermont.

Os interesses de ensino e pesquisa do Dr. Hutt estão concentrados nas áreas de marketing business-to-business e marketing estratégico. Sua atual pesquisa está centralizada no papel interfuncional que os gerentes de marketing assumem na formação da estratégia. A pesquisa do Dr. Hutt foi publicada no *Journal of Marketing, Journal of Marketing Research, MIT Sloan Management Review, Journal of Retailing, Journal of the Academy of Marketing Science* e em outros periódicos acadêmicos. Ele também é o coautor de *Macro Marketing* (John Wiley & Sons) e autor contribuinte de *Marketing: Best Practices* (South-Western).

Assumindo uma série de papéis de liderança para programas da American Marketing Association, ele foi copresidente do Consórcio de Docentes sobre Gerenciamento de Marketing Estratégico. É um membro dos conselhos de revisão editorial de *Journal of Business-to-Business Marketing, Journal of Business & Industrial Marketing, Industrial Marketing Management, Journal of the Academy of Marketing Science* e *Journal of Strategic Marketing*. Por sua contribuição, no ano 2000, para a *MIT Sloan Management Review*, recebeu o Prêmio Richard Beckhard. O Dr. Hutt deu consultoria sobre questões de estratégia de marketing para empresas como IBM, Motorola, Honeywell, AT&T, Arvin Industries, ADT e Black-Clawson, e para o Subcomitê de Políticas Públicas do setor de alimentos sobre o Código Universal de Produtos.

Thomas W. Speh, doutor, é emérito professor de Marketing e subdiretor de Programas de MBA da Farmer School of Business, Universidade de Miami (Ohio). O Dr. Speh obteve seu grau de doutor na Universidade do Estado de Michigan. Antes de seu tempo em Miami, o Dr. Speh ensinou na Universidade do Alabama.

O Dr. Speh foi um participante regular em reuniões profissionais de marketing e logística e publicou artigos em uma série de periódicos acadêmicos e profissionais, incluindo *Journal of Marketing, Sloan Management Review, Harvard Business Review, Journal of the Academy of Marketing Sciences, Journal of Business Logistics, Journal of Retailing, Journal of Purchasing and Materials Management* e *Industrial Marketing Management*. Recebeu o prêmio de *Beta Gamma Sigma Distinguished Faculty* por excelência no ensino na Escola de Administração da Universidade de Miami e o prêmio de *Effective Educator* da Alumni Association da Universidade de Miami.

O Dr. Speh foi ativo tanto no Warehousing Education and Research Council (WERC) quanto no Council of Logistics Management (CLM). Foi presidente do WERC e presidente do CLM. Foi um consultor sobre questões estratégicas para organizações como Xerox, Procter & Gamble, Burlington Northern Railroad, Sara Lee, J. M. Smucker Co., e Millenium Petrochemicals, Inc.

COLABORADORES DOS CASOS

Erin Anderson, *Insead*

Jan Willem Bol, *Universidade de Miami (Ohio)*

Robert A. Burgelman, *Universidade de Stanford*

Terry H. Deutscher, *Richard Ivey School of Business*

Ali F. Farhoomand, *Universidade de Hong Kong*

John H. Friar, *Northeastern University*

Elisa Ghiringhelli, *Universidade Carlo Cattaneo*, Itália

John B. Gifford, *Universidade de Miami (Ohio)*

Raymond M. Kinnunen, *Northeastern University*

Marc H. Meyer, *Northeastern University*

Das Narayandas, *Harvard Business School*

Susan Sieloff, *Northeastern University*

Robert E. Spekman, *Darden School of Business, Universidade de Virgínia*

Gordon Swartz

Marco Tagliavini, *Universidade Carlo Cattaneo*, Itália

David Weinstein, *Insead*

John M. Zerio, *Thunderbird School of Global Management*

PARTE I

O AMBIENTE DE MARKETING INDUSTRIAL

CAPÍTULO 1

Perspectiva de Marketing Industrial

O mercado industrial atribui desafios especiais e oportunidades significativas para o gerente de marketing. Este capítulo introduz as forças complexas que são únicas no ambiente de marketing industrial. Após a leitura deste capítulo, você entenderá:

1. a natureza dinâmica do ambiente de marketing industrial e as similaridades e diferenças básicas entre bens de consumo e marketing industrial.

2. os fatores subjacentes que influenciam a demanda por produtos industriais.

3. a natureza dos relacionamentos comprador-vendedor em uma cadeia de suprimentos de um produto.

4. os tipos de clientes desse importante mercado.

5. as características básicas dos produtos e serviços industriais.

Marketing Industrial

Os profissionais de marketing industrial atuam no maior de todos os mercados: o volume em dólares das transações no mercado industrial ou empresarial supera de modo significativo o mercado do consumidor final. No mercado industrial, um único cliente pode ser responsável por um considerável nível de atividade de compra. Por exemplo, o departamento de aquisições corporativas da IBM gasta mais de $ 40 bilhões por ano em produtos e serviços industriais.[1] Outras empresas, como Procter & Gamble, Apple, Merck, Dell e Kimberly Clark, gastam, cada uma, mais da metade da receita anual de vendas na compra de produtos e serviços.[2] Sem dúvida, todas as organizações formais – grandes ou pequenas, públicas ou privadas, com ou sem fins lucrativos – participam da troca de produtos e serviços industriais, assim constituindo o mercado industrial.

Os **mercados industriais** são "mercados para produtos e serviços, nacionais a internacionais, comprados por empresas, órgãos do governo e instituições (como hospitais), para incorporação (por exemplo, materiais ou componentes), consumo (material para processamento, material de escritório, serviços de consultoria), uso (instalações ou equipamentos) ou revenda [...]. Os únicos mercados que não são de interesse direto são aqueles que lidam com produtos ou serviços principalmente direcionados para uso ou consumo pessoal, como bens de consumo voltados a supermercados, eletrodomésticos ou serviço bancário de varejo".[3] Os fatores que distinguem o marketing industrial do marketing de bens de consumo são a natureza do cliente e como esse cliente usa o produto. No marketing industrial, os clientes são organizações (empresas, governos, instituições).

As empresas comerciais compram produtos industriais para que façam parte do processo ou o facilitem, como componentes para outros produtos e serviços. Os órgãos do governo e as instituições privadas compram produtos industriais para manter e entregar serviços para o seu próprio mercado: o público. O marketing empresarial ou industrial (os termos podem ser usados alternativamente) responde por mais da metade da atividade econômica nos Estados Unidos, no Canadá e na maioria dos outros países. Mais de 50% de todos os graduados em cursos de administração se juntam a empresas que competem de modo direto no mercado industrial. O grande interesse em mercados de alta tecnologia – e o tamanho do mercado industrial – gerou uma ênfase elevada no gerenciamento de marketing industrial em universidades e programas corporativos de treinamento executivo.[4]

Este livro explora as oportunidades e os desafios especiais do mercado industrial e identifica as novas exigências para o gerenciamento da função de marketing nessa área vital da economia global. As questões a seguir estabelecem o tema deste primeiro capítulo: quais são as similaridades e as diferenças entre

---

[1] Tim Ferguson, "IBM Shifts Procurement HQ to China", ZDNet News: 13 de outubro de 2006, disponível em http://www.news.zdnet.com, acesso em 1º de junho de 2008.
[2] Chip W. Hardt, Nicolas Reinecke e Peter Spiller, "Inventing the 21st Century Purchasing Organization", *The McKinsey Quarterly* (4, 2007), p. 115-117.
[3] Prospecto para o Instituto de Estudo de Mercados Industriais, Escola de Administração de Empresas, Universidade do Estado da Pensilvânia, e J. David Lichtenthal, Venkatapparao Mummaleni e David T. Wilson, "The Essence of Business Marketing Theory, Research, and Tactics: Contributions from the *Journal of Business-to-Business Marketing*", *Journal of Business-to-Business Marketing* 15 (2, 2008), p. 91-123.
[4] J. David Lichtenthal, "Business-to-Business Marketing in the 21st Century", *Journal of Business-to-Business Marketing* 12 (1, 2, 1998), p. 1-5; J. Lichtenthal, "Advocating Business Marketing Education: Relevance and Rigor—Uttered as One", *Journal of Business-to-Business Marketing* 14 (1, 2007), p. 1-12; e Michael D. Hutt e Thomas W. Speh, "Business Marketing Education: A Distinctive Role in the Undergraduate Curriculum", *Journal of Business-to-Business Marketing* 12 (1, 2, 1998), p. 103-126.

FIGURA 1.1 | MARCAS B2B PODEROSAS

FONTES: Caterpillar: Cortesia de reprodução da Caterpillar, Inc.
3M: Cortesia da 3M.
DuPont: Copyright © 2005 da DuPont. Todos os direitos reservados. O Logotipo Oval da DuPont é uma marca registrada da DuPont e de suas coligadas. Utilizado com permissão.
Intel: Reproduzido com permissão da Intel Corporation.

marketing de bens de consumo e marketing industrial? Que clientes constituem o mercado industrial? Como os vários produtos industriais podem ser classificados em categorias gerenciáveis? Quais forças influenciam o comportamento da demanda do mercado industrial?

Gerenciamento de Marketing Industrial

Muitas grandes empresas que fabricam produtos como aço, equipamentos de produção ou chips de memória de computador os fornecem exclusivamente para clientes do mercado industrial e nunca interagem diretamente com os seus consumidores finais. Outras empresas participam tanto dos mercados de bens de consumo quanto do mercado industrial. A introdução de impressoras a laser e de computadores pessoais trouxe a Hewlett-Packard, historicamente uma empresa de business-to-business, para o mercado do consumidor. De modo inverso, os mercados de consumo retardatários impeliram a Sony Corporation a expandir-se para o mercado industrial por meio da introdução de produtos automatizados de escritório. Ambas as empresas precisaram reorientar as suas estratégias de marketing de modo dramático, em virtude das diferenças significativas no comportamento de compra do consumidor *versus* mercados industriais.

Produtos como telefones celulares, móveis para escritório, computadores pessoais e software são comprados tanto no mercado de consumo quanto no mercado industrial. O que distingue o marketing industrial do marketing de bens de consumo é o *uso pretendido do produto* e o *cliente pretendido*. Algumas vezes os produtos são idênticos, mas é necessária uma abordagem fundamentalmente diferente de marketing para se chegar ao comprador organizacional. É interessante perceber que algumas das marcas mais valiosas no mundo pertencem a profissionais de marketing industrial: Cisco, Google, BlackBerry, Caterpillar, IBM, FedEx, GE, DuPont, Intel, Hewlett-Packard e 3M[5] (Figura 1.1).

---

[5] Frederick E. Webster Jr. e Kevin Lane Keller, "A Roadmap for Branding in Industrial Markets", *Journal of Brand Management* 11 (maio de 2004), p. 388-402; e Matthew Schwartz, "B to B's Best: Brands", *B to B*, edição especial (2007), disponível em http://www.btobonline, acesso em 15 de maio de 2008.

FIGURA 1.2 | O MERCADO DO CONSUMIDOR (B2C) E O MERCADO INDUSTRIAL (B2B) NA DELL

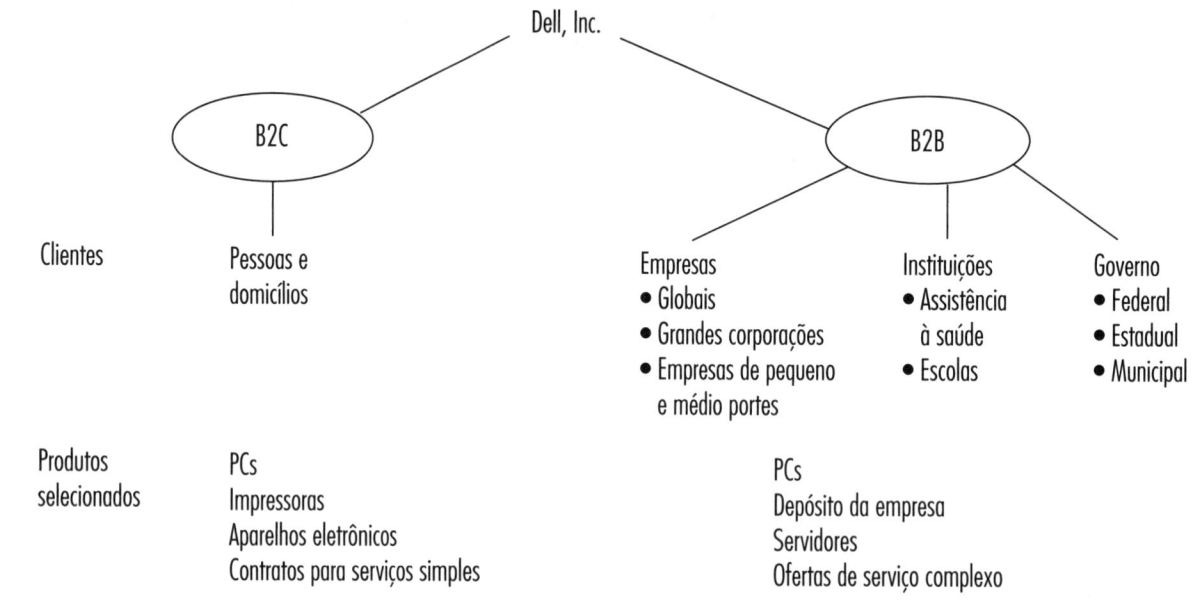

Clientes do Mercado Industrial

Os clientes do mercado industrial podem ser classificados de forma ampla em três categorias: (1) empresas comerciais – ou seja, de negócios; (2) instituições – por exemplo, universidades; e (3) governo. Vejamos a Dell, Inc.: a empresa serve tanto ao mercado industrial (B2B) quanto ao mercado de consumo (B2C) (Figura 1.2). Mais importante, entretanto, é que mais de 80% de suas vendas vêm de clientes de B2B!

A Dell presta serviços para cada setor do mercado industrial.[6] Primeiro, a empresa desenvolveu relacionamentos próximos com grandes empresas globais, como a Boeing, e com grandes clientes corporativos. Esses clientes compram milhares de computadores pessoais (PCs) e agora procuram a Dell em busca de ampla série de produtos e serviços de tecnologia da informação (TI). O volume dos negócios gerados por um único cliente pode ser enorme: um cliente comprou 20 mil computadores laptop para a sua organização global de vendas e algumas empresas possuem uma base instalada de mais de 100 mil computadores da Dell. Segundo, as empresas de pequeno e médio portes (SMB) representam um mercado significativo e a Dell demonstra capacidade especial de entender e chegar a esses clientes. As empresas SMB hoje representam mais de um milhão de clientes da Dell nos Estados Unidos, e essa base vem crescendo rapidamente por todo o mundo. Terceiro, a empresa serve o mercado do governo em todos os níveis, bem como a clientes institucionais como universidades e organizações de assistência médica. Em cada uma de suas áreas de mercado, uma troca mundial de demanda de computadores de mesa para produtos móveis, inclusive notebooks, vem incentivando o rápido crescimento da Dell na Índia e na China, assim como na Europa, no Oriente Médio e na África.[7] Para compensar o negócio superado de PCs, a Dell também expandiu o escopo de suas ofertas de produtos para incluir ampla gama de produtos de TI,

---

[6] V. Kasturi Rangan e Marie Bell, "Dell—New Horizons", Harvard Business School Caso #9-502-022, 10 de outubro de 2002 (Boston, MA: Harvard Business School Publishing).

[7] Daniel Workman, "Dell Computer International Sales", *suite101.com*, 22 de junho de 2008, disponível em http://multinationalexpansion.suite101.com/article.cfm/dell_computer_international_sales, acesso em 28 de junho de 2008.

PRINCIPAIS REALIZADORES EM B2B

Jim Ryan, presidente e CEO da W.W. Grainger, Inc.

A W.W. Grainger, Inc. (Bolsa de Nova York: GWW), com vendas de $ 6,5 bilhões, é a fornecedora líder de ampla linha de produtos de manutenção de instalações que presta serviços a empresas e instituições por toda a América do Norte. Através de sua rede de cerca de 600 filiais, 18 centros de distribuição e várias páginas na internet, a Grainger ajuda os clientes a economizar tempo e dinheiro, ao fornecer-lhes os produtos certos para manter em funcionamento as suas instalações.

Jim Ryan foi eleito presidente do Grupo Grainger em 2004, presidente da Grainger em 2006, diretor de operações em 2007, assumindo também o cargo de diretor executivo (CEO) em 2008. A carreira de Ryan na Grainger é a comprovação de sua filosofia de que "você se prepara para ser um líder ao assumir deliberadamente tarefas difíceis e fora do comum – aquelas de que muitos se esquivam. Tarefas desafiadoras são a base de treinamento que fornece o maior nível de aprendizagem, preparando-o para a liderança nos níveis superiores de grandes empresas". A escalada de Jim através de vários cargos na Grainger inclui atribuições seniores em TI, Peças Grainger, Marketing, Vendas e Serviços e no E-business da empresa. Enquanto atuava na área de TI, Ryan supervisionou a implantação do sistema SAP e alcançou a conformidade corporativa com relação ao Y2K (Bug do Milênio). Ambas as realizações refletem o foco de Ryan na busca de empreendimentos desafiadores.

O sucesso da Grainger está focalizado no auxílio aos seus clientes com o intuito de reduzir os custos totais de aquisição para itens de manutenção, reparo e operações (MRO). A Grainger encoraja os clientes a eliminar de seus estoques os itens de MRO e a confiar nos sistemas de distribuição responsiva da Grainger e na sua perícia para o fornecimento desses itens apenas quando são necessários, reduzindo os custos de aquisição desses materiais indiretos. A filosofia da Grainger, segundo a qual os processos do cliente e do fornecedor (da Grainger) estão totalmente integrados para que o cliente se torne mais eficiente, é ser "amiga do cliente". Essencialmente, a Grainger busca reduzir os custos totais do cliente na aquisição de produtos de MRO.

Ryan acredita que os alunos que se preparam para ser futuros líderes em empresas de B2B podem se preparar melhor para tal papel ao desenvolver quatro capacidades durante a sua formação acadêmica: (1) disciplina e uma sólida ética de trabalho; (2) cultivar "capacidades pessoais"; (3) desenvolver capacidades analíticas; e (4) capacidades organizacionais. Ele aconselha os jovens a colocar seu foco na sólida ética de trabalho no início de suas carreiras e a aceitar trabalhos difíceis que os outros gerentes não estão interessados em assumir. Repetindo a própria tática, Ryan aconselha a "você aprender as capacidades críticas de gerenciamento quando assume aquelas tarefas que são desconhecidas e complicadas". Suas conquistas como líder de uma empresa de sucesso são testemunhas da sabedoria de sua abordagem.

FONTE: Reproduzido com permissão da Grainger.

inclusive servidores e armazenamento de dados para o mercado industrial, e uma lista crescente de produtos eletrônicos para o consumidor, como TVs de tela plana e Sistemas de Posicionamento Global (GPS) para o mercado de consumo.

Mercados Industriais versus Mercados de Bens de Consumo

A tarefa básica do gerenciamento encurta o caminho do marketing industrial e do marketing de bens de consumo. Os profissionais de marketing que prestam serviços a ambos os setores podem se beneficiar ao consolidar seu plano organizacional de acordo com uma *orientação de mercado*, que requer competência superior no entendimento e na satisfação dos clientes.[8] Tais empresas com base no mercado demonstram

- um conjunto de valores e crenças que coloca em primeiro lugar os interesses dos clientes;[9]
- a capacidade de gerar, divulgar e usar de modo produtivo as melhores informações sobre clientes e concorrentes;[10]
- o uso coordenado de recursos interfuncionais (por exemplo, pesquisa e desenvolvimento, fabricação).[11]

Capacidades Distintas. Um exame minucioso de uma empresa com base no mercado revela duas capacidades particularmente importantes: percepção do mercado e ligação com o cliente.[12] Primeiro, a **capacidade de percepção do mercado** diz respeito a quão bem a organização está equipada para perceber de modo continuado as mudanças em seu mercado e antecipar as respostas do cliente aos programas de marketing. O mercado de *commodities* à vista das empresas com base no mercado muda e reage bem antes de seus competidores (por exemplo, a Coca-Cola no mercado de bens de consumo e a 3M no mercado industrial). Segundo, a **capacidade de ligação com o cliente** compreende capacidades, habilidades e processos específicos desenvolvidos por uma organização para criar e gerenciar relacionamentos próximos com o cliente.

As empresas de bens de consumo, como a Procter & Gamble (P&G), demonstram essas capacidades no trabalho com varejistas poderosos como a Walmart. Nesse caso, equipes multifuncionais de ambas as organizações trabalham em conjunto ao compartilhar informações sobre entrega e movimentação de produtos e ao planejar juntas atividades promocionais e mudanças no produto. Embora evidentes nos relacionamentos fabricante-revendedor no mercado de bens de consumo, as sólidas capacidades de ligação com o cliente são cruciais no mercado industrial, no qual prevalecem os relacionamentos próximos comprador-vendedor. Empresas líderes em business-to-business como a IBM e a Hewlett-Packard demonstram capacidades distintas de ligação com o cliente, e a Cisco impulsionou seu lendário recorde de crescimento ao fazer avançar os relacionamentos próximos de trabalho com clientes e parceiros de canal similares.

Gerenciamento de Clientes como Ativos. Os gastos com marketing, que já foram vistos como despesas de curto prazo, são hoje considerados como ativos do cliente que agregam valor à empresa e a seus acionistas.[13] À medida que a competição global se intensifica, os gerentes de marketing ficam sob uma pressão crescente para demonstrar o retorno sobre o investimento dos gastos com marketing, apresentar um sólido desempenho financeiro e ser mais responsável perante os acionistas.[14] Para atender esses padrões de

---

[8] George S. Day, "The Capabilities of Market-Driven Organizations", *Journal of Marketing* 58 (outubro de 1994), p. 37-52; e Gary F. Gebhardt, Gregory S. Carpenter e John F. Sherry Jr., "Creating a Market Orientation: A Longitudinal, Multifirm, Grounded Analysis of Cultural Transformation", *Journal of Marketing* 70 (outubro de 2006), p. 37-55.

[9] Rohit Deshpande, John U. Farley e Frederick E. Webster Jr., "Corporate Culture, Customer Orientation, and Innovativeness in Japanese Firms: A Quadrad Analysis", *Journal of Marketing* 57 (janeiro de 1993), p. 23-37.

[10] Ajay K. Kohli e Bernard J. Jaworski, "Market Orientation: The Construct, Research Propositions, and Managerial Implications", *Journal of Marketing* 54 (abril de 1990), p. 1-18.

[11] John C. Narver e Stanley F. Slater, "The Effect of a Market Orientation on Business Profitability", *Journal of Marketing* 54 (outubro de 1990), p. 20-35.

[12] Day, "The capabilities of Market-Driven Organizations", p. 37-52; e Girish Ramani e V. Kumar, "Interaction Orientation and Firm Performance", *Journal of Marketing* 72 (janeiro de 2008), p. 27-45.

[13] V. Kumar e Werner Reinartz, *Customer Relationship Management* (Hoboken, NJ: John Wiley & Sons, 2006).

[14] Frederick E. Webster Jr., Alan J. Malter e Shankar Ganesan, "The Decline and Dispersion of Marketing Competence", *MIT Sloan Management Review* 46 (verão de 2005), p. 35-43.

PRINCIPAIS REALIZADORES EM B2B

Trajetória da Carreira de CEOs em B2B: para Muitos, Tudo Começou no Marketing!

Executivos com uma sólida formação em vendas e marketing estão assumindo os altos cargos em empresas líderes de marketing industrial. Por quê? As empresas hoje dão maior importância aos relacionamentos com os clientes. "Elas mudaram as suas estratégias de vendas para enfatizar a construção de parcerias de longo prazo com os clientes. E estão construindo negócios lucrativos sob a noção de que é bem mais barato vender para os clientes atuais do que conquistar novos clientes." Os executivos de vendas e de marketing entendem os clientes, conhecem o panorama competitivo e têm uma compreensão clara sobre como agregar valor às ofertas da empresa e à organização do cliente. É por isso que muitas empresas estão recorrendo aos executivos de vendas e de marketing para o cargo de CEO. Aqui estão três exemplos:

- Cisco Systems – John Chambers iniciou sua carreira como um vendedor da IBM, onde aprendeu a importância de ouvir com atenção os clientes e cumprir as promessas.[1]
- Xerox Corporation – Ann Mulcahy passou a maior parte de seus 25 anos de empresa em cargos de vendas antes de ser nomeada presidente e CEO.
- GE – Durante uma carreira de 20 anos, Jeffrey Immelt passou por uma série de cargos em vendas e marketing na GE antes de ser nomeado para suceder Jack Welch como CEO.

Todos esses CEOs tomaram medidas para tornar suas respectivas organizações mais centradas no cliente. Por exemplo, as prioridades de Jeffrey Immelt para a GE refletem a sua formação em marketing B2B. São elas: "certificar-se de que os processos funcionem corretamente, por exemplo, de modo que as entregas estejam sempre dentro do cronograma; garantir que, qualquer que seja a proposição da GE para o cliente, esta trará mais dinheiro para o cliente; e aumentar a eficácia da equipe de vendas da GE".[2] Pensando no futuro, ele busca novos líderes para crescimento na GE – pessoas que são apaixonadas pelos clientes e pela inovação, pessoas que realmente conhecem os mercados e os produtos.[3]

---

[1] "Business Biographies: John T. Chambers", disponível em http://www.answers.com, acesso em 29 de junho de 2008.

[2] Eilene Zimmerman, "So You Wanna Be a CEO", *Sales & Marketing Management* (janeiro de 2002), p. 31-35.

[3] Patricia O'Connell, "Bringing Innovations to the Home of Six Sigma", *BusinessWeek Online*, disponível em http:///www.businessweek.com, acesso em 1º de agosto de 2005.

---

desempenho, as empresas devem desenvolver e estimular as **capacidades de gerenciamento do relacionamento com o cliente**, que incluem todas as capacidades exigidas para identificar, iniciar, desenvolver e manter relacionamentos lucrativos com os clientes.

Tarefas de Marketing: o que Fazem os Gerentes. Para compreender o trabalho dos profissionais de marketing industrial, vamos examinar algumas das tarefas do dia a dia que eles executam. No gerenciamento do relacionamento com o cliente, algumas tarefas críticas de marketing incluem "identificar e categorizar os segmentos do cliente; determinar as necessidades atuais e potenciais de um cliente; visitar os clientes para aprender sobre os usos e as aplicações de cada produto; desenvolver e executar os componentes individuais dos programas de vendas, propaganda, promoção e serviços; avaliar a sensibilidade dos preços; e determinar a resposta do cliente às ofertas atuais e potenciais da concorrência".[15] A pesquisa de-

---

[15] Rajendra K. Srivastava, Tasadduq A. Shervauie e Liam Fahey, "Marketing, Business Processes, and Shareholder Value: An Organizationally Embedded View of Marketing Activities and the Discipline of Marketing", *Journal of Marketing* 63 (edição especial, 1999), p. 168-179.

monstra claramente que o processo de gerenciamento do relacionamento com o cliente causa um impacto importante sobre o desempenho financeiro de uma empresa.

Foco no Lucro. O desenvolvimento de uma boa compreensão sobre o impacto das ações estratégicas de marketing nos lucros é fundamental para o trabalho de um gerente de marketing industrial. Incluída aqui está a necessidade de isolar as forças que impelem a lucratividade do cliente, alinhando os recursos despendidos com clientes para garantir as receitas e o lucro. Para isso, Robert S. Kaplan e David P. Norton afirmam:

> Uma empresa que esquece, ou nunca percebe, que tem produtos e clientes não lucrativos no período atual quase certamente continuará a incorrer em perdas nos produtos e clientes não lucrativos nos períodos futuros. Ter uma imagem clara sobre onde a empresa faz e perde dinheiro será vital para qualquer revisão de estratégia.[16]

Parcerias para Valor Acrescido. Um profissional de marketing industrial se torna um fornecedor preferido para a maioria dos clientes como Apple, Texas Instruments ou Procter & Gamble ao trabalhar bem próximo como um parceiro, desenvolvendo um conhecimento íntimo das operações do cliente e contribuindo com um valor único para aquele negócio do cliente. Os programas de marketing industrial envolvem cada vez mais uma mistura customizada de produtos tangíveis, suporte ao serviço e serviços de informações contínuas tanto antes quanto depois da venda. As empresas orientadas para o mercado dão prioridade alta às capacidades de ligação com o cliente e alinham bastante as decisões sobre produtos – assim como atividades de entrega, manuseio, serviços e outras da cadeia de suprimentos – com as operações do cliente. Para que empresas como a Intel ou a Boeing agreguem valor aos seus clientes, cada uma deve receber o valor máximo de seus fornecedores. Por exemplo, a Intel não teria alcançado o comando da sua fatia de mercado global sem o custo, a qualidade, a tecnologia e outros avanços que os seus fornecedores oferecem.[17]

Criando a Proposição de Valor para o Cliente[18]

A estratégia de marketing industrial deve ter como base uma avaliação da empresa, do concorrente e do cliente. Uma estratégia de sucesso focaliza a identificação daquelas oportunidades em que a empresa pode agregar valor superior aos clientes com base em suas competências distintas. A partir dessa perspectiva, o marketing pode ser mais bem entendido como o processo de definição, desenvolvimento e entrega de valor.

As empresas orientadas para o mercado tentam equiparar recursos, habilidades e capacidades com as necessidades do cliente específico que não estejam sendo supridas de modo adequado. Ao entender as necessidades do cliente, os gerentes de marketing podem definir o valor da perspectiva do cliente e converter essa informação em exigências para a criação de clientes satisfeitos. Por sua vez, as capacidades e habilidades de uma empresa determinam o grau pelo qual a empresa pode atender essas exigências e fornecer um valor maior que os seus concorrentes.

---

[16] Robert S. Kaplan e David P. Norton, *The Execution Premium: Linking Strategy to Operations for Competitive Advantage* (Boston, MA: Harvard Business Press, 2008), p. 258.
[17] Gina Roos, "Intel Corporation: It Takes Quality to Be Preferred by World's Biggest Chipmaker", *Purchasing* 131 (15 de novembro de 2001), p. 21-22.
[18] James C. Anderson, James A. Narus e Wouter van Rossum, "Customer Value Propositions in Business Markets", *Harvard Business Review* 84 (março de 2006), p. 91-99.

A oferta de uma empresa de marketing industrial inclui muitas vantagens técnicas, econômicas, de serviço ou sociais que proveem valor aos clientes – mas isso também ocorre com as ofertas da concorrência. Assim, os clientes comparam os elementos de valor da oferta de uma empresa com aqueles oferecidos pela próxima melhor alternativa.[19] Uma **proposição de valor para o cliente** apreende o conjunto específico de vantagens que um fornecedor oferece para melhorar o desempenho da organização do cliente. Em vez de simplesmente tentar relacionar mais vantagens do que os concorrentes, "os fornecedores adeptos das melhores práticas baseiam a sua proposição de valor nos poucos elementos que importam mais aos clientes-alvo, demonstram o valor de seu desempenho superior e comunicam isso de modo a transmitir um entendimento sofisticado das prioridades industriais do cliente".[20] A estrutura de uma proposição de valor de sucesso inclui:

- *Pontos de paridade* – os elementos de valor com essencialmente as mesmas características de desempenho que a próxima melhor alternativa;
- *Pontos de diferenciação* – os elementos de valor que tornam a oferta do fornecedor superior ou inferior à próxima melhor alternativa.

Exemplo de Proposição de Valor. A Sonoco, uma fornecedora global de embalagens, sediada na Carolina do Sul, abordou um grande cliente europeu, produtor de bens de consumo, sobre um novo projeto de embalagem para uma de suas famosas linhas de produto. Embora a embalagem reprojetada tivesse vários pontos favoráveis de diferença com relação à próxima melhor alternativa, os executivos da Sonoco decidiram dar uma ênfase especial em um ponto de paridade e em dois pontos de diferenciação na proposição de valor para o cliente: a embalagem reprojetada possibilitará uma eficiência de fabricação significativamente maior nas linhas de abastecimento do cliente por meio do fechamento em alta velocidade e terá um aspecto diferente que os clientes acharão mais atraente – tudo pelo mesmo preço da embalagem atual.

O Que Importa Mais? Um ponto de paridade foi incluído na proposição de valor porque as **principais pessoas influentes na compra** (aqueles que têm poder no processo de compra) dentro da organização do cliente nem levariam em consideração um novo projeto de embalagem caso o preço aumentasse. O primeiro ponto de diferenciação na proposição de valor (aumento da eficiência) trazia economia, permitindo que o cliente aprimorasse bastante o seu cronograma de produção. O segundo ponto de diferenciação (embalagem mais atraente) realçava a posição da empresa no mercado e o apelo aos seus clientes, possibilitando que vivenciasse um crescimento significativo no que diz respeito a receitas e lucro. Embora os outros pontos favoráveis de diferenciação fossem certamente mencionados em discussões com a organização do cliente, os executivos da Sonoco escolheram dar ênfase àqueles pontos que importavam mais para o cliente.

Relacionamentos Interfuncionais em Marketing

Em vez de trabalhar isolado das outras áreas funcionais, o gerente de marketing industrial de sucesso é um integrador – alguém que entende de fabricação, pesquisa e desenvolvimento (P&D) e serviços ao cliente e que usa essas vantagens no desenvolvimento de estratégias de marketing que respondam às necessidades do cliente.[21] Os relacionamentos integrados próxima e firmemente formam a base das histórias de sucesso

---

[19] Wolfgang Ulaga e Andreas Eggert, "Value-Based Differentiation in Business Relationships: Gaining and Sustaining Key Supplier Status", *Journal of Marketing* 70 (janeiro de 2006), p. 119-136.
[20] Anderson, Narus e Van Rossum, "Customer Value Propositions", p. 93.
[21] Michael D. Hutt, "Cross-Functional Working Relationships in Marketing", *Journal of the Academy of Marketing Science* 23 (outono de 1995), p. 351-357.

de estratégia de empresas como a Hewlett-Packard e a 3M. Como as empresas adotam estruturas mais enxutas e ágeis e dão ênfase a equipes interfuncionais, o gerente de marketing industrial assume um papel importante e desafiador na elaboração da estratégia.

Relacionamentos de Trabalho. Um dia na vida de um gerente de marketing industrial está centrado na construção de relacionamentos com os clientes *e* em moldar relacionamentos "one-to-one" (O2O) com gerentes nas outras áreas funcionais da empresa. Ao construir ligações efetivas interfuncionais, o profissional de marketing está, de maneira ideal, equipado para responder às necessidades de mudança do cliente.

O sucesso do marketing industrial depende, em larga escala, de tais áreas funcionais na empresa, como engenharia, P&D, fabricação e serviços técnicos. O planejamento no contexto industrial, então, exige mais interdependência funcional e relacionamento próximo da estratégia corporativa total do que o planejamento no setor de bens de consumo. B. Charles Ames salienta que "as mudanças na estratégia de marketing provavelmente envolvem comprometimentos de capital para novos equipamentos, trocas em atividades de desenvolvimento ou desistências das abordagens tradicionais de engenharia e fabricação, e qualquer uma destas teria implicações por toda a empresa".[22] Todas as decisões de marketing industrial – produto, preço, promoção e praça (distribuição) – são afetadas, direta ou indiretamente, pelas outras áreas funcionais. Por outro lado, as considerações sobre marketing influenciam as decisões industriais em P&D e na fabricação e aquisição, assim como ajustes na estratégia corporativa global. O planejamento de marketing industrial deve ser coordenado e estar em sincronia com os esforços correspondentes de planejamento nas áreas de P&D, aquisições, financeira, de produção e outras (Figura 1.3).

Características dos Mercados Industriais

Marketing industrial e marketing de bens de consumo são diferentes. Um conjunto em comum de conhecimento, princípios e teoria se aplica tanto ao marketing de bens de consumo quanto ao marketing industrial, mas, como seus compradores e mercados funcionam de modo bem diferente, são dignos de atenção específica. O marketing de bens de consumo e o industrial diferem na natureza dos mercados, na demanda do mercado, no comportamento do comprador, nos relacionamentos comprador-vendedor, nas influências ambientais (econômicas, políticas, legais) e na estratégia de marketing. Contudo, os potenciais retornos de capital são altos para a empresa que consegue penetrar com sucesso no mercado industrial. A natureza da demanda por produtos industriais apresenta desafios singulares – e oportunidades – para o gerente de marketing.

Demanda Derivada. A **demanda derivada** refere-se à ligação direta entre a demanda por um produto industrial e a demanda por produtos de consumo: *a demanda por produtos industriais é derivada da demanda final por produtos de consumo*. Leve em consideração os materiais e componentes usados em uma motocicleta Harley-Davidson. A Harley-Davidson fabrica alguns dos componentes, mas o produto acabado reflete os esforços de mais de 200 fornecedores ou profissionais de marketing industrial que lidam diretamente com a empresa. Ao comprar uma motocicleta Harley-Davidson, o cliente está estimulando a demanda por um conjunto diversificado de produtos fabricados por empresas de marketing industrial – tais como pneus, componentes elétricos, molas espirais, revestimentos de alumínio e outros itens.

Demanda Flutuante. Como a demanda é derivada, o profissional de marketing industrial deve monitorar com atenção os padrões da demanda e as mudanças nas preferências de compra no mercado de consumo

---

[22] B. Charles Ames, "Trappings vs. Substance in Industrial Marketing", *Harvard Business Review* 48 (julho-agosto de 1976), p. 95-96.

FIGURA 1.3 | **PLANEJAMENTO DE MARKETING INDUSTRIAL: UMA PERSPECTIVA INTEGRADA FUNCIONALMENTE**

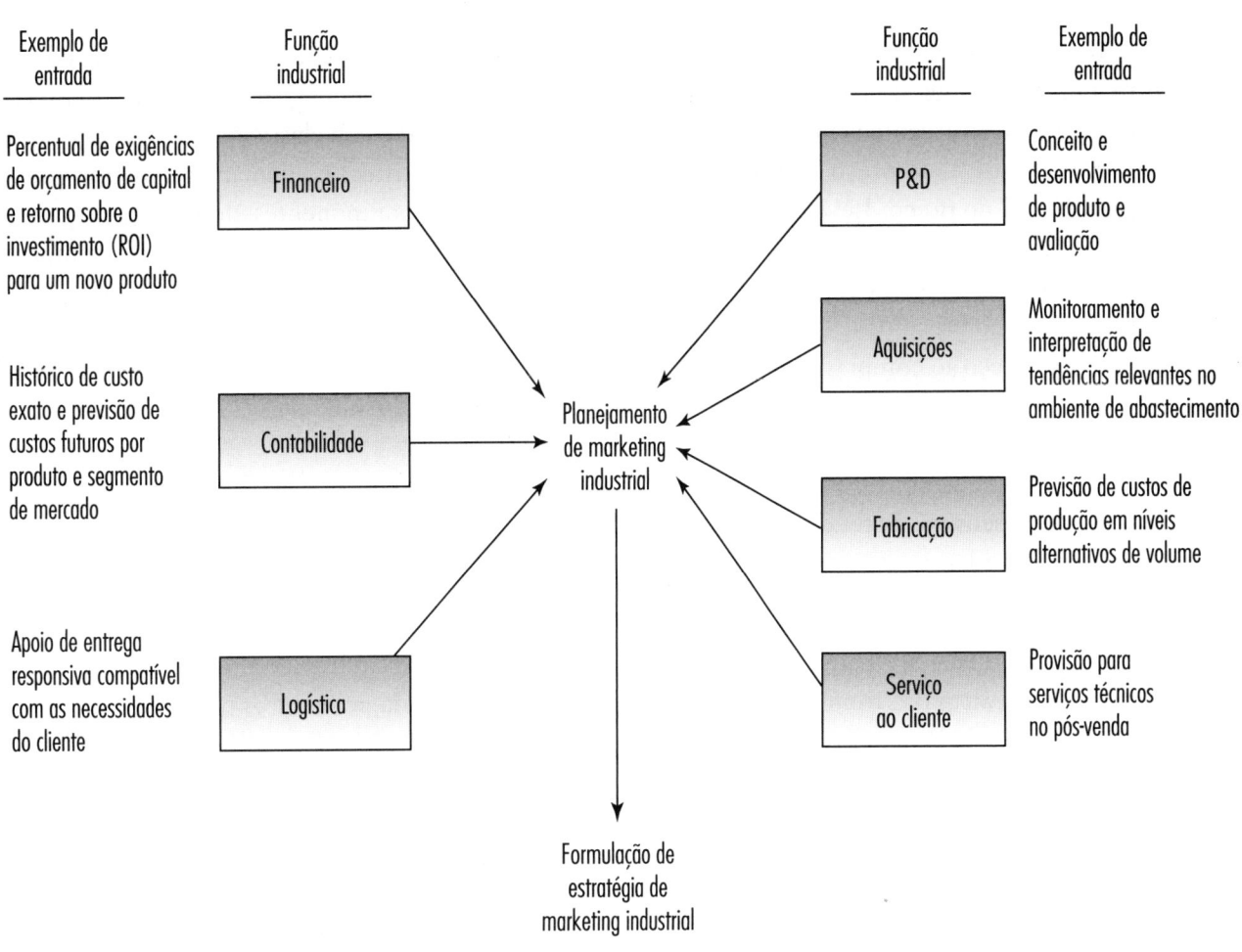

doméstico, em geral no mundo todo. Por exemplo, um declínio nas taxas hipotecárias pode despertar a atenção para um aumento na construção de novas residências e para um aumento correspondente nas vendas de eletrodomésticos. Os varejistas, em geral, respondem a isso aumentando o seu estoque de mercadorias. Como os fabricantes de eletrodomésticos como a Maytag aumentam a taxa de produção para atender à demanda, os profissionais de marketing industrial que abastecem esses fabricantes com itens como motores, temporizadores ou tinta vivenciam uma oscilação nas vendas. Um desaquecimento na economia cria o resultado oposto. Isso explica o motivo pelo qual a demanda por muitos produtos industriais tende a *flutuar* mais que a demanda por produtos de consumo.

Demanda Estimulada. Alguns profissionais de marketing industrial devem não apenas monitorar os mercados do consumidor final, mas também desenvolver um programa de marketing que alcance diretamente o consumidor final. Os fabricantes de alumínio usam anúncios na televisão e em revistas para salientar a conveniência e as oportunidades de reciclagem que os recipientes de alumínio oferecem ao cliente – o consumidor final influencia a demanda por alumínio ao comprar refrigerantes em latas de alumínio, em vez de plásticas. Mais de 2 milhões de toneladas de alumínio são usadas anualmente na produção de latas de bebidas. Da mesma forma, a Boeing promove a conveniência da viagem aérea em uma campanha publicitária que visa ao mercado consumidor para criar um ambiente favorável para a demanda de longo prazo por seus voos; a DuPont anuncia aos consumidores finais visando a estimular as vendas de tapetes, que incorporam o seu produto.

Sensibilidade ao Preço. A **elasticidade da demanda** se refere à sensibilidade da quantidade demandada em relação a uma mudança no preço. A demanda é elástica quando dada mudança percentual no preço acarreta uma mudança percentual ainda maior na quantidade demandada. A inelasticidade resulta quando a demanda não é sensível ao preço – ou seja, quando a mudança percentual na demanda é menor que a mudança percentual no preço. Leve em consideração a demanda por componentes eletrônicos, estimulada por empresas que fabricam jogos eletrônicos. Enquanto os consumidores finais continuam a comprar e atualizar esses jogos e são, em geral, insensíveis ao preço, os fabricantes dos equipamentos estão relativamente insensíveis ao preço dos componentes eletrônicos. Na outra ponta do espectro, caso os clientes sejam sensíveis ao preço ao comprar sopa e outros produtos enlatados de mercearia, os fabricantes de sopa também serão sensíveis ao preço ao comprar latas de metal. Assim, a demanda derivada indica que a demanda por latas de metal é elástica com relação ao preço.

A demanda do consumidor final causa um impacto difuso na demanda por produtos no mercado industrial. Ao estar sensível às tendências do mercado de consumo, o profissional de marketing industrial pode, em geral, identificar tanto os problemas iminentes quanto as oportunidades de crescimento e diversificação.

Perspectiva do Mercado Global. Uma imagem completa do mercado industrial deve incluir um horizonte que se estende além das fronteiras dos Estados Unidos. A demanda por muitos produtos e serviços industriais está crescendo bem mais rapidamente em muitos países estrangeiros do que nos Estados Unidos. Países como Alemanha, Japão, Coreia e Brasil oferecem mercados grandes e crescentes para muitos profissionais de marketing industrial. Por sua vez, a China e a Índia representam economias com níveis explosivos de crescimento. Incontáveis pequenas empresas e muitas das grandes – como GE, 3M, Intel, Boeing, Dow Chemical, Caterpillar e Motorola – obtêm uma parcela significativa de suas vendas e lucros dos mercados internacionais. Por exemplo, a China planeja investir mais de $ 300 bilhões nos próximos poucos anos na infraestrutura do país, representando uma enorme oportunidade de mercado para todos os negócios industriais da GE, inclusive geração de energia, cuidados com a saúde e infraestrutura (por exemplo, purificação da água). Para os fabricantes de telefones celulares como a Motorola, a China já representa um mercado competitivo de monta e retrata a maior base mundial de assinantes – bem acima de 500 milhões.[23]

Rivalidade Global. Desde a Lenovo (computadores) e a Baosteel da China até a Embraer (jatos leves) e a Petrobras (petróleo) do Brasil, e desde a Infosys Technologies (serviços de TI) da Índia até a Cemex (material de construção) do México, está emergindo toda uma série de formidáveis rivais. O Boston Consulting Group (BCG) identificou as cem empresas maiores, mais influentes e de maior sucesso que alcançaram notoriedade em seus mercados em rápido desenvolvimento e além destes.[24] A lista resultante dos *100 Mais* da BCG inclui empresas de 14 países, inclusive 41 empresas da China, 13 do Brasil, sete do México e seis da Rússia. É interessante notar que 34 delas fornecem produtos industriais. A receita total das BCG 100 está crescendo acima de 30% ao ano e as margens de lucro superam aquelas de grandes empresas multinacionais nos Estados Unidos, no Japão e na Alemanha. As empresas de business-to-business devem agir de modo decisivo, competir de forma agressiva e buscar oportunidades de mercado nas economias globais em rápido desenvolvimento.

---

[23] Pete Engardio, "A New World Economy", *Business Week*, 22/29 de agosto de 2005, p. 52-58.
[24] Harold L. Sirkin, James W. Hemerling e Arindam K. Bhattacharya, *Globality: Competing with Everyone from Everywhere for Everything* (Nova York: Business Plus, 2008), p. 23-24.

Marketing Industrial e Marketing de Bens de Consumo: Um Contraste

Muitas empresas de bens de consumo com forte reputação no mercado do consumidor decidem capitalizar as oportunidades que percebem no mercado industrial. O movimento é, em geral, induzido por uma linha de produtos em desenvolvimento, o desejo de diversificar as operações ou a oportunidade estratégica de aplicar com lucro a força da P&D ou da produção em um mercado industrial em rápido crescimento. A P&G, afastando-se de sua tradição de bens de consumo embalados, está usando seu conhecimento específico em petróleo, graxas e polpas para se diversificar em indústrias de rápido crescimento.

A J. M. Smucker Company opera com sucesso nos mercados industriais e do consumidor. A Smucker, contando com sua base de produto ao consumidor (geleias e compotas), produz misturas de recheios usadas pelos fabricantes de iogurte e de itens para sobremesa. O marketing das compotas de morango aos consumidores finais difere de modo significativo do marketing de um recheio de morango para um fabricante de iogurte. As principais diferenças estão em destaque no exemplo a seguir.

Smucker: Um Profissional de Marketing Industrial e de Marketing de Bens de Consumo

A Smucker alcança o mercado do consumidor com uma linha de produtos vendidos por intermédio de pontos de venda varejistas. Novos produtos são cuidadosamente desenvolvidos, testados, orientados, precificados e promovidos para segmentos específicos do mercado. Para garantir a distribuição, a empresa emprega corretores de alimentos que recorrem às unidades de compra no atacado e no varejo. A própria equipe de vendas da empresa consegue maiores contas selecionadas. O alcance de um grau desejado de exposição ao mercado e espaço em prateleiras nos principais pontos de venda varejistas é essencial a qualquer profissional de marketing de produtos de alimentação para o consumidor. Os planos promocionais para a linha incluem propaganda nas mídias, cupons, ofertas especiais e incentivos aos varejistas. As decisões sobre preço devem refletir a natureza da demanda, os custos e o comportamento da concorrência. Em suma, o profissional de marketing deve gerenciar cada componente do composto de marketing: produto, preço, promoção e praça (distribuição).

O composto de marketing assume uma forma diferente no mercado industrial. A atenção converge para os fabricantes que poderiam, potencialmente, usar os produtos da Smucker para fabricar outros produtos; o produto da Smucker perderá a sua identidade ao ser misturado ao iogurte, a bolos ou biscoitos. Uma vez que a Smucker tenha relacionado todos os usuários potenciais de seu produto (por exemplo, grandes processadores de alimentos, padarias, fabricantes de iogurte), o gerente de marketing industrial tenta identificar os segmentos significativos do mercado que a empresa possa atender com lucro. Uma estratégia específica de marketing é desenvolvida para cada segmento do mercado.

Quando um consumidor organizacional potencial é identificado, a equipe de vendas da empresa faz uma visita. O vendedor pode começar entrando em contato com o presidente da empresa, mas, no início, gasta, em geral, uma grande quantidade de tempo com o diretor de P&D ou com o líder de grupo de desenvolvimento do produto. Assim, o vendedor é desafiado a identificar as **pessoas influentes nas compras** – aquelas que detêm o poder no processo de compra. Os altos executivos da Smucker também podem ajudar no processo de venda.

Armados com as especificações do produto (por exemplo, sabor desejado, cor, calorias), o vendedor volta ao departamento de P&D da Smucker para desenvolver amostras. Vários meses podem se passar antes que uma mistura seja finalmente aprovada. A seguir, a atenção se volta para o preço, e os pontos de contato do vendedor mudam para o departamento de compras. Por estarem envolvidas grandes quantidades (cargas de caminhão ou de tambores, em vez de potes), poucos centavos por quilo podem ser significativos para ambas as partes. Qualidade e serviço também são de vital importância.

Quando uma transação atinge o seu ponto culminante, o produto é embarcado diretamente do depósito da Smucker para a instalação do fabricante. O vendedor faz o acompanhamento frequente com o agente de compras, gerente da fábrica e outros executivos. As informações sobre movimentação do produto e entrega são compartilhadas abertamente e são desenvolvidos relacionamentos próximos de trabalho entre os gerentes na Smucker e os principais tomadores de decisão na organização que compra. Qual é o volume de negócios que a Smucker espera dessa conta? O desempenho do novo produto ao consumidor na praça determina isso: a demanda por produtos industriais é, como observado, derivada da demanda do consumidor final. Observe também a importância de (1) desenvolver um relacionamento próximo e continuado de trabalho com os consumidores do mercado industrial e (2) entender as exigências de todas as pessoas influentes em compras na empresa-alvo.

Distinguindo Características

O exemplo da Smucker dirige a atenção para algumas das características que diferenciam a estratégia de marketing industrial da estratégia de marketing de bens de consumo. O profissional de marketing industrial dá ênfase à venda pessoal em vez de à propaganda (TV, jornais) para conseguir compradores potenciais. Apenas uma pequena parte do orçamento promocional do profissional de marketing industrial pode ser investida em propaganda, normalmente mais em jornais do comércio ou em mala direta. Essa propaganda, todavia, em geral estabelece a base de uma visita de vendas bem-sucedida. O vendedor industrial deve entender os aspectos técnicos das exigências da organização e como estas podem ser satisfeitas, assim como conhecer quem tem influência sobre a decisão de compra e o motivo.

O produto do profissional de marketing industrial também inclui um componente importante de serviço. O consumidor organizacional avalia a qualidade do produto físico e a qualidade dos serviços agregados. A atenção está voltada para o pacote total de vantagens que o cliente recebe. A negociação de preço é frequentemente uma parte importante do processo de compra/venda industrial. Os produtos fabricados com especificações especiais de qualidade ou de design devem ser precificados individualmente. Os profissionais de marketing industrial, em geral, descobrem que a distribuição direta para grandes clientes fortalece os relacionamentos entre comprador e vendedor. As pequenas contas podem ser trabalhadas com lucro por meio de intermediários – representantes dos fabricantes ou distribuidores industriais.

Como ilustra o exemplo da Smucker, as estratégias de marketing industrial diferem das estratégias do marketing de bens de consumo na ênfase relativa dada a certos elementos do composto de marketing. É importante observar que o exemplo também dá destaque às diferenças fundamentais entre os compradores em cada mercado. Em uma organização, uma série de pessoas influencia a decisão de compra. O gerente de marketing industrial da Smucker defronta-se com várias questões significativas: quem são os principais participantes do processo de compra? Qual é a importância relativa deles? Quais são os critérios que cada um deles aplica à decisão? Assim, o profissional de marketing industrial deve entender o *processo* que uma organização segue na compra de um produto e identificar quais membros da organização participam desse processo. Dependendo da complexidade da compra, esse processo pode se estender por muitas semanas ou meses e pode envolver a participação de vários membros da organização. O profissional de marketing industrial que se envolve no processo de compra bem no início pode ter maior chance de sucesso.

Ênfase no Relacionamento

Os relacionamentos no mercado industrial são, em geral, próximos e duradouros. Em vez de constituir o resultado final, uma venda sinaliza o início de um relacionamento. Ao convencer uma grande processadora de alimentos como a General Foods a usar seu produto, a Smucker dá início a um relacionamento comercial potencial de longo prazo. Mais do que fechar uma venda, a Smucker cria um cliente! Para manter aquele relacionamento, o profissional de marketing industrial deve desenvolver um conhecimento íntimo das operações do cliente e agregar um valor único a esse negócio. O **marketing de relacionamento** centraliza todas as atividades de marketing direcionadas ao estabelecimento, ao desenvolvimento e à manutenção de trocas bem-sucedidas com os clientes.[25] Construir relacionamentos "one-to-one" com os clientes é a alma do mercado industrial. A Figura 1.4 fornece uma recapitulação das principais características dos clientes do mercado industrial.

Cadeia de Suprimentos

A Figura 1.5 esclarece a importância de uma perspectiva de relacionamento em marketing industrial, ao levar em consideração a cadeia de fornecedores envolvida na criação de um automóvel. Vejamos a Honda Motor Company. Em sua montadora de automóveis em Marysville, Ohio, a empresa introduziu muitos conceitos novos na indústria automobilística dos Estados Unidos, inclusive a entrega de partes "just-in-time" e alto nível de construção flexível de modelos. Por exemplo, a fábrica em Ohio pode passar rapidamente do sedã de luxo Acura TL para o Accord, com base na demanda do cliente.[26] Uma nova fábrica de carros compactos em Indiana dá à Honda maior capacidade de fabricação de veículos do tamanho do Civic e do Accord – modelos com bom desempenho de combustível e cobiçados em particular por compradores de automóvel à medida que aumentam os preços da gasolina. Pelas suas sete fábricas na América do Norte, a empresa compra anualmente mais de $ 17 bilhões de peças e materiais de fornecedores nos Estados Unidos.[27]

Os relacionamentos entre fabricantes de automóveis e seus fornecedores desembocam justamente no domínio do marketing industrial. Da mesma forma, os profissionais de marketing industrial como a TRW contam com uma série de rivais bem distantes na cadeia de suprimentos de matérias-primas, componentes e outros. Cada organização nessa cadeia está envolvida na criação de um produto, nos processos de marketing (inclusive a entrega) e no suporte e na manutenção após a venda. Ao desempenhar essas atividades de criação de valor, cada uma também afeta o nível de qualidade do produto da Honda. Michael Porter e Victor Millar observam que, "para ganhar vantagem competitiva sobre seus rivais, uma empresa deve desempenhar essas atividades a um custo mais baixo ou desempenhá-las de uma forma que leve à diferenciação e a um prêmio especial (mais valor)".[28]

---

[25] Roberto M. Morgan e Shelby D. Hunt, "The Commitment-Trust Theory of Relationship Marketing", *Journal of Marketing* 58 (julho de 1994), p. 20-38.
[26] Tom Krisher, "Honda Grows While U.S. Auto Industry Falters", disponível em http://www.biz.yahoo.com, acesso em 2 de julho de 2008.
[27] "Honda's First U.S. Auto Plant Celebrates 25 Years of Production", 1º de novembro de 2007, disponível em http://www.world.honda.com, acesso em 2 de julho de 2008.
[28] Michael E. Porter e Victor E. Millar, "How Information Gives You Competitive Advantage", *Harvard Business Review* 63 (julho-agosto de 1985), p. 149-160; ver também Michael E. Porter, *Competitive Advantage* (Nova York: The Free Press, 1985).

FIGURA 1.4 | CARACTERÍSTICAS DOS CLIENTES DO MERCADO INDUSTRIAL

Características	Exemplo
• Os clientes do mercado industrial são compostos por empresas comerciais, instituições e governos.	• Entre os clientes da Dell estão a Boeing, a Universidade do Estado do Arizona e várias unidades dos governos estadual e municipal.
• Uma única compra por um cliente industrial é bem maior que aquela de um cliente individual.	• Uma pessoa pode comprar uma unidade de uma atualização de pacote de software da Microsoft, enquanto o Citigroup compra 10 mil.
• A demanda por produtos industriais é derivada da demanda final por produtos do consumidor.	• Os compradores para uma nova residência estimulam a demanda por carpetes, eletrodomésticos, armários embutidos, madeiras e enorme variedade de outros produtos.
• Os relacionamentos entre os profissionais de marketing industrial tendem a ser próximos e duradouros.	• O relacionamento da IBM com alguns clientes principais dura décadas.
• As decisões sobre compras de clientes industriais geralmente envolvem múltiplas influências de compra, em vez de um único tomador de decisão.	• Uma equipe interfuncional na Procter & Gamble (P&G) avalia computadores pessoais tipo laptop alternativos e seleciona a Hewlett-Packard.
• Embora atendam a diferentes tipos de clientes, os profissionais de marketing industrial e os profissionais de marketing de bens de consumo compartilham os mesmos cargos.	• Os cargos incluem gerente de marketing, gerente de produto, gerente de vendas, gerente de contas.

Gerenciamento da Cadeia de Suprimentos

O **gerenciamento da cadeia de suprimentos** é uma técnica para vincular as operações de um fabricante àquelas de todos os seus fornecedores estratégicos e seus principais intermediários e clientes, visando a aumentar a eficiência e a eficácia. A internet permite que os membros da cadeia de suprimentos de todo o mundo troquem informações periódicas e desenhos de engenharia durante o desenvolvimento de novos produtos, e sincronizem os cronogramas de produção e de entrega. A meta da estratégia da cadeia de suprimentos é aprimorar a rapidez, a precisão e a eficiência da fabricação por meio de relacionamentos mais fortes com o fornecedor. Essa meta é alcançada por intermédio da troca de informações, do planejamento conjunto, da tecnologia compartilhada e das vantagens compartilhadas. Caso o profissional de marketing industrial possa tornar-se um parceiro valioso em uma cadeia de suprimentos do cliente, as recompensas são significativas: o foco passa do preço para o valor e dos produtos para as soluções.[29] Para alcançar esses resultados, a empresa de marketing industrial deve demonstrar a capacidade de atender a exigências formais de qualidade, entrega, serviços e solicitações do cliente.

Gerenciamento de Relacionamentos na Cadeia de Suprimentos

Os clientes do mercado industrial recompensam a capacidade de gerenciamento da cadeia de suprimentos do profissional de marketing industrial. A IBM gasta 85% de seus dólares em compras com 50 forne-

---

[29] Marc Bourde, Charlie Hawker e Theo Theocharides, "Taking Center Stage: The 2005 Chief Procurement Officer Survey" (Sommers, NY: IBM Global Services, 2005), p. 1-13, disponível em http://www.ibm.com, acesso em 15 de julho de 2005.

FIGURA 1.5 | A CADEIA DE SUPRIMENTOS

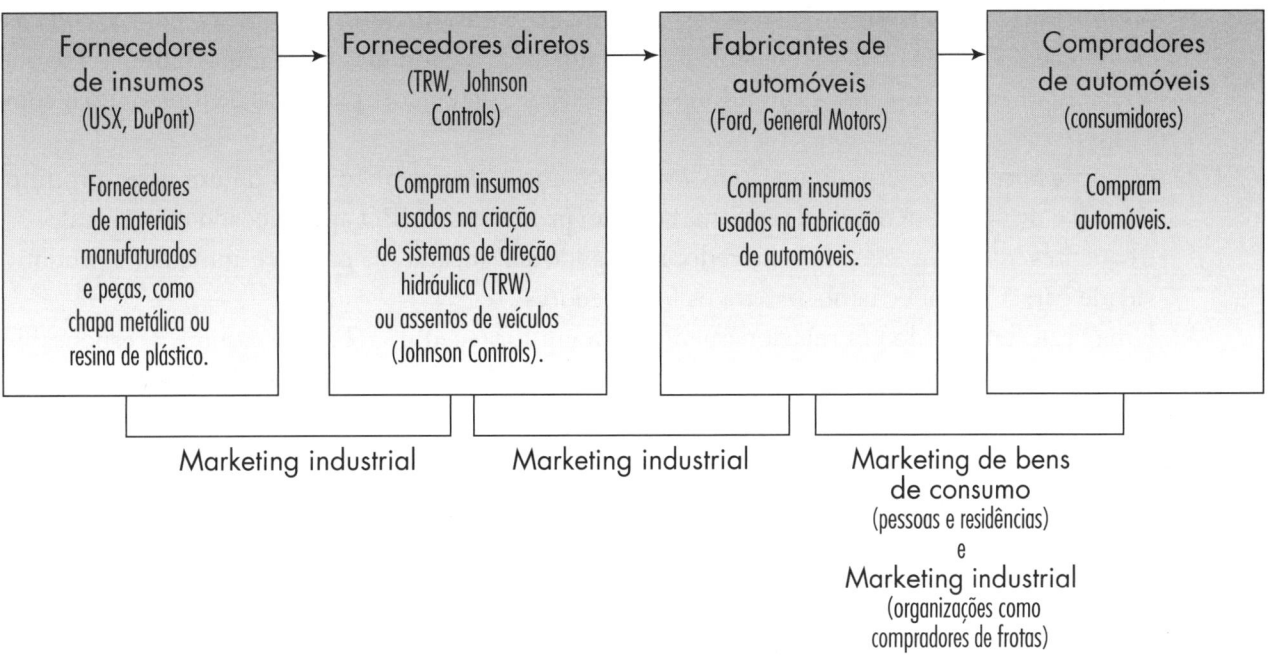

cedores.[30] Para a empresa, é de particular importância a qualidade do suporte de engenharia que recebe dos fornecedores. A IBM busca ativamente parceiros de fornecimento que contribuam com novas ideias, serviço responsivo e tecnologia de ponta para atrair compradores para os futuros produtos da companhia.

Da mesma forma, a Toyota distingue-se na criação e na manutenção dos relacionamentos com o fornecedor. De fato, os executivos das indústrias querem imitar o sucesso da empresa criando uma base de fornecedores que sejam inabalavelmente leais, comprometidos com o aperfeiçoamento continuado e que impulsionem um desempenho financeiro superior. Malte Kalkoffen e os colegas do Boston Consulting Group realizaram amplo estudo para descobrir os fatores que destacaram a Toyota do restante do setor.[31] Os resultados revelam compreensões valiosas na trajetória da estratégia que um gerente de marketing industrial pode seguir para desenvolver e manter um relacionamento de longo prazo com um cliente de classe mundial como a Toyota.

Como a Toyota Constrói Relacionamentos Característicos com o Fornecedor. Os fornecedores constantemente classificam a Toyota como o cliente preferido entre os fabricantes de automóveis. Por quê? "A empresa lhes concede retornos sobre seus investimentos aceitáveis, é confiável por honrar seus acordos contratuais sobre preço, apoia os fornecedores no aperfeiçoamento de suas operações e proporciona um desdobramento justo de quaisquer reduções de custo que consegue. O princípio fundamental [...] é simples, mas profundo: tratar todos os fornecedores de modo justo."[32]

---

[30] James Carbone, "Reinventing Purchasing Wins Medal for Big Blue", *Purchasing* 129 (16 de setembro de 1999), p. 45-46.
[31] A discussão a seguir tem como base os autores: Malte Kalkoffen, Zafar Momin, Xavier Mosquet, Jagjit Singh e George Sticher, "Getting to Win-Win: How Toyota Creates and Sustains Best-Practice Supplier Relationships", The Boston Consulting Group, Inc., setembro de 2007, p. 1-10, disponível em http://www.bcg.com, acesso em 25 de maio de 2008.
[32] Ibid., p. 1.

Três outros princípios orientam a abordagem da Toyota aos relacionamentos com o fornecedor:

1. A empresa impõe critérios de seleção rigorosos para garantir que todo fornecedor atenda às exigências da Toyota em termos de custo, qualidade e tecnologia. Mais importante, a Toyota selecionará apenas aqueles fornecedores que desejam estabelecer parcerias de longo prazo com a empresa.
2. A empresa retém internamente itens críticos como o desenvolvimento de um novo produto (NPD) e o conhecimento de design, mas usa um processo de NPD aperfeiçoado que dá realce às frequentes interações com os fornecedores, visando alavancar a sua perícia e aumentar a produtividade para a Toyota e também para os fornecedores.
3. Uma vez estabelecido um relacionamento com um fornecedor, a Toyota assume a responsabilidade de ajudar aquela empresa fornecedora a desenvolver as suas capacidades e fazer crescer o seu negócio. Por exemplo, a Toyota monitora o desempenho de seus fornecedores a um grau máximo, insistindo que os altos executivos de cada organização fornecedora sejam responsáveis pelos resultados de qualidade e desempenho. Por sua vez, a Toyota realiza auditorias semestrais de qualidade e fornece consultoria e acesso a redes de compartilhamento de conhecimento, visando aprimorar as capacidades dos seus fornecedores.

Ganhando com a Toyota. A Toyota busca aqueles fornecedores que podem apresentar liderança no setor quanto a custo, qualidade e tecnologia. Da mesma forma, os fornecedores potenciais devem demonstrar disposição de adotar uma parceria de longo prazo, e a filosofia que orienta a empresa fornecedora deve estar alinhada à cultura da Toyota. Na avaliação da adequação filosófica de um fornecedor, são explorados cinco elementos específicos: *Kaizen* (ou aperfeiçoamento continuado), raciocínio coerente, formação de equipe interfuncional, compartilhamento de informações e conhecimento e pronto atendimento (ver Figura 1.6). O processo de seleção tem como base a crença da Toyota de que os relacionamentos de longo prazo com fornecedores íntimos reduzem os custos transacionais e criam mais valor que aqueles de curto prazo.

O desenvolvimento e o cultivo de relacionamentos próximos de longo prazo com os clientes são uma meta importante para o profissional de marketing industrial. Construídas sob uma base de confiança e desempenho comprovado, essas parcerias exigem linhas abertas de comunicação entre as várias camadas das organizações de compra e de venda. As citações dos executivos de marketing industrial que consideram a Toyota como um parceiro (cliente) estratégico ilustram a natureza de relacionamentos de longo prazo.[33]

> "A Toyota é dura na queda nas negociações, e precisamos compartilhar cada detalhe de nossos dados com ela – mas ela é justa e sabe que, se não fizermos dinheiro, não podemos inovar."

> "A Toyota nos ajudou demais a aperfeiçoar nosso sistema de produção. Começamos fabricando um componente e, à medida que nos aperfeiçoamos, a Toyota nos recompensou com pedidos de mais componentes. A Toyota é nossa melhor cliente."

Empresas Comerciais como Clientes

Os clientes do mercado industrial, como observamos no início do capítulo, podem ser classificados, de forma ampla, em três categorias: (1) empresas comerciais, (2) organizações governamentais e (3) insti-

---
[33] Ibid., p. 8.

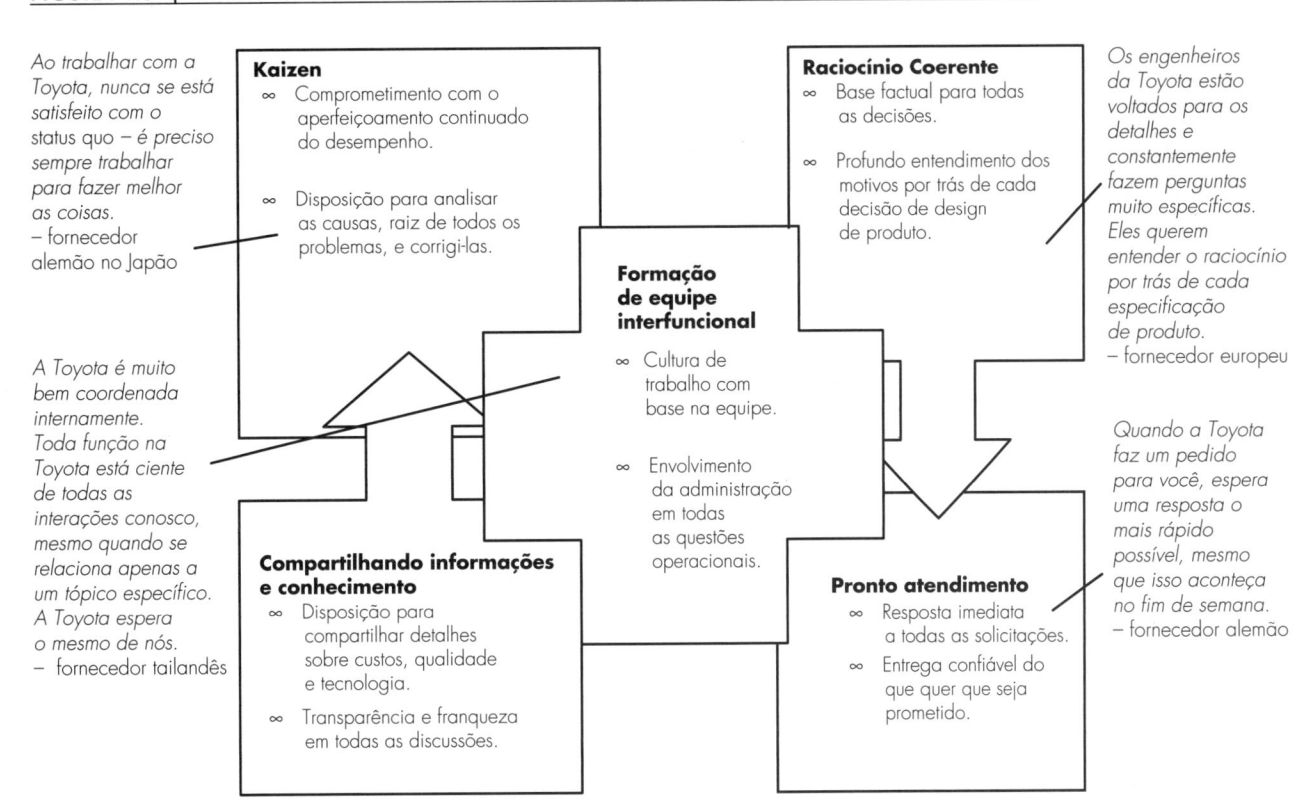

FIGURA 1.6 | A FILOSOFIA DOS FORNECEDORES DEVE SE ADEQUAR À DA TOYOTA

Ao trabalhar com a Toyota, nunca se está satisfeito com o status quo – é preciso sempre trabalhar para fazer melhor as coisas.
– fornecedor alemão no Japão

Kaizen
- Comprometimento com o aperfeiçoamento continuado do desempenho.
- Disposição para analisar as causas, raiz de todos os problemas, e corrigi-las.

Raciocínio Coerente
- Base factual para todas as decisões.
- Profundo entendimento dos motivos por trás de cada decisão de design de produto.

Os engenheiros da Toyota estão voltados para os detalhes e constantemente fazem perguntas muito específicas. Eles querem entender o raciocínio por trás de cada especificação de produto.
– fornecedor europeu

Formação de equipe interfuncional
- Cultura de trabalho com base na equipe.
- Envolvimento da administração em todas as questões operacionais.

A Toyota é muito bem coordenada internamente. Toda função na Toyota está ciente de todas as interações conosco, mesmo quando se relaciona apenas a um tópico específico. A Toyota espera o mesmo de nós.
– fornecedor tailandês

Compartilhando informações e conhecimento
- Disposição para compartilhar detalhes sobre custos, qualidade e tecnologia.
- Transparência e franqueza em todas as discussões.

Pronto atendimento
- Resposta imediata a todas as solicitações.
- Entrega confiável do que quer que seja prometido.

Quando a Toyota faz um pedido para você, espera uma resposta o mais rápido possível, mesmo que isso aconteça no fim de semana.
– fornecedor alemão

FONTE: Malte Kalkoffen, Zafar Momin, Xavier Mosquet, Jagjit Singh e George Sticher, "Getting to Win-Win: How Toyota Creates and Sustains Best-Practice Supplier Relationships", The Boston Consulting Group, Inc., setembro de 2007, p. 4, disponível em http://www.bcg.com, acesso em 25 de maio de 2008. Todos os direitos reservados. Reproduzido com permissão.

tuições. Cada uma dessas categorias é examinada no Capítulo 2. Todavia, o conceito de cadeia de suprimentos proporciona uma base sólida para a descrição dos clientes comerciais que constituem o mercado industrial. As empresas comerciais podem ser divididas em três categorias: (1) usuários, (2) fabricantes de equipamentos originais (OEMs) e (3) revendedores e distribuidores.

Usuários. Os usuários compram produtos ou serviços industriais para fabricar outros produtos e serviços que são, por sua vez, vendidos nos mercados industriais ou do consumidor. Os clientes usuários compram produtos – como computadores, fotocopiadoras ou sistemas automáticos de fabricação – para montar ou dar apoio ao processo de fabricação. Ao comprar máquinas-ferramentas da GE, um fabricante de automóveis é um usuário. Essas máquinas-ferramentas não se tornam parte do automóvel, mas ajudam na sua fabricação.

Fabricantes de Equipamentos Originais (OEMs). Os OEMs compram produtos industriais para incorporá-los em outros produtos que vendem no mercado industrial ou no mercado do consumidor final. Por exemplo, a Intel Corporation produz microprocessadores que constituem a alma do computador pessoal da Dell. Ao comprar esses microprocessadores, a Dell é um OEM. Da mesma forma, a Apple é um OEM ao comprar um controlador de telas sensíveis ao toque (*touch-screens*) da Broadcom Corp. – cerca de $ 4 até $ 5 do conteúdo de cada iPhone.[34]

---

[34] Eric J. Savitz, "Battle for Smartphone Market Share Pressures Margins", *Barron's*, 30 de junho de 2008, p. 37.

Revendedores e Distribuidores. A categoria de revendedores e distribuidores inclui empresas comerciais que compram produtos industriais para revenda (basicamente sob o mesmo formato) para usuários e OEMs. O distribuidor acumula, armazena e vende um grande sortimento de produtos para usuários industriais, assumindo a propriedade dos produtos que compra. Movimentando bilhões de dólares em transações a cada ano, os distribuidores industriais estão crescendo em tamanho e sofisticação. O papel estratégico assumido pelos distribuidores no mercado industrial é analisado em detalhes no Capítulo 11 (Canais).

Sobreposição de Categorias. As três categorias de empresas comerciais não são mutuamente excludentes. Sua classificação tem como base a finalidade pretendida do produto para o cliente. A Ford é um usuário ao comprar uma máquina-ferramenta para o processo de fabricação, mas a mesma empresa é um OEM quando compra rádios a serem instalados no produto final do consumidor.

Um profissional de marketing deve possuir um bom entendimento sobre os diversos clientes organizacionais que compõem o mercado industrial. A classificação adequada de clientes comerciais como usuários, OEMs ou revendedores ou distribuidores é um primeiro passo importante para um entendimento profundo dos critérios de compra que um cliente comercial específico usa na avaliação de um produto industrial.

Entendendo as Motivações de Compra. Considere os diferentes tipos de clientes comerciais que compram um produto industrial específico, como mecanismos elétricos de temporização. Cada classe de cliente vê o produto de modo distinto, pois cada um compra o produto por um motivo diferente.

Uma empresa processadora de alimentos como a Pillsbury compra temporizadores elétricos para uso em um sistema de enlatamento em alta velocidade. Para seu cliente, qualidade, confiança e entrega imediata e previsível são fatores críticos. A Whirlpool, um OEM que incorpora o produto industrial diretamente nos eletrodomésticos, está preocupada com o efeito dos temporizadores sobre a qualidade e a segurança do produto final ao consumidor. Por precisar de temporizadores em grandes quantidades, a fabricante de eletrodomésticos está também preocupada com a capacidade de produção da fábrica e com a sua eficiência na entrega. Por fim, um distribuidor industrial está mais interessado em equiparar a capacidade dos mecanismos de temporização às necessidades dos clientes (usuários e OEMs) em um mercado geográfico específico.

Classificação de Produtos para o Mercado Industrial[35]

Tendo classificado os clientes do mercado industrial, devemos agora perguntar que tipo de produtos eles querem e como cada tipo é comercializado. Um método útil de classificação de produtos industriais se dá formulando-se as seguintes perguntas: como o produto ou serviço industrial entra no processo de produção e como ele entra na estrutura de custos da empresa? A resposta permite que o profissional de marketing identifique aqueles que têm influência no processo de compra organizacional e entenda como projetar uma estratégia eficiente de marketing industrial. Em geral, os produtos industriais podem ser divididos em três categorias amplas: produtos de entrada (matéria-prima, produtos semiacabados e componentes), produtos de base e produtos facilitadores (Figura 1.7).

---

[35] Os dados sobre as compras em dólar de produtos específicos por clientes selecionados foram retirados de Anne Millen Porter e Elena Epatko Murphy, "Hey Big Spender [...]. The 100 Largest Industrial Buyers", *Purchasing* (9 de novembro de 1995), p. 31-42.

Por Dentro do Marketing Industrial

O iPhone: um Triunfo do Gerenciamento da Cadeia de Suprimentos Também[1]

Criando um burburinho imediato entre os consumidores por todo o mundo, o iPhone da Apple foi considerado um triunfo em design e flexibilidade, sem mencionar o fato de ser um produto da moda, algo que se deve ter antes mesmo de ser vendida a primeira unidade. Todavia, "um produto inovador só tem sucesso se chega ao cliente certo pelo preço certo e no momento certo".[2] Muitas empresas deixam de tirar proveito das recompensas da inovação do produto ao falhar na qualidade ou não atender à demanda, desapontando clientes leais. Além de demonstrar capacidades superiores no desenvolvimento do novo produto e na execução da estratégia de marketing, a Apple distingue-se no gerenciamento da cadeia de suprimentos.

Em sua lista anual *Supply Chain Top 25*, a AMR Research premiou a Apple com a classificação de "número um" entre um conjunto formidável de empresas de alto desempenho como a Nokia, a IBM, a Procter & Gamble, a Cisco e a Nike. O relatório da AMR Research observa que o desempenho de ponta da Apple "significa um distanciamento épico da mentalidade de eficiência na produção do século XX para uma nova era baseada em ideias, design e conteúdo. A fabricante do iPhone assumiu a liderança em razão de uma mistura sofisticada de brilhante design industrial, excelentes interfaces de software e bens de consumo que são totalmente digitais". Essa abordagem traz vantagens financeiras sob a forma de giros de estoque extremamente altos, limitações mínimas de material ou capacidade e margens de lucro fabulosas. Ao prever a demanda de modo preciso e sincronizando a comunicação por toda a cadeia de suprimentos, a Apple atende à demanda de sua base de fãs radicais.

---

[1] A menos que observada de outra forma, essa discussão está baseada no autor Thomas Wailgum, "Study: Apple, Nokia e Dell Top among Global Supply Chains", *CIO*, 29 de maio de 2008, disponível em http://www.cio.com, acesso em 4 de julho de 2008.

[2] Bob Trebilcock, "Supply Chain Lessons from iPhone", *Modern Materials Handling*, 27 de julho de 2007, disponível em http://www.mmh.com, acesso em 4 de julho de 2008.

Produtos de Entrada

Os produtos de entrada tornam-se parte do produto acabado. Essa categoria de produto consiste em matérias-primas e materiais manufaturados e peças. Seu custo é um item de despesa atribuído ao processo de fabricação.

Matérias-primas. Observe, na Figura 1.7, que as **matérias-primas** incluem tanto produtos da fazenda quanto produtos naturais. As matérias-primas são processadas apenas no nível necessário para o manuseio econômico e o transporte; elas basicamente são admitidas no processo de produção da organização que as compra em seu estado natural. Incentivada pelo crescimento massivo da economia chinesa, a Freeport-McMoRan Copper & Gold Inc., produtora de cobre, viu crescer a demanda. O McDonald's usa mais de 300 toneladas de batatas a cada ano e é responsável pela fortuna de muitos fazendeiros naquele segmento da agricultura. De fato, ao tentar introduzir um sorvete de framboesa, o McDonald's descobriu, para sua surpresa, não haver framboesas suficientes sendo cultivadas![36]

---

[36] James Brian Quinn, "Intelligent Enterprise: A Knowledge and Service Based Paradigm for Industry" (Nova York: The Free Press, 1992), p. 20.

FIGURA 1.7 | CLASSIFICAÇÃO DE PRODUTOS PARA O MERCADO INDUSTRIAL

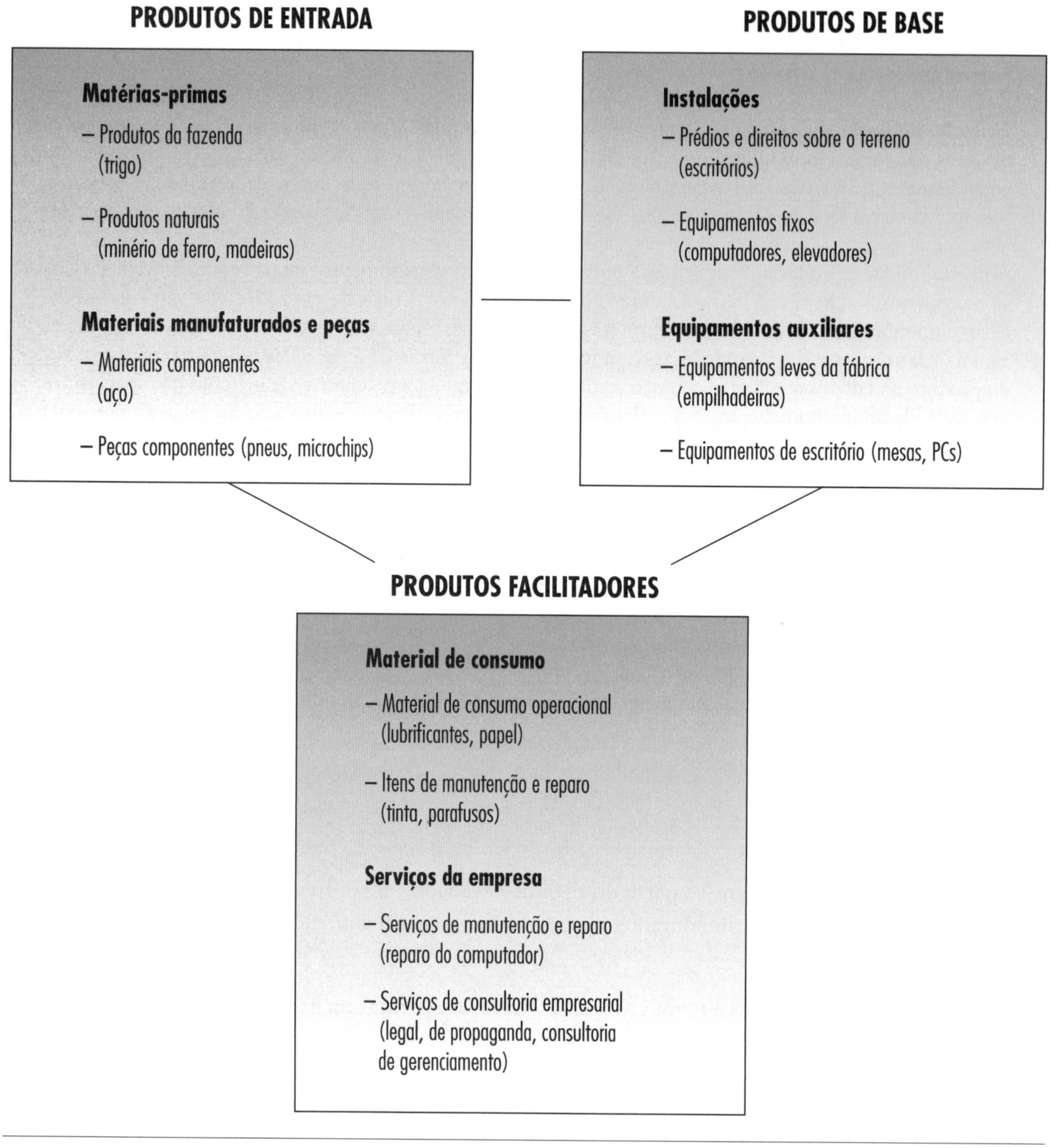

PRODUTOS DE ENTRADA

Matérias-primas
- Produtos da fazenda (trigo)
- Produtos naturais (minério de ferro, madeiras)

Materiais manufaturados e peças
- Materiais componentes (aço)
- Peças componentes (pneus, microchips)

PRODUTOS DE BASE

Instalações
- Prédios e direitos sobre o terreno (escritórios)
- Equipamentos fixos (computadores, elevadores)

Equipamentos auxiliares
- Equipamentos leves da fábrica (empilhadeiras)
- Equipamentos de escritório (mesas, PCs)

PRODUTOS FACILITADORES

Material de consumo
- Material de consumo operacional (lubrificantes, papel)
- Itens de manutenção e reparo (tinta, parafusos)

Serviços da empresa
- Serviços de manutenção e reparo (reparo do computador)
- Serviços de consultoria empresarial (legal, de propaganda, consultoria de gerenciamento)

FONTE: Adaptado de Philip Kotler, *Marketing Management: Analysis, Planning, and Control*, 4. ed. (Englewood Cliffs, NJ: Prentice-Hall, 1980), p. 172, com permissão da Prentice-Hall, Inc.

Materiais Manufaturados e Peças. Ao contrário das matérias-primas, os **materiais manufaturados e peças** passam por um processo mais inicial. Os materiais componentes como tecidos ou chapas de aço foram processados antes de chegar a um fabricante de roupas ou de automóveis, mas devem ser processados novamente antes de se tornarem parte do produto acabado para o consumidor. Tanto a Ford quanto a GE gastam mais de $ 900 milhões por ano em aço. As peças componentes, por outro lado, incluem pequenos motores, pneus de motocicleta e baterias de carro; podem ser instaladas diretamente em outro produto com pequeno processamento ou nenhum. Por exemplo, a Black & Decker gasta $ 100 milhões a cada ano em peças de plástico, e a Sun Microsystems gasta mais de $ 200 milhões em telas e monitores.

Produtos de Base

A característica peculiar dos produtos de base é que eles são itens de capital. Como os bens de capital são usados totalmente ou esgotados, uma parcela de seu custo original é atribuída ao processo de produção como uma despesa de depreciação. Os produtos de base incluem instalações e equipamentos auxiliares.

Instalações. As **instalações** incluem os principais itens do investimento de longo prazo que formam a base do processo de fabricação, como prédios, direitos sobre terreno e equipamentos fixos. Grandes computadores e máquinas-ferramentas são exemplos de equipamentos fixos. A demanda por instalações ajusta-se de acordo com o clima econômico (por exemplo, taxas de juros favoráveis), mas depende do panorama do mercado para os produtos de uma empresa. Ante a grande demanda mundial por seus microprocessadores, a Intel está construindo novas fábricas, expandindo as já existentes e fazendo investimentos significativos em equipamentos de capital. Uma típica fábrica de chips semicondutores custa pelo menos $ 3 bilhões para ser construída, os equipamentos são responsáveis por $ 600 milhões do custo e o terreno e o prédio respondem pelo restante.[37]

Equipamentos Auxiliares. Os **equipamentos auxiliares** são, em geral, menos caros e de duração mais curta se comparados com as instalações, e não são considerados parte das instalações fixas. Esses equipamentos podem ser encontrados na fábrica, assim como no escritório. Brocas portáteis, computadores pessoais e máquinas de fax ilustram essa categoria.

Produtos Facilitadores

Os produtos facilitadores são material de consumo e serviços (ver Figura 1.7) que dão apoio às operações da organização. Como esses produtos não entram no processo de produção ou se tornam parte do produto acabado, seus custos são tratados como itens de despesas.

Material de Consumo. Praticamente toda organização precisa de material de consumo para as operações, como cartuchos de impressora, papel ou formulários comerciais, e de itens de manutenção e reparo como tinta e material de limpeza. Esses itens, em geral, alcançam um grupo bem vasto de usuários industriais. De fato, são muito parecidos com os tipos de material de consumo que os clientes podem comprar em uma loja de hardware ou de desconto.

Por exemplo, junto com os produtos projetados especificamente para o uso comercial, a Procter & Gamble (P&G) vende adaptações de seus produtos de consumo bem conhecidos em sua divisão profissional.[38] Visando ao mercado industrial, a lista de clientes inclui aqui hotéis, restaurantes de *fast-food*, varejistas e organizações de cuidados com a saúde. A P&G percebe uma enorme oportunidade de mercado – o mercado dos Estados Unidos para produtos de limpeza direcionados a edifícios e residências é superior a $ 3,2 bilhões por ano.

---

[37] Dean Takahashi, "Makers of Chip Equipment Beginning to Share the Pain", *The Wall Street Journal*, 14 de agosto de 1996, p. B6.
[38] Ellen Byron, "Aiming to Clean Up, P&G Courts Business Customers", *The Wall Street Journal*, 26 de janeiro de 2007, p. B1-B2.

Serviços. Diz o analista James Brian Quinn:

> À medida que cresceu o setor de serviços para abarcar 80% de todos os empregos nos Estados Unidos, as empresas de prestação de serviços especializados tornaram-se muito grandes e sofisticadas com relação à escala e à perícia que aquele quadro de pessoal e os grupos de prestação de serviços têm dentro de empresas integradas.[39]

Para apreender as capacidades desses especialistas e direcionar a atenção para o que eles fazem melhor, muitas empresas estão transferindo ou "terceirizando" funções de serviços selecionados para fornecedores externos. Isso gera oportunidades para empresas que prestam tais serviços como suporte de computador, processamento de folha de pagamento, logística, operações com alimentos e manutenção de equipamentos. Esses especialistas possuem um nível de especialização ou eficiência que as organizações podem usufruir com lucro. Por exemplo, a Cisco Systems buscou a FedEx para coordenar a movimentação de peças por meio de sua cadeia de suprimentos e direcioná-la ao cliente. Ao combinar os embarques de peças em trânsito para um único cliente, o produto desejado pode ser montado no local onde está o cliente, sem passar tempo algum em um depósito da Cisco.[40] Os serviços comerciais incluem **suporte de manutenção e reparo** (como reparo de máquina) e **suporte de consultoria** (por exemplo, consultoria gerencial ou gerenciamento de informações). Como ocorre com os materiais de consumo, a prestação de serviços é considerada como item de despesa.

Além disso, o crescimento explosivo da internet aumentou a demanda por uma série de serviços de comércio eletrônico, desde o design de uma página na rede até a hospedagem total de uma página de e-commerce. A internet também proporciona um novo e poderoso canal para prestação de suporte técnico, treinamento do cliente e propaganda. Por exemplo, a Intel está trocando mais da metade de seu orçamento para propaganda na mídia eletrônica e pedindo a seus parceiros da cooperativa e campanha "Intel Inside", como a Sony, que aumentem os gastos em mídia eletrônica.[41] Por sua vez, a internet proporciona a oportunidade de gerenciamento de uma atividade específica ou função de um local remoto, ou mesmo em alto-mar. Para ilustrar, a IBM gerencia as funções de aquisição para a United Technologies Corporation através da web.[42]

Estratégia de Marketing Industrial

As diferenças dos modelos de marketing revelam o significado de um sistema de classificação de produtos. Uma estratégia de marketing adequada para uma categoria de produtos pode ser totalmente inadequada para outra. Em geral, são necessárias estratégias promocionais, de preços e de distribuição totalmente diferentes. A natureza física do produto industrial e seu uso pretendido pelo cliente organizacional elevam a um grau importante as exigências do programa de marketing. A seguir, alguns destaques de estratégia.

---

[39] James Brian Quinn, "Strategic Outsourcing: Leveraging Knowledge Capabilities", *Sloan Management Review* 40 (verão de 1999), p. 9; ver também Mark Gottfredson, Rudy Puryear e Stephen Phillips, "Strategic Sourcing: From Periphery to Core", *Harvard Business Review* 83 (fevereiro de 2005), p. 132-139.

[40] Douglas A. Blackman, "Overnight, Everything Changed for FedEx: Can It Reinvent Itself?", *The Wall Street Journal*, 4 de novembro de 1999, p. A1, A16.

[41] Stuart Elliot, "As Customers Elock to the Web, Intel Gives Chase with Its Ad Budget", *The New York Times*, 10 de outubro de 2007, p. C9.

[42] Ira Sager, "Inside IBM: Internet Business Machine", *Business Week E.Biz*, 13 de dezembro de 1999, p. ED21-23.

Exemplo: Materiais Manufaturados e Peças

Lembre-se de que os materiais manufaturados e peças entram no próprio produto da organização que os compra. O fato de uma parte ser padronizada ou sob medida em geral dita a natureza da estratégia de marketing. Para partes feitas sob encomenda, as atividades de venda pessoal e gerenciamento do relacionamento com o cliente assumem um papel importante na estratégia de marketing. A proposição de valor está centrada no fornecimento de um produto que melhora a posição competitiva do cliente. O profissional de marketing industrial deve também demonstrar a forte capacidade da cadeia de suprimentos. As partes padronizadas são, geralmente, compradas em grandes quantidades com base em um contrato, e a estratégia de marketing está centrada no oferecimento de um preço competitivo, entrega confiável e serviços de suporte. Com frequência, distribuidores industriais são usados para fornecer serviço de entrega responsiva para pequenas contas.

Para materiais manufaturados e peças, o desafio do profissional de marketing é localizar e definir de modo preciso as necessidades singulares dos vários clientes, revelar as principais pessoas influentes de compras e criar soluções para atender esses clientes de modo lucrativo.

Exemplo: Instalações

As instalações, como equipamentos fixos, foram classificadas antes como produtos de base, por serem bens de capital que afetam a escala de operações do comprador. Aqui, o próprio produto ou tecnologia, juntamente com as capacidades de prestação de serviço da empresa, são os fatores centrais da estratégia de marketing, e canais diretos de distribuição fabricante-usuário são a norma. Instalações menos custosas e mais padronizadas, como furadeiras mecânicas, podem ser vendidas por meio de intermediários de marketing.

Mais uma vez, a venda pessoal ou o gerenciamento de conta é a ferramenta promocional dominante. O vendedor ou a equipe da conta trabalham bem próximos aos possíveis compradores organizacionais. As negociações podem levar vários meses e envolver os altos executivos da organização que compra, especialmente para prédios e equipamentos sob medida. Os motivos da compra do cliente estão centralizados em fatores econômicos (como o desempenho projetado do bem de capital) e em fatores emocionais (como liderança na indústria). Um comprador pode desejar muito escolher uma instalação de alto preço, caso o retorno sobre o investimento projetado apoie a decisão. Os pontos focais para o marketing de instalações incluem um forte esforço de gerenciamento do relacionamento com o cliente, um suporte eficiente de engenharia e design do produto e a capacidade de oferecer um produto ou uma solução de tecnologia que traga maior retorno sobre o investimento do que o faz a concorrência. O preço inicial, a distribuição e a propaganda têm papéis menores.

Exemplo: Material de Consumo

O exemplo final está centralizado em um produto facilitador: material de consumo. Novamente, encontramos diferentes modelos de marketing. A maioria dos itens de consumo alcança amplo mercado de clientes organizacionais de muitas indústrias diferentes. Embora alguns grandes usuários sejam servidos diretamente, uma grande variedade de intermediários de marketing é necessária para cobrir de modo adequado esse mercado amplo e diversificado.

A meta do profissional de marketing industrial é garantir um lugar na lista da função de compra dos fornecedores preferidos ou pré-aprovados. Mais importante, muitas empresas estão adotando sistemas de compras eletrônicas visando modernizar drasticamente o processo que os trabalhadores seguem na compra de material de consumo e outros recursos operacionais. De sua mesa, um funcionário simplesmente se conecta ao sistema, seleciona os itens necessários de um catálogo eletrônico de fornecedores que a função de compras já pré-aprovou e envia o pedido diretamente para o fornecedor.

Para o material de consumo, o composto promocional do profissional de marketing inclui listagens de catálogos, propaganda e, em menor escala, venda pessoal. A propaganda é direcionada aos revendedores (distribuidores industriais) e usuários finais. A venda pessoal é menos importante para o material de consumo do que o é para as outras categorias de produtos com alto valor unitário, como as instalações. Assim, os esforços da venda pessoal podem estar confinados a revendedores e grandes usuários de material de consumo. O preço pode ser crítico na estratégia de marketing, pois muitos itens de consumo não são diferenciados. Todavia, estratégias de serviço customizadas podem ser projetadas para diferenciar as ofertas de uma empresa daquelas das concorrentes. Ao fornecer sortimento do produto certo, entrega adequada e confiável e serviços customizados, o profissional de marketing industrial pode ser capaz de dar valor distinto ao cliente e desenvolver um relacionamento de longo prazo e lucrativo.

Um Olhar Panorâmico

A Figura 1.8 mostra os principais componentes de um processo de gerenciamento de marketing industrial. A estratégia do marketing industrial é formulada dentro dos limites estabelecidos pela missão e pelos objetivos corporativos. Uma empresa que determina sua missão deve definir seu negócio e finalidade, avaliar as tendências ambientais e estimar seus pontos fortes e fracos. A construção de capacidades de e-commerce e a transformação dessas capacidades em ofertas que forneçam valor superior ao cliente constituem objetivos corporativos vitais em organizações líderes como a GE. Os objetivos corporativos fornecem diretrizes para a elaboração de objetivos específicos de marketing. O planejamento do marketing industrial deve ser coordenado e sincronizado com os esforços correspondentes de planejamento nas áreas de P&D, aquisições, financeira, de produção, de serviço ao cliente e outras. Claramente, os planos estratégicos emergem de um processo de barganha entre as áreas funcionais. O gerenciamento de conflitos, a promoção da cooperação e o desenvolvimento de estratégias coordenadas são fundamentais ao papel interdisciplinar do profissional de marketing industrial.

A estrutura do gerenciamento de marketing industrial (ver Figura 1.8) proporciona uma visão geral das cinco partes principais do texto. Este capítulo introduziu algumas das características que distinguem o marketing industrial do marketing de bens de consumo; o próximo capítulo explora os principais tipos de clientes que formam o mercado industrial: empresas comerciais, unidades do governo e instituições. Cada setor representa uma oportunidade de mercado relativamente grande, apresenta características e necessidades especiais e requer uma resposta única à estratégia de marketing.

A Parte II analisa o processo organizacional de compra e as incontáveis forças que afetam o tomador de decisão organizacional. Ocupando uma posição central na Parte II está o gerenciamento do relacionamento com o cliente – um processo gerencial que as empresas líderes em marketing business-to-business dominaram. Aqui, é dada especial atenção às estratégias específicas que os profissionais de marketing industrial podem seguir ao desenvolver relacionamentos lucrativos com os clientes. A Parte III é voltada para a seleção de segmentos-alvo e técnicas específicas para a medição da resposta desses segmentos. A Parte IV concentra-se na elaboração das estratégias orientadas para o mercado. Cada componente do composto de marketing é tratado da perspectiva do marketing industrial. É dada atenção especial à criação e ao gerenciamento de ofertas e ao gerenciamento de conexões, inclusive o tratamento do comércio eletrônico e das estratégias da cadeia de suprimentos. Também é dada ênfase específica à definição de

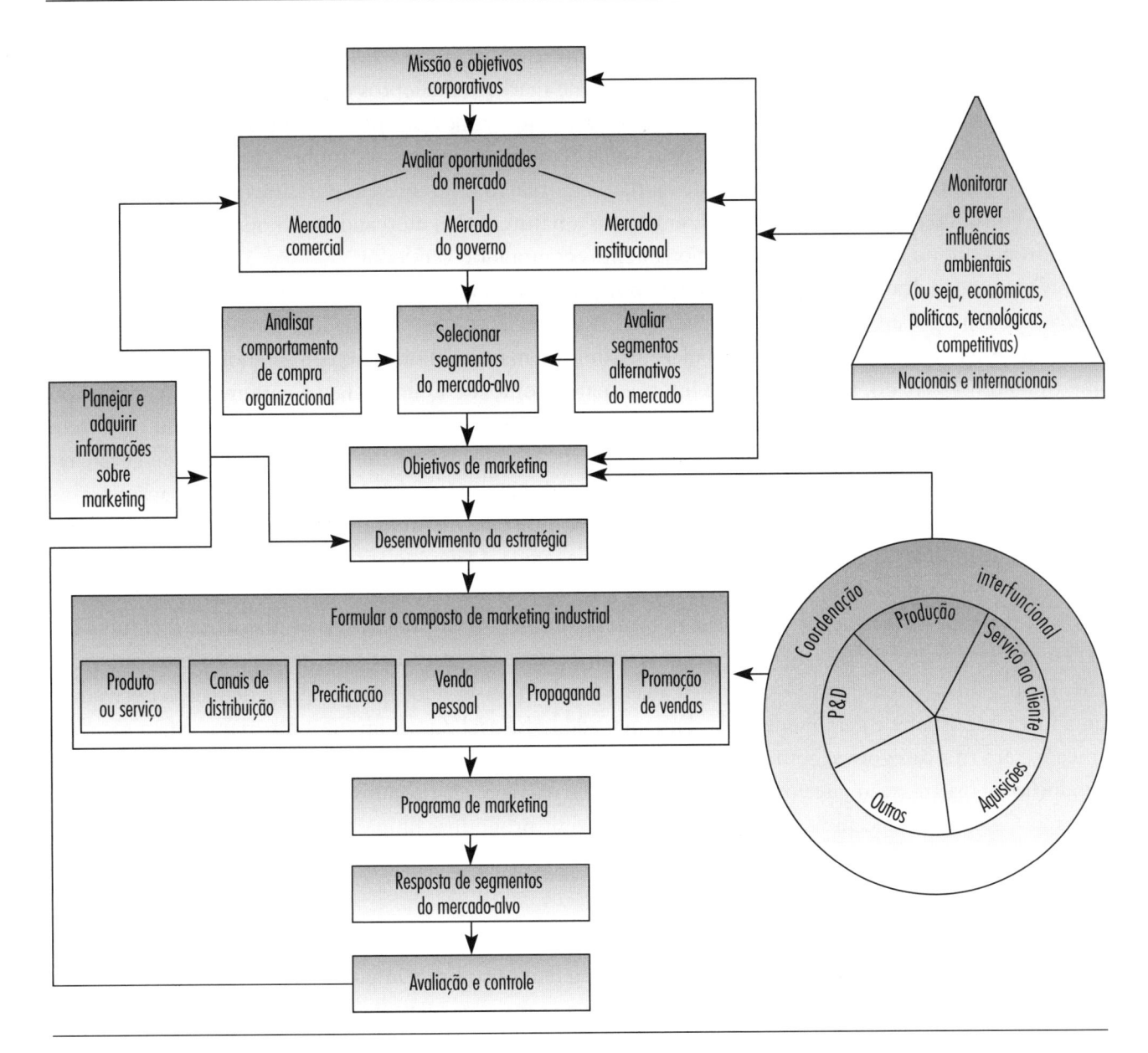

FIGURA 1.8 | Uma Estrutura para o Gerenciamento de Marketing Industrial

valor da perspectiva do cliente e ao desenvolvimento de estratégias de precificação responsiva, propaganda e venda pessoal para agregar aquela proposição de valor aos segmentos-alvo.

Os processos de implantação, monitoramento e controle do programa de marketing são analisados na Parte V. Um tema central é como os gerentes de marketing industrial podem aprimorar a lucratividade ao maximizar o retorno sobre os gastos da estratégia de marketing.

Resumo

O mercado industrial oferece oportunidades significativas e desafios especiais para o gerente de marketing. No mercado industrial, as empresas orientadas para o mercado demonstram capacidade superior no entendimento e na satisfação dos clientes. Também possuem fortes capacidades de percepção do mercado e de ligação com o cliente. Para apresentar forte desempenho financeiro, as empresas de business-to--business também devem demonstrar capacidades de gerenciamento do relacionamento com o cliente, que incluem todas as capacidades exigidas para identificar, dar início, desenvolver e monitorar relacionamentos lucrativos com o cliente. Os estrategistas de marketing adeptos das melhores práticas baseiam suas proposições de valor em pontos de diferenciação que importam para a maioria dos clientes-alvo, respondendo de modo claro e direto às prioridades de negócio do cliente. Embora um conjunto comum de conhecimento e teoria abarque tudo de marketing, existem diferenças importantes entre marketing de bens de consumo e marketing industrial, entre elas a natureza dos mercados, os modelos de demanda, o comportamento do comprador e os relacionamentos comprador-vendedor.

O aumento dramático da concorrência por todo o mundo exige uma perspectiva global sobre os mercados. Para garantir uma vantagem competitiva nesse ambiente desafiador, os clientes do mercado industrial estão desenvolvendo vínculos mais próximos e mais colaborativos com menos fornecedores do que tinham no passado. Estão usando a internet para promover a eficiência e a comunicação em tempo real pela cadeia de suprimentos, e exigindo qualidade e rapidez dos seus fornecedores em um nível sem precedentes. Essas tendências importantes no processo de aquisição premiam as capacidades de gerenciamento da cadeia de suprimentos do profissional de marketing industrial. Os programas de marketing industrial envolvem de forma crescente uma mistura customizada de produtos tangíveis, suporte ao serviço e serviços de informação continuada, antes e depois da venda. O gerenciamento do relacionamento com o cliente constitui a alma do marketing industrial.

As diversas organizações que formam o mercado industrial podem ser amplamente divididas em (1) empresas comerciais, (2) organizações governamentais e (3) instituições. Como as compras que esses clientes organizacionais fazem estão vinculadas a produtos e serviços que geram, a demanda derivada é uma força importante e geralmente volátil no mercado industrial. Os produtos industriais podem ser classificados em três categorias, com base em como o produto entra na estrutura de custos e no processo de produção da organização que compra: (1) produtos de entrada, (2) produtos de base e (3) produtos facilitadores. Categorias específicas de produtos podem exigir programas únicos de marketing.

Questões para Discussão

1. Viver um dia como um gerente de marketing demonstraria a importância crítica das capacidades de gerenciamento de relacionamento, uma vez que esse gerente interage com funcionários de outras áreas funcionais e, certamente, com representantes tanto das organizações do cliente quanto do fornecedor. Explorar o significado estratégico desses relacionamentos.

2. Muitas empresas estão mudando das funções selecionadas de serviço para fornecedores externos. Por exemplo, a Harley-Davidson recentemente terceirizou sua função do departamento de transporte para a UPS Supply Chain Solutions. Que fatores induziriam tal decisão e quais os critérios que um cliente como a Harley-Davidson enfatizaria na escolha de um fornecedor?

3. Explicar como uma empresa como a GE poderia ser classificada por alguns profissionais de marketing industrial como um cliente usuário, mas por outros como um cliente OEM.

4. Avaliar esta declaração: "A demanda por equipamentos principais (um produto de base) deve ser menos responsiva a mudanças no preço que aquela por materiais, bens de consumo e componentes". Você concorda ou discorda? Justifique a sua opinião.

5. Quais são as principais diferenças entre o marketing de bens de consumo e o marketing industrial?
   Usar a tabela a seguir como orientação para a elaboração de sua resposta:

	Marketing de bens de consumo	Marketing industrial
Clientes	_____	_____
Comportamento de compra	_____	_____
Relacionamento comprador-vendedor	_____	_____
Produto	_____	_____
Preço	_____	_____
Promoção	_____	_____
Canais	_____	_____

6. Avaliar esta declaração: "As formas pelas quais as empresas líderes gerenciam o tempo na cadeia de suprimentos – no desenvolvimento de novo produto, na produção, nas vendas e na distribuição – são as mais poderosas novas fontes de vantagem competitiva".

7. A DuPont, uma das maiores produtoras industriais de produtos químicos e fibras sintéticas, gasta milhões de dólares por ano na propaganda de seus produtos aos clientes finais. Por exemplo, a empresa investiu mais de $ 1 milhão em um anúncio-relâmpago de TV que dava ênfase ao conforto de jeans fabricados com a mistura *stretch* de poliéster e algodão da DuPont. A empresa não produz jeans nem os comercializa para o cliente final, então por que foi gasto tanto dinheiro na propaganda para o cliente?

8. Os produtos do cliente são frequentemente classificados como produtos de conveniência, de shopping ou especializados. Esse sistema de classificação está baseado em como os clientes compram produtos específicos. Esse esquema de classificação seria igualmente bem aplicado no ambiente de marketing industrial?

9. A Home Depot fica lotada todas as manhãs, porque os empreiteiros locais, as pessoas que fazem reformas em residências e outros clientes com pequenos negócios estão comprando os produtos de que precisam para seus projetos daquele dia. Tais clientes com pequenos negócios representam enorme oportunidade de mercado para a Home Depot ou a Lowe's. Descrever as estratégias específicas que esses varejistas poderiam seguir para focar esses clientes e servi-los.

10. Descrever os principais elementos de uma proposição de valor do cliente. A seguir, explicar como uma proposição de valor atrativa poderia incluir *pontos de paridade*, assim como *pontos de diferenciação*.

CASO

BlackBerry da R.I.M. e iPhone da Apple: A Comparação no Mercado Industrial[43]

A Research in Motion Ltd. (R.I.M.), fabricante do BlackBerry, é a líder norte-americana na produção de smartphones, os aparelhos versáteis que operam mais como computadores do que como telefones. Antes domínio exclusivo de profissionais obcecados por e-mail e gerentes de todo o mercado industrial, os smartphones são hoje prestigiados pelos consumidores mais pelo acesso fácil à internet e música e vídeo digitais do que pela conexão móvel para a sua caixa de entrada de e-mail. A chegada do iPhone mudou os contornos do mercado de smartphones na direção dos consumidores. Uma indústria antes dominada por discussões técnicas sobre segurança empresarial está hoje dominada pelo burburinho sobre videogames, design suave do aparelho e redes móveis sociais. "Isso significa que a R.I.M., que costumava ver as grandes corporações e operadoras sem fio como seus clientes fiéis, precisa alterar o seu DNA bem depressa" para conseguir manter a sua posição de liderança. No primeiro trimestre de 2008, a R.I.M. detinha 45% do mercado dos Estados Unidos para smartphones, comparado com cerca de 20% da Apple.[44] A análise das vendas indica que o BlackBerry domina o mercado corporativo e o iPhone da Apple é forte no mercado do consumidor.

Novas Direções de Estratégia

Para capitalizar a sua marca forte e posição de liderança no setor de smartphones, a R.I.M. apresentou dois telefones que visam exclusivamente ao mercado do consumidor: o BlackBerry Pearl e o Curve. Bem recebidos pelos consumidores, os produtos atenderam às expectativas de desempenho da R.I.M. e hoje são responsáveis pela maioria das vendas de dispositivos da R.I.M. Em resposta, a Apple agora inclui uma atualização de software que permite que os iPhones se conectem diretamente aos sistemas corporativos de e-mail – um punhal no coração da R.I.M. no mercado industrial. A atualização também permite que os usuários do iPhone rodem aplicativos customizados para rastrear estoques, registrar despesas e executar outras tarefas corporativas. Assim, a R.I.M. está tentando capturar uma parte do mercado do consumidor com o BlackBerry e a Apple está atacando a R.I.M. no seu quintal, ao levar a demanda pelo iPhone para os consumidores corporativos.

Alguns especialistas sugerem que a R.I.M. ofereça capacidades com as quais a Apple ainda não possa competir, inclusive segurança e confiança aprimoradas para usuários corporativos. Por exemplo, a empresa tem a própria rede sem fio, então pode certificar-se de que os e-mails sejam entregues em tempo hábil.[45] Além disso, a Apple demonstra grande capacidade no design de produtos, na inovação e na fixação de marcas. Assim, o maior desafio da R.I.M. no setor de smartphones orientados para o consumidor pode se resumir na criação de dispositivos que as pessoas admiram e acatam, tanto quanto o iPhone.

---

[43] A menos que observada de outra forma, esta discussão tem como base o autor Brad Stone, "BlackBerry's Quest: Fend off the iPhone", *The New York Times*, 27 de abril de 2008, p. B1 e B4.

[44] Jim Jubak, "New iPhone Shows Apple Still Gets It", disponível em http://www.moneycentral.msn.com, acesso em 6 de junho de 2008.

[45] Arik Hesseldahl, "The iPhone Eyes BlackBerry's Turf", *Business Week*, 23 de junho de 2008, p. 38.

Questões para Discussão

1. Sugerir possíveis estratégias que a Apple poderia seguir para fortalecer a posição do iPhone no mercado industrial. Por outro lado, quais são as estratégias que a R.I.M. poderia seguir para fortalecer o desempenho da marca BlackBerry no mercado do consumidor?

2. Em sua opinião, qual marca ganhará a batalha no mercado industrial? E no mercado do consumidor?

CAPÍTULO 2

O Mercado Industrial: Perspectivas do Comprador Organizacional

O profissional de marketing industrial deve entender as necessidades de um composto diversificado de compradores organizacionais advindos de três amplos setores do mercado industrial – empresas comerciais, governo (todos os níveis) e instituições – assim como de um conjunto em crescimento de compradores internacionais. Após a leitura deste capítulo, você entenderá:

1. a natureza e as características centrais de cada um desses setores do mercado.

2. como a função de compra está organizada em cada um desses componentes do mercado industrial.

3. o papel dramático que a compra on-line assume no mercado industrial.

4. a necessidade de elaborar um programa único de marketing para cada setor do mercado industrial.

A Cisco Systems, Inc. fornece soluções de rede que são a base da internet e da maioria das redes corporativas, educacionais e do governo em uma escala global. Hoje, a internet e a rede de computadores são uma parte fundamental dos negócios, da educação, das comunicações pessoais e do entretenimento. Praticamente, todas as mensagens ou transações que passam pela internet são transportadas de modo eficiente e seguro através de equipamentos da Cisco. A empresa fornece também soluções de hardware e de software para o transporte de dados, voz e vídeo dentro de prédios, por campos universitários ou pelo mundo.

Em vez de servir clientes individuais ou residenciais, a Cisco é uma empresa de ponta em business-to-business que comercializa seus produtos e serviços para organizações: empresas comerciais (como corporações e empresas de telecomunicação), unidades do governo e instituições (por exemplo, universidades e organizações de assistência médica). Os gerentes de marketing da Cisco dão especial atenção à transformação de produtos e serviços de tecnologia complexa em soluções concretas para atender às exigências do cliente. Por exemplo, quando a Pep Boys, cadeia líder do mercado de reposições automotivas e da prestação de serviços nos Estados Unidos, quis conectar suas 593 lojas de varejo espalhadas por 36 estados, a Cisco forneceu a solução de rede.[1] Da mesma forma, quando a Procter & Gamble (P&G) quis lançar enorme iniciativa na internet para atender seus alvos de crescimento agressivo, a empresa recorreu à Cisco.[2] A equipe de vendas da Cisco descreveu como uma estratégia eficiente na internet poderia melhorar o modo pelo qual as empresas interagem com os funcionários, fornecedores e clientes. Trabalhando com a Cisco, a P&G implantou várias iniciativas, inclusive um sistema on-line chamado "Gerenciamento de Pedidos pela Rede", que permite aos clientes varejistas, como a Target, se conectarem com a P&G a qualquer tempo para colocar e gerenciar pedidos pela rede. Ao trabalhar com a Cisco, o diretor de TI (CIO) da P&G, Steve David, comentou: "Preferimos engatar nosso vagão a pessoas que são as melhores, para que possam nos ajudar a ser os melhores ao criar aquela vantagem competitiva tão importante".[3]

Cada um dos três setores do mercado industrial – empresas comerciais, instituições e governos – possui características identificáveis e únicas que os profissionais de marketing industrial devem entender, caso desejem fazer crescer as suas bases de clientes. Uma primeira etapa significativa na criação de uma estratégia de marketing de sucesso é isolar as dimensões singulares de cada principal setor do mercado industrial. Quanto de potencial de mercado está representado em cada setor? Quem toma as decisões de compra? As respostas dão uma base sobre a qual os gerentes podem elaborar programas de marketing que respondam às necessidades e características específicas de cada setor do mercado industrial.

Empresas Comerciais: Características Singulares

As **empresas comerciais** incluem fabricantes, empresas de construção, prestadoras de serviços (como hotéis), empresas de transporte, grupos profissionais selecionados (por exemplo, dentistas) e revendedores (atacadistas e varejistas comprando equipamentos e material de consumo para uso em suas organizações). Os fabricantes são os clientes comerciais mais importantes: os cem maiores compram mais de $ 1 trilhão de produtos e serviços anualmente.[4]

---

[1] História de Sucesso do Cliente: "Cisco Helps Pep Boys Improve Point-of-Sale Applications, Security Posture, and Future Flexibility", disponível em http://www.cisco.com, acesso em 6 de junho de 2008, p. 1-4.
[2] "Cisco Customer Profile: Procter & Gamble", disponível em http://www.cisco.com, acesso em 23 de julho de 2002, p. 1-3.
[3] Ibid., p. 3.
[4] Anne Millen Porter, "Containing Total Spend", *Purchasing* 132 (6 de novembro de 2008), p. 18-25.

Distribuição por Tamanho

Um fato surpreendente sobre o estudo dos fabricantes é que restam tão poucos deles. A indicação disponível sugere que existem cerca de 350 mil fábricas nos Estados Unidos.[5] E, embora apenas 30 mil fábricas (menos de 10%) empreguem mais de cem trabalhadores cada uma, esse punhado de empresas embarca mais de 75% de todos os produtos manufaturados norte-americanos. Como as operações de fabricação estão tão concentradas nos Estados Unidos, o profissional de marketing industrial presta serviços, em geral, a bem menos clientes, porém bem maiores, do que um profissional de marketing de bens de consumo. Por exemplo, a Intel vende microprocessadores para algumas grandes fábricas, como a Dell e a Hewlett-Packard, que, por sua vez, estão voltadas para milhões de compradores potenciais de computador. Claramente, os grandes compradores são, em geral, de importância vital para os profissionais de marketing industrial. Como cada grande empresa tem um poder de compra tão vasto, os profissionais de marketing industrial normalmente adaptam estratégias específicas de marketing para cada cliente.

Pequenas fábricas também constituem um segmento importante do mercado industrial. De fato, mais de dois terços de todas as fábricas nos Estados Unidos empregam menos de 20 pessoas.[6] Além dos pequenos fabricantes, mais de 5 milhões de pequenos negócios nos Estados Unidos empregam menos de seis pessoas cada. Com base nesses números, os pequenos negócios representam uma categoria dominante de clientes do mercado industrial – mas um mercado para o qual, às vezes, é difícil prestar serviços.[7] Como o comprador organizacional em pequenas empresas possui necessidades diferentes – e, em geral, uma orientação bem diferente –, os astutos profissionais de marketing ajustam seus programas de marketing às necessidades específicas desse segmento de mercado. Para ilustrar, a FedEx quis aumentar a sua participação no mercado de pequenos expedidores, mas reconheceu que a coleta de pacotes em várias pequenas empresas é mais cara que a sua coleta em um único local maior.[8] Para chegar com economia a esses clientes, a FedEx encoraja as pequenas expedidoras a trazer seus pacotes para postos de coleta da FedEx convenientemente localizados. A estratégia tem sido um sucesso.

Concentração Geográfica

O tamanho não é o único fator de concentração importante para o profissional de marketing industrial: os fabricantes também estão concentrados geograficamente. Mais da metade de todas as fábricas nos Estados Unidos está localizada em apenas oito estados: Califórnia, Nova York, Ohio, Illinois, Michigan, Texas, Pensilvânia e Nova Jersey. A maioria das grandes áreas metropolitanas são mercados industriais lucrativos. A concentração geográfica do setor, todavia, significa apenas que existe um grande volume potencial em dada área; as exigências de cada comprador podem ainda variar de modo significativo.

A concentração geográfica tem importantes implicações na elaboração da estratégia de marketing. Primeiro, as empresas podem concentrar seus esforços de marketing em áreas com alto potencial de mercado, fazendo uso eficiente de equipes de venda em tempo integral nesses mercados. Segundo, os centros

---

[5] Departamento de Comércio dos Estados Unidos, Secretaria do Censo, *Parceiros Comerciais do Condado em 2005*, disponível em www.censtats.gov, acesso em 6 de junho de 2008.
[6] Ibid.
[7] Arun Sharma, R. Krishnan e Dhruv Grewal, "Value Creation in Business Markets", *Industrial Marketing Management* 30 (junho de 2001), p. 391-402.
[8] Thomas H. Davenport, Jeanne G. Harris e Ajay K. Kohli, "How Do They Know Their Customers So Well?", *MIT Sloan Management Review* 42 (inverno de 2001), p. 65.

de distribuição em áreas de grande volume podem garantir a entrega rápida para alta proporção de clientes. Por fim, as empresas podem não ser capazes de restringir o seu pessoal de vendas a áreas geográficas específicas porque muitas das grandes organizações compradoras incumbem uma única pessoa da responsabilidade de compra de certos produtos e materiais para toda a empresa. Por exemplo, a Wendy's International, Inc. opera um sistema centralizado de compras desde a sua sede em Dublin, Ohio, que assiste toda a rede da Wendy's – todos os restaurantes corporativos e franqueados em uma base global. A equipe de profissionais centralizada compra todos os materiais diretos para todos os restaurantes – alimentos, embalagens e material de consumo. Judith Hollis, vice-presidente de gerenciamento da cadeia de suprimentos na Wendy's, observa:

> Vemos a nossa tarefa como o desenvolvimento de parcerias com o fornecedor, que ajudarão a Wendy's a manter a vantagem competitiva. Procuramos [...] empresas que estejam envolvidas na inovação tecnológica em qualidade, alimentos, segurança e preparação com eficiência.[9]

Ao entender como está estruturada uma organização compradora de um comprador potencial, os profissionais de marketing industrial ficam mais bem equipados para identificar as pessoas influentes de compras e para desenvolver uma estratégia responsiva.

Classificação de Empresas Comerciais

Os profissionais de marketing ganham uma valiosa compreensão da estratégia ao identificar as necessidades e exigências de diferentes tipos de empresas comerciais ou clientes industriais. O **Sistema de Classificação da Indústria Norte-Americana (NAICS)**[10] organiza a atividade comercial em setores econômicos significativos e identifica grupos de empresas industriais que usam processos de produção similares.[11] O NAICS é um fruto do Acordo de Livre Comércio da América do Norte (Nafta); ele fornece relatórios de dados econômicos padronizados entre o Canadá, o México e os Estados Unidos. Toda fábrica ou estabelecimento comercial recebe um código que reflete o produto primário fabricado naquele local. O novo sistema, que inclui as indústrias tradicionais e também incorpora novas indústrias tecnológicas emergentes, substitui o sistema de Classificação Industrial Padrão (SIC) usado durante décadas.

A Figura 2.1 ilustra os módulos do sistema. Observe que os primeiros dois dígitos identificam o setor econômico e, à medida que são acrescentados mais dígitos, a classificação torna-se mais refinada. Por exemplo, todos os estabelecimentos comerciais que criam, divulgam ou fornecem os meios para a distribuição de informações estão incluídos no setor de Informações: Código NAICS 51. Dezenove outros setores econômicos estão incluídos no sistema. Mais especificamente, os estabelecimentos norte-americanos que produzem equipamentos de *paging* [contato via bip] recebem um Código NAICS 513321. Cada país adapta os códigos de seis dígitos para as subdivisões da indústria, mas são padronizados no nível dos cinco dígitos nos três países.

Uso do NAICS. Quando os gerentes de marketing entendem as necessidades e exigências de umas poucas empresas dentro de uma categoria de classificação, podem projetar as exigências para outras empresas que compartilham aquela categoria. Cada grupo será relativamente homogêneo em termos de matérias-

---

[9] Michael Fredette, "An Interview with Judith Hollis", *Journal of Supply Chain Management* 37 (verão de 2001), p. 3.
[10] No Brasil, a classificação das empresas de acordo com a atividade econômica denomina-se CNAE (Classificação Nacional de Atividades Econômicas). (N.T.)
[11] Disponível em www.naics.com, "História do NAICS/SIC", acesso em 15 de junho de 2005.

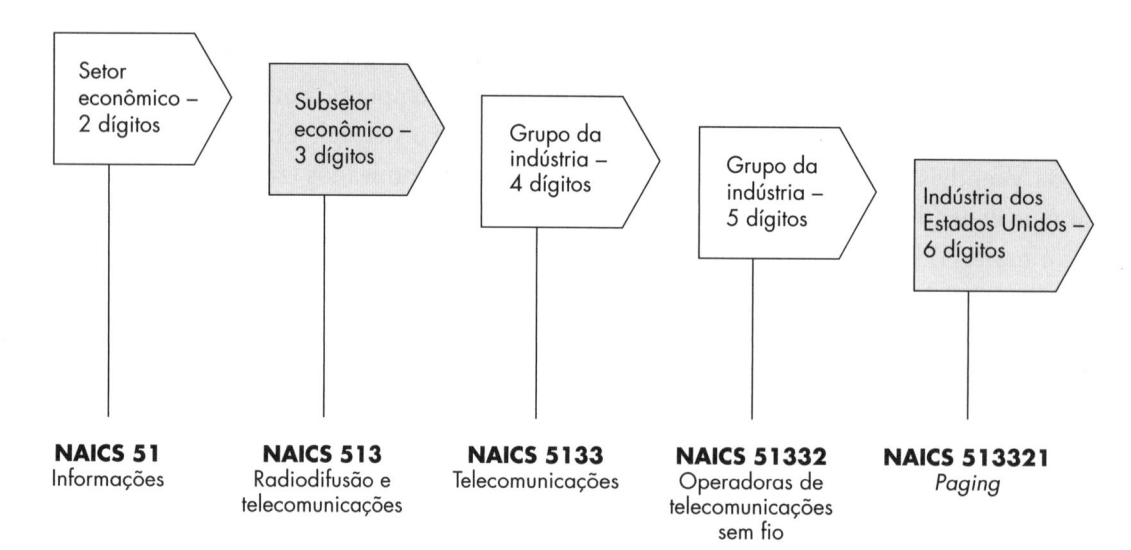

FIGURA 2.1 | SISTEMA DE CLASSIFICAÇÃO INDUSTRIAL NORTE-AMERICANO

- Setor econômico – 2 dígitos
- Subsetor econômico – 3 dígitos
- Grupo da indústria – 4 dígitos
- Grupo da indústria – 5 dígitos
- Indústria dos Estados Unidos – 6 dígitos

NAICS 51 Informações
NAICS 513 Radiodifusão e telecomunicações
NAICS 5133 Telecomunicações
NAICS 51332 Operadoras de telecomunicações sem fio
NAICS 513321 *Paging*

FONTE: Reproduzido de K. Douglas Hoffman et al., *Marketing: Best Practices* (Mason, Ohio: South-Western/Thomson Learning, 2003), p. 171.

-primas necessárias, peças componentes utilizadas e processos de fabricação empregados. O NAICS proporciona uma ferramenta valiosa para a identificação de novos clientes e para se estabelecer o alvo de segmentos lucrativos de compradores comerciais.

A Organização Compradora

Independentemente de suas características organizacionais, toda empresa deve adquirir materiais, bens de consumo, equipamentos e serviços de que precisa para operar com sucesso o seu negócio. "Os gastos em produtos e serviços comprados podem representar 70% dos custos de uma empresa, de modo que os líderes do negócio sabem há muito tempo que os aperfeiçoamentos em compras podem melhorar diretamente o resultado final."[12] A forma pela qual os produtos e serviços são comprados depende de fatores como a natureza do negócio, o tamanho da empresa e o volume, a variedade e a complexidade técnica dos itens comprados. Raramente cada departamento em uma corporação realiza a própria compra. Em geral, a aquisição para todos os departamentos é administrada por uma pessoa com o cargo de diretor de compras ou diretor de aquisições. Sem dúvida, uma década marcada pela feroz concorrência global e com custos elevados de energia e *commodities* abriu os olhos dos executivos de todo o mundo com relação às vantagens estratégicas que podem ser alcançadas por meio de uma compra melhor e da função da cadeia de suprimentos. Assim, o *status* e a visibilidade dos compradores corporativos cresceram dentro da organização. A Alcoa Inc., a IBM e a Sarah Lee Corporation, junto com uma lista crescente de outras empresas, criaram cargos de diretor de aquisições (CPO), que se reportam, em geral, diretamente ao diretor-executivo ou ao diretor de operações.[13]

---

[12] Chip W. Hardt, Nicholas Reinecke e Peter Spiller, "Inventing the 21st Century Purchasing Organization", *The McKinsey Quarterly*, 2007 (4), p. 116.
[13] Timothy Aeppel, "Global Scramble for Goods Gives Corporate Buyers a Lift", *The Wall Street Journal*, 2 de outubro de 2007, p. A1; e Shelby D. Hunt e Donna Davis, "Grounding Supply Chain Management in Resource-Advantage Theory", *Journal of Supply Chain Management* 44 (janeiro de 2008), p. 10-21.

A função de compras no dia a dia é realizada por compradores, cada um dos quais responsável por um grupo específico de produtos. A organização da função de compras, dessa forma, permite que os compradores adquiram alto nível de perícia técnica sobre uma série limitada de itens. À medida que produtos e materiais se tornam mais sofisticados, os compradores devem se tornar mais informados sobre as características do material, os processos de fabricação e as especificações do projeto. Com frequência, um número relativamente grande é empregado para conduzir a pesquisa, avaliar os materiais e realizar estudos de custo.

Metas da Função de Compras

Para abordar as necessidades dos clientes comerciais de todos os tipos, o profissional de marketing deve entender as metas do gerente de compras e como a função de compras contribui para os objetivos da organização (Tabela 2.1). O tomador de decisões de compras deve equilibrar uma série de objetivos diferentes que estejam em desarmonia. Por exemplo, a peça componente de preço mais baixo é inaceitável quando não atende aos padrões de qualidade ou quando é entregue com duas semanas de atraso. Além de proteger a estrutura de custos da empresa, aperfeiçoar a qualidade e manter no mínimo o investimento no estoque, a compra assume um papel central no gerenciamento dos relacionamentos com os fornecedores. Neste caso, a compra assume um papel central no gerenciamento da cadeia de suprimentos.

O **gerenciamento da cadeia de suprimentos** é uma técnica para vincular as operações de um fabricante àquelas de todos os seus fornecedores estratégicos, principais intermediários e clientes. A abordagem busca integrar os relacionamentos e as operações tanto dos fornecedores imediatos e de primeira linha quanto daqueles vários níveis atrás na cadeia de suprimentos, para que os fornecedores de segunda, terceira e quarta linhas atendam às exigências de qualidade, entrega e troca periódica de informações.

TABELA 2.1 | **METAS DAS COMPRAS**

Metas	Descrição
Fluxo de materiais não interrompido	Fornecer um fluxo não interrompido de materiais, bens de consumo e serviços necessários para o funcionamento da organização.
Gerenciamento do estoque	Minimizar o investimento em estoque.
Aperfeiçoamento da qualidade	Manter e aperfeiçoar a qualidade ao avaliar e escolher produtos e serviços com cuidado.
Desenvolvimento e gerenciamento dos relacionamentos com o fornecedor	Encontrar fornecedores competentes e estimular os relacionamentos colaborativos com a cadeia de suprimentos.
Alcance do custo total mais baixo	Comprar os produtos e serviços necessários pelo custo total mais baixo.
Redução de custos administrativos	Alcançar os objetivos de compras com o menor nível possível de custos administrativos.
Aprimoramento da posição competitiva da empresa	Aprimorar a posição competitiva da empresa ao reduzir os custos da cadeia de suprimentos ou ao capitalizar as capacidades dos fornecedores.

FONTE: Adaptado com alterações de Michael R. Leenders, Harold E. Fearon, Anna E. Flynn e P. Fraser Johnson, *Purchasing and Supply Management*, 12. ed. (Chicago: Irwin, 202), p. 40-43; e Andrew Bartolini, "CPO Rising: The CPO's Agenda for 2008", Aberdeen Group, fevereiro de 2008, disponível em http://www.aberdeen.com, acesso em 7 de junho de 2008.

POR DENTRO DO MARKETING INDUSTRIAL

A Cadeia de Suprimentos para o McNuggets

Os gerentes de compras da McDonald's Corporation trabalharam em conjunto com os fornecedores para desenvolver um modelo sofisticado que visa reduzir o custo do frango. O modelo especifica como as várias misturas de alimento afetam o ganho de peso dos frangos, e os fornecedores são capazes de otimizar o ganho de peso do frango em resposta à mudança de preços do alimento.

O McDonald's também gerencia bem de perto e coordena com rigor a sua cadeia de suprimentos desde a incubadora até a processadora e nos restaurantes. "O McDonald's exige de modo explícito que as incubadoras coloquem ovos para antecipar a previsão de vendas de produtos feitos com frangos. A movimentação do produto através da base de suprimento é tão bem orquestrada que um fornecedor pode colocar ovos nas incubadoras com segurança 75 dias antes da data em que o McDonald's espera vender o frango como McNuggets."

FONTE: Timothy M. Laseter, *Balanced Sourcing: Cooperation e Competition in Supplier Relationships* (São Francisco: Jossey-Bass, 1998), p. 14.

As empresas que adotam o gerenciamento da cadeia de suprimentos também pedem ideias aos principais fornecedores e os envolvem diretamente no processo de desenvolvimento de novos produtos. Ao gerenciar os custos da cadeia de suprimentos e vincular as capacidades do fornecedor ao desenvolvimento do novo produto, a função de compras está aprimorando o desempenho corporativo em muitas organizações.

Aquisição Estratégica[14]

Organizações de ponta como a Dell Computer, a GE e a Honda demonstram o papel crítico que a compra pode assumir na criação de oportunidades de lucro em seu setor. Para ilustrar, a Honda, há muito reconhecida pela compra da excelência e por sua capacidade de manter a lealdade do cliente, foi capaz de reduzir em 20% os custos das compras externas que incorporavam o atual Accord. Um alto executivo de compras da Honda descreveu como isso foi feito:

> A primeira coisa que fizemos foi compilar uma grande lista de todas as formas possíveis pelas quais poderíamos remover os custos do Accord; a maioria delas, de fato, veio do trabalho dos fornecedores com os setores de compras e de engenharia. Estudamos cada ideia, estabelecemos prioridades de acordo com a sua probabilidade de sucesso e, então, apenas começamos a focalizar o nosso trabalho no desenvolvimento de cada uma delas.[15]

Entendimento do Custo Total. Para revelar oportunidades de economia e crescimento, a função de compras deve desenvolver uma compreensão aguçada sobre o custo total e o valor de um produto ou serviço para a empresa. Tal abordagem exige que os gerentes de compras levem em consideração não apenas o preço de compra, mas também uma série de outros pontos:

---

[14] Esta seção tem como base os autores Matthew G. Anderson e Paul B. Katz, "Strategic Sourcing", *International Journal of Logistics Management* 9 (1, 1998), p. 1-13.

[15] Timothy M. Laseter, *Balanced Sourcing: Cooperation and Competition in Supplier Relationships* (São Francisco: Jossey-Bass, 1998), p. 224.

- os fatores que impulsionam o custo do produto ou serviço na cadeia de suprimentos, como o transporte;
- os custos de aquisição e gerenciamento de produtos ou serviços;
- qualidade, confiabilidade e outros atributos de um produto ou serviço durante o seu ciclo de vida completo;
- o valor de um produto ou serviço para uma empresa e para os seus clientes.

Fundamental para essa perspectiva de custo do sistema total é o conceito de custo total de propriedade. "O **custo total de propriedade** (TCO) leva em consideração as atividades do fornecedor e do comprador, como também os custos durante o ciclo de vida completo de um produto ou serviço."[16] Por exemplo, uma empresa pode justificar a compra de um produto de alta qualidade e pagar um preço especial porque o preço de compra inicial será compensado por um número menor de defeitos de fabricação, menores exigências de estoque e custos administrativos inferiores. O custo total de propriedade significa o entendimento de uma série de relacionamentos custo-valor associados a cada compra.

Níveis de Desenvolvimento de Aquisições. Ao capturar economias de custo por meio da aquisição aprimorada, Matthew Anderson e Paul Katz, da Mercer Management Consulting, sugerem que as empresas operem em diferentes níveis de desenvolvimento e enfatizem os diferentes trajetos até a redução do custo e a melhoria da receita (Figura 2.2). Indo da menos para a mais desenvolvida, essas abordagens incluem (1) comprar por menos; (2) comprar melhor; (3) consumir melhor e (4) vender melhor. Observe que a estratégia mais desenvolvida – vender melhor – vincula as atividades de compra diretamente à estratégia. Neste caso, a aquisição constrói relacionamentos com o fornecedor que aumentam, no final, o crescimento e a força de mercado da organização.

Nível 1 – Compra Alavancada (Comprar por Menos). Muitas empresas demonstram práticas de aquisição de Nível 1 e alcançam economias de custo ao centralizar a autoridade da tomada de decisões, o que permite a consolidação do volume e a seleção de fornecedores que têm os melhores preços e as melhores condições.

Nível 2 – Compra Casada (Comprar Melhor). O próximo nível de desenvolvimento de aquisições é alcançado quando a organização compradora tem uma visão externa da cadeia de suprimentos e desenvolve relacionamentos mutuamente benéficos com os fornecedores. A empresa alcança a economia de custo ao modernizar o processo de licitação, otimizar a entrega e os fluxos de informação e firmar comprometimentos estáveis que permitam uma produção eficiente por parte dos fornecedores. Economias de custo incrementais de 5% a 25% resultam na passagem do Nível 1 para o Nível 2.

Nível 3 – Compra pelo Valor (Consumir Melhor). A meta do Nível 3 é aprimorar o desempenho da função de aquisição ao otimizar os custos do ciclo de vida e o valor dos produtos e serviços. A análise do valor, o gerenciamento da complexidade e um envolvimento prematuro com o fornecedor no projeto do produto permitem que compradores e fornecedores descubram valor agregado.

- **Análise do valor** é um método para se determinar o peso do valor comparativo de materiais, componentes e processos de fabricação do ponto de vista de sua finalidade, mérito relativo e custo, para revelar formas de aperfeiçoamento dos produtos, custos mais baixos ou ambos. Por exemplo, a Ferro Corporation desenvolveu um novo processo de revestimento que permite à Whirlpool pin-

---

[16] Anderson e Katz, "Strategic Sourcing", p. 3. Ver também James Carbone, "Using TCO to Rate Suppliers", *Purchasing* 133 (19 de fevereiro de 2004), p. 30-34.

tar um gabinete de geladeira em dez minutos, em comparação com o antigo processo que levava três horas.[17] O novo processo proporcionou economias de custo significativas para a Whirlpool.

- **O gerenciamento da complexidade** busca reduções de custo ao simplificar o projeto dos produtos ou ao usar peças componentes padronizadas em produtos e em todas as linhas de produtos. O gerenciamento da complexidade pode também envolver a terceirização da produção ou tarefas de montagem para os parceiros da cadeia de suprimentos. Por exemplo, a Boeing está levando o conceito de colaboração do fornecedor a novos patamares no desenvolvimento do 787 Dreamliner. Em vez de integrar as peças e os materiais do fornecedor nos próprios produtos, os principais fornecedores assumem aquela responsabilidade e fornecem subsistemas completos para a Boeing. Para ilustrar, a Rockwell Collins fornece os principais sistemas aviônicos – telas, comunicações e mais – para o 787 da Boeing.[18]
- Para apreender novas ideias, tecnologias e economias de custo, as organizações compradoras líderes dão ênfase ao **envolvimento antecipado do fornecedor no desenvolvimento de novo produto**. Em empresas como Boeing, Harley-Davidson, Apple e Honda, os principais fornecedores contribuem ativamente no processo de desenvolvimento do novo produto desde a etapa do projeto até a apresentação do produto, gastando, em geral, meses na empresa/fábrica em colaboração com a equipe de desenvolvimento.

Ao utilizar esses métodos, as oportunidades de economia do Nível 3 podem ser significativas. A pesquisa da McKinsey & Company indica que os grupos de compras de alto desempenho geram economias anuais de custo que são cerca de seis vezes maiores que aquelas dos grupos de baixo desempenho.[19]

Nível 4 – Venda Integrada (Vender Melhor). O desenvolvimento de Nível 4 aplica-se quando as escolhas da organização compradora de um produto ou serviço específico causam um efeito significativo sobre a receita e também envolvem alto grau de risco do negócio. Por exemplo, os investimentos de uma empresa de telecomunicações, como a AT&T, em produtos de tecnologia que compõem a sua infraestrutura causam um grande efeito no futuro da empresa. Nessas condições, a escolha das tecnologias certas e o compartilhamento dos riscos com fornecedores importantes são cruciais para o sucesso da estratégia corporativa da AT&T. Profissionais de compras altamente capacitados e informados são necessários para o alcance desse nível avançado de desenvolvimento de aquisições, que une as decisões de compra às estratégias corporativas de crescimento.

Segmentação das Categorias de Compras. Cada empresa compra uma carteira exclusiva de produtos e serviços. Os líderes em aquisições estão prestando maior atenção à segmentação das compras totais em categorias distintas e no estreitamento de seus focos sobre aquelas compras que causam os maiores efeitos sobre a geração de receita ou que apresentam o maior risco ao desempenho corporativo. Na Figura 2.3, observe que as várias categorias de compras estão segmentadas com base na complexidade da aquisição e na natureza do efeito sobre o desempenho corporativo (ou seja, impacto sobre a receita/risco do negócio).

Que Compras Afetam o Desempenho? A complexidade da aquisição leva em consideração fatores como a complexidade técnica, o escopo da coordenação da cadeia de suprimentos exigido e o grau em que são relevantes os custos do ciclo de vida. A dimensão do impacto sobre a receita/risco do negócio leva em

---

[17] Elizabeth Baatz, "How Purchasing Handles Intense Cost Pressure", *Purchasing* 127 (8 de outubro de 1999), p. 61-66.
[18] Susan Avery, "Boeing Executive Steven Schaffer Is Named Supply Chain Manager of the Year for the 787 Dreamliner Project", 18 de outubro de 2007. Publicação da *Purchasing* disponível em http://www.purchasing.com, acesso em 5 de junho de 2008.
[19] Hardt, Reinecke e Spiller, "Inventing the 21st Century Purchasing Organization", p. 116.

Capítulo 2 O Mercado Industrial: Perspectivas do Comprador Organizacional 43

FIGURA 2.2 | NÍVEIS DE DESENVOLVIMENTO DA AQUISIÇÃO E TRAJETÓRIAS PARA O APRIMORAMENTO DE ECONOMIAS/RECEITA

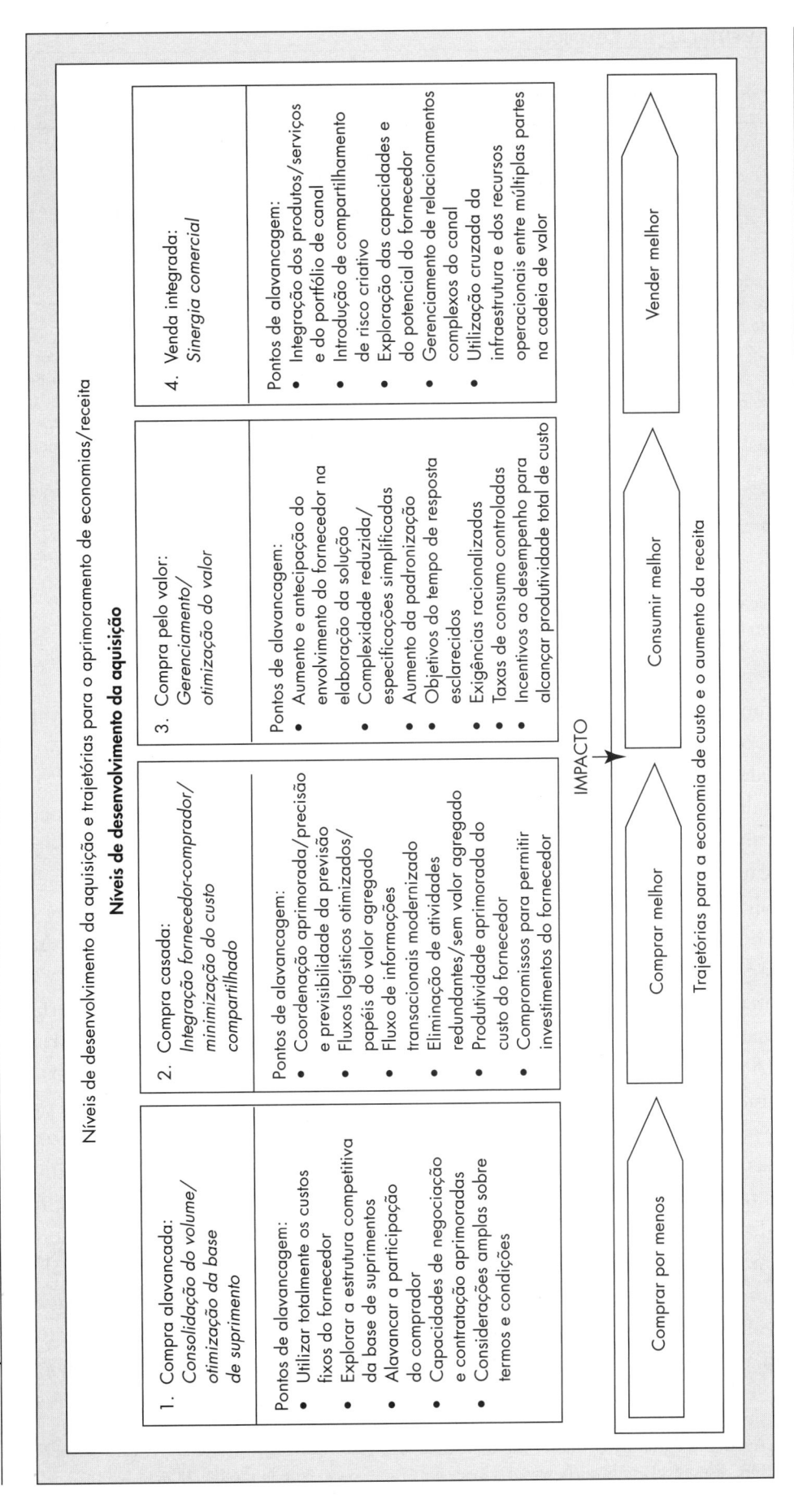

Níveis de desenvolvimento da aquisição e trajetórias para o aprimoramento de economias/receita

Níveis de desenvolvimento da aquisição

1. **Compra alavancada:**
   Consolidação do volume/otimização da base de suprimento

   Pontos de alavancagem:
   - Utilizar totalmente os custos fixos do fornecedor
   - Explorar a estrutura competitiva da base de suprimentos
   - Alavancar a participação do comprador
   - Capacidades de negociação e contratação aprimoradas
   - Considerações amplas sobre termos e condições

2. **Compra casada:**
   Integração fornecedor-comprador/minimização do custo compartilhado

   Pontos de alavancagem:
   - Coordenação aprimorada/precisão e previsibilidade da previsão
   - Fluxos logísticos otimizados/papéis do valor agregado
   - Fluxo de informações transacionais modernizado
   - Eliminação de atividades redundantes/sem valor agregado
   - Produtividade aprimorada do custo do fornecedor
   - Compromissos para permitir investimentos do fornecedor

3. **Compra pelo valor:**
   Gerenciamento/otimização do valor

   Pontos de alavancagem:
   - Aumento e antecipação do envolvimento do fornecedor na elaboração da solução
   - Complexidade reduzida/especificações simplificadas
   - Aumento da padronização
   - Objetivos do tempo de resposta esclarecidos
   - Exigências racionalizadas
   - Taxas de consumo controladas
   - Incentivos ao desempenho para alcançar produtividade total de custo

4. **Venda integrada:**
   Sinergia comercial

   Pontos de alavancagem:
   - Integração dos produtos/serviços e do portfólio de canal
   - Introdução de compartilhamento de risco criativo
   - Exploração das capacidades e do potencial do fornecedor
   - Gerenciamento de relacionamentos complexos do canal
   - Utilização cruzada da infraestrutura e dos recursos operacionais entre múltiplas partes na cadeia de valor

IMPACTO

Comprar por menos → Comprar melhor → Consumir melhor → Vender melhor

Trajetórias para a economia de custo e o aumento da receita

FONTE: Reproduzido com permissão de Matthew G. Anderson e Paul B. Katz, "Strategic Sourcing", *International Journal of Logistics Management* 9 (1, 1998), p. 4, Figura 3. Página da internet em http://www.ijlm.org.

FIGURA 2.3 | SEGMENTAÇÃO DA COMPRA

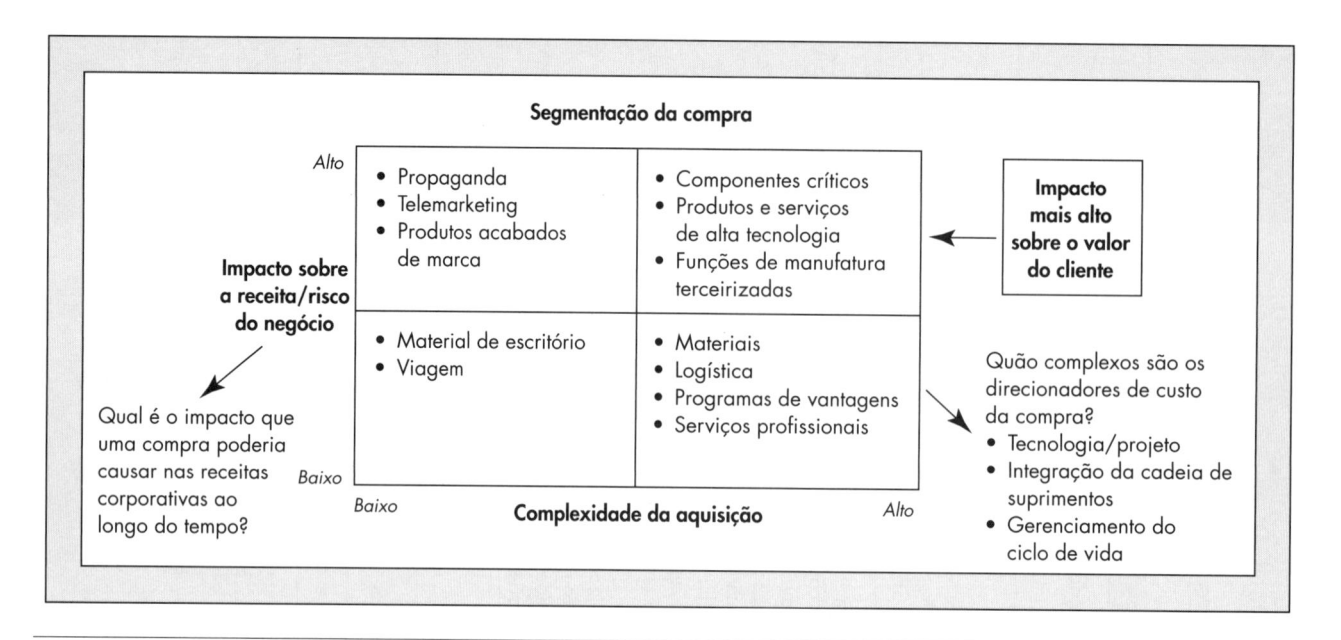

Segmentação da compra

Impacto sobre a receita/risco do negócio (Alto / Baixo)

Qual é o impacto que uma compra poderia causar nas receitas corporativas ao longo do tempo?

Quadrante superior esquerdo (Alto impacto / Baixa complexidade):
- Propaganda
- Telemarketing
- Produtos acabados de marca

Quadrante superior direito (Alto impacto / Alta complexidade):
- Componentes críticos
- Produtos e serviços de alta tecnologia
- Funções de manufatura terceirizadas

Quadrante inferior esquerdo (Baixo impacto / Baixa complexidade):
- Material de escritório
- Viagem

Quadrante inferior direito (Baixo impacto / Alta complexidade):
- Materiais
- Logística
- Programas de vantagens
- Serviços profissionais

Complexidade da aquisição (Baixo / Alto)

Impacto mais alto sobre o valor do cliente

Quão complexos são os direcionadores de custo da compra?
- Tecnologia/projeto
- Integração da cadeia de suprimentos
- Gerenciamento do ciclo de vida

FONTE: Reproduzido com permissão de Matthew G. Anderson e Paul B. Katz, "Strategic Sourcing", *International Journal of Logistics Management* 9 (1, 1998), p. 7, Figura 8. Página na internet em http://www.ijlm.org.

---

consideração o grau pelo qual uma categoria de compra pode influenciar as percepções de valor dos clientes. Por exemplo, os gerentes de compras da Ford decidiram que alguns componentes são importantes para a identidade da marca, como volantes, rodas e outras peças altamente visuais.

Os gerentes de compras podem usar uma abordagem de segmentação para isolar aquelas categorias de compras que causam os maiores efeitos nas receitas corporativas. Por exemplo, os serviços de propaganda poderiam causar grandes implicações de risco relativas às percepções de valor do cliente, ao passo que os materiais de escritório permanecem uma questão de custo. Ou, no cenário da alta tecnologia, a aquisição de uma nova geração de tecnologia de semicondutores pode, essencialmente, ser uma aposta no futuro da empresa.[20]

Os profissionais de marketing industrial avaliam onde estão posicionadas as suas ofertas na carteira de compras de uma organização específica. Isso varia de empresa a empresa e de indústria a indústria. A receita e o lucro potencial para o profissional de marketing industrial são mais elevados naquelas organizações compradoras que visualizam a compra como uma estratégia – alto impacto na receita e alto impacto no valor do cliente. Por exemplo, na indústria automobilística, os sistemas eletrônicos de frenagem, os sistemas de áudio e de navegação, assim como os turbocompressores, encaixam-se nessa categoria e representam cerca de um quarto do custo de um veículo de passageiros.[21] Aqui, o profissional de marketing pode apresentar ofertas diretamente vinculadas à estratégia da organização compradora, desfrutando de uma margem de lucro atrativa. Caso o profissional de marketing industrial possa se tornar um componente central na cadeia de suprimentos do cliente, o efeito é ainda mais significativo: um relacionamento valioso e de longo prazo, em que o cliente vê o fornecedor como uma extensão de sua organização. Para as categorias de produtos que as organizações compradoras veem como menos estra-

---

[20] Anderson e Katz, "Strategic Sourcing", p. 7.
[21] Srikant Inampudi, Aurobind Satpathy e Anant Singh, "Can North American Auto Suppliers Create Value?", *The McKinsey Quarterly*, junho de 2008, disponível em http://www.mckinsey.com, acesso em 8 de junho de 2008.

POR DENTRO DO MARKETING INDUSTRIAL

Resposta com Ferramentas de Venda com Base no Valor

Estrategistas perspicazes de marketing B2B usam a venda com base no valor para demonstrar claramente o valor superior que fornecem em comparação com a concorrência. Por exemplo, a Microsoft fornece uma ferramenta on-line que pode ser usada pelos clientes empresariais potenciais para determinar o custo, configurar e comparar o Microsoft Windows Server a todo um universo de opções, como o Linux. Em cinco minutos ou menos, um cliente comercial pode avaliar o custo total de propriedade da opção da Microsoft e, então, realizar um estudo mais detalhado do valor do negócio que forneça uma análise abrangente dos custos e benefícios – sob medida para a sua organização.

Para ilustrar, quando o *cluster* de computadores de alto desempenho baseados em Linux, da Callaway Golf, chegou ao final de sua vida útil, os principais tomadores de decisão resolveram analisar duas opções: (1) outro sistema baseado no Linux ou (2) uma solução baseada no Windows Compute Cluster Server executado no hardware da Hewlett-Packard. A Callaway Golf escolheu a solução de computação de alto desempenho do servidor Windows por oferecer vantagens significativas, inclusive maneabilidade, facilidade de uso e custo. John Loo, gerente sênior de sistemas de design da Callaway Golf, observou: "O que realmente nos surpreendeu foi a diferença nos custos de licenciamento e manutenção dos softwares. Uma solução com o Linux teria sido mais cara, pois precisaríamos de um organizador de tarefas específico, que é algo que o Windows Compute Cluster Server fornece". A Microsoft usou a venda com base no valor para demonstrar os pontos de diferenciação.

FONTE: "Microsoft Customer Case Study: Callaway Golf", 11 de abril de 2008, disponível em http://www.microsoft.com, acesso em 12 de junho de 2008.

tégicas (por exemplo, material de escritório), a estratégia de marketing apropriada está centralizada no fornecimento de um sortimento completo de produtos, preços competitivos, suporte de serviço periódico e colocação de pedidos simplificada. Ao entender como os clientes segmentam as suas compras, os profissionais de marketing industrial estão mais bem equipados para visar a grupos lucrativos de clientes e desenvolver estratégias sob medida.

E-Procurement[22]

Da mesma forma que os clientes que compram na Amazon (http://www.amazon.com), os gerentes de compras usam a internet para encontrar novos fornecedores, comunicar-se com os atuais fornecedores ou fazer um pedido. Ao fornecer uma rica base de informações, a compra pela internet é também muito eficiente: estima-se que os pedidos de compra processados na internet custam apenas $ 5, comparados com o custo médio de pedidos de compra de $ 100. Por exemplo, a IBM transferiu toda a sua compra para a web e criou uma "bolsa privada" que está ligada aos seus fornecedores. A **bolsa privada** permite que uma empresa como a IBM automatize as suas compras e colabore em tempo real com um grupo de fornecedores especialmente convidado.[23] Ao lidar com praticamente todas as suas faturas em meio eletrônico (cerca

---

[22] Tim A. Minahan, "Best Practices in E-Sourcing: Optimizing and Sustaining Supply Savings", setembro de 2004, relatório de pesquisa do Aberdeen Group, Inc., Boston, Massachusetts; disponível em http://www.ariba.com, acesso em 15 de junho de 2005.
[23] Nicole Harris, "Private Exchanges' May Allow B-to-B Commerce to Thrive After All", *The Wall Street Journal*, 16 de março de 2001, p. B4.

de 400 mil e-faturas por mês), a IBM economiza aproximadamente $ 400 milhões por ano usando a sua estratégia de compras mais eficiente pela web.

Todos Estão Conectados

Há menos de uma década, empresas pioneiras como IBM, GE e United Technologies começaram a testar as negociações com base na internet como parte de seus programas de compra estratégicos. Hoje, mais de 80% das mil empresas da *Fortune* adotaram o software de e-procurement, e as novas opções de baixo custo hospedadas estão impulsionando a adoção de soluções de e-procurement entre as empresas de médio porte. Os fornecedores líderes do software de e-procurement incluem a Ariba, Inc. (http://www.ariba.com), a Emptoris (http://www.emptoris.com) e a Oracle Corporation (http://www.oracle.com). Para competir de modo eficaz nesse ambiente rico em informações, os gerentes de marketing industrial devem desenvolver um total entendimento das ferramentas de e-procurement que os clientes estão adotando.

Aprimorando as Capacidades do Comprador

Em vez de uma estratégia, o e-procurement é uma plataforma de tecnologia que permite que as informações sejam trocadas de modo eficiente e que os processos sejam automatizados. O e-procurement é "o uso de aplicativos com base na web, ferramentas de apoio à decisão e serviços associados para melhorar e aprimorar os processos de fornecimento estratégicos e o gerenciamento do conhecimento".[24] As capacidades a seguir estão incluídas entre os componentes característicos das soluções de e-procurement:

- *negociações on-line* que permitem ao comprador analisar os fornecedores por meio de um pedido de proposta (RFP), pedido de cotação (RFQ) ou pedido de informação (RFI) e conduzir pregões (discutidos a seguir);
- *ferramentas de colaboração* que permitem ao gerente de compras (1) colaborar com as partes interessadas internas (por exemplo, departamentos) para desenvolver especificações e prioridades detalhadas para produtos ou serviços a serem comprados e (2) fornecer uma descrição detalhada das exigências aos fornecedores por meio de um RFP;
- capacidades de *gerenciamento do conhecimento* que forneçam à função de aquisição e à alta administração um repositório central de dados e informações valiosos sobre o desempenho do fornecedor, os custos dos materiais e componentes, os fluxos do processo e as melhores práticas;
- *ferramentas analíticas* que dão apoio à análise detalhada e à modelagem dos custos de compras e do gasto total por categoria em toda a empresa.

Entrega de Resultados Mensuráveis

Por que as organizações compradoras estão adotando tecnologias de compra on-line? Porque elas "trazem vantagens mensuráveis sob a forma de economia relevante de custos, eficiência do processo e aprimoramento do desempenho", de acordo com Tim Minahan, um consultor da cadeia de suprimentos do Grupo Aberdeen.[25] Ao estudar os processos de aquisição em 60 empresas, inclusive American Express, Motorola

---

[24] Minahan, "Best Practices in E-Sourcing", p. 3.
[25] Ibid., p. 3.

e Alcoa, a Aberdeen descobriu que o e-procurement cortou pela metade o tempo do ciclo de compras, reduzindo os custos com material em 14% e os custos administrativos de compras em 60%, e aprimorando a capacidade das unidades de aquisição de identificar novos fornecedores em uma escala global.

Compra de Produtos Diretos e Indiretos

Apenas nos Estados Unidos, as organizações gastam mais de $ 1,4 trilhão por ano em produtos *indiretos* ou recursos operacionais – itens que as organizações de todos os tipos precisam para realizar as suas operações do dia a dia. Os exemplos abrangem tudo, desde computadores pessoais e peças sobressalentes para equipamentos de fábrica até móveis de escritório e viagem do funcionário, inclusive bilhetes aéreos, quartos de hotel e serviços de locação de veículos.[26] Desenvolvido pelo software da Ariba, a Motorola usou seu sistema de e-requisitioning global para reduzir os custos de aquisição e controlar a compra indireta, rendendo mais de $ 300 milhões de economia de custo em um dos últimos anos.[27] Durante o *boom* da internet, as empresas investiram pesadamente em sistemas de e-procurement, mas usavam-no principalmente para comprar produtos indiretos. À medida que os adotantes colheram os frutos de grandes economias de custo e passaram a confiar nos sistemas de compra pela internet, muitas empresas começaram a usar o e-procurement para comprar materiais *diretos* ou produtos admitidos – matérias-primas ou peças componentes que são o núcleo do processo de fabricação de uma empresa. Conforme os sistemas de e-procurement se tornaram mais viáveis, alguns especialistas previram que as pequenas e médias empresas logo adotariam as práticas de compra dos líderes do setor. Para ilustrar, muitos fornecedores aplicam o que aprenderam das empresas com melhores práticas, como a Toyota, aos próprios processos de compra e programas de gerenciamento de relacionamento.

Leilões Reversos

Uma ferramenta de aquisição on-line que desperta o debate no mercado industrial é o pregão. Em vez de um vendedor e muitos compradores, um **leilão reverso** envolve um comprador que solicita propostas de vários fornecedores pré-qualificados que se confrontam em um processo de licitação dinâmico, em tempo real e competitivo. Os leilões reversos são amplamente utilizados nos setores automotivo, de produtos eletrônicos, aeroespacial e farmacêutico. Os proponentes afirmam que os leilões reversos podem baixar o custo dos produtos e serviços a serem adquiridos em 20% ou mais. Um exemplo: a Sun MicroSystems economizou 30% em *commodities* que comprou por intermédio de leilões reversos.[28] Os críticos contrapõem que os leilões reversos podem infligir danos reais nos relacionamentos com o fornecedor e que as economias realizadas são geralmente exageradas.[29] Por exemplo, durante o recente desaquecimento econômico, muitas empresas usaram leilões reversos como uma arma tática para baixar os preços do fornecedor, mas, em geral, descobriram que o licitante vencedor entregava menos valor – qualidade mais baixa e serviço insatisfatório – do que os outros fornecedores existentes.

---

[26] Mark Vigoroso, "Buyers Prepare for Brave New World of e-Commerce", *Purchasing* 127 (22 de abril de 1999), p. S4-S12; e Mylene Mangalindan, "As Times Get Tough, Firms Buy Online", *The Wall Street Journal*, 3 de junho de 2008, p. B10.
[27] James Carbone, "Motorola Leverages Its Way to Lower Cost", *Purchasing* 133 (16 de setembro de 2004), p. 31-38.
[28] James Carbone, "Sun's e-Auction Evolution", 13 de setembro de 2007, publicação de *Purchasing*, disponível em http://www.purchasing.com, acesso em 10 de junho de 2008.
[29] Mohanbir Sawhney, "Forward Thinking about Reverse Auctions", 1º de junho de 2003, publicação da *CIO Magazine*, disponível em http://www.cio.com, acesso em 20 de junho de 2005, p. 1-6.

Os leilões reversos são mais adequados para itens do tipo *commodities* como materiais de compra, diesel, peças metálicas, produtos químicos e muitas matérias-primas. Por outro lado, os leilões reversos *não* são geralmente apropriados para relacionamentos estratégicos, em que os fornecedores possuem capacidade especializada e poucos fornecedores podem atender aos padrões de qualidade e desempenho. Rob Harlan, diretor sênior de e-procurement da Motorola, sagazmente declara: "Orgulhamo-nos dos fortes relacionamentos com o fornecedor. Não pretendemos pôr isso em jogo em troca de ganhos de curto prazo com leilões on-line. É preciso garantir a integridade do ambiente de licitação, educar os fornecedores sobre como competir da melhor forma e comunicar de modo claro as suas intenções e exigências".[30]

Como os Compradores Organizacionais Avaliam os Fornecedores Potenciais

Os sistemas de e-procurement fornecem aos gerentes um rico ambiente de informações e um sofisticado conjunto de ferramentas analíticas que podem ser usadas na avaliação do desempenho dos fornecedores. Muitos critérios foram decompostos em fatores para uma decisão final do comprador: qualidade, preço, confiabilidade na entrega, imagem da empresa e capacidade. As percepções do comprador são críticas. Quando os produtos são percebidos como altamente padronizados ou do tipo *commodity*, o preço assume especial importância na decisão de compra e o profissional de marketing industrial enfrenta uma pressão competitiva intensa imposta pelos pregões. Por outro lado, quando as ofertas de valor do profissional de marketing industrial são percebidas como únicas, outros critérios dominam e existe a oportunidade de desenvolvimento de um relacionamento estratégico com o cliente. Em um nível fundamental, os clientes do mercado industrial estão interessados nas capacidades totais de um fornecedor e em como aquelas capacidades podem ajudá-los a melhorar a sua posição competitiva – hoje e no futuro.

Até este ponto, a discussão estava centralizada em um setor do mercado industrial – empresas comerciais – e no papel que a função de compras assume. A atenção agora está voltada para o mercado do governo.

Governos: Características Singulares

As **unidades dos governos** federal (1), estadual (50) e municipal (87 mil) geram o maior volume de compras de qualquer categoria de clientes nos Estados Unidos. No conjunto, essas unidades gastam mais de $ 1,5 trilhão em produtos e serviços a cada ano – o governo federal é responsável por $ 400 bilhões, e os governos estaduais e municipais são responsáveis pelo restante.[31] As unidades do governo compram de praticamente todas as categorias de produtos e serviços – material de escritório, computadores pessoais, móveis, alimentos, assistência médica e equipamentos militares. Empresas de marketing industrial, grandes e pequenas, servem ao mercado do governo. De fato, 25% dos contratos de compra e venda, que são firmados no nível federal, o são com pequenas empresas.[32]

---

[30] Minahan, "Best Practices in E-Sourcing", p. 52.
[31] Secretaria do Censo dos Estados Unidos, *Sumário Estatístico dos Estados Unidos: 2008*, disponível em http://www.census.gov, acesso em 12 de junho de 2008.
[32] Stephanie N. Mehta, "Small Firms Are Getting More Government Contracts", *The Wall Street Journal*, 27 de abril de 1995, p. B2.

MARKETING INDUSTRIAL ÉTICO

Dar Presentes: "Compre-me Estas Botas e Faremos Negócio"

Greg Davies, diretor de vendas da Action Printing in Fond Du Lac, Wisconsin, deparou-se com uma situação embaraçosa. Ao sair de um restaurante após o almoço com um cliente potencial, o possível cliente parou para ver a vitrine de uma loja de moda country localizada ali perto. Foi quando o tal pretendente de Davies se virou para ele e disse bem devagar: "Sempre quis ter um par de botas como este". "Não havia dúvida ali: ele esperava que eu lhe comprasse as botas", lembra-se Davies, que apenas sorriu e voltou a caminhar. Ele se recusou a fazer a compra por causa da política da empresa, assim como por seu sistema pessoal de valores, que proíbe a troca de presentes pessoais caros por negócio. Como se pode imaginar, daquele dia em diante Greg achou difícil lidar com o cliente.

Os peritos em vendas declaram que Greg tomou a decisão de negócio correta, bem como a decisão moral certa. Agiu de acordo com uma política bem concebida na empresa. Por sua vez, Jacques Werth, consultor de vendas, concordou com a decisão de se afastar da loja country. "Se o seu relacionamento está baseado em presentes extravagantes, entretenimento e outras regalias, você provavelmente perderá o negócio quando surgir uma sedução maior, de qualquer forma."

FONTE: Melinda Ligos, "Gimme, Gimme, Gimme!", *Sales & Marketing Management* (março de 2002), p. 33-40.

E-Government

Por todos os níveis do governo, os servidores públicos estão adotando a internet como o melhor meio de entrega de serviços aos eleitores. O e-government, então, envolve a transferência das operações tradicionais do governo para um ambiente integrado da internet que visa aprimorar a acessibilidade ao setor público, a eficiência e o serviço ao cliente. Por exemplo, www.govbenefits.com agora fornece aos usuários acesso às informações de cerca de 200 programas especiais de benefícios do governo, e www.recreation.gov dá uma descrição de todas as páginas de recreação na internet, gerenciadas pelo setor público nos Estados Unidos. Muitos estados, como Texas, Arizona, Michigan e Illinois, estão lançando iniciativas criativas de e-government para entregar serviços aos cidadãos. Para empresas de marketing industrial como a IBM e a Hewlett-Packard, que vendem produtos e serviços de tecnologia da informação, as iniciativas de e-government despertam a atenção para uma grande oportunidade de mercado (ver Figura 2.4).

Influências sobre a Compra do Governo

Outro nível de complexidade é acrescentado ao processo de compra do governo pela série de influências em seu processo. Na aquisição federal, estadual e da grande cidade, os compradores estão subordinados e são influenciados por dúzias de partes interessadas que especificam, legislam, avaliam e usam produtos e serviços. Claramente, a gama de influências externas se estende bem além do órgão de origem.

Entendendo os Contratos do Governo

Nos Estados Unidos, a compra pelo governo também é afetada pelas metas e programas com implicações sociais amplas, inclusive conformidade, minorias e subcontratação de minorias. O **programa de con-**

formidade exige que as contratadas do governo mantenham programas de ação afirmativa para minorias, mulheres e deficientes. As empresas que não o usam são barradas na celebração de contratos com o governo. No **programa de minorias**, certo percentual de dado contrato do governo é "reservado" para negócios pequenos ou de minorias; ninguém mais pode participar daquela proporção do contrato. O **programa de subcontratação de minorias** pode exigir que as principais contratadas subcontratem determinado percentual do contrato total para empresas de minorias. Por exemplo, a legislação de Ohio exige que 7% de todas as subcontratadas nos projetos estaduais de construção sejam de minorias. A contratada potencial do governo deve entender esses programas e como eles se aplicam à empresa.

A maioria das aquisições do governo, em qualquer nível, tem como base as leis que estabelecem as diretrizes contratuais.[33] O governo federal estabeleceu certas disposições contratuais gerais como parte das regulamentações federais para aquisição. Essas disposições incluem estipulações com respeito à inspeção do produto, aos métodos de pagamento, às ações como resultado de inadimplemento e às controvérsias, entre muitas outras.

Sem uma clara compreensão das leis sobre aquisições, o fornecedor está em uma posição desfavorável durante a fase de negociação. O fornecedor precisa, especificamente, explorar as vantagens e desvantagens dos dois tipos básicos de contratos:

1. **Contratos com preço fixo.** Um preço fixo é acordado antes da concessão do contrato, e o pagamento integral é efetuado quando o produto ou serviço é entregue conforme combinado.
2. **Contratos com reembolso de custo.** O fornecedor é reembolsado pelos custos admissíveis incorridos no cumprimento do contrato e tem, algumas vezes, direito a certa quantia em dólar acima do custo, como lucro.

Cada tipo de contrato possui incentivos embutidos para o controle dos custos ou para cobrir futuras contingências.

Em geral, o contrato com preço fixo proporciona o maior lucro potencial, mas também oferece maiores riscos, caso sejam incorridas despesas não previstas, a inflação aumente drasticamente ou as condições mudem. Todavia, se o vendedor puder reduzir os custos de modo significativo durante o contrato, os lucros podem ser superiores àqueles previstos quando o contrato foi negociado. O governo administra com atenção os contratos com reembolso de custo devido aos incentivos mínimos à eficiência da contratada. Os contratos desse tipo são, em geral, usados para projetos do governo que envolvam um considerável trabalho de desenvolvimento para o qual é difícil estimar os esforços e as despesas.

Para superar as ineficiências tanto do contrato com reembolso de custo (que, geralmente, leva a custos superiores aos previstos) quanto do contrato com preço fixo (que pode desencorajar as empresas a apresentar propostas, pois os custos dos projetos são incertos), o governo geralmente emprega contratos de incentivo. O contrato de incentivo recompensa as empresas quando os custos efetivos de um projeto estão abaixo dos custos-alvo e impõe uma multa quando superam os custos-alvo.

Ensinando aos Fornecedores Como Vender: Publicações Úteis

Ao contrário da maioria dos clientes, os governos geralmente não medem esforços em explicar aos fornecedores potenciais exatamente como fazer negócio com eles. Por exemplo, o governo federal disponibiliza

---
[33] Michael R. Leenders e Harold E. Fearon, *Purchasing and Supply Management*, 11. ed. (Chicago: Irwin, 1997), p. 537-566.

FIGURA 2.4 | ESTRATÉGIA DE E-GOVERNMENT DA HEWLETT-PACKARD

À medida que os clientes se tornam adeptos de compras on-line, gerenciam suas contas bancárias e solicitam serviços, os cidadãos que dominam a internet agora esperam o mesmo de seus governos. Providos da tecnologia da informação, os órgãos públicos estão fornecendo novas ferramentas aos cidadãos para acessar informações e serviços enquanto, ao mesmo tempo, introduzem novas capacidades nas operações do governo.

A Hewlett-Packard (HP) desenvolveu uma carteira completa de serviços sob medida para as metas de e-government:

- Aperfeiçoamento da qualidade e facilidade de acesso para os cidadãos.
- Redução do custo da entrega do serviço.
- Simplificação da implantação de diretivas do governo.
- Crescimento econômico aprimorado ao estimular o desenvolvimento de uma economia digital.

A HP oferece soluções dirigidas que permitem aos cidadãos:

- Realizar testes e renovar suas carteiras de habilitação on-line.
- Comprar passes e permissões on-line.
- Acessar informações e serviços dia e noite de órgãos públicos e secretarias do governo.

A HP também desenvolveu um conjunto de soluções eficiente e eficaz, que os governos exigem para a Segurança Interna. Aqui, incluídas, estão:

- Soluções de tecnologia com foco na missão, que protegem fronteiras e sistemas de transporte público.
- Tecnologias de apoio para aprimorar a capacidade de órgãos de autoridades policiais, bombeiros e equipes de resposta de emergência.
- Soluções de segurança para proteger ativos de infraestrutura críticos e defender contra ameaças catastróficas.

História de sucesso da HP:

- Cliente do governo: Escritório de Emergência e Comunicações de Chicago (OEMC)
- Missão: o OEMC de Chicago é responsável por todas as operações de comunicação e emergência da linha telefônica 911 e por responder a todos os tipos de incidentes de emergência na cidade.
- Solução do cliente: as tecnologias da HP foram aplicadas para dar apoio a um centro operacional de emergência integrado e são implantadas em um Veículo de Comunicações Unificadas, que permite ao pessoal da cidade dar continuidade às operações de qualquer local. O OEMC também usa câmeras de vigilância para aumentar a percepção da situação ao responder às chamadas para o 911.
- Resultados: o governo municipal de Chicago pode manter operações em locais alternados caso as atividades em qualquer dos seus prédios do governo sejam interrompidas.

FONTES: "HP Services: A Comprehensive Managed Services Portfolio", "Homeland Security" e "Public Sector, Health, and Education", disponíveis em http://www.hp.com, acesso em 4 de dezembro de 2008, e "Securiting a City: Chicago Takes a Unified Approach to Emergency Management", disponível em http://www.hp.com, acesso em 26 de dezembro de 2008.

tais publicações como *Fazendo Negócio com a General Services Administration*, *Vendendo para o Setor Militar* e *Vendendo para a Força Aérea dos Estados Unidos*. Os órgãos do governo também realizam seminários periódicos para orientar as empresas quanto aos procedimentos de compra que o órgão utiliza. O objetivo é encorajar as empresas a procurar negócios com o governo.

Organizações Compradoras e Procedimentos: Governo

As compras do governo e comerciais são organizadas de modo similar. Todavia, os governos tendem a dar ênfase a funções administrativas em razão dos procedimentos detalhados que a legislação exige. Embora o governo federal seja o maior comprador industrial avulso, ele não funciona como uma empresa avulsa, mas como uma combinação de várias grandes empresas com responsabilidades sobrepostas e milhares de pequenas unidades independentes.[34] O governo federal possui mais de 15 mil autoridades de compra (departamentos, órgãos e assim por diante). Cada órgão do governo possui certo grau de influência ou autoridade na compra. A aquisição do governo federal está dividida em duas categorias: pertencente ao Departamento de Defesa e não pertencente ao Departamento de Defesa.

Aquisição pertencente ao Departamento de Defesa. O Departamento de Defesa (DOD) gasta uma grande proporção do orçamento total para aquisições do governo federal. A operação de aquisição do DOD é conhecida como a maior empresa comercial do mundo. A era dos orçamentos em declínio para o DOD foi revertida rapidamente com os ataques terroristas nos Estados Unidos, em setembro de 2001. A defesa e a segurança interna tornaram-se as prioridades de financiamento no orçamento federal.

Cada divisão militar do DOD – Exército, Marinha e Aeronáutica – é responsável pelas próprias compras principais. Todavia, a Agência de Logística da Defesa (DLA) adquire bilhões de dólares em bens de consumo usados em comum por todas as filiais. O orçamento da DLA para aquisições é superior a $ 35 bilhões por ano.[35] As finalidades da DLA são obter preços favoráveis por meio de compras volumosas e reduzir a duplicação de compras dentro do setor militar. Itens relativos à defesa também podem ser comprados por outras agências do governo, como a General Services Administration (GSA). De fato, o DOD é o maior cliente da GSA. Sob contratos atuais entre a GSA e o DOD, o setor militar compra, por intermédio da GSA, muitos itens como veículos, escrivaninhas, máquinas para escritório e ferramentas manuais.[36] Além disso, diversos bens de consumo para operações militares são comprados localmente.

Aquisição não pertencente ao Departamento de Defesa. As aquisições não pertencente ao Departamento de Defesa são administradas por ampla variedade de agências, entre ela alguns ministérios (Serviços de Saúde e Habitação, Comércio), comissões (a Comissão Federal de Comércio), o Poder Executivo (a Secretaria de Orçamento), órgãos federais (a Agência Federal de Aviação) e administrações federais (a GSA). A Secretaria de Comércio centraliza a aquisição de bens de consumo e equipamentos para o seu escritório em Washington e todos os escritórios municipais. A Secretaria do Interior, por outro lado, instrui cada escritório de área e de distrito da Mining Enforcement and Safety Administration a comprar equipamentos de segurança para minas e vestimentas localmente.

Como a DLA, a GSA centraliza a aquisição de muitos itens de uso geral (por exemplo, móveis para escritório, canetas, lâmpadas) para todas as agências civis do governo. O Serviço Federal de Abastecimento da GSA é como o departamento de compras de uma grande corporação diversificada, pois fornece uma compra consolidada, armazenamento e rede de distribuição para o governo federal. O Serviço Federal de Abastecimento compra muitos itens usados em comum por outras agências do governo, inclusive material de escritório, pequenas ferramentas, tinta, papel, móveis, material para manutenção e equipamento de duplicação. Em alguns casos, a GSA opera lojas como as de varejo, às quais qualquer comprador federal

---

[34] Ibid., p. 552-559.
[35] Defense Logistics Agency, "Facts and Figures", disponível em http://www.dla.mil, acesso em 10 de junho de 2008.
[36] U.S. General Services Administration, "Doing Business with the GSA" (Washington, DC, 1996).

pode se dirigir para comprar equipamentos ou bens de consumo. A GSA tem enorme poder de compra, gerenciando mais de um quarto das aquisições totais do governo em dólares.[37]

Sob o Programa Federal da Lista de Abastecimento, as secretarias do governo podem comprar itens especificados de um fornecedor aprovado a um preço já acordado. Esse programa dá às agências federais as fontes de produtos como móveis, acessórios, equipamentos de escritório, equipamentos de laboratório e similares. Uma vez que um fornecedor tenha apresentado proposta e sido aprovado, a lista pode envolver um contrato de quantidade indefinida com uma vigência de um a três anos. A lista permite que as agências façam pedidos diretamente aos fornecedores. Como ocorre nas unidades corporativas de compras, a GSA está usando a internet para melhorar os processos de compra e para facilitar a comunicação com os fornecedores (ver http://www.gsa.gov).

Compra Federal

O presidente pode estabelecer o processo de aquisição ao assinar uma dotação orçamentária do Congresso, ou um contador do Escritório Geral de Contabilidade pode dar início ao processo ao solicitar um novo computador de mesa. Os profissionais de marketing industrial podem identificar as necessidades atuais dos compradores do governo ao consultar o *FedBizOpps* (FBO) em http://www.fbodaily.com. O FBO, publicado pela Secretaria de Comércio, relaciona todas as propostas de aquisição do governo, perspectivas de venda de subcontratadas, concessões de contrato e vendas de bens excedentes. Um fornecedor potencial tem pelo menos 30 dias para responder antes da abertura da proposta. Por lei, todas as ações pretendidas de aquisição de $ 10 mil ou mais, tanto no setor civil quanto no militar, são publicadas no FBO. Cópias do FBO estão disponíveis em vários escritórios de campo do governo, assim como em bibliotecas públicas.

Uma vez que a necessidade de aquisição seja documentada e anunciada publicamente, o governo segue uma das duas estratégias gerais de aquisição: propaganda formal (também conhecida como leilão público) ou contrato negociado.

Propaganda Formal. Propaganda formal significa que o governo solicita propostas dos fornecedores apropriados; em geral, a proposta mais baixa ganha o contrato. Essa estratégia é seguida quando o produto é padronizado e as especificações são simples. O fornecedor interessado deve ganhar um lugar na lista de licitantes (ou monitorar o FOB diariamente – o que sugere que uma abordagem mais efetiva é entrar na lista de licitantes ao preencher os formulários disponíveis nos Centros de Serviço de Negócio da GSA). Daí em diante, cada vez que o governo solicita propostas para um produto específico, o fornecedor recebe um edital de licitação. O edital de licitação especifica o item e a quantidade a serem comprados, fornece especificações técnicas detalhadas e estipula os cronogramas de entrega, as garantias exigidas, as exigências de embalagem e outros pormenores da compra. A empresa licitante baseia a sua proposta na própria estrutura de custos e nas propostas que acredita que seus concorrentes possam apresentar.

O pessoal de aquisições revisa cada proposta em busca de conformidade com as especificações. Os contratos são, geralmente, concedidos à proposta mais baixa; todavia, a agência do governo pode selecionar a próxima proposta mais baixa, caso possa comprovar que a proposta mais baixa não cumpre de modo

---

[37] U.S. General Services Administration, "GSA Details FY09 Budget Request", disponível em http://www.gsa.gov, acesso em 10 de junho de 2008.

responsável o contrato. Por exemplo, a Receita Federal dos Estados Unidos realizou um leilão para 11 mil computadores de mesa e 16 mil notebooks. Os preços antes da licitação começavam em $ 130 milhões; quando o leilão fechou, o preço tinha baixado para $ 63,4 milhões.[38]

Compra por Contrato Negociado. Um contrato negociado é usado para a compra de produtos e serviços que não podem ser diferenciados apenas com base no preço (como equipamentos científicos complexos ou projetos de P&D) ou quando existem poucos fornecedores. Pode haver alguma competição porque o escritório de contratação pode conduzir as negociações com vários fornecedores simultaneamente.

Obviamente, a negociação é um procedimento de aquisição bem mais flexível; os compradores do governo podem exercer considerável capacidade pessoal de julgamento. A aquisição está baseada em fatores mais subjetivos de desempenho e qualidade, assim como no preço. A decisão de aquisição para o governo parece muito com a decisão tomada por uma grande corporação: qual é o melhor produto possível pelo menor preço, e o produto atenderá aos padrões de desempenho?

Por exemplo, o Exército e a Marinha dos Estados Unidos estão planejando em conjunto a substituição dos transportes Humvee [Veículo Automóvel Multifunção de Alta Mobilidade] usados no Iraque por um JLTV [Veículo Tático Ligeiro Conjunto].[39] A Lockheed Martin Corporation e a Boeing, as duas maiores contratadas de defesa dos Estados Unidos, estão cada uma competindo pelo contrato, junto com um conjunto formidável de equipes concorrentes liderado por General Dynamics Corporation, BAE Systems, Northrop Grumman Corporation e Raytheon Company, respectivamente. Desses competidores, serão concedidos em primeiro lugar três contratos de desenvolvimento. Isso estabelecerá o cenário para uma competição em 2011, em que cada uma das três concorrentes demonstrará o desempenho e a confiabilidade de seu veículo. As apostas são altas: o vencedor receberá um pedido de $ 40 bilhões para o fornecimento de 60 mil veículos durante a próxima década.

Exigência de uma Estratégia Diferente

Um profissional de marketing posicionado para vender ao governo tem um foco de estratégia de marketing bem diferente daquele de uma empresa concentrada no setor comercial. O vendedor do governo dá ênfase (1) ao entendimento das regras e padrões complexos que devem ser atendidos; (2) ao desenvolvimento de um sistema para mantê-lo informado sobre os planos de aquisição de cada agência; (3) à elaboração de uma estratégia para o desenvolvimento do produto e para P&D, que facilita a resposta da empresa às necessidades do produto do governo; (4) ao desenvolvimento de uma estratégia de comunicação que focalize como a tecnologia atende aos objetivos da agência; e (5) à elaboração de uma estratégia de negociação para garantir condições favoráveis com respeito a pagamento, fechamento do contrato e custos superiores aos previstos devido a mudanças nas especificações do produto.

O Mercado Institucional: Características Singulares

Os clientes institucionais compõem o terceiro setor do mercado industrial. Os compradores institucionais formam um mercado de tamanho considerável – os gastos totais em escolas públicas de ensinos fundamental e médio por si sós são superiores a $ 500 bilhões, e os gastos nacionais com saúde são superiores a

---

[38] Richard Walker e Kevin McCaney, "Reverse Auctions Win Bid of Acceptance", *Buyers.Gov* (dezembro de 2001), p. 1.
[39] Edmond Lococo, "Lockheed, Boeing Brains Fizzle in Humvee-Heir Bid (Updated)", Bloomberg.com de 4 de junho de 2008, disponível em http://www.bloomberg.com, acesso em 5 de junho de 2008.

$ 1,9 trilhão.[40] As escolas e organizações de assistência médica formam um componente de tamanho considerável do mercado institucional, que também inclui faculdades e universidades, bibliotecas, fundações, galerias de arte e clínicas. Por outro lado, os compradores institucionais são similares aos governos quanto ao processo de compras, em geral restrito por considerações políticas e ditado pela lei. De fato, muitas instituições são administradas por unidades do governo – escolas, por exemplo. Por outro lado, outras instituições são operadas de modo privado e administradas como corporações; podem até ter um conjunto mais amplo de exigências de compra do que as suas contrapartes corporativas maiores. Como ocorre com a empresa comercial, as instituições estão sempre cientes do valor de uma compra eficiente.

Compradores Institucionais: Procedimentos de Compra

A diversidade é o elemento principal no mercado institucional. Por exemplo, o gerente de marketing institucional deve primeiro estar pronto para responder a um agente de compras de uma escola, que compra em grandes quantidades para todo um sistema escolar municipal, por meio de um procedimento formal de licitação, e, então, responder a um antigo farmacêutico que foi alçado ao cargo de agente de compras de um pequeno hospital rural.

As instituições de assistência médica fornecem um bom exemplo da diversidade desse mercado. Alguns pequenos hospitais delegam a responsabilidade pela compra de alimentos ao nutricionista-chefe. Embora muitos desses hospitais possuam agentes de compra, o agente não pode fazer um pedido a menos que o nutricionista o aprove. Nos hospitais maiores, as decisões podem ser tomadas por comitês compostos por gerentes industriais, agente de compras, nutricionista e cozinheiro. Em outros casos, ainda, os hospitais podem pertencer a grupos de compra que consistem em muitos hospitais locais ou a preparação de alimentos pode ser terceirizada. Em um esforço para conter os custos, os executivos de compras nos grandes hospitais estão adotando o foco na cadeia de suprimentos e usando sofisticados métodos de avaliação do fornecedor, inclusive ferramentas de e-procurement, como o fazem as suas contrapartes no setor comercial. Em virtude desses ambientes de compras variados, os profissionais de marketing de sucesso mantêm, geralmente, um gerente de marketing, quadro de pessoal e equipe de vendas em separado para adaptar os esforços de marketing a cada situação.

Em muitas instituições, uma vez que o orçamento do departamento tenha sido estabelecido, o departamento tenta gastar até o limite daquele orçamento. Assim, as instituições podem comprar apenas porque existem fundos não utilizados no orçamento. Um profissional de marketing industrial avaliará com atenção a situação orçamentária dos clientes potenciais no segmento institucional do mercado.

Como muitas instituições vivenciam fortes pressões orçamentárias, elas, em geral, terceirizam segmentos de suas operações para especialistas, visando melhorar a eficiência e a eficácia. Os distritos escolares podem procurar contratadas terceirizadas para comprar alimentos e bens de consumo e para gerenciar as suas operações com o serviço de alimentos. Por exemplo, em Los Angeles, a Marriott Corporation gerencia as operações com o serviço de alimentos nas escolas municipais independentes e, em Chicago, três diferentes empresas contratadas operam, cada uma, dez departamentos de preparação de alimentos.[41] Muitas universidades transferiram a administração de seus contratos com livrarias e venda de bebidas e o gerenciamento de seus grêmios estudantis para contratadas externas. Os profissionais de marketing

---

[40] Secretaria do Censo dos Estados Unidos, *Sumário Estatístico dos Estados Unidos: 2008*, disponível em http://www.census.gov, acesso em 12 de junho de 2008.
[41] Susie Stephenson, "Schools", *Restaurants and Institutions* 106 (1º de agosto de 1996), p. 60-64.

industrial devem analisar e entender cuidadosamente a estratégia operacional de seus clientes institucionais. Com frequência, as grandes vendas e a atenção do marketing devem estar centralizadas nas operadoras terceirizadas do contrato.

Estratégia de Alvo. O mercado institucional oferece alguns aplicativos únicos para o conceito de influências múltiplas na compra (discutidos no Capítulo 1). Muitas instituições são compostas por profissionais – médicos, professores, pesquisadores e outros. Na maioria dos casos, dependendo do tamanho, a instituição emprega um agente de compras e, em grandes instituições, um departamento de compras de tamanho considerável e qualificado ou um departamento de gerenciamento de materiais. Existe um grande potencial para conflito entre aqueles responsáveis pelas compras e os profissionais para quem o departamento de compras está comprando. Em geral, o vendedor deve cultivar com atenção o quadro de profissionais em termos das vantagens do produto e do serviço ao elaborar um cronograma de entrega, um contrato de manutenção e uma tabela de preços que satisfaçam o departamento de compras. Os profissionais de marketing industrial líderes também usam a internet para fornecer valor agregado aos seus clientes. Por exemplo, a GE Healthcare, líder em equipamentos médicos de imagem e diagnóstico (ver Figura 2.5), adotou o e-commerce como a parte central de sua estratégia de marketing e disponibiliza um catálogo on-line, edições especiais diárias na internet e uma gama de serviços para seus clientes – gerentes de compras em hospitais e instalações de assistência médica por todo o mundo. De fato, a GE e o Centro Médico da Universidade de Pittsburgh constituíram uma empresa para levar a análise de laboratório de tecido humano para a era digital.[42] Seguindo uma rotina que pouco mudou no século passado, a maioria das amostras de tecido são vistas individualmente por médicos, com a utilização de um microscópio. A meta desse novo empreendimento é criar e comercializar um "microscópio virtual" que escanearia e armazenaria imagens eletronicamente, melhorando o cuidado com o paciente e tornando mais fácil para os médicos compartilhar informações.

Compras em Grupo. Um fator importante na compra institucional é a compra em grupo. Hospitais, escolas e universidades podem se juntar a associações cooperativas de compras para obter descontos na quantidade. As universidades afiliadas à Cooperativa de Compras Educacionais e Institucionais desfrutam de contratos favoráveis firmados pela cooperativa e podem comprar ampla gama de produtos diretamente dos fornecedores pelos baixos preços negociados. A cooperativa gasta mais de $ 100 milhões em produtos por ano. As compras da cooperativa permitem que as instituições desfrutem de preços mais baixos, qualidade melhorada (por meio de testes aperfeiçoados e seleção do fornecedor), custo administrativo reduzido, padronização, melhores cadastros e maior competição.

A compra em grupo de hospitais representa um mercado significativo superior a $ 10 bilhões. A compra em grupo tornou-se amplamente aceita: mais de um terço dos hospitais do setor público nos Estados Unidos são membros de algum tipo de grupo coligado. A maioria das compras em grupo dos hospitais é feita em nível regional, por associações de hospitais. Todavia, cadeias hospitalares com fins lucrativos, que são um fator em crescimento na área de assistência médica, também aderem à compra em grupo. Por exemplo, um sistema multi-hospitalar com um orçamento operacional de $ 1 bilhão gasta de $ 300 a $ 500 milhões por ano em suprimentos médicos e serviços comprados. Ao canalizar as compras por meio de organizações de compras em grupo, esses grandes compradores estão colhendo economias significativas.[43]

---

[42] Scott Thurm, "GE Venture to Develop 'Virtual Microscope'", *The Wall Street Journal*, 5 de junho de 2008, p. B5.
[43] Timothy L. Chapman, Ajay Gupta e Paul O. Mange, "Group Purchasing Is Not a Panacea for U.S. Hospitals", *McKinsey Quarterly*, nº 1 (1998), p. 160.

FIGURA 2.5 | **PROPAGANDA DA NOVA IMAGEM DA GE HEALTHCARE: COMO CAPTURAR UMA IMAGEM ESTÁTICA DE ALGO QUE NUNCA ESTÁ ESTÁTICO?**

FONTE: © 2008 General Electric Company. Todos os direitos reservados. Reproduzida com permissão da General Electric Company. Disponível em http://www.ge.com/company/advertising/ads_healthcare.html.

A compra em grupo apresenta desafios especiais para o profissional de marketing industrial. O profissional de marketing deve desenvolver não apenas estratégias para lidar com cada instituição, mas também estratégias únicas para as exigências especiais dos grupos de compras de cooperativas e das grandes cadeias hospitalares. Os centros de compras – instituição individual *versus* grupo de compras de cooperativas – podem variar de modo considerável na composição, nos critérios e no nível de especialização. Para os grupos de compras, o desconto nos preços assume especial importância. Os fornecedores que vendem por intermédio de grupos de compras também devem possuir sistemas de distribuição que entreguem de modo efetivo os produtos para cada membro do grupo. E, embora os fornecedores tenham firmado um contrato com uma grande associação cooperativa, devem estar preparados para responder individualmente a cada instituição que coloca um pedido conforme o contrato.

Práticas de Compras Institucionais. Em muitos aspectos, as práticas de compra de grandes instituições são similares àquelas das grandes empresas comerciais, mas existem algumas diferenças importantes. As políticas com respeito à compra cooperativa, à preferência por fornecedores locais e à delegação da responsabilidade de compra de alimentos, produtos farmacêuticos e muitos outros itens são de particular importância. O profissional de marketing industrial deve entender essas características para elaborar com atenção estratégias eficazes para esses clientes institucionais.

FIGURA 2.6 | UMA ORGANIZAÇÃO CENTRADA NO MERCADO

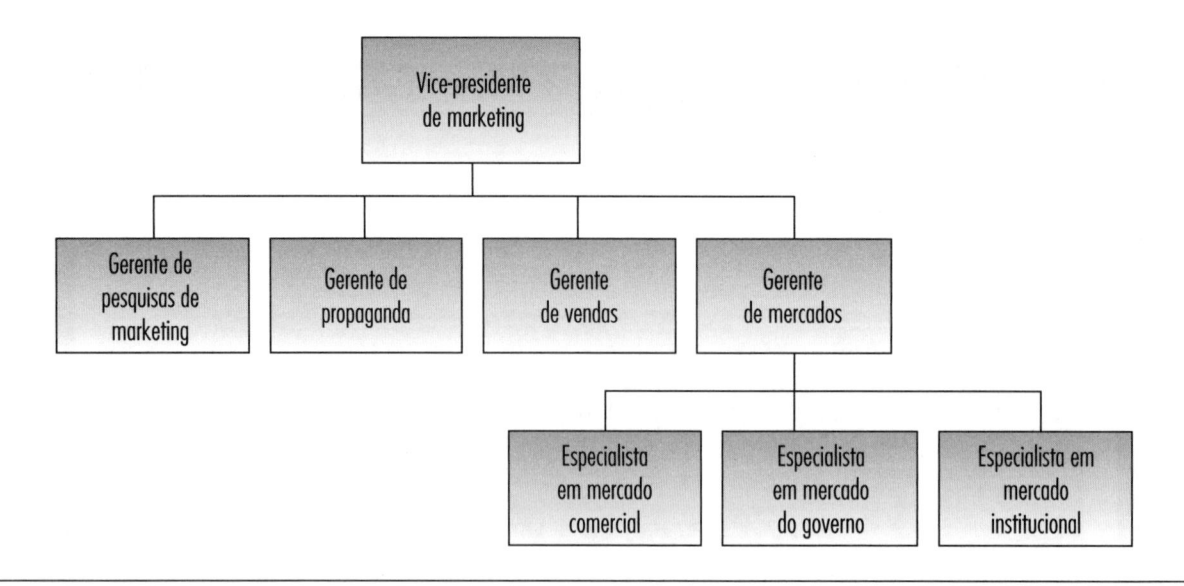

```
                    Vice-presidente
                     de marketing
                           |
    ┌──────────────┬───────┴───────┬──────────────┐
 Gerente de      Gerente de      Gerente        Gerente
 pesquisas de    propaganda      de vendas      de mercados
 marketing                                          |
                            ┌───────────────────────┼───────────────────────┐
                       Especialista           Especialista           Especialista em
                       em mercado             em mercado             mercado
                       comercial              do governo             institucional
```

Lidando com a Diversidade: Uma Organização Centrada no Mercado

Como cada setor do mercado industrial é único, muitas empresas desenvolveram especialização de mercado na organização de marketing. Para ilustrar, a área de produtos industriais da J. M. Smucker Company está organizada em torno dos setores do mercado. Os mercados institucional, militar e industrial são, cada um, gerenciados por pessoas diferentes, cada uma totalmente informada sobre um mercado específico.

A Figura 2.6 ilustra um esquema organizacional centrado no mercado. Observe que um gerente de mercado supervisiona e coordena as atividades de três especialistas de mercado. Cada especialista de mercado analisa os processos de compra, as preferências de produto e as similaridades e diferenças entre os clientes em um setor do mercado industrial. Tal análise permite que o especialista de mercado ainda categorize os clientes de um setor específico em segmentos significativos de mercado e projete programas especializados de marketing para cada um deles. Uma organização centrada no mercado fornece ao profissional de marketing industrial uma estrutura para lidar de modo eficaz com a diversidade no mercado industrial.

Resumo

No marketing de business-to-business, os clientes são as organizações. O mercado industrial pode ser dividido em três setores principais: empresas comerciais, governos (federal, estadual e municipal) e instituições. Muitos profissionais de marketing industrial – por exemplo, da Intel, Boeing e IBM – geram uma parcela significativa de suas vendas e lucro ao suprir os clientes internacionais. De fato, a demanda por muitos produtos industriais está crescendo mais rapidamente em muitos países estrangeiros do que nos Estados Unidos.

As empresas comerciais incluem fabricantes, empresas de construção, prestadoras de serviços, empresas de transporte, grupos profissionais selecionados e revendedores. Destes, os fabricantes são responsáveis pelo maior volume de compras em dólar. Ainda, embora a maioria das fábricas seja pequena, o poder de compra está concentrado nas mãos de relativamente poucos fabricantes, que também estão concentrados geograficamente.

As empresas comerciais, como estabelecimentos de prestação de serviços e transporte ou empresas de serviço público, estão mais amplamente dispersas. Um gerente de compras ou agente de compras administra o processo de aquisição. Em grandes empresas, a função de compras foi bem especializada. Além de proteger a estrutura de custo da empresa, aperfeiçoar a qualidade e manter o investimento em estoque em nível mínimo, o setor de compras assume um papel central no gerenciamento de relacionamentos com os fornecedores. Por sua vez, organizações de ponta como a Dell Computer demonstram o papel crítico que a compra e o gerenciamento da cadeia de suprimentos podem assumir ao criar oportunidades de lucro. Em vez de devotar atenção exclusiva a "comprar por menos", as organizações líderes vinculam as atividades de compra diretamente à estratégia corporativa e usam uma série de ferramentas sofisticadas de e-procurement.

As unidades do governo também fazem compras significativas de produtos. Os compradores do governo usam duas estratégias gerais de compras: a abordagem de propaganda formal para produtos padronizados e contratos negociados para aqueles com exigências singulares. Clientes institucionais, como organizações de assistência médica e universidades, formam o terceiro setor do mercado industrial. Dependendo do tamanho, a instituição emprega um agente de compras e, em grandes instituições, um departamento de compras de tamanho considerável. Em todos os setores do mercado industrial, os gerentes de compras estão usando a internet para identificar fornecedores potenciais, conduzir pregões on-line e se comunicar com os fornecedores.

A diversidade é a característica que tipifica o mercado institucional. As características, as orientações e os processos de compra dos compradores institucionais estão de algum modo dentre os dos compradores das empresas comerciais e do governo. A compra cooperativa – um aspecto singular desse segmento – precisa de uma resposta estratégica especial dos fornecedores potenciais. Muitos profissionais de marketing industrial descobriram que uma organização centrada no mercado fornece a especialização exigida para atender às necessidades de cada setor do mercado.

Questões para Discussão

1. Comparar e confrontar as duas estratégias gerais de aquisição empregadas pelo governo federal: (1) propaganda formal e (2) contrato negociado.

2. Um executivo de compras observou: "O leilão on-line é um modo adequado para comprar algumas categorias de produtos e serviços, mas é totalmente inapropriado para outras". Concorda ou discorda? Justificar a sua posição.

3. A segmentação é uma ferramenta que os profissionais de marketing usam para identificar os mercados-alvo. Cada vez mais, os gerentes de compras estão usando a abordagem de segmentação para determinar quais fornecedores são mais críticos para as metas da organização. Explicar.

4. A General Electric (GE) adotou o e-purchasing e economizou mais de $ 500 milhões por ano ao realizar leilões on-line na compra de uma série de produtos, inclusive material de escritório, computadores e material para manutenção. Que novos desafios e oportunidades esse processo de leilão apresenta para os profissionais de marketing industrial que suprem a GE?

5. Descrever a orientação de custo total de propriedade que os gerentes de compras usam e dar exemplos sobre como aplicá-la à sua próxima decisão de compra de automóvel.

6. Temendo a burocracia e toneladas de papéis, Tom Bronson, presidente da B&E Electric, sempre evitou o mercado do governo. Uma recente discussão com um colega, todavia, reacendeu o

interesse de Tom nesse setor. Que etapas a B&E Electric deve percorrer para aprender mais sobre esse mercado?

7. A Honda of America conta com 400 fornecedores na América do Norte para o fornecimento de mais de 60% de peças e materiais para o Accord. Que estratégias poderia seguir um profissional de marketing industrial para se tornar um novo fornecedor da Honda? Que critérios deveria a Honda levar em consideração na avaliação dos fornecedores?

8. Explicar como o processo de tomada de decisão usado por uma universidade na escolha de um novo computador diferiria daquele de uma empresa comercial. Quem seriam os principais participantes no processo de cada setor?

9. Uma pequena fábrica desenvolveu um novo sistema de embalagem em alta velocidade que poderia ser atraente para empresas processadoras de alimentos como a Pillsbury e a General Mills. Esse novo sistema de embalagem é bem mais eficaz, mas deve custar 15% a mais que os produtos da concorrência. Uma vez que os gerentes de compras avaliam o "custo total de propriedade" das principais compras, que pontos da venda o profissional de marketing industrial deverá enfatizar para demonstrar a superioridade desse novo produto?

10. Os compradores institucionais são de algum modo parecidos com os compradores das empresas comerciais e do governo em termos de características, orientação e processo de compras. Explicar.

CASO

Sealed Air Corporation: Fornecendo Soluções de Embalagem[44]

A Sealed Air Corporation é uma líder global no fornecimento, para clientes comerciais, de soluções de desempenho em embalagens de alimentos, de proteção e de produtos especializados. Mais conhecida por seu material de revestimento protetor BubbleWrap® [plástico bolha], a empresa foi a pioneira em uma série de inovações de embalagem que favoreceu um modelo notável de crescimento em vendas durante mais de duas décadas. Usando uma abordagem de venda consultiva, os especialistas em vendas de campo e suporte técnico da Sealed Air incorporaram materiais de embalagem e equipamentos especializados para fornecer uma solução completa de embalagem aos clientes, com maior proteção contra choques, desgastes e vibração, se comparada às outras formas de embalagem. Vamos explorar a solução de embalagem que a Sealed Air desenvolveu para a Davis Neon Inc., uma fabricante de letreiros de neon para atacadistas sediada em Heath Springs, Carolina do Sul.

A proteção dos letreiros de neon sob encomenda que são embarcados para todo o mundo é um problema desafiador para Dave Lytle, gerente de embarque da Davis Neon. "Estávamos usando folhas de espuma de polietileno pré-fabricadas, o que exigia enorme espaço de armazenamento e tempo para descarregar os caminhões", observou Lytle. "Mantínhamos nossa atenção voltada para a busca de um método alternativo de embalagem que forneceria a mesma proteção, mas reduziria os custos e aumentaria a produtividade."

Após avaliar várias alternativas, Dave Lytle escolheu uma solução proposta pela Sealed Air para a embalagem dos letreiros de neon – o Instapak com Tecnologia CFT [segmentos contínuos de tubos de espuma], fabricado pelo sistema SpeedyPacker Insight da Sealed Air. Usando o equipamento Speedy Packer, agora instalado na área de embarque da Davis Neon, um operador pode criar inúmeras variações de bolsas de embalagem de espuma ao toque de um botão. Para cada letreiro de neon, os funcionários da Davis Neon criaram um engradado de madeira sob medida, com dimensões largas o suficiente para acondicionar o letreiro. O empacotador coloca, então, uma camada de tubos de espuma, sob medida pelo equipamento do SpeedyPacker, na parte inferior do engradado para formar uma almofada. Almofadas de plástico bolha são utilizadas na parte de trás do letreiro, entre as fileiras horizontais, e na lateral para fornecer proteção à superfície e impedir o desgaste do letreiro contra o engradado. Outra camada de tubos de espuma é acrescentada na parte superior, antes que a tampa seja colocada no engradado.

Antes da implantação da solução da Sealed Air, os empacotadores usavam folhas de espuma de polietileno pré-fabricadas, cada uma tendo de ser cortada à mão para ser adaptada ao engradado na almofada inferior e na camada superior, assim como para ser ajustada entre as letras do letreiro de neon. "As folhas de espuma de polietileno pré-fabricadas levavam muito tempo para serem cortadas, eram caras e produziam um resíduo significativo de material", declarou Lytle. "Após trabalhar com o novo sistema de embalagem, a economia efetiva é de 62% no custo do material. Também vimos crescer a produtividade em 20%." Os funcionários da Davis são agora capazes de embalar mais engradados em menos tempo.

---

[44] História de Caso, "Sealed Air Sheds Light on Davis Neon's Packaging", disponível em www.sealedair.com, acesso em 6 de junho de 2008.

Questões para Discussão

1. Dado o valor significativo que a Sealed Air pode fornecer para um cliente, como a Davis Neon Inc., que abordagem deveria ser seguida na precificação de uma solução específica de embalagem para um cliente?

2. Elaborar uma lista de outros tipos de clientes que vivenciam desafios especiais de embalagem e que podem apresentar possível interesse na Sealed Air.

PARTE II

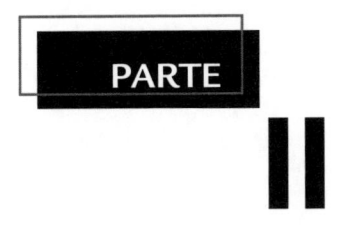

GERENCIAMENTO DE RELACIONAMENTOS EM MARKETING INDUSTRIAL

CAPÍTULO 3

Comportamento de Compra Organizacional

Ampla gama de forças dentro e fora da organização influencia o comprador organizacional. O conhecimento dessas forças dá ao profissional de marketing uma base para estratégias responsivas de marketing industrial. Após a leitura deste capítulo, você entenderá:

1. o processo de decisão que os compradores organizacionais aplicam ao se defrontar com situações de compra divergentes e as implicações de estratégia resultantes para o executivo de marketing industrial.

2. as variáveis individuais, de grupo, organizacionais e ambientais que influenciam as decisões da compra organizacional.

3. um modelo de comportamento de compra organizacional que integra essas importantes influências.

4. como o conhecimento das características da compra organizacional permite que o profissional de marketing tome decisões mais bem fundamentadas sobre design do produto, preço e promoção.

As empresas comerciais orientadas para o mercado percebem continuamente e agem de acordo com as tendências em seus mercados. Leve em consideração a Johnson Controls, Inc., uma empresa diversificada que abrange vários setores da indústria, fornecedora líder de interiores de automóvel (inclusive assentos, produtos eletrônicos, revestimentos do teto e painéis de instrumentos) para os fabricantes.[1] O notável sucesso da empresa está nos relacionamentos próximos que seus representantes de vendas e gerentes de marketing formaram com engenheiros projetistas e executivos de compras no setor automobilístico. Para ilustrar, alguns dos vendedores da Johnson Controls trabalham com as equipes de projeto na Ford, GM ou Honda. Com o intuito de fornecer valor agregado ao processo do projeto de novo produto, a empresa também investe anualmente em pesquisa de mercado sobre as necessidades e preferências dos compradores de automóvel – o cliente do cliente! (Figura 3.1). Por exemplo, com base em pesquisa abrangente sobre como as famílias gastam seu tempo em carros, a Johnson Controls desenvolveu um sistema único de entretenimento no banco traseiro que permite que os passageiros joguem videogames, assistam a DVDs ou escutem CDs por meio de fones de ouvido sem fio ou do sistema de alto-falante do veículo. Ainda, para aprimorar a experiência do cliente, os técnicos do laboratório de pesquisa da Johnson Controls testam assentos e componentes internos em busca de conforto, segurança, facilidade de acesso, capacidade de uso e função. Usando um simulador que gera solavancos, mergulhos e voltas em uma pista aberta, os cientistas podem registrar a experiência dos passageiros e obter informações valiosas para o desenvolvimento dos componentes que aperfeiçoam o conforto e a segurança, assim como a satisfação do cliente. Ao estar próxima das necessidades dos compradores de automóvel, a Johnson Controls tornou-se o fornecedor preferido dos engenheiros projetistas, que buscam continuamente formas inovadoras para tornar os interiores dos carros mais distintivos e convidativos.

O entendimento da dinâmica do comportamento de compra organizacional é crucial para a identificação dos segmentos lucrativos do mercado, a localização das pessoas influentes de compras dentro desses segmentos e para conseguir compradores organizacionais de modo mais eficiente e eficaz com uma oferta que responda às suas necessidades. Cada decisão que o executivo de marketing industrial toma está baseada na resposta provável do comprador organizacional. Este capítulo explora as principais etapas do processo de compra organizacional e destaca as características marcantes das diferentes situações de compra. A seguir, a atenção se volta para as inúmeras forças que influenciam o comportamento de compra organizacional. O conhecimento de como são tomadas as decisões de compra organizacional dá ao executivo de marketing industrial uma base sólida para a elaboração de estratégias responsivas de marketing.

O Processo de Compra Organizacional

O comportamento de compra organizacional é um processo, não um ato ou evento isolado. A observação do histórico de uma decisão de compra revela os pontos críticos da decisão e as exigências crescentes de informação. De fato, a compra organizacional envolve várias etapas, cada uma levando a uma decisão. A Figura 3.2 relaciona as principais etapas do processo de compra organizacional.[2]

---

[1] "JCI Labs Spark Innovation", disponível em http://www.johnsoncontrols.com, acesso em 3 de junho de 2008.
[2] A discussão desta seção baseia-se em Patrick J. Robinson, Charles W. Faris e Yoram Wind, *Industrial Buying and Creative Marketing* (Boston: Allyn and Bacon, 1967), p. 12-18; ver também Jeffrey E. Lewin e Naveen Donthu, "The Influence of Purchase Situations on Buying Center Structure and Investment: A Select Meta-Analysis of Organizational Buying Behavior Research", *Journal of Business Research* 58 (outubro de 2005), p. 1381-1390; e Morry Ghingold e David T. Wilson, "Buying Center Research and Business Marketing Practice: Meeting the Challenge of Dynamic Marketing", *Journal of Business & Industrial Marketing* 13 (2, 1998), p. 96-108.

FIGURA 3.1 | QUER GANHAR O APOIO DAS PESSOAS INFLUENTES DE COMPRAS? APRIMORE A EXPERIÊNCIA DOS CLIENTES

Na qualidade de fornecedor líder para fabricantes de automóveis nacionais e estrangeiros, a Johnson Controls centraliza a pesquisa de marketing e os investimentos em P&D ao tornar a experiência automotiva mais segura e mais agradável para os motoristas. Em decorrência disso, os engenheiros projetistas estão ávidos para melhorar o valor do cliente ao incorporar os componentes da empresa aos novos modelos.

Para despertar a atenção à inovação, os processos de P&D da Johnson Controls incluem:

- **Estúdio do fator humano**, em que componentes de assentos, produtos eletrônicos e de interior são testados com base em cada alcance, capacidade de uso e função, dando especial atenção ao posicionamento ergonômico.
- **Laboratório de conforto**, que leva os passageiros de um veículo em um teste de estrada via simulador, gerando solavancos, mergulhos e voltas em uma pista aberta. Neste caso, os fabricantes de automóveis podem até analisar os designs de protótipos antes da produção.
- **Laboratório de onda**, em que as propriedades acústica e vibratória dos componentes internos do automóvel podem ser testadas para remover, no design, os sons que causam incômodo ou desprazer. A meta final: fornecer aos engenheiros projetistas e aos seus clientes – compradores de automóveis – interiores de automóvel mais silenciosos e mais confortáveis.

FONTES: "JCI Labs Spark Innovation: Improving the Customer Experience through Research and Development", disponível em http://www.johnsoncontrols.com, acesso em 4 de dezembro de 2008; e "Beyond Bunsen Burners: Science Takes New Forms at Johnson Controls' Innovative Testing Labs", disponível em http://www.johnsoncontrols.com, acesso em 4 de dezembro de 2008.

FIGURA 3.2 | ETAPAS PRINCIPAIS DO PROCESSO DE COMPRA ORGANIZACIONAL

Etapa	Descrição
1. Reconhecimento do problema	Os gerentes da P&G precisam de equipamentos de embalagem em alta velocidade para ajudar no lançamento de um novo produto.
2. Descrição geral da necessidade	Os gerentes de produção trabalham com um gerente de compras para determinar as características necessárias do novo sistema de embalagem.
3. Especificações do produto	Um gerente de produção experiente ajuda um gerente de compras no desenvolvimento de uma descrição detalhada e precisa do equipamento necessário.
4. Busca de fornecedor	Após consulta aos gerentes de produção, um gerente de compras identifica um conjunto de fornecedores alternativos que satisfariam as exigências da P&G.
5. Aquisição e análise de propostas	As propostas alternativas são avaliadas por um gerente de compras e por uma série de funcionários do departamento de produção.
6. Seleção de fornecedor	São conduzidas negociações com os dois finalistas e é escolhido um fornecedor.
7. Escolha da rotina do pedido	É fixada uma data de entrega para o equipamento de produção.
8. Revisão do desempenho	Após a instalação do equipamento, os gerentes de compras e de produção avaliam o desempenho do equipamento e o suporte ao serviço dado pelo fornecedor.

O processo de compra tem início quando alguma pessoa na organização reconhece um problema que pode ser resolvido ou uma oportunidade que pode ser obtida com a aquisição de um produto específico. O reconhecimento do problema pode ser precipitado por forças internas ou externas. Internamente, uma empresa como a P&G pode precisar de novos equipamentos de produção em alta velocidade para dar apoio ao lançamento de um novo produto. Ou um gerente de compras pode estar insatisfeito com o preço ou o serviço de um fornecedor de equipamentos. Externamente, um vendedor pode antecipar a necessidade de um produto, ao demonstrar oportunidades para o aperfeiçoamento do desempenho da organização. Da mesma forma, os profissionais de marketing industrial também usam a propaganda para advertir os clientes quanto aos problemas e para demonstrar como um produto específico pode resolvê-los.

Durante o processo de compra organizacional, muitas decisões, pequenas ou incrementais, que se traduzem, no final das contas, na seleção final de um fornecedor são tomadas. Para ilustrar, um gerente de produção pode, sem saber, estabelecer especificações para um novo sistema de produção que apenas um fornecedor pode atender (etapas 2 e 3). Esse tipo de decisão no início do processo de compra influencia drasticamente a avaliação favorável e a seleção final daquele fornecedor.

O Processo de Busca

Assim que a organização tenha definido o produto que atenda às suas exigências, a atenção se volta para esta questão: quais dos vários possíveis fornecedores são candidatos potenciais? A organização investe mais tempo e energia na busca pelo fornecedor quando o produto proposto causa forte impacto no desempenho organizacional. Quando as necessidades de informação da organização compradora são baixas, as etapas 4 e 5 ocorrem simultaneamente, em especial para os itens padronizados. Nesse caso, um gerente de compras pode apenas verificar um catálogo ou garantir um preço atualizado pela internet. A Etapa 5 surge como uma categoria distinta apenas quando as necessidades de informação da organização são altas. Neste caso, o processo de aquisição e a análise das propostas podem envolver gerentes de compras, engenheiros, usuários e outros funcionários da organização.

Seleção de Fornecedor e Revisão do Desempenho. Após ser selecionado como um fornecedor escolhido (Etapa 6) e ao concordar com as diretrizes de compra (Etapa 7), tais como quantidades exigidas e data de entrega prevista, um profissional de marketing enfrenta outros testes. Uma revisão do desempenho é a etapa final no processo de compra. Uma revisão do desempenho pode levar o gerente de compras a continuar, modificar ou cancelar o contrato. Uma revisão crítica do fornecedor escolhido e o apoio dado às alternativas rejeitadas podem levar os funcionários da unidade de tomada de decisões a reexaminar a sua posição. Caso o produto deixe de atender às necessidades do departamento que o utilizará, os tomadores de decisão podem ainda levar em conta os fornecedores que já passaram pela triagem durante o processo de aquisição. Para manter um novo cliente, o profissional de marketing deve garantir que as necessidades da organização compradora tenham sido plenamente satisfeitas. Deixar de chegar ao final dessa etapa crítica torna vulnerável o profissional de marketing.

As etapas desse modelo de processo de aquisição podem não avançar em sequência e podem variar de acordo com a complexidade da situação de compra. Por exemplo, algumas das etapas são reduzidas ou deixadas de lado quando as organizações tomam decisões de compra de rotina. Todavia, o modelo fornece uma compreensão importante sobre o processo de compra organizacional. Certas etapas podem ser concluídas ao mesmo tempo; o processo pode ser descontinuado devido a uma mudança no ambiente externo ou graças a uma decisão da alta administração. O processo de compra organizacional é modelado por um conjunto de forças internas e externas, como as mudanças na situação econômica ou competitiva ou uma mudança básica nas prioridades da organização.

As organizações com bastante experiência na compra de um produto específico abordam a decisão de modo bem diferente dos compradores de primeira viagem. Assim, a atenção deve estar voltada para as situações de compra, em vez de para os produtos. Três tipos de situações de compra foram delineados: (1) nova tarefa, (2) recompra modificada e (3) recompra direta.[3]

Nova Tarefa

Na **situação de compra de nova tarefa**, os tomadores de decisão da organização percebem o problema ou a necessidade como totalmente diferente das experiências passadas; assim, precisam de um volume significativo de informações para explorar as formas alternativas de resolução do problema e para a busca de fornecedores alternativos.

Ao se defrontar com uma situação de compra de nova tarefa, os compradores organizacionais atuam em uma etapa de tomada de decisão chamada **ampla resolução do problema**.[4] As pessoas influentes de compras e os tomadores de decisão carecem de critérios bem-definidos para comparar produtos e fornecedores alternativos, mas também carecem de predisposições firmes com relação a uma solução específica. No mercado do consumidor, este é o mesmo tipo de resolução de problema que uma pessoa ou uma família deve seguir ao comprar a primeira casa.

Abordagens da Decisão de Compra[5]. Duas abordagens distintas de decisão de compra são usadas: nova tarefa que envolve juízo de valor e nova tarefa estratégica. O maior nível de incerteza é enfrentado pelas empresas em situações de nova tarefa que envolve juízo de valor, pois o produto pode ser tecnicamente complexo, a avaliação das alternativas é difícil e lidar com novos fornecedores acarreta aspectos imprevisíveis. Leve em consideração os compradores de um tipo especial de equipamento de produção, incertos quanto ao modelo ou marca a escolher, quanto ao nível adequado de qualidade e o preço justo a pagar. Para tais compras, as atividades de compra incluem um volume moderado de busca de informações e um uso moderado de ferramentas formais na avaliação dos principais aspectos da decisão de compra.

Um esforço ainda maior é investido nas **decisões estratégicas de nova tarefa**. Essas decisões de compra são de extrema importância para a empresa, estratégica e financeiramente. Caso o comprador perceba haver um ritmo rápido de mudança tecnológica em torno da decisão, aumenta-se o esforço de busca, mas ele se concentra em um curto período.[6] O planejamento de longo percurso impulsiona o processo de decisão. Para ilustrar, uma grande empresa de seguro-saúde colocou um pedido de $ 600 mil para

---

[3] Robinson, Faris e Wind, *Industrial Buying and Creative Marketing*, cap. 1; ver também Erin Anderson, Wujin Chu e Barton Weitz, "Industrial Purchasing: An Empirical Exploration of the Buyclass Framework", *Journal of Marketing* 51 (julho de 1987), p. 71-86; e Morry Ghingold, "Testing the 'Buygrid' Buying Process Model", *Journal of Purchasing and Materials Management* 22 (inverno de 1986), p. 30-36.

[4] Os níveis de tomada de decisão discutidos nesta seção foram retirados de John A. Howard e Jagdish N. Sheth, *The Theory of Buyer Behavior* (Nova York: John Wiley and Sons, 1969), cap. 2.

[5] A discussão sobre as abordagens da decisão de compra nesta seção foi retirada de Michele D. Bunn, "Taxonomy of Buying Decision Approaches", *Journal of Marketing* 57 (janeiro de 1993), p. 38-56; ver também Michele D. Bunn, Gul T. Butaney e Nicole P. Huffman, "An Empirical Model of Professional Buyers' Search Effort", *Journal of Business-to-Business Marketing* 8 (4, 2001), p. 55-81.

[6] Allen M. Weiss e Jan B. Heide, "The Nature of Organizational Search in High Technology Markets", *Journal of Marketing Research* 30 (maio de 1993), p. 230-233. Ver também Christian Homburg e Sabine Kuester, "Towards an Improved Understanding of Industrial Buying Behavior: Determinants of the Number of Suppliers", *Journal of Business-to-Business Marketing* 8 (2, 2001), p. 5-29.

móveis da estação de trabalho. O efeito de longo prazo sobre o ambiente de trabalho moldou o processo de decisão de seis meses e envolveu a participação ativa dos funcionários de vários departamentos.

Diretrizes da Estratégia. O executivo de marketing industrial, ao se defrontar com uma situação de compra de nova tarefa, pode ganhar uma vantagem diferencial ao participar ativamente das etapas iniciais do processo de aquisição. O profissional de marketing coletará informações sobre os problemas que afligem a organização compradora, isolará as exigências específicas e oferecerá propostas para atender às exigências. As ideias que levam aos novos produtos geralmente têm origem não no profissional de marketing, mas no cliente.

Os profissionais de marketing que hoje fornecem outros itens para a organização (fornecedores "in") têm pequena vantagem sobre as outras empresas: eles podem ver os problemas despontando e estão familiarizados com a "personalidade" e os padrões de comportamento da organização. O executivo de marketing industrial de sucesso monitora cuidadosamente as mudanças nas necessidades das organizações e está preparado para ajudar os compradores de nova tarefa.

Recompra Direta

Quando existe uma exigência continuada ou recorrente, os compradores possuem bastante experiência para lidar com a necessidade e precisam de pouca ou nenhuma nova informação. A avaliação das novas soluções alternativas é desnecessária e dificilmente gerará melhorias apreciáveis. Assim, uma abordagem de **recompra direta** é apropriada.

A **resolução de problema de rotina** é o processo de tomada de decisão que os compradores organizacionais empregam na recompra direta. Os compradores organizacionais aplicam critérios de escolha bem elaborados para a decisão de compra. Os critérios foram refinados ao longo do tempo, à medida que os compradores desenvolveram predisposições quanto às ofertas de um ou de alguns fornecedores cuidadosamente escolhidos. No mercado do consumidor, este é o mesmo tipo de resolução de problema que um comprador usaria na escolha de 30 itens em 20 minutos durante uma ida semanal ao supermercado. De fato, muitas decisões de compra organizacionais feitas a cada dia são de rotina. Por exemplo, organizações de todos os tipos estão continuamente comprando **recursos operacionais** – os produtos e serviços necessários para a administração do negócio, como computador e material de escritório, itens para manutenção e reparo e serviços de viagem. A Procter & Gamble sozinha gasta mais de $ 5 bilhões por ano em recursos operacionais.[7]

Abordagens da Decisão de Compra. Pesquisas sugerem que os compradores organizacionais empregam duas abordagens de tomada de decisão de compra: causal e baixa prioridade de rotina. As compras causais envolvem nenhuma busca de informação ou análise e o produto ou serviço é de menor importância. O foco está apenas na transmissão do pedido. Por outro lado, as decisões de rotina de baixa prioridade são um pouco mais importantes para a empresa e envolvem um volume moderado de análise. Ao descrever a compra de $ 5 mil de cabo a ser usado como material componente, um comprador habilmente descreve essa abordagem do processo de tomada de decisão:

> Em compras repetidas, podemos verificar outras fontes ou métodos alternativos de fabricação etc. para nos certificarmos de não haver novos avanços técnicos disponíveis no mercado. Mas, em geral, uma compra repetida é recomprada do fornecedor originalmente selecionado, em especial no caso de itens de baixo valor em dólar.

---

[7] Doug Smock, "Strategic Sourcing: P&G Boosts Leverage", *Purchasing* 133 (4 de novembro de 2004), p. 40-43.

Diretrizes de Estratégia. O departamento de compras lida com situações de recompra direta ao selecionar, de forma rotineira, um fornecedor de uma lista de fornecedores aprovados e então fazer um pedido. À medida que as organizações passam para os sistemas de e-procurement, os gerentes de compras mantêm o controle do processo para essas compras de rotina ao permitir que os funcionários comprem diretamente on-line de fornecedores aprovados.[8] Os trabalhadores usam uma interface simples de apontar-clicar para navegar através de um catálogo sob medida que detalha as ofertas dos fornecedores aprovados e então fazem o pedido dos itens necessários. Os colaboradores gostam da conveniência do autosserviço, e os gerentes de compras podem direcionar a atenção para questões estratégicas mais críticas. As comunicações de marketing deverão ser projetadas para alcançar não apenas os gerentes de compras, mas também os funcionários que agora detêm o poder para exercer as suas preferências quanto ao produto.

A tarefa de marketing adequada para a situação de recompra direta depende de o profissional de marketing ser um fornecedor "in" (listado) ou um fornecedor "out" (que não faz parte dos poucos selecionados). Um fornecedor "in" deve reforçar o relacionamento comprador-vendedor, atender às expectativas da organização compradora e estar alerta e ser responsivo às mudanças das necessidades da organização.

O fornecedor "out" enfrenta uma série de obstáculos e deve convencer a organização de que pode obter vantagens significativas ao quebrar a rotina. Isso pode ser difícil, pois os compradores organizacionais percebem o risco da troca do conhecido pelo desconhecido. O foco organizacional está voltado diretamente sobre eles, caso um fornecedor não testado hesite. Os compradores podem ver os testes, as avaliações e as aprovações como dispendiosos, morosos e desnecessários.

O esforço de marketing do fornecedor "out" tem como base um entendimento das necessidades básicas de compra da organização: a coleta de informações é essencial. O profissional de marketing deve convencer os compradores organizacionais de que as suas exigências de compra mudaram ou que as exigências deveriam ser interpretadas de modo diferente. O objetivo é persuadir os tomadores de decisão a reexaminar as soluções alternativas e a revisar a lista preferencial para incluir o novo fornecedor.

Recompra Modificada

Na situação de **recompra modificada**, os tomadores de decisão da organização sentem que podem obter vantagens significativas ao reavaliar as alternativas. Os compradores possuem experiência na satisfação da exigência continuada ou recorrente, mas acreditam que vale a pena buscar informações adicionais e, talvez, levar em consideração as soluções alternativas.

Vários fatores podem provocar tal reavaliação. As forças internas incluem a busca por melhorias de qualidade ou reduções de custo. Um profissional de marketing que oferece melhorias de custo, de qualidade ou de serviços pode ser uma força precipitante externa. A situação de recompra modificada é mais provável de ocorrer quando a empresa está insatisfeita com o desempenho dos atuais fornecedores (por exemplo, fraco serviço de entrega).

A **resolução de problema limitada** descreve melhor o processo de tomada de decisão da recompra modificada. Os tomadores de decisão possuem critérios bem-definidos, mas estão incertos quanto a quais fornecedores podem se adaptar melhor às suas necessidades. No mercado do consumidor, estudantes de graduação que compram seu *segundo* computador podem seguir uma abordagem de resolução de problema limitada.

---

[8] Talai Osmonbekov, Daniel C. Bello e David I. Gillilard, "Adoption of Electronic Commerce Tools in Business Procurement: Enhanced Buying Center Structure and Processes", *Journal of Business & Industrial Marketing* 17 (2/3, 2002), p. 151-166.

Abordagens da Decisão de Compra. Duas abordagens da decisão de compra tipificam essa categoria de classe de compra. Ambas dão forte ênfase nos objetivos estratégicos da empresa e nas necessidades de longo prazo. A recompra modificada simples envolve um conjunto restrito de alternativas de escolha e um volume moderado de busca de informação e análise. Os compradores se concentram no potencial de relacionamento de longo prazo com os fornecedores.

A **recompra modificada complexa** envolve um grande conjunto de alternativas de escolha e apresenta pouca incerteza. A série de escolhas intensifica a força de negociação do comprador. A importância da decisão motiva os compradores a buscar ativamente informações, aplicar técnicas sofisticadas de análise e cuidadosamente levar em conta as necessidades de longo prazo. Essa situação de decisão é particularmente bem adequada a um processo de licitação competitiva. Por exemplo, algumas empresas estão se voltando para os leilões reversos (um comprador, muitos vendedores), em que a organização compradora permite que vários fornecedores apresentem propostas para um contrato, empregando uma pressão de preços decrescentes durante todo o processo. Para participar, os fornecedores devem estar preparados para atender às características definidas do produto, assim como qualidade e padrões de serviço. "E, enquanto o preço será sempre um ponto importante, mais compradores, hoje, usam os pregões para determinar o melhor valor."[9] Em vez de serem usados para produtos ou serviços especializados, em que é preciso haver um relacionamento próximo de trabalho com o fornecedor, os leilões tendem a ser usados para *commodities* e peças padronizadas.

Diretrizes da Estratégia. Em uma recompra modificada, a direção do esforço de marketing depende de o profissional de marketing ser um fornecedor "in" ou "out". Um fornecedor "in" deveria fazer todos os esforços para entender e satisfazer a necessidade de aquisição e para deslocar os tomadores de decisão em direção a uma recompra direta. A organização compradora percebe os retornos de capital potenciais ao reexaminar as alternativas. O fornecedor "in" deveria perguntar o motivo e agir de imediato para reparar quaisquer problemas do cliente. O profissional de marketing pode não estar sabendo das exigências da organização compradora.

A meta do fornecedor "out" seria manter a organização em situação de recompra modificada por tempo suficiente para que o comprador avalie uma oferta alternativa. O conhecimento dos fatores que levaram os tomadores de decisão a reexaminar as alternativas poderia ser essencial. Uma estratégia particularmente eficiente para um fornecedor "out" é oferecer garantias de desempenho como parte da proposta.[10] Para ilustrar, a seguinte garantia motivou a International Circuit Technology, fabricante de placas de circuito impresso, a passar para um novo fornecedor de produtos químicos para galvanização: "Seus custos de galvanização não serão superiores a x centavos por metro quadrado ou arcaremos com a diferença".[11] Dada a natureza do processo de produção, os custos de galvanização podem ser facilmente monitorados ao se comparar a metragem quadrada das placas do circuito, baixando-se a linha de galvanização com o custo de produtos químicos para galvanização durante o período. Contente com o desempenho, a International Circuit Technology agora faz pedidos, rotineiramente, a esse novo fornecedor.

Implicações da Estratégia. Embora a pesquisa anterior forneça algumas diretrizes úteis, os profissionais de marketing devem ter muito cuidado ao prever a composição provável do centro de compras com

---

[9] James Carbone, "Not Just a Cost Reduction Tool", *Purchasing* 134 (17 de fevereiro de 2005), p. 43.
[10] Mary Siegfried Dozbaba, "Critical Supplier Relationships: Converting Higher Performance", *Purchasing Today* (fevereiro de 1999), p. 22-29.
[11] Somerby Dowst, "CEO Report: Wanted: Suppliers Adept at Turning Corners", *Purchasing* 101 (29 de janeiro de 1987), p. 71-72.

relação a uma situação específica de compra.[12] O executivo de marketing industrial tentará identificar os padrões de compra que se aplicam à empresa. Por exemplo, as classes de produtos industriais introduzidas no Capítulo 1 (como produtos de base *versus* produtos facilitadores) envolvem variados níveis de complexidade técnica e risco financeiro para a organização compradora.

O executivo de marketing industrial deve, então, ver o problema ou a necessidade de aquisição da perspectiva da organização compradora. Quanto progrediu a organização com relação ao problema específico de compra? Como a organização define a tarefa que tem em mãos? Quão importante é a compra? As respostas orientam e constituem a resposta do executivo de marketing industrial e também fornecem uma compreensão sobre a composição da unidade de tomada de decisões.

Forças que Moldam o Comportamento de Compra Organizacional

O modelo de oito etapas do processo de compra organizacional dá a base para a exploração das inúmeras forças que influenciam uma decisão de compra de uma organização. Observe, na Figura 3.3, como o comportamento de compra organizacional é influenciado pelas forças ambientais (a taxa de crescimento da economia); pelas forças organizacionais (o tamanho da organização compradora); pelas forças de grupo (padrões de influência nas decisões de compra); e pelas forças individuais (preferências pessoais).

Forças Ambientais

Uma mudança projetada nas condições de negócio, um desenvolvimento tecnológico ou uma nova lei específica podem alterar drasticamente os planos da compra organizacional. Entre as forças ambientais que moldam o comportamento de compra organizacional estão as influências econômicas, políticas, legais e tecnológicas. Em conjunto, essas influências ambientais definem os limites dentro dos quais se desenvolvem os relacionamentos comprador-vendedor. É dada particular atenção às forças econômicas e tecnológicas selecionadas que influenciam as decisões de compra.

Influências Econômicas. Devido à natureza derivada da demanda industrial, o profissional de marketing deve estar atento à força da demanda no mercado do consumidor final. A demanda por muitos produtos industriais flutua mais amplamente do que a economia geral. Empresas que operam em uma escala global devem estar atentas às situações econômicas que prevalecem pelas várias regiões. Por exemplo, enquanto os Estados Unidos, a Europa Ocidental e o Japão podem vivenciar modestos aumentos (por exemplo, de 2% ou 3%) no produto interno bruto (PIB) nos próximos anos, as economias em rápido desenvolvimento (ERDs) são projetadas para crescer três ou quatro vezes mais rápido. Além da China e da Índia, as principais ERDs incluem o México, o Brasil, a Europa central e oriental e o sudeste da Ásia.[13] Uma profusão de forças políticas e econômicas dita a vitalidade e o crescimento de uma economia. Um estudo recente descobriu que o número de empresas norte-americanas que compram produtos e serviços da China, da Europa oriental e da Índia aumentou nitidamente nos últimos anos e continuará a subir.[14] As melhores

---
[12] Donald W. Jackson Jr., Janet E. Keith e Richard K. Burdick, "Purchasing Agents' Perceptions of Industrial Buying Center Influence", *Journal of Marketing* 48 (outono de 1984), p. 75-83.
[13] Satish Shankar, Charles Ormiston, Nicholas Bloch, Robert Schaus e Vijay Vishwanath, "How to Win in Emerging Markets", *MIT Sloan Management Review* 49 (primavera de 2008), p. 19-23.
[14] "Global Procurement Study Finds Companies Unprepared to Manage Increased Sourcing from China and India Effectively", disponível em http://www.atkearney.com, acesso em 18 de maio de 2005.

FIGURA 3.3 | **FORÇAS QUE INFLUENCIAM O COMPORTAMENTO DE COMPRA ORGANIZACIONAL**

Comportamento de compra organizacional

- **Forças ambientais**
  - *Dimensões ilustrativas*
  - Perspectiva econômica: nacional e global
  - Ritmo da mudança tecnológica
  - Relações globais de comércio

- **Forças organizacionais**
  - Metas, objetivos e estratégias
  - Posição organizacional da compra

- **Forças de grupo**
  - Papéis, influência relativa e padrões de interação dos participantes da decisão de compra

- **Forças individuais**
  - Função do cargo, experiência passada e motivos para a compra de cada participante da decisão

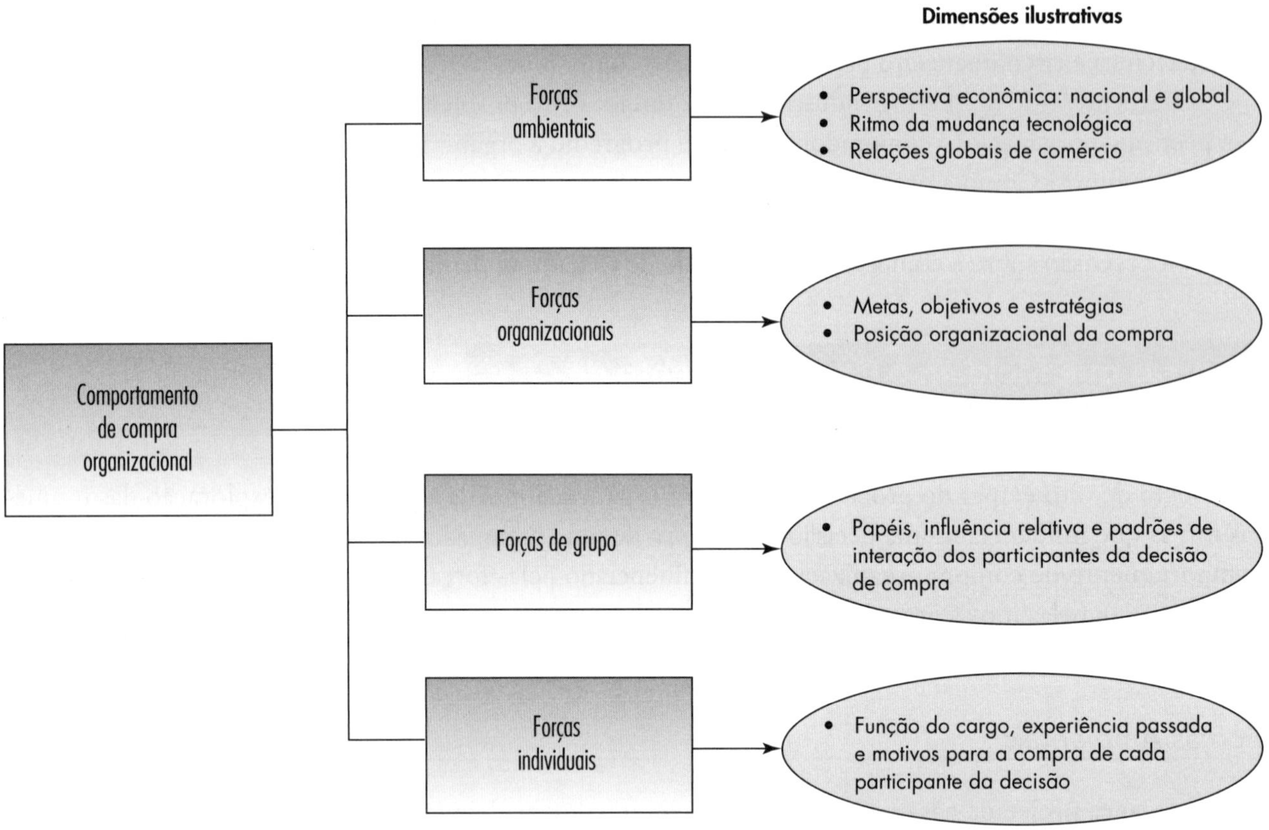

organizações de aquisição, como as suas concorrentes, provavelmente darão ênfase a estratégias de fornecimento do país de baixo custo.[15] Para demonstrar essa tendência, a IBM recentemente transferiu a sua sede de aquisições para Shenzhen, na China!

O ambiente econômico influencia a capacidade de uma organização e, até certo ponto, a sua disposição para comprar. Todavia, as mudanças na situação econômica geral não afetam todos os setores do mercado da mesma forma. Por exemplo, um aumento nas taxas de juros pode prejudicar o setor imobiliário (inclusive madeira, cimento e isolamento), mas pode causar efeitos mínimos em setores como de papel, suprimentos hospitalares, produtos para escritório e refrigerantes. Os profissionais de marketing que suprem amplos setores do mercado organizacional devem prestar particular atenção ao efeito diferencial das mudanças econômicas seletivas no comportamento de compra.

Influências Tecnológicas. A tecnologia em rápida mudança pode reestruturar um setor e alterar drasticamente os planos para a compra organizacional. Particularmente, a internet "mudou para sempre a forma pela qual as empresas e os clientes (do mercado do consumidor ou de outros) compram e vendem entre si, aprendem sobre os outros e se comunicam".[16]

A taxa de mudança tecnológica em um setor influencia a composição da unidade de tomada de decisão na organização compradora. À medida que cresce o ritmo da mudança tecnológica, diminui a im-

---
[15] Andrew Bartolini, "CPO Rising: The CPO's Agenda for 2008", relatório de pesquisa do Aberdeen Group, disponível em http://www.aberdeen.com, acesso em 25 de maio de 2008.
[16] Stewart Alsop, "e or Be Eaten", *Fortune*, 8 de novembro de 1999, p. 87.

portância do gerente de compras no processo de compras. O pessoal técnico e de engenharia tende a ser mais importante quando a taxa de mudança tecnológica é maior. Pesquisa recente também sugere que os compradores que percebem o ritmo da mudança tecnológica são mais rápidos (1) em conduzir maiores esforços de busca e (2) gastam menos tempo nos seus processos totais de busca.[17] Allen Weiss e Jan Heide sugerem que "em termos de custo-benefício, um rápido ritmo de mudança implica que vantagens distintas estão associadas ao esforço de busca, já os custos estão associados ao prolongamento do processo" porque a informação adquirida tem "validade limitada".[18]

O profissional de marketing também deve monitorar ativamente os sinais de mudança tecnológica e estar preparado para adaptar a estratégia de marketing para lidar com os novos ambientes tecnológicos. Por exemplo, a Hewlett-Packard adotou a internet em seus produtos, serviços, práticas e marketing. Com mecanismos de busca, filtros contra *spam*, iPods e outras tecnologias, os clientes agora têm mais controle do que antes sobre as informações que recebem, observa Scott Anderson, diretor de comunicação de marca empresarial na Hewlett-Packard. Nesse ambiente dinâmico, "nossa estratégia é atrair nossos clientes com interações e conteúdo on-line", diz ele, em alusão à rede mundial, ao e-mail, à banda larga e aos blogs como apenas algumas das inúmeras ferramentas eletrônicas que a HP usa.[19] Da mesma forma, a Dell, Inc. agora possui uma equipe inteira dedicada a encontrar e responder a comentários sobre a Dell na internet e a criar rumores entre os blogueiros no que se refere a lançamentos futuros de produtos.[20] Como a onda mais recente de mudança tecnológica é tão drástica quanto qualquer outra na história, as implicações para os estrategistas de marketing são profundas. Elas envolvem mudança de definições de indústrias, novas fontes de concorrência, mudança nos ciclos de vida do produto e o aumento da globalização dos mercados.[21]

Forças Organizacionais

Um entendimento sobre a organização compradora tem como base suas prioridades estratégicas, o papel da compra na hierarquia executiva e os desafios competitivos da empresa.

Influência Crescente da Compra. Como regra, a influência da função de aquisição está crescendo. Por quê? A globalização está desordenando os padrões tradicionais da concorrência e as empresas estão sentindo a pressão dos custos crescentes de material e da forte resistência do cliente aos aumentos no preço. Enquanto isso, para melhorar a eficiência e a eficácia, muitas empresas estão terceirizando algumas funções que eram tradicionalmente executadas dentro da organização. Como resultado, em empresas por todo o mundo, os CEOs estão contando com uma função de aquisição para manter os seus negócios bem posicionados no mercado intensamente competitivo dos dias atuais.[22]

---

[17] Weiss e Heide, "The Nature of Organizational Search", p. 220-233; ver também Jan B. Heide e Allen M. Weiss, "Vendor Consideration and Switching Behavior for Buyers in High-Technology Markets", *Journal of Marketing* 59 (julho de 1995), p. 30-43.
[18] Weiss e Heide, "The Nature of Organizational Search", p. 221.
[19] Kate Maddox, Sean Callahan e Carol Krol, "Top Trends: B-to-B Marketers Have Proven Remarkably Adaptable in the Last Five Years", *B to B*, 13 de junho de 2005, p. 3, disponível em http://www.BtoBonline.com, acesso em 7 de julho de 2005.
[20] Ken Worthen, "Dell, by Going Click for Click with Web Posters, Ensured Bloggers Saw Its New Red Mini Laptop", *Wall Street Journal*, 3 de junho de 2008, p. B6.
[21] Rashi Glazer, "Winning in Smart Markets", *Sloan Management Review* 40 (verão de 1999), p. 56-69.
[22] Marc Bourde, Charlie Hawker e Theo Theocharides, "Taking Center Stage: The 2005 Chief Procurement Officer Survey" (Somers, NY: IBM Global Services, maio de 2005), p. 1-14, disponível em http://www.ibm.com/bcs, acesso em 1º de julho de 2005.

Prioridades Estratégicas em Compras

À medida que a influência da compra aumenta, os diretores de aquisição sentem o calor do refletor, de modo que estão em busca de um conjunto ambicioso de prioridades estratégicas (Tabela 3.1). Buscam economias de custo, mas compreendem que tais economias são apenas uma parte da contribuição que a aquisição pode oferecer ao resultado final. Mais importante, todavia: os executivos de aquisições estão às voltas com uma questão mais estratégica: como a aquisição pode se tornar uma forte arma competitiva? Neste caso, a atenção está centralizada nas metas corporativas e em como o setor de aquisições pode ajudar seus clientes internos (ou seja, as outras funções industriais) a alcançar essas metas. Como participantes diretos do processo estratégico, os gerentes de aquisição estão dando ênfase às *capacidades* dos fornecedores, explorando novas áreas em que um fornecedor estratégico pode agregar valor às ofertas de produto ou serviço da empresa. Robert K. Harlan, diretor de e-procurement da Motorola, apreende a ideia: para o desenvolvimento de novo produto, "trazemos, de início, vários fornecedores para projetar, simplificar e implementar novas tecnologias".[23]

As organizações de compra de ponta também aprenderam que "a melhor cadeia de valor vence", de modo que estão construindo relacionamentos mais próximos com um conjunto cuidadosamente selecionado de fornecedores estratégicos e alinhando as atividades da cadeia de suprimentos com as necessidades dos clientes.[24] Por exemplo, a Honda of America reduziu o custo do conteúdo comprado do Accord ao estabelecer metas de custo para cada componente – motor, chassi e assim por diante.[25] Os gerentes de compras, então, trabalharam com os fornecedores globais para entender a estrutura de custo de cada componente, observar a sua fabricação e identificar formas para a redução dos custos, para agregar valor ou ambas.

Soluções Estratégicas da Oferta. À medida que o setor de compras assume um papel mais estratégico, o executivo de marketing industrial deve entender as realidades competitivas do negócio do cliente e desenvolver uma proposição de valor – produtos, serviços, ideias – que favoreça as suas metas de desempenho. Por exemplo, a IBM centraliza a atenção sobre as soluções do cliente – como a sua tecnologia da informação e os variados serviços podem melhorar a eficiência das operações de um varejista ou favorecer os níveis de serviço ao cliente de uma cadeia hoteleira. De forma alternativa, um fornecedor da Hewlett--Packard ganha pontos com os executivos ao oferecer um novo componente que aumentará o desempenho ou diminuirá os custos de suas impressoras de jato de tinta. Para fornecer tais soluções ao cliente, o executivo de marketing industrial precisa ter um entendimento profundo das oportunidades e ameaças com que se defronta o cliente.

Posicionamento Organizacional da Compra

À medida que a compra deixa de ser uma função de apoio com base na transação e assume uma posição estratégica mais proeminente em nível executivo, muitas empresas de ponta estão centralizando a função de aquisição. Uma organização que centraliza as decisões de aquisição encara a compra de forma diferente do que o faz uma empresa em que as decisões de compra são tomadas nos locais de cada usuário. Quando a compra é centralizada, uma unidade organizacional específica tem autoridade para efetuar compras em

---

[23] Jason Seigel, "Professional Profile: Robert K. Harlan", *Purchasing* 13 (7 de outubro de 2004), p. 32.
[24] Mark Gottfredson, Rudy Puryear e Stephen Phillips, "Strategic Sourcing: From Periphery to the Core", *Harvard Business Review* 83 (fevereiro de 2005), p. 132-139.
[25] Timothy M. Laseter, *Balanced Sourcing: Cooperation and Competition in Supplier Relationships* (São Francisco: Jossey-Bass, 1998), p. 5-18.

TABELA 3.1 | PRIORIDADES ESTRATÉGICAS EM COMPRAS

Alinhando a compra à estratégia: *não apenas compradores*	Trocar de um papel administrativo para uma função de criação de valor que atenda a partes interessadas internas e que forneça uma vantagem competitiva no mercado.
Explorando novas fronteiras de valor: *não se trata apenas do preço*	Foco nas capacidades dos fornecedores ao dar ênfase aos resultados do negócio, ao custo total de propriedade e ao potencial para a criação de valor de longo prazo.
Incluindo os fornecedores: *a melhor cadeia de valor vence*	Desenvolver poucos e mais profundos relacionamentos com os fornecedores estratégicos e envolvê-los nos processos de tomada de decisão, que vão do desenvolvimento de novo produto até as iniciativas de redução de custos.
No encalço de fontes de baixo custo: *um mundo que vale a pena explorar*	Superação dos obstáculos impostos pelas diferenças geográficas e busca de fornecedores rentáveis por todo o mundo.

FONTE: Adaptado de Marc Bourde, Charlie Hawker e Theo Theocharides, "Taking Center Stage: The 2005 Chief Procurement Officer Survey" (Somers, NY: IBM Global Services, maio de 2005), p. 1-14. Disponível em http://www.ibm.com/bcs, acesso em 1º de julho de 2005; e Chip W. Hardt, Nicholas Reinecke e Peter Spiller, "Inventing the 21st-Century Purchasing Organization", *The McKinsey Quarterly* 2007, n. 4, p. 115-124.

nível regional, por divisão ou na sede. Por exemplo, ao centralizar a aquisição, a American Express realizou cerca de $ 600 milhões em economia de compras nos primeiros três anos.[26] IBM, Sara Lee, 3M, Hewlett-Packard, Wendy's International e Citicorp estão entre as outras corporações que dão ênfase à aquisição centralizada. Um profissional de marketing atento a influências da organização pode mapear de modo mais preciso o processo de tomada de decisão, isolar as pessoas influentes de compras, identificar os critérios evidentes de compras e visar à estratégia de marketing para organizações tanto centralizadas quanto descentralizadas.[27]

Centralização da Aquisição: Fatores de Contribuição. Vários fatores contribuem para a tendência em direção à compra centralizada. Primeiro, a centralização pode integrar melhor a estratégia de compra com a estratégia corporativa, e as ferramentas de software de e-procurement agora permitem que os gerentes monitorem e analisem os dados sobre gastos corporativos nos mínimos detalhes.[28] Mais importante, o software de e-procurement de empresas como a Ariba, Inc. (http://www.ariba.com) hoje fornece aos compradores um rico conjunto de novas ferramentas para rastrear e gerenciar os gastos por toda a empresa. Por exemplo, o grupo de aquisição corporativa da Walt Disney Company gerencia os gastos com todos os itens comuns às quatro unidades de negócio da empresa de entretenimento: redes de mídia, parques e *resorts*, estúdios de entretenimento e produtos ao consumidor. Esses itens incluem categorias como tecnologia da informação, telecomunicações, serviços de construção e seguro.[29]

---

[26] Susan Avery, "American Express Changes Ahead", *Purchasing* 133 (4 de novembro de 2004), p. 34-38.
[27] E. Raymond Corey, *The Organizational Context of Industrial Buyer Behavior* (Cambridge, MA: Marketing Science Institute, 1978), p. 99-112.
[28] Tim A. Minahan, "Best Practices in E-Sourcing: Optimizing and Sustaining Supply Savings", setembro de 2004, relatório de pesquisa pelo Aberdeen Group, Inc., Boston, Massachusetts; disponível em http://www.ariba.com, acesso em 15 de junho de 2005.
[29] Anne Millen Porter, "Spend a Little, Save a Lot", *Purchasing* 130 (4 de abril de 2002), p. 23-24.

Segundo, uma organização com várias fábricas ou escritórios pode, em geral, cortar os custos ao combinar exigências em comum. Antes de a Motorola centralizar a sua função de aquisição, ela possuía 65 diferentes contratos de software globalmente com um fornecedor para a mesma licença de software.[30] Ao negociar um contrato global que cobrisse todas as operações da Motorola pelo mundo, o pessoal da aquisição centralizada economizou mais de $ 40 milhões, ou cerca de 50% do que a empresa vinha pagando pelos 65 contratos diferentes.

Terceiro, a natureza do ambiente de abastecimento pode, também, determinar se a compra é centralizada. Se alguns grandes vendedores dominam o ambiente de abastecimento, a compra centralizada pode ser particularmente útil para garantir condições favoráveis e o serviço adequado. Caso o setor de abastecimento consista em muitas empresas pequenas, cada uma cobrindo áreas geográficas limitadas, a compra descentralizada pode ser a melhor escolha.

Por fim, o local da compra na organização geralmente depende do local onde estão as principais pessoas influentes de compras. Caso a engenharia exerça um papel ativo no processo, a função de compra deve estar em estreita proximidade organizacional e física.

Centralização *versus* Descentralização. A aquisição centralizada e a descentralizada diferem significativamente.[31] A centralização leva à especialização. Os especialistas de compras para itens selecionados desenvolvem um conhecimento abrangente das condições de abastecimento e demanda, das opções do fornecedor, dos fatores de custo do fornecedor e de outras informações relevantes. Esse conhecimento e o volume significativo de negócio que os especialistas controlam intensificam a sua força de compra e as opções do fornecedor.

A prioridade dada aos critérios de compra selecionados é também influenciada pela centralização ou descentralização. Ao identificar o domínio organizacional do comprador, o profissional de marketing pode, em geral, identificar os objetivos do gerente de compras. As unidades de **compra centralizada** dão mais importância às considerações estratégicas como a disponibilidade de fornecimento no longo prazo e o desenvolvimento de um complexo saudável do fornecedor. Os compradores descentralizados podem dar ênfase a questões mais táticas como a economia de curto prazo e as considerações sobre lucro. O comportamento de compra organizacional é grandemente influenciado pelo sistema de monitoramento, que mede o desempenho da unidade.

As capacidades de venda pessoal e as preferências de marca dos usuários influenciam as decisões de compra mais nos locais dos usuários do que nos locais da compra centralizada. Nos locais do usuário, E. Raymond Corey afirma que "engenheiros e os outros técnicos, em particular, estão inclinados a serem específicos em suas preferências, enquanto os compradores não especializados e não técnicos não possuem nem a perícia técnica nem o *status* para desafiá-los",[32] como podem fazer os especialistas de compras nos locais centrais. As diferentes prioridades entre os compradores centrais e os usuários locais levam, em geral, ao conflito. Ao estimular a demanda no nível do usuário, o profissional de marketing avaliará o potencial para conflito e tentará desenvolver uma estratégia para resolver quaisquer diferenças entre as duas unidades organizacionais.

Resposta Estratégica. A organização da estratégia de venda do profissional de marketing será comparada à organização da função de compra das contas-chave. Para evitar atividades de venda desarticuladas e con-

---

[30] James Carbone, "Motorola Leverages Its Way to Lower Cost", *Purchasing* 133 (16 de setembro de 2004), p. 32.
[31] Joseph A. Bellizzi e Joseph J. Belonax, "Centralized and Decentralized Buying Influences", *Industrial Marketing Management* 11 (abril de 1982), p. 111-115; Arch G. Woodside e David M. Samuel, "Observation of Centralized Corporate Procurement", *Industrial Marketing Management* 10 (julho de 1981), p. 191-205; e Corey, *The Organizational Context*, p. 6-12.
[32] Corey, *The Organizational Context*, p. 13.

flito interno na organização de vendas, e para atender às necessidades especiais dos clientes importantes, muitos profissionais de marketing industrial desenvolveram programas de gerenciamento de contas-chave para estabelecer um relacionamento próximo de trabalho que, de acordo com Benson Shapiro e Rowland Moriarty, "encurta o caminho pelos vários níveis, funções e unidades operacionais nas organizações compradoras e vendedoras".[33] Por exemplo, a IBM designa um executivo exclusivo de conta para trabalhar com grandes clientes, como a Boeing ou a State Farm Insurance. Assim, a tendência em direção à centralização da aquisição pelos compradores foi equilibrada pelo desenvolvimento de programas de gerenciamento de contas-chave pelos vendedores. Para as grandes organizações multinacionais que possuem a estrutura, os processos e os sistemas de informação para coordenar de modo centralizado as compras em uma escala global, o cliente poderia ser considerado para fazer parte do gerenciamento de conta global. Um **programa de gerenciamento de conta global** trata as operações do cliente por todo o mundo como uma conta integrada, com condições coerentes de preços, serviços e especificações de produtos.[34] Por exemplo, a Xerox e a Hewlett-Packard possuem, cada uma, mais de cem clientes corporativos que receberam o *status* de conta global.

Forças de Grupo

Inúmeras influências na compra e forças de grupo são críticas nas decisões de compra organizacional. O processo de compra organizacional envolve, caracteristicamente, um conjunto complexo de pequenas decisões tomadas ou influenciadas por várias pessoas. O grau de envolvimento dos membros do grupo varia desde recompras de rotina, em que o agente de compras apenas leva em conta as preferências dos outros, até situações complexas de compra de nova tarefa, em que um grupo tem um papel ativo.

O vendedor industrial deve abordar três questões.

- Que membros da organização tomam parte do processo de compras?
- Qual é a influência relativa de cada membro na decisão?
- Que critérios são importantes para cada membro na avaliação de fornecedores potenciais?

O vendedor que pode responder de modo correto a essas questões está realmente preparado para atender às necessidades de uma organização compradora e tem uma grande probabilidade de se tornar o fornecedor escolhido.

O Centro de Compras. O conceito de centro de compras fornece boa compreensão sobre o papel das forças de grupo no comportamento de compra organizacional.[35] O centro de compras consiste em pessoas que participam da decisão de compra e compartilham as metas e os riscos decorrentes da decisão. O tamanho do centro de compras varia, mas um centro de compras médio inclui mais de quatro pessoas por compra; o número de pessoas envolvidas em todas as etapas de uma compra pode ser tão grande quanto 20.[36]

---

[33] Benson P. Shapiro e Rowland T. Moriarty, *National Account Management: Emerging Insights* (Cambridge, MA: Marketing Science Institute, 1982), p. 8; ver também James Boles, Wesley Johnston e Alston Gardner, "The Selection and Organization of National Accounts: A North American Perspective", *Journal of Business & Industrial Marketing* 14 (4, 1999), p. 264-275.

[34] George S. Yip e Audrey J. M. Bink, "Managing Global Accounts", *Harvard Business Review* 85 (setembro de 2007), p. 103-111.

[35] Para uma revisão abrangente da pesquisa sobre centro de compras, ver Wesley J. Johnston e Jeffrey E. Lewin, "Organizational Buying Behavior: Toward an Integrative Framework", *Journal of Business Research* 35 (janeiro de 1996), p. 1-15; e J. David Lichtenthal, "Group Decision Making in Organizational Buying: A Role Structure Approach", em *Advances in Business Marketing*, v. 3, ed. Arch G. Woodside (Greenwich, CT: JAI Press, 1988), p. 119-157.

[36] Como exemplo, ver Robert D. McWilliams, Earl Naumann e Stan Scott, "Determining Buying Center Size", *Industrial Marketing Management* 21 (fevereiro de 1992), p. 43-49.

Por Dentro do Marketing Industrial

Entre na Era Digital para Chegar às Pessoas Influentes de Compras

Quais são as empresas que estão ganhando vantagem nos mercados competitivos e voltados para o cliente que estão sendo remodelados pela internet? Aquelas que já se distinguem no gerenciamento dos relacionamentos com o cliente estão mais bem equipadas para capitalizar as oportunidades da rede mundial. Aquelas líderes no relacionamento são capazes de prever bem cedo como usar a internet para se conectar com seus clientes, explorá-la com maior rapidez e implantar melhor as iniciativas de estratégia. Os construtores de relacionamentos mais fortes, como Dell, FedEx, GE Medical e Singapore Airlines, apreciam as novas oportunidades que a internet oferece.

Considere a estratégia eficiente e de baixo custo que a GE Medical usa para vender softwares caros e essenciais para desempenho através do canal digital. Os radiologistas que usam as máquinas de diagnóstico da GE podem ir à internet e testar o novo software da empresa que aumenta a eficiência dos exames de coluna. Caso gostem do que estão vendo, podem fazer o pedido do software de $ 65 mil. Quase 65% das vezes, os radiologistas escolhem fazer a compra, sem sequer falar com um vendedor.

FONTE: George S. Day e Katrina J. Hubbard, "Customer Relationships Go Digital", *Business Strategy Review* 14 (1, 2003), p. 17-26.

A composição do centro de compras pode mudar de uma situação de compra para outra e não está determinada no organograma. Um grupo de compras evolui durante o processo de compras, em resposta às exigências de informação da situação específica. Como a compra organizacional é um *processo* em vez de um ato isolado, diferentes pessoas são importantes ao processo em momentos diversos.[37] Um engenheiro projetista pode exercer influência significativa no início do processo, quando as especificações do produto estão sendo estabelecidas; outros podem assumir um papel mais dominante em fases posteriores. Um vendedor deve definir a situação de compra e as exigências de informação da perspectiva da organização, para prever o tamanho e a composição do centro de compras. Novamente, a composição do centro de compras evolui durante o processo de compra, varia de empresa para empresa e varia de uma situação de compra para outra.

Isolando a Situação de Compra. A definição da situação de compra e a determinação de se a empresa está nas etapas iniciais ou posteriores do processo de tomada de decisão de aquisição são primeiras etapas importantes na definição do centro de compras. O centro de compras para uma situação de compra de nova tarefa no mercado sem fins lucrativos é apresentado na Tabela 3.2. O produto, sistemas de monitoramento de cuidados intensivos, é complexo e caro. Os membros do centro de compras são retirados de cinco áreas funcionais, cada um participando em graus diferentes no processo. Um profissional de marketing que se concentrou exclusivamente na função de compras estaria negligenciando as principais pessoas influentes de compras.

Eric Anderson e seus colegas indagaram a um grande grupo de gerentes de vendas sobre os padrões do comportamento de compra organizacional com que seus vendedores se defrontam diariamente. As equipes de vendas que se deparam, com frequência, com situações de compra de nova tarefa observaram que:

---

[37] Ghingold e Wilson, "Buying Center Research and Business Marketing Practice", p. 96-108; ver também Gary L. Lilien e M. Anthony Wong, "Exploratory Investigation of the Structure of the Buying Center in the Metalworking Industry", *Journal of Marketing Research* 21 (fevereiro de 1984), p. 1-11.

O centro de compras é grande, lento na decisão, incerto sobre suas necessidades e a adequação das possíveis soluções, mais preocupado em encontrar uma boa solução do que em conseguir um baixo preço ou um fornecimento garantido, mais disposto a levar em consideração propostas de fornecedores "out" e menos disposto a favorecer os fornecedores "in", mais influenciado pelo pessoal técnico, [e] menos influenciado pelos agentes de compras.[38]

Por outro lado, Anderson e seus colegas descobriram que as equipes de vendas que lidam mais com situações de compra de rotina (ou seja, recompras diretas e modificadas) se deparam, com frequência, com centros de compras que são "pequenos, rápidos na tomada de decisão, confiantes em suas avaliações do problema e das possíveis soluções, preocupados com preço e fornecimento, satisfeitos com os fornecedores 'in' e mais influenciados pelos agentes de compras".[39]

Prognosticando a Composição. Um profissional de marketing também pode prognosticar a composição do centro de compras ao projetar o efeito do produto industrial sobre várias áreas funcionais na organização. Caso a decisão de aquisição venha afetar a comerciabilidade do produto de uma empresa (por exemplo, design do produto, preço), o departamento de marketing agirá ativamente no processo. A engenharia terá influência nas decisões sobre os novos bens de capital, materiais e componentes; no estabelecimento das especificações; na definição das exigências de desempenho do produto; e na qualificação dos fornecedores potenciais. Os executivos da fábrica serão incluídos nas decisões de aquisição que afetam o mecanismo de produção (por exemplo, materiais ou peças usados na produção). Quando as decisões de aquisição envolvem um compromisso econômico significativo ou têm influência sobre a estratégia ou questões de política, a alta administração terá considerável influência.

Influência do Centro de Compras. Os membros do centro de compras assumem diferentes papéis durante todo o processo de aquisição. Frederick Webster Jr. e Yoram Wind deram os seguintes nomes para cada um desses papéis: usuários, pessoas influentes, compradores, tomadores de decisão e coordenadores.[40]

Como está implicado no nome do papel, **usuários** são as pessoas que usam o produto em questão. Os usuários podem ter influência de irrelevante a de extrema importância na decisão de compra. Em alguns casos, os usuários iniciam a ação de compra ao solicitar o produto. Eles podem até desenvolver as especificações do produto.

Os **coordenadores** controlam as informações que serão revistas pelos outros membros do centro de compras. Eles podem fazê-lo ao divulgar informações impressas, como anúncios, ou ao controlar qual vendedor fala com quais pessoas no centro de compras. Para ilustrar, o agente de compras pode realizar esse papel de triagem ao abrir as portas do centro de compras para algumas pessoas de vendas e fechando-as para outras.

As **pessoas influentes** afetam a decisão de compra ao fornecer informações para a avaliação das alternativas ou ao estabelecer as especificações da compra. Em geral, aquelas nos departamentos técnicos, como engenharia, controle de qualidade e P&D, possuem influência significativa na decisão de compra. Algumas vezes, pessoas de fora podem assumir esse papel.

---

[38] Anderson, Chu e Weitz, "Industrial Purchasing", p. 82.
[39] Ibid.
[40] Frederic E. Webster Jr. e Yoram Wind, *Organizational Buying Behavior* (Englewood Cliffs, NJ: Prentice-Hall, 1972), p. 77. Para uma revisão da pesquisa do papel de compras, ver Lichtenthal, "Group Decision Making in Organizational Buying", p. 119-157.

| TABELA 3.2 | ENVOLVIMENTO DOS PARTICIPANTES DO CENTRO DE COMPRAS EM DIFERENTES ETAPAS DO PROCESSO DE AQUISIÇÃO |

Participantes do centro de compras	Etapas do processo de aquisição para um fornecedor de produtos médicos			
	Identificação da necessidade	Estabelecimento dos objetivos	Identificação e avaliação das alternativas de compra	Seleção de fornecedores
Médicos	Alta	Alta	Alta	Alta
Enfermagem	Baixa	Alta	Alta	Baixa
Administração	Moderada	Moderada	Moderada	Alta
Engenharia	Baixa	Moderada	Moderada	Baixa
Compras	Baixa	Baixa	Baixa	Moderada

FONTE: Adaptado com permissão do editor de Gene R. Laczniak, "An Empirical Study of Hospital Buying", *Industrial Marketing Management* 8 (janeiro de 1979), p. 61. Copyright © 1979 por Elsevier Science.

Para compras de alta tecnologia, os consultores técnicos em geral assumem um papel de influência no processo de tomada de decisão e ampliam o conjunto de alternativas a ser levado em consideração.[41]

Os **tomadores de decisão**, na verdade, tomam a decisão de compra, tenham ou não a autoridade formal para fazê-lo. A identidade do tomador de decisão é o papel mais difícil de se determinar: os *compradores* podem ter a autoridade formal para comprar, mas o presidente da empresa pode, de fato, tomar a decisão. Um tomador de decisão poderia ser um engenheiro projetista, que desenvolve um conjunto de especificações que apenas um fornecedor pode atender.

O **comprador** possui autoridade formal para selecionar um fornecedor e implantar todos os procedimentos relacionados à garantia do produto. Os membros com mais poder da organização geralmente usurpam o poder do comprador. O papel do comprador é, em geral, assumido pelo agente de compras, que executa as funções administrativas associadas a uma ordem de compra.

Uma pessoa poderia assumir todos os papéis, ou várias pessoas poderiam assumir diferentes papéis na compra. Para ilustrar, na qualidade de usuários, o pessoal de marketing, da contabilidade, de compras e da produção pode ter uma participação sobre qual sistema de tecnologia da informação é selecionado. Assim, o centro de compras pode ser um fenômeno organizacional muito complexo.

Identificação de Padrões de Influência. Os principais influenciadores estão frequentemente localizados fora do departamento de compras. Para ilustrar, a compra de um bem de capital típico envolve, em média, quatro departamentos, três níveis da hierarquia gerencial (por exemplo, gerente, gerente regional, vice-presidente) e sete pessoas diferentes.[42] Na compra de peças componentes, o pessoal da produção e da

---

[41] Paul G. Patterson e Phillip L. Dawes, "The Determinants of Choice Set Structure in High-Technology Markets", *Industrial Marketing Management* 28 (julho de 1999), p. 395-411; e Philip L. Dawes, Don Y. Lee e David Midgley, "Organizational Learning in High-Technology Purchase Situations: The Antecedents and Consequences of the Participation of External IT Consultants", *Industrial Marketing Management* 36 (abril de 2007), p. 285-299.

[42] Wesley J. Johnston e Thomas V. Bonoma, "The Buying Center: Structure and Interaction Patterns", *Journal of Marketing* 45 (verão de 1981), p. 143-156; ver também Gary L. Lilien e M. Anthony Wong, "An Exploratory Investigation of the Structure of the Buying Center in the Metalworking Industry", *Journal of Marketing Research* 21 (fevereiro de 1984), p. 1-11; e Arch G. Woodside, Timo Liakko e Risto Vuori, "Organizational Buying of Capital Equipment Involving Persons across Several Authority Levels", *Journal of Business & Industrial Marketing* 14 (1, 1999), p. 30-48.

POR DENTRO DO MARKETING INDUSTRIAL

Inovar e Vencer na BMW

As organizações de aquisição de ponta esperam que seus fornecedores inovem e os recompensam quando o fazem. Em empresas como a P&G, a Coca-Cola e a BMW, os executivos de compras usam o "potencial para inovar" como um critério-chave para a seleção de fornecedores e avaliam as contribuições para inovação como parte do processo de desenvolvimento do fornecedor.

Os profissionais de marketing industrial que contribuem com ideias inovadoras ao processo de desenvolvimento de novo produto em tais empresas ganham o apoio de gerentes de compras, executivos de marketing, engenheiros projetistas e outros membros do centro de compras. Por exemplo, um vendedor de um grande fornecedor da BMW propôs adicionar anéis de luz de fibra óptica aos faróis para proporcionar uma característica peculiar à marca. "Os motoristas das autoestradas alemãs ou de outros lugares poderiam ver as luzes peculiares de um BMW de alto desempenho se aproximando e saberiam que deveriam mudar de pista e dar passagem. A BMW e o fornecedor desenvolveram em conjunto a ideia – e o contrato assegura direitos exclusivos para a fabricante de automóveis." Como resultado dessa colaboração, a BMW ganhou acesso à nova tecnologia que agrega valor à sua marca e o fornecedor ganhou um contrato lucrativo e de longo prazo.

FONTE: A. T. Kearney, "Creating Value through Strategic Supply Management: 2004 Assessment of Excellence in Procurement" (fevereiro de 2005). Disponível em http:///www.atkearney.com, acesso em 25 de junho de 2005.

---

engenharia forma, em geral, o grupo de pessoas mais influentes na decisão. É interessante notar que um estudo comparativo do comportamento de compra organizacional encontrou similaridades surpreendentes em quatro países (Estados Unidos, Reino Unido, Austrália e Canadá) no envolvimento de vários departamentos no processo de aquisição.[43]

Uma pesquisa anterior dá algumas dicas valiosas para a identificação de membros com poder do centro de compras (Tabela 3.3).[44] Para ilustrar, as pessoas que têm uma participação pessoal importante na decisão, que possuem conhecimento especializado com relação à escolha e/ou são fundamentais para o fluxo das informações relativas à decisão tendem a assumir um papel ativo e influente no centro de compras. Os gerentes de compras assumem um papel dominante nas situações repetitivas de compra.

Com base em sua pesquisa do centro de compras, Donald W. Jackson Jr. e seus colegas fornecem estas recomendações de estratégia:

> Os esforços de marketing dependerão das pessoas do centro de compras que são mais influentes em dada decisão. Como a engenharia e a fabricação têm maior influência nas decisões sobre

---

[43] Peter Banting, David Ford, Andrew Gross e George Holmes, "Similarities in Industrial Procurement across Four Countries", *Industrial Marketing Management* 14 (maio de 1985), p. 133-144.
[44] John R. Ronchetto, Michael D. Hutt e Peter H. Reingen, "Embedded Influence Patterns in Organizational Buying Systems", *Journal of Marketing* 53 (outubro de 1989), p. 51-62; ver também Ajay Kohli, "Determinants of Influence in Organizational Buying: A Contingency Approach", *Journal of Marketing* 53 (julho de 1989), p. 50-65; Daniel H. McQuiston e Peter R. Dickson, "The Effect of Perceived Personal Consequences on Participation and Influence in Organizational Buying", *Journal of Business Research* 23 (setembro de 1991), p. 159-177; e Jerome M. Katrichis, "Exploring Departmental Level Interaction Patterns in Organizational Purchasing Decisions", *Industrial Marketing Management* 27 (março de 1998), p. 135-146.

seleção de produtos, podem precisar acreditar nas características do produto. Por outro lado, como a compra é o maior fator influente nas decisões de escolha do fornecedor, podem precisar acreditar nas características da empresa.[45]

Forças Individuais

As pessoas, e não as organizações, tomam as decisões de compra. Cada membro do centro de compras possui uma personalidade singular, um conjunto específico de experiências de aprendizagem, uma função organizacional especificada e uma percepção de como alcançar melhor as metas pessoais e organizacionais. Mais importante, a pesquisa confirma que os membros da organização que percebem que têm uma participação pessoal importante na decisão de compra participam com mais vigor do processo de decisão do que seus colegas.[46] Para entender o comprador organizacional, o profissional de marketing deverá estar ciente das percepções individuais da situação de compra.

Critérios Avaliativos Divergentes. Os **critérios avaliativos** são especificações que os compradores organizacionais usam para comparar produtos e serviços industriais alternativos; todavia, pode haver conflito entre eles. Os usuários do produto industrial geralmente valorizam a pronta entrega e a manutenção eficiente; a engenharia valoriza a qualidade do produto, a padronização e os testes; e o setor de compras dá maior importância à vantagem de preço máximo e à economia no embarque e no despacho.[47]

As percepções do produto e os critérios avaliativos diferem entre os tomadores de decisão da organização em decorrência das diferenças em suas formações acadêmicas, sua exposição a diferentes tipos de informação de diversas fontes, o modo como interpretam e retêm as informações relevantes (distorção perceptiva) e seu nível de satisfação com as compras anteriores.[48] Os engenheiros possuem uma formação acadêmica diferente daquela dos gerentes de fábrica ou dos agentes de compras. Estão expostos a diferentes periódicos, participam de diferentes conferências e possuem diferentes metas e valores profissionais. Uma apresentação de vendas eficaz no setor de compras pode estar totalmente incorreta para a engenharia.

Estratégia Responsiva de Marketing. Um profissional de marketing atento às diferenças nas percepções do produto e nos critérios avaliativos de cada um dos membros do centro de compras estará bem equipado para elaborar uma estratégia responsiva de marketing. Para ilustrar, um estudo de pesquisa analisou a adoção industrial de sistemas de ar condicionado solar e identificou os critérios importantes para os principais tomadores de decisão.[49] Os participantes do centro de compras para essa compra geralmente incluem engenheiros de produção, consultores de calefação, ventilação e ar condicionado (HVAC) e gerentes gerais. O estudo revelou que as comunicações de marketing encaminhadas aos engenheiros de produção deverão estar centralizadas nos custos operacionais e na economia de energia; os consultores de HVAC deverão

---

[45] Jackson, Keith e Burdick, "Purchasing Agents' Perceptions of Industrial Buying Center Influence", p. 75-83.
[46] McQuiston e Dickson, "The Effect of Perceived Personal Consequences on Participation and Influence in Organizational Buying", p. 159-177.
[47] Jagdish N. Sheth, "A Model of Industrial Buyer Behavior", *Journal of Marketing* 37 (outubro de 1973), p. 51; ver também Sheth, "Organizational Buying Behavior: Past Performance and Future Expectations", *Journal of Business & Industrial Marketing* 11 (3/4, 1996), p. 7-24.
[48] Sheth, "A Model of Industrial Buyer Behavior", p. 52-54.
[49] Jean-Marie Choffray e Gary L. Lilien, "Assessing Response to Industrial Marketing Strategy", *Journal of Marketing* 42 (abril de 1978), p. 20-31. Para pesquisa relacionada, ver R. Venkatesh, Ajay K. Kohli e Gerald Zaltman, "Influence Strategies in Buying Centers", *Journal of Marketing* 59 (outubro de 1995), p. 71-82; e Mark A. Farrell e Bill Schroder, "Influence Strategies in Organizational Buying Decisions", *Industrial Marketing Management* 25 (julho de 1996), p. 293-303.

| TABELA 3.3 | DICAS PARA A IDENTIFICAÇÃO DE MEMBROS COM PODER DO CENTRO DE COMPRAS |

- *Isolar as pessoas interessadas.* Aquelas pessoas que têm uma participação pessoal importante na tomada de decisão exercerão maior influência do que os outros membros do centro de compras. Por exemplo, a seleção de equipamentos de produção para uma nova fábrica acarretará o envolvimento ativo dos executivos da fábrica.
- *Seguir o fluxo de informações.* Os membros influentes do centro de compras são fundamentais para o fluxo de informações que envolve a decisão de compra. Os outros membros da organização encaminharão as informações para eles.
- *Identificação dos especialistas.* O poder especializado é um determinante importante de influência no centro de compras. Aqueles membros do centro de compras que possuem maior conhecimento – e que fazem as perguntas mais profundas ao vendedor – são, em geral, pessoas influentes.
- *Rastreamento das conexões até o topo.* Os membros poderosos do centro de compras geralmente têm acesso direto à equipe da alta administração. Esse vínculo direto a informações e recursos valiosos aumenta o *status* e a influência dos membros do centro de compras.
- *Entendimento do papel de compra.* A compra é dominante em situações repetitivas de compra, em virtude da perícia técnica, do conhecimento da dinâmica do setor de abastecimento e dos relacionamentos próximos de trabalho com cada fornecedor.

FONTE: Adaptado de John R. Ronchetto, Michael D. Hutt e Peter H. Reingen, "Embedded Influence Patterns in Organizational Buying Systems", *Journal of Marketing* 53 (outubro de 1989), p. 51-62.

ser consultados com respeito ao nível de ruídos e custo inicial do sistema; e os gerentes gerais estão mais interessados em saber se a tecnologia é de ponta. Conhecer os critérios dos principais participantes do centro de compras dá um valor operacional significativo ao profissional de marketing ao projetar novos produtos e ao desenvolver e visar às apresentações de venda pessoal e de propaganda.

Processamento de informações. Volumes de informação fluem por toda a organização por meio da propaganda por mala direta, internet, anúncio em jornal, noticiários comerciais, boca a boca e apresentações de vendas pessoais. O que um comprador organizacional escolhe prestar atenção, compreender e reter tem um peso importante nas decisões de aquisição.

Processos Seletivos. O processamento de informações está, em geral, incluído na noção ampla do termo, que U. Neisser define como "todos os processos pelos quais o estímulo sensorial é transformado, reduzido, elaborado, armazenado, recuperado e usado".[50] Os processos de exposição, atenção, percepção e retenção seletivas são importantes para a estrutura cognitiva de uma pessoa.

- *Exposição seletiva.* As pessoas tendem a aceitar as mensagens de comunicação compatíveis com as suas atitudes e crenças já existentes. Por esse motivo, um agente de compras escolhe falar com alguns vendedores e não com outros.
- *Atenção seletiva.* As pessoas filtram ou fazem a triagem dos estímulos que vêm de fora para admitir cognitivamente apenas alguns deles. Assim, um comprador organizacional provavelmente dará maior atenção a um anúncio comercial que seja compatível com as suas necessidades e seus valores.
- *Percepção seletiva.* As pessoas tendem a interpretar os estímulos em termos de suas atitudes e crenças já existentes. Isso explica por que os compradores organizacionais podem modificar ou

---

[50] U. Neisser, *Cognitive Psychology* (Nova York: Appleton, 1966), p. 4.

distorcer a mensagem de um vendedor para torná-la mais consistente com as suas predisposições com respeito à empresa.
- *Retenção seletiva*. As pessoas tendem a relembrar apenas as informações pertinentes às próprias necessidades e disposições. Um comprador organizacional pode reter informações pertinentes a uma marca específica por se igualar aos seus critérios.

Cada um desses processos seletivos influencia a forma pela qual um tomador de decisão responde aos estímulos de marketing. Como o processo de aquisição geralmente leva vários meses e como o contato do profissional de marketing com a organização compradora não é frequente, as comunicações de marketing devem ser cuidadosamente elaboradas e ter seus objetivos bem-definidos.[51] Os principais tomadores de decisão "ignoram" ou logo esquecem as mensagens mal elaboradas. Eles retêm as mensagens que consideram importantes para o alcance das metas.

Estratégias de Redução de Risco. As pessoas são mais motivadas por um forte desejo de reduzir os riscos nas decisões de compra. O risco percebido inclui dois componentes: (1) incerteza sobre o resultado de uma decisão e (2) a magnitude das consequências ao fazer a escolha errada. A pesquisa dá destaque à importância do risco percebido e ao tipo de compra na configuração da estrutura da unidade de tomada de decisão.[52] A tomada de decisão individual provavelmente ocorre, na compra organizacional, nas recompras diretas e recompras modificadas, quando o risco percebido é baixo. Nessas situações, o agente de compras pode dar início a uma ação.[53] As recompras modificadas de risco mais alto e as novas tarefas parecem criar uma estrutura de grupo.

Ao se defrontar com decisões de compra "arriscadas", como os compradores organizacionais se comportam? À medida que aumenta o risco associado com uma decisão de compra organizacional, ocorre o seguinte:[54]

- O centro de compras se torna maior e é composto por membros com altos níveis de posições e autoridade na organização.
- A busca de informações é ativa e é feita a consulta a ampla variedade de fontes de informação. À medida que o processo de decisão vai adiante, as fontes pessoais de informação (por exemplo, discussões com gerentes nas outras organizações que fizeram compras similares) se tornam mais importantes.
- Os participantes do centro de compras investem um esforço maior e deliberam com mais cuidado durante todo o processo de compra.
- Os vendedores que possuem um histórico profissional comprovado na empresa são favorecidos – a escolha de um fornecedor familiar ajuda a reduzir o risco percebido.

---

[51] Ver, como exemplo, Brent M. Wren e James T. Simpson, "A Dyadic Model of Relationships in Organizational Buying: A Synthesis of Research Results", *Journal of Business & Industrial Marketing* 11 (3/4, 1996), p. 68-79.
[52] Elizabeth J. Wilson, Gary L. Lilien e David T. Wilson, "Developing and Testing a Contingency Paradigm of Group Choice in Organizational Buying", *Journal of Marketing Research* 28 (novembro de 1991), p. 452-466.
[53] Sheth, "A Model of Industrial Buyer Behavior", p. 54; ver também W. E. Patton III, Charles P. Puto e Ronald H. King, "Which Buying Decisions Are Made by Individuals and Not by Groups?", *Industrial Marketing Management* 15 (maio de 1986), p. 129-138.
[54] Johnston e Lewin, "Organizational Buying Behavior: Toward an Integrative Framework", p. 8-10. Ver também Puto, Patton e King, "Risk Handling Strategies in Industrial Vendor Selection Decisions", p. 89-95.

Principais Realizadores em B2B

Fornecendo soluções ao cliente

Caso reveja o desempenho dos vendedores na maioria das empresas de marketing industrial, grandes ou pequenas, você observará alguns que apresentam um desempenho que, de modo consistente, os separa dos seus colegas. Um estudo recente analisa como os empreendedores excepcionais adquirem e usam as informações para gerenciar os relacionamentos com o cliente. Foram conduzidas entrevistas minuciosas com 60 vendedores de uma empresa constante da *Fortune 500*: 20 vendedores com alto desempenho, 20 com desempenho médio e 20 com baixo desempenho.

Nítidas diferenças emergiram quando foi pedido aos vendedores que categorizassem seus clientes em grupos, com base nas características que eles acharam mais úteis no gerenciamento dos relacionamentos com o cliente. Neste caso, os empreendedores com alto desempenho deram ênfase às metas do cliente, enquanto os empreendedores com baixo desempenho deram ênfase aos dados demográficos (por exemplo, empresas grandes *versus* pequenas). Por outro lado, o estudo revela que os empreendedores com alto desempenho desenvolveram uma rede ampla de relacionamentos dentro da organização do cliente em comparação com a de seus colegas. Mais importante, os empreendedores com alto desempenho são mais capazes de estabelecer e manter relacionamentos lucrativos com o cliente porque alinham as capacidades especiais de sua organização às principais metas do cliente. Em outras palavras, os especialistas em vendas com alto desempenho fornecem uma solução que melhora o desempenho da organização do cliente.

FONTE: Gabriel R. Gonzalez, Beth A. Walker, Dimitrios Kapelianis e Michael D. Hutt, "The Role of Information Acquisition and Knowledge Use in Managing Customer Relationships", artigo, Universidade do Estado do Arizona, Tempe, Arizona, 2008.

Em vez do preço, a qualidade do produto e o serviço após a venda são, em geral, mais importantes para os compradores organizacionais quando se defrontam com decisões arriscadas. Ao introduzir novos produtos, entrar em novos mercados ou abordar novos clientes, o estrategista de marketing avaliará o efeito das estratégias alternativas sobre o risco percebido.

O Processo de Compra Organizacional: Principais Elementos

O comportamento dos compradores organizacionais é influenciado por fatores ambientais, organizacionais, de grupo e individuais. Cada uma dessas áreas de influência foi discutida em um contexto de compra organizacional, com particular atenção a como o profissional de marketing industrial interpretará essas forças e, mais importante, como as incluirá diretamente no planejamento da estratégia de marketing. Um modelo do processo de compra organizacional é apresentado na Figura 3.4, que serve para reforçar e integrar as principais áreas discutidas até agora neste capítulo.[55]

---

[55] Choffray e Lilien, "Assessing the Response to Industrial Marketing Strategy", p. 20-31. Outros modelos de comportamento de compra organizacional incluem Webster e Wind, *Organizational Buying Behavior*, p. 28-37; e Sheth, "A Model of Industrial Buyer Behavior", p. 50-56. Para uma revisão abrangente, ver Sheth, "Organizational Buying Behavior", p. 7-24; e Johnston e Lewin, "Organizational Buying Behavior", p. 1-15.

FIGURA 3.4 | PRINCIPAIS ELEMENTOS DO COMPORTAMENTO DE COMPRA ORGANIZACIONAL

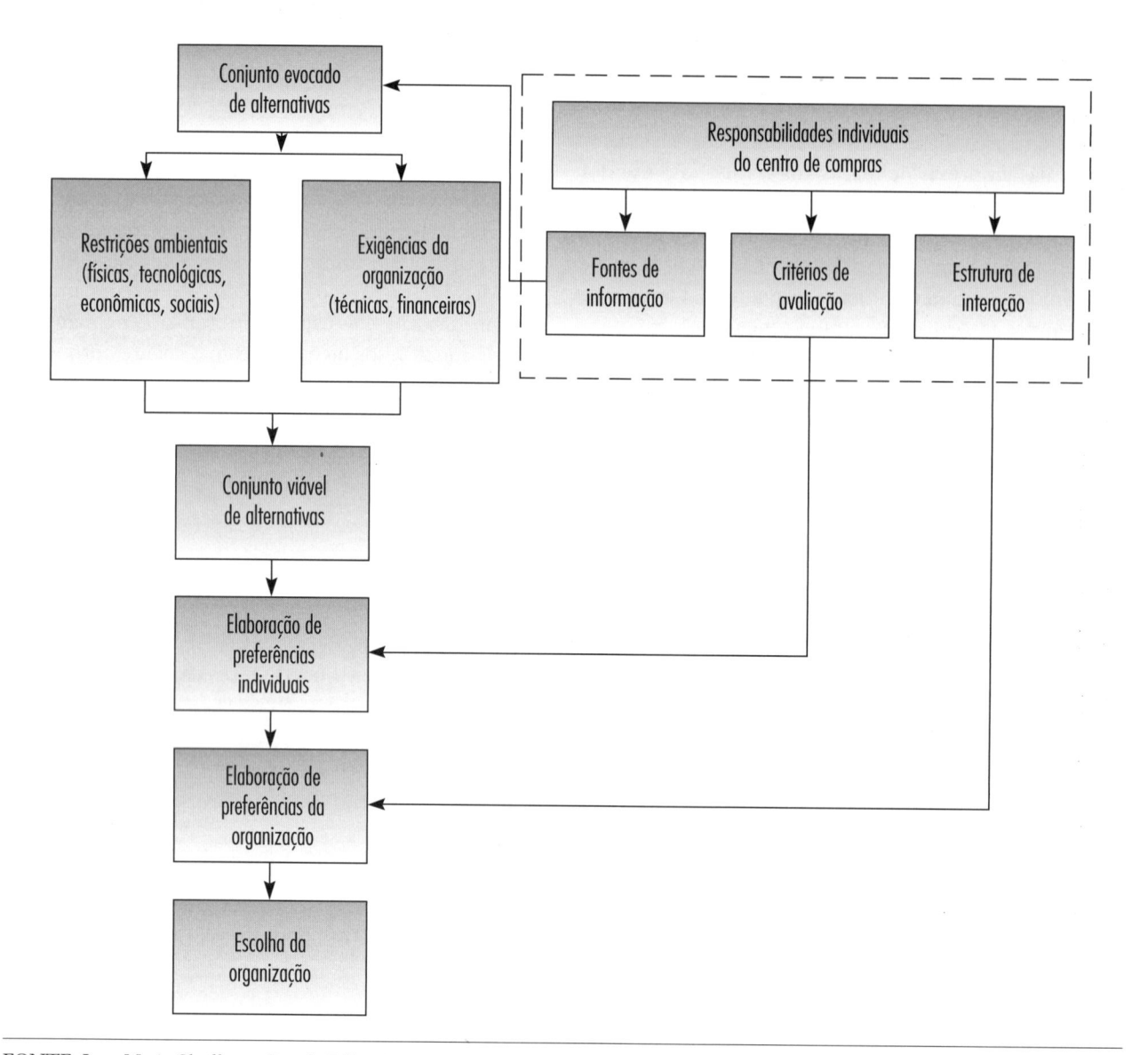

FONTE: Jean-Marie Choffray e Gary L. Lilien, "Assessing Response to Industrial Marketing Strategy", *Journal of Marketing* 42 (abril de 1978), p. 22. Reproduzido com permissão da Associação Norte-Americana de Marketing.

Essa estrutura focaliza o relacionamento entre o centro de compras da organização e as três principais etapas do processo individual de decisão de compra:

1. o rastreamento das alternativas que não atendem às exigências da organização;
2. a elaboração das preferências dos participantes da decisão;
3. a elaboração das preferências da organização.

Observe que cada um dos membros do centro de compras usa vários critérios avaliativos e está exposto a várias fontes de informação, que influenciam as marcas industriais incluídas no **conjunto evocado**

de alternativas do comprador – as marcas alternativas de que um comprador se recorda quando surge uma necessidade e que representam apenas algumas das muitas marcas disponíveis.[56]

As restrições ambientais e as exigências organizacionais influenciam o processo de aquisição ao limitar o número de alternativas do produto que satisfazem as necessidades organizacionais. Por exemplo, as alternativas de bens de capital que superam um custo específico (inicial ou operacional) podem ser eliminadas da análise posterior. As marcas restantes se tornam o **conjunto viável de alternativas** para a organização, do qual são definidas as preferências individuais. A **estrutura de interação** dos membros do centro de compras, que possuem critérios e responsabilidades diferentes, leva à elaboração das preferências da organização e, por fim, à escolha da organização.

O entendimento sobre o processo de compra organizacional permite que o profissional de marketing exerça um papel ativo, em vez de passivo, na estimulação da resposta do mercado. O profissional de marketing que identifica as exigências organizacionais de triagem e os critérios avaliativos evidentes de cada um dos membros do centro de compras pode tomar decisões mais embasadas sobre o design do produto, o preço e a sua promoção.

Resumo

O conhecimento do processo que os compradores organizacionais seguem ao tomar decisões de compra é fundamental para a estratégia responsiva de marketing. À medida que uma organização compradora passa da etapa de reconhecimento do problema, em que uma necessidade de aquisição é definida, para as próximas etapas, em que os fornecedores passam por uma triagem e são enfim escolhidos, o profissional de marketing tem um papel ativo. De fato, o profissional de marketing perspicaz geralmente provoca a conscientização inicial do problema e ajuda a organização a resolver de modo eficiente aquele problema. As decisões incrementais tomadas durante todo o processo de compra limitam o campo dos fornecedores aceitáveis e influenciam drasticamente o resultado final.

A natureza do processo de compra depende do nível de experiência da organização com problemas similares de aquisição. É crucial, então, saber como a organização define a situação de compra: como uma nova tarefa, uma recompra modificada ou uma recompra direta. Cada situação de compra exige uma abordagem única de resolução de problemas, envolve pessoas influentes de compras especiais e demanda uma resposta específica de marketing.

Inúmeras forças – ambientais, organizacionais, de grupo e individuais – influenciam o comportamento de compra organizacional. Primeiro, as forças ambientais definem os limites dentro dos quais os compradores e vendedores industriais interagem, tais como as condições gerais do negócio ou a taxa de mudança tecnológica. Segundo, as forças organizacionais ditam o vínculo entre as atividades de compra e as prioridades estratégicas da empresa e a posição que a função de compra ocupa na estrutura organizacional. Terceiro, a unidade relevante de análise, para o estrategista de marketing, é o centro de compras. A composição desse grupo evolui durante o processo de compra, varia de empresa para empresa e muda de uma situação de compra para outra. Quarto, o profissional de marketing deve, por fim, concentrar a sua atenção em cada membro do centro de compras. Cada um deles traz um conjunto específico de experiências e uma estrutura pessoal e organizacional singular de referência para a

---

[56] Howard e Sheth, *The Theory of Buyer Behavior*, p. 26; ver também Ronald P. LeBlanc, "Environmental Impact on Purchase Decision Structure", *Journal of Purchasing and Materials Management* 17 (primavera de 1981), p. 30-36; e Lowell E. Crow, Richard W. Olshavsky e John O. Summers, "Industrial Buyers' Choice Strategies: A Protocol Analysis", *Journal of Marketing Research* 17 (fevereiro de 1980), p. 34-44.

decisão de compra. O profissional de marketing que está atento às diferenças individuais está mais bem equipado para desenvolver comunicações responsivas de marketing de que o comprador organizacional se lembrará.

A elucidação das forças complexas que envolvem o processo de compra organizacional é, sem dúvida, difícil. Este capítulo oferece uma estrutura que permite ao gerente de marketing começar essa tarefa ao fazer as perguntas certas. As respostas fornecem a base para a estratégia de marketing industrial eficaz e eficiente.

Questões para Discussão

1. A Brunswick Corporation centraliza suas decisões de aquisição na sede. Discutir como a empresa abordaria a compra de modo diferente de um concorrente que descentraliza a compra pelos vários setores da fábrica.

2. Os níveis de risco associado às compras organizacionais variam de baixo até alto. Discutir como o processo de compra de uma compra arriscada difere do processo de uma compra de rotina.

3. A Harley-Davidson, fabricante de motocicletas dos Estados Unidos, recentemente comprou alguns equipamentos sofisticados de fabricação para melhorar a sua posição em um mercado muito competitivo. Primeiro, que forças ambientais podem ter tido importância na geração desse investimento de capital? Segundo, que unidades funcionais devem ter estado representadas no centro de compras?

4. As organizações compram milhões de notebooks a cada ano. Identificar os vários critérios avaliativos que gerentes de compras podem usar na escolha de uma marca específica. No seu ponto de vista, quais os critérios seriam mais decisivos na decisão de compra?

5. Karen Weber, a agente de compras da Smith Manufacturing, vê a compra de dispositivos como uma decisão de compra de rotina. Que fatores podem fazer que ela mude de opinião? Mais importante, que fatores determinam se Karen levará em consideração um fornecedor específico, como a Albany Widget?

6. Carol Brooks, gerente de compras da Apex Manufacturing Co., leu o *Wall Street Journal* esta manhã e estudou cuidadosamente, recortou e guardou um anúncio de página inteira da Allen-Bradley Company. Ralph Thornton, o gerente de produção da Apex, leu vários artigos do mesmo jornal, mas não se lembra de ter visto esse anúncio em particular ou quaisquer anúncios de mesmo teor. Como isso pode ter ocorrido?

7. Jim Jackson, um vendedor industrial da Pittsburgh Machine Tool, vai visitar duas contas esta tarde. A primeira será uma organização de compras que Jim vem atendendo nos últimos três anos. A segunda visita, todavia, representa mais um desafio. Essa organização de compras vem trabalhando com o principal concorrente da Pittsburg Machine Tool por cinco anos. Jim, que tem um bom relacionamento com os departamentos de compras e de engenharia, sente que já é hora de conseguir essa conta. Recentemente, ele soube que o gerente de compras estava muito insatisfeito com o mau serviço de entregas do fornecedor já existente. Definir as situações de compra vividas por Jim e delinear a estratégia adequada que ele deve seguir em cada caso.

8. Explicar como a composição do centro de compras evolui durante o processo de compra e como varia de uma empresa para outra, assim como de uma situação de compra para outra. Que etapas pode seguir um vendedor para identificar os membros influentes do centro de compras?

9. A Ford renovou a forma pela qual compra recursos operacionais, tais como material de escritório, computadores e material para manutenção. Em vez de fazer que os colaboradores preencham ordens de compra que devem ser aprovadas pelo chefe dias depois, os funcionários simplesmente se conectam a um sistema na internet. Navegam pelos catálogos eletrônicos dos fornecedores, colocam pedidos para um grupo pré-aprovado de fornecedores e conseguem a aprovação da compra em minutos. Que novos desafios e oportunidades o sistema de e-procurement fornece para os profissionais de marketing industrial que atendem a Ford?

10. A Kraus Toy Company recentemente decidiu desenvolver um novo jogo eletrônico. Um fornecedor de peças elétricas pode antecipar a provável composição do centro de compras na Kraus Toy? Que etapas poderia um vendedor industrial seguir para influenciar na composição do centro de compras?

CASO

A Mesa Digitalizadora de Computador para Enfermeiros: Um Assistente Clínico Móvel[57]

A Intel Corporation e a Motion Computing, Inc. estão demonstrando o resultado de um esforço conjunto para aumentar a produtividade dos enfermeiros: o Assistente Clínico Móvel Motion C5 – uma mesa digitalizadora de computador pessoal projetada para uso em hospitais e clínicas.

A ideia do produto surgiu de estudos etnográficos que a Intel conduziu no ambiente de assistência médica. Neste caso, os pesquisadores observaram o fluxo continuado de atividades em um hospital e registraram meticulosamente as principais tarefas realizadas pelos enfermeiros e outros profissionais, rastreando cada movimento. O C5 se beneficiou de valiosas compreensões reveladas pelo estudo da Intel, assim como da pesquisa similar que a Motion Computing havia concluído há alguns anos. As empresas acreditam que o dispositivo ajudará os enfermeiros a lidar com as pequenas tarefas, como o acesso remoto aos registros médicos ou pedidos médicos, a traçar os sinais vitais e a trocar informações com outros profissionais.

O Motion C5, estimado em $ 2.199, tem uma alça fixa, uma caixa lacrada para limpeza e desinfecção fácil, um design leve que facilita a portabilidade, uma tela de 10 polegadas para visualização fácil das informações clínicas, construção robusta e uma caneta para que os clínicos possam digitar o texto e navegar pelo software sem precisar ter acoplado um teclado. O dispositivo inovador também incorpora características como código de barras integrado e leitores de identificação de radiofrequência (RFID) para a identificação do paciente e/ou a administração eletrônica da medicação, uma câmera embutida e conexão interna sem fio.

Quando o Motion C5 foi lançado em 2007, quase 16% dos hospitais nos Estados Unidos estavam usando mesas digitalizadoras de computador e 24% possuíam pequenos computadores portáteis. Alguns hospitais preferem o que chamam de COWs – computadores sobre rodas –, que podem ser transportados até os quartos dos pacientes.

Um dos primeiros hospitais dos Estados Unidos a adotar o Motion C5 foi o Island Hospital, localizado em Anacortes, Washington. Rick Kiser, diretor-assistente de sistemas de informação do Island Hospital, esteve bastante envolvido na decisão de compra. Embora a equipe de compras do Island houvesse recomendado, de início, que se instalassem COWs em cada quarto do hospital, a equipe de enfermagem se preocupava com as limitações dos COWs. Kiser observou: "A única questão maior era que é impossível limpar os COWs. O aspecto sanitário era um pesadelo".

Holly Hoskinson, enfermeira registrada e especialista em informática clínica, também notou que os COWs eram difíceis de manobrar quando levados de um quarto para outro. "Tentamos uma série de tipos de carros, mas todos ainda eram grandes e pesados." Outro enfermeiro registrado do Island, Chris Storm, concordava: "Queríamos um dispositivo em cada quarto e, com base no nosso orçamento, teríamos de levar os COWs de um quarto para outro. Aquela opção não era aceitável".

---

[57] "The Three M's: Mobility, meditech, and Motion C5", nota técnica, fevereiro de 2008, Motion Computing, Inc., disponível em http://www.motioncomputing.com, acesso em 5 de junho de 2008; e Don Clark, "Intel, Motion Develop Tablet PC for Nurses", *Wall Street Journal*, 21 de fevereiro de 2007, p. D7.

Apesar de realizar uma avaliação das outras marcas de mesas digitalizadoras de computador, a equipe de compras determinou que o Motion C5 atendia muito bem às necessidades do Island. Com relação à decisão, Rick Kiser observou: "A certeza era de que essa mesa tinha sido projetada para o ambiente médico. Ela é resistente a quedas e fácil de limpar e as outras mesas não ofereciam nada parecido com o que estávamos precisando".

Questões para Discussão

1. Sugerir estratégias que a Motion Computing poderia seguir para acelerar a adoção do dispositivo Motion C5 pelos hospitais.

2. Os membros potenciais do centro de compras para uma decisão de compra do Motion C5 poderiam incluir administradores do hospital, enfermeiros, médicos, especialistas em tecnologia da informação (TI) e gerentes de compras. Descrever como os critérios de compra destacados pelos administradores do hospital ou gerentes de compras diferem daqueles adotados pelos especialistas em TI ou membros da equipe médica.

CAPÍTULO 4

Estratégias de Gerenciamento do Relacionamento com o Cliente para os Mercados Industriais

Uma capacidade bem desenvolvida de criar e manter relacionamentos bem-sucedidos de trabalho com os clientes dá às empresas de marketing industrial uma vantagem competitiva significativa. Após a leitura deste capítulo, você entenderá:

1. os padrões dos relacionamentos comprador-vendedor no mercado industrial.

2. os fatores que influenciam a lucratividade dos clientes individuais.

3. um procedimento para a elaboração de estratégias eficazes de gerenciamento do relacionamento com o cliente.

4. as capacidades características de empresas que se distinguem no gerenciamento do relacionamento com o cliente.

5. os determinantes críticos de sucesso no gerenciamento de alianças estratégicas.

Capítulo 4 Estratégias de Gerenciamento do Relacionamento com o Cliente para os Mercados Industriais

Toda noite, John Chambers, CEO da Cisco Systems, recebe uma atualização pessoal sobre 15 a 20 dos principais clientes via voice mail (correio de voz). "O e-mail poderia ser mais eficiente, mas quero ouvir a emoção, quero ouvir a frustração, quero ouvir o nível de agrado de quem me liga com a estratégia que estamos empregando", diz Chambers. "Não consigo isso pelo e-mail."[1] Além de dar atenção diária ao monitoramento dos relacionamentos com os clientes mais valiosos da empresa, John Chambers tomou pessoalmente a dianteira na elaboração de importantes alianças estratégicas.[2]

As empresas de ponta de marketing industrial, como a Cisco, tiveram sucesso ao fornecer valor superior aos clientes, ao satisfazer as necessidades especiais até dos clientes mais exigentes e ao entender os fatores que influenciam a lucratividade do cliente individual. Comparada com o setor de bens de consumo do cliente, a lucratividade do cliente é especialmente importante nos mercados industriais porque os gerentes de marketing alocam grande parte de seus recursos de marketing no nível do cliente individual.[3] A capacidade de uma organização em criar e manter relacionamentos lucrativos com esses clientes mais valiosos é uma base durável de vantagem competitiva.

Um profissional de marketing industrial que deseja encontrar um lugar na lista de fornecedores preferenciais da Cisco deve estar preparado para ajudar a empresa a fornecer mais valor aos seus exigentes clientes. Para isso, o profissional de marketing deve fornecer desempenho excepcional em qualidade, na entrega e, ao longo do tempo, na competitividade de custo. O fornecedor deve também entender como a Cisco mede o valor e como a oferta de seu produto e serviço pode atender ou superar essas expectativas de valor. A elaboração e a manutenção de relacionamentos duradouros com o cliente exigem atenção cuidadosa para detalhar, atender ao prometido e rapidamente responder às novas exigências.

A nova era de marketing industrial está baseada no gerenciamento efetivo do relacionamento.[4] Muitas empresas de marketing industrial criam o que poderia ser chamado de uma **vantagem competitiva**, ao demonstrar capacidades especiais no gerenciamento de relacionamentos com os principais clientes ou ao elaborar estratégias inovadoras em conjunto com os parceiros da aliança.[5] Essas empresas aprenderam como ser bons parceiros e essas capacidades superiores de relacionamento são um ativo valioso. Este capítulo explora os tipos de relacionamentos que caracterizam o mercado industrial. Que mercado e que fatores situacionais estão associados aos diferentes tipos de relacionamentos comprador-vendedor? Que fatores influenciam a lucratividade do cliente? Que estratégias podem ser empregadas pelos profissionais de marketing industrial para a construção de relacionamentos lucrativos com os clientes? Quais são as capacidades características das empresas que se distinguem no gerenciamento do relacionamento com o cliente e que fornecem, de modo consistente, um desempenho financeiro superior no gerenciamento das alianças estratégicas?

---

[1] Frederick E. Reichheld, "Lead for Loyalty", *Harvard Business Review* 79 (julho-agosto de 2001), p. 82.
[2] "Cisco: Perspective on Strategic Alliances: An Interview with Greg Fox, Director of Marketing for Cisco's Strategic Alliances", *Leading Edge Newsletter*, v. 1, n. 5 (maio de 2006), disponível em http://www.amanet.org, acesso em 5 de julho de 2008.
[3] Douglas Bowman e Das Narayandas, "Linking Customer Management Effort to Customer Profitability in Business Markets", *Journal of Marketing Research* 41 (novembro de 2004), p. 433-447.
[4] Para uma revisão abrangente, ver Robert W. Palmatier, *Relationship Marketing* (Boston: Marketing Science Institute, 2008).
[5] Rosabeth Moss Kanter, "Collaborative Advantage", *Harvard Business Review* 72 (julho-agosto de 1994), p. 96-108.

Marketing de Relacionamento[6]

O **marketing de relacionamento** está centralizado em todas as atividades voltadas ao estabelecimento, ao desenvolvimento e à manutenção de trocas bem-sucedidas com clientes e outros.[7] Estimular e gerenciar os relacionamentos com o cliente surgem como uma importante prioridade estratégica na maioria das empresas. Por quê? Primeiro, os clientes leais são bem mais lucrativos que os clientes sensíveis ao preço e que percebem algumas diferenças entre as ofertas alternativas. Segundo, uma empresa que é bem-sucedida no desenvolvimento de fortes relacionamentos com os clientes garante vantagens importantes e duradouras que são difíceis de serem entendidas, copiadas ou substituídas pela concorrência.

Tipos de Relacionamentos

Um profissional de marketing industrial pode dar início a um relacionamento com a GE na qualidade de fornecedor (um de muitos), passar para o *status* de fornecedor preferencial (um de poucos) e, por fim, iniciar um relacionamento colaborativo com a GE (única fonte para itens específicos). Observe, na Figura 4.1, que os relacionamentos comprador-vendedor estão posicionados em um *continuum*, com a troca transacional e a troca colaborativa servindo de objetivos principais. Fundamental para todo relacionamento é um processo de intercâmbio em que cada lado dá algo em retorno por algo de maior valor recebido. A **troca transacional** está centralizada na troca periódica de produtos básicos para preços de mercado altamente competitivos. George Day observa que tais trocas

> incluem o tipo de encontro espontâneo que um visitante de uma cidade tem com o táxi ou ônibus desde o aeroporto, assim como uma série de transações em curso em um mercado de business-to-business onde o cliente e o fornecedor focalizam apenas a troca periódica de produtos padronizados a preços competitivos.[8]

Passando pelo *continuum*, os relacionamentos tornam-se mais próximos ou mais colaborativos. A troca aberta de informações é uma característica da troca colaborativa (próxima) *versus* a troca transacional (distante). Da mesma forma, os **vínculos operacionais** refletem quanto os sistemas, procedimentos e rotinas de empresas compradoras e vendedoras estavam vinculados para a facilitação das operações.[9] Essas conexões de relacionamento são uma característica do relacionamento colaborativo. Por exemplo, tais vínculos fornecem a base para a reposição do pedido ou para entregas "just-in-time" que a Honda recebe todos os dias de fornecedores em sua instalação de produção em Marysville, Ohio. A **troca colaborativa** realça informações bem próximas, vínculos sociais e operacionais, assim como comprometimentos mútuos realizados na expectativa de vantagens no longo prazo. De acordo com James Anderson e James Narus, a troca colaborativa envolve

---

[6] Esta seção está baseada no autor George S. Day, "Managing Market Relationships", *Journal of the Academy of Marketing Science* 28 (inverno de 2000), p. 24-30, salvo quando são mencionadas outras fontes.
[7] Robert M. Morgan e Shelby D. Hunt, "The Commitment-Trust Theory of Relationship Marketing", *Journal of Marketing* 58 (julho de 1994), p. 20-38.
[8] Day, "Managing Market Relationships", p. 25.
[9] Joseph P. Cannon e William D. Perrault Jr., "Buyer-Seller Relationships in Business Markets", *Journal of Marketing Research* 36 (novembro de 1999), p. 439-460.

FIGURA 4.1 | O Espectro do Relacionamento

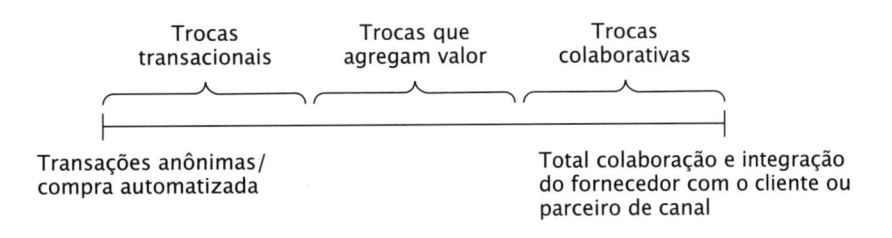

```
        Trocas          Trocas que        Trocas
      transacionais    agregam valor   colaborativas
       ⏟                ⏟               ⏟
      |─────────────────────────────────────────|
Transações anônimas/                    Total colaboração e integração
compra automatizada                     do fornecedor com o cliente ou
                                        parceiro de canal
```

FONTE: Figura extraída de George S. Day, "Managing Market Relationships", *Journal of Academy of Marketing Science* 28 (inverno de 2000), p. 25. Copyright © 2000. Reproduzido com permissão da Springer.

um processo em que as empresas de um cliente e de um fornecedor criam fortes e amplos vínculos sociais, econômicos, de serviços e técnicos ao longo do tempo, com o intuito de baixar os custos totais e/ou aumentar o valor, assim conseguindo vantagem mútua.[10]

Trocas que Agregam Valor

Entre os dois extremos no *continuum* do relacionamento estão as trocas que agregam valor, em que o foco da empresa vendedora muda da conquista de clientes para a manutenção de clientes. O profissional de marketing vai ao encalço desse objetivo ao desenvolver um entendimento abrangente das necessidades de um cliente e das mudanças nas exigências, adaptando as ofertas da empresa para aquelas necessidades e fornecendo incentivos continuados para clientes, com o intuito de concentrar a maior parte de suas compras com eles. Para ilustrar, a W.W. Grainger mantém uma página customizada na internet para cada um de seus principais clientes corporativos a qual cada funcionário de uma organização do cliente pode usar para rastrear gastos de manutenção e suprimentos operacionais contra análises de desempenhos principais.

Natureza dos Relacionamentos

A troca transacional envolve itens, como material de embalagem ou serviços de limpeza, em que, geralmente, se emprega uma licitação competitiva para garantir as melhores condições. Tais trocas são meros arranjos contratuais que envolvem pouco ou nenhum comprometimento emocional para a manutenção do relacionamento no futuro. Por outro lado, produtos sob medida e de alta tecnologia – como equipamentos de teste de semicondutor – encaixam-se na categoria de troca colaborativa. Enquanto a troca transacional está centralizada nas negociações e em um relacionamento imparcial, a troca colaborativa dá ênfase à resolução conjunta de problemas e aos múltiplos vínculos que integram os processos das duas partes. Confiança e comprometimento dão a base para a troca colaborativa.[11] O **comprometimento de relacionamento** envolve a crença de um parceiro de que um relacionamento em curso é tão importante que merece os maiores esforços para ser mantido. Por sua vez, a **confiança** existe quando uma parte está segura da confiabilidade e da integridade de um parceiro. Pesquisa recente dá destaque

---

[10] James C. Anderson e James A. Narus, "Partnering as a Focused Market Strategy", *California Management Review* 33 (primavera de 1991), p. 96. Ver também Ven Srivam, Robert Krapfel e Robert Spekman, "Antecedents to Buyer-Seller Collaboration: An Analysis from the Buyer's Perspective", *Journal of Business Research* (dezembro de 1992), p. 303-320.

[11] Morgan e Hunt, "The Commitment-Trust Theory", p. 20-38. Ver também Patricia M. Doney e Joseph P. Cannon, "An Examination of the Nature of Trust in Buyer-Seller Relationships", *Journal of Marketing* 61 (abril de 1997), p. 35-51.

Principais Realizadores em B2B

Entendendo o Negócio do Cliente – a Chave para o Sucesso

Para moldar um relacionamento colaborativo com um cliente, o profissional de marketing industrial deve ter um profundo entendimento do negócio do cliente, de seus principais concorrentes e de suas metas e estratégias. Por sua vez, é necessária uma profusão de vínculos de comunicação por todas as organizações parceiras, em todos os níveis do gerenciamento. Os vendedores não apenas trabalham com a equipe de compras, mas também mantêm vínculos próximos com os altos executivos. Por exemplo, com relação a alguns dos clientes da IBM relacionados na *Fortune 500*, os executivos de conta são participantes diretos das reuniões de planejamento de estratégia da empresa do cliente. Neste caso, a IBM agrega valor ao relacionamento, ao fornecer recomendações específicas com respeito a como seus produtos e serviços podem ser usados para melhorar a vantagem competitiva da empresa. À medida que um relacionamento com uma grande conta prospera e floresce, uma equipe de vendas em tempo integral é, geralmente, criada para atender às necessidades daquele cliente. A equipe é composta por especialistas de vendas, de serviços e técnicos, que possuem profundo conhecimento sobre o setor do cliente. Alguns membros da equipe trabalharam exclusivamente com uma única organização de cliente durante anos.

ao papel de poder que o pessoal de contato (por exemplo, vendedores) assume ao moldar um relacionamento de longo prazo. "As pessoas que constroem um relacionamento de confiança transferirão esse vínculo para o nível empresarial."[12]

Escolhas Estratégicas

Os profissionais de marketing industrial têm alguma liberdade de ação na escolha de onde participar durante o *continuum* do relacionamento. Todavia, são impostos limites pelas características do mercado e pelo significado da compra para o comprador. Um desafio importante para o profissional de marketing é superar a influência gravitacional em direção ao final da transação do espectro de troca. De acordo com Day,

> Os concorrentes estão trabalhando sem interrupção para desviar as melhores contas; as exigências, expectativas e preferências do cliente vivem mudando, e a possibilidade de exploração das opções sem atrito, em tempo real pela internet, conspira para o aumento da taxa de deserção do cliente.[13]

Gerenciamento dos Relacionamentos Comprador-Vendedor

Compradores e vendedores moldam os diferentes tipos de relacionamento em resposta às condições de mercado e às características da situação de compra. Para elaborar estratégias específicas de marketing

---

[12] Das Narayandas e V. Kasturi Rangan, "Building and Sustaining Buyer-Seller Relationships in Mature Industrial Markets", *Journal of Marketing* 68 (julho de 2004), p. 74; e Robert W. Palmatier, Lisa K. Scheer e Jan-Benedict E. M. Steenkamp, "Customer Loyalty to Whom? Managing the Benefits and Risks of Salesperson-Owned Loyalty", *Journal of Marketing Research* 44 (maio de 2007), p. 185-199.

[13] Day, "Managing Market Relationships", p. 25.

de relacionamento para um cliente em particular, o profissional de marketing industrial deve entender que alguns clientes escolhem um relacionamento colaborativo, enquanto outros preferem um relacionamento mais distante ou transacional. A Figura 4.2 dá destaque às características típicas dos relacionamentos nos objetivos principais do espectro de relacionamento comprador-vendedor.

Troca Transacional

Em geral, os clientes preferem um **relacionamento transacional** quando um mercado de abastecimento competitivo contém muitas alternativas, a decisão de compra não é complexa e o mercado de abastecimento é estável. Esse perfil se ajusta a alguns compradores de material de escritório, produtos químicos de *commodity* e serviços de embarque. Por sua vez, os clientes dão ênfase a uma orientação transacional quando consideram a compra como menos importante que os objetivos da organização. Tais relacionamentos são caracterizados por baixos níveis de troca de informação e é menos provável que envolvam vínculos operacionais entre as empresas compradora e vendedora.

Troca Colaborativa

As empresas compradoras preferem um **relacionamento** mais **colaborativo** quando as alternativas são poucas, o mercado é dinâmico (por exemplo, tecnologia sob rápida mudança) e a complexidade das compras é alta. Em particular, os compradores buscam relacionamentos próximos com os fornecedores quando consideram a compra importante e estrategicamente significativa. Esse comportamento é adequado a alguns compradores de equipamentos de fabricação, software empresarial ou peças componentes críticas. De fato, dizem Cannon e Perreault,

> as parcerias mais próximas[...] surgem quando a compra é importante e quando existe uma necessidade – da perspectiva do cliente – de superar os obstáculos de aquisição que resultam em menores alternativas de abastecimento e maior incerteza na compra.[14]

Ademais, os relacionamentos que surgem devido a compras importantes mais provavelmente envolvem vínculos operacionais e altos níveis de troca de informações. Os custos de troca são especialmente importantes para os clientes colaborativos.

Custos de Intercâmbio

Ao levar em conta as possíveis mudanças de uma empresa vendedora para outra, os compradores organizacionais contemplam dois **custos de troca**: investimentos e risco de exposição. Primeiro, os compradores organizacionais investem em seus relacionamentos com os fornecedores de várias formas. Como declara Barbara Bund Jackson:

> Eles investem *dinheiro*; investem em *pessoas*, assim como em treinar os funcionários a operar novos equipamentos; investem em *ativos duradouros*, como os próprios equipamentos; e investem na mudança dos *procedimentos* básicos de negócio como a movimentação do estoque.[15]

---

[14] Cannon e Perreault, "Buyer-Seller Relationships", p. 453.
[15] Barbara Bund Jackson, "Build Customer Relationships That Last", *Harvard Business Review* 63 (novembro-dezembro de 1985), p. 125.

FIGURA 4.2 | Espectro dos Relacionamentos Comprador-Vendedor

	Troca transacional ←→	Troca colaborativa
Disponibilidade de alternativas	Muitas alternativas	Poucas alternativas
Dinamismo do mercado de abastecimento	Estável	Volátil
Importância da compra	Baixa	Alta
Complexidade da compra	Baixa	Alta
Troca de informações	Baixa	Alta
Vínculos operacionais	Limitados	Amplos

FONTE: Adaptado de Joseph P. Cannon e William D. Perreault Jr., "Buyer-Seller Relationships in Business Markets", *Journal of Marketing Research* 36 (novembro de 1999), p. 439-460.

Devido a esses investimentos passados, os compradores podem hesitar em incorrer em interrupções e custos de intercâmbio que resultam da escolha de novos fornecedores.

O risco de exposição fornece a segunda categoria principal de custos de intercâmbio. A atenção está voltada para os riscos aos compradores, ao fazer a escolha errada. Os clientes percebem mais risco quando compram produtos importantes para as suas operações, quando compram de fornecedores menos sólidos e quando compram produtos tecnicamente complexos.

Diretrizes de Estratégia

O profissional de marketing industrial gerencia uma carteira de relacionamentos com os clientes – alguns desses clientes veem a compra como importante e desejam um relacionamento comprador-vendedor próximo e bem estabelecido; outros clientes dão um nível de importância menor à compra e preferem um relacionamento mais livre. Dadas as diversas necessidades e orientações dos clientes, a primeira etapa do profissional de marketing industrial é determinar que tipo de relacionamento se encaixa na situação de compra e nas condições do mercado de abastecimento para um cliente específico. Segundo, deve-se elaborar um plano que seja apropriado para cada tipo de estratégia.

Clientes Colaborativos. As estratégias de construção de relacionamento, que visam a comprometimentos fortes e duradouros, são especialmente apropriadas para esses clientes. Os profissionais de marketing industrial podem sensatamente investir recursos para garantir os comprometimentos e ajudar de modo direto os clientes com o planejamento. Aqui, o pessoal de vendas e o pessoal de serviços trabalham não apenas com os gerentes de compras, mas também com ampla gama de gerentes sobre questões de estratégia e coordenação. As visitas regulares ao cliente, feitas pelos executivos e pelo pessoal técnico, podem fortalecer o relacionamento. Vínculos operacionais e mecanismos de compartilhamento das informações serão elaborados no relacionamento, para manter as ofertas de produto e serviço alinhadas com as necessidades do cliente. Dado o cenário de longo prazo e os custos de troca, os clientes estão preocupados tanto com as capacidades de longo prazo dos profissionais de marketing industrial quanto com seu desempenho imediato. Como os clientes percebem o risco significativo, demandam competência e comprometimento dos fornecedores e são facilmente amedrontados por um simples sinal de inadequação do fornecedor.

Geradores de Valor em Relacionamentos Colaborativos. Um estudo recente analisou esta questão intrigante: que caminhos de diferenciação podem os fornecedores de produtos comprados rotineiramente usar para criar valor nos relacionamentos de business-to-business, alcançando assim o *status* de fornecedor principal?[16] Na Tabela 4.1, observe que o estudo revelou três fontes de criação de valor – criação de valor por meio de oferta principal, dentro do processo de fornecimento, e no nível das operações do cliente. As vantagens associadas do relacionamento e os custos para cada uma delas estão demonstrados ali. Conforme a perspectiva de custo total de propriedade (Capítulo 2) aplicada pelos gerentes de compras, os custos como um gerador de valor estão centralizados no nível pelo qual o fornecedor oferece um baixo preço ou agrega valor ao retirar os custos do processo de fornecimento ou das operações do cliente.

Os resultados sugerem que as vantagens do relacionamento mostram um potencial bem mais forte para a diferenciação nos relacionamentos com o fornecedor principal do que as considerações sobre custo. Mais importante, o suporte aos serviços e a interação pessoal foram identificados como as principais diferenciações, seguidas do *know-how* do fornecedor e da sua capacidade de melhorar o momento da comercialização de um cliente. A qualidade do produto e o desempenho da entrega, junto com as economias de custo associadas ao processo de aquisição e das operações, mostram um potencial moderado de ajuda para que uma empresa ganhe o *status* de fornecedor principal. Por fim, o preço mostrou o potencial mais fraco para a diferenciação. Os pesquisadores, Wolfgang Ulaga e Andreas Eggert, concluem: "Enquanto os fatores de custo servem como critérios principais para se conseguir um fornecedor da lista daqueles fornecedores pré-aprovados a serem considerados para um relacionamento, as vantagens do relacionamento predominam quando se decide qual fornecedor" deve ganhar o *status* de fornecedor principal.[17]

Clientes Transacionais. Esses clientes demonstram menos lealdade ou comprometimento com relação a um fornecedor específico e podem trocar com facilidade a totalidade ou parte das compras de um fornecedor para outro. Um profissional de marketing industrial, que oferece uma combinação imediata e atrativa de produto, preço, suporte técnico e outras vantagens, tem uma chance de ganhar o negócio de um cliente transacional. O vendedor centraliza a atenção inicial na equipe de compras e raramente possui vínculos importantes com os altos executivos da organização compradora. M. Bensaou argumenta não ser prudente que os profissionais de marketing industrial façam investimentos especializados nos relacionamentos transacionais:

> Empresas que investem em construir a confiança por meio de visitas frequentes, convites a engenheiros e equipes dentro da empresa, quando o produto e o contexto de mercado exigem controle simples e impessoal e mecanismos de troca de dados, estão superprojetando o relacionamento. Este caminho não é somente caro, mas também arriscado, dados os investimentos especializados envolvidos, mais especificamente os intangíveis (por exemplo, pessoas, informações ou conhecimento).[18]

---

[16] Wolfgang Ulaga e Andreas Eggert, "Value-Based Differentiation in Business Relationships: Gaining and Sustaining Key Supplier Status", *Journal of Marketing* 70 (janeiro de 2006), p. 119-136.
[17] Ibid., p. 131.
[18] M. Bensaou, "Portfolio of Buyer-Seller Relationships", *Sloan Management Review* 40 (verão de 1999), p. 43.

TABELA 4.1 | GERADORES DE VALOR EM RELACIONAMENTOS COM O FORNECEDOR PRINCIPAL

Fontes de criação de valor	Dimensões do valor do relacionamento	
	Custos	Vantagens
Oferta principal	Qualidade do produto Desempenho da entrega	Custos diretos
Processo de fornecimento	Suporte dos serviços Interação pessoal	Custos de aquisição
Operações do cliente	Know-how do fornecedor Tempo para lançamento do produto	Custos operacionais

FONTE: Wolfgang Ulaga e Andreas Eggert, "Value-Based Differentiation in Business Relationships: Gaining and Sustaining Key Supplier Status", *Journal of Marketing* 70 (janeiro de 2006), p. 122. Copyright © 2001. Reproduzido com permissão de Warren, Gorham, Lamont por meio do Copyright Clearance Center.

Em vez de adotar a abordagem de "um projeto serve para todos", o profissional de marketing industrial astuto equipara a estratégia ao produto e às condições de mercado que envolvem um relacionamento específico com o cliente e entende os fatores que influenciam a lucratividade.

Medindo a Lucratividade do Cliente[19]

Para melhorar a satisfação do cliente e a lealdade, muitas empresas de business-to-business desenvolveram produtos sob medida e aumentaram a sua oferta de serviços especializados. Embora os clientes adotem tais ações, elas levam, em geral, a lucros decrescentes, especialmente quando as ofertas aumentadas não estão acompanhadas por aumentos nos preços ou nos volumes dos pedidos. Para que uma estratégia de diferenciação tenha sucesso, "o valor criado pela diferenciação – medido pelas margens mais altas e pelos volumes mais altos de vendas – deve ser superior ao custo de criação e de entrega de características e serviços sob medida".[20] Ao compreender os geradores da lucratividade do cliente, o gerente de marketing industrial pode alocar de modo mais efetivo os recursos de marketing e tomar medidas para converter relacionamentos não lucrativos em lucrativos.

Custeio Baseado em Atividades

A maioria dos estudos sobre lucratividade do cliente revela uma compreensão notável: "Apenas a minoria dos clientes de uma empresa típica é verdadeiramente lucrativa".[21] Por quê? Muitas empresas deixam de analisar como os custos de produtos e serviços especializados variam para cada cliente. Em outras palavras, elas focalizam a lucratividade em nível global (por exemplo, produto ou território), deixam de atri-

---

[19] Esta seção, a menos que seja mencionado de outra forma, foi retirada de Robert S. Kaplan e V. G. Narayanan, "Measuring and Managing Customer Profitability", *Journal of Cost Management* 15 (5, setembro-outubro de 2001), p. 5-15.

[20] Robert S. Kaplan, "Add a Customer Profitability Metric to Your Balanced Scorecard", *Balanced Scorecard Report*, julho-agosto de 2005 (Boston: Harvard Business School Publishing Corporation), p. 3.

[21] Kaplan e Narayanan, "Measuring and Managing Customer Profitability", p. 5.

buir despesas operacionais aos clientes e julgam mal a lucratividade de clientes individuais. Para se chegar aos custos específicos do cliente, muitas empresas adotaram o custeio baseado em atividades.

O **custeio baseado em atividades** (ABC) esclarece exatamente quais atividades estão associadas ao atendimento de um cliente específico e como essas atividades estão vinculadas a receitas e ao consumo de recursos.[22] O sistema ABC e o software associado ligam os dados da transação do cliente dos sistemas de gerenciamento de relacionamento com o cliente (CRM) com as informações financeiras. O sistema ABC dá aos gerentes de marketing uma imagem clara e precisa das margens brutas e dos componentes do custo para servir que geram a lucratividade do cliente individual.

Revelando a Lucratividade do Cliente

Ao traçar de modo preciso os custos aos clientes individuais, os gerentes estão mais bem equipados para diagnosticar os problemas e executar a ação adequada. Por exemplo, a Kanthal, fabricante de cabos para aquecimento, aprendeu, para sua surpresa, que uma das suas maiores e mais cobiçadas contas – a Divisão de Utensílios da General Electric – era também um dos seus clientes menos lucrativos.[23] Um pedido do cliente que custaria, em geral, $ 150 para a Kanthal processar custa mais de $ 600 para a GE, em virtude das frequentes alterações nos pedidos, entregas rápidas e reajustes de cronograma. Um gerente sênior da Kanthal sugeriu à GE que os inúmeros pedidos de alteração eram dispendiosos não apenas para a Kanthal, mas também para a GE. Após uma rápida revisão interna, os gerentes da GE concordaram, corrigiram as deficiências internas e, então, concederam à Kanthal o maior contrato na história da empresa. O contrato incorporava uma sobretaxa por qualquer alteração realizada pela GE a um pedido existente e estabeleceu um tamanho mínimo de pedido. Ao isolar o custo real do atendimento à GE, a Kanthal converteu um relacionamento não lucrativo em lucrativo e forneceu mais valor ao ajudar a reduzir os custos de um cliente principal.

Os Poucos Lucrativos

Uma vez que uma empresa implante uma abordagem ABC e demarque a lucratividade acumulada dos clientes, surge uma imagem impressionante que é, geralmente, chamada *curva da baleia* (Figura 4.3). Robert S. Kaplan, codesenvolvedor do custeio baseado em atividades, e seu colega, V. G. Narayanan, descrevem o padrão que muitas empresas encontram:

> Enquanto as vendas acumuladas seguem, em geral, a regra típica de 20/80 (ou seja, 20% dos clientes representam 80% das vendas), a curva da baleia para a lucratividade acumulada revela, normalmente, que 20% dos clientes mais lucrativos geram entre 150% e 300% dos lucros totais. Setenta por cento dos clientes do meio se equilibram, e 10% dos clientes menos lucrativos perdem de 50% a 200% dos lucros totais, deixando a empresa com seus 100% de lucros totais.[24]

Como regra, os grandes clientes tendem a estar incluídos entre os mais lucrativos (ver lado esquerdo da Figura 4.3) ou os menos lucrativos (ver lado direito da Figura 4.3) – raramente estão no meio. É interessante notar que alguns dos maiores clientes da empresa estão, em geral, entre os mais não lucrativos.

---

[22] Ibid., p. 7. Ver também Robert S. Kaplan e Steven R. Anderson, "Time-Driven Activity-Based Costing", *Harvard Business Review* 82 (novembro de 2004), p. 131-138.

[23] Kaplan e Narayanan, p. 11.

[24] Ibid., p. 7. Ver também Robert S. Kaplan e David P. Norton, *The Execution Premium* (Boston: Harvard Business Press, 2008), p. 255-261.

FIGURA 4.3 | **EXEMPLO DA CURVA DA BALEIA: 20% DOS CLIENTES GERAM 175% DOS LUCROS ACUMULADOS**

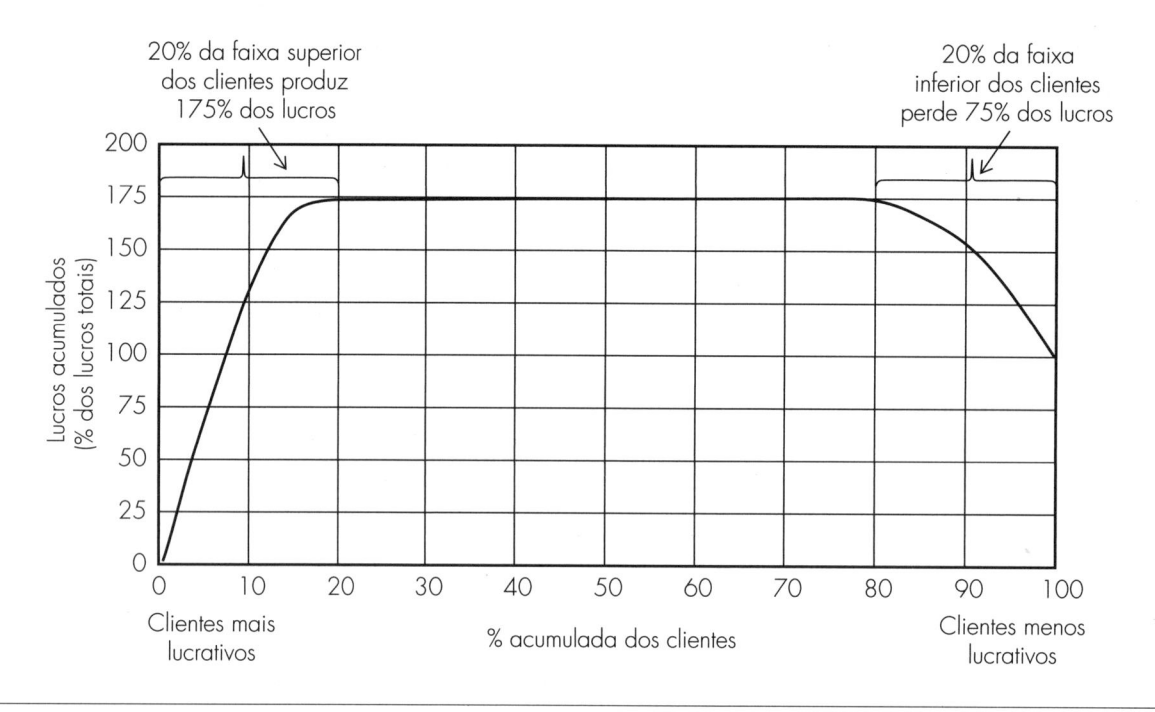

[Gráfico: eixo Y "Lucros acumulados (% dos lucros totais)" de 0 a 200; eixo X "% acumulada dos clientes" de 0 a 100. A curva sobe rapidamente até cerca de 175% nos primeiros 20% de clientes (Clientes mais lucrativos — 20% da faixa superior dos clientes produz 175% dos lucros), mantém-se estável e depois cai para 100% nos últimos 20% (Clientes menos lucrativos — 20% da faixa inferior dos clientes perde 75% dos lucros).]

FONTE: Adaptado com modificações de Robert S. Kaplan e V. G. Narayanan, "Measuring and Managing Customer Profitability", *Journal of Cost Management* 15 (setembro-outubro de 2001), p. 8.

Uma empresa não gera suficiente volume de vendas com um cliente pequeno para incorrer em grandes perdas absolutas. Apenas os grandes compradores podem ser clientes com grandes perdas. Na Figura 4.3, os clientes com baixo custo para servir aparecem no lado lucrativo da curva da baleia e os clientes com alto custo para servir terminam no lado não lucrativo, a menos que paguem um prêmio especial pelo suporte especializado de que precisam.

Gerenciamento de Clientes de Alto e Baixo Custo para Servir

O que faz que alguns clientes custem mais que outros? Observe, na Tabela 4.2, que os clientes de alto custo para servir, por exemplo, desejam produtos sob medida e frequentemente alteram os pedidos e exigem um volume significativo de suporte pré e pós-vendas. Por outro lado, os clientes de baixo custo para servir compram produtos padronizados, fazem pedidos e programam as entregas em um ciclo previsível, exigindo pouco ou nenhum suporte pré ou pós-vendas.

Analise-se Primeiro. Após examinar a lucratividade dos clientes individuais, o profissional de marketing industrial pode considerar as estratégias possíveis para manter os clientes mais valiosos e para transformar aqueles não lucrativos em clientes lucrativos. Todavia, os gerentes deverão, primeiro, analisar os próprios processos internos de sua empresa, para garantir que podem acomodar as preferências do cliente para volumes reduzidos de pedidos ou serviços especiais pelo custo mais baixo. Por exemplo, uma grande editora de anuários de negócio reduziu o custo para servir à sua base de clientes ao designar gerentes de contas-chave para seus maiores clientes (ou seja, 4% dos clientes que representavam 45% de suas vendas) e ao

TABELA 4.2 | **CARACTERÍSTICAS DOS CLIENTES DE ALTO *VERSUS* BAIXO CUSTO PARA SERVIR**

	Clientes de alto custo para servir	Clientes de baixo custo para servir
Custos de pré-venda	Exigência de grande suporte pré-vendas (isto é, recursos técnicos e de vendas)	Suporte de pré-vendas limitado (isto é, preços e pedidos padronizados)
Custos de produção	Pedido de produtos sob medida Pequenas quantidades no pedido Padrão de pedidos imprevisível Processamento manual	Pedido de produtos padronizados Grandes quantidades no pedido Ciclo de pedidos previsível Processamento eletrônico
Custos de entrega	Entrega rápida	Entrega-padrão
Custos de serviços pós-venda	Exigência de grande suporte pós-vendas (isto é, treinamento do cliente, instalação, suporte técnico)	Suporte pós-venda limitado

FONTE: Adaptado, com modificações, de Robert S. Kaplan e V. G. Narayanan, "Measuring and Managing Customer Profitability", *Journal of Cost Management* 15 (setembro-outubro de 2001), p. 8, e de Benson P. Shapiro, V. Kasturi Rangan, Rowland Moriarty Jr. e Elliot B. Ross, "Manage Customers for Profits (Not Just Sales)", *Harvard Business Review* 65 (setembro-outubro de 1987), p. 101-108.

atender aos pequenos clientes pela internet e por uma equipe de vendas por telefone.[25] Essas ações não apenas cortaram os custos drasticamente, mas também deram a cada grupo de clientes o que eles sempre quiseram: grandes clientes queriam um ponto central de contato por meio do qual poderiam garantir serviços sob medida para as suas necessidades; pequenos clientes preferiam um contato mínimo com um vendedor direto, mas queriam a garantia de que poderiam receber ajuda e suporte, caso precisassem.

Uma Lente de Lucro Mais Nítida. Os gerentes de marketing industrial podem ver seus clientes através de lentes de um diagrama simples de 2 × 2 (Figura 4.4). O eixo vertical mostra a margem líquida obtida com as vendas para um cliente específico. A **margem líquida** é igual ao preço líquido, depois de todos os descontos, menos os custos de fabricação. O eixo horizontal mostra os **custos para servir o cliente**, incluindo custos relativos ao pedido, acrescidos das despesas de marketing, técnicas e administrativas específicas do cliente.

Identificando Clientes Lucrativos. Observe, na Figura 4.4, que os clientes lucrativos podem assumir várias formas. Para ilustrar, um cliente como a Honda of America estaria no canto inferior esquerdo do diagrama: pedindo baixos preços, portanto as margens líquidas são baixas, mas trabalhando com seus fornecedores no sentido de modernizar as atividades, de forma que o custo para servir seja também baixo. Os clientes com alto custo para servir que ocupam o canto superior direito da Figura 4.4 também podem ser lucrativos, caso as margens líquidas auferidas nas vendas mais que compensem a empresa pelo custo dos recursos usados ao servi-los.

Uma empresa é sem dúvida afortunada quando vários de seus clientes ocupam o quadrante superior esquerdo do diagrama: altas margens *e* baixos custos para servir. Como esses clientes representam um ativo valioso, os gerentes de marketing devem moldar relacionamentos próximos com eles, antecipar as mudanças em suas necessidades e ter planos de proteção (por exemplo, serviços especiais) em mente, caso a concorrência tente conquistá-los.

---

[25] George S. Day, "Creating a Superior Customer-Relating Capability", *MIT Sloan Management Review* 44 (primavera de 2003), p. 77-82.

FIGURA 4.4 | LUCRATIVIDADE DO CLIENTE

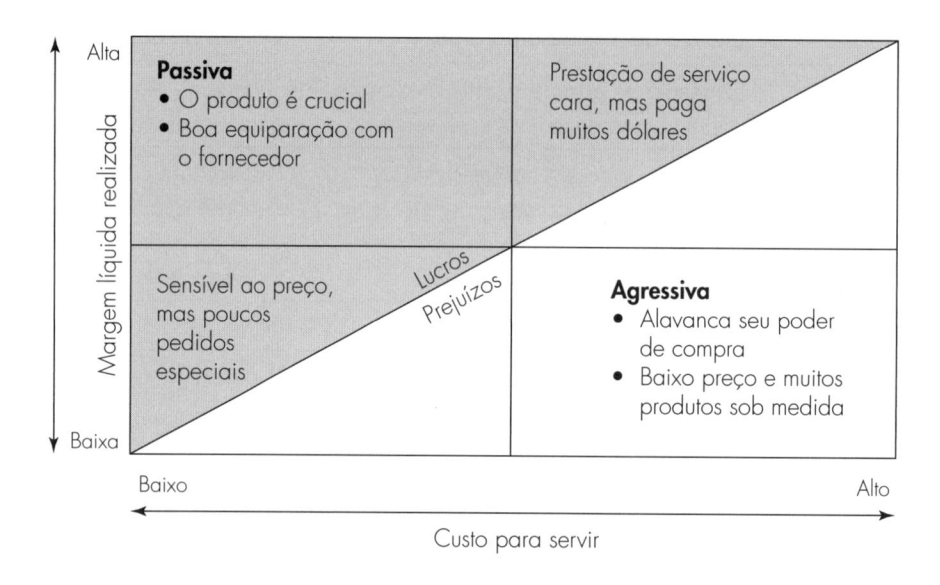

```
Alta ↑
        | Passiva                          | Prestação de serviço
        | • O produto é crucial            | cara, mas paga
        | • Boa equiparação com            | muitos dólares
Margem  |   o fornecedor                   |
líquida |----------------------------------|----------------------------------
realizada| Sensível ao preço,   Lucros    | Agressiva
        | mas poucos        Prejuízos    | • Alavanca seu poder
        | pedidos                          |   de compra
        | especiais                        | • Baixo preço e muitos
        |                                  |   produtos sob medida
Baixa ↓
        Baixo ←———————— Custo para servir ————————→ Alto
```

FONTE: Reproduzido com permissão da *Harvard Business Review*. De B. P. Shapiro e outros, "Manage Customers for Profits (Not Just Sales)", setembro-outubro de 1987, p. 104. Copyright © 1987 da Harvard Business School Publishing Corporation; todos os direitos reservados.

Gerenciamento de Clientes Não Lucrativos[26]

O conjunto de clientes que apresentam maiores desafios para os gerentes de marketing encontra-se no canto inferior direito da Figura 4.4: baixas margens e alto custo para servir. Primeiro, o gerente de marketing explorará os meios possíveis para reduzir o custo das atividades associadas com o serviço prestado a esses clientes. Por exemplo, talvez o suporte pós-vendas poderia ser levado para a internet. Segundo, o gerente voltaria a atenção para as ações do cliente que contribuem para aumentar os custos das vendas. Para ilustrar, o alto custo para servir pode ser causado pelos padrões imprevisíveis de pedidos do cliente ou pelas suas grandes demandas sobre o pessoal técnico e de vendas. Ao detalhar os custos dessas atividades e compartilhar abertamente essas informações com o cliente, o gerente de marketing industrial pode encorajar o cliente a trabalhar com a empresa de modo mais eficiente. Do exemplo anterior, lembre-se de que a Kanthal usou essa abordagem não apenas para restaurar a lucratividade, mas também para ajudar um de seus maiores clientes, a Divisão de Utensílios da General Electric, a refinar seus processos internos e reduzir seus custos.

Dispensando Clientes

Ao aperfeiçoar os processos e refinar as estratégias de preço, os gerentes de marketing industrial podem transformar muitos clientes, mas não todos, de não lucrativos para lucrativos. O que devemos fazer com aqueles clientes não lucrativos que permanecem no quadrante de alto custo para servir da Figura 4.4? Para responder a essa pergunta, devemos investigar melhor o relacionamento com o cliente e avaliar as outras vantagens que certos clientes podem oferecer. Alguns clientes são novos e o investimento inicial

---

[26] Esta seção é baseada em Robert S. Kaplan e Robin Cooper, *Cost and Effect: Using Integrated Cost Systems to Drive Profitability and Performance* (Boston: Harvard Business School Press, 1998), p. 193-201.

para atraí-los será, no final, compensado por grandes volumes de vendas e lucratividade. Outros clientes nos dão uma oportunidade de aprendizagem. Por exemplo, algumas empresas que atendem à Toyota ou à Honda incorreram em prejuízos logo que começaram a atender esses exigentes clientes, mas garantiram a compreensão dos processos de gerenciamento e da tecnologia que poderiam aplicar eficazmente a todos os seus clientes.

Todavia, suponha que um cliente não seja lucrativo, não seja novo e ofereça pouca ou nenhuma oportunidade de aprendizagem. Ainda mais, suponha que o cliente resista a todas as tentativas de converter o relacionamento não lucrativo em um relacionamento lucrativo. Nessas condições, Robert S. Kaplan e Robin Cooper observam que devemos levar em consideração a dispensa desses clientes, mas usando uma abordagem mais sutil: "Podemos, talvez, deixar que o próprio cliente se dispense, ao nos recusarmos a conceder descontos e ao reduzirmos ou eliminarmos o suporte de marketing e técnico".[27] O desinvestimento em relação ao cliente é uma opção estratégica viável, mas deve ser exercido com economia e apenas depois de terem sido totalmente examinadas as outras opções.[28]

Gerenciamento do Relacionamento com o Cliente

A manutenção do cliente foi sempre crucial para o sucesso do mercado industrial e agora representa a peça central das discussões de estratégia, à medida que as empresas adotam o gerenciamento do relacionamento com o cliente. O **gerenciamento do relacionamento com o cliente** (CRM) é um processo interfuncional para se alcançar

- um diálogo continuado com os clientes,
- levando em conta todos os seus pontos de contato e acesso, com
- tratamento personalizado dos clientes mais valiosos,
- para garantir a manutenção do cliente e a eficácia das iniciativas de marketing.[29]

Para atender a essas exigências desafiadoras, as empresas de marketing industrial, grandes e pequenas, estão fazendo investimentos significativos em sistemas de CRM – aplicativos de software empresarial que integram vendas, marketing e informações do serviço ao cliente. Para aperfeiçoar o serviço e manter os clientes, os sistemas de CRM sintetizam as informações de todos os pontos de contato ou "áreas de interação" de uma empresa – inclusive e-mail, centrais de atendimento, representantes de vendas e de serviços – para dar apoio a futuras interações com o cliente e para informar previsões do mercado, design do produto e gerenciamento da cadeia de suprimentos.[30] Vendedores, pessoal da central de atendimento, gerentes da rede, revendedores e representantes do serviço ao cliente possuem, todos, as mesmas informações em tempo real sobre cada cliente.

Para que um investimento no software de CRM gere retornos positivos, uma empresa precisa de uma estratégia do cliente. Os especialistas em estratégia afirmam que muitas iniciativas de CRM falham porque os executivos confundem o software de CRM com uma estratégia de marketing. Darrel Rigby e

---

[27] Ibid., p. 200.
[28] Vikas Mittal, Matthew Sarkees e Feisal Murshed, "The Right Way to Manage Unprofitable Customers", *Harvard Business Review* 86 (abril de 2008), p. 95-102.
[29] George S. Day, "Capabilities for Forging Customer Relationships", artigo, Relatório nº 00-118, Marketing Science Institute, Cambridge, MA, 2000, p. 4.
[30] Larry Yu, "Successful Customer-Relationship Management", *MIT Sloan Management Review* 42 (verão de 2001), p. 18.

seus colegas afirmam: "Não é isso. O CRM é o agrupamento da estratégia e dos processos do cliente, sob o apoio do software relevante, com o fim de aperfeiçoar a lealdade do cliente e, finalmente, a lucratividade corporativa".[31] O software de CRM pode ajudar, mas só depois de haver sido projetada e instalada uma estratégia do cliente. Para desenvolver estratégias responsivas e lucrativas do cliente, deve ser dada especial atenção a cinco áreas: (1) conseguir os clientes certos, (2) moldar a proposição de valor correta, (3) instituir os melhores processos, (4) motivar os empregados e (5) aprender a manter clientes (Tabela 4.3). Observe como a tecnologia de CRM dos principais produtores, como a Oracle Corporation e a Siebel Systems, pode ser usada para conseguir dados críticos do cliente, transformá-los em informações valiosas e distribuí-los por toda a organização como auxílio não só ao processo de estratégia da aquisição do cliente como também para mantê-lo. Assim, uma estratégia bem elaborada e instalada, com o apoio do sistema de CRM, fornece o retorno financeiro.

Conseguindo os Clientes Certos

O gerenciamento do relacionamento com o cliente volta a atenção a dois ativos críticos da empresa de business-to-business: seu conjunto de relacionamentos com o cliente atual e potencial e seu conhecimento coletivo sobre como selecionar, iniciar, desenvolver e manter relacionamentos lucrativos com esses clientes.[32] O gerenciamento da carteira de clientes, então, é o processo de criação de valor por todos os relacionamentos com o cliente de uma empresa – transacionais e colaborativos – com ênfase no equilíbrio do nível de relacionamento desejado pelo cliente com relação à lucratividade ao fazê-lo.[33]

A seleção de contas exige um entendimento claro das necessidades do cliente, uma visualização firme sobre os custos de servir a diferentes grupos de clientes e uma previsão exata das oportunidades potenciais de lucro. A escolha de contas potenciais a investir é facilitada por um entendimento sobre como os diferentes clientes definem o valor. **Valor**, como definido por James Anderson e James Narus, refere-se "às vantagens econômicas, técnicas, de serviços e sociais recebidas por uma empresa cliente em troca do preço pago por uma oferta de produto".[34] Ao medir o valor de suas ofertas para diferentes grupos de clientes, os profissionais de marketing industrial estão mais bem equipados para visar a contas e determinar como fornecer aumento de valor para clientes específicos.

O processo de seleção de conta deverá também levar em consideração o lucro potencial. Como o produto é crítico para as suas operações, alguns clientes dão alto valor aos serviços de suporte (por exemplo, consultoria técnica e treinamento) e estão dispostos a pagar um preço especial por eles. Outros clientes apresentam um custo mais alto para servir, não valorizam o suporte de serviços e são extremamente sensíveis ao preço. Como os clientes possuem diferentes necessidades e representam níveis distintos de oportunidades atuais e potenciais, um profissional de marketing dividirá os seus clientes em grupos. O profissional de marketing deseja desenvolver um relacionamento amplo e profundo com aqueles mais lucrativos e atribui uma baixa prioridade aos menos lucrativos.[35] Frank Cespedes afirma que

---

[31] Darrel K. Rigby, Frederick F. Reichheld e Phil Schefter, "Avoid the Four Perils of CRM", *Harvard Business Review* 80 (janeiro-fevereiro de 2002), p. 102.

[32] Ruth N. Bolton, Katherine N. Lemon e Peter Verhoof, "Expanding Business-to-Business Customer Relationships", *Journal of Marketing* 72 (janeiro de 2008), p. 46-64.

[33] Michael D. Johnson e Fred Selnes, "Diversifying Your Customer Portfolio", *MIT Sloan Management Review* 46 (primavera de 2005), p. 11-14.

[34] Anderson e Narus, p. 98. Ver também Ajay Menon, Christian Homburg e Nikolas Beutin, "Understanding Customer Value in Business-to-Business Relationships", *Journal of Business-to-Business Marketing* 12 (2, 2005), p. 1-33; e Ulaga e Eggert, "Value-Based Differentiation", p. 119-136.

[35] Frederick F. Reichheld, "Lead for Loyalty", *Harvard Business Review* 79 (julho-agosto de 2001), p. 76-84.

TABELA 4.3 | CRIANDO UMA ESTRATÉGIA DE GERENCIAMENTO DO RELACIONAMENTO COM O CLIENTE

Prioridades do CRM

Conseguir os clientes certos	Moldar a proposição de valor correta	Instituir os melhores processos	Motivar os colaboradores	Aprender a manter clientes
Tarefas críticas				
• Identificar seus clientes mais valiosos. • Calcular a parcela de suas compras (participação no orçamento do cliente) para seus produtos e serviços.	• Determinar os produtos ou serviços de que seus clientes precisam hoje e necessitarão amanhã. • Avaliar os produtos ou serviços que seus concorrentes oferecem hoje e amanhã. • Identificar os novos produtos ou serviços que você deverá oferecer.	• Pesquisar a melhor forma de entregar os seus produtos ou serviços para os clientes. • Determinar as capacidades de serviço que devem ser desenvolvidas e os investimentos em tecnologia que são necessários para a implantação da estratégia do cliente.	• Identificar as ferramentas de que seus empregados precisam para promover os relacionamentos com o cliente. • Ganhar a lealdade do funcionário ao investir em treinamento e desenvolvimento e na elaboração de trajetórias de carreira apropriadas para os trabalhadores.	• Entender por que os clientes desertam e como trazê-los de volta. • Identificar as estratégias que seus concorrentes estão usando para conseguir clientes mais valiosos.
A tecnologia do CRM pode ajudar				
• Analisar a receita do cliente e os dados de custo para identificar os clientes mais valiosos atuais e futuros. • Visar às comunicações de marketing para os clientes mais valiosos.	• Apreender os dados relevantes de comportamento do produto e do serviço das transações do cliente. • Criar novos canais de distribuição. • Desenvolver novos modelos de precificação.	• Processar mais rapidamente as transações. • Fornecer melhores informações para os funcionários de contato do cliente. • Gerenciar a logística e a cadeia de suprimentos de forma mais eficaz.	• Alinhar os incentivos ao trabalhador e as medidas de desempenho. • Partilhar o conhecimento sobre o cliente com os colaboradores de toda a organização.	• Rastrear os níveis de deserção e de retenção do cliente. • Rastrear os níveis de satisfação com o serviço do cliente.

FONTE: Adaptado de Darrell K. Rigby, Frederick F. Reichheld e Phil Schefter, "Avoid the Four Perils of CRM", *Harvard Business Review* 80 (janeiro-fevereiro de 2002), p. 106.

a seleção de contas, portanto, deve ser explícita quanto a quais são as demandas que o vendedor pode atender e alavancar nas transações com outros clientes. De outra forma, o vendedor arrisca a servir demais às contas não lucrativas e a desperdiçar recursos que poderiam ser alocados para outros grupos de clientes.[36]

Moldando a Proposição de Valor Correta

Uma **proposição de valor** representa os produtos, serviços, ideias e soluções que um profissional de marketing industrial oferece para aumentar as metas de desempenho da organização do cliente. Lembre-se do Capítulo 1, em que a proposição de valor do cliente deve abordar esta questão essencial: como os elementos de valor (vantagens) na oferta de um fornecedor são comparados com aqueles da próxima melhor alternativa? Uma proposição de valor pode incluir pontos de paridade (certos elementos de valor são os mesmos que na próxima melhor opção) e pontos de diferenciação (os elementos de valor que tornam a oferta do fornecedor superior ou inferior em comparação com a próxima melhor alternativa). Por exemplo, um fornecedor pode oferecer tecnologia aperfeiçoada (positivo) a um preço mais alto (negativo) e não conseguir convencer os clientes de que a nova tecnologia justifica o aumento no preço.

>Os fornecedores adeptos das melhores práticas baseiam a sua proposição de valor nos poucos elementos que mais importam para conseguir clientes, demonstram o valor desse desempenho superior e o comunicam de um modo que transmita um entendimento sofisticado sobre as prioridades de negócio do cliente.[37]

A Faixa das Estratégias. Para desenvolver ofertas de produto específicas para o cliente, o profissional de marketing industrial analisará a natureza dos relacionamentos comprador-vendedor no setor. As estratégias que as firmas concorrentes em um setor buscam estão contidas em um intervalo chamado faixa do setor de relacionamentos de trabalho.[38] Os profissionais de marketing industrial tentam ampliar a faixa com uma carteira de estratégias de marketing de relacionamento ou concentrar-se em uma única estratégia, ficando assim com um grupo mais estreito de relacionamentos do que a faixa do setor.

Observe, na Figura 4.5, como dois setores diferentes (equipamentos médicos e suprimentos hospitalares) estão posicionados no *continuum* de relacionamento. Como a tecnologia subjacente é complexa e dinâmica, as relações colaborativas caracterizam o setor de equipamentos médicos. Aqui, uma série de serviços – suporte técnico, instalação, treinamento profissional e contratos de manutenção – pode ser acrescentada ao produto principal. Por outro lado, as relações colaborativas no setor de suprimentos hospitalares tendem a ser mais focalizadas e estão centralizadas em ajudar as organizações de assistência médica a atender às suas necessidades operacionais (por exemplo, processos eficientes de colocação de pedidos e entrega em tempo).

Ao diagnosticar o espectro das estratégias de relacionamento seguido pela concorrência em um setor, um profissional de marketing industrial pode moldar estratégias que respondam de modo mais próximo aos clientes que desejam uma ênfase colaborativa e aos clientes que buscam uma ênfase transacional. A estratégia envolve o *aumento* da faixa do setor na orientação colaborativa, assim como na transacional (ver Figura 4.5b).

---

[36] Frank V. Cespedes, *Concurrent Marketing: Integrating Product, Sales, and Service* (Boston: Harvard Business School Press, 1995), p. 193. Ver também Don Peppers, Martha Rogers e Bob Dorf, "Is Your Company Ready for One-to-One Marketing?", *Harvard Business Review* 77 (janeiro-fevereiro de 1999), p. 151-160.

[37] James C. Anderson, James A. Narus e Wouter van Rossum, "Customer Value Propositions in Business Markets", *Harvard Business Review* 84 (março de 2006), p. 93.

[38] Esta discussão é retirada de Anderson e Narus, "Partnering as a Focused Market Strategy", p. 95-113.

POR DENTRO DO MARKETING INDUSTRIAL

Diversificar Também a Carteira de Clientes!

Para um investidor, a teoria moderna de carteiras demonstra que o desempenho ótimo, para dado nível de risco, pode ser mais bem alcançado ao se construir um composto diversificado de ativos de investimento que inclua ações de empresas grandes e pequenas, representando empresas norte-americanas e estrangeiras. Ao construir uma carteira de clientes, é possível conseguir vantagens similares ao visualizar os clientes como ativos e ao diversificar pelas categorias de clientes. Por exemplo, após a bolha tecnológica, muitas empresas de tecnologia da informação (TI), como a IBM e a Microsoft, foram surpreendidas ao observar que as pequenas e médias empresas (SMB) incentivavam a recuperação de gastos em TI. Por quê? A maioria dos clientes médios e pequenos não abusava de atualizações massivas de hardware e software da mesma forma extrema, durante a bolha, que as suas contrapartes maiores faziam. Assim, os clientes médios e pequenos foram os primeiros a voltar e comprar de modo agressivo os produtos e serviços de TI. Como a Dell, a Microsoft e a IBM possuem, cada, uma carteira de clientes que inclui uma forte representação de clientes médios e pequenos; essas empresas vivenciaram uma superioridade sobre concorrentes como a Hewlett-Packard e a Sun Microsystems, que estavam menos focalizadas nesse grupo de clientes (ou seja, a categoria de ativo) e que foram "pegas esperando" a volta dos clientes de grandes empresas.

FONTE: Mark Veverka, "Little Guys Lead IT Spending Recovery", *Barron's*, 20 de outubro de 2003, p. 73.

FIGURA 4.5 | **RELACIONAMENTOS DE TRABALHO TRANSACIONAIS E COLABORATIVOS**

(a) Faixas de relacionamento do setor

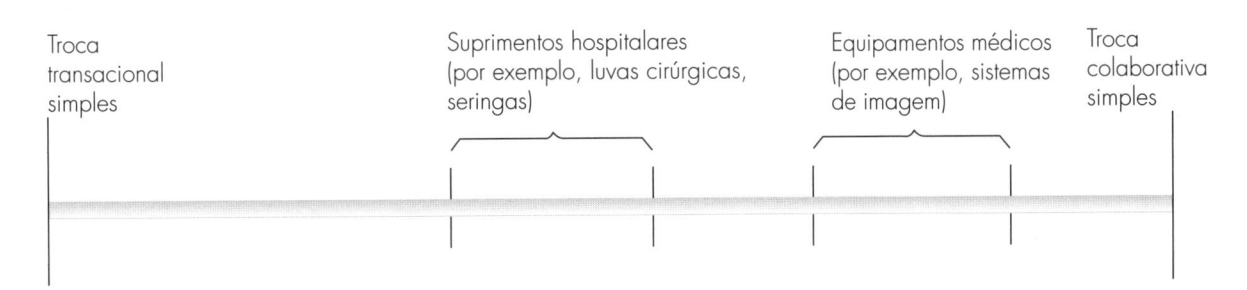

Troca transacional simples — Suprimentos hospitalares (por exemplo, luvas cirúrgicas, seringas) — Equipamentos médicos (por exemplo, sistemas de imagem) — Troca colaborativa simples

(b) Saindo da faixa do setor

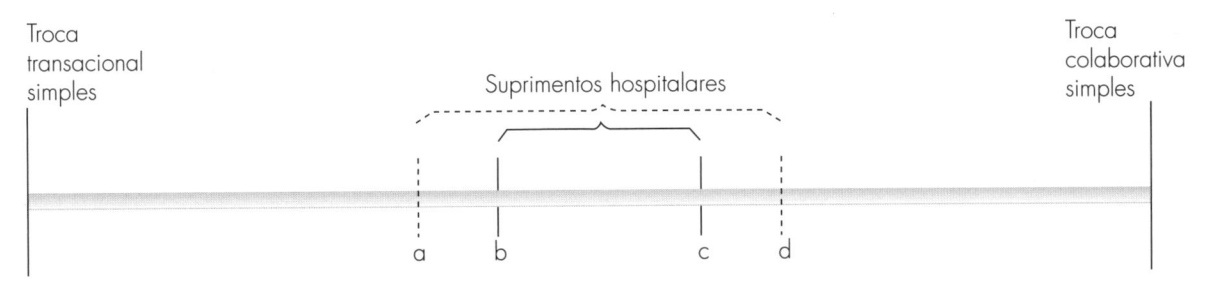

Troca transacional simples — Suprimentos hospitalares (a, b, c, d) — Troca colaborativa simples

FONTE: Adaptado de James C. Anderson e James A. Narus, "Partnering as a Focused Marketing Strategy", *California Management Review* 33 (primavera de 1991), p. 97.

Aumentando pela Desvinculação. Uma estratégia de desvinculação pode alcançar os clientes que desejam maior ênfase transacional. Neste caso, os serviços associados são desvinculados para gerar o produto principal (**a** na Figura 4.5b), que atende ao preço básico de um cliente, à qualidade e às exigências de disponibilidade. Para cada serviço que é desvinculado, o preço fica mais baixo. Aumento de serviços, como assistência técnica, consultoria e entrega "just-in-time", são oferecidos, todos, mas com uma lista de opções, sobre uma base de preço incremental. Mais importante, os incrementos do preço para todo o conjunto de serviços desvinculados serão maiores que o preço especial buscado para a oferta colaborativa. Isso reflete a eficiência de se fornecer um lote completo de serviços para uma conta colaborativa. Essa política de preços é orientada para o mercado, pois permite que as empresas clientes escolham a oferta de produto e relacionamento que *elas entendem* que fornecerá o maior valor.

Aumentando com Acréscimo. No outro extremo, a oferta colaborativa (**d** na Figura 4.5b) torna-se o produto aumentado enriquecido com características que o cliente valoriza. As características aumentadas podem incluir programas coordenados de redução de custo, assistência técnica, garantias do cronograma de entregas e propaganda cooperativa. Como os esforços colaborativos são projetados para agregar valor ou reduzir os custos da troca entre empresas parceiras, um preço especial será recebido pela oferta colaborativa.

A Allegiance Healthcare Corporation desenvolveu modalidades para o aperfeiçoamento dos pedidos de suprimentos hospitalares, da entrega e do faturamento que fornecem aumento de valor para o cliente.[39] Em vez dos diversos suprimentos chegando em caixas separadas por conveniência das necessidades da Allegiance, eles chegam em paletes "adequados ao cliente" sob medida para atender às necessidades de distribuição de cada hospital. Ademais, os hospitais podem garantir uma conexão estrutural com a Allegiance por meio de seu sistema de pedidos ValueLink para agregar valor e conveniência.

Criando Ofertas de Serviço Flexíveis. Os profissionais de marketing industrial podem ganhar uma dianteira competitiva ao criar uma carteira de ofertas de serviços e, então, contar com essa carteira para fornecer soluções sob medida para grupos de clientes ou até para clientes individuais.[40] Primeiro, deve-se criar uma oferta que inclua o esqueleto mínimo do número de serviços valorizados por todos os clientes em um segmento específico de mercado. A Microsoft refere-se a essas ofertas como "soluções livres". Segundo, são criados serviços opcionais que agregam valor ao reduzir os custos ou ao aprimorar o desempenho das operações de um cliente. Para atender às necessidades de clientes específicos, os serviços opcionais podem, então, ser "agrupados sob medida" com a oferta principal para criar valor agregado.

Instituindo os Melhores Processos

A equipe de vendas assume um papel central no gerenciamento do relacionamento no mercado industrial. O pessoal do serviço técnico e o pessoal do serviço ao cliente também assumem papéis de implantação que são importantes e visíveis nas organizações compradoras. As estratégias de relacionamento bem-sucedidas são moldadas visando a uma organização eficiente e a implantação do esforço pessoal de vendas e a coordenação próxima com as unidades de apoio, como logística e serviços técnicos. Algumas empresas dividem

---

[39] Valarie A. Zeithaml, Roland T. Rust e Katherine N. Lemon, "The Customer Pyramid: Creating and Serving Profitable Customers", *California Management Review* 43 (verão de 2001), p. 134.

[40] James C. Anderson e James A. Narus, "Capturing the Value of Supplementary Services", *Harvard Business Review* 73 (janeiro--fevereiro de 1995), p. 75-83. Ver também David Rickard, "The Joys of Bundling: Assessing the Benefits and Risks", The Boston Consulting Group, Inc., 2008, disponível em http://www.bcg.com, acesso em 15 de maio de 2008.

a organização de vendas em unidades que, uma a uma, servem a certa categoria de relacionamento, como as contas transacionais ou as contas de parceria. Por meio de um processo cuidadoso de triagem, as contas transacionais promissoras progridem periodicamente para parcerias.

Melhores Práticas na IBM[41]. Ao servir a um cliente específico, uma série de funcionários da IBM entra em contato com a organização do cliente. Para garantir a execução consistente da estratégia, a IBM identifica três papéis de contato com o cliente para cada uma de suas contas, especifica as ações mensuráveis desejadas para cada papel e monitora o grau de satisfação do cliente com cada papel (Tabela 4.4). O representante da IBM designado para o cliente é o *dono do relacionamento*, mas a equipe da conta pode incluir outros especialistas que integrem um projeto para o cliente (*dono do projeto*) ou que resolvam um problema específico do cliente (*dono da resolução do problema*). Qualquer funcionário da IBM que trabalhe na conta pode assegurar informações em tempo hábil do sistema de CRM para identificar as ações ou questões recentes a serem abordadas. Mais ainda, para cada papel, existe uma medida sendo processada e uma medida para *feedback* ao cliente.

Leve em consideração um gerente técnico da IBM designado com a responsabilidade de instalar software de CRM para um grande banco. Na qualidade de dono do projeto, a meta desse gerente é determinar o estado de satisfação do cliente e, então, superar essas expectativas. Quando o trabalho é concluído, os membros da organização do cliente são questionados quanto à sua satisfação e o dono do projeto age sobre o *feedback* para garantir que todas as promessas sejam mantidas. Claramente, um processo de gerenciamento de queixas sólido é essencial. Pesquisa recente descobriu que, quando uma queixa não é tratada de modo eficaz, a empresa enfrenta alto risco de perder *até* aqueles clientes que já se mostraram bem satisfeitos antes.[42]

A pesquisa sugere que os atributos de desempenho que influenciam a satisfação do cliente de compradores comerciais incluem:

- o pronto atendimento do fornecedor ao atender às necessidades da empresa;
- a qualidade do produto;
- ampla linha de produtos;
- a confiabilidade na entrega;
- pessoal de vendas e de serviços inteligente.[43]

Motivando os Funcionários

Funcionários dedicados são a base de uma estratégia bem-sucedida de relacionamento com o cliente. Frederick F. Reichheld observa:

> Líderes dedicados a tratar direito as pessoas são impelidos a repassar valores superiores, o que permite que atraiam e mantenham os melhores trabalhadores. Isso se deve, em parte, aos lucros mais altos que resultam da manutenção do cliente, mas principalmente porque, ao fornecer excelente serviço e valor, geram-se orgulho e um sentimento de propósito entre os colaboradores.[44]

---

[41] Esta discussão está baseada em Larry Schiff, "How Customer Satisfaction Improvement Works to Fuel Full Business Recovery at IBM", *Journal of Organizational Excellence* 20 (primavera de 2001), p. 3-18.
[42] Christian Homburg e Andreas Fürst, "How Organizational Complaint Handling Drives Customer Loyalty: An Analysis of the Mechanistic and the Organic Approach", *Journal of Marketing* 69 (julho de 2005), p. 95-114.
[43] Bowman e Narayandas, "Linking Customer Management Effort", p. 433-447.
[44] Reichheld, "Lead for Loyalty", p. 78.

TABELA 4.4 | ESTRATÉGIA COM BASE NO PAPEL DA IBM: AÇÕES E RESULTADOS MEDIDOS

Papel	Meta da estratégia	Ações medidas	Resultados medidos (cliente)
Dono do relacionamento	Aprimorar os relacionamentos com o cliente	Reunir-se com o cliente duas vezes por ano, para identificar as expectativas dele e estabelecer o plano de ação	Resultados da pesquisa de satisfação do cliente da IBM
Dono do projeto	Superar as expectativas do cliente em cada transação	Coletar estado de satisfação, conseguir *feedback* do cliente	Resultados da pesquisa de transação da IBM
Resolução de problema	Resolver problemas do cliente	Solução em sete dias ou atender ao plano de ação	Satisfação do cliente com resolução do problema

FONTE: Adaptado de Larry Schiff, "How Customer Satisfaction Improvement Works to Fuel Business Recovery at IBM", *Journal of Organizational Excellence* 20 (primavera de 2001), p. 12-14.

Consegue-se a lealdade do funcionário ao se investir pesadamente em treinamento e desenvolvimento, fornecendo trajetórias de carreira desafiadoras para facilitar o desenvolvimento profissional e alinhando os incentivos ao trabalhador às medidas de desempenho.[45] Por exemplo, a Square D, fabricante de equipamentos elétricos e industriais de Illinois, alterou seus sistemas de medição de desempenho e incentivo para se adequar à nova estratégia do cliente da empresa. Consistentes com a meta de atrair clientes de alto valor, os incentivos aos vendedores não têm mais como base o número de unidades vendidas, mas sim o número de clientes conseguidos e as margens de lucro.

A pesquisa demonstra claramente o vínculo entre a satisfação no trabalho dos vendedores e a satisfação do cliente nos mercados industriais. Christian Homburg e Ruth M. Stock relatam que o relacionamento entre a satisfação no trabalho dos vendedores é especialmente mais forte quando existe uma interação com o cliente bem frequente, grande intensidade de integração com o cliente no processo de criação de valor e alta propensão para inovar produtos ou serviços.[46]

Aprendendo a Manter Clientes

Os profissionais de marketing industrial mantêm o foco na lealdade do cliente e na sua manutenção, pois o custo para servir um cliente de longa data é, em geral, bem menor do que o custo de se conseguir um novo cliente.[47] Por quê? Os clientes existentes compram, geralmente, mais produtos e serviços de um fornecedor de confiança e, ao fazê-lo, o custo para servir diminui. A empresa aprende como servi-los de modo mais eficiente e também localiza oportunidades para a expansão do relacionamento. Assim, o lucro daquele cliente tende a aumentar durante a vida do relacionamento. Para isso, uma meta da IBM é ganhar uma participação crescente dos gastos totais em tecnologia da informação de um cliente (ou seja,

---

[45] Rigby, Reichheld e Schefter, "Avoid the Perils of CRM", p. 104.
[46] Christian Homburg e Ruth M. Stock, "The Link Between Salespeople's Job Satisfaction and Customer Satisfaction in a Business-to-Business Context: A Dyadic Analysis", *Journal of the Academy of Marketing Science* 32 (primavera de 2004), p. 144-158; Christian Homburg e Ruth M. Stock, "Exploring the Conditions under Which Salesperson Work Satisfaction Can Lead to Customer Satisfaction", *Psychology & Marketing* 22 (5, 2005), p. 393-420.
[47] Reichheld, "Lead for Loyalty", p. 76-84.

participação no orçamento do cliente). Em vez de simplesmente tentar melhorar os níveis de satisfação, a IBM busca ser reconhecida como uma empresa que fornece valor superior aos seus clientes. Larry Schiff, um estrategista da IBM, observa: "Se você encanta seus clientes e é considerado como fornecedor do melhor valor em seu mercado, ganhará a lealdade e a participação no orçamento/mercado".[48] Embora os clientes leais devam ser satisfeitos, nem todos os clientes satisfeitos permanecem leais. Os profissionais de marketing industrial ganham a lealdade do cliente ao fornecer valor superior que garanta alta satisfação e ao cultivar a confiança e comprometimento mútuos.

Buscando o Crescimento de Clientes Existentes. Os profissionais de marketing industrial identificarão um conjunto bem-definido de clientes existentes, que demonstram potencial para crescimento e buscam, seletivamente, uma participação maior nos seus negócios. Com base no custo para servir e nas margens de lucro projetadas, a questão se torna: quais de nossos clientes existentes representam as melhores perspectivas de crescimento? Ao visar a clientes individuais, deverá ser dada especial atenção para: (1) estimar a participação atual no orçamento do cliente que a empresa alcançou; (2) buscar oportunidades para aumentar aquela participação e (3) projetar cuidadosamente o resultado de aumento da lucratividade do cliente.[49]

Avaliando Relacionamentos. Alguns esforços de construção de relacionamento falham porque as expectativas das partes não se entrosam – por exemplo, quando o profissional de marketing industrial segue uma abordagem de relacionamento e o cliente responde em um modo transacional. Ao isolar as necessidades do cliente e os custos de aumento de serviços, o profissional de marketing está mais bem equipado para equilibrar de modo mais lucrativo as ofertas do produto às necessidades específicas do cliente.

A meta de um relacionamento é permitir que o comprador e o vendedor maximizem o valor conjunto. Isso leva à necessidade de uma avaliação formal dos resultados do relacionamento. Por exemplo, os executivos de vendas em empresas adeptas das melhores práticas trabalham próximos às suas contas de parceria para estabelecer metas mutuamente definidas. Após um período apropriado, as parcerias que não atendem a essas metas são rebaixadas e trocadas da equipe de vendas do mercado estratégico para a equipe de vendas geográfica.

Os profissionais de marketing industrial também deverão atualizar continuamente o valor de sua oferta de produto e de relacionamento. A atenção, aqui, estará centralizada, de modo mais específico, nos novos serviços que poderiam ser incorporados, assim como nos serviços existentes que poderiam ser desvinculados ou reduzidos. Os relacionamentos de trabalho com as empresas clientes estão entre os ativos de marketing mais importantes da empresa. Eles merecem cuidado atencioso e cultivo continuado!

Alianças Estratégicas

Os profissionais de marketing industrial não apenas formam relacionamentos próximos com os clientes, mas também desenvolvem vínculos próximos com outras empresas. As alianças estratégicas se tornaram uma ferramenta importante para se alcançar uma vantagem competitiva sustentável para empresas líderes do mercado industrial. Para isso, as 500 principais empresas globais possuem uma média de 60 alianças

---

[48] Schiff, "How Customer Satisfaction Improvement Works to Fuel Full Business Recovery at IBM", p. 8.
[49] James C. Anderson e James A. Narus, "Selectively Pursuing More of Your Customer's Business", *MIT Sloan Management Review* 44 (primavera de 2003), p. 42-49.

estratégicas importantes cada uma.[50] As **alianças estratégicas** envolvem "um vínculo formal de longa duração, fundamentado com coinvestimentos diretos por duas ou mais empresas, que combinam capacidades e recursos complementares para alcançar objetivos acordados entre elas".[51] Por outro lado, uma **joint venture** envolve a constituição de uma organização independente pelos parceiros do empreendimento.

Avaliando Capacidades Complementares

A força geradora por trás da constituição de uma aliança estratégica é o desejo de uma empresa de alavancar as suas principais competências ao vinculá-las com outras que possuem especialização complementar, expandindo assim o escopo do produto, do mercado e geográfico da organização. Simon Hayes, vice-presidente de Alianças Estratégicas Empresariais na Cisco Systems, observa: ao combinar o melhor que cada parceiro tem a oferecer, "as alianças estratégicas estão ajudando as empresas a aumentar a sua presença estratégica no mercado e a desenvolver novas soluções para atrair novos clientes ou até criar categorias totalmente novas de mercado".[52] A Cisco Systems, líder de renome em parceria e colaboração, formou relacionamentos profundos e de longo prazo com uma série de parceiros de aliança estratégica, incluindo Microsoft, IBM, Hewlett-Packard, Nokia, Fujitsu, Accenture, Intel, Italtel e muitas outras. Por exemplo, a aliança Microsoft-Cisco, formada há mais de uma década, aborda as necessidades da empresa e de clientes de pequeno e médio portes (SMB) que precisam de soluções de gerenciamento do relacionamento com o cliente (CRM) disponíveis e integradas que aumentem os resultados do negócio e que forneçam serviço ao cliente superior. (Ver Figura 4.6.)

Vantagens das Alianças Estratégicas

Os parceiros de uma aliança buscam vantagens como (1) acesso aos mercados ou à tecnologia (uma força de motivação para os parceiros da General Electric na China e na Índia); (2) economias de escala que possam ser obtidas ao combinar fabricação, P&D ou atividades de marketing; (3) entrada mais rápida de novos produtos nos mercados (por exemplo, quando os parceiros com canais de distribuição estabelecidos em diferentes países trocam novos produtos); e (4) compartilhamento do risco.[53] De forma simples, existe um tremendo custo – e risco – quando uma empresa cria os próprios canais de distribuição, rede da cadeia de suprimentos, fábrica e função de P&D em todos os principais mercados no mundo. Também leva tempo para desenvolver relacionamentos com os membros do canal e com os clientes e para desenvolver as capacidades dos funcionários. As alianças são uma opção atrativa.

Determinantes do Sucesso da Aliança

Embora oferecendo vantagens significativas, as alianças, em geral, não correspondem às expectativas ou se dissolvem. O gerenciamento de uma aliança envolve desafios especiais. Assim, a capacidade de formar e gerenciar alianças estratégicas de modo mais eficiente do que a concorrência pode ser uma importante fonte de vantagem competitiva.

---

[50] Jeffrey H. Dyer, Prashant Kale e Habir Singh, "How to Make Strategic Alliances Work", *MIT Sloan Management Review* 42 (verão de 2001), p. 37-43. Ver também Fred A. Kuglin e Jeff Hook, *Building, Leading, and Managing Strategic Alliances* (Nova York: Amacon, 2007).
[51] George S. Day, *Market Driven Strategy: Processes for Creating Value* (Nova York: The Free Press, 1990), p. 272.
[52] Simon Hayes, "Getting Strategic Alliances Right", *Synnovation* 3 (maio de 2008), p. 72, disponível em http://www.eds.com/synnovation, acesso em 5 de julho de 2008.
[53] Kenneth Ohmae, "The Global Logic of Strategic Alliances", *Harvard Business Review* 67 (março-abril de 1989), p. 143-154.

FIGURA 4.6 | ALIANÇA ESTRATÉGICA: ANTES DO APERTO DE MÃOS

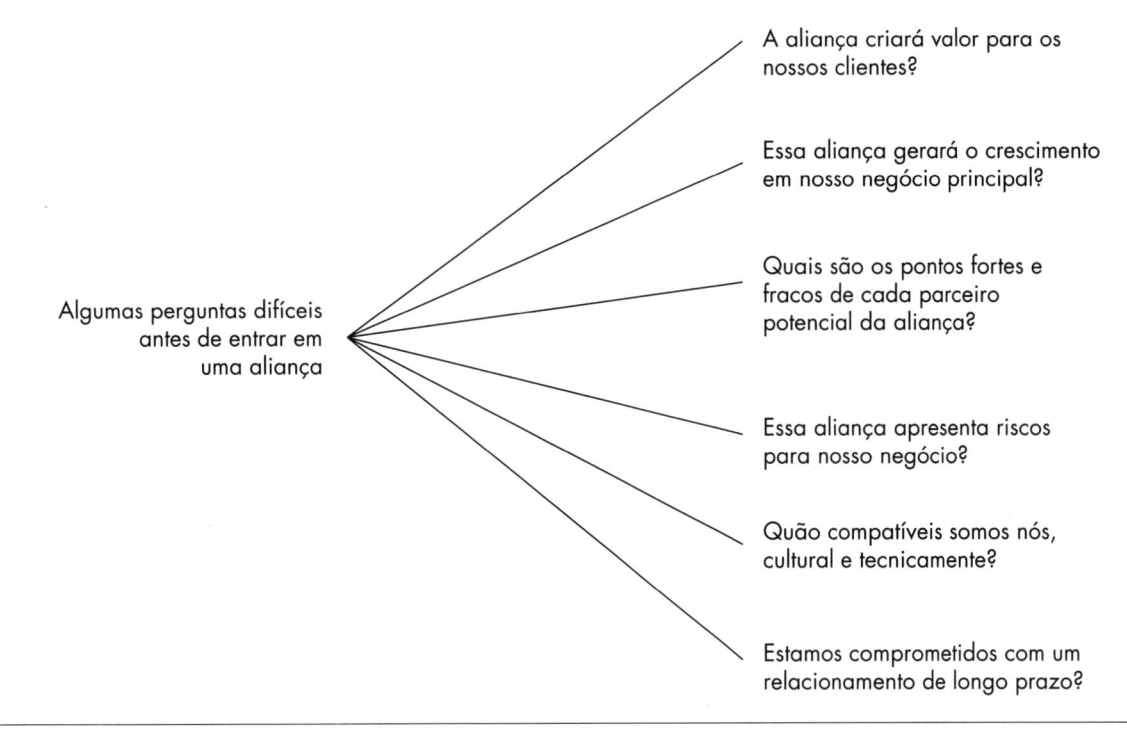

Algumas perguntas difíceis antes de entrar em uma aliança:
- A aliança criará valor para os nossos clientes?
- Essa aliança gerará o crescimento em nosso negócio principal?
- Quais são os pontos fortes e fracos de cada parceiro potencial da aliança?
- Essa aliança apresenta riscos para nosso negócio?
- Quão compatíveis somos nós, cultural e tecnicamente?
- Estamos comprometidos com um relacionamento de longo prazo?

FONTE: Adaptado de Simon Hayes, "Getting Strategic Alliances Right", *Synnovation* 3 (maio de 2008), p. 74, disponível em www.eds.com.

Construindo uma Função Dedicada de Aliança. Enquanto muitas empresas geram resultados positivos de alianças estratégicas, um grupo de elite de empresas demonstrou a capacidade de gerar valor superior de aliança, medido pelo grau em que esta atende aos seus objetivos estabelecidos, pelo qual ela aumenta a posição competitiva da empresa, os ganhos no mercado acionário a partir de anúncios desta e as dimensões relativas ao desempenho. Incluídas entre as principais realizadoras estão empresas como Hewlett-Packard, Oracle, Eli Lily & Company e outras. Como elas fizeram isso? Criando uma função dedicada de aliança estratégica, chefiada por um vice-presidente ou diretor de alianças estratégicas com a própria equipe e o próprio orçamento, diz Jeffrey H. Dyer e sua equipe de pesquisa.[54] "A função dedicada coordena todas as atividades relativas à aliança dentro da organização e é encarregada de institucionalizar os processos e sistemas para ensinar, compartilhar e alavancar a experiência anterior de gerenciamento de aliança e o *know-how* por toda a empresa."[55] Simon Hayes, o vice-presidente da Cisco que chefia a função dedicada de aliança, diz:

> Na Cisco, estamos investindo em nossas alianças com a melhor prática em "vídeos sob demanda", programas de desenvolvimento de liderança em aliança estratégica e oficinas de análise do cenário estratégico. Acreditamos que o melhor modo é mostrar comprometimento com uma equipe de aliança dedicada, treinada e capaz.[56]

Desenvolvendo uma Proposição de Valor Conjunto. Mesmo antes do início das negociações, os parceiros desenvolverão um mapa de estratégias que detalhe a estratégia compartilhada e a proposição de

---
[54] Dyer, Kale e Singh, "How to Make Alliances Work", p. 37.
[55] Ibid., p. 38.
[56] Hayes, "Getting Strategic Alliances Right", p. 76.

valor específica que os parceiros fornecerão ao cliente. Uma declaração clara e concisa da proposição de valor é uma etapa essencial para se conseguir que a organização esteja alinhada com uma visão comum das metas da aliança estratégica, concordando com as vantagens exclusivas que os parceiros oferecerão em conjunto para os clientes.

Desenvolvendo Relacionamentos Próximos de Trabalho. Rosabeth Moss Kanter enfatiza: "Alianças[...] exigem uma rede densa de conexões interpessoais e infraestruturas internas que aumentem a aprendizagem".[57] Observe as conexões interpessoais que unem duas empresas da *Fortune 500* (chamadas Alpha Communications e Omega Financial Services) em uma aliança que comercializa cartões *co-branded*[58] e cartões telefônicos voltados para o mercado industrial (ver Figura 4.7). As linhas ligam o pessoal da aliança que tem comunicações *frequentes* e *importantes* e que considera o relacionamento de trabalho como próximo. Esses gerentes são os **principais participantes** no trabalho da aliança, em contraste com os outros, que estão menos conectados à equipe da aliança em cada organização (**participantes periféricos**). Os vínculos interpessoais entre os principais participantes são os circuitos pelos quais fluem as informações da aliança, as decisões são tomadas e os conflitos, resolvidos.

Conexões de Intermediação do Processo. Os relacionamentos no trabalho (aqueles conectados por linhas grossas na Figura 4.7) são fundamentais para o sucesso da aliança, pois estendem os limites da organização e unem as empresas parceiras. Esses gerentes de **conexões de intermediação do processo** (por exemplo, nº 12 em Alpha e nº 39 em Ômega) possuem fortes vínculos de comunicação e de amizade com os outros gerentes, tanto em suas respectivas organizações quanto na empresa parceira. Interações frequentes, a troca periódica de informações e um *feedback* preciso sobre as ações de cada parceiro minimizarão a percepção errada e fortalecerão a cooperação na aliança. Da mesma forma, a comunicação entre o pessoal das conexões de intermediação do processo produz uma interpretação compartilhada de metas e uma concordância mútua sobre normas, funções no trabalho e a natureza dos relacionamentos sociais.

À medida que os relacionamentos próximos no trabalho se desenvolvem entre os participantes da aliança, contratos psicológicos, com base na confiança e nas metas compartilhadas, substituem o acordo formal da aliança. Os **contratos psicológicos** consistem em conjuntos não escritos e, em geral, não verbalizados sobre as expectativas e suposições congruentes das partes da aliança a respeito das prerrogativas e obrigações de cada uma.[59] Ao promover abertura e flexibilidade, esses vínculos interpessoais podem acelerar o andamento da aliança – decisões podem ser tomadas rapidamente, eventos imprevistos podem ser tratados mais prontamente, a aprendizagem é aprimorada e surgem novas possibilidades de ação conjunta.

Integrando Pontos de Contato. As empresas que são adeptas do gerenciamento de alianças estratégicas empregam uma abordagem flexível, deixando que as suas alianças evoluam na forma à medida que as condições mudam ao longo do tempo. Elas investem recursos adequados e a atenção no gerenciamento nesses relacionamentos, e integram as organizações de modo que os pontos de contato apropriados e as comunicações sejam gerenciados. As alianças bem-sucedidas alcançam cinco níveis de integração:[60]

1. *Integração estratégica*, que requer contato continuado entre os altos executivos para a definição de amplas metas ou para a discussão das mudanças em cada empresa.

---

[57] Kanter, "Collaborative Advantage", p. 97.
[58] Com a vantagem de o cliente poder comprar em qualquer estabelecimento credenciado à bandeira do cartão e não somente na rede varejista em que o cartão foi emitido. (NT)
[59] Peter Smith Ring e Andrew H. van de Ven, "Developmental Processes of Cooperative Interorganizational Processes", *Academy of Management Review* 19 (janeiro de 1992), p. 90-118.
[60] Kanter, "Collaborative Advantage", p. 105-107.

FIGURA 4.7 | CONEXÕES SOCIAIS EM UMA ALIANÇA

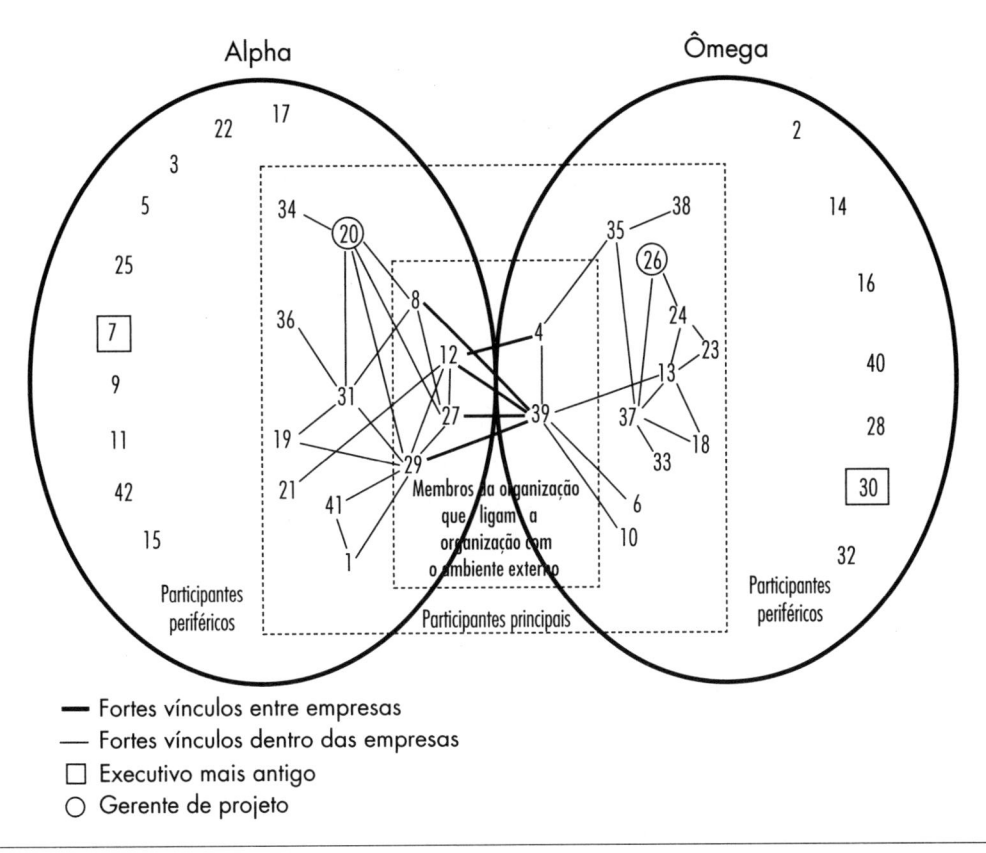

— Fortes vínculos entre empresas
— Fortes vínculos dentro das empresas
☐ Executivo mais antigo
○ Gerente de projeto

FONTE: Reproduzido de Michael D. Hutt, Edwin R. Stafford, Beth A. Walker e Peter H. Reingen, "Defining the Social Network of a Strategic Alliance: A Case Study", *MIT Sloan Management Review* 41 (inverno de 2000), p. 56, com permissão da editora. Copyright © 2000 do Massachusetts Institute of Technology. Todos os direitos reservados.

2. *Integração tática*, que reúne os gerentes de nível médio para o planejamento de atividades conjuntas, a transferência de conhecimento e para isolar as mudanças organizacionais ou de sistema que aperfeiçoarão as conexões entre empresas.
3. *Integração operacional*, que fornece informações, recursos ou pessoal de que os gerentes precisam para executar o trabalho diário da aliança.
4. *Integração interpessoal*, que constrói uma base necessária para que o pessoal em ambas as organizações se conheça pessoalmente, aprenda junto e crie um novo valor.
5. *Integração cultural*, que exige que os gerentes envolvidos na aliança tenham capacidades de comunicação e consciência cultural para resolver as diferenças.

Os Ingredientes Sociais do Sucesso da Aliança[61]

Em uma aliança estratégica, os relacionamentos interpessoais têm importância. As metas de uma aliança não podem ser alcançadas na prática até que muitos gerentes em ambas as organizações se conheçam pessoalmente e tomem medidas coordenadas para criar em conjunto um novo valor. Sem dúvida, muitas

---

[61] Esta seção é baseada nos autores Michael D. Hutt, Edwin R. Stafford, Beth A. Walker e Peter H. Reingen, "Defining the Social Network of a Strategic Alliance: A Case Study", *MIT Sloan Management Review* 41 (inverno de 2000), p. 51-62.

alianças que parecem fazer sentido quanto à estratégia deixam de atender às expectativas porque é dada pouca atenção ao cultivo de conexões interpessoais e dos padrões de comunicação subjacentes à colaboração efetiva. Fortes vínculos interpessoais devem ser moldados para unir gerentes nas organizações parceiras e a atividade continuada de conexões de intermediação do processo é exigida em vários níveis gerenciais à medida que evolui o relacionamento.

Formando a Base. As negociações da aliança estabelecem o tom do relacionamento. Negociações suaves da aliança estão fundadas na descoberta do equilíbrio adequado entre os procedimentos formais e legais que estabelecem salvaguardas contratuais detalhadas para as partes e os processos informais e interpessoais que são cruciais para a realização bem-sucedida de uma estratégia da aliança.

Os documentos legais que constituem uma aliança e especificam os limites em detalhes minuciosos ainda não estão concluídos nem completos. Inúmeras ambiguidades tornam-se evidentes à medida que os gerentes de nível médio começam a dissecar os elementos específicos do plano da aliança. Para resolver essas questões e levar a aliança adiante, é aqui que os relacionamentos pessoais começam a desenvolver e complementar relacionamentos formais. As negociações da aliança deverão ser estruturadas de uma forma que promova o desenvolvimento desses vínculos interpessoais.

Os especialistas sugerem que as transações mais efetivas devem evoluir quando os gerentes, em vez dos advogados, desenvolvem e controlam a estratégia de negociação.[62] Por sua vez, "as negociações parecem fluir mais suavemente quando as partes das diferentes organizações interagem com as suas contrapartes (por exemplo, gerentes com gerentes, ou advogados com advogados)".[63] As interações entre advogados são grandemente fundamentadas em normas profissionais institucionalizadas, estão centralizadas em uma atividade específica e ocorrem durante um período relativamente curto. Um contrato firmado é o ponto culminante do trabalho dos advogados; os relacionamentos gerente-gerente formados durante as negociações dão a estrutura social por meio da qual as metas da aliança podem ser alcançadas.

Isolando o Papel da Alta Administração. Além de estabelecer metas conjuntas e determinar como a aliança estará adequada à estratégia total de cada empresa, os altos executivos definem o significado do relacionamento e sinalizam a sua importância para o pessoal das respectivas empresas. O envolvimento da alta administração em uma aliança estratégica inclui muito mais que apenas nomear um gerente da aliança ou um líder do projeto. Além de criar uma função dedicada de aliança estratégica, muitas empresas de business-to-business, como a General Electric e a Cisco, nomeiam um executivo responsável para cada aliança. Para que uma estratégia baseada na aliança seja bem-sucedida, exige-se um nível de endosso constante da alta administração.

A liderança executiva também assume um papel crítico na comunicação do papel estratégico da aliança e na criação de uma identidade para a aliança dentro da organização. O envolvimento pessoal de um alto executivo estimula o apoio a uma aliança por toda a organização. Mais ainda, os vínculos diretos no nível da alta administração pelas empresas parceiras geram o comprometimento organizacional e um envolvimento mais ativo entre os gerentes nos vários níveis da hierarquia. Se a participação visível dos altos executivos não ocorre, os membros da equipe da aliança começarão a questionar a importância da iniciativa para a sua empresa e o valor da associação à equipe para as suas carreiras.

---

[62] Peter Smith Ring e G. Rands, "Sensemaking, Understanding, and Committing: Emergent Transaction Processes in the Evolution of 3M's Microgravity Research Programs", em A. H. van de Ven, H. Angle e M. S. Poole, eds., *Research on the Management of Innovation: The Minnesota Studies* (Nova York: Ballinger/Harper & Row, 1989), p. 337-366.

[63] Peter Smith Ring e Andrew H. van de Ven, "Developmental Processes of Cooperative Interorganizational Processes", *Academy of Management Review* 19 (janeiro de 1992), p. 109.

Cultivando uma Rede de Relacionamentos. Para alcançar as metas da aliança, são necessárias uma comunicação bem integrada e uma rede do fluxo de trabalho entre os gerentes dentro das empresas e entre elas. Uma auditoria regular dos vínculos sociais, de trabalho e de comunicação em evolução pode ser uma ferramenta valiosa para a administração, para medir a saúde de uma aliança e na localização das áreas problemáticas. Ao revisar a rede da aliança, a atenção estará inicialmente voltada para os padrões de relacionamento nos vários níveis. Em particular, as conexões deverão ser examinadas entre o **pessoal operacional**, que exige acesso periódico às informações e recursos; entre os **líderes do projeto**, que estabelecem o clima da aliança, moldam a estratégia e gerenciam a execução; e entre os **gerentes seniores**, que sinalizam a importância do relacionamento em suas respectivas organizações, dão apoio crítico aos pontos-chave e são fundamentais nas discussões sobre novas oportunidades para a colaboração bem-sucedida.

Resumo

Os relacionamentos, em vez das simples transações, fornecem o foco central no marketing industrial. Ao demonstrar capacidades superiores no gerenciamento dos relacionamentos com os clientes-chave, assim como com os parceiros da aliança, as empresas de marketing industrial podem criar uma vantagem colaborativa.

Para desenvolver relacionamentos lucrativos com os clientes, os profissionais de marketing industrial devem primeiro entender as diferentes formas que podem tomar os relacionamentos de troca. A troca transacional está centralizada na troca periódica de produtos e serviços básicos para preços de mercado altamente competitivos. Por outro lado, a troca colaborativa envolve conexões pessoais, de informações e operacionais muito próximas que as partes desenvolvem para alcançar metas mútuas de longo prazo. Por todo o espectro do relacionamento, diferentes tipos de relacionamento caracterizam diferentes conexões de relacionamento. Por exemplo, os relacionamentos colaborativos para compras importantes dão ênfase aos vínculos operacionais que integram as operações das organizações compradora e vendedora e envolvem altos níveis de troca de informações.

O custeio baseado em atividades fornece uma base sólida para a medição e o gerenciamento da lucratividade de clientes individuais. Quando são conhecidos os custos totais para servir os clientes, muitas empresas descobrem que 15% a 20% dos clientes geram 100% (ou muito mais) de lucros, um grande grupo de clientes equilibra a conta e 5% a 10% dos clientes geram prejuízos consideráveis. Ao medir o custo para servir e o lucro líquido de clientes individuais, os gerentes de marketing industrial podem tomar medidas para transformar relacionamentos não lucrativos em lucrativos por meio de aperfeiçoamentos do processo, precificação com base em uma lista de opções ou gerenciamento do relacionamento.

O gerenciamento do relacionamento com o cliente envolve o alinhamento da estratégia do cliente e dos processos industriais com a finalidade de aumentar a lealdade do cliente e, no fim, a lucratividade corporativa. Para isso, uma estratégia do cliente inclui (1) conseguir os clientes certos, (2) moldar a proposição de valor correta, (3) instituir os melhores processos, (4) motivar os funcionários e (5) aprender a manter os clientes.

A força geradora por trás da constituição de uma aliança estratégica é o desejo de uma empresa de alavancar as suas principais competências ao vinculá-las a outra empresa que possua especialização complementar, estabelecendo assim valor conjunto e novas oportunidades de mercado. As empresas adeptas do gerenciamento de alianças estratégicas criam uma função dedicada de aliança, desenvolvem um mapa estratégico compartilhado e uma clara proposição de valor que os parceiros fornecerão aos clientes-alvo, e cultivam os relacionamentos interpessoais que são cruciais para o sucesso. Uma rede bem integrada de comunicação e fluxo de trabalho é exigida dentro das empresas e entre elas. E o envolvimento pessoal dos altos executivos estimula o apoio crucial. Uma auditoria regular dos vínculos de relacionamento em evolução pode ser uma ferramenta valiosa para medir a saúde de uma aliança.

Questões para Discussão

1. Algumas organizações de consultoria argumentam de modo persuasivo que, ao incorporar de modo adequado os fornecedores ao seu processo de desenvolvimento do produto, as empresas podem cortar as suas contas relativas a peças e materiais comprados em até 30%. Discuta como uma parceria comprador-vendedor poderia criar essa economia de custo.

2. Saber como ser um bom parceiro é um ativo no mercado industrial, como a Cisco Systems demonstrou de modo claro. Descrever as características de uma aliança estratégica bem-sucedida e delinear as etapas que os parceiros da aliança podem percorrer para aumentar a probabilidade de alcance das metas da aliança.

3. A Sony desenvolve "relacionamentos colaborativos" com alguns fornecedores e "relacionamentos transacionais" com outros. Que critérios poderiam ser usados pelos executivos de compras na segmentação dos fornecedores nessas duas categorias? Descrever as etapas que um profissional de marketing industrial deveria percorrer para transformar o relacionamento com a Sony de um relacionamento transacional para um mais colaborativo.

4. Descrever como uma empresa de material de escritório pode ter uma oferta principal de produtos e serviços para um pequeno fabricante e uma oferta ampliada para uma universidade.

5. Avaliar esta declaração: Os clientes de maior porte tendem a ser os mais ou os menos lucrativos na base de clientes de uma empresa de business-to-business.

6. Discutir os custos de troca nos quais a Southwest Airlines incorreria caso começasse a tirar de atividade a sua frota de aeronaves da Boeing e a substituísse pelo Airbus. Que etapas a Airbus precisaria percorrer para reduzir esses custos de troca? Como a Boeing pode se contrapor para fortalecer o seu relacionamento com a Southwest?

7. Descrever como uma empresa poderia usar os preços com base em uma lista de opções para restaurar a lucratividade de um cliente com alto custo para servir que demande grandes serviços e suporte customizado.

8. Por que o custo para servir de um cliente de longa data é bem menor que o custo de conseguir um novo cliente?

9. Uma empresa de pesquisa de marketing descobriu que 6% de seus clientes geravam 30% de vendas e praticamente todo o seu lucro. Na outra ponta do *continuum*, 70% de seus clientes apresentaram faturamentos anuais (receitas) que estavam abaixo dos níveis de equilíbrio, porque esses clientes exigiam um enorme volume de serviços dos funcionários da pesquisa. A empresa agiu rapidamente para dar fim aos relacionamentos com clientes que não lhes dariam uma participação maior em seus gastos com pesquisa de marketing. Avaliar essa decisão e sugerir um conjunto de critérios que a empresa poderia empregar para fazer a triagem de novos clientes.

10. Com relação aos relacionamentos comprador-vendedor, comparar e diferenciar as características de um relacionamento colaborativo *versus* um relacionamento transacional no mercado industrial. Descrever como os vínculos operacionais poderiam diferir por tipo de relacionamento.

CASO

Desafios da Hewlett-Packard com base em um Composto Diversificado de Clientes Exigentes

A Hewlett-Packard (HP) atende a um conjunto distinto de clientes no mercado industrial e devota especial atenção aos 1.000 Globais – as mil maiores empresas do mundo. Nessas organizações, todavia, são empregadas diferentes perspectivas e abordagens ao fazer as compras de tecnologia da informação (TI). Essa diversidade nos grupos de clientes apresenta inúmeros desafios para a HP.

- O *Grupo A de Clientes* demanda ampla variedade de produtos de TI, suporte de manutenção de rotina e serviços sob medida. Esses clientes valorizam o relacionamento com a HP e estão dispostos a pagar um preço especial pela qualidade do produto e do serviço.
- O *Grupo B de Clientes* quer produtos de TI de alta qualidade (ou seja, impressoras, servidores), mas, em sua maioria, esses clientes querem o menor preço possível e escolhem os fornecedores com base nisso.
- O *Grupo C de Clientes* demanda tanto produtos de qualidade quanto amplo suporte aos serviços, mas quer tudo isso pelo menor preço possível. Esses clientes trocarão de bom grado de um fornecedor para o próximo. À medida que a concorrência se intensifica para a HP e para outras empresas no setor de TI, mais clientes estão se transferindo para esse grupo a cada mês.

Primeiro, descreva como a HP poderia desenvolver uma carteira de estratégias de relacionamento para atender às necessidades de tais grupos distintos de clientes. Segundo, alguns clientes em cada grupo são mais dispendiosos para servir que outros. Como essas diferenças de custo se refletiriam nas estratégias específicas de relacionamento que a HP segue? Terceiro, que estratégias a HP pode seguir para aumentar os custos de intercâmbio dos clientes do Grupo B ou do Grupo C ou para aumentar os lucros derivados desses grupos de clientes?

PARTE III

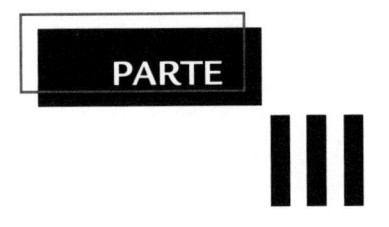

AVALIAÇÃO DAS OPORTUNIDADES DO MERCADO

CAPÍTULO 5

Segmentando o Mercado Industrial e Estimando a Demanda do Segmento

O gerente de marketing industrial atende a um mercado composto por muitos tipos diferentes de clientes organizacionais com necessidades variadas. Somente quando esse mercado agregado for desmembrado em categorias significativas é que um estrategista de marketing industrial pode responder de imediato e com lucro às necessidades singulares. Uma vez determinados os segmentos, então, o profissional de marketing deve estimar a demanda para cada segmento. As projeções precisas de vendas futuras são as dimensões mais significativas e desafiadoras da análise da demanda organizacional. Após a leitura deste capítulo, você entenderá:

1. as vantagens e as exigências da segmentação do mercado industrial.

2. as bases potenciais para a segmentação do mercado industrial.

3. um procedimento para a avaliação e a seleção dos segmentos do mercado.

4. o papel da segmentação do mercado no desenvolvimento da estratégia de marketing industrial.

5. um processo para estimar a demanda em cada segmento do mercado.

6. técnicas específicas para o desenvolvimento eficaz de uma previsão de demanda.

Um estrategista da Hewlett-Packard observa:

> Não é suficiente conhecer as necessidades dos clientes. Precisamos saber que novos produtos, características e serviços vão surpreendê-los e encantá-los. Precisamos entender seu universo, de modo que possamos trazer nova tecnologia para os problemas que os clientes podem ainda achar, realmente, que não possuem.[1]

Empresas com alto crescimento, grandes e pequenas, têm sucesso ao

- selecionar um grupo bem-definido de clientes lucrativos potenciais.
- desenvolver uma proposição de valor distinta (oferta de produto e/ou serviço) que atenda às necessidades desses clientes melhor do que o faz a concorrência.
- focalizar os recursos de marketing na conquista, no desenvolvimento e na manutenção de clientes lucrativos.[2]

O mercado industrial consiste em três grandes setores – empresas comerciais, instituições e governo. Quando os profissionais de marketing escolhem operar em um ou em todos esses setores, defrontam-se com diferentes organizações, estruturas de compra e estilos de tomada de decisão. Cada setor possui muitos segmentos: cada segmento pode ter necessidades singulares e exigir uma estratégia de marketing exclusiva. Por exemplo, alguns clientes demonstram lucro potencial atrativo e são receptivos a uma estratégia de relacionamento, enquanto outros adotam um foco transacional e de curto prazo, sugerindo a necessidade de uma resposta à estratégia mais moderna.[3] O profissional de marketing industrial que reconhece as necessidades dos vários segmentos do mercado está mais bem equipado para reconhecer as oportunidades lucrativas do mercado e responder com um programa de marketing eficiente.

Uma vez definidos os segmentos do mercado, é, então, necessário prever a demanda esperada em cada segmento. De fato, a previsão da demanda é um processo em curso, pois as previsões impulsionam diversas atividades de gerenciamento do profissional de marketing business-to-business. As previsões da demanda fornecem a base sobre a qual as organizações decidem como alocar recursos, planejar a capacidade de produção e quanto será produzido, desenvolver capacidades e estratégias de logística e estabelecer orçamentos e atividades de marketing.

O objetivo deste capítulo é demonstrar como o gerente pode escolher e avaliar os segmentos do mercado industrial e, então, desenvolver estimativas precisas sobre a demanda. Primeiro, o capítulo delineia as vantagens e as exigências para a segmentação de mercado bem-sucedida. Segundo, explora e avalia as bases específicas para a segmentação do mercado industrial. Em terceiro lugar, o capítulo fornece uma estrutura para a avaliação e a seleção dos segmentos do mercado. Os procedimentos para a avaliação dos custos e das vantagens de se entrar em segmentos alternativos do mercado e para a implantação de uma estratégia de segmentação são enfatizados. A seção final do capítulo analisa o processo de previsão da demanda e explica os aspectos críticos de como os profissionais de marketing industrial criam as previsões da demanda.

---

[1] David E. Schnedler, "Use Strategic Market Models to Predict Customer Behavior", *Sloan Management Review* 37 (primavera de 1996), p. 92; ver também Eric von Hippel, Stefan Thomke e Mary Sonnack, "Creating Breakthroughs at 3M", *Harvard Business Review* 77 (setembro-outubro de 1999), p. 47-57.

[2] Dwight L. Gertz e João P. A. Baptista, *Grow to Be Great: Breaking the Downsizing Cycle* (Nova York: The Free Press, 1995), p. 54.

[3] Per Vagn Freytog e Ann Højbjerg Clarke, "Business to Business Market Segmentation", *Industrial Marketing Management* 30 (agosto de 2001), p. 473-486.

Exigências e Vantagens da Segmentação do Mercado Industrial

Yoram Wind e Richard N. Cardozo definem um **segmento do mercado** como "um grupo de clientes atuais ou potenciais com alguma característica em comum que é relevante na explicação (e na predição) de sua resposta aos estímulos de marketing de um fornecedor".[4] A segmentação eficiente dos mercados é a primeira etapa para se moldar uma estratégia de marketing, porque as características e as necessidades de cada segmento definirão quais elementos devem ser incluídos na forma pela qual a empresa aborda cada um dos segmentos em que decide fazer negócios. A segmentação bem-feita fornece as informações necessárias para o entendimento de quais elementos do composto de marketing serão críticos para a satisfação dos clientes-alvo naqueles segmentos.

Exigências

Os clientes potenciais em um segmento do mercado possuem características em comum que definem o que é importante para eles e como responderão aos vários estímulos de marketing. A questão, para o profissional de marketing industrial, é: "quais são os critérios principais para a determinação de quais características definem melhor um segmento do mercado singular?" Um profissional de marketing industrial possui quatro critérios para a avaliação do desejo dos segmentos potenciais do mercado:

1. *Mensuráveis* – O nível em que as informações sobre as características do comprador específico existem ou podem ser obtidas.
2. *Acessíveis* – O nível em que a empresa pode focalizar de modo eficiente os seus esforços de marketing em determinados segmentos.
3. *Substanciais* – O nível pelo qual os segmentos são grandes ou lucrativos o suficiente para serem levados em consideração no desenvolvimento de um marketing específico.
4. *Diferenciáveis* – O nível pelo qual os segmentos respondem de modo diferente a diversos elementos do composto de marketing, como precificação ou características do produto.

Em resumo, a arte da segmentação do mercado envolve a identificação de grupos de clientes grandes e singulares o suficiente para justificar uma estratégia de marketing específica. O objetivo final é ter a maior diferença *entre* grupos (segmentos) e grandes similaridades *dentro* deles.[5]

Vantagens

Caso as exigências para a segmentação eficiente sejam atendidas, a empresa obtém várias vantagens. Primeira, a simples tentativa de segmentar o mercado industrial força o profissional de marketing a se tornar mais sintonizado com as necessidades singulares dos segmentos do cliente. Segunda, conhecer as necessidades de segmentos específicos do mercado ajuda o profissional de marketing industrial a dar ênfase aos esforços de desenvolvimento do produto, desenvolver estratégias lucrativas de preços, selecionar canais de distribuição apropriados, desenvolver e direcionar as mensagens de propaganda, e treinar e implantar

---

[4] Yoram Wind e Richard N. Cardozo, "Industrial Market Segmentation", *Industrial Marketing Management* 3 (março de 1974), p. 155; ver também Vincent-Wayne Mitchell e Dominic F. Wilson, "Balancing Theory and Practice: A Reappraisal of Business--to-Business Segmentation", *Industrial Marketing Management* 27 (setembro de 1998), p. 429-455.
[5] Jessica Tsai, "The Smallest Slice", *CRM Magazine* 12 (2, fevereiro de 2008), p. 37.

POR DENTRO DO MARKETING INDUSTRIAL

Como se vê o que Vem Depois

Os estrategistas hesitam quando investem muita atenção ao que "é" e pouca ao que "poderia ser". Por exemplo, ao manter um foco preciso nos segmentos do mercado existentes e ao ignorar os novos, o profissional de marketing industrial pode não perceber importantes sinais de mudança enviados pelos clientes.

Para quebrar esse padrão e perceber as novas oportunidades do mercado, os estrategistas de marketing industrial deverão analisar três grupos de clientes e os sinais do mercado que estão enviando:

- *Clientes undershot* – as soluções existentes não satisfazem totalmente as suas necessidades. Eles anseiam comprar novas versões do produto a preços atuais ou superiores.
- *Clientes overshot* – as soluções existentes são boas demais (por exemplo, superam o desempenho técnico exigido). Esses clientes ficam relutantes em comprar novas versões do produto.
- *Clientes não consumidores* – aqueles que não possuem as capacidades, os recursos ou a habilidade para se beneficiar das soluções existentes. Esses clientes são forçados a procurar outros com maiores capacidades ou treinamento para a prestação de serviços.

Embora a maioria dos estrategistas volte a atenção exclusiva aos clientes *undershot*, "esperar por inovações que tenham o potencial para impulsionar mudanças na indústria de fato exige que se preste atenção cuidadosa aos que menos demandam, à maioria dos clientes *overshot* e não consumidores aparentemente às margens do mercado". Por exemplo, as tarefas de informática que eram processadas por especialistas no centro de informática do mainframe corporativo são hoje concluídas rotineiramente por milhões de pessoas, e os centros de impressão da empresa foram dispersos à medida que as copiadoras de baixo custo e de autosserviço se tornaram um acessório comum em escritórios na maioria das organizações.

FONTE: Clayton M. Christensen e Scott D. Anthony, "Are You Reading the Right Signals?", *Strategy & Innovation Newsletter* (Cambridge, MA: Harvard Business School Publishing Corporation, setembro-outubro de 2004), p. 5.

---

a equipe de vendas. Assim, a segmentação do mercado fornece a base para estratégias eficientes e eficazes do marketing industrial.

Em terceiro lugar, a segmentação fornece ao profissional de marketing industrial diretrizes valiosas para a alocação de recursos de marketing. As empresas de business-to-business geralmente servem a múltiplos segmentos do mercado e devem monitorar continuamente sua atratividade e seu desempenho. Pesquisa da Mercer Management Consulting indica que, para muitas empresas, cerca de um terço de seus segmentos do mercado não gera lucro, e 30% a 50% dos custos de marketing e serviços ao cliente são desperdiçados em esforços para conseguir e manter clientes nesses segmentos.[6] Por fim, custos, receitas e lucros devem ser avaliados segmento por segmento – e mesmo conta por conta. À medida que mudam o mercado ou as condições competitivas, podem ser necessários reajustes correspondentes na estratégia de segmentação do mercado da empresa. Assim, a segmentação do mercado fornece uma unidade básica de análise para o planejamento e o controle de marketing.

---

[6] Gertz e Baptista, *Grow to Be Great*, p. 55.

Bases para a Segmentação dos Mercados Industriais

Enquanto o profissional de marketing de bens de consumo está interessado em garantir perfis significativos de pessoas (dados demográficos, estilo de vida, vantagens), o profissional de marketing industrial traça o perfil das organizações (tamanho, uso final) e dos compradores organizacionais (estilo de tomada de decisão, critérios). Assim, o mercado industrial ou organizacional pode ser segmentado em várias bases, amplamente classificadas em duas categorias principais: macrossegmentação e microssegmentação.

A **macrossegmentação** está centralizada nas características da organização compradora e na situação de compra e, assim, divide o mercado de acordo com essas características organizacionais por tamanho, localização geográfica, categoria do Sistema de Classificação da Indústria Norte-Americana (NAICS) e estrutura organizacional. Tais características são importantes porque, em geral, determinam as necessidades de compra da organização. Por exemplo, no setor de embalagens de plástico, um estudo recente identificou sete principais segmentos de mercado de embalagem e descartáveis:

1. embalagem de alimentos;
2. tampas, capas, sobrecapas e dispositivos para embalagem;
3. pré-moldados;
4. baldes;
5. frascos e recipientes farmacêuticos;
6. itens cosméticos e de cuidados pessoais; e
7. cutelaria, tigelas, xícaras e pratos descartáveis.

Em conjunto, esses segmentos consumiram um pouco mais de 3 bilhões de toneladas de resinas plásticas em 2007.[7]

Esses macrossegmentos são significativos para as empresas que vendem materiais e componentes para o setor de embalagens plásticas, pois cada um dos principais segmentos possui necessidades e exigências um pouco diferentes para o que compram com base nos produtos de embalagem que estão criando. Por exemplo, o segmento de mercado de pré-moldados é o que apresenta o crescimento mais rápido, o que significa que a competição nesse segmento será rigorosa, exigindo uma abordagem de marketing altamente responsiva.

Por outro lado, a **microssegmentação** exige um nível mais alto de conhecimento do mercado, dando ênfase às características das unidades de tomada de decisão em cada macrossegmento – inclusive critérios da decisão de compra, importância percebida da compra e atitude diante dos fornecedores. Yoram Wind e Richard Cardozo recomendaram uma abordagem em duas etapas para a segmentação do mercado industrial: (1) identificar os macrossegmentos significativos e, então, (2) dividir os macrossegmentos em microssegmentos.[8]

Na avaliação de bases alternativas para a segmentação, o profissional de marketing está tentando identificar os bons prognosticadores das diferenças no comportamento do comprador. Uma vez reconhecidas essas diferenças, o profissional de marketing pode abordar os segmentos-alvo com uma estratégia de marketing apropriada. As fontes secundárias de informação, associadas aos dados no sistema de informações de uma empresa, podem ser usadas para dividir o mercado em segmentos de nível macro. A con-

---

[7] Bart Thedinger, "Injection Molders See Growth for Packaging & Disposables", *Plastics Technology* 54 (5, maio de 2008), p. 98.
[8] Wind e Cardozo, "Industrial Market Segmentation", p. 155; ver também Mitchell e Wilson, "Balancing Theory and Practice", p. 429-455.

TABELA 5.1	SELEÇÃO DE BASES DE SEGMENTAÇÃO EM NÍVEL MACRO
Variáveis	Exemplos de detalhamento
Características das organizações compradoras	
Tamanho (escala de operações da organização)	Pequenas, médias, grandes; com base nas vendas ou no número de funcionários
Localização geográfica	Estados Unidos, Ásia-Pacífico, Europa, Oriente Médio e África
Taxa de uso	Não usuário, usuário não frequente, usuário moderado, usuário frequente
Estrutura da aquisição	Centralizada, descentralizada
Aplicação do produto/serviço	
Categoria do NAICS	Varia conforme o produto ou serviço
Mercado final atendido	Varia conforme o produto ou serviço
Valor em uso	Alto, baixo
Características da situação de compra	
Tipo de situação de compra	Nova tarefa, recompra modificada, recompra direta
Etapa no processo de tomada da decisão de compra	Etapas iniciais, etapas posteriores

centração do mercado industrial permite que alguns profissionais de marketing monitorem os padrões de compra de cada cliente. Por exemplo, uma empresa que vende produtos de papel – papéis toalhas, copos e guardanapos – para as empresas aéreas está lidando com muitas organizações compradoras potenciais no mercado dos Estados Unidos. Existiam 12 principais empresas aéreas operando nesse país em 2007; em comparação, uma empresa de produtos de papel que vende papéis toalhas e produtos similares para os clientes finais está lidando com literalmente milhões de clientes potenciais. Essa concentração de mercado, associada a sistemas de inteligência de marketing em rápido aperfeiçoamento, facilita ao profissional de marketing industrial monitorar os padrões de compra de cada organização.

Bases do Nível Macro

A Tabela 5.1 apresenta a seleção de bases de segmentação em nível macro. Lembre-se de que elas estão preocupadas com as características gerais da organização compradora, com a natureza da aplicação do produto e com as características da situação de compra.

Características do Nível Macro das Organizações Compradoras. O profissional de marketing pode achar útil dividir o mercado por tamanho da organização compradora potencial. As grandes organizações compradoras podem possuir exigências únicas e responder aos estímulos de marketing que são diferentes daqueles respondidos por empresas menores. A influência de presidentes, vice-presidentes e proprietários diminui com o aumento do tamanho da empresa; a influência dos outros participantes, como gerentes de compras, aumenta.⁹ De forma alternativa, o profissional de marketing pode reconhecer as variações regionais e adotar unidades geográficas como base para a diferenciação das estratégias de marketing.

A taxa de uso constitui outra variável de nível macro. Os compradores são classificados em um *continuum* que vai de não usuário a usuário frequente. Os usuários frequentes podem ter necessidades diferentes dos usuários moderados ou não frequentes. Por exemplo, os usuários frequentes podem dar mais valor a serviços de suporte técnico ou de entrega do que as suas contrapartes. Da mesma forma, pode surgir uma oportunidade de converter os usuários moderados em usuários frequentes, por meio de ajustes no produto ou no composto de serviços.

A estrutura da função de aquisição constitui uma característica final de nível macro das organizações compradoras. As empresas com uma função de compras centralizada se comportam de modo diferente daquelas com aquisição descentralizada (ver Capítulo 3). A estrutura da função de compras influencia o nível de especialização do comprador, os critérios enfatizados e a composição do centro de compras. Os compradores centralizados colocam um peso significativo na disponibilidade de abastecimento de longo prazo e no desenvolvimento de um complexo saudável de fornecedores. Os compradores descentralizados tendem a dar ênfase à eficiência de custos de curto prazo.¹⁰ Assim, a posição da aquisição na hierarquia organizacional fornece uma base para a categorização das organizações e para isolar as necessidades específicas e as exigências de marketing. Muitos profissionais de marketing industrial desenvolvem uma equipe de vendas de contabilidade nacional para atender às exigências especiais de grandes unidades de aquisição centralizadas.

Aplicação do Produto/Serviço. Como um produto industrial específico é, em geral, utilizado de formas diferentes, o profissional de marketing pode dividir o mercado com base em aplicações de uso final específicas. O sistema NAICS e as fontes de informação relacionadas são especialmente valiosos para esse fim (ver Capítulo 2). Para ilustrar, o fabricante de um componente como molas pode alcançar as indústrias ao incorporar o produto em máquinas-ferramentas, bicicletas, dispositivos cirúrgicos, equipamentos de escritório, telefones e sistemas de mísseis. Da mesma forma, os microchips da Intel são usados em eletrodomésticos, terminais de varejo, brinquedos, telefones celulares e aeronaves, assim como em computadores. Ao isolar as necessidades especializadas de cada grupo de usuários como identificado pela categoria do NAICS, a empresa está mais bem equipada para diferenciar as exigências do cliente e para avaliar as oportunidades emergentes.

Valor em Uso. Também se adquirem compreensões sobre estratégia ao se explorar o valor em uso de várias aplicações do cliente. Lembre-se de nossa discussão sobre análise do valor no Capítulo 2. O **valor em uso** é um valor econômico do produto para o usuário, relativo a uma alternativa específica em determinada aplicação. O valor econômico de uma oferta varia, com frequência, de acordo com a aplicação do cliente. A Milliken & Company, fabricante têxtil, construiu um de seus negócios ao se tornar o fornecedor principal de toalhas para lavanderias industriais. Esses clientes pagam à empresa um prêmio de 10% sobre as mesmas toalhas oferecidas pela concorrência.¹¹ Por quê? A Milliken fornece valor agregado, como um

---

⁹ Joseph A. Bellizzi, "Organizational Size and Buying Influences", *Industrial Marketing Management* 10 (fevereiro de 1981), p. 17-21; ver também Arch G. Woodside, Timo Liukko e Risto Vuori, "Organizational Buying of Capital Equipment Involving Persons across Several Authority Levels", *Journal of Business & Industrial Marketing* 14 (1, 1999), p. 30-48.

¹⁰ Timothy M. Laseter, *Balanced Sourcing: Cooperation and Competition in Supplier Relationships* (São Francisco: Jossey-Bass, 1998), p. 59-86.

¹¹ Philip Kotler, "Marketing's New Paradigm: What's Really Happening Out There", *Planning Review* 20 (setembro-outubro de 1992), p. 50-52.

programa de roteamento computadorizado que aumenta a eficiência e a eficácia da função de coleta e entrega das lavanderias industriais.

A estratégia de segmentação adotada por um fabricante de motores de precisão ainda esclarece o conceito de valor em uso.[12] A empresa descobriu que seus clientes divergiam quanto à velocidade do motor exigida em suas aplicações e que uma máquina nova e de baixo preço do principal concorrente se deteriorava rapidamente quando utilizada em velocidade alta e média. O profissional de marketing concentrou-se nesse segmento vulnerável, demonstrando que o custo do ciclo de vida superior dá vantagens aos produtos da empresa. O profissional de marketing também iniciou um programa de longo prazo para o desenvolvimento de uma oferta de produto e serviço com preço competitivo para clientes no segmento de baixa velocidade.

Situação de Compra. Uma base final de nível macro para a segmentação do mercado organizacional é a situação de compra. Os compradores de primeira viagem têm percepções e necessidades de informação que diferem daquelas dos compradores antigos. Assim, as organizações compradoras são classificadas nas etapas inicial ou posterior do processo de aquisição ou, então, como organizações de *nova tarefa*, *recompra direta* ou *recompra modificada* (ver Capítulo 3). A posição da empresa no processo de tomada de decisão de aquisição ou seu lugar no *continuum* da situação de compra dita a estratégia de marketing.

Esses exemplos ilustram aquelas bases de segmentação de nível macro que os profissionais de marketing industrial podem aplicar ao mercado organizacional. Outras bases de nível macro podem se adequar mais precisamente a uma situação específica. Uma vantagem principal da segmentação é que ela força o gerente a buscar fundamentos que expliquem as similaridades e as diferenças entre as organizações compradoras.

A Tabela 5.2 dá uma visão sobre como um fabricante de motores para aeronaves poderia escolher segmentar o mercado de aeronaves de um ponto de vantagens da macrossegmentação. Observe que existem dois segmentos macro muito grandes – civil e militar. Dentro de cada um desses grandes segmentos, existem vários subsegmentos macro bem grandes. Uma fabricante de motores a jato, como a General Electric, provavelmente daria início ao processo de segmentação dessa forma, examinando com cuidado as exigências de motor para cada um dos vários subsegmentos. As exigências de motor em cada segmento podem ser bem diferentes, exigindo motores de tamanhos diferentes, cada um capaz de operar em condições e ambientes bastante diversos. Pode ocorrer que, após a análise detalhada das necessidades em cada segmento, sejam necessárias até mais macrossegmentações. Por exemplo, o segmento "aviação" no macrossegmento civil poderia ser ainda segmentado em jatos regionais *versus* jatos de grande porte para passageiros. Então, o segmento de aviões a jato de grande porte para passageiros pode ser dividido em tipos específicos de aeronaves, como o Boeing 737 ou o Airbus 340.

Bases do Nível Micro

Após a identificação dos macrossegmentos, o profissional de marketing geralmente acha útil dividir cada macrossegmento em microssegmentos menores, com base nas similaridades e diferenças entre as unidades de tomada de decisão. Em geral, vários microssegmentos – cada um deles com exigências singulares e respostas únicas aos estímulos de marketing – estão agrupados em macrossegmentos. Para separá-los de modo eficiente, o profissional de marketing deve ir além das fontes secundárias de informação, ao solicitar dados da equipe de vendas ou ao conduzir um estudo especial de segmentação do mercado. A Tabela 5.3 contém uma seleção de microbases de segmentação.

---

[12] Robert A. Garda, "How to Carve Niches for Growth in Industrial Markets", *Management Review* 70 (agosto de 1981), p. 15-22.

TABELA 5.2 | EXEMPLO DE MACROSSEGMENTAÇÃO: SETOR DE AERONAVES

Segmento macro 1: aeronaves civis

Subsegmentos

A. Aviões para transporte de passageiros

B. Aeronaves de carga

C. Aviação geral

D. Aeronaves agrícolas

E. Aeronaves executivas

F. Hidroaviões civis, hidroplanos e aeronaves anfíbias

G. Helicópteros civis

H. Planadores

I. Aeronave civil para pesquisa, protótipos e especiais

Segmento macro 2: aeronaves militares

Subsegmentos

A. Bombardeiros, de ataque, ataques terrestres e helicópteros de ataque

B. Aeronaves de vigilância aérea, antissubmarinos e guerra eletrônica

C. Transporte militar, avião-tanque e de serviços

D. Aeronave de reconhecimento

E. Apoio aéreo imediato/contrainsurgência

F. Aeronave de combate, caças noturnos e caças pesados

G. Instrução militar

H. Helicópteros militares e girocópteros

I. Aeronave militar de pesquisa, protótipos e especiais

FONTE: Disponível em http://en.wikipedia.org/wiki/List_of_aircraft_by_category, acesso em junho de 2008.

Critérios Principais. Para alguns produtos comerciais, o profissional de marketing pode dividir o mercado de acordo com quais critérios são mais importantes na tomada de decisão de compra.[13] Os critérios incluem qualidade do produto, entrega imediata e confiável, suporte técnico, preço e continuidade do abastecimento. O profissional de marketing também pode dividir o mercado com base nos perfis de fornecedor que parecem ser os preferidos pelos tomadores de decisão (por exemplo, alta qualidade, pronta entrega, preço especial *versus* qualidade padrão, entrega menos imediata, baixo preço).

---

[13] Schnedler, "Use Strategic Models", p. 85-92, e Kenneth E. Mast e Jon M. Hawes, "Perceptual Differences between Buyers and Engineers", *Journal of Purchasing and Materials Management* 22 (primavera de 1986), p. 2-6; Donald W. Jackson Jr., Richard K. Burdick e Janet E. Keith, "Purchasing Agents' Perceived Importance of Marketing Mix Components in Different Industrial Purchase Situations", *Journal of Business Research* 13 (agosto de 1985), p. 361-373, e Donald R. Lehmann e John O'Shaughnessy, "Decision Criteria Used in Buying Different Categories of Products", *Journal of Purchasing and Materials Management* 18 (primavera de 1982), p. 9-14.

TABELA 5.3 | SELEÇÃO DE BASES DE SEGMENTAÇÃO EM NÍVEL MICRO

Variáveis	Exemplos de detalhamento
Critérios principais	Qualidade, entrega, reputação do fornecedor
Estratégias de compra	Fonte única, fontes múltiplas
Estrutura da unidade de tomada de decisões	Principais participantes da decisão (por exemplo, gerente de compras e gerente de fábrica)
Importância da compra	Muita importância, pouca importância
Propensão para inovar da organização	Inovadora, seguidora
Características pessoais	
Dados demográficos	Idade, formação acadêmica
Estilo de tomada de decisão	Normativo, conservador, modo composto
Risco	Aceita riscos, evita riscos
Confiança	Alta, baixa
Responsabilidade do cargo	Compras, produção, engenharia

Exemplo: Preço *versus* Serviço[14]. A Signode Corporation produz e comercializa uma linha de fitas de aço para embalagem de uma série de produtos, inclusive itens de aço e outros itens fabricados. Enfrentando uma inflexível concorrência de preços e uma parcela em declínio do mercado, a administração queria ir além da segmentação tradicional em nível macro para entender como as 174 contas nacionais da Signode viam a relação preço *versus* serviço. Foram verificados quatro segmentos:

1. **Compradores programados** (vendas = $ 6,6 milhões): Clientes que não eram particularmente sensíveis ao preço ou serviço e que faziam compras de modo rotineiro – o produto não é importante para as suas operações.
2. **Compradores do relacionamento** (vendas = $ 31 milhões): Clientes informados que valorizavam a parceria com a Signode e não exigiam concessões quanto ao preço ou serviço – o produto é moderadamente importante para as operações da empresa.
3. **Compradores transacionais** (vendas = $ 24 milhões): Clientes grandes e bem informados que levavam, de fato, em consideração as relações preço *versus* serviço, mas que, geralmente, valorizavam o preço em relação ao serviço – o produto é muito importante para as suas operações.
4. **Caçadores de pechinchas** (vendas = $ 23 milhões): Compradores de grandes volumes que eram muito sensíveis a quaisquer mudanças no preço ou no serviço – o produto é muito importante para as suas operações.

O estudo permitiu que a Signode aprimorasse as suas estratégias nesse mercado maduro industrial e entendesse de modo mais claro o custo para servir aos vários segmentos. O segmento de caçadores de pechinchas trazia grandes preocupações à administração. Esses clientes demandavam os preços mais baixos e os níveis mais altos de serviços e tinham uma grande propensão à troca. A administração decidiu só usar

---

[14] V. Kasturi Rangan, Rowland T. Moriarty e Gordon S. Swartz, "Segmenting Customers in Mature Industrial Markets", *Journal of Marketing* 56 (outubro de 1992), p. 72-82.

as reduções de preço como uma defesa contra as reduções da concorrência e voltou a atenção, então, às formas de agregar valor de serviço a este e a outros segmentos.

Estratégias com Base no Valor. Muitos clientes buscam ativamente as empresas de marketing industrial que podem ajudá-los a criar novo valor para ganhar uma dianteira competitiva em seus mercados. Com base em um estudo abrangente de sua base de clientes, a Dow Corning identificou três importantes segmentos de clientes e a proposição de valor que os clientes estão buscando em cada segmento:[15]

- *clientes com foco na inovação*, que estão comprometidos em ser os primeiros no mercado com novas tecnologias e que buscam perícia no desenvolvimento de novo produto e soluções inovadoras que atrairão novos clientes;
- *clientes em mercados em rápido crescimento*, que são pressionados pelas batalhas da competição sobre o crescimento do mercado e que buscam desempenho comprovado em tecnologia, fabricação e gerenciamento da cadeia de suprimentos;
- *clientes em mercados altamente competitivos*, que fabricam produtos maduros, estão centralizados na eficiência e na eficácia do processo na fabricação e buscam soluções rentáveis que mantenham os custos totais baixos.

O profissional de marketing pode se beneficiar ao analisar os critérios das unidades de tomada de decisão em vários setores utilizados pelo mercado industrial – comercial, governamental e institucional. À medida que as organizações em cada setor passam por esforços de reestruturação, os critérios de compra usados pelos principais tomadores de decisão também mudam. Por exemplo, as pressões sobre o custo e os esforços de aprimoramento no setor de cuidados com a saúde estão mudando a forma pela qual os hospitais compram equipamentos médicos e produtos farmacêuticos. Para reduzir os custos administrativos e aprimorar o poder de negociação, os hospitais estão seguindo a conduta das empresas comerciais ao modernizar as suas operações. Da mesma forma, estão formando grupos de compras, centralizando a função de compras e insistindo em preços mais baixos e serviços melhorados. Os esforços de aprimoramento estão, também, levando os compradores do governo a buscar procedimentos mais eficientes de compra e melhor valor de fornecedores. Os profissionais de marketing que respondem a esse ambiente desafiador são recompensados.

Estratégias de Compra. Os microssegmentos podem ser classificados de acordo com a estratégia de compra das organizações compradoras. Alguns compradores buscam ter vários fornecedores, dando a cada um deles uma parcela saudável de seu volume de compras; outros estão mais interessados em fornecimento garantido e concentram as suas compras em um ou talvez dois fornecedores. A Raytheon, fabricante de pequenos aviões para o mercado de aeronaves civis e executivas, decidiu-se por uma estratégia de concentração. Ela conta com uma empresa – a Castle Metals – para fornecer todas as suas necessidades de diferentes metais usados em uma aeronave. A empresa pode reavaliar o seu único fornecedor de vez em quando, mas qualquer "fornecedor *out*" nessa situação passaria por uma dificuldade bem grande para conseguir algum dos negócios da Raytheon. Em outro exemplo, a Toyota busca fornecedores que sejam capazes de dar sugestões para o aperfeiçoamento de suas operações comerciais. A Toyota entendeu que muitas das inovações que desenvolveu em seus processos vieram de sugestões de seus fornecedores. Assim, uma estratégia principal para a Toyota é identificar os fornecedores que são criativos e investir em nova tecnologia para, possivelmente, melhorar o negócio da empresa.

---

[15] Eric W. Balinski, Philip Allen e J. Nicholas DeBonis, *Value-Based Marketing for Bottom-Line Success* (Nova York: McGraw-Hill e American Marketing Association, 2003), p. 147-152.

Principais Realizadores em B2B

Levando os Clientes para o Canal Certo

A Dow Corning Corporation é a maior e mais inovadora fabricante de produtos de silicone do mundo. Embora líder nesse mercado grande e diversificado, as concorrentes menores e regionais começaram a tomar a parcela do mercado da empresa ao vender produtos de silicone de baixo preço e com pouco ou sem suporte técnico. Em vez de pagar por uma série de serviços de alta qualidade, como a assistência no desenvolvimento de novos produtos que a Dow Corning em geral fornece, esses clientes buscaram ansiosamente o preço mais baixo. Para atender a esse desafio, a Dow Corning conduziu um estudo da segmentação do mercado, isolou as características desse comprador "de baixo custo" e criou um modelo básico de negócio com base na internet para alcançar esse segmento de clientes. Para evitar confusão com os clientes já existentes e com as linhas de produto especiais da empresa, foi criada uma nova marca – Xiameter (http://www.xiameter.com).

Para esclarecer a premissa da marca e a ligação com a empresa, o slogan – "A nova medida de valor da Dow Corning" – foi acrescentado. Ao levar os clientes sensíveis ao preço para a internet – um canal de vendas de baixo custo – a estratégia da marca permite que a Dow Corning "possa competir de frente com os fornecedores de baixo custo das linhas de produto maduras, sem prejudicar a sua posição como líder de valor agregado de preços especiais do mercado". Os clientes, desde aqueles dos Estados Unidos até os de países com potencial de alto crescimento como a China, responderam de modo positivo à marca Xiameter. (Ver o anúncio da Dow Corning na Figura 5.1.)

FONTE: Bob Lamons, "Dow Targets Segment to Keep Market Share", *Marketing News*, 15 de junho de 2005, p. 8. Ver também Randall S. Rozin e Liz Magnusson, "Processes and Methodologies for Creating a Global Business-to-Business Brand", *Journal of Brand Management* 10 (fevereiro de 2003), p. 185-207.

Estrutura da Unidade de Tomada de Decisão. A estrutura da unidade de tomada de decisão, ou centro de compras, também fornece um modo para a divisão do mercado industrial em subconjuntos de clientes, ao isolar os padrões de envolvimento no processo de compra de participantes de uma tomada de decisão específica (por exemplo, engenharia *versus* alta administração). Para o mercado de equipamentos médicos, a DuPont deu início a um estudo do posicionamento formal entre administradores do hospital, administradores do departamento de radiologia e gerentes técnicos para identificar a posição relativa da empresa e as necessidades (critérios) específicas para cada nível de influência em compras dentro de cada segmento.[16] A importância crescente de grupos de compras, cadeias multi-hospitalares e sistemas de entrega de cuidados para a saúde não hospitalares indicou a necessidade de uma abordagem de segmentação mais refinada.

O estudo indica que o mercado de equipamentos médicos pode ser segmentado com base no tipo de instituição e nas responsabilidades dos tomadores de decisão e das pessoas influentes na tomada de decisão naquelas instituições. A estrutura da unidade de tomada de decisão e os critérios de decisão usados variam entre estes três segmentos:

- Grupos que escolhem um único fornecedor que todos os hospitais associados devem usar, como as cadeias de hospital pertencentes a um investidor.

---

[16] Gary L. Coles e James D. Culley, "Not All Prospects Are Created Equal", *Business Marketing* 71 (maio de 1986), p. 52-57.

FIGURA 5.1 | **ANÚNCIO PREMIADO DA DOW CORNING PARA O SEU MODELO INDUSTRIAL COM BASE NA INTERNET**

VOCÊ ESTÁ CONSEGUINDO SILICONE SUFICIENTE PELO QUE ESTÁ PAGANDO?
OUSE COMPARAR

Caso não esteja usando a Xiameter, você provavelmente está pagando muito pelo seu silicone. Com a Xiameter, você consegue simplesmente o básico – produtos de silicone de alta qualidade pelos menores preços disponíveis. Não acredite apenas em nossa palavra. Veja por si mesmo, a qualquer momento, no endereço: www.quote.xiameter.com.

|XIAMETER| A nova medida de valor Da Dow Corning

© 2001 Dow Corning Corporation. Xiameter é uma Marca Registrada da Dow Corning Corporation.

FONTE: Reproduzido com permissão da Xiameter.

- Grupos que escolhem um pequeno conjunto de fornecedores do qual cada hospital pode selecionar os produtos necessários.
- Práticas de grupo privado e o segmento não hospitalar.

Com base no estudo, os vendedores da DuPont podem adaptar as suas apresentações para a dinâmica de tomada de decisão de cada segmento. Por sua vez, as mensagens de propaganda podem ser direcionadas de modo mais preciso. Essa análise permite que o profissional de marketing identifique os microssegmentos significativos e responda com comunicações de marketing bem sintonizadas.

Importância da Compra. A classificação de clientes organizacionais com base na importância percebida de um produto é especialmente adequada quando vários clientes usam o produto de formas diversas. As percepções do comprador diferem de acordo com o efeito do produto sobre a missão total da empresa. Uma grande empresa comercial pode levar em consideração uma compra de serviços de consultoria de rotina; a mesma compra, para uma pequena fábrica, é "um evento".

Propensão para a Inovação Organizacional. Algumas organizações são mais inovadoras e dispostas a comprar novos produtos industriais que outras. Um estudo sobre a adoção de novos equipamentos médicos entre hospitais descobriu que as variáveis psicográficas podem aumentar a capacidade de um profissional de marketing de prever a adoção de novos produtos.[17] Estas incluem fatores como o nível de resistência à mudança da organização ou seu desejo de se distinguir. Quando as variáveis psicográficas estão associadas às variáveis demográficas da organização (por exemplo, tamanho), aumenta a precisão para prever a propensão organizacional para inovar.

Como os produtos circulam mais rapidamente em alguns segmentos que em outros, a microssegmentação com base na propensão para inovar da organização permite que o profissional de marketing identifique os segmentos que serão visados em primeiro lugar, quando da introdução de novos produtos. A precisão da previsão de um novo produto também aumenta quando os padrões de difusão são estimados segmento por segmento.[18]

Características Pessoais. Algumas possibilidades de microssegmentação lidam com as características pessoais dos tomadores de decisão: dados demográficos (idade, formação acadêmica), personalidade, estilo de tomada de decisão, preferência quanto ao risco ou quanto a evitar o risco, confiança, responsabilidades do cargo e assim por diante. Embora alguns estudos interessantes tenham demonstrado a utilidade da segmentação baseada nas características pessoais, são necessárias outras pesquisas para a exploração desse potencial como base para a microssegmentação de uma empresa.

Exemplo: Microssegmentação[19]

A Philips Lighting Company, a divisão norte-americana da Philips Electronics, descobriu que os gerentes de compras dão ênfase a dois critérios na compra de lâmpadas incandescentes: quanto custam e quanto duram. A Philips aprendeu, contudo, que o preço e a vida das lâmpadas não respondem pelo custo total da iluminação. Como as lâmpadas contêm mercúrio tóxico ao meio ambiente, as empresas enfrentaram altos custos de descarte ao final da vida útil de uma lâmpada.

Novo Produto e Estratégia de Segmentação. Para capitalizar uma oportunidade percebida, a Philips introduziu a Alto, uma lâmpada ecológica que reduz os custos totais do cliente e também permite que a

---

[17] Thomas S. Robertson e Yoram Wind, "Organizational Psychographics and Innovativeness", *Journal of Consumer Research* 7 (junho de 1980), p. 24-31; ver também Thomas S. Robertson e Hubert Gatignon, "Competitive Effects on Technology Diffusion", *Journal of Marketing* 50 (julho de 1986), p. 1-12.

[18] Yoram Wind, Thomas S. Robertson e Cynthia Fraser, "Industrial Product Diffusion by Market Segment", *Industrial Marketing Management* 11 (fevereiro de 1982), p. 1-8.

[19] W. Chan Kim e Renée Mauborgne, "Creating New Market Space", *Harvard Business Review* 77 (janeiro-fevereiro de 1999), p. 88-89. Para outros estudos sobre segmentação, ver Mark J. Bennion Jr., "Segmentation and Positioning in a Basic Industry", *Industrial Market Management* 16 (fevereiro de 1987), p. 9-18; Arch G. Woodside e Elizabeth J. Wilson, "Combining Macro and Micro Industrial Market Segmentation", em *Advances in Business Marketing*, ed. Arch G. Woodside (Greenwich, CT: JAI Press, 1986), p. 241-257; e Peter Doyle e John Saunders, "Market Segmentation and Positioning in Specialized Industrial Markets", *Journal of Marketing* 49 (primavera de 1985), p. 24-32.

POR DENTRO DO MARKETING INDUSTRIAL

Uma Nova Abordagem à Segmentação: Segmentação do Serviço ao Cliente

Conceitualmente, a segmentação do serviço ao cliente envolve a identificação de grupos de clientes para os quais uma empresa prestará tipos e níveis de serviços. Ela funciona sob a premissa de que as exigências de serviço, assim como os custos para servir associados e o potencial de lucro, variam por nível de cliente. O exemplo mostra os serviços diferenciados que estão alinhados com cada segmento de cliente. Os clientes do nível mais baixo exigem serviços básicos, alguns serviços especiais são agregados para os clientes do nível médio e os clientes do nível superior levam o sortimento completo de serviços acrescido de alguns serviços de valor agregado de alto nível.

Os alinhamentos do segmento de serviços estão representados como setas de dois lados no exemplo abaixo, para representar o ponto em que as necessidades dos clientes e ofertas de serviços estão alinhadas de acordo com objetivos estratégicos de *push-pull*.[1] A meta é desenvolver uma estratégia de serviços ao cliente que responda às exigências singulares de segmentos específicos, mantenha um controle firme sobre os custos e melhore o crescimento do lucro por segmento.

FONTE: Larry Lapide, "Segment Strategically", *Supply Chain Management Review* 12 (5, maio-junho de 2008), p. 8-9.

[1] Estratégia *push*: exige a utilização da força de vendas e promoções comerciais para empurrar o produto pelos canais; estratégia *pull*: exige grandes gastos com propaganda e promoções para criar demanda de consumo. (NT)

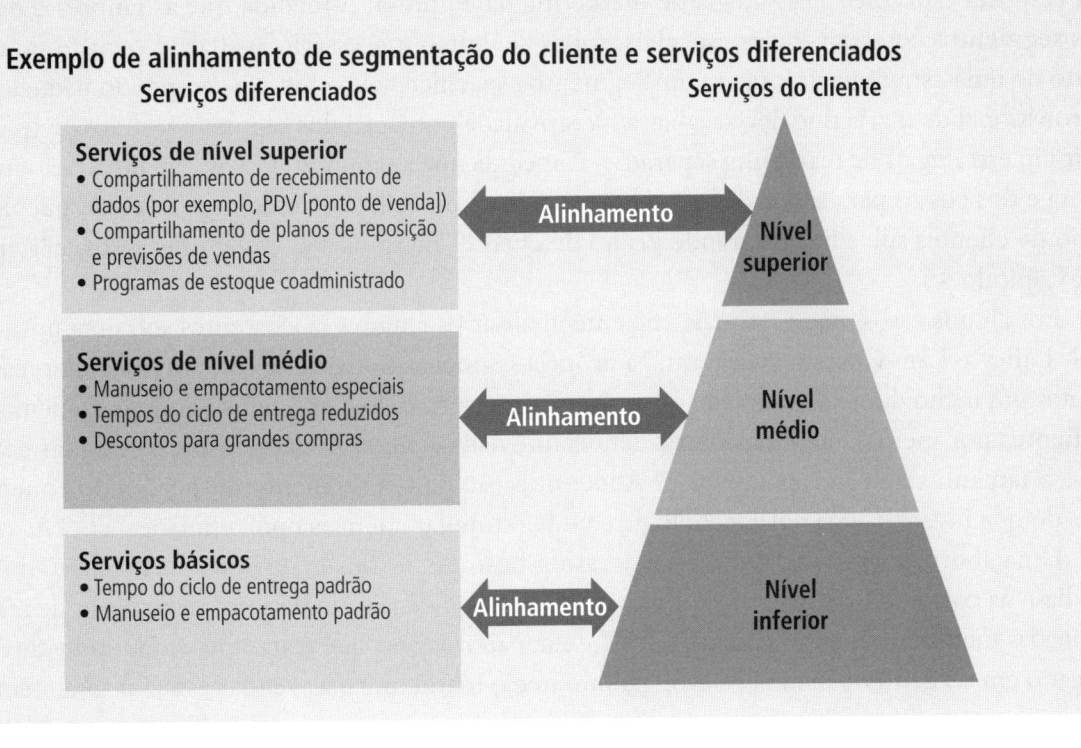

Exemplo de alinhamento de segmentação do cliente e serviços diferenciados

Serviços diferenciados / Serviços do cliente

- **Serviços de nível superior**
  - Compartilhamento de recebimento de dados (por exemplo, PDV [ponto de venda])
  - Compartilhamento de planos de reposição e previsões de vendas
  - Programas de estoque coadministrado

  ← Alinhamento → Nível superior

- **Serviços de nível médio**
  - Manuseio e empacotamento especiais
  - Tempos do ciclo de entrega reduzidos
  - Descontos para grandes compras

  ← Alinhamento → Nível médio

- **Serviços básicos**
  - Tempo do ciclo de entrega padrão
  - Manuseio e empacotamento padrão

  ← Alinhamento → Nível inferior

---

organização compradora demonstre preocupação ambiental para o público. Em vez de visar aos gerentes de compras, os estrategistas de marketing da Philips voltaram a atenção para os diretores financeiros (CFOs), que adotaram economias de custo, e os executivos de relações públicas, que perceberam a vantagem de ações de compras que protejam o meio ambiente. Ao visar a diferentes pessoas influentes em compras, a Philips criou uma nova oportunidade de mercado. De fato, a Alto já substituiu mais de 25% das lâmpadas fluorescentes tradicionais em lojas, escolas e edifícios comerciais nos Estados Unidos.

O Processo de Segmentação

A macrossegmentação está centralizada nas características das *organizações* compradoras (por exemplo, tamanho), na *aplicação do produto* (por exemplo, mercado final atendido) e na *situação de compra* (por exemplo, etapa no processo de tomada de decisão de compra). A microssegmentação se concentra nas características das *unidades* de tomada de decisão organizacional – por exemplo, os critérios de escolha que demonstraram ter maior importância na decisão de compra.

Escolhendo os Segmentos do Mercado

Os profissionais de marketing industrial deram início ao processo de segmentação no nível macro. Caso considerem que as informações sobre os segmentos macro são suficientes para desenvolver uma estratégia efetiva de marketing, então pode não ser necessário prosseguir em alguma outra microssegmentação. Todavia, caso não possam desenvolver uma estratégia distinta com base no macrossegmento, então pode ser necessário realizar pesquisa sobre as variáveis de microssegmentação em cada macrossegmento. Um estudo de pesquisa de marketing é, em geral, necessário para identificar as características das unidades de tomada de decisão, como ilustra o exemplo da Philips Lighting. Nesse nível, os macrossegmentos escolhidos são divididos em microssegmentos com base nas similaridades e diferenças entre as unidades de tomada de decisão, para identificar pequenos grupos de organizações compradoras que exibem, cada um, uma resposta específica à estratégia de marketing da empresa. À medida que as empresas desenvolvem mais segmentos com exigências especiais, torna-se, então, necessário avaliar se o custo do desenvolvimento de uma estratégia única para um segmento específico vale o lucro a ser gerado naquele segmento. O profissional de marketing deve avaliar a lucratividade potencial dos segmentos alternativos antes de investir em estratégias de marketing separadas. À medida que a empresa desenvolve uma visão mais clara da receita e dos custos para servir de segmentos e clientes específicos, descobre, em geral, que um pequeno grupo de clientes subsidia um grande grupo de clientes marginais e, em alguns casos, não lucrativos.[20] (Ver Capítulo 4.)

Em alguns casos, pode ser mais eficiente analisar os clientes já existentes sob uma nova luz. Como A. G. Lafley e Lam Charam observam, "a própria segmentação pode ser um ato inovador, caso identifiquemos um nicho do nosso mercado que raramente seja tratado como um segmento. Podemos visualizar os clientes por meio de algumas outras lentes que não sejam as variáveis típicas testadas e verdadeiras como o tamanho e o setor da empresa? A identificação de um segmento despercebido é menos dispendiosa do que inventar uma nova tecnologia e pode estimular até mais oportunidades".[21]

Uma abordagem interessante no marketing business-to-business, hoje, é a ascensão do marketing com base na conta (ABM), talvez a expressão máxima da tendência em direção a estratégias de marketing direcionadas menores e mais precisas. O ABM é uma abordagem que trata uma conta individual como um mercado em si. Feito de modo correto, garante que o marketing e as vendas estejam totalmente focalizados nas questões comerciais mais importantes de um cliente-alvo e que se trabalhe de modo colaborativo para a criação de proposições de valor que abordam especificamente aquelas questões. Mais do que a base de mensagens de relacionamento e ofertas segmentadas, o verdadeiro ABM tem o potencial para estreitar

---

[20] Arun Sharma, R. Krishnan e Dhruv Grewal, "Value Creation in Markets: A Critical Area of Focus for Business-to-Business Markets", *Industrial Marketing Management* 30 (junho de 2001), p. 391-402.

[21] A. G. Lafley e Ram Charan, "Making Inspiration Routine", *Inc* 30 (6, junho de 2008), p. 98-101.

relacionamentos com os clientes existentes e de construir a lucratividade ao reduzir o ciclo de vendas e aumentar taxas de ganho e contratos com um único fornecedor.[22]

O ABM é o ponto extremo da segmentação, pois uma empresa é vista como um segmento separado. Essa abordagem pode se tornar mais predominante no futuro, à medida que a consolidação das indústrias continue a crescer. Pode-se ver o setor de aeronaves comerciais como um bom exemplo desse nível máximo de segmentação – apenas duas empresas fabricam, hoje, grandes aviões comerciais: a Boeing e a Airbus SAS. Da mesma forma, no setor de locomotivas a diesel nos Estados Unidos, somente a General Motors e a General Electric fabricam esse tipo de locomotivas.

Isolando a Lucratividade do Segmento de Mercado

Para aperfeiçoar a segmentação tradicional do mercado, muitas empresas de marketing industrial categorizam os clientes em níveis que diferem quanto à lucratividade atual e/ou futura para a empresa. "Ao conhecer as características dos clientes lucrativos, as empresas podem direcionar seus esforços de marketing para segmentos específicos que mais provavelmente gerarão clientes lucrativos."[23] Isso requer um processo de avaliação que deixa explícitos os compromissos de recursos potenciais de médio e de longo prazos necessários para servir de modo eficiente os clientes em um segmento. Em particular, deve-se dar atenção especial a cada gerador de lucratividade do cliente, a saber, o custo para servir de um grupo específico de clientes e as receitas dali resultantes (ver Capítulo 4).

A FedEx Corporation, por exemplo, categoriza seus clientes comerciais (para fins internos) como os bons, os maus e os feios – com base em sua lucratividade.[24] Em vez de usar a mesma estratégia para todos os clientes, a empresa atribui uma prioridade ao bom, tenta converter o mau em bom, e desencoraja o feio. Como muitas outras empresas, a FedEx descobriu que muitos clientes custam demais para servir e demonstram pouco potencial para passar a lucrativos, mesmo no longo prazo. Ao compreender as necessidades dos clientes nos diferentes níveis de lucratividade, o serviço pode ser moldado para que sejam alcançados níveis até mais altos de lucratividade. Por exemplo, a FedEx encoraja os pequenos expedidores a trazer os seus pacotes para pontos de coleta localizados convenientemente e oferece um serviço de coleta com resposta rápida para os grandes expedidores. Uma vez identificados os níveis de lucratividade, "os clientes altamente lucrativos podem ser mimados de modo adequado, os clientes de lucratividade média podem ser preparados para gerar uma lucratividade maior, e os clientes não lucrativos podem se tornar mais lucrativos ou ser eliminados".[25]

Implantando uma Estratégia de Segmentação

Um plano de segmentação bem elaborado fracassará sem a devida atenção à sua implantação. A implantação bem-sucedida exige atenção às seguintes questões:

- Como a equipe de vendas será organizada?
- Que exigências especiais de serviço técnico ou ao cliente as organizações possuem no novo segmento?

---

[22] Jeff Sands, "Account-Based Marketing", *B to B*, 91 (6, 8 de maio de 2006), p. 11.
[23] Robert S. Kaplan e V. G. Narayanan, "Measuring and Managing Customer Profitability", *Journal of Cost Management* 15 (setembro-outubro de 2001), p. 13.
[24] R. Brooks, "Alienating Customers Isn't Always a Bad Idea, Many Firms Discover", *The Wall Street Journal*, 7 de janeiro de 1999, p. A1 e A12, discutido em Valarie A. Zeithaml, Roland T. Rust e Katherine N. Lemon, "The Customer Pyramid: Creating and Serving Profitable Customers", *California Management Review* 43 (verão de 2001), p. 118.
[25] Zeithaml, Rust e Lemon, "The Customer Pyramid", p. 141.

- Quem prestará esses serviços?
- Que canais de mídia podem ser usados para direcionar a propaganda para o novo segmento?
- Foi desenvolvida uma estratégia on-line abrangente para fornecer suporte ao serviço continuado aos clientes nesse segmento?
- Que adaptações serão necessárias para atender a segmentos selecionados do mercado internacional?

O estrategista de marketing industrial astuto deve planejar, coordenar e monitorar os detalhes da implantação. Frank Cespedes salienta que "à medida que a oferta de uma empresa se torna um composto de produto-serviço-informação, que deve ser customizado para os diversos segmentos, aumentam as interdependências organizacionais"[26] e os gerentes de marketing, em particular, são envolvidos em tarefas mais interfuncionais. O gerenciamento dos pontos de contato críticos com o cliente é fundamental para a função de gerente de marketing.

Estimando a Demanda do Segmento

Voltando ao *boom* da internet, os executivos nas empresas de telecomunicações como a Alcatel-Lucent e a Nortel Networks Corporation agora reconhecem abertamente que não perceberam a queda abrupta na demanda se aproximando. Sem dúvida, o gasto das empresas telefônicas em equipamentos de telecomunicações quase dobrou entre 1996 e 2000, para $ 47,5 bilhões; todas as previsões indicavam que essa trajetória de crescimento atraente continuaria.[27] Durante esse período, os fabricantes de equipamentos de telecomunicação expandiram bastante a capacidade de produção e recrutaram de modo agressivo milhares de novos trabalhadores. Todavia, em 2001, a demanda não se materializou e os principais fabricantes de equipamentos de telecomunicação relataram perdas financeiras significativas. Por sua vez, as empresas do setor anunciaram uma série de cortes massivos de cargos. O que aconteceu? As "péssimas" previsões de vendas tiveram um papel importante, de acordo com Gregory Duncan, consultor de telecomunicações da National Economic Research Associates.[28]

O Papel da Estimativa da Demanda

Estimar a demanda em segmentos selecionados do mercado é vital para o gerenciamento de marketing. A previsão da demanda reflete a estimativa da administração sobre o nível provável das vendas da empresa, levando em conta tanto o negócio potencial quanto o nível e o tipo de esforço de marketing demandado. Praticamente toda decisão tomada pelo profissional de marketing está baseada em uma previsão, formal ou informal.

Considere uma empresa que deseja introduzir novos serviços de telecomunicações aos negócios. Quão grande é a oportunidade de mercado? Uma estimativa da demanda dá a base para o processo de planejamento. Três amplos grupos de partes interessadas exigem previsões da demanda: equipes de projeto e implantação de engenharia; equipes de desenvolvimento comercial e de marketing; e entidades externas, como investidores potenciais, reguladores do governo, fornecedores de equipamentos e aplicações e parceiros de distribuição. Na área de marketing, as questões comerciais que devem ser respondidas antes do

---

[26] Frank V. Cespedes, *Concurrent Marketing: Integrating Product, Sales, and Service* (Boston: Harvard Business School Press, 1995), p. 271.
[27] Dennis K. Berman, "Lousy Sales Forecasts Helped Fuel the Telecom Mess", *The Wall Street Journal*, 7 de julho de 2001, p. B1.
[28] Ibid.

POR DENTRO DO MARKETING INDUSTRIAL

Previsões Precisas Levam à Colaboração Eficiente entre a Boeing e a Alcoa

A Alcoa fornece alumínio bruto para a Boeing, para a construção das asas da maioria das aeronaves comerciais da Boeing. Como resultado do compartilhamento preciso de dados sobre demanda com a Alcoa, a Boeing foi capaz de alcançar reduções de custo e aperfeiçoar o desempenho do tempo de entrega por toda a cadeia de suprimentos.

A Boeing começou desenvolvendo uma previsão eletrônica de vendas que permitia que a Alcoa recebesse o arquivo sobre a previsão diretamente em seu sistema. Incluídos na previsão estavam todos os dados de que a Alcoa precisava para entender a demanda de alumínio bruto a ser usado na construção das asas das aeronaves. Os dados da previsão foram fornecidos para que pudessem ser carregados no sistema da Alcoa de modo eficiente, e foi dada grande ênfase na precisão da previsão. Como os erros de previsão debilitariam totalmente o processo de abastecimento, a Boeing desenvolveu um processo para identificar erros na demanda antes de comunicar eletronicamente as previsões para a Alcoa. A Boeing fornece à Alcoa a visibilidade eletrônica em seu Sistema ERP (Enterprise Resource Planning), para que a Alcoa possa entender quando os pedidos vão entrar e consiga, então, responder de modo mais eficiente às necessidades da Boeing. Resumindo, a Boeing fez isso porque, para que a Alcoa tomasse decisões sobre quando deveria ter materiais para a fábrica da Boeing, a Alcoa deveria receber os dados da previsão com a maior precisão possível.

Ao trabalhar em conjunto na cadeia de suprimentos, o compartilhamento eletrônico de previsões da demanda tornou possível para a Alcoa manter os níveis adequados de estoque para atender às exigências da Boeing.

FONTE: Adaptado de Victoria A. Micheau, "How Boeing and Alcoa Implemented a Successful Vendor Managed Inventory Program", *Journal of Business Forecasting* 24 (primavera de 2005), p. 17-19.

---

lançamento do serviço e que dependem da estimativa da demanda incluem: onde estarão localizados os pontos de venda? Quantos são necessários para cobrir o mercado-alvo? Que níveis de vendas serão esperados de cada ponto de venda? Que metas de desempenho serão estabelecidas para cada um? As previsões da demanda são necessárias para projetar receitas, lucros e fluxo de caixa da empresa visando avaliar a viabilidade do negócio; para determinar as exigências de caixa, capital e empréstimos; e para determinar as estruturas e níveis apropriados de precificação.[29] Resumindo, sem conhecimento da demanda do mercado, os executivos de marketing não podem desenvolver uma estratégia sólida e tomar decisões eficazes sobre a alocação dos recursos.

Uma aplicação inicial das estimativas da demanda está de fato no planejamento e no controle da estratégia de marketing por segmento do mercado. Uma vez estimada a demanda para cada segmento, o gerente pode alocar gastos com base no volume potencial de vendas. Gastar enormes quantias de dinheiro em propaganda e venda pessoal pouco beneficia os segmentos em que a oportunidade de mercado é baixa. Naturalmente, os gastos teriam de estar baseados tanto na demanda esperada quanto no nível de competição. As vendas efetivas em cada segmento também podem ser comparadas com as vendas previstas, levando em conta o nível de competição, para a avaliação da eficácia do programa de marketing.

Considere a experiência de uma fabricante de Cleveland de acoplamentos de ligamento rápido para sistemas de transmissão de força. Durante mais de 20 anos, um de seus maiores distribuidores viu crescer

---

[29] Peter McBurney, Simon Parsons e Jeremy Green, "Forecasting Market Demand for New Telecommunications Services: An Introduction", *Telematics and Information* 19 (2002), p. 233.

o seu volume de vendas. De fato, esse distribuidor era considerado como um dos principais fabricantes da empresa. A fabricante, então, analisou as estimativas da demanda para cada um de seus 31 distribuidores. O maior distribuidor estava classificado no 31º lugar em termos de volume relativo ao negócio potencial, chegando a apenas 15,4% da demanda estimada. Uma avaliação posterior revelou que o pessoal de vendas do distribuidor não conhecia um modo mais eficiente de vender acoplamentos para as suas contas de grandes clientes.

É importante ter em mente que as estimativas da demanda provável deverão ser feitas apenas depois que a empresa tenha tomado decisões sobre a sua estratégia de marketing para um segmento específico. Somente depois do desenvolvimento da estratégia de marketing é possível prever as vendas. Muitas empresas são tentadas a usar a previsão como uma ferramenta para a decisão do nível de gastos em marketing. Um estudo (que testou 900 empresas) descobriu que pouco mais de 25% das empresas participantes estabeleceram seus orçamentos com propaganda depois do desenvolvimento da previsão da demanda.[30] As pequenas empresas cujas decisões sobre orçamento e previsão estavam fragmentadas constituíam a maioria das empresas nesse grupo. Claramente, a estratégia de marketing é um determinante do nível de vendas e não o contrário.

Vínculos da Cadeia de Suprimentos. As previsões de vendas são críticas para o funcionamento suave de toda a cadeia de suprimentos. Quando as informações sobre previsão de vendas em tempo hábil estão disponíveis de imediato para todas as empresas na cadeia de suprimentos, os planos podem ser coordenados com firmeza e todas as partes compartilham das vantagens.[31] Os dados da previsão de vendas são usados para a distribuição do estoque na cadeia de suprimentos, o gerenciamento dos níveis de estoque em cada vínculo e a programação dos recursos para todos os membros de uma cadeia de abastecimento que fornecem materiais, componentes e serviços para um fabricante. As previsões precisas andam lado a lado com as boas práticas comerciais e com as políticas efetivas de gerenciamento para direcionar todo o processo da cadeia de suprimentos. Estão disponíveis ferramentas específicas para o desenvolvimento de estimativas precisas do potencial do mercado; o profissional de marketing industrial deve entender a finalidade de cada técnica alternativa, assim como seus pontos fortes e limitações.

Métodos de Previsão da Demanda

A estimativa da demanda pode ser altamente matemática ou informalmente baseada nas estimativas da equipe de vendas. Duas abordagens principais para a previsão da demanda são conhecidas: (1) qualitativa e (2) quantitativa, que inclui série de tempo e análise causal.

Técnicas Qualitativas

As técnicas qualitativas, também chamadas **julgamentos por executivos** ou **técnicas subjetivas**, se fundamentam em julgamentos informados e esquemas de classificação. A equipe de vendas, os executivos de alto nível ou os distribuidores podem ser solicitados a usar seu conhecimento sobre a economia, o mercado e os clientes, visando criar estimativas qualitativas da demanda. As técnicas para a análise qualitativa incluem o método de julgamento por executivos, o método composto da força de vendas e o método Delphi.

---

[30] Douglas C. West, "Advertising Budgeting and Sales Forecasting: The Timing Relationship", *International Journal of Advertising* 14 (1, 1995), p. 65-77.
[31] John T. Mentzer e Mark A. Moon, "Understanding Demand", *Supply Chain Management Review* 8 (maio-junho de 2004), p. 45.

A eficácia das abordagens qualitativas depende dos relacionamentos próximos entre clientes e fornecedores, típicos do mercado industrial. As técnicas qualitativas trabalham bem com itens como bens de capital pesados ou quando a natureza da previsão não se presta à análise matemática. Essas técnicas são também adequadas para previsões de novo produto ou nova tecnologia, quando os dados históricos são escassos ou não existentes.[32] Uma importante vantagem das abordagens qualitativas é que elas trazem os usuários da previsão para o processo de previsão. O efeito é, em geral, um entendimento crescente do procedimento e um nível de comprometimento mais alto com relação à previsão resultante.

Julgamento por Executivos. De acordo com uma grande amostra de empresas comerciais, o **método de julgamento por executivos** desfruta de alto nível de utilização.[33] O método de julgamento, que combina e calcula a média das estimativas de vendas futuras dos altos executivos, é popular por ser de fácil aplicação e entendimento. Tipicamente, os executivos de vários departamentos, como vendas, marketing, produção, financeiro e de compras, são reunidos para aplicar a sua perícia, experiência e opinião coletiva à previsão.

A principal limitação da abordagem é que ela não analisa de modo sistemático as relações causa e efeito. Ainda, como não existem fórmulas estabelecidas para a obtenção das estimativas, os novos executivos podem ter dificuldade em fazer previsões razoáveis. As previsões resultantes são tão boas quanto as opiniões dos executivos. A precisão da abordagem de julgamento por executivos é também difícil de se avaliar de um modo que permita a comparação significativa com as técnicas alternativas.[34]

As estimativas "aproximadas" dos executivos para o período intermediário e de longa duração são geralmente usadas em conjunto com as previsões desenvolvidas de modo quantitativo. Todavia, quando os dados históricos estão limitados ou não disponíveis, a abordagem de julgamento por executivos pode ser a única opção. Mark Moriarty e Arthur Adams sugerem que os métodos de decisão por executivos produzem previsões precisas quando (1) as previsões são feitas de modo frequente e repetitivo; (2) o ambiente é estável; e (3) o vínculo entre decisão, ação e *feedback* é pequeno.[35] Os profissionais de marketing industrial analisarão a sua situação de previsão sob a luz desses fatores, para avaliar a utilidade da técnica de julgamento por executivos.

Composto da Força de Vendas. A lógica por trás da abordagem de **composto da força de vendas** é que os vendedores podem estimar de modo eficiente o volume de vendas futuras porque conhecem os clientes, o mercado e a concorrência. Além disso, a participação no processo de previsão ajuda os vendedores a entender como as previsões são obtidas e aumenta o seu incentivo para alcançar o nível desejado de vendas. A previsão composta é desenvolvida com a combinação das estimativas de venda de todos os vendedores. Ao fornecer ao vendedor uma fartura de informações do cliente que podem ser acessadas e revistas convenientemente, os sistemas de gerenciamento do relacionamento com o cliente (CRM) (ver Capítulo 4) aumentam a eficiência e a eficácia do composto da força de vendas.[36] Os sistemas de CRM também permitem que um vendedor rastreie o andamento para conseguir um novo negócio nas contas-chave.

---

[32] A. Michael Segalo, *The IBM/PC Guide to Sales Forecasting* (Wayne, PA: Banbury, 1985), p. 21.
[33] Nada Sanders, "Forecasting Practices in U.S. Corporations: Survey Results", *Interfaces* 24 (março-abril de 1994), p. 92-100.
[34] Spyros Makridakis e Steven Wheelwright, "Forecasting: Issues and Challenges for Marketing Management", *Journal of Marketing* 41 (outubro de 1977), p. 31.
[35] Mark M. Moriarty e Arthur J. Adams, "Management Judgment Forecasts, Composite Forecasting Models and Conditional Efficiency", *Journal of Marketing Research* 21 (agosto de 1984), p. 248.
[36] Robert Mirani, Deanne Moore e John A. Weber, "Emerging Technologies for Enhancing Supplier-Reseller Partnerships", *Industrial Marketing Management* 30 (fevereiro de 2001), p. 101-114.

Poucas empresas se baseiam apenas nas estimativas da equipe de vendas; melhor, elas geralmente ajustam ou combinam as estimativas com previsões desenvolvidas pela alta administração ou pelos métodos quantitativos. A vantagem do método composto da força de vendas é a capacidade de valer-se do conhecimento da equipe de vendas sobre mercados e clientes. Essa vantagem é particularmente importante para um mercado no qual os relacionamentos comprador-vendedor são próximos e duradouros. O vendedor é, em geral, a melhor fonte de informações sobre os planos de compra do cliente e os níveis do estoque. O método pode também ser realizado a um custo relativamente baixo. Uma vantagem adicional é que a criação de uma previsão força um representante de vendas a rever com cuidado essas contas em termos de futuras vendas.[37]

Os problemas com os compostos da força de vendas são similares àqueles da abordagem de julgamento por executivos: eles não envolvem a análise sistemática de causa e efeito e se fiam em decisões e opiniões informadas. Alguns vendedores podem superestimar as vendas para causar boa impressão ou subestimá-las para gerar uma cota mais baixa. A administração deve revisar com cuidado todas as estimativas. Como regra, as estimativas da equipe de vendas são relativamente precisas para projeções de curto prazo, porém menos eficientes para previsões de longo prazo.

Método Delphi. Na **abordagem Delphi para previsão**, as opiniões de um painel de peritos em vendas futuras são convertidas em um consenso informado por meio de um mecanismo de *feedback* altamente estruturado.[38] Como ocorre na técnica de julgamento por executivos, os diretores administrativos são usados como parte do painel, mas cada avaliador permanece anônimo. Na primeira rodada, buscam-se opiniões por escrito sobre a probabilidade de algum evento futuro (por exemplo, volume de vendas, reação competitiva ou avanços tecnológicos). As respostas a esse primeiro questionário são usadas para produzir um segundo. O objetivo é dar *feedback* ao grupo, de modo que as estimativas da primeira rodada e as informações acessíveis a alguns dos peritos sejam disponibilizadas para todo o grupo.

Após cada rodada de questionamentos, o analista que administra o processo reúne, esclarece e consolida as informações para divulgação na próxima rodada. Por todo o processo, os membros do painel são solicitados a reavaliar as suas estimativas com base nas novas informações do grupo. As opiniões são mantidas em anonimato, eliminando as estimativas do "eu também" e a necessidade de se defender uma posição. Depois da reavaliação continuada, a meta é chegar a um consenso. O número de peritos varia de seis até centenas, dependendo de como o processo é organizado e a sua finalidade. O número de rodadas de questionários depende de quão rapidamente o grupo chega a um consenso.

Em geral, a técnica Delphi é aplicada a previsões da demanda de longo prazo, particularmente para novos produtos ou situações não adequados à análise quantitativa. Essa abordagem pode fornecer algumas boas estimativas aproximadas da demanda, quando os produtos são novos ou singulares e quando não existem outros dados disponíveis. Como todas as abordagens qualitativas para a previsão da demanda, torna-se difícil medir a precisão das estimativas.

As abordagens qualitativas de previsão são importantes no processo de avaliação da futura demanda do produto, e são mais valiosas em situações em que há poucos dados e em que é aceitável ampla estimativa da demanda. Produtos novos ou singulares não se prestam para abordagens mais quantitativas de previsão, de modo que os métodos qualitativos exercem um papel muito importante na estimativa da demanda para esses itens.

---

[37] Stewart A. Washburn, "Don't Let Sales Forecasting Spook You", *Sales and Marketing Management* 140 (setembro de 1988), p. 118.
[38] Raymond E. Willis, *A Guide to Forecasting for Planners and Managers* (Englewood Cliffs, NJ: Prentice-Hall, 1987), p. 343.

Técnicas Quantitativas

A previsão quantitativa da demanda, também chamada previsão sistemática ou objetiva, oferece duas principais metodologias: (1) série de tempo e (2) regressão ou causal. As técnicas da **série de tempo** usam dados históricos ordenados cronologicamente para projetar a tendência e a taxa de crescimento das vendas. A lógica por trás da análise da série de tempo é que o padrão anterior de vendas será aplicado no futuro. Todavia, para descobrir os padrões subjacentes das vendas, o analista deve primeiro entender todos os padrões possíveis que podem afetar a série de vendas. Assim, uma série de tempo de vendas pode incluir padrões de tendência, sazonais, cíclicos e irregulares. Uma vez isolado o efeito de cada um, o analista pode, então, projetar o futuro previsto de cada padrão. Os métodos de série de tempo são bem adequados para previsão de curto prazo, pois a suposição de que o futuro será como o passado é mais razoável no curto prazo do que no longo prazo.[39]

A análise da **regressão** ou **causal**, por outro lado, usa uma abordagem oposta, identificando fatores que afetaram as vendas passadas e implantando-os em um modelo matemático.[40] A demanda é expressa matematicamente como uma função dos itens que a afetam. É obtida uma previsão ao se projetarem valores para cada um dos fatores no modelo, inserindo esses valores na equação de regressão e resolvendo-a isso para as vendas previstas. Tipicamente, os modelos causais são mais confiáveis para previsões intermediárias do que para as de longa duração, pois a magnitude de cada fator que afeta as vendas deve primeiro ser estimada para algum tempo futuro, o que torna difícil ao se estimar adiante.

Os requisitos específicos das abordagens quantitativas para a estimativa da demanda estão além do escopo deste capítulo. Todavia, os aspectos principais dessas abordagens que o gerente de business-to-business deve ter em mente são os que seguem:

1. Para desenvolver uma estimativa da demanda com a análise de série de tempo, o analista deve determinar cada padrão (a tendência, o ciclo, o padrão sazonal) e, então, transportá-lo para o futuro. Isso requer um volume significativo de informações sobre vendas históricas. Uma vez desenvolvida uma previsão de cada padrão, a previsão da demanda é montada ao combinar as estimativas para cada padrão.
2. Um aspecto crítico da análise de regressão é identificar a(s) variável(eis) econômica(s) a que se relacionam as vendas anteriores. Para fins da previsão, a *Pesquisa de Negócios Atuais* é particularmente proveitosa por conter valores mensais, trimestrais e anuais para centenas de variáveis econômicas. O responsável pela previsão pode testar um conjunto de variáveis econômicas da *Pesquisa* para encontrar a(s) variável(eis) com o melhor relacionamento nas vendas anteriores.
3. Embora os métodos causais tenham níveis mensuráveis de precisão, existem alguns sinais e limitações importantes. O fato de que a demanda e algumas variáveis causais (variáveis independentes) estão correlacionadas (associadas) não significa que a variável independente "causou" as vendas. A variável independente deverá estar relacionada de modo lógico com a demanda.
4. Os métodos de regressão exigem dados históricos consideráveis para que as equações sejam válidas e confiáveis, mas os danos podem não estar disponíveis. Deve-se sempre ter cautela no transporte dos relacionamentos para o futuro. A equação está relacionada ao que *aconteceu*; fatores econômicos e industriais podem mudar no futuro, tornando inválidos os relacionamentos anteriores.

---

[39] Spyros Makridakis, "A Survey of Time Series", *International Statistics Review* 44 (1, 1976), p. 63.
[40] Segalo, *Previsão de Vendas*, p. 27.

5. Um estudo recente sobre os métodos de previsão sugere a escolha de uma metodologia com base no comportamento subjacente do mercado, em vez de se basear no horizonte de tempo da previsão.[41] Essa pesquisa indica que, quando os mercados são sensíveis a mudanças no mercado e nas variáveis ambientais, os métodos causais funcionam melhor, seja a previsão de curto ou de longo prazos; as abordagens da série de tempo são mais eficientes quando o mercado demonstra falta de sensibilidade ao mercado e/ou às mudanças ambientais.

CPFR: Uma Nova Abordagem Colaborativa para a Estimativa da Demanda

O CPFR, ou Planejamento, Previsão de Vendas e Reposição Colaborativos, é uma abordagem singular para a previsão da demanda que envolve os esforços combinados de muitas funções dentro da empresa, assim como com os parceiros na cadeia de suprimentos. Nessa abordagem, uma pessoa na empresa recebe a responsabilidade pela coordenação do processo de previsão com os gerentes funcionais por toda a empresa. Assim, o pessoal de vendas, marketing, produção, logística e aquisição será convocado para discutir em conjunto seus planos para o próximo período. Dessa forma, todas as partes que podem influenciar o desempenho das vendas participarão diretamente no processo de estimativa da demanda.

Tão logo a empresa tenha uma boa compreensão interna das estratégias e planos futuros de cada função, o "planejador da demanda" da empresa procurará os clientes, distribuidores e representantes dos fabricantes para avaliar seus planos de marketing, promoção e vendas para o produto em questão.

Esses planos são, então, compartilhados com os gerentes funcionais da empresa, e as estimativas da demanda são ajustadas nesse sentido. O planejador da demanda passa a desenvolver uma estimativa final da demanda para o próximo período, com base nessa ampla gama de dados recebidos. Como se pode esperar, a abordagem do CPFR para a estimativa da demanda geralmente resulta em uma previsão bem precisa da demanda, graças ao compartilhamento intenso de informações entre os gerentes funcionais da empresa e os principais parceiros da cadeia de suprimentos e do canal.

A abordagem mais prática para aplicação do CPFR é que os parceiros comerciais mapeiem as previsões de seus parceiros nos próprios termos, entendam onde os planos de seus parceiros se desviam de modo significativo dos próprios e, então, colaborem quanto às suposições que podem levar a diferentes estimativas. Por meio desse processo iterativo, intermediários e fabricantes usam o *feedback* colaborativo para sincronizar suas cadeias de suprimentos enquanto mantêm intactos os processos de planejamento empresarial.[42]

Combinando Várias Técnicas de Previsão

Pesquisa recente sobre técnicas de previsão indica que a precisão da previsão pode ser aperfeiçoada ao combinar os resultados de vários métodos de previsão.[43] Os resultados das previsões combinadas superam bastante a maioria das projeções individuais, técnicas e análises por especialistas. Mark Moriarty e Arthur Adams sugerem que os gerentes deverão usar um modelo composto de previsão que inclua os fatores sistemáticos (quantitativos) e de julgamento (qualitativos).[44] De fato, sugerem que uma previsão composta

---

[41] Robert J. Thomas, "Method and Situational Factors in Sales Forecast Accuracy", *Journal of Forecasting* 12 (janeiro de 1993), p. 75.
[42] "Taking It One Step at a Time: Tapping into the Benefits of Collaborative Planning, Forecasting, and Replenishment (CPFR)", *An Oracle White Pape* (agosto de 2005), disponível em http://www.oracle.com/applications/retail/library/white-papers/taking-it-one-step.pdf.
[43] J. Scott Armstrong, "The Forecasting Canon: Nine Generalizations to Improve Forecast Accuracy", *FORESIGHT: The International Journal of Applied Forecasting* 1 (1, junho de 2005), p. 29-35.
[44] Moriarty e Adams, "Management Judgment Forecasts", p. 248.

seja criada para fornecer um padrão de comparação na avaliação dos resultados gerados por uma única abordagem de previsão. Cada abordagem de previsão se baseia em dados variados para gerar as estimativas de vendas. Ao levar em consideração uma gama maior de fatores que afetam as vendas, a abordagem combinada fornece uma previsão mais precisa. Em vez de buscar uma única técnica de previsão "melhor", os profissionais de marketing industrial darão maior atenção à abordagem composta de previsão.

Resumo

O mercado industrial contém um composto complexo de clientes com necessidades e objetivos diversos. O estrategista de marketing que analisa o mercado global e identifica grupos (segmentos) de compradores servidos de modo negligente ou inadequado está preparado, de modo ideal, para entrar em um mercado. Ajustes específicos na estratégia de marketing podem ser feitos visando adequar as necessidades singulares de cada segmento-alvo. Naturalmente, essas estratégias diferenciadas de marketing são viáveis apenas quando os segmentos-alvo são mensuráveis, acessíveis, compatíveis, responsivos e grandes o suficiente para justificar uma atenção específica.

De modo processual, a segmentação do mercado industrial envolve a categorização efetiva ou potencial das organizações compradoras em grupos (segmentos) mutuamente exclusivos, cada um exibindo uma resposta relativamente homogênea às variáveis da estratégia de marketing. Para cumprir essa tarefa, o profissional de marketing industrial pode contar com dois tipos de base de segmentação: de nível macro e de nível micro. As macrodimensões são as principais características das organizações compradoras e da situação de compra. O NAICS, junto com outras fontes secundárias de informação, é valioso na segmentação de nível macro. As bases de segmentação de nível micro estão centralizadas nas principais características da unidade de tomada de decisão e exigem maior nível de conhecimento do mercado.

Este capítulo delineou uma abordagem sistemática para aplicação do profissional de marketing industrial ao identificar e selecionar os segmentos-alvo. Antes de ser tomada uma decisão final, o profissional de marketing deve pesar os custos e as vantagens de uma estratégia segmentada de marketing. Ao desenvolver um plano de segmentação do mercado, o gerente de marketing industrial isola os custos e as receitas associados ao atendimento dos segmentos específicos do mercado. Ao direcionar seus recursos para seus clientes e segmentos mais lucrativos, o profissional de marketing industrial fica menos vulnerável aos concorrentes que podem buscar "escolher a dedo" os clientes mais valiosos da empresa.

As técnicas de previsão disponíveis para o profissional de marketing industrial são (1) qualitativas e (2) quantitativas. As técnicas qualitativas baseiam-se em decisões informadas sobre vendas futuras e incluem julgamento por executivos, o composto da força de vendas e os métodos Delphi. Por outro lado, as técnicas quantitativas possuem exigências de dados mais complexos e envolvem abordagens de série de tempo e causal. O método de série de tempo usa dados históricos cronológicos para projetar a tendência futura e a taxa de crescimento de vendas. Os métodos causais, por outro lado, buscam identificar os fatores que afetaram as vendas anteriores e procuram incorporá-los a um modelo matemático. A essência da previsão da demanda sólida é combinar de modo eficiente as previsões fornecidas pelos vários métodos.

Questões para Discussão

1. Algumas empresas seguem uma abordagem de segmentação de etapa única usando macrodimensões; outras usam macrodimensões e microdimensões. Como gerente de marketing industrial, que fatores seriam levados em consideração na escolha entre os dois métodos?

2. Que características do mercado industrial favorecem o uso de abordagens qualitativas de previsão? Que vantagens o analista do mercado industrial ganha ao combinar essas abordagens qualitativas com os métodos quantitativos de previsão?

3. A Sara Lee Corporation gera mais de $ 1,5 bilhão em vendas a cada ano no mercado institucional (por exemplo, hospitais, escolas, restaurantes). Explicar como uma empresa como a Sara Lee ou a General Mills poderia aplicar o conceito de segmentação do mercado ao mercado institucional.

4. Que limitações devem ser entendidas antes de aplicar e interpretar os resultados da previsão da demanda gerados pelos métodos causais?

5. A FedEx acredita que seu futuro crescimento virá de transações de e-commerce business-to--business, em que os clientes demandam serviços de entrega rápidos e confiáveis. Delinear um plano de segmentação que a empresa poderia usar para se tornar a líder do mercado nesse setor em rápida expansão.

6. Como métodos alternativos para a previsão da demanda, qual é a lógica subjacente dos métodos de (1) série de tempo e (2) regressão ou causal?

7. A Automatic Data Processing, Inc. (ADP) controla o processamento da folha de pagamento e da declaração de imposto para mais de 300 mil clientes. Em outras palavras, as empresas terceirizam essas funções para a ADP. Sugerir possíveis bases de segmentação que a ADP poderia empregar nesse mercado de prestação de serviços. Que critérios seriam importantes para os compradores organizacionais ao tomar a decisão de levar o processamento da folha de pagamento para uma empresa externa?

8. Embora as técnicas qualitativas de previsão sejam importantes no processo de previsão de vendas em muitas indústrias, o gerente de marketing deve entender as limitações dessas abordagens. Delinear essas limitações.

9. A Cogent é uma empresa em rápido crescimento que fabrica software para a identificação de pessoas usando a biometria – impressões digitais, fisionomias, olhos e outras características pessoais. A empresa está construindo terminais que permitem aos clientes pagar pelos produtos com as suas impressões digitais. Avaliar o potencial do sistema de "pagar através do toque" e sugerir possíveis segmentos do mercado que poderiam ser receptivos à nova oferta.

10. Comparar e diferenciar o composto da força de vendas e o método Delphi de desenvolvimento de uma previsão de vendas.

CASO

Federated Insurance: Visando aos Pequenos Negócios[45]

Visando a clientes de pequeno e médio portes (SMB), a Federated Insurance oferece aos clientes e possíveis clientes um programa de proteção total de seguro, cobrindo o espectro desde o seguro de propriedade comercial, seguro contra acidentes e seguro de invalidez até o seguro-saúde de grupo. Desde a sua fundação há mais de um século, o plano de mercado da empresa esteve centralizado em uma estratégia bem-definida: fornecer serviços de altíssima qualidade e melhor valor disponível para negócios *selecionados*.

Estabelecida em Owatonna, Minnesota, com escritórios regionais em Atlanta e Phoenix, a Federated tem 2.600 funcionários e atua em 48 estados. Consistente com a sua herança e seu plano de mercado original, a empresa é especializada no seguro comercial para indústrias selecionadas:

- Revendedores de automóveis e atacadistas de peças automotivas
- Contratadas do setor de construção (por exemplo, material elétrico, encanamento-calefação--resfriamento)
- Revendedores de equipamentos (por exemplo, para agricultura, gramados e jardins)
- Serviços funerários
- Joalheiros
- Oficinas para reparos de máquinas
- Profissionais de marketing de petróleo e lojas de conveniência
- Revendedores de pneus.

Cultivando Relacionamentos Comerciais

Os representantes de marketing da Federated podem moldar a proteção de seguro para atender praticamente todas as necessidades de seguro do proprietário do negócio: de propriedade, de acidentes, de saúde, de aposentadoria e outros. Também podem fornecer serviços de qualidade em gerenciamento de risco que respondam às necessidades específicas dos proprietários do negócio. A meta, aqui, é ajudar os clientes a desenvolver procedimentos e práticas que possam reduzir as perdas e melhorar as condições de segurança no local de trabalho.

A Federated possui uma forte reputação entre os clientes de pequeno e médio portes, como demonstram os seguintes testemunhos:

> "Uma das coisas que a Federated faz muito bem é manter o foco. Não se trata de vender seguro, trata-se de cuidar dos seus clientes, e os negócios que são realizados da melhor forma são aqueles que cuidam dos seus clientes".
>
> [Tim Smith, presidente, Bob Smith BMW, Calabasas, Califórnia]

---

[45] "About Federated: Our History and Mission", disponível em http://www.federatedinsurance.com, acesso em 10 de julho de 2008.

"Tive amigos com empresas que trocam de seguradoras a todo instante e que vão atrás dos melhores preços. Não se dão conta do relacionamento que precisa ser construído com uma seguradora. É um relacionamento próximo, mas ainda garantido. Com a Federated, não temos preocupações – não precisamos tê-las."

[Greg Nesler, presidente, Rochester Plumbing and Heating, Rochester, Minnesota]

Questões para Discussão

1. Ao voltar a atenção para tipos específicos de negócios (por exemplo, lojas de conveniência ou revendedores de automóvel), a Federated dá ênfase à macrossegmentação. Para estimular ainda mais a estratégia, sugerir possíveis formas pelas quais os macrossegmentos específicos poderiam ser divididos em microssegmentos significativos.

2. Na contratação de seguro, alguns clientes de pequeno e médio portes apenas desejam a opção de menor preço para cada tipo de seguro, enquanto outros desejam serviços com valor agregado (por exemplo, orientação sobre gerenciamento de risco) e uma solução de seguro completa e integrada. Como a Federated responderá aos clientes que estão totalmente focalizados no preço? Em seu ponto de vista, quais são os pontos de diferenciação que a Federated deverá esclarecer na proposição de valor para o cliente?

PARTE IV

FORMULAÇÃO DA ESTRATÉGIA DE MARKETING INDUSTRIAL

CAPÍTULO 6

Planejamento de Marketing Industrial: Perspectivas Estratégicas

Até aqui, você desenvolveu e entendeu o comportamento de compra organizacional, o gerenciamento do relacionamento com o cliente, a segmentação do mercado e uma série de outras ferramentas usadas pelos gerentes. Isso tudo gera uma perspectiva fundamentalmente importante para o estrategista de marketing industrial. Após a leitura deste capítulo, você entenderá:

1. o papel estratégico do marketing no desenvolvimento da estratégia corporativa.

2. a natureza multifuncional da tomada de decisão de marketing industrial.

3. os componentes de um modelo de negócio que pode ser convertido para posições superiores de vantagem no mercado industrial.

4. uma estrutura valiosa para o detalhamento do processo e dos sistemas que levam ao sucesso da estratégia.

A maioria das grandes corporações acredita implicitamente que a estratégia é da alçada da alta administração. Isso não acontece na GE Capital.[1] Em uma recente reunião de planejamento, alguém sugeriu que cada um de seus 28 negócios diferentes montasse uma equipe, de gerentes juniores a de nível médio, todos com menos de 30 anos, e lhes dessem a tarefa de buscar oportunidades que seus "gerentes mais antigos" haviam deixado passar. As jovens equipes voltaram com uma série de novas ideias, inclusive várias focalizando como a GE Capital poderia capitalizar mais a internet. Novas estratégias de crescimento vêm de novas ideias. Novas ideias, em geral, vêm de novas vozes. Formulação de estratégia significa contar com as forças coletivas da organização.

Para atender aos desafios apresentados pela concorrência nacional e global, as empresas de business-to-business estão cada vez mais reconhecendo o papel vital da função de marketing no desenvolvimento e na implantação de estratégias de negócios bem-sucedidas. As estratégias eficazes de negócios compartilham muitas características em comum, mas pelo menos são responsivas às necessidades do mercado, exploram as competências especiais da organização e usam suposições válidas sobre tendências ambientais e comportamento competitivo. Sobretudo, devem oferecer uma base realista para garantir e manter uma vantagem competitiva.[2] Este capítulo analisa a natureza e a importância crítica do desenvolvimento da estratégia na empresa de marketing industrial.

Primeiro, o capítulo dá destaque ao papel especial da função de marketing no desenvolvimento da estratégia corporativa, com uma perspectiva funcionalmente integrada do planejamento de marketing industrial. A seguir, identifica as fontes de vantagem competitiva, ao explorar os principais componentes de um modelo de negócio e como podem ser gerenciados para garantir um posicionamento estratégico distinto. Por fim, é oferecida uma estrutura para a conversão das metas da estratégia em uma estratégia firmemente integrada ao cliente. Essa discussão dá a base para a exploração da estratégia de marketing industrial em uma escala global – o tema do próximo capítulo.

Papel Estratégico do Marketing

As empresas baseadas no mercado estão centralizadas nos clientes – usam uma visão de fora para dentro da estratégia e demonstram uma capacidade de perceber as tendências do mercado antes de seus concorrentes.[3] Muitas empresas – como Johnson & Johnson, Motorola e Dow Chemical – possuem inúmeras divisões, linhas de produto, produtos e marcas. As políticas estabelecidas no nível corporativo fornecem a estrutura para o desenvolvimento da estratégia em cada divisão de negócio, para garantir a sobrevivência e o crescimento de toda a empresa. Por sua vez, as políticas corporativas e divisionais estabelecem os limites dentro dos quais cada gerente de produto ou de mercado desenvolve a estratégia.

A Hierarquia das Estratégias

Três principais níveis de estratégia dominam a maioria das grandes organizações de vários produtos: (1) estratégia corporativa, (2) estratégia no nível de negócio e (3) estratégia funcional.[4]

---

[1] Gary Hamel, "Bringing Silicon Valley Inside", *Harvard Business Review* 77 (setembro-outubro de 1999), p. 78-79. Ver também Gary Hamel, "The Why, What, and How of Management Innovation", *Harvard Business Review* 84 (fevereiro de 2006), p. 72-84.
[2] Eric M. Olson, Stanley F. Slater e G. Thomas M. Hult, "The Performance Implications of Fit among Business Strategy, Marketing Organization Structure, and Strategic Behavior", *Journal of Marketing* 69 (julho de 2005), p. 49-65.
[3] Para uma revisão abrangente, ver Ahmet H. Kirca, Satish Jayachandran e William O. Bearden, "Market Orientation: A Meta Analytic Review of Its Antecedents and Impact on Performance", *Journal of Marketing* 69 (abril de 2005), p. 24-41.
[4] Esta discussão foi retirada de Frederick E. Webster Jr., "The Changing Role of Marketing in the Corporation", *Journal of Marketing* 56 (outubro de 1992), p. 1-17.

A **estratégia corporativa** define os negócios em que uma empresa compete, de preferência de um modo que use recursos para converter a competência característica em vantagem competitiva. As questões essenciais nesse nível incluem: quais são nossas principais competências? Em que negócios operamos? Que negócios deveremos operar? Como alocaremos os recursos por esses negócios para alcançar nossas metas e objetivos globais organizacionais? Nesse nível de estratégia, o papel do marketing é (1) avaliar a atratividade do mercado e a eficiência competitiva da empresa; (2) promover uma orientação ao cliente para as várias clientelas no gerenciamento da tomada de decisão e (3) formular a proposição de valor global da empresa (como um reflexo de suas competências características, em termos de espelhar as necessidades do cliente) e articulá-la ao mercado e à organização como um todo. De acordo com Frederick Webster Jr., "no nível corporativo, os gerentes de marketing exercem um papel crítico como patrono, para o cliente e para um conjunto de valores e crenças que colocam o cliente em primeiro lugar na tomada de decisão da empresa".[5]

A **estratégia no nível do negócio** está centralizada em como a empresa compete em dado setor e se posiciona com relação aos seus concorrentes. O foco da competição não está entre as corporações; em vez disso, ele está entre as suas unidades individuais de negócio. Uma **unidade de negócio estratégica (UNE)** é um único negócio ou conjunto de negócios que possui uma missão distinta, um gerente responsável e os próprios concorrentes e que é relativamente independente das outras unidades de negócio. A 3M Corporation definiu 40 unidades de negócio estratégicas. Cada uma desenvolve um plano, descrevendo como gerenciará seu composto de produtos para garantir uma vantagem competitiva compatível com o nível de investimento e risco que a administração está disposta a aceitar. Uma unidade de negócio estratégica poderia ser uma ou mais divisões da indústria, uma linha de produtos dentro de uma divisão ou, de vez em quando, um único produto. As unidades de negócio estratégicas podem compartilhar recursos, como uma equipe de vendas, com outras unidades de negócio para conseguir economias de escala. Uma unidade de negócio estratégica pode servir a uma ou a muitas unidades de mercado de produto.

Para cada unidade de negócio da carteira corporativa, as seguintes questões essenciais devem ser respondidas: como podemos competir de modo mais eficiente no mercado do produto a que serve a unidade de negócio? Que capacidades distintas podem dar à unidade de negócio uma vantagem competitiva? Da mesma forma, o antigo CEO da GE, Jack Welch, pede aos seus executivos operacionais que respondam de modo decisivo às seguintes questões.[6]

- Descreva o ambiente competitivo global em que você trabalha.
- Nos últimos dois anos, o que fizeram seus concorrentes?
- No mesmo período, o que você fez a eles no mercado?
- Como eles podem atacá-lo no futuro?
- Quais são seus planos para superá-los?

A função de marketing contribui para o processo de planejamento nesse nível, ao fornecer uma análise detalhada e completa de clientes e concorrentes e as capacidades e recursos característicos da empresa para competir em segmentos específicos do mercado.

A **estratégia funcional** está centralizada em como os recursos alocados às várias áreas funcionais podem ser usados de modo mais eficiente e eficaz para dar apoio à estratégia no nível do negócio. O foco principal da estratégia de marketing, nesse nível, é alocar e coordenar recursos e atividades de marketing para alcançar o objetivo da empresa dentro de um mercado de produto específico.

---

[5] Ibid.; Webster, "The Changing Role of Marketing", p. 11.
[6] Noel M. Tichy e Stratford Sherman, *Control Your Destiny or Someone Else Will* (Nova York: Doubleday, 1993), p. 26; ver também Jack Welch e John A. Byrne, *Jack: Straight from the Gut* (Nova York: Warner Books, 2001).

Formulação da Estratégia e a Hierarquia[7]

A interação entre os três níveis de hierarquia da estratégia pode ser ilustrada ao se analisar a perspectiva de ação coletiva da formulação da estratégia. Essa abordagem se aplica às decisões estratégicas que (1) encurtam o caminho entre as áreas funcionais; (2) envolvem questões relacionadas aos objetivos de longo prazo da organização ou (3) envolvem a alocação de recursos pelas unidades de negócio ou mercados do produto. Aqui incluídas estão as decisões sobre a direção da estratégia corporativa, a aplicação de uma tecnologia principal ou a escolha de um parceiro de aliança.

Observe, na Figura 6.1, que os processos de decisão estratégica envolvem, com frequência, a participação ativa de vários grupos funcionais de interesse que possuem crenças bem diversas sobre a conveniência de estratégias específicas ou metas corporativas. As decisões estratégicas representam o resultado de um processo de negociação entre grupos funcionais de interesse (inclusive marketing), cada um dos quais podendo interpretar a estratégia proposta sob uma luz inteiramente diferente.

Questões de Território e Diferentes Formas de Pensar o Mundo. Duas forças contribuem para o conflito que divide, em geral, os participantes no processo de formulação da estratégia. Primeiro, significados diferentes atribuídos a uma estratégia proposta são normalmente motivados por diferenças mais profundas no que pode ser chamado "subculturas organizacionais". As subculturas existem quando uma subunidade compartilha valores, crenças e metas diferentes dos de outra subunidade, resultando em diferentes **formas de pensar o mundo.**[8] Por exemplo, os gerentes de marketing estão preocupados com as oportunidades do mercado e com a concorrência, enquanto os gerentes de P&D valorizam a sofisticação técnica e a inovação. Segundo, os gerentes funcionais são mais propensos a resistir a mudanças estratégicas que ameaçam a sua área. Na medida em que a subunidade define a identidade individual e conota prestígio e poder, o membro da organização pode relutar ver isso alterado por uma decisão estratégica.

Resultados Negociados. As decisões coletivas emergem da negociação e do comprometimento entre os participantes de cada setor. As diferenças entre metas, formas de pensar o mundo e interesses pessoais dos participantes levam a conflitos sobre as medidas que deverão ser tomadas. As escolhas devem ser negociadas com cada grupo de interesse, na tentativa de alcançar as próprias finalidades. Os resultados finais das decisões coletivas tendem a se desenvolver de modo incremental e dependem mais dos valores do participante e da influência dos vários grupos de interesse do que da análise racional. Um estudo sobre a decisão estratégica altamente contestada em uma empresa da *Fortune* 500 ilustra a tensão que pode existir entre marketing e P&D.

Dois executivos de marketing descrevem como a decisão foi resolvida no final.[9] De acordo com o gerente de marketing:

> [O marketing] realizou uma tarefa extremamente eficaz ao se colocar bem no meio e sufocá-la[...]
> O que aconteceu foi que, ao mostrar as preocupações da unidade de mercado e, mais uma vez, dar nova ênfase ao fato de que estamos baseados no mercado, basicamente o que o Marketing

---

[7] Gary L. Frankwick, James C. Ward, Michael D. Hutt e Peter H. Reingen, "Evolving Patterns of Organizational Beliefs in the Formation of Marketing Strategy", *Journal of Marketing* 58 (abril de 1994), p. 96-110; ver também Michael D. Hutt, Beth A. Walker e Gary L. Frankwick, "Hurdle the Cross-Functional Barriers to Strategic Change", *Sloan Management Review* 36 (primavera de 1995), p. 22-30.

[8] Ver, por exemplo, Christian Homburg, Ore Jensen e Harley Krohmer, "Configurations of Marketing and Sales", *Journal of Marketing* 72 (março de 2008), p. 123-154; e Christian Homburg e Ore Jensen, "The Thought Worlds of Marketing and Sales: Which Differences Make a Difference?", *Journal of Marketing* 71 (julho de 2007), p. 124-141.

[9] Frankwick, Ward, Hutt e Reingen, "Evolving Patterns of Organizational Beliefs", p. 107-108.

Capítulo 6 Planejamento de Marketing Industrial: Perspectivas Estratégicas   161

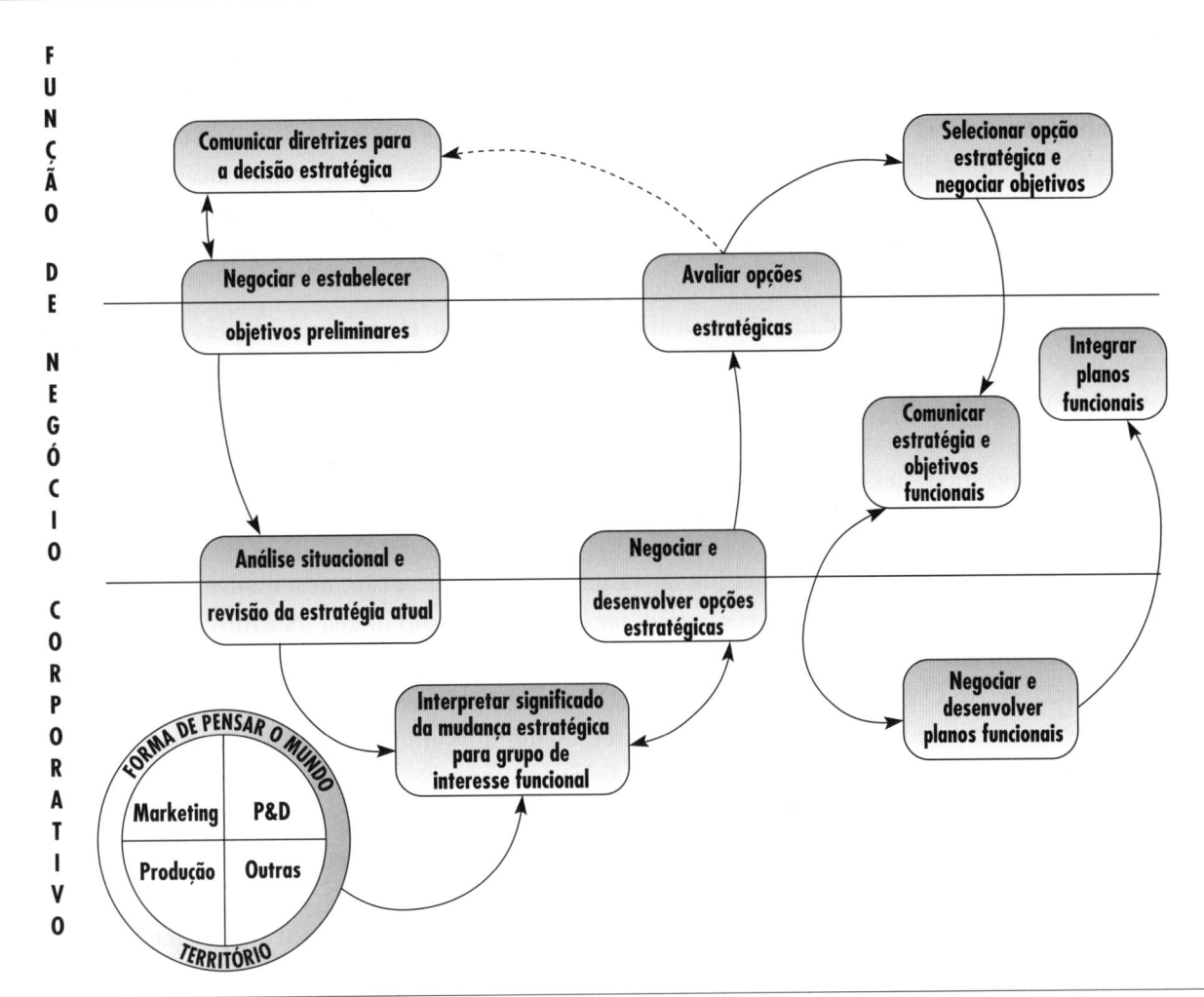

FIGURA 6.1 | **PERSPECTIVA DE AÇÃO COLETIVA DO PROCESSO DE FORMULAÇÃO DA ESTRATÉGIA**

[Diagrama: Função de Negócio Corporativo — fluxo entre as caixas: "Comunicar diretrizes para a decisão estratégica", "Negociar e estabelecer objetivos preliminares", "Análise situacional e revisão da estratégia atual", "Interpretar significado da mudança estratégica para grupo de interesse funcional", "Negociar e desenvolver opções estratégicas", "Avaliar opções estratégicas", "Selecionar opção estratégica e negociar objetivos", "Comunicar estratégia e objetivos funcionais", "Negociar e desenvolver planos funcionais", "Integrar planos funcionais". Círculo "FORMA DE PENSAR O MUNDO / TERRITÓRIO" com setores: Marketing, P&D, Produção, Outras.]

FONTE: Gary L. Frankwick, James C. Ward, Michael D. Hutt e Peter H. Reingen, "Evolving Patterns of Organizational Beliefs in the Formation of Strategy", *Journal of Marketing* 58 (abril de 1994), p. 98. Reproduzido com permissão da American Marketing Association.

fez foi forçar a equipe de P&D a submeter-se, uma vez que não possui mais a autonomia para tomar decisões – agora ela recebe as ordens. De modo formal ou informal, está definitivamente subordinada ao marketing antes de seguir adiante no que está fazendo agora.

De acordo com o vice-presidente de marketing:

Antes, achava que a tecnologia impulsionava o processo. Agora, sinto que a tecnologia é parceira do mercado. E o motivo pelo qual sinto isso é porque temos [o pessoal de marketing] trabalhado proximamente com como se desenvolve a tecnologia.

Implicações para os Gerentes de Marketing. Ao defender um curso estratégico, os gerentes de marketing devem ser sensíveis às prováveis respostas que podem surgir em outros grupos de interesse. Para construir comprometimento e confiança, os gerentes deverão desenvolver e usar uma rede de comunicação que inclua os membros da organização que possuem um interesse principal na decisão. Os gerentes de marketing podem usar essas redes pessoais para entender os interesses de outras partes interessadas, comunicar os próprios interesses de modo claro e sensível e, assim, dissipar a ansiedade dos outros sobre ameaças ao seu território.

Planejamento Funcionalmente Integrado: O Centro de Estratégia de Marketing[10]

Em vez de trabalhar isolado das outras áreas funcionais, o gerente de marketing industrial bem-sucedido é um integrador – alguém que entende as capacidades da fabricação, de P&D e de serviços ao cliente e que capitaliza suas forças ao desenvolver estratégias de marketing que são responsivas às necessidades do cliente. Os gerentes de marketing também assumem um papel central na implantação da estratégia.[11] Pesquisa recente indica que, em empresas consideradas fortes na execução de estratégias, mais de 70% dos trabalhadores afirmam ter uma ideia clara das decisões e ações pelas quais são responsáveis; esse percentual cai para 32% em organizações fracas na execução.[12]

As **tabelas de responsabilidade** são uma abordagem que pode classificar os papéis da tomada de decisão e destacar a natureza multifuncional da tomada de decisão em marketing industrial. A Tabela 6.1 tem a estrutura de um gráfico de responsabilidade. As áreas (linhas) de decisão na matriz podem, por exemplo, estar relacionadas a uma expansão planejada na linha de produtos. As várias áreas funcionais que podem assumir papéis específicos nesse processo de decisão constam como título das colunas da matriz. A lista a seguir define os papéis alternativos que os participantes podem assumir no processo de tomada de decisão.[13]

1. *Responsável* (R): O gerente toma iniciativa na análise da situação, desenvolvendo alternativas e garantindo a consulta aos outros e, então, faz a recomendação inicial. Na aprovação da decisão, o papel termina.
2. *Aprovação* (A): O gerente aceita ou veta uma decisão antes de sua implantação ou escolhe entre as alternativas desenvolvidas pelos participantes, assumindo um papel de "responsável".
3. *Consulta* (C): O gerente é consultado ou solicitado a fornecer dados essenciais antes de a decisão ser aprovada, mas não tem poder de veto.
4. *Implantação* (M): O gerente é responsável pela implantação da decisão, inclusive pela notificação aos outros participantes relevantes sobre ela.
5. *Informação* (I): Embora não necessariamente consultado antes da aprovação da decisão, o gerente é informado sobre a decisão assim que tomada.

Os representantes de uma área funcional específica podem, certamente, assumir mais de um papel no processo de tomada de decisão. O gerente de serviços técnicos pode ser consultado durante o processo de desenvolvimento de um novo produto e também pode ser responsável pela implantação da estratégia de suporte ao serviço. Da mesma forma, o gerente de marketing pode ser responsável e aprovar muitas das decisões relativas à expansão da linha de produtos. No caso de outras ações, podem participar vários tomadores de decisão. Para ilustrar, o gerente da unidade de negócio, após consulta ao setor de P&D, pode aprovar (ou vetar) uma decisão pela qual o gerente de marketing é responsável.

Os membros da organização envolvidos no processo de tomada de decisão de marketing industrial constituem o **centro de estratégia de marketing**. A composição ou representação da área funcional do centro de estratégia evolui durante o processo de desenvolvimento da estratégia de marketing, varia de

---

[10] Michael D. Hutt e Thomas W. Speh, "The Marketing Strategy Center: Diagnosing the Industrial Marketer's Interdisciplinary Role", *Journal of Marketing* 48 (outono de 1984), p. 53-61; ver também Jeen-Su Lim e David A. Reid, "Vital Cross-Functional Linkages with Marketing", *Industrial Marketing Management* 22 (fevereiro de 1993), p. 159-165.

[11] Charles H. Noble e Michael P. Mokwa, "Implementing Marketing Strategies: Developing and Testing a Managerial Theory", *Journal of Marketing* 63 (outubro de 1999), p. 57-73.

[12] Gary L. Neilson, Karla L. Martin e Elizabeth Powers, "The Secrets to Successful Strategy Execution", *Harvard Business Review* 86 (junho de 2008), p. 63.

[13] Joseph E. McCann e Thomas N. Gilmore, "Diagnosing Organizational Decision Making through Responsibility Charting", *Sloan Management Review* 25 (inverno de 1983), p. 3-15.

POR DENTRO DO MARKETING INDUSTRIAL

De Planos por Tópicos (*Bullet Points*) a Histórias Estratégicas na 3M

Após revisar inúmeros planos de negócio durante vários anos, Gordon Shaw, diretor executivo de planejamento da 3M, concluiu que os planos de negócio da empresa deixaram de refletir o pensamento profundo e de inspirar o comprometimento e o apoio ativo. Ele suspeitou que o formato tradicional de planos por tópicos era a parte mais importante do problema. As listas por tópicos são muito genéricas e deixam de transmitir a ideia de como o negócio conquistará um mercado específico. Para solucionar o problema, voltou-se para as narrativas estratégicas – planejamento por meio da narração de histórias. Como acontece com uma boa história, um bom plano estratégico "define relacionamentos, causa e efeito, e uma prioridade entre os itens – *e aqueles elementos serão provavelmente lembrados como um todo complexo*".

Ao usar essa abordagem, um estrategista da 3M primeiro **prepara o terreno**, ao definir a concorrência atual, o mercado e a situação da empresa de uma forma criteriosa e coerente. A seguir, o planejador deve **introduzir o conflito dramático** – os principais desafios ou questões críticas que trazem obstáculos ao sucesso. Por fim, a história deve **chegar a uma resolução** de modo satisfatório e atrativo. Aqui, é fornecido um argumento lógico e conciso com respeito às ações específicas que a empresa pode tomar para superar os obstáculos e vencer. Os planos narrativos criam uma rica imagem da estratégia, trazem à tona suposições críticas e passam uma mensagem importante que pode motivar e mobilizar os funcionários em toda a organização.

FONTE: Gordon Shaw, Robert Brown e Philip Bromley, "Strategic Stories: How 3M Is Rewriting Business Planning", *Harvard Business Review* 76 (maio-junho de 1998), p. 41-50. Ver também David J. Collins e Michael G. Rukstad, "Can You Say What Your Strategy Is?", *Harvard Business Review* 86 (abril de 2008), p. 82-89.

---

empresa para empresa e varia de uma situação para outra. Da mesma forma, a composição do centro de estratégia de marketing não é determinada rigorosamente pelo organograma. As necessidades de uma situação específica de estratégia, principalmente as exigências de informação, influenciam de modo significativo a composição do centro de estratégia. Assim, o centro de estratégia de marketing compartilha certas similaridades com o centro de compras (ver Capítulo 3).

Gerenciando Interdependências Estratégicas. Um desafio importante para o profissional de marketing industrial no centro de estratégia é minimizar o conflito interdepartamental enquanto promove estimativas compartilhadas das interdependências com outras unidades funcionais. Cada participante do centro de estratégia é motivado por metas pessoais e organizacionais. Esses participantes interpretam os objetivos da empresa com relação ao seu nível na hierarquia e no departamento que representam. Várias unidades funcionais operam sob sistemas de recompensa exclusivos e refletem orientações únicas ou formas de pensar o mundo. Por exemplo, gerentes de marketing são avaliados com base nas vendas, lucros ou fatia de mercado; gerentes de produção, com base na eficiência da fabricação e na rentabilidade. Por sua vez, os gerentes de P&D podem ser orientados em direção a objetivos de longo prazo; gerentes de serviços ao cliente podem dar ênfase a objetivos mais intermediários. Os planos estratégicos emergem de um processo de negociação entre as áreas funcionais. Gerenciar conflitos, promover a cooperação e desenvolver estratégias coordenadas são fundamentais ao papel interdisciplinar do profissional de marketing industrial. Ao entender as preocupações e orientações do pessoal de outras áreas funcionais, o gerente de marketing industrial está mais bem equipado para moldar relacionamentos eficientes de trabalho entre unidades.

Principais Realizadores em B2B

Relacionamentos Interfuncionais: Gerentes Eficazes Cumprem Promessas

Peça a um gerente de P&D que identifique um colega de marketing que seja particularmente eficiente em conseguir as coisas feitas e ele ou ela logo dará um nome e contará um caso memorável para justificar a escolha. Para explorar as características dos gerentes interfuncionais de alto desempenho, relatos detalhados de interações eficazes e ineficazes foram coletados de gerentes em uma empresa de alta tecnologia da *Fortune 100*. É interessante notar que as características de maior destaque que os colegas enfatizam ao descrever os principais realizadores são as qualidades pessoais como franqueza, em vez de competências técnicas como conhecimento de marketing. Aqui vai um perfil:

- Gerentes de alto desempenho são reverenciados por seus colegas por seu *pronto atendimento*. Ao se lembrar de episódios interfuncionais eficazes, os colegas descrevem os principais realizadores como "adequados", "pontuais" e "responsivos" (por exemplo, "Quando preciso de informações críticas, vou a ele e ele me retorna o que preciso").
- Em vez de uma "mentalidade funcional", os principais realizadores demonstram capacidades de *visualizar a perspectiva* – a capacidade de prever e entender as perspectivas e prioridades dos gerentes de outras unidades (por exemplo, "Ele é um estrategista de marketing fantástico, mas também reconhece as questões técnicas especiais com que vimos trabalhando para lançar esse produto no prazo").
- Quando os colegas descrevem o *estilo de comunicação* de suas contrapartes interfuncionais de alto desempenho, focalizam três temas consistentes: franqueza, frequência e qualidade. As interações com os principais realizadores são descritas como "sinceras", "desimpedidas" e caracterizadas por um "fluxo livre de pensamentos e sugestões". Essas interações de alta qualidade esclarecem metas e responsabilidades.

Ao "cumprir suas promessas", os gerentes eficazes desenvolvem uma rede de relacionamentos próximos em todas as funções. "Ele possui bons relacionamentos pessoais com um monte de pessoas e possui uma rede – realmente compreende os mecanismos que devem ser usados para conseguir que as coisas sejam feitas."

FONTE: Michael D. Hutt, Beth A. Walker, Edward U. Bond III e Matthew Meuter, "Diagnosing Marketing Managers' Effective and Ineffective Cross-Functional Interactions", artigo, Tempe, Arizona: Universidade do Estado do Arizona, 2005. Ver também Edward U. Bond III, Beth A. Walker, Michael D. Hutt e Peter H. Reingen, "Reputational Effectiveness in Cross-Functional Working Relationships", *Journal of Product Innovation Management* 21 (janeiro de 2004), p. 44-60.

Componentes de um Modelo de Negócio[14]

Para que uma estratégia seja bem-sucedida, as pessoas devem entender e compartilhar uma definição em comum do conceito de negócio existente de uma empresa. Por exemplo, pergunte a qualquer funcionário da Dell e ele falará sobre o "modelo da Dell" que os distingue da concorrência. Um **conceito de negócio** ou modelo consiste em quatro componentes principais (Figura 6.2):

- Interface do cliente
- Estratégia principal
- Recursos estratégicos
- Rede de valor

Os principais componentes do conceito de negócio estão agrupados em três importantes elementos que servem de "ponte": vantagens do cliente, configuração e limites da empresa.

---

[14] Salvo onde observado, essa discussão está baseada em Gary Hamel, *Leading the Revolution* (Boston: Harvard Business School Press, 2000), p. 70-94.

TABELA 6.1 | ENVOLVIMENTO INTERFUNCIONAL NA TOMADA DE DECISÃO EM MARKETING: UM EXEMPLO DE TABELA DE RESPONSABILIDADE

Área de decisão	Marketing	Produção	P&D	Logística	Serviços técnicos	Gerente de unidade de negócio estratégica	Planejador de nível corporativo
PRODUTO							
Especificações do projeto							
Características do desempenho							
Confiabilidade							
PREÇO							
Preço de tabela							
Estrutura de desconto							
SUPORTE DE SERVIÇO TÉCNICO							
Treinamento do cliente							
Reparo							
LOGÍSTICA							
Nível do estoque							
Nível do serviço ao cliente							
FORÇA DE VENDAS							
Treinamento							
PROPAGANDA							
Desenvolvimento de mensagem							
CANAL							
Seleção							

NOTA: Vocabulário do papel de tomada de decisão: R = responsável; A = aprovação; C = consulta; M = implantação; I = informação; X = sem papel na tomada de decisão.

FIGURA 6.2 | COMPONENTES DE UM MODELO DE NEGÓCIO

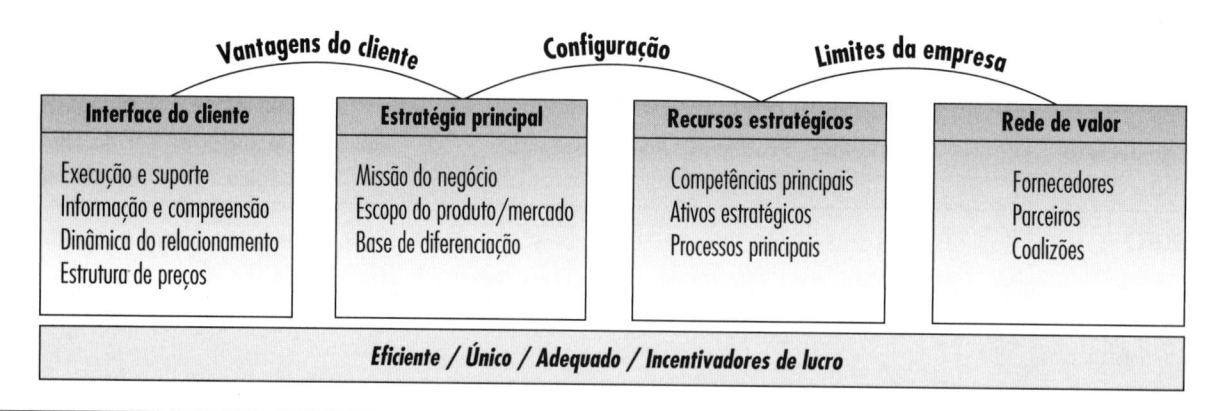

```
        Vantagens do cliente      Configuração         Limites da empresa

┌─────────────────────┐  ┌─────────────────────┐  ┌─────────────────────┐  ┌─────────────────────┐
│ Interface do cliente│  │ Estratégia principal│  │ Recursos estratégicos│ │   Rede de valor     │
├─────────────────────┤  ├─────────────────────┤  ├─────────────────────┤  ├─────────────────────┤
│ Execução e suporte  │  │ Missão do negócio   │  │ Competências        │  │ Fornecedores        │
│ Informação e        │  │ Escopo do           │  │  principais         │  │ Parceiros           │
│  compreensão        │  │  produto/mercado    │  │ Ativos estratégicos │  │ Coalizões           │
│ Dinâmica do         │  │ Base de             │  │ Processos principais│  │                     │
│  relacionamento     │  │  diferenciação      │  │                     │  │                     │
│ Estrutura de preços │  │                     │  │                     │  │                     │
└─────────────────────┘  └─────────────────────┘  └─────────────────────┘  └─────────────────────┘

┌──────────────────────────────────────────────────────────────────────────────────────────────┐
│           Eficiente / Único / Adequado / Incentivadores de lucro                             │
└──────────────────────────────────────────────────────────────────────────────────────────────┘
```

FONTE: Reproduzido com permissão da *Harvard Business Review*. De Gary Hamel, "Customer Benefits, Configuration and Boundaries", *Leading the Revolution*, p. 96. Copyright © 2000 da Harvard Business School Publishing Corporation; todos os direitos reservados.

Interface do Cliente

As vantagens do cliente fornecem uma ponte entre a estratégia principal e a interface do cliente. As vantagens do cliente ligam a estratégia principal diretamente às necessidades dos clientes. A interface do cliente inclui quatro elementos:

1. **Execução e suporte** referem-se aos canais usados por uma empresa de marketing industrial para conseguir clientes e ao nível de suporte de serviço que fornece.
2. **Informação e compreensão** dizem respeito ao conhecimento obtido sobre os clientes e ao grau em que essas informações são usadas para fornecer valor aumentado ao cliente.
3. **Dinâmica do relacionamento** corresponde à natureza da interação entre a empresa e seus clientes (por exemplo, a proporção de clientes de relacionamento *versus* clientes transacionais; ver Capítulo 4). Questão principal: que etapas podem ser percorridas para aumentar os obstáculos para a concorrência, ao se superar as expectativas do cliente ou fortalecer o sentido de associação do cliente com a empresa?
4. **Estrutura de preços**. Um conceito de negócio pode oferecer várias escolhas de preço. Por exemplo, uma empresa pode agrupar produtos e serviços ou precificá-los de acordo com uma lista de opções. Quando as empresas aéreas compram um Boeing 777, equipado com motores a jato fabricados pela GE, pagam a esta uma taxa correspondente a cada hora de voo de acordo com um contrato de manutenção de preço fixo. Assim, em vez de produtos, a GE está vendendo "poder por hora".

Estratégia Principal

A **estratégia principal** determina como a empresa escolhe competir. Na Figura 6.2, observe que três elementos estão envolvidos na determinação de uma estratégia principal:

1. A **missão do negócio** descreve os objetivos globais da estratégia, determina um curso e uma direção e define um conjunto de critérios de desempenho que são usados para medir o andamento. A missão do negócio deve ser ampla o suficiente para permitir a inovação do conceito do negócio

e deverá ser diferenciada da missão dos concorrentes no setor. Por exemplo, ao focalizar a sua missão sobre copiadoras e impressão, a Xerox permitiu que a Hewlett-Packard construísse uma liderança dominante no negócio de impressão.

2. O **escopo do produto/mercado** define *onde* a empresa compete. Os mercados do produto que constituem o domínio de um negócio podem ser definidos pelas vantagens ao cliente, tecnologias, segmentos de clientes e canais de distribuição.[15] Os estrategistas devem levar em consideração esta questão: os segmentos específicos do cliente estão sendo negligenciados pela concorrência ou pelos clientes que poderiam dar boas-vindas a uma nova solução produto-serviço?

3. A **base para diferenciação** apreende a essência de como uma empresa compete diferentemente de seus concorrentes. George S. Day e Robin Wensley explicam:

> Um negócio é diferenciado quando algumas atividades para agregar valor são realizadas de um modo que leva à superioridade percebida com dimensões que são valorizadas pelos clientes. Para que essas atividades sejam lucrativas, o cliente deve estar disposto a pagar um prêmio pelas vantagens, e o prêmio deve ser superior aos custos agregados do desempenho superior.[16]

Existem muitas formas para que uma empresa diferencie produtos e serviços:

- Fornecer serviço superior ou competência em assistência técnica por meio de rapidez, receptividade a pedidos complexos ou capacidade de resolver problemas especiais do cliente.
- Fornecer qualidade superior que reduza os custos do cliente ou aprimore o seu desempenho.
- Oferecer características inovadoras do produto que usem novas tecnologias.

Recursos Estratégicos

Uma empresa de marketing industrial ganha uma vantagem competitiva por meio de suas capacidades e recursos superiores. Os recursos estratégicos da empresa incluem competências principais, ativos estratégicos e processos principais.

1. **Competências principais** são o conjunto de capacidades, sistemas e tecnologias que uma empresa usa para criar exclusivamente alto valor para os clientes.[17] Por exemplo, a Dell usa as suas competências de distribuição direta para vender uma série de novos produtos para clientes corporativos, inclusive interruptores, servidores, armazenamento e vários produtos periféricos.[18] Com respeito às competências principais, as questões para o estrategista são: que vantagens importantes nossas competências fornecem para os clientes? O que conhecemos ou fazemos especialmente bem que é de valor para os clientes e que é transferível para as novas oportunidades de mercado?

2. **Ativos estratégicos** são exigências mais tangíveis de vantagem que permitem que uma empresa exerça as suas capacidades. Incluídos aqui estão marcas, dados do cliente, cobertura de distribuição, patentes e outros recursos raros e valiosos. A atenção está centralizada nesta questão: pode-

---

[15] George S. Day, *Strategic Market Planning: The Pursuit of Competitive Advantage* (St. Paul, MN: West Publishing, 1984).

[16] George S. Day e Robin Wensley, "Assessing Advantage: A Framework for Diagnosing Competitive Superiority", *Journal of Marketing* 52 (abril de 1988), p. 3-4. Ver também Douglas W. Vorhies e Neil A. Morgan, "Benchmarking Marketing Capabilities for Sustainable Competitive Advantage", *Journal of Marketing* 69 (janeiro de 2005), p. 80-94.

[17] James Brian Quinn, "Strategic Outsourcing: Leveraging Knowledge Capabilities", *Sloan Management Review* 40 (verão de 1999), p. 9-21.

[18] Andy Serwer, "Dell Does Domination", *Fortune*, 21 de janeiro de 2002, p. 70-75.

mos usar esses ativos estratégicos de uma forma diferente para fornecer novos níveis de valor aos clientes existentes ou potenciais?

3. **Processos principais** são as metodologias e rotinas usadas pelas empresas para transformar competências, ativos e outros dados em valor para os clientes. Por exemplo, a descoberta de drogas é um processo importante na Merck, e o cumprimento de uma entrega é um processo importante na FedEx. Aqui, o estrategista leva em consideração estas questões: que processos são mais exclusivos competitivamente e criam maior valor ao cliente? Poderíamos usar nossa perícia em processos de modo eficaz para entrar em outros mercados?

Na Figura 6.2, observe que um componente da configuração liga os recursos estratégicos à estratégia principal. "A configuração se refere ao modo único em que competências, ativos e processos estão inter-relacionados no apoio a uma estratégia específica."[19] Por exemplo, a Honda gerencia as atividades principais no processo de desenvolvimento de novo produto de modo diferente do que o fazem os seus concorrentes.

A Rede de Valor

O componente final de um conceito de negócio é a **rede de valor**, que complementa e ainda enriquece a base de pesquisa da empresa. Incluídos aqui estão fornecedores, parceiros de aliança estratégica e coalizões. Para ilustrar, concorrentes sagazes como a Cisco e a General Electric demonstram capacidades especiais em moldar relacionamentos com fornecedores e parceiros de aliança. Com relação à rede de valor, a grande questão para o estrategista é: que oportunidades de mercado poderiam se tornar disponíveis para nós "caso pudéssemos 'tomar emprestados' os ativos e as competências de outras empresas e casá-las com as nossas próprias?"[20]

Posicionamento Estratégico[21]

A estratégia competitiva, em seu núcleo, é sobre ser diferente, escolhendo competir de uma forma distinta. Um modelo de negócio deverá revelar a forma pela qual uma empresa dá ênfase deliberada a um conjunto diferente de atividades para fornecer um composto único de valor ao cliente. Michael Porter declara que seis princípios fundamentais dão à empresa a base para o estabelecimento e a manutenção de um posicionamento estratégico característico (ver Figura 6.3).

- Centralizar no *objetivo correto* – retorno sobre o investimento de longo prazo superior, em vez de metas de desempenho definidas em termos de volume de vendas ou liderança na fatia de mercado.
- Fornecer uma *proposição de valor ao cliente*, ou conjunto de vantagens, que seja diferente daquela fornecida pelos concorrentes. (Por exemplo, a Southwest Airlines presta serviço de baixo custo e conveniente para os clientes – vantagens específicas que os concorrentes não podem equiparar.)
- Criar uma *cadeia de valor característica* ao desempenhar atividades diferentes das dos concorrentes ou ao desempenhar atividades semelhantes de formas diferentes. (Por exemplo, ao modernizar

---

[19] Hamel, Leading the Revolution, p. 78.
[20] Ibid., p. 90.
[21] Esta seção é baseada em Michael E. Porter, "What Is Strategy?", *Harvard Business Review* 74 (novembro-dezembro de 1996), p. 61-78.

o processo de embarque de passageiros, a Southwest consegue uma parada programada mais rápida no portão e pode proporcionar saídas mais frequentes com menos aeronaves.)
- Aceitar *trade-offs* e reconhecer que uma empresa deve desistir de algumas características de produto ou serviços para permanecer realmente distinta das outras. (Por exemplo, a Continental Airlines introduziu o Continental Lite para competir diretamente com a Southwest. Ao tentar ter baixo custo em algumas rotas e serviço completo em outras, a empresa perdeu várias centenas de milhares de dólares antes de criar o Continental Lite.)
- Dar ênfase na forma pela qual todos os elementos da estratégia estão *adequados* e reforçar um ao outro. (Por exemplo, desde sua frota padrão de aeronaves Boeing 737 até suas tripulações de solo bem treinadas que fazem andar depressa a parada programada de voo, e seus limites rigorosos sobre o tipo e a distância das rotas, as atividades da Southwest complementam e reforçam uma à outra, criando todo um sistema de competição que paralisa quem tenta imitá-los).
- Construir fortes relacionamentos com o cliente e desenvolver capacidades únicas com a definição de uma proposição de valor distinta que forneça *continuidade de orientação*. (Por exemplo, a Southwest continua a adotar seu plano estratégico disciplinado.)

Michael Porter observa:

> Ter uma estratégia é uma questão de disciplina. Requer um foco firme na lucratividade, em vez de apenas no crescimento, uma capacidade para definir uma proposição de valor única e a disposição para realizar *trade-offs* difíceis na escolha do que não fazer.[...] Envolve a configuração de uma cadeia de valor sob medida – a série de atividades necessárias para produzir e fornecer um produto ou serviço – que permita à empresa oferecer um valor único.[22]

Vamos analisar como uma empresa de business-to-business usou esses princípios para estabelecer e manter um posicionamento estratégico característico.

Exemplo de Posicionamento Estratégico[23]

A Paccar opera no setor altamente competitivo de caminhões para serviços pesados, projetando e fabricando caminhões sob as marcas Kenworth e Peterbilt. A empresa, com sede em Bellevue, Washington, comanda 20% do mercado de caminhões pesados norte-americano e obtém cerca da metade de sua receita e lucros de fora dos Estados Unidos.

Um Foco Exclusivo. Em vez de centralizar em compradores de grandes frotas ou grandes empresas de leasing, a Paccar escolheu focalizar um grupo de clientes – motoristas que conhecem os próprios caminhões e firmam contratos diretamente com os expedidores na qualidade de contratados das maiores empresas de caminhões. A Paccar fornece uma gama de serviços especializados voltados especificamente para as necessidades dos operadores proprietários: cabines luxuosas para descanso, cabines com isolamento de ruídos e opções modernas para interior e exterior (milhares delas) que os compradores interessados podem selecionar para personalizar seus caminhões. A Paccar fornece seus produtos e serviços aos clientes por meio de uma enorme rede de revendedores em cerca de 1.800 locais em todo o mundo.

---

[22] Michael E. Porter, "Strategy and the Internet", *Harvard Business Review* 79 (março de 2001), p. 72.
[23] Este exemplo está baseado em Michael E. Porter, "The Five Competitive Forces that Shape Strategy", *Harvard Business Review* 86 (janeiro de 2008), p. 89.

FIGURA 6.3 | Princípios do Posicionamento Estratégico

Posicionamento estratégico:
- Objetivo correto: lucratividade
- Proposição de valor única
- Cadeia de valor característica
- Trade-offs
- Adequar: atividades de reforço mútuo
- Continuidade de orientação

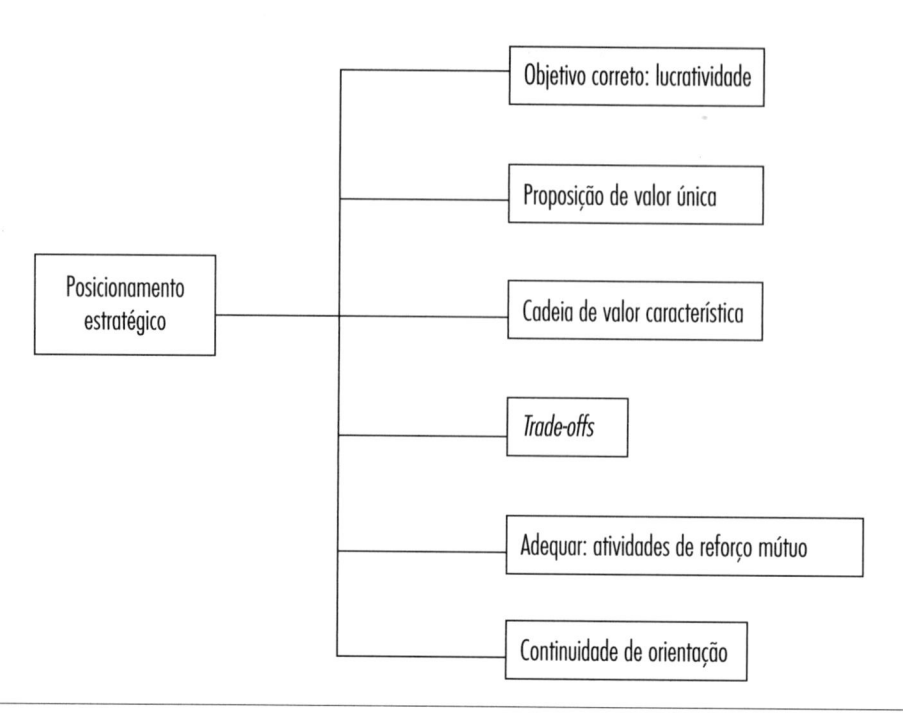

FONTE: Adaptado de Michael E. Porter, "What Is Strategy?", *Harvard Business Review* 74 (novembro-dezembro de 1996): p. 61-78.

Proposição de Valor Distinta. Construídos sob medida, esses caminhões customizados são entregues aos clientes em seis a oito semanas e incorporam características e serviços com valor agregado que são adotados pelos operadores proprietários. Os caminhões da Paccar possuem um design aerodinâmico que reduz o consumo de combustível e mantêm um valor de revenda melhor que os caminhões oferecidos pela concorrência. Para reduzir o tempo fora de serviço, a Paccar oferece um programa abrangente de assistência nas estradas e um sistema de apoio à tecnologia da informação para envio e entrega de peças sobressalentes. De acordo com Michael Porter: "Os clientes pagam à Paccar um prêmio de 10%, e as suas marcas Kenworth e Peterbilt são consideradas como símbolos de *status* nos pontos de parada de caminhão".[24] Mais ainda, a Paccar recebeu reconhecimento por estar constantemente na liderança do mercado de caminhões para serviços pesados em qualidade, inovação e satisfação do cliente.[25]

Ao configurar as suas atividades sobre o desenvolvimento de novo produto, a fabricação e o suporte ao serviço de modo diferente da concorrência, e ao moldar essas atividades à proposição de valor de seu cliente, a Paccar conseguiu um recorde invejável de desempenho financeiro: 68 anos ininterruptos de lucratividade, com média de retorno de capital de longo prazo acima de 20%.

Construindo o Plano Estratégico

Ao encontrar um equilíbrio intrincado entre estratégia e operações, o posicionamento estratégico depende de se fazer bem muitas coisas – não apenas poucas. Mas a maior parte do subdesempenho das empresas é causada por panes entre estratégia e operações. Robert S. Kaplan e David P. Norton argumentam que

---

[24] Ibid.
[25] "Kenworth Wins J. D. Power Awards", 27 de agosto de 2007, disponível em http://www.paccar.com/company/jdpower, acesso em 11 de julho de 2008.

a execução da estratégia bem-sucedida envolve duas regras básicas: "entender o ciclo de gerenciamento que vincula estratégia e operações, e saber que ferramentas aplicar a cada etapa do ciclo".[26] Para isso, eles propõem que as empresas desenvolvam um sistema de gerenciamento para planejar, coordenar e monitorar os vínculos entre estratégia e operações. Esse **sistema de gerenciamento** representa "o conjunto integrado de processos e ferramentas que uma empresa usa para desenvolver a sua estratégia, traduzi-la em ações operacionais e monitorar e aperfeiçoar a eficácia de ambas".[27] (Ver Figura 6.4.)

Observe que o sistema de gerenciamento envolve cinco etapas, começando com o desenvolvimento da estratégia (Etapa 1) e, então, passando para a etapa crucial de traduzir a estratégia (Etapa 2) em objetivos e medidas que podem ser comunicados de modo claro para todas as áreas funcionais e colaboradores. Daremos especial atenção a duas ferramentas: (1) o ***balanced scorecard***, que fornece aos gerentes um sistema abrangente para converter a visão e a estratégia de uma empresa em um conjunto de medidas de desempenho bem conectado e (2) o **mapa da estratégia** – ferramenta para a visualização da estratégia de uma empresa como uma cadeia de relacionamentos de causa e efeito entre os objetivos estratégicos. Essas ferramentas e os processos assumem um papel importante ao serem projetados os processos principais (Etapa 3), no monitoramento do desempenho (Etapa 4) e na adaptação da estratégia (Etapa 5).

O Balanced Scorecard[28]

A medição é um elemento importante no processo da estratégia. O *balanced scorecard* combina medidas financeiras de desempenho *passado* com medidas dos impulsionadores do desempenho. Observe, na Figura 6.5, que o *scorecard* analisa o desempenho de uma unidade de negócio a partir de quatro perspectivas: (1) financeira, (2) do cliente, (3) dos processos internos de negócio e (4) de aprendizagem e crescimento.

Os arquitetos da abordagem, Robert S. Kaplan e David Norton, destacam que "o *scorecard* contará a história da estratégia, começando com os objetivos financeiros de longo prazo e, então, vinculando-os à sequência de ações que devem ser praticadas com os processos financeiros, clientes e, finalmente, funcionários e sistemas para fornecer o desempenho econômico de longa duração desejado".[29]

Perspectiva Financeira

As medidas do desempenho financeiro permitem que os gerentes de marketing industrial monitorem o nível pelo qual a estratégia, a implantação e a execução da empresa estão aumentando os lucros. As medidas como retorno sobre o investimento, crescimento da receita, valor do acionista, lucratividade e custo por unidade estão entre as medidas de desempenho que demonstram se a estratégia da empresa é bem-sucedida ou se está falhando. As empresas dão ênfase a duas alavancas básicas no desenvolvimento de uma estratégia financeira: crescimento da receita e produtividade.[30] A estratégia de crescimento da receita está centralizada em garantir as vendas de novos mercados e novos produtos ou fortalecer e expandir os relacionamentos com os clientes existentes. A estratégia da produtividade também pode ter duas formas:

---

[26] Robert S. Kaplan e David P. Norton, "Mastering the Management System", *Harvard Business Review* 86 (janeiro de 2008), p. 63.
[27] Ibid., p. 64.
[28] Salvo onde observado, essa discussão está baseada em Robert S. Kaplan e David P. Norton, *Strategy Maps: Converting Intangible Assets into Tangible Outcomes* (Boston: Harvard Business School Publishing Corporation, 2004). Ver também Robert S. Kaplan e David P. Norton, *The Balanced Scorecard: Translating Strategy into Action* (Boston: Harvard Business School Press, 1996), caps. 1-3.
[29] Kaplan e Norton, *The Balanced Scorecard*, p. 47.
[30] Robert S. Kaplan e David P. Norton, "Having Trouble with Your Strategy? Then Map It", *Harvard Business Review* 78 (setembro-outubro de 2000), p. 167-176.

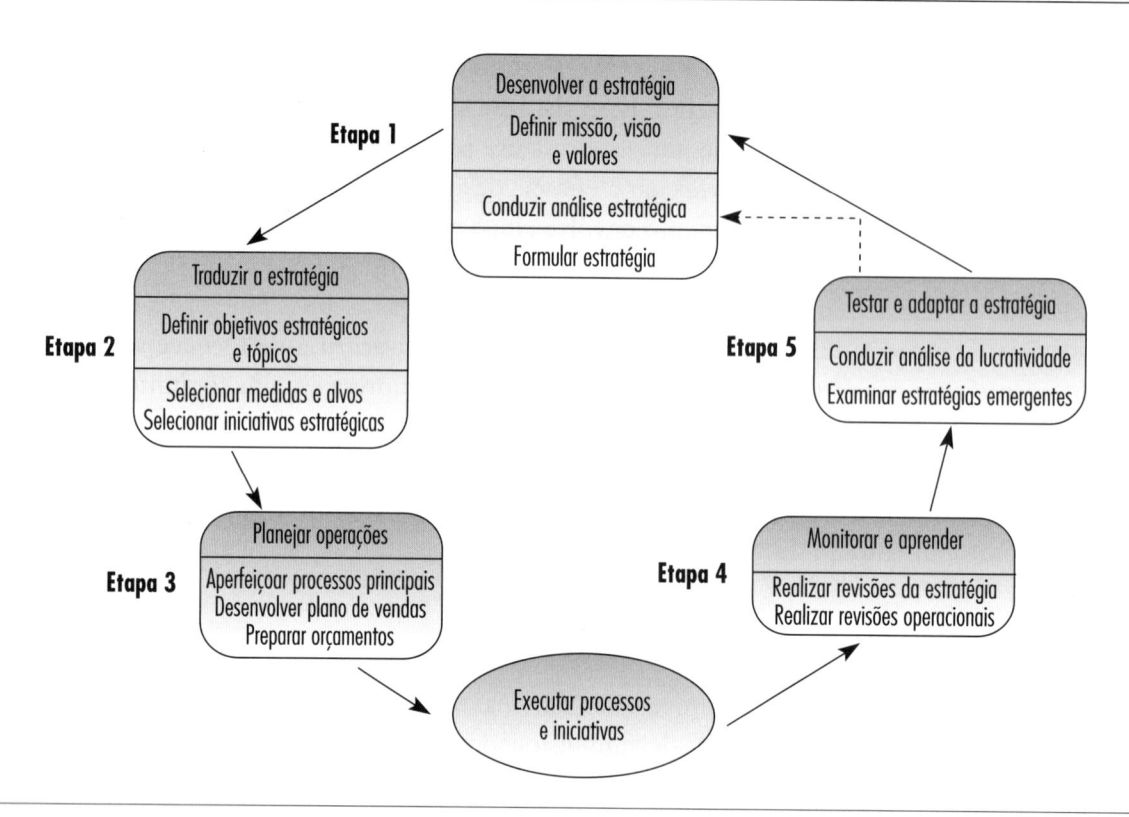

FIGURA 6.4 | SISTEMA DE GERENCIAMENTO: VINCULANDO ESTRATÉGIA E OPERAÇÕES

Etapa 1 — Desenvolver a estratégia: Definir missão, visão e valores; Conduzir análise estratégica; Formular estratégia

Etapa 2 — Traduzir a estratégia: Definir objetivos estratégicos e tópicos; Selecionar medidas e alvos; Selecionar iniciativas estratégicas

Etapa 3 — Planejar operações: Aperfeiçoar processos principais; Desenvolver plano de vendas; Preparar orçamentos

Executar processos e iniciativas

Etapa 4 — Monitorar e aprender: Realizar revisões da estratégia; Realizar revisões operacionais

Etapa 5 — Testar e adaptar a estratégia: Conduzir análise da lucratividade; Examinar estratégias emergentes

FONTE: Adaptado com modificações de Robert S. Kaplan e David P. Norton, "Mastering the Management System", *Harvard Business Review* 86 (janeiro de 2008): p. 65.

aperfeiçoar a estrutura de custo da empresa ao reduzir despesas e/ou usar ativos de modo mais eficiente ao diminuir o capital de giro ou imobilizado necessário para suportar dado nível de saída.

O *balanced scorecard* busca equiparar os objetivos financeiros ao crescimento de uma unidade de negócio e às etapas do ciclo de vida. Três etapas de um negócio estão isoladas e vinculadas aos objetivos financeiros apropriados:

1. **Crescimento**: As unidades de negócio que possuem produtos e serviços com crescimento potencial significativo e que devem estar comprometidas com recursos consideráveis (por exemplo, instalações de produção e redes de distribuição) para capitalizar a oportunidade de mercado.
Objetivos Financeiros: Taxa de crescimento das vendas por segmento; percentual da receita de novo produto, serviços e clientes.

2. **Manutenção**: As unidades de negócio, provavelmente representando a maioria dos negócios de uma empresa, que se espera mantenham ou, talvez, aumentem moderadamente a fatia de mercado a cada ano.
Objetivos Financeiros: *Share* de clientes e contas-alvo; lucratividade do cliente e da linha de produtos.

3. **Colheita**: Unidades de negócio maduras que garantem apenas investimento suficiente para manter equipamentos de produção e capacidades.
Objetivos Financeiros: *Payback*; lucratividade do cliente e da linha de produtos.

FIGURA 6.5 | O *Balanced Scorecard*: Estrutura para Traduzir Estratégia em Termos Operacionais

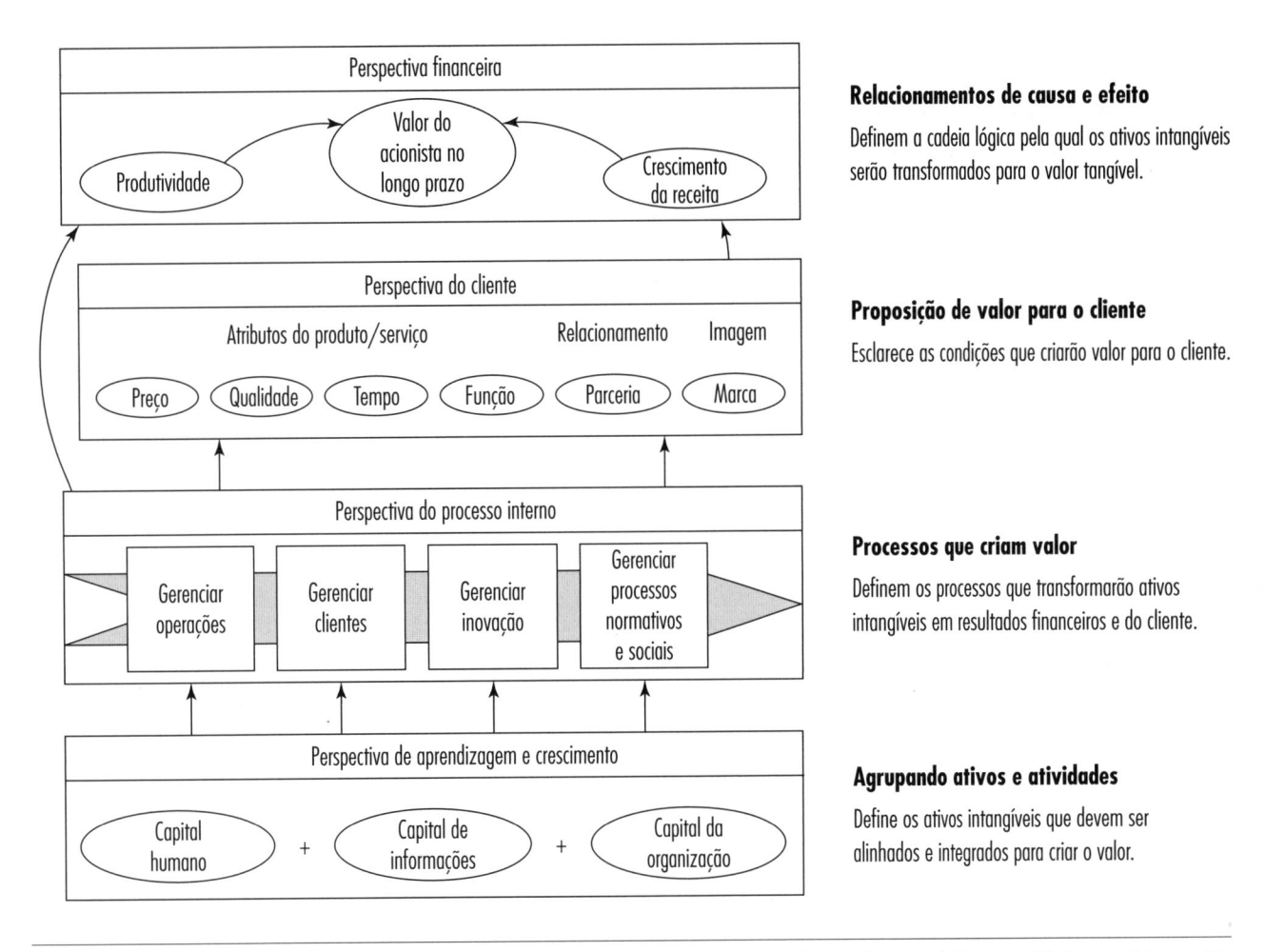

Perspectiva financeira
- Produtividade
- Valor do acionista no longo prazo
- Crescimento da receita

Relacionamentos de causa e efeito
Definem a cadeia lógica pela qual os ativos intangíveis serão transformados para o valor tangível.

Perspectiva do cliente
- Atributos do produto/serviço: Preço, Qualidade, Tempo, Função
- Relacionamento: Parceria
- Imagem: Marca

Proposição de valor para o cliente
Esclarece as condições que criarão valor para o cliente.

Perspectiva do processo interno
- Gerenciar operações
- Gerenciar clientes
- Gerenciar inovação
- Gerenciar processos normativos e sociais

Processos que criam valor
Definem os processos que transformarão ativos intangíveis em resultados financeiros e do cliente.

Perspectiva de aprendizagem e crescimento
- Capital humano + Capital de informações + Capital da organização

Agrupando ativos e atividades
Define os ativos intangíveis que devem ser alinhados e integrados para criar o valor.

FONTE: Reproduzido com permissão da *Harvard Business Review*. De Robert S. Kaplan, "Balanced Scorecard Framework", *Strategy Maps*, p. 31. Copyright © 2004 da Harvard Business School Publishing Corporation; todos os direitos reservados.

Perspectiva do Cliente

No componente do cliente do *balanced scorecard*, a unidade de negócio identifica os segmentos do mercado a que estará direcionada (ver Capítulo 5). Aqueles segmentos fornecem o fluxo da receita que dá apoio aos objetivos financeiros críticos. Os gerentes de marketing devem também identificar a proposição de valor – como a empresa se propõe a fornecer valor competitivamente superior e sustentável para visar a clientes-alvo e segmentos do mercado. O elemento principal de qualquer estratégia de negócio é a proposição de valor que descreve os atributos únicos de produto e serviço, as práticas de gerenciamento do relacionamento com o cliente e a reputação corporativa de uma empresa. Mais importante, a proposição de valor deverá comunicar de modo claro aos clientes-alvo que a empresa espera *melhorar* e de modo diferente do que o fazem os seus concorrentes.

Proposições de Valor Principais e Estratégias do Cliente. Empresas de business-to-business geralmente escolhem entre quatro formas de diferenciação no desenvolvimento de uma proposição de valor:[31]

---
[31] Kaplan e Norton, *Strategy Maps*, p. 322-344.

- **Custo total baixo** – os clientes recebem oferta de preços atrativos, qualidade excelente e consistente, facilidade na compra e serviço responsivo (por exemplo, Dell, Inc.).
- **Inovação do produto e liderança** – os clientes recebem produtos que aumentam os limites de desempenho existentes por meio de novas características e funções (por exemplo, Intel e Sony).
- **Soluções completas para o cliente** – os clientes sentem que a empresa os compreende e pode fornecer produtos e serviços customizados moldados para as suas exigências singulares (por exemplo, IBM).
- *Lock in* – os clientes compram produtos ou serviços proprietários muito utilizados da empresa e incorrem em altos custos de troca (por exemplo, sistema operacional da Microsoft, produtos de infraestrutura da Cisco ou mecanismo de busca do Google).

Para a estratégia escolhida, a Tabela 6.2 apresenta as medidas de resultado do cliente principal usadas para monitorar o desempenho em cada segmento-alvo. A perspectiva do cliente complementa a análise tradicional da fatia de mercado ao rastrear a aquisição do cliente, a retenção do cliente, a satisfação do cliente e a lucratividade do cliente.

Perspectiva do Processo Interno do Negócio

Para desenvolver a proposição de valor que alcançará e satisfará os segmentos visados do cliente e atingirá os objetivos financeiros desejados, os processos internos críticos do negócio devem ser desenvolvidos e continuamente enriquecidos. Os processos internos do negócio favorecem dois elementos cruciais da estratégia de uma empresa: (1) criam e fornecem a proposição de valor para os clientes e (2) aperfeiçoam os processos e reduzem os custos, enriquecendo o componente de lucratividade na perspectiva financeira. Entre os processos vitais para a criação do valor do cliente estão:

1. Processos de gerenciamento das operações,
2. Processos de gerenciamento do cliente,
3. Processos de gerenciamento da inovação.

Alinhamento Estratégico. Robert S. Kaplan e David P. Norton destacam que "o valor é criado por meio dos processos internos do negócio".[32] A Tabela 6.3 mostra como os principais processos internos podem ser alinhados para favorecer a estratégia do cliente da empresa ou a proposição de valor diferenciado. Primeiro, observe que a ênfase relativa (ver áreas destacadas em cinza) dada a um processo específico varia de acordo com a estratégia. Por exemplo, uma empresa que busca ativamente uma estratégia de liderança de produto dá destaque aos processos de gerenciamento da inovação, enquanto uma empresa que adota uma estratégia de custo total baixo atribui prioridade aos processos de gerenciamento das operações. Segundo, embora o nível da ênfase possa variar, observe como os vários processos trabalham em conjunto para reforçar a proposição de valor. Por exemplo, uma estratégia de custo total baixo pode ser reforçada por um processo de gerenciamento da inovação que revela os aperfeiçoamentos do processo e por um processo de gerenciamento do relacionamento com o cliente que fornece um suporte pós-vendas fantástico.

De nossa discussão sobre o posicionamento estratégico, lembre-se de que é bem mais difícil para um concorrente equiparar um conjunto de processos entrelaçados do que copiar um único processo. Michael Porter observa:

---

[32] Ibid., p. 43.

TABELA 6.2 | **A Perspectiva do Cliente – Principais Medidas**

Fatia de mercado	Representa a proporção do negócio em dado mercado (em termos do número de clientes, dólares gastos ou volume unitário vendido) que uma unidade de negócio vende.
Aquisição do cliente	Rastreia, em termos absolutos ou relativos, a taxa pela qual uma unidade de negócio atrai ou ganha novos clientes ou negócios.
Retenção do cliente	Rastreia, em termos absolutos ou relativos, a taxa pela qual uma unidade de negócio retém os clientes.
Satisfação do cliente	Equipara o nível de satisfação dos clientes a critérios específicos de desempenho, como qualidade, serviço ou confiabilidade na entrega a tempo.
Lucratividade do cliente	Avalia o lucro líquido de um cliente, ou segmento, após deduzir as despesas exclusivas necessárias para dar apoio a esse cliente ou segmento.

FONTE: Adaptado de Robert S. Kaplan e David P. Norton, *The Balanced Scorecard: Translating Strategy into Action* (Boston: Harvard Business School Press, 1996), p. 68.

A adequação da estratégia entre várias atividades é fundamental não apenas com relação à vantagem competitiva, mas também para a sustentabilidade daquela vantagem[...] As posições construídas sobre sistemas de atividades são bem mais sustentáveis do que aquelas construídas sobre atividades individuais.[33]

Aprendizagem e Crescimento. O quarto componente do *balanced scorecard*, **aprendizagem e crescimento**, dá destaque a como os ativos intangíveis da empresa devem ser alinhados à sua estratégia para alcançar os objetivos de longo prazo. Os **ativos intangíveis** representam "as capacidades dos funcionários da empresa de satisfazer às necessidades do cliente".[34] Os três principais geradores da aprendizagem e do crescimento da organização são:

1. *capital humano* – a disponibilidade dos colaboradores que possuem capacidades, talento e *know-how* para executar as atividades exigidas pela estratégia;
2. *capital de informações* – a disponibilidade dos sistemas de informação, aplicativos e infraestrutura da tecnologia de informação para dar apoio à estratégia;
3. *capital da organização* – cultura (por exemplo, valores), liderança, incentivos ao trabalhador e equipe de trabalho para mobilizar a organização e executar a estratégia.

Alinhamento Estratégico. Para criar valor e melhorar o desempenho, os ativos intangíveis da empresa devem estar alinhados à estratégia. Por exemplo, considere uma empresa que planeja investir em treinamento de pessoal e tem duas escolhas – um programa de treinamento sobre gerenciamento de qualidade total (GQT) ou uma iniciativa de treinamento sobre gerenciamento do relacionamento com o cliente (CRM). Uma empresa como a Dell, que adota uma estratégia de custo total baixo, pode obter um valor mais alto com o treinamento de GQT, enquanto a unidade de consultoria da IBM, que adota uma estratégia de solução total do cliente, se beneficiaria mais com o treinamento de CRM. Infelizmente, a pesquisa

---

[33] Michael E. Porter, "What Is Strategy?", *Harvard Business Review* 74 (novembro-dezembro de 1996), p. 73.
[34] Thomas A. Stewart, *Intellectual Capital: The New Wealth of Organizations* (Nova York: Doubleday, 1998), p. 67, citado em Kaplan e Norton, *Strategy Maps*, p. 202-203.

sugere que dois terços das organizações deixam de criar fortes alinhamentos entre as suas estratégias e os seus recursos humanos e programas de tecnologia da informação.[35]

Medindo a Prontidão Estratégica. A alta administração deve assegurar-se de que os recursos humanos da empresa e seus sistemas de tecnologia da informação estão alinhados com a estratégia escolhida. Para alcançar as metas de desempenho desejadas nas outras áreas do *scorecard*, os principais objetivos devem ser alcançados nas medições de satisfação, retenção e produtividade do funcionário. Da mesma forma, os trabalhadores da linha de frente, como representantes de vendas ou de serviços técnicos, devem ter acesso imediato a informações periódicas e precisas. Todavia, os profissionais capacitados que têm o apoio de um sistema de informação cuidadosamente projetado não contribuirão para as metas organizacionais se não estiverem motivados ou habilitados para tal. Muitas empresas, como a FedEx e a 3M, demonstraram o papel vital de funcionários motivados e habilitados em garantir uma franquia de cliente forte.

Agora que cada um dos componentes do *balanced scorecard* foi definido, vamos explorar uma hábil ferramenta que pode ser usada para comunicar o caminho da estratégia desejada para todos os trabalhadores, ao detalhar os processos que serão usados para implantar a estratégia.

Mapa da Estratégia

Para fornecer uma representação visual dos relacionamentos de causa e efeito entre os componentes do *balanced scorecard*, Kaplan e Norton desenvolveram o que chamam de mapa da estratégia. Dizem que uma estratégia deve fornecer uma imagem clara que revele como uma empresa alcançará as suas metas desejadas e cumprirá as suas promessas para funcionários, clientes e acionistas. "Um mapa da estratégia permite que uma organização descreva e ilustre, em linguagem clara e geral, seus objetivos, iniciativas e alvos; as medidas usadas para a avaliação do desempenho (como fatia de mercado e pesquisas com os clientes); e os vínculos que são a base para a orientação estratégica."[36]

Principais Princípios da Estratégia. A Figura 6.6 mostra o modelo de mapa da estratégia de uma empresa que adota uma estratégia de liderança de produto. Podemos usar esse exemplo para rever e reforçar os princípios mais importantes que formam a base de um mapa da estratégia:

- *As empresas dão ênfase a dois níveis de desempenho ao desenvolver uma estratégia financeira – uma estratégia de produtividade e uma estratégia de crescimento da receita.*
- *A estratégia envolve a escolha e o desenvolvimento de uma proposição de valor diferenciada do cliente.* Observe a proposição de valor para a liderança do produto: "Os produtos e serviços que aumentam os limites existentes de desempenho para os mais altos desejáveis". Lembre-se de que as outras proposições de valor e as estratégias do cliente incluem custo total baixo, soluções completas para o cliente e *lock in*.
- *O valor é criado por meio de processos internos do negócio.* As perspectivas financeiras e do cliente no *balanced scorecard* e no mapa da estratégia descrevem os resultados de desempenho buscados pela empresa, como aumentos no valor do acionista por meio do crescimento da receita e de aperfeiçoamentos na produtividade, assim como melhores resultados de desempenho da aquisição, retenção, lealdade e crescimento do cliente.

---

[35] Kaplan e Norton, *Strategy Maps*, p. 13.
[36] Kaplan e Norton, "Having Trouble with Your Strategy?", p. 170.

TABELA 6.3 | ALINHANDO PROCESSOS INTERNOS DO NEGÓCIO À ESTRATÉGIA DO CLIENTE

Estratégia do cliente	Foco dos processos internos do negócio		
	Gerenciamento das operações	Gerenciamento do relacionamento com o cliente	Gerenciamento da inovação
Estratégia do custo total baixo	Processos operacionais altamente eficientes Distribuição eficiente, em tempo	Facilidade de acesso aos clientes; serviços pós-vendas fantásticos	Buscar inovações do processo Ganhar economias de escala
Estratégia da liderança de produto	Processos de fabricação flexíveis Introdução rápida de novos produtos	Capturar ideias do cliente para nova oferta Educar clientes sobre novos produtos/serviços complexos	Desenvolvimento de produto disciplinado e de alto desempenho Primeiro a comercializar
Estratégia completa de soluções ao cliente	Fornecer ampla linha de produtos/serviços Criar rede de fornecedores para capacidades ampliadas de produto/serviço	Criar soluções customizadas para clientes Construir fortes relacionamentos com o cliente Desenvolver o conhecimento sobre o cliente	Identificar novas oportunidades para servir os clientes Prever futuras necessidades do cliente
Estratégias de *lock in*	Fornecer capacidade para produto/serviço do proprietário Acesso confiável e facilidade de uso	Criar conscientização Influenciar custos de troca de clientes existentes e potenciais	Desenvolver e melhorar o produto do proprietário Aumentar amplitude/aplicações do padrão

FONTE: Reproduzido com permissão da *Harvard Business Review*. De Robert S. Kaplan, "Customer Objectives for Different Value Propositions", *Strategy Maps*, p. 41. Copyright © 2004 da Harvard Business School Publishing Corporation; todos os direitos reservados.

- *A estratégia envolve a identificação e o alinhamento de poucos processos críticos que são mais importantes para a criação e o fornecimento da proposição de valor para o cliente.* Para uma estratégia de liderança do produto, observe como cada um dos processos internos do negócio apoia de modo direto a proposição de valor para o cliente – liderança do projeto.
- *O valor é melhorado quando os ativos intangíveis (por exemplo, capital humano) estão alinhados com a estratégia do cliente.* Na Figura 6.6, observe o tópico estratégico para aprendizagem e crescimento: "uma equipe de trabalho capaz, motivada e capacitada tecnologicamente". Quando os três componentes de aprendizagem e crescimento – capital humano, de informações e da organização – estão alinhados com a estratégia, a empresa é mais capaz de mobilizar a ação e executar a estratégia.

Para recapitular, o *balanced scorecard* fornece uma série de medidas e objetivos pelas quatro perspectivas: financeira, do cliente, do processo interno do negócio e da aprendizagem e do crescimento. Ao desenvolver objetivos de reforço mútuo nessas quatro áreas, um mapa da estratégia pode ser usado para contar a história da estratégia do cliente de uma unidade de negócio e para dar destaque aos processos internos do negócio que impulsionam o desempenho.

FIGURA 6.6 | MODELO DE MAPA DA ESTRATÉGIA: LIDERANÇA DO PRODUTO

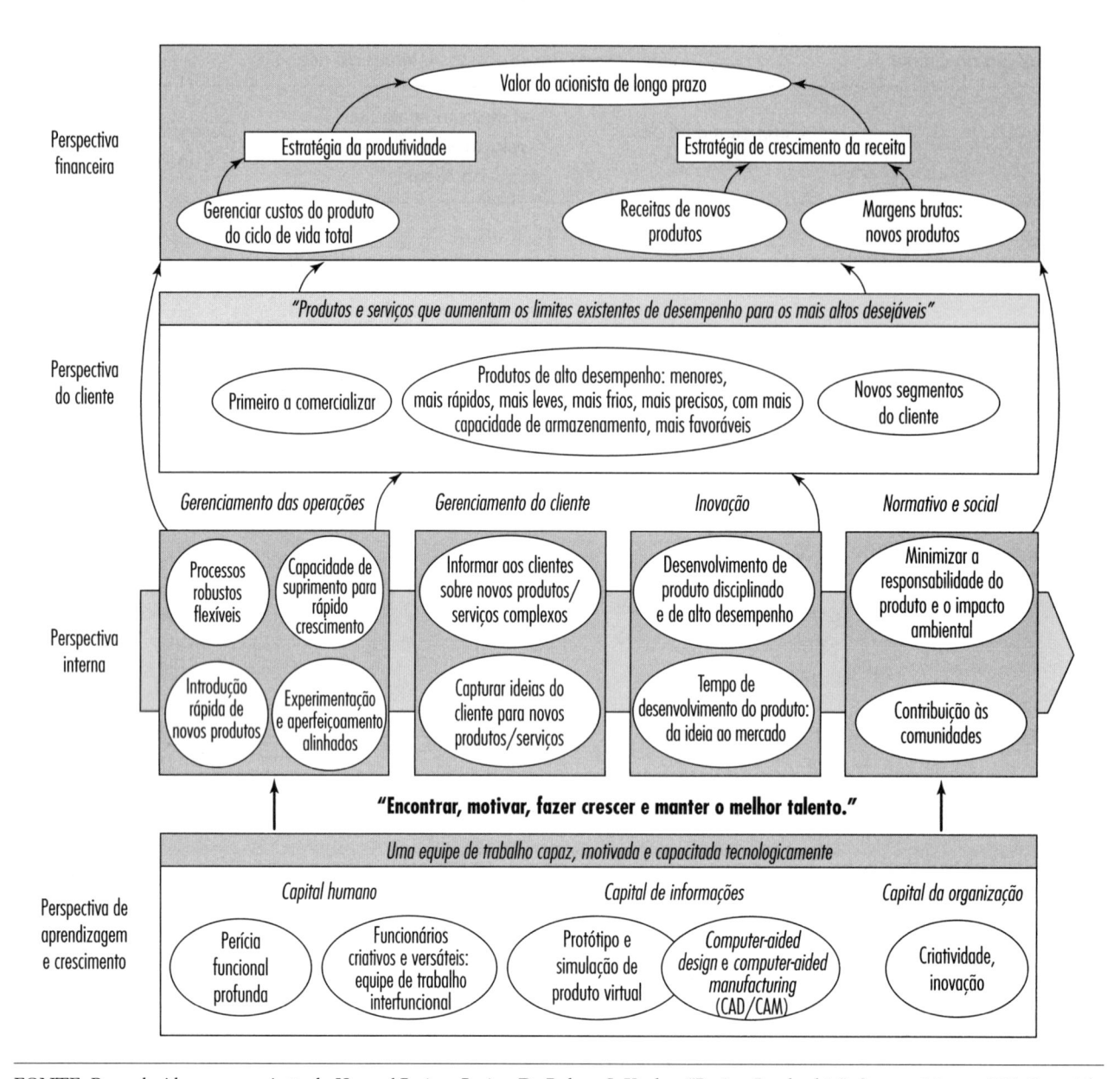

Perspectiva financeira

Valor do acionista de longo prazo

Estratégia da produtividade — Estratégia de crescimento da receita

- Gerenciar custos do produto do ciclo de vida total
- Receitas de novos produtos
- Margens brutas: novos produtos

Perspectiva do cliente

"Produtos e serviços que aumentam os limites existentes de desempenho para os mais altos desejáveis"

- Primeiro a comercializar
- Produtos de alto desempenho: menores, mais rápidos, mais leves, mais frios, mais precisos, com mais capacidade de armazenamento, mais favoráveis
- Novos segmentos do cliente

Perspectiva interna

Gerenciamento das operações
- Processos robustos flexíveis
- Capacidade de suprimento para rápido crescimento
- Introdução rápida de novos produtos
- Experimentação e aperfeiçoamento alinhados

Gerenciamento do cliente
- Informar aos clientes sobre novos produtos/serviços complexos
- Capturar ideias do cliente para novos produtos/serviços

Inovação
- Desenvolvimento de produto disciplinado e de alto desempenho
- Tempo de desenvolvimento do produto: da ideia ao mercado

Normativo e social
- Minimizar a responsabilidade do produto e o impacto ambiental
- Contribuição às comunidades

"Encontrar, motivar, fazer crescer e manter o melhor talento."

Perspectiva de aprendizagem e crescimento

Uma equipe de trabalho capaz, motivada e capacitada tecnologicamente

Capital humano
- Perícia funcional profunda
- Funcionários criativos e versáteis: equipe de trabalho interfuncional

Capital de informações
- Protótipo e simulação de produto virtual
- Computer-aided design e computer-aided manufacturing (CAD/CAM)

Capital da organização
- Criatividade, inovação

FONTE: Reproduzido com permissão da *Harvard Business Review*. De Robert S. Kaplan, "Project Leadership", *Strategy Maps*, p. 326. Copyright © 2004 da Harvard Business School Publishing Corporation; todos os direitos reservados.

Resumo

Guiadas por um profundo entendimento sobre as necessidades dos clientes e as capacidades da concorrência, as organizações com base no mercado se comprometem com um conjunto de processos, crenças e valores que promovem o alcance do desempenho superior ao satisfazer os clientes mais do que os concorrentes o fazem. Como muitas empresas de business-to-business possuem inúmeras divisões, linhas de produtos e marcas, existem três principais níveis de estratégia na maioria das grandes organizações: (1) corporativa, (2) de negócio e (3) funcional. Descendo pela hierarquia da estratégia, o foco passa da formulação da estratégia para sua implantação. O marketing é visualizado melhor como a área funcional que gerencia as conexões críticas entre a organização e os clientes. O planejamento de marketing industrial deve ser coordenado e sincronizado com esforços correspondentes de planejamento das outras áreas funcionais. Os planos estratégicos emergem de um processo de negociação entre as áreas funcionais. O gerenciamento do conflito, a promoção da cooperação e o desenvolvimento de estratégias coordenadas são fundamentais para o papel do profissional de marketing industrial.

Um modelo ou conceito de negócio consiste em quatro componentes principais: (1) uma estratégia principal, (2) recursos estratégicos, (3) a interface do cliente e (4) a rede de valor. A estratégia principal é a essência de como a empresa compete, enquanto os recursos estratégicos apreendem o que a empresa conhece (competências principais), o que a empresa possui (ativos estratégicos) e o que os funcionários realmente fazem (processos principais). A especificação das vantagens aos clientes é uma decisão crítica ao se elaborar uma estratégia principal. O componente de interface do cliente refere-se a como as estratégias de gerenciamento do relacionamento com o cliente são elaboradas e gerenciadas, enquanto o componente de rede de valor leva em consideração como os parceiros e os membros da cadeia de suprimentos podem complementar e fortalecer a base de recursos da empresa. Para estabelecer e manter um posicionamento estratégico distinto, uma empresa focalizará a lucratividade em vez do crescimento da receita, fornecerá uma proposição de valor singular e configurará as atividades – como o desenvolvimento de novo produto ou o gerenciamento do relacionamento com o cliente – de modo diferente do que o fazem os concorrentes e de uma forma que dê apoio à sua proposição de valor.

A execução bem-sucedida envolve vincular a estratégia às operações, usando ferramentas e processos como o *balanced scorecard* e o mapa da estratégia. O *balanced scorecard* converte uma meta estratégica em objetivos concretos, e as medidas são organizadas em quatro diferentes perspectivas: financeira, do cliente, do processo interno do negócio e da aprendizagem e crescimento. A abordagem envolve a identificação dos segmentos do cliente-alvo, definindo a proposição de valor diferenciada do cliente, alinhando os processos internos críticos que fornecem valor aos clientes nesses segmentos e selecionando as capacidades organizacionais necessárias para o alcance dos objetivos financeiros e do cliente. Os profissionais de marketing industrial primeiro dão ênfase a uma das seguintes proposições de valor ou estratégias do cliente: custo total baixo, liderança do produto ou *lock in*. Um mapa da estratégia fornece uma representação visual dos objetivos críticos de uma empresa e dos relacionamentos de causa e efeito entre eles que impulsionam o desempenho organizacional superior.

Questões para Discussão

1. Selecionar uma empresa como FedEx, Apple, IBM, Boeing, GE ou Caterpillar e avaliar seu modelo de negócio. Elaborar uma lista de capacidades, recursos e estratégias específicos que são especialmente importantes para a posição estratégica da empresa selecionada. Dar atenção particular a capacidades, recursos ou características que os concorrentes teriam mais dificuldade de equiparar.

2. O quarto componente do *balanced scorecard*, aprendizagem e crescimento, envolve os ativos intangíveis da empresa (por exemplo, capital humano, de informações e da organização). Descrever o papel que esses ativos intangíveis podem assumir na execução da estratégia na FedEx ou no Google.

3. Gary Hamel, um consultor de estratégias de renome, argumenta que os gerentes, assim como os analistas de Wall Street, gostam de falar sobre modelos de negócio, mas poucos deles poderiam definir "o que realmente é um modelo de negócio ou conceito de negócio". Descrever os principais componentes de um modelo de negócio e discutir como esses componentes estão vinculados às vantagens que uma empresa fornece aos clientes.

4. Descrever como os objetivos de aprendizagem e crescimento, em um *balanced scorecard*, poderiam diferir de uma empresa que adota uma estratégia de custo total baixo *versus* uma empresa que dá ênfase a soluções completas para o cliente.

5. Um dia na vida de um gerente de marketing industrial envolve interações com gerentes de outras funções na empresa. Primeiro, identificar o papel das funções de P&D, fabricação e logística na criação e na implantação da estratégia de marketing. A seguir, descrever algumas das fontes comuns de conflito que podem surgir nos relacionamentos interfuncionais.

6. Descrever por que uma empresa de business-to-business que planeja entrar em um novo segmento de mercado pode precisar realinhar seus processos internos do negócio para ser bem-sucedida nesse segmento.

7. Descrever como o foco principal dos gerentes de marketing no nível corporativo difere do foco dos gerentes de marketing no nível da unidade de negócio ou funcional.

8. Os especialistas em estratégia argumentam que os processos internos do negócio, eficazes e alinhados, determinam como o valor é criado em uma organização. Dar um exemplo para demonstrar isso.

9. Ao comentar sobre o processo de tomada de decisão de sua organização, um alto executivo observou: "Algumas vezes o processo é cruel, feio, tal qual fazer uma linguiça. Não é bonito de se ver, mas os resultados finais não são tão ruins". Por que vários grupos de interesse funcionais adotam posições conflitantes durante o processo de decisão estratégica? Como as decisões costumam ser tomadas?

10. "Tentar ser tudo para todos os clientes quase garante uma posição estratégica fraca para uma empresa." Concorda ou discorda? Explique.

CASO

A Microsoft Está Voltada para Pequenos e Médios Negócios[37]

Ao se voltar para pequenos e médios negócios, a Microsoft espera obter um setor lucrativo do mercado, compensando o crescimento mais lento entre os clientes de grandes empresas. Esse mercado grande e altamente fragmentado inclui pequenos negócios com menos de 50 funcionários e empresas de médio porte com menos de 500 trabalhadores. O diretor executivo da Microsoft, Steve Ballmer, vê esse setor do mercado como o segmento mais vital e de crescimento mais rápido da economia. Para atender a clientes do mercado pequeno e médio, a Microsoft desenvolveu um plano plurianual de produto que exige investimento crescente em pesquisa e desenvolvimento.

Desafiando a Intuit, Inc.

Ao se voltar para clientes de pequenos negócios, a Microsoft recentemente introduziu o Small Business Accounting do Microsoft Office e o Small Business Management do Microsoft Office. Essas ofertas são projetadas para permitir que pequenos negócios gerenciem as suas vendas, marketing e processos financeiros em um ambiente operacional de fácil utilização. O software está amplamente disponibilizado por meio de revendedores e pontos de venda do varejo, inclusive Amazon.com, Best Buy, Office Depot e Staples. Da mesma forma, a Dell oferece o software pré-instalado em sistemas de computação para pequenos negócios selecionados da Dell.

Ao introduzir um programa de contabilidade para pequenos negócios, a Microsoft visa diretamente ao software de contabilidade QuickBooks da Intuit, Inc., muito utilizado. Dan Levin, vice-presidente de gerenciamento do produto na Intuit, recebeu bem a competição, acrescentando que o novo programa de contabilidade "marca a quarta vez em que a Microsoft tentou entrar no mercado de software de contabilidade para pequenos negócios". A Intuit é a líder incontestável nesse mercado, com sua linha de produto QuickBooks, mas a Microsoft quer criar volume no mercado de contabilidade para pequenos negócios.

Entre os principais campos de batalha em que as duas competem lado a lado, estão

- os usuários iniciantes de software de contabilidade, a maioria concentrada principalmente no segmento de um a quatro funcionários, que ainda usam a contabilidade básica de talões de cheque e processos manuais;
- um terço dos pequenos negócios que atualizam ou mudam de software anualmente;
- os mais de 500 mil pequenos negócios criados nos Estados Unidos a cada ano.

---

[37] "Microsoft Goes After Small Business", *CNN Money*, 7 de setembro de 2005, disponível em http://www.cnnmoney.com, e "Cashing in on the U.S. Small Business Accounting Market: Intuit and Microsoft Go Head to Head", Access Markets International Partners, Inc., 13 de março de 2006, disponível em http://www.ami-partners.com, acesso em 12 de julho de 2008.

Questões para Discussão

1. Para ter sucesso com relação a concorrentes como a Intuit, que se especializa em clientes de pequenos negócios, descrever a proposição de valor diferenciada que a Microsoft deverá oferecer aos clientes.

2. Contando como o *balanced scorecard*, descrever como a Microsoft realinharia os seus processos internos do negócio (por exemplo, gerenciamento das operações, do cliente e da inovação) para alcançar a receita pretendida e as metas de lucro no segmento de negócio de pequeno e médio portes. Que etapas a Intuit poderia seguir para contra-atacar os desafios da Microsoft?

CAPÍTULO 7

Estratégias de Marketing Industrial para Mercados Globais

As empresas de marketing industrial que limitam a atenção ao mercado interno local estão deixando passar enormes oportunidades do mercado internacional e o campo desafiador da concorrência. Após a leitura deste capítulo, você entenderá:

1. como obter as fontes de vantagem global em economias em rápido desenvolvimento como a China e a Índia.

2. o espectro das opções de entrada no mercado internacional e o significado da estratégia das diferentes formas de participação no mercado global.

3. os tipos distintos de estratégia internacional.

4. os componentes essenciais de uma estratégia global.

Um artigo recente da *Business Week* focalizou o aumento significativo na competição global que as grandes corporações industriais dos Estados Unidos estão enfrentando. Empresas enormes, mas desconhecidas, dos mercados emergentes estão competindo com as empresas ocidentais em quase todos os cenários globais.

> Desde a Infosys Technologies (serviços de TI) da Índia até a Embraer (jatos leves) do Brasil, e desde a Acer (computadores) de Taiwan até a Cemex (material de construção) do México, uma nova classe de concorrentes formidáveis está surgindo. Existem 25 multinacionais emergentes de nível mundial hoje e, dentro de 15 anos, existirão pelo menos cem delas. O maior desafio apresentado por essas concorrentes em ascensão não estará nos mercados ocidentais, mas dentro dos países em desenvolvimento. Esta é a arena do crescimento global mais veloz – e sede de 80% dos 6 bilhões de consumidores do mundo, centenas de milhões dos quais passaram para a classe média.[...] O avanço dessas novas multinacionais forçará os profissionais de marketing industrial norte-americanos a repensar estratégias para o desenvolvimento do produto, o marketing e os vínculos com empresas locais do Terceiro Mundo.[1]

Na verdade, o marketing business-to-business faz parte do escopo mundial, e a própria existência de muitas empresas de marketing industrial dependerá de sua capacidade de agir de modo decisivo, competir de forma agressiva e aproveitar as oportunidades de mercado nas economias globais em rápido desenvolvimento. Inúmeras empresas de marketing industrial – como GE, IBM, Intel, Boeing e Caterpillar – obtêm, hoje, grande parte de seu lucro dos mercados globais. Essas empresas realinharam as operações e desenvolveram uma série de novas estratégias para fortalecer as posições no mercado e competir de modo efetivo com uma nova classe de fortes concorrentes globais.

Este capítulo analisará a necessidade e a formulação de estratégias globais de marketing industrial. A discussão está dividida em quatro partes. Em primeiro lugar, a atenção está voltada para as economias em rápido desenvolvimento, como a China, e para as fontes de vantagem global que podem representar para as empresas de marketing industrial. Em segundo, as opções para a entrada no mercado internacional serão especificadas e descritas. Em terceiro, estratégias "multidomésticas" e "globais" são comparadas, e decide-se onde são aplicadas de modo mais eficaz. Em quarto lugar, são exploradas as exigências críticas para uma estratégia global bem-sucedida.

Obtendo Vantagem Global em Economias em Rápido Desenvolvimento[2]

Um conjunto de economias em rápido desenvolvimento (ERDs) está reformando a área de atuação e forçando os executivos de marketing industrial a repensar as estratégias e o escopo de suas operações. As principais ERDs incluem, é claro, a China e a Índia, assim como o México, o Brasil, a Europa central e oriental e o sudeste da Ásia. Vamos colocar em perspectiva o crescimento dessas economias. Enquanto o

---

[1] Jeffrey E. Garten, "A New Threat to America, Inc.", *Business Week*, 25 de julho de 2005, p. 114. Para uma revisão dos cem principais desafios internacionais, ver Harold L. Sirkin, James W. Hemerling e Arindam K. Bhattacharya, *Globality: Competing with Everyone from Everywhere for Everything* (Nova York: Business Plus, 2008).

[2] Esta seção é baseada em Arindam Bhattacharya, Thomas Bradtke, Jim Hemerling, Jean Lebreton, Xavier Mosquet, Immo Rupf, Harold L. Sirkin e Dave Young, "Capturing Global Advantage: How Leading Industrial Companies Are Transforming Their Industries by Sourcing and Selling in China, India, and Other Low-Cost Countries", The Boston Consulting Group, Inc., disponível em http://www.bcg.com, acesso em abril de 2004.

Produto Interno Bruto (PIB) dos Estados Unidos, Europa ocidental e Japão estava projetado para crescer cerca de $ 3 trilhões de 2004 até 2010, as principais ERDs crescerão mais de $ 2 trilhões. De modo específico, o PIB da China deve aumentar em $ 750 bilhões, o da Europa central e oriental em $ 450 bilhões, o do sudeste da Ásia em $ 350 bilhões, o da Índia em $ 300 bilhões, o do México em $ 250 bilhões e o do Brasil em $ 200 bilhões. Durante esse período, enquanto as economias altamente desenvolvidas como Estados Unidos e Japão vivenciam um crescimento anual do PIB pouco acima de 2%, a China crescerá quatro vezes mais rápido, e a Índia, o sudeste da Ásia e o México, três vezes mais rápido. Por exemplo, o Vietnã tornou-se uma oportunidade de investimento extremamente atrativa para muitas empresas de business-to-business. O Vietnã aderiu à Organização Mundial do Comércio em 2007, e o país desfruta de uma base sólida de trabalhadores bem formados e um governo determinado a transformar o país em uma poderosa potência econômica. Trata-se de uma das economias com crescimento mais rápido, com um crescimento do PIB, em 2007, de mais de 8%. O Vietnã não apenas oferece uma excelente base para as operações de fabricação, mas também se tornou um mercado atrativo para os profissionais de marketing de business-to-business. Com um governo disposto a transformar o país em operações industriais privadas, o Vietnã não pode ser ignorado por empresas que buscam oportunidades de fabricação de baixo custo e grandes mercados.

Ao representar uma oportunidade de mercado potencialmente atrativa, as ERDs também demonstram um desafio competitivo formidável para as empresas de vários setores. A migração das operações de fornecimento, fabricação e prestação de serviços de países de alto custo (por exemplo, Estados Unidos e Europa ocidental) para países de baixo custo (como China, México e Índia) acontece e vem se acelerando. Nos Estados Unidos, por exemplo, o valor de acordos no exterior aumentou regularmente: o valor acumulado dos contratos de terceirização cresceu de $ 50 bilhões em 2002 para mais de $ 225 bilhões em 2007.[3] Por sua vez, as importações dessas economias em rápido desenvolvimento estão fazendo incursões significativas nas principais categorias de produtos industriais que se pensava estivessem protegidos de tal competição. Todavia, empresas de ponta como GE, Microsoft, Cisco, Apple e Siemens estão agarrando oportunidades ao obter fontes de vantagem global. Em setor após setor, as empresas estão sob enorme pressão para dar o passo em direção às operações globalizadas.

Mapeando Fontes de Vantagem Global[4]

Uma empresa pode globalizar sua estrutura de custos por meio da migração das operações de fornecimento, fabricação, P&D e prestação de serviços de um país de alto custo para uma ERD. Ao criar operações globais vantajosas, as empresas podem conduzir a P&D nos Estados Unidos, fabricar algumas linhas de produto nesse país e outras na China e no México, e localizar o serviço ao consumidor na Índia e na Irlanda. "Espera-se que partes significativas da fabricação permaneçam vantajosas em seus locais atuais. Os motivos para permanecer em locais de custo mais alto poderiam incluir a necessidade de proteger o conteúdo de propriedade intelectual, a importância da localização conjunta com os clientes ou a exigência de uso de conteúdo local."[5]

---

[3] David Jacoby e Bruna Figueiredo, "The Art of High-Cost Country Sourcing", *Supply Chain Management Review* 12 (maio--junho de 2008), p. 33.
[4] Salvo observado de outra forma, esta seção é retirada de Jim Hemerling, Dave Young e Thomas Bradtke, "Navigating the Five Currents of Globalization: How Leading Companies Are Capturing Global Advantage", *BCG Focus* (abril de 2005), The Boston Consulting Group, Inc., disponível em http://www.bcg.com.
[5] Battacharya e outros, "Capturing Global Advantage", p. 7.

Empresas que adotam oportunidades globais de modo rápido e inteligente podem assegurar três formas de vantagem competitiva: (1) uma vantagem de custo, (2) uma vantagem de acesso ao mercado e (3) uma vantagem de capacidades.

A Vantagem de Custo

O fator mais importante para uma transferência do fornecimento para a ERD permanece nas grandes – e sustentáveis – vantagens de custo de duas fontes principais: custos operacionais mais baixos e exigências de investimento de capital mais baixas. A economia é surpreendente. Jim Hemerling e seus colegas do Boston Consulting Group asseveram que as empresas que globalizam as suas estruturas de custo ao incluir as ERDs podem realizar economias de 20% a 40% no custo posto no destino de seus produtos. O **custo posto no destino** reflete a economia líquida realizada depois dos custos logísticos, outros custos administrativos e impostos de importação envolvidos na transferência do produto da ERD (por exemplo, a China) para o mercado de destino (por exemplo, os Estados Unidos). Além disso, o capital necessário para criar uma fábrica em uma ERD é 20% a 40% mais baixo do que em uma economia altamente desenvolvida. Além das vantagens de custo e de investimento, outro gerador de custos mais baixos emergiu nos últimos anos: subsídios do governo. Os subsídios sob a forma de pagamento direto às empresas podem permitir que elas precifiquem os seus produtos abaixo dos preços competitivos e desfrutem de vantagens distintas em outros mercados globais.

Custos Operacionais Mais Baixos. A diferença nos custos trabalhistas é um componente importante da vantagem de custo da ERD. Dependendo do setor, da localização da fábrica e da natureza dos benefícios aos funcionários, um operário de fábrica nos Estados Unidos ou na Europa custa de $ 15 a $ 30 ou mais por hora. Em contrapartida, um operário de fábrica na China ganha $ 1 por hora, enquanto, no México e na Europa central e oriental, os operários ganham de $ 2 a $ 8 por hora. A Figura 7.1 mostra a economia de custo realizada (ou seja, 30%) para produtos industriais como motores elétricos, transformadores e compressores que são fabricados em uma ERD. Observe que as empresas que operam em uma ERD economizam não apenas diretamente sobre os custos trabalhistas, mas também indiretamente sobre os materiais e componentes locais.

Terceirização do Processo de Negócio. Quando o foco se transfere dos produtos para os setores de mão de obra bem intensiva, como a prestação de serviços, a vantagem de custo da terceirização para uma ERD é de até 60%. A Índia hoje representa a líder do mercado global em terceirização do processo de negócios no exterior. Aqui incluídos estão não apenas os processos transacionais como centrais de atendimento, mas também os principais processos industriais como P&D e gerenciamento da cadeia de suprimentos. Uma forte estrutura de telecomunicações, com muitos gerentes, engenheiros e trabalhadores bem formados e que falam inglês, constitui a principal vantagem da Índia. Ao terceirizar as centrais de atendimento para a Índia, o negócio financeiro do consumidor da General Electric economizou entre 30% e 35% e a American Express apresentou economia de mais de 50%.

A Diferença de Custo Persistirá? Os especialistas sugerem que o diferencial em taxas trabalhistas entre as ERDs e os países desenvolvidos permanecerá significativo em um futuro próximo, mesmo que cresça a taxas bastante diferentes. O crescimento dos salários na China e na Índia estará limitado pelo grande número de pessoas desempregadas em ambos os países. Da mesma forma, as empresas que operam em ERDs têm sido capazes de baixar de modo consistente os custos de compra ao longo do tempo, conseguindo economias de custo que superam de modo significativo aquelas que são geralmente encontradas no Ocidente.

FIGURA 7.1 | **ERDs Oferecem uma Vantagem de Custo Significativa em Relação às Economias Altamente Desenvolvidas**

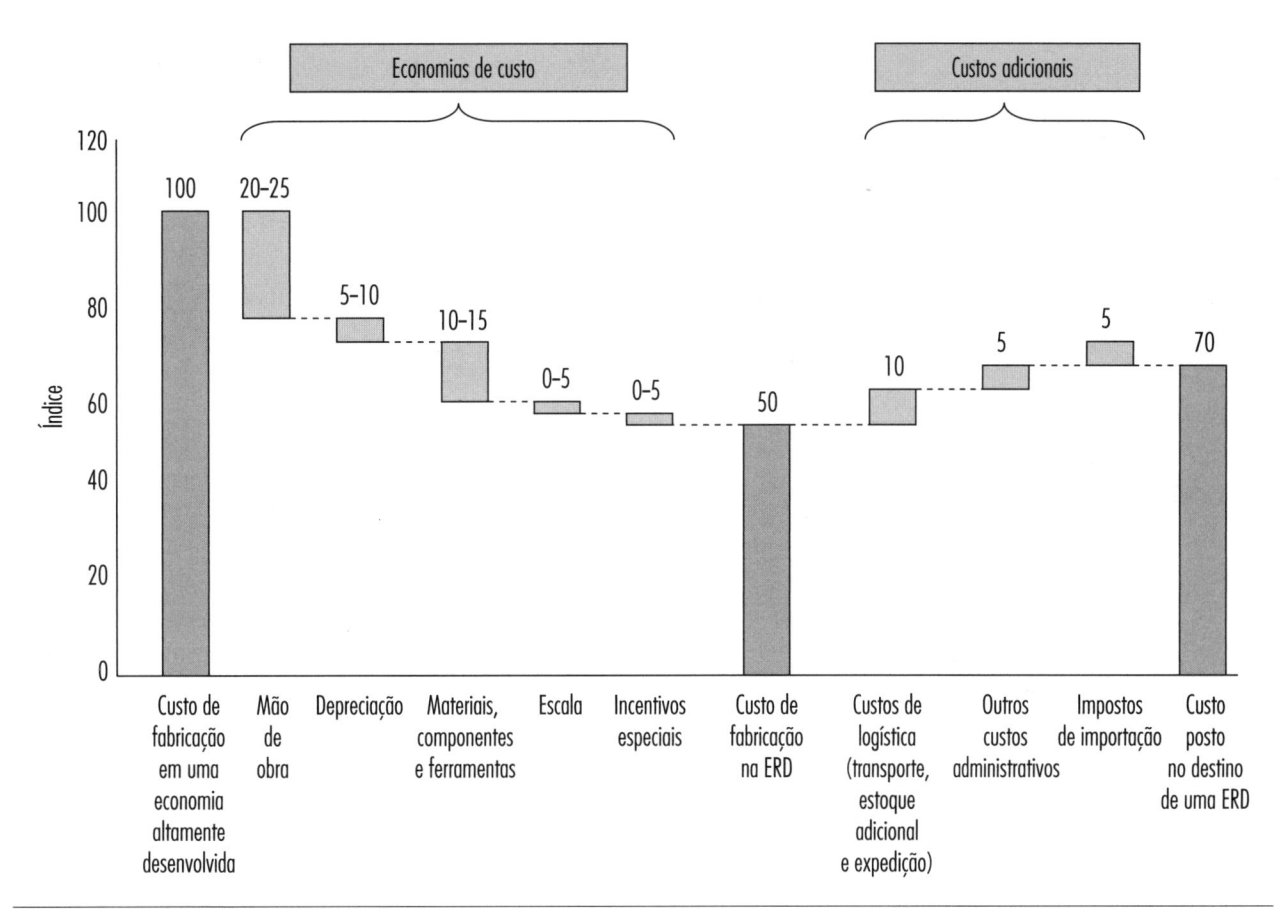

Economias de custo | Custos adicionais

Valores (Índice):
- Custo de fabricação em uma economia altamente desenvolvida: 100
- Mão de obra: 20–25
- Depreciação: 5–10
- Materiais, componentes e ferramentas: 10–15
- Escala: 0–5
- Incentivos especiais: 0–5
- Custo de fabricação na ERD: 50
- Custos de logística (transporte, estoque adicional e expedição): 10
- Outros custos administrativos: 5
- Impostos de importação: 5
- Custo posto no destino de uma ERD: 70

FONTE: Jim Hemerling, Dave Young e Thomas Bradtke, "Navigating the Five Currents of Globalization: How Leading Companies Are Capturing Global Advantage", *BCG Focus*, janeiro de 2005, The Boston Consulting Group, Inc., disponível em http://www.bcg.com. Copyright © The Boston Consulting Group, Inc., 2005. Todos os direitos reservados. Reproduzido com permissão.

Exigências de Investimentos de Capital Menores. Outra importante – e algumas vezes negligenciada – fonte de vantagem de custo da ERD é a exigência de investimento de capital menor para ativos imobilizados. Embora os custos operacionais mais baixos beneficiem a demonstração de resultado do exercício de uma empresa, as exigências de investimentos de capital menores também representam economias significativas no balanço patrimonial. A combinação de custos mais baixos do produto e exigências de investimentos de capital menores pode aumentar o retorno sobre o investimento total. A Figura 7.2 mostra o diferencial de custo típico para uma instalação industrial (por exemplo, uma fábrica) em uma ERD *versus* uma em um país altamente desenvolvido. Observe que uma fábrica em uma ERD pode ser construída com apenas 70% do nível de investimento necessário em uma economia altamente desenvolvida. Essa economia de capital resulta do custo mais baixo de infraestrutura (economia de 15%), do custo mais baixo de maquinário e equipamentos locais (10%) e da oportunidade de substituir a mão de obra para tecnologia dispendiosa (10%). Após contabilizar os custos mais altos (5%) do maquinário importado, a economia líquida de capital é de 30% na ERD (ver Figura 7.2).

Subsídios. Muitos presumem que a vantagem de custo da China na fabricação vem da mão de obra barata. Mas, no florescente setor de aço da China, a pesquisa sugere que os subsídios massivos de energia

FIGURA 7.2 | **ERDs Oferecem uma Vantagem de Capital Significativa em Relação às Economias Altamente Desenvolvidas**

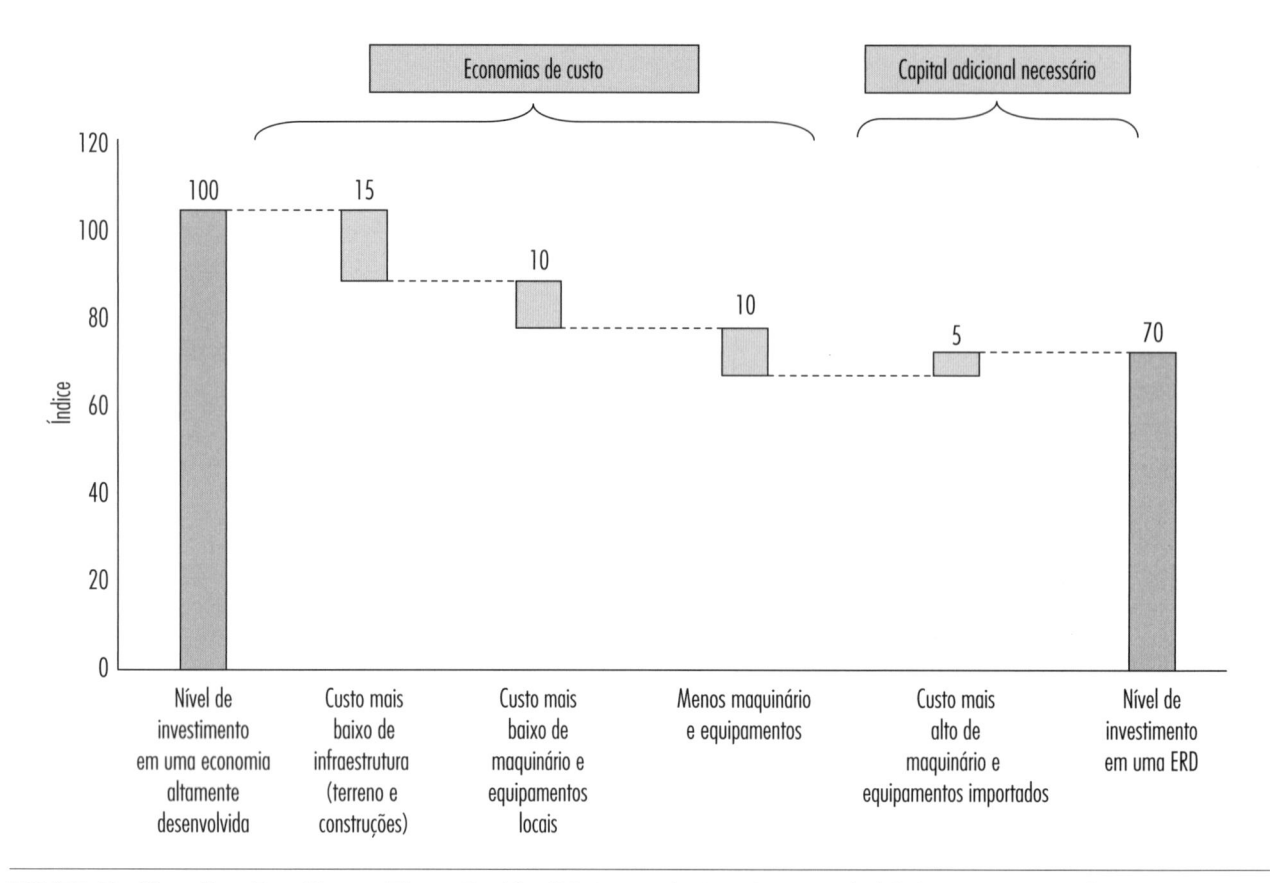

```
Economias de custo                                    Capital adicional necessário

120
        100      15
100                      10
                                  10
 80                                         5       70
Índice
 60
 40
 20
  0
     Nível de   Custo mais  Custo mais   Menos        Custo mais    Nível de
  investimento   baixo de    baixo de   maquinário    alto de    investimento
  em uma       infraestrutura maquinário e equipamentos maquinário e em uma ERD
  economia     (terreno e  equipamentos              equipamentos
  altamente    construções)    locais                 importados
  desenvolvida
```

FONTE: Jim Hemerling, Dave Young e Thomas Bradtke, "Navigating the Five Currents of Globalization: How Leading Companies Are Capturing Global Advantage", *BCG Focus*, janeiro de 2005, The Boston Consulting Group, Inc., disponível em http://www.bcg.com. Copyright © The Boston Consulting Group, Inc., 2005. Todos os direitos reservados. Reproduzido com permissão.

do governo, não outros fatores, mantêm os preços baixos. Esses subsídios apresentam implicações amplas quanto a como as empresas competem e colaboram com os negócios chineses.[6] O país agora tornou-se o maior exportador mundial de aço por volume e permanece como o maior consumidor e produtor de aço do mundo, com 40% da produção global. Como a China realizou esses ganhos astronômicos tão rapidamente e consegue vender o aço por quase 19% menos que o aço das empresas dos Estados Unidos e da Europa? A mão de obra corresponde a menos de 10% dos custos de produção do aço chinês, e o aço chinês não parece se fiar em economias de escala, proximidades da cadeia de suprimentos ou eficiências tecnológicas para baixar seus custos. A resposta era um subsídio de energia (para carvão) de $ 27 bilhões do governo chinês. Uma vez que a energia representa um custo bem maior que a mão de obra na produção de aço, o subsídio dá uma imensa vantagem de custo global para o setor de aço da China.

O Custo Oculto das Operações na ERD. As vantagens de custo adquiridas pelas operações em uma ERD podem ser desgastadas por custos adicionais, caso as empresas deixem de reconhecê-los e controlá-los de modo agressivo. Entre esses custos ocultos estão:[7]

---

[6] C. V. Usha e George T. Haley, "Subsidies and the China Price", *Harvard Business Review* 86 (junho de 2008), p. 25.
[7] Battacharya e outros, "Capturing Global Advantage", p. 20-21.

- Custos de instalação únicos que incluem os custos típicos da constituição de um novo negócio, como a identificação e a qualificação de fornecedores, a criação de uma cadeia de logística confiável e o treinamento dos funcionários.
- Custos recorrentes do gerenciamento de riscos da ERD relativos ao monitoramento da qualidade dos fornecedores, ao gerenciamento do estoque em uma cadeia de logística maior que de costume e à restrição das flutuações da taxa de câmbio.
- Custos de saída relativos ao fechamento de instalações de produção ou prestação de serviços de alto custo, inclusive baixas contábeis de ativos e custos de reestruturação relacionados, assim como custos de "má vontade" (por exemplo, relacionamentos prejudicados com os sindicatos) no país sede.

Um bom exemplo de alguns dos custos ocultos das operações na ERD é a experiência da Intel na China. A empresa construiu uma grande fábrica na região central da China, em um esforço para se ajustar à pressão do governo chinês para o desenvolvimento do interior do país. A Intel desfrutou a vantagem de custo muito baixo de mão de obra e custos de investimento menores, mas o enorme custo do transporte não foi reconhecido até depois de a fábrica entrar em funcionamento. A empresa não era capaz de usar grandes jatos jumbo para embarcar chips de computador prontos graças à inexistência de um aeroporto adequado para acomodar Boeings 747. Levar os chips por caminhão era também um desafio, porque os caminhões especializados "com suspensão pneumática" necessários para levar frágeis chips de computador não eram muitos na China. De fato, apenas 15 caminhões com suspensão pneumática poderiam ser encontrados em todo o país! Passaram-se muitos meses até que estivessem disponíveis mais caminhões com suspensão pneumática e que pudesse ser construído um novo aeroporto. Esse revés óbvio tornou-se uma lição dispendiosa ao se lidar com a falta de infraestrutura nas ERDs. No setor de construção de caminhões, algumas empresas acreditam que, para serem capazes de fornecer na China, devem ter uma economia de "preço de cada peça" de pelo menos 20% para compensar os custos e riscos associados.[8]

Na maioria dos casos, as empresas de business-to-business não deixam totalmente as suas operações no país sede. Preferem, em vez disso, manter as melhores operações no país sede, enquanto transferem apenas as menos eficientes para as ERDs de modo a permanecer competitivas e poder garantir acesso ao mercado.

A Vantagem de Acesso ao Mercado

Embora as empresas tenham transferido tradicionalmente as operações de fabricação para as ERDs a fim de adquirir vantagens de custo, uma vez estabelecidas nesses países, estão posicionadas, de modo ideal, para atender aos mercados locais em rápido crescimento. Os notáveis resultados que a GE Healthcare conseguiu na China ilustram a vantagem de acesso ao mercado.

A GE Healthcare entrou no mercado ao transferir a tecnologia para centros locais de P&D na China, que, então, desenvolveram versões "chinesas" dos equipamentos médicos da GE que ofereciam cerca de 80% do desempenho dos sistemas ocidentais a apenas 50% do preço. Como esses produtos atendiam às necessidades locais, a GE Healthcare tornou-se a líder do mercado na China. Além do mais, os produtos desenvolvidos na China também agradaram aos clientes em alguns países do Ocidente, onde certos segmentos do mercado encontraram valores atrativos no *trade-off* único entre o preço e a funcionalidade dos produtos.

---
[8] Rick Weber, "SC Goes Global", *Body Builders*, 48 (março de 2007), p. 52.

Papel Crescente da China. Para muitas categorias de produtos industriais, a China já é o maior mercado mundial. O país é o maior mercado para máquinas-ferramentas, o segundo maior para transmissões de força e equipamentos de distribuição, e o segundo maior para consumo de energia. Em se tratando de produto ao consumidor, a China é o maior mercado mundial para telefones celulares, aparelhos de ar-condicionado e refrigeradores e representa um grande mercado em rápido crescimento para computadores pessoais, automóveis e produtos eletrônicos ao consumidor. Outras ERDs, como a Índia, estão também em crescimento explosivo. Para a Cummins Inc., fabricante de motores a diesel, a China e a Índia representam um mercado lucrativo nos dias atuais. Em 2010, a Cummins projeta receitas de $ 2 bilhões da Índia e de $ 3 bilhões da China.[9]

Seguindo os Principais Clientes para as ERDs. Muitas empresas de pequeno e médio portes estão seguindo seus clientes para as ERDs. Por exemplo, a Phoenix Electric Manufacturing Company, fabricante de motores elétricos de Chicago para ferramentas elétricas, eletrodomésticos e outros produtos, construiu uma fábrica na China.[10] A transferência permitiu que a Phoenix Electric mantivesse seus maiores clientes – GE e Emerson Electric –, que mudaram a maior parte de sua produção de produtos eletrônicos ao consumidor para a área. Da mesma forma, a Hiwasse Manufacturing, fabricante de Arkansas de produtos de aço usados no controle de painéis de refrigeradores, fogões e outros eletrodomésticos, construiu uma instalação no México, próxima de uma fábrica de eletrodomésticos da GE.[11]

Uma Estratégia em Duas Vias. Como os principais setores da indústria transferem as operações de fabricação para as ERDs, as empresas de business-to-business que fornecem a esses setores devem agir de modo decisivo nesse sentido. Jim Hemerling e seus associados do Boston Consulting Group dão este conselho:

> A maioria das empresas precisa desenvolver um plano estratégico em duas vias: para preencher as lacunas do mercado em casa e para seguir clientes selecionados aos novos locais de operação. Em nossa experiência, raramente é viável adotar uma via ou outra apenas.[12]

Por exemplo, as lacunas podem ser preenchidas em casa ao se adotar novas linhas de negócio ou novas oportunidades de produtos ou serviços em que a vantagem do país sede pode ser justificada. Por sua vez, ao se transferir para uma ERD, os fornecedores devem ajustar seus modelos operacionais para obter todas as vantagens de custo.

A Vantagem de Capacidades

Para reforçar a vantagem de custo de operar em ERDs, as empresas globais de desempenho mais importantes obtêm benefícios de segunda ordem ao se utilizar da base de rápido desenvolvimento de talento humano nesses países. A China e a Índia acrescentam mais de 350 mil graduados em ciências e engenharia à sua rede de talentos a cada ano. Em 2008, pelo menos 5,59 milhões de alunos se formarão em universidades na China, 13% mais que no último ano, de acordo com o Ministério da Educação chinês.[13] De fato, existem tantos estudantes chineses na universidade que 700 mil dos universitários graduados em 2007 não

---

[9] Pete Engardio e Michael Arndt, "How Cummins Does It", *Business Week*, 22-29 de agosto de 2005, p. 82-83.
[10] Dexter Roberts e Michael Arndt, "It's Getting Hotter in the East", *Business Week*, 22-29 de agosto de 2005, p. 78-81.
[11] Louis Uchitelle, "If You Can Make It Here...", *New York Times*, 4 de setembro de 2005, p. B-5.
[12] Hemerling, Young e Bradtke, "Navigating the Five Currents of Globalization", p. 9-10.
[13] "Getting a Job May Be Tougher for Graduates", *China Daily*, 11 de julho de 2008, p. 11.

foram capazes de encontrar um emprego depois de formados, reforçando a magnitude da rede de talentos formados disponível para empresas localizadas na China. Muitas empresas globalizadas, como GE, Microsoft, Motorola e Siemens, criaram centros de P&D tanto na Índia quanto na China. Por exemplo, a Motorola emprega vários milhares de engenheiros na China e opera um grande centro de P&D em Pequim.

As empresas de ponta podem fazer uso de sua vantagem de capacidades para conseguir o que segue:

- *Aperfeiçoar pesquisa e desenvolvimento:* O custo bem mais baixo de engenheiros e técnicos capacitados nas ERDs permite que as empresas aumentem drasticamente o volume de P&D realizado para dado nível de orçamento.
- *Abordar necessidades não atendidas do cliente:* A oportunidade de fazer maior uso de mão de obra qualificada em lugar de máquinas permite que as empresas fabriquem produtos customizados de modo mais barato do que seria viável em um ambiente mais automatizado.
- *Moldar produtos e serviços para os florescentes mercados locais nas ERDs:* Para ilustrar, o centro de P&D Motorola em Pequim da desenvolve telefones celulares para o mercado local – o maior mercado de aparelhos do mundo.[14]

Riscos Exclusivos na ERD. Em uma área remota da Índia, um grupo de comandos armados surgiu da densa floresta no estado indiano de Chhattisgarh. Os guerrilheiros invadiram uma fábrica de processamento de minério de ferro pertencente à Essar Steel, uma das maiores empresas da Índia. Ali, os invasores queimaram o maquinário pesado na unidade, além de 53 ônibus e caminhões. Os guerrilheiros deixaram uma nota em que basicamente diziam: "Parem de embarcar os recursos locais para fora do estado – ou então...". A invasão da instalação da Essar foi obra de guerrilheiros naxalita-maoistas, que buscam a derrubada do estado por meio da violência e que desprezam a posse de terras e as classes de negócio da Índia. Os naxalitas podem ser a maior ameaça ao poder econômico da Índia, potencialmente mais nocivos a empresas indianas, investidores estrangeiros e o Estado do que a poluição, esmagando a infraestrutura ou incentivando a pane política total.[15] Este é um exemplo dos graves riscos que podem surgir nas ERDs.

A Decisão de Terceirizar[16]

A decisão de transferir fabricação, P&D ou serviços ao cliente para as ERDs é uma decisão estratégica que envolve uma série de considerações econômicas, competitivas e ambientais. É claro, alguns produtos e serviços são melhores candidatos para terceirização que outros.

O Que Deverá Ir? Os critérios que favorecem a transferência para as ERDs incluem produtos e serviços com alto conteúdo trabalhista, alto potencial de crescimento, grandes mercados nas ERDs e fabricação padronizada ou processos de entrega de serviços (Tabela 7.1). Esses critérios refletem cada uma das fontes de vantagem global que exploramos. Para a prestação de serviços, os processos transferidos mais facilmente são aqueles que possuem mapas de processo bem-definidos ou aqueles que estão baseados em regras (por exemplo, o protocolo estabelecido que uma central de atendimento de serviço ao cliente usa).

O Que Não Deverá Ir? Produtos e serviços que deverão permanecer na sede incluem "aqueles pelos quais é crítica a proteção de propriedade intelectual, aqueles com enormes exigências logísticas, aqueles com conteúdo tecnológico ou exigências de desempenho muito altos e aqueles com respeito aos quais os

---

[14] Roberts e Arndt, "It's Getting Hotter in the East", p. 78-81.
[15] "In India, Death to Global Business", *Business Week*, 19 de maio de 2008, p. 44-47.
[16] Battacharya e outros, "Capturing Global Advantage", p. 26-30.

Por Dentro do Marketing Industrial

Como a Terceirização no Exterior Afeta a Satisfação do Cliente – e o Preço das Ações de uma Empresa!

Pesquisa recente sugere que transferir o serviço ao cliente para o exterior afeta de modo negativo a satisfação do cliente. Jonathan Whitaker e seus colegas pesquisadores analisaram as atividades de terceirização de 150 empresas e unidades de negócio norte-americanas. Como um grupo, aquelas empresas que terceirizaram viram cair sua pontuação no Índice de Satisfação do Cliente dos Estados Unidos. Mais importante, o declínio nos pontos de satisfação do cliente foi aproximadamente o mesmo em serviços ao cliente de empresas terceirizadas nacionais ou no exterior.

A pontuação da satisfação do cliente tende a se mover na mesma direção dos preços das ações das empresas. Com base nessa relação histórica, o declínio médio em satisfação do cliente descoberto em empresas que terceirizam o serviço ao cliente está associado a cerca de 1% a 5% do declínio na capitalização de mercado de uma empresa, dependendo do setor em que ela opera. É um preço exagerado! Por falar nisso, a capitalização do mercado é uma medida de valor de uma empresa (ou seja, total de ações em circulação × preço da ação).

Para aperfeiçoar a qualidade do serviço ao cliente terceirizado, deverá ser dada especial atenção para que se garanta que o prestador tenha todas as informações necessárias para ajudar o cliente e esteja totalmente capacitado para fazê-lo. É interessante notar que os pesquisadores descobriram que "o back office no exterior não afetou a satisfação total do cliente. Assim, a economia que uma empresa obtém dessa forma não é compensada pela insatisfação entre os clientes".

FONTE: Jonathan Whitaker, M. S. Krishnan e Claes Fornell, "Customer Service: How Offshore Outsourcing Affects Customer Satisfaction", *The Wall Street Journal*, 7 de julho de 2008, p. R4.

---

clientes são altamente sensíveis quanto ao local de produção" (por exemplo, certos contratos militares).[17] A preocupação sobre roubo de propriedade intelectual (PI) é uma questão importante na maioria das ERDs, particularmente na China. Os especialistas sugerem que algumas empresas multinacionais na China estão perdendo a batalha quanto à proteção de sua PI, em grande parte porque dão ênfase a táticas legais em vez de incluir a PI diretamente em suas decisões estratégicas e operacionais. Ao analisar e selecionar cuidadosamente produtos e tecnologias para vender na China, as melhores empresas reduzem a chance de os concorrentes roubarem a sua PI.

Opções de Entrada no Mercado Global[18]

Para desenvolver uma estratégia eficaz de marketing global, os gerentes devem avaliar as formas alternativas em que uma empresa pode participar dos mercados internacionais. O modo específico de entrada levará em consideração o nível de experiência no exterior da empresa e a etapa na evolução de seu envolvimento internacional. A Figura 7.3 ilustra um espectro de opções para a participação em mercados globais. Elas variam desde escolhas de baixo comprometimento, tais como exportação, até níveis altamente complexos de participação, como estratégias globais. Cada uma é analisada nesta seção.

---

[17] Ibid., p. 29.

[18] A discussão a seguir está baseada em Franklin R. Root, *Entry Strategy for International Markets* (Lexington, MA: D.C. Health, 1987), e Michael R. Czinkota e Ilka A. Ronkainen, *International Marketing*, 2. ed. (Hinsdale, IL: Dryden Press, 1990).

TABELA 7.1	DETERMINANDO QUE PRODUTOS TERCEIRIZAR PARA ECONOMIAS EM RÁPIDO DESENVOLVIMENTO (ERDS) E QUAIS DEIXAR NA SEDE		
Critérios selecionados	Manter fabricação no país sede	Transferir para ERDs
Contrato de trabalho	Baixo	Alto
Crescimento da demanda no mercado interno	Baixo	Alto
Tamanho do mercado na ERD	Baixo	Alto
Grau de padronização	Baixo	Alto
Conteúdo de propriedade intelectual	Alto	Baixo
Exigências de logística	Alto	Baixo

FONTE: Adaptado de Arindam Bhattacharya e outros, "Capturing Global Advantage: How Leading Industrial Companies Are Transforming Their Industries by Sourcing and Selling in China, India, and Other Low-Cost Countries", The Boston Consulting Group, Inc., abril de 2004, p. 26-30, disponível em http://www.bcg.com.

Exportação

O primeiro encontro de uma indústria com um mercado no exterior envolve, em geral, a **exportação**, pois exige menor comprometimento e risco. Os produtos são fabricados em uma ou duas fábricas no país de origem e as vendas são feitas por meio de distribuidores ou agências de importação em cada país. A exportação é uma estratégia de entrada funcional quando a empresa não tem os recursos para firmar um comprometimento significativo com o mercado, quer minimizar o risco político e econômico ou não está familiarizada com as exigências de mercado e com as normas culturais do país. A exportação é a opção mais popular de entrada no mercado global entre as empresas de pequeno e médio portes.[19]

Muitas empresas começam as atividades de exportação casualmente, sem verificar com cuidado os mercados ou as opções para entrada no mercado. Essas empresas podem ou não ter uma medida de sucesso, e podem não perceber melhores oportunidades de exportação. Quando os esforços iniciais de exportação não são bem-sucedidos devido ao fraco planejamento, a empresa pode se iludir a abandonar a exportação toda. A formulação de uma estratégia de exportação com base em boas informações e avaliação adequada aumenta as chances de escolha das melhores opções, de uso mais eficiente de recursos e de os esforços levarem, consequentemente, ao sucesso.

O Serviço Comercial do Departamento de Comércio desenvolveu e mantém uma rede de especialistas em comércio internacional nos Estados Unidos, para ajudar as empresas norte-americanas a exportar seus produtos e conduzir negócios no exterior. Os especialistas em comércio trabalham em escritórios como os Centros de Assistência à Exportação (EACs), localizados em quase cem cidades nos Estados Unidos e em Porto Rico, que ajudam as empresas de pequeno e médio portes. Os EACs são chamados de "balcões únicos" porque combinam a especialização e os recursos comerciais e de marketing do Serviço Comercial com a especialização e os recursos financeiros da Administração de Pequenos Negócios (SBA) e do Banco de Exportação-Importação. Assim, fornecem às empresas ampla gama de serviços em um local e também maximizam recursos ao trabalhar proximamente com os governos estadual e municipal e com

---

[19] Jery Whitelock e Damd Jobber, "An Evaluation of External Factors in the Decision of UK Industrial Firms to Enter a New Non-Domestic Market: An Exploratory Study", *European Journal of Marketing* 38 (11/12, 2004), p. 1440.

FIGURA 7.3 | ESPECTRO DE ENVOLVIMENTO NO MARKETING GLOBAL

Baixo comprometimento					**Alto comprometimento**
Exportação	Contratação	Aliança estratégica	Joint venture	Estratégia multidoméstica	Estratégia global
Baixa complexidade					**Alta complexidade**

parceiros privados para oferecer às empresas uma variedade total de especialização em comércio internacional, marketing e finanças.[20]

Embora preserve a flexibilidade e reduza o risco, a exportação pode limitar os prospectos futuros de crescimento no país. Primeiro, a exportação envolve desistir do controle direto do programa de marketing, o que dificulta a coordenação das atividades, implantar estratégias e resolver conflitos com clientes e membros do canal. George Day explica por que os clientes podem perceber uma falta do comprometimento de exportação:

> Em muitos mercados globais, os clientes são avessos a formar relacionamentos de longa duração com uma empresa por meio de seus agentes, pois se sentem inseguros sobre se o negócio continuará a servir o mercado ou vai se retirar ao primeiro sinal de dificuldade. Esse problema atormentou empresas norte-americanas em diversos países, e somente agora elas estão se esquecendo da reputação de participação oportunista em muitos países e, então, se retirando abruptamente para proteger os lucros de curto prazo.[21]

Contratação

Uma forma mais comprometida e complexa de entrada no mercado internacional é a **contratação**. Incluídos entre os modelos de entrada por contrato estão (1) o licenciamento e (2) os contratos de gerenciamento.

Licenciamento. Sob um contrato de **licenciamento**, uma empresa permite que outra use a sua propriedade intelectual em troca de *royalties* ou alguma outra forma de pagamento. A propriedade pode incluir marcas registradas, patentes, tecnologia, *know-how* ou razão social. Em resumo, o licenciamento envolve a exportação de ativos intangíveis.

Como uma estratégia de entrada, o licenciamento não requer investimento de capital ou força de marketing nos mercados estrangeiros. Isso permite que a empresa teste os mercados estrangeiros sem um comprometimento maior de gerenciamento de tempo ou capital. Como o licenciado é, tipicamente, uma empresa local que pode servir como um anteparo contra a ação do governo, o licenciamento também reduz o risco de exposição a tal ação. Com a regulamentação crescente do país sede, o licenciamento pode permitir que o profissional de marketing industrial entre em um mercado estrangeiro que esteja fechado para importações ou investimento estrangeiro direto.

---

[20] *A Basic Guide to Exporting*, Departamento de Comércio dos Estados Unidos com ajuda da Unz & Co., Inc., disponível em http://www.export.gov/exportbasics/index.asp, acesso em 18 de julho de 2008.
[21] George S. Day, *Market Driven Strategy: Processes for Creating Value* (Nova York: The Free Press, 1990), p. 272.

Os contratos de licenciamento apresentam algumas limitações. Primeira, certas empresas hesitam em celebrar contratos de licenciamento porque o licenciado pode se tornar um importante concorrente no futuro. Segunda, os contratos de licenciamento incluem, tipicamente, um prazo. Embora os termos possam ser prorrogados uma vez após o contrato inicial, muitos governos estrangeiros não permitem de imediato prorrogações adicionais. Terceira, uma empresa tem menos controle sobre um licenciado do que em sua própria exportação ou fabricação no exterior.

Contratos de Gerenciamento. Para expandir as suas operações no exterior, muitas empresas se voltaram para os contratos de gerenciamento. Em um **contrato de gerenciamento**, a empresa industrial monta um pacote de capacidades que fornecem um serviço integrado para o cliente. Quando a participação acionária, seja propriedade plena ou uma joint venture, não é viável ou não é permitida por um governo estrangeiro, um contrato de gerenciamento propicia um modo de participar em um empreendimento. Os contratos de gerenciamento têm sido usados de modo eficiente no setor de prestação de serviços em áreas como serviços de informática, gerenciamento de hotéis e serviços de alimentação. Michael Czinkota e Ilka Ronkainen salientam que os contratos de gerenciamento podem "fornecer capacidades organizacionais não disponíveis localmente, especialização disponível de imediato em vez de construída e assistência de gerenciamento sob a forma de serviços de suporte que seriam difíceis e dispendiosos de serem copiados localmente".[22]

Uma forma especializada de um contrato de gerenciamento é uma operação com solução completa (*turnkey*). Esse arranjo permite que um cliente adquira um sistema operacional completo, com as capacidades necessárias para manter e operar o sistema sem ajuda. Uma vez que o pacote do contrato esteja on-line, o cliente possui, controla e opera o sistema. Os contratos de gerenciamento permitem que as empresas comercializem as suas capacidades superiores (*know-how*) ao participar do mercado internacional.

Outros modos contratuais de entrada cresceram notoriamente nos anos recentes. A **fabricação sob contrato** envolve o fornecimento de um produto de uma fabricante localizada em um país estrangeiro para venda ali ou em outros países. Neste caso, a ajuda poderá ser solicitada para garantir que o produto atenda aos padrões de qualidade desejados. A fabricação sob contrato é bastante adequada quando o mercado local prescinde de potencial suficiente para justificar um investimento direto, a entrada da exportação está bloqueada e um licenciado de qualidade não está disponível.

Alianças Globais Estratégicas (SGA)

Uma **aliança global estratégica** (SGA) é um relacionamento de negócio estabelecido por duas ou mais empresas para cooperação quanto à necessidade mútua e para compartilhar o risco no alcance de um objetivo em comum. Essa estratégia funciona bem para a entrada no mercado ou para dar suporte aos pontos fracos existentes e aumentar as forças competitivas. Uma empresa dos Estados Unidos com uma base de abastecimento confiável poderá associar-se a um importador japonês que tenha estabelecidos os canais de distribuição e uma base de clientes no Japão para formar uma entrada forte no mercado japonês.[23] As alianças proporcionam uma série de benefícios, como acesso aos mercados ou à tecnologia, economias de escala na fabricação e no marketing, e o compartilhamento de riscos entre os parceiros (ver Capítulo 4).

---

[22] Czinkota e Ronkainen, *International Marketing*, p. 493.
[23] Laura Delaney, "Expanding Your Business Globally", *MultiLingual*, 19 (abril de 2008), p. 10-11.

Embora ofereçam potencial, as alianças globais estratégicas apresentam um desafio gerencial especial. Dentre os obstáculos, constam:[24]

- Os parceiros estão organizados de modo bem diferente para a tomada de decisões de marketing e design do produto, criando *problemas em coordenação e confiança*.
- Os parceiros que combinam o melhor conjunto de capacidades em um país podem estar parcamente equipados para apoiar um ao outro em outros países, levando a *problemas na implantação de alianças em uma escala global*.
- O rápido ritmo da mudança tecnológica garante, em geral, que o parceiro mais atrativo hoje possa não ser o parceiro mais atrativo amanhã, levando a *problemas na manutenção de alianças ao longo do tempo*.

Jeffrey Dyer e seus colegas conduziram um estudo aprofundado de 200 corporações e suas 1.572 alianças e descobriram que, em média, as 500 principais empresas globais participam, cada uma, de 60 alianças estratégicas importantes.[25] Muito arriscadas, quase a metade dessas alianças não dá certo. Lembre-se, do Capítulo 4, de que as empresas que se distinguem ao gerar valor de alianças possuem uma *função de aliança estratégica* dedicada. Uma função dedicada age como um ponto focal para a aprendizagem e para alavancar o *feedback* de alianças anteriores e atuais. A função de aliança garante que a métrica seja criada e aplicada para o monitoramento do desempenho de todas as suas alianças, nacionais e globais.

Joint Ventures

Ao adotar opções de entrada internacional, uma corporação se defronta com uma grande variedade de escolhas de propriedade, variando desde 100% de propriedade até uma participação minoritária. Com frequência, a propriedade plena pode ser um pré-requisito desejável, mas não essencial, para o sucesso. Assim, uma joint venture torna-se viável. A **joint venture** envolve um arranjo de copropriedade (entre, por exemplo, uma empresa norte-americana e uma no país receptor) para fabricar e/ou comercializar produtos em um mercado estrangeiro. Em oposição a uma aliança estratégica, uma joint venture cria uma nova empresa. Algumas joint ventures estão estruturadas de modo que cada parceiro detenha uma parcela igual; em outras, um parceiro detém uma participação majoritária. As contribuições dos parceiros também podem variar muito e podem incluir recursos financeiros, tecnologia, organizações de vendas, *know-how* ou ativo imobilizado. A joint venture 50-50 entre a Xerox Corporation e a Fuji Photo Film Company sediada em Tóquio representa um relacionamento bem-sucedido. Pela joint venture, a Xerox ganhou presença no mercado japonês, aprendeu sobre as capacidades de gerenciamento de qualidade valiosas que aperfeiçoaram os seus produtos e desenvolveu um bom entendimento sobre importantes concorrentes japoneses como a Canon, Inc. e a Ricoh Company. Essa joint venture prosperou por mais de três décadas.[26]

Vantagens. As joint ventures oferecem uma série de vantagens. Em primeiro lugar, as joint ventures podem abrir oportunidades de mercado que nenhum parceiro poderia conseguir sozinho. Kenichi Ohmae explica a lógica:

---

[24] Thomas J. Kosnik, "Stumbling Blocks to Global Strategic Alliances", *System Integration Age*, outubro de 1988, p. 31-39. Ver também Eric Rule e Shawn Keon, "Competencies of High-Performing Strategic Alliances", *Strategy & Leadership*, 27 (setembro-outubro de 1998), p. 36-37.

[25] Jeffrey Dyer, Prashant Kale e Harbir Singh, "How to Make Strategic Alliances Work", *MIT Sloan Management Review* 42 (2001), p. 37-43.

[26] David P. Hamilton, "United It Stands—Fuji Xerox Is a Rarity in World Business: A Joint Venture That Works", *The Wall Street Journal*, 26 de setembro de 1996, p. R19.

Se você dirige uma empresa farmacêutica com um bom medicamento para distribuir no Japão, mas não tem equipe de vendas para fazê-lo, encontre alguém no Japão que também tenha um bom produto, mas que não tenha equipe de vendas em seu país. É possível dobrar o lucro ao oferecer dois medicamentos fortes por meio de sua rede de vendas de custo fixo, e assim também acontece com seu novo aliado. Por que duplicar essas despesas altas o tempo todo? Por que não juntar forças para maximizar a contribuição aos custos fixos uma da outra?[27]

Em segundo lugar, as joint ventures podem gerar melhores relacionamentos com as organizações locais (por exemplo, autoridades locais) e com os clientes. Ao se afinar com a cultura e o ambiente do país receptor, o parceiro local pode permitir que a joint venture responda às necessidades do mercado em mudança, esteja mais consciente das sensibilidades culturais e esteja menos vulnerável ao risco político.

Os Aspectos Negativos. Problemas podem surgir na manutenção de relacionamentos na joint venture. Um estudo sugere que, talvez, mais de 50% das joint ventures são desfeitas ou não atingem as expectativas.[28] Os motivos envolvem problemas de divulgação de informações delicadas, desacordos sobre como os lucros devem ser compartilhados, conflitos a respeito do estilo de gerenciamento e percepções diferentes sobre estratégia. Mihir Desai, Fritz Foley e James Hines estudaram mais de 3 mil empresas globais norte-americanas e informaram que as joint ventures parecem sob desaprovação.[29] Por quê? As forças crescentes da globalização, como processos de produção fragmentados, fazem valer a decisão de *não* colaborar. Caso uma empresa esteja levando em consideração uma joint venture, Desai, Foley e Hines sugerem que primeiro liste os motivos para levar em conta uma joint venture e certifique-se de que "não podem comprar os serviços necessários ou aquele conhecimento por meio de um contrato sob termos imparciais que não exija propriedade compartilhada. Segundo, mostre de modo explícito as expectativas para os parceiros em documentos legais e informais antes da criação da pessoa jurídica, de modo que fique claro o que cada parte está fornecendo. Terceiro, testar os parceiros sem dar início a uma joint venture, ao conduzir negócios com eles de alguma forma. Por fim, especificar simples disposições sobre saída no início e, então, não ter medo de prosseguir sozinha".

Escolha de um Modo de Entrada

Para um movimento inicial em direção ao mercado global, devem ser consideradas todas as formas de modos de entrada apresentadas anteriormente – desde exportação, licenciamento e fabricação sob contrato até joint ventures e subsidiárias integrais. Em mercados de alto risco, as empresas podem reduzir sua exposição de risco ao patrimônio, ao adotar modos de baixo comprometimento como licenciamento, fabricação sob contrato ou joint ventures com uma participação minoritária. Embora os modos de entrada sem participação acionária – como licenciamento ou fabricação sob contrato – envolvam risco e comprometimento mínimos, podem não fornecer o nível desejado de controle ou desempenho financeiro. As joint ventures e as subsidiárias integrais fornecem um nível maior de controle sobre as operações e maiores retornos potenciais.

Uma vez estabelecidas as operações em uma série de mercados estrangeiros, o foco se transfere, em geral, da avaliação de oportunidade estrangeira para o desenvolvimento do mercado local em cada

---

[27] Kenichi Ohmae, "The Global Logic of Strategic Alliances", *Harvard Business Review* 67 (março-abril de 1989), p. 147.
[28] Arvind Parkhe, "Building Trust in International Alliances", *Journal of World Business* 33 (inverno de 1998), p. 417-437.
[29] Mihir A. Desai, C. Fritz Foley e James Hines, "The Costs of Shared Ownership: Evidence From International Joint Ventures", *Journal of Financial Economics* 73 (2004), p. 323-374.

MARKETING INDUSTRIAL ÉTICO

O Dilema do Suborno nos Mercados Globais

Os gerentes de marketing global sempre se deparam com um dilema quando as regulamentações do país sede colidem com as práticas comerciais estrangeiras. Um bom exemplo é o do setor aeroespacial. As políticas do governo dos Estados Unidos sobre suborno por empresas privadas afetaram as vendas de aeronaves em alguns países. A Lei sobre Práticas de Corrupção no Exterior (FCPA) de 1977 proíbe pagamentos por pessoas físicas e jurídicas dos Estados Unidos, inclusive exportadores de aeronaves, para obter ou manter negócios e causou um grande efeito sobre como as empresas norte-americanas conduzem negócios globais. Até 1999, a legislação europeia sobre suborno transnacional era *não existente*. Assim, algumas fabricantes europeias do setor aeroespacial supostamente subornaram funcionários públicos estrangeiros para ganhar vendas à custa de seus concorrentes dos Estados Unidos.

Atualmente, o governo dos Estados Unidos e o Grupo de Trabalho sobre Suborno da Organização para Cooperação Econômica e Desenvolvimento (OECD) estão tentando remover os principais obstáculos para a implantação da convenção contra suborno da OECD. O governo dos Estados Unidos também busca fortalecer a OECD e outros regimes multilaterais e bilaterais relacionados ao suborno e à corrupção de funcionários públicos.

É interessante notar que publicações recentes na imprensa alegam que as empresas aeroespaciais europeias estão entre os grupos comerciais que pressionam os seus governos para *relaxar as regras contra o suborno*. À medida que as leis sobre suborno e contra a corrupção e o seu cumprimento na Europa permanecem mais fracos que sob a Lei sobre Práticas de Corrupção no Exterior dos Estados Unidos, as empresas aeroespaciais europeias desfrutam de uma vantagem competitiva nas concorrências de vendas para governos estrangeiros ou linhas aéreas controladas pelo governo.

FONTE: Joseph H. Bogosian, "Global Market Factors Affecting U.S. Jet Producers", Federal Document Clearing House Congressional Testimony, Capital Hill Hearing Testimony, House Transportation and Infrastructure, 25 de maio de 2005.

---

país. Essa mudança deve ser induzida pela necessidade de responder aos concorrentes locais ou pelo desejo de penetrar de modo mais eficaz no mercado local. O planejamento e a estratégia assumem um foco em cada país.

Estratégias Multidomésticas versus *Globais*

Os executivos de marketing industrial estão sob pressão crescente para desenvolver estratégias globalmente integradas visando alcançar a eficiência e a racionalização por suas subsidiárias dispersas geograficamente. Como tal, o desafio da internacionalização da empresa não está em fornecer uma oferta homogênea pelos mercados, mas sim em encontrar o melhor equilíbrio entre a adaptação local (uma estratégia multidoméstica) e a otimização global, em que uma estratégia integrada é aplicada globalmente.[30] As empresas multinacionais vêm tradicionalmente gerenciando as operações fora de seu país sede com **estratégias multidomésticas** que permitem que cada subsidiária possa competir de modo independente nos mercados em seu país sede. As sedes das multinacionais coordenam as políticas de marketing e os controles financeiros e podem centralizar atividades de P&D e algumas atividades de suporte. Cada

---

[30] G. Tomas M. Hult, S. Tamer Cavusgil, Seyda Deligonul, Tunga Kiyak e Katarina Lagerström, "What Drives Performance in Globally Focused Marketing Organizations? A Three-Country Study", *Journal of International Marketing* 15 (2007), p. 58-85.

subsidiária, todavia, se parece com uma unidade de negócio estratégica que, espera-se, possa contribuir com ganhos e crescimento para a organização. A empresa pode gerenciar as suas atividades internacionais como uma carteira. Exemplos de indústrias multidomésticas incluem a maioria dos tipos de varejo, construção, fabricação de metais e muitas prestadoras de serviços.

Por outro lado, uma **estratégia global** busca vantagem competitiva com escolhas estratégicas que são altamente integradas pelos países. Por exemplo, as características de uma estratégia global podem incluir um produto principal padronizado que exija adaptação local mínima e que esteja voltado para mercados estrangeiros escolhidos com base em sua contribuição para as vantagens da globalização. Exemplos notórios de indústrias globais são automóveis, aeronaves comerciais, produtos eletrônicos ao consumidor e muitas categorias de maquinário industrial. Devem-se buscar grande volume e vantagens da fatia do mercado ao se voltar a atenção para os Estados Unidos, a Europa e o Japão, assim como para economias em rápido desenvolvimento como a China e a Índia.

Fonte de Vantagem: Multidoméstica versus Global

Quando as atividades de comercialização e marketing (aquelas diretamente vinculadas ao comprador, como vendas e serviços ao consumidor) são importantes para a vantagem competitiva, é comum haver um padrão multidoméstico de competição internacional. No **setor multidoméstico**, as empresas adotam estratégias separadas em cada um de seus mercados estrangeiros – a competição, em cada país, é essencialmente independente da competição em outros países (por exemplo, a Alcoa no setor de alumínio e a Honeywell no setor de controles).

A competição global é mais comum em setores nos quais os insumos e as atividades de suporte (como desenvolvimento de tecnologia e operações) são vitais para a vantagem competitiva. Um **setor global** é aquele no qual a posição competitiva de uma empresa em um país é influenciada de modo significativo por sua posição nos outros países (por exemplo, a Intel no setor de semicondutores e a Boeing no setor de aeronaves comerciais).

Em seu livro *Redefinindo a Estratégia Global: Cruzando Fronteiras em um Mundo Onde as Diferenças Ainda Contam*, Pankaj Ghemawat sugere que, em sua maioria, os tipos de atividade econômica que podem ser conduzidos dentro ou pelas fronteiras ainda estão muito localizados.[31] Ele argumenta que as empresas devem ser bastante cuidadosas na decisão entre uma estratégia multidoméstica ou global, pois a "internacionalização de inúmeras atividades econômicas principais, inclusive investimento em capital imobilizado, tráfego por telefone e pela internet, turismo, patentes, investimentos em ações etc., permanece em cerca de apenas 10%". Em seu ponto de vista, as fronteiras nacionais ainda são significativas e as estratégias internacionais eficazes devem levar em conta as similaridades entre países e as diferenças críticas.[32] No ambiente comercial global atual, em que a segurança é uma questão importante, os direitos de propriedade intelectual estão em debate, existem ameaças crescentes de protecionismo econômico e vários países estão reafirmando a soberania nacional, a decisão de acatar uma estratégia puramente global deve ser verificada com cuidado.

Coordenação e Configuração. Outras compreensões sobre a estratégia internacional podem ser obtidas ao analisar duas dimensões de competição no mercado global: configuração e coordenação. A **configuração** está centralizada em onde é executada a atividade, inclusive o número de locais. As opções variam de concentrada (uma fábrica que atende o mundo inteiro) a dispersa (uma fábrica em cada país – cada uma

---

[31] Pankaj Ghemawat, *Redefining Global Strategy: Crossing Borders in a World Where Differences Still Matter* (Boston: Harvard Business School Press, 2007), p. 9-32.
[32] Ibid., p. 22.

Principais Realizadores em B2B

Motores de Avião da General Electric: Estratégia Global Significa Ajudar os Clientes

A Divisão de Motores de Avião da General Electric (GE) deve manter uma presença global bem grande, ao comercializar motores a jato para quase todas as empresas aéreas no mundo. Embora a maioria das grandes empresas aéreas compre as suas aeronaves da Boeing ou da Airbus, cada empresa aérea escolhe a fabricante do motor a jato. Assim, a Singapore Air pode escolher entre a Pratt & Whitney, a Rolls-Royce ou a GE. As apostas são altas no setor, visto que uma empresa aérea específica pode comprar centenas de aeronaves durante um período relativamente curto de tempo. Os desafios são significativos para as fabricantes de motores a jato: estas devem ter um relacionamento sólido com as fabricantes de aeronaves como a Boeing e a Airbus, mas, tão importante quanto isso, precisam despender um esforço considerável em cortejar e então manter as empresas aéreas como clientes. O que torna mais árduo o trabalho da GE são os aspectos globais desses relacionamentos. Primeiro, a Boeing é uma empresa norte-americana e a Airbus é uma joint venture de empresas de vários países da União Europeia. Várias outras fabricantes de estruturas de aviões estão localizadas no Brasil, no Canadá e na China – e essas fabricantes fornecem para as empresas aéreas menores e regionais que fazem voar jatos de 50 a cem assentos. Bem mais intimidante é o fato de que existem cerca de 80 empresas aéreas localizadas por todo o mundo, apenas um punhado destas com base nos Estados Unidos.

Um elemento importante na estratégia de marketing da GE é oferecer assistência aos clientes globais de formas criativas. Por exemplo, um novo cliente é uma fabricante chinesa de estruturas de avião que ainda não havia construído a sua primeira aeronave quando a GE começou a interagir com os executivos da empresa! A primeira aeronave da empresa não sairia da linha de montagem até 2008, mas a GE começou a construir vínculos de relacionamento com essa empresa em 2003 – de um modo sutil. Como a fabricante chinesa de estruturas de avião ainda é uma empresa bem nova, os gerentes principais não tinham experiência sobre todos os aspectos importantes do marketing de business-to-business. Resposta da GE: ajudar a formar o pessoal de vendas e de marketing da fabricante de estruturas de avião em todas as facetas do marketing de business-to-business. Um elemento dessa abordagem foi convidar toda a equipe de marketing e de vendas a visitar a sede norte-americana da GE para um seminário de duas semanas sobre marketing B2B. O acompanhamento seria feito na China, em data futura, para revisar as tarefas e projetos dados aos participantes no primeiro seminário. A GE também trabalhará lado a lado com a equipe de vendas chinesa, à medida que começa a fazer visitas de vendas às empresas aéreas que são compradoras potenciais de seus aviões. Os esforços da GE ilustram os desafios das vendas em mercados globais em rápido desenvolvimento, em que os clientes potenciais são inexperientes em muitas facetas do negócio. Os desafios para a GE são complexos, pois deve lidar com processos culturais e comerciais de seu cliente chinês, assim como aqueles de todas as empresas aéreas pelo mundo para quem a empresa chinesa venderá as aeronaves.

---

com uma cadeia de valor completa de operações até marketing, vendas e serviços ao cliente). Ao concentrar uma atividade como a produção em um local central, as empresas podem ganhar economias de escala ou acelerar a aprendizagem. Por outro lado, atividades dispersas em uma série de locais podem minimizar os custos de transporte e armazenamento, moldar as atividades para as diferenças do mercado local ou facilitar a aprendizagem sobre as condições de mercado em um país.

A **coordenação** refere-se a como atividades similares executadas em vários países são coordenadas ou combinadas entre si. Se, por exemplo, uma empresa possui três fábricas – uma nos Estados Unidos, uma na Inglaterra e uma na China –, como as atividades nessas fábricas se relacionam uma com a outra? Existem inúmeras opções de coordenação, graças aos muitos níveis possíveis de coordenação e aos variados modos com que uma atividade pode ser executada. Por exemplo, uma empresa que opera três fábricas poderia, de um lado, permitir que cada fábrica funcione de modo autônomo (processos de produção únicos, produtos únicos). Do outro lado, as três fábricas poderiam ser coordenadas de perto, utilizando um sistema de informações em comum e fabricando produtos com características idênticas. A Dow Chemical, por exemplo, usa um sistema de software empresarial que lhe permite deslocar as funções de compras, fabricação e distribuição por todo o mundo em resposta aos padrões em mudança de oferta e demanda.[33]

Tipos de Estratégia Internacional

A Figura 7.4 retrata algumas das possíveis variações na estratégia internacional. Observe que a estratégia global mais pura se concentra à medida que podem ser realizadas muitas atividades em um país, atende ao mercado mundial desde sua base interna local e coordena de perto as atividades que devem ser executadas com o comprador (por exemplo, prestação de serviços). A Caterpillar, por exemplo, vê a sua batalha com a grande concorrente japonesa Komatsu em termos globais. Assim como usa sistemas avançados de gerenciamento que permitem explorar totalmente as economias de escala, a Caterpillar também coordena com atenção as atividades em sua rede global de revendedores. Essa estratégia global integrada dá à Caterpillar uma vantagem competitiva em custo e eficácia.[34] Ao atender o mercado mundial desde sua base interna local nos Estados Unidos e ao coordenar de perto as vendas e a prestação de serviços aos clientes pelo mundo, a Boeing também ilustra habilmente uma estratégia global pura. A Airbus – o consórcio aeroespacial europeu – é um concorrente forte e astuto que compete de modo agressivo com a Boeing por pedidos de empresas aéreas por todo o mundo.[35]

Uma Batalha Global pelo Mercado de PCs. Outra confrontação global interessante envolve a Dell, Inc. e a Lenovo Group, Inc. A Dell hoje adota uma estratégia global integrada e desafia a Lenovo, a maior fabricante chinesa em seu mercado interno local.[36] Enquanto isso, a Lenovo ganhou alcance mundial quando comprou a divisão de PCs da IBM. Por sua vez, a Hewlett-Packard permanece uma fantástica concorrente para ambas.

Outros Caminhos. A Figura 7.4 ilustra outros padrões da estratégia internacional. A Canon, por exemplo, concentra as atividades de fabricação e suporte no Japão, mas dá às subsidiárias locais de marketing uma significativa liberdade em cada região do mundo. Assim, a Canon adota uma estratégia com base na exportação. Por outro lado, a Xerox concentra algumas atividades e delega outras. A coordenação, contudo, é extremamente alta: a marca Xerox, a abordagem de marketing e a estratégia de prestação de serviços são padronizadas no mundo todo. Michael Porter observa:

> A estratégia global tem sido, em geral, caracterizada por uma escolha entre a padronização pelo mundo e a adaptação local, ou conforme a tensão entre a ordem econômica (instalações

---

[33] Thomas H. Davenport, "Putting the Enterprise into the Enterprise System", *Harvard Business Review* 76 (julho-agosto de 1998), p. 121-131.
[34] Donald V. Fites, "Make Your Dealers Your Partners", *Harvard Business Review* 74 (março-abril de 1996), p. 84-95.
[35] Alex Taylor III, "Blue Skies for Airbus", *Fortune*, 2 de agosto de 1999, p. 102-108.
[36] Evan Ramstad e Gary McWilliams, "For Dell, Success in China Tells Tale of Maturing Market", *The Wall Street Journal*, 5 de julho de 2005, p. A1, A8.

FIGURA 7.4 | TIPOS DE ESTRATÉGIA INTERNACIONAL

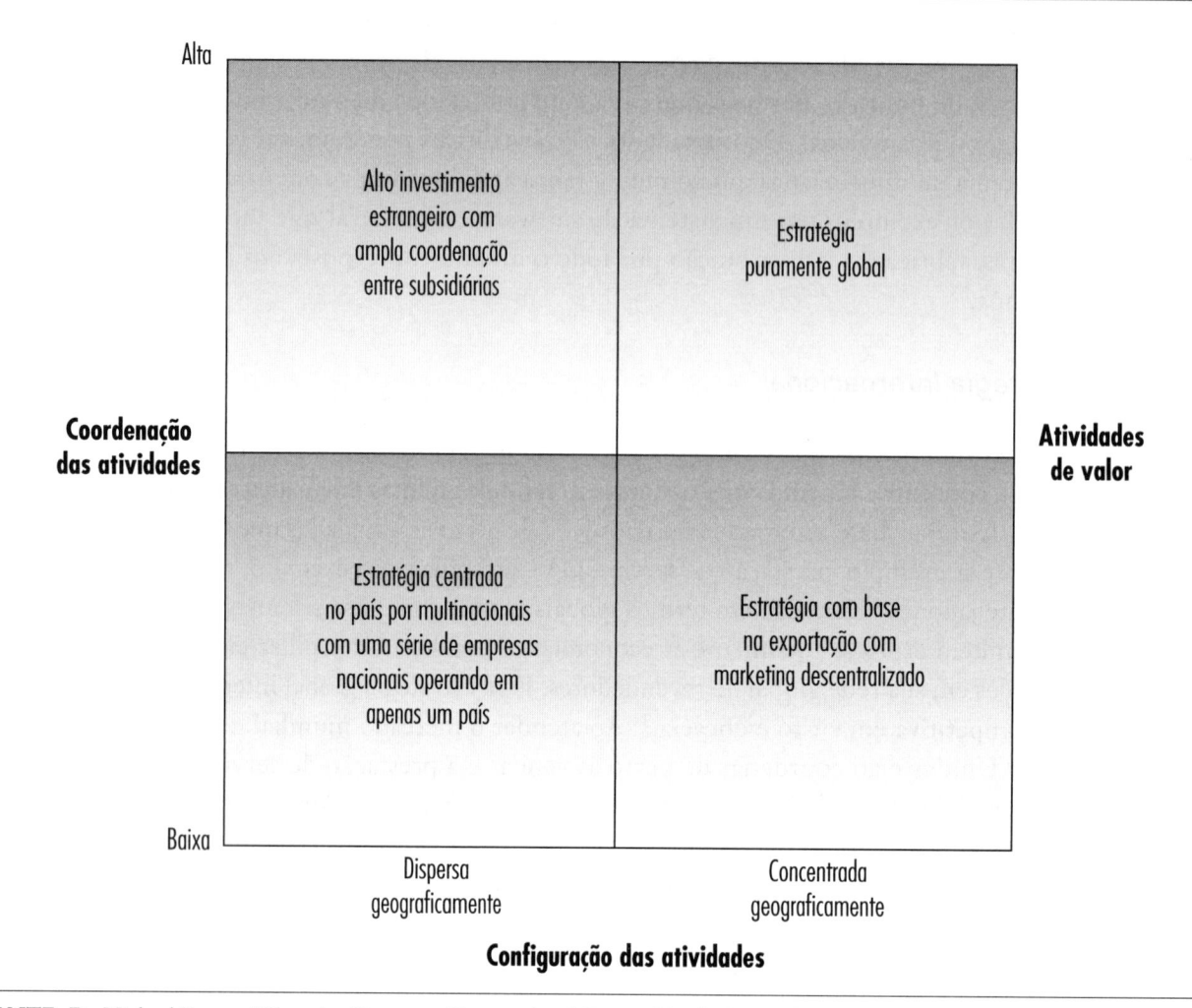

Coordenação das atividades / Atividades de valor

- Alta, Dispersa geograficamente: Alto investimento estrangeiro com ampla coordenação entre subsidiárias
- Alta, Concentrada geograficamente: Estratégia puramente global
- Baixa, Dispersa geograficamente: Estratégia centrada no país por multinacionais com uma série de empresas nacionais operando em apenas um país
- Baixa, Concentrada geograficamente: Estratégia com base na exportação com marketing descentralizado

Configuração das atividades

FONTE: De Michael Porter, "Changing Patterns of International Competition". Copyright © 1986 de The Regents da Universidade da Califórnia. Reproduzido de *California Management Review*, v. 28, n. 2. Com permissão de The Regents.

eficientes em larga escala) e a ordem política (conteúdo local, produção local).[...] A escolha de uma empresa pela estratégia internacional envolve uma busca por vantagem competitiva desde a configuração/coordenação até toda a cadeia de valor.[37]

Estrutura Estratégica

Lembre-se de que as empresas podem adotar estratégias multidomésticas ou estratégias globais. A necessidade de uma estratégia global é determinada pela natureza da competição internacional em um setor específico. De um lado, muitas indústrias são *multidomésticas* e a competição ocorre em uma base de país por país, com poucos vínculos entre as unidades operacionais (por exemplo, ofertas de construção e de muitos serviços). As indústrias multidomésticas não precisam de uma estratégia global, pois o foco estará no desenvolvimento de uma série de estratégias domésticas distintas.

---

[37] Michael E. Porter, "Changing Patterns of International Competition", *California Management Review* 28 (inverno de 1986), p. 25.

Estratégia Multidoméstica.[38] Pankjak Ghemawat argumenta de modo provocativo que o mundo não é plano, mas semiglobalizado, e que as fronteiras ainda existem e que são importantes quando se trata de elaboração da estratégia. Todavia, em vez de focalizar exclusivamente os limites físicos, ele sugere que os gerentes percebam as diferenças entre países e regiões em termos de uma estrutura que inclui as seguintes dimensões:

1. Cultural
2. Administrativa/política
3. Geográfica
4. Econômica

Ao analisar essas dimensões, um estrategista pode elucidar as diferenças em cada país, entender a responsabilidade da "singularidade", identificar e avaliar os concorrentes estrangeiros e não considerar o tamanho do mercado pela distância. Seguindo essa avaliação, o gerente de business-to-business está mais bem equipado para desenvolver uma estratégia responsiva para cada país.

Estratégia Global. Para as indústrias totalmente globalizadas, a posição de uma empresa em um país afeta de modo significativo a sua posição em outros locais, de forma que precisa de uma estratégia *global*. A competição pelos países por meio de uma estratégia global integrada exige uma série de escolhas que estão destacadas na Figura 7.5.

Estratégia Global[39]

Construir uma Posição Competitiva Única

Uma empresa de marketing industrial deverá se globalizar inicialmente naqueles negócios e linhas de produto em que existem vantagens únicas. Para alcançar o sucesso competitivo internacional, uma empresa deve desfrutar de uma vantagem significativa no custo ou na diferenciação. Para isso, deve ser capaz de executar atividades a um custo mais baixo que os seus concorrentes ou executar atividades de um modo singular que crie valor para o cliente e suporte um preço especial. Por exemplo, a Novo-Nordisk Group (Novo) da Dinamarca é a maior exportadora mundial de insulina e enzimas industriais. Ao estar na vanguarda com relação a insulinas com alto grau de pureza e melhorar a tecnologia de entrega da insulina, a Novo alcançou um nível de diferenciação que lhe proporcionou uma posição competitiva forte no mercado de cuidados com a saúde nos Estados Unidos, na Europa e no Japão.

Dar Ênfase a uma Estratégia de Posicionamento Consistente

Em vez de modificar as ofertas de produtos e serviços da empresa em cada país, "uma estratégia global exige uma campanha paciente e de longo prazo para entrar em todos os mercados estrangeiros importantes, enquanto mantém e alavanca o posicionamento estratégico único da empresa".[40] Uma das maiores

---

[38] Ghemawat, *Redefining Global Strategy*, p. 19-32.
[39] Esta seção é baseada em Michael E. Porter, "Competing across Locations: Enhancing Competitive Advantage through a Global Strategy", em Michael E. Porter, ed., *On Competition* (Boston: Harvard Business School Press, 1998), p. 309-350. Ver também Shaoming Zou e S. Tamer Cavusgil, "The GMS: A Broad Conceptualization of Global Marketing Strategy and Its Effect on Firm Performance", *Journal of Marketing* 66 (outubro de 2002), p. 40-56.
[40] Porter, "Competing Across Locations", p. 331.

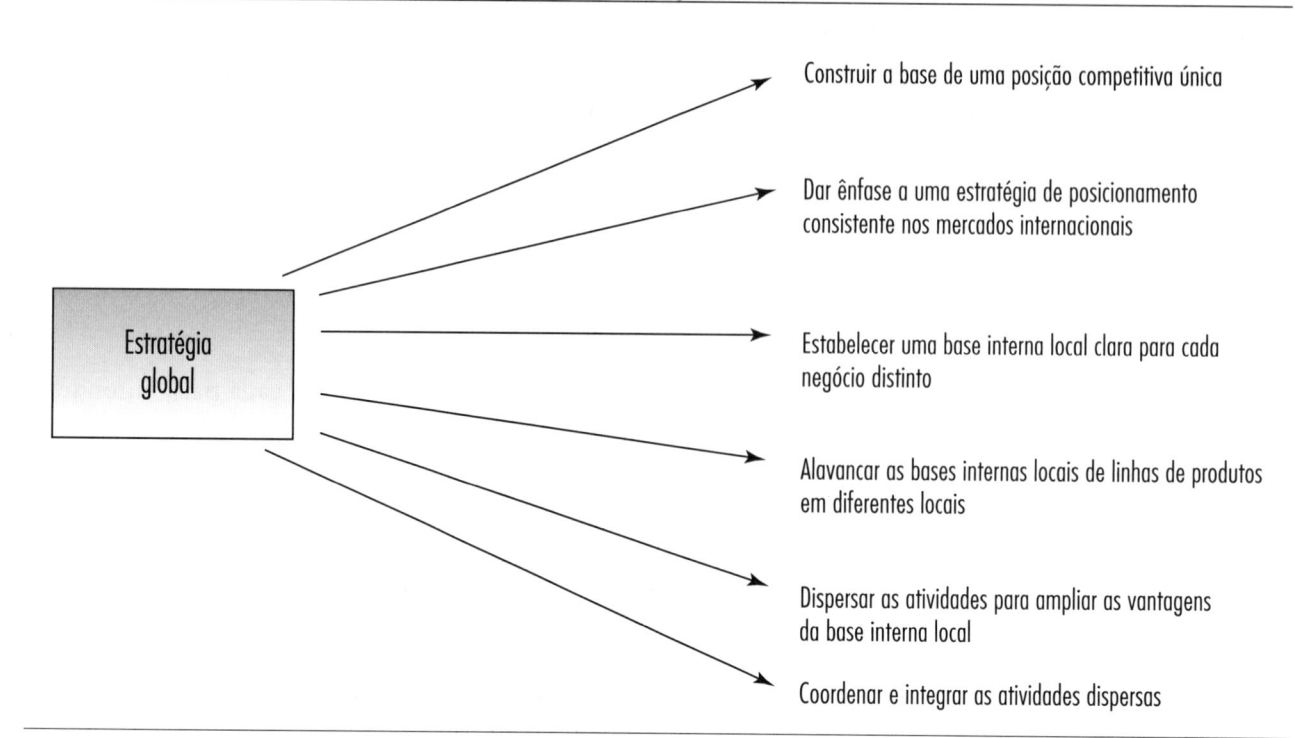

FIGURA 7.5 | ESTRUTURA GERAL PARA A ESTRATÉGIA GLOBAL

Estratégia global:
- Construir a base de uma posição competitiva única
- Dar ênfase a uma estratégia de posicionamento consistente nos mercados internacionais
- Estabelecer uma base interna local clara para cada negócio distinto
- Alavancar as bases internas locais de linhas de produtos em diferentes locais
- Dispersar as atividades para ampliar as vantagens da base interna local
- Coordenar e integrar as atividades dispersas

FONTE: Adaptado de Michael E. Porter, "Competing across Locations: Enhancing Competitive Advantage through a Global Strategy", em Michael E. Porter, ed., *On Competition* (Boston: Harvard Business School Press, 1998), p. 309-350.

barreiras ao sucesso de empresas nos países menores é a necessidade percebida de atender a todos os segmentos de clientes e oferecer um sortimento ampliado para obter o limitado mercado potencial. Todavia, ao manter uma posição consistente, uma empresa reforça a sua estratégia distinta e mantém sua atenção estratégica focalizada na oportunidade internacional bem maior.

Estabelecer uma Base Interna Local Clara para Cada Negócio Distinto

Embora o local da sede corporativa seja menos importante e possa refletir fatores históricos, uma empresa deve desenvolver uma base interna local clara para competir em cada um de seus negócios estrategicamente distintos. "A **base interna local** para um negócio é o local em que a estratégia é elaborada, o produto principal e a tecnologia do processo são criados e mantidos e onde se dá um volume crítico de atividades sofisticadas de produção e prestação de serviços."[41] Por exemplo, o Japão, base interna local da Honda para motocicletas e automóveis, é onde 95% de seus funcionários de P&D estão localizados e onde é conduzida toda a sua pesquisa principal sobre motores. Para a Hewlett-Packard (HP), os Estados Unidos hospedam 77% do espaço físico dedicado à fabricação, P&D e administração, mas apenas 43% do espaço físico da HP dedicado ao marketing. Na base interna local da empresa, os gerentes de P&D com especialização são peritos mundiais; eles transferem o seu conhecimento eletronicamente ou por meio de visitas periódicas a subsidiárias pelo mundo. As subsidiárias regionais são responsáveis por algumas atividades de P&D orientadas para o processo e pelo marketing local.

A base interna local deverá estar localizada em um país ou região com acesso mais favorável para os recursos necessários (insumos) e o setor de suporte (por exemplo, fornecedores especializados). Esse

---
[41] Ibid., p. 332.

local fornece o melhor ambiente para se obter produtividade e vantagens de inovação. A Honda, como a HP, beneficia-se de uma forte rede de fornecedores que dão apoio a cada um de seus principais negócios. A base interna local deverá também servir como ponto central de integração das atividades e ter uma clara responsabilidade mundial com relação à unidade de negócio.

Alavancar as Bases Internas Locais de Linhas de Produtos em Diferentes Locais

À medida que a linha de produtos de uma empresa se expande e diversifica, diferentes países podem servir melhor como bases internas locais para algumas linhas de produto. A responsabilidade por liderar uma linha de produto específica será atribuída ao país com as melhores vantagens de localização. Cada subsidiária, então, se especializa em produtos pelos quais tem a maioria das vantagens favoráveis (fornecedores especializados) e atende a clientes no mundo todo. Por exemplo, a HP localiza muitas bases internas locais de linhas de produto fora dos Estados Unidos, como a sua linha de impressoras compactas de jato de tinta, com base em Cingapura. Por sua vez, a Honda começou a criar uma base interna local de linha de produto para as peruas Accord nos Estados Unidos. O modelo foi concebido, projetado e desenvolvido pelos esforços conjuntos dos setores de P&D da Honda na Califórnia e em Ohio.

Dispersar as Atividades para Ampliar as Vantagens da Base Interna Local

Embora a base interna local esteja localizada onde as principais atividades estão concentradas, outras atividades podem ser dispersas para ampliar a posição competitiva da empresa. As oportunidades potenciais serão analisadas em três áreas:

- *Obtendo vantagens competitivas na compra.* Os insumos que não são importantes para o processo de inovação, como matérias-primas ou peças componentes de fins gerais, devem ser comprados do local mais rentável.
- *Garantindo ou aperfeiçoando o acesso ao mercado.* Ao localizar atividades selecionadas próximas ao mercado, uma empresa demonstra comprometimento com os clientes estrangeiros, responde a ordens governamentais reais ou anunciadas e pode estar mais bem equipada para moldar as ofertas às preferências locais. Por exemplo, a Honda investiu mais de $ 2 bilhões em instalações nos Estados Unidos. Da mesma forma, uma série de empresas, como Honeywell, GE e Intel, fez grandes investimentos na China e na Índia.
- *Abrindo vantagens competitivas de modo seletivo em outros locais.* Para aprimorar as capacidades em habilidades ou tecnologias importantes internamente, os concorrentes globais podem localizar atividades selecionadas em centros de inovação em outros países. O objetivo, nesse caso, é complementar, mas não substituir, a base interna local. Para ilustrar, a Honda ganha exposição à perícia californiana e às competências de projetos de alto desempenho alemães por meio de pequenos centros de projeto locais e financiados pela empresa que transferem o conhecimento de volta à base interna local japonesa.

Coordenar e Integrar as Atividades Dispersas

A coordenação pelos locais dispersos geograficamente acarreta desafios formidáveis, entre eles as diferenças idiomáticas e culturais e de alinhamento dos sistemas de recompensa para gerentes individuais e subsidiárias com as metas da empresa global como um todo. Contudo, os concorrentes globais bem-sucedidos chegaram a uma ação unificada ao:

TABELA 7.2	PRINCIPAIS FATORES PARA O GERENCIAMENTO DO RISCO EM MERCADOS EMERGENTES

- Entender cada um dos mercados: deixar de fazê-lo é o caminho mais rápido para os problemas.

- Usar especialização local: não há substituto para o conhecimento local.

- Encontrar um parceiro: os relacionamentos locais fortes são muito importantes.

- Entender a cultura: uma abordagem consistente em todos os mercados ignora as diferenças culturais com efeitos bem diferentes.

- Entender as leis, regulamentações e éticas locais: não supor que são as mesmas em seu mercado interno local.

- Ser atento e vigilante: dar atenção aos detalhes, questionar e ser cético.

- Comunicar: abrir comunicação em duas vias é vital, e as "lacunas" são um motivo crucial de equívocos.

- Estar presente: relacionamentos e entendimento não ocorrem a distância.

- Ser flexível em resposta às condições desafiadoras: o ritmo da mudança pode ser drástico.

- Pensar no longo prazo: instaurar capacidade e recursos para dar apoio ao investimento ao longo do tempo.

FONTE: De *Risk Management in Emerging Markets*, p. 6-7. Ernst and Young, 2007. © 2007 EYGM Limited. Todos os direitos reservados. Reproduzido com permissão.

1. estabelecer uma estratégia global clara que seja entendida pelos membros da organização em todos os países;
2. desenvolver sistemas de informação e contabilidade que sejam compatíveis em uma base mundial, facilitando assim a coordenação operacional;
3. encorajar os relacionamentos pessoais e a transferência de aprendizagem entre os gerentes das subsidiárias pelos locais;
4. confiar nos sistemas de incentivo cuidadosamente projetados, que determinam a contribuição global para toda a empresa, além do desempenho da subsidiária.

Gerenciando o Risco em Mercados Emergentes

A expansão em direção aos novos mercados globais ou o estabelecimento de atividades de fabricação em mercados com baixo custo de mão de obra não ocorrem sem riscos, e o profissional de marketing industrial astuto vai avaliar com atenção os riscos associados com o trabalho nos novos ambientes globais (ver Tabela 7.2). A despeito do enorme mercado, baixo custo de mão de obra e custo reduzido de investimento, existem ainda muitas armadilhas associadas às vendas e à fabricação na China. Essas ameaças potenciais incluem: mercados fragmentados, proteção limitada da propriedade intelectual, um sistema legal não estruturado, a falta de práticas contábeis padronizadas e altos investimentos do governo em todas as facetas dos negócios.[42]

---

[42] Chia Chia Lin e Jason Lin, "Capitalism in Contemporary China: Globalization Strategies, Opportunities, Threats, and Cultural Issues", *Journal of Global Business Issues*, 2 (inverno de 2008), p. 31-40.

Resumo

As economias em rápido desenvolvimento (ERDs), como a China e a Índia, apresentam uma série de oportunidades e um conjunto especial de desafios para as empresas de business-to-business. As empresas que adotam de modo decisivo e inteligente as estratégias da ERD podem assegurar três formas atrativas de vantagem competitiva: custos significativamente mais baixos; acesso direto aos mercados em rápido crescimento; e as capacidades de aprimorar a P&D, abordar necessidades não atendidas do cliente e aumentar a eficácia em todos os negócios. A migração do fornecimento, da fabricação, da P&D e das operações de prestação de serviços ao cliente das economias desenvolvidas para as ERDs continuará em ritmo acelerado em muitos setores da indústria. Todavia, alguns produtos e serviços são melhores candidatos para remanejamento ou terceirização que outros. Por exemplo, aqueles com alto conteúdo trabalhista e grandes mercados em ERDs representam sólidos candidatos à terceirização, enquanto aqueles em que a proteção da propriedade intelectual é crítica deverão ficar em casa.

Uma vez que uma empresa de marketing industrial decida vender os seus produtos em um país específico, deve selecionar uma estratégia de entrada. As várias opções incluem exportação, modos de entrada por contrato (por exemplo, licenciamento), alianças estratégicas e joint ventures. Uma forma mais elaborada de participação é representada por empresas multinacionais que adotam estratégias multidomésticas. Nesse caso, uma estratégia específica poderia ser adotada em cada país atendido. O nível mais avançado de participação nos mercados internacionais é o de empresas que adotam uma estratégia global. Essas empresas buscam vantagem competitiva ao adotar estratégias que são altamente interdependentes nos países. A competição global tende a ser mais comum em setores nos quais as atividades primárias, como P&D e fabricação, são vitais para a vantagem competitiva.

Uma estratégia global deve ter início com uma posição competitiva única que ofereça uma clara vantagem competitiva. As melhores vantagens do sucesso competitivo global estão em negócios e linhas de produtos em que as empresas possuem as vantagens mais singulares. A base interna local de um negócio é o local em que se estabelece a estratégia, e a base interna local para algumas linhas de produtos pode estar mais bem posicionada em outros países. Embora as atividades principais estejam localizadas na base interna local, as outras atividades podem ser dispersas para fortalecer a posição competitiva da empresa. Os concorrentes globais bem-sucedidos demonstram capacidades especiais na coordenação e na integração das atividades dispersas. A coordenação garante um claro posicionamento e um conceito bem compreendido de estratégia global entre os gerentes das subsidiárias de diversos países. Os profissionais de marketing globais bem-sucedidos entendem os principais riscos associados à operação no ambiente globalizado e tomam medidas para mitigar esses riscos por meio de sua abordagem estratégica aos diferentes mercados globais. Para criar estratégias globais eficazes e obter importantes oportunidades de mercado, as empresas de business-to-business devem desenvolver um entendimento profundo dos mercados locais e das forças especiais competitivas e ambientais que impulsionarão o desempenho.

Questões para Discussão

1. O consórcio aeroespacial europeu Airbus é um concorrente forte da Boeing e está ascendendo à sua meta há muito divulgada de ganhar 50% do mercado de linhas aéreas com mais de cem assentos. Que critérios um cliente como a UPS ou a British Airways deveria levar em consideração ao escolher a aeronave? Quais são os fatores críticos que moldam a vantagem competitiva no mercado de aviões?

2. Uma estratégia global tem início com uma posição competitiva única que ofereça uma clara vantagem competitiva. Que etapas um concorrente global pode percorrer para garantir que a estratégia seja implantada de um modo sólido nos países pelo mundo afora?

3. Além das vantagens de custo, descrever as outras formas em que as economias em rápido desenvolvimento podem contribuir para a vantagem competitiva.

4. Por que a Hewlett-Packard transferiria a responsabilidade pela linha de produtos para uma subsidiária localizada fora dos Estados Unidos?

5. Descrever as características dos produtos e serviços que poderiam representar candidatos fracos para a terceirização.

6. Um fornecedor de tubos e fios de cobre adotou uma estratégia multidoméstica para entrar no mercado da Europa oriental. Que fatores deveria avaliar nesses países, para formular a sua estratégia de marketing em cada um deles? Explicar.

7. Muitos observadores argumentam que a vantagem de custo de que desfrutam as economias em rápido desenvolvimento vai evaporar em cinco a dez anos. Concorda ou discorda? Explique.

8. Uma importante empresa de produtos eletrônicos dos Estados Unidos decide que a melhor abordagem para uma estratégia global de negócio é empregar uma estratégia multidoméstica. Ela focalizará seus esforços na China. Discutir algumas das principais ameaças com que a empresa se defronta ao entrar nesse mercado. Como ela poderia mitigar alguns dos riscos associados a essas ameaças?

9. Avaliar esta declaração: Muitas empresas de business-to-business precisam preencher as lacunas do mercado em casa com novos produtos e serviços e também seguir clientes selecionados até os seus novos locais em economias em rápido desenvolvimento como a Índia ou a China.

10. Uma pequena empresa com sede em Michigan, que fabrica e vende peças componentes para a General Motors, Ford e DaimlerChrysler, deseja ampliar a cobertura de mercado até a Europa e o Japão. Que tipo de estratégia de entrada no mercado seria mais adequado?

CASO

Schwinn: a História Poderia Ter Sido Diferente?[43]

No seu auge, a Schwinn tinha mais de 2 mil funcionários norte-americanos, fabricava centenas de milhares de bicicletas em cinco fábricas e detinha 20% do mercado. Hoje, contudo, a Schwinn não existe mais como uma empresa de operações. Fundada em 1895, a empresa declarou falência em 1992 e fechou sua última fábrica um ano depois. A razão social da Schwinn pertence atualmente a uma empresa estabelecida no Canadá e todas as bicicletas são fabricadas na Ásia.

Harold L. Sirkin, vice-presidente sênior do Boston Consulting Group, argumenta que a história da Schwinn poderia ter sido diferente. Ele delineia dois caminhos alternativos que poderiam ter levado a um final feliz na história da empresa.

Realidade Alternativa Um: Almeje Alto

Nesse cenário, a Schwinn decidiu focar nos segmentos médio e especial do mercado, deixando as bicicletas básicas para a concorrência. Todavia, a empresa determinou que poderia reduzir significativamente os custos ao se voltar para parceiros de baixo custo em economias em rápido desenvolvimento em busca de peças de mão de obra barata. A Schwinn entrevistou centenas de fornecedores potenciais e reteve os melhores em contratos de longo prazo. A empresa, então, reconfigurou as suas operações para fazer a montagem final e a inspeção de qualidade nos Estados Unidos. As mudanças, ainda, forçaram a Schwinn a fazer algumas escolhas dolorosas – cerca de 30% dos trabalhadores foram dispensados. Todavia, tais mudanças permitiram que a empresa produzisse bicicletas pela metade do custo anterior, mantivesse uma posição significativa no mercado de bicicletas médias e alavancasse a sua capacidade de projeto do produto para construir uma forte posição para sua marca no mercado mais sofisticado. Em decorrência disso, a Schwinn é altamente competitiva no mercado dos Estados Unidos e é a principal exportadora de bicicletas especiais para a China e a Europa. Graças a esse crescimento, a Schwinn hoje emprega duas vezes mais pessoas nos Estados Unidos do que o fazia antes da terceirização.

Realidade Alternativa Dois: se Não Pode com Eles, Junte-se a Eles

A Schwinn tornou-se ofensiva e se moveu o mais rápido possível para abrir a própria fábrica na China. Ao trazer as próprias técnicas de fabricação e ao treinar funcionários na China, a empresa foi capaz de alcançar alta qualidade e um custo muito inferior. Todavia, a decisão significou que 70% dos trabalhadores norte-americanos da Schwinn perderiam seus empregos. Mas a Schwinn manteve em expansão suas operações na China e logo começou a vender bicicletas no mercado chinês – não apenas as básicas, mas também as sofisticadas, do segmento de luxo –, alavancando a sua marca. Depois, estendeu suas operações globais e alcance ao adicionar novas instalações na Europa oriental e no Brasil. A empresa vendeu mais de 500 mil bicicletas em novos mercados e hoje possui mais funcionários nos Estados Unidos do que possuía antes de se decidir pela ampliação em direção aos mercados internacionais.

---

[43] Harold L. Sirkin, "Don't Be a Schwinn", *BCG/Perspectives*, The Boston Consulting Group, Inc., disponível em http://www.bcg.com, acesso em janeiro de 2005.

Questão para Discussão

1. Ao se defrontar com a feroz competição de concorrentes de baixo custo, muitas empresas de business-to-business nos Estados Unidos e na Europa vivenciam hoje uma situação similar à da Schwinn. Que lições se pode tirar da história da Schwinn? Como elas podem fortalecer a sua posição competitiva?

CAPÍTULO 8

Gerenciando Produtos para os Mercados Industriais

Ao fornecer uma solução para os clientes, o produto é a força central da estratégia de marketing industrial. A capacidade da empresa de juntar uma linha de produtos e serviços que forneça valor superior aos clientes é a alma do gerenciamento de marketing industrial. Após a leitura deste capítulo, você entenderá:

1. como construir uma sólida marca de business-to-business.

2. a importância estratégica do fornecimento de valor superior competitivo para os clientes.

3. os vários tipos de linhas de produtos industriais e o valor do posicionamento do produto.

4. uma abordagem estratégica para o gerenciamento de produtos pelas etapas do ciclo de vida da adoção tecnológica.

Para estimular o crescimento na General Electric, o CEO Jeffrey Immelt disse a cada um dos gerentes das 11 unidades de negócio que tirassem 60 dias e voltassem com cinco ideias para o crescimento que gerassem pelo menos $ 10 milhões em vendas em três anos.[1] Das 55 ideias propostas, 35 eram financiadas, variando desde sistemas de energia eólica até sofisticados sistemas de segurança em aeroportos usando tecnologia médica de varredura. A identidade no mercado de um profissional de marketing industrial é estabelecida por meio de sua marca e dos produtos e serviços que oferece. Por exemplo, a nova campanha de fixação de marca da General Electric – "Ecomagination" – sinaliza ao mercado que a empresa está bastante comprometida quanto a suas responsabilidades com o meio ambiente e está oferecendo soluções como energia eólica e equipamentos de purificação de água, assim como serviços de queima limpa do carvão.[2] Como as marcas constituem um dos ativos intangíveis mais valiosos que a empresa possui, a fixação da marca surgiu como uma prioridade para os executivos de marketing, os CEOs e a comunidade financeira.

O gerenciamento do produto está vinculado diretamente à análise do mercado e à seleção do mercado. Os produtos são desenvolvidos para se adequar às necessidades do mercado e são modificados à medida que aquelas necessidades mudam. Contando com essas ferramentas da análise da demanda como segmentação do mercado industrial e previsão do potencial do mercado, o profissional de marketing avalia as oportunidades e seleciona os segmentos lucrativos do mercado, determinando assim a orientação da política do produto. A política do produto não pode ser separada das decisões sobre seleção do mercado. Ao estimar as adequações potenciais do produto/mercado, uma empresa deve avaliar as novas oportunidades de mercado, estabelecer a quantidade e a agressividade dos concorrentes e medir os próprios pontos fortes e fracos. A função de marketing assume um papel de liderança na transformação das capacidades e dos recursos característicos de uma organização em produtos e serviços que desfrutam de vantagens posicionais no mercado.[3]

Este capítulo explora, de início, a natureza do processo de construção da marca e a forma pela qual uma marca sólida pode estimular o foco e dinamizar o desempenho da empresa. Em segundo lugar, analisa a qualidade do produto e o valor da perspectiva do cliente e os vincula diretamente à estratégia de marketing industrial. Terceiro, como os produtos industriais podem assumir várias formas, o capítulo descreve as opções de linhas de produto industriais, enquanto oferece uma abordagem para o posicionamento e o gerenciamento de produtos nos mercados de alta tecnologia.

Construindo uma Marca B2B Sólida

Embora empresas de bens de consumo, como a Procter & Gamble (P&G), a Coca-Cola e a Nestlé, tenham sobressaído pelo desenvolvimento de uma fartura de marcas duradouras e altamente lucrativas, algumas das marcas mais valiosas e poderosas pertencem às empresas de business-to-business: IBM, Microsoft, General Electric, Intel, Hewlett-Packard, Cisco, Google, Oracle, Canon, Siemens, Caterpillar e várias outras. Para a maioria dos profissionais de marketing industrial, o nome da empresa é a marca, de modo que os principais questionamentos passaram a ser: "O que você quer que o nome de sua empresa represente? e" O que você quer que ele signifique na mente do consumidor?"[4]

---

[1] Bob Lamons, *The Case for B2B Branding* (Mason, OH: Thomson Higher Education, 2005), p. 142-144.
[2] Regis McKenna, *Relationship Marketing* (Reading, MA: Addison-Wesley, 1991), p. 7.
[3] Rajan Varadarajan e Satish Jayachandran, "Marketing Strategy: An Assessment of the State of the Field and Outlook", *Journal of the Academy of Marketing Science* 27 (primavera de 1999), p. 120-143.
[4] Frederick E. Webster Jr. e Kevin Lane Keller, "A Roadmap for Branding in Industrial Markets", *Journal of Brand Management* 12 (maio de 2004), p. 389.

David Aaker afirma: "O **valor de marca** é um conjunto de ativos e passivos de marca vinculados a uma marca, ao nome e ao símbolo, que se somam ou se subtraem do valor proporcionado por um produto ou serviço e/ou para os consumidores daquela empresa".[5] Como analisaremos, os ativos e passivos que causam impacto no valor de marca incluem lealdade à marca, conhecimento do nome, qualidade percebida e outras associações à marca, e os ativos proprietários da marca (por exemplo, patentes). Uma **marca**, então, é um nome, sinal, símbolo ou logotipo que identifica os produtos e serviços de uma empresa e a diferencia da concorrência.

Proporcionando uma perspectiva rica e incisiva, Kevin Lane Keller define o **valor da marca com base no cliente** como o efeito diferencial que o conhecimento da marca pelos clientes causa em sua resposta a atividades e programas de marketing para aquela marca.[6] A premissa básica desse modelo de valor da marca com base no cliente é que o poder de uma marca está no "que os consumidores aprenderam, sentiram, viram e ouviram sobre a marca ao longo do tempo".[7] Dessa forma, o poder de uma marca é representado por todos os pensamentos, sentimentos, percepções, imagens e experiências que ficaram vinculados à marca na mente dos consumidores.

Etapas de Construção da Marca[8]

O modelo de valor da marca com base no cliente estabelece uma série de quatro etapas para a construção de uma marca sólida (ver Figura 8.1, lado direito): (1) desenvolver uma profunda consciência de marca ou uma identidade de marca; (2) estabelecer o significado da marca por meio de associações únicas à marca (ou seja, pontos de diferenciação); (3) evocar uma resposta positiva à marca dos clientes por meio de programas de marketing; e (4) construir relacionamentos de marca com clientes caracterizados por intensa lealdade. O conjunto de blocos de construção de marca (ver Figura 8.1, lado esquerdo), alinhado com a escada de branding – saliência, desempenho, imagem, julgamentos, sentimentos e ressonância –, fornece a base de um gerenciamento de marca bem-sucedido.

Identidade da Marca. Para conseguir a identidade correta de uma marca, o executivo de marketing industrial deve criar a saliência da marca com os clientes. A **saliência da marca** está vinculada diretamente à consciência da marca. Com que frequência a marca é evocada em diferentes situações? De que tipo de sugestões ou lembretes um cliente precisa para reconhecer uma marca? A **consciência da marca** se refere à capacidade do cliente de lembrar ou reconhecer uma marca em condições diversas. A meta, aqui, é garantir que os clientes entendam a categoria específica do produto ou serviço em que a marca compete, ao criar conexões claras para os produtos ou serviços específicos que são oferecidos apenas sob o nome da marca.

Significado da Marca. O **posicionamento da marca** envolve o estabelecimento de associações únicas à marca na mente dos clientes, para diferenciar a marca e estabelecer superioridade competitiva.[9] Embora sejam possíveis vários tipos diferentes de associações à marca, o significado da marca pode ser obtido ao analisar duas categorias amplas: (1) **desempenho da marca** – a forma pela qual o produto ou serviço atende às necessidades mais funcionais dos clientes (por exemplo, qualidade, preço, estilo e eficácia dos

---

[5] David Aaker, *Managing Brand Equity* (Nova York: The Free Press, 1991), p. 15.
[6] Kevin Lane Keller, *Strategic Brand Management* (3. ed., Upper Saddle River, NJ: Prentice Hall, 2007).
[7] Webster e Keller, "A Roadmap for Branding", p. 15.
[8] Esta seção está baseada em Kevin Lane Keller, "Building Customer-Based Brand Equity", *Marketing Management* 10 (julho-agosto de 2001), p. 15-19.
[9] Kevin Lane Keller, Brian Sternthal e Alice Tybout, "Three Questions You Need to Ask About Your Brand", *Harvard Business Review* 80 (setembro de 2002), p. 80-89.

FIGURA 8.1 | PIRÂMIDE DO VALOR DA MARCA COM BASE NO CLIENTE

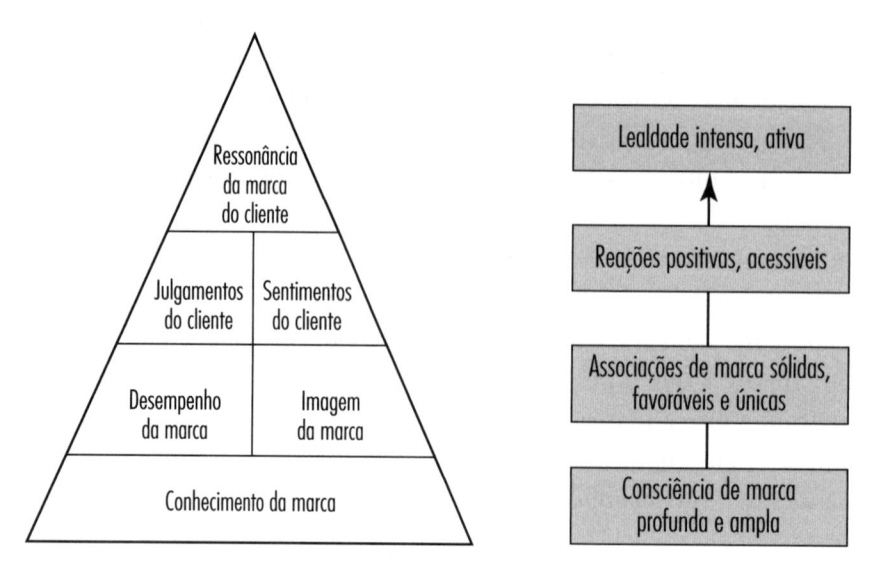

- Ressonância da marca do cliente
- Julgamentos do cliente | Sentimentos do cliente
- Desempenho da marca | Imagem da marca
- Conhecimento da marca

- Lealdade intensa, ativa
- Reações positivas, acessíveis
- Associações de marca sólidas, favoráveis e únicas
- Consciência de marca profunda e ampla

FONTE: Kevin Lane Keller, "Building Customer-Based Brand Equity", *Marketing Management* 10 (julho-agosto de 2001), p. 19. Copyright © 2001 American Marketing Association. Todos os direitos reservados. Reproduzido com permissão.

serviços) e (2) **imagem da marca** – as formas pelas quais a marca tenta atender às necessidades psicológicas ou sociais mais abstratas dos clientes.

O posicionamento da marca incorporará os pontos de paridade e os pontos de diferenciação na proposição de valor do cliente (ver Capítulo 4). "Os pontos de diferenciação são associações sólidas, favoráveis e únicas à marca que estimulam o comportamento dos clientes; os pontos de paridade são aquelas associações em que a marca 'se equilibra' com os concorrentes e nega seus pontos de diferenciação pretendidos."[10] Marcas sólidas de business-to-business como Cisco, IBM, Google e FedEx estabeleceram de modo claro associações sólidas, favoráveis (ou seja, valiosas para os clientes) e únicas à marca com os clientes.

Resposta à Marca. Quando uma estratégia de fixação da marca é implantada, deverá ser dada especial atenção a como os clientes reagem à marca e às atividades de marketing associadas. Quatro tipos de **julgamentos do cliente** são particularmente vitais para a criação de uma marca sólida (em ordem ascendente de importância):

1. *Qualidade* – a atitude do cliente quanto à qualidade percebida de uma marca, assim como as suas percepções de valor e satisfação;
2. *Credibilidade* – o grau em que a marca como um todo é percebida pelos clientes como de confiança em termos de especialização, fidelidade e popularidade;
3. *Conjunto de consideração* – em que medida os clientes consideram a marca como uma opção adequada que valha séria consideração;
4. *Superioridade* – em que grau os clientes acreditam que a marca ofereça vantagens únicas sobre as marcas da concorrência.

Os **sentimentos** estão relacionados à reação emocional dos clientes à marca e incluem vários tipos que foram ligados à construção da marca, inclusive simpatia, prazer, excitação e segurança. Por exemplo,

---

[10] Webster e Keller, "A Roadmap for Branding", p. 390.

a marca Apple pode evocar sentimentos de **excitação** (os clientes são energizados pela marca e acreditam que a marca é "legal"); a IBM ou a FedEx podem evocar sentimentos de **segurança** (a marca produz um sentimento de amparo ou autoconfiança) e a campanha de fixação da marca Cisco, "Bem-vindos à Rede Humana", pode evocar **simpatia** (a marca faz que os clientes se sintam em paz). A vice-presidente corporativa de marketing da Cisco, Marilyn Mersereau, afirma: "Em vez de sermos um participante do produto com a campanha 'Desenvolvido pela Cisco', estamos tentando posicionar a Cisco para ser uma plataforma para a sua experiência de vida", instruindo os clientes sobre as formas com que a Cisco facilita que as pessoas se conectem com outras pela rede mundial.[11]

Moldando Relacionamentos de Marca. Uma análise do nível de identificação pessoal e da natureza do relacionamento que um cliente formou com a marca é a etapa final do processo de construção da marca. A **ressonância da marca** representa a força da ligação psicológica que um cliente tem com uma marca e o grau pelo qual essa conexão se traduz em lealdade, vínculo pessoal e engajamento ativo com a marca. Keller observa: "A ressonância da marca reflete um relacionamento totalmente harmonioso entre os clientes e a marca[...] As marcas mais sólidas serão aquelas com as quais os clientes se tornam tão vinculados que, de fato, se tornam evangelistas e buscam ativamente meios para interagir com a marca e partilhar as suas experiências com terceiros".[12]

Um Modelo de Sistema para o Gerenciamento de uma Marca

Para construir e gerenciar de modo adequado um valor da marca, Kevin Lane Keller e Donald R. Lehman fornecem um modelo integrativo que pode ser usado para isolar as principais dimensões do processo de gerenciamento da marca.[13] (Ver Figura 8.2.)

Ações da Empresa. Um elemento controlável para o profissional de marketing industrial na criação do valor da marca diz respeito ao tipo e ao valor dos gastos com marketing (por exemplo, dólares gastos em propaganda ou no desenvolvimento do parceiro do canal), assim como clareza, nitidez e consistência da estratégia de marketing, ao longo do tempo e pelas atividades. As marcas sólidas recebem apoio apropriado de P&D e de marketing e esse apoio é mantido ao longo do tempo.

O que os Clientes Pensam e Sentem. Como vimos, a "escada da marca" segue uma ordem desde consciência e associações à marca até vínculo pessoal e lealdade intensa e ativa. É claro que as ações da concorrência, assim como as condições ambientais, podem influenciar como os clientes se sentem a respeito de uma marca (por exemplo, a Microsoft propõe um desafio para a Intuit, a UPS desafia a FedEx e o iPhone da Apple apresenta um desafio para o BlackBerry da Research in Motion). As marcas sólidas se mantêm relevantes e se distinguem ao fornecer os benefícios que mais importam para os clientes.[14]

O Que Fazem os Clientes. O retorno principal dos pensamentos e sentimentos positivos do cliente se reflete nas compras que fazem. As marcas sólidas proporcionam uma série de possíveis vantagens para uma empresa, como maior lealdade do cliente, menor vulnerabilidade para ações competitivas, maiores margens de lucro e maior cooperação e apoio dos parceiros de canal.

---

[11] "B to B's Best Brands: Cisco", *B to B's Best, 2007*, disponível em http://www.btobonline.com, acesso em 15 de julho de 2008.
[12] Keller, "Building Customer Brand-Based Equity", p. 19.
[13] Kevin Lane Keller e Donald R. Lehman, "Brands and Branding: Research Findings and Future Priorities", *Marketing Science* 25 (novembro-dezembro de 2006), p. 740-759.
[14] Kevin Lane Keller, "The Brand Report Card", *Harvard Business Review* 78 (janeiro-fevereiro de 2000), p. 147-157.

FIGURA 8.2 | MODELO DE SISTEMA DE ANTECEDENTES E CONSEQUÊNCIAS DA MARCA

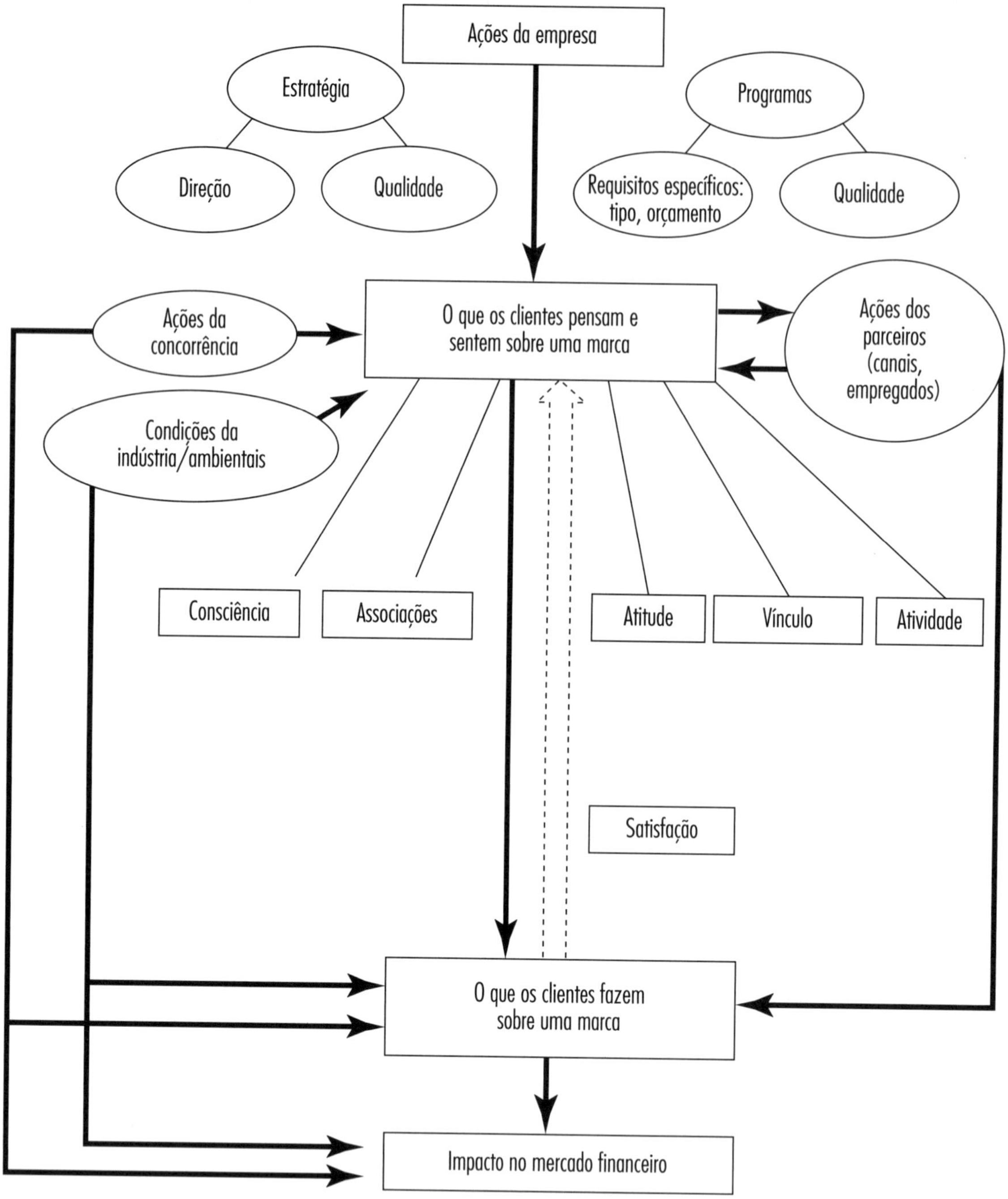

FONTE: Reproduzido com permissão de Kevin Lane Keller e Donald R. Lehman, "Brands and Branding: Research Findings and Future Priorities", *Marketing Science* 25 (novembro-dezembro de 2006), p. 753. Copyright © 2006 INFORMS. Institute for Operations Research and the Management Sciences (INFORMS), 7240 Parkway Drive, Suíte 300, Hanover, MD 21076, Estados Unidos.

Como Reagem os Mercados Financeiros. Várias empresas de business-to-business lançaram iniciativas de construção de marca, mas esses investimentos geram retornos positivos? Uma pesquisa recente sobre a atitude da marca de compradores ao avaliar empresas de informática fornece algumas respostas.[15]

---

[15] David A. Aaker e Robert Jacobson, "The Value Relevance of Brand Attitude in High-Technology Markets", *Journal of Marketing Research* 38 (novembro de 2001), p. 485-493.

PRINCIPAIS REALIZADORES EM B2B

Traços da Personalidade da Marca Institucional de um Negócio de Sucesso do Século XXI

Enquanto a personalidade da marca de um produto está relacionada à imagem do cliente e usuário para um produto específico, uma personalidade da marca institucional está centralizada nas características ou traços humanos dos funcionários da empresa como um todo. Assim, uma personalidade da marca institucional é bem mais ampla e reflete os valores, as palavras e os atos dos membros da organização, individual e coletivamente.

Kevin Lane Keller e Keith Richey afirmam que os traços da personalidade da marca institucional de um negócio bem-sucedido do século XXI podem ser definidos em três dimensões, orientando dessa forma os trabalhadores e tendo influência sobre como a empresa será percebida pelos clientes e principais partes interessadas:

- A "alma" da empresa possui dois traços: *passional* e *compassivo*. A empresa deve ser passional quanto à forma de servir os clientes e ser compassiva com relação aos funcionários, fornecedores, parceiros e membros das comunidades em que opera. (Por meio de seu foco centrado no cliente e do apoio a inúmeras iniciativas beneficentes, a Southwest Airlines demonstra esses traços.)

- A "mente" da empresa consiste em dois traços: *criativo* e *disciplinado*. Uma empresa de sucesso deve desenvolver soluções criativas para seus clientes e demonstrar uma abordagem disciplinada que se reflita em ações consistentes na organização. (Com base em seu sucesso no desenvolvimento de novo produto e na execução de estratégia superior, a Apple e a Intel demonstram esses traços.)

- O "corpo" da empresa inclui dois traços: *ágil* e *colaborativo*. A empresa bem-sucedida deve ter a agilidade para reagir rapidamente à mudança nas exigências do mercado e para dar ênfase a uma abordagem colaborativa que garanta relacionamentos de trabalho eficientes pelas funções e com as partes interessadas importantes. (Ao responder rapidamente às mudanças do mercado e ao adotar estratégias de marketing de relacionamento que sejam aceitas por clientes, parceiros de canal e parceiros de aliança, a Cisco demonstrou habilmente esses traços.)

FONTE: Kevin Lane Keller e Keith Richey, "The Importance of Corporate Brand Personality Traits to a Successful 21st Century Business", *The Journal of Brand Management* 14 (setembro-novembro de 2006), p. 74-81. Reproduzido com permissão de Macmillan Publishers Ltd. Copyright 2006.

A atitude da marca é um componente e um indicador do valor da marca. A **atitude da marca** é definida como o percentual de compradores organizacionais que possuem uma imagem positiva de uma empresa menos aqueles com uma opinião negativa. Esse estudo descobriu que as mudanças na atitude da marca estão associadas ao desempenho no mercado de capital e tendem a guiar o desempenho financeiro contábil (ou seja, um aumento na atitude da marca se refletirá em um desempenho financeiro aumentado depois de três a seis meses). Resumindo, a pesquisa demonstra que os investimentos na construção da atitude da marca para empresas de alta tecnologia com certeza dão retorno e aumentam o valor da empresa.

Em outro estudo interessante, Thomas J. Madden, Frank Fehle e Susan Fournier fornecem a prova empírica do vínculo entre fixação da marca e criação do valor do acionista.[16] Eles descobriram que uma carteira de marcas identificadas como sólidas pelo método de avaliação da Interbrand/*Business Week* revela vantagens de desempenho significativas em comparação com todo o mercado. "As empre-

---
[16] Thomas J. Madden, Frank Fehle e Susan Fournier, "Brands Matter: An Empirical Demonstration of the Creation of Shareholder Value Through Branding", *Journal of the Academy of Marketing Science* 34 (2, 2006), p. 224-235.

sas que desenvolveram marcas sólidas criam valor para seus acionistas ao gerar maiores retornos em magnitude do que o faz uma avaliação comparativa do mercado relevante, e talvez mais importante, com menos risco."[17]

Qualidade do Produto e Valor do Cliente

O aumento das expectativas do cliente torna a qualidade do produto e o valor do cliente prioridades estratégicas importantes. Em uma escala global, muitas empresas internacionais insistem que os fornecedores, como um pré-requisito para as negociações, atendam aos padrões de qualidade estabelecidos pela Organização Internacional para a Padronização (ISO) com base em Genebra. Essas exigências de qualidade, chamadas de **padrões ISO 9000**, foram desenvolvidas para a União Europeia, mas ganharam adeptos pelo mundo.[18] A certificação exige que um fornecedor documente integralmente seu programa de garantia de qualidade. O programa de certificação está se tornando um selo de aprovação para se competir por negócios não apenas no exterior, mas também nos Estados Unidos. Por exemplo, o Departamento de Defesa emprega os padrões ISO em suas diretrizes contratuais. Embora as empresas japonesas continuem a determinar o ritmo na aplicação de procedimentos sofisticados de controle de qualidade na fabricação, empresas como Kodak, AT&T, Xerox, Ford, Hewlett-Packard, Intel, GE e outras fizeram progressos significativos.

A busca pelo aumento da qualidade do produto atinge toda a cadeia de suprimentos, à medida que estas e outras empresas demandam um nível superior de qualidade de produto dos seus fornecedores, grandes e pequenos. Por exemplo, a GE tem uma meta em toda a organização de alcançar a qualidade Seis Sigma, o que significa que um produto teria um nível de defeito de não mais que 3,4 partes por milhão. Usando a abordagem Seis Sigma, a GE mede cada processo, identifica as variáveis que levam aos defeitos e toma medidas para eliminá-los. A GE também trabalha diretamente no apoio aos fornecedores quanto ao uso da abordagem. Além disso, a empresa informa que o Seis Sigma produziu resultados impressionantes – economias de custo de bilhões e aperfeiçoamentos fundamentais na qualidade do produto e dos serviços. Recentemente, a GE centralizou seus esforços de Seis Sigma em funções que "educam os clientes", como marketing e vendas.[19]

Significado da Qualidade

O movimento de qualidade passou por várias etapas.[20] A *etapa um* estava centralizada na conformidade com os padrões ou no sucesso em atender às especificações. Mas a qualidade de conformidade ou defeitos zero não satisfaz um cliente quando o produto incorpora as características erradas. A *etapa dois* deu ênfase a que a qualidade fosse mais uma especialidade técnica e que adotá-la impulsionaria o processo principal de todo o negócio. Foi dada ênfase específica ao gerenciamento da qualidade total e à medição da satisfação do cliente. Todavia, os clientes escolhem um produto específico sobre as ofertas da concorrência porque percebem que ele possui um *valor* superior – o preço, o desempenho e os serviços do produto geram a alternativa mais atrativa. A *etapa três*, então, analisa o desempenho de qualidade de uma empresa com relação à concorrência e analisa as percepções do cliente sobre o valor dos produtos concorrentes. O foco,

---

[17] Ibid., p. 232-233.
[18] Wade Ferguson, "Impact of ISO 9000 Series Standards on Industrial Marketing", *Industrial Marketing Management* 25 (julho de 1996), p. 310-325.
[19] Erin White, "Rethinking the Quality-Improvement Program", *The Wall Street Journal*, 19 de setembro de 2005, p. B3.
[20] Bradley T. Gale, *Managing Customer Value: Creating Quality and Service That Customers Can See* (Nova York: The Free Press, 1994), p. 25-30.

aqui, está na qualidade e no valor percebidos pelo mercado *versus* aqueles da concorrência. Mais ainda, a atenção passou de defeitos zero nos produtos para deserção zero dos clientes (ou seja, *lealdade do cliente*). A mera satisfação dos clientes que têm liberdade para fazer escolhas não é suficiente para mantê-los leais.[21]

Significado do Valor do Cliente

Os especialistas em estratégia Dwight Gertz e João Baptista sugerem que "o produto ou o serviço de uma empresa é competitivamente superior se, quando existe igualdade de preço dos produtos concorrentes, os segmentos-alvo sempre o escolhem. Assim, o valor é definido em termos da escolha do consumidor em um contexto competitivo".[22] Por sua vez, a equação de valor inclui um componente de serviço vital. Para o componente de serviço, os estrategistas de marketing industrial devem "reconhecer que as especificações não são apenas estabelecidas por um fabricante que diz ao cliente o que esperar; em vez disso, os clientes também podem participar do estabelecimento das especificações". O pessoal de vendas e serviços da linha de frente agrega valor à oferta do produto e à experiência de consumo ao atender ou, certamente, superar as expectativas de serviço do cliente.[23] O **valor do cliente**, então, representa uma "avaliação global do cliente do negócio sobre um relacionamento com um fornecedor, com base nas percepções das vantagens recebidas e dos sacrifícios feitos".[24]

Benefícios   Os benefícios ao cliente assumem duas formas (Figura 8.3):

1. *Benefícios centrais* – os requisitos centrais (por exemplo, qualidade do produto especificada) para um relacionamento que os fornecedores devem atender integralmente para serem incluídos no conjunto de consideração do cliente;
2. *Benefícios adicionais* – atributos que diferenciam os fornecedores vão além do denominador básico fornecido por todos os fornecedores qualificados e criam valor agregado em um relacionamento comprador-vendedor (como serviço ao cliente com valor agregado).

Sacrifícios. Consistentes com a perspectiva total de custo que os clientes do negócio enfatizam (Capítulo 2), os sacrifícios incluem (1) preço de compra, (2) custos de aquisição (custos de colocação de pedido e de entrega) e (3) custos operacionais (os embarques recebidos livres de defeitos de peças componentes reduzem os custos operacionais).

O Que Importa Mais? Com base em amplo estudo com cerca de mil gerentes de compras por uma grande variedade de categorias de produto nos Estados Unidos e na Alemanha, Ajay Menon, Christian Homburg e Nikolas Beutin revelaram algumas compreensões valiosas sobre valor do cliente nos relacionamentos de business-to-business.[25]

---

[21] Thomas O. Jones e W. Earl Sasser, "Why Satisfied Customers Defect", *Harvard Business Review* 73 (novembro-dezembro de 1995), p. 88-99; e Richard L. Oliver, "Whence Customer Loyalty", *Journal of Marketing* 63 (edição especial de 1999), p. 33-44.
[22] Dwight L. Gertz e João P. A. Baptista, *Grow to Be Great: Breaking the Downsizing Cycle* (Nova York: The Free Press, 1995), p. 128.
[23] C. K. Prahalad e M. S. Krishnan, "The New Meaning of Quality in the Information Age", *Harvard Business Review* 77 (setembro-outubro de 1999), p. 109-112. Ver também C. K. Prahalad e Venkat Ramaswamy, *The Future of Competition: Co-Creating Unique Value with Customers* (Boston: Harvard Business School Press, 2004).
[24] Ajay Menon, Christian Homburg e Nikolas Beutin, "Understanding Customer Value in Business-to-Business Relationships", *Journal of Business-to-Business Marketing* 12 (2, 2005), p. 5. Ver também, Wolfgang Ulaga e Andreas Eggert, "Value-Based Differentiation in Business Relationships: Gaining and Sustaining Key Supplier Status", *Journal of Marketing* 70 (janeiro de 2006), p. 119-136.
[25] Menon, Homburg e Beutin, "Understanding Customer Value", p. 1-33.

FIGURA 8.3 | O QUE SIGNIFICA VALOR PARA OS CLIENTES DO NEGÓCIO

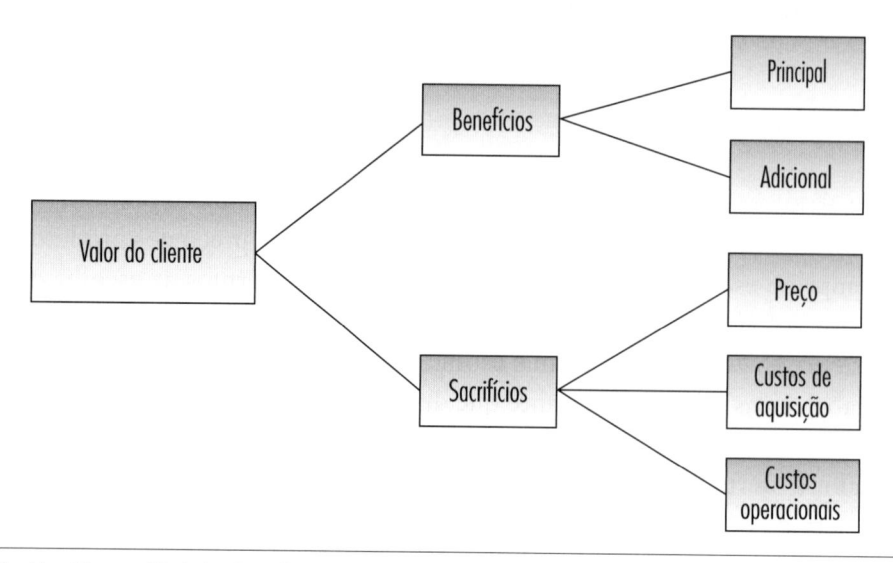

```
Valor do cliente ─┬─ Benefícios ─┬─ Principal
                  │              └─ Adicional
                  └─ Sacrifícios ─┬─ Preço
                                  ├─ Custos de aquisição
                                  └─ Custos operacionais
```

FONTE: Adaptado de Ajay Menon, Christian Homburg e Nikolas Beutin, "Understanding Customer Value", *Journal of Business-to-Business Marketing* 12 (2, 2005), p. 4-7.

Benefícios Adicionais. Primeiro, a pesquisa demonstra que os benefícios adicionais influenciam mais fortemente o valor do cliente do que os benefícios centrais. Por quê? Todos os fornecedores qualificados apresentam um bom desempenho no que tange aos benefícios centrais, assim os benefícios adicionais tendem a ser o diferenciador para o valor do cliente, à medida que este escolhe entre as ofertas que estão competindo. Dessa forma, os profissionais de marketing industrial podem usar serviços com valor agregado ou relacionamentos de trabalho em conjunto que influenciam os benefícios adicionais para fortalecer os relacionamentos com o cliente. Por exemplo, um fabricante de primeira linha de pneus para equipamentos de escavação de terrenos oferece serviços gratuitos de consultoria que ajudam os clientes a projetar procedimentos de manutenção que rendem economias de custo significativas.[26]

Confiança. Em segundo lugar, o estudo reforça o papel vital da confiança em um relacionamento de negócio (ver Capítulo 4), demonstrando, de fato, que a confiança causa um impacto mais forte nos benefícios centrais do que nas características do produto.

Reduzindo os Custos do Cliente Terceiro, os resultados dão destaque à importância das estratégias de marketing que são elaboradas para auxiliar o cliente na redução dos custos operacionais. A equipe da pesquisa observa:

> Garantir a entrega de componentes e matérias-primas em tempo hábil, estar envolvido nos processos de fabricação e de elaboração da estratégia de P&D da empresa do cliente e implantar os recursos necessários para garantir um relacionamento sereno com o cliente ajudarão a reduzir os custos operacionais do cliente.[27]

Ao adotar essas iniciativas, o profissional de marketing industrial não deve se fiar apenas no preço para demonstrar e entregar valor ao cliente.

---

[26] Das Narayandas, "Building Loyalty in Business Markets", *Harvard Business Review* 83 (setembro-outubro de 2005), p. 134.
[27] Menon, Homburg e Beutin, "Understanding Customer Value", p. 25.

Estratégia de Suporte ao Produto: a Conexão de Serviços

A função de marketing deve garantir que todas as divisões da organização estejam empenhadas em entregar valor superior aos clientes. Os programas de marketing industrial envolvem uma série de componentes críticos que os clientes avaliam com atenção: produtos tangíveis, suporte ao serviço e serviços de informação em curso antes e depois da venda. Para fornecer valor e implantar com sucesso esses programas, a empresa de marketing industrial deve coordenar com cuidado as atividades entre o pessoal no gerenciamento do produto, em vendas e na prestação de serviços.[28] Por exemplo, customizar um produto e o cronograma de entrega para um cliente importante requer coordenação atenta entre o pessoal responsável pelo produto, pela logística e pelas vendas. Mais ainda, algumas contas de cliente podem exigir suporte especial de engenharia de campo, instalação ou equipamentos, aumentando assim a coordenação necessária entre as unidades de vendas e a prestação de serviços.

O serviço de pós-venda é especialmente importante para os compradores em muitas categorias de produtos industriais que variam desde computadores e máquinas-ferramentas até partes componentes projetadas sob encomenda. A responsabilidade pelo suporte ao serviço, todavia, é com frequência dispersa por vários departamentos, como engenharia de aplicações, relações com o cliente ou administração dos serviços. Vantagens significativas se acumulam para o profissional de marketing industrial que gerencia e coordena com atenção as conexões entre produto, vendas e prestação de serviços visando maximizar o valor do cliente.

Política do Produto

A política do produto envolve um conjunto de todas as decisões pertinentes aos produtos e serviços que a empresa oferece. Por meio da política do produto, uma empresa de marketing industrial tenta satisfazer as necessidades do cliente e construir uma vantagem competitiva sustentável ao capitalizar as suas competências principais. Esta seção explora os tipos de linhas de produto industriais e a importância de fixar as decisões sobre gerenciamento do produto em uma definição precisa do mercado do produto. É também fornecida uma estrutura para a avaliação das oportunidades do produto em uma escala global.

Tipos de Linhas de Produto Definidas

Como as linhas de produto das indústrias diferem daquelas das empresas de bens de consumo, a classificação é útil. As linhas de produto podem ser categorizadas em quatro tipos:[29]

1. **Produtos exclusivos ou de catálogo.** Esses itens são oferecidos apenas com determinadas configurações e fabricados antes do recebimento dos pedidos. As decisões sobre a linha de produtos dizem respeito a acrescentar, retirar ou reposicionar os produtos na linha.
2. **Produtos sob medida.** Esses itens são oferecidos como um conjunto de unidades básicas, com inúmeros acessórios e opções. Por exemplo, a NCR oferece uma linha de estações de trabalho de varejo usadas por grandes clientes como as lojas Wal-Mart e 7-Eleven, bem como por peque-

---

[28] Frank V. Cespedes, *Concurrent Marketing: Integrating Product, Sales, and Service* (Boston: Harvard Business School Press, 1995), p. 58-85.
[29] Benson P. Shapiro, *Industrial Product Policy: Managing the Existing Product Line* (Cambridge, MA: Marketing Science Institute, 1977), p. 37-39.

nos negócios. A estação de trabalho básica pode ser expandida para ligar escâneres, leitores de cheque, dispositivos para pagamento eletrônico e outros acessórios para atender às necessidades específicas de um negócio. A ampla gama de produtos da empresa fornece aos varejistas uma solução de uma ponta a outra, desde o armazenamento de dados até a estação de trabalho do ponto de serviço na finalização da compra. O profissional de marketing oferece ao comprador organizacional um conjunto de módulos. As decisões sobre a linha de produtos estão centralizadas na oferta do composto apropriado de opções e acessórios.

3. **Produtos projetados sob encomenda.** Esses itens são criados para atender às necessidades de um cliente ou de um pequeno grupo de clientes. Algumas vezes o produto é uma única unidade, como uma usina ou uma máquina-ferramenta específica. Além disso, alguns itens fabricados em quantidades relativamente grandes, como um modelo de avião, podem entrar nessa categoria. A linha de produtos é descrita em termos da capacidade da empresa, e o cliente compra aquela capacidade. Por fim, essa capacidade é transformada em um produto acabado. Por exemplo, após examinar as empresas aéreas pelo mundo, a Airbus detectou interesse suficiente em um jato superjumbo para prosseguir com seu desenvolvimento.[30]

4. **Serviços industriais.** Em vez de um produto real, o comprador está adquirindo a capacidade de uma empresa em uma área como manutenção, serviços técnicos ou consultoria de gerenciamento. (É dada especial atenção ao marketing de serviços no Capítulo 10.)

Todos os tipos de empresas de marketing industrial se defrontam com decisões sobre política do produto, seja quando oferecem produtos físicos, serviços puros (sem produto físico) ou uma combinação de produto e serviço.[31] Cada situação de produto apresenta problemas e oportunidades singulares para o profissional de marketing industrial; cada uma conta com uma capacidade única. A estratégia do produto está no uso inteligente da capacidade corporativa.

Definindo o Mercado do Produto

É fundamental definir com precisão o mercado do produto para analisar as decisões da política do produto.[32] Deve ser dada especial atenção aos modos alternativos de satisfação das necessidades do cliente. Por exemplo, muitos produtos diferentes poderiam concorrer com os computadores pessoais. Produtos de aplicação específica, como *pagers* de bolso e *smartphones* que enviam e-mail e se conectam à internet, são concorrentes potenciais. Ampla gama de dispositivos de informação que fornecem fácil acesso à internet também constitui uma ameaça. Nesse ambiente, Regis McKenna assevera, os gerentes "devem procurar oportunidades em – e esperar concorrência de – todo lugar possível. Uma empresa com um conteúdo de produto limitado se movimentará pelo mercado com antolhos e certamente terá aborrecimentos".[33] Ao excluir produtos e tecnologia que competem pelas mesmas necessidades dos usuários finais, o estrategista do produto pode rapidamente ficar sem contato com o mercado. Tanto as necessidades do cliente quanto as formas de satisfazer essas necessidades mudam.

---

[30] Alex Taylor III, "Blue Skies for Airbus", *Fortune*, 1º de abril de 1999, p. 102-108.
[31] Albert L. Page e Michael Siemplenski, "Product-Systems Marketing", *Industrial Marketing Management* 12 (abril de 1983), p. 89-99.
[32] Para uma discussão relacionada sobre análise competitiva, ver Beth A. Walker, Dimitri Kapelianis e Michael D. Hutt, "Competitive Cognition", *MIT Sloan Management Review* 46 (verão de 2005), p. 10-12.
[33] McKenna, *Relationship Marketing*, p. 184.

Mercado do Produto. Um **mercado do produto** estabelece a arena distinta em que compete o profissional de marketing industrial. Quatro dimensões de uma definição de mercado são estrategicamente relevantes:

1. *Dimensão da função do cliente.* Esta envolve as vantagens que são fornecidas para satisfazer às necessidades dos compradores organizacionais (por exemplo, mensagem móvel).
2. *Dimensão tecnológica.* Existem formas alternativas em que uma função específica pode ser realizada (como celulares, *pager*, notebook).
3. *Dimensão do segmento do cliente.* Os grupos de clientes possuem necessidades características que devem ser atendidas (tais como representantes de vendas, médicos, viajantes internacionais).
4. *Dimensão do sistema com valor agregado.* Os concorrentes que atendem o mercado podem operar em uma sequência de etapas.[34] O sistema com valor agregado para a comunicação sem fio inclui fornecedores de equipamentos, como Nokia e Motorola, e prestadores de serviços, como Verizon e AT&T. A análise do sistema com valor agregado pode indicar oportunidades potenciais ou ameaças de mudanças no sistema (por exemplo, alianças potenciais entre fornecedores de equipamentos e prestadores de serviços).

Planejando para Hoje e Amanhã. A competição para satisfazer a necessidade do cliente existe no âmbito da tecnologia, assim como no nível do fornecedor ou da marca. Ao estabelecer limites precisos do mercado do produto, o estrategista do produto está mais bem equipado para identificar as necessidades do cliente, as vantagens buscadas pelo segmento do mercado e a natureza turbulenta da competição nos níveis da tecnologia e do fornecedor ou marca. Derek Abell oferece estas compreensões valiosas sobre estratégia:

- Planejar para hoje exige uma *definição* clara e precisa do negócio – uma descrição dos segmentos do cliente-alvo, das funções do cliente e da abordagem do negócio a ser adotada; planejar para amanhã diz respeito a como o negócio deverá ser *redefinido* no futuro.
- Planejar para hoje focaliza a *adaptação* do negócio para atender às necessidades dos clientes de hoje com excelência. Envolve a identificação de fatores que são críticos ao sucesso e a suavização destes com atenção; planejar para amanhã pode exigir a *readaptação* do negócio para competir de modo mais eficiente no futuro.[35]

Percebendo o que vem a seguir. Os especialistas em estratégia também argumentam de modo proativo que muitas empresas estão negligenciando três importantes grupos de clientes que podem apresentar a maior oportunidade de crescimento explosivo:[36]

- *Não consumidores*, que podem não ter capacidades especializadas, treinamento ou recursos para comprar o produto ou serviço.
- *Clientes undershot*, para quem os produtos existentes não são suficientemente bons.
- *Clientes overshot*, para quem os produtos existentes fornecem mais desempenho do que podem utilizar.

---

[34] George S. Day, *Strategic Market Planning: The Pursuit of Competitive Advantage* (St. Paul, MN: West, 1984), p. 73.
[35] Derek F. Abell, "Competing Today While Preparing for Tomorrow", *Sloan Management Review* 40 (primavera de 1999), p. 74.
[36] Clayton M. Christensen, Scott D. Anthony e Erik A. Roth, *Seeing What's Next* (Boston: Harvard Business School Press, 2004), p. 5.

Planejando a Estratégia do Produto Industrial

A formulação de um plano de marketing estratégico para uma linha de produto existente é a parte mais importante dos esforços de planejamento de marketing de uma empresa. Após a identificação de um mercado do produto, a atenção se volta para o planejamento da estratégia do produto. A análise do posicionamento do produto fornece uma ferramenta útil para mapear o curso da estratégia.

Posicionamento do Produto

Uma vez definido o mercado do produto, deve-se garantir uma posição competitiva forte para o produto. O **posicionamento do produto** representa o lugar ocupado por um produto em um mercado específico; é constatado medindo-se as percepções e as preferências dos compradores organizacionais por um produto com relação aos seus concorrentes. Como os compradores organizacionais percebem os produtos como conjuntos de atributos (por exemplo, qualidade, serviço), o estrategista do produto analisará os atributos que assumem um papel importante nas decisões de compra.

O Processo[37]

Observe, na Figura 8.4, que o processo de posicionamento tem início na identificação do conjunto relevante de produtos concorrentes (Etapa 1) e na definição daqueles atributos que são **determinantes** (Etapa 2) – atributos que os clientes usam para diferenciar entre as alternativas e que são importantes para a determinação de qual marca preferem. Em resumo, atributos determinantes são critérios de escolha importantes e de diferenciação. Naturalmente, alguns atributos são importantes para os compradores organizacionais, mas podem não ser de diferenciação. Por exemplo, a segurança pode ser um atributo essencial no mercado de caminhões para carga pesada, mas os clientes do mercado industrial podem considerar os produtos concorrentes oferecidos pela Navistar, Volvo e Mack Trucks como bem semelhantes nessa dimensão. Durabilidade, confiabilidade e economia de combustível podem constituir os atributos determinantes.

A Etapa 3 envolve a coleta de informações de uma amostra de clientes existentes e potenciais com respeito a como percebem as várias opções sobre cada um dos atributos determinantes. A amostra incluirá os compradores (especificamente, as pessoas influentes em compras) de organizações que representam todos os segmentos do mercado que o estrategista do produto deseja atender. Depois de analisar a posição atual do produto *versus* as ofertas da concorrência (Etapa 4), o analista pode isolar (1) a força competitiva do produto em diferentes segmentos e (2) as oportunidades para garantir uma posição diferenciada em um segmento-alvo específico (Etapa 5).

Isolando as Oportunidades da Estratégia

A Etapa 6 envolve a seleção da estratégia de posicionamento ou de reposicionamento. Nesse caso, o gerente do produto pode avaliar as opções de estratégia específicas. Primeiro, para alguns atributos, o gerente do produto pode desejar (1) adotar uma estratégia para aumentar a importância de um atributo aos clientes e (2) aumentar a diferença entre os produtos da concorrência e da empresa. Por exemplo, a importância

---

[37] Esta seção é baseada em Harper W. Boyd Jr., Orville C. Walker Jr. e Jean-Claude Larréché, *Marketing Management: A Strategic Approach with a Global Orientation* (Chicago: Irwin/McGraw-Hill, 1998), p. 190-200.

PRINCIPAIS REALIZADORES EM B2B

Basf: Usando Serviços para Construir uma Marca Sólida

A Basf AG, sediada na Alemanha, é a maior empresa de produtos químicos do mundo, com vendas globais de mais de $ 33 bilhões e $ 8 bilhões de vendas nos Estados Unidos. Constantemente classificada como uma das empresas globais mais admiradas da *Fortune*, a empresa compete no que muitos descreveriam como um negócio de *commodities*. Em vez de adotar uma estratégia de custo total baixo e competir no preço, a Basf decidiu se transformar em uma empresa voltada para o serviço inovador. Os serviços, como suporte de P&D ou serviços de campo no local, são difíceis de serem copiados pelos concorrentes e, quando bem executados, fornecem a estratégia de diferenciação máxima. Para comunicar a sua proposição de valor aos clientes, a empresa lançou a sua campanha de propaganda com o slogan familiar: "Não fabricamos muitos dos produtos que você compra. Fabricamos muitos dos produtos que você compra melhor". Tony Graetzer, alto executivo da agência de propaganda da Basf, descreve o fundamento para essa campanha, que recebeu inúmeros prêmios: "As empresas são vistas, com frequência, como vinculadas à qualidade de seus produtos, mas nunca são vistas como vinculadas à qualidade de seus serviços". Empresas de sucesso fornecem serviço superior. Ao dar ênfase a como ajudar a tornar melhores os produtos dos seus clientes e na entrega em suas instalações, a marca Basf tornou-se sinônimo de parcerias com o cliente e liderança em tecnologia.

FONTE: Bob Lamons, *The Case for B2B Branding* (Mason, Ohio: Thomson, 2005), p. 91-94.

de um atributo como o treinamento do cliente pode ser exaltada por meio de comunicações de marketing dando ênfase a como o comprador potencial pode aumentar a sua eficiência e o desempenho dos funcionários por meio do treinamento da empresa. Caso sejam bem-sucedidos, esses esforços poderiam levar o treinamento do cliente de atributo importante para atributo determinante aos olhos dos clientes. Segundo, caso o desempenho da empresa sobre um atributo determinante do produto seja realmente maior que o dos concorrentes – mas o mercado perceba que as outras opções apresentam pequenas vantagens –, podem ser desenvolvidas comunicações de marketing para que as percepções estejam alinhadas com a realidade. Em terceiro lugar, a posição competitiva de um produto pode ser melhorada ao se aprimorar o nível de desempenho da empresa quanto aos atributos determinantes enfatizados pelos compradores organizacionais.

Exemplo de Posicionamento do Produto[38]

Essa abordagem de posicionamento do produto foi aplicada com sucesso a um bem de capital em uma grande corporação. O produto que fornecia o foco da análise é vendido em três tamanhos para dois segmentos do mercado: usuários finais e engenheiros consultores. A pesquisa de marketing identificou 15 atributos, inclusive confiabilidade, suporte de serviço, reputação da empresa e facilidade de manutenção.

Uma Nova Estratégia. A pesquisa descobriu que a marca da empresa desfrutava de uma classificação excelente em confiabilidade do produto e suporte de serviço. Ambos os atributos eram bem determinantes para a empresa, em comparação com a concorrência. Para reforçar a importância de ambos os atributos,

---

[38] Esta seção é amplamente baseada em Behram J. Hansotia, Muzaffar A. Shaikh e Jagdish N. Sheth, "The Strategic Determinancy Approach to Brand Management", *Business Marketing* 70 (outono de 1985), p. 66-69.

FIGURA 8.4 | ETAPAS NO PROCESSO DE POSICIONAMENTO DO PRODUTO

1. Identificar o conjunto relevante de produtos competitivos.

2. Identificar o conjunto de atributos determinantes que os clientes usam para diferenciar entre as opções e determinar a escolha preferida.

3. Coletar informações de uma amostra de clientes existentes e potenciais com respeito às suas classificações de cada produto sobre os atributos determinantes.

4. Determinar a posição atual do produto *versus* as ofertas da concorrência para cada segmento do mercado.

5. Analisar a adequação entre as preferências dos segmentos do mercado e a posição atual do produto.

6. Selecionar a estratégia de posicionamento ou de reposicionamento.

FONTE: Adaptado com modificações de Harper W. Boyd Jr., Orville C. Walker Jr. e Jean-Claude Larréché, *Marketing Management: A Strategic Approach with a Global Orientation* (Chicago: Irwin/McGraw-Hill, 1998), p. 197.

a administração decidiu oferecer um programa de garantia estendida. Tanto os usuários finais quanto os engenheiros consultores viam as garantias como importantes, mas não como um ponto de diferenciação entre as marcas concorrentes. A administração suspeitou, contudo, que, ao estabelecer um novo padrão de garantia para o setor, o atributo poderia tornar-se determinante, acrescentando poder da marca sobre a concorrência. Além disso, a administração sentiu que o novo programa de garantia também beneficiaria a reputação da marca em outros atributos como confiabilidade e reputação da empresa.

Melhores Metas. O estudo também apresentou algumas surpresas. O preço não era tão importante para os compradores organizacionais quanto a administração havia acreditado no início. Isso sugeria que havia oportunidades para aumentar a receita por meio da diferenciação do produto e do suporte de serviço. Da mesma forma, a pesquisa descobriu que a marca da empresa dominava toda a concorrência em produtos de grande e médio portes, mas não em produtos de pequeno porte. Esse produto específico apresentava uma posição competitiva especialmente fraca no segmento de engenheiros consultores. Foram desenvolvidas estratégias de suporte de serviço para fortalecer a posição do produto nesse segmento. Claramente, o posicionamento do produto fornece uma ferramenta valiosa para a elaboração de estratégias criativas para mercados industriais.

O Ciclo de Vida da Adoção da Tecnologia

Após décadas se contentando com cartas, telegramas e telefonemas, os consumidores adotaram o voice-mail, o e-mail, os navegadores da internet e uma série de dispositivos de informação. Em cada situação, a conversão do mercado foi lenta. Uma vez atingido um limite específico de aceitação do cliente, ocorria uma febre. Geoffrey Moore define as **inovações descontinuadas** como "novos produtos ou serviços que exigem que o usuário final e o mercado mudem drasticamente o seu comportamento passado, com a promessa de ganhar novas vantagens igualmente drásticas".[39] Durante o último quarto de século, as inovações descontinuadas eram bem comuns no setor de produtos eletrônicos para computador, criando um novo e massivo gasto, uma competição feroz e toda uma série de empresas que estão redefinindo os limites do mercado de alta tecnologia.

Uma ferramenta popular junto aos estrategistas em empresas de alta tecnologia é o ciclo de vida da adoção da tecnologia – uma estrutura desenvolvida por Geoffrey Moore, consultor de renome, para a Hewlett-Packard e várias outras empresas do Vale do Silício.

Tipos de Clientes de Tecnologia

Fundamentais para a estrutura de Moore são as cinco classes de clientes que constituem o mercado potencial para uma inovação descontinuada (Tabela 8.1). Os profissionais de marketing industrial podem se beneficiar ao colocar os produtos inovadores nas mãos dos **entusiastas da tecnologia**. Eles são os *gatekeepers* do restante do ciclo de vida da tecnologia, e seu endosso é necessário para que uma inovação seja ouvida claramente na organização. Enquanto os entusiastas da tecnologia possuem influência, não têm acesso imediato aos recursos necessários para levar uma organização em direção a um comprometimento em grande escala com relação à nova tecnologia. Por outro lado, os **visionários** possuem o controle dos recursos e podem, em geral, ter influência em fazer propaganda das vantagens de uma inovação e em dar-lhe impulso durante as etapas iniciais de desenvolvimento do mercado. Todavia, os visionários são de difícil atendimento por um profissional de marketing porque cada um demanda modificações especiais e únicas do produto. Suas demandas podem sobrecarregar rapidamente os recursos de P&D de uma empresa de tecnologia e paralisar a penetração no mercado da inovação.

A Divergência. Produtos verdadeiramente inovadores desfrutam, em geral, de um caloroso acolhimento de entusiastas da tecnologia e visionários, mas então as vendas vacilam e geralmente até caem. Com frequência, surge uma divergência entre visionários, que são intuitivos e apoiam a mudança radical, e os **pragmáticos,** que são analíticos, apoiam a evolução e fornecem o caminho para o mercado convencional. O profissional de marketing industrial que guia com sucesso um produto pela divergência cria uma oportunidade de ganhar a aceitação dos pragmáticos e conservadores do mercado convencional. Como disposto na Tabela 8.1, os pragmáticos fazem a maioria das compras de tecnologia nas organizações, e os conservadores incluem um grupo de tamanho considerável de clientes que estão hesitantes quanto a comprar produtos de alta tecnologia, mas o fazem para evitar serem ultrapassados.

Estratégias para o Ciclo de Vida da Adoção da Tecnologia

A estratégia fundamental para transpor a divergência e passar do mercado inicial para o mercado convencional é fornecer aos pragmáticos uma solução de 100% para os seus problemas (Figura 8.5). Muitas empresas de alta tecnologia erram ao tentar fornecer algo para todos, enquanto nunca atendem a todas as exigências de um segmento específico do mercado. Os pragmáticos buscam o produto completo – o conjunto mínimo de produtos e serviços que lhes dá um motivo para a compra. Geoffrey Moore observa que "o principal em uma estratégia vencedora é identificar uma simples base de operações de

---
[39] Geoffrey A. Moore, *Inside the Tornado: Marketing Strategies from Silicon Valley's Cutting Edge* (Nova York: HarperCollins, 1995), p. 13.

TABELA 8.1 | CICLO DE VIDA DA ADOÇÃO DA TECNOLOGIA: CLASSES DE CLIENTES

Cliente	Perfil
Entusiastas da tecnologia (*inovadores*)	Interessados em explorar a última inovação, esses clientes possuem influência significativa sobre como os produtos são percebidos por outros na organização, mas não têm controle sobre os comprometimentos de recursos.
Visionários (*adotantes iniciais*)	Desejando explorar a inovação por uma vantagem competitiva, esses clientes são verdadeiros revolucionários no negócio e no governo, que têm acesso aos recursos organizacionais, mas que demandam, com frequência, modificações especiais ao produto que são difíceis de fornecer pelo inovador.
Pragmáticos (*maioria inicial*)	Responsáveis pelo grosso das compras de tecnologia nas organizações, essas pessoas acreditam na evolução da tecnologia, não na revolução, e buscam produtos de um líder de mercado com um histórico comprovado de fornecer aperfeiçoamentos úteis na produtividade.
Conservadores (*maioria tardia*)	Pessimistas quanto à sua capacidade de obter algum valor dos investimentos em tecnologia, essas pessoas representam um grupo relativamente grande de clientes sensíveis ao preço e relutantes quanto à compra de produtos de alta tecnologia para evitar serem ultrapassados.
Céticos (*retardatários*)	Em vez de clientes potenciais, essas pessoas são críticos sempre presentes dos produtos de alta tecnologia de publicidade exagerada.

FONTE: Adaptado de Geoffrey A. Moore, *Inside the Tornado: Marketing Strategies from Silicon Valley's Cutting Edge* (Nova York: HarperCollins, 1995), p. 14-18.

clientes pragmáticos em um segmento do mercado convencional e acelerar a formação de 100% de seu produto total. A meta é ganhar uma posição de apoio o mais rápido possível – isso é o que significa *ultrapassar a divergência*".[40]

A Pista de Boliche

Nos mercados de tecnologia, cada segmento do mercado é como um pino de boliche e a iniciativa para atingir um segmento passa com sucesso para os outros segmentos à sua volta. A pista de boliche representa uma etapa no ciclo de vida da adoção, em que um produto ganha aceitação dos segmentos do mercado convencional, mas ainda precisa ser adotado de modo amplo.

Leve em consideração a evolução da estratégia do Lotus Notes.[41] Quando introduzido inicialmente, o Notes foi oferecido como um novo paradigma para a comunicação por toda a empresa. Para atravessar o mercado convencional, a equipe do Lotus trocou o foco do produto de uma visão empresarial de comunicação corporativa para soluções específicas para funções específicas do negócio. O primeiro nicho atendido foi a função de gerenciamento de contas globais de empresas de contabilidade e consultoria de todo o mundo. A solução foi aperfeiçoar a coordenação da atividade contábil para produtos

---

[40] Ibid., p. 22. Para uma discussão relacionada, ver Clayton M. Christensen e Michael E. Raynor, *The Innovator's Solution: Creating and Sustaining Successful Growth* (Boston: Harvard Business School Press, 2003), p. 73-95.
[41] Moore, *Inside the Tornado*, p. 35-37.

POR DENTRO DO MARKETING INDUSTRIAL

A Vantagem do Mais Forte em Mercados de Alta Tecnologia

As empresas de alta tecnologia que podem fazer que os seus produtos sejam projetados para os mesmos padrões do mercado possuem enorme influência sobre a orientação futura daquele mercado. Por exemplo, todos os softwares com base em PC precisam ser da Microsoft – e compatíveis com a Intel. Todas as soluções de rede devem ser compatíveis com os padrões da Cisco Systems; todas as impressoras devem ser compatíveis com a Hewlett-Packard. Esta é a essência do poder do mais forte nos mercados de alta tecnologia de que desfrutam empresas como Microsoft, Intel, Cisco e Hewlett-Packard. A vantagem do mais forte permite que essas líderes do mercado:

- *Atraiam mais clientes* ao gozar de melhor cobertura da imprensa e ciclos de vendas mais curtos somente porque os gerentes de tecnologia da informação esperam que sejam as vencedoras.
- *Mantenham mais clientes*, pois o custo de troca é alto para os clientes e o custo de entrada é alto para os concorrentes.
- *Impulsionem os custos para baixo*, ao trocar alguns aperfeiçoamentos mais dispendiosos que os clientes demandam aos fornecedores, enquanto retêm o controle dos componentes críticos de criação de valor.
- *Mantenham os lucros altos*, porque os parceiros do negócio dão prioridade ao desenvolvimento de produtos e serviços complementares que fazem que *todo produto* da líder do mercado valha mais aos clientes do que valem os produtos concorrentes.
-

A internet representa uma área explosiva de crescimento em muitos setores do mercado de alta tecnologia, à medida que as empresas se ajustam para ganhar uma posição de liderança em e-procurement, tecnologias sem fio, integração da cadeia de suprimentos e segurança com foco na rede mundial. Os jogos do mais forte só estão começando!

FONTE: Geoffrey A. Moore, Paul Johnson e Tom Kippola, *The Gorilla Game: An Investor's Guide to Picking Winners in High-Technology* (Nova York: HarperBusiness, 1998), p. 43-70.

---

altamente visíveis. Isso levou ao segundo nicho – o gerenciamento de contas globais para equipes de vendas, em que a coordenação aprimorada e o compartilhamento de informações estimulam a produtividade.

Uma Estratégia Focalizada. A próxima etapa lógica para o Lotus foi o movimento em direção à função de serviço do cliente, em que o compartilhamento livre de informações pode suportar soluções criativas para os problemas do cliente. A penetração bem-sucedida nesses segmentos criou outra oportunidade – incorporar o cliente ao circuito do Notes. Observe a principal lição aqui: uma estratégia com base no cliente e foco na aplicação fornece alavancagem para que uma vitória em um segmento do mercado cascateie em vitórias nos segmentos adjacentes do mercado.

O Furacão

Embora os compradores econômicos que buscam soluções específicas sejam importantes para o sucesso na pista de boliche, os compradores técnicos ou de infraestrutura nas organizações podem criar um furacão (ver Figura 8.5). Os gerentes de tecnologia da informação (TI) são responsáveis pelo fornecimento de infraestruturas eficientes e confiáveis – que os membros organizacionais dos sistemas usam para comunicar e executar as suas tarefas. Eles são pragmáticos e preferem comprar de um líder estabelecido do mercado.

Os profissionais de TI interagem livremente pelos limites da empresa e do setor e discutem as ramificações da última tecnologia. Os gerentes de TI se observam de perto – não querem ser prematuros

FIGURA 8.5 | CENÁRIO DO CICLO DE VIDA DE ADOÇÃO DA TECNOLOGIA

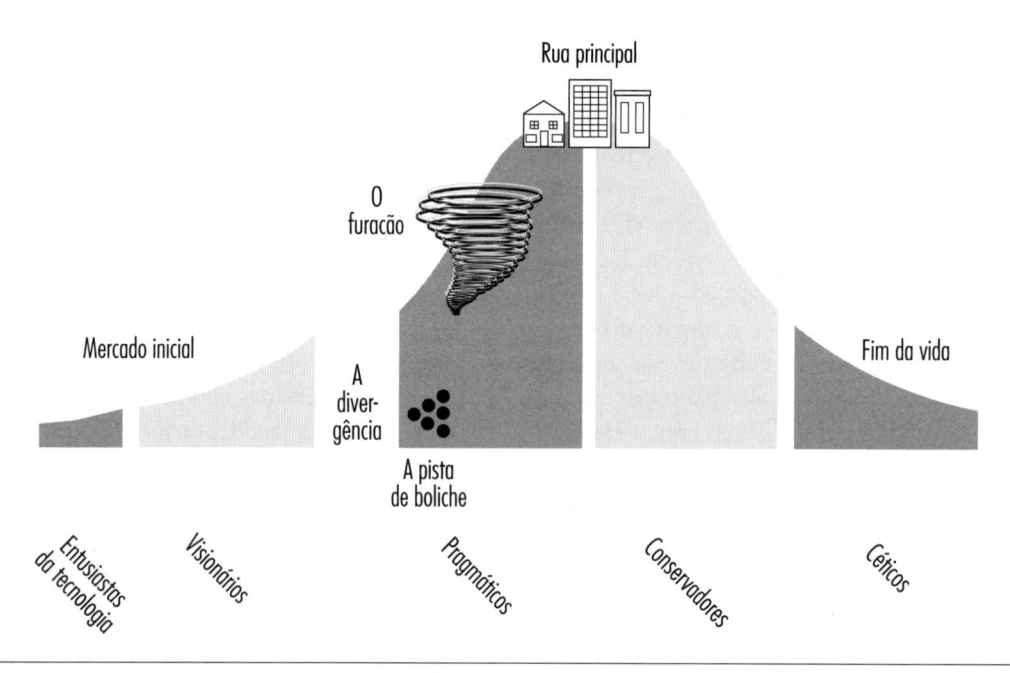

Rua principal

O furacão

Mercado inicial

A divergência

A pista de boliche

Fim da vida

Entusiastas da tecnologia — Visionários — Pragmáticos — Conservadores — Céticos

FONTE: Figura adaptada das páginas 19 e 25 de *Inside the Tornado*, por Geoffrey A. Moore. Copyright © 1995 por Geoffrey A. Moore Consulting, Inc. Reproduzido com permissão de HarperCollins Publishers e do autor.

ou retardatários. Em geral, movimentam-se em conjunto e criam um furacão. Como um número massivo de novos clientes está entrando no mercado ao mesmo tempo e como todos querem o mesmo produto, a demanda ultrapassa drasticamente a oferta e um grande grupo de clientes pode aparecer da noite para o dia. Em uma etapa crítica, essas forças do mercado cercaram as impressoras a laser e a jato de tinta da Hewlett-Packard, os produtos Windows da Microsoft, os microprocessadores da Intel e o dispositivo BlackBerry da Research in Motion.

Estratégia do Furacão. Os principais fatores de sucesso da fase do furacão do ciclo de vida da adoção diferem daqueles que são apropriados para a pista de boliche. Em vez de dar ênfase à segmentação do mercado, a meta principal é acelerar a produção para capitalizar a oportunidade apresentada pelo amplo mercado. Em seu setor de impressoras, a Hewlett-Packard demonstrou as três prioridades críticas durante um furacão:[42]

1. Apenas embarcar.
2. Aumentar os canais de distribuição.
3. Impulsionar o próximo ponto de preço baixo.

Primeiro, o processo de aperfeiçoamento de qualidade da Hewlett-Packard permitiu que a empresa aumentasse de modo significativo a produção – começando pelas impressoras a laser e, depois, pelas impressoras a jato de tinta – com poucas interrupções. Segundo, para estender a cobertura do mercado, a HP começou a vender suas impressoras a laser por meio de canais de revenda de computador e estendeu seus canais de distribuição para as impressoras a jato de tinta para megalojas de computador, megalojas de es-

---

[42] Ibid., p. 81. Ver também Stephen Kreider Yoder, "Shaving Back: How H-P Used Tactics of the Japanese to Beat Them at Their Game", *The Wall Street Journal*, 8 de setembro de 1994, p. A1, A6.

critério, vendas pelo correio e, mais recentemente, clubes de compras e outros pontos de venda ao consumidor. Terceiro, a HP baixou seus preços estabelecidos pelas suas impressoras – levando as impressoras a jato de tinta para abaixo de $ 1.000, então abaixo de $ 500, e ainda bem abaixo disso. Como demonstrado por esse exemplo, a estratégia do furacão dá ênfase à liderança do produto e à excelência operacional na fabricação e na distribuição.

Rua Principal

Essa etapa do ciclo de vida da adoção da tecnologia representa um período de desenvolvimento do pós-venda. As ondas frenéticas da adoção do mercado de massa do produto começaram a se acalmar. Os concorrentes no setor aumentaram a produção, e a oferta, agora, supera a demanda. Moore salienta que "a característica de definição de rua principal é que o crescimento continuado do mercado lucrativo não pode mais vir da venda de bens básicos aos novos clientes e deve vir, então, do desenvolvimento de extensões específicas de um nicho para a plataforma básica dos clientes existentes".[43]

Estratégia da Rua Principal. A meta, neste caso, é desenvolver estratégias com base no valor orientadas para segmentos específicos de usuários finais. A HP, por exemplo, equipara suas impressoras às necessidades especiais de diferentes segmentos dos usuários domésticos, ao oferecer:

- Uma impressora compacta portátil para aqueles usuários com pouco espaço.
- A impressora e fax OfficeJet para aqueles que ainda não possuem um aparelho de fax.
- Uma impressora colorida de alto desempenho para aqueles que criam folhetos comerciais.

A estratégia da rua principal dá ênfase à excelência operacional na produção e na distribuição, assim como nas estratégias de segmentação do mercado bem sintonizadas. Que sinais aparecem no fim do ciclo de vida da adoção da tecnologia? Aparece uma inovação descontinuada que incorpora a tecnologia revolucionária e promete novas soluções aos clientes.

Resumo

Algumas das marcas globais mais valiosas e duradouras pertencem a empresas de business-to-business. O poder de uma marca reside na mente dos clientes por meio do que estes vivenciaram, viram e ouviram sobre a marca ao longo do tempo. O modelo de valor da marca com base no cliente consiste em quatro etapas: estabelecer a identidade correta da marca, definir o significado da marca por meio de associações únicas à marca, desenvolver programas de marketing responsivo para induzir uma resposta positiva à marca dos clientes e construir relacionamentos da marca com os clientes, caracterizados pela lealdade e pelo comprometimento ativo. A pesquisa demonstra vividamente que os investimentos na construção de uma marca sólida geram um retorno positivo no desempenho financeiro da empresa.

A conceitualização de um produto deve passar além da mera descrição física, para incluir todas as vantagens e serviços que fornecem valor aos clientes. A meta unificada para o profissional de marketing industrial: *fornecer qualidade e valor percebidos pelo mercado superiores com relação à concorrência*. Para um cliente do negócio, o valor envolve um *trade-off* entre vantagens e sacrifícios. Os profissionais de marketing industrial podem fortalecer os relacionamentos com o cliente ao fornecer serviços com valor agregado e ao ajudar os clientes a reduzir os custos operacionais. Uma estratégia do produto coordenada

---
[43] Moore, *Inside the Tornado*, p. 111.

cuidadosamente reconhece o papel das várias áreas funcionais ao fornecer valor aos clientes do negócio. Deverá ser dada especial atenção à sincronização das atividades entre o gerenciamento do produto, vendas e unidades de serviço.

As linhas de produtos industriais podem ser amplamente classificadas em (1) itens exclusivos ou de catálogo, (2) itens sob medida, (3) itens projetados sob encomenda e (4) serviços industriais. O gerenciamento do produto pode ser mais bem descrito como o gerenciamento da capacidade. Ao monitorar o desempenho do produto e ao formular a estratégia de marketing, o profissional de marketing industrial pode usar com sucesso a análise do posicionamento do produto. Ao isolar a posição competitiva de um produto em um mercado, a análise do posicionamento fornece a compreensão da estratégia ao planejador. Um atributo do produto é determinante caso seja importante e de diferenciação.

Os mercados da alta tecnologia em rápida mudança apresentam oportunidades e desafios especiais ao estrategista do produto. O ciclo de vida da adoção da tecnologia inclui cinco categorias de clientes: entusiastas da tecnologia, visionários, pragmáticos, conservadores e céticos. Os novos produtos ganham aceitação de nichos do mercado convencional, progridem de segmento para segmento como um pino de boliche derrubando outro e, se bem-sucedidos, vivenciam um furacão de adoção geral e difundida pelos pragmáticos. Mais importante, o ciclo de vida da adoção da tecnologia exige diferentes estratégias de marketing nas diversas etapas.

Questões para Discussão

1. Regis McKenna observa que "nenhuma empresa em um setor com base na tecnologia está segura quanto a impactos não previstos". Nos anos recentes, muitas indústrias balançaram com a mudança tecnológica. Nesse ambiente, que ações pode tomar um estrategista do produto?

2. Empresas como Microsoft, Apple, Sony e Intel vivenciaram uma explosão na demanda de alguns de seus produtos. Durante o "furacão" por um produto de alta tecnologia, o princípio que guia as operações de um líder do mercado é "Apenas embarcar". Explicar e discutir as mudanças na estratégia de marketing que a empresa deve seguir após o furacão.

3. Descrever por que uma estratégia de posicionamento da marca incluirá pontos de diferenciação e pontos de paridade. Dar um exemplo para embasar seu argumento.

4. Movendo-se pelo ciclo de vida da adoção da tecnologia, comparar e diferenciar os entusiastas da tecnologia e os pragmáticos. Dar especial atenção às diretrizes da estratégia que o estrategista de marketing seguirá para alcançar os clientes que estão incluídos nessas duas categorias de adoção.

5. Usando uma estrutura de valor da marca com base no cliente como um guia, descrever os componentes característicos da estratégia de marca da Apple.

6. Uma estratégia do produto específica estimulará uma resposta do mercado e a resposta correspondente dos concorrentes. Que características específicas do ambiente competitivo o estrategista de marketing industrial deverá avaliar?

7. Identificar duas marcas de business-to-business que você consideraria como sólidas e distintas. A seguir, descrever as características de cada marca que tendem a destacá-la das marcas concorrentes.

8. Distinguir entre itens de catálogo, itens sob medida, itens projetados sob encomenda e serviços. Explicar como as exigências de marketing variam por essas classificações.

9. Avaliar esta declaração: Uma marca é muito mais que um nome, e a fixação da marca é um problema de estratégia, não um problema de nome.

10. Bradley Gale, diretor executivo do The Strategic Planning Institute, afirma: "As pessoas sistematicamente arranjam às pressas as demonstrações de resultado do exercício e os balanços patrimoniais, mas, em geral, não monitoram os fatores não financeiros que impulsionam, no final, o seu desempenho financeiro. Esses fatores não financeiros incluem 'qualidade relativa percebida pelo cliente': como os clientes veem as ofertas do profissional de marketing *versus* como percebem as ofertas competitivas". Explicar.

CASO

Cisco TelePresence: a Tecnologia "Como se Você Estivesse Lá"[44]

A pesquisa demonstra que as pistas visuais – como levantar uma sobrancelha ou sacudir os ombros – consistem em mais de 50% das informações em uma conversação. Infelizmente, até agora as tecnologias de vídeo falharam em fornecer a fidelidade necessária para a transmissão dessas pistas reveladoras de modo eficiente. Todavia, a Cisco Systems criou um sistema de comunicação por vídeo em duas vias que preserva todas aquelas nuanças importantes, no processo pioneiro de uma nova forma de comunicação digital que compete com a eficácia das reuniões presenciais. Vinte e cinco patentes estão pendentes para a tecnologia de "como se você estivesse lá" da Cisco TelePresence. Um analista do setor observou que a videoconferência é como dirigir uma bicicleta de dez marchas, enquanto a TelePresence é como dirigir uma Ferrari.

Vantagens

Ao reduzir a necessidade de reuniões presenciais em que todos estão frente a frente, as organizações podem obter vantagens significativas de custos reduzidos de viagem, maior produtividade e melhores relacionamentos com clientes e parceiros. Para as empresas globalizadas, a viagem executiva é cansativa, cara e demorada. Por que viajar para se encontrar com alguém se você pode se comunicar com a mesma eficácia por meio da TelePresence?

A Etiqueta de Preço

A Cisco TelePresence 3000 custa aproximadamente $ 300 mil por instalação, ou sala, além de custos de suporte adicionais. Por outro lado, a Cisco TelePresence 1000 está cotada em $ 80 mil por sala. Como o preço das principais tecnologias da TelePresence, como telas de plasma e conexões por banda larga, quase certamente continuará a declinar bem rápido, a Cisco acredita que o sistema desfrutará de ampla gama de aplicações, tornando-se viável para mais organizações e até para as pessoas em suas casas.

Questões para Discussão

1. Usando o ciclo de vida da tecnologia como uma estrutura, proponha estratégias específicas de marketing que a Cisco poderia empregar para "ultrapassar a divergência".

2. Identifique os segmentos específicos do mercado que a Cisco poderia atingir para o produto TelePresence.

---

[44] "Cisco Brings 'In-Person' Realism to Virtual Communications", disponível em http://www.cisco.com/en/US/products/ps7060/index.html, acesso em 15 de julho de 2008.

CAPÍTULO 9

Gerenciando a Inovação e o Desenvolvimento de Novo Produto Industrial

A posição competitiva de longo prazo da maioria das organizações está vinculada à sua capacidade de inovar – fornecer aos clientes existentes e novos um fluxo contínuo de novos produtos e serviços. A inovação é um processo potencialmente gratificante e de alto risco. Após a leitura deste capítulo, você entenderá:

1. **os processos estratégicos, formais e informais, por meio dos quais as inovações do produto tomam forma.**

2. **as características dos vencedores em inovação nos mercados de alta tecnologia.**

3. **os fatores que impulsionam o desempenho de novo produto de uma empresa.**

4. **os determinantes do sucesso e da *timeliness* de um novo produto.**

Com seu gingado e seu cabelo descolorido, o norte-americano Tony Fadell se distinguiu na conservadora Philips Electronics, onde comandou um projeto interno desenhando[...] dispositivos eletrônicos ao consumidor. Foi lá que ele teve a ideia de juntar a loja de música tipo Napster com um tocador de MP3 com base em um disco fixo. Ele vendeu o conceito por todo o Vale, antes que Jon Rubenstein, da Apple, se apressasse e colocasse Fadell como o responsável pela equipe de engenharia que construiu o primeiro iPod.[1]

Uma vez desenvolvidos os protótipos, o CEO Steve Jobs trabalhou de perto com a equipe e foi muito útil na moldagem da forma, da sensação e do design do dispositivo.[2] "Ambicioso e carismático (e não mais com cabelos descoloridos), Tony hoje chefia a divisão de hardware que fabrica duas das três linhas de produto da Apple: o iPod e o iPhone."[3]

Muitas empresas obtêm a maioria de suas vendas e lucros de produtos recentemente lançados. Sem dúvida, as empresas que adotam as melhores práticas geram aproximadamente 48% das vendas e 45% dos lucros de produtos comercializados nos últimos cinco anos.[4] Mas os riscos da inovação do produto são altos; estão envolvidos investimentos significativos e a probabilidade de falha é grande. Ao encurtar os ciclos de vida do produto e acelerar a mudança tecnológica, a rapidez e a agilidade são importantes para o sucesso na batalha da inovação.

Este capítulo analisa a inovação do produto no ambiente de marketing industrial. A primeira seção dá uma perspectiva do gerenciamento da inovação da empresa. Segundo, a inovação do produto é posicionada dentro da estratégia tecnológica global de uma empresa. Terceiro, as principais dimensões do processo de desenvolvimento de novo produto são analisadas. A atenção está voltada para as forças que impulsionam o desempenho bem-sucedido do novo produto na empresa. A seção final do capítulo explora os determinantes do sucesso e da época oportuna do novo produto.

O Gerenciamento da Inovação

As práticas de gerenciamento em indústrias bem-sucedidas refletem as realidades do próprio processo de inovação. James Quinn afirma que "a inovação tende a ser individualmente motivada, oportunista, responsiva ao cliente, tumultuosa, não linear e interativa em seu desenvolvimento. Os gerentes podem planejar orientações e metas globais, mas podem surgir surpresas".[5] Evidentemente, alguns esforços de desenvolvimento de novo produto são a consequência de estratégias deliberadas (estratégias planejadas que se tornam realidade), enquanto outros resultam de estratégias emergentes (estratégias realizadas que, pelo menos no início, jamais foram planejadas).[6] Com pouca semelhança com um processo racional e analítico, muitas decisões estratégicas que envolvem novos produtos são processos bem confusos, desordenados e incoerentes pelos quais disputam as facções competitivas da organização. Ao estudar as empresas inovadoras de sucesso como Sony, AT&T e Hewlett-Packard, Quinn caracterizou o processo de inovação como um caos controlado:

---

[1] "After Steve Jobs: Apple's Next CEO – Tony Fadell (2)", 26 de junho de 2008, disponível em http://www.money.cnn.com/galleries/2008/fortune/0806/gallery.apple_jobs_successors.fortune/2.html, acesso em 16 de julho de 2008.
[2] Leander Kahney, "Inside Look at Birth of iPod", 21 de julho de 2004, disponível em http://www.wired.com/gadgets/mac/news/2004/07/64286, acesso em 3 de julho de 2008.
[3] "After Steve Jobs: Apple's Next CEO".
[4] John Hauser, Gerald J. Tellis e Abbie Griffin, "Research on Innovation: A Review and Agenda for *Marketing Science*", *Marketing Science* 25 (novembro-dezembro de 2006), p. 707.
[5] James B. Quinn, "Managing Innovation: Controlled Chaos", *Harvard Business Review* 63 (maio-junho de 1985), p. 83.
[6] Henry Mintzberg e James A. Walton, "Of Strategies, Deliberate and Emergent", *Strategic Management Journal* 6 (julho-agosto de 1985), p. 257-272.

Muitos dos melhores conceitos e soluções vêm de projetos parcialmente ocultos ou "ilícitos" da organização. A maioria dos gerentes de sucesso tenta construir algumas folgas ou *buffers* nos seus planos para garantir as suas apostas[...] Permitem o caos e as réplicas nas investigações iniciais, mas insistem em um planejamento e controles bem mais formais à medida que prosseguem o desenvolvimento dispendioso e o aumento nas proporções. Mas, mesmo nessas últimas etapas, esses gerentes aprenderam a manter a flexibilidade e a evitar a tirania dos planos documentais.[7]

Alguns novos produtos resultam de um processo planejado e deliberado, mas outros seguem um caminho mais tortuoso e caótico.[8] Por quê? A pesquisa sugere que a atividade estratégica em uma grande organização se classifica em duas amplas categorias: comportamento estratégico induzido e autônomo.[9]

Comportamento Estratégico Induzido

O **comportamento estratégico induzido** é condizente com o conceito tradicional de estratégia da empresa. Ele ocorre no relacionamento com seu ambiente externo familiar (por exemplo, seus mercados de clientes). Ao manipular vários mecanismos administrativos, a alta administração pode influenciar os interesses percebidos dos gerentes nos níveis médio e operacional da organização e manter o comportamento estratégico alinhado com o curso da estratégia atual. Por exemplo, os sistemas existentes de gratificação e medição podem voltar a atenção dos gerentes para algumas oportunidades do mercado, e não para outras. Exemplos de comportamento estratégico induzido ou das estratégias deliberadas podem emergir com os esforços de desenvolvimento do produto para os mercados existentes.

Comportamento Estratégico Autônomo

Durante qualquer período, a maior parte da atividade estratégica em empresas grandes e complexas deve se adequar à categoria de comportamento induzido. Todavia, empresas grandes e com muitos recursos podem possuir um conjunto de potencial empresarial em níveis operacionais, o que se expressa nas iniciativas estratégicas autônomas. A 3M Company encoraja seus funcionários de nível técnico a devotar 15% de seu tempo de trabalho ao desenvolvimento das próprias ideias. Por meio dos esforços pessoais de cada trabalhador, foram gerados novos produtos. Por exemplo:

- Gary Fadell é o gênio da engenharia por trás do iPod.
- Art Fry criou os lembretes Post-it na 3M.
- P. D. Estridge promoveu o computador pessoal na IBM.
- Stephanie L. Kwolek aperfeiçoou o material à prova de bala Kevlar na DuPont.
- Michimasa Fujino criou o HondaJet (ver Figura 9.1), que pode agitar o negócio de jatos pequenos com a mesma proposição de valor – alta eficiência em combustível e design elegante – que a primeira geração do Honda Civic usou para aturdir os fabricantes norte-americanos de automóveis há 30 anos.[10]

---

[7] Quinn, "Managing Innovation", p. 82.
[8] Esta seção está baseada em Michael D. Hutt, Peter H. Reingen e John R. Ronchetto Jr., "Tracing Emergent Processes in Marketing Strategy Formation", *Journal of Marketing* 52 (janeiro de 1988), p. 4-19.
[9] Robert A. Burgelman, "A Process Model of Internal Corporate Venturing in the Diversified Major Firm", *Administrative Science Quarterly* 28 (abril de 1983), p. 223-244.
[10] Essa discussão é baseada em Norihiko Shirouzu, "Mr. Fujino's Bumpy Flight Lands Honda in the Jet Age", *The Wall Street Journal*, 18 de junho de 2007, p. B1 e B3.

FIGURA 9.1 | CRIANDO O HONDAJET: PRINCIPAIS MARCOS

Michimasa Fujino, que hoje é o presidente da Honda Aircraft Company, começou a trabalhar no projeto há mais de duas décadas. Designou uma pequena equipe da Honda, enviada para a Universidade do Estado do Mississippi, para colaborar com a escola em aeronáutica avançada. Em meados dos anos 1990, a equipe desenvolveu um jato chamado de MH02, que possuía uma fuselagem fabricada com material composto em vez de alumínio. Acreditando que o projeto não seria competitivo, os executivos da empresa liquidaram-no em 1996.

Fujino, então, começou a trabalhar em um projeto não ortodoxo que seria crítico para o desempenho dos HondaJets: colocar o motor acima da asa, em vez de abaixo desta ou na traseira da fuselagem. Depois de apresentar o novo projeto em uma reunião crucial do conselho de administração, ele reavivou o apoio executivo para o projeto. Os principais marcos no processo de desenvolvimento do HondaJet incluem:

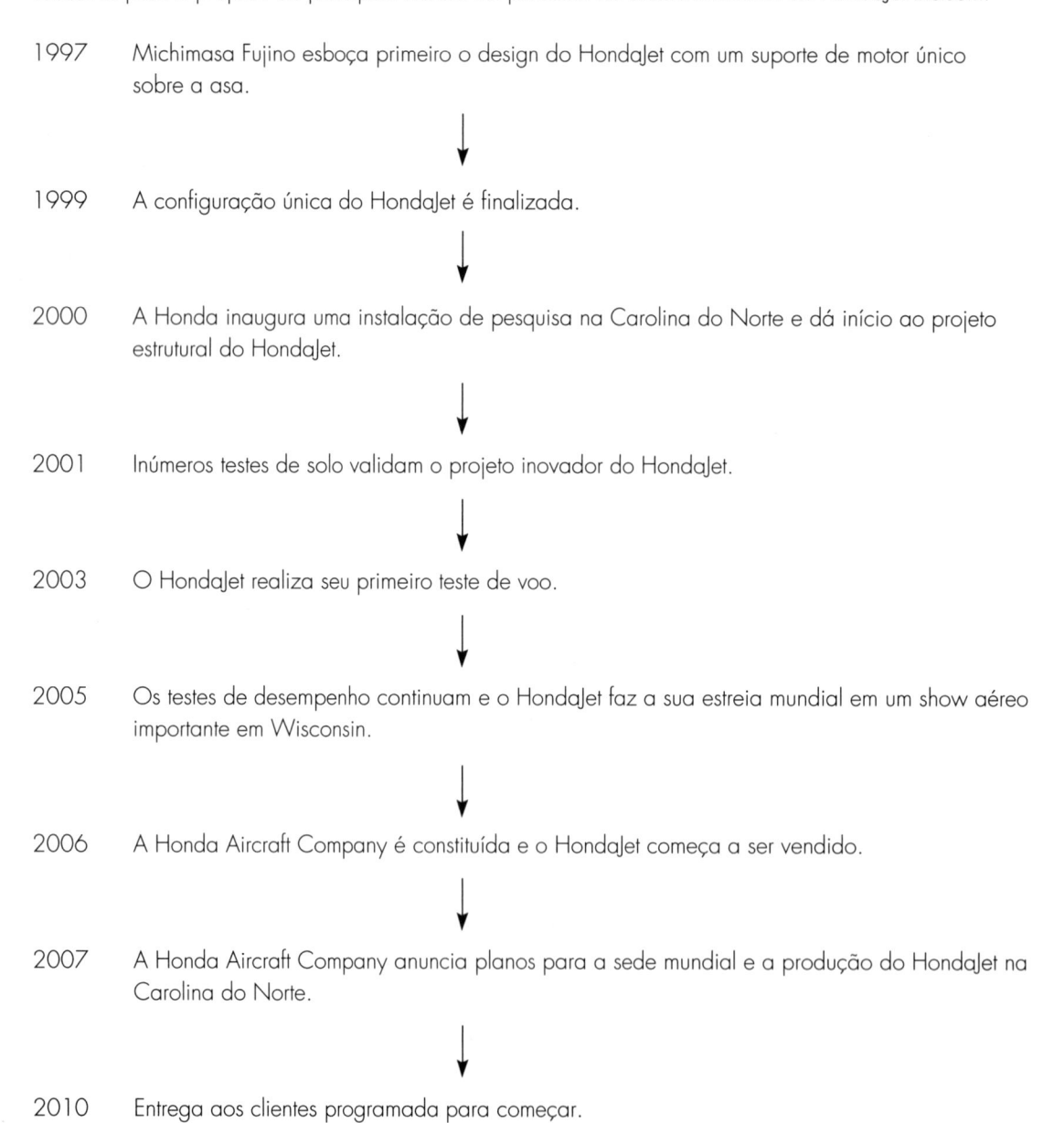

1997 — Michimasa Fujino esboça primeiro o design do HondaJet com um suporte de motor único sobre a asa.

1999 — A configuração única do HondaJet é finalizada.

2000 — A Honda inaugura uma instalação de pesquisa na Carolina do Norte e dá início ao projeto estrutural do HondaJet.

2001 — Inúmeros testes de solo validam o projeto inovador do HondaJet.

2003 — O HondaJet realiza seu primeiro teste de voo.

2005 — Os testes de desempenho continuam e o HondaJet faz a sua estreia mundial em um show aéreo importante em Wisconsin.

2006 — A Honda Aircraft Company é constituída e o HondaJet começa a ser vendido.

2007 — A Honda Aircraft Company anuncia planos para a sede mundial e a produção do HondaJet na Carolina do Norte.

2010 — Entrega aos clientes programada para começar.

FONTE: Norihiko Shirouzu, "Mr. Fujino's Bumpy Flight Lands Honda in the Jet Age", *The Wall Street Journal*, 18 de junho de 2007, p. B1, B3, e a cronologia foi retirada de http://www.hondajet.com, acesso em 15 de novembro de 2008.

"**O Civic dos Céus**". Os altos executivos da Honda e os analistas do setor acreditam igualmente que o HondaJet pode ganhar com rapidez 10% do mercado de jatos pequenos e apresentar lucro dentro de três a quatro anos. Em comparação com o popular Cessna Citation CJ1+, que comporta quatro a seis passageiros, o HondaJet está cotado a $ 3,65 milhões, $ 880 mil menos que o Cessna; usa aproximadamente 22% menos combustível e tem um espaço 20% maior na cabine de passageiros, ostentando a adequação e o acabamento de um carro de luxo.

Hoje com 40 anos, Fujino promoveu incansavelmente sua ideia por duas décadas. Teve sucesso em manter o projeto vivo ao cultivar os vínculos com os altos executivos e ao ligar a sua aceitação de riscos aos esforços amplos da Honda para reavivar o espírito da inovação. Embora as revisões formais do projeto do jato tenham sido intensas e até deselegantes em alguns momentos, ele perseverou porque, por trás da cena, alguns altos executivos apoiavam com entusiasmo os seus esforços. Um ponto decisivo do projeto ocorreu em uma reunião crucial do conselho de administração em que Fujino apresentava a ideia. Depois de um complicado início e o que ele descreve como um "gelo" de alguns membros do conselho, "ele foi capaz de fazer que fosse compreendido o potencial do jato ao relacioná-lo ao carro revolucionário da Honda, chamando o jato de 'Civic dos céus'."[11]

O **comportamento estratégico autônomo** é conceitualmente equivalente à atividade empresarial e introduz novas categorias de oportunidade ao processo de planejamento da empresa. Os gerentes no nível do mercado do produto concebem oportunidades de mercado que se desviam do curso atual da estratégia, então se comprometem com atividades de criação do produto para mobilizar recursos e criar iniciativas para o futuro desenvolvimento do produto. Ao dar ênfase aos canais políticos, em vez de aos administrativos, os criadores do produto questionam o conceito atual de estratégia da empresa e, segundo afirma Robert Burgelman, "dão à alta administração a oportunidade de racionalizar, retroativamente, o comportamento estratégico autônomo bem-sucedido".[12] Por meio desses mecanismos políticos, as iniciativas estratégicas autônomas bem-sucedidas, ou estratégias emergentes, podem se tornar integradas ao conceito de estratégia da empresa.

Clayton M. Christensen e Michael E. Raynor observam:

> As estratégias emergentes resultam das respostas dos gerentes a problemas ou oportunidades que não foram previstos nas etapas de análise e planejamento do processo de se estabelecer a estratégia deliberada. Quando a eficácia daquela estratégia[...] é reconhecida, é possível formalizá-la, aperfeiçoá-la e explorá-la, transformando assim uma estratégia emergente em uma deliberada.[13]

Criação do Produto e a Rede Informal

A Tabela 9.1 dá destaque a várias características que podem distinguir o comportamento estratégico induzido do autônomo. As iniciativas estratégicas autônomas envolvem um conjunto de participantes e evocam o diálogo estratégico de modo diferente do que vemos nas iniciativas induzidas. Um gerente, o criador do produto, assume um papel central ao perceber uma oportunidade e ao mobilizar uma rede informal para explorar a viabilidade técnica da ideia e o potencial de mercado. Um **criador do produto** é um membro

---

[11] Ibid., p. B3.
[12] Robert A. Burgelman, "Corporate Entrepreneurship and Strategic Management: Insights from a Process Study", *Management Science* 29 (dezembro de 1983), p. 1352.
[13] Clayton M. Christensen e Michael E. Raynor, *The Innovator's Solution: Creating and Sustaining Successful Growth* (Boston: Harvard Business School Press, 2003), p. 215-216.

da organização que cria, define ou adota uma ideia para uma inovação e que está disposto a assumir risco significativo (por exemplo, posição ou prestígio) para implantar com sucesso a inovação.[14]

Os gerentes seniores da 3M não se comprometem com um projeto a menos que surja um criador e não abandonam o esforço a menos que o criador "desista". Ao dar ênfase a uma rica cultura de inovação adotada por todos os funcionários, os executivos seniores da 3M também encorajam o comportamento da criação do produto e a aceitação do risco calculado. Mais ainda, toleram o que os funcionários da 3M chamam de falhas "bem-intencionadas".[15]

Em comparação com o comportamento estratégico induzido, as iniciativas autônomas ou empresariais são mais passíveis de envolver um processo de comunicação que parta do fluxo regular do trabalho e dos canais de tomada de decisão hierárquicos. Os papéis e as responsabilidades de decisão dos gerentes, nessa rede informal, são insatisfatoriamente definidos nas etapas iniciais do processo de formulação da estratégia, mas se tornam mais formalizados à medida que o processo evolui. Observe, na Tabela 9.1, que o comportamento estratégico autônomo requer um comprometimento gradual com relação a um curso específico da estratégia. Por outro lado, as iniciativas estratégicas induzidas são mais passíveis de envolver mecanismos administrativos que encorajam uma avaliação mais formal e abrangente das alternativas estratégicas nos vários níveis da hierarquia de planejamento da empresa.

Condições que Apoiam o Empreendedorismo Corporativo[16]

As iniciativas empresariais não podem ser planejadas com precisão, mas podem ser estimuladas e encorajadas. Primeiro, a disponibilidade das gratificações apropriadas pode aumentar a disposição de um gerente em assumir os riscos associados à atividade empresarial. Segundo, como no exemplo da 3M, a alta administração pode assumir um papel instrumental no favorecimento da inovação ao promover as iniciativas empresariais e encorajar a aceitação de riscos calculados. Terceiro, a disponibilidade de recursos, inclusive alguma folga, é necessária para dar aos empresários certo grau de liberdade para explorar as novas possibilidades. A 3M encoraja os cientistas a devotar até 15% de seu tempo a projetos específicos que julguem pessoalmente interessantes. Quarto, uma estrutura organizacional de apoio ao empreendedorismo corporativo fornece os mecanismos administrativos que trazem mais vozes ao processo de inovação pela empresa e permite que as ideias sejam avaliadas, selecionadas e implantadas.[17]

O que Motiva os Empreendedores? A pesquisa recente identifica duas dimensões adicionais que motivam os empresários corporativos: (1) motivação intrínseca (o impulso se origina nele próprio) e (2) projeto de trabalho (por exemplo, a disponibilidade diante de projetos desafiadores; oportunidades para interagir diretamente com os clientes e outros empresários). Matthew R. Marvel e seus colegas de pesquisa descrevem o que os empresários corporativos técnicos desejam em seu trabalho:

> Eles querem que seus esforços inovadores estejam vinculados aos problemas do cliente que precisam ser resolvidos – e que sejam problemas importantes do cliente. Para entender esses

---

[14] Modesto A. Maidique, "Entrepreneurs, Champions, and Technological Innovations", *Sloan Management Review* 21 (primavera de 1980), p. 59-70; ver também Jane M. Howell, "Champions of Technological Innovation", *Administrative Science Quarterly* 35 (junho de 1990), p. 317-341.

[15] George S. Day, "Managing the Market Learning Process", *Journal of Business & Industrial Marketing* 17 (4, 2002), p. 246.

[16] Esta seção é baseada em Matthew R. Marvel, Abbie Griffin, John Hebda e Bruce Vojak, "Examining the Technical Corporate Entrepreneurs' Motivation: Voices from the Field", *Entrepreneurship Theory and Practice*, 31 (setembro de 2007), p. 753-768.

[17] Gary Hamel, "The Why, What, and How of Management Innovation", *Harvard Business Review* 84 (fevereiro de 2006), p. 72-84.

TABELA 9.1 | **COMPORTAMENTO ESTRATÉGICO INDUZIDO *VERSUS* AUTÔNOMO: CARACTERÍSTICAS SELECIONADAS DO PROCESSO DE FORMULAÇÃO DA ESTRATÉGIA DE MARKETING**

	Induzido	Autônomo
Ativação do processo de decisão estratégica	Um gerente define uma necessidade do mercado que converge para o conceito de estratégia da organização.	Um gerente define uma necessidade do mercado que diverge do conceito de estratégia da organização.
Natureza do processo de triagem	Uma triagem formal do mérito técnico e de mercado é feita usando procedimentos administrativos predeterminados.	Uma rede informal avalia o mérito técnico e de mercado.
Tipo de inovação	Incremental (ou seja, o desenvolvimento de novo produto para os mercados existentes usa os recursos organizacionais existentes).	Principal (ou seja, os projetos de desenvolvimento de novo produto exigem novas combinações dos recursos organizacionais).
Natureza da comunicação	Compatível com o fluxo de trabalho organizacional.	Parte do fluxo de trabalho organizacional na etapa inicial do processo de decisão.
Principais participantes	Determinados pelo canal regular da tomada de decisão hierárquica.	Uma rede informal emerge com base nos esforços de mobilização do criador do produto.
Papéis na decisão	Os papéis e as responsabilidades dos participantes no processo de formulação da estratégia são bem-definidos.	Os papéis e as responsabilidades dos participantes são insatisfatoriamente definidos nas fases iniciais, mas se tornam mais formalizados à medida que o processo de formulação da estratégia evolui.
Implicações da estratégia	As alternativas estratégicas são levadas em consideração e o comprometimento com um curso estratégico específico evolui.	O comprometimento com um curso estratégico específico emerge nas fases iniciais, por meio de esforços de apadrinhamento do criador do produto.

FONTE: Adaptado de Michael D. Hutt, Peter H. Reingen e John R. Ronchetto Jr., "Tracing Emergent Processes in Marketing, Strategy Formation", *Journal of Marketing* 52 (janeiro de 1988), p. 4-19. Ver também Clayton M. Christensen e Michael E. Raynor, *The Innovator's Solution: Creating and Sustaining Successful Growth* (Boston: Harvard Business School Press, 2003), p. 213-231.

problemas, devem ter contato com os clientes. Para ter ideias revolucionárias sobre como resolver esses problemas, também necessitam ter contato com outros especialistas em tecnologia de nível internacional.[18]

Tecnologia de Gerenciamento

Kodak, Lockheed, IBM e as equipes de gerenciamento de outras corporações falharam em reconhecer a principal oportunidade tecnológica apresentada pela cópia xerográfica. Essas empresas estavam entre as muitas que rejeitaram a chance de participar da pequena e desconhecida Haloid Company no refinamento

---

[18] Marvel, Griffin, Hebda e Vojak, "Examining the Technical Corporate Entrepreneurs' Motivation", p. 764.

e na comercialização dessa tecnologia. No final, a Haloid a adotou sozinha e transformou essa oportunidade tecnológica única na Xerox Corporation. Entre as "histórias da alta tecnologia", esta permanece um clássico.[19] A mudança tecnológica, afirma Michael Porter, é "uma grande equalizadora, desgastando a vantagem competitiva até de empresas fortificadas e impelindo outras para a vanguarda. Muitas das grandes empresas de hoje cresceram a partir de mudanças tecnológicas que foram capazes de explorar".[20] Claramente, a posição competitiva de longo prazo da maioria das empresas de business-to-business depende de sua capacidade de gerenciar, aperfeiçoar e explorar a sua base tecnológica. Esta seção explora a natureza dos projetos de desenvolvimento, o modelo de inovação disruptiva e os atributos que definem os inovadores bem-sucedidos nos mercados de alta tecnologia em rápida mudança.

Classificação dos Projetos de Desenvolvimento

Uma primeira etapa para a exploração da carteira de tecnologia de uma empresa é entender as diferentes formas que os projetos de desenvolvimento podem ter. Alguns projetos de desenvolvimento estão centralizados no aperfeiçoamento do *processo* de fabricação, alguns no aperfeiçoamento de *produtos* e outros em ambos os aperfeiçoamentos de processo e produto. Todos estes representam projetos de desenvolvimento comercial. Por outro lado, o setor de pesquisa e desenvolvimento é o precursor do desenvolvimento comercial. A carteira de uma empresa pode incluir quatro tipos de projetos de desenvolvimento.[21]

1. Os **projetos derivados** estão centralizados nos aperfeiçoamentos incrementais do produto (por exemplo, uma nova característica), nos aperfeiçoamentos incrementais do processo (por exemplo, um processo de fabricação de custo mais baixo) ou nas mudanças incrementais em ambas as dimensões.
   Exemplo: Uma copiadora colorida da Canon com novas características ou de custo reduzido.
2. Os **projetos de plataforma** criam o projeto e os componentes compartilhados por um conjunto de produtos. Esses projetos, em geral, envolvem uma série de mudanças tanto no produto quanto no processo de fabricação.
   Exemplos: Um motor comum a todas as ferramentas manuais da Black & Decker; múltiplas aplicações do microprocessador da Intel.
3. Os **projetos revolucionários** estabelecem novos produtos principais e novos processos principais que diferem fundamentalmente das gerações anteriores.
   Exemplos: Discos de computador e cabos de fibra óptica criaram novas categorias de produto.
4. **Pesquisa e desenvolvimento** é a criação do conhecimento pertinente a novos materiais e tecnologias que levam, no final, ao desenvolvimento comercial.[22]
   Exemplo: O desenvolvimento da tecnologia da comunicação da Cisco Systems que está subjacente aos seus sistemas de rede usados por vários clientes como varejistas, bancos e cadeias hoteleiras.

---

[19] Para uma discussão relacionada aos erros de tecnologia da Xerox, ver Andrew Hargadon, *How Breakthroughs Happen: The Surprising Truth about How Companies Innovate* (Boston: Harvard Business School Press, 2003), p. 168-182.
[20] Michael E. Porter, "Technology and Competitive Advantage", *Journal of Business Strategy* 6 (inverno de 1985), p. 60; e Tamara J. Erickson, John F. Magee, Philip A. Roussel e Komol N. Saad, "Managing Technology as Business Strategy", *Sloan Management Review* 31 (primavera de 1990), p. 73-83.
[21] Esta discussão está baseada em Steven C. Wheelwright e Kim B. Clark, "Creating Product Plans to Focus Product Development", *Harvard Business Review* 70 (março-abril de 1992), p. 70-82.
[22] Ibid., p. 74.

Foco na Família do Produto

Uma tecnologia específica pode fornecer a base ou a plataforma para vários produtos. Por exemplo, a Honda aplica a sua tecnologia de cilindro multivalvular a equipamentos de geração de força, carros, jatos executivos, motocicletas e cortadores de grama.[23] Os produtos que compartilham uma plataforma comum, mas que possuem características específicas diferentes e aperfeiçoamentos exigidos para conjuntos diversos de clientes, constituem uma **família de produto**.[24] Cada geração de uma família de produto possui uma plataforma que dá a base para produtos específicos voltados para mercados diferentes ou complementares. Ao expandir as capacidades técnicas, o conhecimento do mercado e as competências de fabricação, novas famílias de produto inteiras podem ser formadas, criando assim novas oportunidades de negócio.

Os estrategistas argumentam que uma empresa deve se afastar do planejamento que está centralizado em produtos únicos e focalizar, então, as famílias de produtos que podem crescer a partir de uma plataforma comum. Considere o Walkman da Sony – um dos produtos de maior sucesso de todos os tempos. Com base em como os diferentes segmentos do cliente usaram o produto, a empresa desenvolveu quatro plataformas básicas para o Walkman: apenas reprodução, reprodução e gravação, reprodução e sintonizador, e esportes. A Sony, portanto, ao aplicar elementos padrão do projeto como cor e estilo, acrescentou um sortimento de características e atributos técnicos distintos às plataformas básicas com relativa facilidade.[25]

A mudança em direção a uma perspectiva de família do produto requer relacionamentos de trabalho interfuncionais próximos, uma visão de longo prazo da estratégia da tecnologia e um comprometimento de vários anos dos recursos. Embora essa abordagem ofereça alavancagem competitiva significativa, Steven Wheelwright e Kim Clark observam que as empresas, em geral, deixam de investir de modo adequado nas plataformas: "Os motivos variam, mas o mais comum é que a administração não tem consciência do valor estratégico das plataformas e deixa de criar projetos de plataforma bem elaborados".[26]

O Modelo de Inovação Disruptiva[27]

As compreensões especiais do gerenciamento da inovação vêm da análise da taxa pela qual os produtos estão se aperfeiçoando e os clientes podem usar aqueles aperfeiçoamentos. Por exemplo, quando os computadores pessoais foram inicialmente introduzidos no início dos anos 1980, os digitadores, em geral, tinham de fazer uma pausa, esperando a resposta do Intel 286. Porém, hoje, apenas os clientes mais exigentes podem usar integralmente a velocidade e o desempenho dos computadores pessoais. Para muitos produtos, desde as planilhas Excel até aparelhos com melhores aplicações e dispositivos de informação, poucos clientes absorvem as características de desempenho que as empresas inovadoras incluem à medida que introduzem produtos novos e aperfeiçoados.

---

[23] T. Michael Nevens, Gregory L. Summe e Bro Uttal, "Commercializing Technology: What the Best Companies Do", *Harvard Business Review* 60 (maio-junho de 1990), p. 154-163; ver também C. K. Prahalad, "Weak Signals *versus* Strong Paradigms", *Journal of Marketing Research* 32 (agosto de 1995), p. iii-vi.
[24] Marc H. Meyer e James M. Utterback, "The Product Family and the Dynamics of Core Capability", *Sloan Management Review* 34 (primavera de 1993), p. 29-47; ver também Dwight L. Gertz e João P. A. Baptista, *Grow to Be Great: Breaking the Downsizing Cycle* (Nova York: The Free Press, 1995), p. 92-103.
[25] Kathleen M. Eisenhardt e Shona L. Brown, "Time Pacing: Competing in Markets That Won't Stand Still", *Harvard Business Review* 76 (março-abril de 1998), p. 67.
[26] Wheelwright e Clark, "Creating Project Plans", p. 74.
[27] Esta seção é baseada em Christensen e Raynor, *The Innovator's Solution*, p. 31-65. Ver também Ashish Sood e Gerard J. Tellis, "Technological Evolution and Radical Innovation", *Journal of Marketing* 69 (julho de 2005), p. 152-168.

Superação. A Figura 9.2 mostra, de início, uma taxa de aperfeiçoamento em dado produto ou tecnologia que os clientes podem usar, representada pela linha pontilhada, inclinando-se ligeiramente para cima no gráfico. Segundo, para determinado produto, as empresas inovadoras oferecem uma trajetória de aperfeiçoamento à medida que desenvolvem versões novas e aperfeiçoadas ao longo do tempo. O ritmo do progresso tecnológico ultrapassa, em geral, a capacidade de muitos, se não todos, clientes de não ficar para trás (ver as linhas contínuas inclinadas abruptamente na Figura 9.2). Assim, à medida que as empresas se empenham em melhorar os produtos que podem vender a margens de lucro mais altas para os clientes mais exigentes, se superam e fornecem muito mais desempenho do que os clientes convencionais são capazes de usar.

Inovação Sustentadora *versus* Disruptiva. Terceiro, na Figura 9.2, é feita uma distinção entre uma inovação sustentadora e uma inovação disruptiva. De acordo com Clayton M. Christensen e Michael E. Raynor: "uma inovação sustentadora está voltada para os clientes exigentes de alta renda com melhor desempenho do que aquele previamente disponível (por exemplo, aperfeiçoamentos incrementais do produto ou produtos revolucionários)".[28] Uma inovação disruptiva representa um produto ou serviço que não é tão bom quanto as alternativas hoje disponíveis. "Mas as tecnologias disruptivas oferecem outras vantagens – tipicamente, são produtos mais simples, mais convenientes e menos caros que agradam aos clientes novos ou menos exigentes."[29]

Exemplos de Estratégia Disruptiva. Uma vez que um produto ou serviço disruptivo ganha uma posição, o ciclo de aperfeiçoamento tem início e, no fim, faz intersecção com as necessidades dos clientes mais exigentes. Por exemplo, a Xerox detеve uma posição de comando no negócio de fotocopiadoras de alta velocidade até que a copiadora *tabletop* simples da Canon perturbou a ordem da estratégia no início dos anos 1980. Da mesma forma, a Southwest Airlines perturbou a ordem das linhas aéreas; a Amazon.com perturbou a ordem das livrarias tradicionais; a Staples perturbou a ordem das pequenas papelarias e distribuidores de material de escritório; e o Google perturbou a ordem dos diretórios de todos os tipos, inclusive as Páginas Amarelas.

Tipos de Estratégias Disruptivas. As estratégias disruptivas podem tomar duas formas: rupturas básicas e rupturas do novo mercado. A Tabela 9.2 descreve as características dessas estratégias e as diferença da estratégia gerada para as inovações sustentadoras. Observe, por exemplo, que os clientes-alvo da ruptura básica são *clientes atendidos em excesso*, enquanto as rupturas do novo mercado visam ao *não consumo* – clientes que historicamente não possuem os recursos para comprar e usar o produto.

Testes da Estratégia Básica. Para que uma estratégia disruptiva básica seja bem-sucedida, devem ser atendidas duas exigências:

1. Deverá haver clientes no nicho básico do mercado que estejam ansiosos para comprar um produto "bom o suficiente", caso possam adquiri-lo a um preço mais baixo.
2. A empresa deve ser capaz de criar um modelo de negócio que possa gerar lucros atrativos a preços de desconto que são necessários para atrair os clientes do nicho básico do mercado.
    Exemplo: A Southwest Airlines tirou clientes das principais transportadoras.

---

[28] Christensen e Raynor, *The Innovator's Solution*, p. 34.
[29] Ibid., p. 34.

FIGURA 9.2 | O Modelo de Inovação Disruptiva

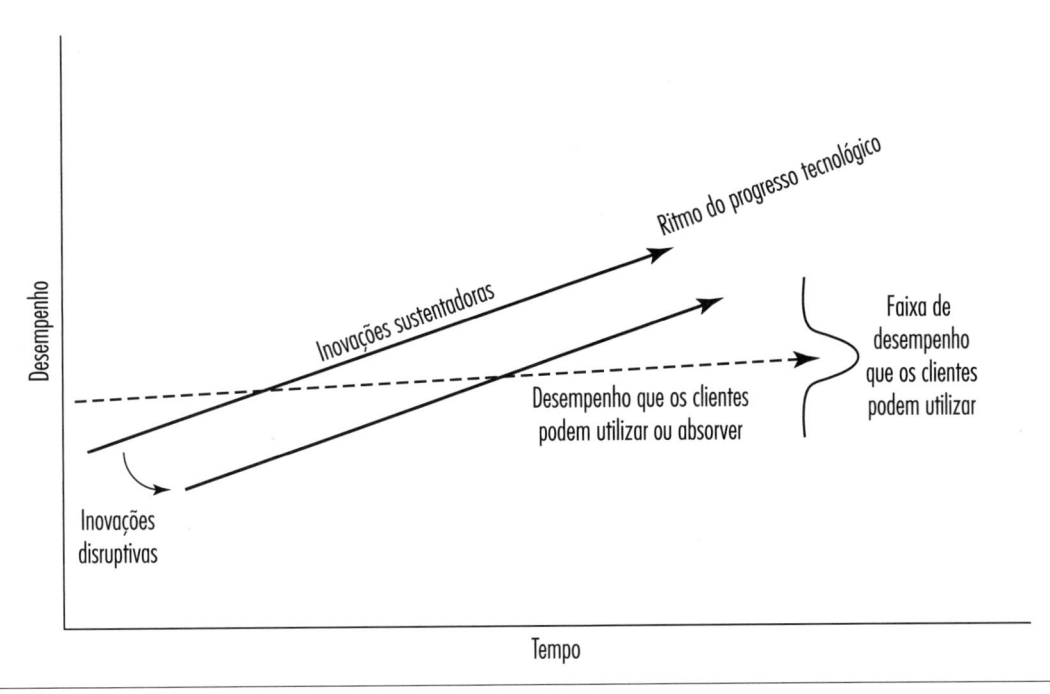

[Gráfico: Desempenho (eixo Y) vs. Tempo (eixo X). Mostra uma linha de "Inovações sustentadoras" seguindo o "Ritmo do progresso tecnológico", uma linha tracejada indicando o "Desempenho que os clientes podem utilizar ou absorver", a "Faixa de desempenho que os clientes podem utilizar", e uma seta de "Inovações disruptivas" partindo de baixo.]

FONTE: Reproduzido com permissão da *Harvard Business Review*. De Clayton Christensen, "Descriptive Innovation Model" em *The Innovator's Solution*, p. 30. Copyright © 2003 de Harvard Business School Publishing Corporation; todos os direitos reservados.

Testes da Estratégia do Novo Mercado. Para as rupturas do novo mercado, pelo menos uma, e, em geral, as duas exigências devem ser atendidas:

1. Uma grande população que não tenha, historicamente, o dinheiro, os equipamentos ou a capacidade de adquirir para si esse produto ou serviço pode ser definida.
2. Os clientes atuais precisam ir a um local inconveniente para usar o produto ou serviço.
   Exemplos: As fotocopiadoras de mesa da Canon foram uma ruptura do novo mercado nos anos 1980, pois permitiram que os funcionários tirassem as próprias cópias em vez de levar seus originais para o centro de cópias em alta velocidade da empresa para conseguir ajuda dos especialistas técnicos. Da mesma forma, o BlackBerry da Research in Motion Limited é uma ruptura do novo mercado com relação aos notebooks.

Um Teste Decisivo Final. Uma vez que uma inovação seja aprovada pelos testes aplicados às rupturas do nicho básico ou do novo mercado, ainda há um teste final crítico: a inovação deve ser disruptiva para todas as empresas concorrentes importantes no setor. Caso um ou mais desses participantes significativos do setor estejam adotando a estratégia, as probabilidades não serão favoráveis ao novo entrante.

Exemplo: uma Ruptura do Novo Mercado[30]

Um princípio para o desenvolvimento de ideias disruptivas é "fazer o que os concorrentes querem". Por exemplo, a Salesforce.com adotou uma estratégia que os líderes do mercado de software de relacionamento com o cliente (CRM) – a saber, SAP e Oracle – não consideravam atrativo. Antes da entrada da

---

[30] Scott D. Anthony, Mark W. Johnson, Joseph V. Sinfield e Elizabeth J. Altman, *The Innovator's Guide to Growth: Putting Disruptive Innovation to Work* (Boston: Harvard Business Press, 2008), p. 125-126.

TABELA 9.2 | TRÊS ABORDAGENS PARA A CRIAÇÃO DE NEGÓCIOS EM NOVO CRESCIMENTO

Dimensões	Inovações sustentadoras	Rupturas básicas	Rupturas do novo mercado
Desempenho visado do produto ou serviço	Aperfeiçoamento do desempenho em atributos mais valiosos para os clientes mais exigentes do setor. Esses aperfeiçoamentos podem ser de cunho incremental ou revolucionário.	Desempenho bom o suficiente com a métrica tradicional de desempenho no nicho mais básico do mercado convencional.	Desempenho inferior em atributos "tradicionais", mas *desempenho aperfeiçoado em novos atributos – tipicamente simplicidade e conveniência.*
Clientes-alvo ou aplicação no mercado	Os *clientes mais atrativos* (ou seja, *lucrativos*) nos mercados convencionais que estão dispostos a pagar pelo desempenho aperfeiçoado.	Clientes atendidos em excesso no nicho mais básico do mercado convencional.	Visa ao *não consumo*: clientes que historicamente não possuem o dinheiro ou a capacidade para comprar e usar o produto.
Efeito sobre o modelo exigido de negócio (processos e estrutura de custo)	Aperfeiçoa ou mantém as margens de lucro ao explorar os *processos e estrutura de custos existentes* e ao fazer melhor uso das vantagens competitivas atuais.	Usa uma nova *abordagem operacional ou financeira ou ambas* – uma combinação diferente de margens brutas de lucro e utilização maior de ativos que podem gerar retornos atrativos nos preços de desconto exigidos para ganhar o negócio no nicho básico do mercado.	Modelo de negócio que deve fazer dinheiro ao preço mais baixo por unidade e por volume unitário de produção que será, inicialmente, pequeno. Os dólares da margem bruta por unidade vendida serão significativamente inferiores.

FONTE: Reproduzido com permissão da *Harvard Business Review*. De Clayton Christensen, "Three Approaches to Creating New Growth Business", em *The Innovator's Solution*, p. 51. Copyright © 2003 da Harvard Business School Publishing Corporation; todos os direitos reservados.

Salesforce.com no mercado, essas duas concorrentes formidáveis vendiam soluções relativamente caras que exigiam customização e instalação para garantir uma integração adequada aos outros pacotes de software do cliente. Também se cobrava dos clientes uma taxa contínua para a manutenção do software instalado.

Adotando uma Abordagem Diferente. A Salesforce.com dá aos clientes o acesso a programas que residem em computadores hospedados de forma centralizada. Os usuários acessam esses bancos de dados por meio da rede mundial por uma pequena taxa mensal. Embora os clientes, em geral, considerem essas soluções integradas, por vezes, mais lentas e algo difíceis de se integrar de imediato aos outros aplicativos, elas são flexíveis, fáceis de usar e bem econômicas – todas as características que definem uma inovação disruptiva.

Scott D. Anthony e seus colegas observam que "a Salesforce.com usou várias táticas que fizeram que a concorrência não estivesse disposta ou se interessasse em responder de imediato:

- Começou com o não consumo (ou seja, vendendo para pequenos clientes que compram o seu primeiro software de CRM).
- Visava a um cliente que a concorrência considerava indesejável (ou seja, negócios de pequeno e médio portes que eram menos lucrativos para a concorrência).
- Usava um canal diferente de distribuição (ou seja, a web).
- Criava um modelo de negócio que não dependia de um fluxo de receita de vital importância para os beneficiados".[31] (Ao se centralizar nas taxas de instalação e customização, a SAP e a Oracle não consideravam que as taxas relativas a um modelo integrado eram atrativas.)

Vencedores da Inovação em Mercados de Alta Tecnologia

Nos setores em rápida mudança com curtos ciclos de vida do produto e cenários competitivos em rápida troca, uma empresa deve se inovar continuamente para manter as suas ofertas alinhadas com o mercado. A capacidade de uma empresa de competir com um setor em alta velocidade é a chave para o sucesso competitivo. Shona Brown e Kathleen Eisenhardt fornecem uma comparação interessante de inovação de produto bem-sucedida *versus* menos bem-sucedida no setor de informática.[32] Os inovadores de sucesso eram empresas que tinham cronograma e usavam o momento certo para comercializar e visavam à abordagem das necessidades do cliente. O estudo descobriu que as empresas com um registro bem-sucedido de inovação do produto usam estruturas e processos organizacionais diferentes dos utilizados pela concorrência. Em particular, quatro características de distinção marcaram a abordagem da inovação de empresas bem-sucedidas.

1. **Estrutura Limitada.** A criação de produtos de sucesso para atender às necessidades em mudança do cliente exige flexibilidade, mas os inovadores do produto de sucesso combinam essa flexibilidade com poucas regras que nunca são quebradas. Primeiro, são estabelecidas prioridades rigorosas para os novos produtos e vinculadas diretamente à alocação de recursos. Isso permite que os gerentes voltem a atenção para as oportunidades mais promissoras, evitando a tentação de ir ao encalço de muitas oportunidades atrativas. Segundo, os gerentes estabelecem prazos para alguns poucos marcos importantes e sempre os seguem. Terceiro, a responsabilidade por um número limitado de resultados importantes é estabelecida. Por exemplo, em uma empresa, os gerentes de engenharia eram responsáveis pelos cronogramas do produto, enquanto os gerentes de marketing eram responsáveis pela definição do mercado e pela lucratividade do produto. Embora as empresas bem-sucedidas deem ênfase à estrutura para algumas áreas (prioridades ou prazos), os inovadores de menos sucesso impuseram mais controle – procedimentos de controle paralelos para cada faceta do desenvolvimento de novo produto – ou praticamente nenhum controle. As empresas bem-sucedidas alcançam o equilíbrio ao usar uma estrutura que não é tão rígida para controlar de modo inflexível o processo, nem tão caótica que permita ao processo degringolar.

---

[31] Ibid., p. 126.
[32] Esta seção é baseada em Shona L. Brown e Kathleen M. Eisenhardt, "The Art of Continuous Change: Linking Complexity Theory and Time-Paced Evolution in Relentlessly Shifting Organizations", *Administrative Science Quarterly* 42 (março de 1997), p. 1-34.

2. **Comunicação em Tempo Real e Improvisação.** Os inovadores de produto de sucesso no setor de informática dão ênfase à comunicação em tempo real das equipes de desenvolvimento de novo produto *e* em todas as equipes do produto. Grande parte da comunicação ocorre em reuniões formais, mas também há bastante comunicação informal por toda a organização. Prioridades e responsabilidades claras, em conjunto com comunicações amplas, permitem que os desenvolvedores do produto improvisem. "No contexto da improvisação no jazz, isso significa criar música enquanto se ajusta à mudança das interpretações musicais dos outros. No contexto da inovação do produto, significa criar um produto enquanto se adapta, simultaneamente, a mudanças nos mercados e nas tecnologias."[33]

   De modo mais formal, então, a **improvisação** envolve o projeto e a execução de atos que abordam a convergência entre si.[34] Quanto menor o tempo decorrido entre o projeto e a implantação de uma atividade, mais a atividade é passível de improvisação. Empresas de sucesso esperam mudança constante, e as equipes do novo produto têm liberdade para agir. Um gerente observou: "Vamos direto para o final" do processo de desenvolvimento do novo produto. As comunicações em tempo real entre membros da equipe de desenvolvimento do produto, junto e com a estrutura limitada, dão a base para essa improvisação.

3. **Experimentação: Investigando o Futuro.** Algumas empresas apostam em uma versão do futuro, enquanto outras deixam de atualizar os planos futuros à luz da competição em mudança. Os criadores de carteiras de produto bem-sucedidas não investiram em qualquer versão do futuro, mas, em vez disso, usaram uma variedade de testes de baixo custo para criar opções. Exemplos de testes de baixo custo incluem o desenvolvimento de produtos experimentais para novos mercados, a entrada em uma aliança estratégica com clientes de primeira linha para melhorar o entendimento das necessidades futuras ou a condução de reuniões regulares de planejamento dedicadas ao futuro. Nos setores turbulentos, os estrategistas não podem predizer com precisão quais das muitas versões possíveis do futuro se realizarão. As investigações criam mais respostas possíveis para os gerentes quando o futuro chega, enquanto reduzem a probabilidade de serem surpreendidos por acontecimentos imprevistos.

4. *Time Pacing*. Os inovadores de produto bem-sucedidos gerenciaram com atenção a transição entre os projetos atuais e futuros, enquanto os inovadores menos bem-sucedidos deixaram cada projeto surgir de acordo com o próprio cronograma. Os inovadores bem-sucedidos, como a Intel, praticam o *time pacing* – uma estratégia para competir em mercados em rápida mudança, ao criar novos produtos a intervalos previsíveis de tempo.[35] Os membros da organização coreografam cuidadosamente e entendem o processo de transição. Por exemplo, os gerentes de marketing podem começar a trabalhar na definição do próximo novo produto enquanto a engenharia está concluindo o trabalho com o produto atual e encaminhando-o para a fabricação. O *time pacing* motiva os gerentes a prever a mudança e pode causar um forte impacto psicológico na organização. "O *time pacing* cria um implacável senso de urgência nos prazos da reunião e se concentra na energia individual e da equipe com relação às metas em comum."[36]

---

[33] Ibid., p. 15.
[34] Christine Moorman e Anne S. Miner, "The Convergence of Planning and Execution: Improvisation in New Product Development", *Journal of Marketing* 62 (julho de 1998), p. 3.
[35] Eisenhardt e Brown, "Time Pacing", p. 59-69.
[36] Ibid., p. 60.

Por Dentro do Marketing Industrial

Patching: a Nova Estratégia Corporativa nos Mercados Dinâmicos

Kathleen M. Eisenhardt e Shona L. Brown afirmam que as abordagens corporativas tradicionais de planejamento e alocação de recursos não são eficazes nos mercados voláteis. Como ocorre com as novas tecnologias, os produtos e serviços recentes e os mercados emergentes criam oportunidades tentadoras, "a divisão definida dos negócios em retângulos equidistantes e nítidos em um organograma fica desatualizada".

Os novos processos estratégicos em nível corporativo estão centralizados no gerenciamento da mudança e no realinhamento continuado da organização para obter oportunidades de mercado mais rapidamente que a concorrência. O ponto central dessa nova abordagem definida é o *patching* – o processo estratégico usado pelos executivos corporativos rotineiramente, para realinhar ou remapear os negócios às oportunidades do mercado em mudança. O *patching* pode tomar a forma de acréscimo, divisão, transferência, saída ou combinação de partes dos negócios. A Hewlett-Packard usou o *patching* para lançar o seu negócio de copiadoras, criar negócios com produtos relacionados como escanêres e faxes e desenvolver um segundo negócio de impressoras elaborado para a tecnologia de jato de tinta. O *patching* é menos crítico em mercados estáveis, porém é uma capacidade crucial quando os mercados são turbulentos. Aqui, uma unidade pequena e ágil da empresa pode ser mobilizada rapidamente para obter novas oportunidades de mercado.

FONTES: Kathleen M. Eisenhardt e Shona L. Brown, "Patching: Restitching Business Portfolios in Dynamic Markets", *Harvard Business Review* 77 (maio-junho de 1999), p. 72-82; ver também Mark B. Houston, Beth A. Walker, Michael D. Hutt e Peter H. Reingen, "Cross-Unit Competition for a Market Charter: The Enduring Influence of Structure", *Journal of Marketing* 65 (abril de 2001), p. 19-34.

O Processo de Desenvolvimento de Novo Produto

Para manter a sua vantagem competitiva, empresas de ponta como Canon, Microsoft e Hewlett-Packard fazem que o desenvolvimento de novo produto seja uma prioridade da alta administração. Os gerentes e os funcionários de toda a organização estão diretamente envolvidos para acelerar as ações e decisões. Como os empreendimentos com novos produtos podem representar um risco significativo, assim como uma oportunidade importante, o desenvolvimento de novo produto requer pensamento sistemático. As grandes expectativas para os novos produtos não são, em geral, cumpridas. Pior, muitos novos produtos industriais falham. Embora as definições de falha sejam algo enganosas, a pesquisa sugere que 40% dos produtos industriais deixam de atender aos objetivos.[37] Embora possa haver algum debate sobre o número de falhas, não há debate quanto a um novo produto rejeitado pelo mercado constituir um desperdício significativo para a empresa e a sociedade.

Esta seção explora (1) as forças que impulsionam o desempenho do novo produto de uma empresa, (2) as fontes de ideias de novos produtos, (3) as barreiras interfuncionais para a inovação bem-sucedida e (4) os processos baseados na equipe usados no desenvolvimento do novo produto. Um método promissor para trazer a "voz do cliente" diretamente ao processo de desenvolvimento é também explorado.

---

[37] Robert G. Cooper, Scott J. Edgett e Elko J. Kleinschmidt, "Benchmarking Best NPD Practices–I", *Research Technology Management* 47 (janeiro-fevereiro de 2004), p. 31-43; ver também Robert G. Cooper e Scott J. Edgett, "Maximizing Productivity in Product Innovation", *Research Technology Management* 51 (março-abril de 2008), p. 47-58.

O que Impulsiona o Desempenho de Novo Produto de uma Empresa?

Um estudo analítico pretendeu revelar os fatores críticos de sucesso que impulsionam o desempenho de novo produto de uma empresa.[38] O estudo identificou três fatores (Figura 9.3): (1) a qualidade do processo de desenvolvimento de novo produto de uma empresa, (2) os comprometimentos de recursos feitos para o desenvolvimento de novo produto e (3) a nova estratégia do produto.

Processo. Empresas de sucesso usam um processo de desenvolvimento de novo produto de alta qualidade – dão especial atenção à realização de atividades e pontos de decisão que os novos produtos seguem desde a etapa da ideia até o lançamento e daí em diante. O estudo analítico identificou as seguintes características entre as empresas de alto desempenho:

- As empresas dão ênfase a avaliações diretas técnicas e do mercado antes de os projetos passarem para a fase de desenvolvimento.
- O processo esboça descrições completas do conceito do produto, das vantagens do produto, do posicionamento e dos mercados-alvo antes de o trabalho de desenvolvimento ser iniciado.
- Os difíceis pontos de decisão *go/kill* (continuar/finalizar) do projeto foram incluídos no processo e a opção *kill* foi efetivamente usada.
- O processo do novo produto era flexível – certas etapas poderiam ser desconsideradas de acordo com a natureza e o risco de um projeto específico.

O trabalho detalhado direto sobre o conceito do produto, a provável resposta do mercado e a viabilidade técnica do produto, com uma avaliação completa financeira e do negócio, são dimensões importantes do processo seguidas pelos criadores bem-sucedidos.

Comprometimento de Recursos. Recursos adequados foram investidos no desenvolvimento de novo produto nas empresas de alto desempenho. Três ingredientes foram importantes aqui:

1. A alta administração comprometeu os recursos necessários para atender aos objetivos da empresa para o esforço total do produto.
2. Os orçamentos de P&D eram adequados e alinhados com os objetivos declarados do novo produto.
3. O pessoal necessário foi designado e liberado de outros afazeres, de modo que pudesse dar total atenção ao desenvolvimento do novo produto.

A pesquisa sugere que, em vez de ser imposto pela alta administração, o potencial criativo das equipes de desenvolvimento de novo produto "provavelmente será realizado de modo mais pleno quando tem flexibilidade – dentro de uma diretriz estratégica ampla – para determinar os próprios controles do projeto e, especialmente, adotar os próprios processos e procedimentos".[39]

Estratégia do Novo Produto. Uma estratégia clara e visível do novo produto foi outro impulsionador do desempenho de novo produto de uma empresa (ver Figura 9.3). Empresas bem-sucedidas como a 3M estabelecem metas agressivas de desempenho de novo produto (por exemplo, $x\%$ das vendas da empresa e do lucro dos novos produtos) como uma meta corporativa básica e a comunicam a todos os funcionários.

---

[38] Robert G. Cooper e Elko J. Kleinschmidt, "Benchmarking Firms' New Product Performance and Practices", *Engineering Management Review* 23 (outono de 1995), p. 112-120; ver também Robert G. Cooper, Scott J. Edgett e Elko J. Kleinschmidt, "Benchmarking Best NPD Practices-II", *Research Technology Management* 47 (maio-junho de 2004), p. 50-59.

[39] Joseph M. Bonner, Robert W. Ruekert e Orville C. Walker Jr., "Upper Management Control of New Product Development Projects and Project Performance", *Journal of Product Innovation Management* 19 (maio de 2002), p. 243.

FIGURA 9.3 | OS PRINCIPAIS IMPULSIONADORES DO DESEMPENHO DE NOVO PRODUTO DE UMA EMPRESA

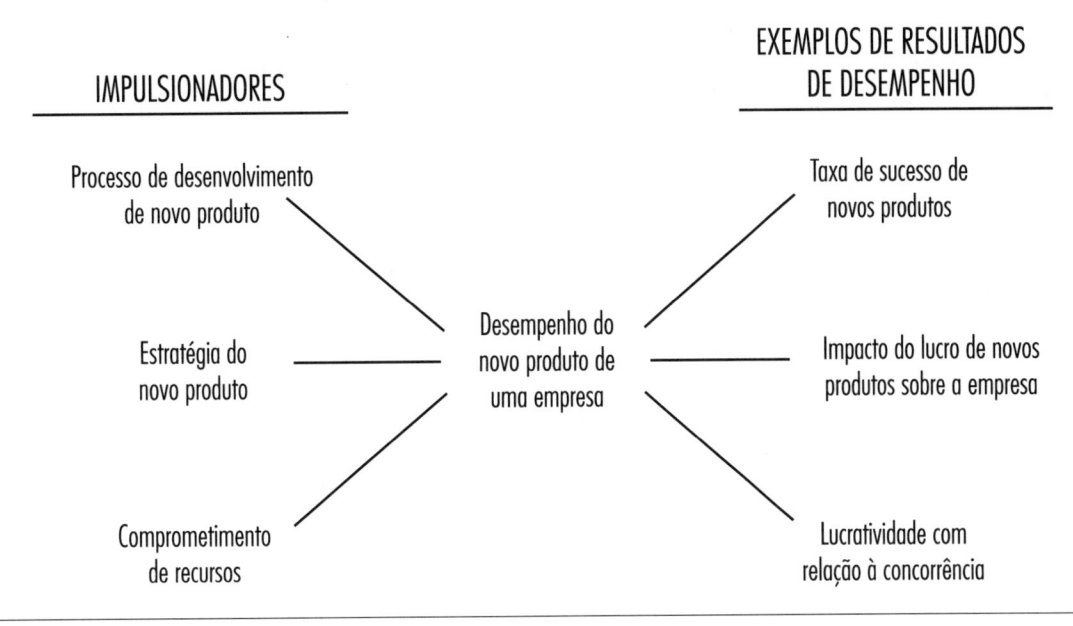

IMPULSIONADORES
- Processo de desenvolvimento de novo produto
- Estratégia do novo produto
- Comprometimento de recursos

→ Desempenho do novo produto de uma empresa →

EXEMPLOS DE RESULTADOS DE DESEMPENHO
- Taxa de sucesso de novos produtos
- Impacto do lucro de novos produtos sobre a empresa
- Lucratividade com relação à concorrência

FONTE: Adaptado de Robert G. Cooper e Elko J. Kleinschmidt, "Benchmarking Firms' New Product Performance and Practices", *Engineering Management Review* 23 (outono de 1995), p. 112-120.

Por sua vez, Robert Cooper e Elko Kleinschmidt informam que as empresas bem-sucedidas centralizam os esforços de desenvolvimento em cenários definidos claramente – produto específico, mercado e domínios da tecnologia – para orientar o programa do novo produto:

> A estratégia do novo produto especifica "os cenários em que jogaremos o jogo" ou, talvez mais importante, onde não jogaremos[...] o que está valendo e o que não está. Sem os cenários definidos, a busca por ideias ou oportunidades para o novo produto fica fora de foco...[40]

Prevendo Reações Competitivas[41]

Dois terços das introduções de novo produto provocam reações dos concorrentes. Daí, os profissionais de marketing industrial podem aperfeiçoar as probabilidades de sucesso do lançamento do novo produto ao implantar uma sólida **orientação no concorrente** antes e durante o lançamento. Aqui, o estrategista do novo produto desenvolve cenários detalhados que proporcionam um guia para contra-atacar as diferentes respostas competitivas. Os concorrentes estão seriamente motivados a reagir quando (1) o novo produto representa uma importante ameaça ao seu mercado e (2) o mercado está vivenciando alta taxa de cres-

---

[40] Cooper e Kleinschmidt, "Benchmarking", p. 117; ver também Jean-Marie Choffray e Gary L. Lilien, "Assessing Response to Industrial Marketing Strategy", *Journal of Marketing* 42 (abril de 1978), p. 20-31; e Eunsang Yoon e Gary L. Lilien, "New Industrial Product Performance: The Effects of Market Characteristics and Strategy", *Journal of Product Innovation Management* 3 (setembro de 1985), p. 134-144.

[41] Marion Debruyne, Rudy Moenart, Abbie Griffin, Susan Hart, Erik Jan Hultink e Henry Robben, "The Impact of New Product Launch Strategies on Competitive Reaction in Industrial Markets", *Journal of Product Innovation Management* 19 (março de 2002), p. 159-170; ver também Beth A. Walker, Dimitri Kapelianis e Michael D. Hutt, "Competitive Cognition", *MIT Sloan Management Review* 46 (verão de 2005), p. 10-12.

cimento. Os concorrentes estão, também, mais inclinados a reagir quando as extensas comunicações de marketing da empresa inovadora aumentam a visibilidade da introdução do novo produto.

Alternativamente, caso a introdução do novo produto não signifique um desafio direto ao mercado do concorrente, é menos provável haver reação. A pesquisa recente sugere que novos produtos radicais ou produtos que visam a nichos dos mercados menos provavelmente vão gerar respostas da concorrência.

Fontes de Ideias de Novo Produto

O profissional de marketing industrial deverá estar alerta às ideias do novo produto e às suas fontes, tanto dentro quanto fora da empresa. Internamente, as ideias do novo produto podem fluir de vendedores que estão próximos às necessidades do cliente, de especialistas de P&D que estão próximos dos novos desenvolvimentos tecnológicos e da alta administração que conhece os pontos fortes e fracos da empresa. Externamente, as ideias podem vir de membros do canal, como distribuidores ou clientes, ou de uma avaliação da movimentação da concorrência.

Eric von Hippel desafia a visão tradicional de que os profissionais de marketing, em geral, introduzem novos produtos em um mercado passivo.[42] Sua pesquisa sugere que os clientes do mercado industrial geralmente desenvolvem a ideia para um novo produto e até selecionam o fornecedor para fabricar aquele produto. O cliente está respondendo à *capacidade* percebida do profissional de marketing industrial, em vez de responder a um produto físico específico. Isso indica a necessidade do envolvimento dos clientes no desenvolvimento do novo produto e a promoção da capacidade corporativa para os clientes (geradores de ideias).

Usuários Principais. Como muitos mercados de produtos industriais para alta tecnologia e, em particular, bens de capital consistem em um pequeno número de empresas que compram grandes volumes, deve-se dar especial atenção às necessidades dos **usuários principais**. Estes incluem um pequeno número de organizações compradoras de grande influência que são compatíveis com os adotantes iniciais das novas tecnologias.[43] Os usuários principais se defrontam com necessidades que são gerais no mercado, mas confrontam essas necessidades meses ou anos antes de a maioria daquele mercado as descobrir. Além disso, estão posicionados para se beneficiar de modo significativo ao obter uma solução que satisfaça aquelas necessidades. Por exemplo, caso um fabricante de automóveis deseje projetar um sistema de frenagem inovador, os gerentes de marketing devem verificar as percepções das equipes de corrida de automóveis, que precisam muito de freios melhores. Por sua vez, podem olhar para um campo relacionado como o aeroespacial, em que os sistemas de freio antiblocante foram inicialmente desenvolvidos para que as aeronaves militares pudessem aterrissar em pistas curtas.[44]

O Método do Usuário Principal. Os projetos do usuário principal são conduzidos por uma equipe interfuncional que inclui de quatro até seis gerentes dos departamentos de marketing e técnico; um membro atua como o líder do projeto. Os membros da equipe gastam, em geral, de 12 a 15 horas por semana nos projetos, que estão normalmente concluídos em quatro a seis semanas. Os projetos do usuário principal prosseguem

---

[42] Eric von Hippel, "Get New Products from Customers", *Harvard Business Review* 60 (março-abril de 1982), p. 117-122; ver também Eric von Hippel, *The Sources of Innovation* (Nova York: Oxford University Press, 1988); Gerard A. Athaide e Rodney L. Stump, "A Taxonomy of Relationship Approaches during Technology Development in Technology-Based, Industrial Markets", *Journal of Product Innovation Management* 16 (setembro de 1999), p. 469-482.

[43] Von Hippel, "Get New Products", p. 120-121.

[44] Eric von Hippel, Stefan Thomke e Mary Sonnack, "Creating Breakthroughs at 3M", *Harvard Business Review* 77 (setembro-outubro de 1999), p. 47-57.

Principais Realizadores em B2B

Ideo: os Acertos Continuam Surgindo!

A Ideo ajuda as organizações a inovar por meio do projeto. Empresas de ponta como Apple, Research in Motion, Sony, 3M e outras usaram o projeto do produto para definir as suas marcas, criando pontos de diferenciação significativos com relação à concorrência.

Dentre esses grandes acertos, a Ideo é responsável pelo projeto

- do mouse da Microsoft;
- do Swiffer Sweeper [panos descartáveis para limpeza] da Procter & Gamble;
- de componentes móveis de som da Altec Lansing;
- da estratégia do projeto de bicicleta para ladeiras da Shimano;
- dos serviços aperfeiçoados de cuidador de pacientes da Clínica Mayo;
- do serviço de contas "Fique com o troco" do Bank of America.

A FastCompany.com identifica a Ideo como uma das empresas mais inovadoras do mundo.

FONTE: http://www.ideo.com/portfolio/list.asp?p=0&c=&k=40&s=&so=4

---

por cinco fases (Figura 9.4). A 3M tem usado com sucesso o método do usuário em potencial em oito divisões diferentes, e o apoio entre as equipes do projeto e os gerentes das divisões é grande. Por exemplo, o Grupo de Mercados Médicos e Cirúrgicos da 3M usou o método do usuário principal para descobrir ideias para novos produtos e para identificar uma abordagem revolucionária para o controle de infecções.[45] A 3M informa que as vendas no ano 5 para ideias do projeto do usuário principal financiadas foram mais de oito vezes maiores que aquelas geradas pelas abordagens tradicionais à geração de ideias.[46] Outras empresas que adotam um foco no usuário principal incluem Nortel Networks, Verizon, Nestlé, Pitney Bowes e Philips.

Visitas ao Cliente. Uma abordagem popular entre os profissionais de marketing industrial para ganhar novas percepções dos produtos é a visita ao cliente.[47] Neste caso, uma equipe interfuncional visita a organização de um cliente para garantir um acerto de primeira mão sobre as necessidades do cliente. Com base em um manual de entrevistas elaborado com atenção, são conduzidas entrevistas minuciosas com as principais pessoas influentes em compras para desvelar problemas, necessidades e desejos do usuário. Por exemplo, os representantes da empresa na Intuit visitam os clientes em seus locais de residência e trabalho para observar como usam os seus produtos como o QuickBooks. Após ver tantos clientes de pequenos negócios lutarem com o QuickBooks Pro, a empresa visualizou uma necessidade e criou a solução: o QuickBooks Simple Start.[48]

Métodos com Base na Internet para o Aperfeiçoamento das Informações do Cliente para o Projeto. Ao reconhecer a capacidade dos clientes de inovar, muitas empresas desenvolveram ferramentas que convidam os clientes a projetar seus próprios produtos. Com esse conjunto de ferramentas inovadoras, os clientes recebem uma série de características que podem ser configuradas, como desejado, para criar

---

[45] Ibid., p. 56.
[46] "User Innovation: Changing Innovation Focus", *Strategic Direction* 23 (8, 2007), p. 35-36.
[47] Robert Cooper e Scott Edgett, "Ideation for Product Innovation: What Are the Best Methods?", Product Development Institute, Inc., 2008, disponível em http://www.stage-gate.com, acesso em 10 de julho de 2008.
[48] Christopher Meyer e Andre Schwager, "Understanding Customer Experience", *Harvard Business Review* 85 (fevereiro de 2007), p. 8.

| FIGURA 9.4 | MÉTODO DO USUÁRIO PRINCIPAL |

Fase	Foco central	Descrição
Fase 1	Assentando a base	A equipe identifica os mercados-alvo e garante apoio das partes interessadas internas para o tipo e nível das inovações desejadas.
Fase 2	Determinando as tendências	A equipe fala com peritos no campo, que possuem ampla visão das tecnologias emergentes e das aplicações pioneiras na área específica.
Fase 3	Identificando os usuários potenciais	A equipe começa o processo de formação de uma rede para identificar os usuários potenciais na ponta do mercado-alvo e para coletar informações que possam contribuir para produtos revolucionários.
Fase 4	Desenvolvimento e avaliação das ideias preliminares do produto	A equipe começa a moldar as ideias do produto, a avaliar o potencial do mercado e adequar-se aos interesses da empresa.
Fase 5	Desenvolvendo os avanços	Para projetar os conceitos finais, a equipe realiza um seminário juntando os usuários principais com os outros gerentes internos. Após o refinamento, a equipe apresenta a sua recomendação para a alta administração.

FONTE: Adaptado com modificações de Eric von Hippel, Stefan Thomke e Mary Sonnack, "Creating Breakthroughs at 3M", *Harvard Business Review* 77 (setembro-outubro de 1999), p. 52.

seus próprios produtos customizados. Esses conjuntos de ferramentas incorporam, em geral, módulos de engenharia e de custo. Para ilustrar, caso um cliente deseje mudar o comprimento de uma caçamba de caminhão, a ferramenta de projeto automaticamente calcula o custo adicional e as mudanças associadas que serão necessárias tanto na transmissão quanto no motor. Para a compatibilidade estética, a ferramenta de projeto pode até modificar o formato da cabine. Outros exemplos: em seu setor de materiais, a General Electric fornece ferramentas com base na internet que os clientes usam para projetar melhores produtos de plástico. Da mesma forma, muitas empresas de software encorajam os usuários a adicionar módulos projetados sob medida aos seus produtos padrão e, então, comercializam o melhor daqueles componentes.[49]

Determinantes do Desempenho e da *Timeliness* do Novo Produto

Que fatores são mais importantes na determinação do sucesso ou do fracasso do novo produto? Por que algumas empresas são mais rápidas que outras ao deslocar os projetos ao longo do processo de desenvolvimento? Vamos rever a comprovação disponível.

---

[49] Stephen Thomke e Eric von Hippel, "Customers as Innovators: A New Way to Create Value", *Harvard Business Review* 80 (abril de 2002), p. 74-81.

Os Determinantes do Sucesso

Tanto os fatores estratégicos quanto a competência de uma empresa em realizar o processo de desenvolvimento de novo produto determinam o sucesso do novo produto.[50]

Fatores Estratégicos. A pesquisa sugere que quatro fatores estratégicos parecem ser cruciais para o sucesso do novo produto. O nível de vantagem do produto é o mais importante. A **vantagem do produto** refere-se às percepções do cliente quanto à superioridade do produto com respeito a qualidade, relação custo-desempenho ou função relativa aos concorrentes. Os produtos de sucesso oferecem vantagens claras, como custos reduzidos ao cliente, e são de qualidade mais alta (mais duráveis) do que os produtos da concorrência. Um estudo de mais de cem projetos de novos produtos no setor de produtos químicos ilustra a questão. Aqui, Robert Cooper e Elko Kleinschmidt afirmam que "os vencedores são os novos produtos que oferecem alta qualidade do produto relativa, possuem características superiores de preço/desempenho, fornecem bom valor para o dinheiro a o cliente, são superiores com relação aos produtos da concorrência ao atender às necessidades do cliente, [e] possuem atributos singulares e vantagens bem visíveis que são percebidas facilmente pelo cliente".[51]

A sinergia de marketing e a sinergia técnica são também essenciais nos resultados do novo produto. A **sinergia de marketing** é a adequação entre as necessidades do projeto e os recursos e as capacidades da empresa em marketing (por exemplo, vendas pessoais ou pesquisa de mercado). Por outro lado, a **sinergia técnica** diz respeito à adequação entre as necessidades do projeto e os recursos e as competências de P&D da empresa. Novos produtos que equiparam as capacidades da empresa são, provavelmente, bem-sucedidos.

Além dos três fatores citados anteriormente, uma **orientação internacional** também contribui para o sucesso da inovação do produto.[52] Novos produtos projetados e desenvolvidos para atender a exigências estrangeiras e voltados para os mercados de exportação mundiais ou dos países próximos superam o desempenho de produtos nacionais em quase tudo, inclusive na taxa de sucesso, na lucratividade e nas fatias de mercado nacionais e estrangeiras. Subjacente a esse sucesso está um forte foco internacional na pesquisa de mercado, no teste do produto junto aos clientes, na venda para experimentação e nos esforços de lançamento.

Fatores do Processo de Desenvolvimento. O sucesso do novo produto está também associado às características específicas do processo de desenvolvimento. A **competência do pré-desenvolvimento** dá a base para um produto de sucesso. O pré-desenvolvimento envolve várias tarefas importantes como a triagem inicial, a avaliação preliminar técnica e de mercado, o estudo detalhado da pesquisa de mercado e a análise preliminar comercial/financeira. As empresas que possuem capacidade para concluir essas tarefas iniciais podem vivenciar o sucesso do novo produto.

O **conhecimento do mercado** e a **competência de marketing** são também essenciais nos resultados do novo produto. Como se poderia esperar, os profissionais de marketing industrial com um sólido

---

[50] Mitzi M. Montoya-Weiss e Roger Calantone, "Determinants of New Product Performance: A Review and Meta-Analysis", *Journal of Product Innovation Management* 11 (novembro de 1994), p. 397-417; ver também Robert G. Cooper, Scott J. Edgett e Elko J. Kleinschmidt, "Benchmarking Best NPD Practices–III", *Research Technology Management* 47 (novembro-dezembro de 2004), p. 43-55.

[51] Robert G. Cooper e Elko J. Kleinschmidt, "Major New Products: What Distinguishes the Winners in the Chemical Industry?", *Journal of Product Innovation Management* 10 (março de 1993), p. 108; ver também Tiger Li e Roger J. Calantone, "The Impact of Market Knowledge Competence on New Product Advantage: Conceptualization and Empirical Examination", *Journal of Marketing* 62 (outubro de 1998), p. 13-29.

[52] Elko J. Kleinschmidt e Robert G. Cooper, "The Performance Impact of an International Orientation on Product Innovation", *European Journal of Marketing* 22 (9, 1988), p. 56-71.

entendimento das necessidades do mercado serão, provavelmente, bem-sucedidos. Robert Cooper descreve o planejamento do mercado para um produto de sucesso que analisou: "As informações do mercado estavam bem completas; havia um sólido entendimento das necessidades do cliente, de seus desejos e preferências; do comportamento de compra e da sensibilidade ao preço do cliente; do tamanho e das tendências do mercado; e da situação competitiva. Por fim, o lançamento no mercado foi bem planejado, bem objetivado, competentemente executado e tinha o suporte dos recursos apropriados".[53]

O **conhecimento técnico** e a **competência técnica** são outras dimensões importantes do processo de desenvolvimento de novo produto. Quando os desenvolvedores técnicos possuem uma base sólida de conhecimento sobre os aspectos técnicos de um novo produto potencial, e quando podem competentemente passar pelas etapas do processo de desenvolvimento de novo produto (por exemplo, desenvolvimento do produto, teste do protótipo, produção do piloto e inicialização da produção), esses produtos têm sucesso.

Desenvolvimento do Produto de Passo Rápido

O desenvolvimento rápido do produto oferece uma série de vantagens competitivas. Para ilustrar, a rapidez permite que uma empresa responda às rápidas mudanças nos mercados e tecnologias. Mais ainda, o desenvolvimento acelerado do produto é, em geral, mais eficiente porque processos mais lentos tendem a desperdiçar recursos em atividades periféricas e mudanças.[54] Naturalmente, embora uma ênfase maior na rapidez possa criar outras armadilhas, está se tornando uma importante arma estratégica, particularmente nos mercados de alta tecnologia.

Equiparação do Processo à Tarefa de Desenvolvimento. Como uma empresa pode acelerar o desenvolvimento do produto? Um estudo importante sobre o setor de informática global fornece algumas referências essenciais.[55] Os pesquisadores analisaram 72 projetos de desenvolvimento de produto de empresas de informática de ponta dos Estados Unidos, da Europa e da Ásia. As descobertas sugerem que são usadas múltiplas abordagens para aumentar a rapidez no desenvolvimento do produto. A rapidez vem da equiparação apropriada da abordagem à tarefa de desenvolvimento do produto em questão.

Estratégia de Compressão para Projetos Previsíveis. Para mercados e tecnologias bem conhecidos, uma **estratégia de compressão** acelera o desenvolvimento. Essa estratégia vê o desenvolvimento do produto como uma série previsível de etapas que podem ser comprimidas. A rapidez vem do planejamento cuidadoso dessas etapas e da diminuição do tempo que se leva para concluir cada uma delas. Essa pesquisa indica que a estratégia de compressão aumentou a rapidez do desenvolvimento do produto para produtos que possuem projetos previsíveis e que visavam a mercados estáveis e maduros. Os computadores de grande porte se enquadram nessa categoria – têm como base o hardware exclusivo, possuem projetos mais previsíveis de projeto a projeto e competem em um mercado maduro.

Estratégia Experimental para Projetos Não Previsíveis. Para certos mercados e tecnologias, uma **estratégia experimental** acelera o desenvolvimento do produto. A suposição básica dessa estratégia, ex-

---

[53] Robert G. Cooper, *Winning at New Products: Accelerating the Process from Idea to Launch* (Reading, Mass: Addison-Wesley, 1993), p. 27; ver também Robert G. Cooper, "Perspective: The Stage-Gate® Idea to Launch Process—Update, What's New, and NextGen Systems", *Journal of Product Innovation Management* 25 (maio de 2008), p. 213-232.

[54] Ver, por exemplo, Robert G. Cooper e Elko J. Kleinschmidt, "Determinants of Timeliness in Product Development", *Journal of Product Innovation Management* 11 (novembro de 1994), p. 381-417.

[55] Kathleen M. Eisenhardt e Behnam N. Tabrizi, "Accelerating Adaptive Processes: Product Innovation in the Global Computer Industry", *Administrative Science Quarterly* 40 (março de 1995), p. 84-110.

plicam Kathleen Eisenhardt e Behnam Tabrizi, é que "o desenvolvimento do produto é um caminho altamente incerto pelos mercados e tecnologias obscuros e em mudança. A chave para o desenvolvimento rápido do produto é, então, o estabelecimento acelerado de intuição e opções flexíveis visando um aprendizado rápido sobre como lidar com ambientes incertos".[56]

Nessas condições, a rapidez vem de múltiplas iterações do projeto, muitos testes, marcos frequentes e um líder com poder que possa manter a equipe do produto focada. Aqui, as interações em tempo real, a experimentação e a flexibilidade são fundamentais. A pesquisa descobriu que a estratégia experimental aumentou a rapidez do desenvolvimento do produto para projetos não previsíveis como computadores pessoais – um mercado caracterizado pela tecnologia em rápida evolução e por padrões não previsíveis de concorrência.

Resumo

A inovação do produto é um processo potencialmente gratificante e de alto risco. O crescimento sustentável depende de produtos inovadores que respondem às necessidades existentes ou emergentes do cliente. Gerentes eficazes da inovação canalizam e controlam as suas principais orientações, mas aprenderam a se manter flexíveis e esperar surpresas. Na empresa, os gerentes de marketing adotam a atividade estratégica que se inclui em duas amplas categorias: comportamento estratégico induzido e autônomo.

Os esforços do desenvolvimento de novo produto para projetos de negócios existentes ou de desenvolvimento do mercado para os atuais produtos da empresa são consequência de iniciativas estratégicas induzidas. Por outro lado, os esforços de estratégia autônoma se moldam fora do conceito atual de estratégia da empresa, saem do curso atual e se centralizam em novas categorias de oportunidade de negócio; gerentes de nível médio dão início ao projeto, criam o seu desenvolvimento e, se bem-sucedidos, integram o projeto ao conceito de estratégia da empresa. Os empresários corporativos prosperam em uma cultura na qual os gerentes seniores promovem e gratificam o comportamento inovador, encorajam a aceitação de riscos e fornecem os mecanismos administrativos para rastrear, desenvolver e implantar as ideias de novos produtos.

A posição competitiva de longo prazo da maioria das empresas de marketing industrial depende de sua capacidade de gerenciar e aumentar a sua base tecnológica. As principais competências dão a base para os produtos e as famílias de produtos. Cada geração de uma família de produtos possui uma plataforma que serve como base para produtos específicos voltados para aplicações do mercado diferentes ou complementares. Como as empresas continuam trabalhando no sentido de melhorar os produtos, podem vender com margens de lucro maiores para os clientes mais exigentes e, em geral, superam as necessidades dos clientes convencionais. Uma inovação sustentável fornece aos clientes exigentes e sofisticados um desempenho aprimorado, enquanto as inovações disruptivas visam a clientes novos ou menos exigentes com a alternativa de facilidade de uso e menos dispendiosa que é "boa o suficiente". As estratégias disruptivas têm duas formas: rupturas básicas e do novo mercado.

As empresas que são inovadoras de sucesso em mercados turbulentos combinam estruturas limitadas (prioridades, prazos) com comunicação ampla e liberdade para improvisar nos projetos atuais. Esses criadores de produto bem-sucedidos também exploram o futuro ao vivenciar uma série de investigações de baixo custo e construir um implacável senso de urgência na organização, ao criar novos produtos em intervalos previsíveis de tempo (ou seja, *time pacing*).

---

[56] Ibid., p. 91.

O desenvolvimento eficaz de novo produto requer um conhecimento profundo das necessidades do cliente e uma compreensão clara das possibilidades tecnológicas. A análise do usuário principal e as visitas ao cliente revelam, em geral, oportunidades valiosas do novo produto. As empresas de alto desempenho realizam o processo de desenvolvimento de novo produto com competência, fornecem os recursos adequados para dar apoio aos objetivos do novo produto e desenvolvem uma estratégia clara do novo produto. Tanto os fatores estratégicos quanto a competência da empresa na execução do processo de desenvolvimento de novo produto são críticos para o sucesso de produtos industriais. O desenvolvimento do produto em ritmo rápido pode fornecer uma fonte importante de vantagem competitiva. A rapidez vem da adaptação do processo à tarefa de desenvolvimento do novo produto em questão.

Questões para Discussão

1. Em muitos mercados, um novo entrante pode levar em consideração uma estratégia que dê aos clientes potenciais um produto ou tecnologia que seja "bom o suficiente", em vez de "superior" às opções existentes. Descrever os principais testes nos quais uma estratégia disruptiva deve ser aprovada para favorecer as probabilidades de sucesso a seu favor.

2. Avaliar esta declaração: "Para aumentar a rapidez do processo de desenvolvimento de novo produto, uma empresa deve adotar uma estratégia para projetos não previsíveis e uma inteiramente diferente para aqueles mais previsíveis".

3. Comparar e diferenciar uma estratégia disruptiva básica *versus* de novo mercado.

4. Novos produtos industriais que têm sucesso fornecem vantagens bem-definidas para os clientes. Definir a vantagem do produto e dar um exemplo de uma recente introdução de novo produto que seja adequada a essa definição.

5. Os produtos revolucionários de muitas empresas não surgem do processo formal do processo de desenvolvimento de novo produto. Em vez disso, são criados por alguns poucos trabalhadores desenvoltos. Que etapas as organizações podem seguir para motivar e dar apoio ao espírito empreendedor corporativo?

6. Descrever como a Marriott pode empregar a análise do usuário principal para melhor alinhar suas propriedades e seus serviços às necessidades do viajante executivo.

7. Comparar e diferenciar o comportamento estratégico induzido e o autônomo. Descrever o papel do criador do produto no processo de desenvolvimento de novo produto.

8. Em vez de planejar e investir em apenas uma versão do futuro, algumas empresas usam investigações de baixo custo para vivenciar os futuros mais possíveis. Avaliar a sensatez dessa abordagem.

9. A pesquisa de James Quinn sugere que algumas inovações importantes resultam de sistemas de planejamento altamente estruturados. O que isso implica para o profissional de marketing industrial?

10. Nos setores de alta tecnologia em rápida mudança, algumas empresas mantêm melhor histórico no desenvolvimento de novos produtos do que outras. Descrever os fatores críticos que impulsionam o desempenho do novo produto de empresas.

CASO

A Steelcase Inc. Amplia o Alcance para o Mercado em Crescimento de Assistência Médica

A Steelcase, uma fabricante de ponta de móveis para escritório, lançou uma nova subsidiária com foco em assistência médica chamada de Nurture. James P. Hackett, presidente e CEO da Steelcase, designou uma equipe para estudar o mercado de assistência médica, e aqui está o que foi concluído:

> Devemos entrar no mercado de assistência médica ao lançar uma nova marca de assistência médica. Isso aumentaria o nosso esforço atual com relação a áreas "administrativas" – áreas de trabalho em hospitais que são como espaços de escritório (estações de enfermagem, por exemplo) – mas também aumentaríamos as nossas áreas "não administrativas" – para áreas totalmente diferentes do hospital (quartos dos pacientes, salas de exame, cafeterias).[...] A marca contaria com tecnologia e produtos que já possuímos, assim como novos produtos que poderíamos fabricar e novos serviços sob medida que poderíamos fornecer.[57]

A equipe obteve a autorização da alta administração para lançar a nova unidade de negócio e a marca Nurture.

Uma vez que o custo dos cuidados no hospital deve ser superior a $ 1,2 trilhão em 2016, os executivos da Steelcase viram o mercado de assistência médica como uma oportunidade de ouro.[58] Também foram encorajados para aprender que os maiores volumes de vendas da cadeira Criterion da empresa – uma cadeira clássica de escritório com tensão traseira ajustável, suporte da curva lombar e apoio para os punhos – seriam dos clientes ligados ao setor de assistência médica – hospitais, clínicas e consultórios médicos.

John Carlson, vice-presidente de desenvolvimento do produto e de marketing da Nurture, acredita que a unidade pode desfrutar de uma vantagem competitiva ao oferecer conjuntos ligados a mesas de exame, camas de hospital, estações de enfermagem e similares. Todavia, existem alguns ótimos concorrentes que possuem profundo conhecimento dos clientes do setor de assistência médica, como a Hill-Rom, uma unidade da Hillenbrand Industries. Um fabricante de ponta de camas hospitalares, a Hill-Rom também oferece um conjunto limitado de seleções de móveis, mas tem justamente focado no mercado de assistência médica por décadas e se esqueceu dos relacionamentos próximos e duradouros com médicos, enfermeiros e administradores nas instalações de assistência médica, grandes e pequenas.

Questão para Discussão

1. Para desenvolver móveis ou conjuntos de produtos adaptados para o paciente que impulsionam a produtividade do pessoal, descreva as etapas específicas que os estrategistas de marketing na Nurture devem seguir para aprender mais sobre o trabalho em um ambiente hospitalar e as necessidades dos diferentes elementos – pacientes, visitantes e médicos.

---

[57] James P. Hackett, "Preparing for the Perfect Launch", *Harvard Business Review* 85 (abril de 2007), p. 49.
[58] Reena Jana, "Steelcase's Medical Breakthrough", 22 de março de 2007, disponível em http://www.businessweek.com, acesso em 14 de julho de 2008.

CAPÍTULO 10

Gerenciando Serviços para os Mercados Industriais

O importante e crescente mercado para serviços industriais apresenta desafios especiais e oportunidades significativas para o gerente de marketing. Este capítulo explora os aspectos singulares dos serviços industriais e o papel especial que possuem no ambiente do mercado industrial. Após a leitura deste capítulo, você entenderá:

1. o valor do monitoramento sistemático da experiência do cliente e o papel central que os serviços industriais assumem nas soluções ao cliente.

2. os papéis que a qualidade do serviço, a satisfação do cliente e a lealdade assumem no sucesso do mercado de serviços.

3. os fatores significativos para serem levados em consideração na formulação de uma estratégia de marketing de serviço.

4. os determinantes do sucesso e do fracasso do novo serviço.

A FedEx Corporation, o serviço global de entrega de pacotes, mobiliza-se com relação aos problemas antes que estes ocorram: toda noite, cinco jatos vazios da FedEx percorrem os Estados Unidos.[1] Por quê? Para que a empresa possa responder rapidamente a eventos inesperados como excesso de pacotes em Atlanta ou falha em um equipamento em Denver. A FedEx distingue-se ao fazer promessas para os seus clientes e mantê-las. Primeira organização importante de prestação de serviços a ganhar o Prêmio de Qualidade Nacional Malcolm Baldrige, a FedEx faz promessas específicas sobre a *timeliness* e a confiabilidade da entrega de pacotes em sua propaganda e comunicações de marketing. Mais importante, a FedEx alinha seu pessoal, as instalações, a tecnologia da informação e os equipamentos para atender àquelas promessas. Como diz Scot Struminger, vice-presidente de tecnologia da informação na FedEx: "Sabemos que a lealdade do cliente vem do tratamento dado aos clientes do modo como gostamos de ser tratados".[2]

Como mostra esse exemplo, os *serviços* têm um papel crítico nos programas de marketing de muitas empresas de business-to-business, esteja o seu foco principal em um serviço (FedEx) ou caso os serviços forneçam um novo caminho promissor para o crescimento. Sem dúvida, marcas de alta tecnologia, como IBM ou Hewlett-Packard, são construídas sobre uma promessa de valor aos clientes, e a excelência dos serviços é parte do pacote de valor que os clientes demandam. De fato, mais da metade da base da receita massiva da IBM vem agora dos serviços – não dos produtos. É claro, muitas fabricantes de produtos estão hoje usando soluções integradas de produto e serviço como uma estratégia principal de marketing para a criação de novas oportunidades de crescimento; e, mais ainda, existe vasta gama de empresas de "puro serviço" para fornecer de tudo às organizações, desde limpeza de escritórios até consultoria de gerenciamento e entrega *just-in-time* para os clientes principais.[3]

Este capítulo analisa a natureza dos serviços industriais, os principais comportamentos de compra associados à sua aquisição, os elementos estratégicos mais importantes relativos ao marketing de serviço e o processo de desenvolvimento de novo serviço.

Entendendo a Experiência Total do Cliente

O pensamento tradicional centrado no produto está na suposição de que as empresas ganham ao criar produtos superiores e continuamente aperfeiçoar o desempenho dos produtos existentes. Mas os serviços são fundamentais à experiência do cliente que toda empresa de business-to-business fornece. A experiência do cliente inclui todas as dimensões da oferta de uma empresa – características do produto e do serviço, propaganda, facilidade de uso, confiabilidade, o processo de se tornar um cliente ou a forma pela qual os problemas são resolvidos –, sem mencionar o relacionamento com as vendas em curso.[4]

O Ciclo de Vida da Experiência do Cliente

Pesquisa recente dá destaque à importância de se analisar a experiência do cliente. Um levantamento dos clientes de 362 empresas, feito pela Bain & Company, revelou que apenas 8% descreveram a sua experiên-

---

[1] David Leonhardt, "The FedEx Economy", *New York Times*, 8 de outubro de 2005, p. B1.
[2] Don Peppers e Martha Rogers, *Return on Customer: Creating Maximum Value from Your Scarcest Resource* (Nova York: Currency Doubleday, 2005), p. 144.
[3] Kristian Möller, Riso Rajala e Mika Westerlund, "Service Innovation Myopia? A New Recipe for Client-Provider Value Creation", *California Management Review* 50 (primavera de 2008), p. 31-48.
[4] Christopher Meyer e Andre Schwager, "Understanding Customer Experiences", *Harvard Business Review* 85 (fevereiro de 2007), p. 116-127.

cia como "superior", já 80% das empresas pesquisadas acreditavam que a experiência que vivenciavam era realmente superior.[5] Ao focalizar minuciosamente apenas os elementos principais do produto e deixar passar toda a experiência do cliente, as empresas "podem terminar perdendo clientes sem entender o motivo. Mais ainda, essas empresas estão perdendo algumas grandes oportunidades de criar valor e consolidar a lealdade de seus clientes", diz David Rickard, vice-presidente do The Boston Consulting Group.[6]

A **experiência do cliente** representa a resposta interna e subjetiva de um cliente industrial a algum contato direto ou indireto com a empresa. Devotaremos especial atenção às **áreas de interação** – aquelas em que o cliente tem contato direto com o próprio produto ou serviço ou com seus representantes terceirizados, como um parceiro de canal. Um mapa da experiência do cliente fornece uma ferramenta valiosa para o diagnóstico das principais áreas de interação ou interações entre a empresa e o cliente desde o momento em que é feito o contato com um cliente potencial por meio da manutenção de um relacionamento em curso (ver Figura 10.1). Desenvolvido a partir de entrevistas com os clientes, o mapa dá a base para a definição do que é mais importante na experiência de seus clientes.

Aplicando o Mapa da Experiência do Cliente

O mapa foi desenvolvido pelo Boston Consulting Group para uma grande empresa de produtos industriais que se defrontou com este dilema: as medidas tradicionais de qualidade do produto continuaram a indicar um desempenho soberbo, mas a satisfação do cliente permaneceu estagnada e a empresa estava perdendo a fatia do mercado.[7] Uma vez desenvolvido o mapa da experiência do cliente, a próxima etapa é reunir-se com os clientes e reduzir a lista para um conjunto menor de interações mais críticas e características do produto e do serviço. O objetivo final da análise é identificar (1) o valor que os clientes dão aos diferentes níveis de desempenho (alto, médio, baixo) para cada elemento de sua experiência, (2) as expectativas mínimas dos clientes para cada elemento e (3) a percepção dos clientes sobre o desempenho da empresa em comparação com aquele dos principais concorrentes.

Com base na análise, os estrategistas na empresa de produtos industriais ficaram surpresos em saber que apenas 40% das experiências mais críticas dos clientes estavam vinculadas ao produto principal, enquanto 60% estavam relacionadas a considerações mais suaves (por exemplo, a facilidade de realizar correções na fatura e a resolução de problemas). Essa revelação comprovou-se crucial para o entendimento do motivo pelo qual a empresa estava perdendo a fatia do mercado, ainda que a avaliação dos clientes sobre a qualidade do produto fosse cada vez mais positiva.

Gerenciamento da Experiência do Cliente

Lembre-se de que, no Capítulo 4, o gerenciamento do relacionamento com o cliente apreende o que uma empresa conhece sobre um cliente específico. Christopher Meyer e Andre Schwager argumentam de modo persuasivo que existe uma necessidade correspondente de processos de **gerenciamento da experiência do cliente** que apreendam os pensamentos subjetivos dos clientes sobre uma empresa específica.[8] Essa abordagem exige levantamentos e estudos voltados a pontos de interação do cliente que identifiquem

---

[5] Ibid., p. 117.
[6] David Rickard, "Winning by Understanding the Full Customer Experience", The Boston Consulting Group, Inc., 2006, p. 1, disponível em http://www.bcg.com, acesso em 15 de maio de 2008.
[7] Este exemplo é baseado em Rickard, ibid., p. 5.
[8] Meyer e Schwager, "Understanding Customer Experiences".

FIGURA 10.1 | **A PRIMEIRA ETAPA NO ENTENDIMENTO DA EXPERIÊNCIA DE UM CLIENTE É DESENVOLVER UM MAPA DO CICLO DE VIDA**

Conjunto representativo das interações entre cliente e empresa

Início do relacionamento	Avaliação do fornecedor	Configuração da conta	Colocação de pedidos	Recebimento e uso do produto	Resolução de problemas	Pagamento	Manutenção da conta
A empresa expõe o cliente à sua mensagem de marketing	O cliente recebe o preço inicial e as cotações do prazo de atendimento	O cliente obtém materiais para a configuração da conta	O cliente seleciona o produto	O cliente rastreia a situação do pedido	O cliente apresenta uma reclamação e consegue a resolução	O cliente recebe e aprova a fatura	O cliente mantém as informações do perfil
O cliente busca informações relevantes	O cliente lança um edital de licitação	O cliente fornece informações sobre o perfil da conta	O cliente coloca o pedido (preenche o formulário de pedidos)	A empresa e o cliente organizam as condições finais da entrega	O cliente notifica a empresa sobre um problema e consegue a resolução	O cliente efetua o pagamento	O cliente mantém os suprimentos
	O cliente avalia os fornecedores e negocia condições e preços	A empresa confirma a configuração e a ativação	O cliente prepara documentos detalhados quando solicitado (por exemplo, para entrega rápida)	O cliente recebe e inspeciona o produto	O cliente solicita um reajuste na fatura e consegue a resolução		A empresa fornece suporte geral (não relacionado a problemas)
	O cliente seleciona o fornecedor	A empresa realiza acompanhamento de cortesia	A empresa e o cliente organizam as condições iniciais da entrega	O cliente recusa ou aceita o produto			O cliente obtém cotações de preços correntes
		O cliente solicita informações sobre o produto					

FONTE: David Rickard, "Winning by Understanding the Full Customer Experience", The Boston Consulting Group, Inc., 2007, p. 6. Disponível em http://www.bcg.com. Acesso em 26 de julho de 2008. Todos os direitos reservados. Reproduzido com permissão.

falhas entre as expectativas do cliente e a sua experiência real. "Como uma grande parte das experiências do cliente não é consequência direta da mensagem da marca ou das ofertas correntes da empresa[...] os próprios clientes[...] devem ser monitorados e investigados."[9]

Perspectiva Centrada na Solução[10]

À medida que a competição global se intensifica e a diferenciação do produto enfraquece rapidamente, os estrategistas em empresas de ponta, desde a General Electric e a IBM até a Staples e a Home Depot, estão prestando maior atenção aos serviços, particularmente a um pensamento centrado na solução. Em vez de começar com o produto, uma abordagem centrada na solução tem início com uma análise de um *problema do cliente* e termina ao identificar os produtos e serviços necessários para a resolução do problema. Em vez de ter base na transação, o foco do processo de troca está baseado na interação, e o valor é criado pela empresa em combinação com o cliente (Tabela 10.1). Assim, as ofertas do cliente representam uma "combinação integrada de produtos e serviços projetados para fornecer experiências customizadas para

---
[9] Ibid., p. 116.
[10] Salvo onde observado, esta seção é retirada de Mohanbir Sawheny, "Going Beyond the Product: Defining, Designing, and Delivering Customer Solutions", artigo, Kellogg School of Management, Northwestern University, dezembro de 2004, p. 1-10.

TABELA 10.1 | DE UMA PERSPECTIVA DO PRODUTO PARA UMA PERSPECTIVA DAS SOLUÇÕES

	Perspectiva do produto	Perspectiva das soluções
Proposição de valor	Vencer ao criar produtos inovadores e enriquecer as características dos produtos existentes.	Vencer ao criar e fornecer soluções superiores ao cliente.
Criação de valor	O valor é criado pela empresa.	O valor é cocriado pelo cliente e pela empresa.
Projetando as ofertas	Começa com o produto ou serviço, e então se volta aos segmentos do cliente.	Começa com o problema do cliente, e então reúne os produtos e serviços necessários para a resolução do problema.
Relacionamento empresa-cliente	Com base na transação.	Com base na interação e centralizado na cocriação das soluções.
Foco na qualidade	Qualidade dos processos internos e das ofertas da empresa.	Qualidade das interações cliente-empresa.

FONTE: Adaptado de Mohanbir Sawhney, "Going Beyond the Product: Defining, Designing, and Delivering Customer Solutions", artigo, Kellogg School of Management, Northwestern University, dezembro de 2004, e de C. K. Prahalad e Venkat Ramaswamy, *The Future of Competition: Co-Creating Unique Value with Customers* (Boston: Harvard Business School Press, 2004).

segmentos específicos do cliente".[11] Os serviços, como uma característica crítica da solução, tornam-se uma base valiosa para a vantagem competitiva e um importante fator propulsor da lucratividade.

Soluções da UPS. A United Parcel Services of America começou a dominar um pequeno conjunto de atividades envolvidas no sistema de entrega de pacotes — coleta, expedição, rastreamento e a entrega de pacotes. Adotando um foco centrado na solução, a UPS fez surgirem novas oportunidades de mercado:[12]

- Projetando redes de transporte que reduziram o tempo de que a Ford precisava para entregar veículos de suas fábricas para os revendedores em até 40%.
- Gerenciando a movimentação dos produtos da National Semiconductor desde as suas fábricas até os clientes por todo o mundo e ajudando o cliente a reduzir os custos de expedição e estoque em 15%.
- Associando-se à Nike e gerenciando todos os processos de retaguarda para venda direta do gerenciamento e entrega do pedido ao suporte ao cliente.

Determinar Capacidades Únicas. Ao desenvolver soluções, as empresas de marketing industrial devem definir as suas capacidades únicas e determinar como usá-las para ajudar os clientes a reduzir custos, aumentar o pronto atendimento ou melhorar a qualidade. Em alguns casos, isso pode envolver assumir algum dos trabalhos ou atividades que os clientes hoje realizam. Para ilustrar, a DuPont primeiro vendeu tinta para a Ford, mas hoje administra as oficinas de pintura da Ford. "A DuPont, que é paga com base no número de veículos pintados, hoje vende menos tinta do que antes, porque tem um incentivo para pintar carros com quantidade menor de desperdício. Mas a empresa faz mais dinheiro como resultado da

---

[11] Ibid., p. 4.
[12] Mohanbir Sawhney, Sridhar Balasubramanian e Vish V. Krishnan, "Creating Growth with Services", *MIT Sloan Management Review* 45 (inverno de 2004), p. 34-43.

eficiência aprimorada."[13] O exemplo da DuPont demonstra um ponto importante sobre o marketing de soluções: *os produtos proporcionam a plataforma para a prestação dos serviços.*[14]

Um recente estudo de pesquisa sugere que as empresas podem fornecer soluções mais eficientes a preços lucrativos, caso adotem um foco mais forte no relacionamento.[15] Os autores sugerem que os profissionais de marketing industrial viram erradamente uma solução como uma combinação customizada e integrada de produtos e serviços para atender às necessidades comerciais de um cliente. Em nítida oposição, os clientes veem uma solução como um conjunto de processos relacionais entre cliente e empresa que envolve "(1) definição das exigências do cliente, (2) customização e integração de produtos e/ou serviços e (3) sua implantação, e (4) suporte ao cliente depois da implantação, tudo visando atender às necessidades comerciais dos clientes".[16] Mais uma vez, isso dá destaque à importância de se ir além do simples foco sobre as transações, para se levar em consideração o conjunto total de experiências do cliente.

Vantagens do Marketing de Solução

Ao trocar de uma estratégia do produto para uma estratégia das soluções, as empresas de business-to-business ganham duas vantagens importantes: novos caminhos para crescimento e diferenciação.

Criando Oportunidades de Crescimento. As soluções criam novas oportunidades para o aumento do valor do negócio ou participação no orçamento do cliente que uma empresa recebe de sua base de clientes. Uma carteira com mais ofertas de serviço torna isso possível. Em geral, os serviços representam uma oportunidade de mercado bem maior que o mercado do produto principal. Para ilustrar, a Deere & Company, a fabricante de equipamentos agrícolas, descobriu que a proporção de cada dólar que os fazendeiros gastam em equipamentos veio declinando durante anos e que o grosso daquele gasto hoje vai para os serviços. E, mais ainda, ao se concentrar nas fontes de lucro, a Deere está aderindo a uma oportunidade de mercado que é dez vezes maior que o mercado de equipamentos. Para isso, a Deere fornece uma série de serviços para seus clientes (como seguro-saúde e banco) e está empregando tecnologias inovadoras para tornar mais fácil e mais produtiva a vida do fazendeiro. Por exemplo, a Deere está experimentando os sistemas de posicionamento global (GPS) e biossensores em suas máquinas. C. K. Prahalad e Venkat Ramaswamy descrevem a iniciativa:

> Imaginem máquinas sem motorista e tratores com sensores a bordo que possam medir o conteúdo de óleo dos grãos ou distinguir entre ervas daninhas e colheitas. As vantagens são enormes. Os fazendeiros podem racionalizar o herbicida de acordo com as condições do solo. Sistemas de direção guiados por GPS garantem acurácia, eliminando o tratamento repetido das plantações[...] reduzindo assim tempo, combustível, mão de obra e custos com produtos químicos[...] Os fazendeiros podem ser mais produtivos, minimizando o custo por acre.[17]

Mantendo a Diferenciação e a Lealdade do Cliente. À medida que os fazendeiros veem mais e mais produtos como *commodities*, os profissionais de marketing industrial que dão ênfase às soluções podem

---

[13] Ibid., p. 39.
[14] Stephen L. Vargo e Robert F. Lusch, "Evolving to a New Dominant Logic for Marketing", *Journal of Marketing* 68 (janeiro de 2004), p. 1-18.
[15] Kapil R. Tuli, Ajay K. Kohli e Sundar R. Bharadwaj, "Rethinking Customer Solutions for Product Bundles to Relational Process", *Journal of Marketing* 71 (julho de 2007), p. 1-17.
[16] Ibid., p. 1.
[17] C. K. Prahalad e Venkat Ramaswamy, *The Future of Competition: Co-Creating Unique Value with Customers* (Boston: Harvard Business School Press, 2004), p. 93-94.

Por Dentro do Marketing Industrial

As Estratégias de Transição dos Serviços Compensam?

Para melhorar sua posição competitiva na era de intensa competição global e do aumento da comoditização que caracteriza muitos mercados de produtos, inúmeras fábricas agregaram serviços às suas ofertas de produto existentes. Se bem-sucedidas, essas estratégias de transição dos serviços poderiam tornar a proposição de valor da empresa mais singular, difícil de ser copiada pelos concorrentes e valiosa para os clientes, aumentando assim a lucratividade e o valor da empresa. Essas estratégias de transição dos serviços compensam? Um estudo recente de Eric Fang e seus colegas dá as respostas.

- Antes de esperar efeitos positivos no valor da empresa, as empresas de marketing industrial deverão reconhecer que as estratégias de transição dos serviços tipicamente exigem que se alcance o volume crítico em vendas, estimado em 20% a 30% das vendas totais.

- A transição para os serviços é significativamente mais eficaz para empresas que oferecem serviços relacionados a seu produto principal. As vendas de serviços não relacionados causam pouco impacto sobre o valor da empresa.

- Agregar serviços a uma oferta de produto principal aumenta o valor da empresa para aquelas em lento crescimento e para os setores turbulentos. Todavia, "as empresas em setores de alto crescimento podem destruir o valor da empresa ao trocar seu foco[...] para iniciativas de serviço. Em setores estáveis (pouca turbulência), agregar serviços causa um efeito negativo sobre o valor da empresa[...]".

FONTE: Eric (Er) Fang, Robert W. Palmatier e Jan-Benedict E. M. Steenkamp, "Effect of Service Transition Strategies on Firm Value", *Journal of Marketing*.

manter a diferenciação de modo mais eficaz que os concorrentes, que mantêm um foco rigoroso na oferta do produto principal. Por quê? De acordo com Mohanbir Sawhney: "As soluções oferecem muito mais caminhos para a diferenciação do que os produtos, porque incluem uma série de serviços que podem ser customizados em várias formas singulares para cada cliente".[18] Da mesma forma, ao desenvolver uma rede significativa de relacionamentos com os membros da organização do cliente, ao cocriar soluções com o cliente e ao ficar diretamente conectado às operações do cliente, aumentam a lealdade do cliente e despejam grandes obstáculos às empresas concorrentes quando tentam persuadir o cliente a trocar de fornecedores.

Marketing de Serviços Industriais: Desafios Especiais

O desenvolvimento de programas de marketing tanto para os produtos quanto para os serviços pode ser abordado de uma perspectiva comum; ainda, a importância relativa e a forma de vários elementos estratégicos diferem entre produtos e serviços. A explicação subjacente para essas diferenças estratégicas, afirma Henry Assael, está nas distinções entre um produto e um serviço:

> Os serviços são intangíveis; os produtos são tangíveis. Os serviços são consumidos no momento da produção, mas existe um espaço de tempo entre a produção e o consumo dos produtos. Os

---
[18] Mohanbir Sawhney, "Going Beyond the Product", p. 6.

serviços não podem ser armazenados; os produtos podem. Os serviços são muito variados; a maioria dos produtos é altamente padronizada. Essas diversidades produzem diferenças nas aplicações estratégicas que, em geral, fazem que muitos princípios de marketing fiquem de pernas para o ar.[19]

Assim, o sucesso no mercado de serviço industrial começa com o entendimento do significado de *serviço*.

Os Serviços são Diferentes

Existem diferenças próprias entre produtos e serviços que fornecem um conjunto único de desafios de marketing para os serviços e os fabricantes que prestam serviços como oferta principal. Basicamente, os serviços são compromissos, processos e desempenhos.[20] Por exemplo, as ofertas principais de um consultor empresarial são, de início, compromissos e ações realizados para os clientes. A diferença mais básica e universalmente reconhecida entre produtos e serviços é a *intangibilidade*. Os serviços são mais intangíveis que os produtos manufaturados e os produtos manufaturados são mais tangíveis que os serviços. Como os serviços são ações ou desempenhos, não podem ser vistos ou tocados da mesma forma que os consumidores percebem os produtos tangíveis.

Tangível ou Intangível?

A Figura 10.2 proporciona uma ferramenta útil para o entendimento do problema de definição de produto e serviço. A série contínua sugere que existem bem poucos *produtos puros* ou *serviços puros*. Por exemplo, um computador pessoal é um objeto físico construído por elementos tangíveis que facilitam o trabalho de uma pessoa e de uma organização. Além do projeto físico do computador e das características de desempenho, a qualidade do suporte de serviço técnico é uma dimensão importante do programa de marketing. Assim, a maioria das ofertas do mercado consiste em uma combinação de elementos tangíveis e intangíveis.

O fato de a oferta ser classificada como um produto ou serviço depende de como o comprador organizacional a vê – se o que domina são os elementos tangíveis ou os intangíveis. De um lado do espectro, graxa e óleo são dominantes tangíveis; a essência do que está sendo trazido é o produto físico. Os seminários de gestão, por outro lado, são dominantes intangíveis, pois o que está sendo trazido – desenvolvimento profissional, formação, aprendizagem – possui poucas, se houver, propriedades tangíveis. Um hotel para convenção está no meio da série contínua, porque o comprador recebe uma série de elementos tangíveis (refeições, bebidas, blocos de anotação e assim por diante) e vantagens intangíveis (pessoal atencioso, check-in rápido, ambientação de sala de reunião e assim por diante).

O conceito de tangibilidade é especialmente útil para o profissional de marketing industrial, pois muitas ofertas industriais são compostas por combinações de produto e serviço. A principal tarefa do gerenciamento é avaliar com atenção (do ponto de vista do comprador) que elementos predominam. Quanto mais a oferta do mercado é caracterizada por elementos intangíveis, mais difícil é aplicar as ferramentas padrão de marketing que foram desenvolvidas para os produtos. O profissional de marketing industrial deve se voltar para as abordagens especializadas de marketing apropriadas para os serviços.

---

[19] Henry Assael, *Marketing Management: Strategy and Action* (Boston: Kent Publishing, 1985), p. 693.
[20] Valarie A. Zeithaml, Mary Jo Bitner e Dwayne D. Gremler, *Services Marketing: Integrating Customer Focus across the Firm*, 5. ed. (Boston: McGraw-Hill Irwin, 2009), p. 2.

FIGURA 10.2 | CLASSIFICAÇÃO DE PRODUTO E SERVIÇO INDUSTRIAIS COM BASE NA TANGIBILIDADE

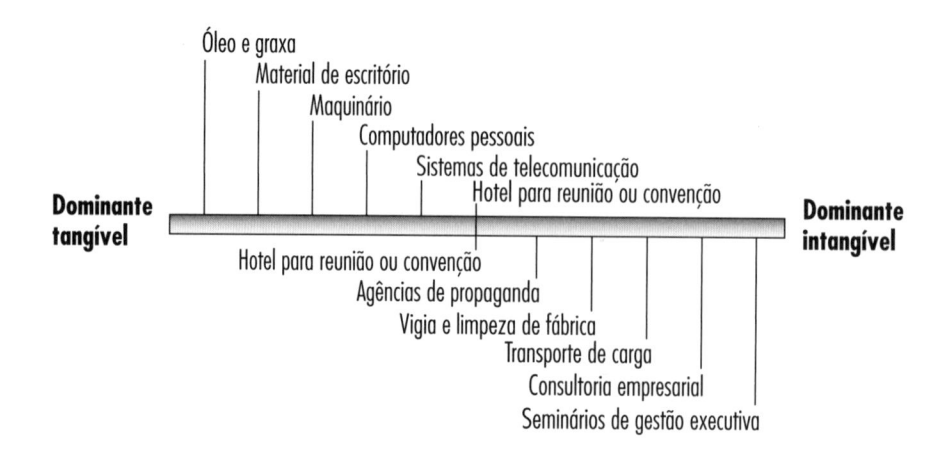

Dominante tangível ——————————————————————— **Dominante intangível**

Acima da linha (lado tangível ao intangível):
- Óleo e graxa
- Material de escritório
- Maquinário
- Computadores pessoais
- Sistemas de telecomunicação
- Hotel para reunião ou convenção

Abaixo da linha (lado tangível ao intangível):
- Hotel para reunião ou convenção
- Agências de propaganda
- Vigia e limpeza de fábrica
- Transporte de carga
- Consultoria empresarial
- Seminários de gestão executiva

FONTE: Adaptado de G. Lynn Shostack, "Breaking Free from Product Marketing", *Journal of Marketing* 41 (abril de 1977), p. 77. Publicado pela American Marketing Association.

O conceito de tangibilidade também ajuda o gerente a focalizar claramente a *oferta total do mercado* da empresa.[21] Além disso, ajuda o gerente a reconhecer que uma mudança em um elemento da oferta do mercado pode modificar completamente a oferta na visão do cliente. Por exemplo, um profissional de marketing industrial que decide manter o estoque de peças sobressalentes em um local central e usar a entrega noturna para atender às exigências do cliente deve focalizar de novo a estratégia de marketing. A oferta foi deslocada para o final intangível da série contínua por causa das vantagens intangíveis de estoque reduzido do cliente e do transporte rápido. Esse novo "serviço", que é menos tangível, deve ser explicado cuidadosamente, e os resultados intangíveis dos custos de estoque menores devem se tornar mais concretos para o comprador por meio de um programa efetivo de promoção.

Em resumo, os serviços industriais são ofertas de mercado predominantemente intangíveis. Todavia, poucos serviços são totalmente intangíveis – em geral, contêm elementos com propriedades tangíveis. Além da tangibilidade, os serviços industriais possuem outras características de distinção importantes que influenciam a forma como são comercializados. A Tabela 10.2 resume as principais características que delineiam a natureza dos serviços industriais.

Produção e Consumo Simultâneos

Como os serviços são, em geral, *consumidos à medida que são prestados*, um elemento crítico no relacionamento comprador-vendedor é a eficácia da pessoa que de fato presta o serviço – o técnico da IBM, o motorista da UPS, o consultor da McKinsey. Da perspectiva da empresa prestadora do serviço, toda a estratégia de marketing pode se basear no modo como o prestador de serviço interage de forma efetiva com o cliente. Neste caso, ocorre a prestação efetiva do serviço e a promessa ao cliente é mantida ou quebrada. Esse ponto de contato crítico com o cliente é chamado **marketing interativo** ou **marketing em tempo real**. O pessoal de recrutamento, contratação e treinamento assume importância especial nas empresas de serviço industrial.

---

[21] Arun Sharma, R. Krishnan e Dhruv Grewal, "Value Creation in Markets: A Critical Area of Focus for Business-to-Business Markets", *Industrial Marketing Management* 30 (junho de 2001), p. 391-402.

Variabilidade do Serviço

Observe, na Tabela 10.2, que o serviço é *não padronizado*, significando que a qualidade do resultado do serviço pode variar a cada vez em que é prestado.[22] Os serviços variam com relação ao valor dos equipamentos e da mão de obra usados para efetuá-los. Por exemplo, um elemento humano significativo está envolvido ao se ministrar um seminário executivo em comparação com a prestação de serviços de frete aéreo durante a noite. Em geral, quanto mais pessoas envolvidas em um serviço, menos uniforme o resultado. Nesses casos de grande necessidade de mão de obra, o usuário também pode achar difícil julgar a qualidade antes da prestação do serviço. Graças aos problemas de uniformidade, os prestadores de serviços industriais devem voltar a atenção para programas de controle de qualidade bem adaptados, investir em "sistemas" para minimizar o erro humano e buscar abordagens para a automatização do serviço.

Perecibilidade do Serviço

Normalmente, os serviços *não podem ser armazenados*; ou seja, caso não sejam prestados no momento em que estão disponíveis, a receita perdida não pode ser recuperada. Vinculado a essa característica está o fato de que a demanda por serviços é, em geral, não previsível e grandemente flutuante. O profissional de marketing de serviço deve avaliar com atenção a capacidade – em um serviço, a **capacidade** é um substituto para o estoque. Caso a capacidade seja estabelecida para a demanda de pico, deve haver um "estoque de serviços" para suprir o mais alto nível da demanda. Como um exemplo, algumas empresas aéreas que fornecem serviço de ponte aérea entre Nova York, Washington e Boston oferecem voos que partem a cada hora. Se, em qualquer voo, o avião estiver cheio, outra aeronave é levada para o terminal – mesmo que for para um único passageiro. Uma capacidade infinita é estabelecida, de modo que nenhum viajante executivo fique insatisfeito. É óbvio, a determinação de altos níveis de capacidade é dispendiosa, e o profissional de marketing deve analisar o custo em comparação com a receita perdida e os clientes que podem resultar da manutenção de capacidade mais baixa.

Não Propriedade

A dimensão final dos serviços, constante da Tabela 10.2, é que o comprador de serviço usa, mas *não possui*, o serviço comprado. Em essência, o pagamento por um serviço é um pagamento para o uso de itens, o acesso a estes ou o seu aluguel. Alugar ou arrendar é "uma forma de os clientes desfrutarem o uso de produtos físicos e instalações que não podem comprar, de que não podem justificar a compra ou os quais preferem não manter depois do uso".[23] O profissional de marketing de serviço deve retratar as vantagens da não propriedade em suas comunicações ao mercado. As principais vantagens a enfatizar são reduções de pessoal, despesas gerais e capital ao se contar com um terceiro para prestar o serviço.

Embora possam existir exceções, essas características proporcionam uma estrutura útil para o entendimento da natureza dos serviços industriais e para isolar as exigências especiais da estratégia de marketing. A estrutura sugere que diferentes tipos de prestadores de serviço deverão adotar tipos diversos de estratégias por causa da intangibilidade e heterogeneidade dos seus serviços. Nesse caso, os prestadores de

---

[22] Valarie A. Zeithaml, A. Parasuraman e Leonard R. Berry, "Problems and Strategies in Services Marketing", *Journal of Marketing* 49 (primavera de 1985), p. 34; ver também Zeithaml, Berry e Parasuraman, "Communication and Control Processes in the Delivery of Service Quality", *Journal of Marketing* 52 (abril de 1988), p. 35-48.
[23] Christopher Lovelock e Evert Gummesson, "Whither Services Marketing? In Search of a New Paradigm and Fresh Perspectives", *Journal of Services Research* 7 (agosto de 2004), p. 36.

TABELA 10.2 | CARACTERÍSTICAS ÚNICAS DO SERVIÇO

Características	Exemplos	Implicações de marketing
Produção e consumo simultâneos	Conferência telefônica; seminário de gestão; reparo de equipamento.	A interação direta com o vendedor exige que o serviço seja feito "corretamente"; exige treinamento de alto nível para o pessoal; exige triagem e recrutamento eficazes.
Resultado não padronizado	A consultoria empresarial varia de acordo com cada consultor; os danos às mercadorias variam de expedição a expedição.	Dá ênfase aos padrões rigorosos de controle de qualidade; desenvolve sistemas que minimizam o desvio e o erro humano; pré-empacota o serviço; procura formas para a automatização.
Perecibilidade; incapacidade de armazenar ou estocar	Assentos de voos não ocupados; um técnico de computador inativo; espaço para armazenamento não alugado.	Planeja a capacidade pela demanda de pico; usa preço e promoção para equiparar os picos e as baixas da demanda; usa turnos sobrepostos para o pessoal.
Falta de propriedade	Uso do vagão ferroviário; uso do *know-how* do consultor; uso da lista de mala direta.	Focaliza a promoção sobre as vantagens da não propriedade; mão de obra reduzida, despesas gerais e capital; dá ênfase à flexibilidade.

serviços profissionais (consultoria, assessoria tributária, contabilidade e assim por diante) deverão desenvolver estratégias de marketing que deem ênfase à comunicação boca a boca, que forneçam comprovação tangível e que empreguem a precificação do valor para superar as questões surgidas pela intangibilidade e heterogeneidade.[24]

Qualidade do Serviço

Os padrões de qualidade são, no final, definidos pelo cliente. O desempenho efetivo do prestador de serviço ou a percepção do prestador sobre a qualidade são de pequena relevância em comparação com a percepção do cliente. "Bons" serviços resultam quando o prestador de serviço atende ou supera as expectativas do cliente.[25] Em decorrência disso, muitos peritos em gerenciamento argumentam que as empresas prestadoras de serviço deverão se posicionar com cuidado, de modo que os clientes esperem um pouco menos do que a empresa pode de fato oferecer. A estratégia: menos promessas e serviço superior realizado.

Dimensões da Qualidade do Serviço

Como os serviços industriais são intangíveis e não padronizados, os compradores tendem a ter maior dificuldade em avaliar os serviços do que em avaliar os produtos. Como não são capazes de depender de um

---

[24] Michael Clemes, Diane Mollenkopf e Darryl Burn, "An Investigation of Marketing Problems across Service Typologies", *Journal of Services Marketing* 14 (n. 6-7, 2000), p. 568; ver também Möllar, Rajala e Westerlund, "Service Innovation Myopia", p. 34-46.

[25] William H. Davidow e Bro Uttal, "Service Companies: Focus or Falter", *Harvard Business Review* 67 (julho-agosto de 1989), p. 84.

Por Dentro do Marketing Industrial

Para Vender Motores a Jato, Ensine ao seu Cliente como Vender Aeronaves

Um segmento importante da GE Transportation é a divisão de Motores de Avião da General Electric. Essa unidade é a maior fabricante mundial de motores a jato, indo dos pequenos motores de impulso de mais de 6 toneladas ao gigante GE90, um motor de impulso de 52 toneladas dos Boeing 777. Tão importante quanto esses motores é a lucratividade da GE. Os lucros reais vêm do *pacote de serviços* que acompanha a venda de um motor. Um motor a jato dura anos e o que, em geral, decide uma venda e leva a lucros no longo prazo para a GE é o "pacote" de serviço completo que acompanha o motor durante a sua vida útil. Um gerente de marketing da GE afirma que "os motores a jato são quase *commodities*; o principal diferencial é o serviço durante a sua vida útil que oferecemos aos nossos clientes".

É interessante notar que a empresa aérea que compra uma nova aeronave é, normalmente, a unidade de tomada de decisão que escolhe a marca do motor a ser instalado – não a fabricante da aeronave, a saber, Boeing ou Airbus. Reconhecendo a importância da empresa aérea no processo de compra de motores a jato, a GE embarcou em uma estratégia criativa. Várias novas fabricantes de aeronaves começaram a operar na China no início dos anos 2000, em decorrência do grande crescimento econômico daquele país. Uma fabricante, especializada em jatos pequenos e regionais (capacidade para 50 a 70 passageiros), escolheu a GE como fornecedora de motores em 2004, embora a empresa não fosse fabricar uma aeronave até 2008, pelo menos. A organização estava começando do nada quando escolheu os motores GE para os seus aviões.

A GE começou imediatamente a trabalhar com a empresa para refinar o projeto e a engenharia do avião, e esses serviços valiosos foram um dos motivos pelos quais a GE foi escolhida como fornecedora. Mais importante, a GE designou um gerente e uma equipe de especialistas em vendas, engenharia e marketing para trabalhar junto à empresa. Um dos primeiros esforços da GE foi trazer 25 gerentes de vendas e de marketing da empresa de aeronaves chinesa para os Estados Unidos para duas semanas de treinamento. Esses gerentes representam o pessoal que vai vender a aeronave para os executivos das empresas aéreas na China, assim como em muitas outras partes do mundo. O programa de treinamento de duas semanas estava voltado para o básico do marketing de business-to-business – algo que os chineses conheciam pouco. A GE trouxe professores experientes para ensinar os chineses e providenciou gerentes da GE para acompanhar o treinamento depois. O que é singular sobre essa abordagem é que um fornecedor estava, de fato, ensinando ao cliente como comercializar e vender! É evidente que, as vantagens da GE são enormes: caso a empresa de aeronaves chinesa realmente atue na venda business-to-business junto às empresas aéreas, então mais motores da GE serão necessários no futuro.

---

desempenho de serviço e da qualidade constantes, os compradores de serviços podem perceber um risco maior.[26] Em decorrência disso, usam uma série de fontes de informação antes da compra para reduzir o risco. As informações dos usuários atuais (boca a boca) são particularmente importantes. Além disso, o processo de avaliação para os serviços tende a ser mais abstrato, mais aleatório e mais baseado na simbologia do que ocorre com variáveis concretas de decisão.[27]

A pesquisa fornece algumas compreensões valiosas sobre como os clientes avaliam a qualidade do serviço. Na Tabela 10.3, observe que os clientes focalizam cinco dimensões na avaliação da qualidade do serviço: confiabilidade, pronto atendimento, garantia, empatia e tangíveis. Entre essas dimensões, a

---

[26] Valarie A. Zeithaml, "How Consumer Evaluation Processes Differ between Goods and Services", em *Marketing of Services*, James H. Donnelly e William R. George, eds. (Chicago: American Marketing Association, 1981), p. 200-204.
[27] Ibid.

TABELA 10.3 | AS DIMENSÕES DA QUALIDADE DO SERVIÇO

Dimensão	Descrição	Exemplos
Confiabilidade	Fornecimento de acordo com as promessas	Data de fornecimento prometida atendida
Pronto atendimento	Estar disposto a ajudar	Resposta imediata às solicitações dos clientes
Garantia	Crença e confiança estimulantes	Pessoal profissional e instruído
Empatia	Tratando os clientes como singulares	Adapta-se às necessidades especiais do cliente
Tangíveis	Representando o serviço fisicamente	Materiais característicos: brochuras, documentos

FONTE: Adaptado de Valarie A. Zeithaml, Mary Jo Bitner e Dwayne D. Gremler, *Services Marketing: Integrating Customer Focus across the Firm*, 5. ed. (Boston: McGraw-Hill Irwin, 2009), p. 116-120.

confiabilidade – fornecimento de acordo com as promessas – é a mais importante para os clientes. O desempenho de alta qualidade do serviço é também moldado pela forma com que o pessoal de serviço trabalha. Para o cliente, a qualidade do serviço representa um trabalhador responsivo, alguém que inspira confiança e que se adapta às necessidades ou preferências únicas do cliente e presta o serviço de forma profissional. De fato, o desempenho dos funcionários que estão em contato com o cliente pode compensar problemas temporários de qualidade do serviço (por exemplo, um problema recorrente em uma fotocopiadora recém-reparada).[28] Ao reconhecer de imediato o erro e responder logo ao problema, o funcionário do serviço pode até fortalecer o relacionamento da empresa com o cliente.

Satisfação e Lealdade do Cliente

Quatro componentes da oferta de uma empresa e os seus processos de vínculo com o cliente afetam a satisfação do cliente. São eles:

1. Os elementos básicos do produto ou serviço que os clientes esperam que todos os concorrentes forneçam.
2. Serviços básicos de suporte, como assistência técnica ou treinamento, que tornam o produto ou serviço mais eficiente ou mais fácil de usar.
3. Um processo de recuperação para fixar rapidamente os problemas do produto ou do serviço.
4. Serviços extraordinários que sobressaem ao solucionar problemas específicos dos clientes ou ao atender às suas necessidades, fazendo o produto ou serviço parecer sob medida.[29]

As empresas prestadoras de serviço de primeira linha medem e monitoram com atenção a satisfação do cliente, pois ela está ligada à lealdade do cliente e, por sua vez, à lucratividade no longo prazo.[30] A Xerox, por exemplo, pesquisa regularmente mais de 400 mil clientes com respeito à satisfação com o

---

[28] Christian Gronroos, "Relationship Marketing: Strategic and Tactical Implications", *Management Decision*, 34 (n. 3, 1996), p. 5-14.
[29] Thomas O. Jones e W. Earl Sasser Jr., "Why Satisfied Customers Defect", *Harvard Business Review* 73 (novembro-dezembro de 1995), p. 90.
[30] O exemplo da Xerox é baseado em James L. Heskett, Thomas O. Jones, Gary W. Loveman, W. Earl Sasser Jr. e Leonard A. Schlesinger, "Putting the Service-Profit Chain to Work", *Harvard Business Review* 72 (março-abril de 1994), p. 164-174.

produto e o serviço, usando uma escala de 5 pontos desde 5 (alto) até 1 (baixo). Na análise dos dados, os executivos da empresa fizeram uma descoberta notável: os clientes muito satisfeitos (uma classificação 5) eram bem mais leais que os clientes satisfeitos. Os clientes muito satisfeitos, de fato, apresentaram *seis vezes* mais probabilidade de comprar novamente os produtos da Xerox do que os clientes satisfeitos.

Recuperação do Serviço

Os profissionais de marketing industrial não podem sempre prestar serviços impecáveis. Todavia, a forma pela qual a empresa responde aos problemas de serviço de um cliente tem grande influência sobre a retenção e a lealdade do cliente. A **recuperação do serviço** abrange os procedimentos, as políticas e os processos que uma empresa usa para resolver os problemas de serviço do cliente de imediato e com eficiência. Por exemplo, quando a IBM recebe a reclamação de um cliente, um especialista que é um perito na área do produto ou serviço pertinente é designado como o "responsável pela resolução" daquela reclamação. Ao ser designado para a reclamação ou o problema de um cliente, o especialista da IBM deve entrar em contato com o cliente dentro de 48 horas (salvo no caso de problemas graves, em que a resposta necessária é dada mais rapidamente). Larry Schiff, um estrategista de marketing da IBM, descreve como o processo funciona ali:

> Eles se apresentam como responsáveis pelo problema do cliente e perguntam: o que será preciso para que você esteja bastante satisfeito com a resolução dessa reclamação? Junto com o cliente, negociamos um plano de ação e, então, executamos aquele plano até que o problema do cliente esteja resolvido. O problema só é considerado resolvido quando o cliente diz que está resolvido, e também medimos isso [*ou seja, a satisfação do cliente com a resolução do problema*].[31]

Os prestadores de serviço que resolvem de modo satisfatório as falhas no serviço veem aumentar, normalmente, o nível de qualidade de serviço percebida pelo seu cliente. Um estudo no setor de expedição por frete oceânico descobriu que os clientes que manifestaram maior satisfação com a forma de lidar com as reclamações, com as queixas e com a resolução do problema têm um nível mais alto de satisfação total com a empresa de carga.[32] Assim, os profissionais de marketing industrial desenvolverão processos atentos e altamente responsivos para lidar com as falhas no serviço. Alguns estudos demonstraram que os clientes que vivenciaram uma falha no serviço e a tiveram corrigida a contento apresentam uma lealdade maior ao fornecedor do que aqueles clientes que não vivenciaram uma falha no serviço!

Sem Deserção

A qualidade do serviço prestado aos clientes de business causa um efeito importante sobre as "deserções" do cliente – os clientes que não voltam. Os estrategistas de serviço salientam que as deserções dos clientes causam um efeito poderoso no final.[33] À medida que o relacionamento com um cliente se prolonga, cresce o lucro – e em geral cresce consideravelmente. Por exemplo, uma empresa prestadora de serviço desco-

---

[31] Larry Schiff, "How Customer Satisfaction Improvement Works to Fuel Business Recovery at IBM", *Journal of Organizational Excellence* 20 (primavera de 2001), p. 12.
[32] Srinivas Durvasula, Steven Lysonski e Subhash C. Mehta, "Business-to-Business Marketing: Service Recovery and Customer Satisfaction Issues with Ocean Shipping Lines", *European Journal of Marketing* 34 (n. 3-4, 2000), p. 441.
[33] Frederick F. Reichheld e W. Earl Sasser, "Zero Defections: Quality Comes to Services", *Harvard Business Review* 68 (setembro-outubro de 1990), p. 105; ver também Frederick F. Reichheld, *Loyalty Rules! How Today's Leaders Build Lasting Relationships* (Boston: Harvard Business School Press, 2001).

briu que o lucro de um cliente de quatro anos é o triplo daquele de um cliente de um ano. Muitas vantagens adicionais se acumulam para as empresas prestadoras de serviço que mantêm os seus clientes: podem cobrar mais, o custo de fazer negócio é reduzido e o cliente de longa duração proporciona propaganda "gratuita". As implicações são claras: as prestadoras de serviço deverão rastrear com atenção as deserções do cliente e reconhecer que o aperfeiçoamento continuado em qualidade do serviço não é um custo, mas, dizem Frederick Reichheld e W. Earl Sasser, "um investimento em um cliente que gera mais lucro do que a margem em uma única venda".[34]

Retorno sobre a Qualidade

Uma decisão difícil para o gerente de marketing de serviços industriais é determinar quanto gastar no aperfeiçoamento da qualidade do serviço. Claramente, os gastos com qualidade apresentam retornos menores – em algum ponto, os gastos adicionais não aumentam os lucros. Para tomar boas decisões a respeito dos gastos em qualidade, os gerentes devem justificar os esforços de qualidade em uma base financeira, sabendo onde gastar com o aperfeiçoamento da qualidade, quanto gastar e quando reduzir ou interromper os gastos. Roland Rust, Anthony Zahorik e Timothy Keiningham desenvolveram uma técnica para o cálculo do "retorno sobre o investimento em qualidade".[35] Sob essa abordagem, as vantagens da qualidade do serviço estão sucessivamente vinculadas à satisfação do cliente, à retenção do cliente, à fatia de mercado e, por fim, à lucratividade. O relacionamento entre o nível de gastos e a mudança na satisfação do cliente é inicialmente medido por julgamento gerencial e, então, por meio de testes de mercado. Quando o relacionamento foi avaliado, o retorno sobre a qualidade pode ser medido estatisticamente. A conclusão significativa é que os aperfeiçoamentos em qualidade deverão ser tratados como investimentos: devem compensar, e o gasto não será desperdiçado em esforços que não produzam um retorno.

Composto de Marketing para Empresas de Serviço Industrial

Atender às necessidades dos compradores de serviço exige efetivamente uma estratégia de marketing integrada. Primeiro, os segmentos-alvo devem ser selecionados, e, então, um composto de marketing deve ser moldado às expectativas de cada segmento. O profissional de marketing industrial deve devotar especial atenção a cada um dos elementos principais do composto de marketing de serviço: desenvolvimento de pacotes de serviço, preço, promoção e distribuição.

Em termos da abordagem total que as empresas desenvolvem para interagir com seus clientes, as empresas prestadoras de serviço business-to-business são mais propensas a dar ênfase às estratégias de *relacionamento*, em vez de às estratégias *transacionais*.[36] Como o modo transacional envolve um relacionamento puramente comercial, o sucesso no marketing de serviços industriais depende da capacidade do

---

[34] Reichheld e Sasser, "Zero Defections", p. 107.
[35] Roland T. Rust, Anthony J. Zahorik e Timothy L. Keiningham, "Return on Quality (ROQ), Making Service Quality Financially Accountable", *Journal of Marketing* 59 (abril de 1995), p. 58-70; ver também Roland T. Rust, Katherine N. Lemon e Valarie A. Zeithaml, "Return on Marketing: Using Customer Equity to Focus Marketing Strategy", *Journal of Marketing* 68 (janeiro de 2004), p. 109-127.
[36] Nicole E. Coviello, Roderick J. Brodie, Peter J. Danaher e Wesley J. Johnston, "How Firms Relate to Their Markets: An Empirical Examination of Contemporary Marketing Practices", *Journal of Marketing* 66 (verão de 2002), p. 38.

profissional de marketing industrial de desenvolver vínculos próximos e duradouros com os clientes – com base na dependência comprador-vendedor. A ênfase no marketing de serviços industriais está no gerenciamento de todo o processo de interação comprador-vendedor.

Segmentação

Como ocorre em qualquer situação de marketing, o desenvolvimento do composto de marketing depende do segmento do cliente a ser servido. Toda faceta do serviço, assim como os métodos para a sua promoção, precificação e fornecimento, depende das necessidades de um grupo razoavelmente homogêneo de clientes. O processo de segmentação dos mercados industriais descrito no Capítulo 5 é aplicável ao mercado de serviços. Todavia, William Davidow e Bro Uttal sugerem que os segmentos de serviço ao cliente diferem dos segmentos usuais do mercado de modos significativos.[37]

Primeiro, os segmentos de serviço são geralmente menores, pois com frequência muitos clientes de serviços esperam que estes sejam realizados sob medida. As expectativas podem não ser alcançadas, caso o serviço recebido seja padronizado ou rotineiro. Segundo, a segmentação do serviço dá ênfase ao que os compradores esperam, em vez do que precisam. A avaliação das expectativas do comprador tem um papel importante na seleção de um mercado-alvo e no desenvolvimento do pacote de serviços adequado. Essa avaliação é crítica, pois muitos estudos demonstraram grandes diferenças entre as formas pelas quais os clientes e fornecedores definem e classificam atividades diversas de serviço.[38]

Como as expectativas de qualidade do serviço têm um papel importante na determinação da satisfação final com um serviço, podem ser usadas para segmentar os mercados de business-to-business. Um estudo no setor de software para sistemas de grande porte revelou diferenças significativas entre "especialistas em software" (peritos em software) e "desenvolvedores de aplicativos" (usuários de software) na mesma empresa, no que se refere às suas expectativas quanto a um novo software. Os desenvolvedores (usuários) tinham expectativas maiores sobre a qualidade do equipamento de um fornecedor, o pronto atendimento de seus funcionários e a quantidade de atenção pessoal fornecida.[39] O estudo concluiu que os diferentes membros do centro de compras bem podem ter perspectivas distintas e expectativas diversas sobre a qualidade do serviço. O profissional de marketing industrial deverá avaliar com atenção a possibilidade de usar as expectativas de qualidade do serviço como um guia para a criação da estratégia de marketing.

Por fim, a segmentação dos mercados de serviço ajuda a empresa a ajustar a capacidade de serviço de modo mais eficiente. A segmentação, em geral, revela que a demanda total é constituída por inúmeros pequenos, ainda que mais previsíveis, padrões de demanda. Um hotel pode prever e ajustar cada uma de suas capacidades aos padrões de demanda de visitantes de convenções, viajantes executivos, turistas estrangeiros ou pessoas de férias.

Pacotes de Serviços

O **pacote de serviços** pode ser pensado como a dimensão de serviço do produto, incluindo as decisões sobre o conceito essencial do serviço, a série de serviços fornecidos e a qualidade e o nível do serviço.

---

[37] Davidow e Uttal, "Service Companies", p. 79.
[38] Ibid., p. 83.
[39] Leyland Pitt, Michael H. Morris e Pierre Oosthuizen, "Expectations of Service Quality as an Industrial Market Segmentation Variable", *Service Industries Journal* 16 (janeiro de 1996), p. 1-9; ver também Ralph W. Jackson, Lester A. Neidell e Dale A. Lunsford, "An Empirical Investigation of the Differences in Goods and Services as Perceived by Organizational Buyers", *Industrial Marketing Management* 24 (março de 1995), p. 99-108.

Além disso, o pacote de serviços deve levar em consideração alguns fatores singulares – o pessoal que presta o serviço, o produto físico que acompanha o serviço e o processo da prestação do serviço.[40] Um modo útil de conceitualizar o produto do serviço está demonstrado na Figura 10.3.

Conceito de Vantagem do Cliente. Os serviços são comprados por causa das vantagens que oferecem, e uma primeira etapa na criação de um serviço ou na avaliação de um serviço existente é definir o **conceito de benefício do cliente** – ou seja, avaliar o benefício central que o cliente obtém do serviço. O entendimento do conceito de benefício do cliente está voltado para a atenção do profissional de marketing industrial para aqueles atributos – funcionais, eficazes e psicológicos – que devem ser não apenas oferecidos, mas também monitorados de perto de um ponto de vista do controle de qualidade. Por exemplo, um gerente de vendas que seleciona um resort para uma reunião anual de vendas está comprando uma vantagem principal que poderia ser declarada como "uma reunião de sucesso". O profissional de marketing do hotel, então, avalia todos os atributos de serviço e os componentes necessários para proporcionar uma reunião de sucesso. Obviamente, ampla variedade de elementos de serviço entra em jogo: (1) tamanho da sala de reunião, configuração, ambiente, acústica; (2) refeições; (3) salas de descanso confortáveis e silenciosas; (4) equipamento audiovisual; e (5) pronto atendimento do quadro de funcionários.

Conceito de Serviço. Uma vez entendido o conceito de benefício do cliente, a próxima etapa é articular o **conceito de serviço**, que define os benefícios gerais que a empresa prestadora de serviço fornecerá por meio do conjunto de produtos e serviços que vende ao cliente. O conceito de serviço converte o conceito de benefício do cliente em uma série de vantagens que o profissional de marketing de serviço vai *fornecer*. Para um hotel, o conceito de serviço poderia especificar os benefícios que desenvolverá: flexibilidade, pronto atendimento e cortesia ao providenciar salas de reunião; um conjunto completo de equipamentos audiovisuais; programações flexíveis de refeições; serviços de mensageiro; pessoal profissional; e salas de reunião com controle da temperatura ambiente.

Oferta de Serviço. Intimamente vinculada ao conceito de serviço está a **oferta de serviço**, que traduz em mais detalhes aqueles serviços que serão oferecidos; quando, onde e para quem serão fornecidos; e como serão apresentados. Os elementos do serviço que compõem o pacote total de serviços, inclusive tangíveis e intangíveis, devem ser determinados. A oferta de serviço do hotel inclui inúmeros elementos tangíveis (salas de reunião à prova de som, equipamento de projeção, aparelho de vídeo, projetor de slides, *flip charts* [vira-folhas], bebidas, aquecimento e ar-condicionado, refeições) e elementos intangíveis (atitude do pessoal que organiza a sala de reunião, atendimento cordial do pessoal administrativo e dos mensageiros, resposta a pedidos singulares, ambiente da sala de reunião). Em geral, a administração acha mais fácil gerenciar os elementos tangíveis (equipamentos e materiais) do serviço do que controlar os elementos intangíveis.

Sistema de Prestação do Serviço. A dimensão final do produto do serviço é o sistema de prestação do serviço – como o serviço é fornecido ao cliente. O sistema de prestação do serviço inclui tarefas especialmente concebidas para as pessoas; pessoal com capacidades e atitudes necessárias para a realização bem-sucedida; equipamentos, instalações e configurações para o fluxo de trabalho eficaz do cliente; e procedimentos e processos desenvolvidos com atenção e voltados para um conjunto comum de objetivos.[41] Assim, o sistema de prestação do serviço fornecerá um projeto bem elaborado que descreve como o serviço é prestado ao cliente.

---

[40] Donald Cowell, *The Marketing of Services* (Londres: William Heinemann, 1984), p. 73.
[41] James L. Heskett, *Managing in the Service Economy* (Boston: Harvard Business School Press, 1986), p. 20.

FIGURA 10.3 | CONCEITUALIZANDO O PRODUTO DO SERVIÇO

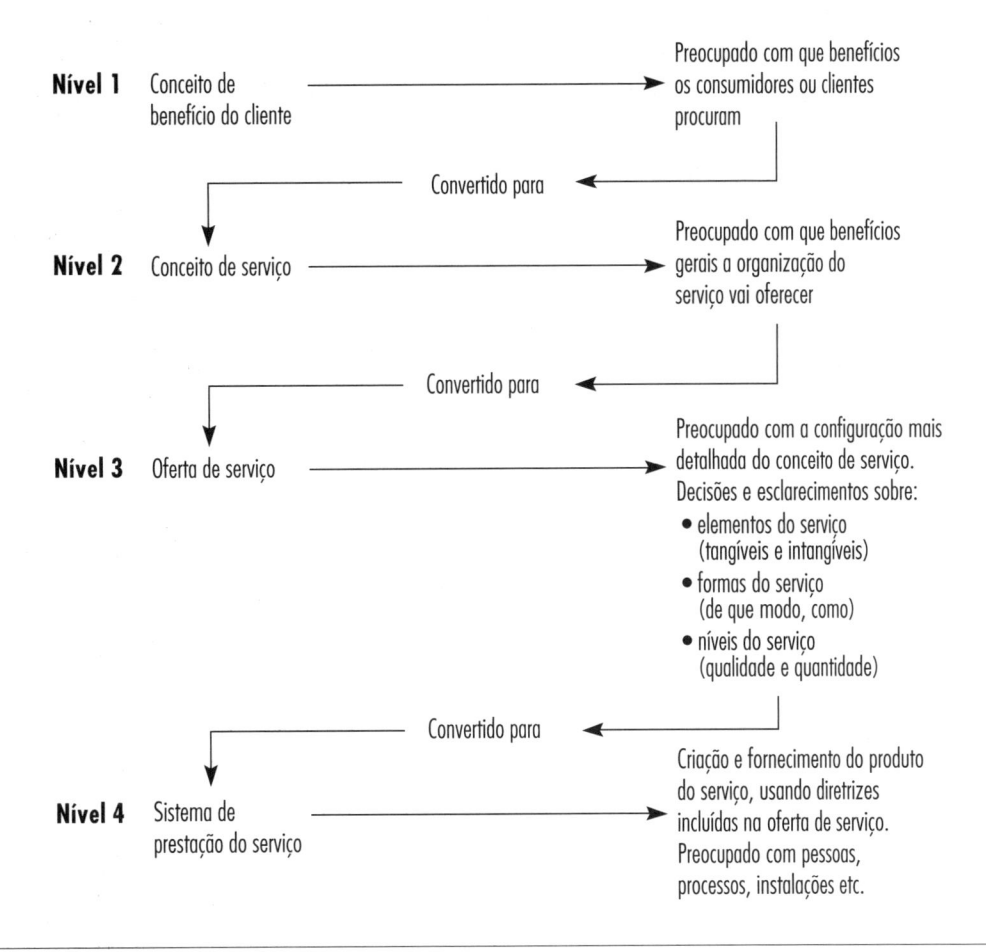

Nível 1 — Conceito de benefício do cliente → Preocupado com que benefícios os consumidores ou clientes procuram

Convertido para

Nível 2 — Conceito de serviço → Preocupado com que benefícios gerais a organização do serviço vai oferecer

Convertido para

Nível 3 — Oferta de serviço → Preocupado com a configuração mais detalhada do conceito de serviço. Decisões e esclarecimentos sobre:
- elementos do serviço (tangíveis e intangíveis)
- formas do serviço (de que modo, como)
- níveis do serviço (qualidade e quantidade)

Convertido para

Nível 4 — Sistema de prestação do serviço → Criação e fornecimento do produto do serviço, usando diretrizes incluídas na oferta de serviço. Preocupado com pessoas, processos, instalações etc.

FONTE: Adaptado de Donald Cowell, *The Marketing of Services* (Londres: William Heinemann, Ltd., 1984), p. 100.

Para produtos físicos, a fabricação e o marketing são, em geral, atividades separadas e distintas; para os serviços, essas duas atividades são normalmente inseparáveis.[42] O desempenho do serviço e o sistema de prestação do serviço criam, ambos, o produto e o fornecem aos clientes. Essa característica dos serviços ressalta o papel importante das pessoas, especialmente dos prestadores do serviço, no processo de marketing. Técnicos, pessoal de reparo e engenheiros de manutenção estão intimamente envolvidos no contato com o cliente e influenciam de modo decisivo a percepção do cliente quanto à qualidade do serviço. O profissional de marketing de serviços industriais deve prestar especial atenção tanto às pessoas quanto aos itens físicos (elementos tangíveis como uniformes), ao projetar o pacote de serviços.

Consumo Enxuto. James Womack e Daniel Jones sugerem que o conceito de "consumo enxuto" proporciona um modo eficaz de se pensar sobre como os serviços são usados.[43] O **consumo enxuto** está voltado para o fornecimento do valor total que os compradores desejam de seus produtos e serviços, com a maior eficiência e menos problemas. Quando uma empresa compra um sistema de computador, por exemplo, isso não é uma transação que só ocorre uma vez. A empresa se envolveu em um processo árduo de pesquisa, obtenção, integração, manutenção, atualização e, finalmente, disposição desse produto. Para

---

[42] Cowell, *The Marketing of Services*, p. 110.
[43] James Womack e Daniel Jones, "Lean Consumption", *Harvard Business Review* 83 (março de 2005), p. 60.

os fabricantes de computadores (sejam funcionários, gerentes ou empresários), o desenvolvimento de processos de consumo enxuto exige a determinação de como configurar as atividades comerciais vinculadas, especialmente entre empresas, para atender às necessidades do cliente sem desperdiçar o próprio – ou do cliente – tempo, esforço e recursos. Esses resultados favoráveis são alcançados pela integração firme e pela modernização dos processos de fornecimento e consumo. Essa abordagem vem sendo adotada de modo eficaz pela Fujitsu Services, uma importante prestadora global de serviços terceirizados ao cliente. As empresas que firmam contrato com a Fujitsu para o gerenciamento de sua central de atendimento de tecnologia da informação interna descobrem que o número de chamadas recebidas em suas mesas sobre um problema recorrente – digamos, mau funcionamento de impressoras – em geral cai para quase zero. O que a Fujitsu faz é identificar e consertar a fonte do problema – por exemplo, substituir as impressoras defeituosas por novas. Ao buscar a causa raiz do problema em algum lugar no fluxo do valor (geralmente envolvendo várias empresas), a Fujitsu agiu como a pioneira de um modo de eliminar os problemas e reduzir os custos.[44]

Pessoal de Serviço. Uma primeira etapa na criação de um pacote de serviços eficiente é garantir que todo o pessoal conheça, entenda e aceite o conceito de benefício do cliente. Como afirma Donald Cowell, "tão importantes são as pessoas e a sua qualidade para as organizações e[...] os serviços que o 'marketing interno' é considerado como tendo um papel gerencial essencial para garantir que todo o quadro de pessoal esteja atento ao cliente".[45] Resumindo, as atitudes, capacidades, conhecimento e comportamento do pessoal de serviço causa um efeito crítico sobre o nível de satisfação do cliente com o serviço.

Preço dos Serviços Industriais

Embora as políticas e estratégias de preço de produtos e serviços compartilhem muitos aspectos em comum, as características singulares dos serviços criam alguns problemas e oportunidades especiais quanto ao preço.

Perecibilidade e Gerenciamento da Demanda/Capacidade. A demanda por serviços é raramente constante ou previsível o suficiente para evitar a perecibilidade do serviço. Uma decisão extremamente difícil para o profissional de marketing de serviços industriais é determinar a capacidade (estoque) do sistema: deverá atender à demanda de pico, à demanda média ou um ponto entre elas? O preço pode ser usado para gerenciar o momento da demanda e alinhá-lo à capacidade.

Para gerenciar a demanda, o profissional de marketing pode oferecer esquemas de preço fora do pico e incentivos ao preço para os pedidos de serviço colocados antecipadamente. Por exemplo, resorts, cheios de viajantes em lazer durante as férias escolares e feriados, desenvolvem pacotes especiais para grupos executivos fora da temporada. Da mesma forma, os serviços públicos podem oferecer reduções significativas das taxas para uso fora do pico. Também pode ser possível, dependendo da elasticidade da demanda e da competição, cobrar taxas especiais por serviços fornecidos em períodos de demanda de pico. É interessante notar, todavia, que um estudo recente demonstrou que muitas empresas prestadoras de serviço não reduzem os preços para aumentar o negócio durante os períodos mais calmos.[46]

---

[44] Ibid., p. 61.
[45] Cowell, *The Marketing of Services*, p. 110; ver também Francis X. Frei, "The Four Things a Service Business Must Get Right", *Harvard Business Review* 86 (abril de 2008), p. 70-80.
[46] Zeithaml, Parasuraman e Berry, "Problems and Strategies in Services Marketing", p. 41.

Empacotamento de Serviços. Muitas prestadoras de serviço industrial incluem um serviço principal e vários serviços periféricos. Como os serviços deverão ser cotados – como um todo, como um pacote de serviços ou individualmente? O empacotamento é a prática de comercializar dois ou mais serviços em um pacote, por um preço especial.[47] O empacotamento faz sentido no ambiente de serviços industriais porque a maioria destes possui uma razão alta de custos fixos sobre custos variáveis e alto grau de compartilhamento de custo entre os seus muitos serviços relacionados. Por isso, o custo marginal de prestação de serviços adicionais ao cliente do serviço principal é geralmente baixo.

Uma importante decisão para o prestador de serviço é se deve fornecer uma venda casada pura ou composta.[48] No **empacotamento puro**, os serviços estão disponíveis apenas sob a forma de pacotes – não podem ser comprados separadamente. No **empacotamento composto**, o cliente pode comprar um ou mais serviços individualmente ou comprar o pacote. Por exemplo, uma empresa pública de depósitos pode fornecer seus serviços – armazenamento, manuseio de produtos e atividades administrativas – em forma de pacote de preço ao cobrar uma taxa única (8 centavos) por caixa que o depósito recebe do seu cliente fabricante. Ou a empresa pode comercializar cada serviço em separado e fornecer uma taxa para cada serviço individualmente (3 centavos por caixa armazenada, 4 centavos por caixa para manuseio e 1 centavo por caixa para trabalho administrativo). Além disso, uma série de serviços periféricos pode ser cotada em uma base individual: contagem física do estoque, seleção e roteamento da empresa de frete, devolução e reparo da mercadoria e assim por diante. Dessa forma, o cliente pode escolher os serviços que deseja e pagar cada um separadamente.

Criando uma Equipe de Vendas Especializada em Serviços[49]. À medida que as empresas se distanciam de serviços ligados a produtos em direção a soluções mais elaboradas ao cliente, um novo conjunto de desafios é apresentado aos vendedores: os serviços exigem um ciclo de vendas longo e um processo de vendas complexo que, em geral, envolve a participação de executivos seniores nos lados de compra e de venda. Para desenvolver uma estratégia focalizada, a equipe de vendas da GE Healthcare inclui tanto especialistas de produto quanto de serviço. Os vendedores de produtos são chamados "caçadores", voltando a sua atenção para garantir pedidos do cliente para os novos equipamentos. Os vendedores de serviço são "fazendeiros"; a GE espera que cultivem e desenvolvam relacionamentos, fazendo crescer o negócio de serviços ao longo do tempo.

Isolar a Lucratividade do Serviço. Em muitos setores, as empresas, em geral, fornecem aos clientes uma miríade de serviços como entrega no dia seguinte, manuseio customizado e etiquetagem especializada. Todavia, nem todas as empresas rastreiam os custos efetivos dos muitos serviços que oferecem e não possuem dados concretos sobre as margens líquidas de lucro. Em decorrência disso, a grande quantidade de clientes que recebem a parte do leão desses serviços pode ser bem menos lucrativa do que pensam as empresas. Já que os profissionais de marketing industrial desenvolvem e precificam as ofertas de serviço, deverão dar especial atenção ao *custo para servir* de clientes específicos e segmentos do mercado[50] (ver Capítulo 4). Ao incorporar os dados do custo para servir ao cálculo da margem bruta, os estrategistas de marketing industrial estão mais bem equipados para cotar serviços, identificar clientes não lucrativos e tomar medidas para restaurar a lucratividade.

---

[47] Joseph P. Guiltinan, "The Price Bundling of Services: A Normative Framework", *Journal of Marketing* 51 (abril de 1987), p. 74.
[48] Ibid., p. 75.
[49] Werner Reinartz e Wolfgang Ulaga, "How to Sell More Services Profitably", *Harvard Business Review* 86 (maio de 2008), p. 90-96.
[50] Remko van Hoek e David Evans, "When Good Customers Are Bad", *Harvard Business Review* 83 (setembro de 2005), p. 9.

Promoção dos Serviços

As estratégias promocionais para os serviços seguem muitas das mesmas prescrições usadas para os produtos. Todavia, as características singulares dos serviços industriais apresentam desafios especiais para o profissional de marketing industrial.

Desenvolvendo Dicas Tangíveis. Os profissionais de marketing de serviço devem se concentrar em caracterizar os elementos de itens físicos de seu serviço ou em tornar os elementos intangíveis mais tangíveis. O item físico tem um papel importante na criação da atmosfera e do ambiente em que um serviço é comprado ou prestado e influencia a percepção do cliente quanto ao serviço. O item físico é o aspecto tangível do pacote de serviços que o profissional de marketing industrial pode controlar. Tentativas serão feitas para converter a imagem dos atributos intangíveis de um serviço em algo mais concreto.

Para os profissionais de marketing de serviço, uniformes, logotipos, contratos e garantias por escrito, a construção da aparência e os esquemas de cor são algumas das muitas formas de tornar tangíveis os seus serviços. Uma empresa de manutenção de equipamentos que proporciona inspeções gratuitas, por escrito e trimestrais ajuda a tornar o seu serviço mais tangível. Xerox, IBM e FedEx oferecem garantias de serviço para ofertas selecionadas. O cartão de crédito criado por empresas de locação de veículos é outro exemplo de uma tentativa de tornar um serviço mais tangível. Uma preocupação importante do profissional de marketing de serviço é desenvolver uma estratégia bem-definida para o gerenciamento do item físico – para aumentar e diferenciar o item de serviço ao criar dicas tangíveis.

Distribuição dos Serviços

As decisões sobre distribuição no setor de serviços estão focalizadas em como tornar o pacote de serviços disponível e acessível ao usuário. A venda direta pode ser acompanhada pelo usuário que vai até o fornecedor (por exemplo, uma fabricante usando um depósito público para armazenar o seu produto) ou, mais frequentemente, pelo fornecedor que vai até o comprador (por exemplo, reparo de fotocopiadoras). Os serviços também podem ser prestados pela internet ou fornecidos por membros do canal.

Prestação de Serviços pela Internet. A internet proporciona um novo canal poderoso para uma série de serviços. Por exemplo, os prestadores de serviços de aplicação atendem os clientes do mercado industrial ao permitir que aluguem acesso a software e hardware de computador, fornecendo, em geral, acesso pela internet.[51] Para ilustrar, para a Dunn and Bradstreet, a IBM colabora com informações de crédito de 63 milhões de empresas, lida com o suporte ao cliente e com a distribuição eletrônica de relatórios de crédito e identifica possíveis bons clientes com o seu software de análise.[52]

Membros do Canal. Algumas fabricantes simplesmente se fiam em seus membros do canal para prestar os serviços associados com o produto. Como os atacadistas e distribuidores estão bem mais próximos do cliente, esse arranjo pode ser uma forma rentável de prestar serviços de instalação, reparo e manutenção. A IBM, embora bem conhecida por seus produtos físicos, transformou-se em uma empresa prestadora de serviço como uma forma de ganhar vantagem competitiva. Enquanto usava uma equipe de vendas diretas para vender seus serviços para grandes clientes corporativos, a IBM descobriu ser difícil cobrir o grande mercado intermediário de uma forma rentável. O mercado intermediário é composto por clientes com

---

[51] Jon G. Auerbach, "Playing the New Order: Stocks to Watch as Software Meets the Internet", *The Wall Street Journal*, 15 de novembro de 1999, p. R28.
[52] Steve Hamm, "Beyond Blue", *Business Week*, 18 de abril de 2005, p. 68-76.

menos de 2 mil funcionários ou menos de $ 500 milhões em receitas. A solução da IBM foi confiar em parceiros do negócio (membros do canal) para vender seus serviços a esses clientes e para fornecer suporte continuado aos parceiros e clientes pela internet. Dessa forma, a IBM expande a sua cobertura de mercado, responde às necessidades de serviço dos clientes e aumenta a lucratividade e a lealdade de seus parceiros.[53]

Desenvolvendo Novos Serviços[54]

Conforme nossa discussão sobre o processo de desenvolvimento de novo produto (ver Capítulo 9), a pesquisa sugere que existe um conjunto pequeno de fatores de sucesso que impulsionam o resultado dos empreendimentos do novo serviço. Aqui incluída está a garantia de uma adequação ótima às necessidades do cliente, envolvendo gerentes especializados da linha de frente dos serviços na criação de novos serviços e ajudando os clientes a desfrutar de suas vantagens distintivas, e implantando um lançamento formal e planejado para a oferta do novo serviço. Mais ainda, o estudo descobriu, para os serviços industriais novos no mundo, que a principal característica de distinção que causa impacto sobre o desempenho é a cultura corporativa – que promove ativamente o empreendedorismo, encoraja a criatividade e inclui o envolvimento direto dos gerentes seniores no processo de desenvolvimento de novo serviço.

Resumo

A satisfação do cliente representa o auge de um conjunto de experiências do cliente junto à empresa de business-to-business. Um mapa da experiência do cliente fornece uma plataforma poderosa para a definição das interações mais críticas entre cliente e empresa, revelando as expectativas do cliente e apontando as oportunidades para criar valor e fortalecer a lealdade do cliente. Em vez de vender produtos e serviços individuais, as empresas de ponta de business-to-business estão voltadas para o que os clientes realmente desejam – soluções. Para projetar uma solução, o gerente de marketing industrial começa por analisar o problema de um cliente e, então, identifica os produtos e serviços necessários para a resolução daquele problema. Como as soluções podem ser mais facilmente customizadas para cada cliente, proporcionam mais caminhos para a diferenciação do que os produtos podem oferecer.

Os serviços industriais são distinguidos por sua intangibilidade, produção e consumo vinculados, falta de padronização, perecibilidade e uso em contraposição à propriedade. Juntas, essas características causam profundos efeitos sobre como os serviços deverão ser comercializados. Os compradores de serviços industriais focalizam cinco dimensões de qualidade do serviço: confiabilidade, pronto atendimento, garantia, empatia e tangíveis. Por causa da intangibilidade e da falta de uniformidade, os compradores de serviços têm muita dificuldade em comparar e selecionar os fornecedores de serviço. Os prestadores de serviço devem abordar essa questão ao desenvolver o seu composto de marketing.

O composto de marketing para serviços industriais está centralizado em elementos tradicionais – pacote de serviços, preços, promoção e distribuição – assim como no pessoal do serviço, no sistema de prestação do serviço e nos itens físicos. A meta do programa de marketing de serviço é criar clientes satisfeitos. Uma primeira etapa principal na criação de estratégias é definir o conceito de benefício do cliente e o conceito e a oferta relacionados ao serviço. O preço se concentra na influência da demanda e na capaci-

---

[53] Craig Zarley, Joseph Kovar e Edward Moltzen, "IBM Reaches", *Computer Reseller News* 26 (fevereiro de 2001), p. 14.
[54] Ulrike de Brentani, "Innovative *versus* Incremental New Business Services: Different Keys for Achieving Success", *Journal of Product Innovation Management* 18 (n. 3, 2001), p. 169-187; ver também Adegoke Oke, "Innovation Types and Innovation Management Practices in Service Companies", *International Journal of Operations & Production Management* 27 (n. 6, 2007), p. 564-587.

dade, assim como no empacotamento de elementos de serviço. A promoção dá ênfase ao desenvolvimento da comunicação do funcionário, ao aumento da promoção boca a boca, ao fornecimento de dicas tangíveis e ao desenvolvimento de capacidades interpessoais do pessoal operacional. A distribuição é realizada por meios diretos, intermediários ou pela internet. As empresas, grandes e pequenas, estão usando a internet para formar relacionamentos próximos com os clientes e para fornecer ampla gama de novos serviços. O marketing do novo serviço pode aperfeiçoar a eficácia ao criar uma cultura organizacional que promova a aceitação de riscos e a inovação. Novos serviços de sucesso respondem a necessidades cuidadosamente definidas do mercado, capitalizam os pontos fortes e a reputação da empresa e resultam de um processo bem planejado de desenvolvimento de novo serviço.

Questões para Discussão

1. Muitas empresas possuem um processo de recuperação instalado para situações em que os seus produtos ou serviços deixam de fornecer o que foi prometido ao cliente. Dar exemplo de como esse processo poderá funcionar.

2. Que etapas um gerente pode percorrer para aumentar as chances de sucesso para um novo serviço industrial?

3. Empresas de serviço importantes como a American Express e a FedEx medem a satisfação do cliente trimestralmente pelo mercado global. Discutir o relacionamento entre satisfação do cliente e lealdade.

4. Criticar esta declaração: "Uma dimensão importante de sucesso no marketing de serviço, em contrapartida ao marketing de produtos, é que o pessoal operacional na empresa prestadora de serviço tem um papel crítico em vendas e marketing".

5. Explicar por que as oportunidades de crescimento em muitas empresas, como a IBM ou a GE, são bem maiores no setor de serviços do que o são no setor de produtos.

6. Como um gerente de um resort de luxo, que abordagens você poderá utilizar para gerenciar a demanda de negócio para o espaço do hotel?

7. Quando uma empresa compra um processador de documentos sofisticado da Xerox ou da Canon, está comprando um produto físico com pacote de serviços associados. Descrever alguns dos serviços que podem estar associados a esse produto. Elaborar uma lista de elementos ou pontos de interação que poderão estar refletidos em um mapa da experiência do cliente. Como os compradores podem avaliar a qualidade ou o valor desses serviços?

8. Qual é o papel do item físico no marketing de um serviço industrial?

9. Empreiteiros locais que realizam reformas de casas e outros projetos de construção recorrem à Home Depot ou à Lowe em busca de muitos produtos, ferramentas e materiais. Descrever como essas varejistas poderiam adotar um foco de marketing de soluções para atender os clientes.

10. Uma nova empresa cria páginas na rede mundial e estratégias de comércio eletrônico para pequenos negócios. Descrever os elementos essenciais a serem incluídos em seu produto de serviço.

CASO

SafePlace Corporation[55]

Em fevereiro de 2002, um hóspede do Hilton em Cherry Hill, Nova Jersey, morreu durante o período em que participava de uma convenção. Vários outros hóspedes foram enviados ao hospital por medo de uma epidemia da doença do legionário ou um ataque de antraz. Depois, foi determinado que o hóspede havia morrido de pneumonia e de uma infecção no sangue não relacionada ao hotel. O alarme em torno desse incidente é um exemplo de quão importante a segurança se tornou no setor hoteleiro.

Em resposta a essa necessidade, John C. Fannin III, um perito em segurança industrial e proteção contra incêndio, constituiu a SafePlace Corporation e é o presidente da organização. A empresa é um fornecedor independente de licenciamento de segurança para edificações de alojamentos, de assistência médica, educacionais e comerciais e outros imóveis onde a segurança das pessoas é uma preocupação. Como o "Selo de Aprovação da Boa *Housekeeping*", as exigências do Licenciamento da SafePlace® têm como base a segurança, a proteção contra incêndio e os cuidadoas com saúde e segurança da vida, padrões e melhores práticas selecionados e nacionalmente reconhecidos.

O Hotel duPont em Wilmington, Delaware, foi a primeira instalação hoteleira nos Estados Unidos a receber o selo de aprovação SafePlace. Esse processo de licenciamento envolve uma rigorosa inspeção da instalação e identifica as melhores práticas que o hotel deverá empregar, como o uso de cartões magnéticos (em vez de chaves), portas que fecham automaticamente, detectores de fumaça e *sprinklers* nos quartos dos hóspedes, trancas eletromagnéticas nas portas, excelente qualidade da água e práticas de trabalho e manuseio de alimentos seguros pelo pessoal do hotel. O Hotel duPont, que pagou uma taxa de $ 45 mil pela inspeção e pelos serviços de consultoria, exibe o selo SafePlace no saguão e planeja colocar a credencial em todo o material de marketing do estabelecimento. Outros adotantes iniciais do programa SafePlace são o Hotel Montcleone de Nova Orleans e o Sagamore em Bolton Landing, Nova York. Ambos informam que suas credenciais aumentaram os seus negócios.

Tricia Hayes, diretora de marketing do The Sagamore, disse que o SafePlace chamou a atenção do planejador de reuniões para a sua instalação e para o gerenciamento do conforto na adoção das melhores práticas do gerenciamento de risco. "Nossa acreditação causou um grande impacto nos profissionais que organizam reuniões. Nossos gerentes de vendas a utilizam como uma ferramenta de venda."

Desde o lançamento do seu programa, a SafePlace está indo particularmente bem junto aos hotéis independentes que, de acordo com Fannin, são "mais rápidos na resposta às preferências do cliente do que seria uma cadeia de hotéis". Por sua vez, Fannin percebe que existe uma grande oportunidade no mercado ligado à educação, principalmente nas faculdades e universidades (por exemplo, a acreditação de dormitórios).

---

[55] Maureen Milford, "Hotel Safety Rises to a New Standard", *The News Journal*, 13 de maio de 2002, p. i, disponível em http://www.safeplace.com, acesso em 27 de setembro de 2002; "SafePlace Makes Hospitality Inroads", *Lodging Hospitality*, fevereiro de 2005, disponível em http://www.safeplace.com, acesso em 15 de outubro de 2005; e Ruth Hill, "What Hotel Guests Want Today: A Safe Haven in a Secure Property", *HSMAI Marketing Review*, outono de 2005, disponível em http://www.safeplace.com, acesso em 22 de julho de 2008.

Questões para Discussão

1. Descrever o conceito de serviço principal e as vantagens que a SafePlace fornece a um hotel e aos seus hóspedes. Como você descreveria essas vantagens no corpo de um anúncio?

2. Que etapas John Fannin seguiria no mercado ligado à educação para impulsionar o crescimento da SafePlace?

3. Avaliar as perspectivas da SafePlace no mercado ligado à educação e sugerir uma estratégia potencial que a empresa poderá seguir para entrar nesse mercado.

CAPÍTULO 11

Gerenciando Canais de Marketing Industrial

O canal de distribuição é a ponte do gerente de marketing com o mercado. A inovação do canal representa uma fonte de vantagem competitiva que separa os vencedores do mercado dos perdedores do mercado. O profissional de marketing industrial deve garantir que o canal da empresa esteja devidamente alinhado às necessidades dos segmentos importantes do mercado. Ao mesmo tempo, o profissional de marketing deve, também, atender às necessidades dos membros do canal cujo apoio é crucial para o sucesso da estratégia de marketing industrial. Após a leitura deste capítulo, você entenderá:

1. os caminhos alternativos para os clientes do mercado industrial.

2. o papel crítico dos distribuidores industriais e dos representantes dos fabricantes nos canais de marketing.

3. os componentes principais do desenho do canal.

4. as exigências para uma estratégia de canal bem-sucedida.

Go to Market Strategy (Estratégia de Entrada no Mercado), um livro de Lawrence G. Friedman, que tem grande influência, descreve com precisão o foco central de uma estratégia de canal no mercado industrial:

> O sucesso de toda decisão de entrada no mercado que você realiza, de fato a sua capacidade de tomar decisões de entrada no mercado inteligentes, depende de quão bem você entende seus clientes.[...] Você deve construir um conjunto de informações básicas do cliente que esclareça quem são os clientes em seu mercado-alvo, o que compram, como compram, como desejam comprar e o que os motiva a comprar mais de você.[1]

O componente de canal da estratégia de marketing industrial possui duas dimensões importantes e relacionadas. Primeiro, a estrutura do canal deve ser projetada para alcançar os objetivos de marketing. Todavia, a seleção do melhor canal para alcançar os objetivos é desafiadora, pois (1) as alternativas são inúmeras, (2) as metas de marketing diferem e (3) os segmentos do mercado industrial são tão variados que os canais separados devem, em geral, ser usados simultaneamente. O ambiente industrial em constante mudança exige que os gerentes reavaliem periodicamente a estrutura do canal. Competição rigorosa, exigências de novo cliente e crescimento rápido da internet estão entre as forças que criam novas oportunidades e sinalizam a necessidade de novas estratégias do canal.[2]

Segundo, uma vez especificada a estrutura do canal, o profissional de marketing industrial deve gerenciar o canal para alcançar as metas estabelecidas. Para fazê-lo, o gerente deve desenvolver procedimentos para a seleção de intermediários, para motivá-los a alcançar o desempenho desejado, resolver o conflito entre os membros do canal e avaliar o desempenho. Este capítulo fornece uma estrutura para desenhar e administrar o canal de marketing industrial.

O Canal de Marketing Industrial

O vínculo entre fabricantes e clientes é o **canal de distribuição**. O canal executa todas as tarefas necessárias para realizar uma venda e fornecer produtos para o cliente. Essas tarefas incluem fazer contato com compradores potenciais, negociar, contratar, transferir a titularidade, comunicar, conseguir financiamento, fornecer o produto e oferecer estoque, transporte e armazenamento local. Essas tarefas podem ser realizadas inteiramente pelo fabricante ou inteiramente pelos intermediários, ou podem ser compartilhadas entre eles. O cliente pode até executar algumas dessas funções; por exemplo, os clientes que recebem determinados descontos podem concordar em aceitar grandes estoques e custos associados de armazenamento.

Fundamentalmente, o gerenciamento do canal está centralizado nestas questões: *Que tarefas do canal serão realizadas pela empresa e que tarefas, se houver, serão realizadas pelos membros do canal?* A Figura 11.1 mostra várias formas de estruturar os canais de marketing industrial. Alguns canais são **diretos** – o fabricante deve realizar todas as funções de marketing necessárias para fabricar e entregar os produtos. A equipe de vendas diretas do fabricante e os canais de marketing on-line são exemplos. Outros são **indiretos**; ou seja, algum tipo de intermediário (como um distribuidor ou revendedor) vende ou controla os produtos.

Uma questão básica no gerenciamento do canal, então, é como estruturar o canal de forma que as tarefas sejam desempenhadas de modo ótimo. Uma alternativa é que o fabricante faça tudo.

---

[1] Lawrence G. Friedman, *Go to Market: Advanced Techniques and Tools for Selling More Products, to More Customers, More Profitably* (Boston: Butterworth-Heinemann, 2002), p. 116.
[2] Bert Rosenbloom, "Multi-Channel Strategy in Business-to-Business Markets", *Industrial Marketing Management* 36 (janeiro de 2007), p. 4-7.

FIGURA 11.1 | CANAIS DE MARKETING B2B

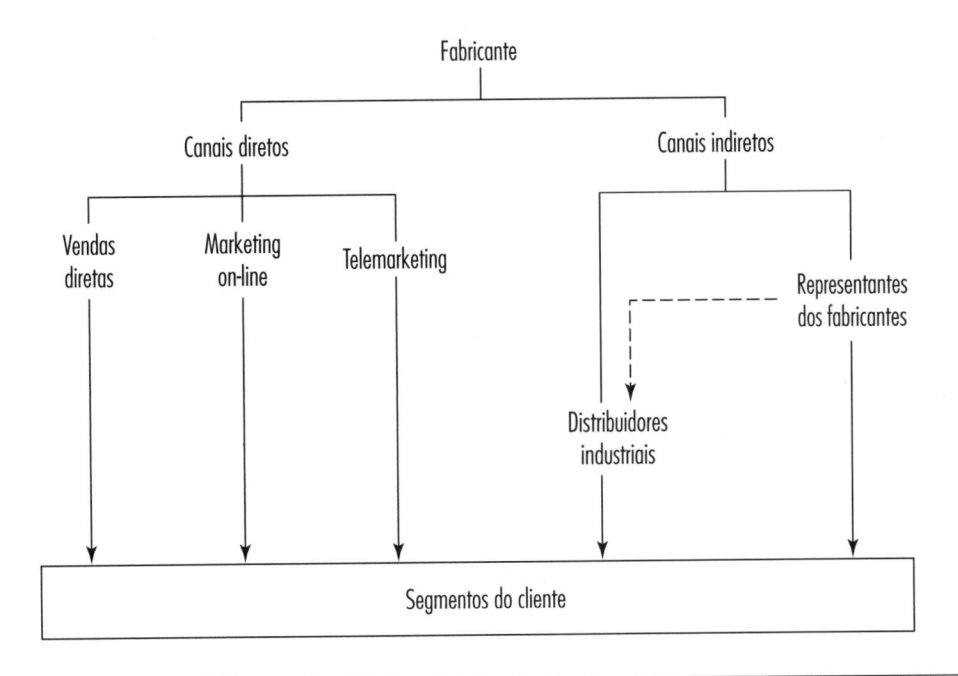

```
                        Fabricante
           ┌────────────────┴────────────────┐
      Canais diretos                    Canais indiretos
   ┌──────┬──────┐                   ┌──────────────────┐
 Vendas  Marketing  Telemarketing                  Representantes
 diretas on-line                                   dos fabricantes
                                           │
                                      Distribuidores
                                       industriais
   │      │       │        │              │
   ▼      ▼       ▼        ▼              ▼
   ┌──────────────────────────────────────────┐
   │           Segmentos do cliente           │
   └──────────────────────────────────────────┘
```

Canais Diretos

A distribuição direta, comum no marketing industrial, é uma estratégia de canal que não usa intermediários. A própria força de vendas do fabricante lida diretamente com o cliente, e o fabricante tem plena responsabilidade pela execução de todas as tarefas necessárias do canal. A distribuição direta é, em geral, exigida no marketing industrial devido à natureza da situação de venda ou à natureza concentrada da demanda do setor. A abordagem de vendas diretas é viável quando (1) os clientes são grandes e bem-definidos, (2) os clientes insistem nas vendas diretas, (3) as vendas envolvem grandes negociações com a alta administração, e (4) a venda deve ser controlada para garantir que o pacote total do produto seja devidamente implantado e para garantir uma rápida resposta às condições do mercado.

Uma força de vendas diretas é mais bem utilizada para as oportunidades de venda mais complexas: soluções altamente customizadas, grandes clientes e produtos complexos. As soluções customizadas e as contas de grandes clientes exigem gerenciamento profissional da conta, profundo conhecimento do produto e alto grau de habilidade em vendas – todos atributos que um representante de vendas deve possuir. Também, quando o risco em uma decisão de compra é percebido como alto e exige-se grande perícia na venda, os clientes demandam um nível alto de atenção pessoal e construção de relacionamento da força de vendas diretas como um pré-requisito para fazer negócio. Todavia, de acordo com Lawrence Friedman e Timothy Furey, "no amplo mercado intermediário e no mercado do pequeno consumidor, onde as transações são, em geral, mais simples, outros canais podem fazer um trabalho mais rentável – e podem até alcançar mais clientes".[3]

Muitas empresas de marketing industrial, como Xerox, Cisco e Dell, dão ênfase às estratégias de e-commerce. Surpreendentemente, muitas empresas usam as suas páginas na web apenas com fins promocionais e não, ainda, como um canal de vendas. Os canais eletrônicos podem ser usados pelas empresas de marketing

---

[3] Lawrence G. Friedman e Timothy R. Furey, *The Channel Advantage* (Boston: Butterworth-Heinemann, 1999), p. 84.

> ### POR DENTRO DO MARKETING INDUSTRIAL
>
> ### A IBM Usa a Internet para Colaborar com os Parceiros de Canal e Construir a Lealdade do Cliente
>
> A internet proporciona uma forma valiosa para que os profissionais de marketing industrial colaborem com os distribuidores ou outros revendedores, compartilhando recursos e cooperando em iniciativas de marketing eletrônico. Um exemplo excelente desse programa de alcance do canal é o TeamPlayers da IBM (http://www.ibm-teamplayers.com). Esse programa usa a rede mundial como uma ferramenta de comunicação e fornecimento de informações para servir aos membros do canal (parceiros comerciais) da IBM.
>
> O TeamPlayers da IBM oferece aos membros do canal campanhas de mala direta sob medida usando correio, fax e e-mail para alcançar aqueles clientes. A página na web é, também, uma saída para ajudar os parceiros do canal no gerenciamento dos bancos de dados de seus clientes, no desenvolvimento de páginas na rede mundial, na realização de campanhas de telemarketing e mais, com a IBM atuando como uma central de informações para outros recursos necessários.
>
> O programa fortalece o relacionamento da IBM com seus parceiros de canal. Mais ainda, a iniciativa permite que a IBM identifique e alcance os usuários finais por meio dos parceiros e ajuda a fortalecer a lealdade do cliente tanto aos membros do canal da IBM quanto à própria IBM.
>
> FONTE: Barry Silverstein, Business-to-Business Internet Marketing: Five Proven Strategies for Increasing Profits Through Internet Direct Marketing (Gulf Breeze, Fla: MAXIMUM Press, 1999), p. 307.

industrial como (1) plataformas de informação, (2) plataformas de transação e (3) plataformas para o gerenciamento dos relacionamentos com o cliente. O efeito sobre os negócios aumenta à medida que a empresa passa do nível um para o nível três. As estratégias de e-commerce são exploradas integralmente no Capítulo 12.

Canais Indiretos

A distribuição indireta usa, pelo menos, um tipo de intermediário, se não usar mais. Os canais de marketing industrial incluem, tipicamente, menos tipos de intermediários do que os canais de bens de consumo. A distribuição indireta responde por uma grande parte das vendas nos Estados Unidos. O Gartner Group informa que 60% do produto interno bruto (PIB) dos Estados Unidos são vendidos por meio de canais indiretos.[4] Os representantes dos fabricantes e os distribuidores industriais respondem pela maioria das transações realizadas nesse sentido. A distribuição indireta é, em geral, encontrada quando (1) os mercados estão fragmentados e amplamente dispersos, (2) prevalecem transações de valores baixos e (3) os compradores compram, normalmente, uma série de itens, em geral de marcas diferentes, em uma transação.[5] Por exemplo, a organização massiva de vendas da IBM está concentrada em grandes clientes corporativos, governamentais e institucionais. Os distribuidores industriais atendem, de modo eficaz e eficiente, literalmente, milhares de outros clientes da IBM – organizações de pequeno e médio portes. Esses parceiros de canal assumem um papel vital na estratégia da IBM em uma escala global.

---

[4] The Gartner Group, "Partnerware Reports, 'Top 10 Tips for Managing Indirect Sales Channels'", disponível em http://www.businesswire.com, acesso em 18 de junho de 2002.
[5] E. Raymond Corey, Frank V. Cespedes e V. Kasturi Rangan, *Going to Market: Distribution Systems for Industrial Products* (Boston: Harvard University Press, 1989), p. 26.

FIGURA 11.2 | CICLO DE VENDAS TÍPICO: TAREFAS EXECUTADAS POR TODO O PROCESSO DE VENDAS

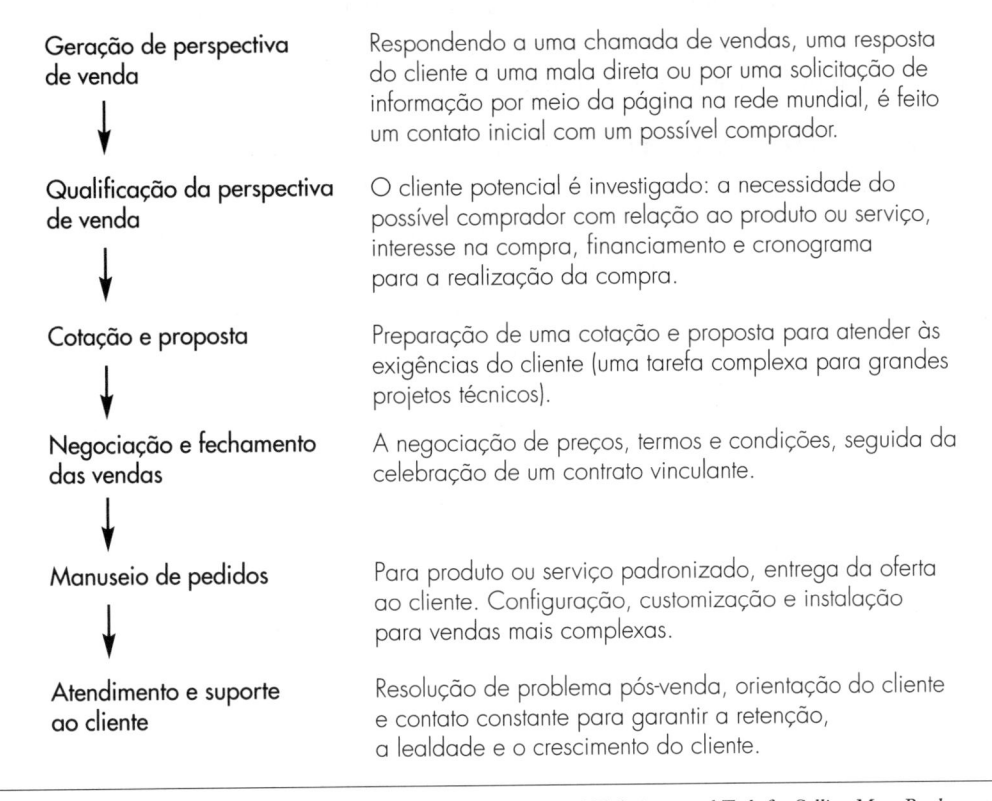

Geração de perspectiva de venda — Respondendo a uma chamada de vendas, uma resposta do cliente a uma mala direta ou por uma solicitação de informação por meio da página na rede mundial, é feito um contato inicial com um possível comprador.

↓

Qualificação da perspectiva de venda — O cliente potencial é investigado: a necessidade do possível comprador com relação ao produto ou serviço, interesse na compra, financiamento e cronograma para a realização da compra.

↓

Cotação e proposta — Preparação de uma cotação e proposta para atender às exigências do cliente (uma tarefa complexa para grandes projetos técnicos).

↓

Negociação e fechamento das vendas — A negociação de preços, termos e condições, seguida da celebração de um contrato vinculante.

↓

Manuseio de pedidos — Para produto ou serviço padronizado, entrega da oferta ao cliente. Configuração, customização e instalação para vendas mais complexas.

↓

Atendimento e suporte ao cliente — Resolução de problema pós-venda, orientação do cliente e contato constante para garantir a retenção, a lealdade e o crescimento do cliente.

FONTE: Adaptado de Lawrence G. Friedman, *Go to Market Strategy: Advanced Techniques and Tools for Selling More Products, to More Customers, More Profitably* (Boston: Butterworth-Heinemann, 2002), p. 234-236.

Modelos Multicanais Integrados[6]

As empresas de ponta em marketing industrial usam inúmeros canais de vendas para atender os clientes em um mercado específico. A meta de um modelo multicanal é coordenar as atividades de muitos canais, como representantes de vendas de campo, parceiros do canal, centrais de atendimento e a internet, para aumentar a experiência total do cliente e a lucratividade. Leve em consideração um ciclo de vendas típico que inclui as seguintes tarefas: geração de perspectiva de venda, qualidade da perspectiva de venda, negociação e fechamento das vendas, manuseio de pedidos e atendimento e suporte ao cliente (Figura 11.2). Em um sistema multicanal, os diferentes canais podem executar tarefas distintas dentro de uma única transação de venda com um cliente. Por exemplo, as empresas de marketing industrial poderiam usar uma central de atendimento e a mala direta para gerar perspectivas de venda, para que os representantes de vendas em campo fechem as vendas, para que os parceiros de negócio (por exemplo, distribuidores industriais) realizem o manuseio de pedidos (ou seja, entreguem ou instalem o produto) e para que a página na internet dê suporte após a venda.

Gerenciando os Pontos de Contato do Cliente. A Figura 11.3 mostra uma estratégia específica de multicanal que uma série de empresas de ponta, como a Oracle Corporation, usa para alcançar o vasto mercado intermediário composto por muitas empresas de pequeno e médio portes. Primeiro, os canais

---

[6] Esta seção é baseada em Friedman, *Go to Market*, p. 229-257.

são organizados de cima para baixo em termos de seu *custo relativo de vendas* (ou seja, as vendas diretas são as mais caras, enquanto pela internet são as menos caras). Ao trocar quaisquer tarefas de venda para os canais de custo mais baixo, o profissional de marketing industrial pode alavancar as margens de lucro e alcançar mais clientes, em mais mercados e de modo mais eficiente.

Papel Principal do Parceiro Comercial. Voltando à Figura 11.3, observe o papel central dos parceiros comerciais pelas etapas do ciclo de vendas. Os canais de baixo custo e direcionados ao cliente – como a internet – são usados para gerar vendas potenciais, que são, então, repassadas aos parceiros do canal. Espera-se, aí, que esses parceiros concluam o ciclo de vendas, mas possam obter assistência dos representantes de vendas da Oracle quanto ao fornecimento de orientação e no suporte (quando necessário) para o fechamento da venda. Ao dar ênfase ao canal do parceiro para os clientes do mercado intermediário, a Oracle pode aumentar de modo significativo a cobertura do mercado e a penetração enquanto desfruta de margens de lucro mais altas e custos de venda mais baixos. Mais ainda, isso permite que a força de vendas se concentre nos grandes clientes empresariais.

Isso fornece apenas um exemplo de como uma empresa pode coordenar e configurar as tarefas do ciclo de vendas pelos vários canais de vendas, para criar uma estratégia integrada para um mercado específico. Qualquer empresa que atenda a uma série de mercados precisa de modelos multicanal bem diferentes para atender os clientes naqueles mercados. Para ilustrar, uma empresa poderá atender as principais contas corporativas por meio de representantes de vendas e o mercado intermediário por intermédio de parceiros do canal, das centrais de atendimento e pela internet.

Sistemas de Gerenciamento do Relacionamento com o Cliente (CRM). Muitas empresas de marketing industrial adotam estratégias de cobertura de mercado muito complexas e usam *todos* os caminhos alternativos para o mercado que já discutimos. Por exemplo, a Hewlett-Packard vende diretamente por intermédio de uma organização de vendas de campo para as grandes empresas; por meio de parceiros do canal e revendedores para o governo, o setor de educação e o mercado industrial intermediário; e por lojas de varejo para os pequenos negócios e o mercado interno local. Lawrence Friedman, um conceituado consultor de estratégia de vendas, observa: "Acrescente aos canais de suporte aos seus clientes a internet, e a HP possui um exército de canais que organiza para fornecer vendas, serviços e suporte aos seus diferentes segmentos do mercado".[7] Esse composto multicanal é formado por muitos pontos de contato que a HP deve gerenciar e coordenar para garantir uma experiência "singular" do cliente pelos canais. Os sistemas de CRM proporcionam uma ferramenta valiosa para a coordenação das atividades do canal de vendas e para o gerenciamento das conexões e transferências importantes entre si (ver Capítulo 4). Friedman observa:

> A coordenação do canal costumava ser um problema difícil e confuso, envolvendo o rastreamento e a perda frequente de memorandos escritos à mão, correios de voz, listas impressas de vendas potenciais e arquivos cronológicos usados do cliente. O CRM foi introduzido a uma nova era de coordenação de canal baseada em TI, permitindo a transmissão eletrônica de históricos do cliente e perspectivas de venda de um canal para outro, sem perda de informações ou informações sobre vendas passando desapercebidas.[8]

---

[7] Ibid., p. 254.
[8] Ibid., p. 253.

FIGURA 11.3 | MAPA DE INTEGRAÇÃO MULTICANAL: EXEMPLO SIMPLES DE MODELO DE PARCERIA DE ALTA COBERTURA

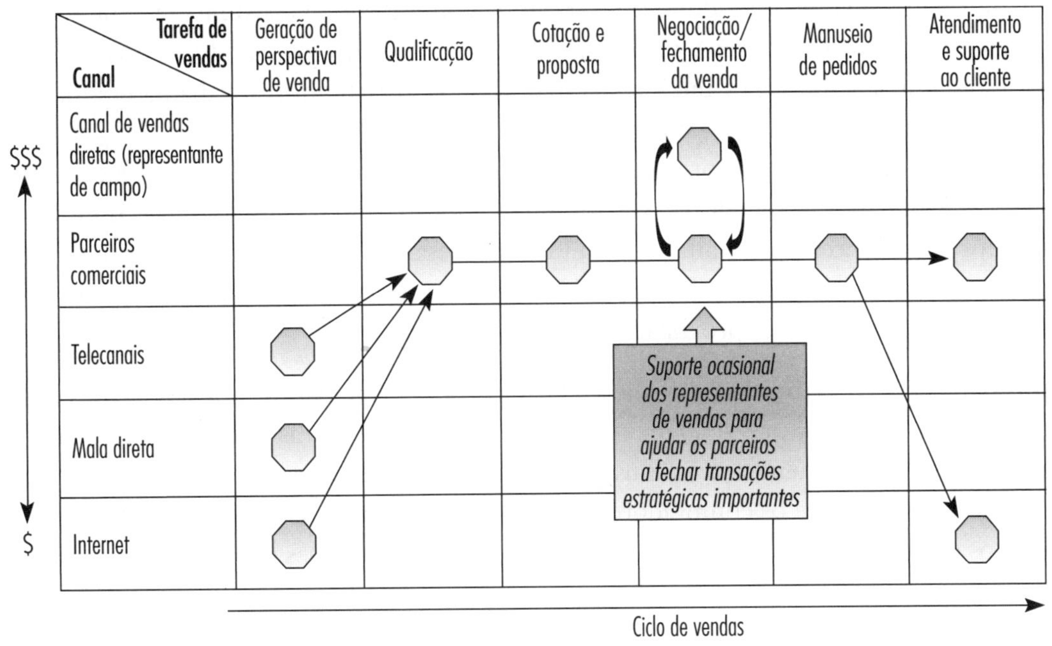

Canal \ Tarefa de vendas	Geração de perspectiva de venda	Qualificação	Cotação e proposta	Negociação/ fechamento da venda	Manuseio de pedidos	Atendimento e suporte ao cliente
Canal de vendas diretas (representante de campo)				⬢↻		
Parceiros comerciais		⬢	⬢	⬢	⬢	⬢
Telecanais	⬢					
Mala direta	⬢					
Internet	⬢					⬢

$$$ (eixo vertical, de \$ a \$\$\$)

Suporte ocasional dos representantes de vendas para ajudar os parceiros a fechar transações estratégicas importantes

Ciclo de vendas →

FONTE: Lawrence G. Friedman, *Go to Market Strategy: Advanced Techniques and Tools for Selling More Products, to More Customers, More Profitably* (Boston: Butterworth-Heinemann, 2002), p. 243. Copyright 2002. Reproduzido com permissão de Elsevier Science.

Participantes do Canal de Marketing Industrial

Os membros do canal assumem um papel central nas estratégias de marketing de empresas de business-to-business, grandes e pequenas. Uma estratégia de gerenciamento de canal tem início com um entendimento sobre os intermediários que podem ser usados. A atenção inicial está voltada para: (1) distribuidores industriais e (2) representantes dos fabricantes. Eles lidam com uma parcela de tamanho considerável de vendas de business-to-business feitas por intermediários.

Distribuidores

Os distribuidores industriais são a única força mais penetrante e importante nos canais de distribuição. Os distribuidores nos Estados Unidos somam mais de 10 mil, com vendas superiores a $ 50 bilhões. Os distribuidores são amplamente usados para fornecimentos de MRO (manutenção, reparo e operações), com muitos compradores industriais informando que compram aproximadamente 75% de seus fornecimentos de MRO de distribuidores. Em geral, quase 75% de todos os profissionais de marketing industrial vendem *alguns* produtos por meio de distribuidores. O que responde pela posição sem paralelo do distribuidor no mercado industrial? Que papel os distribuidores têm no processo de distribuição industrial?

Normalmente, os distribuidores são empresas pequenas e independentes que atendem a mercados geográficos limitados. As vendas produzem em média quase $ 2 milhões, embora algumas superem a casa dos $ 3 bilhões. Os lucros líquidos são relativamente baixos como um percentual das vendas (4%); o retorno sobre o investimento é de uma média de 11%. O pedido típico é pequeno, e os distribuidores vendem para uma legião de clientes em vários setores. O distribuidor típico é capaz de espalhar seus custos por um grupo considerável de fornecedores – ele estoca produtos de 200 a 300 fabricantes. Uma equipe de vendas com vendedores externos e internos gera os pedidos. Os *vendedores externos* fazem visitas regulares aos clientes e lidam com o atendimento normal da conta e com a assistência técnica. Os *vendedores internos* complementam esses esforços, processando os pedidos e programando a entrega; sua principal obrigação é atender aos pedidos por telefone. A maioria dos distribuidores trabalha em um único local, mas alguns se aproximam do *status* de "supermercado" com até 130 filiais.

Em comparação com seus concorrentes menores, os grandes distribuidores parecem ter vantagens significativas. Os pequenos distribuidores são tipicamente incapazes de conseguir as economias operacionais que as empresas maiores desfrutam.[9] As grandes empresas podem automatizar grande parte de suas operações, o que lhes permite reduzir de modo significativo as suas despesas administrativas gerais e com vendas, em geral em níveis que se aproximam de 10% das vendas.

Responsabilidades do Distribuidor. A Tabela 11.1 mostra as principais responsabilidades dos distribuidores industriais. Os produtos que vendem – ferramentas de corte, abrasivos, componentes eletrônicos, rolamento de esferas, equipamentos de manuseio, tubos, equipamentos para manutenção e centenas mais – são, em geral, aqueles de que os compradores precisam imediatamente para evitar interrupções na produção. Assim, os elementos críticos da função do distribuidor são ter esses produtos prontamente disponíveis e servir como o braço de vendas do fabricante.

Os **distribuidores** são intermediários de serviço completo; ou seja, são responsáveis pelos produtos que vendem e executam todas as funções de marketing. Algumas das funções mais importantes são fornecer crédito, oferecer grandes sortimentos de produto, entregar os produtos, oferecer consultoria técnica e atender às exigências de emergência. Os distribuidores são não apenas valiosos para os seus fabricantes-fornecedores, mas os clientes os vêm, em geral, favoravelmente. Alguns agentes de compras consideram o distribuidor como uma extensão de seu "braço de compras", pois fornecem serviço, consultoria técnica e sugestões para a aplicação do produto.

Um Foco no Serviço. Para criar mais valor para seus clientes, muitos grandes distribuidores expandiram sua gama de serviços. O valor é entregue por meio de vários serviços da cadeia de suprimentos e do gerenciamento de estoque, inclusive reabastecimento automático, montagem de produto, lojas internas e serviços de projeto.[10] Os serviços mais populares envolvem ajudar os clientes a projetar, construir e, em alguns casos, operar uma rede de abastecimento. Outras atividades com valor agregado incluem parcerias em que os engenheiros de aplicação de campo do distribuidor trabalham na unidade de um cliente para ajudar na seleção de componentes para projetos de novo produto. Para colher os lucros associados com esses importantes serviços, muitos distribuidores hoje cobram taxas separadas para cada serviço.

Classificação dos Distribuidores. Para selecionar o melhor distribuidor para um canal específico, o gerente de marketing deve entender a diversidade das operações do distribuidor. Os distribuidores industriais variam de acordo com as linhas de produto e os mercados do usuário. As empresas podem ser muito especializadas (por exemplo, vender apenas para centros de distribuição de água municipais) ou podem ter ampla linha de produtos industriais generalizados. Todavia, três classificações importantes dos distribuidores são geralmente reconhecidas.

---

[9] Heidi Elliott, "Distributors, Make Way for the Little Guys", *Electronic Business Today* 22 (setembro de 1996), p. 19.
[10] Jim Carbone, "Distributors See Slow Growth Ahead; Expect Electronics Distributors to Offer More Supply Chain and Inventory Services, but Be Prepared to Pay for Them", *Purchasing* 130 (16 de maio de 2002), p. 27.

TABELA 11.1 | **Principais Responsabilidades da Distribuição**

Responsabilidade	Atividade
Contato	Alcançar todos os clientes em um território definido através de uma equipe de vendas externa que visita os clientes ou por meio de um grupo interno que recebe os pedidos por telefone.
Disponibilidade do produto	Fornecer um estoque local e incluir todas as atividades de suporte: crédito, entrega *just-in-time*, processamento de pedido e consultoria.
Reparo	Fornecer fácil acesso às instalações locais de reparo (indisponíveis para um fabricante distante).
Montagem e fabricação leve	Comprar material a granel, então moldar, organizar ou montar de acordo com as exigências do usuário.

1. **Distribuidores de linha geral** abastecem para ampla gama de necessidades industriais. Estocam uma grande variedade de produtos e poderiam estar vinculados a supermercados nos mercados de bens de consumo.
2. **Especialistas** estão focalizados em uma linha ou em poucas linhas relacionadas. Esse distribuidor pode lidar apenas com equipamentos de transmissão de força – correias, roldanas e mancais. A especialidade mais comum é a dos fixadores, embora também ocorra especialização em ferramentas de corte, equipamentos de transmissão de força, tubos, válvulas e conexões. Existe uma tendência em direção à especialização aprimorada, em decorrência do aumento da complexidade técnica dos produtos e da necessidade de níveis mais altos de precisão e controle de qualidade.
3. Uma **empresa combinada** opera em dois mercados: industrial e do consumidor. Esse distribuidor pode levar motores elétricos para os clientes industriais e hardware e peças automotivas a serem vendidas por varejistas aos consumidores finais.

Escolhendo um Distribuidor. A seleção de um distribuidor depende das exigências do fabricante e das necessidades dos segmentos-alvo do cliente. O distribuidor de linha geral oferece a vantagem da compra ininterrupta. Caso os clientes não precisem de alto nível de serviço e perícia técnica, o distribuidor de linha geral é uma boa escolha. O especialista, por outro lado, fornece ao fabricante alto nível de capacidade técnica e um entendimento profundo das exigências complexas do cliente. Os especialistas lidam com fixadores, por exemplo, devido aos rigorosos padrões de controle de qualidade impostos pelos usuários.

Os fabricantes e seus distribuidores vêm descobrindo que a internet é um importante catalisador para estimular a colaboração. Uma recente pesquisa de opinião perguntou aos distribuidores que estratégias de negócio causariam um impacto maior sobre eles no futuro, e as duas principais foram colaboração com os parceiros da cadeia de suprimentos e as novas tecnologias da informação.[11] A colaboração eletrônica inclui vendas e serviços, pedidos e faturamento, treinamento técnico e engenharia, reuniões, leilões e trocas pela internet. Esses resultados sugerem que a colaboração pela internet é uma força estratégica crítica no cenário de business-to-business.

O Distribuidor como um Parceiro Valioso. A qualidade dos distribuidores de uma empresa é, em geral, a diferença entre uma estratégia de marketing muito bem-sucedida e outra não eficaz. Os clientes

---

[11] Al Tuttle, "E-Collaboration: Build Trust and Success", *Industrial Distribution* 92 (1º de junho de 2002), p. 59.

apreciam os bons distribuidores, que fazem de tudo o necessário para se esforçar de modo continuado visando oferecer o melhor em dado mercado. Os distribuidores normalmente oferecem a única forma economicamente viável de cobertura de todo o mercado.

Em resumo, o distribuidor industrial é um intermediário de serviço completo que tem responsabilidade sobre os produtos vendidos; mantém estoques; fornece crédito, entrega, grande sortimento de produtos e assistência técnica; e pode até realizar montagem leve e fabricação. Embora o distribuidor seja o responsável principal por entrar em contato e fornecer aos clientes atuais, os distribuidores industriais também procuram novas contas e trabalham visando expandir o mercado. Geralmente lidam com produtos estabelecidos – tipicamente usados em operações de fabricação, reparo e manutenção – com uma demanda ampla e grande.

Os distribuidores industriais são uma força poderosa nos canais de marketing industrial e todas as indicações apontam para um papel aumentado para eles. O representante do fabricante é uma força igualmente viável no canal de marketing industrial.

Representantes dos Fabricantes

Para muitos profissionais de marketing industrial que precisam de um sólido trabalho de venda para um produto tecnicamente complexo, os **representantes dos fabricantes**, ou *reps*, são a única resposta rentável. De fato, Erin Anderson e Bob Trinkle observam que uma área não influenciada pela febre da terceirização é o campo da venda na área de business-to-business. Afirmam que muitas empresas poderiam se beneficiar com o uso de profissionais terceirizados de vendas, a saber os *reps* dos fabricantes, para aumentar ou até substituir a equipe de vendas de campo.[12] Os *reps* são vendedores que trabalham de modo independente (ou para uma empresa de representação), representam várias empresas na mesma área geográfica e vendem produtos não competitivos, mas complementares.

As Responsabilidades do *Rep*. Um *rep* não assume responsabilidade ou detém o estoque dos produtos que oferece. (Alguns deles, todavia, mantêm um estoque limitado de peças para reparo e manutenção.) O ponto forte do *rep* é o conhecimento especializado do produto associado a um entendimento profundo dos mercados e das necessidades do cliente. Os *reps* estão, em geral, limitados a áreas geográficas definidas; assim, um fabricante que busca uma distribuição em âmbito nacional trabalha, normalmente, com várias empresas de representação. Em comparação com um canal do distribuidor, um *rep* geralmente dá ao profissional de marketing industrial mais controle, pois a empresa mantém a propriedade e a posse dos produtos.

O Relacionamento entre *Rep* e Cliente. Os *reps* são o braço de vendas dos fabricantes; fazem contato com os clientes, escrevem e acompanham pedidos e ligam o fabricante aos usuários industriais finais. Embora seja pago pelo fabricante, o *rep* é também importante para os clientes. Em geral, os esforços de um *rep* durante uma emergência do cliente (por exemplo, falha em um equipamento) significam a diferença entre continuar e interromper a produção. Muitos *reps* são bastante experientes nos setores a que atendem – podem oferecer consultoria técnica enquanto aumentam a influência dos clientes junto aos fornecedores para garantir peças, reparo e entrega. O *rep* também fornece aos clientes um fluxo continuado de informações sobre inovações e tendências em equipamentos, assim como no setor como um todo.

---

[12] Erin A. Anderson e Bob Trinkle, *Outsourcing the Sales Function: The Real Cost of Field Sales* (Mason, Ohio: Thomson Higher Education, 2005); ver também Daniel H. McQuiston, "A Conceptual Model for Building and Maintaining Relationships between Manufacturers' Reps and Their Principals", *Industrial Marketing Management* 30 (fevereiro de 2001), p. 165-181.

Base de Comissão. Os *reps* recebem uma comissão sobre as vendas; a comissão varia de acordo com o setor e com a natureza do trabalho de venda. As comissões variam, em geral, de uma comissão baixa de 2% até uma comissão alta de 18% para produtos selecionados. A taxa média da comissão é de 5,3%.[13] A remuneração percentual da comissão é atrativa para os fabricantes, pois estes têm poucos custos fixos com as vendas. Os *reps* recebem apenas quando geram pedidos, e as comissões podem ser reajustadas com base nas condições do setor. Como os *reps* recebem por comissão, estão motivados para gerar altos níveis de vendas – outro fato que o fabricante aprecia.

Experiência. Os *reps* possuem conhecimento sofisticado do produto e, em geral, bastante experiência nos mercados que atendem. A maioria dos *reps* desenvolve a sua experiência de campo enquanto trabalha como vendedor para os fabricantes. São motivados para se tornar *reps* pelo desejo de independência e para colher as possíveis retribuições monetárias significativas em comissões.

Quando os *Reps* são Usados

- *Empresas Grandes e Pequenas:* As empresas de pequeno e médio portes, em geral, possuem a maior necessidade de um *rep*, embora muitas empresas grandes – por exemplo, Dow Chemical, Motorola e Intel – os usem. O motivo é principalmente econômico: empresas menores não podem justificar o gasto com a manutenção das próprias equipes de vendas. O *rep* proporciona um modo eficiente de obter total cobertura de mercado, com custos incorridos apenas à medida que são fechadas as vendas. A qualidade do trabalho de vendas é normalmente muito boa, em decorrência da experiência prévia e do conhecimento do mercado do *rep*.

- *Potencial Limitado de Mercado:* O *rep* também tem um papel vital quando o potencial de mercado do fabricante é limitado. Um fabricante pode usar uma equipe de vendas diretas em mercados industriais altamente concentrados, em que a demanda é suficiente para suportar a despesa, e usar *reps* para cobrir mercados menos densos. Como o *rep* trabalha com diversas linhas, as despesas podem ser alocadas com relação a um volume de vendas muito maior.

- *Distribuidores de Assistência Técnica:* Os *reps* também podem ser empregados por uma empresa que comercializa por meio de distribuidores. Quando um fabricante vende por intermédio de centenas de distribuidores pelos Estados Unidos, os *reps* podem vender e fornecer assistência técnica para aqueles distribuidores.

- *Reduzindo Custos Indiretos:* Algumas vezes, a taxa de comissão paga aos *reps* é superior ao custo de uma equipe de vendas diretas, mas o fornecedor continua a usar os *reps*. Essa política não é tão irracional quanto parece. Suponha, por exemplo, que os custos de uma equipe de vendas diretas sejam de aproximadamente 8% das vendas e que a taxa de comissão de um *rep* seja de 11%. Usar *reps*, nesse caso, é geralmente justificado por causa dos custos ocultos de uma equipe de vendas. Primeiro, o fabricante não fornece benefícios adicionais ou um salário fixo para os *reps*. Segundo, os custos de treinamento de um *rep* estão normalmente limitados àqueles exigidos para o fornecimento de informações sobre o produto. Assim, o uso de *reps* elimina os custos indiretos significativos.

Vários Caminhos para o Mercado. Ampla gama de fatores influencia a escolha de intermediários, com as tarefas que executam sendo de especial importância.

Diferentes Segmentos do Mercado. O principal motivo para o uso de mais de um tipo de intermediário para o mesmo produto é que os diferentes segmentos do mercado exigem estruturas de canal diversas. Algumas

---

[13] Ibid., p. 22.

Principais Realizadores em B2B

Por Que a Intel Usa *Reps*

A Intel possui uma marca corporativa sólida, uma equipe de vendas corporativa com experiência e relacionamentos duradouros com ampla linha de distribuidores como a Arrow Electronics. A Intel também usa representantes dos fabricantes. Por quê?

Após a compra de uma unidade de negócio da Digital Equipment Corporation em 1998, a Intel percebeu que várias linhas de produto da unidade adquirida apresentavam potencial promissor de mercado, principalmente em serviços de rede e de comunicação. Mais especificamente, as linhas de produto poderiam estimular o crescimento lucrativo em segmentos do mercado de aplicações embutidas, como equipamentos médicos e terminais de pontos de venda, em que a função adequada da aplicação está baseada em microprocessadores e conexões de rede. Na Intel, contudo, os gerentes de marketing argumentaram que a estratégia mercadológica que se comprovou tão bem-sucedida no mercado dos computadores não seria adequada para os fabricantes de equipamentos originais (OEMs) nesses setores.

George Langer, gerente do programa de representantes no mundo da Intel, explica:

Não havia organização de vendas, poucos relacionamentos com o cliente e mais do que alguns fabricantes de equipamentos originais que questionaram o interesse renovado da Intel nos segmentos embutidos. A Intel não tinha capacidade existente para apresentar essas linhas de produto para os clientes adequados. A base de clientes era grande e diversificada. (Esta não era a base de clientes OEM de computador, com que a Intel cultivava relacionamentos ao longo do tempo.) E, finalmente, o valor da marca Intel não estava claramente associado às comunicações, embutido, e aos segmentos de rede do mercado. A Intel voltou-se para a venda terceirizada (ou seja, *reps* dos fabricantes).

FONTE: Erin Anderson e Bob Trinkle, *Outsourcing the Sales Function: The Real Cost of Field Sales* (Mason, Ohio: Thomson Higher Education, 2005), p. 74-75.

---

empresas usam três abordagens distintas. As grandes contas são visitadas pela própria equipe de vendas da empresa, os distribuidores lidam com os pequenos pedidos repetidos e os *reps* dos fabricantes trabalham com o mercado de empresas de médio porte.

Como os Clientes Compram. Como ocorre com o tamanho das contas, as diferenças no comportamento de compra também podem ditar o uso de mais de um tipo de intermediário. Caso uma empresa produza ampla linha de produtos industriais, alguns podem exigir venda de alto calibre para inúmeras pessoas influentes em compras em uma única empresa do comprador. Quando isso ocorre, a própria equipe de vendas da empresa focalizaria as situações de compra mais complexas, enquanto os distribuidores venderiam os produtos padronizados dos estoques locais.

Desenho do Canal

O **desenho do canal** é o processo dinâmico de desenvolvimento de novos canais onde não há nenhum e de modificação dos canais existentes. O profissional de marketing industrial lida, em geral, com a modificação dos canais existentes, embora os segmentos de novos produtos e do cliente possam exigir canais inteiramente novos. Independentemente de o gerente estar lidando com um novo canal ou modificando um canal existente, o desenho do canal é uma tarefa ativa, e não passiva. Os canais de distribuição eficientes não evoluem simplesmente; são desenvolvidos pela administração, que age com base em um plano bem concebido que reflete as metas globais de marketing. As empresas industriais formulam as suas estratégias de marketing para atrair segmentos selecionados do mercado, para ganhar níveis determinados de lucros, para manter ou aumentar as vendas e as taxas de crescimento da fatia do mercado e para conseguir tudo isso dentro de limitações específicas de recursos. Cada elemento da estratégia de marketing tem um fim específico.

O desenho do canal é mais bem-conceituado como uma série de etapas que o gerente de marketing industrial deve concluir para certificar-se de que todas as dimensões importantes do canal tenham sido avaliadas (Figura 11.4). O resultado do processo é especificar a estrutura que fornece a maior probabilidade de alcance dos objetivos da empresa.[14] Observe que o processo está voltado para a estrutura do canal, e não para os participantes do canal. A **estrutura do canal** se refere à estrutura subjacente: o número de níveis do canal, o número e os tipos de intermediários e os vínculos entre os membros do canal. A seleção de cada intermediário é, certamente, importante – é examinada adiante neste capítulo.

Etapa 1: Definir os Segmentos do Cliente

A meta inicial do canal de distribuição é satisfazer às necessidades do usuário final, de modo que o processo de desenho do canal deverá começar ali. A Etapa 1 se refere à definição dos segmentos-alvo do mercado (ver Capítulo 5) e ao isolamento do comportamento de compra e de uso do cliente em cada segmento (o que compra, como compra e como coloca em uso as suas compras).

Alguns profissionais de marketing industrial erram ao considerar os seus parceiros de canal como "clientes e raramente enxergando além deles". Para informar o processo de desenho do canal, contudo, o estrategista de marketing deverá estar centralizado na importância do produto de acordo com a perspectiva do cliente. V. Kasturi Rangan observa:

> Os produtores dos canais agrícolas, por exemplo, deverão estar voltados para os fazendeiros, e não para os revendedores. Os produtores de plásticos de engenharia (aglomerados) para para-choques de automóveis, por outro lado, deverão estar voltados para o fabricante de automóvel, e não para o consumidor, pois *é ali que o produto tem valor aos olhos do usuário final*.[...] Outras características dos automóveis (que não sejam para-choques) são mais proeminentes [na decisão de escolha em nível do consumidor].[15]

Etapa 2: Necessidades do Canal do Cliente por Segmento

A seguir, a identificação e a priorização das exigências da função do canal para os clientes em cada segmento do mercado. Essas informações deverão ser evocadas diretamente de uma amostra de clientes atuais ou potenciais de cada segmento. A Tabela 11.2 fornece uma lista representativa das funções do canal que podem ser mais ou menos importantes para os clientes em um segmento específico. Por exemplo, os grandes clientes de produtos de tecnologia da informação podem classificar as suas três necessidades principais como customização do produto, garantia de qualidade do produto e serviço pós-venda. Enquanto isso, os pequenos clientes podem priorizar informação sobre o produto, sortimento e disponibilidade como as suas necessidades mais importantes. O gerente de marketing industrial deverá, também,

---

[14] Esta discussão que se segue é baseada em V. Kasturi Rangan, *Transforming Your Go-to-Market Strategy: The Three Disciplines of Channel Management* (Boston: Harvard Business Press, 2006), p. 73-88.

[15] Ibid., p. 76.

FIGURA 11.4 | PROCESSO DE DESENHO DO CANAL

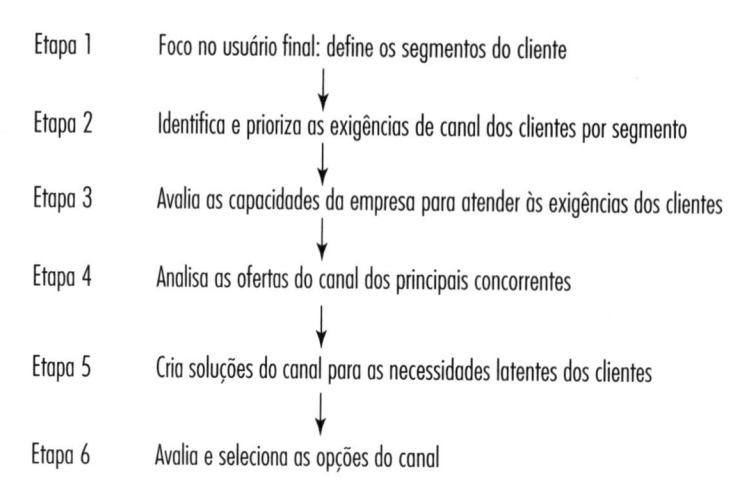

Etapa 1 — Foco no usuário final: define os segmentos do cliente

Etapa 2 — Identifica e prioriza as exigências de canal dos clientes por segmento

Etapa 3 — Avalia as capacidades da empresa para atender às exigências dos clientes

Etapa 4 — Analisa as ofertas do canal dos principais concorrentes

Etapa 5 — Cria soluções do canal para as necessidades latentes dos clientes

Etapa 6 — Avalia e seleciona as opções do canal

FONTE: Adaptado de V. Kasturi Rangan, *Transforming Your Go-to-Market Strategy: The Three Disciplines of Channel Management* (Boston: Harvard Business Press, 2006), p. 73-94.

investigar os clientes em outros quesitos que poderiam proporcionar a compreensão da estratégia. Por exemplo, quão sensíveis são os clientes a um tempo de resposta de prestação de serviço de duas horas em comparação com um de seis horas, ou quanto eles percebem de valor em uma garantia de três anos em comparação com uma de um ano?

Etapa 3: Avaliar as Capacidades do Canal da Empresa

Uma vez isoladas e priorizadas as exigências do cliente, é realizada uma avaliação dos pontos fortes e fracos do canal da empresa. O foco central está na identificação das lacunas entre o que os clientes em um segmento desejam e o que o canal está fornecendo hoje. Os clientes baseiam a sua escolha de um canal não em um único elemento, mas em um conjunto completo de vantagens (ou seja, funções do canal). Para isso, a empresa de business-to-business deverá identificar as funções específicas do canal, como suporte pós-venda ou disponibilidade, onde se possa fazer algo para aumentar a proposição de valor do cliente.

Etapa 4: Análise dos Concorrentes

Que estratégias mercadológicas os principais concorrentes estão usando? Ao projetar um canal, as considerações sobre custo impedem o profissional de marketing industrial de preencher as lacunas que podem aparecer nas capacidades do canal. Todavia, uma orientação clara para a estratégia é revelada pelo entendimento das ofertas do canal dos concorrentes. Por exemplo, um concorrente agressivo que vai ao mercado com a própria equipe de gerentes de conta e especialistas de serviço dedicados poderá demonstrar um ponto forte especial ao atender grandes clientes corporativos. Todavia, existem inúmeras oportunidades para que os concorrentes menores possam contrabalançar essa estratégia ao desenvolver ofertas especiais do canal moldadas para clientes de pequeno e médio portes (por exemplo, o sucesso da Intuit ao reter a sua posição de liderança no mercado em software de contabilidade para pequenos negócios, a despeito do desafio agressivo da Microsoft).

TABELA 11.2 | FUNÇÕES DO CANAL ALINHADAS COM AS NECESSIDADES DO CLIENTE

Função do canal	Necessidades do cliente
1. Informações sobre o produto	Os clientes buscam mais informações para produtos novos e/ou tecnicamente complexos e para aqueles que são caracterizados por um ambiente de mercado em rápida mudança.
2. Customização do produto	Alguns produtos devem ser tecnicamente modificados ou precisam ser adaptados para atender às exigências singulares do cliente.
3. Garantia de qualidade do produto	Devido à sua importância para as operações do cliente, a integridade e a confiabilidade do produto devem receber especial atenção dos clientes.
4. Tamanho do lote	Para os produtos que possuem alto valor unitário ou aqueles que são usados bastante, a compra representa um desembolso em dólar considerável e uma decisão financeira significativa para o cliente.
5. Sortimento	Um cliente pode exigir uma grande variedade de produtos, inclusive itens complementares, e atribuir valor especial à compra em um local centralizado.
6. Disponibilidade	Alguns ambientes do cliente exigem que o canal gerencie a incerteza da demanda e tenha uma disponibilidade de produtos de alto nível.
7. Serviços pós-venda	Os clientes exigem uma série de serviços, desde instalação e reparo até manutenção e garantia.
8. Logística	Uma organização do cliente pode exigir serviços especiais de transporte e armazenamento para dar apoio às suas operações e estratégia.

FONTE: Adaptado de V. Kasturi Rangan, Melvyn A. J. Menezes e E. B. Maier, "Channel Selection for New Industrial Products: A Framework, Method, and Application", *Journal of Marketing* 56 (julho de 1992), p. 72-74.

Etapa 5: Criar Soluções do Canal para as Necessidades Latentes dos Clientes

Algumas vezes, uma revisão das ofertas da concorrência pode alertar o profissional de marketing quanto às oportunidades de novas ofertas que podem ser especialmente atrativas para os clientes. "Em outras ocasiões, as necessidades dos clientes podem ser latentes e inarticuladas, e é responsabilidade do representante do canal descobrir e trazer à tona aquelas exigências."[16] Com base nessa avaliação, um fornecedor de equipamentos de tecnologia da informação criou uma opção de canal inteiramente nova para o segmento de clientes de pequeno e médio portes. Em vez de vender equipamentos, esse novo canal tem a responsabilidade de instalar, atualizar e manter os equipamentos nas instalações do cliente por uma taxa de serviço continuada.

Etapa 6: Avaliar e Selecionar as Opções do Canal

As decisões do canal devem, basicamente, levar em consideração os *trade-offs* de custo-benefício e a lucratividade estimada que cada uma das opções de canal viáveis apresenta.[17] Algumas das lacunas do canal não reveladas nessa avaliação podem ser preenchidas por ações independentes e investimentos da empresa de business-to-business (por exemplo, acrescentando ao serviço pessoal de suporte ou equipe de vendas).

---

[16] Ibid., p. 83.
[17] Arun Sharma e Anuj Mehrotra, "Choosing an Optimal Mix in Multichannel Environments", *Industrial Marketing Management* 36 (janeiro de 2007), p. 21-28.

Para a maioria, contudo, o maior avanço virá dos parceiros do canal (como distribuidores ou *reps*) que trabalham em conjunto e discutem como as capacidades do canal podem ser alinhadas às necessidades do cliente. "A ideia é melhorar o valor fornecido aos clientes por meio de ação colaborativa entre os parceiros do canal. Caso os parceiros possam concordar em como ter sucesso e, com certeza, cumprir as suas tarefas redefinidas",[18] poderão responder honestamente às necessidades do cliente e melhorar o desempenho do canal. Uma implicação importante da estrutura é que o projeto do canal deve mudar à medida que muda o comportamento do cliente e do concorrente. Em vez de uma estrutura estática, o gerenciamento do canal é um processo contínuo que envolve ajustes e evolução continuados.

Pontos Cruciais na Transformação do Canal

Os canais de marketing são, em geral, pensados como uma série de produtos e fluxos de informação originados na empresa de business-to-business. Nessa perspectiva rica e atrativa do processo de projeto do canal, V. Kasturi Rangan reformula totalmente essa noção (ver Figura 11.5):

> O ponto de partida é o cliente e as exigências da cadeia de demanda do cliente. O canal é construído para atender a essa necessidade principal. Papéis, responsabilidades e gratificações são alocados como uma consequência dessa necessidade, e não o contrário.[19]

Administração do Canal

Uma vez escolhida a estrutura específica do canal de business-to-business, os participantes do canal devem ser selecionados, e arranjos devem ser feitos para garantir que todas as obrigações sejam designadas. A seguir, os membros do canal devem ser motivados para executar as tarefas necessárias para o alcance dos objetivos do canal. Terceiro, o conflito dentro do canal deve ser devidamente controlado. Por fim, o desempenho deve ser controlado e avaliado.

Seleção de Membros do Canal

Por que a seleção de membros do canal (empresas específicas, em vez do *tipo*, que são especificadas no processo do desenho) é parte do gerenciamento do canal, em vez de um aspecto do desenho do canal? O principal motivo é que a seleção do intermediário é um processo contínuo – alguns intermediários escolhem deixar o canal, e o fornecedor rescinde com outros. Assim, a seleção de intermediários é mais ou menos contínua. O desempenho de cada membro do canal deve ser avaliado constantemente. O fabricante deverá estar preparado para agir com rapidez, substituindo os menos eficientes por outros potencialmente melhores. A inclusão do processo de seleção no gerenciamento contínuo do canal coloca o processo em sua própria perspectiva.

Garantindo Bons Intermediários. O profissional de marketing pode identificar possíveis membros do canal por meio de discussões com os vendedores da empresa e com os clientes existentes ou potenciais, ou por meio de fontes comerciais, como a revista *Industrial Distribution* ou o *Verified Directory of Manufacturers' Representatives* [Diretório Apurado de Representantes de Fabricantes]. Uma vez reduzida a lista de intermediários potenciais para alguns poucos nomes, o fabricante utiliza critérios de seleção para ava-

---

[18] Rangan, *Transforming Your Go-to-Market Strategy*, p. 88.
[19] Ibid., p. 91.

FIGURA 11.5 | OS CLIENTES IMPULSIONAM O PROCESSO DE PROJETO DO CANAL

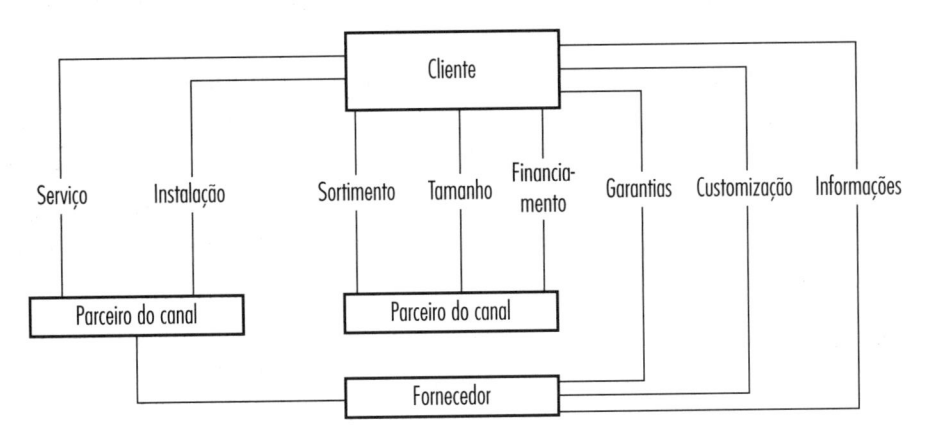

```
                           ┌─────────┐
                           │ Cliente │
                           └─────────┘
   Serviço  Instalação  Sortimento  Tamanho  Financia-  Garantias  Customização  Informações
                                              mento
   ┌──────────────────┐      ┌──────────────────┐
   │ Parceiro do canal│      │ Parceiro do canal│
   └──────────────────┘      └──────────────────┘
                      ┌────────────┐
                      │ Fornecedor │
                      └────────────┘
```

FONTE: V. Kasturi Rangan, *Transforming Your Go-To-Market Strategy: The Three Disciplines of Channel Management* (Boston: Harvard Business Press, 2006), p. 91.

liá-los. Por exemplo, a McGraw-Edison Company usa uma lista de verificação abrangente para comparar os possíveis membros do canal; critérios importantes são cobertura de mercado, linhas de produto, pessoal, crescimento e posição financeira.

A formação do canal não é uma via de mão única. O fabricante deve, agora, persuadir os intermediários para que se tornem parte do sistema do canal. Alguns distribuidores avaliam os fornecedores potenciais de modo tão rigoroso quanto o fazem os fabricantes com relação a eles – usando muitas das mesmas considerações. Os fabricantes devem, em geral, mostrar as vendas e o lucro potencial de seu produto e estar dispostos a conceder aos intermediários alguma exclusividade de território. São necessários esforços especiais para convencer o melhor *rep* em um mercado a representar um produto específico de um fabricante. Aqueles esforços devem demonstrar que o fabricante tratará a organização do *rep* como um parceiro e a apoiará.

Motivando os Membros do Canal

Os distribuidores e *reps* são independentes e voltados para o lucro. Visam aos seus clientes e quaisquer meios necessários para satisfazer às necessidades do cliente com relação a produtos e serviços industriais. Suas percepções e perspectivas podem diferir de modo significativo daquelas dos fabricantes que representam. Em decorrência disso, as estratégias de marketing podem falhar quando os gerentes não moldam os seus programas às capacidades e orientações de seus intermediários. Para gerenciar o canal de marketing industrial de modo efetivo, o profissional de marketing deve entender a perspectiva dos intermediários e planejar formas para motivá-los a agir de um modo que aumente o sucesso de longo prazo do fabricante. O fabricante deve buscar continuamente o apoio dos intermediários e a qualidade daquele apoio depende das técnicas motivacionais usadas.

Parceria. A motivação do membro do canal tem início com o entendimento de que o relacionamento do canal é uma *parceria*. Fabricantes e intermediários estão juntos no negócio; quaisquer que sejam a especialização e a assistência que o fabricante possa fornecer aos intermediários, elas aumentarão a eficácia total do canal. Um estudo sobre relacionamentos do canal sugeriu que os fabricantes podem ser capazes de aumentar o nível de recursos dirigido aos seus produtos ao desenvolver um relacionamento com base na confiança com seus *reps*; ao aperfeiçoar a comunicação por meio de programas de reconhecimento, treinamento do produto e consultoria com os *reps* e ao informar os *reps* sobre planos, detalhando de modo explícito os objetivos, e fornecer *feedback* positivo.[20]

Outro estudo sobre as parcerias de trabalho de distribuidores e fabricantes recomendou abordagens similares. Também sugeriu que os fabricantes e seus distribuidores se comprometam com um planejamento conjunto anual que focalize a especificação dos esforços cooperativos que cada empresa exige de seu parceiro para alcançar os seus objetivos e que revise periodicamente o andamento em direção aos objetivos.[21] O resultado final é a confiança e a satisfação com a parceria à medida que o relacionamento leva ao atendimento das metas de desempenho.

Conselhos Consultivos do Revendedor. Uma forma de melhorar o desempenho de todos os membros do canal é facilitar o compartilhamento das informações entre eles. Os distribuidores ou *reps* podem se reunir periodicamente com a administração do fabricante para revisar as políticas de distribuição, dar consultoria sobre estratégia de marketing e fornecer inteligência industrial.[22] Os intermediários podem manifestar as suas opiniões sobre questões da política e são trazidos diretamente para o processo de tomada de decisão. A Dayco Corporation usa um conselho de revendedores para ficar a par das necessidades em mudança dos distribuidores.[23] Um mês depois de sua reunião, os membros do conselho recebem um relatório por escrito com as sugestões dadas e os programas resultantes a serem implantados. A Dayco aprova 75% das propostas dos distribuidores. Para que os conselhos de revendedores funcionem, os dados recebidos dos membros do canal devem causar um efeito significativo sobre as decisões da política do canal.

Margens e Comissão. Na análise final, o principal preceito da motivação é a remuneração. O modo mais certo de perder o apoio do intermediário é a política de remuneração que não atenda aos padrões industriais e competitivos. Os *reps* ou distribuidores que se sentem enganados quanto às comissões e margens voltam a sua atenção para produtos que geram um lucro maior. O fabricante deve pagar as taxas de remuneração vigentes no setor e deve reajustar as taxas à medida que mudam as condições.

A remuneração dos intermediários refletirá as tarefas de marketing que executam. Caso o fabricante deseje atenção especial para um novo produto industrial, a maioria dos *reps* exige maiores comissões. Como observamos antes neste capítulo, muitos distribuidores industriais cobram taxas separadas pelos serviços com valor agregado que fornecem. Para que essa abordagem funcione de modo efetivo, é importante que o cliente entenda o valor que está recebendo pela cobrança adicional.

Construindo a Confiança. A natureza exata de um canal de distribuição – com cada membro dependente do outro para alcançar o sucesso – pode dar margem a conflitos. O conflito pode ser controlado de várias formas, inclusive pelos comitês de todo o canal, pelo estabelecimento conjunto de metas e pelos programas cooperativos que envolvem uma série de elementos da estratégia de marketing. Para competir, os profissionais de marketing industrial precisam ser eficazes na cooperação com uma rede de organizações – o canal. Por exemplo, um executivo da IBM que liderou a equipe que desenvolveu o primeiro PC

---

[20] Erin Anderson, Leonard M. Lodish e Barton A. Weitz, "Resource Allocation in Conventional Channels", *Journal of Marketing Research* 24 (fevereiro de 1987), p. 95; ver também McQuiston, "A Conceptual Model for Building and Maintaining Relationships between Manufacturers' Reps and Their Principals", p. 165-181.

[21] James C. Anderson e James A. Narus, "A Model of Distribution Firm and Manufacturing Firm Working Partnerships", *Journal of Marketing* 54 (janeiro de 1990), p. 56.

[22] Doug Harper, "Councils Launch Sales Ammo", *Industrial Distribution* 80 (setembro de 1990), p. 27-30.

[23] James A. Narus e James C. Anderson, "Turn Your Distributors into Partners", *Harvard Business Review* 64 (março-abril de 1986), p. 68.

da IBM em 1981 também foi o responsável pela decisão de vendê-lo por intermédio de revendedores e, depois, através do canal. Logo após a introdução do PC, um executivo do setor de Serviços Relacionados a Viagens da American Express abordou o executivo da IBM com uma ideia para vender os PCs diretamente aos portadores de cartões da American Express. O executivo da IBM se recusou – queria que o *canal* fizesse a venda. Como resultado, a IBM garantiu o comprometimento e a confiança de seus parceiros de canal, preparando o terreno para muitas outras iniciativas de estratégia.[24]

A cooperação bem-sucedida resulta de relacionamentos em que as partes possuem um forte sentido de comunicação e confiança. Robert M. Morgan e Shelby D. Hunt sugerem que o comprometimento e a confiança do relacionamento se desenvolvem quando (1) as empresas oferecem vantagens e recursos que são superiores aos que os outros parceiros poderiam oferecer; (2) as empresas alinham-se com outras que possuem valores corporativos semelhantes; (3) as empresas compartilham informações valiosas sobre expectativas, mercados e desempenho; e (4) as empresas evitam tirar vantagem de seus parceiros.[25] Ao seguir essas prescrições, os profissionais de marketing industrial e as suas redes de canal podem desfrutar de vantagens competitivas sustentáveis sobre seus concorrentes e suas redes.

Resumo

A estratégia do canal é um aspecto empolgante e desafiador do marketing industrial. O desafio deriva do número de alternativas disponíveis para o fabricante na distribuição de produtos comerciais. A empolgação resulta da natureza em constante mudança dos mercados, das necessidades do usuário e dos concorrentes.

A estratégia do canal envolve duas tarefas principais de gerenciamento: desenho da estrutura global e gerenciamento do funcionamento do canal. O desenho do canal inclui a avaliação das metas de distribuição, das atividades e dos intermediários potenciais. A estrutura do canal inclui o número, os tipos e os níveis dos intermediários a serem usados. Um desafio importante é a determinação de como criar uma estratégia que combine de modo eficiente o e-commerce com os canais tradicionais. As empresas de marketing industrial utilizam canais de vendas múltiplas para servir os clientes em um segmento específico do mercado: vendedores da empresa, parceiros do canal, centrais de atendimento, mala direta e internet. A meta de uma estratégia multicanal é coordenar as atividades por aqueles canais para aprimorar a experiência do cliente enquanto aumenta o desempenho da empresa.

Os principais participantes dos canais de marketing industrial são os distribuidores e os *reps*. Os distribuidores fornecem toda uma gama de serviços de marketing para seus fornecedores, embora o contato com o cliente e a disponibilidade do produto sejam as suas funções mais essenciais. Os representantes dos fabricantes se especializam na venda, em fornecer aos seus fornecedores uma representação de qualidade e com profundo conhecimento do produto e do mercado. O *rep* não está envolvido na distribuição física, deixando essa obrigação para os fabricantes.

O objetivo mais importante do gerenciamento do canal é aumentar o valor fornecido aos clientes por meio de atividades dos parceiros do canal orquestradas com cuidado. O processo de projeto do canal depende do profundo conhecimento das necessidades do cliente, e a estrutura do canal deve ser ajustada à medida que muda o comportamento do cliente ou concorrente. A seleção e a motivação dos parceiros

---

[24] Jeff O'Heir, "The Advocates: They Raised Their Voices to Legitimize the Channel", *Computer Reseller News*, 17 de junho de 2002, p. 51.
[25] Robert M. Morgan e Shelby D. Hunt, "The Commitment-Trust Theory of Relationship Marketing", *Journal of Marketing* 58 (julho de 1994), p. 20-38.

do canal são duas tarefas gerenciais vitais para o sucesso do canal. O gerente de marketing industrial pode precisar aplicar técnicas interorganizacionais de gerenciamento para resolver o conflito no canal. O conflito pode ser controlado por meio de uma série de medidas, inclusive pelos comitês de todo o canal, pelo estabelecimento conjunto de metas e pelos programas cooperativos que demonstrem confiança e comprometimento.

Questões para Discussão

1. Comparar e diferenciar as funções executadas por distribuidores industriais e representantes dos fabricantes.

2. Durante muitos anos, os críticos cobravam para que os intermediários contribuíssem mais para a subida de preços de produtos na economia norte-americana. Os profissionais de marketing industrial poderiam melhorar o nível de eficiência e eficácia no canal ao reduzir tanto quanto possível o número de vínculos intermediários no canal? Justificar a sua opinião.

3. Descrever o produto específico, o mercado e as condições competitivas que se prestam para (a) um canal de distribuição direta e (b) um canal de distribuição indireta.

4. Tanto os profissionais de marketing industrial quanto os distribuidores estão interessados em alcançar as metas de lucro. Por que, então, os relacionamentos entre fabricante e distribuidor são caracterizados pelo conflito? Que etapas um profissional de marketing pode percorrer para reduzir o conflito e, assim, aperfeiçoar o desempenho do canal?

5. Explicar como um canal de distribuição direta pode ser a alternativa de mais baixo custo para um profissional de marketing industrial e a alternativa de mais alto custo para outro no mesmo setor.

6. Explicar como uma mudança na política de segmentação (ou seja, a entrada em novos mercados) pode provocar a necessidade de mudanças drásticas no canal de distribuição industrial.

7. Usando um mapa de integração multicanal (ver Figura 11.3), dar exemplo de como uma empresa poderia cobrir os pequenos e médios negócios em comparação com grandes clientes corporativos.

8. Descrever por que seria necessário, para uma empresa de business-to-business, servir alguns clientes por intermédio de *reps*, alguns através de distribuidores, outros exclusivamente on-line e outros ainda por meio da equipe de vendas diretas.

9. Descrever as tarefas específicas no ciclo de vendas típico e discutir como os diferentes canais (por exemplo, parceiros comerciais *versus* internet) podem executar tarefas diversas dentro de uma única transação de venda.

10. Que fatores do produto/mercado se prestam ao uso de representantes dos fabricantes?

CASO

Estratégia de Entrada no Mercado da SunPower[26]

A SunPower Corporation, fabricante de células solares e painéis solares sediada no Vale do Silício, está emergindo como uma líder potencial no setor solar em rápido crescimento, mas ainda imaturo. A empresa é a líder em eficiência de conversão de célula, o que significa que suas células solares geram mais eletricidade a dado tamanho do que a concorrência. Assim, quando as limitações de espaço e estéticas são considerações importantes, esse atributo torna a SunPower uma escolha ideal para as empresas, assim como para instalações residenciais. Para aumentar a economia de energia, a empresa também desenvolveu seus próprios sistemas de rastreamento, que permitem que seus painéis solares sigam o sol durante todo o dia. Embora custe apenas 5% a mais na instalação, esse dispositivo exclusivo proporciona 30% a mais de geração de energia que os sistemas solares tradicionais.

A SunPower atende a todos os setores do mercado industrial, e sua lista de clientes inclui Johnson & Johnson, FedEx, Toyota, o Serviço Postal dos Estados Unidos e Microsoft. A empresa celebrou contratos com a Macy's, a Target e o Wal-Mart para a instalação de sistemas solares em todas as suas unidades na Califórnia, e isso pode se desenvolver em uma oportunidade muito maior, espalhando-se para as operações daqueles clientes pelo país.

Ao atender grandes clientes corporativos, como a Macy's, a SunPower usa um canal direto que controla toda a cadeia de valor desde a fabricação dos painéis solares até a instalação do sistema. Todavia, a empresa também vê uma grande oportunidade na venda de seus sistemas solares para empresas de pequeno e médio portes (SMBs). Para as instalações comerciais menores (com menos de 500 kW de potência de crista), a SunPower está desenvolvendo um canal indireto – uma rede de revendedores comerciais que atenderão os clientes de pequeno e médio portes. Para os clientes nesse segmento do mercado, a SunPower dá ênfase a estas vantagens:

- redução das contas mensais de eletricidade para as suas empresas;
- instalação de poucos painéis que forneçam mais força, reduzindo assim os seus custos;
- tirar vantagem de incentivos do governo para instalações solares;
- apoio ao meio ambiente e à sua comunidade.

Questões para Discussão

1. O projeto do canal tem início com uma avaliação das necessidades do cliente. Que vantagens ou serviços especiais um revendedor comercial da SunPower poderia fornecer para atender às exigências únicas de clientes de pequeno e médio portes?

2. Descrever o processo que a SunPower deverá seguir para (a) avaliar os revendedores potenciais e (b) selecionar aqueles que a representarão em uma cidade ou área geográfica específica.

3. Para implantar com eficiência a estratégia do canal, que programas ou estratégias a SunPower deverá usar para preparar e equipar melhor os revendedores comerciais para o atendimento a clientes de pequeno e médio portes?

---

[26] Stephen Simko, "Analyst Research: SunPower Corporation", 22 de julho de 2008, Morningstar, Inc., disponível em http://www.morningstar.com, acesso em 26 de julho de 2008.

CAPÍTULO 12

Estratégias de Comércio Eletrônico para Mercados Industriais

As empresas de ponta estão usando a internet para transformar a forma pela qual fazem negócio. A rede mundial fornece uma plataforma poderosa para a transmissão de informações, a condução de transações, a entrega de serviços inovadores e a construção de relacionamentos com o cliente. Após a leitura deste capítulo, você entenderá:

1. a natureza do comércio eletrônico nos mercados industriais.

2. o papel do comércio eletrônico na estratégia de marketing de uma empresa.

3. as questões principais envolvidas no projeto de uma estratégia de comércio eletrônico.

Antes da internet, os clientes precisavam ligar para a Dow Chemical e solicitar uma folha de especificações para os produtos que estavam levando em consideração. As informações seriam recebidas em alguns dias pelo correio. Após a escolha do produto, o cliente poderia, então, fazer um pedido ao ligar para a Dow (durante o horário comercial, é claro). Hoje, porém, essas informações estão disponibilizadas a qualquer tempo na Dow.com. Por sua vez, vários serviços mais personalizados estão disponíveis em MyAccount@ Dow, que fornece informações sob medida para as exigências do cliente.[1] Por exemplo, a MyAccount@Dow oferece monitoramento interno seguro dos níveis do tanque de produtos químicos de um cliente. Quando os tanques atingem um nível predeterminado, o novo pedido pode ser automaticamente encaminhado. Da mesma forma, os clientes de grandes empresas da Dell podem usar seus recursos on-line para gerenciar o estoque de computadores pessoais pela organização, configurá-los e atualizá-los adequadamente para os diferentes departamentos e controlar o processo de pedidos de compra de acordo com as próprias restrições orçamentárias do cliente.[2]

A Dow Chemical e a Dell representam apenas dois dos milhares de profissionais de marketing industrial que integraram a internet e o comércio eletrônico às suas estratégias corporativas. O comércio eletrônico não apenas acelera e automatiza os processos internos de uma empresa, mas, tão importante quanto, distribui os ganhos com eficiência pelos sistemas comerciais de seus fornecedores e clientes. Por exemplo, os clientes da Dell podem comprar on-line usando o seu próprio aplicativo de compra ERP (*Enterprise Resource Planning* – Planejamento de Recursos Empresariais), determinar a rota do pedido eletrônico pelo fluxo de trabalho do ERP-padrão da empresa onde ele pode ser aprovado eletronicamente, criando uma ordem de compra que é transmitida no mesmo instante para a Dell. Esse pedido, então, vai direto para o sistema de fabricação da Dell, onde o equipamento é montado de imediato e embarcado, proporcionando ao cliente uma solução eficiente e adequada.[3]

Em outros aplicativos, o comércio eletrônico desloca diretamente os dados e as informações por redes abertas e fechadas, juntando grupos separados anteriormente de dentro da organização e por toda a cadeia de suprimentos. Ao integrar fornecedores e clientes dessa forma, a internet e o comércio eletrônico fornecem ferramentas poderosas que são apropriadas da maneira ideal para o cenário de business-to-business (B2B).

Os dados sobre o escopo e o tamanho das transações de business-to-business na internet dão a perspectiva: em comparação com o volume de B2C, os dados mais recentes indicam que a atividade B2B – transações por fabricantes e comerciantes atacadistas – responde pela maior parte do comércio eletrônico (93%).[4] Os fabricantes lideram todos os setores industriais, com o comércio eletrônico respondendo por 31,2% ($ 1.568 bilhões) do total de embarques, e os comerciantes atacadistas, inclusive filiais e escritórios de vendas de fábrica, classificados em segundo lugar, com o comércio eletrônico respondendo por 20,6% ($ 1.148 bilhões) do total de vendas.[5] Por outro lado, o comércio eletrônico varejista, o tipo de vendas pela internet com que a maioria dos clientes está familiarizada, totalizou apenas $ 107 bilhões em 2006.[6]

À medida que continua o crescimento massivo do comércio eletrônico, surgem oportunidades e desafios significativos para todas as empresas que comercializam produtos e serviços no mercado industrial.

---

[1] George S. Day e Katrina J. Bens, "Capitalizing on the Internet Opportunity", *Journal of Business & Industrial Marketing* 20 (4-5, 2005), p. 160-168.
[2] Don Peppers e Martha Rogers, *Return on Customer* (Nova York: Currency-Doubleday, 2005), p. 42.
[3] "Dell Business to Business Ecommerce Solutions", http://www.dell.com/content/topics/reftopic.aspx/pub/commerce, 2008.
[4] *E-Stats*: Measuring the Electronic Economy, disponível em http://www.census.gov/estats, acesso em 16 de maio de 2008, p. 1.
[5] Ibid., p. 3.
[6] Ibid., p. 3.

Veja o sucesso do mecanismo de busca do Google. A internet também está se tornando o principal modo pelo qual os gerentes pesquisam as compras de B2B.[7] Por exemplo, em vez de arrastar para casa pilhas de folhetos de uma feira comercial, os possíveis compradores procuram os fornecedores potenciais na web, para aprender mais sobre seus produtos e serviços. Os fornecedores devem mudar a sua estratégia de comunicação e desenvolver conteúdo para a web primeiro, e imprimir depois – se precisar fazer isso. A web oferece interação e hipertexto e um modo bem melhor de comunicar informações complexas de B2B sob medida para a situação do cliente.

As empresas que podem entrar no mercado do comércio eletrônico ao alavancar as capacidades da internet com processamento de informações, capacidade de entrega, colaboração interorganizacional e flexibilidade podem ser capazes de desenvolver importantes vantagens diferenciais nos segmentos do mercado selecionados. Ao mesmo tempo, grandes desafios são enfrentados pelas organizações que tentam formular uma estratégia de comércio eletrônico. Essas empresas devem modelar uma estratégia abrangente de comércio eletrônico, transformar radicalmente seus modelos tradicionais de negócio e lidar com as mudanças rápidas na tecnologia de comércio eletrônico.

Este capítulo analisa a natureza do comércio eletrônico, o papel que ele pode ocupar na estratégia de marketing da organização, os elementos principais para a elaboração de uma estratégia de comércio eletrônico e a orientação futura e o potencial do comércio eletrônico no marketing industrial.

Definindo o Comércio Eletrônico[8]

O comércio eletrônico envolve "comunicações comerciais e transmissões pelas redes e por computadores, especificamente a compra e a venda de produtos e serviços, e a transferência de fundos por meio de comunicações digitais".[9] Quem vai ganhar uma vantagem nos mercados competitivos, que dão poderes aos clientes que estão sendo reformulados pelo comércio eletrônico? Um estudo recente sugere que as empresas que já se distinguem no gerenciamento dos relacionamentos com o cliente estão mais bem equipadas para capitalizar as oportunidades da internet. De acordo com os pesquisadores George S. Day e Katrina J. Bens: "aqueles líderes foram capazes de prever antes como usar a internet para se conectar com seus clientes, como explorá-la de modo mais veloz, e implantaram melhor a iniciativa". Esses melhores construtores de relacionamento como Dell, Cisco Systems, FedEx, GE Healthcare e Johnson Controls gostam dos possíveis compradores apresentados pelo comércio eletrônico.[10]

Alexander Ellinger e seus colegas descrevem a variedade de aplicações que uma página de sucesso na web pode oferecer: os aplicativos da internet variam desde

> [...] páginas básicas dando aos clientes informações gerais sobre a empresa até páginas mais complexas, em que aplicativos interativos oferecem aos clientes catálogos virtuais dos produtos,

---

[7] Jacob Nielsen, "B-to-B Users Want Sites with B-to-C Service, Ease", *B to B* 90 (junho de 2005), p. 48.
[8] Alguns autores e especialistas em marketing industrial sugeriram que o termo mais apropriado é *negócio eletrônico (e-business)*, em contraposição a *comércio eletrônico (e-commerce)*. O motivo é que *comércio eletrônico* é um termo amplo que lida com todas as transações baseadas na internet, enquanto negócio eletrônico refere-se, especificamente, às transações e relacionamentos entre organizações. Na verdade, a IBM tem o crédito por cunhar o termo *e-business* em uma grande campanha publicitária de 1997 que promovia a noção de negócio eletrônico. O termo era novo na época, mas a partir daí se tornou comumente usado na imprensa e nas campanhas de marketing de outras empresas. Este capítulo usará *comércio eletrônico*.
[9] David J. Good e Roberta J. Schultz, "E-Commerce Strategies for Business-to-Business Service Firms in the Global Environment", *American Business Review* 14 (junho de 2002), p. 111.
[10] George S. Day e Katrina J. Bens, "Capitalizing on the Internet Opportunity", p. 164; ver também Chuang Ming-Ling e Wade H. Shaw, "A Roadmap for E-Business Implementation", *Engineering Management Journal* 17 (junho de 2005), p. 3-13.

oportunidades para dar *feedback* e uma série de serviços incluindo a capacidade de pagar e preencher pedidos on-line. As páginas de sucesso da web agregam valor por sua capacidade de oferecer informações novas, úteis, relevantes e abrangentes. Por exemplo, os catálogos virtuais de produtos nas páginas web estão substituindo a necessidade de impressão e atualização trabalhosa e cara de catálogos físicos que são habitualmente usados em vendas B2B. O conteúdo da página web também pode tornar a busca de informações mais conveniente para os clientes. Muitas empresas lidam com pedidos comuns de informação que normalmente exigiriam acesso a um representante do serviço ao incluir perguntas feitas com mais frequência (FAQs) pelos clientes e as respectivas respostas em suas páginas web.

Uma vantagem importante do conteúdo interativo baseado na rede é que a prestação de serviço ao cliente torna-se menos cara. Por exemplo, os aplicativos de autosserviço B2B da página web que permitem o acesso automático dos clientes a toda a cadeia de suprimentos exigem menos pessoas trabalhando. Os aplicativos interativos baseados na rede também facilitam a customização das ofertas de serviço e de produto para cada conta, criando custos potenciais de troca para os clientes e oferecendo às empresas infinitas oportunidades de aprender mais sobre as exigências específicas e as operações comerciais de cada cliente.[11]

Como essa discussão sugere, o comércio eletrônico é multifacetado e complexo. Todavia, a justificativa para o comércio eletrônico é fácil de ser entendida: em certos mercados e para clientes selecionados, o comércio eletrônico pode aumentar o volume das vendas, baixar os custos ou fornecer mais informações em tempo real aos clientes. Ravi Kalkota e Andrew Whinston descrevem eficazmente o papel do comércio eletrônico na organização típica:

> Dependendo de como é aplicado, o comércio eletrônico tem o potencial para aumentar a receita ao criar novos mercados para antigos produtos, ao criar novos produtos baseados na informação e ao estabelecer canais de entrega de novo serviço para melhor servir e interagir com os clientes. O aspecto do gerenciamento da transação do comércio eletrônico também pode permitir que as empresas reduzam o custo operacional ao lhes proporcionar maior coordenação nos processos de venda, produção e distribuição (ou melhor gerenciamento da cadeia de suprimentos) e que consolidem as operações e reduzam as despesas indiretas.[12]

Em resumo, o comércio eletrônico pode ser aplicado a quase todas as fases do negócio, resultando na criação de nova demanda ou tornando a maioria dos processos do negócio mais eficiente. O comércio eletrônico pode ser aplicado na aquisição e compra de produtos; no gerenciamento do processo de atender aos pedidos dos clientes; no fornecimento de informações em tempo real sobre o andamento dos pedidos, do marketing on-line e da propaganda; na criação de catálogos on-line de produtos e conjuntos de dados de informação sobre o produto; no gerenciamento do processo de logística; e no processamento do pagamento das faturas.[13] As aplicações são ilimitadas, mas nem todos os produtos e mercados podem ser servidos de modo eficiente por meio da abordagem do comércio eletrônico. Adiante, neste capítulo, identificaremos as situações que oferecem o maior potencial para uma aplicação eficiente do comércio

---

[11] Alexander E. Ellinger, Daniel F. Lynch, James K. Andzulis e Ronn J. Smith, "B-to-B e-commerce: A Content Analytical Assessment of Motor Carrier Websites", *Journal of Business Logistics* 24 (2003), p. 32.
[12] Ravi Kalkota e Andrew B. Whinston, *Electronic Commerce* (Reading, MA: Addison-Wesley, 1996), p. 5.
[13] Ming-Ling e Shaw, "A Roadmap for E-Business", p. 5.

FIGURA 12.1 | TIPOS DE COMÉRCIO ELETRÔNICO

Comércio eletrônico interorganizacional

1. *Gerenciamento do fornecedor:* ajuda a reduzir o número de fornecedores, baixar os custos de aquisição e aumentar o tempo do ciclo de pedidos.
2. *Gerenciamento do estoque:* a transmissão instantânea de informações permite a redução do estoque; o rastreamento da expedição reduz os erros e o estoque de segurança; as faltas no estoque são reduzidas.
3. *Gerenciamento da distribuição:* o comércio eletrônico facilita a transmissão dos documentos de expedição e garante que os dados sejam precisos.
4. *Gerenciamento do canal:* rápida disseminação de informações para os parceiros comerciais sobre mudanças nas condições do mercado e do cliente. As informações técnicas, do produto e sobre preços agora podem ser postadas em quadros de aviso eletrônicos. As informações sobre a produção são facilmente compartilhadas por todos os parceiros do canal.
5. *Gerenciamento do pagamento:* os pagamentos podem ser enviados e recebidos eletronicamente entre os fornecedores e distribuidores, reduzindo erros, tempo e custos.

Comércio eletrônico intraorganizacional

1. *Comunicações do grupo de trabalho:* e-mail e quadros de aviso eletrônicos são usados para facilitar as comunicações internas.
2. *Publicação eletrônica:* todos os tipos de informação da empresa, inclusive planilhas de preço, tendências do mercado e especificações do produto, podem ser organizados e divulgados de modo instantâneo.
3. *Produtividade da força de vendas:* o comércio eletrônico facilita o fluxo das informações entre a produção e a força de vendas e entre a força de vendas e o cliente. As empresas ganham maior acesso ao mercado e à inteligência competitiva fornecida pela força de vendas.

Comércio eletrônico business-to-customer

1. *Informações sobre o produto:* as informações sobre produtos novos e existentes estão prontamente disponibilizadas aos clientes na página da empresa na web.
2. *Vendas:* certos produtos podem ser vendidos diretamente da página da empresa na rede, reduzindo o custo da transação e permitindo que os clientes obtenham informações em tempo real sobre o seu pedido.
3. *Serviços:* os clientes podem se comunicar eletronicamente sobre o andamento de seu pedido, as aplicações do produto, os problemas com os produtos e as devoluções de produto.
4. *Pagamento:* o pagamento pode ser efetuado pelo cliente usando sistemas de pagamento eletrônico.
5. *Pesquisa de marketing:* as empresas podem usar o comércio eletrônico, a internet e suas próprias páginas web para coletar quantidades significativas de informação sobre os clientes e os clientes potenciais.

---

eletrônico. As diferentes aplicações do comércio eletrônico estão representadas na Figura 12.1. Observe que o comércio eletrônico desempenha um papel essencial por todas as áreas funcionais do negócio, mas a aplicação mais importante, da perspectiva do marketing, é como o comércio eletrônico facilita as interações com os clientes.

Principais Elementos de Apoio ao Comércio Eletrônico

Intranets e Extranets

A internet se tornou um elemento importante na estratégia de marketing de muitos profissionais de marketing industrial; dois outros elementos tecnológicos muito importantes, contudo, estão integrados a uma estratégia na internet. As **intranets** são basicamente internets internas específicas da empresa. Uma intranet reúne documentos nas redes internas dispersas da organização. A intranet de uma empresa permite que diferentes funções e pessoas compartilhem bancos de dados, se comuniquem umas com as outras, divulguem boletins em tempo, visualizem informações privilegiadas, sejam treinadas nos vários aspectos do negócio da empresa e compartilhem qualquer tipo de sistema de informação que a empresa usa para gerenciar o seu negócio. Por exemplo, a Boeing, a maior fabricante de aeronaves comerciais do mundo, mantém uma intranet da empresa que está disponível para mais de 200 mil funcionários em todo o mundo. Um segmento de sua intranet contém um catálogo de cursos on-line para os programas educacionais da empresa em treinamento de supervisão e controle de qualidade. As intranets também podem incorporar notícias de fora. Por exemplo, a Factiva, uma empresa de informação, alimenta de notícias as intranets empresariais. Muitas das informações externas podem ser notícias devidamente talhadas e relevantes para uma empresa específica.[14]

As **extranets**, por outro lado, são links que permitem que parceiros comerciais como fornecedores, distribuidores e clientes se conectem às redes internas de uma empresa (intranets) pela internet ou por meio de redes virtuais privadas. Uma extranet é criada quando duas organizações conectam as suas intranets para comunicações e transações comerciais. O propósito de uma extranet é proporcionar um mecanismo de comunicação para modernizar os processos comerciais que normalmente ocorrem em outro local. A Hewlett-Packard, por exemplo, colocou links da extranet em suas agências de propaganda para acelerar a revisão das campanhas publicitárias. Os parceiros comerciais acessam a intranet de uma empresa por meio de uma senha específica. As empresas no setor de impressão, por exemplo, permitem que os clientes acessem as suas redes internas para acompanhar os trabalhos de impressão à medida que se deslocam pela produção ou que naveguem por bancos de dados de imagens de outras mídias.[15] As extranets permitem que uma empresa customize as informações e a interação com cada cliente específico que tenha acesso à sua intranet. A Hewlett-Packard oferece uma das maiores páginas de assuntos médicos na web. Para assegurar a informação customizada, os clientes de hospitais têm senhas especiais (com base em um perfil que fornecem) que os conectam automaticamente a "preços especiais" negociados por contratos daquela instituição com a Hewlett-Packard.[16]

O Papel Estratégico do Comércio Eletrônico

Para o profissional de marketing industrial, a questão crucial é: que papel o comércio eletrônico assume na estratégia global de marketing da empresa? Um dos maiores perigos do comércio eletrônico é o potencial para que os gerentes se enamorem da tecnologia e ignorem os elementos estratégicos e o papel do comércio eletrônico na missão global da empresa. A intranet e, mais especificamente, o comércio eletrô-

---

[14] Marydee Ojola, "Adding External Knowledge to Business Web Sites", *Online* 26 (4, julho-agosto de 2002), p. 3.
[15] "Extranets Enhance Customer Relations", *Graphic Arts Monthly* (janeiro de 1999), p. 89.
[16] Curt Werner, "Health Care E-Commerce, Still in Its Infancy, But Growing Fast", *Health Industry Today* 8 (setembro de 1998), p. 9.

> ## Por Dentro do Marketing Industrial
>
> ### Estendendo os Limites do Comércio Eletrônico: Comércio Eletrônico B2M (Business to Machines)
>
> O comércio eletrônico é multifacetado, como sugerido pelo uso de intranets e extranets, e as aplicações estão aumentando. Uma aplicação criativa e relativamente nova de comércio eletrônico – comércio eletrônico business to machine (B2M) – pode proporcionar grandes economias. O comércio eletrônico B2M fornece dados que ajudam a Ryder a negociar com os profissionais de marketing industrial que lhes oferecem garantias de peças e equipamentos.
>
> O comércio eletrônico B2M é uma área de surgimento rápido dentro do comércio eletrônico. A ideia geral é que as empresas possam se conectar a máquinas remotas pela internet. Como exemplo, considere a Ryder Truck Company de $ 5 bilhões – a Ryder System Inc. Quando um caminhão entra em uma das baías de manutenção da empresa, o atendente precisa apenas pressionar um botão para determinar instantaneamente as condições daquele veículo. Mais especificamente, um técnico simplesmente toca uma sonda localizada no final de um computador portátil para um disco em forma de moeda na cabine do caminhão, coletando as informações sobre o desempenho do motor e o consumo de combustível dos sensores eletrônicos sob a capota. Esses sensores rastreiam as informações relativas a 65 aspectos diferentes do caminhão, desde a validade do óleo e o desgaste dos pneus até a validade do filtro, a quantidade de gasolina e muito mais. Antes da introdução desse sistema B2M, os mecânicos da empresa erravam cerca de 50% das vezes quando se tratava de identificar problemas com os caminhões. Agora, as fontes dos problemas são identificadas mais rapidamente e o tempo inoperante de um caminhão é cortado, em geral, pela metade. A empresa gerencia quase 10 mil técnicos e 175 mil caminhões, mas com o sistema B2M, o rastreamento do estoque, o pedido de peças, o cronograma de manutenção e a programação do pessoal foram melhorados. Além disso, a Ryder usa as informações coletadas sobre desgaste nas peças do motor para negociar garantias mais longas com os fornecedores. De acordo com o diretor de Informações Dennis M. Klinger, o novo sistema custou $ 33 milhões, mas comprovadamente já se pagou em apenas poucos anos!
>
> FONTE: "The Many Flavors of E-Commerce", Accounting Software Advisor, disponível em http://www.accountingsoftware-advisor.com, acesso em 2008.

nico são apenas instrumentos para o cumprimento de metas de marketing – a necessidade de uma sólida estratégia de marketing ainda permanece.

Comércio Eletrônico como um Componente Estratégico

O uso do comércio eletrônico e, mais especificamente, da internet é como qualquer outro elemento que o profissional de marketing industrial utiliza para cumprir a missão da empresa: deve ser focalizado, baseado em objetivos cuidadosamente determinados e direcionado a segmentos-alvo específicos. Para o profissional de marketing, a internet pode ser vista como:

1. um dispositivo de comunicação para construir relacionamentos com o cliente;
2. um canal alternativo de distribuição;
3. um veículo valioso para a prestação de serviços aos clientes;
4. uma ferramenta para a coleta de dados de pesquisa de marketing;
5. um método para a integração dos membros da cadeia de suprimentos.

Em resumo, a internet geralmente não substitui os canais de distribuição existentes; em vez disso, dá a eles apoio e os complementa. De forma similar, a internet não elimina a função de venda; em vez disso, facilita os esforços do vendedor e melhora a eficiência e a eficácia da função de vendas. Da mesma forma, o comércio eletrônico B2B deverá ser visto como um processo industrial de uma ponta a outra, que envolve toda a cadeia de suprimentos.[17]

De acordo com Hank Barnes, para ter sucesso, os profissionais de marketing industrial devem integrar a internet e o comércio eletrônico à "estrutura de suas operações comerciais tradicionais, alavancando-os como uma ferramenta de comunicação que pode aumentar as vendas, os níveis de satisfação e de prestação de serviços".[18] Essencialmente, o comércio eletrônico aumenta o alcance de uma organização, mas não muda os pontos básicos sobre como uma empresa adquire, responde a e satisfaz os seus clientes. Andy Grove, um lendário executivo da Intel, conclui de modo apropriado: "a implantação do novo modelo de comércio eletrônico não significa apenas vender algo pela internet, mas incorporar a web no funcionamento diário da empresa, em particular, como uma forma para as transações B2B e para a construção de relacionamentos com o cliente".[19] Da perspectiva de toda a cadeia de suprimentos, uma questão importante é incluir ainda o uso do comércio eletrônico para automatizar e reduzir o custo das transações e para aumentar os fluxos de dados de qualidade do produto por toda a cadeia de suprimentos.[20]

O que a Internet Pode Fazer

Antes de explorarmos os elementos estratégicos do comércio eletrônico, vamos analisar as vantagens importantes de uma estratégia de comércio eletrônico desenvolvida de modo eficaz. A internet é uma ferramenta poderosa quando usada do modo certo, e as vantagens são significativas em termos de atender de modo mais eficiente os clientes, comunicar informações úteis e baixar o custo de fazer negócio.

Internet: a Estratégia Ainda Importa[21]

Como uma nova tecnologia importante, muitos executivos, empresários e investidores supuseram que a internet mudaria tudo e tornaria obsoletas muitas das antigas regras sobre competição. Michael Porter, renomado estrategista, argumenta de modo persuasivo que as antigas regras ainda são aplicáveis e a base da estratégia permanece inalterada. Sem dúvida, com a empolgação quanto à tecnologia da internet, muitas empresas – as ponto.com e outras estabelecidas – tomaram más decisões. Por exemplo, algumas empresas mudaram a base de competição para o preço e distante de fatores tradicionais como qualidade, características e serviço. Nessas condições, todos os concorrentes em um setor lutaram para ter lucro. Como alternativa, outras empresas perderam importantes vantagens exclusivas ao correr em direção a parcerias e relacionamentos de terceirização malfeitos.

A lição, para os profissionais de marketing industrial, é que a internet é uma tecnologia facilitadora – um conjunto de ferramentas poderoso que complementa, em vez de substituir, as formas tradicionais de competição. Assim, a principal decisão não é se é preciso usar a tecnologia da internet, mas como implantá-la. Empresas bem-sucedidas integram as iniciativas da internet diretamente a operações esta-

---

[17] Judith Lamont, "Collaborative Commerce Revitalizes Supply Chain", *KM World* 14 (julho-agosto de 2005), p. 16-18.
[18] Hank Barnes, "Getting Past the Hype: Internet Opportunities for B-to-B Marketers", *Marketing News*, 1º de fevereiro de 1999, p. 11.
[19] Conforme consta em David Troy, "E-Commerce: Foundations of Business Strategy", Caliber Learning Systems, disponível em http://www.caliber.com.
[20] Aislinn McCormick, "Meeting Global Supply Demands", *Bookseller*, 16 de setembro de 2005, p. 12-13.
[21] Esta seção é baseada em Michael Porter, "Strategy and the Internet", *Harvard Business Review* 79 (março de 2001), p. 63-78.

POR DENTRO DO MARKETING INDUSTRIAL

A UPS Entrega os Produtos Usando Sofisticada Tecnologia de Comércio Eletrônico

A UPS (United Parcel Service Inc.) é uma empresa de transporte expresso e entrega de pacotes e uma fornecedora global de transporte especializado e serviços logísticos. Durante mais de 90 anos, a empresa se expandiu de um pequeno serviço de entrega de remessas regionais para uma empresa global. O principal negócio da empresa é a entrega com tempo determinado de pacotes e documentos por todos os Estados Unidos e por mais de 200 outros países e territórios. A UPS é uma adotante líder de aplicativos de comércio eletrônico, oferecendo novos serviços como as ferramentas on-line da UPS e muitos outros aplicativos de serviço aos clientes por meio de seu grupo de logística em http://www.e-logistics.ups.com e em http://www.upslogistics.com.

À medida que a internet foi se moldando, a UPS se comprometeu financeiramente para transformar as suas operações visando atender às necessidades em mudança da economia digital, estabelecendo a conectividade eletrônica em sua enorme base de clientes. A UPS está respondendo ao desafio de atender a essas necessidades em mudança à medida que a evolução do negócio eletrônico (e-business) continua a se desenrolar. A empresa possui uma série de soluções comerciais que dão aos clientes formas produtivas de gerenciar, crescer e até transformar seus negócios para que continuem no curso do mercado competitivo em rápida mudança.

A UPS usa uma estratégia de comércio eletrônico cuidadosamente moldada para entregar os produtos de modo rápido, confiável e seguro. Os clientes podem obter informações precisas a respeito da conta e sobre a expedição em tempo real. Sempre atender ou superar as expectativas do serviço gera a satisfação e a lealdade do cliente. Todos os dias, a UPS conecta 1,8 milhão de vendedores a 7 milhões de compradores por todo o mundo e entrega pacotes no valor de $ 1,5 bilhão, inclusive mais de 55% de todos os produtos comprados on-line. A empresa formou alianças com os fornecedores líderes de software de comércio eletrônico e ajuda os clientes a construir ou aperfeiçoar suas páginas web de modo que, por sua vez, possam melhor atender seus clientes. A UPS e-Logistics, uma subsidiária da UPS, fornece serviços integrados de gerenciamento da cadeia de suprimentos de uma ponta a outra para empresas de comércio eletrônico e divisões ponto.com de empresas estabelecidas. Quer os pedidos dos clientes cheguem pela página web, por telefone, pelo correio ou por outro canal, a UPS e-Logistics pode gerenciar todo o processo de atendimento desde o gerenciamento do estoque até a expedição – dando aos clientes novas capacidades para o gerenciamento das informações, o deslocamento do estoque e a melhoria da lealdade do cliente.

FONTE: Nabil Alghalith, "Competing with IT: The UPS Case", *Journal of American Academy of Business* 7 (setembro de 2005), p. 7-15.

---

belecidas, em vez de pôr de lado essas estratégias em uma unidade de comércio eletrônico especializada. Michael Porter nos dá esta previsão incisiva:

> Os aplicativos básicos da internet se tornarão apostas certas – as empresas não serão capazes de sobreviver sem eles, mas não obterão qualquer vantagem deles. Vantagens competitivas mais robustas surgirão dos pontos fortes tradicionais como produtos singulares, conteúdo exclusivo, atividades físicas características, conhecimento superior do produto e sólidos serviços e relacionamentos.[...] Por fim, as estratégias que integram as vantagens competitivas tradicionais e da internet e as formas de competição sairão vencedoras em muitos setores.[22]

---
[22] Ibid., p. 78.

Foco Aumentado no Cliente, Pronto Atendimento e Relacionamentos. A internet permite que os profissionais de marketing industrial se associem aos seus clientes no gerenciamento do pedido e, também, na configuração e no desenho do produto, resultando em melhor serviço ao cliente e clientes mais satisfeitos. Como a internet cria vínculos diretos entre clientes e fábricas, os compradores corporativos podem moldar os produtos para atender às suas exigências exatas. Muitos profissionais de marketing industrial hoje encorajam os clientes a customizar os produtos exatamente às suas especificações bem na página web.

Custos Reduzidos da Transação. Quando os clientes usam a internet para se comunicar com os fornecedores, estes são capazes de fornecer acesso de baixo custo tanto para a entrada do pedido quanto para o rastreamento do pedido 24 horas por dia, sete dias por semana. As transações que não exigem serviços presenciais podem ser realizadas de um modo rentável em uma página web, e a empresa pode designar mais pessoas para trabalhar com os clientes de margem mais alta que exigem atenção pessoal. De fato, o comércio eletrônico transfere as operações para o "autosserviço", permitindo que os clientes baixem, eles próprios, os materiais e reduzam os custos de tudo o que está envolvido. Algumas empresas informam que, ao automatizar as transações pela internet, o custo de uma transação de compra diminuiu de $ 150 para $ 25.[23]

Integração da Cadeia de Suprimentos. A internet permite que as empresas conectem eletronicamente a clientela dispersa, inclusive clientes, fornecedores, intermediários e parceiros de aliança, a despeito dos limites organizacionais, geográficos e funcionais. Todos os participantes da cadeia de suprimentos podem estar conectados por meio de um banco de dados comum que é compartilhado pela internet, tornando ininterrupto e mais eficiente todo o processo de agregar valor. A chave para as operações eficazes da cadeia de suprimentos é o compartilhamento de informações vitais: previsões de vendas, planos de produção, cronogramas de entrega, rastreamento de embarques de produtos acabados pela rede de distribuição, níveis de estoque em vários pontos na cadeia de suprimentos, vendas finais em comparação com vendas planejadas e similares.

A QAD, Inc. é a desenvolvedora da *Solução Total de Comércio Eletrônico*, que fornece uma lista de software e serviços que ajudam as empresas a integrar melhor os parceiros globais em seus sistemas finais. A *Solução Total de Comércio Eletrônico* permite que os usuários ampliem os processos da cadeia de suprimentos até os parceiros, proporcionando o máximo na integração do negócio. Os serviços da QAD incluem capacidades para comunicações, conversão, integração de aplicações, gerenciamento do processo de negócio e gerenciamento da atividade do negócio.[24]

Foco no Negócio Principal. A internet facilita que as empresas focalizem o que fazem de melhor e desmembrem ou subcontratem outras operações para terceiros que estão ligados a elas por meio da rede mundial. Dessa forma, a internet ajuda as empresas a desenvolver uma "empresa virtual" que contrata outras empresas para realizar funções como fabricação ou armazenamento. A Boeing desenvolveu sua última aeronave, o Boeing 777, com um portfólio de relacionamentos entre subcontratadas e clientes potenciais que estavam conectados eletronicamente.[25] Essa abordagem permite que a Boeing devote mais ativos e recursos humanos à área crítica do desenho do produto.

---

[23] Dave Rumar, "Electronic Commerce Helps Cut Transaction Costs, Reduce Red Tape", *Computing Canada* 25(32, 1999), p. 24.
[24] Renee Boucher Ferguson, "E-com Gets Integration Help", *eWeek*, 9 de setembro de 2005, p. 25-35.
[25] N. Venkatraman e John C. Henderson, "Real Strategies for Virtual Organizing", *Sloan Management Review* 40 (inverno de 1999), p. 5.

Acessar Mercados Globais. O comércio eletrônico fornece um meio poderoso para que as empresas B2B penetrem em mercados globais dispersos. Usando o que há de mais moderno em TI, as empresas podem explorar e expandir a sua base de clientes por todo o mundo ao implantar sistemas de gerenciamento de pedidos e de compras, assim como as funções de vendas, marketing e suporte ao cliente.[26] Ao contar com uma solução de comércio eletrônico, não há necessidade de investir em uma força de vendas ou ativos físicos em todo mercado potencial – a web fornece a cobertura necessária. A abordagem exige uma estratégia na internet altamente eficaz e a capacidade logística para tornar disponíveis os produtos, de modo eficiente, para os clientes em tempo hábil. Uma vez estabelecidos os mercados por meio do comércio eletrônico, o volume de vendas em uma área geográfica específica pode, de fato, justificar a presença de uma força de vendas, escritórios e operações logísticas.

Moldando uma Estratégia de Comércio Eletrônico

O desenvolvimento de uma estratégia B2B para o comércio eletrônico não é diferente do desenvolvimento de qualquer outro tipo de estratégia de marketing. O processo tem início com uma avaliação de produtos, clientes, situação competitiva, recursos e operações da empresa para melhor entender como todos esses elementos se integram a uma estratégia de comércio eletrônico. A Figura 12.2 fornece uma estrutura valiosa que delineia importantes questões estratégicas e táticas que envolvem as estratégias de comércio eletrônico. A resposta a essas questões ajuda o gerente de marketing industrial a definir com cuidado o que a empresa espera conseguir por meio da estratégia de comércio eletrônico e a avaliar várias questões importantes sobre recursos associadas à implantação da estratégia.

Alguns profissionais de marketing industrial acham que o comércio eletrônico está se tornando tão sofisticado e técnico que precisam de ajuda tanto na criação quanto, então, no gerenciamento de seus esforços de comércio eletrônico. Em decorrência disso, muitas empresas terceirizadas emergiram para fornecer soluções sofisticadas às aplicações do comércio eletrônico, e os profissionais de marketing industrial podem chegar à conclusão de que a terceirização é uma estratégia eficaz. De acordo com o Fórum Global da Cadeia de Suprimentos da Universidade de Stanford, empresas que adotam soluções B2B terceirizadas vivenciam um retorno de aproximadamente 2,5 vezes o seu investimento anual.[27] Um estudo recente demonstrou que as estratégias do comércio eletrônico terceirizado levam a aperfeiçoamentos marcantes na satisfação do cliente. Outra vantagem tangível da terceirização das aplicações do comércio eletrônico é que o uso de uma única solução B2B ajuda a fornecer uma abordagem com foco único ao comércio eletrônico, auxiliando assim a integração de empresas com muitas divisões a uma visão comum de comércio eletrônico.

Delineando os Objetivos do Comércio Eletrônico

O princípio básico na formulação de uma estratégia na internet é entender que a internet e a tecnologia associada são nada mais do que *ferramentas* que o estrategista de marketing industrial emprega para satisfazer o cliente com um lucro: "Não se trata de uma estratégia competitiva ou da capacidade de fornecer a

---

[26] "E-commerce Market in Asia Still Hot after Dotcom Burst", *Xinhua*, 31 de julho de 2002, disponível em WorldSources, Inc., Online.
[27] Frank O. Smith, "Stanford Forum Unearths Big Benefits in B2B Outsourcing", *Manufacturing Business Technology* 25 (dezembro de 2007), p. 11.

FIGURA 12.2 | QUESTÕES PARA GUIAR A FORMULAÇÃO DE UMA ESTRATÉGIA DE COMÉRCIO ELETRÔNICO

1. **Clientes e mercados**

    O que já estamos fazendo na internet, e como as nossas atividades se alinham às necessidades do cliente?

    Como podemos utilizar a internet para fornecer melhor serviço ao cliente?

    Como podemos usar a internet para tornar mais eficientes nossos canais de vendas?

2. **Ameaças da concorrência**

    Como os concorrentes tradicionais e as novas empresas de negócio eletrônico poderiam mudar a dinâmica do mercado e afastar a participação no mercado ou os clientes?

    Não agir agora precipitará uma crise nos próximos dois anos em qualquer de nossas linhas de negócio?

    Podemos ignorar a internet se nossos concorrentes a estão usando para obter atenção e vantagens de preços?

3. **Pessoal e infraestrutura**

    Nossas equipes de gerenciamento e pessoal técnico possuem as capacidades para administrar um negócio pela internet?

    O que custará consertar os pontos fracos – expostos por nossa estratégia de negócio pela internet – em nossos processos, infraestrutura e sistemas empresariais?

    Quais são as estruturas financeiras e comerciais apropriadas para o gerenciamento do risco com a internet?

4. **Fontes e operações**

    Estamos nos confundindo ao fazer suposições com base em nosso antigo modo de fazer negócio que não é adequado à internet?

    Quais são os modelos relevantes à internet que se equiparam aos nossos, ameaçam-nos ou são modos apropriados de conduzir negócio?

    Como podemos utilizar a internet para tornar as cadeias de suprimentos mais eficientes?

    Como podemos usar a internet para baixar nossos custos operacionais? Quanto tempo isso levará?

FONTE: "A CEO's Internet Business Strategy Checklist: The Leading Questions", *Business Technology Journal – Recent Research*, disponível em http://gartner112.gartnerweb.com, acesso em 19 de abril de 1999.

---

estratégia".[28] Em geral, existe a tentação de se pensar que a internet pode eliminar a necessidade de vendedores, reduzir os gastos na propaganda comercial ou substituir inteiramente os canais de distribuição tradicionais e os intermediários de marketing. Para a maioria das empresas, a internet *complementa* a estratégia tradicional de marketing da empresa, tornando-a mais eficiente ou menos cara, ou ambas.

Nessa área de canais, por exemplo, muitas empresas acham vantajoso usar a web para dar apoio aos esforços de negócio eletrônico de seus revendedores ao proporcionar acesso a informações baseadas na web, oferecer dólares de propaganda cooperativa na web e permitir que os revendedores construam uma linha de frente na unidade da empresa.[29] Mais ainda, as empresas descobriram que uma força de vendas permanece vital para moldar relacionamentos com o cliente, uma vez implantada uma estratégia na rede

---

[28] Day e Bens, "Capitalizing on the Internet Opportunity", p. 167.
[29] Ginger Conlon, "Direct Impact", *Sales & Marketing Management* 151 (dezembro de 1999), p. 57.

mundial. De fato, a internet pode tornar a força de vendas mais produtiva. Por exemplo, a PSS WorldMedical é uma grande distribuidora de produtos médicos com uma força de vendas de mais de 700 pessoas. A empresa desenvolveu um sistema fechado, Customer Link, que permite que os clientes peçam os produtos on-line. O sistema não substitui a força de vendas; em vez disso, os representantes de vendas continuam a ganhar comissões sobre as vendas de suas contas feitas por meio do Customer Link. Os vendedores podem, então, se concentrar mais nas vendas de equipamentos que geram um lucro maior.

Sincronizando a Web com a Estratégia. Tão importante quanto aumentar a eficiência e a eficácia, a internet é normalmente usada para alcançar um mercado-alvo inteiramente novo ou diferente. Muitos especialistas consideram a Dell a "garota-propaganda do comércio eletrônico business-to-business" por seu lendário sucesso no controle de custos de modo eficaz, ao fornecer computadores pessoais desenhados sob encomenda pela internet.[30] Ainda, o que torna a Dell a maior profissional de marketing na internet é a sua capacidade de usar as suas práticas de vendas diretas obcecadas pelo cliente e aperfeiçoá-las com o uso da web. Diz Eryn Brown na *Fortune*: "não há nada que a empresa faça on-line que não faça no mundo físico. Apesar disso, a Dell e seus clientes sabem que nada bate a internet quando é necessário lidar com as 'coisas chatas'.[31] A Dell serve como um excelente modelo para qualquer profissional de marketing B2B que esteja buscando a sincronização plena de uma estratégia na internet com a sua estratégia tradicional baseada nos vendedores. A chave para o sucesso da Dell é o entendimento do papel da internet e o seu relacionamento com todos os outros elementos da estratégia de marketing da empresa.

Objetivos Específicos das Estratégias de Marketing na Internet

A internet pode ser eficaz no fornecimento de informações, assim como no estímulo da ação do cliente. Os objetivos de marketing na internet parecem aqueles de qualquer tipo de estratégia de comunicação no mercado industrial. A internet pode ser usada para focalizar os objetivos cognitivos como o estímulo da conscientização e do conhecimento da empresa, criando uma atitude favorável com relação à organização ou estimulando o comprador a comprar. Observe a página web para Custom-Printed Post-it Notes (Lembretes Post-it Impressos sob Medida) na Figura 12.3. Nesse caso, a 3M permite que o cliente use sua página web para criar o exato lembrete Post-it personalizado que deseja. Essa página também ilustra como é fácil para os clientes customizar o produto de acordo com as suas exigências e colocar um pedido on-line para criar o produto. Ao visitar o site http://promote.3m.com/index.jsp;jsessionid=akURBYBb9vN8, é possível ver em primeira mão como é fácil usar esse serviço virtual. A seguir, alguns dos objetivos mais comuns que os profissionais de marketing industrial podem ter para a parte de comércio eletrônico de seus negócios:[32]

1. Visar a um mercado ou grupo de consumidores específico.
2. Construir o reconhecimento do nome e das marcas da empresa.
3. Transmitir uma imagem de vanguarda.
4. Conduzir pesquisa de mercado.
5. Interagir com clientes existentes e cultivar novos clientes.
6. Fornecer informações em tempo real sobre produtos, serviços e situação financeira da empresa para clientes e parceiros da cadeia de suprimentos.

---

[30] Eryn Brown, "Nine Ways to Win on the Web", *Fortune*, 17 de maio de 1999, p. 114.
[31] Ibid., p. 114.
[32] Adaptado de Neal J. Hannon, *The Business of the Internet* (Cambridge, MA: International Thomson Publishing Company, 1998), p. 210.

FIGURA 12.3 | PÁGINA DA 3M NA WEB TORNA FÁCIL PERSONALIZAR OS LEMBRETES POST-IT

FONTE: Disponível em http://promote.3m.com/index.jsp;jsessionid=akURBYBb9vN8, acesso em 8 de agosto de 2008. Cortesia da 3M. Copyright © 2006 3M; todos os direitos reservados.

7. Vender produtos e serviços.
8. Vender de um modo mais eficiente.
9. Anunciar em uma nova mídia.
10. Gerar perspectivas de vendas para a força de vendas.
11. Fornecer um veículo para o serviço ao cliente.
12. Construir relacionamentos sólidos com os clientes.

Os objetivos específicos para o negócio pela internet de uma empresa ditam as questões com que se deve lidar na formulação de sua estratégia. Por exemplo, caso o objetivo seja criar volume de novas vendas, deve ser dada especial atenção à criação de sistemas para o manuseio das transações e para fornecer suporte logístico e de serviço. As estratégias na internet variam drasticamente com base nos objetivos.

Principais Realizadores em B2B

GE Healthcare: Usando a Web para Criar Novos Serviços

A GE Healthcare descobriu uma forma de usar a web para coletar dados de seus equipamentos médicos e criar novos e valiosos serviços para seus clientes. O aplicativo de serviço resultante, chamado eCenter, monitora e transmite dados do paciente desde as máquinas de ressonância magnética e outros equipamentos médicos da GE diretamente para o radiologista (o cliente). Além de aumentar o cuidado com o paciente, a GE também pode fornecer informações valiosas que podem aprimorar a produtividade de uma organização de assistência médica. A GE pode analisar os dados de um cliente e compará-los aos de outras páginas do cliente para verificar a produtividade de um departamento de radiologia específico comparada com outros que usam o mesmo equipamento.

Sobre o sucesso dessa iniciativa, a GE desenvolveu aplicativos eCenter similares para outras divisões da empresa. Para ilustrar, os clientes da GE Power Systems, como serviços públicos, podem analisar o desempenho de suas turbinas em comparação com outras do setor. Ao visualizar a tecnologia da informação como uma capacidade estratégica, e não uma função de apoio, a GE está aperfeiçoando os seus produtos e cocriando novo valor com os clientes.

FONTE: C. K. Prahalad e Venkat Ramaswamy, *The Future of Competition: Co-Creating New Value with Customers* (Boston: Harvard Business School Press, 2004), p. 223.

Implantação da Estratégia na Internet

Com todos os objetivos da internet já delineados, o profissional de marketing industrial está em posição para desenvolver uma estratégia na internet. Como ocorre em qualquer processo de marketing, a estratégia na internet deve abordar com atenção produto, promoção, canais e preços. A discussão sobre a implantação da estratégia tem início ao se analisar as importantes dimensões relacionadas ao produto.

O Produto da Internet

O produto da internet é uma série complexa de elementos físicos, software, hardware, extranets, intranets, serviços e informações. A página web é o principal elemento do produto na estratégia de comércio eletrônico de uma empresa. Embora possa incluir outras dimensões, a alma de uma estratégia de comércio eletrônico é a página web da empresa, pois ali todas as interações com o cliente são tratadas do modo mais rentável.

Como indicado, uma página web deve ser desenvolvida com base em um esboço cuidadoso dos objetivos da empresa, e é raro que uma página web seja desenvolvida com base em um único objetivo. Assim, o design de tal página torna-se mais complicado à medida que a alta administração articula objetivos adicionais. Outros ingredientes óbvios no processo de planejamento são as necessidades de visitantes-alvo das páginas web. Um foco em ambas as dimensões garante que tanto a empresa quanto o cliente estão incluídos.

Observe, na Figura 12.4, como a W. W. Grainger usa a sua página web para facilitar a busca de produtos pelos clientes e colocar um pedido. Caso o cliente deseje navegar por diferentes linhas de produto, isso pode ser feito com apenas um clique. Para um pedido repetido, o cliente apenas digita o número do produto e a quantidade desejada. Para coletar um produto de imediato em uma instalação da Grainger, o cliente só precisa clicar em Find a Branch (encontrar uma filial).

Design de Sucesso de Página Web. Para desenvolver de modo eficiente uma página web, o designer precisa pensar como um usuário – antecipar como o cliente utilizará a página e as características que facilitarão o uso. Para usar a internet como uma ferramenta de marketing, a página web deverá permitir que os clientes se desloquem com facilidade pelo processo de venda, fornecer uma forma rápida e fácil de encontrar o produto que desejam e determinar se os produtos são adequados às suas necessidades. Caso a página possa cumprir essas metas, então a próxima função é facilitar a transação financeira. Rapidez, facilidade de uso e segurança são cruciais na conclusão da transação de venda e no atendimento às expectativas de serviço do cliente.

Catálogos na Internet. Uma das primeiras aplicações de comércio eletrônico para muitos profissionais de marketing industrial que vendem componentes, materiais e recursos de manutenção e operação é o desenvolvimento de um catálogo eletrônico em suas páginas web. Em vez de folhear milhares de páginas, o usuário pode definir as exigências exatas e facilmente localizar o item apropriado no catálogo. Mais ainda, o catálogo pode ser atualizado de modo contínuo.

Como indicado no Capítulo 3, muitas empresas adotaram as aplicações de compra eletrônica. Elas descobriram que a compra eletrônica aumenta drasticamente a eficácia dos compradores e reduz o tempo e a despesa gastos na busca de recursos operacionais ou produtos de não produção. As empresas sem catálogos na internet provavelmente não serão capazes de competir no futuro, pois os compradores interessados em grandes economias podem buscar informações por meio da compra eletrônica.

Pregões Reversos. Os pregões reversos, que envolvem um comprador e vários vendedores, têm sido adotados por gerentes de compras por vários setores do mercado industrial, inclusive o governo. Por quê? Muitas empresas como a Quaker Oats e a GlaxoSmithKline relatam milhões de dólares de economia com pregões reversos em comparação com os métodos tradicionais de compra. A FreeMarkets, Inc. – hoje uma parte da Ariba – organiza pregões reversos para fabricantes como a United Technologies. Aqui, os fornecedores apresentam propostas para contratos de compra de peças componentes, matérias-primas e *commodities*. As empresas que vendem itens de *commodity* se deparam com a maior ameaça. Os especialistas sugerem que os pregões reversos podem prejudicar os relacionamentos comprador-vendedor de longa duração.

Alguns compradores entenderam que pressionar de modo contínuo por maiores cortes nos preços pode ter o efeito contrário ao inibir a colaboração. Caso as margens de lucro diminuam de modo continuado, os fornecedores podem ser forçados se unir, aumentando assim o seu poder.[33] O Capítulo 14 dá detalhes sobre as estratégias específicas que o profissional de marketing industrial pode implantar com os clientes que utilizam pregões reversos.

Trocas Privadas[34]. Uma nova forma de pregão reverso surgiu – as trocas privadas, que são redes somente de convite que conectam uma única empresa aos seus clientes, fornecedores ou ambos. As trocas privadas podem fazer o que as trocas públicas (pregões reversos) não podem: ao fornecer comunicação segura, aprimoram os processos compartilhados da cadeia de suprimentos, como gerenciamento de estoque, pla-

---

[33] Sandy D. Jap, "An Exploratory Study of the Introduction of Online Reverse Auctions", *Journal of Marketing* 67 (julho de 2003), p. 96-107.
[34] William Hoffman, Jennifer Keedy e Karl Roberts, "The Unexpected Return of B2B", *The McKinsey Quarterly*, 25 de julho de 2008, p. 1.

FIGURA 12.4 | A W. W. Grainger Facilita Encontrar Produtos e Colocar Pedidos

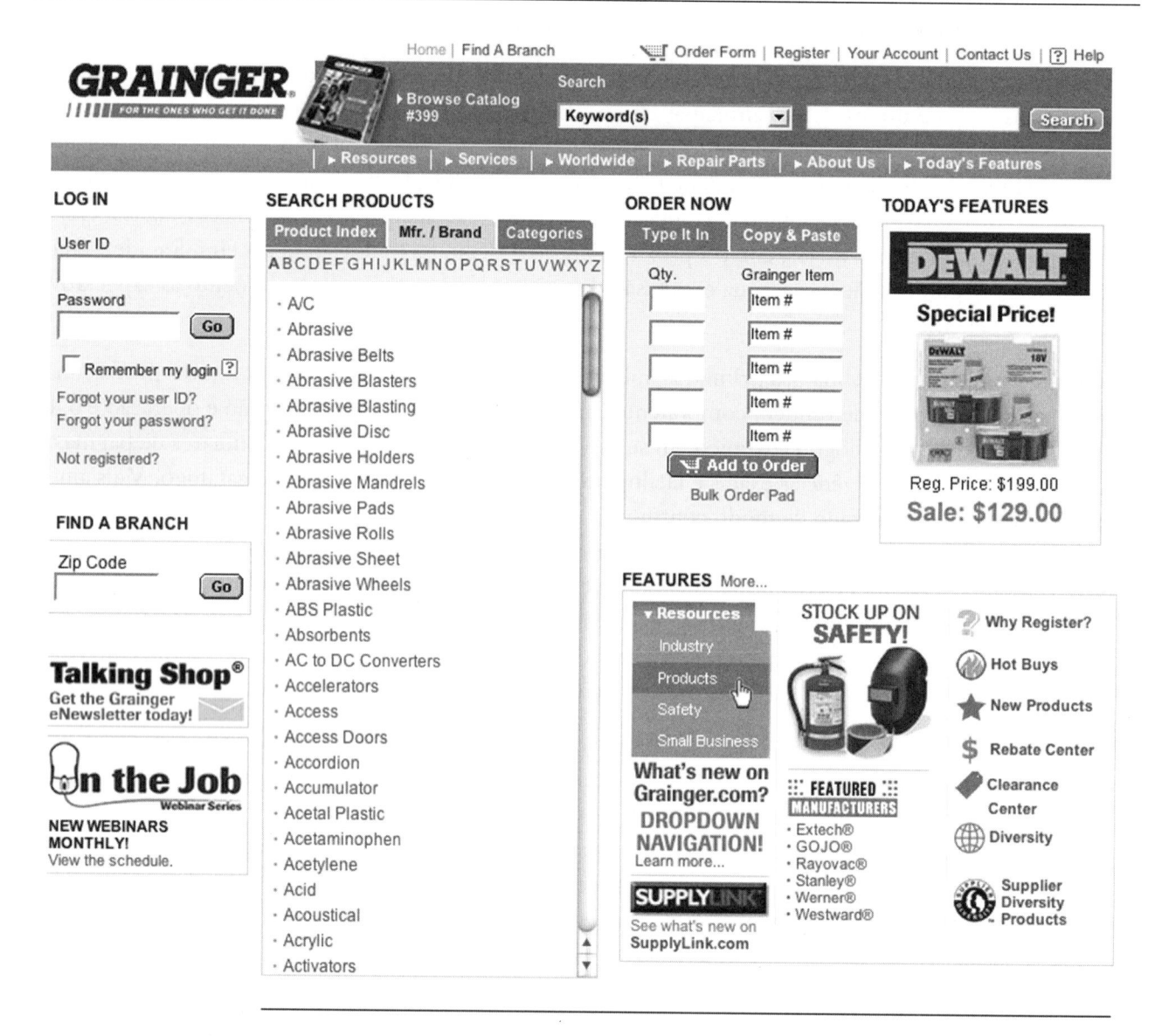

FONTE: Disponível em http://www.grainger.com/Grainger/wwg/start.shtml, acesso em 8 de agosto de 2008. Copyright © 1994-2008 W. W. Grainger, Inc. Todos os direitos reservados. Reproduzido com permissão da Grainger.

nejamento de produção e atendimento do pedido. Alguns fornecedores estão usando os aperfeiçoamentos do processo gerados por sua participação em trocas para construir relacionamentos mais próximos com os clientes. A pesquisa sugere que as trocas privadas podem oferecer vantagens competitivas para a maioria dos grandes fornecedores, caso as empresas entendam o que essas redes oferecem e o que exigem em troca. Diferentemente dos mercados abertos B2B e dos consórcios industriais, as trocas privadas mantêm o controle nas mãos de um participante ativo – um arranjo que ajuda a focalizar a atividade no processo, em vez de no preço. Como os fornecedores em uma troca privada são convidados ou anfitriões, os com-

Por Dentro do Marketing Industrial

"Tome Emprestadas as Melhores Táticas de Comércio Eletrônico do Cliente para Renovar a sua Página B2B"

Preso em uma rotina de B2B? Para aumentar a geração de perspectivas de vendas e as transações de comércio eletrônico, um profissional de marketing analisou as melhores práticas do marketing ao consumidor. Quando reorganizaram a sua página, as mudanças incluíam:

- Adição de muitas novas imagens.
- Criação de páginas de destino únicas para buscas de principais nomes de marca.
- Cálculo de custos de embarque.

O resultado é que o acesso à página aumentou 587%, e o novo dispositivo de geração de perspectivas de venda criou milhões de dólares em receita adicional. Por outro lado, segmentos de novo cliente foram identificados, como universidades e laboratórios de pesquisa. Quando Bob Schneider redesenhou a página web para a Ellsworth Adhesives, uma distribuidora de adesivos industriais e produtos químicos especializados, sua meta era alavancar as vendas do comércio eletrônico e a geração de perspectivas de venda para seus representantes de venda de campo. Mas para alcançar aquelas metas de B2B, Schneider e sua equipe tomaram emprestadas as técnicas das páginas de comércio eletrônico *ao consumidor* mais bem-sucedidas. "Se você não está pensando em B2C e apenas que é uma página de B2B, você não será tudo o que pode ser. Muitas páginas de B2B que analisamos esperavam muito de seus usuários", diz Schneider, o antigo webmaster da empresa que hoje dá consultoria para a Ellsworth Adhesives.

Os compradores de B2B são também consumidores, que provavelmente passaram a esperar certas coisas da experiência de compras on-line com base em suas compras pessoais na Amazon.com e em outras páginas ao consumidor importantes. Tendo em mente aqueles compradores durante a elaboração do novo design, a equipe de Schneider elaborou um foco do cliente no design, no conteúdo, nas características e na estratégia de otimização do mecanismo de busca da página.

Tática 1. Fornecer total informação sobre o produto e documentos de suporte.

Tática 2. Calcular os custos efetivos de frete para os pedidos.

Tática 3. Mostrar fotografias de todos os produtos.

Tática 4. Disponibilizar especialistas para responder às perguntas.

Tática 5. Criar páginas de destino únicas para buscas de principais nomes de marca.

Tática 6. Usar palavras negativas para remover clientes.

FONTE: Marketing Sherpa, disponível em http://www.marketingsherpa.com/article.php?ident=30113, acesso em 30 de agosto de 2007.

pradores já escolheram fazer negócio com eles e, em geral, já concluíram negociações de preço. De fato, uma troca privada é, sobretudo, uma troca de informações: embora os compradores possam comprar por um preço melhor em outro lugar, está demonstrado que eles raramente estão inclinados a fazê-lo. Os relacionamentos com o cliente construídos na confiança (e apoiados por contratos de confidencialidade) são essenciais se, por exemplo, os fornecedores tiverem acesso às vendas e informações sobre estoque de um cliente e puderem prever a demanda do produto para aquele cliente, garantindo a entrega de produtos ou serviços conforme necessário. As trocas privadas oferecem a promessa de aprimorar os relacionamentos comprador-fornecedor e de melhorar a eficiência das cadeias de suprimentos.

Considerações do Canal com Marketing na Internet

As empresas que desenvolvem uma estratégia na internet devem levar em consideração várias questões importantes de canal de distribuição. Uma presença de marketing na internet exige que o gerente avalie o seguinte: o efeito sobre as eficiências do canal, os intermediários de marketing e o compartilhamento de informações entre os membros do canal; a capacidade de entrega imediata do produto e a necessidade de considerar a terceirização de algumas funções principais do canal.

Eficiências do Canal. Uma vantagem significativa do marketing B2B na internet é o seu impacto positivo sobre a eficiência nos canais de distribuição. A internet usa tecnologia de comunicação de baixo custo para automatizar todos os tipos de transações comerciais. Em decorrência disso, muito da papelada de retaguarda e das tarefas necessárias para lidar com os membros do canal, que já ocuparam o tempo de vários funcionários, pode ser hoje automatizado. Ao conectar os sistemas de informação aos membros do canal por meio da web, uma empresa ajuda os intermediários a monitorar de modo mais efetivo o estoque e o fluxo de produtos pelos seus depósitos.

Por exemplo, uma grande distribuidora de ferramentas usa uma plataforma de comércio eletrônico da *PartsWatch*.[35] A arquitetura permite muitas vantagens inovadoras como atualização central do preço e atualizações automáticas do catálogo – sem precisar enviar ou receber disquetes. O efeito principal sobre o canal é que uma empresa tem informações em tempo real sobre a demanda em todos os níveis da distribuição. Os clientes podem usar o sistema para orientar e gerenciar o canal e fornecer serviços importantes em tempo real de modo eficiente para todos os parceiros do canal. Esses tipos de redes permitem que transações com ordem de compra, recibos de pedidos e notificações de expedição fluam diretamente entre os distribuidores e seus fornecedores.

Efeito sobre os Atuais Intermediários. As estratégias na internet apresentam questões interessantes sobre a estrutura do canal de distribuição de uma empresa. Dependendo da natureza da estratégia na internet do fabricante, o papel dos atuais membros do canal pode ser aumentado, inalterado ou drasticamente reduzido. A variável principal é quanto de valor o membro do canal acrescenta ao processo de marketing e aos produtos fisicamente distribuídos. Em alguns casos, os membros do canal podem ser convocados para atender a mercados-alvo que não podem ser cobertos de modo eficaz por meio de uma abordagem pela internet. Os membros tradicionais do canal têm sido constantemente relegados ao papel de atender a nichos de mercado bem pequenos que não podem ser atendidos eficientemente por meio de abordagens de marketing direto ou pela internet. Outros têm sido capazes de ampliar seu papel em virtude da nova estratégia na internet de um fabricante. Como muitas transações pela internet envolvem um ou poucos itens, existe uma necessidade real de que alguém administre o processo de pedidos atendidos fisicamente, e assim se apresenta uma nova oportunidade para um distribuidor que pode executar essa função de modo eficiente.

Desintermediação. Como a internet melhora a conectividade entre empresas, ela reduz de modo drástico o custo da comunicação e da coordenação em transações de troca. Em um canal com rede, as empresas podem contornar os intermediários que tradicionalmente facilitaram o fluxo de informações e produtos entre as empresas e seus clientes. Essa situação é chamada **desintermediação**, e há indicações de que isso vem ocorrendo em vários setores B2B. Grandes agências de viagem que vendem bilhetes aéreos para contas corporativas estão vivenciando a desintermediação à medida que as linhas aéreas criaram suas próprias páginas

---

[35] Chris Miller, "E-commerce Advances", *Aftermarket Business* 115 (setembro de 2005), p. 14.

web, que fornecem tantas informações ao viajante corporativo quanto o faziam as agências. Itinerários, inclusive hotéis, locação de veículos e bilhetes aéreos podem ser organizados com o clique de um mouse, e o pagamento pode ser processado por meio de um canal seguro bem na página web. De fato, graças ao sucesso dessas estratégias na internet, as linhas aéreas reduziram ou eliminaram as comissões dos agentes de viagem, forçando muitos deles a sair do negócio ou a se voltar para segmentos de viagem de lazer.

A Internet como uma Alternativa de Canal

A internet pode ser um "canal" de distribuição bem eficaz para alcançar mercados-alvo selecionados. Raramente os profissionais de marketing industrial confiam apenas na rede mundial como a sua única abordagem para entrar em contato com clientes e consumar as vendas. Em vez disso, a internet é somente um canal ou método de fazer negócio com os mercados-alvo. Na AMP, a grande fabricante de conectores eletrônicos, seu catálogo na internet complementa os canais tradicionais como a força de vendas, os distribuidores e os representantes internos de serviço ao cliente. O catálogo simplesmente proporciona aos clientes outro caminho para fazer negócio com a empresa.[36]

Em alguns casos, a internet é bem eficaz na "distribuição" de certos tipos de produtos como software e material impresso. O setor de software foi o pioneiro no uso da rede para a distribuição de produtos. Empresas de software de computador como a Adobe Systems e a Microsoft se beneficiam dos novos canais de distribuição da web para vender e distribuir os softwares eletronicamente. A vantagem é que empresas de qualquer tamanho, com orçamento bem baixo para marketing, podem se beneficiar da web para criar e distribuir novos produtos. Qualquer coisa que possa ser digitalizada pode ser transmitida pela internet, que oferece inúmeras vantagens aos profissionais de marketing que desejam distribuir material impresso. Em resumo, a internet amplia o alcance dos profissionais de marketing, proporcionando-lhes um canal eficiente para atender os clientes em uma escala global.

Vantagens do Canal Digital. Ao fornecer um mecanismo eficiente para entrar em contato com compradores potenciais, a internet oferece algumas vantagens sobre os canais tradicionais de distribuição para produtos industriais. De acordo com Judy Strauss e Raymond Frost, a internet agrega valor por vários motivos:[37]

1. O contato pode ser customizado de acordo com as necessidades do comprador.
2. A internet fornece ampla gama de fontes de referência como as páginas web, mecanismos de busca, agentes de compra, grupos de notícias, salas de bate-papo e e-mail.
3. A internet está sempre aberta para negócio: os compradores podem entrar na página 24 horas por dia, sete dias por semana.

Usando a internet, os profissionais de marketing industrial podem criar soluções customizadas para os clientes. Por exemplo, a Staples (http://www.staples.com) oferece catálogos customizados para os seus clientes corporativos. Essa estratégia poderia ser de implantação dispendiosa pelos canais tradicionais. A internet proporciona à Staples uma flexibilidade sem paralelo na criação do tipo de catálogo que uma organização específica deseja. Outras empresas desenvolveram lojas on-line para alcançar de modo mais eficiente os pequenos e médios negócios que não são lucrativos para os revendedores. O canal da internet, se voltado adequadamente e integrado aos parceiros tradicionais do canal, pode ser uma abordagem rentável para o atendimento a segmentos selecionados do mercado industrial.

---

[36] Jim Kesseler, "Defining the Future of Business-to-Business Electronic Commerce", *Journal of Global Information Management* 6 (1, 1999), p. 43.
[37] Judy Strauss e Raymond Frost, *Marketing on the Internet* (Upper Saddle River, NJ: Prentice Hall, 1997), p. 168.

O Efeito da Internet sobre a Estratégia de Preço

Ao proporcionar aos clientes fácil acesso a informações sobre produtos e fornecedores, a internet dá sustentação ao poder de barganha do comprador. O principal impacto tem sido a redução significativa do controle do profissional de marketing industrial sobre o preço. Diz Michael Porter:

> O grande paradoxo da internet é que as suas reais vantagens – disponibilizar amplamente as informações; reduzir a dificuldade na compra, marketing e distribuição; permitir que clientes e vendedores se encontrem e façam negócio um com o outro de modo mais fácil – também tornam mais difícil para as empresas contabilizar aquelas vantagens como lucro.[38]

Enquanto os vendedores podem ter apreciado as vantagens geográficas selecionadas devido à falta de concorrência próxima, a internet abriu os mercados para muitos novos fornecedores, resultando na pressão para a queda dos preços. A pressão sobre o preço é especialmente grave para quaisquer produtos ou serviços que os compradores percebem como *commodities*. Estes são precisamente os tipos de itens para os quais os compradores estão usando pregões reversos. O efeito final é que os profissionais de marketing industrial de matérias-primas, componentes e suprimentos que podem ser cotados e vendidos pela internet devem repensar com atenção a sua abordagem de preços ao desenvolver um modo mais eficiente de competir quanto ao preço ou ao criar novas ofertas de serviço aprimorado que agreguem valor aos olhos dos clientes potenciais.

A Internet e a Comunicação com o Cliente

A internet aumenta as capacidades de comunicação do profissional de marketing industrial. O fornecimento de informações em tempo real, atualizadas e a baixo custo é uma das características proeminentes de uma estratégia na rede mundial. Em poucos segundos e pressionando poucas teclas, todo um banco de dados pode ser corrigido, atualizado e anexado, e as informações podem ser compartilhadas com compradores potenciais por todo o mundo. O escopo da capacidade de comunicação da internet está ilustrado pelas diferentes fases do comércio eletrônico por que passam, normalmente, as empresas.[39] No nível mais básico, uma empresa pode oferecer simples *informações on-line*, como seu catálogo de produtos, facilitando o acesso às informações e aumentando as capacidades de busca do produto. A limitação é a incapacidade de ajudar o usuário a buscar informações com base em critérios predefinidos – o catálogo existe apenas em um formato eletrônico. Na próxima fase do comércio eletrônico, a *publicação do banco de dados*, o usuário tem capacidade de busca. Usando um mecanismo de busca, o cliente pode esquadrinhar o banco de dados do catálogo e se voltar para exigências específicas. A terceira fase, *autosserviço do cliente*, fornece informações customizadas para usuários específicos. Nesse caso, os clientes podem baixar catálogos derivados da busca e diagnósticos de serviço, juntamente com informações sobre preço e disponibilidade do produto. A fase final e mais complexa do comércio eletrônico, *transações*, fornece todas as transações, desde a coleta de informações para a compra até o processo de faturamento para garantir o pagamento, em um único ambiente.

Essas categorias da capacidade de comunicação da internet se equiparam diretamente com um recente estudo sobre o que os engenheiros típicos buscam quando navegam pela web. De acordo com uma

---

[38] Porter, "Strategy and the Internet", p. 66.
[39] Kesseler, "Defining the Future of Business-to-Business Electronic Commerce", p. 43; ver também D. Eric Boyd e Robert Spekman, "Internet Usage Within B2B Relationships and Its Impact on Value Creation: A Conceptual Model and Research Propositions", *Journal of Business-to-Business Marketing* 11 (1-2, 2004), p. 9-32.

Pesquisa de Tendências de Engenharia da GlobalSpec, 91% dos engenheiros usam a internet para encontrar componentes e fornecedores, 87% a utilizam para obter especificações de produtos, 72% a usam em busca de notícias e informações, 68% a empregam para pesquisa, 64% a utilizam para encontrar informações sobre preço e 60% a usam em busca de ideias de aplicação técnica.[40] Como mostra esse estudo, a internet é uma poderosa ferramenta de comunicação que pode entregar a informação desejada aos clientes em um ponto crítico no processo de tomada de decisão de compra.

Atender às Exigências do Cliente. Em comparação com as abordagens tradicionais e impressas, cada fase ou nível do comércio eletrônico melhora a forma pela qual os profissionais de marketing industrial interagem com seus clientes e clientes potenciais. Como reflexo disso, temos a recente mudança do respeitável *Thomas Register*, que hoje está disponibilizado *apenas* on-line.[41] A Thomas Publishing Company não mais imprimirá seus diretórios de vários volumes – o *Thomas Register of American Manufacturers* e o *Thomas Register of Regional Buying Guides* – que foram usados por décadas pelas indústrias norte-americanas. Após 2006, a Thomas – que foi fundada há mais de cem anos – disponibilizará esses diretórios exclusivamente on-line em seu site http://www.thomasnet.com. A mudança para os diretórios on-line resultou de pedidos dos clientes. Cada vez mais, os usuários estão se colocando contra o formato impresso e a favor da versão on-line porque os diretórios on-line oferecem funcionalidade na busca, acesso imediato aos catálogos dos fornecedores, vínculos diretos com as páginas do fornecedor na web, capacidade de comércio eletrônico e uma biblioteca com desenhos em CAD. A página ThomasNet.com contém informações sobre mais de 650 mil fabricantes, distribuidores e empresas de serviço indexados por 67 mil categorias de produto e serviço.

É claro que a comunicação pela internet, em geral, apenas complementa o contato pessoal entre compradores e vendedores, especialmente para produtos complexos e caros que exigem engenharia específica do cliente e customização, negociações extensas e arranjos contratuais de longo prazo. Por exemplo, a página da Boeing na web é usada mais para descrever a empresa e a forma como está organizada, explicar cada um dos modelos de suas aeronaves, descrever e explicar toda a gama de serviços da empresa e delinear como os compradores potenciais podem trabalhar com a empresa na criação de um produto para as suas exigências específicas. Todavia, para muitas empresas que comercializam suprimentos, componentes padronizados, peças para reparo e similares, o comércio eletrônico proporciona o maior potencial para a redução dos custos da transação, enquanto torna os comunicados de marketing mais eficientes e eficazes.

Para recapitular, a internet é apenas um componente da estratégia global do profissional de marketing industrial: ela simplesmente amplia o alcance da organização e deve estar integrada à estratégia dominante que a empresa utiliza para alcançar e interagir com seus clientes. Mesmo na Dell, em que a empresa opera no nível da fase quatro do comércio eletrônico – total capacidade da transação –, a internet é apenas uma abordagem ao mercado. De acordo com o presidente do Conselho, Michael Dell, "trabalhamos com clientes face a face, pelo telefone e pela internet. Dependendo do cliente, algumas ou todas aquelas técnicas serão utilizadas; elas estão todas entrelaçadas".[42]

O Papel da Força de Vendas. Muitas empresas percebem que a internet simplesmente torna os representantes de vendas mais eficientes, porque podem se concentrar na resolução de problemas do cliente e construir relacionamentos com o cliente. A internet moderniza o processo de vendas e elimina os detalhes do processamento de pedidos para os clientes e também para os vendedores. Embora ela venha a tomar o

---

[40] Greg Jarboe, "Meet the B2B Search Engines", *Search Engine Watch*, 29 de setembro de 2005, p. 1.
[41] Sean B. Callahan, "Thomas Plans to Drop Print Directories", *B to B* 90 (junho de 2005), p. 6.
[42] *Financial Times Guide to Digital Business* (outono de 1999), p. 11.

lugar de algumas vendas antes pertencentes à força de vendas, as estratégias na internet, em geral, *dão apoio* aos esforços da força de vendas. Ao usar os sistemas de gerenciamento de relacionamento com o cliente (CRM) (ver Capítulo 4), o vendedor pode customizar as apresentações, responder às idiossincrasias específicas do cliente e agir defensivamente com relação aos desafios da concorrência. As empresas bem-sucedidas desenvolveram abordagens para a integração das estratégias da força de vendas com as estratégias na internet e para compensar os vendedores de modo que possam dar apoio às iniciativas on-line.[43]

Promoção. Para capitalizar o investimento na criação e na manutenção de uma página web, as promoções que dão destaque a uma página precisam ocorrer com frequência e em uma variedade de mídias para estimular o uso. Uma análise de um ano e meio sobre páginas web de empresas B2B de pequeno, médio e grande portes indicou que o número de acessos está diretamente relacionado à quantidade de propaganda e promoção de vendas off-line.[44] A propaganda em publicações comerciais e material distribuído em feiras comerciais e conferências parece ser bem eficaz no estímulo do uso de páginas de negócio na web. Com base no sucesso de mecanismos de busca de ponta como o Google e o Yahoo, a propaganda de palavra-chave (*keyword advertising*) também se tornou um elemento central nos orçamentos promocionais das empresas B2B – alcançando clientes potenciais em um ponto crítico no processo de tomada de decisão de compra. O marketing do mecanismo de busca e outras ferramentas interativas de comunicação de marketing são analisados no Capítulo 15.

Para os profissionais de marketing industrial, a internet proporciona um veículo poderoso para a demonstração do valor das ofertas e para customizá-las a cada cliente. Rosabeth Moss Kanter declara que aqueles que determinam o ritmo do comércio eletrônico "adotam a internet como uma oportunidade para o questionamento de seus modelos existentes e para a experimentação de novas formas pelas quais a tecnologia pode melhorar seus negócios".[45]

Resumo

Profissionais de marketing industrial de todos os tipos, sejam fabricantes, distribuidores ou prestadores de serviço, estão integrando a internet e as comunicações eletrônicas no núcleo das estratégias de marketing industrial. O *comércio eletrônico* é o termo geral aplicado a comunicações, processos de negócio e transações que são realizados por meio da tecnologia eletrônica – principalmente a rede mundial. O comércio eletrônico pode ser aplicado a quase todos os aspectos dos negócios para tornar mais eficientes todos os processos. Com base nas tecnologias da internet, uma intranet é uma rede interna acessível apenas para os funcionários da empresa e outros usuários autorizados. Por outro lado, uma extranet é uma rede privada que usa tecnologia baseada na rede para conectar empresas a fornecedores, clientes e outros parceiros. As extranets permitem que o profissional de marketing industrial customize as informações para um cliente específico e compartilhe diretamente as informações com aquele cliente em um ambiente seguro.

Para os profissionais de marketing industrial, a internet tem sido eficaz como um veículo poderoso de comunicação, um canal alternativo, um novo local para hospedar serviços, uma ferramenta de coleta de dados e uma forma de integrar a cadeia de suprimentos. Para ser bem-sucedida, a estratégia na internet deve entrar com cuidado na estrutura da estratégia global de marketing da empresa. A internet oferece

---

[43] Stewart Alsop, "E or Be Eaten", *Fortune*, 8 de novembro de 1999, p. 87.
[44] Carol Patten, "Marketers Promote Online Traffic through Traditional Media, with a Twist", *Business Marketing* 84 (agosto de 1999), p. 40.
[45] Rosabeth Moss Kanter, "The Ten Deadly Mistakes of Wanna-dots", *Harvard Business Review* 79 (janeiro de 2001), p. 99.

importantes vantagens, inclusive custos reduzidos de transação, tempo de ciclo reduzido, integração da cadeia de suprimentos, acesso às informações e relacionamentos mais próximos com o cliente. Dado o colapso de muitas empresas ponto.com, a lição para os profissionais de marketing industrial é que a internet é uma tecnologia facilitadora – um conjunto poderoso de ferramentas que complementa, em vez de substituir, as formas tradicionais de competição.

A estratégia do comércio eletrônico deve ser moldada com atenção, começando com um foco sobre os objetivos. Assim que houver estabelecido os objetivos, uma empresa pode formular uma estratégia na internet. Incluída na estratégia está a consideração das dimensões relativas ao produto da oferta na internet, entre as quais a mais visível é a página web da empresa. Extranets, catálogos eletrônicos e informações ao cliente também devem ser integrados ao "produto". Várias questões fundamentais sobre canal de distribuição devem ser avaliadas, inclusive o efeito da rede mundial nos canais atuais e nos parceiros de canal, as eficiências do canal e a internet como um canal separado para o mercado. As questões referentes a preço são também significativas, em especial à luz do efeito das comunidades comerciais e páginas de leilão. Por fim, as estratégias de comunicação de marketing consideram o limite até o qual a empresa fornece capacidades transacionais na página web e como a estratégia na internet está integrada com os outros veículos promocionais. Até certo nível, a internet fornece um veículo poderoso para o desenvolvimento de relacionamento individual com os clientes do mercado industrial.

Questões para Discussão

1. A Crespy Company fabrica sistemas de controle que regulam grandes motores com turbina a gás. Descrever os principais elementos do produto na internet que a Crespy poderia desenvolver para os seus clientes.

2. A internet resultará em uma competição mais rigorosa quanto ao preço no mercado de business-to-business? Explicar.

3. Um grande distribuidor industrial de equipamentos de transmissão de força participa de um projeto para desenvolver uma estratégia de comércio eletrônico. Que lições poderia aprender dos profissionais de marketing ao consumidor no desenho e na operação de sua página na internet?

4. Comentar o que segue: As estratégias de marketing na internet eliminarão, no futuro, a maioria dos intermediários de business-to-business.

5. Que vantagens têm as estratégias de marketing na internet sobre as estratégias tradicionais?

6. Avaliar esta declaração: O determinante mais importante do potencial de lucro de um mercado digital é o poder de compradores e vendedores no cenário específico do produto. Concorda ou discorda? Explique.

7. Discutir como a compra pela internet pode baixar o custo da compra para uma grande empresa como a Raytheon, a fabricante de aeronaves comerciais.

8. Quais são os principais desafios que a compra por catálogos eletrônicos apresenta para o típico profissional de marketing de produtos para escritório?

9. Como as diferentes definições de comércio eletrônico se aplicam às tarefas de marketing de um típico profissional de marketing industrial?

10. Encontrar a página web de uma empresa de marketing industrial e avaliar se é fácil para um cliente potencial se deslocar pela página e, no fim, comprar um produto.

CASO

Usando a Internet na W. W. Grainger

A W. W. Grainger é uma das maiores distribuidoras B2B no mundo. Com cerca de 600 filiais por toda a América do Norte, mais de 2 milhões de clientes, 1.900 associados de serviço ao cliente e uma linha robusta de 500 mil produtos (ferramentas, bombas, motores, produtos de segurança e manuseio de material e itens de iluminação, ventilação e limpeza), a Grainger é a distribuidora líder industrial de produtos que permitem às organizações de todos os tipos manter suas instalações e seus equipamentos funcionando de modo tranquilo. O objetivo da Grainger é crescer ao capturar a participação no mercado altamente fragmentado de manutenção de instalações norte-americano. Para o longo prazo, a empresa está voltada para estas metas:

Acelerar o crescimento das vendas e aumentar a participação no mercado ao
- capturar uma parcela maior do negócio de contas existentes;
- se voltar para segmentos de clientes com alto potencial.

Aumentar a alavancagem operacional ao
- acelerar o crescimento das vendas;
- visar a segmentos de clientes com alto potencial;
- reconfigurar a rede de logística para melhorar a eficiência e o serviço ao cliente;
- melhorar os processos internos com tecnologia.

Aumentar o retorno do capital investido ao
- fazer crescer as unidades de negócio que geram mais que o custo de capital;
- aperfeiçoar a lucratividade das unidades de negócio que geram menos que o custo de capital.

Sua grande força de vendas e sua linha de produtos permitem que a Grainger atenda às necessidades do cliente de uma forma altamente responsiva. Desde suas quase 600 filiais, os produtos podem ser entregues aos clientes no prazo de horas após ser feito um pedido. Em 2008, o principal foco estratégico da empresa estava na oferta de uma abordagem multicanal para a compra de suprimentos de manutenção e de operação. Isso envolvia a prestação constante de serviços por intermédio de suas filiais, seus centros de serviço e centros de distribuição. Os investimentos em treinamento de vendas e uma rede renovada de logística e distribuição estavam no núcleo desse esforço. A meta de "não deixar para amanhã" da empresa – significando que todos os pedidos recebidos até as 17 horas são embarcados naquele mesmo dia – é bastante rigorosa e traz um grave desafio quanto ao seu cumprimento regular. A Grainger foi recentemente citada pela revista *Industrial Distribution Magazine* como "a marca mais forte no setor de distribuição industrial – porque os clientes acreditam que a Grainger pode levar a eles o que precisam quando necessitam; e pode-se encontrar um catálogo da Grainger praticamente em todos os escritórios de agentes de compras na América do Norte". Em 2007, a Grainger foi classificada no 375º lugar na lista das 500 mais da *Fortune* e foi incluída na lista das "Empresas Mais Admiradas" da *Fortune*.

Questões para Discussão

1. Que papel a internet poderia ter na estratégia da Grainger, dados o sucesso anterior da empresa, a natureza de sua linha de produtos (em vez dos "maçantes" itens básicos industriais), a organização da empresa (um catálogo com 500 mil itens, uma força de vendas de 1.900 pessoas e 600 filiais) e 2 milhões de clientes? Visite o site http://www.grainger.com para ver os serviços especiais que a Grainger oferece em sua página web.

2. Ao dar uma breve descrição dos 500 mil itens, o catálogo da Grainger é pesado – com muitos quilos. No passado, os executivos da Grainger se preocupavam se o catálogo ficaria muito pesado para ser carregado por uma pessoa de estatura mediana e, assim, limitaram as descrições dos produtos a duas linhas. Vá até a página web da empresa, selecione um item específico e avalie a grande quantidade de informações que estão hoje disponibilizadas para cada item na rede.

3. As vendas pela internet da Grainger são as mais lucrativas entre todos os tipos de vendas em seu negócio. Além disso, as vendas pela internet são responsáveis por cerca de 20% de seu volume total. Explicar por que a Grainger teria esse alto volume de vendas pela internet e por que essas vendas são mais lucrativas que aquelas realizadas pelos métodos convencionais.

CAPÍTULO 13

Gerenciamento da Cadeia de Suprimentos

Quando os fornecedores deixam de entregar produtos ou serviços como prometido, os compradores buscam um novo fornecedor. Os compradores organizacionais atribuem grande importância aos processos da cadeia de suprimentos que eliminam a incerteza quanto à entrega do produto. O gerenciamento da cadeia de suprimentos assegura que o produto, as informações, os serviços e os recursos financeiros fluirão, todos, suavemente por meio de todo o processo de criação de valor. Os profissionais de marketing industrial investem consideráveis recursos financeiros e humanos na criação de cadeias de suprimentos para atender a necessidades e exigências especiais de seus clientes. Após a leitura deste capítulo, você entenderá:

1. o papel do gerenciamento da cadeia de suprimentos na estratégia de marketing industrial.

2. a importância da integração de empresas e funções por toda a cadeia de suprimentos.

3. o papel crítico das atividades de logística no alcance das metas do gerenciamento da cadeia de suprimentos.

4. a importância de alcançar altos níveis de desempenho do serviço de logística enquanto se controla, simultaneamente, o custo das atividades de logística.

A Johnson Controls é a principal fornecedora para o setor automotivo de uma série de componentes, inclusive painéis, assentos e consoles. Para o Jeep Liberty da Chrysler, por exemplo, a Johnson Controls fornece módulos completos de cabine, sistemas de assento, consoles suspensos e vários componentes eletrônicos. O módulo da cabine sozinho consiste em 11 componentes principais – desde sistemas mecânicos, elétricos e de áudio até equipamentos do painel de instrumentos. A empresa integra peças de 35 fornecedores, monta a cabine completa e a entrega para a Chrysler com um módulo – tudo dentro do que é chamado "intervalo de tempo de 204 minutos". Logo que a Chrysler notifica a empresa sobre ter recebido um pedido de um Jeep Liberty, a Johnson Controls tem 204 minutos para construir e entregar aquela cabine na fábrica da Chrysler a 14 km de distância, com qualquer uma das 200 cores e combinações ou opções de interior diferentes.[1] A empresa executa aquela operação 900 vezes por dia, apenas para aquele modelo.

É interessante notar que essa sequência coreografada da cadeia de suprimentos ocorre diariamente em várias fábricas da Johnson Controls pelo mundo para uma série de fabricantes de automóveis, como Mercedes, Buick e Pontiac. Como a Johnson Controls faz isso acontecer? A empresa recorre a *processos de gerenciamento da cadeia de suprimentos* eficientes que incluem (1) sistemas integrados de computador que fornecem cronogramas de produção e previsões da demanda para todos os membros da cadeia de suprimentos e (2) ferramentas colaborativas de gerenciamento do programa que permitem que fabricantes e fornecedores sincronizem as atividades e respondam a eventos em tempo real. Desde o momento em que o sistema de componentes é montado até quando é vendido, a Johnson Controls adotou processos que conectam de perto engenharia, fabricação, compra, marketing e vendas. Como os parceiros da cadeia de suprimentos fabricam os componentes dos módulos internos da empresa, a Johnson Controls trabalha de perto com eles para desenhar o produto acertado, pelo custo certo e entregá-lo no momento correto.

Esses esforços na Johnson Controls são parte de uma abordagem inovadora para encurtar os processos de distribuição, encorajar os vínculos com fornecedores e clientes e integrar a produção e o marketing, chamada **gerenciamento da cadeia de suprimentos (SCM)**. À medida que as estratégias industriais evoluem, o SCM é uma das abordagens de gerenciamento predominantes que impulsionam muitas organizações.[2] Bill Copacino, um renomado consultor de cadeia de suprimentos, coloca em foco a importância do SCM:[3]

> Em quase todo setor, o gerenciamento da cadeia de suprimentos se tornou uma variável estratégica e competitiva muito mais importante. Ele afeta todas as alavancas de valor do acionista – custo, serviço ao cliente, produtividade dos ativos e geração de receita. Ainda vemos uma lacuna crescente no desempenho entre as empresas de ponta e as médias. As melhores estão se tornando mais rápidas do que as empresas médias em quase todos os setores. Por exemplo, a Dell opera com 60 a cem giros de estoque, duas ou três vezes mais que a maioria dos seus concorrentes. Então, é claro, a lacuna no desempenho está aumentando, e vemos isso acontecer em quase todo o segmento industrial. As empresas líderes na gestão da *cadeia de suprimentos* estão aplicando nova tecnologia, novas inovações e novo processo pensando em aumentar a vantagem. As empresas de desempenho médio e as retardatárias têm uma janela de oportunidade limitada a alcançar.

---

[1] Lorie Toupin, "Needed: Suppliers Who Can Collaborate throughout the Supply Chain", Suplemento Automotivo da Cadeia de Suprimentos da *Supply Chain Management Review* 6 (julho-agosto, 2002), p. 6.
[2] Peter C. Brewer e Thomas W. Speh, "Using the Balanced Scorecard to Measure Supply Chain Performance", *Journal of Business Logistics* (primavera de 2000), p. 75.
[3] Bill Copacino, "Supply Chain Challenges: Building Relationships", *Harvard Business Review* 81 (julho de 2003), p. 69.

Este capítulo descreve a natureza do SCM, explica as suas metas importantes, discute os fatores que levam a estratégias bem-sucedidas da cadeia de suprimentos e demonstra como o gerenciamento da logística é um importante gerador do sucesso da cadeia de suprimentos. Uma vez definido o SCM, o capítulo dá destaque a como os processos de logística do profissional de marketing industrial formam o núcleo da estratégia de SCM. Os elementos logísticos são descritos em termos de sua interface dentro do canal de distribuição e como devem estar integrados para criar os padrões desejados de serviço ao cliente. O capítulo, então, aborda o papel da logística nas decisões de compra, os tipos de serviços de logística que os compradores buscam e o projeto de processos efetivos de logística.

O Conceito do Gerenciamento da Cadeia de Suprimentos

Uma cadeia de suprimentos inclui todas as atividades associadas com o deslocamento dos produtos desde a etapa de matéria-prima até o usuário final (por exemplo, o comprador de um computador pessoal). Uma definição formal do SCM é dada a seguir:

> O gerenciamento da cadeia de suprimentos inclui o planejamento e o gerenciamento de todas as atividades envolvidas no fornecimento e na compra, conversão e todas as atividades de gerenciamento da logística. As centrais para o SCM são as atividades de coordenação e colaboração desempenhadas com os parceiros do canal, que podem incluir fornecedores, intermediários, prestadores de serviço terceirizados e clientes. Em suma, o gerenciamento da cadeia de suprimentos integra o gerenciamento da oferta e da demanda dentro e pelas empresas.[4]

A cadeia de suprimentos inclui uma série de empresas, que vão desde aquelas que processam matérias-primas para fazer peças componentes até aquelas atacadistas. Também estão incluídas as organizações ligadas ao transporte, armazenamento, processamento de informações e manuseio de materiais. Os processos críticos envolvidos no SCM incluem o seguinte:

1. Gerenciamento do Relacionamento com o Cliente.
2. Gerenciamento do Relacionamento com o Fornecedor.
3. Gerenciamento do Serviço ao Cliente.
4. Gerenciamento da Demanda.
5. Atendimento do Pedido.
6. Gerenciamento do Fluxo de Fabricação.
7. Desenvolvimento do Produto e Comercialização.
8. Gerenciamento de Devoluções.[5]

O SCM bem-sucedido coordena e integra esses processos em um nível de desempenho contínuo. O gerenciamento eficiente da cadeia de suprimentos exige a integração cuidadosa desses processos pelas várias organizações diferentes na cadeia de suprimentos.

Mais importante, o gerenciamento da cadeia de suprimentos pode melhorar o desempenho global da empresa de duas formas fundamentais: melhora da receita e redução de custo. O gerenciamento da

---

[4] Definição de Gerenciamento da Cadeia de Suprimentos da CSCMP, disponível em http://www.cscmp.org/aboutcscmp/definitions/definitions.asp, acesso em agosto de 2008.
[5] Douglas Lambert (ed.), *Supply Chain Management* (Sarasota, FL: Supply Chain Management Institute, 2008), p. 10.

cadeia de suprimentos pode – e deverá – exercer um papel importante em cada uma daquelas áreas. Por exemplo, o gerenciamento da cadeia de suprimentos pode ter um papel de liderança na criação de uma cadeia de suprimentos mais responsiva, ajudando assim a empresa a conseguir mais negócios (e aumentar as receitas) dos clientes. Da mesma forma, o gerenciamento da cadeia de suprimentos pode liderar na aplicação de bons processos para melhor gerenciar e baixar os custos por toda a empresa, não apenas aqueles tipicamente atribuídos a compras, fabricação ou logística.[6]

As cadeias de suprimentos deverão ser administradas de um modo integrado. O SCM integrado focaliza o gerenciamento de relacionamentos, as informações e o fluxo de materiais pelos limites organizacionais para cortar custos e melhorar o fluxo. Quando a natureza multiempresarial do foco da cadeia de suprimentos está combinada com uma abordagem do fluxo do processo para o negócio, o papel crítico que o SCM assume se torna claro. Em vez de meramente lidar com o atendimento de pedidos, o SCM é útil em ampla gama de atividades desde o desenvolvimento do produto e as estratégias de lançamento de novo produto até o atendimento e a reciclagem. Para isso, o SCM deve estar totalmente integrado à estratégia de negócio e bem sintonizado por todo o ciclo de vida do produto.[7] As empresas de ponta orientadas para a cadeia de suprimentos estão intensamente voltadas para o monitoramento da demanda real do usuário, em vez de forçar a entrada nos mercados de produtos que podem ou não vender rapidamente. Ao fazê-lo, minimizam o fluxo de matérias-primas, produtos acabados e material de embalagem, reduzindo dessa forma os custos de estoque por toda a cadeia de suprimentos.

Parcerias: o Ingrediente Crítico

Thomas Stallkamp, ex-CEO da Chrysler, observa que muitas indústrias da velha guarda dos Estados Unidos foram impedidas pelo fato de que a atmosfera entre as partes nas cadeias de suprimentos era mais antagônica do que deveria. Ele se refere a essa abordagem antiga e não integrada dos negócios como "comércio antagônico".[8] Como incentivo ao SCM está o reconhecimento, por muitas empresas, de que o comércio antagônico é caro e limita a capacidade de todos os membros da cadeia de suprimentos de competir no mercado global.

A integração das atividades pela cadeia de suprimentos exige relacionamentos próximos de trabalho. O SCM pode exigir que todas as empresas na cadeia de suprimentos compartilhem informações exclusivas e privilegiadas sobre clientes, demanda real, transações do ponto de venda e planos estratégicos corporativos. O SCM envolve planejamento e comunicação conjuntos significativos; as empresas, em geral, criam equipes de pessoas que ultrapassam os limites funcionais e da empresa para coordenar o deslocamento do produto até o mercado. Em outras palavras, o alcance do potencial efetivo do SCM exige integração não apenas entre os departamentos da organização, mas também com os parceiros externos.

Um ótimo exemplo do efeito da integração entre os parceiros da cadeia de suprimentos é o caso da Avnet, uma grande distribuidora de produtos eletrônicos. A Avnet desenvolveu um programa para integrar os processos de sua cadeia de suprimentos com aqueles de uma fábrica fornecedora importante e com o principal fornecedor de componentes daquela fábrica. Ao compartilhar informações sobre demanda e produção, os participantes fizeram subir a entrega a tempo de 80% para 100% de todos os pedidos, au-

---

[6] Robert A. Rudzki, "Supply Chain Management Transformation: A Leader's Guide", *Supply Chain Management Review* 12 (março de 2008), p. 14.
[7] Laura Rock Kopczak e M. Eric Johnson, "The Supply Chain Management Effect", *MIT Sloan Management Review* 44 (primavera de 2003), p. 28.
[8] Thomas T. Stallkamp, "Ending Adversarial Commerce", *Supply Chain Management Review* 9 (outubro de 2005), p. 46-52.

mentaram o giro do estoque em um fator de 5 e triplicaram o retorno sobre os materiais! A colaboração de todos os parceiros da cadeia de suprimentos é necessária para o alcance desses resultados de desempenho.

As abordagens tradicionais e não integradas para o gerenciamento de produto e fluxos de informação são caras e demandam tempo. Essas abordagens, em geral, envolvem custos muito mais altos de transporte e manuseio e demandam tempo considerável dos vendedores, compradores e outros na organização. Por exemplo, o material é normalmente bastante deslocado – uma importante fabricante de computadores informou que alguns dos componentes que usa viajavam 400 km antes de chegar ao comprador final. Ainda, os processos tradicionais de transação criam estoque em excesso no caminho que leva ao cliente. No setor farmacêutico, por exemplo, as empresas que não adotaram o SCM incorrem em custos contábeis mais altos de estoque e fornecem níveis de serviço ao cliente mais baixos do que seus concorrentes.

As empresas e seus fornecedores podem criar cadeias de suprimentos altamente competitivas ao colaborar. Deixar de colaborar pode resultar em ineficiências como aumentos no custo do material, distorção das informações à medida que se deslocam pela cadeia de suprimentos ou resposta lenta ao desenho e desenvolvimento do produto. Ao entrar em parcerias de longo prazo da cadeia de suprimentos, as empresas podem eliminar muitos desses problemas e garantir o aperfeiçoamento continuado.[9] Até que seja instalado algum tipo de parceria, os reais benefícios da integração da cadeia de suprimentos não podem ser alcançados. A Dell, por exemplo, esforça-se para manter relacionamentos de longo prazo com fornecedores bastante confiáveis, como a Sony, de modo que itens como monitores possam ser embarcados do fornecedor (fábrica da Sony) diretamente para o cliente. O resultado é que a Dell é capaz de atender aos pedidos do cliente em tempo real.[10] Os especialistas do setor reconhecem a Dell como um realizador de elite em SCM.[11]

As cadeias de suprimentos não apenas conduzem de modo eficaz os negócios como parceiros, mas também compartilham abertamente as informações. As informações sobre o cliente e o que o cliente pediu são transmitidas pela cadeia, de modo que todas as organizações na cadeia de suprimentos as possuam e possam responder a isso. Quando as informações são disponibilizadas imediatamente para os membros da cadeia de suprimentos, os fornecedores do Nível 1 e do Nível 2 podem agir logo, eliminando os atrasos que criaram ineficiências no passado. Isso permite que a cadeia de suprimentos reduza os estoques (estoques de segurança) e acelere o fluxo de caixa. A Figura 13.1 apresenta as etapas percorridas pelas empresas na formação de redes entre empresas. Observe que, na Etapa 3, a "Empresa Ampliada", as empresas alinharam com sucesso os seus processos internos e externos. Esta é a meta final do SCM.

Gerenciamento da Cadeia de Suprimentos: uma Ferramenta para a Vantagem Competitiva

A cadeia de suprimentos pode ser uma arma competitiva poderosa, como demonstraram líderes do mercado como a Dell, a Grainger e a Hewlett-Packard. Outros grandes realizadores de primeira linha na cadeia de suprimentos incluem a Johnson Controls, Inc. (JCI), retratada no início deste capítulo, e a Motorola. Ao reconhecer a Johnson Controls como uma realizadora mundial da cadeia de suprimentos, a AMR Research observou: "O sucesso continuado da JCI prova que a cadeia de suprimentos voltada para

---

[9] Anupam Agrawal e Arnoud De Meyer, "Managing Value in Supply Chain — Case Studies on Alternate Structures", *insead Working Papers Collection* (28, 2008), p. 1.
[10] S. Chopra e J. A. van Mieghan, "Which e-Business Is Right for Your Supply Chain?", *Supply Chain Management Review* 4 (julho-agosto de 2000), p. 34.
[11] Thomas A. Stewart e Louise O'Brien, "Execution Without Excuses", *Harvard Business Review* 83 (março de 2005), p. 110.

FIGURA 13.1 | ETAPAS PERCORRIDAS PELAS EMPRESAS NA ADOÇÃO DO GERENCIAMENTO DA CADEIA DE SUPRIMENTOS

Etapas da cadeia de suprimentos

Etapa 0 — Informal
A falta de políticas/processos funcionais e de gerenciamento de operações básicas resulta em qualidade e fornecimento não previsíveis do produto.

Etapa 1 — Funcional
A orientação funcional subotimiza o desempenho da empresa em gerenciamento de ativos, custo e satisfação do cliente.

Etapa 2 — Integração do processo interno
Plano: Fornecer → Fazer → Entregar
Com alinhamento por todos os subprocessos e níveis de gerenciamento, os processos de gerenciamento das operações estão integrados e mostram desempenho de nível mundial e aperfeiçoamento continuado.

Etapa 3 — A empresa ampliada
Existe integração de processos interno e externo, permitindo que cada empresa esteja voltada para os seus clientes e competências centrais e para a criação de valor.

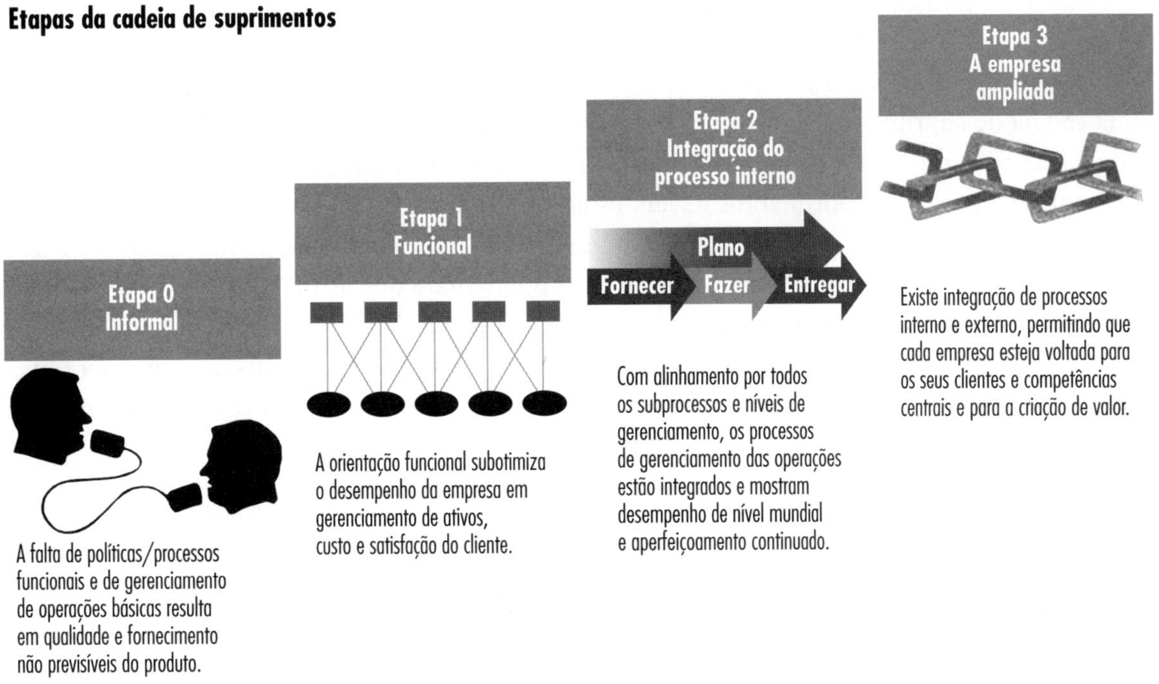

FONTE: Tom Brunell, "Managing a Multicompany Supply Chain", *Supply Chain Management Review* (primavera de 1999), p. 49. Reproduzido com permissão da *Supply Chain Management Review*, uma publicação da Cahners.

a demanda pode funcionar em qualquer lugar na cadeia de suprimentos, desde que seja aplicado o pensamento de fora para dentro desde o cliente e de volta para a fabricação e a engenharia".[12] Para a Motorola, a incorporação do gerenciamento da cadeia de suprimentos em todas as fases dos processos de projeto, fornecimento, fabricação e distribuição ajudou a empresa a melhorar a sua posição no mercado pelos setores. O gerenciamento da cadeia de suprimentos é hoje reconhecido pela alta administração da Motorola como uma fonte importante de vantagem competitiva e criação de valor do acionista.[13]

Como um ponto inicial de interface com o cliente, o SCM pode oferecer valor sob a forma de entrega competitivamente superior e serviços com valor agregado, como definido pelos clientes. As práticas de SCM de primeira linha fornecem vantagens, inclusive 10% a 30% de maior desempenho na entrega a tempo, 40% a 65% (ou um a dois meses) de vantagem no tempo do ciclo *cash-to-cash* e 50% a 80% menos estoques fixos, tudo traduzido em 3% a 6% da receita de uma empresa. Para uma empresa de $ 100 milhões, as melhoras nos rendimentos de até $ 6 milhões são alcançáveis pela adoção total das práticas de SCM.[14] Todavia, o SCM, como uma fonte de vantagem competitiva, não é simplesmente uma forma de reduzir o custo, mas também um modo de impulsionar as receitas.[15]

---

[12] Tony Friscia, Kevin O'Marah, Debra Hofman e Joe Souza, "The AMR Research Supply Chain Top 25 for 2007", disponível em http://www.amrresearch.com/content/, acesso em 31 de maio de 2007.
[13] William Hoffman, "Squeezing Supply Chains", *Traffic World* 127 (7 de julho de 2007), p. 16.
[14] Bill Faherenwald, "Supply Chain: Managing Logistics for the 21st Century", *Business Week*, 28 de dezembro de 1998, Seção Especial, p. 3.
[15] Charles Batchelor, "Moving Up the Corporate Agenda", *The Financial Times*, 1º de dezembro de 1998, p. 1.

Metas de Gerenciamento da Cadeia de Suprimentos

O SCM é tanto um esforço de *boundary spanning* quanto de função. A premissa subjacente do SCM é que a redução de desperdícios e o desempenho aprimorado da cadeia de suprimentos só vêm com a integração, o compartilhamento e a cooperação funcionais dentro da empresa e entre empresas. Assim, cada empresa dentro da cadeia de suprimentos deve romper os silos funcionais e promover a real coordenação e integração de marketing, produção, compras, vendas e logística. Ainda, ações, sistemas e processos entre *todos* os participantes da cadeia de suprimentos devem estar integrados e coordenados. A integração por toda a empresa é uma condição necessária, mas não suficiente, para conseguir todas as vantagens potenciais do SCM. A integração deve ser levada a um plano mais alto, de modo que as funções e os processos estejam coordenados por todas as organizações na cadeia de suprimentos. O SCM é realizado para o alcance de quatro metas principais: redução de desperdícios, compressão do tempo, resposta flexível e redução do custo unitário.[16] Essas metas foram articuladas em vários contextos associados ao SCM e falam da importância da coordenação tanto interfuncional quanto entre empresas.

Redução do Desperdício. Empresas que praticam o SCM buscam reduzir o desperdício ao minimizar a repetição, harmonizar operações e sistemas e aprimorar a qualidade. Com respeito à repetição, as empresas em todos os níveis na cadeia de suprimentos normalmente mantêm estoques. Pode-se obter eficiência para a cadeia como um todo quando os estoques podem ser centralizados e mantidos por apenas poucas empresas em pontos críticos no processo de distribuição. Com uma meta conjunta de redução de desperdícios, os parceiros da cadeia de suprimentos podem trabalhar em conjunto para modificar políticas, procedimentos e práticas de coleta de dados que produzem ou encorajam o desperdício.[17] Tipicamente, o desperdício pela cadeia de suprimentos se manifesta no estoque em excesso. Modos eficientes de abordar isso são feitos por meio de estratégias de adiamento e customização, que empurram a montagem final de um produto completo para o último ponto prático na cadeia. A Dell fornece um excelente exemplo de como reduzir o desperdício por meio de estratégias de gerenciamento de "desperdício" efetivas. O modelo montado conforme o pedido da empresa produz um computador apenas quando existe um real pedido de cliente. A Dell trabalha com seus fornecedores para conseguir um sistema em que os giros de estoque sejam medidos em horas, não em dias. Como a Dell não mantém estoques de produtos acabados não vendidos, não precisa realizar "liquidações". Como resultado: o desperdício foi eliminado tanto no lado dos componentes quanto no lado dos produtos acabados.

Compressão do Tempo. Outra meta crítica do SCM é comprimir o tempo do ciclo de pedido até a entrega. Quando os processos de produção e de logística são concluídos em menos tempo, todos na cadeia de suprimentos são capazes de operar de modo mais eficiente e um resultado principal está nos estoques reduzidos por todo o sistema. A compressão do tempo também permite que os parceiros da cadeia de suprimentos observem e entendam mais facilmente o efeito cumulativo dos problemas que ocorrem em qualquer lugar na cadeia e respondam a eles de imediato. O tempo do ciclo reduzido também acelera o ciclo *cash-to-cash* para todos os membros da cadeia, aumentando o fluxo de caixa e o desempenho financeiro por todo o sistema. Compressão do tempo significa que as informações e os produtos fluem mais suave e rapidamente, permitindo assim que todas as partes respondam aos clientes adequadamente enquanto mantêm um estoque mínimo. Muitos distribuidores industriais, como a W. W. Grainger, projetaram cadeias de suprimentos que são capazes de responder aos pedidos dos clientes com entrega "no mesmo

---

[16] Brewer e Speh, "Using the Balanced Scorecard", p. 76.
[17] Kate Vitasek, Karl B. Manrodt e Jeff Abbott, "What Makes a LEAN Supply Chain?", *Supply Chain Management Review* 9 (outubro de 2005), p. 39-45.

dia", possibilitando que os clientes reduzam os estoques e tenham certeza da disponibilidade do suporte de entrega a tempo para resolver problemas inesperados.

Resposta Flexível. A terceira meta do SCM é desenvolver a resposta flexível por toda a cadeia de suprimentos. A resposta flexível no atendimento de um pedido, inclusive como os pedidos são atendidos, na variedade dos produtos, na configuração do pedido, no tamanho do pedido e em várias outras dimensões significa que as exigências singulares de um cliente podem ser atendidas de modo rentável. Para ilustrar, uma empresa que responde de modo flexível pode configurar um embarque em quase qualquer forma (por exemplo, diferentes padrões de palete ou diferentes sortimentos de produto) e fazê-lo rapidamente, sem problemas para o cliente. A flexibilidade também pode significar a customização dos produtos no depósito para corresponder à necessidade de um cliente de uma embalagem e utilização únicas. A chave para a flexibilidade é atender às necessidades individuais do cliente de uma forma que ele considere rentável e a cadeia de suprimentos considere lucrativa.

Redução do Custo Unitário. A meta final do SCM é operar a logística de um modo que reduza o custo por unidade para o cliente final. As empresas devem determinar o nível de desempenho que o cliente deseja e, então, minimizar os custos de fornecimento daquele nível de serviço. O profissional de marketing industrial avaliará com atenção o saldo entre o nível de custo e o grau de serviço fornecido. A meta é dar uma equação adequada de valor para o cliente, significando que o custo, em alguns casos, é superior para aperfeiçoamentos significativos no serviço. O corte de custos não é infalível, mas a abordagem de SCM está voltada para levar os custos para o nível mais baixo possível para o nível de serviço solicitado. Por exemplo, o embarque de um produto em quantidades que encham um caminhão semanalmente é menos dispendioso do que o embarque em volumes de paletes todos os dias; todavia, quando um cliente como a Honda quer entregas diárias para minimizar os estoques, a meta do SCM é oferecer embarques diários pelo menor custo possível. Os princípios de SCM fazem baixar os custos porque focalizam a atenção da administração na eliminação de atividades que adicionam desnecessariamente custos, como estoques repetidos, manuseio duplo ou triplo do produto, embarques não consolidados e promoções não coordenadas, como liquidações.

Hau Lee, um perito de renome internacional, salienta que a eficiência da cadeia de suprimentos é necessária, mas não é suficiente para garantir que as empresas se saiam melhor que seus concorrentes. Apenas empresas que constroem cadeias de suprimentos ágeis, adaptáveis e alinhadas ficam à frente da concorrência.[18] As cadeias de suprimentos eficientes tornam-se, em geral, não competitivas por não se adaptar a mudanças nas estruturas do mercado: as cadeias de suprimentos precisam se manter em adaptação, para que possam se ajustar às necessidades em mudança do cliente. Além disso, as cadeias de suprimentos de baixo custo nem sempre são capazes de responder a mudanças repentinas e imprevisíveis nos mercados – como uma mudança na disponibilidade de recursos ou o efeito de um desastre natural. Por fim, as empresas com excelentes cadeias de suprimentos alinham os interesses de todas as empresas em sua cadeia de suprimentos com os próprios – caso algum interesse da empresa seja diferente daqueles das outras organizações na cadeia de suprimentos, suas ações não maximizam o desempenho da cadeia.

Vantagens para o Consumidor Final

Uma cadeia de suprimentos bem gerenciada no final cria vantagens tangíveis para os clientes por toda a cadeia de suprimentos. Quando a cadeia de suprimentos reduz o desperdício, melhora o tempo do ciclo e a resposta flexível e minimiza os custos, essas vantagens deverão fluir em direção aos consumidores

---
[18] Hau L. Lee, "The Triple-A Supply Chain", *Harvard Business Review* 82 (outubro de 2004), p. 102-112.

finais. Assim, o principal foco dos membros da cadeia de suprimentos é o monitoramento de quanto o cliente está imaginando serem essas vantagens importantes e a avaliação do que pode evitar que o façam. Um cliente da cadeia de suprimentos pode ser visto sob várias dimensões, e é importante focalizar cada uma delas. Um fabricante de peças eletrônicas de rádio vê a fabricante do rádio como um cliente totalmente crítico, mas o fabricante de automóveis que instala o rádio em um carro é igualmente importante, se não for mais, e, no fim, o comprador final do automóvel deve estar satisfeito. Dessa forma, diferentes demandas, desejos e idiossincrasias dos clientes por toda a cadeia de suprimentos devem ser entendidos e gerenciados de modo eficiente. Como sugere o exemplo de Por Dentro do Marketing Industrial sobre a fábrica de semicondutores da Philips, eventos fora de controle podem criar destruição em uma cadeia de suprimentos, e tanto os fornecedores quanto os clientes precisam voltar a sua atenção para a criação de planos detalhados de contingência para superar as interrupções não planejadas.

A Perspectiva de Vantagens Financeiras

Estratégias inovadoras da cadeia de suprimentos que reúnem o deslocamento dos produtos físicos com o compartilhamento de informações financeiras podem abrir a porta para maiores economias de custo da cadeia de suprimentos de uma ponta a outra, melhores balanços patrimoniais, custos totais mais baixos, margens mais altas e uma cadeia de suprimentos mais estável com todos compartilhando as economias.[19] Quando os parceiros da cadeia de suprimentos estão alcançando as suas metas e as vantagens estão fluindo em direção aos clientes, os membros da cadeia de suprimentos deverão obter sucesso financeiro. As vantagens mais comumente relatadas por empresas que adotam o SCM são custos mais baixos, margens de lucro mais altas, fluxo de caixa melhorado, crescimento da receita e uma taxa maior de retorno sobre os ativos. Como as atividades estão harmonizadas e não repetidas, o custo do transporte, o processamento do pedido, a seleção do pedido, o armazenamento e o estoque são normalmente reduzidos. Um estudo para validar a correlação entre integração da cadeia de suprimentos e sucesso nos negócios mostra que as empresas com as melhores práticas em SCM têm uma vantagem total de custo da cadeia de suprimentos de 45% sobre seus concorrentes medianos da cadeia de suprimentos.[20] Os fluxos de caixa são melhorados porque o tempo total do ciclo desde a matéria-prima até o produto acabado é reduzido. As empresas de ponta também desfrutam maior fluxo de caixa – seu tempo do ciclo de *cash-to-order* é exatamente a metade daquele da empresa mediana. Por outro lado, indícios recentes sugerem que o mercado de capitais pune as empresas que tropeçam no SCM. Por exemplo, um estudo demonstrou que pequenas falhas da cadeia de suprimentos podem resultar em uma queda de 8,6% no preço das ações no dia em que o problema é anunciado e até 20% de declínio dentro de seis meses.[21]

Geradores de Informação e Tecnologia

As cadeias de suprimentos não poderiam funcionar em altos níveis de eficiência e eficácia sem os poderosos sistemas de informação. Muitas das complexas cadeias de suprimento da internet mantidas por empresas como a Hewlett-Packard e a Cisco não poderiam operar em altos níveis sem as sofisticadas

---

[19] Aura Drakšaité e Vytautas Snieška, "Advanced Cost Saving Strategies of Supply Chain Management in Global Markets", *Economics and Management* (2008), p. 113.
[20] Brad Ferguson, "Implementing Supply Chain Management", *Production and Inventory Management Journal* (segundo trimestre, 2000), p. 64.
[21] Robert J. Bowman, "Does Wall Street Really Care about the Supply Chain?", *Global Logistics and Supply Chain Strategies* (abril de 2001), p. 31-35.

Por Dentro do Marketing Industrial

Quando a Cadeia Quebra

Tudo começou em uma noite tempestuosa no Novo México em março de 2000, quando o raio de um trovão atingiu uma linha de energia. A perda temporária de eletricidade fez parar os ventiladores de esfriamento do forno de uma fábrica de semicondutores da Philips em Albuquerque. Teve início um incêndio, que foi debelado pelo pessoal em poucos minutos. O dano parecia ser menor: oito bandejas de bolachas que contenham conjuntos de circuitos em miniatura para fabricar vários milhares de chips para telefones celulares foram destruídas. Depois de uma boa limpeza, a empresa esperava retomar a produção em uma semana. Foi o que a fábrica disse a dois de seus maiores clientes, a Ericsson sueca e a Nokia finlandesa, que competiam pela liderança no mercado em expansão de aparelhos celulares. Os gerentes da **cadeia de suprimentos** da Nokia perceberam, dois dias depois, que havia um problema quando seus sistemas de computador mostraram que alguns embarques estavam atrasados. Atrasos de poucos dias não são incomuns na fabricação e um número limitado de componentes reserva é, em geral, mantido para lidar com essas eventualidades. Mas, enquanto isso, a Ericsson estava disposta a deixar o atraso tomar o seu curso. A Nokia colocou imediatamente a fábrica da Philips em sua lista de observação para ser monitorada de perto, caso as coisas piorassem.

E pioraram. As fábricas de semicondutores devem ser mantidas impecavelmente limpas, mas, na noite do incêndio, fumaça e fuligem contaminaram uma área bem maior da fábrica do que se havia imaginado. A produção teria de ser interrompida por semanas. No momento em que toda a extensão da interrupção foi esclarecida, a Nokia já havia começado a procurar todas as fontes alternativas para os chips.

Isso deixou a Ericsson com uma grave deficiência de peças. A empresa, tendo decidido há pouco tempo simplificar a sua cadeia de suprimentos ao utilizar apenas um fornecedor para alguns de seus componentes, inclusive os chips da Philips, não tinha um plano B. Isso limitou grandemente a sua capacidade de lançar uma nova geração de aparelhos, que, por sua vez, contribuiu para grandes perdas na divisão de telefones celulares da empresa sueca. Este se tornou um estudo de caso clássico para os especialistas em cadeia de suprimentos e consultores de risco.

FONTE: Adaptado de "When the Chain Breaks", *The Economist* 379 (17 de junho de 2006), p. 18.

Partes deste artigo foram retiradas de Yossi Sheffi, *The Resilient Enterprise* (Boston: MIT Press, 2005), e de Martin Christopher, *Logistics and Supply Chain Management* (Londres: Financial Times Prentice Hall, 2005).

---

redes de informação e o software interativo. A internet – e a tecnologia da internet – é a ferramenta mais importante em que os profissionais de marketing industrial confiam para o gerenciamento de seus sistemas enormes e integrados. Além disso, uma série de aplicativos de software tem um papel importante no auxílio para que uma cadeia de suprimentos funcione na eficiência de pico.

Software da Cadeia de Suprimentos. Os aplicativos de software de SCM fornecem sistemas analíticos em tempo real que gerenciam o fluxo de produtos e informações por meio da rede da cadeia de suprimentos.[22] É claro, muitas funções da cadeia de suprimentos são coordenadas, inclusive compras, fabricação, transporte, armazenamento, entrada de pedido, previsão e serviço ao cliente. Muitos softwares estão voltados para cada uma das diferentes áreas funcionais (por exemplo, planejamento de estoque ou cronograma de transporte). Todavia, a tendência é ir em direção às soluções de software que integram várias ou a totalidade dessas funções. O resultado é que as empresas podem trabalhar com um "conjunto" de soft-

---

[22] Steven Kahl, "What's the 'Value' of Supply Chain Software?", *Supply Chain Management Review* 3 (inverno de 1999), p. 61.

ware abrangente "da cadeia de suprimentos" que gerencia o fluxo pela cadeia de suprimentos enquanto inclui todas as principais áreas funcionais. Várias empresas que fabricam software de Planejamento de Recursos Empresariais (ERP) – como a SAP ou a Oracle – desenvolveram aplicativos que tentam integrar as áreas funcionais e resolver as lacunas pela cadeia de suprimentos.

O software de SCM cria a capacidade para transmitir dados em tempo real e ajuda as organizações a *transformar* os processos da cadeia de suprimentos em vantagens competitivas. Ao equipar os trabalhadores com scanners portáteis de código de barras que alimentam um banco de dados centralizado, a FedEx é a líder das *melhores práticas* ao integrar diretamente uma série de tecnologias para aperfeiçoar todos os processos por uma cadeia de suprimentos ampliada.[23] A empresa usa um sistema de transmissão de dados em tempo real (por meio de scanners de código de barra usados para cada pacote) para ajudar no roteamento, rastreamento e entrega dos pacotes. As informações registradas pelos scanners são transmitidas para um banco de dados central e estão disponíveis para *todos* os funcionários e clientes. A cada dia, a rede de comunicação da FedEx processa cerca de 400 mil chamadas de serviço ao cliente e rastreia o local, o horário da coleta e o tempo de entrega de 2,5 milhões de pacotes! A FedEx está conectada eletronicamente tão de perto com alguns clientes que, quando o cliente recebe um pedido, o servidor da FedEx é notificado para imprimir uma etiqueta de embarque, gerar um pedido interno de coleta e, então, baixar a etiqueta no servidor do cliente. A etiqueta, com todas as informações necessárias do cliente, é impressa no depósito do cliente e afixada no pacote logo antes da coleta da FedEx. Essa firme conexão eletrônica acrescenta eficiência significativa ao processo da cadeia de suprimentos do cliente e permite que a FedEx entregue nas suas instalações.[24]

Aplicação Bem-Sucedida da Abordagem de Gerenciamento da Cadeia de Suprimentos

A natureza dos esforços da cadeia de suprimentos da empresa depende, em geral, da natureza da demanda de seus produtos. Marshall Fisher sugere que os produtos podem ser separados em duas categorias: itens "funcionais", como papel, suprimentos para manutenção e móveis de escritório, por exemplo, ou itens "inovadores", como telefones celulares, o BlackBerry ou outros produtos de alta tecnologia. A importância dessa distinção é que os itens funcionais exigem cadeias de suprimentos diferentes das que ocorrem quando se trata de produtos inovadores.[25]

Os produtos funcionais possuem, tipicamente, padrões de demanda previsíveis, o que não ocorre com os produtos inovadores. A meta para os produtos funcionais é projetar uma cadeia de suprimentos com distribuição física eficiente; ou seja, ela minimiza os custos de logística e de estoque e garante uma fabricação de baixo custo. Aqui, o compartilhamento das principais informações ocorre dentro da cadeia de suprimentos, de modo que todos os participantes possam orquestrar com eficiência a fabricação, a colocação de pedidos e a entrega para minimizar os custos de produção e de estoque.

Os produtos inovadores, por outro lado, possuem uma demanda menos previsível e a maior preocupação é a reação a ciclos de vida curtos, evitar faltas em estoque ou suprimentos em excesso e tirar vantagem de altos lucros durante os períodos de demanda de pico. Em vez de buscar minimizar o estoque, as decisões da cadeia de suprimentos estão centralizadas nas questões de onde *posicionar* o estoque,

---

[23] Sandor Boyson e Thomas Corsi, "The Real-Time Supply Chain", *Supply Chain Management Review* 5 (janeiro-fevereiro de 2001), p. 48.
[24] Para uma discussão sobre o assunto, ver Pierre J. Richard e Timothy M. Devinney, "Modular Strategies: B2B Technology and Architectural Knowledge", *California Management Review* 47 (verão de 2005), p. 86-113.
[25] Marshall Fisher, "What Is the Right Supply Chain for Your Product?", *Harvard Business Review* 75 (março-abril de 1997), p. 106.

juntamente com a capacidade de produção, para suportar a demanda incerta. A tarefa crítica é coletar e distribuir informações em tempo hábil sobre a demanda do cliente para a cadeia de suprimentos. Ao projetar a cadeia de suprimentos, as empresas deverão se concentrar na criação de processos *eficientes* para os produtos funcionais e de processos *responsivos* para os produtos inovadores.

Práticas de Sucesso da Cadeia de Suprimentos

A maioria das cadeias de suprimentos de sucesso planejara abordagens para que os participantes trabalhem em conjunto em um ambiente de parceria. As cadeias de suprimentos não são eficazes e, na realidade, *não* são cadeias de suprimentos quando os participantes são adversários. As parcerias da cadeia de suprimentos formam a base. As cadeias de suprimentos bastante eficientes caracterizam as operações integradas pelos participantes da cadeia de suprimentos, o compartilhamento de informações em tempo hábil e a entrega de valor agregado ao cliente. Como testemunho da importância das parcerias da cadeia de suprimentos, o Comitê do Prêmio de Qualidade Nacional Malcolm Baldrige criou recentemente uma categoria específica para "principais mecanismos de parceria fornecedor e cliente e comunicação", que usará para reconhecer as melhores empresas nos Estados Unidos.[26] Ao levar em conta o valor econômico criado pela *cadeia de suprimentos*, um especialista observa: "É preciso buscar o melhor retorno sobre os ativos líquidos para a cadeia de suprimentos e os custos de *oportunidade* entre demonstrações financeiras e balanços patrimoniais para ver que *todos* compartilhem aquele ganho".[27] Para que os parceiros da cadeia de suprimentos trabalhem como uma unidade, essa perspectiva iluminada de colaboração é obrigatória.

Para que a parceria da cadeia de suprimentos seja bem-sucedida, os parceiros precisam definir de modo claro os seus objetivos estratégicos, entender para onde convergem seus objetivos (e, talvez, para onde divergem) e resolver quaisquer diferenças.[28] Como a estratégia da cadeia de suprimentos gera todos os processos importantes em cada empresa, assim como aqueles que conectam as empresas, os gerentes em ambas as organizações devem participar das principais decisões e dar apoio ao curso escolhido. Uma vez que os principais participantes especifiquem e endossem as estratégias da cadeia de suprimentos, as métricas de desempenho podem ser estabelecidas para rastrear quão bem a cadeia de suprimentos está alcançando as suas metas em comum. A métrica usada para medir o desempenho está ligada à estratégia e deve estar vinculada à avaliação do desempenho e aos sistemas de gratificação para os funcionários em cada uma das empresas participantes. Sem essa etapa, cada gerente não estará motivado para alcançar as metas amplas da cadeia de suprimentos.

Logística como o Elemento Crítico no Gerenciamento da Cadeia de Suprimentos

Em lugar algum na estratégia de marketing industrial o SCM é mais importante do que na logística.

> O gerenciamento da logística é aquela parte do gerenciamento da cadeia de suprimentos que planeja, implanta e controla o fluxo direto e inverso eficiente e eficaz e o armazenamento de produtos, serviços e informações relativas entre o ponto de origem e o ponto de consumo,

---

[26] Jeffrey K. Liker e Thomas Y. Choi, "Building Deep Supplier Relationships", *Harvard Business Review* 82 (dezembro de 2004), p. 104.
[27] Richard H. Gamble, "Financing Supply Chains", businessfinancemag.com (junho de 2002), p. 35.
[28] Peter C. Brewer e Thomas W. Speh, "Adapting the Balanced Scorecard to Supply Chain Management", *Supply Chain Management Review* 5 (março-abril de 2001), p. 49.

Principais Realizadores em B2B

Fazendo Funcionar os Relacionamentos com o Fornecedor

Durante a década passada, a Toyota e a Honda firmaram parcerias memoráveis com alguns dos mesmos fornecedores, que descrevem seus relacionamentos com as três maiores fabricantes de automóveis nos Estados Unidos como antagônicos. Dos 2,1 milhões de Lexus da Toyota e dos 1,6 milhão de Acuras da Honda vendidos na América do Norte em 2003, a Toyota fabricou 60% e a Honda 80% na América do Norte. E, mais ainda, as duas empresas têm o fornecimento de cerca de 70% a 80% dos custos de fabricação de cada automóvel de fornecedores norte-americanos. Apesar de tudo, Toyota e Honda conseguiram copiar, em uma cultura ocidental estrangeira, o mesmo tipo de redes de fornecimento que desenvolveram no Japão. Em consequência, desfrutam das melhores relações com o fornecedor no setor automobilístico dos Estados Unidos, possuem os processos de desenvolvimento do produto mais rápidos e reduzem custos e aperfeiçoam a qualidade ano após ano. A Toyota afirma que mais de 60% de suas inovações vem de ideias dadas pelos seus fornecedores! Assim, elas entendem a importância de manter excelentes relacionamentos com o fornecedor.

Ambas as empresas:

- entendem como trabalham seus fornecedores e desenvolvem um profundo conhecimento sobre o grau de eficiência e eficácia que aqueles fornecedores específicos demonstram.
- transformam a rivalidade entre fornecedores em uma oportunidade, ao gratificar a qualidade, a inovação e as iniciativas de redução de custo.
- supervisionam ativamente os fornecedores e os ajudam a aprimorar as suas capacidades operacionais.
- compartilham de modo continuado e intenso as informações com os fornecedores.
- conduzem atividades conjuntas de aperfeiçoamento para antecipar metas mútuas.

Em vez de se superar em uma dimensão, a Toyota e a Honda vencem ao aplicar todas elas como um sistema para o aperfeiçoamento contínuo dos relacionamentos com o fornecedor.

FONTE: Jeffrey K. Liker e Thomas Y. Choi, "Building Deep Supplier Relationships", *Harvard Business Review* 82 (dezembro de 2004), p. 104-113.

---

visando atender às exigências dos clientes. As atividades de gerenciamento da logística incluem, tipicamente, gerenciamento de transporte de entrada e distribuição, gerenciamento de frota, armazenamento, manuseio de materiais, atendimento de pedidos, desenho da rede de logística, gerenciamento de estoque, planejamento de oferta/demanda e gerenciamento de prestadores de serviços terceirizados de logística. Em níveis variados, a função de logística também inclui fornecimento e compras, planejamento e cronograma de produção, embalagem e montagem e serviço ao cliente. Ele está envolvido em todos os níveis de planejamento e execução – estratégico, operacional e tático. O gerenciamento da logística é uma função de integração, que coordena e otimiza todas as atividades de logística, assim como integra as atividades de logística com outras funções, inclusive marketing, vendas, fabricação, finanças e tecnologia da informação.[29]

O marketing industrial eficiente demanda entrega eficaz e sistemática de produtos acabados para os membros do canal e para os clientes. A importância dessa capacidade alçou a função de logística para um lugar de proeminência na estratégia de marketing de muitos profissionais de marketing industrial.

---

[29] Definição de Logística da CSCMP, disponível em http://www.cscmp.org/aboutcscmp/definitions/definitions.asp, acesso em agosto de 2008.

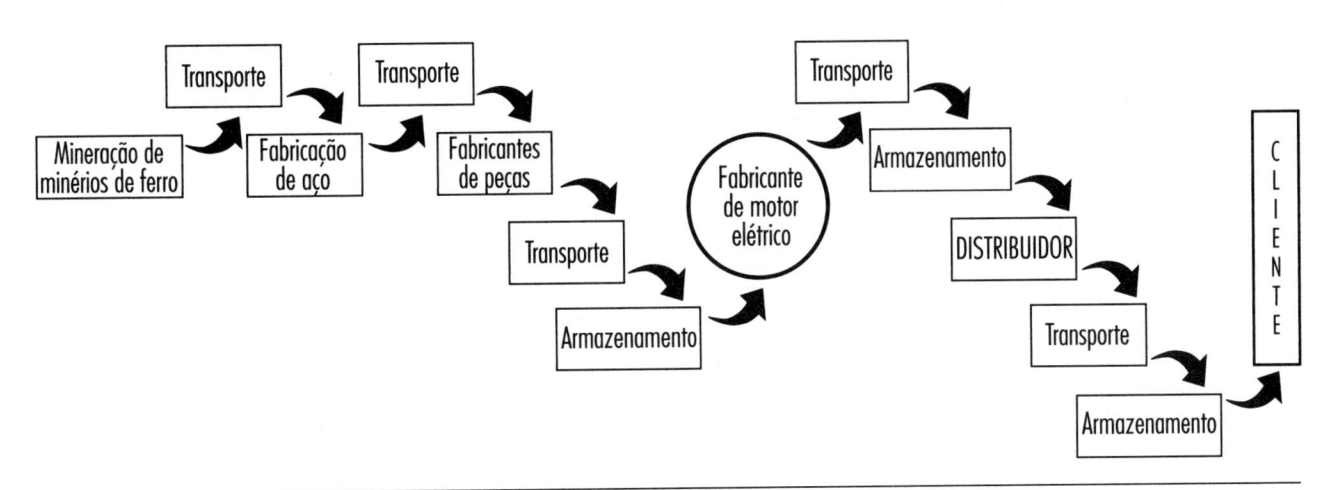

FIGURA 13.2 | CADEIA DE SUPRIMENTOS PARA MOTORES ELÉTRICOS

Distinguindo entre Logística e Gerenciamento da Cadeia de Suprimentos

A logística é o elemento crítico em SCM. De fato, há muita confusão quanto à diferença entre SCM e logística. De acordo com nossa definição, o SCM está voltado para a *integração* de todos os *processos do negócio* que agregam valor para os clientes.

Os anos 1990 testemunharam a importância crescente da competição baseada no tempo, aperfeiçoando rapidamente a tecnologia da informação, expandindo a globalização, aumentando a atenção para a qualidade e mudando a face dos relacionamentos entre empresas. Essas tendências combinadas fizeram que as empresas expandissem a sua perspectiva sobre logística para incluir todas as empresas envolvidas na criação de um produto acabado e em entregá-lo ao comprador ou usuário a tempo e em perfeitas condições. Por exemplo, a cadeia de suprimentos para motores elétricos incluiria fornecedores de matérias-primas, fabricantes de aço, fabricantes de peças componentes, empresas de transporte, a fabricante do motor elétrico, o distribuidor dos motores elétricos, as empresas de armazenamento que guardam e embarcam componentes e produtos acabados e o comprador final do motor. A Figura 13.2 mostra graficamente essa cadeia de suprimentos. O conceito de SCM é uma filosofia de integração para a coordenação de todo o fluxo de uma cadeia de suprimentos, desde o fornecedor até o usuário final. A logística é crítica, contudo, para os profissionais de marketing industrial, pois, independentemente da orientação para toda a cadeia de suprimentos, a empresa conta com seu sistema de logística para entregar o produto de um modo adequado e com baixo custo.

Gerenciando Fluxos

A importância da perspectiva da cadeia de suprimentos no gerenciamento da logística é que o gerente de marketing industrial volta a atenção para o desempenho de *todos os participantes* na cadeia de suprimentos. O gerente também coordena os esforços deles para melhorar a entrega a tempo do produto acabado ao usuário final pelo menor custo possível. Inerente à abordagem da cadeia de suprimentos está a necessidade de formar *relacionamentos* próximos com os participantes da cadeia de suprimentos, inclusive fornecedores em geral, fornecedores de transporte, empresas de armazenamento e distribuidores. O foco da logística no SCM, para os profissionais de marketing industrial, é o *fluxo do produto* por meio da cadeia de suprimentos, com *informações em tempo hábil* impulsionando todo o processo.

O fluxo do produto na direção inversa é também importante nas cadeias de suprimentos. Muitas empresas, como Xerox e Canon, fabricam novamente, de rotina, os produtos que estão desgastados ou obsoletos. Devem estar instalados vínculos e processos efetivos para levar esses produtos de volta a uma instalação para ser novamente fabricados ou para ser modernizados. Caso as cadeias de suprimentos inversas estejam funcionando de modo eficiente, as empresas podem, algumas vezes, realizar margens mais altas sobre os produtos novamente fabricados do que acontece com os novos itens.[30]

O Papel Estratégico da Logística

No passado, a logística era vista simplesmente como um custo de se fazer negócio e uma função cuja única meta era a produtividade maior. Hoje, muitas empresas veem a logística como uma arma estratégica crítica devido ao seu tremendo efeito sobre a operação de um cliente. Para muitos profissionais de marketing industrial, a logística é a sua *principal* ferramenta de marketing para ganhar e manter superioridade competitiva. Essas empresas, em geral, reconhecem que o desempenho em logística é uma parte importante da estratégia de marketing e exploram as suas competências em logística. Empresas que incorporam o planejamento e o gerenciamento da logística em estratégias de longo prazo podem obter vantagens significativas, que criam valor real para a empresa. A Nucor Steel desfruta de sólida lealdade do cliente porque pode entregar aço a uma unidade de construção dentro de uma janela de duas a quatro horas e descarregar o caminhão na sequência em que as vigas de aço serão usadas na tarefa! Essa vantagem é significativa porque o espaço para armazenamento é limitado na maioria das unidades de construção em áreas urbanas. Esse sólido serviço com valor agregado permite que a Nucor alcance níveis mais altos de lucratividade do que seus concorrentes.

Integração entre Vendas, Marketing e Logística

O valor crescente da logística como uma arma estratégica de marketing encorajou a integração das funções de vendas, marketing e logística de muitos profissionais de marketing industrial. Em empresas progressistas, equipes unificadas de vendas, produção, logística, sistemas de informação e pessoal de marketing desenvolveram programas integrados de logística para oferecer aos clientes potenciais. As visitas de vendas são realizadas por equipes de especialistas de cada área, e as equipes moldam soluções logísticas para os problemas dos clientes. A United Stationers, uma das maiores distribuidoras de produtos para escritório dos Estados Unidos, junta o pessoal de operação e os vendedores para se reunirem com os revendedores da empresa em um esforço para criar serviço de logística responsivo do cliente. Como resultado de seus esforços, a United garante aos clientes que os pedidos feitos até as 19 horas serão recebidos antes do meio-dia seguinte. Os clientes podem discar para o computador de grande porte da United e colocar os pedidos eletronicamente. A empresa considera todo o seu pessoal de logística como parte da função de vendas. Algumas empresas levaram a integração ainda mais longe. Os trabalhadores do depósito da Baxter Healthcare formaram uma equipe com o pessoal dos depósitos em hospitais atendidos pela Baxter. Durante visitas ao depósito do cliente, o responsável pelo depósito da Baxter avalia a operação, procurando formas para melhorar a embalagem de modo que os embarques sejam mais fáceis de descarregar e desembalar. Em decorrência disso, os responsáveis pelo depósito da Baxter se tornaram vendedores.

---

[30] James Stock, Thomas W. Speh e Herbert Shear, "Many Happy (Product) Returns", *Harvard Business Review* 80 (julho de 2002), p. 14.

Sistemas Just-in-Time

Para atender a um cliente, os profissionais de marketing industrial devem estar preparados para entregar seus produtos com frequência e conforme um cronograma preciso. O motivo é a ampla adoção, por fábricas como a Honda of America, do princípio de estoque **just-in-time (JIT)**. Sob esse princípio, os fornecedores coordenam com atenção as entregas com o cronograma de produção do fabricante – entregando, em geral, os produtos algumas horas antes de serem usados. O objetivo de um sistema JIT é eliminar desperdícios de todos os tipos do processo de produção, ao solicitar a entrega do produto especificado no momento preciso e na quantidade exata necessária. Mais importante, a qualidade deve ser perfeita – não há oportunidade de inspecionar os produtos no processo JIT. Como o JIT tenta relacionar as compras às exigências de produção, o tamanho típico do pedido diminui e são necessárias entregas mais frequentes. A frequência aumentada de entregas apresenta um desafio para o sistema de produção e logística do profissional de marketing industrial. Todavia, os profissionais de marketing industrial terão de lidar com esse desafio, pois muitos concorrentes hoje competem com base em giros de estoque e rapidez para o mercado.[31]

Relacionamento Just-in-Time. Um efeito significativo da compra JIT tem sido a redução drástica do número de fornecedores usados pelos fabricantes. Os fornecedores que são capazes de atender às exigências de JIT dos clientes vivenciam um crescimento em sua participação no negócio.[32] Atender às exigências de JIT representa, em geral, uma vantagem de marketing e pode significar a sobrevivência para alguns fornecedores. O relacionamento entre fornecedores JIT e fabricantes é único e inclui vínculos operacionais que unem comprador e vendedor. Em decorrência disso, os fornecedores percebem que os relacionamentos são mais duradouros e normalmente formalizados por um contrato por escrito que pode se estender por até cinco anos.

Elementos de um Sistema de Logística. A Tabela 13.1 apresenta as variáveis controláveis de um sistema de logística. Quase nenhuma decisão sobre uma atividade logística específica pode ser tomada sem a avaliação de seu efeito em outras áreas. O sistema de depósitos, os comprometimentos de estoque, os métodos de processamento de pedidos e transporte articulado determinam a capacidade do fornecedor de proporcionar disponibilidade adequada do produto para os clientes. Como resultado de fracos desempenhos de fornecedor, os clientes podem precisar arcar com custos adicionais de estoques maiores, instituir caros sistemas de expedição de pedidos por prioridade, desenvolver fontes secundárias de fornecimento ou, pior de tudo, procurar outro fornecedor.

Abordagem de Custo Total

No gerenciamento das atividades logísticas, duas variáveis de desempenho devem ser levadas em consideração: (1) custos totais de distribuição e (2) o nível de serviço de logística fornecido aos clientes. O sistema de logística deve ser projetado e administrado para alcançar aquela combinação de custo e níveis de serviço que gera lucros máximos. Os custos de logística variam muito para os profissionais de marketing industrial, dependendo da natureza do produto e da importância do serviço de logística para o comprador. Os custos de logística podem consumir 16% a 36% de cada dólar de venda no nível da fabricação, e as atividades de logística podem consumir mais de 40% do total de ativos. Assim, a logística pode causar um

---

[31] Andrew Tanzer, "Warehouses That Fly", *Forbes*, 18 de outubro de 1999, p. 121.
[32] Peter Bradley, "Just-in-Time Works, but...", *Purchasing* 118 (setembro de 1995), p. 36.

efeito significativo na lucratividade corporativa. Como, então, o profissional de marketing pode gerenciar os custos de logística?

A **abordagem de custo total**, ou **de oportunidades**, ao gerenciamento da logística garante minimizar os custos totais de logística na empresa e dentro do canal. A suposição é que os custos de cada atividade de logística sejam interativos; ou seja, uma decisão sobre uma variável logística afeta todas ou algumas das outras. O gerenciamento está, assim, preocupado com a eficiência de todo o sistema, em vez de estar preocupado com a minimização do custo de qualquer uma das atividades de logística. As interações entre as atividades de logística (ou seja, transporte, estoque, armazenamento) estão descritas como custos de oportunidade, porque um custo que aumenta em uma atividade é trocado por uma diminuição de um custo maior em outra atividade, sendo o resultado líquido uma redução total do custo.

Calculando os Custos de Logística

Custo Baseado em Atividades

A técnica do custo baseado em atividades (ABC) é usada para medir com precisão os custos da realização de atividades específicas e, então, relacionar aqueles custos aos produtos, clientes e canais que consumiram as atividades.[33] Esta é uma poderosa ferramenta no gerenciamento das operações de logística de uma cadeia de suprimentos. O ABC proporciona um mecanismo para relacionar o custo da prestação de serviços de logística para os clientes que usam esses serviços, facilitando a avaliação do nível adequado de serviço ao cliente a oferecer. As empresas que usam a análise de ABC podem obter informações mais precisas sobre como um cliente específico ou um produto específico contribuem para a lucratividade global.[34]

Custo Total da Propriedade

O **custo total da propriedade (TCO)** determina os custos totais da compra e, então, do uso de dado item de um fornecedor específico (ver Capítulo 2). A abordagem identifica os custos – normalmente encobertos em despesas indiretas ou gerais – que estão relacionados aos custos de manter estoque, à qualidade baixa e à falha na entrega.[35] Um comprador que usa o TCO considera explicitamente os custos que o sistema de logística do fornecedor adicionou ao preço da compra, ou eliminou dali, e seria necessária uma perspectiva de longo prazo para avaliar o custo.[36] Assim, um fornecedor particularmente eficiente em logística poderia ser capaz de reduzir os custos de estoque do comprador e as despesas do comprador na inspeção das mercadorias recebidas. Em decorrência disso, o custo total da propriedade daquele fornecedor seria menor que o custo de outros fornecedores que não foram capazes de entregar com rapidez produtos não danificados. A aceitação crescente da abordagem do TCO fará que a eficiência da logística se torne um elemento até mais crítico da estratégia de um profissional de marketing industrial.

---

[33] Bernard J. LaLonde e Terrance L. Pohlen, "Issues in Supply Chain Costing", *International Journal of Logistics Management* 7 (1, 1996), p. 3.
[34] Thomas A. Foster, "Time to Learn the ABCs of Logistics", *Logistics* (fevereiro de 1999), p. 67.
[35] Lisa Ellram, "Activity-Based Costing and Total Cost of Ownership: A Critical Linkage", *Journal of Cost Management* 8 (inverno de 1995), p. 22.
[36] Bruce Ferrin e Richard E. Plank, "Total Cost of Ownership Models: An Exploratory Study", *Journal of Supply Chain Management* 38 (verão de 2002), p. 18.

TABELA 13.1 | ELEMENTOS CONTROLÁVEIS EM UM SISTEMA DE LOGÍSTICA

Elementos	Aspectos principais
Serviço ao cliente	O "produto" de atividades de logística, o *serviço ao cliente* está relacionado à eficácia na criação de tempo e lugar. O nível do serviço ao cliente dado pelo fornecedor causa um impacto direto sobre o custo total, a participação no mercado e a lucratividade.
Processamento de pedidos	O processamento de pedidos precipita o processo de logística e direciona as atividades necessárias para a entrega de produtos aos clientes. Rapidez e precisão no processamento de pedidos afetam os custos e os níveis de serviço ao cliente.
Comunicação da logística	As informações trocadas no processo de distribuição orientam as atividades do sistema. É o vínculo mais importante entre o sistema de logística da empresa e os seus clientes.
Transporte	A movimentação física de produtos desde a fonte de fornecimento, através da produção, até os clientes é a área de custo mais significativa na logística e envolve a escolha de modos e transportadoras específicos, bem como roteamento.
Armazenamento	Fornecer espaço de armazenamento funciona como uma margem de segurança entre produção e uso. O armazenamento pode ser utilizado para melhorar o serviço e para baixar os custos de transporte.
Controle de estoque	O estoque é usado para disponibilizar os produtos para os clientes e para garantir que o conjunto correto de produtos esteja no local apropriado no momento certo.
Embalagem	O papel da embalagem é dar proteção para o produto, manter a identidade do produto por todo o processo de logística e criar densidade do produto efetiva.
Manuseio de materiais	O manuseio de materiais aumenta a rapidez e reduz o custo das coletas de pedidos no depósito e do deslocamento dos produtos entre o depósito e as transportadoras. É uma atividade geradora de custo que deve ser controlada.
Planejamento da produção	Utilizado em conjunto com o planejamento da logística, o planejamento da produção garante que os produtos estejam disponíveis no estoque no sortimento e na quantidade corretos.
Local da fábrica e do depósito	A localização estratégica de fábricas e depósitos aumenta o serviço ao cliente e reduz o custo de transporte.

FONTE: Adaptado de James R. Stock e Douglas M. Lambert, *Strategic Logistics Management*, 5. ed. (Homewood, IL: McGraw-Hill, 2000).

Serviço de Logística Business-to-Business

Muitos estudos demonstraram que o serviço de logística é, geralmente, tão importante quanto a qualidade do produto como uma medida do desempenho do fornecedor. Em muitos setores, é oferecido um produto de qualidade a um preço competitivo, assim o serviço ao cliente é o principal diferenciador entre os concorrentes. Em um setor, por exemplo, agentes de compra dão início ao processo de compra ao visitar os fornecedores com o melhor serviço de entrega, para verificar se estão dispostos a negociar os preços. Como é tão importante para os clientes, o serviço de logística confiável pode levar a maior participação no mercado e lucros mais altos. Um estudo da Bain and Company mostrou que empresas com serviço de logística superior crescem 8% mais rapidamente, cobram um preço especial de 7% e são 12 vezes tão lucrativas quanto as empresas com níveis inferiores de serviço.[37] Esses fatos, junto com a grande amplitude da fabricação just-in-time, tornam claro que o serviço de logística é importante para os compradores organizacionais.

O serviço de logística está relacionado à disponibilidade e à entrega de produtos para o cliente. Ele compreende uma série de atividades para atender às vendas, que começam quando o cliente coloca o pedido e terminam quando o produto é entregue. O serviço de logística responsivo satisfaz os clientes e cria a oportunidade de relacionamentos comprador-vendedor mais próximos e lucrativos.[38] O serviço de logística inclui quaisquer aspectos de desempenho que sejam importantes para o cliente industrial (Tabela 13.2). Esses elementos do serviço variam desde o tempo de entrega até os serviços com valor agregado, e cada um desses elementos pode afetar os processos de produção, o resultado do produto final, os custos ou tudo isso.

O Serviço de Logística Causa Impacto no Cliente

O serviço de logística do fornecedor se traduz em disponibilidade do produto. Para que um fabricante produza ou para que um distribuidor revenda, os produtos industriais devem estar disponíveis no momento correto, no lugar certo e em condições de uso. Quanto maior for o tempo de entrega do fornecedor, menos disponível está o produto; quanto mais inconsistente for o tempo de entrega, menos disponível está o produto. Por exemplo, uma redução no tempo de entrega do fornecedor permite que um comprador mantenha menos estoque, pois as necessidades podem ser atendidas rapidamente. O cliente reduz o risco de que o processo de produção seja interrompido. Uma entrega consistente permite que o comprador programe de modo mais eficiente – ou torne rotineiro – o processo de compra, baixando assim os custos do comprador. Um desempenho consistente do ciclo de entrega permite que os compradores cortem seu nível de estoque regulador ou estoque de segurança, reduzindo com isso o custo do estoque. Todavia, para muitos produtos industriais, como aqueles que têm valor unitário baixo e são relativamente padronizados, a preocupação primordial não é com o custo do estoque, mas simplesmente ter os produtos. Um mancal de $ 0,95 em mau funcionamento poderia fechar toda uma linha de produção.

Determinando o Nível de Serviço

Os compradores, normalmente, classificam o serviço de logística imediatamente anterior à "qualidade", como um critério para a seleção de um fornecedor. Todavia, nem todos os produtos ou todos os clientes exigem o mesmo nível de serviço de logística. Muitos produtos feitos sob medida – como maquinário pesado – possuem relativamente poucas exigências de serviço de logística. Outros, como peças de reposição, componentes e subconjuntos, requerem um desempenho logístico altamente exigente. Da mesma forma, os clientes podem ser mais ou menos responsivos aos variados níveis de serviço de logística.

Níveis Lucrativos de Serviço. Ao desenvolver uma estratégia de serviço de logística, os estrategistas de marketing industrial avaliarão o impacto sobre o lucro das opções de serviço que fornecem aos clientes.

---

[37] Mary Collins Holcomb, "Customer Service Measurement: A Methodology for Increasing Customer Value through Utilization of the Taguchi Strategy", *Journal of Business Logistics* 15 (1, 1994), p. 29.

[38] Arun Sharma, Dhruv Grewal e Michael Levy, "The Customer Satisfaction/Logistics Interface", *Journal of Business Logistics* 16 (2, 1995), p. 1.

TABELA 13.2 | ELEMENTOS COMUNS DO SERVIÇO DE LOGÍSTICA

Elementos	Descrição
Tempo de entrega	O tempo desde a criação de um pedido até o atendimento e a entrega daquele pedido inclui tanto o tempo de processamento do pedido quanto o tempo de entrega ou transporte.
Confiabilidade da entrega	Medida do serviço de logística usada com mais frequência, a confiabilidade da entrega está voltada para a capacidade de ter produtos disponíveis para atender à demanda do cliente.
Precisão do pedido	O grau pelo qual os itens recebidos estão em conformidade com a especificação do pedido. A principal dimensão é a incidência de pedidos embarcados completos e sem erro.
Acesso às informações	A capacidade da empresa de responder a perguntas sobre o andamento do pedido e a disponibilidade do produto.
Danos	Uma medida do estado físico do produto quando recebido pelo comprador.
Facilidade de fazer negócio	Uma série de fatores, inclusive a facilidade com a qual pedidos, devoluções, créditos, faturamento e reajustes são tratados.
Serviços com valor agregado	Características como embalagem, que facilitam o manuseio do cliente, ou outros serviços como preço prefixado e entregas diretas.

FONTE: Reproduzido com permissão de Jonathon L. S. Byrnes, William C. Copacino e Peter Metz, "Forge Service into a Weapon with Logistics", *Transportation & Distribution, Presidential Issue* 28 (setembro de 1978), p. 46.

Em quase todos os setores, as empresas fornecem inúmeros serviços da cadeia de suprimentos como entrega no dia seguinte, manuseio customizado e etiquetagem especializada. Todavia, poucas empresas realmente relacionam os custos reais dos serviços especializados e o efeito resultante sobre a lucratividade do cliente (ver Capítulo 4).

Para combater essa situação prejudicial, algumas empresas estão usando hoje uma análise do *custo para servir* para abordar o problema – entre elas estão a Dow Chemical, a Eastman Chemical e a Georgia-Pacific (GP). A GP usou a análise de custo total entregue para aprimorar o desempenho de uma importante conta de cliente.[39] Ao incorporar os dados de custo para servir no cálculo da margem bruta, a equipe da cadeia de suprimentos da GP determinou que os custos para fornecer a esse cliente serviços rápidos de transporte e de distribuição estavam reduzindo de modo significativo a lucratividade da conta. Em uma reunião de diretoria com o cliente, a GP usou os dados para expor as causas raiz dos altos custos e do serviço fraco, que incluíam planejamento promocional não coordenado e de último minuto e compra pelas principais unidades de negócio do cliente e a não disposição do cliente de compartilhar níveis de estoque e posicionamento. Os clientes, quando confrontados com os dados, estão geralmente dispostos a colaborar quanto a formas de aperfeiçoar o serviço, reduzir os custos e restaurar a lucratividade.

Para recapitular, os níveis de serviço são desenvolvidos avaliando-se as exigências de serviço ao cliente. As vendas e o custo de vários níveis de serviço são analisados para se descobrir o nível de serviço que gera os lucros mais altos. As necessidades de vários segmentos de cliente ditam as inúmeras configurações do sistema de logística. Por exemplo, quando o serviço de logística é crítico, os distribuidores industriais podem oferecer a disponibilidade vital do produto, enquanto os clientes com demandas de serviço menos rigorosas podem ser atendidos com estoques de fábrica.

---

[39] Remko van Hoek, "When Good Customers Are Bad", *Harvard Business Review* 83 (setembro de 2005), p. 19.

Impactos da Logística sobre Outros Participantes da Cadeia de Suprimentos

O sistema de logística de um fornecedor afeta diretamente a capacidade de um distribuidor de controlar os custos e o serviço para os usuários finais. O tempo de entrega influencia não apenas as exigências de estoque do cliente, mas também as operações dos membros do canal. Caso um fornecedor ofereça serviço de entrega errático para os distribuidores, o distribuidor é forçado a arcar com um estoque maior para fornecer um nível satisfatório de disponibilidade do produto para os usuários finais.

O serviço de logística ineficiente para os distribuidores aumenta os custos do distribuidor (maiores estoques) ou cria falta dos produtos do fornecedor em nível de distribuição. Nenhum desses resultados é bom. Em primeiro lugar, a lealdade do distribuidor e os esforços de marketing sofrerão; em segundo, os usuários finais acabarão mudando de fornecedores. Quando a Palm, Inc. desenvolveu o Palm Pilot, a empresa criou um sistema de logística tão eficiente, que seus distribuidores na América Latina foram capazes de oferecer o mesmo nível de serviço pós-venda disponível nos Estados Unidos, permitindo que o Palm alcançasse vendas superiores a $ 250 milhões na América Latina em curto período.[40] Em alguns setores, os distribuidores estão expandindo o seu papel no processo de logística, o que os torna ainda mais valiosos para os seus fornecedores e clientes. No setor de produtos químicos, por exemplo, o papel dos distribuidores está se transformando completamente à medida que oferecem soluções de logística – entrega JIT, nova embalagem, gerenciamento de estoque – para os seus clientes.[41] A especialização em logística fornecida pelos distribuidores permite que seus fornecedores (fabricantes) estejam voltados para as próprias competências principais de produção e de marketing.

Gerenciamento de Logística Business-to-Business

Os elementos da estratégia de logística são parte de um sistema e, como tal, cada um afeta todos os outros elementos. O foco apropriado é a visão de custo total. Embora esta seção trate das decisões sobre instalações, transporte e estoque em separado, essas áreas estão tão entrelaçadas que as decisões em uma área influenciam as outras.

Instalações de Logística

O desenvolvimento estratégico de um depósito dá ao profissional de marketing industrial a oportunidade de aumentar o nível de serviço de entrega para os compradores, reduzir os custos de transporte, ou ambos. As empresas industriais que distribuem suprimentos para reparo, manutenção e operação descobrem, com frequência, que a única forma de alcançar os níveis desejados de serviço de entrega é localizar os depósitos nos mercados principais. O depósito evita a necessidade de transporte especial (frete aéreo) e de processamento de pedido oneroso ao manter os produtos já disponíveis nos mercados locais.

Atendendo Outros Membros da Cadeia de Suprimentos. A natureza da cadeia de suprimentos de business-to-business (B2B) afeta as exigências de armazenamento de um fornecedor. Os representantes dos fabricantes não detêm estoque, mas os distribuidores o fazem. Quando são usados *reps* dos fabricantes, o fornecedor normalmente exige um número significativo de depósitos localizados estrategicamente. Por

---
[40] Toby Gooley, "Service Stars", *Logistics* (junho de 1999), p. 37.
[41] Daniel J. McConville, "More Work for Chemical Distributors", *Distribution* 95 (agosto de 1996), p. 63.

outro lado, uma cadeia de suprimentos que usa distribuidores compensa a necessidade de depósito. Naturalmente, o depósito local do distribuidor é um serviço real para o fornecedor. Poucos depósitos de fornecedor bem localizados podem ser tudo o que se precisa para atender os distribuidores de modo eficiente.

Terceirizando a Função de Armazenamento. Exigências de custos operacionais, níveis de serviço e investimento são considerações essenciais com respeito ao tipo de depósito a ser usado. A empresa de negócios industriais pode operar os próprios depósitos ou usar os de um "terceiro" – uma empresa que se especializa na prestação de serviços de armazenamento. As vantagens de um depósito terceirizado são flexibilidade, ativos reduzidos e gerenciamento profissional – a empresa pode aumentar ou diminuir seu uso de espaço em dado mercado, entrar ou sair de qualquer mercado rapidamente e desfrutar de uma operação gerenciada por especialistas. O depósito terceirizado pode, algumas vezes, complementar ou substituir os distribuidores em um mercado.

Muitos depósitos terceirizados prestam uma série de serviços de logística para os seus clientes, inclusive embalagem, etiquetagem, processamento de pedido e alguma montagem leve. A Saddle Creek Corporation, um depósito terceirizado baseado em Lakeland, Flórida, mantém instalações de armazenamento em inúmeros mercados importantes. Os clientes podem posicionar estoques em todos esses mercados enquanto lidam com apenas uma empresa. Da mesma forma, a Saddle Creek pode conectar seu computador aos computadores dos fornecedores, para facilitar o processamento de pedidos e a atualização do estoque. O depósito da Saddle Creek também embala novamente os produtos para o pedido do usuário final, etiqueta e organiza a entrega local. Um profissional de marketing industrial pode embarcar produtos padronizados a granel para o depósito da Saddle Creek – ganhando economia em transporte – e ainda desfrutar de um excelente serviço de entrega ao cliente. O depósito público ou por contrato é a alternativa viável para o canal do distribuidor, quando a função de vendas pode ser realizada de modo econômico com uma força de vendas diretas ou com *reps*.

Transporte

O transporte é, em geral, a única despesa de logística maior e, com os custos de combustível sempre crescendo, sua importância provavelmente aumentará. Tipicamente, a decisão sobre transporte envolve a avaliação e a seleção tanto de um modo de transporte quanto da(s) transportadora(s), o que garantirá o melhor desempenho pelo custo mais baixo. O modo se refere ao tipo de transporte – ferroviário, por caminhão, aquaviário, aéreo ou alguma combinação dos quatro. Cada transportadora é avaliada quanto às taxas e desempenho na entrega.[42] A visão da cadeia de suprimentos é importante na seleção de cada transportadora. As transportadoras tornam-se uma parte integral da cadeia de suprimentos, e os relacionamentos próximos são importantes. Um estudo comprovou que o desempenho operacional das transportadoras aumentou à medida que estavam mais envolvidas no relacionamento entre comprador e vendedor.[43] Ao integrar ainda as transportadoras à cadeia de suprimentos, toda a cadeia de suprimentos pode melhorar a sua posição competitiva. Nesta seção, levamos em consideração (1) o papel do transporte nas cadeias de suprimentos industriais e (2) os critérios para a avaliação das opções de transporte.

Transporte e Serviço de Logística. Um profissional de marketing industrial deve ser capaz de deslocar com eficiência o estoque de produtos acabados entre instalações, para intermediários do canal e para os

---

[42] Como exemplo, ver James C. Johnson, Donald F. Wood, Danile L. Warlow e Paul R. Murphy, *Contemporary Logistics*, 7. ed. (Upper Saddle River, NJ: Prentice Hall, 1998).
[43] Julie Gentry, "The Role of Carriers in Buyer-Supplier Strategic Partnerships: A Supply Chain Management Approach", *Journal of Business Logistics* 17 (2, 1996), p. 52.

clientes. O sistema de transporte é o vínculo que reúne a rede de logística e que resulta, no final, na entrega a tempo dos produtos. Um armazenamento eficiente não melhora os níveis de serviço ao cliente se o transporte for inconsistente ou inadequado.

O serviço de transporte eficiente pode ser usado em combinação com instalações de armazenamento e níveis de estoque para gerar o nível exigido de serviço ao cliente, ou pode ser usado no lugar disso. O estoque mantido em uma série de depósitos posicionados no mercado pode ser consignado a um depósito centralizado quando existem serviços de transporte rápido para entregar os produtos desde o local central até os clientes. A Xerox é uma empresa que usa serviço de frete aéreo especial para compensar a necessidade de altos estoques e grandes locais de armazenamento. A decisão sobre modos de transporte e transportadoras específicas depende dos *trade-offs* de custo e das capacidades de serviço de cada um. É interessante notar que, na era da entrega no dia seguinte e dos serviços expressos de frete aéreo, barcaças que traçam o seu caminho por um labirinto de rios, lagos e canais estão prosperando.[44] Uma viagem de barcaça que dura 17 horas levaria quatro horas por trem e 90 minutos por caminhão para uma viagem similar. Embora bem lenta (média de 27 km por hora), a barcaça oferece grandes vantagens de custo em comparação com o caminhão e a ferrovia. Para produtos como calcário, carvão, produtos agrícolas e petróleo, a lenta e nada glamourosa barcaça é uma ferramenta de logística eficaz.

Critérios de Desempenho do Transporte. O **custo do serviço** é o custo variável do deslocamento dos produtos desde a origem até o destino, inclusive quaisquer encargos de terminal ou acessórios. O custo do serviço pode variar desde tão pouco como $ 0,25 por tonelada/km através da água até tanto quanto $ 0,50 por tonelada/km por via aérea. O aspecto importante da seleção do modo de transporte não é o custo em si, mas o custo relativo ao objetivo a ser alcançado. Matérias-primas a granel, em geral, não exigem serviço de entrega pago antecipadamente, então o custo de qualquer outro transporte que não seja o ferroviário ou o aquaviário não seria justificado. Por outro lado, embora o frete aéreo possa ser quase dez vezes mais caro que o frete rodoviário, o custo é irrelevante para um cliente que precisa de um embarque de emergência de peças sobressalentes. O custo dos modos de transporte especiais (mais rápidos) pode ser justificado pelas reduções de estoque resultantes.

A **rapidez do serviço** refere-se ao tempo decorrido para o deslocamento dos produtos de uma instalação (fábrica ou depósito) para outra instalação (depósito ou fábrica do cliente). Novamente, a rapidez do serviço geralmente supera o custo. A ferrovia, um modo relativamente lento usado para embarques a granel, exige acúmulo de estoque na fábrica do fornecedor e no depósito de destino. Quanto maior o tempo de entrega, mais estoque os clientes devem manter para atender às suas necessidades enquanto o embarque estiver em trânsito. Os modos mais lentos envolvem custos variáveis mais baixos para o deslocamento do produto e ainda resultam em níveis de serviço mais baixos e maiores investimentos em estoque. Os modos mais rápidos produzem justamente o efeito oposto. Não apenas deve ser feita uma comparação entre os modos em termos de serviço, mas várias transportadoras dentro de um modo devem ser avaliadas quanto ao seu tempo de entrega "porta a porta".

A *consistência do serviço* é, geralmente, mais importante que o tempo médio de entrega, e todos os modos de transporte não são igualmente consistentes. Embora o transporte aéreo forneça o menor tempo médio de entrega, em geral apresenta a maior variabilidade no tempo de entrega relativa à média. As grandes variações na consistência do serviço modal são particularmente críticas no planejamento do

---

[44] Anna Wilde Mathews, "Jet-Age Anomalies, Slowpoke Barges Do Brisk Business", *The Wall Street Journal*, 15 de maio de 1998, p. B1.

marketing industrial. A escolha do modo de transporte deve ser feita com base no custo, no tempo médio de trânsito e na consistência, caso deva ser obtido um serviço ao cliente eficiente.

Em resumo, como os compradores industriais colocam, em geral, um prêmio sobre o serviço de entrega eficaz e consistente, a escolha do modo de transporte é importante – uma em que o custo do serviço é normalmente secundário. Todavia, a melhor decisão sobre transportadoras resulta de uma equiparação das exigências de serviço, custos variáveis e investimento. O gerente também deve levar em consideração as exigências de transporte de embarques comuns em comparação com embarques rápidos (pedidos urgentes).

Gerenciamento de Estoque

O gerenciamento de estoque é o regulador no sistema de logística. Os estoques são necessários nos canais industriais porque:

1. A produção e a demanda não se equiparam perfeitamente.
2. As deficiências operacionais no sistema de logística resultam, em geral, da indisponibilidade do produto (por exemplo, embarques com atraso, desempenho inconsistente da transportadora).
3. Os clientes industriais não podem prever as suas necessidades de produto com certeza (por exemplo, porque uma máquina pode quebrar ou pode haver uma necessidade súbita de expandir a produção).

O estoque pode ser visto sob a mesma luz das instalações de armazenamento e do transporte: é um método alternativo para a prestação do nível de serviços que os clientes exigem, e o nível de estoque é determinado com base no custo, no investimento, no serviço exigido e na receita antecipada.

Foco de Qualidade: Eliminar Estoques. As técnicas atuais de gerenciamento de qualidade total predominantes e os princípios de gerenciamento just-in-time dão ênfase à redução ou à eliminação total dos estoques. O pensamento atual sugere que os estoques existem por causa das ineficiências no sistema: entrega errática, previsão malfeita e sistemas de controle de qualidade ineficazes, tudo isso força as empresas a deter estoques em excesso para se proteger das falhas na entrega, na previsão e no produto. Em vez disso, os processos melhorados de entrega, previsão e fabricação eliminarão a necessidade de lidar com falhas e incertezas. A tecnologia da informação, que envolve código de barras, dados escaneados, processos de qualidade total, melhor gerenciamento de transporte e fluxo de informações mais eficiente entre as empresas na cadeia de suprimentos, torna possível o controle mais cuidadoso de estoques e a sua redução para os níveis mais baixos possíveis.

A conectividade à internet, que une a cadeia de suprimentos de um ponto de vista da informação, permitiu reduções significativas de estoque em vários setores. Um estudo recente demonstrou que o giro médio de estoque para os fabricantes aumentou de oito para mais de 12 vezes ao ano.[45] Muito do crédito dado a essa melhora é atribuído ao maior compartilhamento de informações entre os membros da cadeia de suprimentos, sofisticados softwares de gerenciamento de estoque e níveis mais altos, no geral, de coordenação da cadeia de suprimentos. Os gerentes de marketing industrial de sucesso devem desenvolver processos de qualidade que, por si só, reduzam ou eliminem a necessidade de manter grandes estoques, enquanto coordenam e integram um sistema de cadeia de suprimentos que pode funcionar de modo eficaz com quase nenhum estoque.

---

[45] Thomas W. Speh, *Changes in Warehouse Inventory Turnover* (Chicago: Warehousing Education and Research Council, 1999).

Estoque em Mercados sob Mudança Rápida. Muitas empresas em setores de alta tecnologia sob mudança rápida devem verificar as características do estoque como obsolescência, desvalorização, proteção ao preço e custos de devolução.[46] Para uma empresa como a Hewlett-Packard, com produtos que possuem ciclos de vida do produto muito rápidos, todos esses quatro fatores podem reduzir de modo significativo os lucros, caso os estoques não sejam gerenciados de modo eficiente. A HP refere-se a esses custos como "custos gerados pelo estoque" (IDCs). Em 1995, por exemplo, a HP descobriu que os custos relativos ao estoque eram iguais à sua *margem operacional total* do negócio de computadores! Para muitos dos seus produtos que são mantidos na cadeia de suprimentos por vários revendedores, os principais custos de estoque para a HP são os custos de proteção ao preço, pois deve reembolsar os revendedores por qualquer perda no valor de mercado dos produtos mantidos em estoque. Como os estoques dos parceiros do canal representam o maior componente dos custos de estoque para a HP, os gerentes estão tomando medidas para melhorar as práticas de SCM em atividades secundárias no canal. Por exemplo, a HP introduziu novos processos como estoque gerenciado pelo fornecedor (VMI) – em que a HP ajuda os revendedores no planejamento de estoques e trabalha com os gerentes de marketing daqueles revendedores para estimular e gerenciar a demanda.

Logística Terceirizada

O uso de **empresas terceirizadas de logística** para exercer as atividades de logística representa uma tendência importante entre as empresas de business-to-business. Essas empresas externas realizam ampla gama de funções de logística tradicionalmente realizadas dentro da organização. A maioria das empresas utiliza algum tipo de empresa terceirizada, seja para transporte, armazenamento ou processamento de informações. A decisão estratégica de terceirizar a logística é, em geral, tomada pela alta administração. As funções que a empresa terceirizada executa podem abranger todo o processo de logística ou atividades selecionadas dentro daquele processo. As terceirizadas podem realizar o armazenamento, a função de transporte (por exemplo, uma linha de caminhões como a Schneider National) ou todo o processo de logística, desde a programação da produção até a entrega de produtos acabados ao cliente (como a Ryder Dedicated Logistics). As terceirizadas permitem que um fabricante ou distribuidor se concentre em seu negócio principal enquanto desfruta da perícia e da especialização de uma empresa profissional de logística. Os resultados são, em regra, custos mais baixos, melhor serviço, utilização aprimorada de ativos, flexibilidade aumentada e acesso à tecnologia de ponta. Recentemente, algumas companhias defenderam o uso da "Quarteirização Logística" – empresas que não possuem ativos, mas servem para gerenciar várias terceirizadas que estão sendo usadas para realizar várias funções de logística.[47]

A despeito das vantagens das empresas terceirizadas de logística, algumas delas são cautelosas devido ao controle reduzido sobre o processo de logística, contato direto diminuído com os clientes e problemas de conclusão de operações internas. Na análise do modo mais eficiente e eficaz de alcançar os objetivos de custo de logística e serviços, o gerente de marketing industrial deverá considerar com atenção as vantagens e as desvantagens de terceirizar a totalidade ou parte das funções de logística para prestadores terceirizados. Em uma aplicação interessante de logística terceirizada, a Caterpillar (a fabricante de equipamentos de terraplenagem) constituiu uma empresa de serviços de logística para

---

[46] Gianpaolo Callioni, Xavier de Montgros, Regine Slagmulder, Luk N. van Wassenhove e Linda Wright, "Inventory-Driven Costs", *Harvard Business Review* 83 (março de 2005), p. 135-141.

[47] "Fourth Party Logistics: An Analysis", *Logistics Focus* 1 (3, verão de 2002), p. 16.

POR DENTRO DO MARKETING INDUSTRIAL

O Impacto sobre o Lucro do Gerenciamento de Estoque

O principal negócio da Deere & Company é a fabricação de equipamentos: equipamentos agrícolas, de construção, comerciais e ao consumidor. Para as suas práticas da cadeia de suprimentos, a empresa desfruta de uma vantagem sobre seus concorrentes no setor, particularmente no gerenciamento de estoque. O exemplo a seguir demonstra a importância dessa vantagem.

Em média, suponha que a Deere mantenha vendas equivalentes a 59 dias em estoque e a pior empresa no setor mantenha vendas equivalentes a 137 dias em estoque. Cada 30 dias em estoque se traduzem em uma diferença no lucro de 1,66% das vendas no setor. A diferença entre a Deere e a pior concorrente é o equivalente a 78 dias em estoque. Para calcular a diferença no lucro, podem ser feitos os seguintes cálculos:

Pior empresa, estoques:	137 dias
Deere & Company, estoques:	59 dias
Diferença:	*78 dias*

Cada *30 dias* equivale a *1,66% de vendas* nos lucros. A diferença entre a Deere e sua "pior" concorrente é de 78/30 = *2,6 vezes*.

A diferença na lucratividade é:
2,6 × 1,66% = *4,3% das vendas*.

A diferença entre a pior empresa e a melhor empresa, como resultado do gerenciamento de estoques eficaz, é igual a 4,3% das vendas. Se cada empresa tem $ 1 bilhão em vendas, a empresa mais bem gerenciada teria *$ 43 milhões a mais de lucro*, tudo o mais sendo igual!

---

gerenciar a distribuição de peças para outros fabricantes.[48] A empresa aplica o conhecimento adquirido de suas próprias experiências na distribuição de 300 famílias de produtos que exigem mais de 530 mil peças sobressalentes. A Caterpillar transfere o conhecimento das operações internas da empresa para os clientes e vice-versa.

Foco Futuro: A Cadeia de Suprimentos Verde. Muitos especialistas preveem que vivenciaremos uma expansão importante nas iniciativas "verdes" da cadeia de suprimentos, pelas quais as empresas estão se comprometendo a projetar, fornecer, fabricar e gerenciar a etapa de final de vida de todos os seus produtos de uma forma ambiental e socialmente responsável.[49] Outras iniciativas incluem o desenvolvimento de produtos verdes de embalagem e restauração para evitar ou minimizar os resíduos no aterro sanitário. Um estudo demonstrou que, para muitos fabricantes, entre 40% e 60% das pegadas de carbono de uma empresa estão no início de sua cadeia de suprimentos – desde matérias-primas, transporte e embalagem até a energia consumida nos processos de fabricação. Assim, quaisquer atividades significativas de redução de carbono exigirão a colaboração dos parceiros da cadeia de suprimentos, primeiro para entender de modo abrangente as emissões associadas aos produtos e, então, para analisar as oportunidades de redução de modo sistemático.[50] Uma abordagem cuidadosamente orquestrada e cooperativa entre os parceiros da cadeia de suprimentos dá a base para tratar e resolver essas questões ambientais desafiadoras.

---

[48] Peter Marsh, "A Moving Story of Spare Parts", *The Financial Times*, 29 de agosto de 1997, p. 8.
[49] "Leading the Charge in Multi-Enterprise Supply Chains", *Global Logistics & Supply Chain Strategies* (17 de janeiro de 2008).
[50] Chris Brickman e Drew Ungerman, "Climate Change and Supply Chain Management", McKinsey Quarterly, disponível em http://www.mckinseyquarterly.com/Operations/Supply_Chain_Logistics, acesso em 5 de agosto de 2008.

Resumo

As empresas de marketing industrial de ponta demonstram capacidades superiores no gerenciamento da cadeia de suprimentos. O SCM está voltado para o aperfeiçoamento do fluxo de produtos, informações e serviços à medida que se deslocam da origem para o destino. Um importante gerador do SCM é a coordenação e a integração entre todos os participantes na cadeia de suprimentos, principalmente por meio de sofisticados sistemas de informação e software de gerenciamento. A redução de desperdícios, a minimização da duplicação, a redução do custo e o aperfeiçoamento do serviço são os objetivos mais importantes do SCM. As empresas bem-sucedidas no gerenciamento da cadeia de suprimentos entendem a natureza de seus produtos e o tipo de estrutura da cadeia de suprimentos necessário para atender às necessidades de seus clientes. Mais especificamente, cadeias de suprimentos eficientes integram as operações, compartilham as informações e, acima de tudo, fornecem valor agregado para os clientes.

A logística é a função crítica na cadeia de suprimentos da empresa porque direciona o fluxo e o armazenamento de produtos e informações. Cadeias de suprimentos bem-sucedidas sincronizam a logística com outras funções como produção, compras, previsão, gerenciamento de pedidos e serviço ao cliente. A perspectiva dos sistemas no gerenciamento da logística não pode ser suficientemente enfatizada – é a única forma de garantir à administração que a função de logística alcance as metas prescritas. Cada variável de logística não deve, apenas, ser analisada em termos de seu efeito sobre todas as outras variáveis, mas a soma das variáveis deve ser avaliada à luz do nível de serviço fornecido ao cliente. Os elementos de logística por toda a cadeia de suprimentos devem ser integrados para garantir um fluxo suave do produto. O serviço de logística é crítico na avaliação do comprador sobre as empresas de marketing industrial e, geralmente, é seguido apenas pela qualidade do produto como uma característica desejada do fornecedor.

As decisões de logística devem se basear em *custos de oportunidade* entre as variáveis de logística e em comparações de custos e receitas associados aos níveis alternativos de serviço. O sistema ótimo produz a maior lucratividade relativa ao investimento de capital necessário. Três variáveis importantes – instalações, transporte e estoque – formam a base das decisões de logística que os gerentes de logística em B2B enfrentam. O profissional de marketing industrial deve monitorar o efeito da logística sobre todos os membros da cadeia de suprimentos e sobre o desempenho total da cadeia de suprimentos. Por fim, o papel estratégico da logística deverá ser avaliado com atenção: a logística pode, com frequência, fornecer uma sólida vantagem competitiva.

Questões para Discussão

1. Descrever o papel que a internet exerce no aprimoramento das operações de gerenciamento da cadeia de suprimentos.

2. Um número crescente de fabricantes está adotando práticas de compra e sistemas de controle de estoque mais sofisticados. Quais são as implicações estratégicas desses desenvolvimentos para os profissionais de marketing industrial que desejam servir a esses clientes?

3. Explicar os diferentes elementos de "desperdício" que existem nas cadeias de suprimentos e como o gerenciamento da cadeia de suprimentos está voltado para a eliminação dos vários elementos de desperdício.

4. Explicar como o desempenho consistente da entrega dá ao comprador organizacional a oportunidade de cortar o nível de estoque mantido.

5. Explicar por que a cooperação entre os participantes da cadeia de suprimentos determina se a cadeia de suprimentos é eficaz.

6. Uma importante meta no gerenciamento da logística é encontrar o equilíbrio ótimo do custo de logística e do serviço ao cliente que gera lucros ótimos. Explicar.

7. Explicar como uma cadeia de suprimentos eficiente pode criar uma sólida vantagem competitiva para as empresas envolvidas.

8. Descrever uma situação em que os custos totais de logística poderiam ser reduzidos duplicando-se os custos de transporte.

9. O que é o gerenciamento da cadeia de suprimentos e quais são os tipos de funções e empresas que compõem a típica cadeia de suprimentos?

10. Adotando a perspectiva de um comprador organizacional, explicar com atenção como a fonte mais econômica de fornecimento poderia ser a empresa que oferece o preço mais alto, mas também o sistema de entrega mais rápido e confiável.

CASO

Gerenciando a Logística na Trans-Pro

O gerenciamento da logística é crítico na determinação da lucratividade dos membros do canal de B2B, como os distribuidores industriais. Para ser bem-sucedido, o distribuidor industrial deve manter um estoque bem grande de toda a sua linha de produtos e ser capaz de entregar os produtos de imediato quando um cliente coloca um pedido – o serviço com valor agregado mais importante que um distribuidor fornece aos clientes é a disponibilidade do produto. Ao ter uma grande variedade de componentes e peças de reposição disponível 24 horas, os clientes do distribuidor são capazes de minimizar os investimentos em estoque. Além disso, as empresas dos clientes podem estar certas de que as suas operações jamais serão interrompidas porque não conseguem um componente crítico. Devido à natureza do negócio do distribuidor, os custos de estoque, em geral, tornam-se a única despesa maior e, como tal, o gerenciamento eficiente do estoque é um gerador importante de lucratividade.

A Trans-Pro é um grande distribuidor industrial de equipamentos de transmissão de força – mancais, engrenagens, correias em V e similares. A administração da empresa, ciente da importância do gerenciamento eficiente de estoque, desenvolveu um esquema de incentivo para os seus 50 gerentes de filiais a fim de minimizar os estoques. A cada mês, um estoque médio no depósito era medido e era cobrada uma multa dos gerentes das filiais pelos níveis de estoque superiores a $ 2,5 milhões. Para cada incremento de dólar acima do valor limiar, o gerente seria descontado em 1% de seu salário mensal – um incentivo bem grande para o controle cuidadoso dos níveis de estoque! Além disso, a Trans-Pro também exigia que o serviço ao cliente fosse totalmente notável. A meta era entregar um pedido no prazo de 24 horas após o seu recebimento. Como se poderia esperar, os gerentes fizeram um trabalho excelente no gerenciamento dos estoques mensais médios. Raras vezes alguma das filiais apresentou excedentes do nível máximo obrigatório. Os níveis de serviço ao cliente chegaram a 98% – ou seja, 98% de todos os pedidos foram entregues dentro do período de 24 horas.

Questão para Discussão

1. Analisar a abordagem da Trans-Pro no gerenciamento da logística.

CAPÍTULO 14

Estratégia de Precificação para Mercados Industriais

O entendimento de como os clientes definem o valor é a essência do processo de precificação. As decisões sobre precificação complementam a estratégia global de marketing da empresa. A natureza diversa do mercado industrial apresenta problemas e oportunidades únicos para o estrategista de preços. Após a leitura deste capítulo, você entenderá:

1. uma abordagem baseada no valor para a precificação.

2. os elementos centrais do processo de precificação.

3. como preços efetivos de novo produto são estabelecidos e a necessidade de reajustar periodicamente os preços dos produtos existentes.

4. como responder a um ataque de preço por um concorrente agressivo.

5. abordagens estratégicas de propostas competitivas.

O valor do cliente representa a pedra fundamental do marketing business-to-business (B2B) no século XXI.[1] Assim, os profissionais de marketing industrial devem adotar esta meta estratégica que unifica: seja melhor do que os seus melhores concorrentes ao fornecer valor para o cliente.[2] De acordo com Richard D'Aveni:

> Enquanto o concorrente médio luta por nichos ao longo de uma relação comum entre preço e valor ("Você consegue aquilo pelo qual você paga"), as empresas inovadoras podem entrar no mercado ao fornecer melhor valor para o cliente ("Você pode conseguir mais do que aquilo pelo qual você paga"). Essas empresas oferecem custo mais baixo *e* qualidade mais alta. Essa mudança no valor é como baixar a fasquia enquanto se dança o limbo. Todos os concorrentes precisam dançar da mesma forma, com limitações maiores tanto no custo quanto na qualidade.[3]

O gerente de marketing industrial deve combinar os vários componentes do composto de marketing em uma proposição de valor que responda às exigências do cliente e que dê um retorno consistente com os objetivos da empresa. O preço deve estar entrosado cuidadosamente com o produto, a distribuição e as estratégias de comunicação da empresa. Thomas Nagle salienta: "Se o desenvolvimento eficiente do produto, a promoção e a distribuição plantam a semente do sucesso dos negócios, a precificação eficaz é a colheita. Embora a precificação eficaz jamais possa compensar o desempenho fraco dos primeiros três elementos, a precificação ineficaz pode certamente impedir que esses esforços resultem em sucesso financeiro. Infelizmente, esta é uma ocorrência comum".[4]

Este capítulo está dividido em cinco partes. A primeira define o significado especial de valor para o cliente em um contexto de marketing industrial. A segunda analisa os principais determinantes do processo de precificação industrial e fornece uma abordagem operacional para as decisões sobre preços. A terceira examina as políticas de precificação para produtos novos e existentes, dando ênfase à necessidade de gerenciar ativamente um produto por todo o seu ciclo de vida. A quarta fornece uma estrutura para orientar a estratégia quando um concorrente corta os preços. A seção final examina uma área de particular importância para o profissional de marketing industrial: a concorrência pública.

O Significado do Valor nos Mercados Industriais

Quando os membros de um centro de compras selecionam um produto, estão comprando dado nível de qualidade do produto, serviço técnico e confiabilidade na entrega. Outros elementos podem ser importantes – a reputação do fornecedor, uma sensação de segurança, amizade e outras vantagens pessoais que fluem do relacionamento comprador-vendedor. O valor representa um *trade-off* entre benefícios e sacrifícios. O **valor para o cliente**, então, representa a avaliação global de um cliente industrial sobre a utilidade de um relacionamento com um fornecedor baseado nos benefícios recebidos e nos sacrifícios feitos[5] (Figura 14.1).

---

[1] Ajay Menon, Christian Homburg e Nikolas Beutin, "Understanding Customer Value in Business-to-Business Relationships", *Journal of Business-to-Business Marketing* 12 (2, 2005), p. 1-33; ver também James C. Anderson, Nirmalya Kumar e James A. Narus, *Value Merchants: Demonstrating and Documenting Superior Value in Business Markets* (Boston: Harvard Business School Press, 2007).

[2] Bradley T. Gale, *Managing Customer Value: Creating Quality and Service That Customers Can See* (Nova York: The Free Press, 1994), p. 73-75.

[3] Richard A. D'Aveni, *Hypercompetitive Rivalries* (Nova York: The Free Press, 1995), p. 27.

[4] Thomas T. Nagle, *The Strategy and Tactics of Pricing: A Guide to Profitable Decision Making* (Englewood Cliffs, NJ: Prentice-Hall, 1987), p. 1.

[5] Esta discussão é baseada em Menon, Homburg e Beutin, "Understanding Customer Value", p. 1-33.

FIGURA 14.1 | VALOR PARA O CLIENTE NOS MERCADOS INDUSTRIAIS

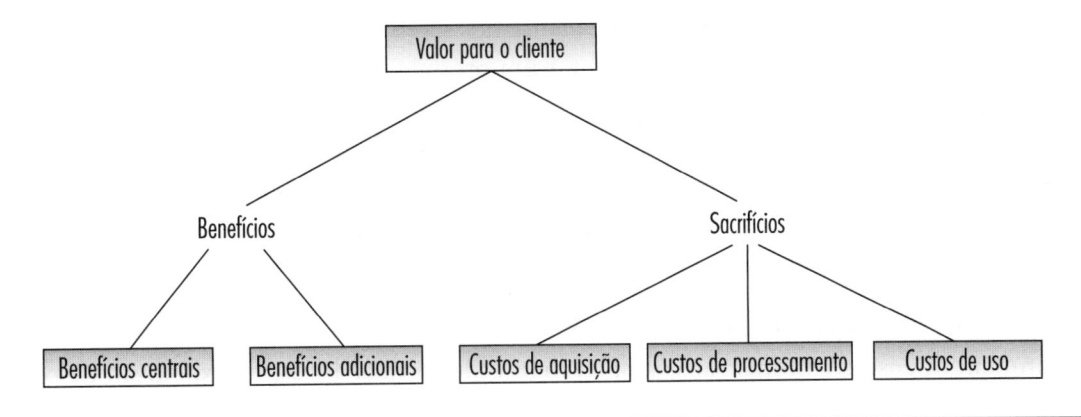

```
                    Valor para o cliente
                    /                \
              Benefícios           Sacrifícios
              /       \           /     |      \
    Benefícios    Benefícios   Custos de   Custos de      Custos de uso
    centrais      adicionais   aquisição   processamento
```

FONTE: Adaptado com modificações de Ajay Menon, Christian Homburg e Nikolas Beutin, "Understanding Customer Value in Business-to-Business Relationships", *Journal of Business-to-Business Marketing* 12 (2, 2005), p. 1-33.

Benefícios

Dois tipos de benefícios podem contribuir para o valor para o cliente nos mercados industriais: benefícios centrais e benefícios adicionais (ver Capítulo 8).

Benefícios Centrais. Os **benefícios centrais** são as exigências básicas que os profissionais de marketing industrial devem atender para serem incluídos no grupo a ser levado em conta pelo cliente. Aqui representado estaria um nível específico de qualidade do produto e desempenho, assim como níveis esperados de serviço pré e pós-vendas. Da mesma forma, ao melhorar a resolução de problemas e o livre compartilhamento de ideias, um relacionamento baseado na confiança agrega valor e o cliente o vê como um benefício central.

Benefícios Adicionais. Os **benefícios adicionais** são aqueles "atributos, tipicamente não exigidos, que ajudam o cliente na seleção de um fornecedor entre um grupo qualificado de fornecedores potenciais".[6] Estas são características relacionais ou serviços que diferenciam os fornecedores e voltam a atenção para atributos "que atraem" nos relacionamentos comprador-vendedor.

Exemplos de benefícios adicionais seriam os *relacionamentos conjuntos de trabalho* no desenvolvimento do produto, no controle da qualidade, na logística e nos sistemas de entrega. A **flexibilidade do fornecedor**, ou a disposição de um profissional de marketing industrial de acomodar as necessidades industriais singulares de um cliente, também agrega valor para o cliente. O **comprometimento** do fornecedor, a saber o desejo de fazer funcionar o relacionamento, também pode fornecer um benefício adicional ao cliente. O comprometimento do fornecedor "leva em conta a disposição do fornecedor de fazer sacrifícios de curto prazo, investir no relacionamento e ser tolerante com os erros do comprador (por exemplo, erros no pedido ou ao resumir as especificações do produto)".[7]

---

[6] Ibid., p. 6; ver também Das Narayandas, "Building Loyalty in Business Markets", *Harvard Business Review* 83 (setembro de 2005), p. 131-139.
[7] Menon, Homburg e Beutin, "Building Loyalty in Business Markets", p. 15.

Sacrifícios

Uma perspectiva ampla também é necessária na análise dos sacrifícios, ou custos, que a alternativa específica pode apresentar para o comprador. Ao comprar um produto ou serviço, um cliente industrial sempre supõe vários custos acima e além do preço de compra efetivo. Muitas empresas compram produtos on-line para reduzir a documentação e baixar os custos da transação e da busca.[8] Em vez de tomar uma decisão baseada apenas no preço, os compradores organizacionais dão ênfase ao **custo total do uso** de um produto ou serviço específico.[9] Observe, na Tabela 14.1, que um cliente organizacional leva em consideração três tipos diferentes de custos em um cálculo do custo total do uso:

1. Os **custos de aquisição** incluem não somente o preço de venda e os custos de transporte, mas também os custos administrativos da avaliação de fornecedores, da expedição de pedidos e da correção de erros em embarques ou entregas.
2. Os **custos de posse** incluem custos de financiamento, armazenamento, inspeção, tributos, seguro e outros custos internos de manuseio.
3. Os **custos de uso** são aqueles associados ao uso continuado do produto comprado, como instalação, treinamento do funcionário, mão de obra do usuário e reparo de campo, assim como substituição do produto e custos de descarte.

Estratégias Baseadas no Valor

Ajudados por sofisticados sistemas de avaliação do fornecedor, os compradores podem medir e rastrear o custo/valor total de negociar com fornecedores alternativos. Por sua vez, profissionais de marketing industrial astutos podem adotar as estratégias baseadas no valor para fornecer aos clientes uma solução de custo do uso mais baixo. Por exemplo, as despesas de logística de suprimentos de assistência médica tipicamente respondem por 10% a 15% dos custos operacionais de um hospital. As empresas de produtos médicos, como a Becton, Dickinson and Company, desenvolvem pacotes inovadores de produto/serviço que respondem a cada componente da equação de custo do uso. Essas empresas podem reduzir os custos de aquisição de um hospital ao oferecer um sistema eletrônico de pedidos, os custos de posse ao dar ênfase ao serviço just-in-time e os custos de uso ao criar um sistema eficiente para o descarte de suprimentos médicos depois do uso.

Diferenciando por Meio da Criação de Valor. As estratégias baseadas no valor buscam levar a proposição de venda daquela que está centralizada nos preços atuais e nas transações individuais para um relacionamento de longo prazo construído ao redor do valor e do custo total do uso mais baixo. Mais importante, pesquisa recente sugere que os benefícios causam um efeito maior sobre o valor percebido para os clientes industriais do que os sacrifícios (preço e custos). Ajay Menon, Christian Homburg e Nikolas Beutin observam: em oposição à crença geral em uma economia orientada para o custo, "encorajamos os gerentes a dar ênfase aos benefícios que se acumulam de um relacionamento e a não dar atenção, apenas, a baixar o preço e aos custos relativos ao gerenciar o valor para o cliente".[10] É melhor fornecer benefícios adicionais

---

[8] Walter Baker, Mike Marn e Craig Zawada, "Price Smarter on the Net", *Harvard Business Review* 79 (fevereiro de 2001), p. 122-127.

[9] Frank V. Cespedes, "Industrial Marketing: Managing New Requirements", *Sloan Management Review* 35 (primavera de 1994), p. 45-60.

[10] Menon, Homburg e Beutin, "Understanding Customer Value", p. 25.

TABELA 14.1 | **COMPONENTES DO CUSTO DO USO PARA CLIENTES**

Custos de aquisição	+	Custos de posse	+	Custos de uso	=	Custo total do uso
Preço		Custo de juros		Custos de instalação		
Custo da documentação		Custo de armazenamento		Custo de treinamento		
Custos de transporte		Controle de qualidade		Custo de mão de obra do usuário		
Custo de expedição		Tributos e seguro		Longevidade do produto		
Custo de erros no pedido		Quebra e obsolescência		Custos de reposição		
Custos de avaliação do produto antes da compra		Custos gerais e internos de manuseio		Custos de descarte		

FONTE: Adaptado de Frank V. Cespedes, "Industrial Marketing: Managing New Requirements", *Sloan Management Review* 35 (primavera de 1994), p. 46.

singulares ao construir a confiança, demonstrando comprometimento e flexibilidade, e iniciando relacionamentos conjuntos de trabalho que melhoram o valor para o cliente e a lealdade.

Em defesa disso, recente pesquisa de Wolfgang Ulaga e Andreas Eggert indica que as vantagens do relacionamento mostram um potencial mais forte para a diferenciação nos relacionamentos com o fornecedor principal do que as considerações sobre custo.[11] Com base em um perfil de melhores práticas para empresas que buscam o *status* de fornecedor principal, os pesquisadores identificam o suporte ao serviço e a interação pessoal como os principais diferenciadores, seguidos pelo *know-how* de um fornecedor e a sua capacidade de melhorar o tempo para o cliente colocar um produto no mercado. A qualidade do produto e o desempenho da entrega, juntamente com o custo de aquisição e os custos operacionais, mostram um potencial moderado para ajudar a atribuição do *status* de fornecedor principal a uma empresa de business-to-business por parte de um cliente. É interessante notar que o preço mostra o potencial mais fraco para a diferenciação. Uma abordagem específica para projetar as estratégias baseadas no valor tem destaque na próxima seção.

O Processo de Precificação nos Mercados Industriais

Não existe fórmula fácil para a precificação de um produto ou serviço industrial. A decisão é multidimensional: as variáveis interativas de demanda, custo, concorrência, relacionamentos de lucro e padrões de uso do cliente assumem importância, cada uma, à medida que o profissional de marketing formula o papel do preço na estratégia de marketing da empresa. Considerações pertinentes, ilustradas na Figura 14.2, incluem (1) objetivos da precificação, (2) determinantes da demanda, (3) determinantes do custo e (4) concorrência.

---

[11] Wolfgang Ulaga e Andreas Eggert, "Value-Based Differentiation in Business Relationships: Gaining and Sustaining Key Supplier Status", *Journal of Marketing* 70 (janeiro de 2006), p. 119-136.

Objetivos do Preço

A decisão sobre preços deve estar baseada em objetivos em harmonia com o marketing e com os objetivos corporativos globais. O profissional de marketing começa com os objetivos principais e acrescenta as metas colaterais de precificação: (1) conseguir um retorno alvo sobre o investimento, (2) conseguir uma meta de participação no mercado ou (3) equiparar-se à concorrência. Muitos outros objetivos potenciais de precificação vão além das metas de lucro e de participação no mercado, levando em conta a competição, os relacionamentos do canal e as considerações sobre a linha de produtos.

Devido aos seus efeitos de longo alcance, os objetivos da precificação devem ser estabelecidos com atenção. Cada empresa se defronta com forças ambientais internas e externas singulares. A contraposição das estratégias da DuPont e da Dow Chemical ilustra a importância de uma orientação corporativa unificada. A estratégia da Dow está voltada primeiro para a precificação para *baixo* de *commodities* de margem baixa para construir uma participação no mercado dominante e, então, manter aquela participação dominante. A estratégia da DuPont, por outro lado, dá ênfase a produtos especializados de margem mais alta. De início, esses produtos são precificados em um nível *alto*, e os preços são reduzidos à medida que o mercado se expande e a concorrência se intensifica. Cada empresa requer objetivos explícitos de precificação que sejam consistentes com a sua missão corporativa.

Determinantes da Demanda

Uma perspectiva sólida de mercado é fundamental na precificação. O mercado industrial é diverso e complexo. Um único produto industrial pode ser usado de várias formas; cada segmento de mercado pode representar uma aplicação singular para o produto e um nível específico de uso. A importância do produto industrial no produto final do comprador também varia conforme o segmento de mercado. Assim, a demanda potencial, a sensibilidade ao preço e a lucratividade potencial podem variar bastante pelos segmentos de mercado. Para estabelecer uma política eficiente de precificação, os profissionais de marketing deverão focalizar primeiro o valor que um cliente atribui a um produto ou serviço. Isso se opõe ao processo típico, que dá atenção imediata ao custo do produto e o *markup* desejado.[12]

Avaliando o Valor.[13] A forma pela qual os compradores organizacionais avaliam o valor econômico da oferta total determina a adequação de uma estratégia de precificação. Dois concorrentes com produtos similares podem pedir preços diferentes porque os compradores percebem as suas ofertas totais como únicas. Aos olhos do comprador organizacional, uma empresa pode fornecer mais valor que outra.

O **valor econômico** representa as economias de custo e/ou os ganhos da receita que os clientes realizam ao comprar o produto da empresa, em vez da próxima melhor alternativa. Algumas características do produto ou serviço são bem similares em todas as ofertas competitivas em uma categoria (ou seja, pontos de paridade), enquanto outras podem ser únicas para a marca de uma empresa específica (ou seja, pontos de diferenciação). O **valor de *commodity***, então, é o valor que um cliente atribui às características do produto que parecem aquelas das ofertas dos concorrentes. Por outro lado, o **valor de diferenciação** é o valor associado às características do produto que são únicas e diferentes entre os concorrentes.

---

[12] Robert J. Dolan, "How Do You Know When the Price Is Right?", *Harvard Business Review* 73 (setembro-outubro de 1995), p. 174-183; ver também Thomas T. Nagle e George E. Cressman Jr., "Don't Just Set Prices, Manage Them", *Marketing Management* 11 (novembro-dezembro de 2002), p. 29-34.

[13] Esta seção é baseada em Gerald E. Smith e Thomas T. Nagle, "A Question of Value", *Marketing Management* 14 (julho-agosto de 2005), p. 38-43.

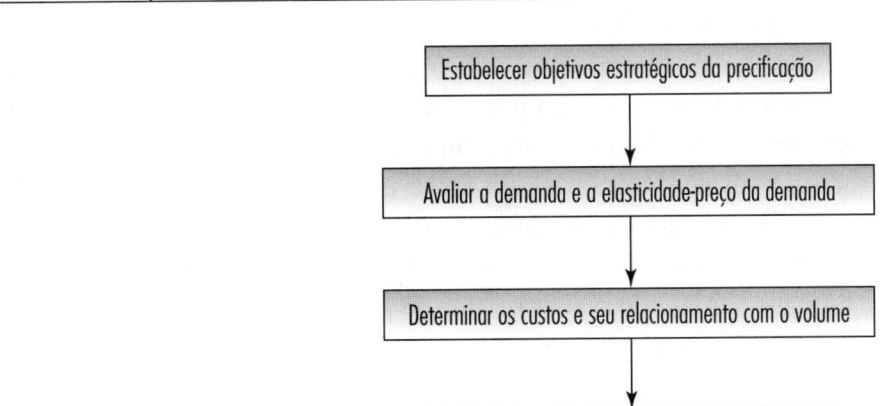

FIGURA 14.2 | PRINCIPAIS COMPONENTES DO PROCESSO DE DECISÃO PARA FIXAÇÃO DO PREÇO

```
Estabelecer objetivos estratégicos da precificação
                    ↓
Avaliar a demanda e a elasticidade-preço da demanda
                    ↓
Determinar os custos e seu relacionamento com o volume
                    ↓
Analisar os preços e as estratégias dos concorrentes
                    ↓
          Fixar o nível de preço
```

Mais importante, o preço por unidade do valor que os compradores organizacionais estão dispostos a pagar a uma empresa pelas características de diferenciação é maior que o preço por unidade do valor que pagariam por características de *commodity*. "Isso é porque a recusa de pagar o preço de um fornecedor pelas características de diferenciação significa que o comprador deve desistir daquelas características. A recusa de pagar o preço de um fornecedor pelas características de *commodity* significa apenas que o cliente deve comprá-las em outro lugar", afirmam Gerald E. Smith e Thomas T. Nagle.[14] Lembre-se de que as empresas de business-to-business adeptas das melhores práticas criam proposições de valor distintas (ver Capítulo 4) para isolar aquelas características de produto e serviço de maior importância para os clientes, demonstrar o valor de seus elementos singulares e comunicar aquele valor de uma forma que transmita, de modo claro, um profundo entendimento das prioridades de negócio do cliente.[15]

Isolando Geradores de Valor nos Principais Segmentos de Clientes. Métodos exploratórios, como entrevistas minuciosas, são necessários para a identificação e a medição do valor. Por exemplo, entrevistas minuciosas podem ser usadas para investigar as necessidades e os problemas do cliente e para aprender como seus produtos e serviços poderiam abordar esses problemas. A meta, aqui, é logo identificar os geradores mais significativos de valor para os clientes em cada segmento de mercado (ver Figura 14.3). O valor econômico incorpora tanto o custo quanto os geradores de receita. Os **geradores de custo** criam valor ao proporcionar economias, enquanto os **geradores de receita** agregam valor incremental ao facilitar a expansão da receita ou da margem.[16] Por exemplo, considere o valor que a Sonoco, uma fornecedora de embalagens, atribuiu à Lance, a fabricante de lanches. Uma melhoria envolveu o uso de filme para embalagem com pintura flexográfica em algumas das principais marcas da Lance.[17] Esses esforços reduziram

---

[14] Ibid., p. 40.
[15] James C. Anderson, James A. Narus e Wouter van Rossum, "Customer Value Propositions in Business Markets", *Harvard Business Review* 86 (março de 2006), p. 93.
[16] Gerald E. Smith e Thomas T. Nagle, "How Much Are Customers Willing to Pay?", *Marketing Research* 14 (inverno de 2002), p. 20-25.
[17] Maryanne Q. Hancock, Roland H. John e Philip J. Wojcik, "Better B2B Selling", *The McKinsey Quarterly* (junho de 2005), p. 1-8.

drasticamente os custos de embalagem da Lance (gerador de custo) e, ao acentuar o apelo dos produtos, geraram um crescimento nas vendas (gerador de receita).

Em segundo lugar, assim que o estrategista de marketing industrial houver identificado os geradores de valor mais importantes para os clientes, a atenção se volta para a quantificação do impacto do produto ou serviço da empresa sobre o modelo de negócio do cliente. Para ilustrar, uma empresa de equipamentos médicos desenvolveu um novo produto cirúrgico. Com base em entrevistas minuciosas com equipes cirúrgicas nos principais hospitais, a pesquisa de valor descobriu que esse produto poderia reduzir o tempo de um procedimento cirúrgico específico de 55 minutos para 40 minutos, liberando tempo precioso nas salas de operação com capacidade limitada.[18] Além de avaliar o valor do produto, o estudo também revelou formas pelas quais os procedimentos cirúrgicos poderiam ter uma programação mais apertada visando capturar o valor total potencial do novo produto.

Em terceiro lugar, o estrategista deverá comparar o produto ou serviço da empresa à próxima melhor alternativa, isolando aquelas características que são únicas e diferentes dos concorrentes. O produto apresenta pontos de diferenciação favoráveis que dão valor que um cliente não pode obter em outro lugar? Quanto valor cada uma dessas características cria para o cliente? Por fim, ao entender como os clientes realmente usam um produto ou serviço e realizam valor para o seu uso, o profissional de marketing industrial está idealmente equipado para fixar o preço e desenvolver uma estratégia responsiva de marketing.

Exemplo de Precificação Baseada no Valor[19]

A DataCare estava planejando introduzir um novo serviço de dados visando às unidades hospitalares de cuidados subagudos, onde os pacientes ficam por períodos mais longos de recuperação. Instigada por volumosos dados operacionais coletados de 300 hospitais por toda a América do Norte, a DataCare desenvolveu um software que permitiu que os administradores hospitalares realizassem análises comparativas com as instituições de primeira linha usando os dados. Ao assinar o serviço, os clientes poderiam lançar os seus dados operacionais no banco de dados operacional central da empresa e, em retorno, poderiam ter acesso às capacidades de análise e a consultas a especialistas entre os médicos de renome nacional que fundaram a empresa. Antes da introdução do serviço, os fundadores pediram aos consultores da Strategic Pricing Research que analisassem esta questão: "O mercado estaria disposto a pagar um preço de $ 2 mil por ano?"

Pesquisa de Valor. Além de medir a disposição para pagar, os consultores também calcularam o valor que os clientes da DataCare receberiam com o novo serviço. Primeiro, foram identificados diferentes segmentos de mercado e foi elaborado um guia de entrevista ao cliente: hospitais sem fins lucrativos, hospitais com fins lucrativos e cadeias de hospitais. Segundo, vários geradores de valor emergiram das entrevistas com o cliente: rotatividade de enfermeiros, violações da Administração Financeira de Assistência Médica (HCFA) (ou seja, uma agência de supervisão para o Medicare e o Medicaid), composto por pacientes e por índices de infecção. Terceiro, o impacto potencial do novo serviço da DataCare sobre cada um desses geradores de valor foi quantificado. Para ilustrar, o banco de dados indicou que as instituições de primeira linha possuíam índices de rotatividade de enfermeiros de 30%. Por sua vez, a análise revelou que um hospital incorre em um custo de $ 2.200 a $ 2.800 cada vez que um enfermeiro sai. Suponha que um hospital com uma equipe de enfermagem de 50 pessoas possua um índice de ro-

---

[18] Smith e Nagle, "How Much Are Customers Willing to Pay?", p. 23.
[19] Este exemplo é retirado de Smith e Nagle, "How Much Are Customers Willing to Pay?", p. 23.

FIGURA 14.3 | UMA ABORDAGEM PARA PRECIFICAÇÃO BASEADA NO VALOR

Definir os principais segmentos de mercado
↓
Isolar os geradores de valor mais significativos no negócio dos clientes
↓
Quantificar o impacto do seu produto ou serviço em cada gerador de valor no negócio dos clientes
↓
Avaliar o valor incremental criado pelo seu produto ou serviço, particularmente para aquelas características que são únicas e diferentes das ofertas dos concorrentes
↓
Desenvolver a estratégia de precificação e o plano de marketing

FONTE: Adaptado de Gerald E. Smith e Thomas T. Nagle, "How Much Are Customers Willing to Pay", *Marketing Research* 14 (inverno de 2002), p. 20-25.

tatividade de 44%. Uma redução no índice de rotatividade de enfermeiros no melhor nível seria de 14% × 50 × ($ 2.200 a $ 2.800), ou de $ 15.400 a $ 19.600. Depois de receber esse cálculo, foi perguntado ao cliente: isso parece certo?

Ao repetir esse processo para cada um dos geradores de valor, os consultores concluíram as entrevistas ao resumir o impacto potencial do novo serviço sobre cada um dos geradores de valor: $ 15.400 a $ 19 mil para a rotatividade de enfermeiros; $ 9 mil a $ 12 mil para índices mais baixos de infecção e $ 4 mil para poucas violações da HCFA.

Ao descrever as conclusões do estudo, Gerald E. Smith e Thomas T. Nagle observam:

> O preço que a DataCare propôs originalmente estava bem abaixo do valor estimado que o cliente receberia ao adotar o novo serviço e bem abaixo do preço aproximado que os clientes estariam dispostos a pagar caso estivessem totalmente informados sobre o valor do novo serviço. O estudo levou a uma revisão substancial na estratégia de precificação e no plano de marketing do novo serviço da DataCare.[20]

Como ilustrado no caso da DataCare, o estrategista de marketing industrial pode garantir uma vantagem competitiva ao dar ênfase a uma abordagem baseada no valor e ao desenvolver as ferramentas para documentar e comunicar os valores únicos que seus produtos e serviços criam para os clientes em cada segmento de mercado.[21]

---

[20] Ibid., p. 23.
[21] Werner Reinartz e Wolfgant Ulaga, "How to Sell Services More Profitability", *Harvard Business Review* 86 (maio de 2008), p. 91-96.

A Elasticidade Varia por Segmento de Mercado. A elasticidade-preço da demanda mede o grau pelo qual os clientes são sensíveis às mudanças nos preços. Mais especificamente, a **elasticidade-preço da demanda** refere-se à taxa da mudança percentual na quantidade demandada atribuível a uma mudança percentual no preço. A elasticidade-preço da demanda não é a mesma em todos os preços. Um profissional de marketing industrial que contempla uma mudança no preço deve entender a elasticidade da demanda. Por exemplo, a receita total (preço vezes quantidade) *aumenta* se o preço for diminuído e a demanda for elástica ao preço, enquanto a receita *cai* se o preço for diminuído e a demanda não for elástica ao preço. Muitos fatores influenciam a elasticidade-preço da demanda – a facilidade com que os clientes podem comparar alternativas e trocar de fornecedores, a importância do produto na estrutura de custo do produto do cliente e o valor que o produto representa para um cliente.

Clientes Satisfeitos São Menos Sensíveis ao Preço. Pesquisa recente demonstra que os clientes altamente satisfeitos são menos sensíveis aos preços, em comparação com aqueles que possuem um nível moderado de satisfação do cliente.[22] Essa relação é particularmente intensa nas decisões de compra que envolvem alto nível de complexidade de produto/serviço e alto grau de customização. Assim, uma sensibilidade reduzida ao preço do cliente representa uma compensação importante para um profissional de marketing industrial no desenvolvimento de uma solução customizada para o cliente.

Comportamento de Busca e Custos de Troca. A sensibilidade ao preço dos compradores aumenta – e a latitude de preços de uma empresa diminui – até o ponto em que

- Os compradores organizacionais podem pesquisar opções com facilidade e avaliar o desempenho relativo e o preço das alternativas. Os gerentes de compras em muitas empresas usam a tecnologia da informação para rastrear preços de fornecedores em uma base global.
- É fácil fazer comparações de preços para esse produto. Por exemplo, é mais fácil comparar fotocopiadoras alternativas do que comparar opções de equipamentos de fabricação especializada.
- Os compradores podem trocar de um fornecedor para outro sem incorrer em custos adicionais. Como destacado no Capítulo 4, os custos de troca baixos permitem que um comprador volte a atenção para a minimização do custo de uma transação específica.[23]

Uso Final. Importantes percepções podem ser obtidas na resposta a esta questão: quão importante é o produto do profissional de marketing industrial como um insumo para o custo total do produto final? Caso o produto do profissional de marketing industrial cause um efeito insignificante sobre o custo, a demanda deve ser inelástica. Considere este exemplo:

> Um fabricante de componentes eletrônicos de precisão estava ponderando sobre uma diminuição geral do preço para aumentar as vendas. Todavia, uma análise de itens da linha de produtos revelou que alguns de seus componentes de baixo volume possuíam aplicações exóticas. Um cliente técnico usava o componente em um aparelho de teste ultrassônico que foi vendido por $ 8 mil a unidade. Esse fato fez que o fabricante de produtos eletrônicos aumentasse o preço do item. Ironicamente, a empresa, então, vivenciou uma onda temporária de demanda para o item, à medida que os agentes de compras o estocavam prevendo aumentos futuros de preço.[24]

---

[22] Ruth Maria Stock, "Can Customer Satisfaction Decrease Price Sensitivity in Business-to-Business Marketing?", *Journal of Business-to-Business Marketing* 12 (3, 2005), p. 59-85.
[23] Dolan, "How Do You Know When the Price Is Right?", p. 178-179.
[24] Reed Moyer e Robert J. Boewadt, "The Pricing of Industrial Goods", *Business Horizons* 14 (junho de 1971), p. 27-34; ver também George Rostky, "Unveiling Market Segments with Technical Focus Research", *Business Marketing* 71 (outubro de 1986), p. 66-69.

É claro, o profissional de marketing deve ajustar essa estimativa ao analisar os custos, a disponibilidade e a adequação dos substitutos. Em geral, quando o produto industrial é um insumo importante, mas de baixo custo no produto final, o preço é menos importante que a qualidade e a confiabilidade da entrega. Quando, todavia, o insumo do produto representa uma parte maior do custo total do produto final, as mudanças no preço podem causar um efeito importante sobre a demanda, tanto do produto final quanto do insumo. Quando a demanda no mercado de bens de consumo final é elástica ao preço, uma redução no preço do item final (por exemplo, um computador pessoal) que é causada por uma redução no preço de um componente (por exemplo, um microprocessador) gera um aumento na demanda pelo produto final (computador pessoal) e, por sua vez, pelo produto industrial (microprocessador).

Foco no Mercado Final. Como a demanda por muitos produtos industriais é derivada da demanda pelo produto de que fazem parte, é necessário um sólido foco no usuário final. O profissional de marketing pode se beneficiar ao analisar as tendências e as transformações dos importantes mercados de bens de consumo finais. Diferentes setores do mercado crescem a taxas diferentes, defrontam-se com níveis distintos de concorrência e enfrentam diferentes desafios de curto e longo prazos. Um desaquecimento da economia não acontece igualmente em todos os setores. As decisões sobre preços demandam um foco de mercado de dois níveis – sobre os clientes organizacionais e sobre os clientes do produto final. Assim, os profissionais de marketing industrial terão mais sucesso ao aumentar os preços para os clientes que estão prosperando do que para os clientes que estão sobrecarregados.

Segmentação Baseada no Valor. O valor que os clientes atribuem à oferta de uma empresa pode variar por segmento de mercado, pois o mesmo produto industrial pode servir a diversos fins para diferentes clientes. Isso ressalta o papel importante da segmentação de mercado nas estratégias de precificação. Veja a Sealed Air Corporation, a fornecedora inovadora de embalagens de proteção, incluindo bolhas de ar revestidas.[25] A empresa reconheceu que, para algumas aplicações, havia disponibilidade imediata de substitutos. Mas para outras aplicações, a Sealed Air tinha uma enorme vantagem – por exemplo, seus materiais para embalagem ofereciam almofadas superiores para itens pesados com longos ciclos de embarque. Ao identificar aquelas aplicações em que a empresa tinha uma vantagem clara e ao entender o diferencial único de valor em cada cenário, os gerentes de marketing estavam perfeitamente equipados para lidar com a expansão da linha de produtos e com as decisões sobre preços e para disparar o crescimento notável da receita da Sealed Air por praticamente duas décadas.

Determinantes do Custo

Os profissionais de marketing industrial adotam, em geral, uma sólida orientação interna; baseiam os preços nos seus próprios custos, alcançando o preço de venda ao calcular os custos unitários e adicionar o lucro percentual. Uma filosofia rigorosa de preço de custo mais uma taxa determinada examina as percepções de valor do cliente, a competição e a interação entre volume e lucro. Muitas empresas progressistas, como a Canon, a Toyota e a Hewlett-Packard (HP), usam o custo-alvo para capturar uma vantagem competitiva significativa.

Custo-Alvo.[26] O **custo-alvo** realça uma filosofia de orientação para o custo que tem início ao se analisarem as condições do mercado: a empresa identifica e focaliza os segmentos de mercado mais atrativos.

---
[25] Dolan, "How Do You Know When the Price Is Right?", p. 176-177.
[26] Esta seção é baseada em Robin Cooper e Regine Slagmulder, "Develop Profitable New Products with Target Costing", *Sloan Management Review* 40 (verão de 1999), p. 23-33.

Determina, então, o nível de qualidade e os tipos de atributos do produto que são necessários para o sucesso em cada segmento, dado um preço-alvo predeterminado e um nível de volume. De acordo com Robin Cooper e Regine Slagmulder, para ver o preço-alvo, o profissional de marketing industrial precisa entender a percepção de valor do cliente: "Uma empresa pode aumentar os preços de venda somente quando o valor percebido do novo produto for superior não apenas àquele do antecessor do produto, mas também àquele dos produtos concorrentes".[27]

Uma vez estabelecidos o preço-alvo de venda e as margens-alvo de lucro, a empresa calcula o custo admissível. O desafio estratégico da redução do custo isola a defasagem no lucro que ocorre quando os projetistas do produto não são capazes de conseguir o custo admissível. O valor de distinguir o custo admissível do custo-alvo está na pressão que isso exerce sobre a equipe de desenvolvimento do produto e os fornecedores da empresa. Para transmitir a pressão do custo competitivo que *ele* significa para os seus fornecedores, a empresa, então, distribui o preço-alvo de um novo produto em uma cascata de custos-alvo para cada componente ou função. Por exemplo, as funções mais importantes de um automóvel incluem o motor, a transmissão, o sistema de refrigeração e o sistema de áudio.

Ferramenta de Gerenciamento do Lucro. A Toyota usou o custo-alvo para reduzir o preço de seu modelo Camry recentemente modificado e o fez enquanto oferecia, como equipamentos padrão, certos dispositivos que eram opções caras no modelo substituído. Da mesma forma, a Canon usou o custo-alvo para desenvolver a sua copiadora pessoal revolucionária que transformou o setor de fotocopiadoras.[28] Em vez de uma técnica de controle do custo, os gerentes japoneses que eram os pioneiros na abordagem viram o custo-alvo como uma ferramenta de gerenciamento do lucro. Como Robin Cooper e W. Bruce Chew afirmam: "A tarefa é calcular os custos que não devem ser superados caso as margens aceitáveis de produtos específicos em níveis específicos de preço devam ser garantidas".[29]

Classificação de Custos.[30] A abordagem de custo-alvo salienta o motivo pelo qual o profissional de marketing deve saber quais custos são relevantes para a decisão sobre preços e como esses custos flutuam de acordo com o volume e ao longo do tempo; eles devem ser levados em conta com relação à demanda, à competição e aos objetivos da precificação. Os custos do produto são cruciais na projeção da lucratividade de cada produto, assim como de toda a linha de produtos. A classificação apropriada dos custos é essencial.

As metas de um sistema de classificação de custos são (1) classificar de modo adequado os dados de custo em seus componentes fixos e variáveis e (2) vinculá-los adequadamente à atividade geradora. O gerente pode, então, analisar os efeitos do volume e, mais importante, identificar as fontes de lucro. Os seguintes conceitos de custo são fundamentais na análise:

1. **Custos diretos rastreáveis ou atribuíveis**: Os custos, fixos ou variáveis, são incorridos por, e somente por, um produto, cliente ou território de vendas específico (por exemplo, matérias-primas).
2. **Custos indiretos rastreáveis**: Os custos, fixos ou variáveis, podem ser rastreados até um produto, cliente ou território de vendas (por exemplo, as despesas indiretas gerais da fábrica podem ser atribuídas indiretamente a um produto).

---

[27] Ibid., p. 26.
[28] Jean-Phillippe Deschamps e P. Ranganath Nayak, *Product Juggernauts: How Companies Mobilize to Generate a Stream of Market Winners* (Boston: Harvard Business School Press, 1995), p. 119-149.
[29] Robin Cooper e W. Bruce Chew, "Control Tomorrow's Costs through Today's Designs", *Harvard Business Review* 74 (janeiro-fevereiro de 1996), p. 88-97.
[30] Kent B. Monroe, *Pricing: Making Profitable Decisions* (Nova York: McGraw-Hill, 1979), p. 52-57; ver também Nagle, *The Strategy and Tactics of Pricing*, p. 14-43.

3. **Custos gerais**: Os custos sustentam uma série de atividades que não podem ser atribuídas de modo objetivo a um produto, com base em um relacionamento físico direto (por exemplo, os custos administrativos de um distrito de vendas).

Os custos gerais raramente mudam porque um item é adicionado ou retirado da linha de produtos. Os custos de marketing, produção e distribuição devem ser todos classificados. Ao desenvolver uma nova linha ou quando se retira ou adiciona um item a uma linha existente, o profissional de marketing deve compreender as implicações de custo:

- Que proporção do custo do produto está relacionada a compras de matérias-primas e componentes dos fornecedores?
- Como os custos variam nos diferentes níveis da produção?
- Com base na previsão do nível de demanda, pode se esperar economias de escala?
- Sua empresa desfruta de vantagens de custo com relação aos concorrentes?
- Como o "efeito da experiência" causa impacto nas projeções de custo?

Competição

A competição estabelece um limite superior sobre o preço. O grau de latitude de uma indústria na precificação depende grandemente de como os compradores organizacionais percebem o nível de diferenciação do produto. O preço é apenas um componente da equação custo/benefício; o profissional de marketing pode ganhar uma vantagem diferencial sobre os concorrentes em muitas dimensões que não sejam as características físicas do produto – reputação, perícia técnica, confiabilidade da entrega e fatores relacionados. Regis McKenna afirma: "Mesmo quando uma empresa fabrica produtos de *commodity*, ela pode diferenciar os produtos por meio do serviço e do suporte que oferece ou por marketing-alvo. Pode deixar a sua mentalidade de *commodity* na fábrica e trazer a mentalidade de diversidade para o mercado".[31] Além de avaliar o grau de diferenciação do produto nos vários segmentos de mercado, deve-se perguntar como os concorrentes responderão a decisões específicas de preço.

Rivalidades Hipercompetitivas. Alguns especialistas em estratégia enfatizam que os padrões tradicionais de competição em ambientes estáveis estão sendo substituídos por rivalidades hipercompetitivas em um ambiente sob rápida mudança.[32] Em um ambiente estável, uma empresa poderia criar uma estratégia bastante rígida projetada para acomodar as condições de longo prazo. A estratégia da empresa estava voltada para a sustentação de sua própria vantagem estratégica e para o estabelecimento do equilíbrio onde empresas menos dominantes aceitaram um lugar secundário.

Nos ambientes hipercompetitivos, as empresas de sucesso adotam estratégias que criam vantagem temporária e destroem as vantagens dos rivais ao romper constantemente o equilíbrio do mercado. Por exemplo, a Intel continuamente rompe o equilíbrio do setor industrial de microprocessadores, e a Hewlett-Packard incita o negócio de impressoras para computador por sua pressão consistente visando baixar os níveis de preço. Mais ainda, a internet dá aos clientes acesso em tempo real a uma gama de informações que impelem a redução de preços de muitos produtos. As empresas de ponta nos ambientes hipercompetitivos buscam constantemente novas fontes de vantagem, incrementando ainda mais a competição e contribuindo para a hipercompetição.

---

[31] Regis McKenna, *Relationship Marketing* (Reading, MA: Addison-Wesley, 1991), p. 178-179.
[32] D'Aveni, *Hypercompetitive Rivalries*, p. 149-170.

Leve em consideração as rivalidades hipercompetitivas nos mercados de alta tecnologia. As empresas que mantêm a qualidade e que são as primeiras a atingir o próximo nível de preço estratégico mais baixo desfrutam de uma explosão de volume e uma expansão da participação no mercado. Por exemplo, a Hewlett-Packard vem adotando de modo implacável o próximo nível de preço mais baixo em seu setor de impressoras, mesmo à medida que canibaliza as próprias vendas e margens.[33]

Estimando a Resposta Competitiva. Para predizer a resposta dos concorrentes, o profissional de marketing pode, primeiro, se beneficiar ao analisar a estrutura de custo e a estratégia tanto dos concorrentes diretos quanto dos produtores de substitutos potenciais. O profissional de marketing pode contar com declarações e registros públicos (por exemplo, relatórios anuais) para formar estimativas aproximadas.

Os concorrentes que ascenderam na curva de aprendizagem podem ter custos mais baixos do que aqueles que acabam de entrar no setor e começam a crescer. Uma estimativa da estrutura de custo é valiosa quando se mede quão bem os concorrentes podem responder às reduções de preço e quando se projeta o padrão dos preços no futuro.

Sob determinadas condições, todavia, os seguidores em um mercado podem se defrontar com custos iniciais mais baixos do que acontecia com o pioneiro. Por quê? Alguns dos motivos estão destacados na Tabela 14.2. Ao deixar de reconhecer as vantagens de custo potenciais dos últimos entrantes, o profissional de marketing industrial pode exagerar drasticamente as diferenças de custo.

A estratégia de mercado que os vendedores concorrentes usam também é importante aqui. Os concorrentes são mais sensíveis às reduções de preço que ameaçam aqueles segmentos de mercado que consideram importantes. Aprendem sobre reduções de preço muito cedo, quando os seus segmentos de mercado se sobrepõem. É claro, os concorrentes podem escolher não seguir uma diminuição no preço, especialmente se os seus produtos desfrutam de uma posição diferenciada. Em vez de igualar os cortes nos preços dos concorrentes, uma empresa de aço bem-sucedida reage ao desafio da concorrência ao oferecer produtos customizados e assistência técnica para os seus clientes.[34] Mais à frente, neste capítulo, é dada atenção especial a esta questão: como você deverá responder a ataques de preço dos concorrentes?

O gerente exige um conjunto de objetivos, demanda, custo, competição e fatores legais (discutidos adiante) para abordar a decisão de preço multidimensional. A fixação do preço não é um ato, mas um processo em andamento.

Precificação pelo Ciclo de Vida do Produto

Que preço deverá ser atribuído a um produto ou serviço industrial bem novo? Quando um item é adicionado a uma linha de produtos existente, como deverá ser precificado com relação aos produtos já existentes na linha?

Precificação de Novos Produtos

A decisão estratégica de precificação de novos produtos pode ser mais bem compreendida analisando-se as políticas nos limites do *continuum* – desde o **desnatamento** (preço inicial alto) até a **penetração** (preço

---

[33] Geoffrey A. Moore, *Inside the Tornado: Marketing Strategies from Silicon Valley's Cutting Edge* (Nova York: HarperCollins, 1995), p. 84-85.
[34] Arun Sharma, R. Krishnan e Dhruv Grewal, "Value Creation in Markets: A Critical Area of Focus for Business-to-Business Markets", *Industrial Marketing Management* 30 (junho de 2001), p. 397-398.

TABELA 14.2 | QUESTÕES SELECIONADAS DE COMPARAÇÃO DE CUSTO: SEGUIDORES *VERSUS* PIONEIRO

Tecnologia/economias de escala	Os seguidores podem se beneficiar ao usar tecnologia de produção mais atual do que o pioneiro ou ao construir uma fábrica com uma escala maior de operações.
Conhecimento do produto/mercado	Os seguidores podem aprender com os erros do pioneiro, ao analisar o produto da concorrência, contratar pessoal-chave ou identificar, pela pesquisa de mercado, os problemas e as expectativas não alcançadas de clientes e membros do canal.
Experiência compartilhada	Em comparação com o pioneiro, os seguidores podem ser capazes de ganhar vantagens sobre certos elementos de custo, ao compartilhar as operações com outras partes da empresa.
Experiência dos fornecedores	Os seguidores, juntamente com o pioneiro, beneficiam-se das reduções de custo obtidas por fornecedores externos de componentes ou equipamentos de produção.

FONTE: Adaptado de George S. Day e David B. Montgomery, "Diagnosing the Experience Curve", *Journal of Marketing* 47 (primavera de 1983), p. 48-49.

inicial baixo). Leve novamente em conta as estratégias de precificação da DuPont e da Dow Chemical. Enquanto a DuPont atribui um preço inicial alto aos novos produtos para gerar lucros imediatos ou para recuperar os gastos em P&D, a Dow segue uma estratégia de baixo custo com o objetivo de ganhar participação no mercado.

Ao avaliar os méritos do desnatamento em comparação com a penetração, o profissional de marketing deve novamente analisar o preço da perspectiva do comprador. Essa abordagem, afirma Joel Dean, "reconhece que o limite superior é o preço que produzirá a taxa de retorno mínima aceitável sobre o investimento de um número significativamente grande de prospects".[35] Isso é particularmente importante na precificação de novos produtos, porque os lucros potenciais para os compradores de uma nova ferramenta de máquina, por exemplo, vão variar por segmento de mercado, e esses segmentos de mercado podem diferir quanto à taxa de retorno mínima que os induzirá a investir em máquina-ferramenta.

Desnatamento. Uma abordagem de desnatamento, apropriada para um produto bastante distinto, dá uma oportunidade para alcançar com lucro os segmentos de mercado que não são sensíveis ao preço inicial alto. À medida que um produto envelhece, que os concorrentes entram no mercado e que os compradores organizacionais ficam acostumados a avaliar e comprar o produto, a demanda torna-se mais elástica com relação ao preço. Joel Dean refere-se à política de desnatamento como o início, seguida da precificação por penetração à medida que o produto amadurece, como **segmentação do preço**.[36] O desnatamento permite que o profissional de marketing obtenha lucros antecipados e, então, reduza o preço para alcançar segmentos mais sensíveis ao preço. Também permite que o inovador recupere os altos custos de desenvolvimento mais rapidamente.

---

[35] Joel Dean, "Pricing Policies for New Products", *Harvard Business Review* 54 (novembro-dezembro de 1976), p. 151.
[36] Ibid., p. 152.

Robert Dolan e Abel Jeuland demonstram que, durante o período monopolista da empresa inovadora, o desnatamento é ótimo, caso a curva de demanda esteja estável ao longo do tempo (sem difusão) e caso os custos de produção diminuam com o volume acumulado. Uma política de penetração é ótima, caso exista uma taxa relativamente alta de compra repetida de bens não duráveis ou caso a demanda de um bem durável seja caracterizada pela difusão.[37]

Penetração. Uma política de penetração é apropriada quando existe (1) alta elasticidade-preço da demanda, (2) grande ameaça de concorrência iminente e (3) oportunidade de uma redução significativa nos custos de produção à medida que aumenta o volume. Contando com o efeito da experiência, uma empresa que pode rapidamente ganhar participação significativa no mercado e experiência pode conquistar uma vantagem estratégica sobre os concorrentes. A viabilidade dessa estratégia aumenta com o tamanho potencial do mercado futuro. Ao tomar uma grande parte das novas vendas, uma empresa pode ganhar experiência quando a taxa de crescimento do mercado é grande. É claro, o valor da participação adicional no mercado difere bastante entre setores e, em geral, entre produtos, mercados e concorrentes em um setor.[38] Os fatores a serem avaliados na determinação do valor da participação adicional no mercado incluem exigências de investimento, vantagens potenciais da experiência, tendências de mercado esperadas, reação provável da concorrência e implicações de lucro de curto e longo prazos.

Considerações sobre a Linha de Produtos. A indústria contemporânea com uma grande linha de produtos se depara com o problema complexo de equilibrar os preços no composto do produto. As empresas ampliam as suas linhas de produtos porque as demandas por vários produtos são interdependentes, porque os custos de produção e de marketing daqueles itens são interdependentes, ou ambos.[39] Uma empresa pode fazer acréscimos à sua linha de produtos – ou até desenvolver uma nova linha de produtos – para se adequar melhor às necessidades de um segmento de mercado específico. Se tanto a demanda quanto os custos de cada um dos itens da linha de produtos estão inter-relacionados, as decisões de produção e de marketing sobre um item influenciam inevitavelmente tanto as receitas quanto os custos dos outros.

Os itens específicos da linha de produtos são substitutos ou complementos? Mudar o preço de um item melhorará ou retardará a taxa de uso deste e de outros produtos nos principais segmentos de mercado? Um novo produto deverá ter preço alto no início para proteger os outros itens da linha de produtos (por exemplo, substitutos potenciais) e dar à empresa tempo para renovar os outros itens da linha? Essas decisões exigem conhecimento da demanda, dos custos, da concorrência e dos objetivos estratégicos de marketing.

Considerações Legais

Como o profissional de marketing industrial lida com várias classificações de clientes e intermediários, assim como com inúmeros tipos de descontos (por exemplo, descontos na quantidade), é de vital impor-

---

[37] Robert J. Dolan e Abel P. Jeuland, "Experience Curves and Dynamic Demand Models: Implications for Optimal Pricing Strategies", *Journal of Marketing* 45 (inverno de 1981), p. 52-62; ver também Paul Ingenbleek, Marion Debruyne, Rudd T. Frambach e Theo M. Verhallen, "Successful New Product Pricing Practices: A Contingency Approach", *Marketing Letters* 14 (dezembro de 2004), p. 289-304.

[38] Robert Jacobson e David A. Aaker, "Is Market Share All that It's Cracked Up to Be?", *Journal of Marketing* 49 (outono de 1985), p. 11-22; e Yoram Wind e Vijay Mahajan, "Market Share: Concepts, Findings, and Directions for Future Research", em *Review of Marketing 1981*, Ben M. Enis e Kenneth J. Roering, eds. (Chicago: American Marketing Association, 1981), p. 31-42.

[39] Monroe, *Pricing*, p. 143; ver também Robert J. Dolan, "The Same Make, Many Models Problem: Managing the Product Line", em *A Strategic Approach to Business Marketing*, Robert E. Spekman e David T. Wilson, eds. (Chicago: American Marketing Association, 1985), p. 151-159.

POR DENTRO DO MARKETING INDUSTRIAL

Entendendo o Valor Econômico dos Novos Produtos

A medição do valor econômico que um produto entrega aos diferentes segmentos de mercado é um ingrediente essencial no lançamento de novos produtos de sucesso. Como os clientes compararão a oferta de um novo produto à próxima melhor alternativa, o estrategista de marketing também deve entender o valor entregue pelos concorrentes. Os especialistas sugerem que a forma mais eficiente de se determinar o valor de um novo produto é por meio de levantamentos em profundidade. Aqui, é dada maior atenção à aprendizagem de como o produto de uma empresa afeta o negócio do cliente ao reduzir os custos e/ou aumentar a receita. Os resultados fornecem uma base importante para a precificação eficaz e para as estratégias de vendas responsivas. Por exemplo, depois de revelar o valor de um novo software, a empresa, que planejava um preço de $ 99, decidiu que o preço certo era $ 349. As vendas superaram as expectativas.

FONTE: John Hogan e Tom Lucke, "Driving Growth with New Products: Common Pricing Traps to Avoid", *Journal of Business Strategy* 27 (1, 2006), p. 54-58.

tância haver uma conscientização das considerações legais sobre a administração do preço. A **Lei Robinson-Patman** dita que é ilícito "discriminar no preço entre diferentes compradores de *commodities* do mesmo grau e qualidade [...] quando o efeito de tal discriminação pode encolher de modo significativo a concorrência ou tender a criar um monopólio, ou prejudicar, destruir ou impedir a concorrência [...]". Os diferenciais de preço são permitidos, mas devem estar baseados nas diferenças de custo ou na necessidade de "alcançar a concorrência".[40] Os diferenciais de custo são difíceis de justificar, e são necessários procedimentos e políticas claramente definidos em administração de preço. Essas diretrizes de justificação do custo são úteis não somente ao tomar decisões de preço, mas também ao fornecer uma defesa legal contra os encargos de discriminação de preços.

Respondendo a Ataques de Preço pela Concorrência[41]

Em vez de dar ênfase ao preço mais baixo, a maioria dos profissionais de marketing industrial prefere competir ao fornecer valor superior. Todavia, pelos setores, os gerentes de marketing se deparam com uma pressão constante dos concorrentes, que estão dispostos a usar as concessões de preço para ganhar participação no mercado ou entrar em um segmento de mercado lucrativo. Ao serem desafiados por um concorrente agressivo, muitos gerentes logo querem responder e equiparar o corte no preço. No entanto, como as guerras de preço podem ser bem onerosas, os especialistas sugerem um processo mais sistemático que leva em conta as consequências estratégicas de longo prazo em comparação com as vantagens de curto prazo da decisão de compra. Os gerentes nunca deverão fixar o preço apenas para atender a

---
[40] Para uma discussão abrangente sobre a Lei Robinson-Patman, ver Monroe, *Pricing*, p. 249-267; ver também James J. Ritterskamp Jr. e William A. Hancock, "Legal Aspects of Purchasing", em *The Purchasing Handbook*, Harold E. Fearon, Donald W. Dobler e Kenneth H. Killen, eds. (Nova York: McGraw-Hill, 1993), p. 529-544.
[41] Esta seção é baseada em George E. Cressman Jr. e Thomas T. Nagle, "How to Manage an Aggressive Competitor", *Business Horizons* 45 (março-abril de 2002), p. 23-30.

alguma meta imediata de venda, mas, sim, para melhorar as metas de longo prazo do projeto. George E. Cressman Jr. e Thomas T. Nagle, consultores da Strategic Pricing Group, Inc., observam: "A precificação é como jogar xadrez; os jogadores que não preveem alguns poucos movimentos adiante serão sempre vencidos por aqueles que o fazem".[42]

Avaliando uma Ameaça Competitiva

A Figura 14.4 fornece uma estrutura sistemática para o desenvolvimento de uma estratégia quando um ou mais concorrentes anunciaram cortes nos preços ou introduziram novos produtos que oferecem mais valor a pelo menos alguns de seus clientes. Para determinar se é preciso reduzir o preço para atender a um desafio da concorrência, quatro importantes questões deverão ser abordadas.

1. *Existe uma resposta que custaria menos do que a perda previsível de vendas?* (Ver o centro da Figura 14.4.) Antes de responder a uma redução de preço da concorrência, o estrategista de marketing deverá perguntar: as vantagens justificam os custos? Se a resposta a uma mudança no preço for menos dispendiosa do que perder vendas, uma mudança no preço pode ser a decisão apropriada. Por outro lado, se o concorrente ameaça apenas uma pequena parcela das vendas esperadas, a perda da receita de se ignorar a ameaça pode ser bem mais baixa do que os custos da retaliação. Sem dúvida, quando a ameaça está voltada para um pequeno segmento de clientes, o custo da redução dos preços para *todos* os clientes visando evitar uma perda pequena deve ser, provavelmente, uma despesa proibitiva.

   Caso seja necessária uma resposta no preço, o estrategista deverá focalizar a retaliação competitiva da empresa para as ações mais rentáveis. O custo de retaliação a uma ameaça de preço pode ser reduzido ao se incorporar um ou mais dos seguintes elementos na ação de precificação:

   - Centralizar os cortes reativos no preço apenas naqueles clientes que devem ser atraídos pela oferta do concorrente (por exemplo, em vez de cortar o preço de seu chip Pentium mais importante, a Intel ofereceu o chip Cerrus de preço mais baixo para o segmento de mercado consciente quanto ao preço).
   - Centralizar os cortes reativos no preço em uma região geográfica, canal de distribuição ou linha de produtos específicos, em que o concorrente tem mais a perder com uma redução no preço (por exemplo, a Kodak deverá responder a um desafio da Fuji com promoções de preço no Japão, onde a Fuji desfruta de margens mais atrativas e de uma participação no mercado maior).
   - Capitalizar quaisquer vantagens competitivas para aumentar o valor de sua oferta como a alternativa para a equiparação do preço (por exemplo, uma empresa que possui produtos de qualidade superior pode responder ao oferecer um período de garantia mais longo aos clientes).

2. *Caso responda, o concorrente está disposto e é capaz de simplesmente reduzir o preço de novo para recuperar a diferença de preço?* A equiparação a um corte no preço será ineficaz se o concorrente apenas restabelecer o diferencial com uma nova redução de preço. De acordo com Cressman e Nagle, para determinar o curso adequado, o estrategista deverá tentar entender o motivo pelo qual o concorrente escolheu competir no preço em primeiro lugar: "Se o concorrente possui pequena participação no mercado com relação à participação que poderia ganhar com uma vantagem

---
[42] Ibid., p. 24.

FIGURA 14.4 | AVALIANDO UMA AMEAÇA COMPETITIVA

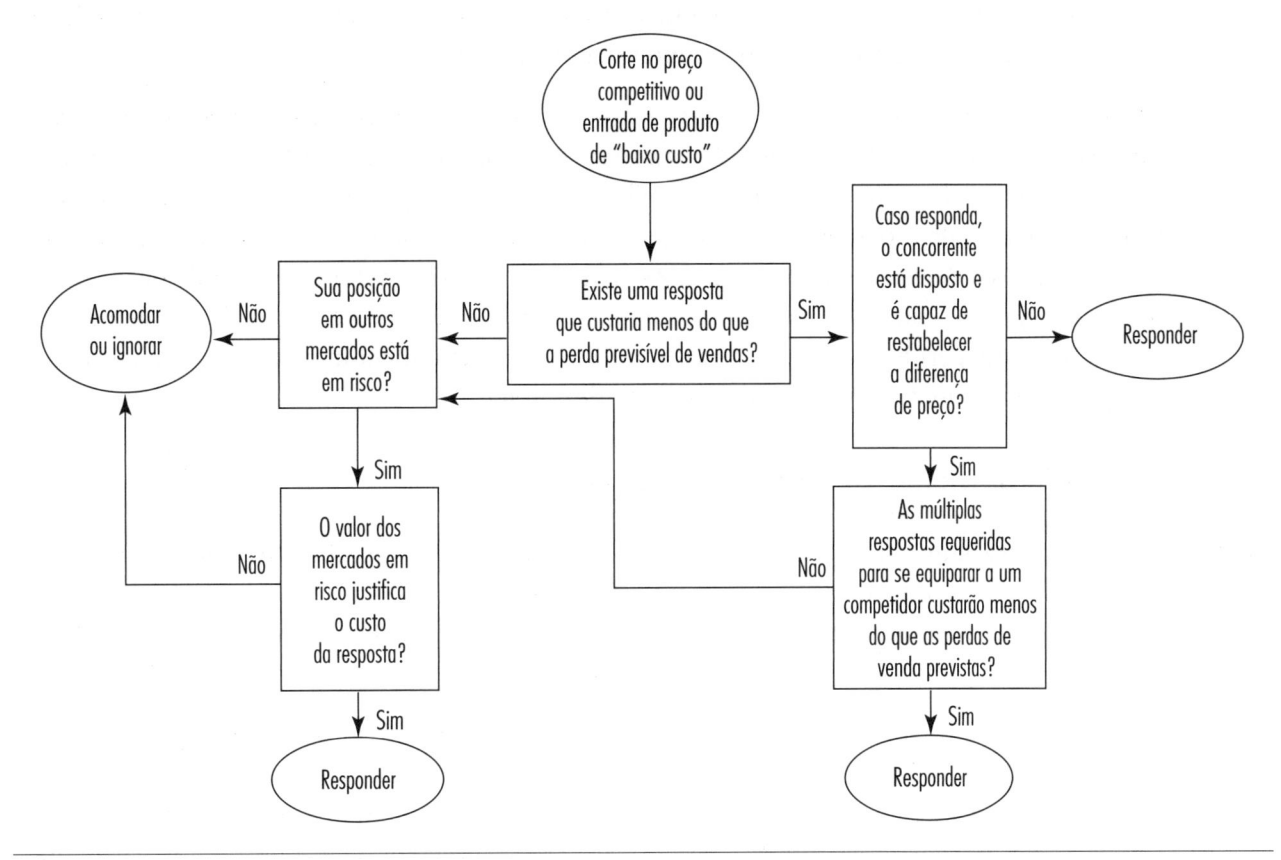

FONTE: Reproduzido de George E. Cressman Jr. e Thomas T. Nagle, "How to Manage an Aggressive Competitor", *Business Horizons* 45 (março-abril de 2002), p. 25. Copyright © 2002, com permissão da Elsevier.

de preço, e não possui outro modo de atrair os clientes, então há pouco a perder ao baixar os preços tanto quanto necessário para ganhar vendas".[43] Isso é especialmente verdadeiro quando os concorrentes tiverem feito grandes investimentos em áreas como P&D que representam basicamente os custos irrecuperáveis. Nessas condições, a acomodação – perda de participação no mercado – é menos dispendiosa do que enfrentar uma guerra de preços.

3. *As múltiplas respostas que podem ser necessárias para se equiparar ao preço de um concorrente ainda custam menos do que as perdas evitáveis das vendas?* Raramente uma única resposta é suficiente para interromper as mudanças no preço por concorrentes que estão lutando para estabelecer uma posição no mercado. A competição nos preços é particularmente possível em setores em que a entrada requer um investimento significativo na capacidade de fabricação fixa. Em vez de uma capacidade de fabricação ociosa, um concorrente pode estar disposto a adotar as vendas de modo agressivo que trariam, pelo menos, alguma contribuição para cobrir os custos fixos. Caso os concorrentes estejam dando continuidade aos cortes nos preços, a melhor estratégia para a defesa é:

- Permitir que o concorrente ganhe onde causar menos dano à lucratividade, como em segmentos do cliente mais sensíveis ao preço e de margem mais baixa (por exemplo, contratos com o governo).

---

[43] Ibid., p. 27.

- Criar barreiras que tornem mais difícil para os concorrentes alcançar segmentos do cliente menos sensíveis ao preço e mais lucrativos (por exemplo, construir custos de troca ao desenvolver soluções singulares para os clientes mais valiosos).

4. *Sua posição nos outros mercados (de produtos ou geográficos) está em risco se o concorrente aumentar a participação no mercado? O valor de todos os mercados que estão em risco justifica o custo da resposta da estratégia?* Antes de responder com uma redução no preço, o profissional de marketing industrial deve definir de modo claro as vantagens estratégicas de longo prazo, assim como os riscos de uma resposta de estratégia específica. As vantagens deverão incluir vendas adicionais em um mercado específico no futuro, ou ganhos imediatos sobre vendas de produtos complementares (como software, periféricos e serviços associados à venda de um computador), ou um custo mais baixo de vendas futuras resultante do aumento de volume.

Entendendo as Regras da Estratégia Competitiva

Lidar de modo eficiente com um concorrente agressivo exige mais do que uma disposição para lutar – exige uma estratégia competitiva e um entendimento de quando a resposta apropriada ao corte no preço de um concorrente deve ser ignorada, acomodada ou retaliada. George E. Cressman e Thomas T. Nagle oferecem estas diretrizes para o desenvolvimento da estratégia competitiva:

- Nunca participar de um compromisso competitivo que não pode vencer. Lutar aquelas batalhas em que possui força competitiva, e evitar aquelas em que está em clara desvantagem.
- Sempre participar de compromissos competitivos em uma posição de vantagem. Não lutar pelas regras dos concorrentes (que são escolhidas para a vantagem deles); usar o que é vantajoso para você.[44]

Concorrência Pública

Um volume significativo de comércio industrial é transacionado por meio de concorrência pública. Em vez de contar com uma lista específica de preço, o profissional de marketing industrial deve desenvolver um preço, ou uma proposta, para atender às exigências específicas de produto ou serviço de um cliente.

O governo e outros órgãos públicos compram quase exclusivamente por meio de concorrência pública. A concorrência pública no setor privado está centralizada em dois tipos de compras. Um deles é o dos materiais não padronizados, produtos de fabricação complexa em que os métodos de design e fabricação variam, e produtos fabricados conforme as especificações do comprador. Esses tipos de itens não possuem um nível de mercado geralmente estabelecido. As concorrências públicas permitem que o comprador avalie a adequação dos preços.[45] Em segundo lugar, muitas empresas estão usando leilões reversos, em que vários vendedores apresentam propostas para um pedido de um único comprador (ver Capítulo 2). A GE, por exemplo, usa os leilões reversos para comprar materiais diretos (por exemplo, peças componentes padronizadas) ou indiretos (por exemplo, itens de manutenção, material de escritório),

---

[44] Ibid., p. 30.
[45] Stuart St. P. Slatter, "Strategic Marketing Variables under Conditions of Competitive Bidding", *Strategic Management Journal* 11 (maio-junho de 1990), p. 309-317; ver também Arthur H. Mendel e Roger Poueymirou, "Pricing", em *The Purchasing Handbook*, Harold E. Fearon, Donald W. Dobler e Kenneth H. Killen, eds. (Nova York: McGraw-Hill, 1993), p. 201-227.

realizando cerca de um terço de seus gastos totais de compras nesse modelo. Tipicamente, os leilões reversos são mais adequados para categorias de produto que os compradores veem como *commodities*.[46] A concorrência pública pode ser com preço fechado ou por leilão público.

Ofertas com Preço Fechado

As **ofertas com preço fechado**, comumente usadas por compradores industriais e do governo, envolvem um convite formal aos fornecedores potenciais para que submetam, por escrito, propostas lacradas. Todas as propostas são abertas e revisadas ao mesmo tempo, e o contrato é, em geral, concedido para a proposta mais baixa que atenda às especificações desejadas. O proponente que apresenta uma proposta mais baixa não tem garantia quanto ao contrato – os compradores, normalmente, fazem concessões quanto ao proponente responsável pela proposta mais baixa; a possibilidade de usar fornecedores alternativos permanece parte do processo de licitação.

Formato de Oferta Lacrada On-line. Existe também um formato de oferta lacrada on-line usado para os leilões on-line. O termo *lacrada* significa que apenas um fornecedor e o comprador têm acesso aos detalhes da proposta. De acordo com Sandy Jap:

> O processo de licitação é assíncrono, no sentido de que o comprador e o fornecedor se revezam vendo a proposta. O comprador dá entrada, eletronicamente, na RFP (solicitação de proposta), o fornecedor submete uma proposta e o comprador vê a proposta submetida. O comprador, então, toma uma decisão depois de ver todas as propostas ou, se estiverem envolvidas muitas rodadas de licitação, pode responder ao fornecedor, que aí submete novamente uma nova proposta.[47]

Leilão Público

O **leilão público** é mais informal e permite que os fornecedores façam ofertas (verbais ou por escrito) até determinada data. O comprador pode deliberar com vários fornecedores por todo o processo de licitação. O leilão público pode ser particularmente apropriado quando é difícil definir de modo rígido as exigências específicas ou quando os produtos e serviços dos fornecedores concorrentes variam de modo significativo.

Em algumas situações de compra, os preços podem ser negociados. Exigências técnicas complexas ou especificações incertas de produto podem levar as organizações compradoras a primeiro avaliar as capacidades das empresas concorrentes e, então, negociar o preço e a forma da oferta do produto ou serviço. O preço negociado é adequado para aquisição tanto nos setores comerciais quanto do governo do mercado industrial (ver Capítulo 2).

Formato de Leilão Público On-line. Quando conduzido on-line, o leilão público toma uma forma diferente. Neste caso, os fornecedores são convidados a apresentar propostas ao mesmo tempo, durante um período designado por contrato. Em oposição ao formato de oferta lacrada on-line, todos os fornecedores e o comprador veem as propostas ao mesmo tempo. A meta, claro, é baixar o preço. Sandy Jap, que conduziu uma extensa pesquisa sobre leilões reversos, argumenta que o formato de leilão público, quando usado regularmente, pode prejudicar os relacionamentos entre comprador e vendedor:

---

[46] Ver, como exemplo, C. M. Sashi e Bay O'Leary, "The Role of Internet Auctions in the Expansion of B2B Markets", *Industrial Marketing Management* 31 (fevereiro de 2002), p. 103-110.
[47] Sandy D. Jap, "Online Reverse Auctions: Issues, Themes, and Prospects for the Future", *Journal of the Academy of Marketing Science* 30 (outono de 2002), p. 507.

Esse dano ocorre porque os formatos de leilão público revelam informações sobre preço para a concorrência, o que desgasta o poder de barganha do fornecedor. Os formatos de leilão público também colocam um foco mais explícito sobre o preço, uma variável de curto prazo que é, em geral, o foco de trocas orientadas da transação, em vez de trocas relacionais. Quando os compradores usam um formato de leilão público no meio de um contexto em que as trocas relacionais são enfatizadas, enviam uma mensagem contraditória aos fornecedores e podem fomentar a desconfiança.[48]

Pesquisa recente sobre o uso de leilões reversos on-line sugere que, quanto maior o número de proponentes, quanto maiores as participações econômicas e quanto menos visível o preço em um leilão, mais positivo é o impacto sobre o relacionamento comprador-vendedor.[49] Todavia, grandes quedas de preço no curso do evento causam um efeito danoso sobre o relacionamento comprador-vendedor.

Estratégias para a Concorrência Pública

Como a realização de licitações custa caro e consome tempo, as empresas escolherão as oportunidades de licitação potencial com atenção. Os contratos oferecem diferentes níveis de lucratividade de acordo com a perícia técnica relativa da empresa proponente, sua experiência passada e seus objetivos. Assim, a triagem cuidadosa é necessária para separar os contratos que oferecem a melhor promessa.[50] Tendo isolado uma oportunidade de projeto, o profissional de marketing deve, agora, avaliar a probabilidade de conseguir o contrato com vários preços. Supondo que o contrato seja concedido para a proposta mais baixa, as chances de a empresa conseguir o contrato diminuem à medida que o preço da proposta aumenta. Como os concorrentes vão apresentar as propostas?

Uma Abordagem Estratégica para Leilões Reversos.[51] Os especialistas em preços sugerem que os clientes usem leilões reversos para duas finalidades: (1) comprar *commodities* pelo menor preço possível e (2) induzir os fornecedores de produtos diferenciados a sacrificar as suas margens de lucro na corrida da licitação. Caso a oferta de uma empresa não esteja muito diferenciada da concorrência, a participação em um leilão pode representar a única opção. Todavia, para minimizar o risco de vencer uma proposta não lucrativa, deverá ser realizada uma avaliação cuidadosa do real custo incremental do fornecimento ao cliente, inclusive dos custos associados a termos e condições especiais, assim como suporte técnico, de marketing e de vendas singular. Essa análise dará ao estrategista de marketing industrial um preço "limite".

Por outro lado, caso a oferta de uma empresa forneça valor significativo para os clientes com relação à competição, John Bloomer, Joe Zale e John Hogan, consultores da Strategic Pricing Group, recomendam as seguintes táticas de decisão:[52]

1. "Apropriar-se do leilão: convencer o comprador a não prosseguir com o leilão porque você tem uma proposição única de valor e não está inclinado a participar.

---

[48] Ibid., p. 514.
[49] Sandy Jap, "The Impact of Online Reverse Auction Design on Buyer-Seller Relationships", *Journal of Marketing* 71 (janeiro de 2007), p. 146-159.
[50] Como exemplo, ver Paul D. Boughton, "The Competitive Bidding Process: Beyond Probability Models", *Industrial Marketing Management* 16 (maio de 1987), p. 87-94.
[51] Esta discussão é baseada em John Bloomer, Joe Zale e John E. Hogan, "Battling Powerful Procurement Groups: How to Profitably Participate in Reverse Auctions", *SPG Insights* (outono de 2004), p. 1-3; disponível em http://www.strategicpricinggroup.com, acesso em 1º de agosto de 2008.
[52] Ibid., p. 2.

2. Gerenciar o processo: influenciar os critérios de especificações da proposta e de qualificação do fornecedor.
3. Afastar-se: simplesmente se recuse a participar. [...]"

Uma abordagem estratégica aos leilões reversos, portanto, define o sucesso em se vencer apenas aquelas licitações que são lucrativas e que não enfraqueçam o preço de outros produtos ou para outros clientes.

Resumo

No início, o profissional de marketing industrial deve atribuir à precificação o seu papel na estratégia global de marketing da empresa. Atribuir a um produto ou serviço industrial específico um preço "incorreto" pode precipitar uma cadeia de eventos que enfraqueçam a posição da empresa no mercado, nos relacionamentos de canal e nas estratégias de venda pessoais e de produtos. O valor para o cliente representa uma avaliação global do cliente industrial da utilidade de um relacionamento com um fornecedor baseado nos benefícios recebidos e nos sacrifícios feitos. O preço é apenas um dos custos que os compradores analisam quando levam em consideração o valor das ofertas concorrentes. Assim, o profissional de marketing pode lucrar ao adotar um sólido foco no usuário final que dá especial atenção ao modo pelo qual os compradores fazem o *trade-off* dos custos e dos benefícios de vários produtos. Estratégias responsivas de precificação podem ser desenvolvidas pelo entendimento do valor econômico que um produto fornece para um cliente. O valor econômico representa as economias de custo e/ou os ganhos de receita que os clientes realizam ao comprar o produto da empresa, em vez da próxima melhor alternativa. Ao compreender como os compradores de um segmento de mercado realmente usam um produto ou serviço e realizam valor com o seu uso, o profissional de marketing industrial está de preferência equipado para fixar o preço e desenvolver uma estratégia responsiva.

A fixação do preço é uma decisão multidimensional. Para estabelecer um preço, o gerente deve identificar os objetivos da empresa e analisar o comportamento da demanda, dos custos e da concorrência. Rivalidades hipercompetitivas caracterizam a natureza da concorrência em muitos setores industriais de alta tecnologia. Embora essa tarefa seja obscurecida pela incerteza, a decisão sobre precificação industrial deve ser abordada de modo ativo, em vez de passivo. Por exemplo, muitas empresas de marketing industrial usam o custo-alvo para obter uma vantagem competitiva. Da mesma forma, ao isolar demanda, custo ou padrões competitivos, o gerente pode obter percepções quanto ao comportamento do mercado e às oportunidades negligenciadas. Lidar de modo eficiente com um concorrente agressivo requer mais do que uma disposição de lutar – exige uma estratégia competitiva e um entendimento sobre quando ignorar um ataque de preço, quando se acomodar e quando retaliar.

A concorrência pública, uma característica única do mercado industrial, requer uma estratégia singular. Novamente, os objetivos definidos com cuidado são a base fundamental da estratégia. Esses objetivos, combinados com um procedimento meticuloso de triagem, ajudam a empresa a identificar projetos que estão entrosados com a capacidade da empresa.

Questões para Discussão

1. Comparar e diferenciar *valor de commodity versus valor de diferenciação*, dando destaque ao significado de cada um na fixação do preço.

2. Muitas empresas, inclusive GE, Quaker Oats e United Technologies, informam milhões de dólares de economia com o uso de leilões reversos em vez dos métodos tradicionais de compra. Os estrategistas de marketing industrial, é claro, temem que esses leilões venham a transformar seus produtos e serviços em *commodities*. Proponha estratégias específicas que os gerentes de marketing poderiam seguir para lidar com essa situação desafiadora.

3. Avaliar esta declaração: Para se distanciar da mentalidade de *commodity*, as empresas devem ver os seus produtos como soluções ao cliente e, então, vender os produtos com base nisso.

4. Caso o corte no preço de um concorrente ameace apenas uma pequena parcela das vendas esperadas, a perda das vendas ao ignorar a ameaça é provavelmente muito menor do que o custo de retaliação. Concorda ou discorda? Justifique.

5. Explicar por que é sempre necessário que o profissional de marketing industrial desenvolva uma curva da demanda separada para os vários segmentos de mercado. Uma curva da demanda total seria melhor para se tomar a decisão sobre preço industrial? Explicar.

6. Em vez de tempo para comercializar, a Intel refere-se ao ciclo de desenvolvimento do produto para um novo chip como "tempo para fazer dinheiro". Andrew Grove, renomado líder da Intel, diz que "a rapidez é a única arma que temos". Que vantagens de preço resultam de um rápido processo de desenvolvimento do produto?

7. A biblioteca universitária do PAC-10 recentemente comprou 60 computadores pessoais da Hewlett-Packard. Exemplifique agora como um especialista em compras na universidade poderia usar a abordagem de custo total do uso na avaliação do valor da oferta da Hewlett-Packard com relação ao valor fornecido pelos seus concorrentes.

8. Um gerente de marketing industrial geralmente tem grande dificuldade de chegar a um nível ótimo de preço para um produto. Primeiro, descrever os fatores que complicam a decisão sobre preço. Depois, delinear a abordagem que você seguiria na precificação de um produto industrial. Seja o mais específico possível.

9. Descrever os benefícios centrais e os benefícios adicionais que a FedEx oferece aos seus clientes industriais.

10. A XYZ Manufacturing Corporation vivenciou um declínio bem grande nas vendas de suas peças componentes. Mary Vantage, vice-presidente de marketing, acredita que um corte de 10% no preço pode fazer tudo voltar a ser como antes. Que fatores Mary deverá levar em consideração antes de reduzir o preço dos componentes?

CASO

Precifique como um Varejista, não como um Fabricante de *Widgets*[53]

A Parker Hannifin Corporation é uma fabricante de ponta de peças componentes usadas em equipamentos aeroespaciais, de transporte e de fabricação. A empresa fabrica várias centenas de milhares de peças – desde vedadores resistentes ao calor para motores a jato e componentes usados no ônibus espacial até válvulas de aço que içam caçambas em gruas. Quando Donald Washkewicz assumiu como diretor executivo, chegou a uma conclusão desanimadora: a abordagem de preço que a empresa estava seguindo há anos era totalmente maluca.

Desde sempre, a empresa usava esta simples abordagem para determinar os preços de seus milhares de peças: os gerentes da empresa calculariam quanto custava fazer e entregar cada produto e, então, adicionariam um percentual fixo sobre isso, em geral com uma margem de aproximadamente 35%. Por todas as divisões, muitos gerentes gostavam dessa abordagem de custo com uma taxa determinada, pois era simples e lhes dava ampla autoridade para negociar os preços com os clientes.

Mas o diretor executivo percebeu que a empresa, que gera mais de $ 9 bilhões em receitas anuais, poderia estar restringindo muito o crescimento do lucro. Independentemente de quanto um produto específico é aperfeiçoado, a empresa, em geral, terminava cobrando o mesmo preço especial que cobraria por um produto padronizado. E, quando a empresa encontrava uma forma de tornar o produto menos caro, no fim cortava também o preço do produto. "Eu estava realmente perdendo o sono", lembra Donald Washkewicz, que acredita que a empresa deveria parar de pensar como um fabricante de *widgets* ou um fixador de preços custo mais margem e começar a pensar como um varejista, ao fixar os preços de acordo com o que os clientes estão dispostos a pagar.

A mudança da abordagem de preços de uma empresa, contudo, é uma tarefa complexa. A empresa possui dezenas de milhares de produtos – (1) alguns são *commodities* de grande volume e existem concorrentes grandes e formidáveis; (2) alguns possuem características únicas, preenchem os nichos no mercado e têm competição limitada e (3) muitos são desenhados sob encomenda para um único cliente.

Questões para Discussão

1. Descrever o processo que você seguiria ao realizar uma auditoria da linha de produtos da empresa para identificar aqueles produtos que representam os melhores e os piores candidatos à expansão da margem de lucro.

2. Fornecer um conjunto de diretrizes específicas de precificação que os gerentes deverão aplicar enquanto a abordagem tradicional de custo mais uma taxa determinada se torna defasada e se implementa uma abordagem baseada no valor para a precificação.

---

[53] Timothy Aeppel, "Seeking Perfect Prices, CEO Tears Up the Rules", *The Wall Street Journal Online*, 27 de março de 2007, disponível em http://online.wsj.com/public/us, acesso em 18 de maio de 2008.

CAPÍTULO 15

Comunicações de Marketing Industrial: Propaganda e Promoção de Vendas

A propaganda dá apoio e complementa os esforços da venda pessoal. A parte do orçamento de marketing dedicada à propaganda é menor no marketing industrial do que no marketing de bens de consumo. Um programa bem integrado de comunicações de marketing business-to-business, todavia, pode ajudar a tornar a estratégia global de marketing mais eficiente e eficaz. Após a leitura deste capítulo, você entenderá:

1. o papel específico da propaganda na estratégia de marketing industrial.

2. as decisões que devem ser tomadas ao se elaborar um programa de propaganda industrial.

3. as opções de mídia industrial, inclusive o papel importante da propaganda on-line.

4. as formas de medição da eficácia da propaganda industrial.

5. o papel das feiras comerciais no composto de comunicação industrial e como medir a eficácia das feiras comerciais.

Levemos em consideração o papel vital que as comunicações de marketing podem assumir na estratégia de marketing industrial, ao explorar o sucesso impressionante da Bomgar Corporation.[1] No tempo em que trabalhava como engenheiro de redes para um integrador de tecnologia da informação no Mississippi, Joel Bomgar ficava cansado de dirigir pela região, indo de cliente em cliente e resolvendo o mesmo problema básico. Assim, Joel começou a trabalhar na versão original do Bomgar Box – um sistema de suporte remoto de tecnologia da informação fornecido em um equipamento próprio e controlado pelo cliente. Uma vez desenvolvido, ele, então, recrutou dois colegas de faculdade, e criaram uma página web e organizaram o lançamento do novo produto, visando a pequenas e médias empresas. Ao refletir sobre esse marco importante para o negócio, Joel se lembra dos medos de seu chefe: "Todo o meu orçamento publicitário consistia em meu cartão de débito pessoal. Como eu teria chance de competir com todas as empresas de bilhões de dólares no mercado?"[2]

Joel decidiu usar o Google AdWords (ou seja, a propaganda paga do mecanismo de busca) para atrair prospects de clientes qualificados para a nova página web da empresa. Joel e sua equipe escolheram palavras-chave e desenvolveram mensagens-alvo que davam destaque aos principais fatores que diferenciavam os produtos da Bomgar daqueles da concorrência, inclusive facilidade de implantação e controles eficazes de segurança. Patrick Norman, vice-presidente de comércio eletrônico da Bomgar, observa: "Com o Google, esse rapaz no Mississipi que construiu uma nova tecnologia foi capaz de lançá-la por aí e, de repente, o mundo se abriu para ele. Isso não acontece na mídia tradicional".[3] Uma vez constituída a sua base, a Bomgar expandiu o escopo de sua estratégia de marketing ao colocar anúncios na Rede de Conteúdo do Google, que alcança 75% dos usuários da internet. A seguir, a equipe usou o site *targeting* para colocar anúncios em páginas web específicas que são visitadas por profissionais de tecnologia da informação. Em 2008, 4 mil clientes corporativos de todos os 50 estados e de 48 países haviam escolhido a solução virtual de suporte da Bomgar.[4] Além de uma enormidade de empresas de médio porte, os clientes atuais incluem Humana, Ethan Allen, Nissan e UnitedHealth Group.

A comunicação com clientes existentes e potenciais é vital para o sucesso do marketing industrial. A experiência comprovou aos gerentes de marketing que nem mesmo os melhores produtos se vendem sozinhos: os benefícios, as soluções dos problemas e as eficiências de custos daqueles produtos devem ser comunicados de modo eficiente para todos os que têm influência na decisão de compra. Como resultado da complexidade técnica dos produtos industriais, do número relativamente pequeno de compradores potenciais e do extenso processo de negociação, o principal veículo de comunicação no marketing business-to-business é o vendedor. Todavia, os métodos não pessoais de comunicação, inclusive propaganda, catálogos, a internet e as feiras comerciais, exercem um papel único e normalmente crucial no processo de comunicação. Para maximizar o retorno sobre o gasto promocional, as empresas de business-to-business estão desenvolvendo campanhas de marketing integrado para alinhar as estratégias de comunicação de marketing aos objetivos estratégicos.[5]

O foco deste capítulo está dividido em quatro partes: (1) fornecer um entendimento claro sobre o papel da propaganda na estratégia de marketing industrial; (2) apresentar uma estrutura para compor as decisões sobre propaganda – uma estrutura que integra as decisões relacionadas a objetivos, orçamentos,

---

[1] Este exemplo é baseado na Google Content Network: Success Stories, "Remote Control", disponível em http://www.adwords.google.com, acesso em 1º de agosto de 2008.
[2] Ibid., p. 1.
[3] Ibid., p. 2-3.
[4] "About Bomgar", disponível em http://www.bomgar.com, acesso em 1º de agosto de 2008.
[5] Don Schultz e Heidi Schultz, *IMC – The Next Generation* (Nova York: McGraw-Hill, 2004).

mensagens, mídia e avaliação; (3) desenvolver um entendimento sobre cada área de decisão sobre propaganda business-to-business; e (4) avaliar o papel valioso da propaganda on-line e das feiras comerciais no composto promocional.

O Papel da Propaganda

Programas Integrados de Comunicação

A propaganda e a promoção de vendas são raramente usadas sozinhas no cenário de business-to-business, mas estão entrelaçadas com a estratégia total de comunicação – particularmente a venda pessoal. Formas de comunicação pessoal e não pessoal interagem para informar as principais pessoas influentes nas compras. Para o profissional de marketing industrial, o desafio é criar uma estratégia de propaganda e promoção de vendas que se misture de modo eficiente à venda pessoal para atender aos objetivos de venda e de lucro. Além disso, as ferramentas de propaganda, a mídia on-line e a promoção de vendas devem estar integradas; ou seja, um programa abrangente de métodos de mídia e promoção de vendas deve ser coordenado para alcançar os resultados desejados.

Aumentando a Eficácia das Vendas

Uma propaganda eficaz pode tornar a venda pessoal mais produtiva. John Morrill analisou cerca de cem mil entrevistas sobre 26 linhas de produtos em 30 mil locais de compra para estudar o efeito da propaganda business-to-business sobre a eficácia do vendedor.[6] Ele concluiu que as vendas em dólar por visita do vendedor eram significativamente mais altas quando os clientes haviam sido expostos à propaganda. Além de aumentar a conscientização da empresa e do produto, a pesquisa indica que os compradores que haviam sido expostos a uma propaganda do fornecedor classificaram os vendedores do fornecedor bem mais alto com relação ao conhecimento do produto, ao serviço e ao entusiasmo.[7] Um papel principal da propaganda business-to-business é melhorar a reputação do fornecedor.

A propaganda business-to-business também aumenta a eficácia das vendas. Gastos aumentados em propaganda levam a maior conscientização da marca para os produtos industriais, que se traduz em maiores participações no mercado e lucros mais altos.[8] Um estudo utilizou um desenho experimental rigidamente controlado para medir o efeito da propaganda business-to-business sobre vendas e lucros. Para um produto, as vendas, a margem bruta e o lucro líquido eram bem mais altos com a propaganda, em comparação com o período anterior ao teste sem qualquer propaganda.[9] De fato, as margens brutas eram de quatro a seis vezes maiores com a propaganda do que sem ela.

Eficácia das Vendas Aumentada

O efeito da propaganda sobre a eficácia global do programa de marketing é comprovado de duas formas. Primeiro, os fornecedores industriais precisam, com frequência, lembrar aos clientes atuais e potenciais

---

[6] John E. Morrill, "Industrial Advertising Pays Off", *Harvard Business Review* 48 (março-abril de 1970), p. 4-14.
[7] Ibid., p. 6. Para um estudo abrangente sobre o relacionamento entre conscientização da marca e preferência da marca, ver Eunsang Yoon e Valerie Kijewski, "The Brand Awareness-to-Preference Link in Business Markets: A Study of the Semiconductor Manufacturing Industry", *Journal of Business-to-Business Marketing* 2 (4, 1995), p. 7-36.
[8] "New Proof of Industrial Ad Values", *Marketing and Media Decisions* (fevereiro de 1981), p. 64.
[9] "ARF/ABP Release Final Study Findings", *Business Marketing* 72 (maio de 1987), p. 55.

sobre os seus produtos ou torná-los cientes de novos produtos ou serviços. Embora esses objetivos possam ser parcialmente alcançados por meio da venda pessoal, os custos do alcance de um vasto conjunto de compradores seriam proibitivos. A propaganda orientada com atenção vai além do alcance do vendedor a pessoas não identificadas que influem na compra. Uma propaganda adequadamente colocada pode alcançar centenas de pessoas influentes nas compras por apenas alguns poucos centavos cada; o custo médio de uma visita comercial de venda é, hoje, de mais de $ 200.[10] Os custos das visitas de vendas são determinados pelos salários do vendedor, custos de viagem e de entretenimento e custos de benefícios adicionais. Se esses custos totalizam $ 800 ao dia e um vendedor pode fazer quatro visitas por dia, então cada visita custa $ 200. Em segundo lugar, a propaganda parece tornar todas as atividades de venda mais eficazes. A propaganda interage de modo eficiente com todas as atividades de comunicação e vendas e pode aumentar a eficiência para todo o gasto em marketing.

Criando Conscientização

Do ponto de vista das comunicações, o processo de compra lida com compradores potenciais sucessivamente, desde o desconhecimento sobre um produto ou fornecedor até a conscientização, preferência da marca, convicção de que uma compra específica atenderá às suas exigências e, no final, a compra efetiva. A propaganda industrial, em geral, cria a conscientização sobre o fornecedor e os produtos do fornecedor. Sessenta e um por cento dos engenheiros de projeto que devolveram um cartão de consulta de um anúncio em uma revista indicaram que desconheciam a empresa responsável pelo anúncio antes de vê-lo.[11] A propaganda industrial também pode dar alguma contribuição para a criação da preferência pelo produto – tudo de modo rentável. Além disso, a propaganda pode criar uma identidade ou imagem corporativa. A Hewlett-Packard, a Dell, a IBM e outras usam anúncios em publicações industriais gerais como a *Business Week* e até propaganda na televisão, para alardear o valor de sua marca e para desenvolver as percepções desejadas para um grande público.[12]

Comunicações de Marketing Interativo

A internet muda as comunicações de marketing de um processo de uma via para um de duas vias que permite ao profissional de marketing e ao consumidor trocar com mais facilidade as informações.[13] Os clientes recebem e fornecem informações ao navegar pelas páginas web, especificando as suas preferências e comunicando-se com os profissionais de marketing industrial.[14] Para ilustrar, a Intel produziu em grande quantidade seus novos processadores de servidor Xeon, por meio de um programa on-line chamado "Quatro Dias de Diálogo".[15] Em vez de alugar instalações para conferência e pedir que os clientes viajem para um local específico para ver o produto, os arquitetos do chip na Intel proporcionaram uma

---

[10] Erin Anderson e Bob Trinkle, *Outsourcing the Sales Function: The Real Costs of Field Sales* (Mason, OH: Thomson Higher Education, 2005).
[11] Raymond E. Herzog, "How Design Engineering Activity Affects Supplies", *Business Marketing* 70 (novembro de 1985), p. 143.
[12] David A. Aaker e Erich Joachimsthaler, "The Lure of Global Branding", *Harvard Business Review* 77 (novembro-dezembro de 1999), p. 137-144.
[13] C. K. Prahalad e Venkar Ramaswamy, *The Future of Competition: Co-Creating Value with Customers* (Boston: Harvard Business School Press, 2004), p. 1-17.
[14] David W. Stewart, "From Consumer Response to Active Consumer: Measuring the Effectiveness of Interactive Media", *Journal of the Academy of Marketing Science* 30 (outono de 2002), p. 376-396.
[15] Beth Snyder Bulik, "B to B's Best Marketers 2007: Donald MacDonald, VP-Sales and Marketing Grooup, Intel Corp.", *B to B* (27 de outubro de 2008), disponível em http://www.btobonline.com, acesso em 29 de julho de 2008.

sessão on-line de uma hora durante quatro dias consecutivos para apresentar e descrever a tecnologia. Os clientes poderiam acessar para fazer perguntas ou apenas para monitorar a conversa. A Intel recebeu 22 mil visitantes diferentes. De acordo com Sandra Lopez, gerente de marketing integrado para negócios da Intel, a meta da estratégia on-line da empresa é "travar um diálogo contínuo com o público".[16] Para atingir essa meta, a empresa distribui suas mensagens de marketing pela CNET.com (um fórum de revisão de produtos para produtos de tecnologia), inclusive blogs e fóruns de leitores.

O que a Propaganda Business-to-Business não Pode Fazer

Para desenvolver um programa de comunicações eficiente, o profissional de marketing industrial deve combinar todas as ferramentas de comunicação (formatos on-line e impressos) em um programa integrado, usando cada ferramenta onde ela é mais eficaz. A propaganda industrial possui, certamente, algumas limitações. A propaganda não pode substituir a venda pessoal efetiva – deve suplementar, dar apoio e complementar aquele esforço. Da mesma forma, a venda pessoal é limitada pelos seus custos e não deverá ser usada para criar conscientização ou para disseminar informações – tarefas bem executadas pela propaganda.

Para muitas decisões de compras, a propaganda por si só não pode criar a preferência pelo produto – isso requer demonstração, explicação e teste operacional. Da mesma forma, a convicção e a compra efetiva só podem ser garantidas por meio da venda pessoal. A propaganda exerce um papel de apoio na criação da conscientização, fornecendo informações e revelando importantes prospects para os vendedores; é assim que o gerente de marketing deve usá-la para ser mais eficiente.

Gerenciando a Propaganda Business-to-Business

O modelo de decisão de propaganda na Figura 15.1 mostra os elementos estruturais envolvidos no gerenciamento da propaganda business-to-business. Primeiro, a propaganda é apenas um aspecto de toda a estratégia de marketing e deve ser integrada aos outros componentes para o alcance das metas estratégicas. O processo de decisão de propaganda tem início na formulação dos objetivos da propaganda, que são derivados das metas de marketing. A partir dessa formulação, o profissional de marketing pode determinar quanto tem para gastar para alcançar essas metas. Depois, são elaboradas mensagens de comunicação específicas para atingir o comportamento de mercado especificado pelos objetivos. De igual importância é a avaliação e a seleção da mídia usada para se chegar ao público desejado. O resultado é uma campanha integrada de propaganda voltada para trazer à tona uma atitude específica ou comportamento do grupo-alvo. A etapa final, e crítica, é a avaliação da eficácia da campanha.

Definindo os Objetivos da Propaganda

O conhecimento sobre o que a propaganda deve alcançar permite ao gerente determinar um orçamento publicitário com maior precisão e proporciona um padrão de medida para a avaliação da propaganda. Ao especificar as metas da propaganda, o gerente de marketing deve entender que (1) a missão da propaganda flui diretamente da estratégia global de marketing; a propaganda deve cumprir um objetivo da estratégia de

---

[16] Matthew Schwartz, "Ad Units Meet New Demands", *B to B's Interactive Marketing Guide 2008*, p. 17, disponível em http://www.btobonline.com, acesso em 25 de julho de 2008.

marketing; e a sua meta deve refletir a intenção e a finalidade gerais de toda a estratégia; e (2) os objetivos do programa de propaganda devem responder aos papéis condizentes à propaganda: criar a conscientização, fornecer informações, influenciar atitudes e lembrar aos clientes a existência da empresa e do produto.

Objetivos por Escrito

Um objetivo da propaganda deve ser mensurável, realista e especificar o que deve ser alcançado e quando. O objetivo deve falar em termos claros sobre um resultado específico. A finalidade é estabelecer uma única orientação de trabalho para todos os envolvidos na criação, coordenação e avaliação do programa publicitário. Objetivos corretamente concebidos determinam o padrão para a avaliação do esforço publicitário. Um objetivo específico poderia "aumentar de 15% (como medido em junho de 2010) para 30% (em junho de 2011) a proporção pela qual os empreiteiros associam a característica de 'eficiência energética' de nossa marca de aparelhos de ar-condicionado comerciais". O objetivo orienta o gerente a criar uma mensagem relacionada à principal vantagem do produto, usando mídias que alcancem os empreiteiros. O objetivo também proporciona uma forma de medir o comprometimento (conscientização entre 30% do público-alvo).

Os objetivos da propaganda industrial não têm, em geral, relação direta com os alvos específicos das vendas em dólar. Embora os resultados das vendas em dólar possam fornecer uma medida "rígida" do comprometimento da propaganda, é normalmente impossível vincular a propaganda diretamente às vendas. A venda pessoal, o preço, o desempenho do produto e as ações da concorrência têm um relacionamento mais direto com os níveis de vendas, e é quase impossível determinar o impacto da propaganda. Assim, as metas publicitárias são tipicamente especificadas em termos de *metas de comunicação* como fixação da marca, reconhecimento e atitudes do comprador. Essas metas podem ser medidas; presume-se que seu alcance estimule o volume das vendas.

Público-alvo. Uma tarefa significativa é a especificação dos públicos-alvo. Como um dos principais papéis da propaganda é alcançar pessoas influentes nas compras inacessíveis ao vendedor, o gerente de marketing industrial deve definir os grupos de pessoas influentes nas compras a serem alcançados. Em geral, cada grupo de pessoas influentes nas compras está voltado para atributos e critérios distintos de produto e serviço, e a propaganda deve focalizá-los. Assim, os objetivos devem especificar o público pretendido e seus critérios relevantes de decisão.

Declaração de Estratégia Criativa. Uma consideração final é especificar a declaração de estratégia criativa. Uma vez estabelecidos os objetivos e os alvos, a **declaração de estratégia criativa** fornece diretrizes para a empresa e para a agência de propaganda sobre como posicionar o produto no mercado. A posição do produto está relacionada a como o mercado-alvo percebe o produto.

Por exemplo, caso os aparelhos de ar-condicionado comerciais citados anteriormente possuam hoje uma posição desfavorável do produto com respeito à eficiência energética, mas os esforços recentes de desenvolvimento do produto tenham aprimorado o desempenho, a empresa poderia usar a seguinte declaração de estratégia criativa: "Nossa estratégia criativa básica é reposicionar o produto, não sendo apenas um aparelho de ar-condicionado confiável, mas um ar-condicionado de alto desempenho e com eficiência energética".

Todos os esforços criativos – cópia, tópico, cor e assim por diante –, assim como todas as mídias e táticas, deverão substanciar a declaração de estratégia criativa. O planejamento de uma campanha eficaz de propaganda exige objetivos claramente definidos que forneçam a base para a seleção das mídias e para a medição dos resultados.

| FIGURA 15.1 | **As Etapas da Decisão para o Desenvolvimento do Programa de Propaganda Business-to-Business** |

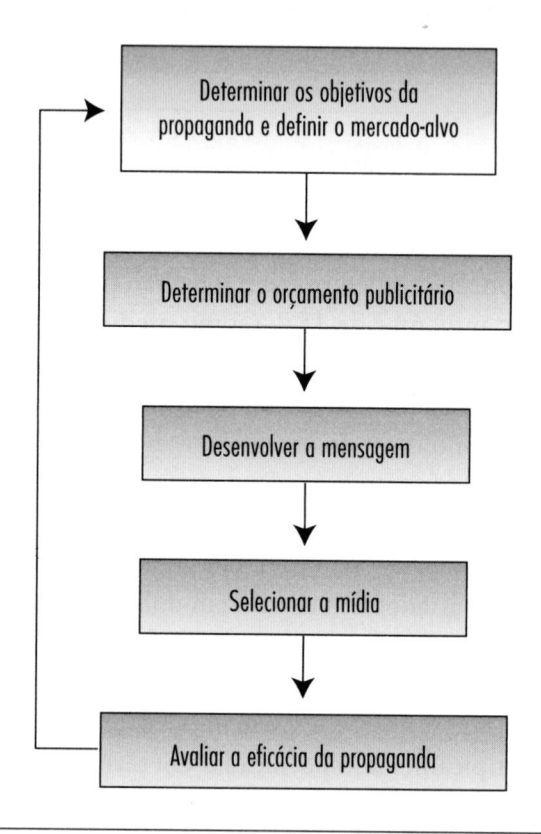

```
┌─────────────────────────────────┐
│ Determinar os objetivos da      │
│ propaganda e definir o mercado-alvo │
└─────────────────────────────────┘
              │
              ▼
┌─────────────────────────────────┐
│ Determinar o orçamento publicitário │
└─────────────────────────────────┘
              │
              ▼
┌─────────────────────────────────┐
│ Desenvolver a mensagem          │
└─────────────────────────────────┘
              │
              ▼
┌─────────────────────────────────┐
│ Selecionar a mídia              │
└─────────────────────────────────┘
              │
              ▼
┌─────────────────────────────────┐
│ Avaliar a eficácia da propaganda │
└─────────────────────────────────┘
```

Determinando Gastos em Propaganda

Em conjunto, os profissionais de marketing industrial gastam bilhões de dólares em propaganda na mídia anualmente, e a web está conseguindo uma parcela crescente desses dólares. A Tabela 15.1 mostra os anunciantes de ponta. Observe a preponderância das empresas de telecomunicações e de alta tecnologia na lista das 10 mais. Ao alocar os dólares da propaganda, a Hewlett-Packard, por exemplo, fez disparar seu orçamento para anúncios on-line para 42% de seu gasto total com mídia.[17] Tipicamente, os profissionais de marketing industrial usam uma combinação de intuição, discernimento, experiência e, apenas ocasionalmente, técnicas mais avançadas orientadas para a decisão visando determinar os orçamentos de propaganda. Algumas das técnicas mais usadas pelos profissionais de marketing industrial são regras práticas (por exemplo, percentual de vendas dos últimos anos) e o método da tarefa por objetivo.

Regras Práticas. Em geral, como a propaganda é uma parte relativamente pequena do orçamento total de marketing para as empresas industriais, o valor de usar métodos sofisticados para o orçamento publicitário não é grande. Nesses casos, os gerentes tendem a seguir simples **regras práticas** (por exemplo, alocar 1% das vendas para propaganda ou equiparar o gasto da concorrência). Infelizmente, as regras de percentual de vendas são todas muito difundidas pelo marketing industrial, mesmo quando a propaganda for um elemento importante.

---
[17] Ibid., p. 17.

O problema fundamental com as regras de percentual das vendas é que elas, de modo implícito, fazem da propaganda uma consequência e não um determinante de vendas e lucros e podem facilmente dar origem a políticas disfuncionais. As regras de percentual das vendas sugerem que o anunciante industrial reduza a propaganda quando o volume de vendas diminui, justo quando uma propaganda aumentada poderia ser mais adequada. Não obstante, as regras práticas simples continuam a ser aplicadas em decisões sobre orçamentos porque são fáceis de usar e familiares à administração.

Método de Tarefa por Objetivo. O método de tarefa para orçamentos de gastos com propaganda refere-se aos custos de propaganda com relação ao objetivo que deve alcançar. Como os resultados dos dólares em vendas da propaganda são quase impossíveis de medir, o método de tarefa focaliza os efeitos das comunicações sobre a propaganda, não sobre os efeitos das vendas.

O **método de tarefa por objetivo** é aplicado avaliando-se as tarefas que a propaganda realizará, analisando os custos de cada tarefa e somando os custos totais para se chegar a um orçamento final. O processo pode ser dividido em quatro etapas:

1. Estabelecer os objetivos específicos de marketing para o produto, em termos de fatores como volume de vendas, participação no mercado, contribuição ao lucro e segmentos de mercado.
2. Avaliar as funções de comunicação que devem ser realizadas para alcançar os objetivos de marketing e, então, determinar o papel da propaganda e de outros elementos do composto de comunicações na realização dessas funções.
3. Definir as metas específicas da propaganda em termos da resposta mensurável de comunicação exigida para alcançar os objetivos de marketing.
4. Estimar o orçamento necessário para alcançar as metas de propaganda.

O método de tarefa aborda um importante problema dos métodos de regras práticas – os recursos são aplicados para alcançar uma meta específica, de modo que a propaganda seja um *determinante* daqueles resultados, não uma consequência. Usando a abordagem de tarefa, os gerentes alocam todos os recursos necessários para o alcance de um objetivo específico, em vez de alocar algum percentual arbitrário de vendas. O problema mais difícil com o método é que a administração deve ter algum instinto com relação ao relacionamento apropriado entre nível de gasto e resposta da comunicação. É difícil saber o que produz certo nível de conscientização entre as pessoas influentes nas compras no marketing industrial. Uma inserção de 12 páginas duplas na revista *Purchasing* nos próximos seis meses criará o nível desejado de reconhecimento ou são necessárias 24 inserções em um ano?

O orçamento para propaganda não deve ignorar os aspectos políticos e comportamentais do processo. A pesquisa de Nigel Piercy sugere que as empresas dão pouca atenção à técnica orçamentária porque funcionam por meio de estruturas e processos que são, em geral, políticos por natureza.[18] Piercy sugere que o que de fato determina os orçamentos para propaganda é a importância do poder na empresa e o comportamento político das várias partes no processo orçamentário. Uma implicação dessa pesquisa é que o gerente pode tirar proveito ao focalizar o orçamento como uma atividade política, e não apenas como um processo baseado na técnica.

Ultrapassando o Limiar. São necessárias, em geral, várias comunicações para capturar a atenção dos compradores, o que complica a decisão sobre orçamento. Pesquisas sugerem que uma marca deve ultrapassar um limiar de conscientização no mercado antes que possam ser feitos aumentos significativos

---

[18] Nigel Piercy, "Advertising Budgeting: Process and Structure as Explanatory Variables", *Journal of Advertising* 16 (2, 1987), p. 34.

TABELA 15.1 | PRINCIPAIS ANUNCIANTES DE BUSINESS-TO-BUSINESS

Empresa	Total de gastos com propaganda (milhões)
AT&T Inc.	$ 419,4
Verizon Communications Inc.	405,9
Sprint Nextel Corp	277,1
IBM	236,3
Hewlett-Packard Co.	219,6
Microsoft Corp.	213,6
Monster Worldwide	155,1
FedEx Corp	144,0
Citigroup	137,6
J. P. Morgan Chase & Co.	129,0

FONTE: "Largest U.S. B-to-B Advertising Buyers", *Marketing News*, 15 de julho de 2008, p. 25.

à sua participação na preferência da marca. Um pequeno orçamento de propaganda pode não permitir que o profissional de marketing leve a marca da empresa além do limiar de conscientização e da preferência. Eunsang Yoon e Valerie Kijewski advertem que "o gerente de comunicação com recursos limitados de marketing estará, então, em perigo ao cometer o erro de interromper o programa prematuramente, desperdiçando assim o investimento passado, em vez de pressionar para ultrapassar o limiar de conscientização".[19]

Como o orçamento é tão importante para a eficácia da propaganda, os gerentes não devem seguir as regras práticas cegamente. Em vez disso, deverão avaliar as tarefas necessárias e seus custos em comparação com as normas do setor. Com objetivos claros e alocações orçamentárias adequadas, a próxima etapa é elaborar mensagens de propaganda eficientes.

Desenvolvendo a Mensagem da Propaganda

O desenvolvimento da mensagem é uma tarefa complexa e crítica na propaganda industrial. Dar destaque a um atributo do produto que seja importante para um grupo específico de compra é não somente um desperdício dos dólares da propaganda, mas também uma oportunidade perdida. Tanto o apelo quanto a forma pela qual o apelo é transmitido são vitais para a comunicação bem-sucedida. Assim, a criação de mensagens da propaganda de business-to-business envolve a determinação dos objetivos da propaganda, a avaliação dos critérios de compra do público-alvo e a análise da linguagem, do formato, do estilo e da apresentação da mensagem mais apropriados.

Percepção. Para que uma mensagem na propaganda seja bem-sucedida, uma pessoa deve, primeiro, estar exposta e prestar atenção a ela. Assim, uma propaganda industrial deve conquistar a atenção do tomador

---
[19] Yoon e Kijewski, "The Brand Awareness-to-Preferences Link", p. 32.

de decisão. Uma vez que a pessoa tenha notado a mensagem, ele ou ela deve interpretá-la conforme a intenção do anunciante. Barreiras perceptuais geralmente impedem que o receptor perceba a mensagem pretendida. Mesmo quando a pessoa está exposta a uma propaganda, nada garante que ele ou ela processe a mensagem. De fato, o comprador industrial pode ler cada palavra da cópia e achar um significado ali oposto àquele que o anunciante tinha em mente.

O anunciante industrial deve, portanto, lidar com dois elementos importantes da percepção: atenção e interpretação. Os compradores tendem a fazer uma triagem das mensagens que são inconsistentes com suas próprias atitudes, necessidades e crenças e tendem a interpretar as informações à luz daquelas crenças (ver Capítulo 3). A menos que as mensagens da propaganda sejam cuidadosamente elaboradas e orientadas, podem ser negligenciadas ou interpretadas de modo impróprio. Os anunciantes devem se colocar na posição dos receptores para avaliar como a mensagem chega a eles.

O fato de um anúncio usar uma linguagem técnica parece causar algum efeito sobre as percepções dos leitores, tanto do produto industrial quanto do anúncio.[20] Foi comprovado que os anúncios técnicos criam menos desejo em alguns leitores no sentido de buscar informações, pois esses anúncios sugerem "mais dificuldade na operação". Assim, é importante lembrar que os leitores técnicos (engenheiros, arquitetos e assim por diante) respondem de modo mais favorável aos anúncios técnicos e os leitores não técnicos respondem mais favoravelmente a anúncios não técnicos. Do ponto de vista do desenvolvimento de uma mensagem, o anunciante industrial deve moldar com atenção os aspectos técnicos das mensagens promocionais para o público adequado.

Foco nas Vantagens. Um comprador industrial compra vantagens – uma forma melhorada de concluir alguma tarefa, um modo menos dispendioso de fabricar um produto final, uma solução para um problema e um tempo de entrega mais rápido. As mensagens publicitárias precisam focalizar as vantagens que o cliente-alvo busca e persuadir o leitor de que o anunciante pode fornecê-las.[21] As mensagens que enviam apelos diretos ou chamam a atenção são vistas como "mais fortes" do que aquelas com apelos difusos ou indiretos à ação. Robert Lamons, um consultor de propaganda, observa:

> Um bom apelo à ação pode realmente dar início ao processo de venda. Prometa um relatório de teste; ofereça uma demonstração do produto; leve-os a uma seção especial em sua página web. [...] Compare como o seu produto se equipara aos outros no mesmo campo. Todos estão superatarefados nos dias atuais, e se você pode oferecer algo que os ajude a acelerar ou restringir a sua busca, estará dando algo que o dinheiro não pode comprar: tempo livre.[22]

Compreendendo as Motivações do Comprador. Que vantagens do produto são importantes para cada grupo de pessoas influentes nas compras? O anunciante industrial não pode supor que um conjunto padronizado de "motivos clássicos de compra" se aplique a toda situação de compra. Muitos anunciantes industriais em geral não compreendem os motivos de compra de importantes segmentos de mercado. Desenvolver mensagens de propaganda eficazes exige, normalmente, extensa pesquisa de marketing para delinear totalmente os principais critérios de compra de cada pessoa influente na compra em cada um dos mercados-alvo diferentes da empresa.

---

[20] Joseph A. Bellizi e Jacqueline J. Mohr, "Technical *versus* Nontechnical Wording in Industrial Print Advertising", em *AMA Educators' Proceedings*, Russel W. Belk e outros, eds. (Chicago: American Marketing Association, 1984), p. 174.
[21] Steve McKee, "Five Common B2B Advertising Myths", *Business Week*, abril de 2007, disponível em http://www.businessweek.com, acesso em 29 de julho de 2008.
[22] Robert Lamons, "Tips for Distinguishing Your Ads from Bad Ads", *Marketing News* (19 de novembro de 2001), p. 10.

Selecionando Mídias para a Propaganda nos Mercados Industriais

Embora a mensagem seja vital para o sucesso da propaganda, a mídia veiculada é igualmente importante. Um programa de comunicações de marketing integrado poderá incluir uma combinação de propagandas on-line, impressas e por mala direta, com uma história consistente por todos os formatos. As mídias de business-to-business são selecionadas por público-alvo – os participantes específicos da decisão de compra a serem atingidos. A seleção das mídias também envolve considerações orçamentárias: onde os dólares são mais bem gastos para gerar os contatos desejados com o cliente?

Propaganda On-Line. À medida que os estrategistas de marketing industrial buscam formas mais eficientes de se comunicar com clientes e prospects, continuam a transferir mais do orçamento de propaganda para os formatos digitais. Por exemplo, durante uma recente campanha interativa global, mais de 220 mil visitantes acessaram um microssite da Hewlett-Packard desenhado para pequenos e médios negócios.[23] Um **microssite** é uma página especializada da web na qual um visitante entra depois de clicar um anúncio on-line ou um e-mail. Da mesma forma, tanto a IBM quanto a GE fazem grande uso de vídeos on-line para mostrar como seus produtos e serviços estão ajudando os clientes pelo mundo a resolver problemas da empresa.

Mudança para Digital. O gasto em propaganda on-line por empresas de business-to-business é superior a $ 27 bilhões e continuará a crescer a passos rápidos (ver Tabela 15.2). A propaganda paga em mecanismos de busca representa o formato principal, responsável por 40% do total de gastos on-line, seguida pelos anúncios gráficos. O formato RMF de mídia/vídeo vivencia um crescimento particularmente rápido nos gastos, em especial na categoria de vídeos on-line. "O vídeo é um modo bem atrativo de contar a história de um produto ou marca que pode ser bastante útil para as comunicações de B2B, à medida que estes tendem a se tornar mais complexos e podem exigir explicação adicional", afirma Andreas Combuechen, diretor-chefe de criação e CEO da Atmosphere BBDO.[24]

Campanha Integrada da Motorola. Como ocorre com várias outras empresas, a Motorola está mudando a sua ênfase da propaganda tradicional para um foco mais integrado. Uma recente campanha de marketing integrado mostra as soluções de segurança pública críticas à missão da Motorola.[25] A campanha usa um microssite em http://www.motorola.com/secondnature, voltado para delegados, comandantes do corpo de bombeiros e diretores de TI municipais. A campanha inclui anúncios impressos e on-line, mala direta e e-mail, todos voltados para uma meta unificadora: levar os prospects para o microssite para que possam ver as soluções de tecnologia da Motorola trabalhando em um ambiente de cidade virtual.

Publicações Industriais. Mais de 2.700 publicações industriais levam a propaganda business-to-business. Para aquelas especializadas no setor farmacêutico, *Drug Discovery & Development*, *Pharmaceutical Executive* e *Pharmaceutical Technology* são algumas das publicações disponíveis. As publicações industriais são horizontais ou verticais. As **publicações horizontais** são voltadas para uma tarefa, tecnologia ou função específica, seja qual for o setor. As publicações *Advertising Age*, *Purchasing* e *Marketing News* são horizontais. As **publicações verticais**, por outro lado, podem ser lidas por todos, desde o supervisor dos operários até o presidente em um setor específico. Entre as publicações verticais típicas estão a *Chemical Business* ou a *Computer Gaming World*.

---

[23] "B to B's Best Brands – Hewlett-Packard", *B to B's Best: 2007*, p. 26, disponível em http://www.btobonline.com, acesso em 15 de junho de 2008.
[24] Ellis Booker, "Economic Slowdown Will Accelerate Online Shift", *B to B's Interactive Guide: 2008*, p. 3, disponível em http://www.btobonline.com, acesso em 1º de agosto de 2008.
[25] Kate Maddox, "Video in Play as Ad Vehicle", *B to B's Interactive Marketing Guide: 2008*, p. 26, disponível em http://www.btobonline.com, acesso em 1º de agosto de 2008.

Por Dentro do Marketing Industrial

Campanhas de Marketing Viral Criam Rumores

O marketing viral envolve o uso de mídias eletrônicas para estimular e encorajar a disseminação da mensagem boca a boca ou eletrônica entre as pessoas, com respeito a um produto ou marca específico. Por exemplo, a IBM lançou uma campanha on-line chamada "IBM Storage Scavenger Hunt Game", que fazia que os profissionais de tecnologia da informação (TI) espalhados pela web buscassem dicas para libertar personagens fictícios de um labirinto de armazenamento virtual. A campanha apresentava um vídeo on-line em anúncios em *banners* e em e-mails com um pedido de ajuda dos personagens de TI Ned e Gil, que apareciam regularmente em muitas chamadas na TV da IBM. Os anúncios levavam os usuários até a página de destino, onde recebiam dicas para libertar Ned e Gil do labirinto.

A meta da IBM para a campanha era atingir tomadores de decisão de sistemas de armazenamento de uma forma divertida e simpática. Funcionou! O público-alvo ficou realmente ligado na campanha e os participantes se interessavam em resolver o quebra-cabeça. A campanha da IBM resultou em taxas de acesso que eram quatro ou cinco vezes maiores que a média das campanhas por e-mail e duas vezes mais altas que a média das campanhas em *banners*.

FONTE: Kate Maddox, "Video in Play as Ad Vehicle", *B to B Interactive Marketing Guide: 2008*, disponível em http://www.btobonline.com, acesso em 1º de agosto de 2008.

Quando o produto de um profissional de marketing industrial tem aplicações apenas em alguns setores, as publicações verticais são a escolha lógica de mídia. Quando muitos setores são usuários potenciais e as funções bem-definidas são as principais influenciadoras nas compras, uma publicação horizontal é eficaz.

Muitas publicações comerciais são **publicações do assinante**, que oferecem assinatura gratuita para leitores selecionados. O editor pode selecionar leitores em uma posição de influência nas decisões de compra e oferecer a assinatura gratuita em troca de informações como cargo, função e responsabilidades na compra. Assim, o anunciante pode dizer se cada publicação atinge o público desejado.

A escolha da publicação, é claro, baseia-se em um entendimento total da faixa de participantes na decisão de compra e dos setores em que o produto é usado. Só então o público-alvo pode ser unido à lista de circulação das publicações industriais alternativas.

Características de um Anúncio Impresso Eficaz. Pesquisa recente sobre a eficácia dos anúncios impressos de business-to-business fornece uma sólida comprovação de que o estrategista de marketing deverá dar ênfase a uma "abordagem racional" e fornecer uma descrição clara do produto e das vantagens oferecidas aos clientes.[26] A eficácia dos anúncios é também aprimorada detalhando-se a qualidade do produto e as informações sobre desempenho de um modo concreto e lógico.

Custo da Propaganda. Como é um critério importante na seleção das publicações, a circulação deve ser ajustada pelo custo. Primeiro, o orçamento de propaganda total deve ser alocado entre as várias ferramentas de propaganda, como publicações industriais, promoção de vendas, marketing direto (mala direta ou e-mail) e propaganda on-line. As alocações para as várias opções de mídia, é claro, variam de acordo com

---

[26] Ritu Lohtia, Wesley J. Johnston e Linda Rab, "Business-to-Business Advertising: What Are the Dimensions of an Effective Print Ad?", *Industrial Marketing Management* 24 (outubro de 1995), p. 369-378.

TABELA 15.2 | GASTOS COM PROPAGANDA ON-LINE NOS ESTADOS UNIDOS

Formato	$ em milhões
Busca	$ 11.000
Anúncios gráficos	5.912
Classificados	4.675
RMF	2.613
Prospects/geração	2.269
E-mail	481
Patrocínios	550
TOTAL	$ 27.500

FONTE: "eMarketer", citado em *B to B Interactive Marketing Guide: 2008*, p. 4, disponível em http://www.btobonline.com, acesso em 1º de agosto de 2008.

a situação da empresa e a missão da propaganda. A alocação do orçamento da publicação industrial entre vários periódicos depende de sua eficiência e eficácia relativas, em geral medidas pelo custo por milhares usando a seguinte fórmula:

$$\text{Custo por milhares} = \frac{\text{Custo por página}}{\text{Circulação em milhares}}$$

Comparar duas publicações pelas suas taxas efetivas por página seria enganoso, pois a publicação com a menor circulação é, em geral, menos cara. O cálculo do custo por milhares deverá estar baseado na circulação entre o *público-alvo*, não entre o público total. Embora algumas publicações possam parecer caras em uma base de custo por milhares, podem, de fato, ser rentáveis, com pouco desperdício na circulação. Algumas publicações também possuem páginas web populares que os anunciantes podem usar para criar comunicações de marketing integrado.

Frequência e Programação. Mesmo os anúncios em publicações industriais de maior sucesso são vistos por apenas um pequeno percentual de pessoas que leem a revista; assim, os anúncios que são veiculados uma única vez são normalmente ineficazes. Como se exige uma série de exposições antes que a mensagem seja "gravada", e como o público leitor varia mês a mês, é necessária uma programação das inserções da propaganda. Para construir valor continuado e repetitivo, pelo menos seis inserções por ano podem ser necessárias em uma publicação mensal, e 26 a 52 inserções (no mínimo 13) em uma publicação semanal.[27]

Ferramentas de Marketing Direto

A mala direta e o e-mail estão entre as ferramentas de marketing direto disponíveis para o profissional de marketing industrial. A mala direta entrega a mensagem da propaganda em primeira mão para pessoas selecionadas. Exemplos possíveis de malas diretas variam desde uma carta de venda introduzindo um novo produto até uma grande brochura ou uma amostra do produto. A mala direta pode cumprir todas as funções importantes

---

[27] Ver Stanton G. Cort, David R. Lambert e Paula L. Garrett, "Effective Business-to-Business Frequency: New Management Perspectives from the Research Literature", *Advertising Research Foundation Literature Review* (outubro de 1983).

Principais Realizadores em B2B

Marketing de Mecanismo de Busca no Google: a Mensagem Correta, o Momento Certo

Para alcançar clientes em todas as etapas do ciclo de compras, desde a conscientização até a retenção, as empresas de business-to-business estão dedicando uma parcela maior de seus orçamentos de propaganda para as campanhas de marketing eletrônico, inclusive propaganda por meio de palavras-chave nos buscadores (*keyword advertising*) através de mecanismos de busca de ponta na internet como o Google ou o Yahoo. À medida que os gerentes de marketing se deparam com uma pressão maior para demonstrar o retorno sobre o investimento de cada dólar gasto em propaganda, a propaganda por meio de palavras-chave nos buscadores fornece valor atrativo – atinge prospects qualificados sob a forma de clientes potenciais em busca de termos especificamente relacionados aos seus produtos e serviços. Só se paga quando os usuários clicam em seus anúncios. A propaganda por meio de palavras-chave nos buscadores proporciona o menor custo médio por prospect de qualquer método de marketing direto.[1] Eric Grates, gerente de serviços industriais da Dow Chemical, diz: "Com um clique pelas taxas que variam de 2,5% a 7%, o programa de propaganda do Google continua a ser um componente importante de nossos esforços globais de marketing".[2]

Russ Cohn, que lidera as operações de serviço de business-to-business do Google, oferece algumas diretrizes úteis para uma propaganda bem-sucedida nos buscadores:

1. Garantir que a sua página web seja um rastreador de busca adequado ao fornecer uma hierarquia clara, links de texto e conteúdo rico em informações.
2. Entender que a relevância para o usuário está na meta: os anúncios mais bem-sucedidos conectam os clientes às informações ou à solução que estão buscando.
3. Criar uma lista de palavras-chave relevantes, ao escolher palavras específicas que reflitam de modo preciso a sua página web e os produtos anunciados.
4. Redigir anúncios claros e atraentes que usem palavras-chave e que isolem a sua proposição de valor única.
5. Rastrear os resultados e medir tudo.
   - Monitorar as taxas por clique para fazer ajustes na campanha.
   - Testar diferentes palavras-chave e cópias de anúncio.
   - Usar ferramentas livres de rastreamento de conversão para analisar que palavras-chave estão fornecendo o melhor retorno.
   - Calcular o retorno sobre o investimento.

---

[1] Russ Cohn, "Unlocking Keyword Advertising", *B2B Magazine*, disponível em http://www.b2bm.biz.com, acesso em 2 de novembro de 2005.

[2] "Google Named Top 5 Business-to-Business Media Property", disponível em http://www.google.com, acesso em 5 de maio de 2003.

---

da propaganda, mas a sua contribuição efetiva está na entrega da mensagem para um prospect bem-definido. Por outro lado, como diz o consultor de marketing pela internet, Barry Silverstein, o e-mail direto pode causar um efeito significativo na criação e na qualificação dos clientes potenciais, *se* algumas regras importantes forem seguidas com atenção: "sempre peça permissão para enviar o e-mail" e "sempre dê ao receptor a possibilidade de 'se descadastrar'".[28] A atenção está voltada, em primeiro lugar, para a propaganda por mala direta.

---

[28] Barry Silverstein, *Business-to-Business Internet Marketing*, 3. ed. (Gulf Breeze, FL.: Maximum Press, 2001), p. 171. Ver também Carol Krol, "E-Mail: Integrating Channels Key", *B to B's Interactive Marketing Guide: 2008*, p. 8, disponível em http://www.btobonline.com, acesso em 1º de agosto de 2008.

Mala Direta. A mala direta é comumente usada para promoção da imagem corporativa, promoção do produto e do serviço, suporte da força de vendas, comunicação do canal de distribuição e problemas especiais de marketing. Ao promover a imagem corporativa, a mala direta pode ajudar a estabelecer a reputação de uma empresa como líder tecnológica. Por outro lado, a propaganda do produto por mala direta pode colocar informações específicas sobre o produto nas mãos das pessoas influentes nas compras. Por exemplo, como parte de uma campanha de sucesso de marketing integrado para mudar as percepções da UPS de uma empresa básica de expedição para uma líder na cadeia de suprimentos, a empresa usou a mala direta para alcançar os tomadores de decisão – desde os gerentes de expedição até os administradores da linha de frente. A estratégia de mala direta obtém grandes resultados, alcançando uma taxa de resposta de 10,5%, com 36% daqueles que respondem comprando serviços.[29]

E-mail Direto. Como os profissionais de marketing estão devotando uma parcela maior de seus orçamentos de propaganda para o marketing on-line, o programa de relacionamento com o cliente da IBM, chamado *Focando em Você*, depende de uma ideia simples, mas poderosa – perguntar aos clientes que informações eles querem e dá-las a eles.[30] Ao dar a escolha ao cliente, a IBM aprende sobre as preferências singulares do cliente e está mais bem equipada para moldar as informações sobre produto e serviço de acordo com as necessidades específicas daquele cliente. O programa conta com o marketing por e-mail, que é bem menos caro que a mala direta. De fato, a IBM descobriu que o envio de material impresso tradicional pelo correio era dez vezes mais caro que as comunicações por e-mail. E mais ainda, as campanhas por e-mail geram, normalmente, mais respostas que as campanhas por mala direta, e os resultados são gerados mais rapidamente. Por exemplo, um terço de todas as respostas a uma campanha específica por e-mail da IBM foi gerado nas primeiras 24 horas!

Deixe o Cliente Decidir. Pamela Evans, diretora de marketing global por teleweb da IBM, descreve o valor do marketing interativo:

> No negócio de software da IBM, por exemplo, temos um longo ciclo de vendas, e a web nos dá a oportunidade para que nossos prospects e clientes nos acessem on-line, onde estabelecemos um relacionamento que podemos, então, continuar a cultivar eletronicamente. [...] O desafio com que os profissionais de marketing vão se deparar é a determinação de como o cliente quer interagir conosco e realmente tirar vantagem da web e do poder [...] para o autosserviço.[31]

As empresas que planejam integrar totalmente o e-mail direto em sua estratégia de comunicações de marketing deverão fazer um esforço especial para elaborar a sua própria lista de e-mails. Em geral, essas informações já estão disponibilizadas no sistema de gerenciamento de relacionamento com o cliente (CRM) da empresa. Lembre-se, do Capítulo 4, de que uma meta do sistema de CRM é integrar os registros do cliente de todos os departamentos, inclusive vendas, marketing e serviços ao cliente. Como resultado disso, caso um cliente responda a uma campanha por e-mail (ou mala direta), o sistema de CRM captura aquela informação em um banco de dados centralizado para que todos os funcionários do contato (vendedores, funcionários da central de atendimento, gerentes de marketing) a recebam.

Outras formas de se criar uma lista de e-mails incluem o fornecimento de um serviço de alerta de e-mail ou um boletim de e-mails, pedindo endereços de e-mail em campanhas de mala direta e obtendo

---

[29] Kate Maddox e Beth Snyder Bulik, "Integrated Marketing Success Stories", *B2B* 89 (7 de julho de 2004), p. 23.
[30] Silverstein, *Business-to-Business Internet Marketing*, p. 226.
[31] Carol Krol, "The Internet Continues to Reshape Direct", *B to B*, disponível em http://www.b2bonline.com, acesso em 10 de outubro de 2005.

endereços de e-mail em feiras comerciais.[32] Os profissionais de marketing industrial também devem entender que a resposta a uma campanha por e-mail pode ser imediata, de modo que devem estar preparados para acatar o recebimento, processar e preencher pedidos antes do lançamento da campanha por e-mail.

Medindo a Eficácia da Propaganda

O anunciante industrial raramente espera pedidos que resultem de imediato da propaganda. A propaganda é projetada para criar conscientização, estimular a lealdade à empresa ou criar uma atitude favorável com relação a um produto. Embora a propaganda possa não precipitar diretamente uma decisão de compra, os programas de propaganda devem ser responsabilizados e os gerentes de marketing estão se deparando com uma pressão crescente no sentido de demonstrar os retornos efetivos sobre os gastos de marketing.[33] A pesquisa sugere que as empresas que são adeptas da medição do desempenho em marketing geram maior lucratividade e retornos de estoque do que seus concorrentes.[34] Assim, o anunciante industrial deve ser capaz de medir os resultados da propaganda atual para melhorar a propaganda futura e avaliar a eficácia dos gastos com propaganda contra os gastos em outros elementos da estratégia de marketing.

Medindo os Impactos sobre a Decisão de Compra

Medir a eficácia da propaganda significa avaliar o efeito da propaganda sobre o que "está entre" o estímulo (propaganda) e o comportamento resultante (decisão de compra). A teoria é que a propaganda pode afetar a conscientização, o conhecimento e outras dimensões que se prestam mais facilmente à medição. Em essência, o anunciante tenta medir a capacidade da propaganda de conduzir uma pessoa pelo processo de decisão de compra. Essa abordagem supõe, corretamente ou não, que o aprimoramento de qualquer fase do processo ou do deslocamento de uma etapa para a próxima aumente a probabilidade final de compra.

Um estudo concluído na Rockwell International Corporation sugere que os profissionais de marketing industrial deverão medir os **efeitos indiretos da comunicação da propaganda**.[35] Esse estudo revelou que a propaganda afeta as comunicações boca a boca (efeito indireto), e essas comunicações exercem um papel importante na tomada de decisão do comprador. Da mesma forma, o estudo demonstrou que a propaganda afeta indiretamente os compradores com base em seu efeito sobre a reputação global da empresa e sobre a crença da força de vendas de que a propaganda ajuda a vender. O estudo sugeriu que a medição da eficácia da propaganda inclui um procedimento para rastreamento e medição do efeito da propaganda sobre os efeitos indiretos da comunicação.

Em resumo, a eficácia da propaganda é avaliada com relação aos objetivos formulados em termos dos elementos do processo de decisão do comprador, assim como alguns dos efeitos indiretos da comunicação. Os esforços da propaganda são também julgados, na análise final, sobre o custo por nível de alcance (por exemplo, dólares gastos para conseguir certo nível de conscientização ou reconhecimento).

---

[32] Barry Silverstein, *Internet Marketing for Information Technology Companies*, 2. ed. (Gulf Breeze, FL.: Maximum Press, 2001), p. 107.
[33] Diane Brady e David Kiley, "Making Marketing Measure Up", *Business Week*, 13 de dezembro de 2004, p. 112-113.
[34] Dan O'Sullivan e Andrew V. Abela, "Marketing Performance Measurement Ability and Firm Performance", *Journal of Marketing* 71 (abril de 2007), p. 79-93.
[35] C. Whan Park, Martin S. Roth e Philip F. Jacques, "Evaluating the Effects of Advertising and Sales Promotion Campaigns", *Industrial Marketing Management* 17 (maio de 1988), p. 130.

O Programa de Medição

Um sólido programa de medição requer planejamento avançado significativo. A Figura 15.2 mostra as áreas básicas da avaliação da propaganda. O estrategista de propaganda deve determinar antes o que será medido, como e em que sequência. Uma fase de pré-avaliação é necessária para estabelecer uma análise competitiva para uma nova campanha de propaganda. Por exemplo, um estudo de pré-avaliação seria conduzido para capturar o nível existente de conscientização que o produto de uma empresa desfruta em um mercado-alvo definido. Após a campanha de propaganda, o estudo avaliativo analisa as mudanças na conscientização com relação a essa análise. As cinco principais áreas para a avaliação da propaganda incluem (1) mercados, (2) motivos, (3) mensagens, (4) mídias e (5) resultados.

Métrica da Web. Com relação à propaganda on-line, a atenção também está voltada para os objetivos definidos de comunicação. O anúncio foi elaborado para atrair visitantes à página web para assistir a um vídeo on-line ou para baixar informações sobre um novo produto? Esse evento é a "ação desejada" e o gerente de marketing industrial quer medir o tráfego na página para essa ação e avaliar todos os componentes da página web que levam os visitantes a realizar essa ação. "Capturar informações de campanhas de marketing de busca permite que os profissionais de marketing B2B entendam melhor o que os visitantes buscavam para encontrar a sua página e quais os anúncios com texto que induziam as maiores taxas de acesso e conversão (ação). Esses dados, por sua vez, podem ajudar os profissionais de marketing a otimizar as suas páginas com linguagem que repercuta nos seus públicos-alvo e customizá-las com links que são mais importantes para os seus visitantes",[36] diz Jim Sterne, presidente da Target Media.

A Avaliação É Essencial. A avaliação da propaganda business-to-business é exigente e complexa, mas absolutamente essencial. Limitações orçamentárias são, em geral, fatores de restrição. Todavia, empresas de pesquisa profissional podem ser consultadas para desenvolver estudos de pesquisa de campo. Ao determinar o efeito da propaganda que motiva, em um participante da decisão, desde a conscientização do produto ou da empresa até uma prontidão para comprar, as avaliações medem, geralmente, conhecimento, reconhecimento, lembrança, conscientização, preferência e motivação. Mas, infelizmente, nem sempre é possível medir os efeitos sobre as vendas efetivas.

Gerenciando a Estratégia de Feira Comercial

Os recursos de propaganda industrial são designados, de início, para os formatos on-line, impresso e por mala direta, mas estes recebem o reforço de outras atividades promocionais como exibições e feiras comerciais, catálogos e promoções comerciais. É dada especial atenção, aqui, às feiras comerciais – um importante veículo promocional para os mercados industriais.

Feiras Comerciais: Vantagens da Estratégia

A maioria das indústrias organiza uma feira ou exibição anual para divulgar os novos avanços e desenvolvimentos tecnológicos no setor. O Centro para Pesquisa do Setor de Exibições indica que cerca de 1,5 milhão de empresas norte-americanas e canadenses colocam estandes em feiras comerciais a cada ano

---

[36] Jim Sterne, "Must-have Web Metrics", *B to B*, 10 de março de 2008, disponível em http://www.btobonline.com, acesso em 14 de maio de 2008.

FIGURA 15.2 | AS PRINCIPAIS ÁREAS PARA AVALIAÇÃO DA PROPAGANDA

ÁREA	FOCO DE MEDIÇÃO
Cobertura do mercado-alvo	Grau pelo qual a propaganda teve sucesso em alcançar mercados-alvo definidos.
Principais motivos de compra	Fatores que precipitaram a decisão de compra.
Eficácia das mensagens	Grau pelo qual a mensagem é registrada pelas principais pessoas influentes nas compras em segmentos de mercado definidos.
Eficácia das mídias	Grau pelo qual várias mídias tiveram sucesso no alcance de mercados-alvo definidos com a mensagem.
Resultados totais	Grau pelo qual a propaganda alcançou os seus objetivos definidos.

e que 83% dos visitantes da feira comercial são classificados como "pessoas influentes nas compras".[37] As empresas exibidoras gastam mais de $ 21 bilhões ao ano por um espaço na feira em exibições norte-americanas, e a empresa média participa de mais de 45 feiras comerciais por ano.[38] Em geral, os vendedores apresentam seus produtos e serviços em estandes visitados por membros interessados do setor. O exibidor típico faz contato com quatro a cinco compradores potenciais por hora no espaço da feira.

Uma exibição em feira comercial oferece uma oportunidade única de divulgação de uma contribuição significativa para a tecnologia ou de demonstrar produtos novos e antigos. De acordo com Thomas Bonoma: "para muitas empresas, os gastos em feiras comerciais são a principal – e para mais que alguns poucos, a única – forma de atividade de comunicação de marketing organizada que não sejam os esforços da força de vendas e dos distribuidores".[39] Por meio da feira comercial:

- Uma mensagem eficaz de venda pode ser entregue a um público relativamente grande e interessado de uma só vez (por exemplo, mais de 30 mil pessoas compareceram à Feira de Engenharia de Fábrica anual).
- Os novos produtos podem ser introduzidos para um público massivo.
- Os clientes podem adquirir experiência prática com o produto em uma situação de venda individual.

---

[37] Douglas Ducante, "The Future of the United States Exhibition Industry – Flourish or Flounder", disponível em http://www.ceir.org, acesso em outubro de 2002.
[38] Ruth P. Stevens, *Trade Show and Event Marketing* (Mason, OH: Thomson/South-Western, 2005), p. 2-6.
[39] Thomas V. Bonoma, "Get More Out of Your Trade Shows", *Harvard Business Review* 61 (janeiro-fevereiro de 1983), p. 76.

- Clientes potenciais podem ser identificados, fornecendo prospects qualificados para o pessoal de vendas.
- A reputação comercial será aprimorada.
- Em geral, a empresa consegue publicidade gratuita.

O custo de conseguir um prospect em uma feira comercial é de aproximadamente $ 250, muito abaixo do custo de fazer visitas de vendas pessoais em muitas empresas.[40] Ademais, as feiras comerciais oferecem um método de curto prazo excelente e rentável para a introdução de um produto em novos mercados estrangeiros.[41] Uma feira comercial internacional permite que um fabricante se encontre pessoalmente com os compradores, observe a concorrência e colete dados de pesquisa de mercado. O tempo de entrada para exportação pode ser facilmente reduzido de seis anos para seis meses ao se participar de feiras comerciais no exterior.

Retornos do Investimento da Feira Comercial

Um estudo recente avaliou o efeito de uma feira comercial sobre as vendas e a lucratividade de um novo dispositivo de teste laboratorial.[42] Em um experimento controlado em que as vendas de um novo produto poderiam ser rastreadas até os clientes que participaram ou não da feira, os níveis das vendas foram mais altos entre os que participaram. Por sua vez, a proporção de clientes que compraram o produto foi maior entre aqueles que visitaram o estande durante a feira. Mais importante, existe um retorno positivo sobre o investimento na feira comercial (23%) baseado nos lucros incrementais relacionados aos custos da feira comercial. Essa pesquisa é um dos primeiros estudos visando demonstrar que os retornos sobre os investimentos na feira comercial podem, com certeza, ser medidos.

Aperfeiçoando a Eficácia das Vendas. Outro estudo demonstrou uma forma eficaz em que a venda pessoal e as feiras comerciais trabalham em conjunto em uma estratégia de comunicações de marketing integrado.[43] Os resultados demonstram que os esforços de vendas de acompanhamento geram maior produtividade nas vendas quando os clientes já estiveram expostos aos produtos da empresa em uma feira comercial. As cifras de retorno sobre as vendas são mais altas entre os participantes da feira do que entre os não participantes, ilustrando os efeitos positivos das feiras comerciais sobre as intenções de compra do cliente. Embora aumentem bastante o desempenho, todavia, as feiras comerciais podem ser bem dispendiosas e devem ser cuidadosamente planejadas.

Planejando a Estratégia de Feira Comercial

Para desenvolver uma estratégia eficaz de comunicações de feira comercial, os gerentes devem abordar quatro questões:

1. Que funções a feira comercial deverá realizar no programa total de comunicações de marketing?
2. Para quem o esforço de marketing nas feiras comerciais deverá estar direcionado?

---

[40] Stevens, *Trade Show and Event Marketing*, p. 16.
[41] Brad O'Hara, Fred Palumbo e Paul Herbig, "Industrial Trade Shows Abroad", *Industrial Marketing Management* 22 (agosto de 1993), p. 235.
[42] Srinath Gopalakrishna, Gary L. Lilien, Jerome D. Williams e Ian K. Sequeira, "Do Trade Shows Pay Off?", *Journal of Marketing* 59 (julho de 1995), p. 75-83.
[43] Timothy M. Smith, Srinath Gopalakrishna e Paul M. Smith, "The Complementary Effect of Trade Shows on Personal Selling", *International Journal of Research in Marketing* 21 (março de 2004), p. 61-69.

3. Qual é o composto apropriado da feira para a empresa?
4. Qual deverá ser a política de auditoria do investimento da feira comercial? Como as auditorias deverão ser realizadas?[44]

As respostas a essas perguntas ajudam os gerentes a cristalizar o que pensam sobre os públicos-alvo, os resultados esperados e como os recursos deverão ser alocados.

Objetivos da Feira Comercial

As funções das feiras comerciais na geração de vendas incluem identificar as pessoas influentes na decisão; identificar clientes potenciais; fornecer informações sobre produto, serviço e empresa; aprender a respeito dos problemas potenciais de aplicação; criar vendas efetivas; e lidar com os problemas atuais do cliente. Além dessas funções relativas à venda, a feira comercial pode ser valiosa no sentido da construção da imagem corporativa, coleta de inteligência competitiva e aprimoramento da moral da força de vendas. Objetivos específicos são necessários para orientar o desenvolvimento da estratégia de feira comercial e para especificar as atividades do pessoal da empresa que estiverem ali. Uma vez formulados os objetivos específicos, todavia, o exibidor deve avaliar feiras comerciais alternativas à luz do mercado-alvo.

Seleção das Feiras

O desafio é decidir em que feiras comerciais participar e quanto do orçamento promocional gastar.[45] Claramente, a empresa quer participar daquelas feiras frequentadas pela maioria de seus segmentos importantes de clientes, então começa a pedir ideias aos vendedores e clientes. Muitas informações podem ser encontradas nos diretórios das feiras comerciais mais importantes, como o *American Tradeshow Directory* (http://www.tradeshowbiz.com) ou de um banco de dados com busca de feiras comerciais na web, como o http://www.ExhibitNet.com. Aqui, são fornecidas informações sobre cada feira e os exibidores podem promover a sua presença na feira na página.

Algumas empresas usam relatórios publicados pela Exhibit Surveys, Inc., uma empresa que faz levantamentos sobre o público das feiras comerciais. Duas das importantes medidas que a Exhibit Surveys desenvolveu são o **índice de pessoas influentes na compra** e os **planos totais de compra**. A primeira mede o percentual do público da feira que possui autoridade para tomar decisão por tipos de produtos exibidos; a segunda mede o percentual do público que planeja comprar aqueles produtos dentro dos próximos 12 meses. Essas medidas são muito úteis para o gerente de marketing industrial quando seleciona as feiras mais eficientes para participar.

Muitas empresas fazem um levantamento de seus prospects-alvo antes da feira comercial, para saber a que feiras comerciais vão e o que esperam ganhar com a participação. Dessa forma, o exibidor pode preparar a sua estratégia de feira comercial para se adequar às necessidades de seus clientes potenciais. Outros sugerem que uma empresa classifique por ordem as diversas feiras, com base na lucratividade esperada.[46] A lucratividade esperada é calculada ao se ajustar um modelo de "eficiência na identificação de prospects" usando a perspectiva de vendas históricas da empresa e os dados principais de conversão para venda, as

---
[44] Bonoma, "Get More Out of Your Trade Shows", p. 79.
[45] Stevens, *Trade Show and Event Marketing*, p. 58-62.
[46] Srinath Gopalakrishna e Jerome D. Williams, "Planning and Performance Assessment of Industrial Trade Shows: An Exploratory Study", *International Journal of Research in Marketing* 9 (setembro de 1992), p. 207-224.

informações sobre margem bruta e o público total nas feiras anteriores. A **eficiência na identificação de prospects** é definida como o número de perspectivas de vendas obtidas na feira, dividido pelo número total de visitantes da feira com planos definitivos de comprar o produto do exibidor ou um produto similar.

Gerenciando a Exposição da Feira Comercial

Para criar interesse em uma exibição, as empresas de marketing industrial colocam anúncios em publicações industriais chamando a atenção para os novos projetos que exibirão na feira. As estratégias de feira comercial também estarão vinculadas às comunicações de marketing interativo. Isso permite que muitos exibidores programem reuniões com prospects e clientes durante a feira.

O pessoal de vendas deve ser treinado para se apresentar em um ambiente de feira comercial. O trabalho de venda difere da visita de venda típica, pois o vendedor pode ter apenas cinco a dez minutos para fazer uma apresentação. Em uma típica visita de venda, os vendedores normalmente se vendem primeiro, então vendem a empresa e, por fim, o produto. Na feira comercial, o processo é invertido.

É preciso haver um sistema para responder de modo eficiente às perguntas geradas na feira. Alguns profissionais de marketing industrial acham eficaz o uso de um laptop para transmitir eletronicamente as informações para as sedes corporativas. O pessoal das sedes, então, gera uma carta e envia as informações necessárias por correio ou por e-mail. Quando os prospects voltam aos seus escritórios depois da feira, o material já está disponível.

Avaliando o Desempenho na Feira Comercial

A medição do desempenho na feira comercial é muito importante na avaliação do sucesso da estratégia de feira comercial de uma empresa. Srinath Gopalakrishna e Gary Lilien apresentam uma estrutura útil para a avaliação do desempenho, ao considerar o fluxo do tráfego pelo estande da empresa como uma sequência de três etapas.[47] A Figura 15.3 ilustra o processo e três índices diferentes de desempenho – eficiência da atração, do contato e da conversão para as três etapas respectivas.

Uma contribuição importante dessa estrutura é o vínculo entre os índices de desempenho e as principais variáveis de decisão que a empresa pode controlar. A eficiência da atração é a proporção de visitantes *interessados* que o estande é capaz de atrair. Observe que o público-alvo da empresa é o conjunto de visitantes na feira que estão interessados nos produtos da empresa, geralmente menor que o número total de participantes da feira. O poder de atração do estande é uma função de espaço (metros quadrados), promoção da feira, uso de técnicas para atrair a atenção e assim por diante. Da mesma forma, as eficiências do contato e da conversão são modeladas como uma função do número de pessoas no estande e o seu nível de treinamento.

Para determinada empresa, os gastos na feira comercial deverão estar ligados a metas concretas de comunicação de marketing para garantir um retorno adequado sobre o investimento. Para isso, os gerentes de marketing industrial devem avaliar com atenção cada feira comercial e as suas despesas em termos do possível efeito sobre vendas, lucro e imagem corporativa. Como ocorre com todos os outros veículos promocionais, o planejamento e o orçamento para feiras comerciais devem estar voltados para objetivos específicos. Uma vez determinados esses objetivos, a abordagem racional será, então, identificar o que precisa ser feito e quanto deverá ser gasto.

---

[47] Srinath Gopalakrishna e Gary L. Lilien, "A Three-Stage Model of Industrial Trade Show Performance", *Marketing Science* 14 (inverno de 1995), p. 22-42.

Capítulo 15 Comunicações de Marketing Industrial: Propaganda e Promoção de Vendas

FIGURA 15.3 | **REPRESENTAÇÃO DO MODELO DE FLUXO DE TRÁFEGO EM FEIRAS COMERCIAIS COMO UMA SEQUÊNCIA DE ETAPAS**

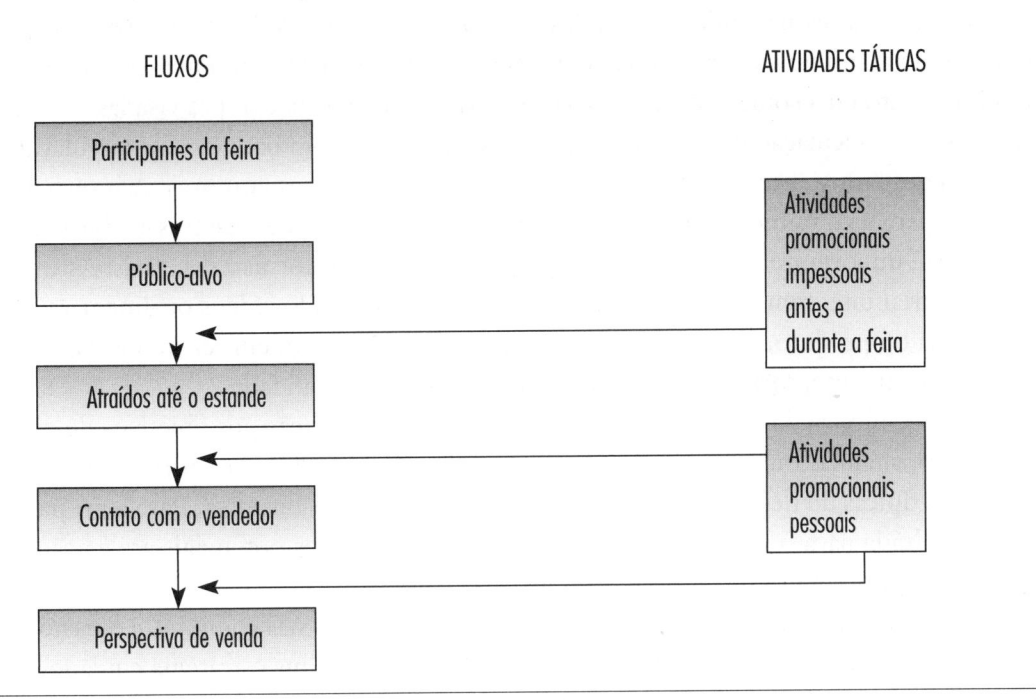

FLUXOS

Participantes da feira
↓
Público-alvo ← Atividades promocionais impessoais antes e durante a feira
↓
Atraídos até o estande ←
↓
Contato com o vendedor ← Atividades promocionais pessoais
↓
Perspectiva de venda

ATIVIDADES TÁTICAS

FONTE: Srinath Gopalakrishna e Gary L. Lilien, "A Three-Stage Model of Industrial Trade Show Performance", artigo nº 20-1992, Institute for the Study of Business Markets, Universidade do Estado da Pensilvânia.

Resumo

Os profissionais de marketing business-to-business estão desenvolvendo estratégias de comunicação de marketing integrado para alinhar os objetivos industriais estratégicos com a execução criativa por uma variedade de mídias para alcançar os resultados desejados. Devido à natureza do processo de compra business-to-business, a venda pessoal é a principal técnica para a geração de vendas; a propaganda apoia e complementa a venda pessoal. Ainda, a propaganda realiza algumas tarefas que a venda pessoal simplesmente não pode realizar. A propaganda também é capaz de alcançar as pessoas influentes nas compras, em geral inacessíveis ao pessoal de vendas.

A propaganda dá apoio à venda pessoal ao tornar produto e empresa conhecidos dos compradores potenciais. O resultado é o maior desempenho total da empresa e o sucesso nas vendas. A propaganda eficaz torna toda a estratégia de marketing mais eficiente, geralmente baixando os custos totais de marketing e de vendas. Por fim, a propaganda pode fornecer informações e conscientização sobre a empresa ou o produto de modo mais eficiente do que a venda pessoal. Mais do que apenas uma mídia para veiculação de propagandas, a internet muda as comunicações de marketing de um processo de uma via para um de duas vias, que permite ao profissional de marketing trocar mais rapidamente informações com os clientes.

O gerenciamento do programa de propaganda tem início na determinação dos objetivos da propaganda, que devem ser claramente definidos e orientados para um público específico. Uma vez especificados os objetivos, são alocados recursos para os esforços de propaganda. Regras práticas, embora comuns, não são os métodos ideais para a especificação dos orçamentos de propaganda. O método de tarefa por objetivo é bem mais eficaz.

As mensagens da propaganda são criadas com o entendimento de que o processo perceptual do comprador potencial influencia a receptividade à mensagem. O apelo mais eficaz é aquele que projeta as vantagens do produto ou a solução buscada pelas pessoas influentes na compra visadas.

As mídias para veiculação das propagandas são selecionadas com base em sua circulação – quão bem seu público se equipara ao público desejado de pessoas influentes nas compras. A internet fornece uma mídia poderosa para a comunicação com clientes-alvo, e as empresas de business-to-business estão transferindo uma parte importante do orçamento de propaganda para os formatos digitais. Astutos gerentes de marketing industrial integram a web com outras mídias e estão usando vídeos on-line para contar a história de uma marca ou produto. Campanhas de marketing interativo podem ser mudadas, personalizadas e customizadas rapidamente, tornando o marketing individual uma realidade.

Por último, a eficácia da propaganda deve ser avaliada com relação aos objetivos de comunicação da campanha de propaganda. Público leitor, reconhecimento, conscientização, atitudes e intenção de comprar são medidas típicas do desempenho em propaganda business-to-business. Para a propaganda on-line, a atenção está voltada para o grau pelo qual o anúncio levou clientes potenciais até a ação desejada (por exemplo, baixar uma brochura sobre novo produto).

Os visitantes da feira comercial tendem a ser pessoas influentes nas compras, e o custo de se alcançar um prospect aqui é bem menor do que por meio da venda pessoal. Uma estratégia cuidadosamente planejada e executada é necessária para garantir retornos promissores sobre os investimentos na feira comercial. As feiras comerciais são um modo eficiente de atingir grande público com uma única apresentação, mas os recursos devem ser alocados com atenção.

Questões para Discussão

1. A Breck Machine Tool gostaria que você desenvolvesse uma série de anúncios para um novo produto industrial. Mediante solicitação, o departamento de pesquisa de marketing da Breck fornecerá quaisquer dados que possua sobre o novo produto e o mercado. Delinear a abordagem que você seguiria na seleção das mídias e no desenvolvimento de mensagens para a campanha. Especificar os tipos de dados que usaria para melhorar a qualidade de suas decisões.

2. Argumenta-se que não se espera que a propaganda industrial precipite as vendas diretamente. Caso uma propaganda industrial não convença os compradores organizacionais a comprar a marca *A* em vez da marca *B*, o que ela faz e como podemos medir o seu efeito contra os gastos em outros elementos da estratégia de marketing?

3. Delinear como você avaliaria a eficiência e a eficácia da função de propaganda de uma empresa industrial. Focalizar as práticas orçamentárias e os resultados do desempenho.

4. Descrever o papel que a propaganda on-line poderia assumir no composto promocional do profissional de marketing industrial. Como o profissional de marketing industrial pode usar a web para construir relacionamentos próximos com os clientes?

5. Avaliar esta declaração: "A internet muda as comunicações de marketing de um processo de uma via para um processo de duas vias, que permite que o profissional de marketing e o cliente agora troquem mais rapidamente as informações".

6. Dado o rápido aumento no custo de realizar visitas de venda pessoal, o profissional de marketing industrial deverá tentar substituir a venda pessoal por propaganda por mala direta ou propaganda on-line sempre que possível. Justificar a sua posição.

7. Embora o grosso do orçamento promocional da empresa de marketing industrial esteja alocado na venda pessoal, a propaganda pode exercer um papel importante na estratégia de marketing industrial. Explicar.

8. Explicar como uma mensagem em um anúncio de business-to-business no *Wall Street Journal* pode ser avaliada de modo favorável pelo gerente de produção, avaliada de modo desfavorável pelo gerente de compras e deixar até de atrair a atenção do engenheiro de controle de qualidade.

CASO

Johnson Controls, Inc.[48]

A Johnson Controls, Inc., fornece sistemas de controle e automotivos pelo mundo todo. A Divisão de Controles oferece sistemas mecânicos e elétricos que controlam o uso de energia, ar condicionado, iluminação, proteção e segurança contra incêndio para prédios. A empresa também fornece gerenciamento e serviços técnicos na página web para clientes de uma variedade de cenários, inclusive instalações de fabricação, prédios comerciais, prédios do governo, hospitais e importantes complexos esportivos.

Ao atender a toda uma série de setores de mercado, de fabricantes a instituições de ensino, a Johnson Controls desenvolveu um conjunto de produtos e serviços para grandes cadeias varejistas, e até mesmo para lojas de departamento, lojas de desconto, mercearias e superlojas de varejo. Em sua maioria, os principais shopping centers na América do Norte são seus clientes. Os produtos da Johnson Controls incluem uma série de painéis de controle que gerenciam os equipamentos de HVAC,[49] transporte, fluxo de ar, níveis de iluminação, consumo de energia e qualidade do ar – e até determinam quantos clientes entram e saem de uma loja. Por trás dos sistemas de controle está um Centro Remoto de Operações com monitoramento 24 horas: muitos problemas podem ser diagnosticados e corrigidos on-line.

A Johnson Controls recentemente desenvolveu uma solução de produto e serviço que está voltada para o setor de lojas de conveniência. O controlador da loja de conveniência gerencia habilmente a iluminação, a refrigeração e o HVAC de uma loja, alertando o pessoal da loja quanto a maus funcionamentos. Baseando-se em sua profunda experiência no trabalho com grandes cadeias de mercearias, a Johnson Controls pode demonstrar para uma cadeia de lojas de conveniência como o sistema reduz os custos de energia, previne o desperdício de alimentos, melhora o conforto do ocupante e baixa o custo de manutenção.

Questões para Discussão

1. Delinear a estratégia de propaganda que a Johnson Controls poderia seguir para promover o controlador de lojas de conveniência. A que vantagens você daria ênfase no corpo de um anúncio?

2. Desenvolver uma lista de palavras-chave que você usaria na promoção do produto pelo programa de propaganda de busca na internet do Google.

---

[48] "Johnson Controls, Retail Industry Solutions", disponível em http://www.johnsoncontrols.com, acesso em 5 de novembro de 2005.
[49] Calefação, ventilação e ar-condicionado (N.T.).

CAPÍTULO 16

Comunicações de Marketing Industrial: Gerenciando a Função de Venda Pessoal

As comunicações de marketing industrial consistem em propaganda, promoção de vendas e venda pessoal. Como exploradas no Capítulo 15, a propaganda e as ferramentas relacionadas de promoção de vendas complementam e reforçam a venda pessoal. A venda pessoal é a mais importante força de estimulação da demanda no composto promocional do profissional de marketing industrial. Pela força de vendas, o profissional de marketing vincula a oferta total de produto e serviço da empresa às necessidades dos clientes industriais. Após a leitura deste capítulo, você entenderá:

1. o papel da venda pessoal na estratégia de marketing de relacionamento.

2. as capacidades e características de gerentes de conta com alto desempenho.

3. a natureza da função de gerenciamento de vendas.

4. as ferramentas gerenciais selecionadas que podem ser aplicadas às principais áreas de decisão da força de vendas.

John Chambers, presidente e CEO da Cisco, diz que "o cliente é a estratégia".[1] Ele deu início à sua carreira nos anos 1970 como um vendedor da IBM. Hoje, ainda gasta 40% de seu tempo trabalhando diretamente com os clientes e acredita que a importância do sucesso da Cisco vem do *feedback* continuado do cliente. De fato, toda noite, 365 dias por ano, ele recebe atualizações por *voice-mail* sobre dez a 15 contas de clientes de alto nível. Ao desenvolver tecnologia de ponta e se manter próximo ao cliente, a Cisco continua seu impressionante caminho de crescimento.

Nas operações de marketing de uma empresa típica, a venda tem sido um componente dominante e determinante fundamental do sucesso global da empresa, dando destaque à importância de um vínculo estrutural sólido entre marketing e vendas.[2] As empresas dos Estados Unidos, sozinhas, gastam $ 800 bilhões por ano em venda pessoal, cerca de três vezes o valor gasto em propaganda.[3] A venda pessoal é dominante nos mercados industriais porque, em comparação com os mercados de bens de consumo, o número de clientes potenciais é relativamente pequeno e as compras em dólar são grandes. A importância da venda pessoal no composto de marketing depende de tais fatores como a natureza e a composição do mercado, a linha de produtos e os objetivos e capacidades financeiras da empresa. Os profissionais de marketing industrial têm muitos vínculos potenciais com o mercado. Alguns contam com representantes dos fabricantes e distribuidores; outros contam exclusivamente com a força de vendas diretas. Cada empresa deve determinar a importância relativa dos componentes do composto promocional – propaganda *versus* promoção de vendas *versus* venda pessoal.

Por todos os setores, o custo de uma visita de venda industrial é mais que $ 200.[4] As empresas de informática relatam custos muito mais altos; os fabricantes de produtos químicos têm os mais baixos. Esses valores, é claro, variam, dependendo de uma série de condições quanto a empresa, produto e mercado. Eles indicam, contudo, que recursos significativos são investidos em venda pessoal no mercado industrial. De fato, Erin Anderson e Bob Trinkle argumentam de modo persuasivo que poucas empresas possuem um claro entendimento sobre os custos efetivos das vendas de campo.[5] Para maximizar a eficiência e a eficácia, a função de venda pessoal deve ser cuidadosamente gerenciada e integrada ao composto de marketing da empresa. Para melhorar a produtividade e responder à intensa concorrência, os estrategistas de vendas estão usando uma série de novas abordagens e tecnologias.

Independentemente de como uma empresa implanta a sua estratégia de vendas, o vendedor é o vínculo inicial com o mercado e com clientes específicos. A tarefa do vendedor é tanto complexa quanto desafiadora. Para atender às expectativas de todos os seus clientes, os vendedores devem possuir amplo conhecimento que vá além de seus próprios produtos. Devem ser capazes de falar com inteligência sobre os produtos dos concorrentes e sobre as tendências no setor do cliente. Devem conhecer não apenas os negócios de seu cliente, mas também o negócio dos clientes de seu cliente. Este capítulo, inicialmente, leva em consideração o papel principal do vendedor na execução das estratégias de marketing de relacionamento e no atendimento às contas dos clientes principais. A atenção, então, se volta para as características dos gerentes de conta com alto desempenho e às características centrais do processo de gerenciamento das vendas.

---

[1] Michele Marchetti, "America's Best Sales Forces: Sales to CEO", *Sales & Marketing Management*, 151 (julho de 1999), p. 63.
[2] Christian Homburg, Ore Jensen e Harley Krohmer, "Configurations of Marketing and Sales: A Taxonomy", *Journal of Marketing*, 72 (março de 2008), p. 133-154; ver também James Cross, Steven W. Hartley e William Rudelius, "Sales Force Activities and Marketing Strategies in Industrial Firms: Relationships and Implications", *Journal of Personal Selling & Sales Management* 21 (verão de 2001), p. 199-206.
[3] Deborah Kreuze, "How Effective Is Personal Selling", *Insights from MSI* (primavera de 2008), p. 3.
[4] "The Cost of Doing Business", *Sales & Marketing Management*, 151 (setembro de 1999), p. 56.
[5] Erin Anderson e Bob Trinkle, *Outsourcing the Sales Function: The Real Costs of Field Sales* (Mason, OH: Thomson Higher Education, 2005).

Estratégia de Marketing de Relacionamento[6]

Assumindo um papel central na implantação da estratégia de marketing de relacionamento (MR) com o cliente para a empresa de business-to-business (ver Capítulo 4) está o vendedor. Os relacionamentos entre empresas no mercado industrial envolvem múltiplas interações entre as pessoas, formando uma rede de relacionamentos. Para garantir que os clientes estejam tão satisfeitos quanto possível, os profissionais de marketing industrial devem gerenciar com eficiência a rede complexa de influências inseridas nos relacionamentos entre comprador e vendedor.[7]

A Figura 16.1 fornece um modelo de marketing de relacionamento entre empresas. As **atividades do marketing de relacionamento** representam programas elaborados de marketing de relacionamento, desenvolvidos e implantados para construir vínculos relacionais sólidos. Essas atividades influenciam três geradores importantes da eficácia do marketing de relacionamento – qualidade, amplitude e composição do relacionamento –, cada um capturando uma dimensão diferente do relacionamento e exercendo uma influência positiva sobre a atividade de desempenho do vendedor.

Geradores de Eficácia do Marketing de Relacionamento

Alguns relacionamentos com o cliente são caracterizados por grandes interações e vínculos próximos entre os membros das organizações de compra e de venda. Por outro lado, outros relacionamentos poderiam ser confinados a alguns poucos vínculos relacionais que o vendedor tenha desenvolvido com os membros da equipe de compras. Contando com percepções da teoria de rede social, os seguintes geradores de eficácia do marketing relacional foram identificados.

Qualidade do Relacionamento. A **qualidade do relacionamento** representa um vínculo relacional de calibre mais alto com um parceiro de troca que captura uma série de características de interação como comprometimento e confiança. "O comprometimento representa um desejo de manter um relacionamento valioso e, assim, a motivação para o relacionamento de um parceiro de troca em direção a um parceiro. A confiança envolve a avaliação da confiabilidade e da integridade de um parceiro, que gera fé nas ações futuras do parceiro que dão apoio à cooperação."[8] Os parceiros envolvidos em relacionamentos leais e de alta qualidade estão dispostos a divulgar informações privilegiadas que permitem aos vendedores identificar as necessidades não atendidas do cliente, os produtos adicionais de vendas cruzadas de modo mais eficiente, e os preços do produto de modo mais adequado, melhorando, portanto, a lucratividade.

Amplitude do Relacionamento. Um objetivo importante do profissional de marketing industrial é desenvolver um entendimento aguçado sobre as necessidades de um cliente para elaborar uma proposição de valor que aborde de modo direto aquelas necessidades. A **amplitude do relacionamento** representa o número de vínculos interpessoais que uma empresa possui com um parceiro de troca. Um vendedor que tenha formado mais vínculos interpessoais com um cliente pode ter mais acesso às informações, identificar oportunidades de melhoria do lucro e se tornar mais eficiente na construção e na manutenção do

---

[6] A menos que observado de outra forma, esta seção é baseada em Robert W. Palmatier, *Relationship Marketing* (Cambridge, MA: Marketing Science Institute, 2008).
[7] Christian Homburg e Ruth M. Stock, "The Link between Salespeople's Job Satisfaction and Customer Satisfaction in a Business-to-Business Context: A Dyadic Analysis", *Journal of the Academy of Marketing Science* 32 (primavera de 2004), p. 144-158.
[8] Robert W. Palmatier, "Interfirm Relational Drivers of Customer Value", *Journal of Marketing* 72 (julho de 2008), p. 77.

relacionamento. Pesquisas indicam que vários vínculos entre empresas são particularmente vitais ao se atender a organizações do cliente que possuem alta rotatividade de trabalhadores.[9]

Composição do Relacionamento. A **composição do relacionamento** está centralizada na capacidade de tomada de decisão dos contatos relacionais na empresa do cliente; um portfólio de contatos que inclui tomadores de decisão de alto nível aumenta a capacidade de um vendedor de realizar mudanças nas organizações do cliente. Por exemplo, maior autoridade no portfólio de contato permite que um vendedor acesse informações, adapte ofertas e alcance os tomadores de decisão influentes. Um concorrente que tenha acesso apenas aos contatos com menos autoridade enfrentam pouca probabilidade de conseguir a conta. Pesquisas sugerem que a construção de relacionamentos com os principais tomadores de decisão geram os retornos mais altos entre as organizações de clientes que são de acesso mais difícil.[10]

Poder do Relacionamento. Uma imagem clara de um relacionamento entre comprador e vendedor levará em conta tanto a qualidade do relacionamento quanto a amplitude do relacionamento (ver Figura 16.1). Assim, o **poder do relacionamento** reflete a capacidade de um relacionamento suportar o estresse e/ou conflito, de modo que vários vínculos relacionais de alta qualidade resultem em relacionamentos sólidos e resilientes. Uma falha no serviço, como falha no equipamento ou serviço de entrega deficiente, cria conflito em um relacionamento comprador-vendedor. Um relacionamento com o cliente caracterizado por muitos contatos superficiais (maior amplitude, qualidade mais baixa) propiciará pouca proteção ao vendedor durante esse período de estresse. Todavia, com base na fé (confiança), vínculos de relacionamento múltiplos e de alta qualidade (maior amplitude, qualidade mais alta) sustentarão o vendedor durante o processo de recuperação do serviço.

Eficácia do Relacionamento. Representando a interação entre a qualidade do relacionamento e a composição dele, a **eficácia do relacionamento** captura a capacidade de relação entre empresas com o objetivo de alcançar as metas desejadas. Os relacionamentos de qualidade alta com os membros da organização do cliente, associados a um portfólio de contatos bem estruturado e diversificado, dão aos vendedores os meios para executar uma estratégia responsiva. Robert W. Palmatier observa:

> Um portfólio pode incluir relacionamentos amplos e de alta qualidade, mas sofre caso aqueles contatos estejam restritos a uma área funcional com pouca tomada de decisão (composição baixa) porque o vendedor não tem acesso a informações divergentes (não redundantes) e não pode promover a mudança do cliente.[11]

Programas de Marketing de Relacionamento (MR)

Para fortalecer os vínculos relacionais com os clientes, três tipos de programas de marketing de relacionamento são empregados.

- **Programas sociais de MR**: são os que usam compromissos sociais (por exemplo, refeições, eventos esportivos) ou comunicação frequente e customizada com o intuito de personalizar o relacionamento e dar destaque ao *status* especial do cliente. Os vínculos relacionais que resultam desse tratamento especializado são difíceis de serem copiados pela concorrência e podem

---

[9] Ibid., p. 86.
[10] Ibid., p. 85-86.
[11] Palmatier, *Relationship Marketing*, p. 25.

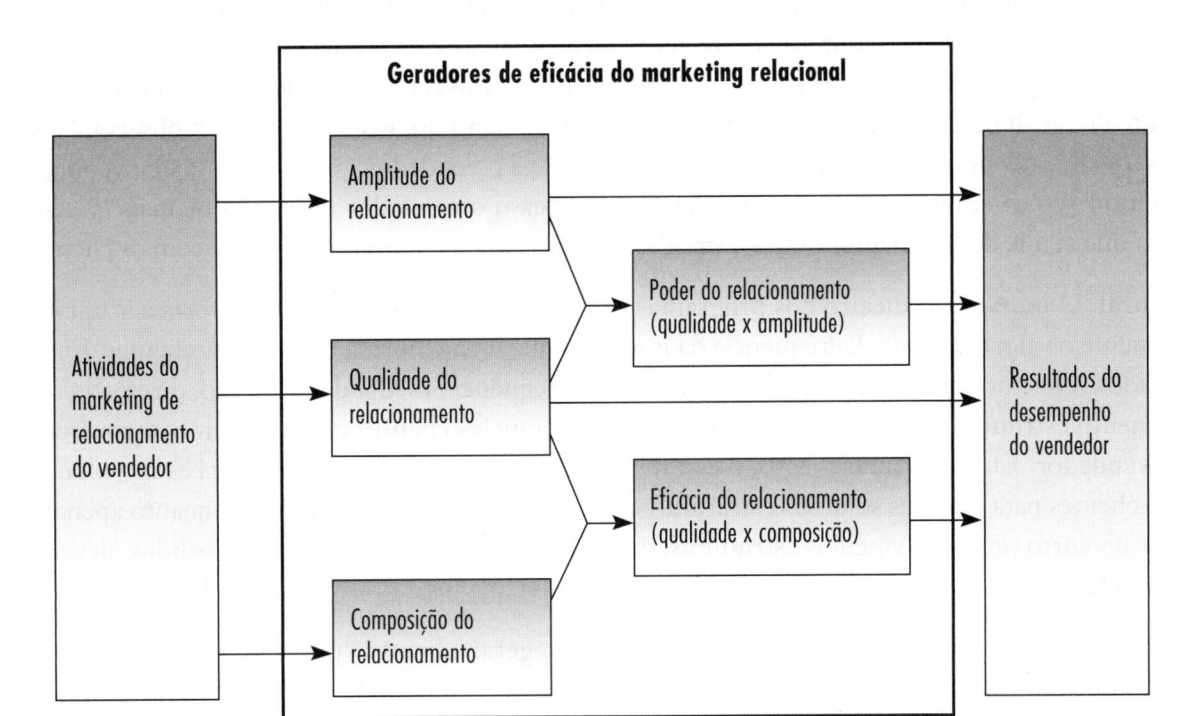

FIGURA 16.1 | MODELO DE MARKETING DE RELACIONAMENTO ENTRE EMPRESAS

Geradores de eficácia do marketing relacional

- Atividades do marketing de relacionamento do vendedor
  - Amplitude do relacionamento
  - Qualidade do relacionamento
  - Composição do relacionamento
- Poder do relacionamento (qualidade x amplitude)
- Eficácia do relacionamento (qualidade x composição)
- Resultados do desempenho do vendedor

FONTE: Robert W. Palmatier, *Relationship Marketing* (Cambridge, MA: Marketing Science Institute, 2008), p. 26. Copyright © Marketing Science Institute. Todos os direitos reservados. Reproduzido com permissão.

induzir os clientes a retribuir sob a forma de vendas repetidas e recomendações positivas para terceiros sobre o vendedor.

- **Programas estruturais de MR**: são projetados para aumentar a produtividade e/ou eficiência para os clientes, por meio de investimentos dirigidos que os clientes provavelmente não fariam por si sós. Por exemplo, o vendedor poderia fornecer ao cliente uma interface eletrônica de processamento de pedidos de embalagens customizadas. Ao oferecer vantagens únicas e, no caso de pedidos eletrônicos, um vínculo estrutural, esses programas criam vantagens competitivas e desencorajam os clientes a buscar a concorrência.
- **Programas financeiros de MR**: fornecem vantagens econômicas, como descontos especiais, expedição gratuita ou condições ampliadas de pagamento, para aumentar a lealdade do cliente. Como os concorrentes podem equiparar de imediato os incentivos econômicos, as vantagens tendem a ser insustentáveis.

Impacto Financeiro dos Programas de MR[12]

Os programas de MR compensam? Um estudo recente mediu os lucros incrementais gerados pelos programas de MR para isolar o retorno sobre o investimento (ROI).

---

[12] Esta seção é baseada em Robert W. Palmatier, Srinath Gopalakrishna e Mark B. Houston, "Returns on Business-to-Business Relationship Marketing Investments: Strategies for Leveraging Profits", *Marketing Science* 25 (setembro-outubro de 2006), p. 477-493.

Social. Na avaliação dos retornos financeiros de curto prazo das diferentes estratégias de MR, o estudo descobriu que os investimentos sociais de MR causam um impacto direto e significativo (aproximadamente 180%) sobre o lucro – bem maior que o impacto dos programas estruturais ou financeiros de MR. Para o cliente, os programas sociais criam uma sensação de dívida interpessoal, estimulando uma necessidade premente de retribuir e, assim, gerando retornos imediatos. Contudo, Robert Palmatier observa: "Os programas sociais podem fazer que os clientes considerem mais o vendedor que a empresa que vende, o que aumenta o risco da empresa que vende perder o cliente caso o vendedor não trabalhe mais lá. Assim, a empresa que vende deverá manter outros caminhos abertos para a comunicação direta com os clientes".[13]

Estrutural. O impacto financeiro dos programas estruturais de MR (por exemplo, fornecer um vínculo que aumente o valor) depende da frequência da interação que uma empresa tem com os clientes. Enquanto são obtidos retornos equilibrados de clientes com uma frequência média de interação, o retorno sobre o investimento estrutural de MR é de cerca de 120% para aqueles clientes que mantêm contato frequente com o vendedor. Em decorrência disso, o estrategista de marketing industrial deverá estar voltado para aqueles clientes para quem as soluções estruturais oferecem mais valor. Mais ainda, enquanto apenas equilibrados no curto prazo, os vínculos estruturais, como processamento eletrônico de pedidos, deverão aumentar os lucros de longo prazo, porque os clientes estão inclinados a tirar vantagem do valor fornecido.

Financeiro. Como os incentivos econômicos atraem, em geral, clientes "propensos à negociação" e são de fácil equiparação pelos concorrentes, os programas financeiros de MR normalmente deixam de gerar retornos econômicos positivos. Tais programas (por exemplo, descontos especiais), é claro, podem representar uma resposta indispensável a uma ameaça competitiva que seja necessária para proteger os relacionamentos existentes com o cliente. Por outro lado, os programas sociais e estruturais de MR são armas ofensivas que fornecem maiores retornos financeiros e uma vantagem competitiva mais duradoura.

Visando os Programas de MR[14]

Alguns clientes são mais receptivos às iniciativas de marketing de relacionamento do que outros. À medida que os gerentes de compras dão ênfase aos objetivos de redução de custo e aumento da produtividade, examinam com atenção o momento e o esforço que podem ser investidos em relacionamentos específicos com o fornecedor. A **orientação para relacionamento** (OR) representa o desejo do cliente de se comprometer em relacionamentos sólidos com um fornecedor atual ou potencial. "Os clientes tendem a ser mais [...] abertos à construção de relacionamentos quando se deparam com algum risco, incerteza ou dependência no processo de troca ou quando estão motivados quanto à categoria de produto ou serviço. Nessas situações, os clientes consideram a perícia, a flexibilidade agregada e as vantagens de redução de risco de um relacionamento como valiosas e normalmente acolhem os esforços de relacionamento do vendedor."[15]

Alocando Recursos de MR. Pesquisa sugere que os retornos sobre os investimentos de MR aumentam quando os profissionais de marketing industrial são capazes de se voltar para os clientes com base em sua OR, em vez de com base no tamanho. Por exemplo, os vendedores relatam maiores retornos aos seus esforços de MR direcionados aos compradores com a OR informada mais alta do que àqueles com

---

[13] Palmatier, *Relationship Marketing*, p. 64.
[14] Esta seção é baseada em Robert W. Palmatier, Lisa K. Scheer, Kenneth R. Evans e Todd J. Arnold, "Achieving Relationship Marketing Effectiveness in Business-to-Business Exchanges", *Journal of the Academy of Marketing Science* 36 (junho de 2008), p. 174-190.
[15] Palmatier, *Relationship Marketing*, p. 90.

a OR mais baixa. Mais importante, o estudo revela uma estratégia separada que pode ser usada de modo eficiente para clientes que demonstram uma OR *baixa*. Esses clientes transfeririam 21% de seus negócios para outro fornecedor de produtos similares, caso a transação fosse totalmente automatizada (ou seja, sem nenhum vendedor envolvido). Isso sugere que o profissional de marketing industrial poderia reduzir drasticamente os custos e melhor servir alguns clientes ao detectar com precisão aqueles com uma OR baixa e lhes oferecer a opção de usar uma interface eletrônica de pedidos. Ao alinhar adequadamente os recursos de MR às necessidades dos clientes, o vendedor pode voltar a atenção para aqueles clientes que são mais receptivos aos esforços de construção de relacionamento.

Gerenciando a Força de Vendas

O gerenciamento eficaz da força de vendas de business-to-business é fundamental para o sucesso da empresa. O gerenciamento das vendas refere-se a planejamento, organização, orientação e controle dos esforços da venda pessoal.[16] As decisões da força de vendas são consolidadas pelos objetivos globais de marketing e devem estar integradas com os outros elementos do composto de marketing. As previsões sobre resposta esperada de vendas orientam a empresa na determinação do esforço total de vendas exigido (tamanho da força de vendas) e na organização e alocação da força de vendas (talvez por territórios de vendas). As técnicas para a avaliação do potencial de mercado e a previsão das vendas (discutidas na Parte III, "Avaliação das Oportunidades do Mercado") são particularmente valiosas no planejamento das vendas. O gerenciamento das vendas também envolve atividades em curso de seleção, treinamento, implantação, supervisão e motivação do pessoal de vendas. Por fim, as operações de vendas devem ser monitoradas para identificar áreas problemáticas e para avaliar eficiência, eficácia e lucratividade das unidades de venda pessoal.

Esta seção leva em consideração os componentes estratégicos do gerenciamento da força de vendas: (1) métodos para a organização da força de vendas, (2) gerenciamento de contas-chave e (3) as características distintivas dos gerentes de conta com alto desempenho.

Organizando o Esforço de Venda Pessoal

Como a força de vendas deverá ser organizada? A forma apropriada depende de fatores como a natureza e o tamanho da linha de produtos, o papel dos intermediários no programa de marketing, a diversidade dos segmentos de mercado servidos, a natureza do comportamento de compra em cada segmento de mercado e a estrutura da venda competitiva. O tamanho e o poder financeiro do fabricante ditam, em geral, de acordo com um grau de importância, a viabilidade de formas organizacionais específicas. O profissional de marketing industrial pode organizar a força de vendas por área geográfica, produto ou mercado. Grandes empresas industriais que comercializam diversas linhas de produtos podem usar todas as três.

Organização por Área Geográfica. A forma mais comum de organização das vendas no marketing industrial é por área geográfica. Cada vendedor vende todos os produtos da empresa em uma área geográfica definida. Ao reduzir a distância de viagem e o tempo entre clientes, esse método geralmente minimiza os custos. Da mesma forma, o pessoal de vendas sabe exatamente que clientes e prospects estão incluídos em sua área de responsabilidade.

---

[16] Um tratamento abrangente de todos os aspectos do gerenciamento das vendas está além do escopo deste livro. Para discussões mais abrangentes, ver Mark W. Johnston e Greg W. Marshall, *Sales Force Management* (Nova York: McGraw-Hill/Irwin, 2008).

A principal desvantagem da organização de vendas por área geográfica é que cada vendedor deve ser capaz de executar todas as tarefas de venda para todos os produtos da empresa e para todos os clientes no território. Caso os produtos tenham aplicações diferentes, isso pode ser difícil. Uma segunda desvantagem é que o vendedor tem uma margem significativa quanto à escolha de a quais produtos e clientes se deve dar destaque. O pessoal de vendas pode dar ênfase aos produtos e aplicações de uso final que conhecem melhor. Esse problema, é claro, pode ser remediado por meio de treinamento e supervisão de primeira linha competente. Como o vendedor é crucial na implantação da estratégia de segmentação da empresa, são necessários coordenação e controle cuidadosos para alinhar o esforço de venda pessoal com os objetivos de marketing.

Organização do Produto. Em uma organização de vendas orientada para o produto, os vendedores especializam-se em componentes relativamente limitados da linha total de produtos. Isso é especialmente apropriado quando a linha de produtos é grande, diversificada ou tecnicamente complexa e quando o vendedor precisa de alto nível de conhecimento sobre a aplicação para atender às necessidades do cliente. E, ainda, vários produtos geralmente induzem vários padrões de comportamento de compra. O vendedor que se concentra em um produto específico torna-se mais competente na identificação e na comunicação com os membros dos centros de compras.

Uma vantagem principal dessa abordagem é que a força de vendas pode desenvolver um nível de conhecimento sobre o produto que aumente o valor da oferta total da empresa para os clientes. A organização de vendas orientada para o produto também pode ajudar na identificação de novos segmentos de mercado.

Um obstáculo é o custo de desenvolvimento e implantação de uma força de vendas especializada. Um produto deve ter o potencial para gerar um nível de vendas e de lucro que justifique a atenção dada a cada venda. Assim, uma "grande quantidade" de demanda é necessária para compensar os custos. Por sua vez, vários vendedores podem precisar atender a diversas exigências de produto de um único cliente. Para reduzir os custos de venda e aumentar a produtividade, algumas empresas lançaram programas para transformar os especialistas de produto em especialistas gerais, que conhecem todos os produtos da empresa e as estratégias de conta. À medida que os clientes aprendem a usar a tecnologia, geralmente superam a necessidade de especialistas de produto e preferem trabalhar com um único vendedor para todos os produtos.

Organização Centrada no Mercado. O profissional de marketing industrial pode preferir organizar o esforço de venda pessoal por tipo de cliente. A Owens-Corning recentemente trocou a estrutura de vendas por área geográfica por outra organizada por tipo de cliente. Do mesmo modo, a Hewlett-Packard utilizou com sucesso essa estrutura para fortalecer sua posição de mercado nos setores de varejo, serviços financeiros e exploração de petróleo e gás.[17] Os executivos de vendas de 500 empresas da *Fortune* que usam equipes de vendas acreditam que estão mais capacitados para manter os clientes e melhorar os resultados da empresa ao adotar uma estrutura de vendas mais focalizada no cliente.[18]

Ao aprender sobre as exigências específicas de um tipo particular de indústria ou cliente, o vendedor está mais bem preparado para identificar e responder às pessoas influentes nas compras. Também, os principais segmentos de mercado se tornam mais acessíveis, assim dando oportunidade para estratégias de venda pessoal diferenciadas. Os segmentos de mercado devem, é claro, ser suficientemente grandes para garantir o tratamento especializado.

---

[17] Thayer C. Taylor, "Hewlett-Packard", *Sales and Marketing Management* 145 (janeiro de 1993), p. 59.
[18] Vincent Alonzo, "Selling Changes", *Incentive* 170 (setembro de 1996), p. 46.

Gerenciamento de Contas-Chave[19]

Muitas empresas de marketing industrial descobrem que uma pequena parcela de clientes (por exemplo, 20%) geralmente responde por uma parte importante (por exemplo, 80%) de seus negócios. Esses clientes possuem enorme poder de compra em virtude de seu tamanho e estão buscando formas de alavancar as capacidades de seus fornecedores para aumentar o valor que entregam aos seus próprios clientes (ver Capítulo 2). Por sua vez, muitas dessas grandes empresas compradoras centralizaram o setor de compras e esperam que os fornecedores forneçam suporte de serviço coordenado e uniforme para as unidades organizacionais que estão geograficamente dispersas em uma escala nacional ou global. Em troca por um comprometimento de volume de longo prazo, esses clientes esperam que a empresa de marketing industrial forneça serviços adicionais com valor agregado (por exemplo, assistência ao desenvolvimento de novo produto) e suporte (como entrega "just-in-time") que podem não estar disponíveis para outros clientes.

Proposições Únicas de Valor. A priorização do cliente representa o grau pelo qual a empresa prioriza os clientes ao desenvolver diferentes proposições de valor para os seus clientes de nível mais alto em comparação com os de nível mais baixo. Um estudo recente revela que a priorização do cliente leva a uma lucratividade média mais alta do cliente e a um retorno maior sobre as vendas ao (1) afetar de modo positivo os relacionamentos com os clientes de nível mais alto sem afetar os relacionamentos com os clientes de nível mais baixo e (2) reduzir os custos de marketing e de vendas.[20]

Contas-chave *versus* Contas Regulares. Dada a importância desses grandes clientes, as empresas estão repensando a forma pela qual gerenciam seus clientes mais importantes e como organizar as operações internas para atender às necessidades complexas desses clientes. Para isso, muitas empresas – Hewlett-Packard, Xerox, 3M, IBM e Dow Chemical, por exemplo – estão designando gerentes de *contas-chave* e criando equipes de cliente compostas por pessoal de vendas, marketing, financeiro, de logística e de outros grupos funcionais. Os gerentes de contas-chave são tipicamente responsáveis por vários clientes importantes e estão subordinados a um executivo sênior. Para alguns clientes, o gerente de conta-chave pode trabalhar diretamente nas instalações do cliente. Por exemplo, uma equipe de conta-chave da IBM ocupa escritórios na Boeing e trabalha apenas com aquela conta.

Uma **conta-chave** representa um cliente que

1. compra um volume significativo como um percentual das vendas totais de um vendedor;
2. envolve vários membros organizacionais no processo de compra;
3. compra para uma organização com unidades geograficamente dispersas;
4. espera uma resposta bem coordenada e serviços especializados como suporte logístico, gerenciamento de estoque, descontos no preço e aplicações customizadas.[21]

Em vez de chamá-las "contas-chave", algumas empresas descrevem esses clientes como contas estratégicas ou contas nacionais.

---

[19] Esta seção é baseada em Joseph P. Cannon e Narakesari Narayandas, "Relationship Marketing and Key Account Management", em Jagdish N. Sheth e Atul Parvatiyar, eds., *Handbook of Relationship Marketing* (Thousand Oaks, CA: Sage Publications, 2000), p. 407-429.
[20] Christian Homburg, Mathias Droll e Dirk Totzek, "Customer Prioritization: Does It Pay Off and How Should It Be Implemented?", *Journal of Marketing* 72 (setembro de 2008), p. 110-128.
[21] Frank V. Cespedes, *Concurrent Marketing: Integrating Products, Sales, and Service* (Boston: Harvard Business School Press, 1995), p. 187.

Um Tipo Diferente de Relacionamento. A Tabela 16.1 compara e diferencia o paradigma tradicional de venda com o paradigma de venda para conta-chave. Os clientes de contas-chave compram em volumes bem grandes, e o foco da troca está além de um produto principal à medida que o vendedor aumenta a oferta por meio de serviços com valor agregado e suporte. Por exemplo, agindo em nome da Cisco, a FedEx coordena a entrega dos componentes da Cisco de instalações geograficamente dispersas para garantir uma instalação diretamente para a organização de um cliente. Enquanto os objetivos tradicionais de gerenciamento das vendas tipicamente dão ênfase à maximização da receita, os relacionamentos com contas-chave envolvem várias metas. Para ilustrar, as empresas podem entrar em um relacionamento mais próximo e de longo prazo para baixar os custos de ambas as empresas parceiras ao reduzir os custos de marketing e de logística do vendedor e reduzir os custos de aquisição e produção do comprador.

Ação Coordenada. Para entregar com eficiência mais valor para um cliente importante, as conexões interpessoais entre as empresas compradora e vendedora devem ir além do relacionamento entre vendedor e gerente de compras. Um relacionamento de conta-chave envolve interações frequentes entre uma equipe de especialistas funcionais de ambas as organizações. O gerente da conta-chave assume um papel de liderança na coordenação das atividades do centro de compras e na facilitação dessas comunicações entre empresas pelos especialistas funcionais. Cultivar essas conexões interpessoais cria uma atmosfera em que esse pessoal especializado pode identificar cooperativamente novas soluções que baixem os custos ou melhorem o desempenho. Quando a incerteza é alta ou são necessárias adaptações importantes no produto, a equipe interorganizacional deverá caracterizar a participação ativa do pessoal-chave da organização do cliente para, junto com os membros da organização vendedora, criar a solução desejada.[22]

Seleção de Contas-Chave.[23] Caso a empresa de marketing industrial possa ter relacionamentos próximos e importantes com um conjunto bem pequeno de clientes, cada um exigindo um grande investimento, a escolha de contas-chave é crucial. Como as contas-chave possuem poder de compra, demandam serviços especiais e geralmente custam mais para servir, o processo de seleção da conta deve analisar o potencial de vendas e de lucro, assim como os comprometimentos de recursos de longo prazo que o relacionamento exige.

Frank V. Cespedes recomenda uma abordagem de três fases na seleção de contas-chave. Para ser escolhido, um cliente potencial deve atender às exigências de triagem das três fases.

> Fase 1: Está centralizada no (a) potencial de lucro de um cliente, medido em termos de potencial de vendas incrementais, e no (b) grau pelo qual um cliente dá valor aos serviços de suporte da empresa e está disposto a pagar um preço especial por eles. (*Por exemplo, caso o produto seja crítico para as operações de um cliente, os serviços de suporte são mais valiosos.*)
>
> Fase 2: Identifica as contas de clientes da Fase 1 que possuem exigências de suporte únicas que fornecem oportunidades de aprendizagem organizacional lucrativas. (*Por exemplo, a meta, nesse caso, é investir nas capacidades de suporte que são avaliadas por várias contas.*)
>
> Fase 3: Considera o grau pelo qual as transações com o cliente potencial complementam a economia da empresa do vendedor. (*Por exemplo, alguns clientes compram produtos de margem mais alta do que outros ou fornecem uma equiparação melhor com as capacidades de fabricação da empresa.*)

---

[22] Ruth Maria Stock, "Interorganizational Teams as Boundary Spanners Between Supplier and Customer Companies", *Journal of the Academy of Marketing Science* 34 (outubro de 2006), p. 588-589.
[23] Esta seção é baseada em Cespedes, *Concurrent Marketing*, p. 193-198; ver também George S. Yip e Audrey J. M. Bink, "Managing Global Accounts", *Harvard Business Review* 84 (setembro de 2007), p. 103-111.

TABELA 16.1 | VENDA TRADICIONAL *VERSUS* VENDA PARA CONTA-CHAVE

	Foco na venda tradicional	Foco na venda para conta-chave
Volume de vendas	Varia	Grande volume de compras pelo cliente, em geral de múltiplas unidades de negócio do vendedor
Natureza da oferta de produto/serviço	Produto/serviço principal	Produto/serviço principal *mais* aplicações customizadas e serviços com valor agregado
Horizonte de tempo	De curto prazo	De longo prazo
Vantagens para o cliente	Preços mais baixos e qualidade superior	Custos totais mais baixos Conjunto amplo de vantagens estratégicas
Compartilhamento de informações	Limitado: foco limitado sobre o preço e as características do produto	Amplo: foco amplo à medida que as empresas compartilham metas estratégicas
Objetivos da força de vendas	Maximizar a receita Tornar-se o fornecedor preferido	Clientes satisfeitos Baixar os custos totais da empresa do cliente Aumentar o aprendizado no relacionamento
Estrutura do centro de vendas	O vendedor individual é o principal vínculo com a organização do cliente	Muitas pessoas de várias áreas funcionais no lado da venda interagem com contrapartes na organização do cliente
Estrutura do centro de compras	O gerente de compras e algumas outras pessoas estão envolvidos na decisão de compra	Muitas pessoas dentro da organização do cliente interagem na tomada de decisões e na avaliação do relacionamento

FONTE: Adaptado com alterações de Joseph P. Cannon e Narakesari Narayandas, "Relationship Marketing and Key Account Management", em *Handbook of Relationship Marketing*, Jagdish N. Sheth e Atul Parvatiyar, eds. (Thousand Oaks, CA: Sage Publications, 2000), p. 409; e de Frank V. Cespedes, *Concurrent Marketing: Integrating Products, Sales, and Service* (Boston: Harvard Business School Press, 1995), p. 186-202.

Diz Cespedes: "Quando existem critérios claros para a determinação do potencial de lucro, das vantagens da aprendizagem e dos geradores de custo associados aos clientes, a empresa sabe quando (e quando não) incorrer nos comprometimentos significativos necessários para os relacionamentos eficazes com as contas-chave".[24]

Sucesso das Contas Nacionais

Uma pesquisa sugere que as unidades de contas nacionais bem-sucedidas desfrutam de suporte da alta administração; possuem objetivos, atribuições e procedimentos de implantação bem-definidos; e seu pes-

---

[24] Ibid., p. 197.

soal é experiente, com uma sólida compreensão sobre os recursos e as capacidades de toda a empresa e como usá-los para criar soluções para o cliente.[25] Os programas de gerenciamento de contas-chave aumentam a lucratividade? Sim. Um recente estudo abrangente de empresas norte-americanas e alemãs demonstra vantagens claras de desempenho que as empresas com programas ativos de gerenciamento de contas-chave desfrutam com relação àquelas que não o fazem. Por sua vez, a pesquisa também indica que programas bem-sucedidos fornecem ao gerente de contas-chave um acesso imediato a recursos e suporte pelas áreas funcionais.[26] Os programas bem-sucedidos de contas nacionais também adotam uma sólida perspectiva de marketing de relacionamento e demonstram consistentemente a sua capacidade de atender a necessidades imediatas e futuras do cliente.

Até agora, analisamos o papel central da venda pessoal na estratégia de marketing industrial e as formas alternativas para alinhar a força de vendas aos segmentos de clientes. A atenção, agora, está voltada para os principais marcos no gerenciamento de um comprometimento com um cliente específico.

Isolando o Processo de Gerenciamento de Conta[27]

Para explorar o trabalho executado pelos gerentes de conta, nosso foco está nas situações complexas de vendas nos mercados industriais, que são caracterizadas por grandes valores em dólar, ciclos de vendas prolongados, soluções customizadas e o envolvimento de muitos membros da organização tanto no lado de compra quanto no de venda. Com frequência nessas situações de vendas, designa-se um conjunto específico de clientes para um gerente de conta e este, então, monta uma equipe para isso à medida que surgem as exigências ou oportunidades do cliente. Por exemplo, as grandes empresas de tecnologia da informação, como a IBM, reservam equipes de contas-chave para um conjunto cuidadosamente selecionado de clientes, mas contam com um gerente de conta designado para cobrir a maioria dos clientes de grandes empresas.

Assumindo um papel central em um comprometimento específico está o gerente de conta, que diagnostica quais são as necessidades do cliente, identifica o conjunto apropriado de especialistas internos, recruta-os para a equipe e, então, orquestra as atividades do centro de vendas para entregar uma solução que atenda às necessidades do cliente. Vamos analisar como os gerentes de conta com alto desempenho realizam essas atividades e dar destaque a como eles diferem de seus colegas. Estudos recentes que exploraram as características de gerentes de conta com alto desempenho em duas empresas dentre as 500 da *Fortune* fornecem algumas percepções valiosas.

Sucesso do Gerenciamento de Conta

Para situações complexas de vendas, o desempenho do gerente de conta depende de garantir acesso às pessoas certas e às informações corretas para resolver novos problemas para o cliente. A Figura 16.2 dá

---

[25] John P. Workman Jr., Christian Homburg e Ove Jensen, "Intraorganizational Determinants of Key Account Management Effectiveness", *Journal of the Academy of Marketing Science* 31 (inverno de 2003), p. 3-21; ver também Homburg, Droll e Totzek, "Customer Prioritization".

[26] Christian Homburg, John P. Workman Jr. e Ove Jensen, "A Configurational Perspective of Key Account Management", *Journal of Marketing* 66 (abril de 2002), p. 38-60; ver também Roberta J. Schultz e Kenneth R. Evans, "Strategic Collaborative Communication by Key Account Representatives", *Journal of Personal Selling & Sales Management* 22 (inverno de 2002), p. 23-32.

[27] Esta seção é retirada de Michael D. Hutt e Beth A. Walker, "A Network Perspective of Account Manager Performance", *Journal of Business & Industrial Marketing* 21 (7, 2006), p. 466-473.

PRINCIPAIS REALIZADORES EM B2B

Usando Estratégias Customizadas para Manobrar Melhor os Concorrentes

A **cognição competitiva** refere-se à estrutura usada por um gerente para organizar e reter o conhecimento sobre os concorrentes e para direcionar a aquisição e o uso das informações.[1] Pesquisas sugerem que a cognição competitiva influencia cada desempenho. Por exemplo, em um estudo curioso na literatura esportiva, a pesquisa demonstra que os atletas de elite (por exemplo, membros da equipe olímpica de luta romana dos Estados Unidos) usam amplos planos competitivos que envolvem estratégias e táticas customizadas para vencer os concorrentes, enquanto os atletas mais fracos não desenvolvem planos customizados, mas contam, em vez disso, com uma abordagem mais genérica diante da competição.[2]

Nessa linha de pensamento, um estudo explorou o papel da cognição competitiva na moldagem competitiva praticada pelos vendedores.[3] A **moldagem competitiva** envolve o uso de informações e o conhecimento dos vendedores sobre a concorrência, para criar uma proposição de negócio para o cliente. Exemplos da moldagem incluem acelerar o ciclo de vendas para dar um contragolpe em um concorrente lento ou para ampliar o escopo do produto e do serviço oferecidos para melhor manobrar um concorrente do nicho. Os resultados do estudo indicam que cada ato adicional de moldagem aumenta em cinco vezes a probabilidade de o vencedor ganhar o negócio do cliente!

---

[1] Beth A. Walker, Dimitri Kapelianis e Michael D. Hutt, "Cognição Competitiva", *MIT Sloan Management Review* 46 (verão de 2005), p. 10-12.

[2] Daniel Gould, Robert C. Eklund e Susan A. Jackson, "1988 U.S. Olympic Wrestling Excellence: I. Mental Preparation, PreCompetitive Cognition, and Affect", *The Sports Psychologist* 6 (dezembro de 1992), p. 358-382.

[3] Dimitri Kapelianis, Beth A. Walker, Michael D. Hutt e Ajith Kumar, "Those Winning Ways: The Role of Competitive Crafting in Complex Sales", artigo (Tempe, AZ: Universidade do Estado do Arizona, 2008).

---

destaque aos principais marcos em um comprometimento do cliente e dá ênfase ao papel crucial das atividades de construção de relacionamento na empresa e na organização do cliente. Os grandes realizadores sobressaem na construção do relacionamento. Capitalizando essas conexões de relacionamento, o gerente de conta está mais bem equipado para elaborar uma proposta industrial que alinhe as capacidades da empresa às metas do cliente. Mais ainda, observe que os resultados bem-sucedidos aumentam a reputação interna do gerente de conta, proporcionando capital social que o gerente pode investir em futuros compromissos com o cliente.

Construindo Relacionamentos Internos. Gerentes de conta com alto desempenho formam mais vínculos interfuncionais e entre unidades dentro da organização do que os seus colegas. Uma rede social diversificada fornece ao gerente acesso a capacidades e conhecimento únicos. Os gerentes de conta com vínculos com uma série de combinações de conhecimento distintas na organização podem contar com ampla gama de capacidades, conhecimento e recursos – aumentando assim o pronto atendimento de seu cliente. Pesquisa sugere que os vendedores com alto desempenho são capazes de "percorrer a sua própria organização para descobrir pessoal, recursos ou capacidades de que podem se beneficiar em situações específicas de vendas [...]".[28]

---

[28] Christopher R. Plouffe e Donald W. Barclay, "Salesperson Navigation: The Intraorganizational Dimension of the Sales Role", *Industrial Marketing Management* 36 (maio de 2007), p. 529.

FIGURA 16.2 | CICLO DO SUCESSO DO GERENCIAMENTO DE CONTA

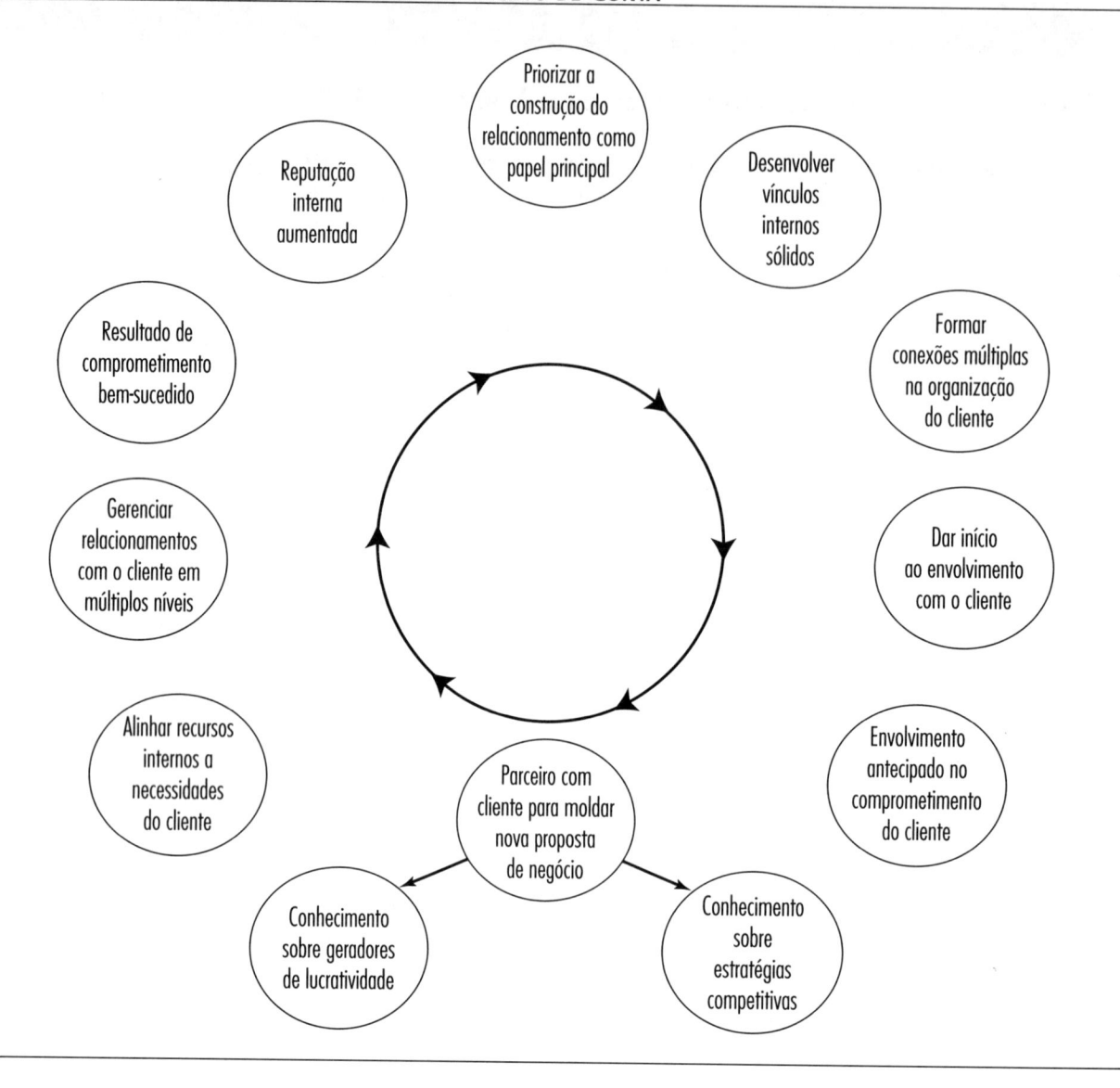

- Priorizar a construção do relacionamento como papel principal
- Desenvolver vínculos internos sólidos
- Formar conexões múltiplas na organização do cliente
- Dar início ao envolvimento com o cliente
- Envolvimento antecipado no comprometimento do cliente
- Conhecimento sobre estratégias competitivas
- Conhecimento sobre geradores de lucratividade
- Parceiro com cliente para moldar nova proposta de negócio
- Alinhar recursos internos a necessidades do cliente
- Gerenciar relacionamentos com o cliente em múltiplos níveis
- Resultado de comprometimento bem-sucedido
- Reputação interna aumentada

Moldando Relacionamentos dentro da Organização do Cliente. Estar envolvido no centro do sistema de compras da organização do cliente melhora a capacidade de um gerente de conta de entender as exigências do cliente e as metas de negócio. Em comparação com seus colegas, os melhores realizadores possuem mais vínculos interfuncionais e uma rede de contatos maior dentro da organização do cliente. Como situações complexas de vendas envolvem um centro de compras que inclui participantes de vários níveis da hierarquia organizacional e de diferentes unidades, a rede de comunicação de um gerente de conta deve ir além da unidade de compra focalizada.

Gerenciando o Processo de Comprometimento do Cliente. Ao desenvolver uma rede de relacionamentos tanto dentro da empresa quanto dentro da organização do cliente, um gerente de conta está idealmente equipado para gerenciar o processo de comprometimento do cliente. Por meio dessas conexões, os gerentes de conta recebem informações vitais sobre oportunidades emergentes do cliente, exigências e soluções do cliente e desafios competitivos (ver Figura 16.2). Em comparação com os realizadores menos bem-sucedidos, os gerentes de conta com alto desempenho são mais proativos ao iniciar um envolvimento com o cliente e tendem a estar envolvidos nos comprometimentos iniciais do cliente no processo de compra do que seus colegas. Capitalizando sobre esse envolvimento precoce, os melhores realizadores estão também mais inclinados a exercer um papel ativo na elaboração de solicitações de propostas (RFP) do cliente.

Alinhando e Moldando. Um comprometimento bem-sucedido do cliente depende tanto do conhecimento do cliente quanto da inteligência competitiva. Os melhores realizadores sabem mais sobre as metas do cliente e sobre os geradores de lucratividade do cliente do que os realizadores mais fracos. Ao criar uma solução para o cliente, um vendedor deve "agir como um corretor e montar uma equipe para isso composta por especialistas, coordenando os esforços de pessoas que possam não se conhecer".[29] Esse conhecimento permite que alinhem as capacidades da empresa às metas do cliente. Os gerentes de conta com alto desempenho desenvolvem uma sólida inteligência competitiva e usam esse conhecimento para ultrapassar seus concorrentes em um comprometimento específico com o cliente.

Reputação Interna Aumentada. Ao construir uma sólida rede de relacionamentos tanto dentro da empresa quanto na organização do cliente, os gerentes de conta com alto desempenho – em comparação com seus colegas – estão mais capacitados para diagnosticar as exigências do cliente, mobilizar especialistas internos e coreografar as atividades que são necessárias para ultrapassar os concorrentes e criar a solução desejada para o cliente. Os resultados bem-sucedidos melhoram a reputação de um gerente de conta na organização, fortalecendo assim os relacionamentos internos de trabalho e assegurando acesso imediato às pessoas certas e às informações corretas para futuros comprometimentos.

Administração das Vendas

Uma administração bem-sucedida da força de vendas envolve recrutamento e seleção de vendedores e, então, seu treinamento, sua motivação, supervisão, avaliação e seu controle. A empresa industrial promoverá uma atmosfera organizacional que encoraja o desenvolvimento de uma força de vendas bem-sucedida.

Recrutamento e Seleção de Vendedores

O processo de recrutamento apresenta várias *trade-offs* para o profissional de marketing industrial. A empresa deverá buscar vendedores experientes ou deverá contratar e treinar pessoas sem experiência? A resposta depende da situação específica; varia de acordo com o tamanho da empresa, a natureza da tarefa de venda, a capacidade de treinamento da empresa e sua experiência no mercado. Empresas de menor porte, em geral, reduzem os custos de treinamento ao contratar vendedores experientes e mais caros. Por outro lado, as grandes organizações com uma função de treinamento mais complexa podem contratar pessoal menos experiente e oferecer-lhes um programa de treinamento cuidadosamente elaborado.

Uma segunda *trade-off* é quantidade *versus* qualidade. Geralmente, os gerentes de vendas fazem a triagem de tantos candidatos quanto possível, ao selecionar novos vendedores. Todavia, isso pode sobrecarregar o processo de seleção, obstruindo a capacidade da empresa de identificar candidatos de qualidade. O recrutamento, como a venda, é um processo de troca entre duas partes. Os gerentes de vendas estão chegando à conclusão de que, com relação aos candidatos a vendedor, precisam demonstrar oportunidades de desenvolvimento pessoal e de carreira oferecidas pela empresa. Um esforço de recrutamento mal realizado, sem retorno, deixa uma impressão negativa nos candidatos. Um esforço de recrutamento bem organizado garante que os candidatos qualificados obtenham o nível adequado de atenção no processo de triagem.

---

[29] Tuba Ustuner e David Godes, "Better Sales Networks", *Harvard Business Review* 84 (julho-agosto de 2006), p. 108.

Assim, devem ser estabelecidos procedimentos para garantir que candidatos inadequados sejam dispensados logo no início, de modo que o conjunto de candidatos seja reduzido a um tamanho controlável.[30]

A responsabilidade pelo recrutamento e pela seleção dos vendedores pode estar com o supervisor de primeira linha (que, em geral, recebe ajuda de um superior imediato), ou com o departamento de recursos humanos, ou com outros executivos no nível da diretoria. Esse último grupo tende a estar mais envolvido quando a força de vendas é vista como a base de treinamento para gerentes de marketing ou gerentes gerais.

Treinamento

Para preparar novos vendedores de modo adequado, o programa de treinamento deve ser elaborado com atenção. É necessário o treinamento periódico para aguçar as capacidades dos vendedores experientes, em especial quando o ambiente da empresa está mudando rapidamente. Mudanças na estratégia de marketing industrial (por exemplo, novos produtos, novos segmentos de mercado) exigem mudanças correspondentes nos estilos de venda pessoal.

O vendedor precisa ter muito conhecimento sobre empresa, linha de produtos, segmentos de clientes, concorrência, comportamento de compra organizacional e capacidades eficazes de comunicação.[31] Tudo isso deve ser parte dos programas de treinamento de vendas. Em comparação com suas contrapartes, as organizações de vendas com alto desempenho treinam os novos vendedores em uma gama ampla de áreas: conhecimento do mercado, capacidades de comunicação, técnicas de escuta, capacidades de lidar com as queixas e conhecimento do setor.[32]

Com a expansão do marketing global, as empresas precisam incluir um módulo de treinamento de vendas que analise como abordar e responder aos clientes de culturas diferentes. Esse treinamento focalizaria o papel da comunicação intercultural no desenvolvimento de relacionamentos globais entre comprador e vendedor.[33] O treinamento eficaz constrói confiança e motivação no vendedor, aumentando assim a probabilidade de sucesso. Por sua vez, o treinamento ajuda o profissional de marketing industrial ao manter a venda pessoal alinhada com os objetivos do programa de marketing. Um esforço bem-sucedido de treinamento pode reduzir os custos de recrutamento; muitas empresas de business-to-business descobriram que a rotatividade dos vendedores diminui à medida que melhora o treinamento. É claro que um vendedor que está mal preparado para atender às demandas das vendas pode rapidamente se tornar desencorajado, frustrado e invejoso com relação aos amigos que escolheram outras opções de carreira. O treinamento eficiente e uma supervisão capacitada de primeira linha podem aliviar muito dessa ansiedade, que predomina especialmente nas etapas iniciais de muitas carreiras.

Supervisão e Motivação

A força de vendas deve ser orientada de uma forma que seja compatível com as políticas e objetivos de marketing da empresa. As tarefas críticas da supervisão são treinamento continuado, aconselhamento,

---

[30] Wesley J. Johnston e Martha C. Cooper, "Industrial Sales Force Selection: Current Knowledge and Needed Research", *Journal of Personal Selling & Sales Management* 1 (primavera/verão de 1981), p. 49-53.
[31] William L. Cron, Greg W. Marshall, Jagdip Singh, Rosann Spiro e Harish Sujan, "Salesperson Selection, Training, and Development Trends: Implications, and Research Opportunities", *Journal of Personal Selling & Sales Management* 25 (primavera de 2005), p. 123-136.
[32] Adel I. El-Ansary, "Selling and Sales Management in Action: Sales Force Effectiveness Research Reveals New Insights and Reward-Penalty Patterns in Sales Force Training", *Journal of Personal Selling & Sales Management* 13 (primavera de 1993), p. 83-90.
[33] Victoria D. Bush e Thomas Ingram, "Adapting to Diverse Customers: A Training Matrix for International Marketers", *Industrial Marketing Management* 25 (setembro de 1996), p. 373-383.

ajuda (por exemplo, gerenciamento do tempo) e atividades que possam auxiliar os vendedores a planejar e executar seu trabalho. A supervisão também determina os padrões de desempenho nas vendas, cumpre a política da empresa e integra a força de vendas com níveis organizacionais mais altos.

Orville Walker Jr., Gilbert Churchill Jr. e Neil Ford definem **motivação** como a quantidade de esforço que o vendedor "deseja despender em cada uma das atividades ou tarefas associadas ao seu trabalho, como visitas a novas contas potenciais, planejamento de apresentações de vendas e preenchimento de relatórios".[34] O modelo apresentado na Figura 16.3 lança a hipótese de que o desempenho no trabalho de um vendedor é uma função de três fatores: (1) nível de motivação, (2) aptidão ou capacidade e (3) percepções sobre como desempenhar seu papel. Cada um destes é influenciado por variáveis pessoais (por exemplo, personalidade), variáveis organizacionais (como programas de treinamento) e variáveis ambientais (por exemplo, situação econômica). Os gerentes de vendas podem influenciar algumas das variáveis pessoais e organizacionais por meio de seleção, treinamento e supervisão.

A motivação está fortemente relacionada (1) às percepções da pessoa sobre os tipos e quantidades de recompensas de vários níveis de desempenho no trabalho e (2) ao valor que o vendedor atribui a essas recompensas. Para dado nível de desempenho, dois tipos de recompensa podem ser oferecidos:

1. **Recompensas mediadas internamente**: o vendedor obtém recompensas em uma base pessoal, como autocongratulação ou aumento da autoestima.
2. **Recompensas mediadas externamente**: as recompensas são controladas e oferecidas pelos gerentes ou clientes, como incentivos financeiros, pagamento ou reconhecimento.

As recompensas influenciam bastante a satisfação do vendedor com o trabalho e o ambiente de trabalho, que também é influenciada pelas percepções do papel da pessoa. A satisfação no trabalho diminui quando a percepção do vendedor sobre o papel é (1) *imprecisa* em termos das expectativas dos superiores, (2) caracterizada por demandas *conflitantes* entre os parceiros de papel (empresa e cliente) que o vendedor não pode, possivelmente, resolver, ou (3) cercada por *incerteza* devido à falta de informações sobre as expectativas e os critérios de avaliação de superiores e clientes.

Os profissionais de marketing industrial geralmente usam programas formais de incentivo para conseguir resultados específicos de serviço ao cliente, vendas e lucro. Tipicamente, um programa de incentivo oferece recompensas para o alcance de uma meta bem-definida durante determinado período. As recompensas devem ser bem concebidas, com base no valor do vendedor, vinculadas a se obter o comportamento desejado, e reconhecem o comportamento tanto da pessoa quanto da equipe.[35] Com frequência, o reconhecimento é um ingrediente importante nos programas de incentivo às vendas e pode cobrir todas as possibilidades, desde a recompensa trimestral da Hewlett-Packard para um vendedor que seja particularmente astuto ao transformar uma objeção em um pedido até as entregas de prêmios elaboradas na IBM.

Atmosfera Organizacional e Satisfação no Trabalho.[36] Churchill, Ford e Walker, que contribuíram com o modelo na Figura 16.3, também fornecem suporte empírico para algumas proposições que fluem

---

[34] Orville C. Walker Jr., Gilbert A. Churchill Jr. e Neil M. Ford, "Motivation and Performance in Industrial Selling: Present Knowledge and Needed Research", *Journal of Marketing Research* 14 (maio de 1977), p. 156-168; ver também Steven P. Brown, William L. Cron e Thomas W. Leigh, "Do Feelings of Success Mediate Sales Performance – Work Attitude Relationships?", *Journal of the Academy of Marketing Science* 21 (primavera de 1993), p. 91-100.
[35] Katherine Morrall, "Motivating Sales Staff with Rewards", *Bank Marketing* 28 (julho de 1996), p. 32-38.
[36] Esta seção é baseada em Gilbert A. Churchill Jr., Neil M. Ford e Orville C. Walker Jr., "Organizational Climate and Job Satisfaction in the Salesforce", *Journal of Marketing Research* 13 (novembro de 1976), p. 323-332. Para outras discussões sobre o assunto, ver R. Kenneth Teas e James C. McElroy, "Causal Attributions and Expectancy Estimates: A Framework for Understanding the Dynamics of Salesforce Motivation", *Journal of Marketing* 50 (janeiro de 1986), p. 75-86; William L. Cron, Alan J.

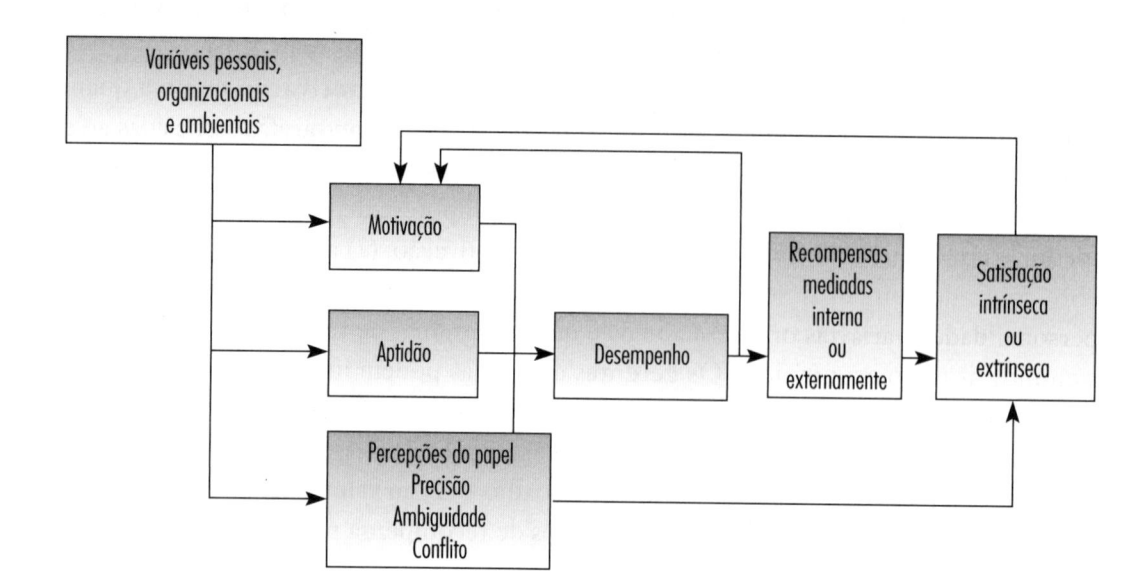

FIGURA 16.3 | DETERMINANTES DO DESEMPENHO DE UM VENDEDOR

```
[Variáveis pessoais, organizacionais e ambientais]
         ↓
    [Motivação]
         ↓
    [Aptidão]  →  [Desempenho]  →  [Recompensas mediadas interna ou externamente]  →  [Satisfação intrínseca ou extrínseca]
         ↑
    [Percepções do papel: Precisão, Ambiguidade, Conflito]
```

FONTE: Orville C. Walker, Gilbert A. Churchill Jr. e Neil M. Ford, "Motivation and Performance in Industrial Selling: Present Knowledge and Needed Research", *Journal of Marketing Research* 14 (maio de 1977), p. 158. Reproduzido com permissão da American Marketing Association.

do modelo. Ao analisar a satisfação no trabalho em um grupo representativo de vendedores industriais, os autores descobriram que a ambiguidade do papel e o conflito do papel enfraquecem a satisfação no trabalho. Os vendedores provavelmente ficam ansiosos e insatisfeitos quando estão incertos quanto às expectativas dos parceiros de papel ou sentem que os parceiros de papel (por exemplo, clientes, superiores) estão fazendo demandas incompatíveis e impossíveis.

Uma abordagem eficiente para a redução da ambiguidade do papel entre os novos vendedores é o treinamento e a socialização que oferecem informações suficientes sobre as expectativas do papel e que minimizam a confusão potencial sobre as exigências de desempenho. As estratégias que reduzem a ambiguidade do papel provavelmente encorajam o desempenho nas vendas e a satisfação no trabalho.[37] Mais ainda, um programa de socialização que fornece aos vendedores recentemente contratados uma imagem realista de seu trabalho fortalece seu comprometimento com a organização.[38]

A Satisfação no Trabalho Realmente Importa. Os vendedores tendem a possuir um nível mais alto de satisfação no trabalho quando (1) percebem que seu supervisor de primeira linha orienta e monitora de perto as suas atividades, (2) a administração lhes dá o apoio e o suporte de que necessitam para resolver problemas incomuns e não rotineiros e (3) se percebem como tendo um papel ativo na determinação de políticas e padrões da empresa que os afetam. A satisfação no trabalho também parece estar relacionada mais à essência do contato entre gerentes de vendas e vendedores do que à sua frequência. Também, ven-

---

Dubinsky e Ronald E. Michaels, "The Influence of Career Stages on Components of Salesperson Motivation", *Journal of Marketing* 52 (janeiro de 1988), p. 78-92; e Jeffrey K. Sager, Charles M. Futrell e Rajan Varadarajan, "Exploring Salesperson Turnover: A Causal Model", *Journal of Business Research* 18 (junho de 1989), p. 303-326.

[37] Steven P. Brown e Robert A. Peterson, "Antecedents and Consequences of Salesperson Job Satisfaction: Meta-Analysis and Assessment of Causal Effects", *Journal of Marketing Research* 30 (fevereiro de 1993), p. 63-77.

[38] Mark W. Johnston, A. Parasuraman, Charles M. Futrell e William C. Black, "A Longitudinal Assessment of the Impact of Selected Organizational Influences on Salespeople's Organizational Commitment during Early Employment", *Journal of Marketing Research* 27 (agosto de 1990), p. 333-343.

dedores satisfeitos parecem ser capazes de aceitar orientação de uma série de departamentos na organização, sem um efeito negativo significativo sobre a satisfação no trabalho – a uniformidade de comando não parece ser um pré-requisito para uma moral mais alta.

Vínculo Direto com a Satisfação do Cliente. Um estudo recente de Christian Homburg e Ruth M. Stock demonstra um relacionamento positivo entre a satisfação no trabalho dos vendedores e a satisfação do cliente.[39] Por quê? Primeiro, quando estão expostos às emoções positivas de um vendedor, os clientes vivenciam uma mudança correspondente no próprio estado afetivo. Esse fenômeno, fundamentado no campo da psicologia social, é chamado contágio emocional e causa uma influência positiva sobre a satisfação do cliente. Em segundo lugar, quanto maior a satisfação do vendedor no trabalho, maior a qualidade da interação com o cliente, refletida pela franqueza, flexibilidade e orientação para o cliente por parte do vendedor. O relacionamento entre satisfação no trabalho e satisfação do cliente é particularmente forte quando as interações com o cliente são frequentes, os clientes assumem um papel central no processo de criação de valor ou estão envolvidos produtos ou serviços inovadores.

Rotatividade. O desempenho e as diferenças individuais na motivação, autoestima e inteligência verbal também podem afetar a satisfação no trabalho. Richard Bagozzi observa:

> Os vendedores tendem a estar mais satisfeitos à medida que seu desempenho melhora, mas o relacionamento é particularmente sensível ao nível de motivação e autoimagem positiva da pessoa. Embora a administração possa não ter controle direto sobre o desempenho alcançado pelos vendedores, pode influenciar o nível de motivação e autoestima por meio de programas eficientes de incentivo e sensibilidade entre supervisor e empregado e, assim, afetar indiretamente tanto o desempenho quanto a satisfação no trabalho.[40]

Uma pesquisa sugere que a liderança do gerente de vendas influencia de modo direto e indireto a satisfação dos vendedores no trabalho, o que, por sua vez, afeta a rotatividade da força de vendas.[41] Além disso, outro estudo indica que os vendedores gerenciados por gerentes de vendas "com alto desempenho" exibem menos estresse no papel e estão mais satisfeitos que seus colegas.[42] Embora alguns fatores que influenciam a satisfação no trabalho e o desempenho estejam além do controle dos gerentes de vendas, essa linha de pesquisa salienta a importância de treinamento responsivo, supervisão de apoio e políticas claramente definidas da empresa que sejam congruentes com as necessidades da força de vendas.

Avaliação e Controle

Uma responsabilidade continuada do gerenciamento de vendas é monitorar e controlar a força de vendas industrial em todos os níveis – nacional, regional e distrital – para determinar se os objetivos estão sendo

---

[39] Homburg e Stock, "The Link between Salespeople's Job Satisfaction and Customer Satisfaction in a Business-to-Business Context", p. 144-158.

[40] Richard P. Bagozzi, "Performance and Satisfaction in an Industrial Sales Force: A Causal Modeling Approach", em *Sales Management: New Developments from Behavioral and Decision Model Research*, Richard P. Bagozzi, ed. (Cambridge, MA: Marketing Science Institute, 1979), p. 70-91; ver também Bagozzi, "Performance and Satisfaction in an Industrial Sales Force: An Examination of Their Antecedents and Simultaneity", *Journal of Marketing* 44 (primavera de 1980), p. 65-77.

[41] Eli Jones, "Leader Behavior, Work Attitudes, and Turnover of Salespeople: An Integrative Study", *Journal of Personal Selling & Sales Management* 16 (primavera de 1996), p. 13-23.

[42] Frederick A. Russ, Kevin M. McNeilly e James M. Comer, "Leadership, Decision-Making, and Performance of Sales Managers", *Journal of Personal Selling & Sales Management* 16 (verão de 1996), p. 1-15.

alcançados e para identificar problemas, recomendar ação corretiva e manter a organização de vendas sintonizada com as condições competitivas e de mercado em mudança.

Medidas de Desempenho.[43] Os gerentes de vendas usam tanto medidas de desempenho do vendedor baseadas no comportamento quanto baseadas no resultado. Quando um sistema de controle da força de vendas é mais **baseado no comportamento**, o gerente de vendas monitora e orienta as atividades dos vendedores, usa medidas subjetivas para avaliar o desempenho e dá ênfase a um sistema de remuneração com um grande componente fixo. As medidas de venda baseadas no comportamento incluem o conhecimento do vendedor sobre as aplicações do produto e a tecnologia da empresa bem como a clareza das apresentações do vendedor aos clientes. Os sistemas de controle baseados no comportamento são uma boa pedida quando os vendedores não possuem experiência, as empresas precisam controlar como os vendedores apresentam seus produtos e serviços e quando se pede aos vendedores que realizem uma série de atividades não relacionadas a vendas (por exemplo, ajudar no desenvolvimento de novo produto).

Por outro lado, um sistema de controle da força de vendas **baseado no resultado** envolve menos supervisão direta de campo das atividades do vendedor e usa medidas objetivas para avaliar o desempenho e um sistema de remuneração com um grande componente de incentivo. As medidas de resultado da força de vendas incluem resultados das vendas, ganhos de participação no mercado, vendas de novo produto e contribuições ao lucro. O controle baseado no resultado é adequado quando as capacidades e os esforços da força de vendas são os principais determinantes dos resultados das vendas. "Quando os representantes de vendas fazem uma boa diferença no resultado final, vale a pena dar-lhes autonomia e pagar generosamente pelo que eles fazem", dizem Erin Anderson e Vincent Onyemah.[44]

Estabelecendo Padrões de Desempenho. Os padrões para a avaliação dos vendedores oferecem formas de comparação do desempenho de vários vendedores ou unidades de venda (por exemplo, distritos), assim como para a medição da produtividade global da organização de vendas. A experiência e a opinião da gerência são importantes no desenvolvimento de padrões adequados. Mais importante, os padrões devem estar relacionados a objetivos globais de marketing e devem levar em conta as diferenças nos territórios de vendas, que podem variar bastante quanto ao número e a agressividade dos concorrentes, quanto ao nível de potencial de mercado e quanto à carga de trabalho.

Está comprovado que uma confiança estrita nas medidas de resultado e nos planos de remuneração por incentivo pode não produzir os resultados desejados em vendas ou desempenho em marketing. "O suposto poder de supervisão automático de planos de pagamento de incentivos levou alguns executivos de vendas a pensar que os resultados importantes das vendas poderiam ser alcançados de modo razoável sem o reforço intenso de gerenciamento em áreas sem concorrência."[45] Normalmente mais eficiente é uma abordagem mais equilibrada que atribui um papel mais proeminente aos gerentes de vendas de campo e dá ênfase a medidas baseadas no comportamento.[46]

---

[43] Esta seção é baseada em Erin Anderson e Vincent Onyemah, "How Right Should the Customer Be?", *Harvard Business Review* 84 (julho-agosto de 2006), p. 59-67.

[44] Ibid., p. 64.

[45] David W. Cravens, Thomas N. Ingram, Raymond W. LaForge e Clifford E. Young, "Behavior-Based and Outcome-Based Salesforce Control Systems", *Journal of Marketing* 57 (outubro de 1993), p. 56.

[46] Richard L. Oliver, "Behavior and Outcome-Based Sales Control Systems: Evidence and Consequences of Price-Form and Hybrid Governance", *Journal of Personal Selling & Sales Management* 15 (outono de 1995), p. 1-15.

As medidas baseadas no comportamento também são adequadas à venda de relacionamento – uma estratégia importante no mercado industrial. A venda de relacionamento requer vendedores com uma orientação de equipe que possam focalizar atividades como planejamento de vendas e suporte de vendas, assim como metas como satisfação do cliente.

Modelos para Gerenciamento de Força de Vendas Business-to-Business

Até este ponto, nossa discussão tem-se preocupado com (1) recrutamento e seleção, (2) treinamento, (3) motivação e supervisão e (4) avaliação e controle. Decisões fracas em uma área podem criar uma reação em outras áreas. Uma tarefa de gerenciamento de vendas crítica permanece: implantação da força de vendas. O objetivo é organizar os territórios de vendas mais lucrativos, designar vendedores para servir aos clientes potenciais naqueles territórios e alocar com eficiência a força de vendas entre aqueles clientes.

Análise da Implantação: uma Abordagem Estratégica

O tamanho da força de vendas determina o nível de esforço de venda que o profissional de marketing industrial pode usar. O esforço de venda é, então, organizado por distritos de vendas e territórios de vendas designados. As decisões sobre alocação determinam como o esforço de vendas deve ser partilhado entre clientes, prospects e produtos. Tudo isso está ilustrado na Tabela 16.2.

A implantação adequada requer uma abordagem de várias etapas para se descobrir o modo mais eficiente e eficaz de atribuir os recursos de vendas (por exemplo, visitas de vendas, número de vendedores, percentual do tempo do vendedor) por todas as **unidades de planejamento e controle (UPCs)** que a empresa atende (por exemplo, prospects, clientes, territórios, distritos, produtos).[47] Assim, uma implantação eficaz significa o entendimento dos fatores que influenciam as vendas em uma UPC específica, como um território.

Resposta de Vendas do Território. O que influencia o nível potencial de vendas em um território específico? A Tabela 16.3 delineia oito classes de variáveis. Essa lista mostra a complexidade de se estimar as funções de resposta de vendas. Essas estimativas são necessárias, contudo, para que se façam alocações de vendas significativas.

Três traços de território merecem particular atenção nos estudos de resposta de vendas: potencial, concentração e dispersão.[48] O **potencial** (como discutido no Capítulo 5) é uma medida da oportunidade total de negócio para todos os vendedores em um mercado específico. A **concentração** refere-se a quanto de potencial está subjacente a algumas grandes contas naquele território. Caso o potencial esteja concentrado, o vendedor pode cobrir com poucas visitas uma grande parte dele. Por fim, caso o território seja geograficamente **disperso**, as vendas serão talvez menores devido ao tempo despendido na viagem. A pesquisa antiga era, em geral, centralizada na **carga de trabalho do território** – o número de contas. Todavia, Adrian Ryans e Charles Weinberg relatam que a carga de trabalho é de valor questionável na

---

[47] David W. Cravens e Raymond W. LaForge, "Sales Force Deployment", em *Avanços no Marketing Industrial*, v. 1, Arch G. Woodside, ed. (Greenwich, CT: JAI Press, 1986), p. 67-112; e LaForge e Cravens, "Steps in Selling Effort Deployment", *Industrial Marketing Management* 11 (julho de 1982), p. 183-194.

[48] Adrian B. Ryans e Charles B. Weinberg, "Territory Sales Response", *Journal of Marketing Research* 16 (novembro de 1979), p. 453-465; ver também Ryans e Weinberg, "Territory Sales Response Models: Stability over Time", *Journal of Marketing Research* 24 (maio de 1987), p. 229-233.

TABELA 16.2 | **DECISÕES DE IMPLANTAÇÃO DAS ORGANIZAÇÕES DE VENDAS**

Tipo de decisão	Decisões de desenvolvimento específicas
Determinar o nível total do esforço de venda	Organizar o esforço de venda
	Alocar o esforço de venda
Determinar o tamanho da força de vendas	Planejar os distritos de vendas
	Planejar os territórios de vendas
	Alocar esforço para áreas comerciais
	Alocar visitas de vendas para contas
	Alocar visitas de vendas para prospects
	Alocar tempo de visita de vendas para produtos
	Determinar duração da visita de vendas

FONTE: Reproduzido com permissão do editor de "Steps in Selling Effort Deployment", por Raymond LaForge e David W. Cravens, *Industrial Marketing Management* 11 (julho de 1982), p. 184. Copyright © 1982 de Elsevier Science Publishing Co., Inc.

TABELA 16.3 | **DETERMINANTES SELECIONADOS DE RESPOSTA DE VENDAS DE TERRITÓRIO**

1. Fatores ambientais (por exemplo, saúde da economia)
2. Competição (ou seja, o número de vendedores concorrentes)
3. Estratégia e táticas de marketing da empresa
4. Organização, políticas e procedimentos da força de vendas
5. Características do gerente de vendas de campo
6. Características do vendedor
7. Características do território (por exemplo, potencial)
8. Fatores de cada cliente

FONTE: Adaptado de Adrian B. Ryans e Charles B. Weinberg, "Territory Sales Response", *Journal of Marketing Research* 16 (novembro de 1979), p. 453-465.

estimativa da resposta de vendas: "De um ponto de vista gerencial, a descoberta recorrente de uma associação entre resultados de potencial e de vendas sugere que os gerentes de vendas deverão salientar o potencial do território ao tomar decisões que envolvam a força de vendas".[49]

Grade de Oportunidade dos Recursos de Vendas. A análise da implantação equipara os recursos de vendas às oportunidades de mercado. As unidades de planejamento e controle como territórios ou distritos de vendas são parte de um portfólio global, com várias unidades oferecendo inúmeros níveis de oportunidade e exigindo vários níveis de recursos de vendas. Uma grade de oportunidade dos recursos de vendas pode ser usada para classificar o portfólio de UPCs da empresa de business-to-business.[50] Na Figura 16.4, cada UPC está classificada com base na oportunidade da UPC e no poder da organização de vendas.

---

[49] Ryans e Weinbert, "Territory Sales Response", p. 464.
[50] LaForge e Cravens, "Steps in Selling Effort Deployment", p. 183-194.

FIGURA 16.4 | **GRADE DE OPORTUNIDADE DOS RECURSOS DE VENDAS**

	Alta	**Baixa**
Alta	**Análise de oportunidade** A UPC oferece boas oportunidades porque possui alto potencial e porque a organização de vendas tem uma posição sólida **Atribuição do recurso de vendas** Alto nível de recursos de vendas para tirar vantagem da oportunidade	**Análise de oportunidade** A UPC pode oferecer boas oportunidades, caso a organização de vendas possa fortalecer sua posição **Atribuição do recurso de vendas** Ou orienta alto nível de recursos de vendas para melhorar a posição e tirar vantagem da oportunidade, ou transfere os recursos para outras UPCs
Baixa	**Análise de oportunidade** A UPC oferece oportunidades estáveis, pois a organização de vendas tem posição sólida **Atribuição do recurso de vendas** Nível moderado de recursos de vendas para manter o poder atual da posição	**Análise de oportunidade** A UPC oferece poucas oportunidades **Atribuição do recurso de vendas** Nível mínimo de recursos de vendas; eliminar seletivamente a cobertura de recursos; possível eliminação da UPC

Oportunidade da UPC (eixo vertical)
Poder da organização de vendas (eixo horizontal)

FONTE: Reproduzido com permissão do editor de "Steps in Selling Effort Deployment", por Raymond LaForge e David W. Cravens, *Industrial Marketing Management* 11 (julho de 1982), p. 187. Copyright © 1982 por Elsevier Science Publishing Co., Inc.

A **oportunidade da UPC** é o potencial total da UPC para todos os vendedores, enquanto o **poder da organização de vendas** inclui as vantagens competitivas da empresa ou as competências distintas dentro da UPC. Ao posicionar todas as UPCs na grade, o gerente de vendas pode atribuir recursos de vendas para aquelas que possuem o maior nível de oportunidade e capitalizar sobre os poderes específicos da organização de vendas. Por exemplo, clientes existentes e prospects que estão posicionados de modo mais adequado na célula superior esquerda da grade representam o alvo mais atrativo, ao passo que aqueles na célula inferior direita representam os menos atrativos.

Em vários pontos na tomada de decisão da implantação, a grade de oportunidade dos recursos de vendas é importante para se fazer a triagem da força de vendas, do projeto do território e da alocação de visitas de vendas aos segmentos do cliente. Esse método pode isolar os problemas de implantação ou as oportunidades de implantação que valha a atenção do gerenciamento de vendas e posterior análise de dados.

Resumo

A venda pessoal é uma força estimulante da demanda significativa no mercado industrial. Dado o aumento rápido do custo das visitas de vendas pessoais e os recursos massivos investidos na venda pessoal, o profissional de marketing industrial deve gerenciar com atenção essa função e tirar total vantagem da tecnologia disponível para melhorar a produtividade da força de vendas. As atividades de marketing de relacionamento (MR) representam programas dedicados de marketing de relacionamento, desenvolvidos e implantados para construir vínculos relacionais sólidos com os clientes. Essas atividades influenciam os três geradores importantes da eficácia do MR – qualidade, amplitude e composição do relacionamento. Para fortalecer os vínculos relacionais com os clientes, três tipos de programas de MR são usados: social, estrutural e financeiro. Os retornos sobre os investimentos em MR aumentam quando os profissionais de marketing industrial são capazes de visar clientes com base em sua orientação de relacionamento, em vez de tamanho.

Para gerenciar a rede complexa de influências que se cruzam nos relacionamentos entre comprador e vendedor, um gerente de conta deve iniciar, desenvolver e manter uma rede de relacionamentos, tanto dentro da empresa quanto na organização do cliente. Em comparação com seus colegas, os gerentes de conta com alto desempenho sobressaem na construção de relacionamentos e desenvolvem uma base maior de clientes e conhecimento da concorrência que usam para criar soluções superiores para o cliente.

O gerenciamento da força de vendas é uma tarefa multifacetada. Primeiro, o profissional de marketing deve definir de modo claro o papel da venda pessoal na estratégia global de marketing. Segundo, a organização de vendas deve ser adequadamente estruturada – por área geográfica, produto, mercado ou alguma combinação dos três. Independentemente da organização da força de vendas, um número crescente de empresas de business-to-business também está estabelecendo força de vendas de contas-chave para que possam servir com lucro grandes clientes com exigências complexas de compra. Terceiro, o processo continuado de administração da força de vendas inclui recrutamento e seleção, treinamento, supervisão e motivação, e avaliação e controle.

Uma tarefa particularmente desafiadora do gerenciamento de vendas é a implantação do esforço de vendas por produtos, tipos de cliente e territórios. A grade de oportunidade dos recursos de vendas é uma estrutura de organização útil para as decisões de implantação de vendas. Da mesma forma, o profissional de marketing industrial pode se beneficiar com a implantação de um sistema de CRM. Essas ferramentas podem ajudar o gerente de vendas a destacar contas atrativas, implantar o esforço de vendas, coordenar as atividades pelos vários canais de vendas e construir a lealdade do cliente.

Questões para Discussão

1. Alguns profissionais de marketing industrial organizam sua força de vendas por produtos; outros estão centralizados no mercado. Que fatores devem ser levados em consideração na seleção do arranjo organizacional mais apropriado para a força de vendas?

2. A pesquisa sugere que, quanto maior a satisfação do vendedor, maior a satisfação do cliente. Dada essa importante relação, que etapas pode uma empresa de business-to-business percorrer para cultivar e manter a satisfação no trabalho da força de vendas?

3. Quando se planeja uma visita de vendas a uma conta específica no mercado industrial, que informações seriam necessárias sobre o centro de compras, as exigências de compra e a concorrência?

4. Para tomar decisões de alocação da força de vendas eficientes e eficazes, o gerente de vendas deve analisar os territórios de vendas. Descreva como o gerente de vendas pode lucrar ao analisar (a) o potencial, (b) a concentração e (c) a dispersão dos territórios.

5. Com base no retorno sobre o investimento, por que os programas financeiros de marketing de relacionamento (por exemplo, descontos) em geral não compensam?

6. Desenvolva uma lista de capacidades e características que distinguem entre realizadores bem-sucedidos e realizadores medianos em uma organização de vendas. A seguir, descreva as etapas que uma empresa deve percorrer para melhorar o conjunto de capacidades dos realizadores medianos.

7. Alguns clientes são mais abertos a iniciativas de marketing de relacionamento do que outros. Sob que condições os clientes tenderiam a ser mais responsivos aos esforços de construção de relacionamentos dos vendedores?

8. Explique como um programa de treinamento de vendas bem-sucedido pode reduzir os custos de recrutamento.

9. Como geradores da eficácia do marketing de relacionamento, compare e diferencie a amplitude do relacionamento e a composição do relacionamento.

10. Christine Lojacono começou como representante de vendas da Xerox há muitos anos e é hoje uma gerente de contas-chave, orientando as atividades de cinco contas-chave. Compare a natureza do trabalho e a natureza da tarefa de vendas para um gerente de contas-chave com aquelas de um representante de vendas de campo.

CASO

Gerenciamento de Conta na YRC Worldwide: Escolhendo os Clientes Sabiamente

A YRC Worldwide é uma empresa dentre as 500 da *Fortune* que fornece ampla gama de serviços de transporte para clientes por todos os setores industriais dos Estados Unidos. Os clientes da YRC, que são mais de 300 mil, incluem fabricantes industriais e de bens de consumo, grandes e pequenos, assim como varejistas, inclusive aqueles que operam em uma escala regional ou nacional. Enquanto as equipes de contas-chave servem a grandes clientes corporativos, a YRC serve a maioria de seus clientes por meio de uma rede de escritórios de vendas locais.

Por exemplo, em uma área metropolitana, como Seattle, Chicago ou Boston, os gerentes de conta – trabalhando em um escritório de vendas com muitos funcionários e dirigidos por um gerente de vendas e diretor de área – são designados para uma seção específica da cidade e têm a responsabilidade de cobrir todos os clientes dentro daqueles limites. Dependendo da concentração da atividade industrial em uma área, o número de clientes potenciais que fazem parte do território atribuído a um gerente de contas pode variar de 300 a mais de 1.500. Os serviços de transporte que cada cliente requer são específicos – alguns precisam de serviço de entrega garantido e com horário definido ou entrega rápida, enquanto outros buscam rotas de custo mais baixo. Mais ainda, os produtos envolvidos são igualmente diversificados, variando desde acessórios ou maquinário pesado até vestuário, peças componentes ou produtos químicos especializados.

Dado o grande número de clientes potenciais que cobrem, associado às exigências únicas de expedição que cada um pode apresentar, os gerentes de contas devem dar especial atenção aos prospects mais promissores, alcançando outros apenas se o tempo permitir.

Questão para Discussão

1. Desenvolva uma lista de critérios que um gerente de compras da YRC poderia usar para avaliar a atratividade relativa de 600 clientes potenciais e isolar os cem melhores prospects. Suponha que você tenha total acesso a quaisquer informações da empresa, inclusive comportamento de compra anterior, dados sobre receita e lucro, relatórios de satisfação do cliente e um perfil demográfico completo de cada organização de cliente.

PARTE V

Avaliação da Estratégia e do Desempenho do Marketing Industrial

CAPÍTULO 17

Medição de Desempenho em Marketing

Dois gerentes de marketing industrial que enfrentam condições de mercado idênticas e com recursos iguais para investir na estratégia de marketing podem gerar resultados completamente diferentes. Por quê? Um gerente pode monitorar e controlar com atenção o desempenho da estratégia de marketing, enquanto o outro não. O gerente astuto avalia a lucratividade dos segmentos alternativos e analisa a eficiência e a eficácia dos componentes do composto de marketing para isolar problemas e oportunidades e alterar a estratégia conforme imposto pelo mercado ou pela concorrência. Após a leitura deste capítulo, você entenderá:

1. um sistema para a conversão de uma visão estratégica em um conjunto determinado de medidas de desempenho.

2. a função e o significado do controle de marketing no gerenciamento do marketing industrial.

3. os componentes do processo de controle.

4. o valor distintivo de "painéis" para a avaliação do desempenho da estratégia de marketing.

5. a importância da execução para o sucesso da estratégia de marketing industrial.

Larry Bossidy e Ram Charan afirmam que: "Quando as empresas deixam de cumprir as suas promessas, a explicação mais frequente é que a estratégia do CEO estava errada. Mas a estratégia em si não é geralmente a causa. As estratégias quase sempre falham porque não são bem executadas".[1]

O gerenciamento da estratégia de marketing de uma empresa é similar ao treinamento de um time de futebol: a excitação e o desafio estão na formulação da estratégia. Devemos nos focalizar em chutar ou passar a bola? Que pontos fracos da concorrência podemos explorar? Como devemos variar as nossas jogadas clássicas? O profissional de marketing industrial, então, também aplica o talento gerencial de modo criativo ao desenvolver e implantar estratégias de marketing únicas que respondam às necessidades do cliente e capitalizem sobre os pontos fracos dos concorrentes.

Todavia, a formulação da estratégia eficaz é apenas meio caminho do treinamento ou gerenciamento. Um treinador realmente bom devota bastante energia na avaliação do desempenho do time durante os jogos da última semana para determinar a estratégia para esta semana. Nossa estratégia funcionou? Por quê? Quando falhou? Da mesma forma, uma estratégia de marketing bem-sucedida depende da avaliação do desempenho em marketing. A outra metade do planejamento da estratégia é o **controle de marketing**, ou seja, verificar o desempenho real com relação ao planejado, ao avaliar a lucratividade de produtos, segmentos de cliente e territórios. James Harrington, consultor de qualidade da Ernst & Young, coloca a importância do controle de marketing em perspectiva: "A medição é a primeira etapa que leva ao controle e, finalmente, ao aperfeiçoamento. Se você não pode medir algo, não pode entendê-lo. Se não pode entendê-lo, não pode controlá-lo. Se não pode controlá-lo, não pode aperfeiçoá-lo".[2] Mais importante, um sistema eficiente de controle medirá os principais geradores de sucesso no ambiente industrial e voltará a atenção para onde devem ser realizados os aperfeiçoamentos.[3]

De acordo com um estudo conduzido pelo Conselho de Diretores de Marketing (CMO), os diretores de marketing sofrem intensa pressão vinda de CEOs voltados para o resultado final e de conselhos de administração exigentes no sentido de melhorar a relevância, a prestação de contas e o desempenho de suas organizações. A medição do desempenho em marketing, a quantificação e a medição do valor do marketing e o aperfeiçoamento da eficiência e da eficácia do marketing ainda se mantêm entre os principais desafios enfrentados pelos profissionais de marketing. O estudo do Conselho de Diretores de Marketing descobriu que, para os profissionais de marketing de hoje, provar o valor do marketing é o desafio número um com relação a outros desafios, como aumentar o conhecimento do cliente e extrair valor e lucratividade maiores dos clientes.[4] Assim, a importância crítica de um sistema eficiente de controle que forneça medidas essenciais de desempenho é realçada para todos os profissionais de marketing industrial, pequenos ou grandes.

As informações geradas pelo sistema de controle de marketing são essenciais para a revisão das estratégias de marketing atuais, formulando novas e alocando recursos. Como observam Roland Rust e seus colegas: "a disseminação eficaz de novos métodos de avaliação da produtividade do marketing com relação à comunidade industrial será uma etapa importante em direção ao aumento da vitalidade do marketing na empresa e, mais ainda, em direção à melhora do desempenho da própria empresa".[5] Dessa forma, o

---

[1] Larry Bossidy e Ram Charan, *Execution: The Discipline of Getting Things Done* (Nova York: Crown Business, 2002), p. 15.
[2] Amy Miller e Jennifer Cioffi, "Measuring Marketing Effectiveness and Value: The Unisys Marketing Dashboard", *Journal of Advertising Research* 44 (setembro-outubro de 2004), p. 244.
[3] Robert S. Kaplan e David P. Norton, "Using the Balanced Scorecard as a Strategic Management System", *Harvard Business Review* 74 (janeiro-fevereiro de 1996), p. 75-85.
[4] Laura Patterson, "Taking On the Metrics Challenge", *Journal of Targeting, Measurement and Analysis for Marketing* 15 (junho de 2007), p. 273.
[5] Roland T. Rust, Tim Ambler, Gregory S. Carpenter, V. Kumar e Rajendra K. Srivastava, "Measuring Marketing Productivity: Current Knowledge and Future Directions", *Journal of Marketing* 68 (outubro de 2004), 76-90.

controle de marketing fornece uma base crítica para o diagnóstico e o avanço do desempenho da empresa, e a avaliação do desempenho em marketing é tão importante quanto a formulação e a execução da estratégia de marketing. Mais importante, as exigências para um sistema de controle eficiente são rigorosas – os dados devem ser coletados de modo continuado nas medidas de desempenho apropriadas. Assim, uma estratégia de marketing eficaz está arraigada a um sistema de controle cuidadosamente elaborado e bem aplicado. Esse sistema deve, também, monitorar a qualidade da implantação da estratégia. Gary Hamel afirma que "a implantação é normalmente mais difícil do que precisa ser, pois apenas um punhado de pessoas esteve envolvido na criação da estratégia e somente poucos altos executivos partilham de uma convicção sobre o caminho a seguir".[6]

Este capítulo apresenta os rudimentos de um sistema de controle de marketing, começando com uma estrutura que converte as metas da estratégia em medidas concretas de desempenho. Depois, analisa os componentes do processo de controle. Por fim, analisa as capacidades de implantação que moldam, no final, as estratégias de marketing industrial bem-sucedidas.

Mapa de Estratégias: Retrato de um Plano Integrado[7]

Um mapa de estratégias fornece uma representação visual dos relacionamentos entre causa e efeito entre os componentes da estratégia de uma empresa. Lembre-se de que os mapas de estratégias foram apresentados no Capítulo 6 para demonstrar como alinhar os processos internos para dar suporte às diferentes estratégias de marketing. A Figura 17.1 fornece o mapa de estratégias da Boise Office Solutions – uma distribuidora de $ 3,5 bilhões de produtos de tecnologia e para escritórios, móveis para escritórios e produtos de papel que desenvolveu uma estratégia distintiva de relacionamento com o cliente, dando ênfase às soluções do cliente e ao serviço personalizado. Empresas de ponta usam bastante o conceito de mapa de estratégias, desenvolvido por Robert S. Kaplan e David P. Norton, porque ele separa os inter-relacionamentos em quatro perspectivas de uma empresa a que os autores se referem como um *balanced scorecard*[8] (ver Capítulo 6):

1. Uma **perspectiva financeira**, que descreve os resultados previstos da estratégia, como crescimento da receita, melhorias na produtividade ou valor do acionista aumentado.
2. A **perspectiva do cliente**, que define como a empresa se propõe a fornecer uma proposição de valor superior competitiva para clientes-alvo.
3. A **perspectiva interna**, que descreve os processos industriais que causam o maior efeito sobre a estratégia escolhida, como gerenciamento do relacionamento com o cliente (Capítulo 4), gerenciamento da inovação (Capítulo 9) ou gerenciamento da cadeia de suprimentos (Capítulo 13).
4. A **perspectiva de aprendizagem e crescimento**, que descreve o capital humano (pessoal), o capital de informação (sistemas de tecnologia da informação) e o capital da organização (ambiente) que devem estar alinhados à estratégia para dar apoio aos processos internos de criação de valor.

---

[6] Gary Hamel, "Strategy as Revolution", *Harvard Business Review* 74 (julho-agosto de 1996), p. 82. Ver, também, Gary Hamel e Liisa Välikangas, "The Quest for Resilience", *Harvard Business Review* 81 (setembro de 2003), p. 52-63.

[7] Esta seção está baseada em Robert S. Kaplan e David P. Norton, *Strategy Maps: Converting Intangible Assets into Tangible Outcomes* (Boston: Harvard Business School Publishing, 2004).

[8] Kaplan e Norton, "Using the Balanced Scorecard", p. 75-85.

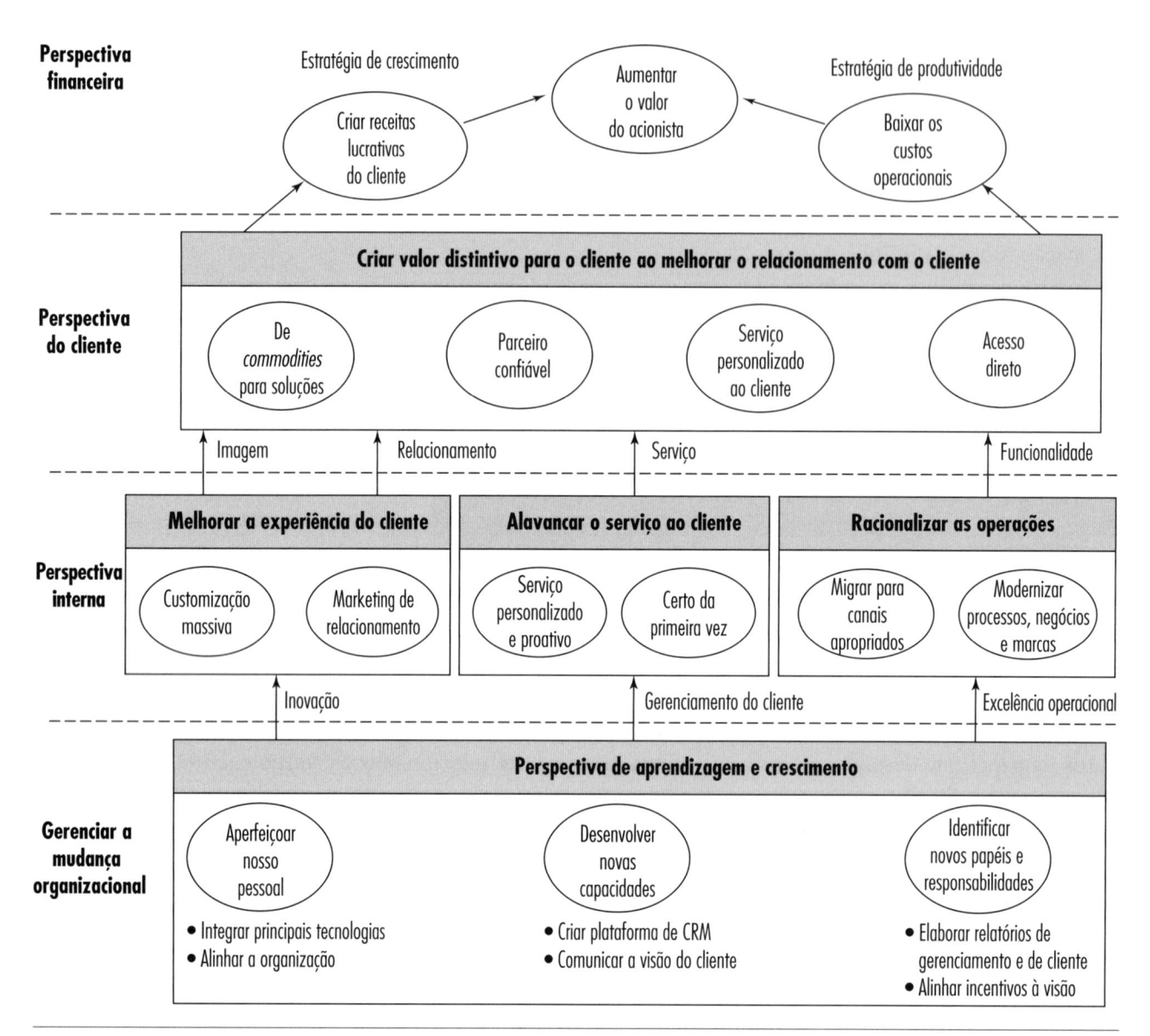

FIGURA 17.1 | MAPA DE ESTRATÉGIAS DA BOISE OFFICE SOLUTIONS

Perspectiva financeira

Estratégia de crescimento — Criar receitas lucrativas do cliente → Aumentar o valor do acionista ← Baixar os custos operacionais — Estratégia de produtividade

Perspectiva do cliente

Criar valor distintivo para o cliente ao melhorar o relacionamento com o cliente
- De *commodities* para soluções
- Parceiro confiável
- Serviço personalizado ao cliente
- Acesso direto

Imagem | Relacionamento | Serviço | Funcionalidade

Perspectiva interna

- Melhorar a experiência do cliente
  - Customização massiva
  - Marketing de relacionamento
- Alavancar o serviço ao cliente
  - Serviço personalizado e proativo
  - Certo da primeira vez
- Racionalizar as operações
  - Migrar para canais apropriados
  - Modernizar processos, negócios e marcas

Inovação | Gerenciamento do cliente | Excelência operacional

Gerenciar a mudança organizacional

Perspectiva de aprendizagem e crescimento

- Aperfeiçoar nosso pessoal
  - Integrar principais tecnologias
  - Alinhar a organização
- Desenvolver novas capacidades
  - Criar plataforma de CRM
  - Comunicar a visão do cliente
- Identificar novos papéis e responsabilidades
  - Elaborar relatórios de gerenciamento e de cliente
  - Alinhar incentivos à visão

FONTE: Reproduzido com permissão da *Harvard Business Review*. De Robert S. Kaplan e David P. Norton, "Strategy Maps: Converting Intangible Assets into Tangible Outcomes", p. 357. Copyright © 2004 da Harvard Business School Publishing Corporation; todos os direitos reservados.

Usando a Boise Office Solutions como um exemplo de estudo de caso, vamos explorar o processo de seis etapas que os gerentes podem usar para construir uma estratégia bem integrada.[9]

Desenvolvendo a Estratégia: o Processo

Uma estratégia deve fornecer uma imagem clara que revela como uma empresa alcançará suas metas e cumprirá suas promessas aos clientes, funcionários e acionistas.[10] A Boise Office Solutions buscou uma

---

[9] Kaplan e Norton, *Strategy Maps*, p. 355-360.
[10] Robert S. Kaplan e David P. Norton, "Having Trouble with Your Strategy? Then Map It?", *Harvard Business Review* 78 (setembro-outubro de 2000), p. 167-176.

nova estratégia porque o setor continuou a se consolidar e mais e mais de seus clientes viam os produtos para escritório como uma *commodity*. Sem uma nova estratégia, os executivos da empresa acreditaram que essas forças desafiadoras continuariam a diminuir as margens de lucro e a colocar uma pressão crescente no valor do acionista. Da mesma forma, em um negócio orientado para o serviço e sensível ao preço, os gerentes da Boise não estavam certos sobre que clientes poderiam contribuir com mais valor ao longo do tempo e como alocar os orçamentos de marketing entre os diversos clientes que atendia – de pequenas empresas a grandes contas corporativas.[11]

Etapa 1: Definir Objetivos Financeiros e Estabelecer Metas de Crescimento e Produtividade. Os mapas de estratégias começam com os objetivos financeiros para a criação de valor do acionista por dois caminhos: receita de longo prazo e produtividade de curto prazo. A meta de longo prazo estabelece, em geral, um alvo amplo que cria uma lacuna no valor – a diferença entre uma posição futura desejada e a realidade atual. Kaplan e Norton observam que o tamanho da lacuna no valor deve ser estabelecido com cuidado: "Os executivos devem equilibrar as vantagens de desafiar a organização a realizar aperfeiçoamentos drásticos no valor do acionista com as realidades do que pode ser alcançado".[12] Assim, alvos específicos para o crescimento da receita e os aperfeiçoamentos da produtividade deverão ser estabelecidos com uma linha de tempo correspondente (por exemplo, alcançar um crescimento da receita de 15% no ano 1 e de 30% no ano 3).

A Boise adotou uma nova estratégia do cliente voltada para esse tópico estratégico: *Criar Valor Distintivo para o Cliente ao Melhorar o Relacionamento com o Cliente* (ver Figura 17.1). Os objetivos financeiros visavam aumentar o valor do acionista ao dar ênfase à segmentação do mercado e à medição da receita, da contribuição para o lucro e do custo para servir de cada segmento de cliente.

Etapa 2: Definir a Proposição de Valor para o Cliente para Segmentos-Alvo de Clientes. O alcance das metas de crescimento da receita exige atenção explícita à geração de receita de novos clientes ou ao aumento da receita de clientes existentes. Assim, o componente mais importante da estratégia é desenvolver e esclarecer a proposição de valor para os clientes em segmentos-alvo. Lembre-se de que o Capítulo 6 apresentou quatro importantes proposições de valor e estratégias de cliente: custo total baixo, liderança do produto, soluções completas para o cliente e sistema de aprisionamento tecnológico.

A Boise adotou uma estratégia de soluções para o cliente que aprimora o valor por meio do marketing individual, antecipa as necessidades dos clientes para criar serviço customizado e fornece acesso direto pelos canais de vendas (por exemplo, força de vendas, web, mala direta). Uma pesquisa sobre satisfação do cliente avaliou os principais elementos na nova proposição de valor da empresa. O principal objetivo, "criar valor distintivo", foi medido

- pelo número de clientes mantidos em segmentos-alvo;
- pelo número de novos clientes obtidos;
- pelas estimativas de valor vitalício dos clientes.

Etapa 3: Estabelecer a Linha de Tempo para os Resultados. Para desenvolver um plano coordenado, as metas financeiras de alto nível devem ser desdobradas em alvos para funções ou processos internos específicos, como gerenciamento da inovação, de modo que os membros da organização se unam tendo como base uma estratégia e estejam satisfeitos com o alvo global.

---

[11] Kaplan e Norton, *Strategy Maps*, p. 355-360.
[12] Ibid., p. 353.

Para a Boise, os processos de gerenciamento das operações reduziriam os custos de atendimento aos clientes, o processo de gerenciamento de clientes aumentaria o número de clientes do relacionamento e os processos de inovação criariam novas ofertas como planos de compra por contrato. Uma linha de tempo para os alvos de desempenho orientou os esforços em cada grupo.

Etapa 4: Identificar os Tópicos Estratégicos Críticos e os Processos Internos com Maior Impacto sobre a Estratégia. Essa etapa identifica os principais processos no fornecimento da proposição de valor ao cliente e no alcance dos objetivos financeiros da empresa.

Os objetivos do processo interno da Boise dão destaque a três tópicos (ver Figura 17.1):

- *Excelência operacional:* racionalizar as operações ao transferir mais clientes para um canal de comércio eletrônico visando proporcionar acesso mais conveniente ao cliente e custos mais baixos por contato de cliente.
- *Gerenciamento do cliente:* alavancar o serviço ao cliente ao personalizar o processo de colocação de pedidos, tornando as interações mais fáceis para o cliente e atendendo a todas as necessidades do cliente em uma única interação.
- *Gerenciamento da inovação:* redefinir as expectativas de valor para o cliente ao criar novas ferramentas que os clientes podem usar para controlar os gastos em material de escritório.

Mais uma vez, a Boise desenvolveu medidas – como o percentual de clientes em um segmento-alvo que usou o canal de comércio eletrônico – para cada um desses tópicos. Para ilustrar, no que tange a operações, o sucesso ao se alcançar reduções de custo foi medido pelo percentual de negócio em segmentos-alvo que surgiram por meio de canais eletrônicos; para o gerenciamento da inovação, o sucesso foi medido pelo número de clientes que participaram de novos planos de compra por contrato.

Etapa 5: Identificar os Recursos Humanos, de Informação e Organizacionais Exigidos para dar Apoio à Estratégia. Os objetivos de aprendizagem e crescimento avaliam se a organização está pronta para dar apoio aos processos internos que impulsionam a estratégia. Essa etapa assegura que os membros da organização estão alinhados com a estratégia e têm treinamento, tecnologia da informação e incentivos para implantá-la com sucesso.

Para introduzir a estratégia na Boise, todos os funcionários assistiram a um vídeo do CEO descrevendo a estratégia, e mais de mil colaboradores participaram de um curso de seis horas sobre a nova iniciativa de gerenciamento do cliente. Mais ainda, a empresa instalou um sistema abrangente de gerenciamento do relacionamento com o cliente (CRM) e ofereceu um treinamento de 30 horas sobre isso para 1.500 representantes do serviço ao cliente e gerentes.[13] Um vídeo foi também desenvolvido para os clientes, demonstrando as vantagens da nova estratégia. Entre as medidas usadas estavam o percentual de funcionários treinados para a nova estratégia centrada no cliente e a proporção de pessoal com incentivos diretamente alinhados à estratégia.

Etapa 6: Desenvolver um Plano de Ação e Fornecer o Financiamento Necessário para cada uma das Iniciativas Separadas (Tópicos Estratégicos). Para alcançar os alvos financeiros e cumprir a visão estratégica, várias iniciativas separadas – envolvendo diferentes funções e processos na empresa – devem dar apoio à estratégia global de um modo coordenado (ver Figura 17.1). Essas iniciativas criam os resultados do desempenho e formam a base para a implantação bem-sucedida da estratégia. Em vez de uma série

---

[13] Don Peppers e Martha Rogers, *Return on Customer: A Revolutionary Way to Measure and Strengthen Your Business* (Nova York: Currency/Doubleday, 2005), p. 133-134.

de projetos independentes, essas iniciativas deverão ser alinhadas à estratégia global e gerenciadas como um conjunto *integrado* de investimentos.

Resultados da Estratégia. A nova estratégia da Boise permitiu que a empresa reduzisse custos, impulsionasse o crescimento e oferecesse, até os seus clientes mais sensíveis ao preço, uma solução integrada que fornecia valor maior que os concorrentes com preços mais baixos. Por sua vez, a retenção do cliente aumentou drasticamente, e as vendas dos clientes mais valiosos da empresa se expandiram. Don Peppers e Martha Rogers descrevem como a estratégia alcança os alvos de lucro:

> A empresa hoje possui bons dados sobre a lucratividade do cliente, que estão gerando vantagens constantes em uma base cliente por cliente. Por exemplo, ao contar com esses dados, a Boise escolheu descontinuar o trabalho com um de seus maiores clientes, um grupo hospitalar que aparentemente custou dinheiro à Boise em todas as vendas. E um executivo sênior visitou o escritório de outro cliente, compartilhou dados para mostrar que a empresa era uma das contas menos lucrativas da Boise, e ganhou um aumento de preço por dois anos.[14]

Mapas: uma Ferramenta para a Elaboração da Estratégia

Como a estratégia de uma empresa está baseada no desenvolvimento de uma proposição de valor diferenciada para o cliente, o gerente de marketing industrial assume um papel de liderança tanto no desenvolvimento da estratégia quanto na sua implantação. Fundamental para esse papel é o trabalho desafiador de coordenar atividades pelas funções para criar e fornecer uma solução superior para os clientes.

Transformando Objetivos em Resultados. O mapa de estratégias, associado às medidas e alvos do *balanced scorecard*, proporciona uma estrutura valiosa para o estrategista. Primeiro, o mapa de estratégias descreve de modo claro a estratégia, detalhando objetivos para os processos internos críticos que criam valor e os ativos organizacionais (por exemplo, tecnologia da informação, recompensas dos funcionários) necessários para apoiá-la. Em segundo lugar, o *balanced scorecard* transforma os objetivos em medidas e alvos específicos que orientam os componentes críticos da estratégia. Terceiro, para alcançar as metas financeiras ou de produtividade, um conjunto de planos de ação bem integrados, que esteja cuidadosamente alinhado com a estratégia global, deve ser projetado. A atenção está voltada, agora, para o papel central do processo de controle no gerenciamento do marketing industrial.

Estratégia de Marketing: Alocando Recursos

A finalidade de qualquer estratégia de marketing é gerar os melhores resultados possíveis. Os recursos são alocados para o marketing em geral e para cada elemento da estratégia em particular, visando alcançar os objetivos prescritos. A contribuição para o lucro, o percentual de participação no mercado, o número de novos clientes, os clientes com custo para servir e o nível de despesas e vendas são típicos critérios de desempenho; mas, independentemente dos critérios, quatro avaliações inter-relacionadas são necessárias para a elaboração de uma estratégia de marketing:

1. Quanto deve ser gasto em marketing no período de planejamento? (Este é o orçamento para o alcance dos objetivos de marketing.)

---
[14] Ibid., p. 135.

2. Como os dólares do marketing devem ser alocados? (Por exemplo, quanto deve ser gasto em propaganda? Em venda pessoal?)
3. Dentro de cada elemento da estratégia de marketing, como os dólares deverão ser alocados para melhor alcançar os objetivos de marketing? (Por exemplo, que mídias para propaganda deverão ser selecionadas? Como o pessoal de vendas deverá ser organizado entre clientes e prospects?)
4. Que segmentos de mercado, produtos e áreas geográficas são mais lucrativos? (Cada segmento de mercado pode exigir uma quantidade diferente de esforço em virtude da intensidade da concorrência ou do potencial de mercado.)

Orientando a Formulação da Estratégia

Os resultados da avaliação dão a base para a integração da formulação da estratégia de mercado e do sistema de controle de marketing. Os resultados no período operacional mais recente mostram como os esforços de marketing bem-sucedidos do passado estavam com relação ao alcance dos objetivos. O desempenho abaixo ou acima das expectativas, então, sinaliza onde os recursos deverão ser realocados. Caso a empresa esperasse alcançar 20% do mercado de OEM, mas alcançasse apenas 12%, seria necessária uma mudança na estratégia. As informações sobre desempenho fornecidas pelo sistema de controle poderiam demonstrar que o pessoal de vendas no mercado de OEM estava alcançando apenas 45% dos clientes potenciais; recursos adicionais poderiam ser alocados para expandir a força de vendas ou o orçamento de propaganda. Por outro lado, já que o desempenho estava abaixo das metas, como salientado pelo sistema de controle, o problema pode não ser a estratégia, mas a forma pela qual ela está sendo implantada. Assim, recursos adicionais podem ser alocados aos esforços de marketing, mas pode ser necessário também analisar com atenção se a força de vendas está executando com eficiência a estratégia de vendas ou se a propaganda foi implantada de modo eficaz – talvez a mensagem esteja errada ou as mídias para propaganda não fossem apropriadas.

Gerenciando cada Cliente para o Lucro[15]

Como vimos no Capítulo 4, os profissionais de marketing industrial deverão também focalizar as receitas de cada cliente e isolar os custos para servi-los. Para clientes de relacionamento, deverá ser dada atenção à participação no orçamento do cliente que a empresa está atraindo. A **participação no orçamento do cliente** representa a parte do total de compras em uma categoria de produto e serviço (por exemplo, tecnologia da informação) que um cliente faz com a empresa (por exemplo, Hewlett-Packard).

Para clientes com um foco mais transacional, o profissional de marketing industrial deverá:

- desenvolver um banco de dados de clientes que trace o perfil dos padrões de compras anteriores dos clientes;
- determinar o custo para servir de cada cliente;
- estabelecer um alvo de receita e uma meta de lucro;
- desenvolver um plano de contato com o cliente que detalhe o canal de vendas (por exemplo, vendas diretas, televendas, contatos baseados na web) a ser usado;
- monitorar os resultados do desempenho e a eficácia relativa de diferentes canais de vendas.

---

[15] Roland T. Rust, Katherine N. Lemon e Das Narayandas, *Customer Equity Management* (Upper Saddle River, NJ: Prentice-Hall, 2005), p. 426-428.

Os gerentes de marketing devem examinar cuidadosamente as interações entre os elementos da estratégia e alocar recursos para criar estratégias eficientes e eficazes. Para fazê-lo, é absolutamente necessário um sistema para o monitoramento do desempenho anterior. De fato, o sistema de controle permite que a administração mantenha o mesmo passo com relação a todas as facetas do desempenho.

Processo de Controle de Marketing

O controle de marketing é um processo que a administração usa para gerar informações sobre desempenho em marketing. Duas principais formas de controle são (1) controle sobre a alocação eficiente do esforço de marketing e (2) comparação dos desempenhos planejado e efetivo. No primeiro caso, o profissional de marketing industrial pode usar dados anteriores de lucratividade como um padrão para a avaliação de futuros gastos em marketing. A segunda forma de controle alerta a administração sobre quaisquer diferenças entre o desempenho planejado e efetivo e também pode revelar os motivos para as discrepâncias no desempenho.

Controle em Vários Níveis

O processo de controle é universal, no sentido de que pode ser aplicado a qualquer nível de análise de marketing. Por exemplo, os profissionais de marketing industrial devem avaliar com frequência se suas estratégias gerais são apropriadas e eficazes. Todavia, é igualmente importante saber se cada elemento da estratégia está integrado de modo eficiente para dado mercado. Ainda, a administração deve avaliar a alocação de recursos em um elemento específico (por exemplo, a eficácia da venda direta em comparação com aquela dos distribuidores industriais). O sistema de controle deverá funcionar em qualquer dessas situações. Os quatro níveis principais do controle de marketing estão delineados na Tabela 17.1. Em resumo, medidas do desempenho em marketing deverão ser usadas tanto para avaliar o sucesso global do negócio quanto para examinar a saúde de produtos, mercados ou canais de distribuição específicos.[16]

Controle Estratégico

O **controle estratégico** está baseado em uma avaliação abrangente sobre se a empresa está direcionada no sentido certo. O controle estratégico focaliza a avaliação sobre se a estratégia está sendo implantada como planejado e se produz os resultados pretendidos.[17] Como o ambiente de marketing industrial muda rapidamente, as situações de produto/mercado existentes podem perder seu potencial e as equiparações de novo produto/mercado fornecem importantes oportunidades. Philip Kotler sugere que a empresa conduza periodicamente uma **auditoria de marketing** – uma avaliação abrangente, periódica e sistemática das operações de marketing que analisa de modo específico o ambiente do mercado e as atividades internas de marketing da empresa.[18] Uma análise do ambiente avalia imagem da empresa, características do cliente, atividades da concorrência, limitações regulatórias e tendências econômicas. A avaliação dessas informações pode revelar ameaças que a empresa pode enfrentar e futuras oportunidades que pode explorar.

---

[16] Bruce H. Clark, "A Summary of Thinking on Measuring the Value of Marketing", *Journal of Targeting, Measurement and Analysis for Marketing* 9 (junho de 2001), p. 361.

[17] Philip Kotler, "A Three-Part Plan for Upgrading Your Marketing Department for New Challenges", *Strategy & Leadership* 32 (maio de 2004), p. 4-9.

[18] Philip Kotler, *Marketing Management: The Millennium Edition* (Englewood Cliffs, NJ: Prentice-Hall, 2000), p. 708-709; e Michael P. Mokwa, "The Strategic Marketing Audit: An Adoption/Utilization Perspective", *Journal of Business Strategy* 7 (inverno de 1986), p. 88-95.

TABELA 17.1 | NÍVEIS DE CONTROLE DE MARKETING

Tipo de controle	Responsabilidade principal	Finalidade do controle	Ferramentas
Controle estratégico	Alta administração	Analisar se a empresa está no encalço de suas melhores oportunidades com respeito a mercados, produtos e canais	Auditoria de marketing de relacionamento
Controle de plano anual	Alta administração, administração de nível médio	Analisar se os resultados planejados estão sendo alcançados	Análise das vendas; análise da participação no mercado; quocientes de gastos com relação às vendas; outros quocientes; rastreamento de atitudes
Controle da eficiência e da eficácia	Administração de nível médio	Analisar quão bem os recursos foram utilizados em cada elemento da estratégia de marketing, visando alcançar uma meta específica	Quocientes de despesas; medidas de eficácia da propaganda; potencial do mercado; análise da margem de contribuição
Controle da lucratividade	Controlador de marketing	Analisar onde a empresa está fazendo e perdendo dinheiro	Lucratividade por território de produto, segmento de mercado, canal de comercialização, tamanho do pedido

FONTE: Adaptado de Philip Kotler, *Marketing Management: The Millennium Edition* (Englewood Cliffs, NJ: Prentice-Hall, 2000), p. 698.

Uma avaliação interna do sistema de marketing verifica os objetivos, a organização e a implantação do marketing. Dessa forma, a administração pode ser capaz de localizar onde os produtos existentes podem ser adaptados a novos mercados ou novos produtos podem ser desenvolvidos para mercados existentes. A auditoria regular e sistemática de marketing é uma técnica valiosa para a avaliação da orientação das estratégias de marketing.[19]

Estratégias de Medição de Desempenho em Marketing (MPM).[20] Muitas empresas estão, hoje, desenvolvendo *estrategicamente* abordagens de medição de desempenho para avaliar seus esforços de marketing: Desenvolveram uma área de operações de marketing que se concentra na manutenção de um conjunto de objetivos pragmáticos de *desempenho em marketing* e mede quais se tornam o sistema de medição de desempenho em marketing (MPM). De forma simplificada, a **medição de desempenho em marketing** é uma estratégia industrial que fornece *feedback* do desempenho para a organização no que diz respeito aos resultados dos esforços de marketing, e é geralmente vista como uma forma específica de processamento das informações do mercado para a organização.[21]

---

[19] Como exemplo, ver Philip Kotler, William T. Gregor e William Rogers III, "SMR Classic Reprint: The Marketing Audit Comes of Age", *Sloan Management Review* 20 (inverno de 1989), p. 49-62; e Mokwa, "The Strategic Marketing Audit", p. 88-95.
[20] Esta seção é baseada em Michael Gerard, "The Best Technology Marketers Are Well Versed in MPM", *B to B* 93 (7 de abril de 2008), p. 21-23.
[21] Bruce H. Clark, Andrew V. Abela e Tim Ambler, "An Information Processing Model of Marketing Performance Measurement", *Journal of Marketing Theory and Practice* 14 (verão de 2006), p. 193.

Por exemplo, a IBM mantém uma MPM de uma função central das operações de marketing, fornecendo ao seu conselho global de marketing uma visão integrada de todas as unidades de negócio. Esse processo é parte do planejamento estratégico de marketing e do processo de gerenciamento de recursos, garantindo que a medição de marketing e as métricas específicas estejam alinhadas aos objetivos estratégicos e industriais da empresa. Os executivos da IBM afirmam que a MPM permite que alinhem melhor as prioridades de marketing às prioridades industriais e que conectem os gastos de marketing ao desempenho industrial. Também, o uso consistente de métricas comuns sob uma estrutura compartilhada possibilita que a IBM reestruture os programas, transfira a ênfase para ofertas específicas e desloque os investimentos para oportunidades de crescimento mais alto – em outras palavras, gere resultados factíveis.

Em uma abordagem diferente, a Intel identifica quatro amplas estratégias de alto nível a cada ano. Determina, então, as principais estratégias industriais, as métricas de marketing e os alvos e os coloca em um "painel". Essas métricas são monitoradas a cada trimestre ou mês e em geral não mudam radicalmente durante o ano. Por fim, a Intel vai ao nível do projeto e identifica as tarefas e o gerenciamento por objetivos (MBOs), que são medidos por atividade (concluída ou não) ou resultados. O painel da Intel aumenta a visibilidade, reforça a prestação de contas e facilita a execução das principais estratégias de marketing. Os gerentes de marketing da Intel acreditam que o painel lhes permitiu aprimorar as estratégias de marketing e entender mais claramente como os programas de marketing podem contribuir para o sucesso industrial.

Diretrizes e Compensação da MPM. Para desenvolver com eficiência a sua estratégia de MPM, os estrategistas de marketing industrial deverão seguir quatro importantes diretrizes:

1. Caso a empresa não possua um processo de MPM, deverá começar lentamente e não visar à perfeição.
2. A MPM deverá usar métricas relevantes que direcionem a ação.
3. Todos os grupos de marketing e o departamento de vendas deverão ser incluídos no processo de MPM.
4. O processo de MPM se tornará parte dos relatórios semanais, mensais, trimestrais e anuais, assim como o principal componente do processo de planejamento estratégico.

Em um estudo conduzido por Don O'Sullivan e Andrew V. Abela, a capacidade da MPM foi demonstrada como causando um impacto positivo sobre o desempenho da empresa no setor de alta tecnologia.[22] O estudo descobriu que empresas com uma sólida capacidade de MPM tendem a superar os concorrentes, como informado pelos profissionais seniores de marketing. Os resultados também sugerem que a capacidade de MPM tem uma influência positiva no retorno sobre os ativos (ROA) e no retorno das ações. Além disso, a pesquisa revelou que a capacidade de MPM causa um impacto significativo e positivo sobre a satisfação do CEO com o marketing. O desenvolvimento da capacidade de MPM exige que os profissionais de marketing desviem parte de seu orçamento e atenção dos programas de marketing correntes e em direção aos esforços de medição.

Controle do Plano Anual

No **controle do plano anual**, os objetivos especificados no plano tornam-se padrões de desempenho contra os quais os resultados efetivos são comparados. O volume de vendas, os lucros e a participação no mercado são padrões típicos de desempenho para os profissionais de marketing industrial. A **análise das**

---

[22] Don O'Sullivan e Andrew V. Abela, "Marketing Performance Measurement Ability and Firm Performance", *Journal of Marketing* 71 (abril de 2007), p. 79.

vendas é uma tentativa de se determinar por que as vendas efetivas foram diferentes das vendas planejadas. As vendas previstas podem não ser alcançadas em decorrência de reduções no preço, volume inadequado, ou ambos. Uma análise das vendas separa os efeitos dessas variáveis para que possa ser realizada a ação corretiva.

A **análise da participação no mercado** avalia como a empresa está indo com relação à concorrência. Um aumento de 10% nas vendas de um fabricante de ferramentas de máquina pode ser, aparentemente, favorável. Todavia, caso o total de vendas do setor de máquinas-ferramentas seja de até 25%, uma análise da participação no mercado mostraria que a empresa não se saiu muito bem com relação aos concorrentes.

Por último, os **quocientes de despesas com relação às vendas** são análises da eficiência das operações de marketing – se a empresa está gastando a mais ou a menos. Com frequência, os padrões do setor ou os quocientes anteriores da empresa fornecem padrões para comparação. As despesas totais em marketing e as despesas de cada elemento estratégico de marketing são avaliadas com relação às vendas. Lembre-se da discussão no Capítulo 15 sobre gastos com propaganda, que forneceu uma série de quocientes de despesas com relação às vendas de propaganda para empresas de business-to-business. Essas quantias dão à administração uma base para avaliar o desempenho da empresa.

Controle de Marketing: o Painel de Desempenho em Marketing

Muitos profissionais de marketing industrial adotaram a prática de criar "painéis" com as principais métricas que fornecem informações sobre o desempenho da função de marketing. Os painéis podem ser configurados de várias formas, mas tipicamente dão aos profissionais de marketing uma visão encapsulada altamente gráfica sobre as métricas principais de desempenho e operacionais.[23] Os **painéis** proporcionam à administração um sistema de *feedback* para rastrear o andamento das principais métricas e ligar o desempenho em marketing aos resultados industriais.[24]

Um painel de desempenho em marketing representa graficamente o desempenho operacional e em marketing de uma empresa por meio do uso de medições e escalas simples. Representa camadas gráficas em bancos de dados, fornecendo aos gerentes indícios visuais sobre o que está acontecendo em tempo real. Os painéis de marketing são uma visualização apropriada de dados críticos subjacentes de desempenho.[25] Os profissionais de marketing industrial estão usando cada vez mais os painéis, em virtude do alto nível de atenção que a alta administração está devotando ao retorno sobre o investimento em marketing. Mais importante, os painéis ajudam as empresas a melhorar o desempenho porque as métricas do painel estão voltadas para os principais resultados previstos da função de marketing. Por exemplo, a Tektronix, uma empresa que fornece equipamentos de teste e medição para empresas de alta tecnologia, demonstra os aperfeiçoamentos surpreendentes que um painel de desempenho pode facilitar. Nos primeiros cinco anos do uso do sistema, a empresa obteve um aumento de 125% nas respostas aos programas de marketing e vivenciou um aumento de 90% em perspectivas de vendas qualificadas. Além disso, a Tektronix reduziu seu custo por perspectiva de venda em 70%. Mais ainda, a precisão da previsão de marketing da empresa hoje apresenta uma variação de 3%, abaixo de uma variação de 50% antes do desenvolvimento do painel.[26]

---

[23] Richard Karpinski, "Making The Most of a Marketing Dashboard", *B to B* 91 (13 de março de 2006), p. 17.
[24] Patterson, "Taking On the Metrics Challenge", p. 274.
[25] Christopher Hosford, "Driving Business with Dashboards", *B to B* 91 (11 de dezembro de 2006), p. 18.
[26] Kate Maddox, "Tektronix Wins for Best Practices", *B to B* 90 (4 de abril de 2005), p. 33.

Que Métricas Importam? As métricas a serem incluídas em um painel de marketing variarão drasticamente de uma empresa para outra, pois cada empresa possui diferentes resultados de desempenho que são considerados importantes.

Os profissionais de marketing industrial devem aceitar que não existe um painel único e de uso geral que podem usar; devem customizar a ferramenta para o próprio uso. Após estabelecer quais são os verdadeiros geradores de negócio da empresa, a administração deve escolher, dentre uma miríade de possibilidades, três ou quatro principais que serão mais proveitosas para seguir. Pelo menos um desses geradores, como a participação no orçamento do cliente, deverá indicar o desempenho em comparação com o da concorrência. Pelo menos um, como lealdade, deverá medir de modo claro a experiência do cliente. E um, como gastos médios anuais dos clientes ou valor vitalício do cliente, deverá medir o crescimento do negócio dos clientes retidos. Por fim, qualquer gerador no painel deve ser algo que a empresa possa manipular. Pode ser instrutivo, para que um fornecedor de camas hospitalares rastreie o número de cirurgias eletivas nos Estados Unidos, mas a empresa não pode influenciar aquele número, de modo que essa não é uma métrica útil a ser seguida – não se pode "manipular" o número de cirurgias eletivas.[27]

Isolando os Geradores de Desempenho. A criação de painéis eficientes de marketing tem a ver com arte e ciência. Todavia, um painel eficaz mapeia as relações entre resultados industriais e desempenho em marketing. Um dos grandes desafios é a determinação de onde residem todos os dados relevantes: o profissional de marketing precisa definir quais são as principais métricas de desempenho e pensar sobre onde obter dados efetivos para alimentar aquelas métricas, de acordo com um especialista que projeta painéis de marketing.[28] Além disso, as informações necessárias para a tomada de decisões quase sempre vêm de múltiplas fontes: vendas internas e dados de marketing, assim como dados de um parceiro externo ou um terceiro. Um painel típico poderia incluir dados de seis a dez fontes, o que representa um desafio importante. A Tabela 17.2 dá exemplos das métricas usadas nos painéis de marketing da Cisco Systems, da Cognos Corporation e da Adobe Systems. Observe que cada empresa adota um conjunto bem diferente de métricas. Os elementos do painel para cada empresa refletem a importância que tem cada elemento específico no sucesso da estratégia de marketing.

Características Desejáveis no Painel. Um especialista no desenvolvimento de painéis de marketing sugere que um bom painel deverá cumprir vários objetivos. O painel deverá:

1. promover a tomada de decisão: as métricas deverão sugerir um curso de ação a ser seguido;
2. fornecer uma visão unificada ao valor do marketing para o negócio;
3. permitir melhor alinhamento entre marketing e o negócio;
4. converter medidas complexas em um conjunto significativo e coerente de informações.[29]

Por fim, um painel deverá estar focalizado em dois níveis: o painel deverá (a) informar métricas de operações que são focalizadas internamente e (b) refletir métricas de execução que espelham o desempenho do mercado.[30]

---

[27] Gail J. McGovern, David Court, John A. Quelch e Blair Crawford, "Bringing Customers into the Boardroom", *Harvard Business Review* 82 (novembro de 2004), p. 70-80.
[28] Karpinski, "Making the Most of a Marketing Dashboard", p. 18.
[29] Patterson, "Taking On the Metrics Challenge", p. 273.
[30] Michael Krauss, "Marketing Dashboards Drive Better Decisions", *Marketing News* 39 (1º de outubro de 2005), p. 7.

TABELA 17.2 | EXEMPLO DE MACROSSEGMENTAÇÃO: SETOR AERONÁUTICO

Cognos Corp	Adobe Systems	Cisco Systems
Participação no mercado	Atividades de marketing: alcance do anúncio; acessos à página na web	Imagem
Classificações do analista financeiro da empresa	Medidas operacionais: conscientização da marca	Percepção da marca
Receita média por representante de vendas	Custo por venda; quociente de programa com relação a pessoas	Geração de perspectivas de venda
Penetração de empresas globais de ponta	Métricas baseadas no resultado: participação no mercado; número de perspectivas de venda	Retenção do funcionário
Número de clientes usando uma solução acumulada no ano da empresa	Indicadores de primeira linha: lealdade da marca; valor vitalício de um cliente	Satisfação do cliente

FONTE: Kelly Shermach, "Driving Performance", *Sales & Marketing Management* 157 (dezembro de 2005), p. 18; Kate Maddox, Sean Callahan e Carol Krol, "Top Trends", *B to B* 90 (13 de junho de 2005), p. 24; e Sandra Swanson, "Marketers: James Richardson", *B to B* 90 (24 de outubro de 2005), p. 10.

As métricas de operações podem incluir tais medidas como um

quociente de orçamento de marketing, que rastreia o investimento em marketing como um percentual da receita total; um quociente de programa com relação a pessoas que determina o percentual de um dólar de marketing gasto em programas *versus* pessoal; e um quociente de conscientização com relação à demanda que avalia o percentual de investimento em marketing voltado para a construção da conscientização *versus* geração da demanda. As métricas de execução, por outro lado, determinam quão efetivamente a estratégia de marketing está sendo executada. Nesse caso, as medidas incluem eficiência e eficácia pela implantação: está sendo construída a conscientização? Estamos desenvolvendo preferência? A empresa está adquirindo importância? Perspectivas de vendas estão sendo geradas, oportunidades identificadas e qualificadas? Negociações estão sendo fechadas?[31]

Os painéis de desempenho em marketing são poderosas ferramentas de controle que fornecem à administração, em todos os níveis da empresa, dados vitais pertinentes a quão bem a estratégia de marketing está sendo desempenhada e quanto valor a função de marketing está acrescentando à empresa.

Controle da Eficácia e da Eficiência

O **controle da eficiência** analisa o nível de eficiência em que os recursos estão sendo usados em cada elemento da estratégia de marketing (por exemplo, força de vendas, propaganda); o **controle da eficácia** avalia se o componente estratégico está cumprindo seu objetivo. Um bom sistema de controle fornece dados contínuos para a avaliação da eficiência dos recursos usados para que dado elemento da estratégia de

---
[31] Ibid., p. 7.

marketing cumpra determinado objetivo. A Tabela 17.3 fornece uma amostra representativa dos tipos de dados exigidos. As medidas e os padrões de desempenho variam por empresa e situação, de acordo com as metas e objetivos no plano de marketing.

Controle da Lucratividade

A essência do **controle da lucratividade** é descrever onde a empresa está fazendo ou perdendo dinheiro em termos de segmentos importantes de seu negócio. Um **segmento** é uma unidade de análise que a administração usa para fins de controle; podem ser segmentos de clientes, linhas de produtos, territórios ou estruturas de canal. Suponha que uma empresa de marketing industrial esteja voltada para três segmentos de clientes: organizações de assistência médica, universidades e unidades locais do governo. Para alocar o orçamento de marketing entre esses três segmentos, a administração deve levar em consideração a contribuição para o lucro de cada segmento e seu potencial previsto. O controle da lucratividade, então, fornece uma metodologia para vincular os custos de marketing e as receitas com os segmentos específicos do negócio.

Lucratividade por Segmento de Mercado. Relacionando receitas de vendas e custos de marketing a segmentos de mercado refina-se a tomada de decisão. Mais especificamente, dizem Leland Beik e Stephen Buzby:

> Tanto para decisões estratégicas quanto táticas, os gerentes de marketing podem lucrar ao conhecer o efeito do composto de marketing sobre o segmento-alvo para o qual estão voltados os esforços de marketing. Caso os programas devam ser responsivos à mudança ambiental, um sistema de monitoramento é necessário para localizar problemas e orientar ajustes às decisões de marketing. O rastreamento da lucratividade dos segmentos permite decisões melhoradas sobre preço, vendas, propaganda, canal e gerenciamento de produto. O sucesso das políticas e dos programas de marketing pode ser avaliado por uma medida de dólar e centavos de lucratividade por segmento.[32]

O controle da lucratividade, um pré-requisito para o planejamento e a implantação da estratégia, possui exigências rigorosas de informação. Para ser eficaz, a empresa precisa de um sistema de informações da contabilidade de marketing.

Sistema de Custeio Baseado em Atividades. O sistema contábil deve, primeiro, ser capaz de vincular os custos às várias atividades de marketing e deve, então, ligar esses custos de "atividade" aos segmentos importantes a serem analisados. O elemento crítico no processo é relacionar todos os custos às atividades (armazenamento, propaganda e assim por diante) para as quais são usados os recursos e, a seguir, aos produtos ou segmentos que os consomem.[33] Esse **sistema de custeio baseado em atividades (ABC)** revela os vínculos entre executar determinadas atividades e as demandas que aquelas atividades apresentam para os recursos da organização. Em decorrência disso, os gerentes podem obter uma imagem clara sobre

---

[32] Leland L. Beik e Stephen L. Buzby, "Profitability Analysis by Market Segments", *Journal of Marketing* 37 (julho de 1973), p. 49; ver também Fred A. Jacobs, Wesley Johnston e Natalia Kotchetova, "Customer Profitability: Prospective vs. Retrospective Approaches in a Business-to-Business Setting", *Industrial Marketing Management* 30 (junho de 2001), p. 353-363.

[33] Robin Cooper e Robert S. Kaplan, "Measure Costs Right: Make the Right Decisions", *Harvard Business Review*, 66 (setembro-outubro de 1988), p. 96. Para uma discussão relacionada, ver Robin Cooper e W. Bruce Chew, "Control Tomorrow's Costs through Today's Designs", *Harvard Business Review* 74 (janeiro-fevereiro de 1996), p. 88-97.

TABELA 17.3 | EXEMPLO DE MEDIDAS PARA O CONTROLE DA EFICIÊNCIA E DA EFICÁCIA

Produto
Vendas por segmentos de mercado
Vendas relativas ao potencial
Taxas de crescimento das vendas
Participação no mercado
Margem de contribuição
Percentual de lucros totais
Retorno sobre o investimento

Distribuição
Vendas, despesas e contribuição por tipo de canal
Vendas e margem de contribuição por tipo de intermediário e para cada intermediário
Vendas relativas ao potencial de mercado por canal, tipo de intermediário e intermediários específicos
Quociente de despesa com relação às vendas por canal etc.
Custos de logística por atividade de logística por canal

Comunicação
Eficácia da propaganda por tipo de mídia
Quociente de público efetivo/público-alvo efetivo
Custo por contato
Número de visitas, consultas e pedidos de informação por tipo de mídia
Vendas em dólar por visita de vendas
Vendas por território relativas ao potencial
Quocientes de despesas com vendas
Novas contas por período

Precificação
Mudanças no preço relativas a volume de vendas
Estrutura de desconto relativa a volume de vendas
Estratégia de licitação relativa a novos contratos
Estrutura de margem relativa a despesas com marketing
Política geral de preços relativa a volume de vendas
Margens relativas a desempenho do membro do canal

---

como produtos, marcas, clientes, instalações, regiões ou canais de distribuição geram receitas e recursos de consumo.[34] Uma análise de ABC volta a atenção para o aperfeiçoamento de atividades que causam um efeito maior sobre os lucros.

Robin Cooper e Robert Kaplan capturam a essência do ABC:

> A análise do ABC permite que os gerentes dividam o negócio de muitas formas diferentes – por produto ou grupo de produtos similares, por clientes individuais ou grupo de clientes

---

[34] Robin Cooper e Robert S. Kaplan, "Profit Priorities from Activity-Based Costing", *Harvard Business Review* 69 (maio-junho de 1993), p. 130; ver também Robin Cooper e Robert S. Kaplan, "The Promise – and Peril – of Integrated Cost Systems", *Harvard Business Review* 76 (julho-agosto de 1998), p. 109-118.

ou por canal de distribuição – e lhes dá uma visão de perto da divisão que estão levando em consideração. A análise do ABC também esclarece exatamente quais atividades estão associadas a que parte do negócio e como aquelas atividades estão vinculadas à geração de receitas e ao consumo de recursos. Ao dar destaque àqueles relacionamentos, o ABC ajuda os gerentes a entender claramente onde fazer algo que gere lucros. Em oposição à contabilidade tradicional, o custeio baseado em atividades separa as despesas de recursos indiretos e de apoio por atividades. Atribui, então, aquelas despesas com base nos geradores das atividades, em vez de fazê-lo por alguma alocação percentual arbitrária.[35]

Exemplo de Sistema de ABC.[36] A análise do ABC realça para os gerentes onde suas ações podem causar maior efeito sobre os lucros. O sistema de ABC na Kanthal Corporation levou a uma revisão da lucratividade por tamanho do cliente (ver Capítulo 4). A Kanthal, uma fabricante de cabos para aquecimento, usou o custeio baseado em atividades para analisar a lucratividade de seus clientes e descobriu que a regra bem conhecida de 80/20 (80% das vendas geradas por 20% de clientes) precisava ser revista. Uma regra de 20/225 estava de fato funcionando: 20% dos clientes estavam gerando 225% dos lucros. Os 70% de clientes na faixa intermediária estavam pairando sobre o ponto de equilíbrio e a Kanthal estava perdendo 125% de seus lucros em 10% de seus clientes.

Os clientes da Kanthal que geravam os maiores prejuízos estavam entre aqueles com o maior volume de vendas. De início, essa descoberta surpreendeu os gerentes, mas logo começou a fazer sentido. Não se pode perder grandes quantidades de dinheiro de um cliente pequeno. Os grandes clientes não lucrativos demandavam preços mais baixos, entregas frequentes de pequenos lotes, grandes recursos de vendas e técnicos e mudanças no produto. A economia recém-revelada permitiu que a administração mudasse a forma pela qual fazia negócio com esses clientes – por meio de mudanças no preço, tamanhos mínimos de pedidos e tecnologia da informação –, transformando os clientes em sólidos contribuintes ao lucro.

Usando o Sistema ABC. Um sistema ABC exige que a empresa se distancie dos conceitos tradicionais de contabilidade. Os gerentes devem se abster de alocar todas as despesas em unidades individuais e devem, em vez disso, separar as despesas e equipará-las à atividade que consome os recursos.[37] Uma vez que os gastos dos recursos estejam relacionados às atividades que produzem, a administração pode explorar diferentes estratégias para a redução dos comprometimentos de recurso. Para melhorar a lucratividade, os gerentes de marketing industrial precisam descobrir como reduzir gastos naqueles recursos ou aumentar o rendimento do que produzem. Por exemplo, um gerente de vendas poderia buscar formas para reduzir o número de visitas de vendas a clientes não lucrativos ou para encontrar modos de tornar o vendedor mais eficiente com eles. Em resumo, os sistemas ABC permitem que o gerente de marketing industrial focalize o aumento da lucratividade ao entender a variabilidade das fontes de custo e desenvolver estratégias para reduzir o comprometimento de recursos ou melhorar a produtividade do recurso.

---

[35] Cooper e Kaplan, "Profit Priorities from Activity-Based Costing", p. 131; ver também Robert S. Kaplan e Steven R. Anderson, "Time-Driven Activity-Based Costing", *Harvard Business Review* 82 (novembro de 2004), p. 131-138.
[36] Esta seção é baseada em Cooper e Kaplan, "Profit Priorities from Activity-Based Costing", p. 130, e em Cooper e Kaplan, "The Promise – and Peril – of Integrated Cost Systems", p. 109-119.
[37] Cooper e Kaplan, "Profit Priorities from Activity-Based Costing", p. 130.

Implantação da Estratégia de Marketing Industrial

Muitos planos de marketing falham porque são implantados de modo deficiente. A implantação é o vínculo crítico entre formulação da estratégia e desempenho organizacional superior.[38] A **implantação do marketing** é o processo que transforma planos de marketing em tarefas de ação e que garante que tais tarefas sejam realizadas de uma forma que atenda aos objetivos definidos de um plano.[39] Os desafios especiais da implantação surgem para o gerente de marketing porque várias áreas funcionais participam da estratégia tanto de desenvolvimento quanto de execução.

A Adequação da Implantação da Estratégia

Thomas Bonoma afirma que "a estratégia de marketing e a implantação afetam uma a outra. Embora a estratégia obviamente afete as ações, a execução também afeta as estratégias de marketing, em especial ao longo do tempo".[40] Embora a linha divisória entre estratégia e execução seja um pouco vaga, em geral não é difícil diagnosticar os problemas de implantação e distingui-los das deficiências da estratégia. Bonoma apresenta o seguinte cenário:

> Uma empresa introduziu um novo microcomputador portátil que incorporava uma série de dispositivos valorizados pelo mercado-alvo. O novo produto parecia estar bem posicionado em um mercado em rápido crescimento, mas os resultados das vendas iniciais foram desprezíveis. Por quê? A força de vendas de cinquenta pessoas teve poucos incentivos para lidar com um novo produto desconhecido e continuou a dar ênfase aos modelos mais antigos. Dado o potencial significativo do mercado, a administração decidiu fixar por baixo o nível de remuneração por incentivo às vendas das novas máquinas, em comparação com as mais antigas. Os modelos mais antigos tiveram um ciclo de vendas 50% maior que o novo produto e não exigiam conhecimento ou suporte de software. Nesse caso, uma execução deficiente prejudicou uma boa estratégia.[41]

A estratégia de marketing e a implantação afetam-se reciprocamente. Quando tanto a estratégia quanto a implantação são adequadas, a empresa provavelmente alcançará os seus objetivos. O diagnóstico torna-se mais difícil em outras situações. Por exemplo, a causa de um problema de marketing pode ser difícil de ser descoberta quando a estratégia é boa, mas a implantação é deficiente. O profissional de marketing industrial pode nunca ficar ciente da eficiência da estratégia. Por outro lado, uma implantação excelente de uma estratégia deficiente pode dar aos gerentes tempo para ver o problema e corrigi-lo.

Capacidades de Implantação

Thomas Bonoma identifica quatro importantes capacidades de implantação para os gerentes de marketing: (1) interagir, (2) alocar, (3) monitorar e (4) organizar.[42] Cada uma assume um significado especial no ambiente de marketing industrial.

---

[38] Charles H. Noble e Michael P. Mokwa, "Implementing Marketing Strategies: Developing and Testing a Managerial Theory", *Journal of Marketing* 63 (outubro de 1999), p. 57-73.
[39] Kotler, *Marketing Management: The Millennium Edition*, p. 695.
[40] Thomas V. Bonoma, "Making Your Marketing Strategy Work", *Harvard Business Review*, 62 (março-abril de 1984), p. 69-76.
[41] Ibid., p. 70.
[42] Ibid.

POR DENTRO DO MARKETING INDUSTRIAL

Rastreando o Sucesso de Marketing na Siemens

Dentro de uma grande corporação – com muitos produtos e serviços e milhares de funcionários atendendo aos seus clientes por todo o mundo –, o que constitui um sucesso de marketing? Com tantas transações e interações, e um fornecimento aparentemente interminável de componentes de dados, a questão a ser feita é "O sucesso pode ser eficientemente definido, rastreado, medido e comunicado?"

Para a Siemens AG, uma empresa global líder em produtos eletrônicos e engenharia que emprega mais de 417 mil pessoas em 192 países, esse processo tornou-se uma meta estratégica há mais de cinco anos no setor de B2B e, a partir de então, resultou em um programa que vem sendo executado em nove países, inclusive os Estados Unidos. A Siemens, como a maioria das empresas, entendeu que precisava justificar seus orçamentos de marketing e de tecnologia ligada ao marketing desde o início, de modo que não haveria surpresas a relatar à alta administração no final de cada trimestre e no final do exercício. Nesse caso ocorre uma etapa lógica, mas de cumprimento não tão fácil. A Siemens cumpriu sua meta por meio de uma estratégia que combinava tanto arte quanto ciência.

O relatório do *marketing scorecard* de sua divisão de marketing empresarial oferece uma compreensão inestimável por todo o *continuum* de marketing, inclusive conscientização, interesse, consideração, avaliação e compra final – e ilustra o retorno sobre o investimento (ROI) de cada um dos esforços. Eis um exemplo: digamos que um webinar (seminário na web) custe $ 70 mil para ser fabricado. Os esforços de e-mail para gerar a conscientização produz 4.654 manifestações. Daquele grupo, 529 expressam interesse genuíno ao responder à mensagem de e-mail. Destes, são geradas 54 perspectivas de vendas. As questões passam a ser: "Qual é de fato o custo para que alguém responda?" e "Qual é o custo por perspectiva de venda?" A análise do *marketing scorecard* pode indicar que algumas perspectivas de vendas são muito dispendiosas e, portanto, devem ser refinadas ou abolidas.

A beleza do *scorecard* – que a Siemens usa para informar mensalmente à administração e trimestralmente à empresa – é que ele oferece importantes elementos de medição em uma folha de papel. Os profissionais de marketing são capazes de ver quantos pedidos foram colocados e quantos foram confirmados com a organização de vendas. Ele mostra, em preto e branco, o que cada dólar de marketing está produzindo ou *não* e ajuda a determinar rapidamente onde estão os vencedores e que esforços deverão ter continuidade, ser novamente testados ou abandonados.

O que pode parecer uma história de "sucesso da noite para o dia" para a Siemens na verdade exigiu anos de colaboração e estratégia orientada para os dados que, hoje, se tornaram enraizados na cultura. Tanto a arte quanto a ciência foram habilmente combinadas para ajudar a Siemens a gerenciar, rastrear e financiar seus esforços de marketing – fazendo que cada atividade sustentada criasse um impacto benéfico ao resultado final.

FONTE: Yvette Castanon, "Keeping Score", *Marketing Management* 13 (setembro-outubro de 2004), p. 16-18.

Os gerentes de marketing estão *interagindo* continuamente com os outros, dentro e fora da empresa. Dentro, uma série de colegas (por exemplo, pessoal de P&D) sobre os quais o profissional de marketing exerce pouco poder assumem, em geral, um papel crucial no desenvolvimento e na implantação da estratégia. Fora, o profissional de marketing lida com clientes importantes, membros do canal, agências de propaganda e similares. Os melhores agentes de implantação possuem boas capacidades de negociação e a habilidade para entender como os outros se sentem.[43]

---

[43] Michael D. Hutt, "Cross-Functional Working Relationships in Marketing", *Journal of the Academy of Marketing Science* 23 (outono de 1995), p. 351-357.

O agente de implantação também deve *alocar* tempo, tarefas, pessoas, dólares e outros recursos entre as tarefas de marketing disponíveis. Astutos gerentes de marketing, diz Bonoma, são "flexíveis e justos ao colocar pessoas e dólares onde serão mais eficientes. Os menos capazes alocam, rotineiramente, muitos dólares e pessoas para programas já ultrapassados e poucos em programas mais promissores".[44]

Bonoma afirma que os gerentes de marketing com boas capacidades de *monitoramento* exibem flexibilidade e inteligência ao lidar com os sistemas de informação e de controle da empresa: "Bons agentes de implantação lutam e combatem seus mercados e negócios até que estes expressem, de modo simples e vigoroso, os quocientes 'aproximados' necessários para conduzir o negócio, independentemente das inadequações do sistema formal de controle".[45]

Por último, os melhores agentes de implantação são eficazes na *organização*. Uma boa execução depende, em geral, da capacidade do profissional de marketing de trabalhar nas redes formais e informais da organização. O gerente customiza uma organização informal para resolver problemas e facilitar a boa execução.

O Centro de Estratégia de Marketing: um Manual de Implantação[46]

Diversas áreas funcionais participam em diferentes níveis no desenvolvimento e na implantação da estratégia de marketing industrial. Pesquisa e desenvolvimento, fabricação, serviços técnicos, distribuição física e outras áreas funcionais exercem papéis fundamentais. Ronald McTavish salienta que "os especialistas em marketing entendem os mercados, mas sabem bem menos sobre os aspectos práticos das operações da empresa – sua parte interna. Este é o domínio do especialista operacional. Precisamos juntar esses diferentes especialistas em um 'grupo sinérgico' de conhecimento e pontos de vista para conseguir o melhor ajuste das capacidades da empresa com o mercado e a abordagem da empresa com relação a isso".[47] Isso sugere um papel interdisciplinar desafiador e fundamental para o gerente de marketing na empresa de business-to-business.

O centro de estratégia de marketing (discutido no Capítulo 6) fornece uma estrutura para o destaque a esse papel interdisciplinar e para a exploração das principais exigências de implantação. A Tabela 17.4 realça os tópicos estratégicos importantes analisados ao longo de todo o livro. Em cada situação, o pessoal não ligado ao marketing exerce papéis ativos na implantação. Por exemplo, a qualidade do produto é direta ou indiretamente afetada por vários departamentos: fabricação, pesquisa e desenvolvimento, serviços técnicos e outros. Por sua vez, a inovação bem-sucedida do produto reflete os esforços coletivos de pessoas de várias áreas funcionais. Claramente, a implantação eficiente da estratégia requer papéis de decisão bem-definidos, responsabilidades, cronogramas e mecanismos de coordenação.

Em uma escala de mercado global, surgem desafios especiais de coordenação quando atividades selecionadas, como P&D, estão concentradas em um país e outras atividades da estratégia, como fabricação, estão dispersas por vários países. A Xerox, todavia, tem sido bem-sucedida ao manter alto nível de coorde-

---

[44] Bonoma, "Making Your Marketing Strategy Work", p. 75.
[45] Ibid.
[46] Michael D. Hutt e Thomas W. Speh, "The Marketing Strategy Center: Diagnosing the Industrial Marketer's Interdisciplinary Role", *Journal of Marketing* 48 (outono de 1984), p. 53-61; e Michael D. Hutt, Beth A. Walker e Gary L. Frankwick, "Hurdle the Cross-Functional Barriers to Strategic Change", *Sloan Management Review* 36 (primavera de 1995), p. 22-30.
[47] Ronald McTavish, "Implementing Marketing Strategy", *Industrial Marketing Management* 26 (5 de novembro de 1988), p. 10; ver também Deborah Dougherty e Edward H. Bowman, "The Effects of Organizational Downsizing on Product Innovation", *California Management Review* 37 (verão de 1995), p. 28-44.

| TABELA 17.4 | Envolvimento Interfuncional na Implantação da Estratégia de Marketing: um Exemplo de Quadro de Responsabilidade |

Área de decisão	Marketing	Vendas	Produção	P&D	Compras	Distribuição física	Serviços técnicos	Unidade estratégica de negócio	Planejador de nível corporativo
Qualidade do produto/serviço									
Suporte de serviço técnico									
Serviço de distribuição física									
Gerenciamento de contas nacionais									
Relações de canal									
Suporte de vendas									
Inovação de produto/serviço									

NOTA: use as seguintes abreviaturas para indicar os papéis de decisão: R = responsável; A = aprovação; C = consultar; M = implantar; I = informar; X = nenhum papel na decisão.

nação por essas atividades dispersas. A marca, a abordagem de marketing e os procedimentos de prestação de serviços da Xerox são padronizados por todo o mundo.[48]

O Papel do Profissional de Marketing. Para garantir a máxima satisfação do cliente e a resposta desejada do mercado, o profissional de marketing industrial deve assumir um papel ativo no centro de estratégia, ao negociar contratos sensíveis ao mercado e ao coordenar as estratégias com outros membros. Enquanto estiver influenciado por outras áreas funcionais nos variados níveis do processo, o profissional de marketing pode influenciar potencialmente as principais áreas como o projeto do sistema logístico, a seleção de tecnologia de fabricação ou a estrutura de um sistema de gerenciamento de materiais. Essa negociação com outras áreas funcionais é fundamental para o papel interdisciplinar estratégico do profissional de marketing industrial. Assim, o gerente de marketing industrial bem-sucedido age como um integrador, ao depender das forças coletivas da empresa para satisfazer as necessidades do cliente com lucro.

Relembrando

A Figura 17.2 sintetiza os componentes centrais do gerenciamento de marketing industrial e realça o material apresentado neste livro. A Parte I introduziu as principais classes de clientes que constituem o

---

[48] Michael E. Porter, "Changing Patterns of International Competition", *California Management Review* 28 (inverno de 1986), p. 9-40.

Principais Realizadores em B2B

Relacionamentos Interfuncionais: Gerentes Eficazes Cumprem as Promessas

Peça a um gerente de P&D que identifique um colega de marketing que seja particularmente eficiente em ter as coisas feitas e ele oferecerá, de imediato, um nome e um episódio memorável para justificar a escolha. Para explorar as características de gerentes interfuncionais com alto desempenho, foram coletados relatos detalhados de interações eficientes e não eficientes de gerentes em uma empresa de alta tecnologia dentre as 100 da *Fortune*. É interessante notar que as características de maior destaque enfatizadas pelos colegas ao descrever grandes realizadores são capacidades pessoais como franqueza, em vez de competências técnicas como aptidão técnica ou especialização em marketing. Eis um perfil:

- Os gerentes com alto desempenho são respeitados por seus colegas por seu *pronto atendimento*. Ao se lembrar de episódios interfuncionais efetivos, os colegas descrevem os grandes realizadores como "oportunos", "preparados" e "responsivos" (por exemplo: "Quando preciso de informações críticas, vou a ele e logo recebo um retorno").
- Em vez de uma "postura funcional", os grandes realizadores demonstram capacidades de *tomada de perspectiva* – a habilidade de antecipar e entender as perspectivas e prioridades dos gerentes de outras unidades (por exemplo: "Ele é um ótimo estrategista de marketing, mas também reconhece as questões técnicas especiais com que vínhamos lidando para lançar esse produto dentro do cronograma").
- Quando os colegas descrevem o *estilo de comunicação* de suas contrapartes interfuncionais com alto desempenho, focalizam três tópicos consistentes: franqueza, frequência e qualidade. As interações com os grandes realizadores são descritas como "sinceras", "sem impedimentos" e caracterizadas por um "fluxo livre de pensamentos e sugestões". Essas interações de alta qualidade esclarecem metas e responsabilidades.

Ao "cumprir as suas promessas", os gerentes eficientes desenvolvem uma rede de relacionamentos próximos em todas as funções. "Ele tem um relacionamento pessoal excelente com um monte de pessoas e possui uma rede – ele realmente entende os mecanismos necessários para que as coisas sejam feitas".

FONTE: Michael D. Hutt, Beth A. Walker, Edward U. Bond III e Matthey Meuter, "Diagnosing Marketing Managers' Effective and Ineffective Cross-Functional Interactions", artigo, Tempe, AZ: Universidade do Estado do Arizona, 2005. Ver também Edward U. Bond III, Beth A. Walker, Michael D. Hutt e Peter H. Reingen, "Reputational Effectiveness in Cross-Functional Working Relationships", *Journal of Product Innovation Management* 21 (janeiro de 2004), p. 44-60.

---

mercado industrial: empresas comerciais, unidades governamentais e instituições. Os tópicos oportunos do comportamento de compra organizacional e o gerenciamento do relacionamento com o cliente foram o foco da Parte II. A Parte III discutiu as ferramentas para avaliação das oportunidades de mercado; explorou as técnicas para a identificação dos segmentos de mercado e para a previsão das vendas. O planejamento de marketing funcionalmente integrado fornece uma estrutura para se lidar com cada componente do composto de marketing industrial, como detalhado na Parte IV. Também foi dada especial atenção aos desafios particulares e oportunidades singulares que as economias em rápido desenvolvimento apresentam para as empresas de business-to-business.

Uma vez formulada a estratégia de marketing industrial, o gerente deve avaliar a resposta dos segmentos-alvo de mercado para minimizar qualquer discrepância entre os resultados planejados e efetivos. Este capítulo, que constitui a Parte V, explora as dimensões críticas do processo de controle de marketing, que é o elo final no modelo apresentado na Figura 17.2: planejamento e aquisição de informações de marketing. Essas informações formam o núcleo do sistema de informações sobre gerenciamento da

FIGURA 17.2 | ESTRUTURA PARA O GERENCIAMENTO DO MARKETING INDUSTRIAL

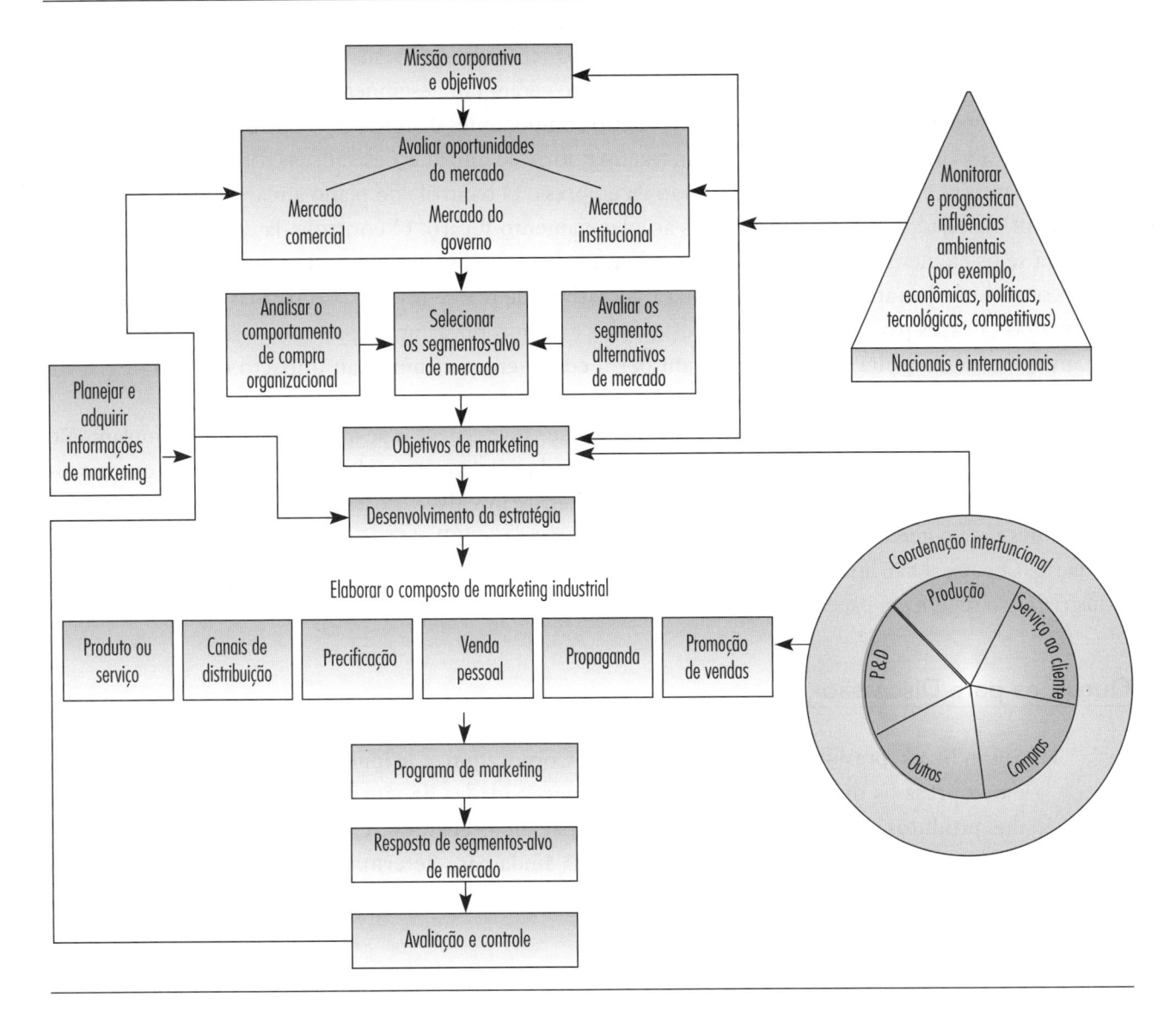

empresa; procedem, internamente, do sistema de contabilidade de marketing e, externamente, da função de pesquisa de marketing. A avaliação e o controle permitem que o profissional de marketing reavalie as oportunidades do mercado industrial e faça os ajustes necessários na estratégia de marketing industrial.

Resumo

Importantes para a estratégia de marketing são a alocação de recursos para cada elemento da estratégia e a aplicação dos esforços de marketing aos segmentos. O sistema de controle de marketing é o processo pelo qual a empresa de marketing industrial gera informações para tomar essas decisões. Além do mais, o sistema de controle de marketing é o meio pelo qual o desempenho atual pode ser avaliado e podem ser tomadas medidas para corrigir as deficiências. Usado em conjunto com o *balanced scorecard*, o mapa de estratégias converte uma visão da estratégia em objetivos e medidas concretos, organizados em quatro diferentes perspectivas: financeira, do cliente, do processo industrial interno e de aprendizagem e crescimento. A abordagem envolve o desenvolvimento de uma estratégia do cliente, identificando segmentos-alvo de mercado, isolando os processos internos críticos que a empresa deve desenvolver para entregar valor aos clientes nesses segmentos, e selecionando as capacidades organizacionais necessárias para o alcance dos objetivos financeiros e do cliente. Um mapa de estratégias dá uma representação visual dos objetivos críticos de uma empresa e as relações entre causa e efeito entre eles, que geram um desempenho organizacional superior.

Um sistema de controle eficiente possui quatro componentes distintos. O controle estratégico, que é operacionalizado por meio da auditoria de marketing, fornece informações valiosas sobre o curso presente e futuro da missão básica de produto/mercado da empresa. O controle do plano anual compara resultados anuais com planejados para fornecer dados ao planejamento futuro. O controle da eficiência e da eficácia avalia se os elementos da estratégia de marketing alcançam as suas metas de um modo rentável. Por fim, o controle da lucratividade busca avaliar a lucratividade por segmento. Os painéis de marketing são ferramentas eficazes para ajudar os gerentes a isolar e monitorar as principais métricas de desempenho, enquanto fornecem à alta administração um perfil compacto pertinente ao impacto das estratégias de marketing sobre o desempenho global da empresa.

Muitos planos de marketing industrial falham porque são executados de modo deficiente. A implantação do marketing é o processo que transforma os planos de marketing em tarefas de ação e que garante que tais tarefas sejam executadas de modo oportuno e eficiente. Quatro capacidades de implantação são particularmente importantes para o gerente de marketing industrial: (1) interação, (2) alocação, (3) monitoramento e (4) organização. O pessoal não ligado ao marketing exerce papéis ativos na implantação da estratégia de marketing industrial. Isso sugere um papel interdisciplinar desafiador e fundamental para o gerente de marketing.

Questões para Discussão

1. Susan Breck, presidente da Breck Chemical Corporation, adicionou três novos produtos à linha da empresa há dois anos, para atender às necessidades de cinco grupos do Naics. Cada um dos produtos possui um orçamento de propaganda separado, embora sejam comercializados pelos mesmos vendedores. Susan pede a sua ajuda para determinar que tipo de informação a empresa precisa coletar para monitorar e controlar o desempenho desses produtos. Resuma a sua resposta.

2. Descreva como os desafios de implantação de estratégia para um gerente de marketing que trabalha na DuPont (uma indústria) poderia ser diferente dos de um gerente de marketing que trabalha na Pillsbury (uma empresa de bens de consumo).

3. No último mês de dezembro, Lisa Schmitt, vice-presidente de marketing da Bock Machine Tool, identificou quatro segmentos de mercado que a sua empresa tentaria penetrar naquele ano. Como o ano estava terminando, Lisa gostaria de avaliar o desempenho da empresa em cada um desses segmentos. Lisa, é claro, pede a sua ajuda. Primeiro, que informações você buscaria no sistema de informações de marketing da empresa para realizar a análise? Em segundo lugar, como saberia se o desempenho da empresa em um segmento específico de mercado foi bom ou mau?

4. Usando o conceito central da estratégia de marketing como orientação, descreva como uma estratégia totalmente apropriada para um mercado-alvo específico poderia falhar devido à implantação deficiente nas áreas de logística e de serviços técnicos.

5. Descreva as relações entre as quatro perspectivas centrais representadas no *balanced scorecard* e incluídas no mapa de estratégias: financeira, do cliente, do processo industrial interno e de aprendizagem e crescimento.

6. Sua empresa fabrica motores elétricos para uso em aparelhos, maquinário e uma série de outras aplicações industriais. O CEO da empresa quer que o diretor de marketing (CMO) crie um painel de indicadores de marketing que poderiam ser revisados pela alta administração para avaliar a contribuição do marketing ao desempenho global da empresa. Que conselho você daria ao CMO em termos dos critérios que ele deveria usar ao elaborar o painel? Ou seja, o que será necessário para tornar o painel eficaz?

7. Nem todas as demandas do cliente podem ser satisfeitas com lucro. Que etapas deverão ser percorridas por um gerente de marketing que fica sabendo que as contas daquele cliente específico – inclusive algumas pendentes há muito – não são lucrativas?

8. Hamilton Tucker, presidente da Tucker Manufacturing Company, está preocupado quanto à abordagem instintiva que os gerentes usam na alocação do orçamento de marketing. Ele cita o Meio-Oeste e o Leste como exemplos. A empresa aumentou seus gastos com a estimulação da demanda (por exemplo, propaganda, venda pessoal) no Meio-Oeste em 20%, mas as vendas subiram apenas 6% no último ano. Por outro lado, os gastos com a estimulação da demanda foram cortados em 17% no Leste, e as vendas caíram em 22%. Hamilton gostaria que você ajudasse os gerentes regionais do Meio-Oeste e do Leste com relação à alocação de seus recursos no próximo ano. Resuma com atenção a abordagem que você seguiria.

9. Discutir por que uma empresa que planeja entrar em um novo segmento de mercado pode ter de desenvolver novos processos industriais internos para atender os clientes nesse segmento.

10. Suponha que as informações que você solicitou na pergunta 5 tenham sido obtidas. Como você determinaria se os recursos de propaganda e de venda pessoal devem ser mudados de um produto para outro?

CASO

A Intuit Lidera o Mercado de Software de Contabilidade[49]

A Intuit, Inc. desenvolveu uma base de clientes leais para seus produtos QuickBooks (contabilidade para pequenos negócios), que simplificam a difícil tarefa de manter os registros contábeis. Quando o cliente já está familiarizado com seus produtos, o tempo que leva para transferir dados ou aprender sobre uma nova aplicação torna bem difícil e ineficiente a troca para um produto da concorrência.

A empresa atraiu uma base de clientes de 3,5 milhões de pequenos negócios que compra as atualizações do QuickBooks à medida que as suas exigências industriais se tornam mais complexas. "A Intuit possui clientes leais porque ouve os usuários e incorpora seu *feedback* para aprimorar os produtos. Poucas empresas entendem seus clientes tão bem quanto a Intuit." Com 24 milhões de pequenos negócios já existentes e 600 mil novos lançados a cada ano, a empresa possui oportunidades significativas para crescer.

A estratégia da Intuit está voltada para a geração de mais receita de seus clientes existentes, ao adicionar uma série de novos serviços, atrair não usuários para seus produtos existentes e entrar em novos mercados.

Questão para Discussão

1. Como a Intuit introduz novos serviços e tenta fortalecer ainda mais a posição do QuickBooks no lucrativo mercado de pequenos negócios, que métricas de desempenho em marketing deverão usar os gerentes de marketing para monitorar o andamento de sua estratégia de crescimento e para fazer os ajustes necessários?

---

[49] Irina Logovinsky, "When It Comes to Accounting Software: Intuit Has No Equal", *Morningstar* (15 de agosto de 2008), disponível em http://www.morningstar.com, acesso em: 25 ago. 2008.

Guia de Planejamento de Casos

PÁGINA	ESTUDO DE CASO nº	NOME DO CASO	1	2	3	4	5	6	7	8	9	10	11	12	13	14	15	16	17
466	1	Columbia Industries, Inc.	★	★	★													★	
474	2	O Gerenciamento do Relacionamento Eletrônico entre Cliente e Fornecedor: Um Estudo de Caso na Indústria Europeia de Móveis para Escritório B2B			★	★		★						★				★	
495	3	Circuit Board Corporation					★	★		★	★								
508	4	3M Canada: Divisão de Negócios Industriais		★	★			★					★		★			★	★
524	5	FedEx Corp.: Transformação Estrutural por meio do Negócio Eletrônico			★	★		★	★	★		★		★	★				
544	6	Clearwater Technologies						★		★						★			
550	7	Barro Stickney, Inc.											★					★	
556	8	Kone: O Lançamento do MonoSpace© na Alemanha			★	★		★		★	★					★	★	★	
576	9	Infosys Consulting em 2006: Liderando a Próxima Geração de Consultoria Industrial e de Tecnologia da Informação				★	★	★	★		★							★	★
603	10	Telezoo (A): de Mais ou de Menos?					★	★		★				★					★
614	11	Van Leer Packaging Worldwide: a Conta do TOTAL (A)			★	★				★								★	★
625	12	Dilemas Éticos em Marketing Industrial	★	★	★	★													

ESTUDO DE CASO 1

Columbia Industries, Inc.

A Columbia Industries, Inc. (CI) foi constituída em 1948, em Vancouver, Colúmbia Britânica. A empresa cresceu rapidamente para se tornar a maior fabricante de produtos em conformidade com as normas para o setor de construção, com o fim de conectar, adaptar, reduzir e reparar tubulações usadas em aplicações de canalização de esgoto e escoamento de resíduos. A linha de produtos da CI inclui: acoplamentos, acoplamentos com vedação flexível, acoplamentos de reparo com diâmetro grande, vedadores infláveis e ampla gama de acoplamentos especializados. Em 1994, a empresa abriu uma filial em Toronto e depois se expandiu internacionalmente ao abrir outra filial em Los Angeles, Califórnia, em 1997. A CI emprega mais de 950 pessoas (550 em Vancouver) e possui vendas anuais de aproximadamente $ 176 milhões ($ 102 milhões em Vancouver). A maioria de seus clientes é atendida por meio de ampla rede de distribuidores especializados, fornecedores e varejistas de massa.

Em 16 de setembro de 1999, ocorreria uma reunião final entre o gerente de fábrica, o engenheiro industrial e a engenheira de fábrica das operações em Vancouver. A reunião deveria resultar em uma recomendação final ao gerente geral da empresa sobre a compra de sete novas empilhadeiras. As empilhadeiras eram usadas para mover paletes completos de acoplamentos, tubos de cerâmica, mangueiras de borracha e outros materiais de produção de e para o depósito (ver Anexo 1).

A necessidade de se comprar novas empilhadeiras havia inicialmente chamado a sua atenção quando o mecânico-chefe, que também era o líder sindical da fábrica, apresentou queixas formais dos motoristas das empilhadeiras com respeito à segurança e ao desempenho das empilhadeiras Hyster. Eles estavam preocupados quanto à estabilidade da empilhadeira quando com plena carga e com a torre estendida totalmente para alcançar a prateleira superior de 6 metros de altura no depósito. Um motorista recentemente quase se acidentara ao içar um rolo de tubos de cerâmica até a prateleira superior, quando a traseira do caminhão momentaneamente se erguera do solo. Além disso, os custos excessivos de manutenção das empilhadeiras Hyster haviam chamado a atenção da engenharia de fábrica.

Em segundo lugar, a operação de Vancouver havia vivenciado um rápido aumento nas vendas e nas demandas nos últimos anos. Não haviam sido capazes de atender às necessidades de seus clientes em tempo hábil devido a limitações de empilhadeiras e de capacidade da fábrica, o que lhes custara vários clientes valiosos.

Copyright © 2000 Thunderbird. The American Graduate School of International Management. Todos os direitos reservados. Este caso foi elaborado pelo professor John Zerio, auxiliado pela pesquisa de Shannon Birb, com o fim exclusivo de discussão em sala de aula, e não para indicar gerenciamento eficiente ou ineficiente. O nome da empresa foi trocado.

Plano de Fundo

Jacques Debré, o gerente de fábrica, estava na empresa havia dezoito anos. Ele começou sua carreira ali como um engenheiro industrial após se formar na universidade e havia sido promovido várias vezes a partir de então. Durante os últimos sete anos, tem sido gerente de fábrica na sede de Vancouver. Stuart West era o engenheiro industrial responsável pela alocação eficiente de equipamentos e maquinário, inclusive empilhadeiras. Era responsável pela análise financeira de custos com relação a justificativa de equipamentos e planejamento da capacidade. Estava na empresa havia cinco anos. Antes de seu emprego na Columbia Industries, Inc., teve grande experiência como engenheiro industrial em outras empresas, e sua opinião era bastante considerada.

A engenheira de fábrica, Sandra Ogrosky, estava na empresa havia seis anos. Ela era responsável pela manutenção de equipamentos e maquinário da fábrica e estava bastante preocupada com sua confiabilidade e tempo inoperante mínimo para reparos. Duas de suas principais funções eram o monitoramento do desempenho e a modelagem e a análise da produtividade. Assim, o fraco desempenho das empilhadeiras chamou a sua atenção. Devido ao rápido crescimento nos anos recentes, era até mais crítico aumentar a confiabilidade e minimizar o tempo inoperante.

A Tarefa

O gerente de fábrica ficou sabendo da necessidade de sete novas empilhadeiras de depósito em virtude da alta despesa com manutenção, alto tempo inoperante das empilhadeiras, questões de segurança e a rápida expansão da empresa. Os clientes, como grandes construtoras, constituíam a maior parte dos negócios da CI, e por muitos anos a significativa expansão demográfica havia aumentado a demanda sobre as construtoras e, indiretamente, sobre a CI.

Uma das empilhadeiras da Hyster tinha vários anos e havia quebrado duas vezes nos últimos três meses. Em decorrência disso, a empresa precisara atrasar dois grandes pedidos, o que lhe custara um de seus principais clientes. Ambas as panes deveram-se a problemas com a transmissão da empilhadeira.

Passaram-se dez dias até que uma peça de transmissão substituta fosse enviada a eles, e a outra peça defeituosa da transmissão levara quase uma semana. Nos últimos três meses, a empilhadeira consumira mais de $ 4 mil.

Ademais, a CI havia reconstruído a transmissão em outra das empilhadeiras da Hyster há seis meses, o que lhe custara $ 2 mil. A partir daí, não haviam tido quaisquer outros problemas com aquela empilhadeira específica.

Além da confiabilidade e do serviço rápido, a CI também tinha exigências quanto à mobilidade para que os operadores da empilhadeira pudessem manobrá-la com segurança por passagens estreitas e ângulos fechados. Como mencionado antes, os motoristas da empilhadeira haviam se queixado ao sindicato sobre problemas de segurança envolvendo a estabilidade do caminhão quando a torre estava totalmente estendida e com plena carga de tubos de grandes diâmetros.

West recebera a tarefa de encontrar sete empilhadeiras que melhor atendessem às necessidades da empresa. Todavia, a política da empresa exigia que a etapa inicial fosse atribuir ao departamento de compras a tarefa de reduzir o escopo de possibilidades para cinco marcas de empilhadeiras. O agente de compras analisara as qualificações de baixo tempo inoperante, segurança, bons serviços e mobilidade. Estudara, então, as várias ofertas e reduzira a decisão para cinco marcas. Neste ponto, entrara em contato com várias empresas e pediria que cada uma enviasse um vendedor para se reunir com West e lhe passar uma cotação.

As Apresentações

As cotações foram formalmente solicitadas em 1º de junho de 1999. A cotação da Yale chegou em 6 de junho de 1999 (ver Anexo 2). O distribuidor da Yale vende ampla gama de produtos, desde equipamentos de armazenamento até equipamentos de segurança, e havia recém-incluído as empilhadeiras em sua linha de produtos há três meses. A Columbia Industries, Inc. comprava com frequência produtos dessa empresa e estava muito satisfeita com o serviço do distribuidor. O vendedor reuniu-se com West e explicou as características das empilhadeiras. Prometeu, então, enviar uma empilhadeira à CI para demonstração. Uma semana depois, a empilhadeira chegou. Os operadores de empilhadeira gostaram do desempenho do caminhão, mas não estavam certos quanto à função de várias das Luzes Indicadoras de Falha do Monitor. Levaram cerca de uma hora para averiguar como operar o caminhão, por causa da diferença do caminhão da Yale com relação aos caminhões da Hyster que eram usados no trabalho; contudo, no final, ficaram confiantes quanto à sua capacidade de operar a máquina e impressionados com as suas capacidades. O vendedor da Yale telefonou para West semanalmente a partir daí, para verificar se a empresa já havia tomado uma decisão.

A proposta da Komatsu chegou no mesmo dia da proposta da Yale (ver Anexo 3). Todavia, alguns dias antes da chegada, o vendedor da Komatsu havia gasto tempo considerável apresentando as características e vantagens da empilhadeira da Komatsu para West. Então, perguntou que outras empresas West estava levando em consideração e começou a relacionar as falhas de seus concorrentes e seus produtos. Quando West pediu uma empilhadeira para demonstração, o vendedor da Komatsu pareceu hesitante e respondeu que "ia ver o que podia fazer". Depois da chegada da proposta, a CI não soube mais do vendedor.

A terceira cotação chegou em 7 de junho, da Caterpillar, Inc. (ver Anexo 4). O vendedor fez uma apresentação completa para West e lhe pediu que explicasse que características a empresa buscava em uma empilhadeira. Enviou, então, o caminhão para demonstração para a fábrica, três dias depois. Chegou com o caminhão e se encontrou com os motoristas de empilhadeiras. Mostrou rapidamente como operá-lo e respondeu às suas perguntas pertinentes ao desempenho da máquina. Nesse ponto, o mecânico de empilhadeiras chegou para examinar as características do caminhão. Ele e o vendedor da Caterpillar começaram a conversar francamente sobre a mecânica da empilhadeira. O mecânico ficou surpreso com o conhecimento profundo que o vendedor tinha sobre a empilhadeira, até que descobriu que o vendedor havia sido um mecânico de empilhadeiras anos atrás. O vendedor da Caterpillar, então, reuniu-se com os srs. West e Debré e com Ogrosky e explicou em detalhes como as características da empilhadeira da Caterpillar lhes trariam benefícios e como atendiam a todos os seus critérios. Lembrou a eles que as peças da Caterpillar eram obtidas com facilidade e que a instalação de serviços ficava a apenas poucos quilômetros dali. Depois daquela reunião, ligou para West a cada duas semanas e enviou-lhe artigos sobre as empilhadeiras da Caterpillar.

A quarta cotação recebida foi da Hyster, em 9 de junho (ver Anexo 5). Antes disso, o vendedor da Hyster reuniu-se com West, Debré e Ogrosky. Forneceu-lhes uma apresentação muito bem-feita sobre a marca Hyster e as características da empilhadeira. Sparrow, então, perguntou sobre as características da transmissão da Hyster e explicou os problemas que a fábrica havia tido com ela. O vendedor afirmou que poderia conseguir "um bom negócio" para a fábrica devido aos problemas anteriores que haviam tido com as empilhadeiras Hyster. O vendedor da Hyster ligou todas as semanas a partir daí.

A última cotação foi a da Toyota (ver Anexo 6). O vendedor estava fora da cidade, de modo que ele e West não puderam se reunir até 21 de junho. O vendedor conhecia bastante sobre empilhadeiras e a sua empresa. No início, West estava muito interessado nessa marca, pois havia lido sobre a confiabilidade e as características de desempenho dessa empilhadeira. Todavia, quando West pediu que uma empilhadeira fosse enviada à fabrica para demonstração, o vendedor pareceu incerto e disse a West que teria de "verificar o assunto". Uma semana depois, chegou uma empilhadeira da Toyota para demonstração. O vendedor não fora capaz de conseguir a empilhadeira que West havia solicitado, mas enviara uma que tinha as especificações exigidas semelhantes. Os operadores de empilhadeira ficaram impressionados com o desempenho e o fácil manuseio do caminhão, mas eles não foram capazes de testar o içamento de tubos até a altura máxima necessária porque o elevador desse modelo somente se estendia por menos de três metros, em vez dos seis metros necessários. O vendedor ligou alguns dias depois para ver se West havia levado em consideração a empilhadeira e, então, ligou a cada duas semanas para verificar o andamento da tomada de decisão.

Em 20 de agosto, West e Ogrosky planejaram uma reunião com os operadores de empilhadeira e o mecânico da CI, para obter as suas opiniões sobre o desempenho dos vários caminhões. A seguir, um resumo de sua conversa:

- Os operadores de empilhadeira estavam impressionados com o desempenho da empilhadeira da Yale. Ela tinha um raio de rotação justo e apresentava um bom desempenho. Todavia, ainda estavam um pouco incertos quanto a todos os dispositivos oferecidos pelo caminhão e a como exatamente usá-los. Os operadores estavam particularmente satisfeitos com a estabilidade e a segurança do caminhão ao testá-lo com a torre totalmente estendida e com plena carga. O mecânico pareceu confiante quanto às suas capacidades de fazer reparos ao caminhão, caso precisasse de algum.
- A Komatsu não enviou um caminhão para demonstração.
- A empilhadeira da Caterpillar era de fácil manobra e possuía dispositivos avançados. Os operadores estavam animados quanto a testar os vários dispositivos e aperfeiçoamentos e pareceram confiantes sobre as suas capacidades de operar a empilhadeira. A empilhadeira da Caterpillar foi testada com a torre totalmente estendida e com plena carga, e funcionou muito bem nessas condições. O mecânico estava impressionado com o caminhão e confiante de que poderia resolver quaisquer problemas que pudessem surgir.
- Os operadores de empilhadeira estavam satisfeitos com a mobilidade dos caminhões da Hyster e estavam confiantes quanto a suas capacidades de operá-los. Todavia, ainda estavam preocupados quanto à estabilidade e segurança dos caminhões quando com plena carga e com a torre totalmente estendida. Devido à sua experiência anterior reparando os caminhões da Hyster, o mecânico estava confiante quanto à sua capacidade de fazer reparos ali. Estava impressionado com a nova transmissão que a Hyster agora usava e acreditava que seria muito mais confiável do que a anterior.
- A empilhadeira da Toyota funcionou como a da Hyster e os operadores de empilhadeira estavam muito satisfeitos com a sua mobilidade e características. Pelo fato de a Toyota ter enviado um modelo diferente para a CI, os motoristas não foram capazes de testar a estabilidade do caminhão quando com a torre totalmente estendida e com plena carga. Todavia, o mecânico sentiu que a empilhadeira funcionaria sob aquelas condições.

West e Ogrosky se reuniram em 3 de setembro para decidir qual das empilhadeiras seria recomendada para Debré. Criaram um quadro para melhor comparar as características das empilhadeiras e para facilitar seu processo de tomada de decisão (ver Anexo 7). Foi crucial dar suporte à sua decisão com dados quantitativos e sabiam que Debré poderia estar hesitante quanto à compra de uma nova empilhadeira de uma marca com a qual não tinham experiência. Caso ele não estivesse convencido de que a decisão era a correta, teriam de reavaliar todas as opções.

470   **Estudo de Caso 1**   Columbia Industries, Inc.

ANEXO 1 | EMPILHADEIRA E DEPÓSITO

ANEXO 2 |

6 de junho de 1999

Columbia Industries, Inc.
Caixa Postal 120
Vancouver, Colúmbia Britânica
Aos cuidados de Stuart West

Prezado Sr. West,

Agradecemos a oportunidade de firmarmos uma parceria comercial com sua empresa. Estamos certos de que V.Sa. ficará animado quanto aos serviços e preços especiais que podemos lhe oferecer, devido à quantidade de produtos que enviamos e a proximidade de nossa instalação.

Encaminhamos a V.Sa. a cotação para a GC050ZG da Yale e o preço dado como parte do pagamento pela sua empilhadeira da Hyster. Nosso caminhão Yale custa apenas $ 18.990 e podemos oferecer $ 2.110 em troca da empilhadeira usada. Deixe-me lembrá-lo de que somos capazes de conseguir quaisquer peças que possam ser necessárias de um dia para o outro e que estamos disponíveis para quaisquer dúvidas ou problemas que possam surgir.

Devido ao nosso relacionamento comercial próximo com sua empresa, também estenderemos a sua garantia, livre de encargos, de 12 meses ou 2.500 horas para 18 meses ou 3.750 horas.

Estou à sua disposição para responder a quaisquer perguntas. Espero que possamos discutir mais sobre esta oportunidade.

Atenciosamente,
Vendedor da Yale

ANEXO 3

6 de junho de 1999

Columbia Industries, Inc.
Caixa Postal 120
Vancouver, Colúmbia Britânica
Aos cuidados de Stuart West

Prezado Sr. West,

Foi um prazer nossa conversa de outro dia e estou certo de que a Komatsu será a melhor escolha para a sua empresa. Superamos todos os nossos concorrentes e também oferecemos um preço mais competitivo. Recomendo a FG25SHT-12 da Komatsu para os usos que discutimos. Este modelo custa apenas $ 18.400, o que inclui uma garantia de um ano ou 2.250 horas.

Não podemos enviar um caminhão para demonstração porque nossas empilhadeiras têm alta demanda, mas estou certo de que este modelo atenderá a todos os seus critérios e superará todas as ofertas que nossos concorrentes poderiam lhe oferecer.

Espero que possamos nos falar em breve.

Atenciosamente,
Vendedor da Komatsu

ANEXO 4

7 de junho de 1999

Columbia Industries, Inc.
Caixa Postal 120
Vancouver, Colúmbia Britânica
Aos cuidados de Stuart West

Prezado Sr. West,

Após analisarmos todas as suas exigências a respeito de uma empilhadeira de depósito, estou certo de que a FGC25K-HO da Caterpillar atenderá a todos os seus critérios. Esta empilhadeira tem estado constantemente classificada como uma das duas principais empilhadeiras em sua classe de desempenho e durabilidade. Na próxima semana, V.Sa. receberá um artigo recente que copiei, com uma comparação detalhada das empilhadeiras de depósito dessa classe.

Infelizmente, não seremos capazes de lhe oferecer nada como parte do pagamento com relação às suas empilhadeiras da Hyster, mas anexei os nomes e números telefônicos de várias empresas em sua área que poderiam ajudá-los a conseguir um preço justo por suas empilhadeiras da Hyster.

Nossa empilhadeira Caterpillar custa $ 19.550, com uma garantia de 12 meses ou 3.000 horas. A garantia pode ser estendida, caso a CI assim o exija.

Espero que possamos nos falar em breve.

Atenciosamente,
Vendedor da Caterpillar

Estudo de Caso 1 Columbia Industries, Inc.

ANEXO 5

9 de junho de 1999

Columbia Industries, Inc.
Caixa Postal 120
Vancouver, Colúmbia Britânica
Aos cuidados de Stuart West

Prezado Sr. West,

Foi um prazer falar com V.Sa. no outro dia e tenho uma boa solução para os seus problemas. Primeiro, estou certo de que a H50 XM da Hyster lhe dará todas as capacidades de que precisa. Este modelo é similar aos modelos que V.Sa. possui hoje, mas a transmissão foi substituída por uma mais durável.

O preço da nova empilhadeira da Hyster é de $ 18.220. Como V.Sa. poderá ver (com o modelo para demonstração), ela é uma das empilhadeiras menos caras dessa classe no mercado. Podemos melhorar este valor estendendo o período de garantia para 36 meses ou 5.000 horas, sem encargos para a sua empresa.

Ademais, também somos capazes de lhe oferecer um valor como parte do pagamento de seu outro caminhão da Hyster. Ofereceremos um valor de troca de $ 2 mil.

Estou feliz por ter tido a chance de trabalhar com V.Sa. e estou certo de que verá a oferta competitiva que fomos capazes de lhe oferecer.

Atenciosamente,
Vendedor da Hyster

ANEXO 6

23 de junho de 1999

Columbia Industries, Inc.
Caixa Postal 120
Vancouver, Colúmbia Britânica
Aos cuidados de Stuart West

Prezado Sr. West,

Agradecemos a oportunidade de tomar parte de seu tempo precioso em uma discussão demorada sobre todos os seus critérios para uma nova empilhadeira de depósito. Demos considerável atenção e estamos certos de que a 5 FG 25 da Toyota atenderá a todas as suas necessidades.

Como V.Sa. sabe, a Toyota tem obtido uma imagem incrível como líder do setor em serviços e desempenho. Garantimos a sua total satisfação com nossos produtos e daremos um pronto atendimento caso V.Sa. algum dia vivencie quaisquer problemas com nossa empilhadeira.

A 5 FG 25 da Toyota custa $ 19.220. Além disso, incluímos uma garantia de 20 meses ou 4.500 horas. Não somos capazes de lhe oferecer um valor em troca por sua empilhadeira da Hyster, mas estou certo de que o revendedor da Hyster mais próximo de sua empresa será capaz de ajudá-los com isso.

Enviamos um modelo similar de nossa 5 FG 25 da Toyota em virtude de sua disponibilidade. Estou certo de que lhe dará o desempenho desejado. Aguardo receber seu *feedback* sobre nossa empilhadeira e falarei com V.Sa. nas próximas semanas.

Atenciosamente,
Vendedor da Toyota

ANEXO 7

Descrição	Caterpillar FGC25K-HO	Yale CG050ZG	Toyota 5 FG 25	Komatsu FG255HT-12	Hyster H50 XM
Capacidade	2.267 toneladas	2.267 toneladas	2.267 toneladas	2.267 toneladas	2.267 toneladas
Largura total	1,0541 m	1,0668 m	1,1557 m	1,05918 m	1,1557 m
Raio de viragem	2,0066 m	1,99898 m	1,98374 m	1,97104 m	2,21996 m
Altura abaixada	2,15900 m	2,1336 m	2,1463 m	2,15900 m	2,1717 m
Içamento total	6,6548 m	6,73100 m	6,73100 m	6,7437 m	6,6802 m
Velocidade de içamento:					
Vazia	112 fhp	133 fhp	122 fhp	120 fhp	118 fhp
Com plena carga	104 fhp	117 fhp	108 fhp	106 fhp	104 fhp
Velocidade de percurso	16,8 km/hora	17,5 km/hora	17,7 km/hora	16,5 km/hora	17,7 km/hora
Motor	Mitsubishi 4G64	General Motors	52 Net HP	Komatsu	Mazda 2,0 L
Transmissão	Powershift	Powershift	Powershift	Toraflow	Powershift
Direção	Mecânica	Mecânica	Mecânica	Mecânica	Mecânica
Entrega	A combinar	A combinar	A combinar	A combinar	A combinar
Subtotal	$ 20.900	$ 19.390	$ 21.100	$ 18.400	$ 18.200
Menos troca	——	$ 2.110	——	——	$ 2.000
Frete	——	$ 100	$ 100	——	$ 100
Total	$ 20.900	$ 17.380	$ 21.200	$ 18.400	$ 16.320

ESTUDO DE CASO

2

O Gerenciamento do Relacionamento Eletrônico entre Cliente e Fornecedor: um Estudo de Caso na Indústria Europeia de Móveis para Escritório B2B

Introdução

Nos últimos anos, a tecnologia da informação (TI) causou um impacto crescente nas empresas em todos os lugares. Hoje, a influência da TI não apenas em atividades operacionais, mas também na redefinição e na busca da estratégia industrial, é amplamente aceita (Boynton e Zmud, 1994; Drucker, 1988).

O domínio do negócio eletrônico (*e-business*) é caracterizado pela mudança rápida (Daniel e Wilson, 2003) e muitos pesquisadores vêm voltando a sua atenção para a avaliação do valor das aplicações de negócio eletrônico (Zhu, Kraemer, Xu e Dedrick, 2004).

A pesquisa e o desenvolvimento atuais no campo do comércio eletrônico business-to-business está focalizando soluções que permitem às empresas fazer a reengenharia de suas estruturas e se tornar organizações flexíveis capazes de cooperar com seus clientes, fornecedores e parceiros. Essas soluções visam criar valor por toda a cadeia de suprimentos ao aperfeiçoar a colaboração, a especialização do trabalho, o compartilhamento de informações e o pronto atendimento. Uma área para a qual a TI está agregando valor tangível é o gerenciamento do relacionamento entre clientes e fornecedores (Ash e Burn, 2003; Phan, 2003).

Este trabalho descreve a experiência da divisão internacional da Cadiac, uma das principais empresas mundiais no setor de móveis para escritório, na implantação de aplicativos de compra eletrônica para os seus clientes, visando dar apoio a relacionamentos e trocas de informação com eles. As atuais tecnologias de compra eletrônica estão no início de seu desenvolvimento, e um projeto dominante, assim como de um claro entendimento sobre os custos e as vantagens efetivos, ainda é incerto (Davila, Gupta e Palmer, 2002; Subramaniam e Shaw, 2004; Kauffman e Mohtadi, 2004; Johnson e Klassen, 2005).

Pavlou e El Sawy (2002) sintetizam várias teorias sobre relações entre empresas e sugerem o uso do *escopo das relações* para analisá-las. O escopo das relações mede o número de parceiros potenciais a que uma empresa tem acesso, ou seja, os parceiros comerciais potenciais em uma troca business-to-business. A análise cruzada do escopo das relações tanto de compradores quanto de fornecedores apresenta um esquema de classificação bidimensional como resultado (Figura C2.1), em que quatro tipologias de relações entre empresas são identificadas:

Copyright © 2007, Idea Group Inc. É proibido copiar ou distribuir formatos impressos ou eletrônicos sem a permissão por escrito da Idea Group Inc.

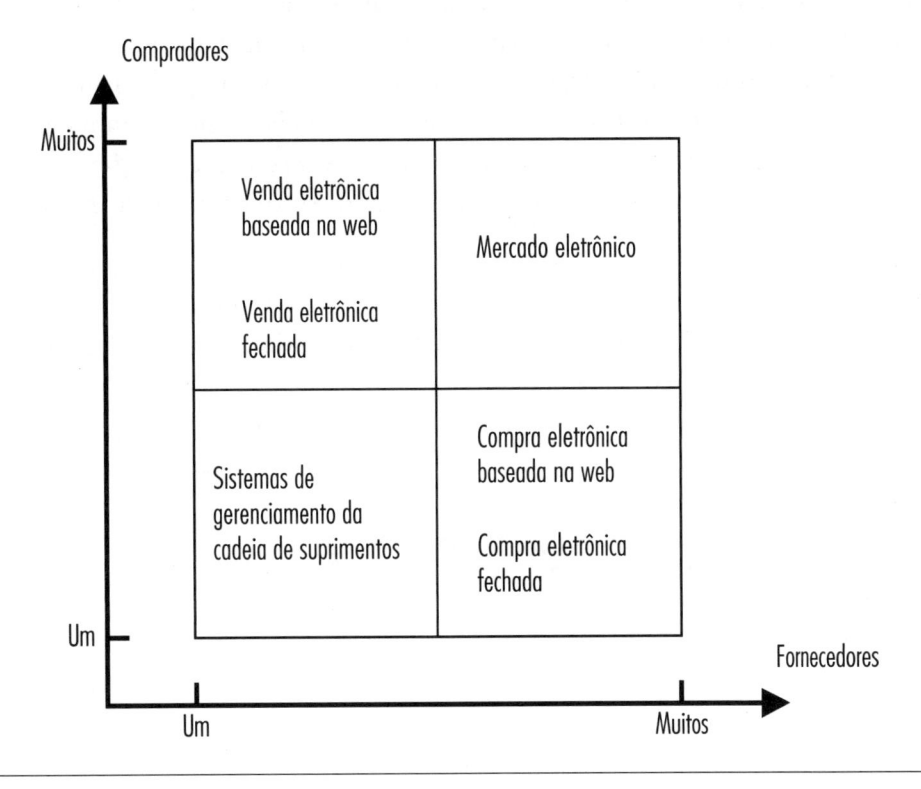

FIGURA C2.1 | ESQUEMA DE CLASSIFICAÇÃO BIDIMENSIONAL DAS RELAÇÕES ENTRE EMPRESAS

```
Compradores
    ▲
Muitos ┤ ┌─────────────────┬─────────────────┐
       │ │ Venda eletrônica│                 │
       │ │ baseada na web  │ Mercado         │
       │ │                 │ eletrônico      │
       │ │ Venda eletrônica│                 │
       │ │ fechada         │                 │
       │ ├─────────────────┼─────────────────┤
       │ │                 │ Compra eletrônica│
       │ │ Sistemas de     │ baseada na web  │
       │ │ gerenciamento da│                 │
       │ │ cadeia de       │ Compra eletrônica│
       │ │ suprimentos     │ fechada         │
  Um   ┤ └─────────────────┴─────────────────┘         Fornecedores
       └─────┬───────────────────────────┬─────────▶
             Um                        Muitos
```

1. *Muitos para muitos*, em que muitos clientes e muitos fornecedores são capazes de interagir.
2. *Muitos para poucos*, em que muitos fornecedores estão envolvidos no processo de compra de uma ou poucas empresas.
3. *Poucos para muitos*, em que muitos clientes compram por meio de um canal de vendas de uma ou poucas empresas.
4. *Poucos para poucos*, em que um pequeno grupo de compradores e fornecedores compartilham relações estratégicas e colaborativas próximas e sólidas.

Cada relação entre empresas pode ter o apoio eletrônico de uma aplicação específica de compra eletrônica (Ravarini, Tagliavini, Zanaboni, Faverio, Moro, 2003):

5. *Mercado eletrônico (muitos para muitos)*: um lugar virtual em que vários compradores e fornecedores são capazes de negociar, compram ou vendem produtos ou serviços, pedem estimativas de custo, apresentam ofertas e estipulam relacionamentos comerciais. Os mercados eletrônicos tornam possível equiparar a demanda à oferta, de modo que os compradores possam reduzir os custos de compra e os fornecedores possam melhorar a visibilidade de suas empresas e produtos (Neef, 2001; Phillips e Meeker, 2000). Por outro lado, o número de empresas envolvidas nesse tipo de troca impede sólidas relações entre empresas.
6. *Compra eletrônica (muitos para poucos)*: uma solução que permite que compradores tradicionais poderosos obtenham vantagens ao alavancar a sua existência física em trocas on-line B2B (Pavlou e Sawy, 2002). Existem duas formas de compra eletrônica: aquela baseada na web, que permite a participação de muitos fornecedores; e a fechada, que pode envolver apenas alguns fornecedores selecionados.

7. *Venda eletrônica (poucos para muitos)*: um canal virtual de vendas por meio do qual poucos grandes fornecedores colocam seus produtos e catálogos à disposição de muitos compradores, um mecanismo que segue de perto o modelo primário de comércio eletrônico de business-to-customer. Existem duas formas de venda eletrônica: uma baseada na web, que permite a participação de muitos compradores; e uma fechada, que pode envolver apenas alguns compradores selecionados.
8. *Sistemas de gerenciamento da cadeia de suprimentos (poucos para poucos)*: aplicações baseadas na internet que dão apoio a relacionamentos próximos e estratégicos entre um pequeno número de empresas.

No final dos anos 1990, os clientes da Cadiac impeliram a empresa a se envolver em um cenário de compra eletrônica (muitos para poucos). A base organizacional, o modelo de negócio e a estratégia levaram-na a investir no sistema de gerenciamento da cadeia de suprimentos descrito anteriormente, passando assim para um cenário de poucos para poucos.

As seções a seguir descreverão as questões enfrentadas pela Cadiac e a estratégia e as soluções eletrônicas adotadas para responder às solicitações do mercado na implantação dessa mudança.

Plano de Fundo da Organização

A Cadiac começou suas atividades nos Estados Unidos no início do século XX e tornou-se uma empresa de capital aberto no final dos anos 1990. A Cadiac tem sido a líder mundial em projeto e fabricação de móveis para escritório nos últimos 25 anos. Possui fábricas em mais de 35 lugares pelo mundo e amplo sistema de distribuição que permite atender aos mercados localmente. De fato, seus produtos e serviços estão disponíveis em mais de 800 locais pelo mundo, em mais de cem países, por intermédio de uma rede de revendedores autorizados independentes. Hoje, ela emprega mais de 14 mil pessoas.

A Cadiac, nos dias atuais, é composta por duas empresas separadas: a primeira inclui Estados Unidos, Canadá e México, e a segunda engloba todos os outros países no mundo (na Europa, África, Américas do Sul e Central e Ásia-Pacífico). Essas empresas compartilham, é claro, a mesma visão e estratégia, mas são separadas e independentes em termos de vendas e organização.

A sede global está localizada nos Estados Unidos. A divisão internacional tem sede na Europa, onde estão baseados recursos corporativos como marketing e comunicação, pesquisa e desenvolvimento, finanças e recursos humanos, ao passo que sua organização de vendas é descentralizada em várias subsidiárias locais. Hoje, emprega mais de 3 mil pessoas e representa cerca de um quarto da receita total da Cadiac.

O mercado de móveis para escritório é normalmente caracterizado por um número bem alto de participantes, a maioria dos quais é composta por pequenas empresas competindo em um nível local. As empresas maiores possuem, em geral, um alcance internacional – embora a sua posição seja tipicamente mais forte em um país – e apenas poucas empresas estão presentes em uma escala realmente global.

Essas empresas operam principalmente por meio de parceiros comerciais – subsidiárias e redes de revendedores independentes – enquanto apenas algumas delas vendem os seus produtos diretamente para os seus usuários finais; por fim, algumas empresas instalam uma estratégia mista. Enquanto o modelo de vendas diretas permite melhor controle da cadeia de suprimentos, o modelo de rede de revendedores torna possível aumentar a capacidade local e ampliar a oferta de móveis para escritório com atividades essenciais como tapetes, serviços de mudança, iluminação e assim por diante.

Do ponto de vista do cliente, os móveis para escritório podem ser vistos como uma *commodity* e, por conseguinte, o foco do cliente está, em geral, no preço.

Este é um dos fatores mais significativos da segmentação dentro do mercado de móveis para escritório. Muitas empresas baseiam sua estratégia em preços baixos e, dessa forma, vendem produtos que atendem às necessidades básicas de seus clientes potenciais, o que significa fornecer um nível aceitável de qualidade real e percebida, variedade de ofertas e serviços pré e pós-venda, enquanto, ao mesmo tempo, estão particularmente voltadas para manter os custos baixos. Sua oferta visa ao alvo amplo possível dentro dos segmentos de mercado baixo e intermediário.

Por outro lado, empresas, especialmente grandes e globais, tendem a adotar uma abordagem mais sofisticada diante do mercado, por exemplo: ao usar um gerador de "desenho/imagem", em que o foco principal está na imagem e na estética do produto; ao fundamentar a estratégia do produto em princípios ergonômicos; ou ao alavancar espaço como um ativo estratégico, que pode influenciar de modo significativo o desempenho dos funcionários. Essas empresas, que incluem a Cadiac, vangloriam-se de um melhor posicionamento e representam o segmento superior do mercado de móveis para escritório, com o posicionamento de preço mais alto, mas também o valor agregado mais alto para o cliente; sua oferta, então, é voltada para um alvo mais limitado, porém relevante, representado sobretudo por grandes empresas globais e internacionais, para as quais esse valor agregado é fundamental e definitivamente mais significativo que o preço. Nesse segmento, a diferenciação é basicamente determinada pelos geradores mencionados anteriormente e pela natureza e qualidade dos serviços de consultoria e dos serviços pré e pós-venda, em vez de pelo preço.

A estratégia da Cadiac está centrada no conceito de espaço de trabalho como um ativo estratégico que permite às pessoas alcançarem níveis mais altos de desempenho; sem dúvida, um conhecimento preciso sobre as pessoas no trabalho se traduz em produtos e serviços que de fato as ajudam a trabalhar de modo mais eficiente e eficaz. As atividades de pesquisa e desenvolvimento exercem, em consequência, um papel fundamental e pretendem obter aperfeiçoamentos continuados para cumprir a promessa de uma experiência de trabalho melhorada.

O chefe de comunicação corporativa da divisão internacional afirmou:

> Nossa estratégia é revelar o potencial das pessoas no trabalho e inspirá-las a alcançar níveis mais altos de realização. Dessa forma, somos movidos por duas ideias centrais: de um lado, inovar ao identificar necessidades não atendidas e novas oportunidades de mercado e desenvolver produtos, soluções e serviços novos e centrados no usuário, por meio de pesquisa e observação das pessoas no trabalho; do outro lado, alcançar a perfeição empresarial em termos de níveis corretos de custos, qualidade e rapidez em toda a fabricação e distribuição e na cadeia de suprimentos e operações administrativas. Nossos principais clientes são empresas que desejam usar o espaço como um ativo estratégico, para dar sustentação à sua estratégia e alcançar seus objetivos. Definitivamente, somos apaixonados por trabalho!

A Cadiac vangloria-se de possuir amplo portfólio de produtos, inclusive escrivaninhas, conjuntos de móveis, mesas, cadeiras, organizadores, ferramentas de trabalho, produtos têxteis, produtos de arquitetura de interior, iluminação, mecanismos tecnológicos e produtos de infraestrutura de tecnologia, além de ampla gama de serviços, desde serviços de consultoria até serviços de gerenciamento de móveis e ativos, serviços financeiros e, por último, mas não de menor importância, negócio eletrônico.

Preparando o Terreno

Durante muito tempo, as empresas estavam voltadas para a compra como a principal fonte de redução de custo da organização. Hoje, três tendências relevantes com impacto significativo no ambiente industrial devem ser analisadas: a base de clientes e as operações estão cada vez mais globalizadas, conjuntos de produtos e serviços estão se tornando cada vez mais importantes e o setor de fabricação está sendo afetado por uma rápida evolução da tecnologia. Estas levam a quatro principais mudanças nas políticas de compra dos clientes:

- Identificação de um número limitado de fornecedores preferidos pelo mundo.
- Seleção de padrões de produto negociados, globais ou regionais, nos escritórios corporativos do cliente.
- Implantação de procedimentos padronizados para as políticas de compra.
- Implantação de tecnologia de negócio eletrônico integrada com as aplicações da empresa.

Nas palavras de um cliente:

Os clientes estão buscando parceiros, em vez de fornecedores, capazes de lhes permitir que se tornem mais competitivos e obtenham mais negócios.

Muitas empresas consideram a modernização da atividade diária de compra e a globalização de seus processos como as vantagens mais importantes decorrentes da adoção do negócio eletrônico. De fato, as atividades de negócio eletrônico:

- Determinam uma diminuição nos custos de transação devido à automatização dos processos administrativos e ao aumento da eficiência dos processos de aprovação.
- Permitem que o departamento de compras seja mais eficiente (maior controle do usuário dentro de processos estabelecidos de aprovação, relatórios estatísticos simples e confiáveis, monitoramento em tempo real de pedidos pendentes e gerenciamento de ativos mais eficaz) e, assim, focalizam mais atividades estratégicas.
- Permitem um uso sistemático de acordos corporativos, resultando em poucas compras "audaciosas", parcerias fortalecidas com fornecedores selecionados e atualização mais rápida da faixa de produtos disponível.

Da perspectiva do fornecedor, algumas empresas – a saber, aquelas pertencentes aos segmentos de mercado baixo e intermediário – produzem um número bem limitado de produtos com poucas opções; por exemplo, uma escrivaninha pode ser retangular ou com curvas, disponível em dois tamanhos e em duas cores. A vantagem, para o cliente, é que o produto possui um preço fixo e o prazo de entrega é menor (de fato, o estoque pode ser facilmente gerenciado); por outro lado, isso implica que um número bastante limitado de opções é permitido e que não é possível uma customização – o nível dos serviços é bem básico e o relacionamento entre cliente e fornecedor é normalmente gerenciado em uma base não pessoal.

Para essas empresas, disponibilizar suas ofertas na internet representou uma evolução natural e coerente de seu modelo de vendas: uma faixa definida de produtos, com preços e prazos de entrega fixos, disponível para todos os clientes com diferenciação limitada ou nenhuma diferenciação.

Por outro lado, o portfólio de produtos da Cadiac inclui cerca de 50 faixas de produtos diferentes, cada uma delas disponível em vários tamanhos (por exemplo, escrivaninhas retangulares, escrivaninhas com curvas etc.), que ainda podem ser configurados em até nove opções (como cor do tampo, tipo de pernas, cor da estrutura etc.), o que significa ser possível um total de centenas de combinações. Além dessa oferta "padronizada", a Cadiac também é capaz de fabricar produtos sob medida com base nos modelos existentes, mas especialmente customizados para atender às necessidades específicas em termos, por exemplo, de dimensões, materiais e acabamentos ou formatos peculiares. O relacionamento entre cliente e fornecedor, como consequência, precisa ser gerenciado em um nível pessoal pelos vendedores e revendedores, e, por exemplo, para as assim chamadas "contas-chave", são designadas equipes dedicadas.

Para as empresas que adotam esse tipo de abordagem ao mercado, a compra eletrônica representou um desafio real: como é possível manter o foco do cliente, mas evitar a adoção da perspectiva de *commodity* e, portanto, perder todo o valor agregado e, em consequência, a diferenciação competitiva?

A gerente de projetos de negócio eletrônico internacional da Cadiac explicou:

> No final dos anos 1990, algumas grandes empresas internacionais começaram a pedir aos seus fornecedores europeus que apresentassem catálogos de produtos em um formato eletrônico, para que pudessem carregá-los em suas plataformas de compra eletrônica. Ainda se tratava de um cenário de muitos para poucos, no qual os compradores estavam gerenciando os relacionamentos de compra com todos os seus fornecedores por intermédio do sistema de compra eletrônica. A maioria das empresas que pediram logo no início que fornecêssemos catálogos eletrônicos eram empresas com quem já havíamos tido um relacionamento comercial; eram grandes empresas internacionais que haviam começado a carregar catálogos eletrônicos para produtos de *commodity* como artigos de toucador e de papelaria e que estavam, naquele momento, voltando a sua atenção para o segmento de móveis para escritório. Como a satisfação de nossos clientes sempre havia sido extremamente importante para nós, começamos a fornecer catálogos eletrônicos simples mediante solicitação (é o que chamamos "compra eletrônica passiva"), mas também queríamos aumentar a lealdade do cliente e levar nosso valor agregado por meio de uma transação eletrônica. Em resumo, queríamos nos diferenciar e passar de muitos para poucos a um relacionamento eletrônico de poucos para poucos com nossos clientes.

Em 2001, a divisão internacional da Cadiac decidiu desenvolver as próprias soluções de negócio eletrônico. Sua estratégia estava voltada para a ampla implantação de contratos negociados e personalização local em termos de faixa de produtos, preço, serviços, moedas e idiomas. Essa iniciativa foi vista como um esforço de toda a empresa, adotado pelas várias funções da organização.

Uma equipe dedicada ao negócio eletrônico foi designada, composta por representantes das principais áreas geográficas, assim como por especialistas em TI, subordinada à equipe de suporte de vendas corporativas. A equipe de negócio eletrônico era composta por quatro pessoas, cada uma cobrindo uma região específica, e tinha o objetivo de "alavancar o negócio eletrônico para fornecer soluções eletrônicas e ferramentas em todos os lugares, e fortalecer a parceria com clientes e revendedores".

O papel da equipe de negócio eletrônico ainda é, de um lado, desenvolver excelência em negócio eletrônico e compartilhá-la com os membros da rede de vendas por meio de treinamento específico e ferramentas de vendas, e, do outro, gerenciar projetos de negócio eletrônico: o representante de vendas da Cadiac e o revendedor são responsáveis pelo relacionamento com o cliente, enquanto o gerente de projetos de negócio eletrônico apenas os orienta na implantação e na manutenção do projeto de negócio eletrônico, sem sobrepor/conflitar com a estratégia de vendas, mas certificando-se de que essa estratégia está sustentada pela maioria das soluções eletrônicas apropriadas.

Uma das mudanças permitidas pelo negócio eletrônico é, definitivamente, a transformação do relacionamento com os intermediários. Muitos autores referem-se ao negócio eletrônico como a causa de importantes mudanças na cadeia de valor da empresa. Reynolds (1997) afirma que os relacionamentos com os clientes se tornarão cada vez mais remotos e impessoais. Outros autores (Wigand, Picot e Reichwald, 1997) defendem a tese de que a desintermediação completa é impraticável, pois coloca em risco a existência do próprio mercado.

"Na Cadiac, as soluções de negócio eletrônico são complementares ao canal de revendedor existente", continuou a gerente de projetos de negócio eletrônico internacional;

> de fato, os pedidos gerenciados por meio da compra eletrônica são principalmente pedidos a serem preenchidos, enquanto grandes projetos ainda exigem uma abordagem frente a frente. Ambos os nossos revendedores e clientes podem aumentar a eficiência do gerenciamento de pedidos, caso alguns de seus aspectos sejam gerenciados eletronicamente; nosso objetivo é tornar todo o processo mais fácil, mas nunca substituir nosso modelo atual de negócio por um eletrônico: as soluções eletrônicas são uma possibilidade que, se usada de modo adequado, pode contribuir significativamente para o fortalecimento da parceria com clientes e revendedores.

Muitas grandes empresas adotam as soluções de negócio eletrônico para melhorar o relacionamento com clientes e revendedores. De fato, muitos dos concorrentes da Cadiac também adotam soluções eletrônicas, tanto para clientes quanto para fornecedores.

Ela concluiu:

> O negócio eletrônico ainda está em uma fase de crescimento, e mais soluções eletrônicas sob medida devem ser implantadas em um futuro próximo. Generalizando, os clientes pedem soluções eletrônicas amigáveis ao usuário, mas cada uma delas está relacionada à realidade específica de uma empresa e quer implantar o negócio eletrônico de um modo diferente. Em decorrência disso, uma análise precisa das necessidades do cliente deve ser feita antes, de modo que sejamos capazes de lhe oferecer a solução eletrônica mais apropriada.

Cenários Técnicos

Os serviços eletrônicos usam a internet como um canal para acessar e processar informações de uma forma segura e personalizada. Os serviços eletrônicos abordam uma série de necessidades comerciais dentro do processo de gerenciamento das instalações do cliente, desde a publicação de informações comerciais ("informar") até a manutenção de transações econômicas de modo eletrônico ("comprar"), usando alguns aplicativos de compra bem conhecidos e disponíveis no mercado.

> Demos alto nível de comprometimento corporativo e prioridade ao negócio eletrônico para melhor atender às necessidades de nossos clientes e lhes fornecer soluções eletrônicas eficientes e adequadas,

disse a gerente de projetos de negócio eletrônico internacional.

> Nossa oferta é muito ampla e complexa, assim, uma meta importante foi dar acesso a essa oferta de modo bem fácil, por meio da plataforma de negócio eletrônico.

Continuou o líder da equipe de CRM do departamento de TI corporativo da Cadiac:

> Normalmente identificamos as necessidades de negócio eletrônico em duas categorias: informações on-line e compras on-line.

Informar

Muitas empresas têm uma grande demanda por melhor comunicação, tanto em um nível interno quanto entre compradores e fornecedores. Nesse caso, o objetivo é *comunicar e informar*, mas não colocar pedidos ou pagar on-line.

As informações cobrem uma variedade de necessidades: informar aos funcionários sobre padrões de móveis, condições contratuais e serviços, mostrar produtos, promover contatos por meio de e-mails e/ou listas de referência de contatos, e compartilhar o conhecimento sobre questões de importância de ambas as partes.

"Nesse caso", disse a gerente de projetos de comércio eletrônico internacional, "uma possível solução é criar e projetar uma página de informações web para o cliente, em que as informações sobre nossos produtos e serviços sejam fornecidas por meio de páginas dinâmicas diretamente ligadas aos bancos de dados da empresa".

Do ponto de vista organizacional, uma exigência crítica ao se publicar uma página web é a atualização das informações: assim, é necessário, portanto, definir os procedimentos que estão voltados para estabelecer relacionamentos formalizados entre o quadro de pessoal que gerencia as informações comerciais e o gerente da página web.

Ela continuou:

> Esta é a primeira necessidade que nossos clientes expressam: o gerenciamento de informações é uma questão importante para todos os tipos de organização, das menores às maiores. Uma página web consagrada é, em geral, a primeira etapa em direção a um relacionamento eletrônico entre um cliente e seus fornecedores preferidos. Para nossa empresa, é claro, isso representa não somente uma etapa em direção a um relacionamento mais eficiente, mas também uma forma de aumentar a lealdade do cliente e de demonstrar aos clientes como nossa empresa pode fornecer um valor agregado real enquanto torna sua vida mais fácil.

Uma página eficiente de informações web pode promover a imagem da empresa ao mostrar seu dinamismo e espírito inovador, que podem ser importantes para criar a lealdade à marca; ela dá aos clientes suporte em tempo hábil e uma qualidade aprimorada de serviços, o que pode aumentar a percepção de uma estratégia de diferenciação; pode, consequentemente, reduzir a assistência presencial e seus custos relacionados; por fim, um uso ampliado de sua mídia pode gerar um centro de lucro por meio da venda de serviços adicionais e permitir a realização de pesquisas de mercado baseadas nas necessidades dos clientes, assim levando ao aperfeiçoamento de produtos existentes e/ou à criação de novos produtos.

As primeiras páginas dedicadas web foram elaboradas pela divisão internacional da Cadiac na Europa em 1997 e, hoje, as páginas de informação web representam mais de 30% de aproximadamente 65 projetos de negócio eletrônico atualmente ativos. É interessante notar que, mesmo em mercados mais maduros (por exemplo, América do Norte), as páginas web do cliente ainda representam uma parte muito importante de todas as soluções eletrônicas implantadas. Novamente, isso confirma como um gerenciamento eficaz das informações é uma questão importante.

Comprar

Em outras situações, o objetivo não é apenas comunicar e informar, mas também *colocar pedidos on-line*. Por meio do sistema de compra eletrônica da empresa, os compradores são capazes de acessar um catálogo customizado e configurável de produtos e serviços, assim como comprar produtos que não estão incluídos nesse catálogo.

Como consequência, é essencial implantar procedimentos que garantam transações econômicas seguras, de modo a gerenciar corretamente os pagamentos on-line:

> "A compra on-line implica um esforço muito maior de nossa parte do que uma simples página web", explicou a gerente de projetos de negócio eletrônico internacional. "A compra eletrônica é o processo em que um de nossos clientes adquire um software de compra eletrônica que permite a compra on-line e nos pede que forneçamos um catálogo eletrônico. Alguns dos aplicativos mais comuns de compra eletrônica são adotados por nossos clientes porque permitem o gerenciamento eletrônico das atividades de compra: eles permitem total transparência sobre quem compra o que, de quem e a que preço e, assim, melhor controle sobre os gastos. Isso implica, entretanto, uma mudança cultural por parte dos usuários e um sólido comprometimento da organização para estabelecer processos claros. Também significa que os catálogos eletrônicos de todos os fornecedores atendem a exigências específicas de interface e seguem regras e diretrizes de processos específicas."

"Para nós", acrescentou o líder da equipe de CRM,

> o desafio é seguir essas diretrizes rigorosas enquanto mantemos, ao mesmo tempo, alto nível de diferenciação na forma pela qual apresentamos nossos produtos aos usuários. Também, já que é impossível incluir todo o nosso portfólio de produtos em um catálogo eletrônico, outra área de foco importante é a análise cuidadosa dos padrões de vendas com nosso cliente, para definirmos uma faixa de produtos específica e limitada.

Em resumo, as vantagens potenciais derivadas da implantação de sistemas de compra eletrônica estão principalmente relacionadas ao controle de custos: de fato, diferentemente do que ocorrem com os sistemas tradicionais impressos, os sistemas de compra eletrônica permitem a transmissão automática dos pedidos coletados da internet para o sistema de informações da empresa e, assim, seu processamento mais rápido.

Do ponto de vista do fornecedor, um uso eficiente de sistemas de compra eletrônica pode representar uma vantagem competitiva (a redução dos tempos de espera é geralmente considerada muito importante para os clientes) e pode aumentar a satisfação do cliente ao tornar possível concluir transações eletrônicas sem quaisquer custos adicionais. Mais ainda, a compra eletrônica otimiza os recursos da empresa em ambos os lados, graças ao suporte eletrônico de toda a transação – colocação de pedido, expedição, faturamento e pagamento.

A gerente de projetos de negócio eletrônico internacional explica:

> Essa necessidade do cliente era real, tangível e consistente: portanto, estamos interessados em enfrentar o desafio e fazer nosso melhor, assim transformando esse cenário em um novo valor agregado que nossa empresa poderia fornecer aos seus clientes.

O líder da equipe de CRM acrescentou:

> Focalizamos quatro importantes cenários de compra eletrônica: um catálogo local, também chamado tecnologia integrada – que é o mais comum –, um mercado virtual, uma extranet e, por último, mas não menos importante, uma solução de *punch out* ou *round trip*. Nossa divisão internacional implantou seu primeiro projeto de compra eletrônica na Europa em 1999 – hoje

temos mais de 40 páginas ativas de compra eletrônica, cerca de 50% das quais são catálogos locais, 2% são mercados virtuais, 2% são extranet e 15% são *punch out*; em particular, as páginas de *punch out* geram cerca de metade da receita eletrônica, e esse valor deve ainda aumentar no futuro próximo.

Tecnologia Integrada

Esse cenário implica que um catálogo eletrônico local é carregado no sistema de compra eletrônica do cliente (Figura C2.2).

O cliente pode escolher investir em pessoas e tecnologia ao contratar recursos dedicados e ao comprar o próprio aplicativo de software de compra eletrônica. O cliente envia os pedidos para o revendedor por meio do software de compra eletrônica e recebe de volta as confirmações do pedido. O revendedor poderá também enviar faturas para o cliente e receber de volta o pagamento das faturas.

O fabricante definirá a faixa de produtos junto com o cliente e o revendedor, construirá o catálogo eletrônico e o carregará no sistema do cliente – por isso é denominado *catálogo local*.

A gerente de projetos de negócio eletrônico internacional explicou:

> Do ponto de vista do cliente, comprar esse software é um investimento bem significativo, tanto em termos de recursos econômicos quanto com relação ao impacto na organização: os processos devem ser repensados, as pessoas devem ser treinadas de modo a que possam se adaptar a essa mudança, objetivos e resultados devem ser adequadamente medidos. Geralmente tínhamos classes de clientes comprometendo a empresa nessa mudança cultural sem assegurar que a organização estava pronta para isso: o resultado foi um desastre total. A compra eletrônica requer uma abordagem de longo prazo por parte do cliente, uma clara definição de processos organizacionais, recursos dedicados e comprometimento corporativo. Do ponto de vista do revendedor/fornecedor, por outro lado, as implicações de um catálogo local não causam, de fato, impacto sobre o processo tradicional de colocação de pedidos: o revendedor/fornecedor ainda receberá um e-mail do cliente, embora esse e-mail seja gerado de modo automático em consequência de um processo específico de colocação de pedido; uma vez gerado e carregado o catálogo eletrônico, a vantagem real é que erros em códigos ou preços são minimizados e a lealdade do cliente aumenta.

Mercados Virtuais

Algumas vezes, as empresas acreditam na importância da compra eletrônica, mas não possuem os recursos (dinheiro, tempo e pessoal) ou o comprometimento interno para adotar uma solução integrada de tecnologia. Essas empresas podem, então, decidir terceirizar o gerenciamento da plataforma de compra eletrônica para outra empresa, chamada mercado virtual (MP) (Figura C2.3).

Um mercado virtual é uma empresa independente que gerencia as transações eletrônicas em nome de uma empresa ao hospedar as transações eletrônicas em sua plataforma, o que significa que recebe os pedidos do cliente e os transmite para o revendedor, recebe as faturas do revendedor e, por último, as transmite para o cliente.

As principais vantagens dessa abordagem estão relacionadas ao fato de que não é exigido investimento em tecnologia, seja do cliente ou do fornecedor, e são necessários poucos recursos de implantação e gerenciamento, em comparação com as outras soluções, uma vez que o aplicativo de compra eletrônica é hospedado e gerenciado pelo mercado virtual.

FIGURA C2.2 | O CATÁLOGO ELETRÔNICO É PARTE DO SISTEMA DE COMPRAS DO CLIENTE

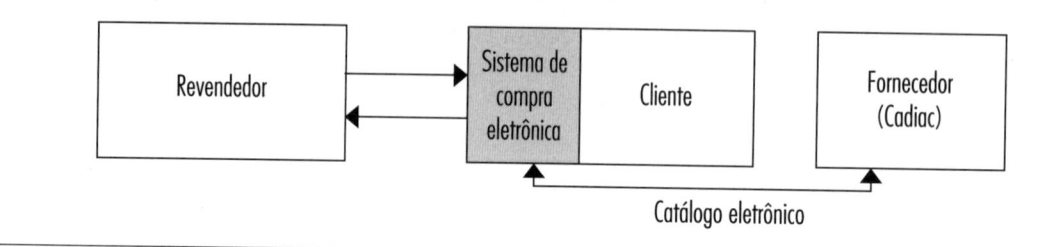

FIGURA C2.3 | A PLATAFORMA DE COMPRA ELETRÔNICA É GERENCIADA POR UM MERCADO VIRTUAL EXTERNO

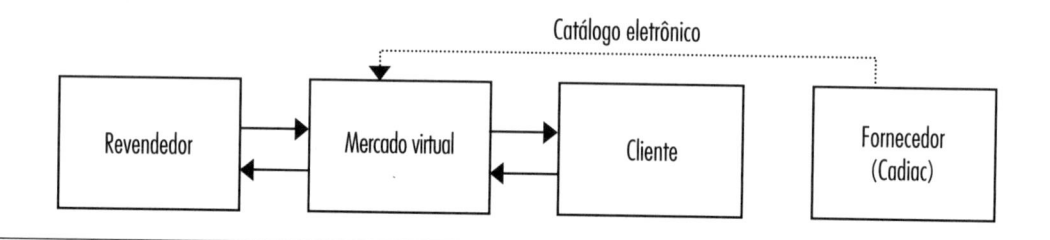

A principal desvantagem é, em vez disso, representada pelo fato de que a maioria dos mercados virtuais cobra, em geral, tanto do cliente quanto do fornecedor pela estrutura.

Em resumo, uma abordagem de mercado virtual pode ser uma estratégia de longo prazo, no caso de grandes empresas agindo em um mercado muito concentrado que decidem criar um mercado virtual vertical privado para o próprio segmento, enquanto é uma estratégia de curto prazo para empresas de médio porte que desejam se familiarizar com a compra eletrônica antes de se decidir a favor de investimentos mais significativos – os mercados virtuais oferecem, de fato, mais flexibilidade.

Dentro do segmento de móveis para escritório, esse cenário pode ser interessante para as empresas que oferecem uma faixa limitada de produtos e que não estão voltadas para um grupo-alvo específico de cliente: essas empresas estão posicionadas no segmento de *commodities*, e baixos preços e entrega rápida são as principais questões para elas, enquanto o nível de serviços que oferecem é bem básico.

Para a Cadiac e para os seus concorrentes dentro do mesmo segmento, este não é um cenário de sua preferência. A gerente de projetos de negócio eletrônico internacional explicou:

> Na maioria dos casos, um mercado virtual é uma empresa independente que gera o próprio lucro ao oferecer, de um lado, um painel de clientes potenciais aos fornecedores e, do outro, um painel de fornecedores potenciais para os clientes. Quanto maiores são esses painéis, mais clientes e fornecedores serão solicitados a pagar para se tornar parte do mercado virtual e para acessar a oferta on-line. Falando de modo geral, a competição dentro dos mercados virtuais está baseada nos preços e nos prazos de entrega; ao estar focalizada em relacionamentos diretos dedicados com nossos clientes, nossa empresa, como consequência, não está estrategicamente interessada em oferecer a mesma faixa selecionada de produtos para um grande número de clientes potenciais. Em vez de adotar uma abordagem de *commodity*, focalizamos a análise das necessidades do cliente e, então, desenvolvemos uma configuração de espaço dedicada para a qual sugerimos os móveis mais apropriados. Ademais, uma vez que o mercado virtual não está,

em geral, vinculado aos clientes por algum contrato de longo prazo (o mesmo não pode ser dito dos fornecedores, entretanto), o relacionamento da empresa com o cliente não é reforçado.

Essa opinião é confirmada pelo fato de que, nos mercados virtuais públicos – públicos, nesse caso, significam abertos a qualquer pessoa e a qualquer empresa que desejem comprar on-line –, você pode encontrar empresas de móveis para escritório que não pertencem ao mesmo segmento superior da Cadiac, mas a um mais baixo, em que sua estratégia é oferecer um conjunto definido de produtos para o maior público possível. O mercado virtual permite que todos os fornecedores potenciais acessem amplo painel de clientes potenciais, e é nisso que os fornecedores estão interessados e pelo que estão prontos para pagar.

Extranet

Um terceiro cenário é o caso de uma empresa que acredita na criação de valor por meio da implantação de soluções de compra eletrônica, mas que não está pronta para investir em um aplicativo de compra eletrônica (cenário 1) ou em um serviço de mercado virtual (cenário 2). A Cadiac, então, desenvolveu uma solução que permite às empresas realizar atividades de compra eletrônica sem implantar nenhum dos cenários anteriores: a extranet.

A Cadiac cria e hospeda um catálogo eletrônico privado para um cliente específico em seus servidores. O cliente conecta-se (com nome de usuário e senha) ao servidor do fornecedor e acessa a própria página, cria sua cesta de compras e envia pedidos para o revendedor (Figura C2.4). Essa solução pode, em geral, ser a primeira etapa percorrida antes de ir adiante para uma solução de compra eletrônica ampliada. O faturamento ainda é feito do modo tradicional.

Nas palavras da gerente de projetos de negócio eletrônico internacional:

> Este é outro exemplo de nossos esforços visando passar de um relacionamento de muitos para poucos para um relacionamento de poucos para poucos: fornecemos aos nossos clientes uma vantagem real, algo que outros fornecedores podem não oferecer; é um investimento estratégico para nós e uma escolha clara que fazemos para atender nossos clientes de uma forma que nos diferencie de nossos concorrentes. A página dedicada extranet do cliente é completamente diferente de uma página simples na internet – porque fornecemos não apenas informações, mas também a possibilidade de colocar pedidos on-line – e de um catálogo local – porque o cliente não precisa ter um software específico de compra eletrônica. Por outro lado, está claro que, embora essa solução proporcione um fácil gerenciamento de pedidos, não oferece ao cliente todas as vantagens de um software de compra eletrônica.

Ela continuou:

> Em primeiro lugar, antes de ser oferecida a extranet para um cliente, deve ser assinado um contrato e devem ser identificados a faixa de produtos, inclusive acabamentos, e os preços correspondentes. Uma vez que tenhamos definido a faixa de produtos que é mais adequada para as necessidades de nosso cliente, podemos avaliar a melhor forma de comprarem nossos produtos. Se (e somente se) a compra eletrônica for a solução mais eficiente, então começaremos a implantar a solução eletrônica apropriada.
>
> O principal desafio para a Cadiac foi gerenciar sua ampla oferta de produtos; o problema foi resolvido em 2002, quando um banco de dados dos produtos que incluía um configurador de produto foi desenvolvido graças à tecnologia de ponta.

FIGURA C2.4 | A PLATAFORMA DE COMPRA ELETRÔNICA DO CLIENTE É HOSPEDADA DENTRO DA PÁGINA WEB DO FORNECEDOR

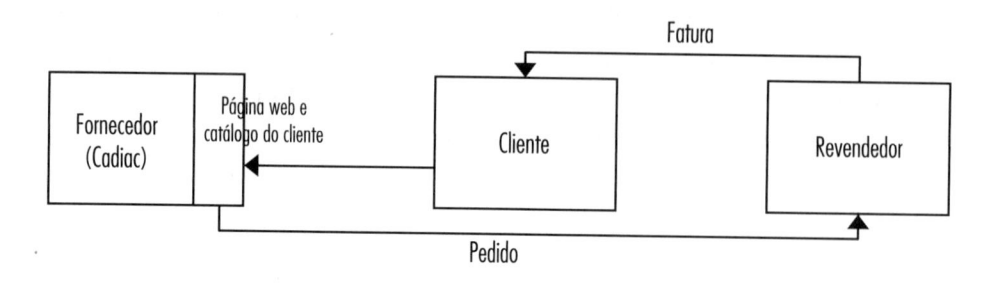

O líder da equipe de CRM explicou:

> O configurador de produto que desenvolvemos permite aos usuários configurarem os produtos que desejam comprar on-line, selecionando todos os acabamentos e opções que preferem de uma forma amigável. A seleção do produto é, então, reunida em uma "cesta de compras" e todas as informações são enviadas para o revendedor pertinente para a submissão do pedido. O pedido será, em seguida, confirmado pelo revendedor, junto com o valor final e o prazo de entrega. No momento, o faturamento ainda é feito de uma forma tradicional (por meio de documentos impressos).

Punch Out/Round Trip

A tecnologia do configurador de produto também pode ser usada em sinergia com um catálogo eletrônico simples e local, graças a uma tecnologia baseada na conectividade que usa plataformas do padrão da indústria.

O líder da equipe de CRM disse:

> Imagine que um cliente tenha comprado uma tecnologia específica para gerenciar suas atividades de compra eletrônica. O valor agregado que fornecemos é uma tecnologia em conformidade com o padrão da indústria que se conecta à sua infraestrutura e permita aos usuários configurarem e comprarem produtos facilmente, em qualquer idioma ou moeda, por todo o mundo. Esta é a nossa principal promessa de valor e muito poucas empresas podem equipará-la hoje.

Nesse cenário, o cliente trabalha no próprio ambiente de compra eletrônica. Ao selecionar o catálogo da Cadiac, é automaticamente encaminhado para uma página web hospedada nos servidores da Cadiac. Ali, o cliente acessa um catálogo customizado que mostra as faixas específicas de produtos, imagens, preços, informações de contato com o revendedor e quaisquer outras informações úteis. Essa página é gerenciada por um sistema do configurador de produto que controla todas as opções de produtos e regras de precificação, garantindo a precisão das configurações da cesta de compras. Uma vez feita a seleção do produto, o cliente é enviado de volta ao software de compra para dar início ao processo de validação e colocação de pedido.

Da perspectiva do cliente, uma solução de *punch out* (encaminhar) permite uma escolha dentre ampla faixa de produtos: de fato, o configurador facilita o gerenciamento das várias opções e de toda a oferta on-line.

FIGURA C2.5 | TROCA DE INFORMAÇÕES ENTRE A PLATAFORMA DE COMPRA ELETRÔNICA DO CLIENTE E O CATÁLOGO DE PRODUTOS DO FORNECEDOR

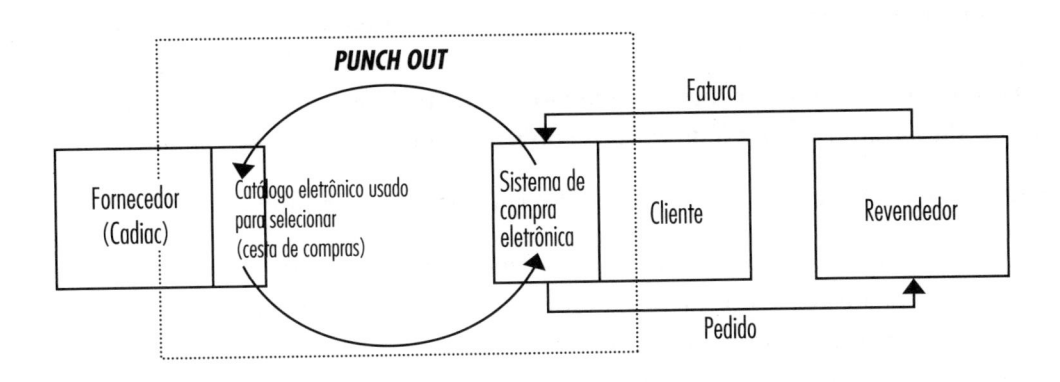

Além da facilidade de uso, as principais vantagens também incluem ambiente configurável em termos de imagens, leiaute, navegação – o que não acontece com os catálogos eletrônicos integrados não configuráveis – e a possibilidade de adicionar informações úteis como condições do contrato, estações padronizadas de trabalho e links eletrônicos com os representantes da Cadiac.

As trocas de dados entre a plataforma de compra eletrônica do cliente e a página de *punch out* são autenticadas e criptografadas. Ademais, ao usar uma solução de *punch out*, a Cadiac mantém o controle sobre como os produtos são apresentados (integridade da imagem da marca), o que não acontece com mercados virtuais ou catálogos eletrônicos integrados, em que o fornecedor perde algum controle sobre essa área.

Em resumo, existem diferentes soluções eletrônicas para necessidades diversas. Em vez de definir uma única estratégia e solução de negócio eletrônico, a Cadiac escolheu estar pronta para trabalhar com seus clientes por meio de diferentes cenários de negócio eletrônico, decidindo com eles, caso a caso, qual seria a melhor solução eletrônica para gerenciar o relacionamento entre uma série de opções disponíveis. Essa abordagem é coerente com sua estratégia comercial e com o fato de que o negócio eletrônico corporativo é responsável, também, por gerenciar o relacionamento com o cliente.

Os exemplos a seguir ilustram claramente como dois dos cenários descritos antes foram colocados em prática; as informações pertinentes às soluções implantadas são dadas no Apêndice A.

Exemplo nº 1: Cliente A. O Cliente A é uma empresa internacionalmente conhecida, uma líder no setor automotivo.

Seu modelo de vendas é baseado em uma rede mundial de revendedores em mais de 150 países; como os revendedores são independentes, uma série de diretrizes deve ser imposta a eles pelo Cliente A, no que diz respeito ao gerenciamento de sua imagem.

Em 2001, o Cliente A precisou redefinir o contrato global com seus revendedores, o que incluiu a redefinição das diretrizes sobre imagem da marca e as regras que deviam ser respeitadas para que se credenciassem como revendedor do Cliente A. As regras incluiriam certificações de arquitetura e diretrizes de leiaute, mas também se referiam a fornecedores credenciados, comunicação interna e externa, uso de logotipo, cores e materiais a serem usados na sala de exposição e, é claro, padrões dos móveis para a recepção.

Na primavera de 2001, o Cliente A entrou em contato com a subsidiária italiana da Cadiac, pedindo que comunicassem os padrões dos móveis para escritório à sua rede de revendedores de uma forma eficiente e em um tempo limitado.

O gerente de vendas do Cliente A na Itália explicou:

> Temos um contrato global com o Cliente A desde 2000, de acordo com o qual foram definidos uma única faixa de produtos para a recepção de todos os revendedores e um preço único para todos os países (em euros e em libras esterlinas para o Reino Unido). Somos um dos dois fornecedores globais de móveis para escritório atendendo o Cliente A. Nosso contrato é plurianual: os preços e os produtos são revisados uma vez por ano para pequenos reajustes.

A gerente de projetos de negócio eletrônico internacional acrescentou:

> Quando surgiu necessidade na Itália, recebi um pedido da gerente de vendas para acompanhá-la em uma visita a um cliente, para melhor entender as exigências do Cliente A. Depois das primeiras discussões, compreendemos que as mesmas exigências estavam presentes não apenas em um nível nacional, mas em uma escala global! Assim, rapidamente exploramos os vários mercados – junto com nossa rede internacional de representantes de vendas pelo mundo – visando descobrir quais deles teriam as mesmas necessidades e estariam, portanto, interessados em desenvolver uma solução eletrônica. Levamos duas semanas para detectar os mercados e a necessidade de informação e, então, cerca de um mês para coletar as informações a serem entregues ao cliente.

Uma das principais questões foi representada pelo fato de que, como os revendedores da Cadiac estavam presentes por todo o mundo, as informações precisavam ser fornecidas nos idiomas locais – seis idiomas falados em mais de 80 países que estavam interessados em adotar essa solução. Mais ainda, os países mais exigentes eram também os mais remotos, para os quais as informações eram menos acessíveis e onde a Cadiac tinha uma presença bem menor (por exemplo, países da Europa oriental, Oriente Médio).

Todos os países precisavam das mesmas informações: produtos disponíveis, preços, termos e condições, informações de contrato. Não havia, naquele momento, necessidade de informações específicas e/ou confidenciais para os diferentes países: todos podiam acessar quaisquer informações, que eram as mesmas para todos os países.

Da mesma maneira, dado o alto número de informações a serem compartilhadas com todos os revendedores do Cliente A, os escritórios corporativos do Cliente A estavam buscando uma forma de se comunicar com seus revendedores pelo mundo, o que significa fornecer a um grande número de pessoas as informações corretas (eficácia) do modo mais fácil/rápido (eficiência). Do ponto de vista da tecnologia, tanto os revendedores do Cliente A quanto os revendedores da Cadiac tinham acesso à internet.

Os detalhes sobre a solução implantada estão disponíveis no Apêndice A.

Exemplo nº 2: Cliente B. O Cliente B é uma grande empresa norte-americana especializada em entregas e transporte por todo o mundo, com escritórios espalhados pelo globo. Uma grande importância é dada à imagem da empresa, e isso deve se refletir em todas as recepções e escritórios do Cliente B.

Por esse motivo, o Cliente B selecionou um número limitado de fornecedores pelo mundo e racionalizou a faixa de produtos – incluindo não apenas produtos, mas também acabamentos e opções – e todos os procedimentos de compra. No ano 2000, a Cadiac fora selecionada como um dos fornecedores preferidos, e uma faixa definida de produtos, com produtos e opções específicos, foi estabelecida. Em 2003, o Cliente B implantou uma solução de compra eletrônica com a Cadiac. Essa solução era baseada no mesmo aplicativo que o Cliente B já estava usando há alguns anos para reduzir os custos operacionais, habilitar o usuário final e modernizar os processos internos e externos da cadeia de suprimentos, transformando assim o gerenciamento eficiente de recursos operacionais em uma ferramenta estratégica. A compra eletrônica tinha, para eles, um propósito final de economizar dinheiro, criar novas eficiências e ainda aprimorar a cultura corporativa dinâmica da empresa, de passo rápido e orientada para a internet.

O gerente de vendas internacionais do Cliente B explicou:

> Temos sido um dos fornecedores do Cliente B por alguns anos e definimos uma faixa de produtos para recepções e escritórios que era a mesma em todos os países, refletindo o perfil da empresa. O principal objetivo do Cliente B era aumentar a transparência e o controle dos custos ao simplificar os processos internos de colocação de pedidos, reduzir o tempo dedicado ao processamento dos pedidos, implantar contratos internacionais para obter uma "massa crítica" ao negociar com seus fornecedores, obter relatórios e estatísticas confiáveis e ter uma manutenção mais fácil de informações sobre preços e produtos: oferecemos uma solução eletrônica que poderia ajudá-los a alcançar essa meta.

Uma mudança cultural dentro da organização era, então, necessária, à medida que os compradores precisavam se transferir de um relacionamento 100% pessoal e de autonomia com os fornecedores para uma abordagem mais formal e estruturada. Tanto os compradores do Cliente B quanto os revendedores da Cadiac tinham receio de perder o relacionamento pessoal, que ainda era a alma de toda negociação comercial.

O aplicativo de compra eletrônica escolhido foi gradualmente implantado em cada país, do país europeu em que o Cliente B estava sediado a todos os outros países. As categorias de produtos incluídas eram, no início, produtos básicos como artigos de papelaria, produtos consumíveis de TI ou de limpeza – para os quais não era necessária configuração do produto –, antes de evoluir gradualmente para produtos mais complexos como móveis para escritório. Hoje, nem os serviços nem os produtos intangíveis são gerenciados por meio do sistema de compra eletrônica.

Do ponto de vista da Cadiac, a faixa selecionada de produtos era realmente limitada: menos de cem itens e estes com o mesmo preço (em euros) por todas as áreas geográficas. Na verdade, era colocada enorme pressão sobre os preços, deixando assim uma margem bem pequena para os revendedores da Cadiac.

Os detalhes da solução implantada estão disponíveis no Apêndice A.

Desafios/Problemas Atuais Enfrentados pela Organização

Nos últimos três anos, a Cadiac precisou compreender as tendências e necessidades ligadas aos diferentes cenários de negócio eletrônico relacionados anteriormente, para melhor integrá-los à estratégia da empresa. De fato, em 2000/2001, havia muita excitação ao redor do "potencial de negócio eletrônico", fortalecida pelo entusiasmo dos gerentes gerais e pelas novidades no mercado; em alguns casos, entretanto, o negócio eletrônico estava desconectado das reais necessidades do negócio. Hoje em dia, o negócio eletrônico está muito mais ligado ao negócio e deve trazer valor real à parceria entre clientes e fornecedores para ser adotado de modo eficiente e, portanto, que valha a pena.

A Cadiac decidiu manter o nível máximo de flexibilidade em termos dos tipos de soluções que poderiam ser implantadas, focalizando novamente a análise dos clientes e a detecção de suas necessidades, em vez de uma solução eletrônica preconcebida, e permitindo, ao mesmo tempo, acesso à sua oferta de produto a despeito da complexidade e da diversidade inerentes dos produtos. Precisou, então, criar um banco de dados único de produtos acessível por um configurador de produto e disponibilizá-lo por meio de uma solução que poderia se conectar às principais plataformas de compra eletrônica do padrão do mercado.

No momento, esse configurador está passando por outros aprimoramentos para acomodar não apenas as transações eletrônicas, mas também ampla gama de informações: no futuro próximo, uma única plataforma técnica será capaz de conter informações, cotações, transações e assim por diante, de acordo com as necessidades de cada cliente e customizada para cada usuário individualmente.

Os desafios atuais também incluem a modernização do processo de produção dos catálogos eletrônicos, de modo a encorajar a adesão de novos clientes de compra eletrônica: de fato, mais e mais catálogos eletrônicos são solicitados, mas eles são, hoje, gerenciados manualmente tanto na fase de criação quanto na de manutenção. É essencial, em vez disso, automatizar esse processo para torná-lo mais eficiente.

O objetivo final é aumentar a oferta eletrônica enquanto são mantidas sólidas diretrizes e o processo de implantação:

> Precisamos aprender com nossa experiência e usar aquelas lições importantes para tornar nossa oferta mais eficiente, sem reduzir a flexibilidade e a orientação ao cliente, que representaram nosso principal ponto forte nos últimos poucos anos,

comentou a gerente de projetos de negócio eletrônico internacional.

Fica claro, entretanto, que a recessão econômica dos últimos quatro anos afetou grandemente todos os aspectos do relacionamento comercial:

> Nossos clientes estão muito mais voltados para os custos e todos os investimentos têm sido reduzidos ou monitorados com atenção. É claro que isso também é válido para os investimentos em negócio eletrônico/compra eletrônica,

disse ela,

> o que nos dificultou capturar totalmente o retorno sobre o investimento adequado, à medida que os planos precisavam ser continuamente revisados. Hoje, os dados mais confiáveis permanecem como o número de projetos em um país, enquanto é difícil extrair o impacto das soluções eletrônicas sobre as vendas totais do cliente.

Por último, mas não menos importante, o negócio eletrônico requer um conhecimento específico que deve ser cultivado constantemente: dada a rotatividade tipicamente alta da força de vendas, é necessário um grande investimento dos líderes de negócio eletrônico na Europa para o treinamento de todos os representantes de vendas e para torná-los sensíveis ao negócio eletrônico e às suas vantagens.

Futuros Desenvolvimentos

Os futuros desenvolvimentos estarão principalmente voltados para a expansão do processo de automatização para os vários aspectos do relacionamento comercial entre clientes e fornecedores.

O líder da equipe de CRM explicou:

> No momento, nossa divisão internacional está trabalhando no desenvolvimento de um novo tipo de serviço eletrônico, que permite o acesso a dados de relatórios como histórico de compra por mercado (volume, produtos, datas etc.), níveis de estoque disponível nos revendedores, ou situação da entrega do pedido. O gerenciamento eletrônico de estoque é definitivamente uma questão importante: se podemos rastrear os pedidos, também podemos rastrear o estoque de nossos clientes, inclusive onde está localizado/transferido e quanto tempo ele tem. Nossos clientes estão mais e

mais conscientizados sobre quão importante pode ser um gerenciamento eficiente de escritórios – tanto em termos de espaço quanto de móveis para escritório – para a redução dos custos: se pudermos fornecer esse tipo de informação em tempo real, isso representaria uma vantagem real para eles. Esperamos que isso se torne realidade dentro dos próximos dois a três anos.

Na verdade, devido à necessidade de aumentar a eficiência do processo industrial e melhorar a qualidade do serviço ao cliente, a atenção dada às características e à evolução da logística dos negócios está crescendo de modo continuado. Como consequência disso, muitas empresas têm trabalhado em projetos que envolvem seus parceiros dentro da cadeia de suprimentos, com um foco específico em projetos que visam dar apoio às atividades de compra. Exemplos de ferramentas de colaboração que sustentam o gerenciamento da cadeia de suprimentos (SCM) e as compras são os métodos e as ferramentas que trabalham com informações estratégicas e operacionais compartilhadas com os parceiros da empresa e as ferramentas de colaboração que sustentam o gerenciamento desse material.

É a TI que, por definição, permite esses tipos de atividades (SCM e compras) que exigem gerenciamento e compartilhamento de informações: enquanto as vantagens fornecidas pela tecnologia baseada na internet são amplamente reconhecidas e bem estabelecidas, uma nova tecnologia foi recentemente desenvolvida e está mostrando um grande potencial nesse campo: a Identificação por Radiofrequência (RFID).

O uso da tecnologia de RFID aumenta a eficácia do rastreamento e da localização do produto, permitindo que cada participante da cadeia de suprimentos compartilhe informações em tempo real sobre os produtos. Assim, o uso dessa tecnologia pode reduzir riscos como falta de produtos ou previsão errada de mercado, ao fornecer informações mais precisas a respeito do retorno sobre as vendas. Mais ainda, a disponibilidade de informações em tempo real sobre os produtos permite que os participantes da cadeia de suprimentos lidem melhor com as mudanças no mercado, reajam mais rapidamente às exceções, limitem e controlem melhor a falsificação.

No futuro, será interessante explorar tópicos de pesquisa como a difusão efetiva de métodos e ferramentas que dão apoio ao SCM e às atividades de compra; a identificação de custos e benefícios referentes aos participantes envolvidos (para definir um plano de negócio de SCM ou o retorno sobre o investimento de projetos interorganizacionais); e a análise dos impactos da tecnologia emergente sobre os processos industriais (tanto internos quanto externos), assim como sobre o sistema de informações da empresa.

Uma abordagem inovadora também afetará as fases finais do processo de compra, a saber: o faturamento. A gerente de projetos de negócio eletrônico internacional comentou:

> Já estamos realizando alguns projetos pequenos sobre faturamento eletrônico com poucos clientes, mas eles ainda não constituem uma amostra representativa. Isso se deve, eu acho, a dois motivos principais: em primeiro lugar, as empresas tendem a dar início à implantação do negócio eletrônico para o gerenciamento de pedidos – o que é muito mais fácil – e apenas algumas delas são maduras o suficiente para passar para a próxima etapa, ou seja, o faturamento eletrônico; em segundo, o faturamento eletrônico tem várias implicações legais. A legislação sobre as transações eletrônicas não está 100% clara no momento: um documento eletrônico tem o mesmo valor legal/fiscal que um documento impresso? Como podemos guardá-lo e avaliá-lo para fins tributários? Ocorre o mesmo em todos os países? O cenário ainda está, portanto, sob desenvolvimento. O que está claro, contudo, é que os pedidos eletrônicos poderão estar ligados a faturas eletrônicas com uma vantagem imediata e enorme em termos de economia de tempo e aperfeiçoamento do processo, o que significa, de novo, redução de custos. Em decorrência disso, cedo ou tarde o faturamento eletrônico se tornará uma prática amplamente aceita.

Conclusão

A experiência da Cadiac demonstra que, ao lidar com questões de gerenciamento da cadeia eletrônica de suprimentos, a escolha tanto dos clientes-alvo quanto dos aplicativos de negócio eletrônico mais adequados depende rigorosamente da estratégia da empresa. Ao contrário da maioria de seus concorrentes (voltados para a minimização dos preços), a estratégia da Cadiac está voltada para o serviço ao cliente, a qualidade do produto e a imagem do cliente, e é endereçada a empresas que "desejam usar o espaço como um ativo estratégico, para dar apoio à sua estratégia e alcançar seus objetivos".

Os clientes-alvo de empresas com essa estratégia são, na maioria, grandes empresas com filiais espalhadas pelo mundo que precisam padronizar o processo de compras ao adotar uma abordagem mais formal e estruturada para as atividades de compra.

Do ponto de vista do cliente, a padronização do processo de compra, assim como a redução do número de fornecedores, permite um controle melhor dos gastos (quem compra o que, de quem e por qual preço) e leva a uma redução significativa dos custos de compra, que é o objetivo que a maioria dos clientes, hoje, deseja alcançar.

A escolha técnica do aplicativo de negócio eletrônico também depende da estratégia da empresa. De um lado, se o alvo é representado por empresas que não estão particularmente interessadas na customização do catálogo de produtos, mas desejam comprar produtos padronizados pelo menor preço possível, então a terceirização da plataforma de compra eletrônica, por exemplo, para um mercado virtual provavelmente seria a melhor solução. Do outro lado, caso uma empresa possua ampla oferta de produtos (como a Cadiac), o desenvolvimento de um catálogo customizado em uma página dedicada web (marketing individual) permite que a empresa estabeleça um relacionamento mais próximo com os clientes e reforce a lealdade deles.

Referências

Ash, C. G.; Burn, J. M. Assessing the benefits from e-business transformation through effective enterprise management. *European Journal of Information Systems*, v. 12, n. 4, p. 297-308, 2003.

Boynton, A. C.; Zmud, R. W. The influence of IT management practice on IT use in large organizations. *MIS Quarterly*, v. 18, n. 3, p. 299-319, 1994.

Daniel, E. M.; Wilson, H. N. The role of dynamic capabilities in e-business transformation. *European Journal of Information Systems*, v. 12, n. 4, p. 282-296, 2003.

Davila, A.; Gupta, M.; Palmer, R. J. *Moving procurement systems to the Internet: The adoption and use of e-procurement technology models*. Obtido, em 28 de abril de 2005, de http://gobi.stanford.edu/ResearchPapers/Library/RP1742.pdf, 2002.

Drucker, P. F. The coming of the new organization. *Harvard Business Review*, v. 66, n. 1, p. 45-53, 1988.

Johnson, P. F.; Klassen, R. D. E-procurement. *MIT Sloan Management Review*, v. 46, n. 2, p. 7-10, 2005.

Kauffman, R. J.; Mohtadi, H. Proprietary and open systems adoption in e-procurement: A risk augmented transaction cost perspective. *Journal of Management Information Systems*, v. 21, n. 1, p. 137-166, 2004.

Neef, D. *E-procurement: From strategy to implementation*. Upper Saddle River, NJ: Prentice-Hall, 2001.

Pavlou, P. A.; Sawy, O. A. E. A classification scheme for B2B exchanges and implications for interorganizational e-commerce. In: Warkentin, M. (Ed.). *Business to Business Electronic Commerce: Challenges and Solutions*. Hershey, PA: Idea Group Publishing, 2002, p. 1-22.

Phan, D. D. E-business development for competitive advantages: A case study. *Information & Management*, v. 40, n. 6, p. 581-590, 2003.

Phillips, C.; Meeker, M. *The B2B Internet report*. Obtido, em 28 de abril de 2005, de http://www.morganstanley.com/institutional/techresearch/pdfs/b2bp1a.pdf, 2000.

Ravarini, A.; Tagliavini, M.; Zanaboni, C.; Faverio, P. e Moro, J. ICT solutions to support procurement activities within industrial districts. In: Al-Qirim, Nabeel A. Y. (Ed.). *Electronic business in small to medium-sized enterprises: Frameworks, issues and implications*. Hershey, PA: Idea Group Publishing, 2003, p. 231-247.

Reynolds, J. The Internet as a strategic resource: Evidence from the European retail sector. In: Willcocks, L.; Feeny, D. e Islei, G. (Eds.). *Managing IT as a strategic resource*. Nova York: McGraw-Hill, 1997, p. 408-426.

Subramaniam, C.; Shaw, M. J. The effects of process characteristics on the value of B2B e-procurement. *Information Technology and Management*, v. 5, n. 1-2, p. 161-180, 2004.

Wigand, R.; Picot, A. e Reichwald, R. *Information, organization and management*. Nova York: John Wiley and Sons, 1997.

Wise, R. Beyond the exchange: The future of B2B. *Harvard Business Review*, v. 78, n. 6, p. 86-96, 2000.

Zhu, K.; Kraemer, K. L.; Xu, S. e Dedrick, J. Information technology payoff in e-business environments: An international perspective on value creation of e-business in the financial services industry. *Journal of Management Information Systems*, v. 21, n. 1, p. 17-54, 2004.

Apêndice A

Soluções Implantadas para os Exemplos Descritos na Seção "Cenários Técnicos"

Exemplo nº 1: Solução Implantada pelo Cliente A. A Cadiac sugeriu a criação de uma página dedicada web para todos os revendedores do Cliente A ao redor do mundo, disponível em diferentes idiomas e acessível na internet pelo nome de usuário e senha.

Enquanto isso, o Cliente A implantou a própria página de extranet web, em que todas as informações direcionadas aos seus revendedores eram coletadas e sistematizadas; a extranet também estava ligada a páginas web de fornecedores selecionados, inclusive a página dedicada web da Cadiac.

Essa página dedicada web, disponível em seis idiomas (francês, inglês, alemão, italiano, espanhol e holandês) em 80 países, fornecia informações customizadas exclusivas como:

- faixa de produtos, incluindo imagens tridimensionais, acabamentos, dimensões, códigos e preços de produtos;
- termos e condições, inclusive prazos de entrega, garantias, taxas de instalação e assim por diante;
- apresentação da Cadiac e informações para contato;
- cotação on-line.

Ela foi desenvolvida em três meses e tem, hoje, mais de um ano. Os acessos à página extranet do Cliente A nos primeiros seis meses totalizaram 542; os acessos à seção da Cadiac foram 26% disso, o que pode ser considerado um bom resultado, já que está disponível enorme quantidade de informações na extranet do Cliente A, variando desde diretrizes de arquitetura até o uso do logotipo, fixação da marca, cores, estrutura da sala de exposição e assim por diante.

O investimento da Cadiac foi de pouco menos de 5 mil euros, principalmente devido ao desenvolvimento de imagens do produto específico e da terceirização de várias atividades de desenvolvimento na web para uma agência externa.

Graças a essa página web, a Cadiac recebeu os primeiros pedidos de países onde não havia contato prévio com o Cliente A, como a Europa oriental e a Ásia.

Exemplo nº 2: Solução Implantada pelo Cliente B. A Cadiac e o Cliente B selecionaram uma faixa definida de produtos para disponibilizar para compra on-line, que incluía todos os itens comprados com maior frequência da Cadiac pelo Cliente B (em 60% a 80% dos pedidos historicamente colocados).

O objetivo era gerenciar eletronicamente os pedidos em andamento, mas manter o gerenciamento de novos projetos ainda no nível pessoal. Em resumo, o sistema de compra eletrônica permitiu que o Cliente B:

- transmitisse eletronicamente os pedidos em andamento para a Cadiac, gerenciando o processo interno de aprovação e mantendo registro de quem estava gastando o que e quanto;
- vinculasse todos os pedidos eletrônicos às faturas relacionadas, simplificando os procedimentos internos de reconciliação.

Do ponto de vista do cliente, a aceitação do novo sistema dentro da empresa foi facilitada graças à sua implantação gradual (país por país, produto por produto); entretanto, essa implantação foi bem rápida: foram necessários dois anos para a implantação do catálogo eletrônico da Cadiac em 18 países. Graças a essa solução eletrônica, o Cliente B estimou uma redução no tempo de cerca de 30% por transação.

Do ponto de vista da Cadiac, a criação do catálogo eletrônico – que incluía cerca de 130 itens – foi bem rápida: de fato, três semanas e um investimento bem baixo foram necessários para esse projeto. A lealdade do Cliente B com relação à Cadiac aumentou e a solução implantada funcionou como uma barreira à entrada de concorrentes.

> Marco Tagliavini é professor-assistente de sistemas de informação na Universidade Carlo Cattaneo de Castellanza, Itália. Em 1992, recebeu seu diploma em Ciência da Computação na Universidade de Milão. No mesmo ano, obteve o grau de mestre em Tecnologia da Informação no Cefriel Research Center em Milão. É professor de Ciência da Computação e Sistemas de Informação em duas universidades: na Universidade Cattaneo em Castellanza (desde 1993) e na Universidade Católica em Milão (desde 1998). Seu trabalho de pesquisa diz respeito ao gerenciamento de sistemas de informação de negócio e tecnologias baseadas na internet. A pesquisa focaliza os impactos tecnológicos, organizacionais e estratégicos do uso da TI nos negócios, e pretende identificar ferramentas de verificação e práticas de gerenciamento para sustentar melhor a estratégia da empresa por meio do uso da TI.
>
> Elisa Ghiringhelli formou-se em Línguas Estrangeiras e Literatura, com especialização em Tecnologia da Informação e Comunicação na Universidade Católica de Milão, em 2005. Atualmente, faz mestrado em Alemão Comercial na Universidade Católica de Milão e é assistente do professor Tagliavini em seu trabalho de pesquisa sobre o uso da TI nos negócios.

ESTUDO DE CASO 3

Circuit Board Corporation

John H. Friar, Northeastern University
Marc H. Meyer, Northeastern University

Maggie Adams sentou-se em seu escritório e repassou mentalmente o que havia acabado de ouvir em 24 de janeiro de 2002, na reunião do conselho de administração da fornecedora de componentes eletrônicos Circuit Board Corporation (CBC). Maggie era a presidente do conselho e a maior acionista da empresa fundada por seu marido, Dieter. Dieter falecera em junho, aos 67 anos, e ela passara do expediente de meio período como secretária do conselho a diretora executiva da empresa. Maggie estava envolvida na organização desde a sua fundação, mas nunca fizera muito mais que cuidar do seguro da empresa. Dieter havia sido bem centralizador, constantemente gritando com as pessoas, administrando tudo e tomando todas as decisões. Fizera a empresa crescer até $ 30 milhões em vendas e a mantivera funcionando durante períodos difíceis. Hoje, todos a estavam procurando para tomar uma decisão, e Maggie recebia conselhos conflitantes e difíceis.

Em janeiro de 2001, o setor de alta tecnologia implodira. A maioria das empresas no setor de placas de circuito impresso relatara entre 50% e 75% de declínio na receita trimestral, em comparação com o ano anterior. Havia uma capacidade excedente desmedida. Os concorrentes estavam baixando os preços e cortando as próprias margens apenas para manter suas fábricas e equipamentos funcionando. Embora muitos analistas houvessem previsto uma rápida recuperação, o impensável ocorrera – terroristas despedaçaram aviões nas torres do World Trade Center, no Pentágono e na área rural da Pensilvânia em 11 de setembro. Os previsores começaram a cobrir os riscos de suas apostas sobre qualquer recuperação, e a CBC estava com problemas – passara de um lucro real de $ 1,2 milhão para a perda de $ 614 mil em 2001.

A discussão na reunião do conselho pegou Maggie de surpresa. A empresa estava passando por momentos bem difíceis, mas seu presidente e CEO, Ben Cashman, havia assegurado a ela que o mercado se recuperaria no segundo trimestre de 2002 e que deveriam investir a fim de se preparar para uma revira-

---

Caso da "Circuit Board Corporation", por John H. Friar e Marc H. Meyer, da Northeastern University. Os autores agradecem a Edward Fitzgerald por sua ajuda no desenvolvimento deste caso. A administração cooperou na pesquisa de campo para o caso, que foi escrito somente com o fim de estimular a discussão entre os alunos. Todos os eventos e pessoas são reais, mas foram alterados por solicitação da organização.

Reproduzido com permissão do *Case Research Journal*. Copyright © por John H. Friar e Marc H. Meyer e North American Case Research Association. Todos os direitos reservados.

volta. Os membros não executivos do conselho, todavia, deram-lhe três recomendações diferentes, duas das quais eram para sair do negócio. Não apenas o conselho foi inesperado, mas o fato de que membros não executivos do conselho tenham chegado a se expressar a surpreendeu. Todos os diretores não executivos eram empresários bem conhecidos e amigos de Dieter. (Ver Anexo 1 com uma lista.) Mas Dieter, na verdade, jamais os havia escutado, de modo que poucas vezes fizeram mais que endossar suas decisões. Agora, sem Dieter ali, começaram a comunicar suas opiniões.

Maggie queria fazer o que era certo, mas não estava segura do que isso significava. Maggie e seus filhos controlavam 86,5% da empresa e, no ano 2000, haviam recebido (incluindo Dieter) um total combinado de $ 1,8 milhão em salários. A empresa também empregava vários outros membros da família e amigos que jamais ganhariam o mesmo em outro lugar. Ela precisava levar em conta o seu estilo de vida e aquele de sua família e amigos. Mas também precisava pensar nos funcionários e nas outras partes interessadas na empresa. Maggie explicou:

> Dieter e eu já passamos por recessões nos negócios tão árduas como esta, e acredito que levaram mais tempo do que esta deverá levar. Houve um tempo por aqui, na década de 1980, quando tudo caiu 30% – negócios, casas, tudo – e pareceu ter ficado estagnado nisso por uns bons três anos. Antes, houve a recessão em meados da década de 1970. Esta pareceu durar uns cinco anos antes da retomada dos negócios. Dieter sempre pensou em uma forma de mantermos nossos clientes, mantermos nosso quadro de pessoal e preservarmos a empresa.

Histórico da Empresa

Dieter fundara a Circuit Board Corporation em 1961, durante os dias iniciais do setor de informática. Fazia um curso técnico de graduação após a sua volta do serviço na Guerra da Coreia quando abrira a empresa. Seu primeiro contrato de produção significativo foi projetar e fabricar placas de circuito impresso para as primeiras empresas de minicomputadores.

Uma placa de circuito impresso (PCB) era um dos módulos de produtos eletrônicos industriais e para o consumidor. Tratava-se da plataforma em que era fixada uma série de componentes eletrônicos, como chips, resistores e capacitores. A fiação entre os pontos de inserção precisavam estar presentes para que essas fixações funcionassem. Na placa de circuito impresso, a fiação era "impressa" por cobre de ligação por meio de eletrólise em padrões predefinidos específicos em uma placa de fibra de vidro. A fiação residual na placa fornecia a configuração tanto para a fixação quanto para se manter os componentes elé-

---

ANEXO 1 | MEMBROS NÃO EXECUTIVOS DO CONSELHO

O conselho de administração era composto por Maggie Adams, presidente, e Ben Cashman, CEO. Eles também eram acionistas. Os membros não executivos não possuíam ações. Eles eram:

Dane Lombard (membro do conselho): um perito em reversões econômicas de empresas e nova disposição de ativos. Trabalhava na Apollo Consulting.

Will Tatelman (consultor do conselho): auditor da empresa e diretor da Tatelman & Associates. Participou por solicitação de Maggie Adams.

Don Armour (membro do conselho): diretor da Armour & Company. Sua especialidade era atividades de fusão e aquisição.

tricos, assim como as interconexões elétricas entre os componentes. Em resumo, a PCB era o subconjunto para todos os sistemas eletrônicos maiores, inclusive computadores, equipamentos médicos, instrumentação e controles.

Dieter se tornara um pioneiro na produção eletroquímica de placas de circuito impresso. Antes dele, os fabricantes de computadores instalavam subconjuntos eletrônicos em placas de plástico com os fios ligados a pequenos pinos para fazer as conexões elétricas. Naquela época, um grupo de engenheiros, Dieter entre eles, usava banhos carregados eletricamente para ligar o cobre às placas de fibra de vidro. O novo processo oferecia uma confiabilidade bem maior para as placas de circuito impresso e densidade bem mais alta (chips e conjuntos de circuitos por polegada quadrada) para os componentes de acondicionamento. Dieter desenvolvera seu processo ao usar o forno da cozinha de sua mãe como um artifício para tratar suas primeiras placas de circuito impresso.

Quando Dieter fundara a empresa, a maioria dos fabricantes de computadores e produtos eletrônicos estava fabricando as próprias placas. Fornecedores independentes, contudo, tornaram-se cada vez mais eficientes e forneciam uma solução mais rentável para ampla gama de aplicações de placa de circuito impresso. Da mesma maneira, os fabricantes de computadores e produtos eletrônicos passaram a preferir o uso de fornecedores para os principais componentes eletrônicos, inclusive placas de circuito impresso. Esses fornecedores demonstravam reduções no tempo de comercialização, custos de engenharia/protótipos e todos os custos de aceleração da fabricação para ganhar negócios. Em 1979, 40% de toda a fabricação de placas de circuito impresso rígidas estavam sendo terceirizados para fornecedores como Dieter. Por volta de 1989, aquele número era de cerca de 60% e, em 1995, de 80%. Em 2001, 98% de toda a produção de placas de circuito impresso iam para fornecedores externos. Os analistas do setor estimaram o registro total da produção de placas de circuito impresso pelo mundo em aproximadamente $ 30 bilhões no ano 2000, com o mercado norte-americano responsável por cerca de um terço daquele volume em dólar.

Das modestas origens na cozinha de sua mãe, Dieter construíra uma empresa próspera e lucrativa, com cerca de $ 30 milhões por ano em receita no seu auge em 2000, com uma fábrica de mais de 9 mil metros quadrados na Rota 128, nos limites de Boston. Ele tinha 240 funcionários trabalhando em dois turnos integrais por dia, e algumas vezes outro meio turno para a produção limitada de novas placas de protótipo.

Desenvolvimento da Tecnologia

À medida que o setor crescia, vários fatores básicos aumentaram a complexidade das placas e dos seus processos de produção. O primeiro deles foi o número de "camadas" em uma placa. A placa de circuito impresso mais simples tinha uma fixação de um só lado e uma única camada. Logo, os fabricantes de PCBs começaram a projetar e fabricar placas com mais de uma "camada", ou seja, revestimentos de fibra de vidro, cada um impresso com fiação específica para aplicação, que eram, então, unidos como em um livro. Eram feitos furos em pontos específicos de cada camada e ligados com fiação para fazer as conexões entre os componentes nas diferentes camadas. No final da década de 1960, as empresas fabricavam regularmente PCBs com quatro camadas. No final da década de 1970, os fabricantes de sistemas de controle industriais e computadores estavam exigindo maior funcionalidade na capacidade de interconexão elétrica das placas. As PCBs de seis camadas tornaram-se padrão, e a tendência continuou. Na década seguinte, os fabricantes de PCBs aperfeiçoaram seus processos para fabricar conjuntos de placas de 12 camadas em grandes volumes. O número de camadas continuou a crescer, impulsionado pela complexidade das aplicações, como dispositivos médicos e comutações de telecomunicação.

Começando no final da década de 1970, o mercado se dividiu em três segmentos distintos de produtos por funcionalidade. A funcionalidade em cada um dos segmentos, todavia, mudou muito ao longo do tempo. (Ver Anexo 2 para uma análise detalhada.) Em 2001, os três segmentos de produtos eram:

Segmento Básico: para aplicações simples que exigem placas com uma a quatro camadas; tamanho do pedido variando de 50 mil a 100 mil em determinado ano de um cliente. Um exemplo eram as PCBs para equipamentos estéreos. Na montagem final, uma dúzia de componentes eletrônicos seria montada em cada placa. O preço por placa embarcada ao cliente podia ser tão baixo quanto 10 centavos e raramente superior a $ 10 por placa.

Segmento Intermediário: para aplicações mais complexas que exigem conjuntos de placas com 12 a 24 camadas; o tamanho do pedido variava desde poucos como 50 até muitos como 5 mil em determinado ano de um cliente. Um exemplo desse tipo de aplicação era um sistema de imagem médica. Centenas de componentes e processadores seriam fixadas nessas placas. O preço por placa embarcada ao cliente ficava na faixa de $ 10 a $ 150. Os engenheiros projetistas do fornecedor podiam gastar algo como 40 horas projetando a fiação e o conjunto de circuitos relacionado. Os preços mais altos se justificavam por causa dos custos adicionais nos protótipos, na aceleração da produção, nos materiais, na corrida para a produção final e na inspeção.

ANEXO 2 | Evolução das Aplicações de Placas de Circuito Impresso

	Anos 1960	Anos 1970	Anos 1980	Anos 1990	2001
Alta complexidade Volume baixo		Setor militar	Controles de instrumentação	Telecomunicações	Servidores e dispositivos médicos de armazenamento Telecomunicações: ópticos
		PCBs com 22 camadas	PCBs com 24 camadas	PCBs com 30 camadas	PCBs com 30 a 50 camadas
Média-alta complexidade Volume médio	Defesa PCBs com 4 camadas	Telecomunicação Comutadores Repetidores	Computadores grandes, máquinas de fax, copiadoras	Servidores e dispositivos médicos de armazenamento, controles de instrumentação	Setor militar Setor de segurança Dispositivos médicos de videoconferência
		PCBs de 4 a 8 camadas	PCBs de 4 a 12 camadas	PCBs de 8 a 18 camadas	PCBs de 12 a 24 camadas
Baixa complexidade Volume alto	Computadores	Aparelhos eletrônicos do cliente, HiFi	TVs, rádios, computadores, jogos, calculadoras, máquinas de escrever	Telefones celulares	Aparelhos inteligentes
	1 ou 2 camadas	1 ou 2 camadas	1 ou 2 camadas	1 a 4 camadas	1 a 4 camadas

ANEXO 3 | CADEIA DE VALOR DA FABRICAÇÃO DA PLACA DE CIRCUITO IMPRESSO

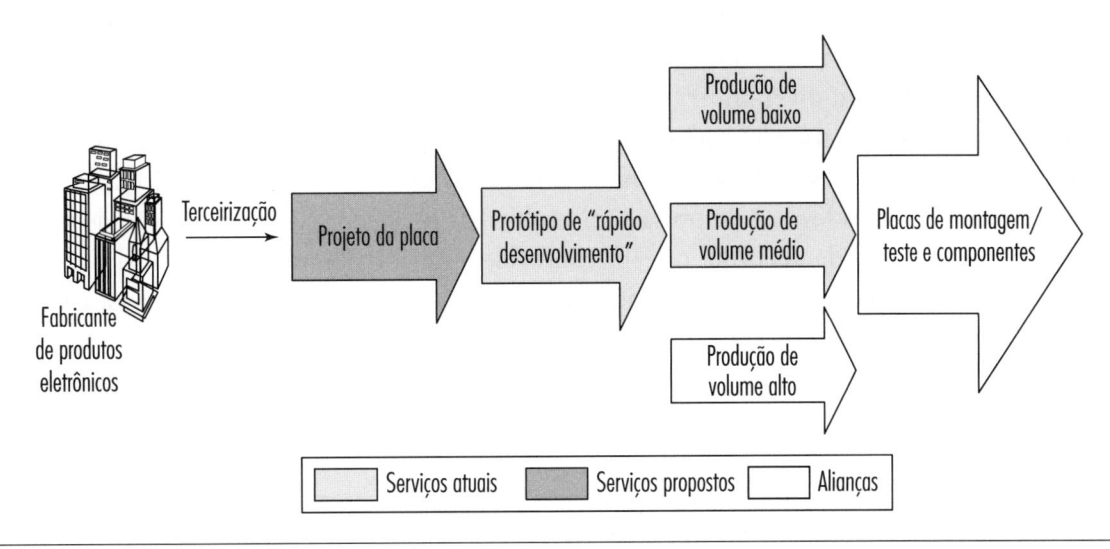

Segmento mais Sofisticado: para as aplicações mais complexas, que exigem placas com 30 a 50 camadas; a quantidade do pedido era de cinco a 50 placas por ano. Um exemplo foi uma contratada de sistemas de defesa que desenvolveu sistemas de interferência de guerra eletrônica integrados a aeronaves. Centenas, se não milhares, de componentes podem ser "contidos" nessas placas. Um fornecedor podia cobrar desde várias centenas de dólares até milhares de dólares por placa. Centenas de horas de trabalho eram exigidas no projeto, no protótipo e na colocação de PCBs em produção limitada.

Outro fator importante no desenvolvimento do setor foi o crescimento dos serviços técnicos. Este ocorreu na parte inicial do processo de fabricação: projetando a placa, fazendo o protótipo do projeto e teste de pré-produção, todos focalizados em "rápido desenvolvimento". Os ciclos de tempo para o desenvolvimento de produtos eletrônicos complexos foram diminuídos drasticamente durante a década de 1990 e não mostraram sinais de desaceleração. Por exemplo, os ciclos de desenvolvimento de produtos da IBM para os seus maiores computadores de grande porte, no início da década de 1990, foram informados como de 72 meses desde o seu início até a liberação comercial. Ao final da década, seu mais novo computador de grande porte – com placas de circuito impresso altamente complexas que conectavam todos os tipos de chips e componentes elétricos – foi desenvolvido em menos de 18 meses. Um fornecedor externo precisava trabalhar rápido e de modo eficiente com clientes como a IBM.

O Anexo 3 mostra o espectro de atividades geralmente consideradas pelos participantes do setor como os elementos básicos do negócio de PCBs. Na parte inicial daquele espectro estava o projeto efetivo da própria placa de circuito impresso, com o conjunto de circuitos impressos e vários componentes elétricos. Certos concorrentes desenvolveram capacidades de projeto de placa significativas basicamente ao adquirir oficinas de projetos eletrônicos a partir de 1995. Esses concorrentes foram capazes de atender às principais contas ao localizar engenheiros perto das instalações de engenharia dos clientes.

Abordagem Industrial de Dieter

A CBC operou tradicionalmente no segmento intermediário, fornecendo placas para as empresas de microcomputadores baseadas na Nova Inglaterra. Dieter comprou equipamentos de ponta para estar em dia com o setor, mas sempre o fez como um seguidor. Ele esperaria até que seus concorrentes houvessem todos atualizado seus processos de fabricação antes de atualizar o próprio. Dieter também tinha a tendência de retardar a manutenção dos equipamentos e adiar a compra de ferramentas. Em várias ocasiões, os equipamentos quebravam, de modo que ele precisava procurar os concorrentes para cumprir os pedidos da CBC.

No início da década de 1980, Dieter percebeu que as quantidades pedidas no segmento básico começavam a diminuir e decidiu diversificar. Em 1995, apenas 50% das receitas da CBC vinham de seus clientes intermediários tradicionais; os outros 50% vinham de fabricantes de produtos eletrônicos ao consumidor do segmento básico. Nesse mesmo ano, sua empresa era um negócio de $ 20 milhões anuais. Todavia, essa estratégia básica levou a empresa a ter problemas financeiros e à contratação de Ben.

Ainda no início da década de 1980, os fabricantes do exterior deram início à fabricação de baixa complexidade e grandes volumes. Ao final da década, eles a haviam dominado. Nesse processo semiautomático e de grande volume, os produtores do exterior foram capazes de cotar preços substancialmente mais baixos graças a uma mão de obra barata. Em 1995, os fabricantes de produtos eletrônicos ao consumidor transferiram praticamente todos os seus negócios para os fabricantes asiáticos. Graças a essa incursão ao segmento básico, os lucros da CBC, nesse ano, caíram 90%. Dieter contratou Ben em 1996 para que o ajudasse a recuperar a empresa. Devido à recessão financeira, Dieter precisou aprimorar a prática de economizar em materiais e manutenção. As coisas estavam tão feias quando Ben chegou à fábrica que sua reação imediata foi: "Que desgraça!"

Ben abandonou o segmento básico não lucrativo para focalizar novamente o segmento intermediário do mercado, mais complexo tecnologicamente. Ele teve a boa sorte de fazer essa mudança quando o setor de produtos eletrônicos observou um crescimento explosivo. Historicamente, o mercado de PCBs havia crescido cerca de 6% ao ano, mas crescera 10% de 1995 a 2000. Nesse último ano, ele havia não somente levado a empresa de volta à lucratividade, mas também aumentara as vendas para $ 30 milhões. Embora Ben houvesse levado a empresa a uma posição razoável em 2000, sabia que ainda tinha mais investimentos a fazer em tecnologia de processo. Perfuração a laser, melhor mascaragem soldada para o acabamento dos conjuntos de circuitos impressos e sistemas semiautomatizados para testes elétricos de placas acabadas eram as melhorias mais importantes para se equiparar ao setor.

Concorrência Atual

O cenário competitivo tinha três tipos de participantes: os gigantes terceirizados de produtos eletrônicos múltiplos, os fornecedores de placas de circuito impresso com negociação em bolsa e os pequenos fornecedores independentes. (Ver o Apêndice para a descrição dos concorrentes.) As marcas bem conhecidas de produtos eletrônicos tinham se voltado cada vez mais a fabricantes terceirizados para a montagem de sistemas. Os maiores fabricantes de produtos eletrônicos fabricavam tudo, desde chaves de computadores até chaves de rede e controles industriais para produtos eletrônicos ao consumidor. Em geral, assumiriam a fábrica existente, assim como os salários dos funcionários da fábrica de um produtor de marca, e a usariam como base para a fabricação não apenas de produtos atuais, mas, ao longo do tempo, daqueles dos concorrentes da marca também.

O próximo nível de fornecedores de PCBs era composto por fabricantes negociados na bolsa que estavam voltados quase exclusivamente para a produção de PCBs. O desempenho das ações dessas empresas em 2001 não havia sido bom. Alguns exemplos são: as ações da Coretec caíram 67%; da Dynamic Details, 60%; da Circuit World, 48%; e da TTM Technologies, 22%. Apenas a Merix havia aumentado seu valor, subindo 38% durante 2001, à medida que os investidores se voltavam para o seu sólido balanço patrimonial.

O terceiro nível consistia em fornecedores independentes. Ao final de 2001, havia aproximadamente 500 fornecedores privados independentes de placas de circuito impresso somente na América do Norte. O setor estava muito fragmentado. Apenas 20 fornecedores tiveram receitas anuais de mais de $ 10 milhões. Muitos dos fornecedores realmente pequenos saíram do negócio em 2001.

Todos os fornecedores de placas de circuito impresso haviam sofrido durante 2001. Os pedidos foram 50% inferiores aos do ano anterior. Os fornecedores com sólidas capacidades de projeto e um foco nas vendas de alta tecnologia sofreram menos o impacto do desaquecimento. Enquanto a capacidade excedente prejudicava as margens no segmento mais baixo do negócio, as empresas que fabricavam placas com mais de 20 camadas foram capazes de manter margens razoáveis. Caso o setor mudasse de atitude – e muitos esperavam que o fizesse dentro de nove a 12 meses –, a redução permanente na capacidade total de fabricação significaria que os sobreviventes poderiam esperar margens até maiores.

Equipe de Gerenciamento

Maggie casou-se com Dieter em 1957, depois que ela terminou o Ensino Médio e ele estava na universidade. Hoje, ela tem 62 anos. Começou a faculdade como aluna de meio período na década de 1980, mas só concluiu seu bacharelado em 2001. Embora tenha sempre ficado algumas horas por dia na CBC, sua principal tarefa era almoçar com Dieter. A maior parte do seu tempo disponível era ocupada com manter a casa e criar seus dois filhos. Dieter e Maggie adoravam viajar e se socializar – apreciavam cozinhar, bons vinhos e ópera. Maggie não tinha experiência de trabalho fora aquela na CBC.

Tanto o filho quanto a filha de Maggie trabalhavam na empresa desde cedo. Os dois tinham graduação em Administração de Empresas, mas nenhum deles exercia um papel ativo no gerenciamento da empresa. O filho, Harry, era, nominalmente, um operário da fábrica, mas recebia $ 150 mil por ano independentemente do número de horas que trabalhasse. A filha, Heidi, também recebia $ 150 mil, mas era assistente administrativa do gerente de vendas. Ambos recebiam muito mais que os gerentes a quem estavam subordinados.

Ben Cashman, 46 anos, tinha um MBA e conhecia Dieter há 30 anos. Havia começado a própria empresa de televisão e sistemas de comunicação antes que Dieter o contratasse como presidente e diretor de operações (COO) da empresa. Embora Dieter tivesse o controle de tudo quando Ben assumira, este esperava comprar a empresa no futuro, pois sabia que Dieter estava com 60 anos e não havia preparado alguém para assumir seu lugar quando se aposentasse. Ben recebeu 2,5% da empresa quando foi admitido.

Situação Atual

Para sobreviver à pressão do mercado em 2001, Ben percebeu que precisavam manter em ordem a situação financeira, e que precisavam fazer investimentos estratégicos para se manter competitivos. (Ver anexos 4 e 5 para os dados financeiros da CBC.) A CBC baixou de cerca de $ 2,5 milhões em vendas por mês, no ano 2000, para cerca de $ 1,8 milhão por mês em 2001. Durante todo o ano, Ben tomou medidas para reduzir os custos. Uma foi diminuir o número de funcionários na fábrica. Na maioria das vezes, tinha uma equipe de horistas operando processos semiautomáticos pelas várias etapas de produção e controle de qualidade. Embora doloroso, estimava que cada redução de dez pessoas no número de funcionários economizaria, para a empresa, cerca de $ 300 mil por ano em despesas operacionais. Já tendo empregado 240 funcionários em tempo integral, a empresa hoje tinha 135, passando de uma operação de dois turnos e meio para uma operação de um único turno. Sentira que a integridade da operação a uma taxa de pedido

ANEXO 4 | DEMONSTRAÇÃO DE RESULTADO DO EXERCÍCIO

		2000	2001	Projeção para 2002
Vendas líquidas		$ 29.316.885	$ 21.877.855	$ 18.300.000
Custo das mercadorias vendidas		23.790.016	19.086.179	14.587.000
Margem bruta		5.526.869	2.791.676	3.713.000
Despesas operacionais				
	Vendas	1.035.708	988.151	846.000
	Gerais e administrativas	2.630.723	2.351.482	1.711.000
	Lucro/prejuízo das operações	1.860.438	(547.957)	1.156.000
Despesa com juros		708.381	659.684	564.000
	Outras receitas	13.096	593.743	25.000
	Lucro (prejuízo) antes dos impostos	1.165.153	(613.898)	567.000

de $ 20 milhões ainda poderia ser mantida mesmo com apenas cem pessoas. Ben também achava que as despesas gerais e administrativas eram muito altas, perfazendo cerca de 10% das vendas. Pediu que todos os trabalhadores assalariados aceitassem uma redução na remuneração no caso de se manter o nível atual de vendas. Ben estava determinado a baixar as despesas gerais e administrativas para 7,5% das vendas.

O mau desempenho das vendas em 2001 drenara o caixa da empresa. Ao final de 2001, o balanço patrimonial apresentara $ 4 milhões em contas a pagar. Os fornecedores haviam praticamente financiado o negócio nos últimos seis meses. Ben sabia que essa situação não duraria muito mais, pois eles ameaçavam entrar com ações judiciais para a cobrança. Metade das contas estava, agora, atrasada mais de 90 dias. Ele sabia que precisava cortar as dívidas para que os fornecedores não abandonassem a empresa. Esta também estava atrasada nos pagamentos de um dos parceiros iniciais de Dieter, que possuía 11% da empresa. A CBC e ele tinham um acordo de recompra de todas as suas ações a uma taxa e preço determinados, porém a CBC havia parado de fazê-lo devido à falta de caixa. Ele também ameaçava entrar com um processo.

A empresa tinha mais de $ 3 milhões em estoques no encerramento do exercício de 2001. Ben estimava que cerca da metade disso fosse realmente produtiva no sentido de que consistia em produtos não acabados que poderiam ser transformados diretamente em novos pedidos, mas nunca investigara, de fato, seu real valor. A utilidade e o valor da outra metade não estavam claros, pois eram materiais acabados para produtos que os fabricantes poderiam nunca fazer. Muitos fornecedores haviam comprado materiais graças às expectativas razoavelmente positivas no último semestre de 2000, apenas para serem deixados "na mão" à medida que as condições pioravam e os pedidos caíam verticalmente. Ben havia cortado as contas a receber em aproximadamente metade no ano anterior, em grande parte por meio de esforços obstinados para que a empresa fosse paga com rapidez. Ben não tinha certeza de quanto das contas a receber restantes poderia cobrar, porque muitos de seus clientes também estavam com problemas financeiros.

ANEXO 5 | BALANÇO PATRIMONIAL

Ativo circulante	2001	2000	Passivo circulante	2001	2000
Caixa	141.144	92.244	Dívida de curto prazo	1.222.175	993.843
Duplicatas a receber	2.670.771	4.672.372	Contas a pagar	4.020.299	3.382.278
Promissórias a receber	81.400	125.650	Despesas provisionadas a pagar	388.355	886.542
Estoque	3.382.850	3.284.724	Total do circulante	5.630.829	5.262.663
Despesas pagas antecipadamente	260.280	161.485			
Imposto de renda diferido/pago antecipadamente	162.866	3.636	Arrendamentos de bens de capital	421.610	637.074
			Dívida de longo prazo	6.336.888	7.383.814
Total do ativo circulante	6.699.311	8.340.111	Impostos de renda diferidos	−92.731	578.146
			Total do passivo	12.296.596	13.861.697
Ativo imobilizado	20.224.430	18.605.375	Patrimônio líquido	3.748.489	3.723.591
Menos depreciação acumulada	−11.028.378	−9.743.957			
Líquido	9.196.052	8.861.418			
Outros ativos	149.722	383.759			
Total de ativos	16.045.085	17.585.288	Total do passivo e patrimônio líquido	16.045.085	17.585.288

As projeções sobre a demonstração de resultado do exercício mostraram que não havia melhoria significativa nas vendas para 2002. Ben não via motivo para que o setor se recuperasse – pelo menos, não ainda. No entanto, ele sentia que uma forte recuperação poderia alçar, de novo, as vendas para o nível dos $ 30 milhões em um único ano. A CBC, ademais, estava agregando novos tipos de clientes. Produtos eletrônicos para o setor militar, sistemas de videoconferência, novas gerações de telefones celulares, sistemas biométricos, dispositivos de segurança, e roteadores e comutadores com segurança aprimorada eram oportunidades potenciais de crescimento para os fornecedores de tecnologia avançada. Os eventos trágicos de 11 de setembro pareciam estar orientando os negócios: as pessoas queriam viajar menos e exigiam sistemas de segurança aprimorada de todos os tipos e formatos. As agências de defesa norte-americanas e as suas contratadas, aliás, prefeririam de fato que somente empresas dos Estados Unidos fabricassem subconjuntos para elas.

Todavia, a empresa estava bem atrás da sua concorrência no negócio de placas de múltiplas camadas sofisticadas. Para competir de modo eficiente na defesa e em outras aplicações emergentes, Ben achou que a empresa teria de investir $ 2 milhões nos próximos dois ou três anos, para aperfeiçoar a tecnologia de fabricação da empresa. O processo de fabricação necessitava de capital intensivo. Como outros fabricantes de PCBs, a CBC precisava investir de modo continuado em tecnologias de processamento para atender às demandas por densidade e qualidade. A CBC não possuía as próprias patentes. O segundo semestre de 2001 tinha sido tão difícil que a empresa havia interrompido temporariamente os aperfeiçoamentos do processo. Além disso, Ben queria gastar outros $ 2 milhões em dois ou três anos para comprar várias oficinas de projeto de placas a fim de realizar serviços de projeto preliminares.

Pelo lado da receita, Ben achava que o negócio ainda valia a pena. À medida que os fabricantes de produtos eletrônicos consumiram seus estoques durante o primeiro semestre de 2002, e os especialistas do setor começaram a fazer previsões de uma reviravolta geral mais adiante naquele ano, Ben acreditou que melhores dias viriam. Um analista conceituado do setor projetara que as vendas de componentes eletrônicos subiria 5% em 2002, à medida que os fabricantes de produtos eletrônicos começassem a "recarregar" suas forças. De fato, durante o último trimestre de 2001, houve uma leve melhora nas vendas, tanto para a CBC quanto para a maioria de seus concorrentes (Anexo 6). Ben permaneceu cauteloso, contudo. A melhoria poderia facilmente ser revertida em virtude da confiança do cliente e dos gastos industriais que permaneciam baixos em comparação com os níveis dos anos anteriores. Ele esperava que o setor de produtos eletrônicos fosse se estabilizar e que os pedidos para 2002 chegassem a cerca de $ 18 milhões.

Reunião do Conselho

Ao dar início à reunião do conselho, Ben repassou tudo o que a CBC havia feito nos últimos seis meses para responder às condições de mercado. Ele resumiu sua opinião:

> A CBC é uma sobrevivente de 2001 e, assim, está posicionada para tirar vantagem da recuperação. A Needham & Co. está prevendo que, como outros deixaram o setor e a capacidade está baixa, aquele estoque estará esgotado no segundo trimestre. O mercado vai, então, reverter, de modo que só precisamos aguentar por uns dois árduos meses. Podemos ter lucros com $ 20 milhões de vendas agora com as reduções, mas também podemos crescer de novo para os $ 30 milhões, como em 2000.

Don Armour, o especialista em fusões e aquisições, foi até mais agressivo do que Ben:

> Agora é o momento de tirar vantagem da situação, para não sermos apenas sobreviventes, mas a fim de crescermos ainda mais. Existem muitas empresas com problemas financeiros lá fora que podemos comprar bem barato. As pessoas estão dispostas a negociar. Devemos pensar bem mais alto! Por que não imaginar $ 100 milhões em vendas?

Dane Lombard, o especialista em reversões econômicas, estava pronto para interferir, e sua resposta foi exaltada:

> Não seja bobo de ir atrás de ideias impraticáveis – consiga o mais que puder agora porque o mercado não vai reverter. A Needham está prevendo uma recuperação há seis meses e fica adiando a data. Tanto a Henderson Ventures quanto a DLouhy Merchant previram que não haverá recuperação até 2003, pelo menos. Não temos o dinheiro necessário para investir na nossa volta à paridade no setor, e nosso balanço patrimonial é terrível. De fato, não valemos tanto como empresa como valeríamos se vendêssemos as peças separadamente.

Maggie olhou para Ben e perguntou de onde viria o dinheiro para fazer os investimentos que ele sugerira. Ben havia contratado consultores em financiamento de reversões econômicas para orientá-lo na reestruturação da dívida da CBC e para ajudá-lo a encontrar alguns investidores externos. Ben informou:

ANEXO 6 | TURBULÊNCIA NO MERCADO

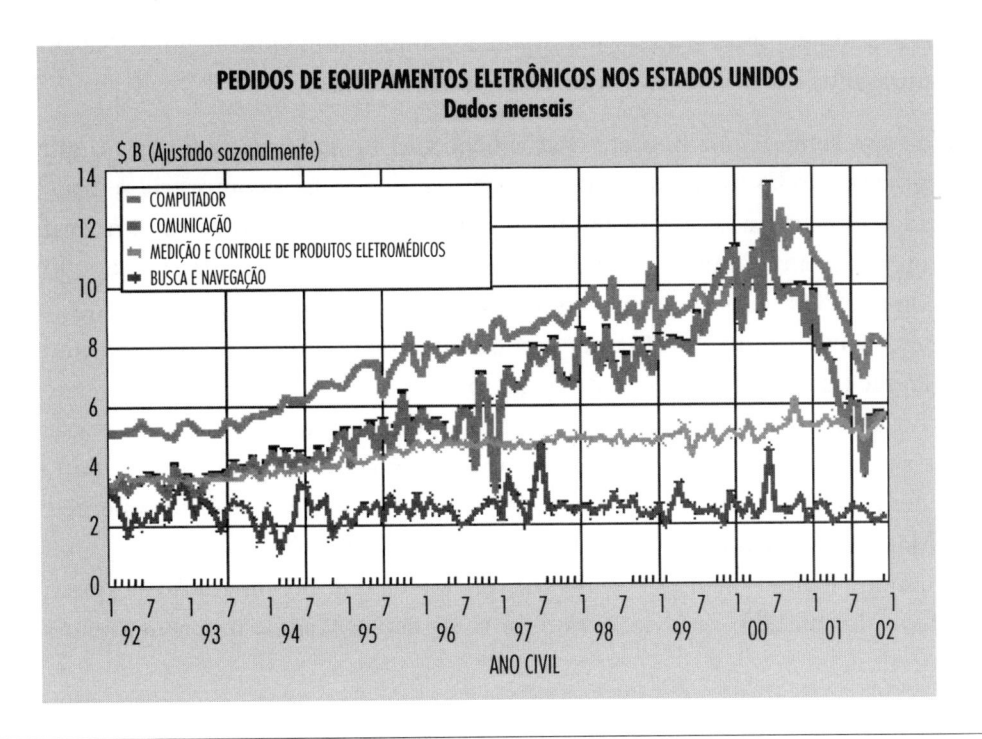

PEDIDOS DE EQUIPAMENTOS ELETRÔNICOS NOS ESTADOS UNIDOS
Dados mensais

(Gráfico: $ B (Ajustado sazonalmente), eixo y de 0 a 14; eixo x ANO CIVIL de 92 a 02. Séries: COMPUTADOR; COMUNICAÇÃO; MEDIÇÃO E CONTROLE DE PRODUTOS ELETROMÉDICOS; BUSCA E NAVEGAÇÃO.)

FONTE: http://www.census.gov/indicator/www/m3/pastpressreleases/prel/2002/feb02prel.pdf.

> Os consultores nos analisaram e pensam que existe uma possibilidade de encontrarmos investidores externos caso o setor se recupere. Eu me contive em ir adiante porque eles aconselham que quaisquer investidores iriam querer principalmente colocar o seu dinheiro na empresa, em vez de comprá-la dos acionistas. Os investidores também exigiriam controle total da propriedade e dispensariam todos os funcionários não produtivos. De fato, Maggie, nossa posição proprietária valeria quase nada. Além disso, você e sua família estariam fora da empresa.

Will Tatelman, o auditor da empresa e advogado pessoal de Maggie, interrompeu:

> Maggie, você precisa proteger os próprios interesses. Você pode negociar para ter a propriedade do prédio como parte de suas ações, e pode, então, arrendar a fábrica de novo para a empresa. Li as duas previsões recentes, uma da Kaufman & Co., que dizia ser impossível prever o que acontecerá na economia graças aos riscos de futuro terrorismo e aumento de conflitos militares, mas estão dizendo que não haverá recuperação durante um longo tempo. A outra, da Wells Fargo, está dizendo que não haverá recessão, de modo que os números desse trimestre mostrarão que já estamos em recuperação. Então, ninguém sabe nada, e você seria prudente ao se proteger.

Ben concordou que Maggie deveria levar em consideração a criação de uma negociação de venda com cláusula de arrendamento sobre o prédio da empresa antes da entrada dos investidores. O prédio estava avaliado em $ 5 milhões e tinha uma hipoteca de $ 3,5 milhões. O único arrendatário era a CBC, mas, se a CBC fosse reestruturada com sucesso, o aluguel seria uma boa quantia anual com os aluguéis atuais valendo $ 10 por metro quadrado. A venda tiraria a hipoteca dos livros da CBC e tornaria o custo do prédio uma despesa de aluguel. É claro, caso o mercado não se recuperasse, Maggie estaria presa a uma hipoteca de $ 3,5 milhões e o prédio valeria ainda menos.

Maggie respondeu:

> Você sabe, essa empresa sustentou a mim e a minha família por 40 anos. Neste ponto da minha vida, quero uma renda estável. O que mais podemos fazer?

Outra saída apresentada por Ben era usar o Capítulo 11 da lei de falências, o que permitiria que a empresa renegociasse todas as suas contas com seus credores. Isso compraria tempo para a empresa, até que o mercado se recuperasse. A desvantagem era que os credores precisariam verificar os livros da CBC, o que divulgaria quanto dinheiro Maggie e sua família haviam tirado da empresa. Embora não tanto quanto no pico do ano 2000, eles ainda eram muito bem remunerados pelo trabalho que executavam. Um dos bancos que havia concedido à CBC uma grande linha de crédito já estava colocando pressão sobre Ben para que Maggie e sua família saíssem do negócio.

A alternativa final apresentada, e aquela que Ben queria, era apostar na recuperação e convencer os credores de que seriam pagos na totalidade, caso apoiassem a empresa por mais algum tempo. Isso não proporcionaria nenhum dos investimentos necessários para tornar a empresa novamente competitiva, mas permitiria que Maggie e sua família mantivessem o controle desta.

Ben recomendou manter o curso – estava convencido de que a recuperação se aproximava. Os membros não executivos do conselho, todavia, deram outra sugestão. Maggie precisou tomar sua primeira real decisão empresarial.

Apêndice: Informações da Concorrência

O cenário competitivo que a Circuit Board Corporation enfrentava poderia ser dividido em três níveis de empresas: os gigantes terceirizados de produtos eletrônicos múltiplos, os fornecedores de placas de circuito impresso com negociação em bolsa e os pequenos fornecedores independentes. Os principais fabricantes de placas eram:

- Flextronics: com operações por todo o mundo, fabricava placas de circuito rígidas e flexíveis (sobre conectores flexíveis) e as montava na etapa do produto concluído.
- Sanmina-SCI: originalmente, era uma operação norte-americana e fabricava apenas placas rígidas. Durante a década de 1990, a Sanmina comprou várias dezenas de fornecedores independentes de placas. Eles montavam placas, inclusive placas de *backplane* e sistemas. Um deles era um fabricante independente voltado para placas de circuito impresso como a da Circuit Board Corporation. A Altron, contudo, havia passado a ser um negócio de $ 200 milhões por ano, voltado para aplicações complexas de placa de circuito impresso de múltiplas camadas. A Sanmina havia desativado nove de suas 12 fábricas de placas de circuito impresso durante 2001. Isso retirara $ 800 milhões da capacidade de produção anual das placas de circuito impresso. Muito desses números era permanente.

O próximo nível de fornecedores era composto por fabricantes negociados na bolsa voltados quase exclusivamente para a produção de placas de circuito impresso.

- Coretec: uma empresa canadense de $ 100 milhões cuja estratégia é fornecer "rápido desenvolvimento" aos fabricantes de produtos eletrônicos. Estavam montando uma operação distribuída em muitos locais e com diferentes fusos horários para estar perto dos vários clientes. A Coretec ainda precisava montar uma operação a leste do Mississippi. Suas aplicações-alvo eram aplicativos de múltiplas camadas e volume médio, a estratégia proclamada da Circuit Board Corporation.

- TTM Technologies: fusão de duas empresas independentes, Pacific Circuits (uma fabricante de volume médio) e Power Circuits (protótipos de rápido desenvolvimento), que foram reunidas com capital de risco para focalizar o mercado de múltiplas camadas e volume médio. Os investidores, então, tornaram-na uma empresa de capital aberto. A TTM era uma concorrente direta da Circuit Board Corporation. Estava auferindo cerca de $ 100 milhões em receitas anuais.
- Dynamic Details: esta era a maior empresa do grupo, com cerca de $ 400 milhões em pedidos por ano. A DDI também estava voltada para o início da cadeia de valor, comprando muitas empresas pequenas de engenharia e fabricantes de placas. Uma delas era a Automata, uma empresa de $ 45 milhões. A DDI especializou-se em necessidades críticas, desenvolvimento extremamente rápido, múltiplas camadas, aplicações complexas. Era a líder no setor de "rápido desenvolvimento", algo com o qual a Circuit Board Corporation sonhava.
- Merix: outra empresa de $ 100 milhões, era conhecida como a líder em tecnologia nas áreas secundárias da fabricação de placas. A Merix possuía um processo bem afinado para conseguir as maiores camadas e a maior densidade na fiação, e podia usar vários materiais exóticos. Podia fabricar regularmente placas de cerca de 20 camadas para os seus clientes do setor de telecomunicação, e podia passar para placas de 30 a 40 camadas quando necessário. A Merix também oferecia serviços de projeto preliminares, como demonstrado no Anexo 3. Estava dando prosseguimento a planos para concluir uma nova fábrica bem automatizada em Wood Village, Oregon. Por outro lado, enquanto as vendas da Merix tinham se aproximado de $ 250 milhões em 2000, ela conseguira juntar apenas $ 25 milhões em vendas durante o terceiro trimestre de 2001. Todavia, possuía um balanço patrimonial sólido e havia usado esses ativos para investir em ativo imobilizado e comprar outras empresas. Isso permitiu que continuasse agregando capacidade em antecipação a uma reviravolta na demanda.
- Circuit World: estritamente uma fabricante de placas de volume médio com limitada capacidade de protótipos. Era uma empresa de cerca de $ 30 milhões.

ESTUDO DE CASO

4

3M Canada: Divisão de Negócios Industriais

R. Chandrasekhar escreveu este caso sob a supervisão do professor Terry Deutscher, apenas para fornecer material à discussão em sala de aula. Os autores não pretendem ilustrar o manuseio eficaz ou ineficaz de uma situação gerencial. E podem ter disfarçado certos nomes e outras informações que levem à identificação, para proteger a confidencialidade.

A Ivey Management Services proíbe qualquer forma de reprodução, armazenamento ou transmissão sem a sua permissão por escrito. A reprodução deste material não está coberta pela autorização de nenhuma organização de direitos de reprodução. Para pedir cópias ou solicitar permissão para reproduzir o material, entrar em contato com Ivey Publishing, Ivey Management Services, a/c Richard Ivey School of Business, The University of Western Ontario, Londres, Ontário, Canadá, N6A 3K7; telefone (519) 661-3208; fax (519) 661-3882; e-mail cases@ivey.uwo.ca.

Copyright © The Richard Ivey School of Business Foundation. Título original do caso: 3M Canada: Industrial Business Division, copyright © 2006 The Richard Ivey School of Business Foundation.

Em maio de 2006, a Divisão de Negócios Industriais (IBD) da 3M Canada Company recebeu uma nova ordem. Deveria aumentar sua taxa de crescimento orgânico anual de 3% a 5% nos últimos anos para 12% a 15% em 2008. A meta deveria ser alcançada independentemente do crescimento de aquisições em curso. Mahesh Yegnaswami, gerente de contas nacionais da IBD, precisou recomendar um plano de ação ao vice-presidente da Divisão (IBD) sobre como esta, a segunda maior na 3M Canada em vendas, alcançaria essa meta.

A IBD vendia produtos para indústrias, e não para clientes individuais. Seus produtos tinham dois tipos de aplicações do usuário final – plantas de produção e instalações para manutenção – e dois grupos de clientes respectivos – fabricantes de equipamentos originais (OEM) e manutenção, reparo e inspeções (MRO). Os produtos fornecidos aos OEM eram itens de alto valor que formavam parte do produto acabado (por exemplo, adesivos usados na fabricação de móveis). Aqueles fornecidos para os MRO eram bens de consumo de baixo valor (como fitas utilizadas em oficinas de pintura). O crescimento, na IBD, era lento, porque o segmento OEM, em que a divisão estava se concentrando até então, havia se tornado maduro, com perspectivas limitadas de expansão. A IBD não havia se concentrado no segmento MRO, pois este era fragmentado, com pouca lealdade à marca. As unidades de manutenção de estoque (SKUs) eram de cerca de 10 milhões no setor, a maioria delas voltada para *commodities*. Todavia, o segmento MRO estava crescendo. Seus maiores participantes, alguns deles grandes corporações, cresciam, de fato, a uma taxa de dois dígitos. Yegnaswami declarou:

> Existem duas formas de se alcançar a meta – encontrar novos clientes para os produtos existentes e lançar novos produtos voltados para clientes novos e existentes. Ambas as abordagens demoram um bom tempo para produzir resultados. Todavia, mudar o foco do cliente OEM para o MRO nos proporciona vendas adicionais no período visado. Mas a IBD estava exposta somente a poucos segmentos MRO. A divisão havia comissionado um estudo analítico que mostrava que a parcela de vendas do distribuidor da IBD era de apenas 2% da receita dos distribuidores. Com base nesse estudo, identificamos recentemente dez distribuidores (ver Anexo 1), considerados vencedores, para uma análise cuidadosa sobre os geradores de seu crescimento e seus processos industriais. Eles são os equivalentes industriais das superlojas ao consumidor e podem alçar a IBD ao topo.

As questões para Yegnaswami foram as seguintes: como a IBD deverá contratar e manter os grandes distribuidores? Como deverá reestruturar seu modelo de vendas para atender ao novo canal MRO?

3M Company

A 3M Company foi fundada em 1902 e cresceu a ponto de se tornar uma empresa global com mais de 69 mil funcionários em mais de 60 países, e fábricas em 139 locais pelo mundo. Seu primeiro negócio industrial foi a extração de minério de um depósito mineral de abrasivos de esmeril.[1] Em 1922, a Minnesota Mining and Manufacturing Company, como a empresa era então conhecida, desenvolveu a primeira lixa à prova d'água do mundo. Isso marcou o início de inovações regulares com aplicações práticas pelas quais a 3M viria a ser bem conhecida nos anos posteriores. Até hoje, a empresa possui um total de 50 mil patentes pelo mundo, espalhadas por 13 plataformas de tecnologia que variam de abrasivos a polímeros. A 3M, como política, não terceirizou a produção, embora tenha encorajado as subsidiárias pelo mundo, inclusive a 3M Canada, a adotar alianças regionais independentes – para distribuição terceirizada, fabricação licenciada e condição de fornecedor exclusivo – para aumentar as receitas e margens locais.

Desde 2000, a administração vem gerando produtividade por meio de programas como Seis Sigma, Gerenciamento Enxuto e Fornecimento Global. Os novos produtos formavam uma parte significativa do portfólio de crescimento da 3M e os esforços estavam em andamento visando diminuir o tempo de comercialização de seis a sete anos para um ano e meio. O custo das mercadorias vendidas diminuía e a margem como percentual das vendas aumentava ao longo dos anos (ver Anexo 2), indicando que a eficiência operacional tinha criado raízes na 3M.

Estratégia – Foco nas Vendas

O ano de 2006 anunciou uma mudança na estratégia da 3M. George Buckley, que assumiu como presidente do conselho, presidente e diretor executivo da empresa em 7 de dezembro de 2005, liderou a mudança ao dizer: "É mais divertido plantar uvas que trabalhar em uma prensa de vinho".[2] A atenção passou

---

[1] Disponível em www.mmm.com/About3M/History, acesso em: 6 jul. 2006.
[2] Begleiter David, Miner Jason e Sheehan James em "Growing Grapes: More Aggressive Growth", relatório de Pesquisa de Ações do Deutsche Bank Securities Inc., datado de 22 de maio de 2006.

da expansão da margem para o crescimento da receita. As prioridades de investimento foram redirecionadas, dos ganhos de produtividade e economias de custo para o desenvolvimento do mercado e a promoção. A nova estratégia era composta por quatro elementos: crescimento do negócio principal, adoção de aquisições, concentração nas oportunidades industriais emergentes e duplicação dos investimentos em mercados emergentes.

As diretrizes gerais para o crescimento do negócio principal, do qual a IBD era uma parte, são as seguintes:

- gerar escala em grandes mercados
- tomar uma participação relativa alta em pequenos mercados
- buscar a customização
- gerenciar a retenção do cliente
- desenvolver produtos locais e diferenciados
- ampliar os produtos com marca própria
- preencher espaços em branco do produto
- planejar para a canibalização

Segundo Yegnaswami:

> Estas diretrizes são consistentes com a mudança no foco do cliente que a IBD está buscando. A oportunidade de se gerar escala e participação no mercado é maior no segmento MRO por quatro razões. Primeira, trata-se de um grande mercado, estimado no Canadá na ordem de $ 14 bilhões de dólares canadenses. Segunda, os grandes distribuidores estão crescendo mais rapidamente do que a taxa de crescimento do mercado MRO. Terceira, há espaços vagos na maioria das linhas de produtos esperando ser preenchidos. E, finalmente, a marca própria é uma área de oportunidade com potencial tanto para a receita quanto para as margens.

Estrutura

Os negócios da 3M Company foram agrupados em sete divisões: Cuidados com a Saúde, Transporte, Display e Comunicação Gráfica, Consumo e Escritório, Industrial, Elétricos e Comunicações, e Serviços de Proteção e Segurança (ver Anexo 3). Cada uma delas era uma unidade estratégica de negócios (SBU) com as próprias instalações de fabricação e marketing. Juntando tecnologias comuns ou relacionadas, cada SBU tinha responsabilidade mundial pelas suas linhas de produtos. Em decorrência, os gerentes de linha eram subordinados tanto aos chefes globais do negócio do qual faziam parte quanto também aos chefes regionais. Enquanto os gerentes industriais "possuíam" o produto, a força de vendas da linha de frente "possuía" o cliente. A 3M também introduziu o conceito de gerentes de conta para os clientes OEM da empresa cujas exigências de produto passavam pelas SBUs. Os gerentes de conta apresentavam uma forma em comum para a colocação de pedidos, tanto para a entrega quanto para o faturamento, enquanto evitavam a inconveniência de ter um vendedor de cada divisão da 3M visitando o mesmo cliente.

Em janeiro de 2006, a divisão de Transporte havia sido incorporada à Industrial. Isso foi feito para concretizar as sinergias em mercados, canais de vendas e clientes, tecnologias, instalações de fabricação e processos de venda em comum.

Divisão de Negócios Industriais

A IBD atendeu a ampla gama de mercados industriais, desde aparelhos e produtos eletrônicos até papelaria e embalagem. Os produtos incluíam fitas, uma grande variedade de abrasivos revestidos e materiais tipo não tecidos, adesivos, materiais especializados e soluções de software de execução da cadeia de suprimentos. A compra da Cuno Incorporated nos Estados Unidos, em agosto de 2005, adicionou uma nova categoria de produtos de filtragem a sua faixa. As fitas e os adesivos representavam de 50% a 60% da receita da divisão, e os abrasivos, de 40% a 50%. A filtragem era uma futura área de crescimento. A interação pessoa a pessoa era a base do modelo de vendas da IBD. As vendas eram baseadas no relacionamento.

De acordo com Yegnaswami,

> Várias iniciativas foram usadas na IBD para algum tipo de geração de crescimento da receita. Estas eram independentes da decisão de focalizar o segmento MRO. A divisão identificou nove oportunidades de produto, com base nas plataformas de tecnologia existentes, como possuindo potencial para crescimento. Dentre elas estão condutores compostos, filtragem de líquidos, preparação de tintas e software de execução da cadeia de suprimentos. O fornecimento de uma configuração única para o cliente, reunindo a linha completa de produtos potenciais da 3M e as tecnologias, é também percebido como um estímulo às vendas. Estas são as maiores iniciativas corporativas que a divisão também vem adotando no Canadá.

3M Canada

Constituída em 1951, a 3M Canada foi a primeira subsidiária internacional da empresa norte-americana. Um ano depois, ela abriu uma fábrica e unidade de empacotamento de quase 14 mil metros quadrados em Londres, ON, fabricando fitas, adesivos e abrasivos. A empresa possuía duas outras fábricas no Canadá – em Ontário, em Brockville and Perth, e em Manitoba, em Morden. Cada gerente de produto era responsável pela produção, qualidade, vendas, marketing e lucratividade de produtos específicos. Uma comissão de gerenciamento central coordenava do topo. Cada grupo de produtos era autônomo, enquanto tinha acesso ao conjunto de experiência e conhecimento da organização global e se beneficiava do envolvimento próximo nas estratégias de marketing de mais de 50 divisões na 3M Company.

A IBD possuía dois segmentos de cliente importantes – OEM e MRO.

OEM

Os OEM eram empresas de médio e grande portes com um foco industrial e um sólido núcleo de fabricação. Nos últimos tempos, um declínio na fabricação canadense estava afetando o segmento OEM. Caracterizado por reduções de pessoal, fechamentos de fábricas e demissões, o declínio teve início por dois motivos: um dólar canadense crescente e uma tendência de crescimento em direção a atividades fora do país. O dólar canadense subiu 32,96% (de 0,637 por dólar dos Estados Unidos, em abril de 2002, para 0,847 em maio de 2006), minando a liderança dos fabricantes canadenses, que auferiram vendas em moeda norte-americana, mas incorreram em despesas na moeda canadense. Os altos custos trabalhistas da América do Norte tornaram-se um poderoso incentivo, desde 2002, para a produção fora do país. Uma hora de trabalho e benefícios no Canadá custavam US$ 11 tendo por base o salário mínimo. A mesma hora em uma área no interior da China custava menos de US$ 0,15. Um quociente similar prevaleceu para cargos de capacitação técnica como engenheiros, programadores, cientistas e gerentes. O número de funcionários no setor de fabricação no Canadá diminuiu de 2,285 milhões em abril de 2002 para 2,207 milhões em abril de 2005.[3] Pelo lado positivo, a tendência de levar a produção para fora do país estava forçando os fabricantes canadenses, inclusive a 3M Canada, a se tornar competitivos. Também obrigava negócios como a IBD a olhar além do segmento OEM, visando a clientes e receita.[4]

Yegnaswami disse:

> Os fornecedores são sempre os primeiros a serem afetados, e os últimos a se recuperar, de uma desaceleração no setor do qual um OEM faz parte. Isso torna o OEM, em sua natureza, um grupo de clientes voláteis. A 3M manteve o curso por meio de iniciativas como inovação do produto, introdução de novo produto, ao se "especializar" no uso durante a produção, na construção de relacionamentos com clientes industriais e trabalhando com eles de perto para reduzir seus custos operacionais. Também ajudou o fato de que o cliente industrial é o usuário final. Rastrear as necessidades do cliente é mais fácil com um OEM.

MRO

Definido de modo amplo, MRO significou itens "não críticos", usados no reparo geral e na manutenção de fábrica, equipamentos e instalações. Dado esse escopo, os distribuidores controlavam o mercado MRO mais que os fornecedores. Esta foi uma barreira psicológica de entrada para um fornecedor orientado para a marca como a 3M. Houve outros desincentivos. Os produtos não podiam ser especificados, a lealdade à marca era mínima e o preço era um importante gerador de negócio. Para o desapontamento de fornecedores como a 3M, vários produtos da IBD foram sendo progressivamente transferidos para a categoria MRO por causa da crescente comoditização. Havia, entretanto, uma série de itens especializados intimamente identificados com fornecedores como a 3M.

Para melhor entendimento interno do mercado MRO, a 3M Canada categorizou os distribuidores em quatro tipos: Nacional, Especial, Geral e Nicho (ver Anexo 4). A categoria Nacional era aquela de crescimento rápido, em virtude da consolidação em curso, dentre outros motivos. As categorias Especial e Nicho foram criadas para gerar algumas competências singulares da IBD – como habilidade técnica, especialização vertical e conhecimento do produto – em suas negociações com o cliente. De certo modo, os clientes das categorias Especial e Nicho serviam como uma extensão da força de vendas de fornecedores como a 3M. Sendo uma empresa orientada para o produto com uma sólida orientação de P&D, a 3M descobriu uma adequação natural com o etos das categorias Especial e Nicho. A empresa, de fato, fez crescer as duas categorias ao longo dos anos. O componente da 3M de seus negócios individuais era alto. Estabelecidos por tecnocratas qualificados que trabalharam antes com empresas como a 3M, geralmente tinham uma estrutura organizacional linear e de passos rápidos. Também, em termos gerais, focalizaram mais o mercado regional de OEM. Todavia, não se expandiam geograficamente de modo tão rápido quanto a grande categoria Nacional.

Yegnaswami declarou:

> Nossos representantes de vendas estavam acostumados a negociar com gerentes de lojas, um a um, nas categorias Especial e Nicho. Hoje, precisam negociar com grandes corporações orientadas por redes, procedimentos e protocolos. Os perfis são totalmente diferentes. Em vez

---

[3] Disponível em http://www.statscan.ca/subject/labor/employment/employmentbyindustry, acesso em: 24 jul. 2006.
[4] Disponível em http://www.bankofcanada.ca/en/rates/can_us_close.html, acesso em: 2 ago. 2006.

de interligar uma filial a um cliente, precisam coordenar as exigências de 40 ou 50 filiais do mesmo cliente. Em vez de negociar com um produto em que possuem especialização, precisam estar aptos a responder a exigências variadas de um megadistribuidor.

Tendências em MRO

- Os distribuidores da categoria Nacional são cerca de uma dúzia no Canadá. Estão crescendo a taxas de dois dígitos. Garantiram grandes contratos em que baixas margens unitárias, integrais para um negócio de *commodity*, eram compensadas por altos volumes. Os participantes da categoria Nacional tinham vasta infraestrutura de vendas em termos de filiais, centros de expedição e forças de vendas (internas e externas). Garantir volumes era crucial para a sua lucratividade, porque seus custos fixos eram altos. Também supriam as necessidades de suprimento dos OEM.
- As lojas das categorias Especial e Nicho estavam, assim, perdendo sua vantagem competitiva tradicional por dois motivos. Grandes participantes estavam construindo uma perícia de domínio ao adquirir capacidades de produto/processo. Faziam incursões aos clientes dos participantes da categoria Nicho. Em segundo lugar, à medida que as patentes das tecnologias expiravam, a fabricação estava aberta para todos. A ausência de despesas de transmissão (como P&D) baixou os custos para novos entrantes. Os produtos estavam se tornando comoditizados. A especialização do produto, um importante fator positivo para um participante da categoria Nicho, não mais comportava um prêmio. As capacidades gerais de vendas, em vez do conhecimento técnico, eram cruciais para se conseguir vender. Com não mais que oito a dez pessoas, dirigindo não mais que três ou quatro filiais, restritas a uma ou duas verticais e sem planejamento de sucessão instalado, as categorias Especial e Nicho estavam se tornando vulneráveis a encampações.
- Era comum o crescimento por meio da aquisição. A consolidação era uma tendência importante. Mas ainda havia tantos distribuidores quanto havia há dez anos. Para cada distribuidor tradicional que desaparecia devido a uma aquisição, uma nova loja de distribuidor abria, voltada para um mercado restrito em que desenvolveria rapidamente sua perícia. A consolidação era evidente mesmo pelo lado da demanda. Os clientes estavam consolidando suas compras e reduzindo o número de distribuidores com que fariam negócio.
- O comércio eletrônico ganhava terreno. Estava, todavia, ainda limitado a elementos tradicionais como processamento de pedidos e pagamento de faturas. Não levou a grande desintermediação de escala ou eliminação da força de vendas das empresas MRO. O meio físico de um vendedor ainda era crucial para manter os clientes.

Disse Yegnaswami:

> É óbvio que a IBD necessita mudar a conduta de várias formas. Primeiro, precisamos redirecionar nossos esforços dos OEM para os MRO. Em segundo lugar, dentro do segmento MRO, devemos trocar a ênfase dos participantes das categorias Especial e Nicho para os grandes participantes da categoria Nacional. Penso que também precisamos nos aproximar dos usuários finais dos suprimentos de MRO – o chefe de manutenção ou o engenheiro de ferramentas – nas fábricas, grandes e pequenas. No OEM, o cliente (o fabricante) é o usuário final. No MRO, o cliente (o distribuidor) não é o usuário final. É necessário se conectar ao usuário final, de qualquer forma, para se aproximar do cliente. Devemos encontrar formas de nos conectarmos com o usuário final na categoria MRO. Isso exige uma mudança na mentalidade de nossa força de vendas.

Organização de Vendas

A IBD possui 35 vendedores – dez localizados no oeste do Canadá, dez em Québec e 15 em Ontário. Todos possuem especialização tanto geográfica quanto de produto, mas não especialização no cliente. A 3M, como política, só contrata pessoas que estão iniciando, e as promove. Não encoraja induções laterais. Os vendedores passam por uma escada hierárquica que vai de S1 até S5, baseada no desempenho.

Na 3M, clientes são considerados constantes, não como compra de uma única vez. Manter uma conta industrial existente e gerar negócio repetido eram os principais indicadores do desempenho em vendas. A saída de clientes (conhecida como "vazamentos" dentro da 3M) correspondia, em média, a 5% das vendas. A remuneração anual de cada vendedor era um grande componente fixo. As vendas que superavam as metas recebiam uma recompensa que crescia em progressão geométrica. O desenvolvimento de novo negócio recebia um incentivo. Independentemente de sua reputação como uma empresa inovadora, a 3M era conservadora em muitos pontos. Reunia pessoas de dentro, lenta e constantemente, dando-lhes tempo para crescer e se desenvolver. A remuneração dos funcionários era orientada no sentido de sempre progredir.

Desde o início de 2006, Yegnaswami rastreou as grandes contas da categoria Nacional no segmento MRO para aprender sobre elas. Disse:

> Existem alguns pontos de destaque. Sabemos com certeza que algumas das contas da categoria Nacional estão crescendo a uma taxa de dois dígitos. Elas próprias vêm oportunidades para que a IBD cresça com elas. Estas são grandes organizações, tão grandes quanto a 3M Canada, com processos complexos de compra, diferentes das lojas da categoria Nicho com que negociamos. O que está claro é que nossa forma atual de fazer negócio não funciona com as contas da categoria Nacional. Para esse segmento, precisamos de um modelo diferente para ir ao mercado.

A forma tradicional de fazer negócio na IBD tem três características. Em primeiro lugar, a divisão vendeu produtos para a elite do mercado. Em segundo, sua força de vendas tinha especialização no produto. Por fim, os representantes de vendas da IBD se superaram na construção do relacionamento. O novo modelo exigiu atributos diferentes – venda de produtos na parte básica do mercado; uma perspectiva bem abrangente de negócio que proporcionasse uma imagem de empresa comum para o cliente; e o gerenciamento da dinâmica de um canal de distribuição.

Segundo John Mann, vice-presidente (marketing e desenvolvimento industrial) da Unisource Canada:

> Temos visto, nos últimos tempos, a 3M voltar sua atenção para o segmento MRO. Como uma empresa orientada para o produto, a 3M tem sido tradicionalmente boa no que faz. Mas, para progredir em seu novo empreendimento, a empresa também precisa fazer bem quatro coisas. Em primeiro lugar, deve instalar processos eficientes da cadeia de suprimentos. A 3M deve saber o que está valendo e o que não está, e gerenciar o processo de reposição. Em segundo, a 3M deverá ser capaz de fornecer suporte técnico ao usuário final. O papel de um distribuidor está limitado a comprar *commodities* a granel, desdobrando-as em unidades de empacotamento, empacotando-as com terceiros e as entregando ao usuário final. O fornecimento de suporte técnico seria de responsabilidade do fornecedor. Em terceiro, a 3M deverá oferecer "soluções totais". Um bom começo, aqui, seria desfazer as construções das várias divisões e afrouxar a disciplina de seus produtos. Por fim, a 3M é uma grande organização e uma burocracia. A rápida tomada de decisão é imperativa se a empresa estiver levando a sério o segmento MRO.

O negócio industrial mudava em termos de aplicações de produto, mecanismos de entrega de serviços, expectativas do cliente e exigências de logística. Mas o modelo industrial da 3M não havia mudado. Passara pelo teste do tempo e havia certo alívio a respeito dentro da organização. Este foi o principal desafio para alguns gerentes de linha na 3M.

As Três Grandes Questões

À medida que começamos a priorizar as áreas que exigem mudança, Yegnaswami as limitou a três: modelo de vendas, logística e programas de marketing.

Modelo de Vendas

O foco tradicional de "o que vender" precisou ser substituído por "como vender". A IBD precisou fazer uma transição do modelo atual centrado no produto/divisão para um modelo centrado no cliente/conta – sem se privar da especialização do produto, a marca registrada da 3M. A alternativa era construir um núcleo de especialistas do "canal" para complementar os especialistas do produto na IBD. Por exemplo, a IBD acrescentaria um vendedor no oeste do Canadá, em Ontário e em Québec, para cultivar e construir relacionamentos com os participantes da categoria Nacional na região, ou transferiria um do núcleo existente. A ideia seria transformar esse funcionário em um negociante com visão bem abrangente, dando uma fachada única para o canal MRO.

As vendas terceirizadas seriam outra opção. A IBD poderia reunir uma equipe com agentes independentes de vendas e representantes dos fabricantes para categorias específicas de produtos (como adesivos). Teriam as próprias forças de vendas e trabalhariam em base de comissão (de 2% sobre o negócio existente e de 5% extras em vendas adicionais). Os agentes negociariam com linhas de produtos complementares e não teriam mais de um fornecedor na mesma categoria. Todavia, Yegnaswami preocupava-se quanto a se a terceirização introduziria uma categoria adicional na interface da 3M junto ao cliente.

O crescimento em volumes poderia ser orientado por marcas próprias. Em geral, a penetração de marcas próprias no segmento MRO era baixa, de cerca de 1% a 2% das vendas. Mas os distribuidores da categoria Nacional queriam desenvolver seu negócio de marca própria, para aumentar seu poder junto aos fabricantes e construir o próprio patrimônio na negociação. Para a 3M, o negócio de marcas próprias era um meio de levar a produção em toneladas para o mercado, embora não realçasse a marca da 3M ou sua participação no mercado, porque os produtos não portariam sua marca. A IBD estava aberta à ideia de usar certa capacidade de sua fábrica para produzir marcas próprias. Porém, o uso de marcas próprias para fornecimento ao segmento MRO significaria um comprometimento em escala total. Yegnaswami pensou: "Estamos prontos para passar às marcas próprias?"

O conflito do canal era outra fonte de preocupação. Estava drenando a produtividade da força de vendas sem adicionar receita. Por exemplo, um distribuidor abordaria a 3M em busca de reduções nos preços de itens que havia negociado como parte de uma oferta para um OEM. Mas o OEM poderia já estar comprando esses itens da 3M, por intermédio de um distribuidor da categoria Nicho que ficaria privado dessa parte específica do negócio. O resultado final seria uma troca de negócio, que significava negociações delicadas envolvendo vendedores da 3M e seus clientes, sem nenhum ganho global em termos de novo negócio para a 3M. Os conflitos de canal apenas aumentariam se as contas do segmento MRO fossem desenvolvidas pela IBD.

Os desafios da IBD eram típicos de suas contrapartes nas subsidiárias da 3M em mercados maduros dos Estados Unidos e da Europa oriental. Entretanto, o Canadá era um caso à parte, devido à sua baixa densidade populacional e às grandes distâncias que separavam as áreas geográficas. A alternativa era fornecer um número interurbano dedicado para cada distribuidor do segmento MRO, a fim de que este pudesse usá-lo para falar de imediato com um vendedor interno especialmente designado sobre quaisquer exigências de seus produtos/serviços durante o horário comercial.

Logística

O gerenciamento da cadeia de suprimentos poderia ser fortalecido ao se vincular um programa de incentivo à redução dos custos da cadeia de suprimentos do grande Participante Nacional. Um estudo recente feito por Hagemeyer (ver Anexo 5) sobre custos de canal demonstrou que o preço dos produtos constitui apenas 39% dos custos totais. Os outros 61% (25% eram custos de aquisição e 36% eram custos de estoque) representavam uma grande área de oportunidade para economias na cadeia de suprimentos. Esta era uma área de oportunidade para que a 3M trabalhasse de perto com o segmento MRO e, ao baixar progressivamente seus custos, conseguisse uma parcela progressivamente crescente de seu negócio.

Outra área notável de aperfeiçoamento para a IBD era empenhar-se para ser a "melhor no setor" em cumprimento de logística, padronização das unidades de manutenção de estoque (SKUs) e entrega "just-in-time". Estes eram "ajustes rápidos", mas necessários, para manter a liderança competitiva (ver Anexo 6).

Programas de Marketing

Tradicionalmente, os programas de marketing na 3M estavam voltados para o segmento de "Especialista Regional" de distribuidores. Não trabalhavam com os participantes da categoria Nacional. Programas customizados deviam, agora, ser criados levando em conta as restrições e os protocolos estabelecidos pelos participantes da categoria Nacional. Uma troca de paradigma era, então, necessária na forma pela qual os programas de marketing estavam sendo projetados, lançados e executados.

Estava claro que não haveria recursos adicionais disponíveis para a IBD. O crescimento precisava ser alcançado apenas com a força de vendas de campo existente.

Com a força de sua marca corporativa e da tecnologia por trás de seus produtos, a 3M vinha operando, normalmente, com níveis de prêmio especial, o que levou a margens altas. O crescimento nas vendas, até o limite almejado, seria possível ao se adicionar novos níveis de preço mais baixos. Havia espaços em branco a serem preenchidos. Yegnaswami tinha duas preocupações nesse caso. Como isso causaria impacto sobre a marca? Como causaria impacto sobre as margens?

Conclusão

Enquanto elaborava o plano, um pensamento ocorreu a Yegnaswami: "Por que não continuar da mesma forma?" A IBD estava indo bem. Com a combinação do negócio de Transporte com a IBD, em vigor em janeiro de 2006, ela se tornou o maior negócio da 3M.

ANEXO 1 | PRINCIPAIS SEGMENTOS MRO DO CANADÁ

Nº	Empresa	Proposição de valor	Nº de lojas	Vantagem competitiva	Vendas em 2004 Milhões em dólar canadense	Vendas em 2004 % de crescimento acima de 3 pontos	Estratégia futura
1	Wolseley Canada	• Fornecimento integrado • Venda automatizada • Única fonte • Comércio eletrônico • Depósito móvel	238	• Segundo maior distribuidor de encanamentos e produtos de calefação no Canadá • O programa de "legado de liderança" da Ferguson nos Estados Unidos, uma iniciativa de treinamento	748[1]	12,4	• Comprar empresas • Abrir novos centros de distribuição • Aperfeiçoar o serviço ao cliente • Gerar eficiências operacionais • Melhorar as ofertas de produto
2	Acklands-Grainger	• Instalação autorizada para reparo de garantia • Serviços com valor agregado • Customização	160	• 116 anos no negócio • Fornecedor de ampla linha de produtos para manutenção de instalações	720	11,1[2]	• Penetrar em contas do cliente • Melhorar o conhecimento do funcionário sobre os produtos por meio da introdução do SAP
3	Century Vallen	• Usar a inovação para agregar valor à cadeia de suprimentos • Reduzir o custo total do cliente da propriedade do produto	32	• Parte da Hagemeyer N.V. • Nicho nos suprimentos do setor de petróleo • Um grande grupo de clientes compreende empreiteiras elétricas de pequeno e médio portes	N/A	3,7[3]	• Restaurar a lucratividade e "ajustar o negócio" em curto prazo • Manter-se no segmento de produtos e serviços profissionais (PPS) • Continuar aquisições

(continua)

ANEXO 1 | Principais Segmentos MRO do Canadá (continuação)

Nº	Empresa	Proposição de valor	Nº de lojas	Vantagem competitiva	Vendas em 2004 Milhões em dólar canadense	% de crescimento acima de 3 pontos	Estratégia futura
4	Fastenal	• Local "dentro da fábrica" na instalação do cliente, ou perto desta, vendendo exclusivamente para aquele cliente	112	• Voltado para fixadores • Conveniência do cliente por meio de lojas em mercados pequenos, médios e grandes • Centros de distribuição centralizados • A Fastenal School of Business, fundada para o desenvolvimento dos funcionários	91[4]		• Abrir novas lojas a uma taxa de 13% a 18% a cada ano, consistente com a média histórica • Foco em locais de lojas com uma aparência de varejo "industrial e de aprendizagem" • Atualizar formatos de lojas
5	Home Depot Supply	• Associar *know-how* • Seleção de mercadorias	123	• Controladora nos Estados Unidos, que planeja ser o maior distribuidor atacadista diversificado do mundo, com vendas de US$ 28 bilhões em 2010 • Comprou a Hughes Supply Inc., negociando com suprimentos às contratadas e itens para o segmento MRO, em março de 2006 • Solidificando o lançamento no Canadá	US$ 3.250 (da Hughes Supply Inc.)		• Expandir as imediações do produto • Abrir novas lojas • Lançar produtos ambientalmente corretos • Estabelecer plataformas de fornecimento ao pró-mercado • Entregar objetivando a produtividade do cliente • Assegurar a condição de fornecedor de baixo custo

(continua)

ANEXO 1 | PRINCIPAIS SEGMENTOS MRO DO CANADÁ (continuação)

Nº	Empresa	Proposição de valor	Nº de lojas	Vantagem competitiva	Vendas em 2004 Milhões em dólar canadense	% de crescimento acima de 3 pontos	Estratégia futura
6	Unisource Canada	• Fornecimento "just-in-time" de fonte única • Voltado para imprimir, empacotar e criar imagens dos suprimentos • Modelo de negócio de logística terceirizada (3PL)	19				
7	Guillevin International Co.		115	• Segundo maior distribuidor atacadista de material elétrico no Canadá	50		
8	Tenaquip Industrial Distribution	• Primeira empresa no Canadá a distribuir produtos industriais por meio de catálogo • Programas de fornecimento integrado	8				
9	Weber Supply Co. Inc.	• Entre os primeiros distribuidores na América do Norte a empregar tecnologia de radiofrequência para gerenciar estoque • Entre as primeiras adesões, em 1995, ao comércio eletrônico	12	• 150 anos de história – hoje na terceira geração no negócio • Equilibrando o uso de tecnologia com abordagem "de alto envolvimento" de promoção de relacionamentos pessoais com os clientes	153[5]		• Fortalecer presença em Ontário • Procurar alianças regionais no âmbito tanto da oferta quanto da demanda • Vender mais para cada cliente existente

(continua)

ANEXO 1 | PRINCIPAIS SEGMENTOS MRO DO CANADÁ (continuação)

Nº	Empresa	Proposição de valor	Nº de lojas	Vantagem competitiva	Vendas em 2004 Milhões em dólar canadense	% de crescimento acima de 3 pontos	Estratégia futura
10	Richelieu Hardware Ltd.	• Tudo sob um mesmo teto	29	Suprimentos de hardware para o setor de móveis	350	12,2	• Comprar visando sinergia • Melhorar o composto de produtos • Desenvolver programas de marketing orientados • Expandir para os Estados Unidos

[1] A receita da Wolseley Canada em 2004 foi de 445,7 milhões de libras esterlinas (396,4 milhões de libras esterlinas em 2003), conforme a página 65 do relatório anual de 2004 da empresa. Na conversão, seria de 748 milhões de dólares canadenses.
[2] Arquivos 10K-2004 da SEC, p. 16.
[3] Inclui as operações nos Estados Unidos, no México e Canadá que compreendem a Hagemeyer NA.
[4] Os locais de loja fora dos Estados Unidos contribuíram com aproximadamente 6% das vendas líquidas consolidadas da empresa, no valor de US$ 1.523,3 milhões em 2005, com quase 83% desse valor atribuível às operações canadenses.
[5] Vendas de mais de US$ 100 milhões por ano no final da década de 1990, de acordo com o registro em 11 de maio de 2005.

ANEXO 2 | DADOS FINANCEIROS DA 3M COMPANY

(em US$ milhões)	2005	2004	2003
	Demonstração de resultado do exercício		
Vendas líquidas	21.167	20.011	18.232
Menos despesas operacionais			
– Custo das mercadorias vendidas	10.381	9.958	9.285
– Vendas, gerais e administrativas	4.535	4.281	3.994
– P&D	1.242	1.194	1.147
– Outras despesas	—	—	93
Lucro operacional	5.009	4.578	3.713
Menos			
– Juros	26	23	56
– Imposto de renda	1.694	1.503	1.202
– Participação minoritária	55	62	52
Lucro líquido	3.324	2.990	2.403

(continua)

ANEXO 2 | DADOS FINANCEIROS DA 3M COMPANY (continuação)

(em US$ milhões)	2005	2004	2003
	Balanço patrimonial em 31 de dezembro		
Ativos			
Disponível	1.072	2.757	1.836
Contas a receber	2.838	2.792	2.714
Estoques	2.162	1.897	1.816
Outros ativos circulantes	1.043	1.274	1.354
Investimentos	272	227	218
Ativo imobilizado (líquido)	5.593	5.711	5.609
Fundo de comércio	3.473	2.655	2.419
Ativos intangíveis	486	277	274
Despesas pagas antecipadamente e outras	3.574	3.118	1.360
	20.513	20.708	17.600
Passivo			
Empréstimos de curto prazo	1.072	2.094	1.202
Contas a pagar	1.256	1.168	1.087
Despesas provisionadas a pagar	1.458	1.354	1.316
Outros passivos circulantes	1.452	1.455	1.477
Passivo exigível de longo prazo	1.309	727	1.735
Outras dívidas	3.866	3.532	2.898
Patrimônio líquido	10.100	10.378	7.885
	20.513	20.708	17.600
	Índices financeiros		
% das vendas			
– Custo das mercadorias vendidas	49,0	49,8	50,9
– Vendas, gerais e administrativas	21,4	21,4	22,2
– P&D	5,9	5,9	6,0
– Lucro operacional	23,7	22,9	20,4

FONTE: Relatórios anuais de 2005 (páginas 24 e 37); 2003 (páginas 25 e 39) da 3M.

ANEXO 3 | 3M COMPANY – DADOS FINANCEIROS POR SEGMENTO

Segmento de negócio (valores em US$ milhões)	Vendas líquidas			Lucro operacional			Lucro oper. (% das vendas)		
	2005	2004	2003	2005	2004	2003	2005	2004	2003
Cuidados com a saúde	4.373	4.230	3.995	1.215	1.123	1,027	27,8	26,5	25,7
Transporte	1.772	1.674	1.531	461	426	388	26,0	25,5	25,4
Display e comunicação gráfica	3.558	3.416	2.970	1.159	1.133	886	32,6	33,2	29,8
Consumo e escritório	2.986	2.861	2.607	576	542	460	19,3	18,9	17,6
Industrial	3.806	3.444	3.070	735	610	425	19,3	17,7	13,8
Elétricos e comunicações	2.333	2.224	2.101	463	342	288	19,8	15,4	13,7
Proteção e segurança	2.292	2.125	1.928	553	491	437	24,1	23,1	22,7
Não alocado/outros	47	37	30	153	89	198	—	—	—
Total	21.167	20.011	18.232	5.009	4.578	3.713	3,6	22,8	20,4

ANEXO 4 | CENÁRIO DE DISTRIBUIDORES INDUSTRIAIS (SEGMENTAÇÃO CONFORME A 3M CANADA)

	Nacional grande	Geral	Especial	Nicho
Mercados finais	Múltiplos	Múltiplos	Múltiplos	Único
Principais capacidades	Fornecimento integrado. Capacidades de *commodity*. Estoque gerenciado pelo fornecedor. Contratos nacionais	Fornecimento integrado	Especialização do produto (por exemplo, adesivos, abrasivos, segurança etc.)	Alto nível de conhecimento do mercado/produto
Proposições de valor	Empacotamento de produtos. Redução de custos. Produto de logística. Especialização	Vai aonde o negócio vai	Conhecimento técnico. Uma extensão da força de vendas do fornecedor	Perícia na indústria/mercado. Uma extensão da força de vendas do fornecedor
Ferramenta principal de vendas	Representantes de vendas. Centrais de atendimento. Filiais/lojas. Folhetos de catálogos. Páginas na web	Representantes de vendas. Alguns catálogos e folhetos	Representantes de vendas	Representantes de vendas
Cobertura geográfica típica	Nacional	Regional	Regional	Regional
Número aproximado no segmento	Ver Anexo 1	20-40	20-40	Cerca de 10

FONTE: Arquivos da empresa.

ANEXO 5 | CUSTOS DO CANAL

39% PREÇO DOS PRODUTOS

25% CUSTO DE COMPRA
- Seleção do produto e cotações
- Aprovações e ordens de compra
- Recebimento e Contas a pagar
- Expedição
- Manuseio interno e documentação
- Custos diversos
- Compras não programadas
- Erros

36% CUSTO DE ESTOQUE
- Custo de juros
- Custo de armazenamento
- Tributos e seguro
- Edificações e estoque
- Falta e obsolescência de estoque

FONTE: Imagem por cortesia da Hagemeyer, MRO4All.

ANEXO 6 | IBD DA 3M – FLUXOGRAMA DE INFLUÊNCIA DE PRODUTOS E VENDAS

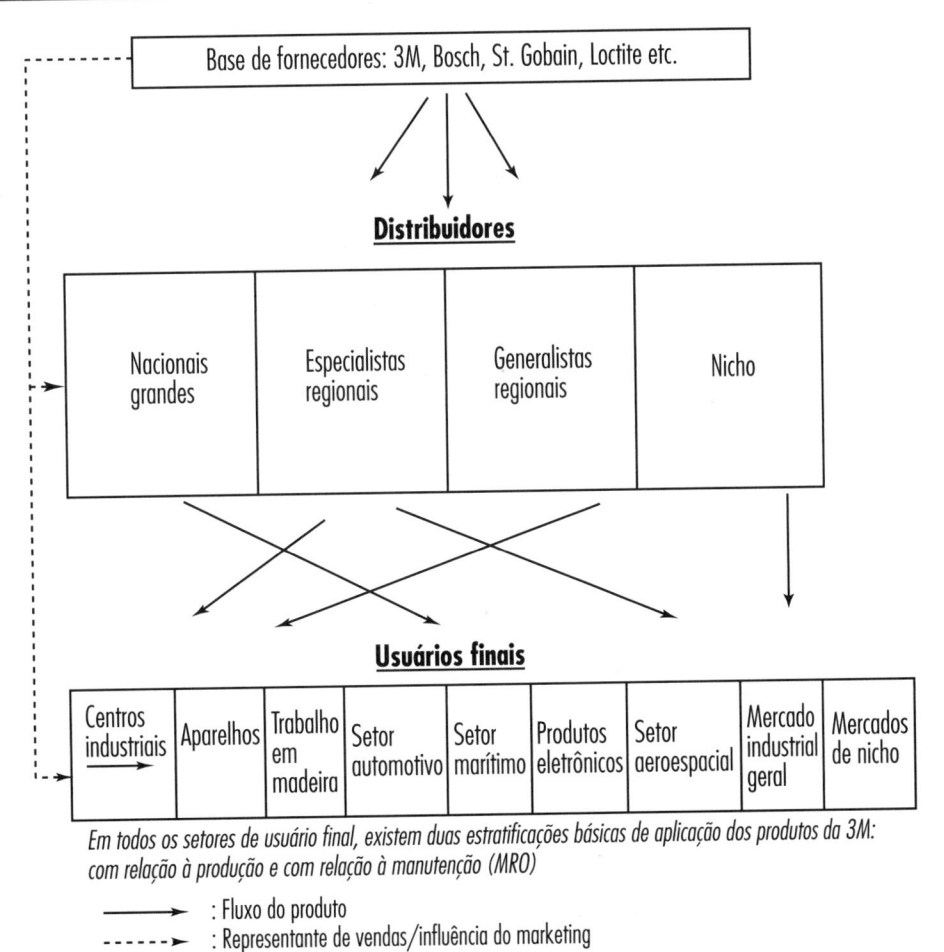

Base de fornecedores: 3M, Bosch, St. Gobain, Loctite etc.

Distribuidores

| Nacionais grandes | Especialistas regionais | Generalistas regionais | Nicho |

Usuários finais

| Centros industriais | Aparelhos | Trabalho em madeira | Setor automotivo | Setor marítimo | Produtos eletrônicos | Setor aeroespacial | Mercado industrial geral | Mercados de nicho |

Em todos os setores de usuário final, existem duas estratificações básicas de aplicação dos produtos da 3M: com relação à produção e com relação à manutenção (MRO)

——▶ : Fluxo do produto
----▶ : Representante de vendas/influência do marketing

FONTE: Arquivos da empresa.

ESTUDO DE CASO 5

FedEx Corp.: Transformação Estrutural por meio do Negócio Eletrônico

[A FedEx] construiu redes superiores físicas, virtuais e de pessoas não apenas para se preparar para a mudança, mas para moldar a mudança em uma escala global: mudar a forma pela qual todos se conectam uns com os outros na nova Economia de Redes.[1]

[A FedEx] está não apenas reorganizando suas operações internas em torno de uma arquitetura de rede de computação mais flexível, mas está, também, juntando e, em muitos casos, comprometendo clientes com um nível sem precedentes de integração tecnológica.[2]

Desde o seu início, em 1973, a Federal Express Corporation ("FedEx"[3]) transformou-se de uma empresa de entregas expressas em uma empresa global de logística e gerenciamento da cadeia de suprimentos. Ao longo dos anos, a FedEx investiu pesadamente em sistemas de TI e, com o lançamento da internet em 1994, o potencial para a integração futura de sistemas para prestar serviços por todas as cadeias de suprimentos de seus clientes tornou-se imenso. Com todo o investimento na infraestrutura dos sistemas ao longo dos anos e com a aquisição, por US$ 88 milhões, da Caliber Systems, Inc. em 1988, a empresa construiu uma poderosa arquitetura técnica que tinha o potencial de ser a pioneira no comércio pela internet. Todavia, a despeito de ter todos os ingredientes para realizar um negócio eletrônico bem-sucedido, as operações de logística e da cadeia de suprimentos da FedEx lutavam para sobressair por meio da imagem histórica da empresa como apenas um negócio de entregas expressas. Ademais, a concorrência no

---

Pauline Ng preparou este caso sob a supervisão do dr. Ali F. Farhoomand para discussão em sala de aula. Este caso não pretende apresentar o manuseio eficaz ou ineficaz da decisão ou dos processos industriais.

Ele é parte de um projeto financiado por uma bolsa de desenvolvimento de ensino do University Grant Committee (UGC) de Hong Kong.

© 2000, por The Asia Case Research Centre, Universidade de Hong Kong. Todos os direitos reservados. Reproduzido com permissão. Nenhuma parte desta publicação pode ser reproduzida ou transmitida sob qualquer forma ou qualquer meio – eletrônico, mecânico, por fotocópia, gravação ou outra (inclusive a internet) – sem a permissão da Universidade de Hong Kong. Ref. 99/57C.

[1] Relatório Anual de 1999.
[2] Janah, M. e Wilder, C., "Special Delivery", *Information Week*, disponível em: http://www.FedExcorp.com/media/info wktop100.html, 1997.
[3] A empresa foi constituída como "Federal Express Corporation" em 1971. Em 1994, o nome foi trocado para "FedEx Corporation"; depois, para "FDX Corporation" em 1988 e, então, para "FedEx Corporation" em 2000. Todavia, durante esta apresentação, a empresa será denominada como "FedEx" para evitar confusão.

setor de entrega expressa/transporte era intensa e havia informações de que o crescimento do volume de transporte da FedEx estava diminuindo, embora equilibrado para tirar vantagem do aumento no tráfego que o varejo eletrônico (*e-tailing*) e o comércio eletrônico (CE) deveriam gerar. Assim, em 19 de janeiro de 2000, a FedEx anunciou importantes reorganizações nas operações do grupo, na esperança de facilitar a condução de negócios com toda a família FedEx. O modo de operação para as cinco empresas subsidiárias era o funcionamento independente, mas a competição em conjunto. Além de modernizar muitas funções, o grupo anunciou que agruparia suas funções de vendas, marketing e serviços ao cliente, de maneira que os clientes pudessem ter um único ponto de acesso a todo o grupo. A reorganização deveria custar US$ 100 milhões ao longo de três anos. Era simplesmente uma nova estratégia de fixação da marca ou a FedEx tinha a solução certa para alavancar suas sinergias pela empresa e a sua infraestrutura de informações e logística para criar soluções de negócio eletrônico para seus clientes?

O Setor de Transporte Expresso e Logística

A FedEx inventou o setor expresso aéreo/terrestre em 1973. Embora a UPS tivesse sido fundada em 1907 e se tornado a maior empresa de transporte da América, não competia diretamente com a FedEx pelo mercado de entrega de um dia para o outro até 1982. A competição teve início com um foco na segmentação do cliente, na precificação e na qualidade dos serviços. Para a maioria das empresas, os custos de distribuição física eram responsáveis, em geral, por 10% a 30% das vendas ou mais. À medida que a competição colocou pressão sobre os preços, as empresas começaram a buscar formas de cortar os custos e ainda aperfeiçoar o serviço ao cliente. A solução estava em ter uma operação bem gerenciada de logística para reduzir a duração do ciclo de pedido e, assim, gerar um efeito positivo sobre o fluxo de caixa.

O crescimento do setor de transporte expresso e logística aconteceu devido a três tendências principais: a globalização dos negócios, avanços na tecnologia da informação (TI) e a aplicação de nova tecnologia para gerar eficiências do processo, e a demanda do mercado em mudança por mais serviços com valor agregado. À medida que os negócios se expandiram além dos limites nacionais e ampliaram seu alcance global para tirar vantagem de novos mercados e recursos mais baratos, a movimentação de produtos criou novas demandas para o setor de transporte e logística. Com isso, a competitividade das empresas de transporte dependia de sua rede global de centros de distribuição e de sua capacidade de realizar entregas onde quer que seus clientes conduzissem seus negócios. A rapidez tornou-se importante para o alcance da competitividade, não somente para as empresas de transporte como também para os seus clientes. A capacidade de realizar entregas de produtos com rapidez encurtou o ciclo do pedido até o pagamento, melhorou o fluxo de caixa e criou a satisfação do cliente.

Os avanços em TI promoveram a globalização do comércio. A capacidade de compartilhar informações entre operações/departamentos dentro de uma empresa e entre organizações para gerar eficiências operacionais, reduzir custos e aperfeiçoar os serviços ao cliente representou uma revolução para o setor de transporte expresso. Entretanto, de maior importância ainda foi a forma pela qual a nova tecnologia redefiniu a logística. Em um momento em que a concorrência dentro do setor de transporte era dura e as empresas de transporte estavam buscando alcançar vantagens competitivas por meio de serviços com valor agregado, muitas dessas empresas expandiram-se para serviços de gerenciamento de logística. Até a década de 1980, a logística era apenas o manuseio, o armazenamento e o transporte de produtos. Ao combinar as funções de gerenciamento de materiais e distribuição física, a logística adquiriu um novo e amplo significado. Ela dizia respeito ao fluxo de material no recebimento, assim como no despacho, dentro das empresas, e também à movimentação de produtos acabados entre docas. Com isso, o setor de transporte respondeu ao dar ênfase não somente ao transporte físico, mas também à coordenação e ao controle do armazenamento e da movimentação de peças e produtos acabados. A logística veio incluir atividades com valor agregado como processamento de pedido, operações do centro de distribuição, controle de estoque, compra, produção e serviços ao cliente e de vendas. A interconectividade pela internet e intranets e pela integração de sistemas permitiu que as empresas se redefinissem e realizassem uma reengenharia de suas vendas e cadeias de suprimentos. Surgiram informações para substituir o estoque. O gerenciamento de estoque "just-in-time" ajudou a reduzir os custos e aumentar a eficiência. Com o advento da TI, o transporte expresso tornou-se um agrupamento de duas funções importantes: a entrega física dos pacotes e o gerenciamento e utilização do fluxo de informações pertinentes à entrega física (ou seja, o controle da movimentação dos produtos).

FedEx Corp.

A FedEx foi a pioneira no setor de transporte expresso e logística. Durante seus 27 anos de operação, o investimento em TI proporcionou à empresa uma série de elogios. Desde 1973, a FedEx ganhou mais de 194 prêmios por excelência operacional. Fundamental para o sucesso da empresa foi a visão de seu fundador.

O Visionário por trás da Empresa

> Se estamos todos operando em um ambiente de dia a dia, estamos pensando em um a dois anos adiante. Fred está pensando em cinco, dez, quinze anos adiante.
>
> – William Conley, VP, FedEx Logistics, diretor executivo da Europa

Fred Smith – presidente do conselho, presidente e diretor executivo da FedEx Corporation, inventou o setor de distribuição expressa em março de 1973. Ao captar as necessidades das empresas por rapidez e confiabilidade nas entregas, a FedEx encurtou os prazos de atendimento para as empresas. Seu serviço de entrega no dia seguinte revolucionou o setor de distribuição. O sucesso do negócio de distribuição da FedEx naqueles anos iniciais estava no comprometimento de Smith com sua crença de que eram excelentes as oportunidades que se abriam para uma empresa que poderia fornecer entrega confiável de um dia para o outro de documentos e pacotes que dependessem de prazos. A despeito das perdas nos primeiros três anos de operação, graças a altos investimentos de capital na infraestrutura de transporte físico do negócio, a FedEx começou a visualizar lucros a partir de 1976. Para competir em uma base global, os principais componentes da infraestrutura física precisaram ser instalados para conectar o PIB mundial. A filosofia subjacente era que, onde quer que o negócio estivesse sendo conduzido, deveria haver a movimentação de produtos físicos.

Sob a liderança de Smith, a empresa estabeleceu alguns poucos recordes com a tecnologia revolucionária. Na década de 1980, a FedEx distribuiu mais de 100 mil conjuntos de computadores que continham software da empresa, projetados para vincular e registrar os clientes nos sistemas de colocação de pedido e rastreamento da FedEx. A empresa também foi a primeira a fornecer escâneres portáteis para os seus motoristas, que alertavam os clientes sobre quando os pacotes eram coletados ou entregues. Em 1994, então, a FedEx tornou-se a primeira grande empresa de transporte a lançar uma página na web que incluía capacidades de rastreamento e roteamento. Bem cedo, Smith podia prever que a internet mudaria a forma pela qual os negócios seriam conduzidos e a maneira pela qual as pessoas iriam interagir. Ao aplicar a TI ao negócio, a FedEx avançou sobre o resto do setor. Smith foi o visionário que forçou sua empresa e outras a pensar além do conhecido. O núcleo da estratégia corporativa da FedEx era "usar a TI para ajudar os clientes a tirar vantagem de mercados internacionais".[4] Em 1998, a FedEx era uma empresa de US$ 10 bilhões que gastava US$ 1 bilhão por ano em desenvolvimento de TI, além de milhões a mais em dispêndios de capital. Possuía uma força de trabalho de TI de 5 mil pessoas.

Construindo a Infraestrutura de Transporte e Logística

Nos anos iniciais do negócio de transporte da FedEx, Smith insistia que a empresa deveria adquirir a própria frota de transporte, enquanto os concorrentes estavam comprando espaço em linhas aéreas comerciais e subcontratando seus despachos junto a terceiros. A estratégia de expansão por meio da aquisição de mais caminhões e aeronaves continuou. No décimo ano de operação, a FedEx foi elogiada por ser a primeira empresa dos Estados Unidos a auferir receitas na marca de US$ 1 bilhão em uma década sem aquisições nem fusões corporativas.

A FedEx era citada como a inventora do gerenciamento de logística ao cliente.[5] No início de 1974, a FedEx deu início às operações de logística com o Parts Bank. Naqueles dias, alguns pequenos estabelecimentos procuraram a FedEx com seus problemas de armazenamento e decidiram pela distribuição de peças de um dia para o outro. Com aquelas proposições, a empresa construiu um pequeno depósito no final de suas instalações de classificação em Memphis. Esta foi a primeira tentativa da FedEx de armazenamento para vários clientes. Os clientes ligariam e pediriam o despacho de peças, e o pedido seria coletado no mesmo dia. Este também foi o primeiro serviço com valor agregado da FedEx além do transporte básico. A partir daí, o setor de logística da empresa disparou.

Pelas próximas três décadas, o crescimento do negócio de transporte da FedEx foi atribuído a uma série de fatores externos que a empresa rapidamente capitalizou. Eles incluíam:

- Desregulamentação do governo sobre o setor aeronáutico, o que possibilitou a aterrissagem de aviões de frete maiores, reduzindo assim os custos operacionais para a FedEx.
- Desregulamentação do setor de caminhões, o que permitiu que a FedEx estabelecesse um sistema regional de caminhões para baixar ainda mais os custos em viagens de curta distância.
- Desregulamentação comercial na Ásia-Pacífico, o que abriu novos mercados para a FedEx. Expandir-se globalmente se tornou prioridade para a FedEx.
- Revoluções tecnológicas e inovações de aplicações promoveram avanços significativos para a colocação de pedidos do cliente, o rastreamento de pacotes e o monitoramento do processo.
- A inflação crescente e a competição global deram origem a maiores pressões sobre os negócios no sentido de minimizar os custos operacionais, inclusive a implantação de sistemas de gerenciamento de estoque "just-in-time" etc. Isso também criou demandas por rapidez e precisão em todos os aspectos do negócio.

Em janeiro de 2000, a FedEx atendia a 210 países (auferindo mais de 90% do PIB mundial), operava 34 mil locais de entrega e gerenciava mais de 1 milhão de metros quadrados de espaço para depósito em

---

[4] Garten, 1998.
[5] Bruner, R. F. e Bulkley, D., "The Battle for Value: Federal Express Corporation *versus* United Parcel Service of America, Inc. (Abridged)", University of Virginia Darden School Foundation, 1995.

todo o mundo. Possuía uma frota de 648 aeronaves e mais de 60 mil veículos, com um quadro de pessoal de cerca de 200 mil pessoas. Era a maior transportadora do mundo de pacotes de um dia para o outro, com cerca de 30% de participação no mercado.

Construindo a Infraestrutura de Informações Virtuais

> Estamos de fato nos tornando uma empresa de tecnologia habilitada pelo transporte.
>
> – David Edmonds, VP, Worldwide Services Group, FedEx[6]

Mesmo ainda em 1979, um sistema de computador centralizado – o Cosmos (*Customer, Operations, Service, Master On-line System*) – mantinha o rastreamento de todos os pacotes manuseados pela empresa. Essa rede de computador retransmitia dados sobre movimentação de pacotes, coleta, faturamento e entrega para um banco de dados central na sede em Memphis. Isso era possibilitado ao se afixar uma etiqueta com código de barras em cada pacote no ponto de coleta e escanear o código de barras em cada etapa do ciclo de entrega.

Em 1984, a FedEx começou a lançar uma série de sistemas tecnológicos, o programa PowerShip, voltado para melhorar a eficiência e o controle, o que gerava os clientes mais ativos (mais de 100 mil) com serviços privilegiados on-line (ver Anexo 1 para uma lista cronológica de sistemas da FedEx). Em resumo, esses sistemas PowerShip forneciam serviços adicionais ao cliente, inclusive armazenamento de endereços usados com maior frequência, impressão de etiquetas, pedidos de coleta de pacote on-line, rastreamento de pacotes e muito mais.

O surgimento da transferência eletrônica de dados (EDI) e da internet permitiu que as empresas construíssem relacionamentos diretos com seus clientes. Este era o cenário perfeito para muitos fabricantes: a capacidade de equiparar oferta à demanda sem desperdício. A FedEx tirou vantagem dessas novas tecnologias e começou a rastrear o retorno da cadeia de suprimentos até o ponto de matérias-primas. Ao fazê-lo, identificou pontos pela cadeia de suprimentos em que poderia fornecer serviços de gerenciamento. Em geral, esses serviços incluíam transporte, processamento de pedidos e operações relacionadas do centro de distribuição, fornecimento, controle de estoque, compra, produção e serviços ao cliente e de vendas. A capacidade de interconectar e distribuir informações para todos os participantes em uma cadeia de suprimentos tornou-se o foco da atenção da FedEx. Para muitos de seus clientes, a logística era vista como um importante meio de diferenciação de seus produtos ou serviços daqueles de seus concorrentes (ver Anexo 2 para exemplos de algumas soluções do cliente). Em outras palavras, a logística tornou-se uma parte importante da formulação da estratégia. À medida que as empresas estavam dando mais ênfase ao ciclo de pedido como a base para a avaliação dos níveis de serviço ao cliente, o papel da FedEx, ao fornecer sistemas integrados de logística, formava a base de muitos arranjos de parceria. Ao ajudá-los a redefinir fontes e estratégias de compra para se ligar a outras partes na cadeia de suprimentos, como os fornecedores de matérias-primas, os clientes terceirizavam suas funções de gerenciamento da cadeia de suprimentos para a FedEx, funções que eram vistas como periféricas com relação ao núcleo de seu negócio (ver anexos 3 e 4 para a cobertura da FedEx da cadeia de suprimentos por meio de sistemas integrados). Ao melhorar, estreitar e sincronizar as várias partes da cadeia de suprimentos, os clientes viram os benefícios de comprimir o tempo e o estoque fora do sistema. O gerenciamento mais rígido da cadeia de suprimentos não era mais visto como uma vantagem competitiva, mas como um imperativo competitivo.

---

[6] Krause, K., "Not UPS with a Purple Tint", *Traffic World*, disponível em: http://www.trafficworld.com/reg/news/special/s101899.html, outubro de 1999.

Estudo de Caso 5 FedEx Corp.: Transformação Estrutural por meio do Negócio Eletrônico

As empresas buscavam formas de melhorar seu retorno sobre o investimento e ficaram interessadas em qualquer processo industrial que pudesse ser integrado e disparado de modo automático (por exemplo, comprovação de entrega e pagamento) em contraposição com uma execução em separado. Então, a FedEx estava não apenas empurrando seus clientes em direção à integração, mas seus clientes inovadores também estavam exigindo uma integração maior. Alguns clientes haviam até ultrapassado a FedEx. A Cisco, por exemplo, desenvolveu uma extranet que permitia aos seus clientes fazer pedidos dos serviços da FedEx sem sair da página da Cisco na web. Ao integrar seus serviços dentro da cadeia de suprimentos de seus clientes, e assim gerar aumento na lealdade do cliente e nos custos de troca dos clientes, a FedEx conseguiu, de modo eficiente, erguer barreiras à entrada da concorrência.

A internet aperfeiçoou o sistema Cosmos. Sempre que novas informações eram lançadas no sistema pela FedEx ou pelos clientes por meio da internet, todos os arquivos e bancos de dados relacionados eram atualizados de modo automático. Por exemplo, quando um cliente da FedEx colocava um pedido através da página fedex.com, a informação acharia seu caminho até o Cosmos, o sistema global de rastreamento de pacotes da empresa. O Controle de Tráfego da transportadora – um mapeamento eletrônico – facilitaria a coleta e a entrega do pedido do cliente. Um controlador de movimentação do produto programaria o pedido por meio das operações globais aéreas e de *courier* da empresa. O cliente seria capaz de rastrear a situação do despacho pelo PowerShip ou FedEx Ship. O sistema Cosmos lidava com 54 milhões de transações por dia em 1999.[7]

Em 1998, a FedEx decidiu revisar sua infraestrutura interna de TI sob o Projeto Grid (Recursos Globais para Distribuição da Informação). O projeto envolvia a substituição de 60 mil terminais e alguns computadores com mais de 75 mil sistemas de rede. A decisão de partir para computadores em rede foi tomada para evitar o "*churn* de desktops" que acontecia com os PCs.[8] Os computadores em rede estavam ligados a uma rede global de Protocolo da internet voltada para o aperfeiçoamento da qualidade e da quantidade dos serviços que a FedEx poderia prestar aos seus clientes. Por exemplo, os funcionários da FedEx em qualquer lugar e a qualquer tempo poderiam rastrear um pacote pelas várias etapas na cadeia da empresa. Outros aplicativos planejados para serem lançados incluíam o Cosmos Squared, que permitia o Rastreamento de Não Evento, um dispositivo que disparava alertas quando eventos programados, como a chegada de um pacote, não ocorriam. Por meio de uma operação de 24 horas, sete dias por semana, denominada Centro de Comando de Operações Globais, o sistema nervoso central do sistema mundial da FedEx em Memphis, a FedEx era capaz de fornecer coleta e disseminação eficientes de dados em tempo real. A operação abrigava grandes telas que cobriam as paredes e que rastreavam os eventos pelo mundo, condições meteorológicas e movimentação em tempo real de caminhões e aeronaves da empresa. Novos sistemas também foram introduzidos para prever com maior precisão a quantidade do tráfego de recebimento. Esse sistema permitia que a FedEx priorizasse as centenas de variáveis envolvidas na coleta, no processamento e na entrega com sucesso de um pacote. Os gerentes gerais na FedEx acreditavam que a posse de informações atuais e precisas os ajudava a reduzir as falhas no negócio.

Assim como o centro de dados em Memphis, a FedEx operava outros centros em Colorado Springs, Orlando, Dallas-Forth Worth, Cingapura, Bruxelas e Miami.

Também em 1999, a empresa assinou um contrato para adotar o software da Netscape como a principal tecnologia para acesso a suas páginas corporativas de intranet. A intranet da FedEx incluía mais de 60 páginas web, criadas para os seus usuários finais e, em alguns casos, *pelos* seus usuários finais. Os clientes

---

[7] ICFAI, FedEx: Excellence through Information Technology. Disponível em: www.icfai.org. Acesso em: 3 set. 2007.
[8] "*Churn* de desktops" refere-se à rápida obsolescência dos PCs à medida que novos aplicativos consomem toda a capacidade de processamento.

poderiam construir páginas integradas web usando as Interfaces de Programação de Aplicativos (API) da FedEx ou a intraNetShip da FedEx[9] (downloads gratuitos da página fedex.com) e incorporar um link que lhes permitiria rastrear pacotes diretamente da própria página. Mais de 5 mil páginas web alimentavam centenas de milhares de pedidos de rastreamento por meio da página fedex.com.

> Nossas soluções de API foram projetadas para dar visibilidade global e acesso por toda a cadeia de suprimentos, desde a fabricação até o serviço ao cliente e o faturamento. Conseguimos eliminar aquelas chamadas irritantes de Wismo (*Where Is My Order* – Onde Está o Meu Pedido), porque conectamos diretamente nossos clientes aos seus clientes.
>
> – Mike Janes, ex-VP, Comércio Eletrônico e Marketing de Logística, FedEx[10]

No início de 1999, a FedEx lançou uma melhoria ao seu serviço de rastreamento de pacotes. Os clientes poderiam pedir e receber informações sobre a situação do pacote de até 25 despachos simultaneamente, e encaminhar essas informações também para três destinatários de e-mail. Ademais, os usuários na França, no Japão, na Itália, na Alemanha e nos Países Baixos e países cujo idioma fosse o português ou o espanhol poderiam acessar essas informações on-line em seus idiomas nativos pela fedex.com.

A FedEx alardeou possuir a maior rede de servidor on-line do mundo que funcionava em tempo real. As informações se tornaram uma parte extremamente crítica de seu negócio.

> Estamos no negócio de transporte expresso, mas descobrimos como investir muito valor nas informações que possuímos.
>
> – Mark Dickens, VP, Comércio Eletrônico e Serviços ao Cliente[11]

> [...] mesmo quando no lado físico do negócio terceirizamos, por exemplo, a atividade de coleta ou de entrega, ou de armazenamento para um cliente, jamais terceirizamos as informações. A proteção da marca sempre foi muito, muito importante para nós.
>
> – William Conley

As vantagens desses serviços não estavam limitadas aos clientes da FedEx. Para a empresa, seus serviços on-line, responsáveis por 60 milhões de transações por dia em 1999, economizaram, para a FedEx, o custo de 200 mil funcionários de serviço ao cliente. Por sua vez, a empresa informou gastos de 10% de sua receita anual de US$ 17 bilhões em TI no ano de 1999. As informações permitiram que a FedEx baixasse seus custos de modo que o custo para os clientes pelo uso da FedEx em 1999 fosse inferior ao que era há 25 anos.

Indo além dos serviços de entrega, a FedEx visava integrar totalmente seus parceiros corporativos a cada etapa do percurso ao longo da cadeia de suprimentos. Fundamental para a estratégia da FedEx quanto ao estabelecimento de seu negócio eletrônico e operações de logística era quão bem poderia moldar vínculos de tecnologia com os clientes.

---

[9] ICFAI, FedEx: Excellence through Information Technology. Disponível em: www.icfai.org. Acesso em: 3 set. 2007.
[10] Gentry, C., "FedEx API's Create Cinderella Success Stories", outubro de 1998, disponível em: http://www.fedex.com/us/about/api.html.
[11] Janah, M. e Wilder, C., "Special Delivery", *Information Week*, disponível em: www.FedExcorp.com/media/infowktop100.html, 1997.

É tudo uma questão de integração, seja dentro da FedEx, com nossos parceiros de tecnologia ou com nossos clientes.

– Laurie Tucker, VP sênior, Comércio Eletrônico e Catálogo de Logística[12]

A integração dos serviços pela internet com nossas ofertas de transporte não é um acréscimo ao nosso negócio principal; é o nosso negócio principal.

– Dennis Jones, diretor de TI[13]

Quando se trata de gerenciar sinergias pelos negócios, descobrimos que a integração direta das informações é um componente crítico.[14]

Questões de Gerenciamento e Operações

Fixação da Marca e Estrutura Industrial até 19 de Janeiro de 2000

Nos primeiros 21 anos de funcionamento, a FedEx operou sob a razão social de Federal Express Corporation. Seus clientes passaram a reconhecê-la como "FedEx" apenas e a marca disparou à medida que a empresa crescia e expandia suas ofertas de serviço sob a bandeira vermelha e amarela. Por isso, em 1994, parecia natural que a empresa mudasse seu nome de marca para "FedEx".

O Parts Bank recebeu o reconhecimento oficial quando se tornou uma divisão da FedEx Corp. em 1988 e ficou conhecido como Business Logistics Services (BLS). Funcionava como uma empresa separada e independente. Alinhado com o setor de transporte expresso do negócio, o BLS desenvolveu perícia em setores de alto valor e alta tecnologia. Estava envolvido em recebimento, entrega e redistribuição expressos de produtos. Porém, estava principalmente voltado para o negócio de pequenos pacotes. A FedEx baseou suas soluções na logística "just-in-time". À medida que o negócio crescia, a preocupação passou a ser o fato de a logística não estar gerando receita para o negócio de transporte expresso, mas alimentando-o por meio de outras formas de transporte. Por isso, em 1994, o BLS foi renomeado como FedEx Logistics, e se tornou obrigatório para o negócio de logística incluir o transporte da FedEx como parte de sua solução para os clientes. Em 1996, a divisão mudou seu nome de novo, para FedEx Logistics and Electronic Commerce (FLEC). A empresa começou a voltar seus recursos para a condução de negócios pela internet, e a mudança do nome servia para refletir as mudanças no mercado virtual.

Depois da aquisição da Caliber Systems, Inc., em 1998, foram constituídas cinco empresas subsidiárias separadas: Federal Express, RPS, Roberts Express, Viking Freight e FDX Logistics. As quatro últimas eram negócios da Caliber. Cada subsidiária era gerenciada de modo independente e era responsável pelas próprias contas (ver Anexo 5). No entanto, as operações de logística da Caliber e da FedEx eram fundamentalmente diferentes, pois possuíam bases de clientes e ofertas de serviços totalmente distintas. A Caliber desenvolveu perícia em movimentar matérias-primas, chapas e barras de aço e em gerenciar o andamento do trabalho. Ela gerenciaria a fabricação de carros e empilhadeiras. A Caliber proporcionava uma operação elaborada de logística que se concentrava principalmente nos setores de produtos com altos

---

[12] Janah, M. e Wilder, C. (1997).
[13] Cone, E. e Duvall, M., "UPS Keeps Truckin'; FedEx: A Documented Success", *Inter@ctive Week*, 16 de novembro de 1999.
[14] Relatório anual de 1999.

preços, e fornecia uma solução de cadeia de suprimentos mais completa que a FLEC o fazia, enquanto esta estava principalmente voltada para produtos acabados, logística de transporte e logística reversa (ou seja, manuseio de devoluções). Uma concentrava seu negócio na parte inicial da cadeia de suprimentos (por exemplo, no recebimento, no andamento), ao passo que a outra estava mais envolvida nas operações finais da cadeia de suprimentos (ou seja, armazenamento, transporte). Por isso, as duas operações continuaram funcionando de modo independente. Sistemas e aplicativos de logística também foram desenvolvidos de modo independente. A Caliber Logistics tornou-se uma empresa subsidiária sob a FDX Logistics, enquanto a FLEC continuou sendo uma divisão dentro da Federal Express, o braço de transporte expresso.

A aquisição serviu para reforçar o compromisso da FedEx de se tornar mais que apenas uma empresa de entregas expressas. Porém, comentaristas e clientes continuaram a associar a marca FedEx ao transporte e a empresa lutou para transformar sua imagem. Uma solução era renomear a empresa. Com a aquisição, criou-se uma holding, a "FDX Corporation". Contudo, a FedEx fez muito pouco no sentido de promover sua nova marca corporativa FDX. Ademais, sua subsidiária de transporte continuou a funcionar sob o nome de Federal Express com a marca vermelha e amarela da FedEx em seus caminhões e furgões. A marca FedEx continuou, mas, sem propaganda ou promoção agressiva da FDX, o nome não repercutia no mercado virtual. Enquanto a contraparte UPS tinha a vantagem de promover somente uma marca – UPS – para vender toda a empresa e as suas muitas ofertas de serviço, a FedEx tentava promover cinco empresas subsidiárias diferentes com nomes sem nenhuma relação e logotipos comerciais sob a bandeira da FDX por meio de equipes de vendas e de serviço ao cliente distintamente separadas. Mais ainda, com dois setores de logística separados dentro do grupo, forças de venda separadas vendendo serviços oferecidos por diferentes partes da empresa, quadros de pessoal de serviços ao cliente separados lidando com diferentes consultas e recursos de TI espalhados pelo grupo, os clientes ficaram confusos e os recursos foram duplicados.

A despeito da confusão, em 1999, a FedEx passou a oferecer empresas "com um ponto único total de vendas" para soluções em todos os níveis da cadeia de suprimentos. Cada subsidiária continuou a funcionar de modo independente, com sistemas contábeis e pessoal dos serviços ao cliente separados, enquanto competiam em conjunto. Todavia, ao manter a autonomia de cada subsidiária, o desafio, para a FedEx, era como juntar as empresas para criar aquelas sinergias. Proporcionar aos clientes um ponto único de acesso a todo o grupo era a meta final. Em termos práticos, a tarefa era decidir quanto cada uma das subsidiárias deveria alavancar suas capacidades e serviços para um público amplo.

Eventos que Levaram à Reorganização de Janeiro de 2000

A FedEx precisava abordar uma série de fatores que afetariam os prospects da empresa.

Desempenho da FedEx

No exercício que encerrava em 31 de maio de 1999, a empresa havia superado as expectativas dos analistas, registrando lucros de 73%, um aumento de 28% sobre o exercício anterior.[15] O lucro lí-

---

[15] Gelsi, S., "FDX Posts Stronger-than-Expected Profit", *CBS MarketWatch*, 30 de junho de 1999, disponível em: http://cbs.marketwatch.com/archive.../current/fdx.htm?source=&dist=srch, acesso em: fev. 2000.

quido havia subido 30%, para US$ 221 milhões. Contudo, os resultados diminuíram no exercício financeiro seguinte. Para o primeiro trimestre encerrado em 31 de agosto de 1999, a FedEx anunciou que o aumento dos preços de combustível havia causado grave impacto no lucro líquido da empresa, fazendo que esta não alcançasse sua meta para o primeiro trimestre. Sem sinal de melhoria nos preços de combustível e com o crescimento do mercado nacional norte-americano desacelerado, a FedEx avisou que os lucros para o segundo trimestre e para todo o exercício fiscal podia cair abaixo das expectativas dos analistas. Tendo em mente que o negócio de transporte expresso (principalmente a Federal Express e a RPS) era responsável por mais de 80% da receita do grupo, e que o mercado norte-americano era responsável por cerca de US$ 10 bilhões da receita do grupo, ambas as tendências causaram um impacto negativo significativo no lucro líquido.

Com certeza, a FedEx informou que, para o trimestre encerrado em 30 de novembro de 1999, o lucro operacional havia baixado em 10% sobre o exercício anterior e o lucro líquido havia diminuído em 6%. A empresa não estava alcançando o nível de crescimento nacional esperado nos Estados Unidos. O aumento dos preços de combustível continuou a corroer o lucro operacional. No entanto, as operações que não eram transporte expresso (ou seja, da Viking Freight, Roberts Express, FDX Logistics e Caribbean Transportation Services) alcançaram aumentos de receita e lucro operacional de 27% e 12%, respectivamente, no segundo trimestre. Apenas com os preços adversos de combustível, a empresa previa que o lucro operacional pudesse baixar em mais de US$ 150 milhões para o exercício que encerrava em 31 de maio de 2000. Isso exigia ação corretiva imediata.

Outras tendências dentro do transporte expresso e do mercado de logística também estavam pressionando a empresa a repensar sua estratégia industrial.

O Mercado da Internet e o Varejo Eletrônico (e-tailing)

A internet mudou a base da competição para a maioria das empresas. Seu baixo custo e a diversidade de seus aplicativos tornaram-na atraente e acessível. A internet nivelou o campo de trabalho de modo que, quando uma empresa estava on-line e desde que atendesse aos seus pedidos de acordo com as expectativas de seus clientes, o tamanho da empresa não tinha importância. O impacto da internet sobre a FedEx foi duplo. Em primeiro lugar, abriu oportunidades no gerenciamento da logística para a FedEx à medida que as empresas estavam usando a internet para refazer a engenharia de suas cadeias de suprimentos. Desde que os clientes estivessem satisfeitos, realmente não importava se os produtos eram armazenados ou não, se os produtos vinham diretamente de uma fábrica em algum lugar distante ou se os produtos eram feitos sob encomenda. A integração com as cadeias de suprimentos do cliente eram a alma do negócio.

Em segundo lugar, as necessidades do transporte expresso, associadas ao crescimento no varejo eletrônico (previsto para alcançar US$ 7 bilhões no ano 2000) e no comércio eletrônico business-to-business (previsto para alcançar US$ 327 bilhões em 2002), apresentaram enormes oportunidades para empresas como a FedEx.[16, 17]

A FedEx estava certa de que tinha o modelo industrial correto para tirar vantagem dessas oportunidades.

---

[16] Lappin, T., "The Airline of the Internet", *Wired*, 4 (12), dezembro de 1996, disponível em: http://www.wired.com/wired/4.12/features/ffedex.html.
[17] Erwin, B., Modahl, M. A. e Johnson, J., "Sizing Intercompany Commerce", *Business Trade & Technology Strategies*, 1 (1), Forrester Research, Cambridge, MA, 1997.

> Estamos bem no centro da nova economia. [...] As empresas estão utilizando a internet para fazer uma nova engenharia da cadeia de suprimentos. Na nova economia, a internet é o sistema nervoso. Somos o esqueleto e fazemos o corpo se movimentar.
>
> – Fred Smith[18]

Mas assim também eram seus concorrentes.

A Competição

Em janeiro de 2000, a CBS MarketWatch Live informou que o setor de entregas expressas da FedEx estava maduro e não crescia tão rápido quanto antes.[19] Mais ainda, o setor estava atravancado com empresas, locais e globais, que forneciam uma miríade de serviços de transporte para ampla gama de empresas. A competição era feroz. Todas as principais empresas de transporte e entrega apostavam na tecnologia. Embora a FedEx fosse a pioneira no sistema de rastreamento de pacotes baseado na web, esses sistemas tornaram-se norma no setor, em vez de uma vantagem competitiva.

As quatro empresas líderes no setor de *courier* internacional eram DHL, FedEx, UPS e TNT. Elas, em conjunto, detinham mais de 90% do mercado de todo o mundo.[20]

UPS

Desde 1986, a UPS gastou US$ 9 bilhões em TI e formou cinco alianças em 1997, para difundir seu software de logística para os usuários do comércio eletrônico. Todavia, enquanto a FedEx desenvolvia todo o seu software de IS internamente, a UPS fez questão de declarar que não era desenvolvedora de software e que as empresas que tomavam esse caminho estavam "tentando dar um pulo maior que as pernas".[21]

No início de 1998, a UPS formou uma aliança estratégica com a Open Market, Inc., fornecedora de software de internet com sede nos Estados Unidos, para entregar uma solução completa de comércio pela internet com logística e atendimento integrados. Também trabalhavam com a IBM e a Lotus para padronizar os formatos de suas páginas web.

Em 1999, a UPS levantou US$ 5,47 bilhões por meio de sua oferta pública inicial, a maior na história de IPOs dos Estados Unidos. A empresa despachou mais de 55% dos produtos pedidos pela internet e ofereceu um conjunto completo de soluções de logística para os seus clientes.

DHL

Em 1993, a DHL anunciou um programa de quatro anos de gasto de capital ao redor do mundo no valor de US$ 1,25 bilhão voltado para o investimento em manejo de sistemas, automatização, instalações e tecnologia da computação. A empresa lançou sua página web em 1995. O Deutsche Post possuía 25% da

---

[18] Collingwood, H., 1999.
[19] Adamson, D., "FDX Corp. Changes Name to FedEx", *CBC MarketWatch Live*, 19 de janeiro de 2000.
[20] Murphy, D. e Hernly, K., "Air Couriers Soar Despite Mainland Gloom", *South China Morning Post*, 30 de maio de 1999.
[21] Blackmon, D. A., "Ante Up! Big Gambles in the New Economy: Overnight Everything Changed for FedEx", *The Wall Street Journal Interactive Edition*, disponível em: http://www.djreprints.com/jitarticles/trx0001272701443.html, acesso em: 4 nov. 1999.

empresa e a Lufthansa Airlines, outros 25%. Estavam sendo elaborados planos para uma oferta pública inicial no primeiro semestre de 2001. Embora a empresa dominasse o mercado do Reino Unido, projetou um aumento na receita global de 18% para US$ 5,26 bilhões.[22]

TNT

Em 1998, a TNT lançou uma instalação de Web Collection [Coleta pela Web] na internet. Mais tarde, no mesmo ano, a TNT lançou o primeiro serviço global de Price Checker [Verificador de Preço] do mundo em sua página web, que permitia aos clientes calcular o preço do envio de uma remessa de um lugar para outro em qualquer parte do mundo. Outros aplicativos em desenvolvimento permitiriam que os clientes se integrassem com os serviços on-line da TNT. Em 1999, então, a TNT lançou o QuickShipper [Expedição Rápida], um acesso único on-line a todos os serviços de distribuição da TNT, desde preços até entrega. Esse novo serviço devia ser integrado às ferramentas on-line existentes como o Web Collection e o Price Checker.

Também em março de 1999, a TNT lançou a primeira extranet dedicada do cliente do setor de transporte expresso, o ambiente de Customised Services [Serviços Customizados]. A iniciativa ofereceu aos clientes regulares fácil acesso a informações de despacho detalhadas e personalizadas por meio do uso de nomes de usuário e senhas. Com isso, surge uma série de ofertas de serviço.

Enquanto a FedEx era a pioneira em muitas soluções de logística que a ajudaram a alcançar economias de escala mais rapidamente que seus concorrentes, as vantagens foram diminuindo rapidamente à medida que as tecnologias mais novas se tornaram até mais poderosas e menos caras.

O Anúncio de Janeiro de 2000

> Todas as suas necessidades de transporte e logística agora podem ser alcançadas por uma organização – a FedEx Corporation.[23]

Em 19 de janeiro de 2000, a FedEx anunciou três importantes iniciativas estratégicas:

- Uma nova estratégia de fixação de marca que envolvia a mudança do nome da empresa para "FedEx Corporation" e a ampliação da marca "FedEx" para quatro de suas cinco subsidiárias. As subsidiárias passaram a ser:
  - FedEx Express (antes Federal Express)
  - FedEx Ground (antes RPS)
  - FedEx Custom Critical (antes Roberts Express)
  - FedEx Logistics (antes Caliber Logistics)
  - Viking Freight (sem alteração) (ver o Anexo 6)
- Importantes reorganizações, de modo que haveria um ponto de acesso para vendas, serviços ao cliente, faturamento e sistemas de automatização. Com essas consolidações, a empresa anunciou

---
[22] Exelby, J., "Interview – DHL UK Foresees Tough Market", disponível em: http://biz.yahoo.com/rf/000117/mq.html. Acesso em: 17 jan. 2000.
[23] Visão Corporativa (Corporate Overview), FedEx Corporation, disponível em: http://www.fedexcorp.com/aboutfdx/corporate overview.html. Acesso em: 20 jan. 2000.

sua intenção de constituir uma sexta subsidiária chamada FedEx Corporate Services Corp. em junho de 2000 (ver o Anexo 7 sobre a nova estrutura do grupo). A nova subsidiária reuniria os recursos de marketing, vendas, serviços ao cliente, tecnologia da informação e comércio eletrônico do grupo. As funções de faturamento também seriam reunidas para todas as empresas.
- A introdução de um novo serviço de entrega domiciliar de baixo custo, o FedEx Home Delivery, a ser lançado nos Estados Unidos.

De capital importância foi a fusão das duas operações de logística (Caliber Logistics e FLEC) na FedEx Logistics. As duas empresas pareciam se complementar em termos de suas ofertas de serviço e base de clientes. Ambas possuíam alguns dos mesmos clientes, mas muitos outros diferentes. Mais ainda, a presença da Caliber se dava principalmente na América do Norte e na Europa, enquanto a FLEC havia se expandido para outros continentes. A FedEx Logistics reuniu todas as operações de logística espalhadas por todas as empresas subsidiárias, organizando os custos, apresentando um menu de ofertas de serviço de logística para os clientes e alinhando a P&D de sistemas em plataformas comuns e acordadas. Essa reorganização também levou a outra importante mudança nas operações. Não era mais obrigatório que o negócio de logística usasse o transporte da FedEx como parte de suas soluções para os clientes. Ser "independente da transportadora" significava que a FedEx Logistics usaria o transporte da FedEx quando adequado, tanto em termos de custo quanto em termos de cobertura geográfica. A decisão também dependeria da preferência do cliente e do tipo de produtos a serem transportados. Por exemplo, a Caliber estava transportando empilhadeiras, carros e chapas de aço que a FedEx não tinha a capacidade física de manusear.

A combinação das duas operações reuniu a perícia em TI e o *know-how* do negócio de logística. Sob o comando do diretor de TI, foram estabelecidos padrões para o desenvolvimento de sistemas em uma base global, incluindo a seleção do fornecedor. No passado, as regiões desenvolviam as próprias soluções e operavam de modo autônomo. Contudo, a internet forçou a empresa a consolidar seus sistemas e soluções à medida que os clientes exigiam soluções globais. Por meio de grupos de TI localizados em Memphis, Leiden (Holanda) e Cingapura, a empresa resolveu desenvolver sistemas globais para implantação em todo o mundo, com funções como moedas e idiomas múltiplos. A FedEx Logistics previu uma taxa de crescimento de 70% no exercício que encerrava em 31 de maio de 2000. Todavia, o negócio, até então, não havia gerado qualquer lucro. A empresa desejava construir a própria perícia nos cinco segmentos de mercado: cuidados com a saúde, industrial, alta tecnologia, automotivo e do cliente.

A empresa previa gastar US$ 100 milhões nessas mudanças ao longo de três anos. A intenção era tirar vantagem de um de seus maiores ativos, a marca FedEx; o nome com que os clientes podiam contar para serviços "absoluta e positivamente" confiáveis e inovação de vanguarda. O valor da marca tinha sido ignorado, principalmente quando a empresa decidiu mudar sua razão social para FDX em 1998. Percebendo o erro, a nova denominação da empresa como FedEx Corporation e a ampliação da marca para as suas subsidiárias estava alinhada com sua intenção de fornecer aos clientes um conjunto integrado de soluções industriais. Os clientes queriam lidar com uma empresa para atender às suas necessidades de transporte e logística.

Cada empresa subsidiária deveria continuar a funcionar de modo independente, mas o grupo, como um todo, forneceria ampla gama de soluções industriais. A FedEx acreditava que essa sinergia coletiva de soluções iria formar a vantagem competitiva da empresa no futuro. Para os clientes, as vantagens incluíam meios mais fáceis de fazer negócio com a FedEx. Devia haver um número telefônico de ligação gratuita, uma página web, um número de fatura e de conta, uma equipe de vendas, uma equipe de serviço ao cliente e uma plataforma modernizada de automatização para o cliente quanto ao manuseio das transações eletrônicas no caso de pequenas e médias empresas (ver os anexos 6 e 7 para detalhes sobre as mudanças depois da reorganização). A nova organização estava voltada para ajudar empresas de todos os tamanhos a alcançar seus objetivos de despacho, logística, cadeia de suprimentos e negócio eletrônico. No entanto, os analistas questionaram se a nova estrutura do grupo funcionaria, dado que ainda haveria equipes diferentes de pessoal de entrega e coleta para diferentes operações. Assim, uma pessoa poderia coletar um pacote enviado por terra e outra pessoa poderia coletar outro pacote enviado por transporte expresso da mesma empresa. Empresas como a UPS, por outro lado, teriam uma pessoa para coletar os dois tipos de pacotes.

Além dessas mudanças, a FedEx antecipou o crescimento no comércio eletrônico do cliente e planejou dar início a um novo serviço chamado FedEx Home Delivery (dentro da empresa subsidiária FedEx Ground) para atender às necessidades das empresas especializadas em varejo eletrônico business-to-business. A FedEx havia tido sucesso em prestar serviços para o mercado de comércio eletrônico business-to-business. Agora, visava alcançar a mesma posição de liderança no mercado de comércio eletrônico business-to-business. Todavia, ampliar o setor de entrega domiciliar era um segmento que a FedEx decidiu conscientemente não adotar durante toda a década de 1990. Isso deu à UPS a oportunidade de liderança nos serviços de entrega domiciliar.

No final de 1977, Smith foi citado por ter supostamente dito:

> Fizemos grandes investimentos em nossas redes, e agora aquela onda de choque havia passado. Acreditamos ter uma boa chance de colher uma boa parte daquele investimento.[24]

Nos dois anos que se seguiram, os resultados da empresa mostraram parcos sinais de uma colheita. A reestruturação de janeiro estava possibilitando a colheita? O anúncio certamente serviu para contar aos investidores que estavam sendo feitas mudanças importantes para abordar algumas questões competitivas. Contudo, os analistas viram o anúncio de um modo pragmático, dizendo que "o que conta são os resultados".[25]

> Nosso maior desafio é gerenciar corretamente tudo o que temos.
>
> – Fred Smith[26]

A reorganização ia alavancar o poder das redes e as infraestruturas de informação e logística que a FedEx havia construído? Ela fornecera os ingredientes certos para o alcance dos objetivos de criação de valor para os clientes da FedEx enquanto, ao mesmo tempo, aumentava a lucratividade da FedEx? Dada a rapidez pela qual a tecnologia e o mercado virtual estão mudando, a nova estrutura da organização seria adaptável às mudanças no ambiente industrial? Havia melhores soluções alternativas que a empresa poderia levar em consideração?

---

[24] Grant, L., "Why FedEx Is Flying High", 10 de novembro de 1997, disponível em: http://pathfinder.com/fortune/1997/971110/fed.html.
[25] Bazdarich, C., "What's in a Name?: Traders Swayed by Nominal Changes", *CBS MarketWatch*, 21 de janeiro de 2000, disponível em: http://cbs.marketwatch.com/archive...st.htx?source=htx/http2_mw&dist=na. Acesso em: fev. 2000.
[26] Collingwood, H., 1999.

ANEXO 1 | REGISTRO DE INOVAÇÕES DOS SISTEMAS DA FEDEX

1979   Cosmos (Serviços Orientados para o Cliente e Sistema Operacional de Gerenciamento), uma rede global de rastreamento de despachos baseada em um sistema centralizado de computador para gerenciar veículos, pessoas, pacotes, rotas e cenários climáticos em tempo real. O Cosmos integrava dois sistemas essenciais de informação: informação sobre produtos em despacho e informação sobre o meio de transporte.

1980   O DADS (Sistema de Despacho Assistido Digitalmente) coordenava as coletas para os clientes. Permitia que os *couriers* gerenciassem seu tempo e suas rotas através de comunicação por um computador em seus furgões.

1984   A FedEx introduz o primeiro sistema de despacho automatizado baseado em PC, depois chamado FedEx PowerShip; um sistema autônomo em DOS para clientes com cinco ou mais pacotes por dia. A base de clientes foi imediatamente transformada em uma rede que permitia aos clientes interagir com o sistema da FedEx e baixar software e informações sobre o despacho.

1984   PowerShip Plus, um sistema de despacho em DOS integrado com os sistemas de entrada de pedidos, controle de estoque e contábeis dos clientes, para clientes que despacham mais de cem pacotes por dia.

1985   A FedEx foi a primeira a introduzir a etiquetagem com código de barras no setor de transporte terrestre.

1986   O SuperTracker, um sistema de escâner de código de barras portátil, que captura informações detalhadas sobre o pacote.

1989   A FedEx lança um sistema de comunicação de bordo que usa rastreamento por satélite para detectar a localização do veículo.

1991   O Rite Routing demonstra o valor de um serviço de gerenciamento de transporte nacional e centralizado.

1991   O PowerShip PassPort, um sistema de computação da classe do Pentium que combina o melhor do PowerShip e do PowerShip Plus para os clientes que despacham mais de cem pacotes por dia (1.500 usuários).

1993   O MultiShip, primeiro sistema de automatização do cliente, fornecido pela transportadora, para processar pacotes despachados por outros fornecedores de transporte.

1993   O FedEx ExpressClear Electronic Customs Clearance System apressa o desembaraço normativo enquanto a carga está em rota.

1993   O PowerShip 3, um sistema de despacho do servidor do cliente para clientes que despacham três ou mais pacotes por dia.

1994   A página da FedEx na web estreia em www.fedex.com, a primeira a oferecer rastreamento da situação do pacote on-line para que os clientes possam de fato conduzir negócios pela internet.

1994   O DirectLink, um software que permite aos clientes receber, gerenciar e enviar pagamentos das faturas da FedEx de modo eletrônico.

1995   O FedEx Ship, um software de despacho e rastreamento baseado no sistema Windows, permite que os clientes processem e gerenciem o despacho de seu computador (650 mil usuários). Ampliou as vantagens do PowerShip para todos os clientes da FedEx, fornecendo software e discagem gratuita para a rede da FedEx.

1995   A FedEx lança a rede AsiaOne, um sistema de roteamento de transporte.

1996   A FedEx se tornou a primeira empresa a permitir que os clientes processem despachos na internet com o interNetShip da FedEx, disponível em www.fedex.com (65 mil usuários). Isso permitiu que os clientes criassem etiquetas para despacho, solicitassem coletas do *courier* e enviassem notificações por e-mail para os destinatários dos despachos, tudo a partir da página da FedEx na web.

1996   O FedEx VirtualOrder, um software que liga o pedido da internet ao rastreamento de entrega on-line da FedEx. Também coloca catálogos dos clientes em suas páginas web.

(continua)

ANEXO 1 | REGISTRO DE INOVAÇÕES DOS SISTEMAS DA FEDEX (continuação)

1997 A FedEx introduz as Ferramentas de Negócio Eletrônico para conexões mais fáceis com os aplicativos de despacho e rastreamento da FedEx.

1998 O FedEx Ship for Workgroups, um software do sistema Windows hospedado em um servidor que permite aos usuários compartilhar informações, como a agenda de endereços, acesso aos diários de despacho e a um banco de dados de rastreamento. O servidor pode ser conectado à FedEx via modem ou pela internet.

1998 O PowerShip mc, um sistema de despacho eletrônico de múltiplas transportadoras.

1999 O FedEx Marketplace estreia em www.fedex.com, proporcionando fácil acesso a comerciantes on-line que oferecem despacho expresso rápido e confiável da FedEx.

1999 A rede EuroOne é lançada para vincular 16 cidades ao hub da FedEx por via aérea e outras 21 cidades por via terrestre-aérea. Como o AsiaOne, era um sistema de roteamento de transporte.

1999 O FedEx MarketPlace, um vínculo conveniente para uma compra on-line. Por meio desse novo portal, os compradores teriam acesso por meio de um único clique a vários dos principais comerciantes on-line que utilizavam os serviços de entrega da FedEx, inclusive Value America, L. L. Bean e HP Shopping Village (página de comércio eletrônico na web dos clientes da Hewlett-Packard).

1999 A FedEx fechou um negócio com a Netscape para oferecer um conjunto de serviços de entrega em seu portal do Netcenter. Isso impunha a integração automática da Netscape à página da FedEx. Embora os clientes da Netscape pudessem escolher não usar a FedEx, o uso de um despachante alternativo significava que poderiam não se beneficiar das eficiências dos sistemas integrados. Considerando que o Netcenter da Netscape possuía mais de 13 milhões de membros, era um negócio de sucesso para a FedEx.

(Observação: o PowerShip possuía 850 mil clientes on-line pelo mundo; o PowerShip, o PowerShip 3 e o PowerShip PassPort eram produtos baseados em hardware.)

ANEXO 2 |

A **Dell Computers** foi a pioneira no modelo de venda direta no setor de informática e teve sucesso porque foi capaz de manter o estoque bem baixo. A FedEx forneceu o sistema para rastrear e monitorar a montagem de cada PC encomendado. Como a linha de montagem poderia estar em qualquer uma das cinco fábricas pelo mundo, contudo, a FedEx se descreveu como a correia transportadora para aquela linha de fabricação. A FedEx era uma importante parceira da Dell, permitindo que produtos customizados e fabricados sob encomenda fossem entregues no prazo de dias depois da colocação do pedido de um cliente, uma enorme vantagem em um setor cujos componentes se tornam obsoletos a uma taxa de 2% ao mês.

Há cinco anos, a **National Semiconductor Corp.** decidiu terceirizar seu depósito e sua distribuição para a FedEx. Em 1999, praticamente todos os produtos da NatSemi, fabricados por seis fábricas (três subcontratadas), eram embarcados diretamente para o depósito de distribuição da FedEx em Cingapura. Assim, a FedEx tinha o controle dos produtos, do depósito e do despacho dos pedidos (por meio de transporte da FedEx, é claro). Ter total visibilidade dos sistemas de pedidos da NatSemi permitia que a FedEx reduzisse o ciclo médio de entrega ao cliente de quatro semanas para dois dias, e os custos de distribuição de 2,9% das vendas para 1,2%. A FedEx podia embalar e atender aos pedidos sem que a NatSemi precisasse lhe encaminhar qualquer notificação. De fato, tornou-se o departamento de logística da NatSemi. Mais ainda, esse arranjo permitiu que a NatSemi desocupasse vários depósitos regionais nos Estados Unidos, na Ásia e na Europa. A NatSemi relatou economias na região de US$ 8 milhões no período de cinco anos (ver o Anexo 4).

(continua)

ANEXO 2 | (continuação)

Para a **Omaha Steaks**, quando os pedidos eram recebidos, precisavam ser retransmitidos do IBM AS/400 da Omaha Steaks para o seu depósito e, simultaneamente, para a FedEx por linha dedicada. A FedEx geraria as etiquetas para rastreamento e despacho e os pedidos seriam entregues a um dos *hubs* regionais da FedEx para posterior entrega.

A **Cisco Systems** era uma fabricante de hardware para a internet do Vale do Silício que transacionava 80% de seu negócio pela web. Ao final de 1999, a FedEx assinou um contrato com a Cisco para coordenar todo o despacho da Cisco pelos próximos dois anos, e para eliminar de modo gradual o depósito da Cisco nos próximos três anos. Como isso seria possível? A Cisco possuía fábricas nos Estados Unidos, no México, na Escócia, em Taiwan e na Malásia. As peças acabadas eram armazenadas em depósitos próximos às fábricas, esperando a conclusão de todo o pedido antes de serem despachadas para o cliente. Mas a Cisco não queria construir mais depósitos, pagar por novos envios e manter volumes massivos de estoque em trânsito. A solução, então, era fundir os pedidos em trânsito. Assim que as peças fossem fabricadas, seriam embarcadas para os clientes. Uma vez recebidas todas as peças na unidade do cliente, seria feita a montagem, suprimindo assim o armazenamento. (Isso era conhecido como o programa de "fusão em trânsito", oferecido para empresas como a Micron Computers.) A FedEx criou um sistema único para a Cisco que selecionaria de modo automático as rotas e escolheria o meio de transporte mais eficiente e econômico, o que incluía transportadoras que não fossem a frota de caminhões e aeronaves da FedEx. Tão crítico, contudo, era que a situação de informação em tempo real da operação de sincronização estava constantemente disponível na internet.

ANEXO 3 | SOLUÇÕES DA FEDEX PARA TODA A CADEIA DE SUPRIMENTOS

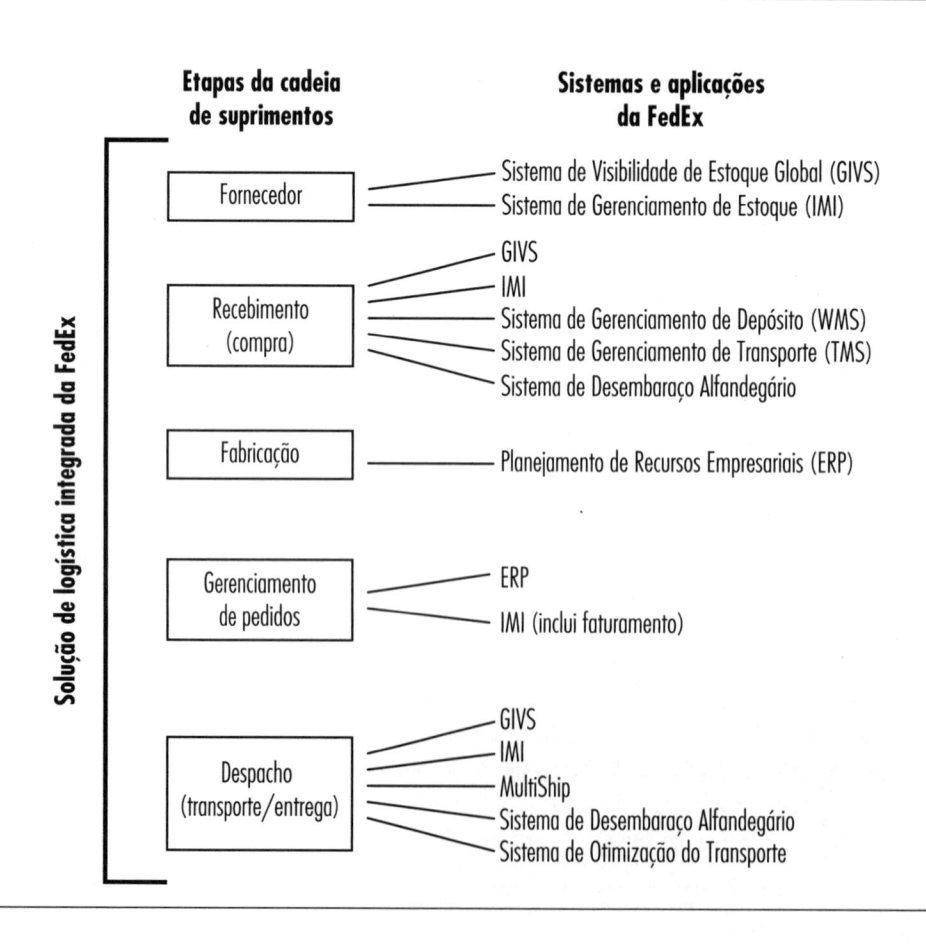

Solução de logística integrada da FedEx

Etapas da cadeia de suprimentos	Sistemas e aplicações da FedEx
Fornecedor	Sistema de Visibilidade de Estoque Global (GIVS) Sistema de Gerenciamento de Estoque (IMI)
Recebimento (compra)	GIVS IMI Sistema de Gerenciamento de Depósito (WMS) Sistema de Gerenciamento de Transporte (TMS) Sistema de Desembaraço Alfandegário
Fabricação	Planejamento de Recursos Empresariais (ERP)
Gerenciamento de pedidos	ERP IMI (inclui faturamento)
Despacho (transporte/entrega)	GIVS IMI MultiShip Sistema de Desembaraço Alfandegário Sistema de Otimização do Transporte

Estudo de Caso 5 FedEx Corp.: Transformação Estrutural por meio do Negócio Eletrônico 541

ANEXO 4	**EXEMPLO DE GERENCIAMENTO INTEGRADO DO PROCESSO DE PEDIDO DO CLIENTE: NATIONAL SEMICONDUCTOR**

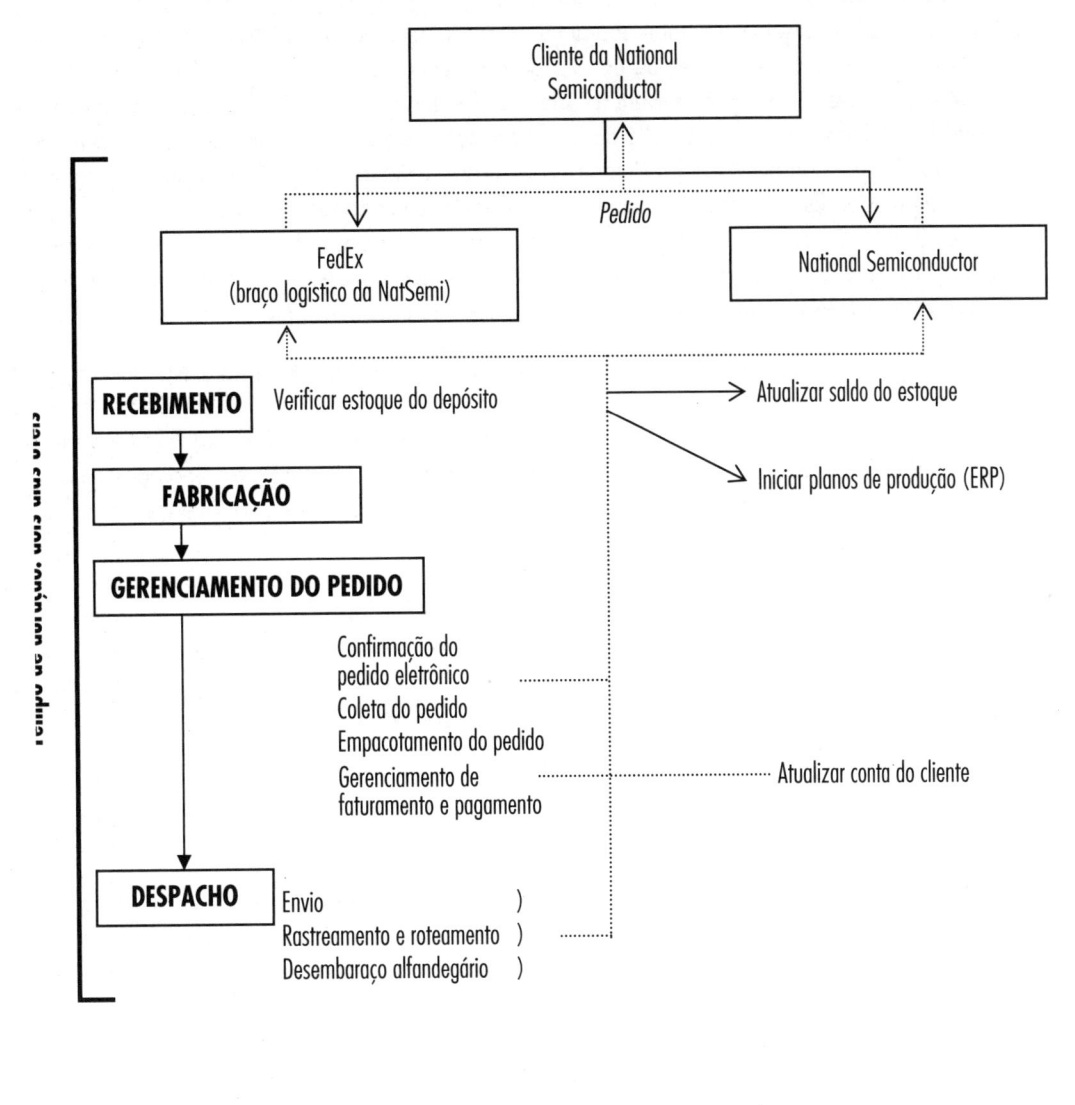

```
                        Cliente da National
                           Semiconductor
                          ↓   ↑
                        Pedido
                      ↓         ↓
              FedEx                    National Semiconductor
       (braço logístico da NatSemi)
                      ↑                        ↑
        ┌──────────────────────────────────────┘
        │ RECEBIMENTO    Verificar estoque do depósito ──→ Atualizar saldo do estoque
        │      ↓
        │ FABRICAÇÃO                                  ──→ Iniciar planos de produção (ERP)
        │      ↓
        │ GERENCIAMENTO DO PEDIDO
        │           Confirmação do
        │           pedido eletrônico
        │           Coleta do pedido
        │           Empacotamento do pedido
        │           Gerenciamento de            ········ Atualizar conta do cliente
        │           faturamento e pagamento
        │      ↓
        │ DESPACHO    Envio                )
                     Rastreamento e roteamento  )
                     Desembaraço alfandegário   )
```

·················· Valor do fluxo de informações de serviços integrados para o
cliente da NatSemi

| ANEXO 5 | EMPRESAS SUBSIDIÁRIAS DA FEDEX DEPOIS DA AQUISIÇÃO DA CALIBER SYSTEMS INC. EM 1998 |

- A **Federal Express** era a líder mundial em distribuição expressa global, oferecendo entrega em 24 a 48 horas para 211 países que compreendiam 90% do PIB mundial. Em 1998, a FedEx foi a líder incontestada no setor de entrega de pacotes de um dia para o outro. Possuía uma frota de 44.500 veículos terrestres e 649 aeronaves que davam suporte ao negócio de mais de US$ 14 bilhões. A empresa contava ainda com 34 mil locais de coleta e 67% de suas transações de despacho nacionais nos Estados Unidos eram geradas eletronicamente. Os produtos despachados variavam desde flores até lagostas e componentes de computador. Essa empresa estava constantemente funcionando no modo de crise, buscando deslocar pacotes em todas as condições meteorológicas para atender aos despachos noturnos. A filosofia subjacente que garantia altos níveis de serviço era que cada pacote manuseado faria uma diferença na vida de alguém. A empresa manuseava cerca de três milhões de despachos por dia em 1998.

- A **RPS** era a segunda maior fornecedora norte-americana de entregas terrestres de pequenos pacotes business-to-business. Era uma empresa de baixo custo, não sindicalizada e especializada em tecnologia adquirida com a compra da Caliber. A empresa especializou-se em despachos business-to-business em um a três dias, um serviço que a FedEx não poderia atrair por ser incapaz de oferecer preços baixos o suficiente para atrair volume significativo. Sendo uma empresa de 15 anos, a RPS se gabava de ter um dos mais baixos modelos de custo no setor de transporte. Usava somente operadores autônomos para a entrega de seus pacotes. Em termos de volume e crescimento da receita, a RPS superava a FedEx. No futuro, os planos eram fazer crescer o serviço de entrega business-to-consumer (B2C) da RPS para tirar vantagem do crescimento do comércio eletrônico, conseguindo assim um nicho no mercado de entrega domiciliar que florescia. Em 2000, a empresa possuía 8.600 veículos, auferia receitas anuais de US$ 1,9 bilhão e empregava 35 mil pessoas, inclusive contratados independentes. Ela manuseava 1,5 milhão de pacotes por dia.

- A **Viking Freight** foi a primeira transportadora de frete de carga inferior a um caminhão no oeste dos Estados Unidos. A empresa empregava 5 mil pessoas, gerenciava uma frota de 7.660 veículos e 64 centros de serviço, e despachava 13 mil pacotes por dia.

- A **Roberts Express** era a transportadora líder mundial de despachos terrestres para entregas ininterruptas, com prazo determinado e de manuseio especial. O serviço oferecido pela Robert Express estava vinculado a um serviço de limusine para frete. Em 1999, a empresa manuseou mais de mil despachos por dia. Era a menor empresa do Grupo FedEx. Os despachos urgentes poderiam ser carregados em caminhões 90 minutos depois de um chamado e os despachos chegariam 15 minutos antes do horário prometido 96% das vezes. Uma vez carregados, os despachos poderiam ser rastreados por satélite a cada etapa do percurso. Os produtos, como obras de arte ou componentes críticos de fabricação, geralmente exigiam serviços de caminhões de uso exclusivo. A exclusividade permitia aos clientes maior controle, mas custava caro. Esse serviço era uma necessidade rara para a maioria dos clientes. A Roberts tinha o uso exclusivo de várias aeronaves da FedEx, mas a empresa ainda precisava pagar pelo uso e pelo tempo da tripulação.

- A **Caliber Logistics** era a pioneira mundial no fornecimento de soluções customizadas, de logística integrada e de armazenamento. A aquisição da Caliber, em janeiro de 1998, gerou capacidades de transporte rodoviário e de armazenamento. Desde a aquisição, a FedEx tentava afastar-se das ofertas tradicionais de logística ao proporcionar soluções totais de gerenciamento da cadeia de suprimentos, e a Caliber Logistics foi renomeada como FDX Logistics. Para o cliente, isso significou que a FedEx poderia fornecer serviços de armazenamento, mas apenas se fosse parte de uma negociação maior. Em setembro de 1999, a FedEx comprou sua primeira expedidora de frete, a Caribbean Transport Services (antes GeoLogistics Air Services). A Caribbean possuía uma sólida rede internacional. A FDX Logistics era a controladora da FedEx Supply-chain Services e da Caribbean Transportation Services.

ANEXO 6 | ANTES E DEPOIS DA REORGANIZAÇÃO

Antes	Depois
Múltiplas marcas sob a cobertura da FDX	Um sistema de fixação de marca único alavancando o poder da marca FedEx para que mais clientes possam usar a confiabilidade da FedEx como uma vantagem estratégica competitiva.
Força de vendas separada com cooperação direcionada	Única força de vendas ampliada, voltada especialmente para empresas de pequeno e médio portes, que realiza a venda cruzada de amplo portfólio de serviços e esquemas de preços.
Múltiplas faturas e números de conta	Única fatura e único número de conta da FedEx.
Múltiplas plataformas de automatização oferecendo todos os serviços da FDX	Sistemas modernizados de automatização do cliente para manusear as transações eletrônicas e as necessidades de gerenciamento de banco de dados para pequenas e grandes empresas.
Serviço específico ao cliente, funções de investigação de reclamações	Serviço ao cliente único, funções de reclamações e investigações ao ligar ou ao visitar a sua página web em www.fedex.com.

ANEXO 7 | ESTRUTURA DO GRUPO

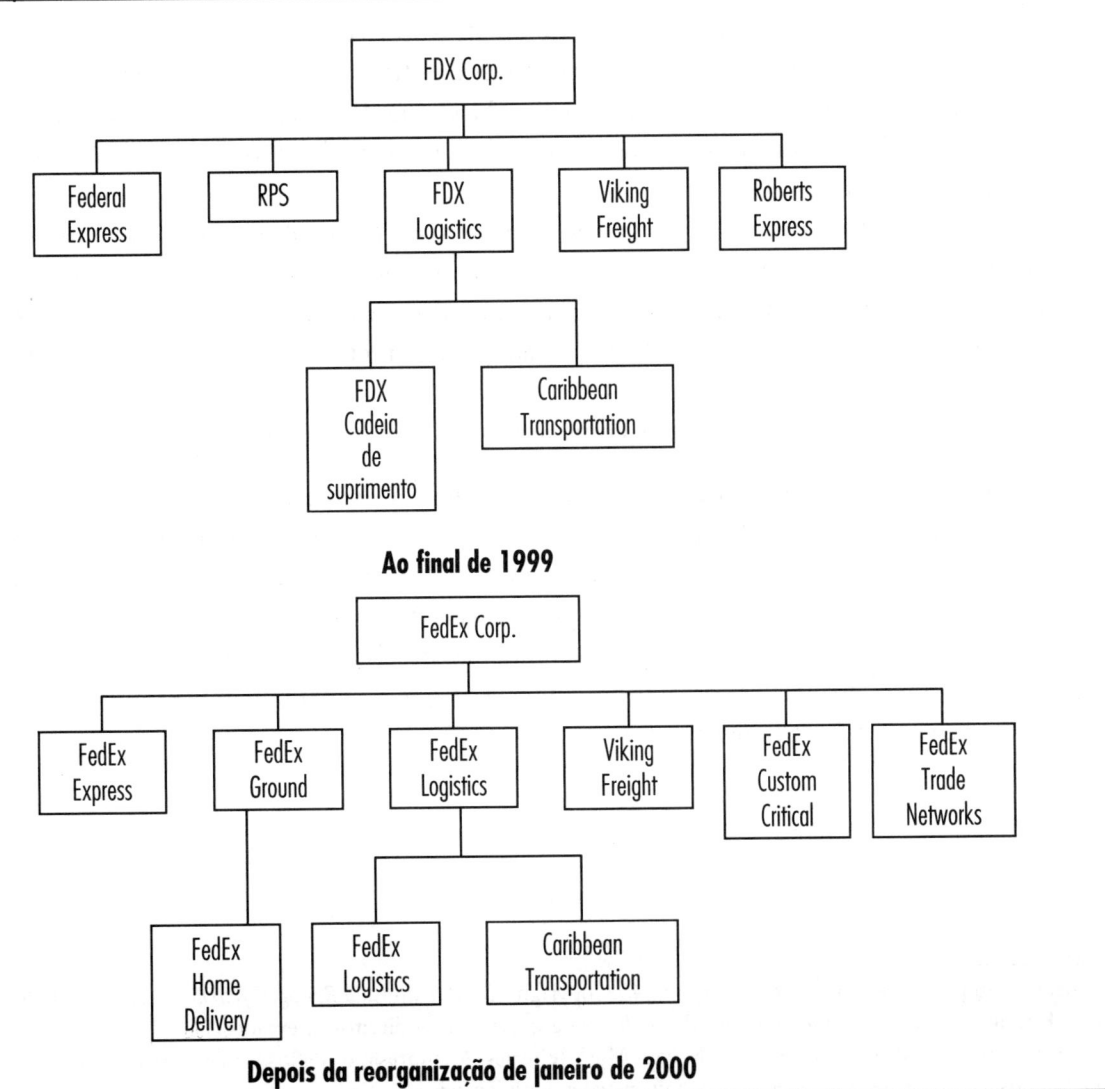

```
                        FDX Corp.
      ┌──────────┬──────────┬──────────┬──────────┐
   Federal      RPS        FDX       Viking     Roberts
   Express              Logistics    Freight    Express
                           │
                    ┌──────┴──────┐
                   FDX         Caribbean
                  Cadeia      Transportation
                    de
                suprimento
```

Ao final de 1999

```
                              FedEx Corp.
      ┌──────────┬──────────┬──────────┬──────────┬──────────┐
    FedEx      FedEx       FedEx      Viking      FedEx      FedEx
    Express    Ground     Logistics   Freight     Custom     Trade
                  │           │                   Critical   Networks
                FedEx       FedEx    Caribbean
                Home       Logistics Transportation
               Delivery
```

Depois da reorganização de janeiro de 2000

ESTUDO DE CASO 6

Clearwater Technologies

Susan F. Sieloff, Northeastern University
Raymond M. Kinnunen, Northeastern University

Às nove horas de uma segunda-feira em maio de 2004, Rob Erickson, gerente de Produto do QTX, Hillary Hanson, analista financeira, e Brian James, gerente distrital de vendas, estavam se preparando para uma reunião com Mark Jefferies, vice-presidente de Marketing da Clearwater Technologies. O objetivo da reunião era estabelecer o preço para o usuário final de uma atualização de capacidade oferecida pela Clearwater para os servidores QTX.

Nenhum deles estava ansioso pela reunião, pois as discussões sobre preços na empresa eram tradicionalmente longas e extenuantes. Como já haviam realizado várias reuniões, todos sabiam que não havia consenso sobre como determinar o preço apropriado, mas a política da empresa insistia em um acordo. Somente uma proposta de preço tinha ido adiante, e precisava representar algo que todos poderiam aceitar.

Quando Jefferies convocou a reunião, comentou:

> Vínhamos lutando com essa questão de preço há vários meses. Parece que não conseguimos uma concordância geral sobre o preço correto. O setor financeiro quer que o preço seja o mais alto possível, para gerar receita. O setor de vendas o quer baixo para vender volume. O gerenciamento do produto quer que o preço seja consistente com o modelo atual de margem de produto. Debatemos isso por um bom tempo, mas precisamos finalizar a atualização da tabela de preços do terceiro trimestre antes de junho, para que a tenhamos impressa e distribuída para a força de vendas. Precisamos fazer isso.

Reproduzido com permissão do *Case Research Journal*. Copyright © 2007 do *Case Research Journal* e de Susan F. Sieloff e Raymond M. Kinnunen, e da *North American Case Research Association*. Todos os direitos reservados.
O caso resume pesquisa de campo e entrevistas com Mark Jefferies. A empresa, os dados e os eventos são reais, mas os nomes foram alterados para proteger a privacidade e as informações confidenciais.

Histórico da Clearwater Technologies, Inc.

A Clearwater Technologies, Inc., era uma pequena empresa de tecnologia negociada em bolsa fora de Boston. Era a líder em participação no mercado em servidores de gerenciamento do relacionamento com o cliente (CRM) para equipes de vendas de empresas de pequeno e médio portes. Quatro graduados do MIT fundaram a empresa quando visualizaram uma oportunidade de atender a uma necessidade do mercado que as grandes empresas ignoravam. Diferentemente dos sistemas de CRM da Oracle ou da SAP, a Clearwater customizou o QTX para empresas com forças de vendas de dez a 30 pessoas. A Clearwater foi a pioneira no mercado nesse segmento específico, e as vendas do QTX representaram $ 45 milhões de suas vendas de $ 80 milhões em 2004.

A linha de produtos QTX representava a principal franquia da Clearwater. Os produtos com preços especiais da Clearwater eram famosos por sua alta confiabilidade no desempenho com o apoio de suporte técnico gratuito por toda a vida. A linha QTX detinha 70% do seu mercado maduro. Até hoje, a competição nesse mercado tem sido mínima, pois nenhum concorrente foi capaz de se equiparar à funcionalidade geral da Clearwater e esta detinha uma patente nos Estados Unidos sobre um dispositivo popular que direcionava documentos transmitidos por fax para o e-mail de determinado vendedor, em vez de para uma máquina de fax central.

Desde 1999, a Clearwater vem usando o caixa gerado pela linha QTX para dar apoio ao desenvolvimento interno do produto intensivo de engenharia e para comprar quatro outras empresas. Nenhuma dessas outras empresas alcançou uma posição dominante no mercado ou lucratividade, de modo que o fluxo de caixa do QTX permaneceu uma prioridade.

O Produto QTX

O QTX era um servidor de suporte às vendas que permitia a vários usuários manter simultaneamente seus bancos de dados de contas de vendas. Esses bancos de dados cobriam informações de contato, históricos de cotações, cópias de todas as comunicações e links para o banco de dados corporativo dos clientes para registros de despacho. O pacote básico do QTX consistia em um processador, chassis, HD e interface de rede, com um custo de fabricação de $ 500. O pacote fornecia acesso simultâneo ao sistema para dez usuários, chamado dez "estações". Cada estação representava um funcionário com acesso. A linha de produto consistia em servidores QTX com capacidade para dez, 20 e 30 estações. Cada incremento de dez estações custava $ 200 de custo adicional de fabricação. As vendas anuais estavam em 4 mil unidades referentes a todos os tamanhos. Nas vendas iniciais, cerca de 30% dos clientes compraram a unidade de 30 estações, 40% compraram a unidade de 20 estações e 30% compraram a unidade de dez estações. Os clientes que precisavam de mais de 30 estações iam, em geral, aos concorrentes que atendiam ao segmento de mercado de empresas de médio a longo porte.

A Clearwater estipulou um Preço de Varejo Sugerido pelo Fabricante (MSRP) por estação que diminuía à medida que as compras eram de maiores quantidades de estações, refletindo a percepção do cliente de custo decrescente de fabricação por estação. A Clearwater também viu isso como vantajoso, porque encorajava os clientes a maximizar sua compra inicial de estações.

A Clearwater vendia, tipicamente, seus produtos por intermédio de Revendedores com Valor Agregado (VARs). Um VAR era, geralmente, uma pequena empresa local que fornecia vendas e suporte aos usuários finais. O valor agregado por esses revendedores era que eles forneciam uma solução completa para o usuário/cliente final a partir de um único ponto de compra e possuíam muitos produtos de tecno-

Estudo de Caso 6 Clearwater Technologies

TABELA C6.1

Número de estações	MSRP para o usuário final	Preço para o VAR	Custo unitário*	Margem unitária**
10	$ 8.000	$ 4.000	$ 500	87,5%
20	$ 14.000	$ 7.000	$ 700	90,0%
30	$17.250	$ 8.625	$ 900	89,6%

* O custo unitário reflete $ 200 adicionais por capacidade de memória para cada dez estações adicionais.

** $\text{Margem} = \dfrac{\text{Preço para o VAR} - \text{Custo unitário}}{\text{Preço para o VAR}}$

logia da informação disponíveis de vários fornecedores. O uso dos VARs reduziu a despesa com vendas e serviços da Clearwater de modo significativo e aumentou sua cobertura de mercado.

Esses intermediários operavam em várias etapas. Em primeiro lugar, o VAR combinava o QTX da Clearwater com software de banco de dados de outros fornecedores para formar uma solução integral ao cliente. Em segundo, o VAR carregava o software com informações específicas do cliente e o ligava aos bancos de dados históricos de vendas existentes do cliente. Por fim, o VAR instalava o produto na unidade do cliente e o treinava no seu uso. A Clearwater vendia o QTX para os revendedores com um desconto de 50% sobre o MSRP, permitindo que os VARs vendessem ao usuário final pelo MSRP ou abaixo deste. O desconto permitia que os VARs tivessem espaço para negociar com o cliente e ainda obtivessem um lucro (Tabela C6.1).

A Atualização

De início, a expectativa tinha sido que a unidade de 30 estações tivesse o maior volume de vendas. Para ganhar economias de escala na fabricação, reduzir as configurações do estoque e diminuir as despesas de projeto de engenharia e testes para um único conjunto, a Clearwater decidiu fabricar apenas o servidor de 30 estações com o número apropriado de estações "habilitadas" para o comprador. A Clearwater estava efetivamente "desperdiçando" memória adicional e absorvendo o custo mais alto em vez de fabricar os tamanhos variados. Caso um cliente quisesse um servidor de dez estações, a empresa despacharia uma unidade capacitada para 30 estações, com somente as dez estações solicitadas habilitadas por meio de configuração do software. A atualização proposta estava, na verdade, permitindo que os clientes tivessem acesso à capacidade já instalada no produto (Tabela C6.2).

A Clearwater sabia que muitos clientes originais estavam prontos para usar a capacidade adicional no QTX. Alguns clientes haviam adicionado estações ao comprar uma segunda caixa, mas, como o produto original continha a capacidade para expandir ao se acessar as estações desativadas, a empresa viu uma oportunidade para ampliar a linha de produtos e aumentar as vendas para uma base cativa de clientes. Os clientes poderiam dobrar ou triplicar sua capacidade de estação ao comprar uma atualização de dez ou de 20 estações, e obter um código de acesso para habilitar o número adicional de estações. Nenhum outro concorrente oferecia a possibilidade de uma atualização. Para obter estações adicionais da concorrência, o cliente comprava e instalava uma caixa adicional. Como os concorrentes realizavam uma quantidade significativa de testes de aceitação, que teriam de ser repetidos antes da troca das marcas, a probabilidade de trocar marcas para adicionar capacidade era baixa.

TABELA C6.2

Número de estações	Custo unitário original	Margem unitária original	Custo unitário efetivo	Margem unitária efetiva
10	$ 500	87,5%	$ 900	77,5%
20	$ 700	90,0%	$ 900	87,1%
30	$ 900	89,6%	$ 900	89,6%

O objetivo da reunião desta manhã era fixar o preço para as duas atualizações.

Quando o gerente de produto do QTX, Rob Erickson, parou para recolher suas anotações mais recentes da mesa, pensou:

> Que modo de começar a semana. Toda vez que temos uma destas reuniões, a alta administração só olha para as margens. Gastei todo o fim de semana mexendo nos números e vou até lá usando a margem mais alta que temos hoje. Como alguém pode dizer que ela é muito baixa?

Ele pegou suas anotações, calculadora e café, e foi para o hall.

Do outro lado do prédio, a analista financeira Hillary Hanson passava pelo saguão em direção à sala de conferência. Estava pensando sobre a conversa que tivera na tarde de sexta-feira com sua chefe, Alicia Fisher, diretora financeira da Clearwater. Haviam conversado sobre esta próxima reunião e Alicia dera instruções bem claras para Hillary:

> Quero que você entre lá e lute pelo preço mais alto possível. Devemos maximizar totalmente a lucratividade com a atualização. Os clientes já estão comprometidos e não têm alternativa de atualização senão conosco. Os custos de troca para mudança neste ponto são muito altos uma vez que eles já foram treinados no nosso sistema de software. Vamos atrás disso. Além do mais, realmente precisamos mostrar alguma geração efetiva de receita para o relatório de final de exercício para os acionistas.

Hillary não tinha ainda chegado a um número. Ela imaginou que poderia ver o que os outros iriam propor e então argumentar a favor de um aumento significativo sobre a proposta. Tinha o apoio da diretora financeira, de modo que podia forçar ainda mais a barra.

Do estacionamento, Brian James, o gerente distrital de vendas, encaminhava-se para a entrada dos fundos. Ele, também, estava pensando sobre a próxima reunião e prevendo uma manhã longa.

> Gostaria que o marketing soubesse que, quando aparecem com um número enorme para um novo produto, o setor de vendas leva o golpe. É terrível ter de explicar para os clientes que precisam pagar uma fortuna por algo que já está ali. Será ainda mais difícil justificar essa atualização. Pelo menos no que diz respeito ao QTX, temos algo que o comprador pode ver. É o hardware. Com a atualização, nem há um produto físico. Estamos apenas fornecendo aos clientes um código para acessar a capacidade que já está embutida na máquina. Dizer aos clientes que precisam pagar vários milhares de dólares nunca nos torna populares. Se você pensar sobre isso, é muito dinheiro por um código de acesso, mas não vou dizer isso em voz alta. Talvez eu consiga convencê-los a concordar com algo razoável desta vez. Gastei o fim de semana trabalhando nisso e acho que a minha lógica é bem sólida.

Propostas de Preço

Quando todos já estavam instalados na sala de conferência, Rob foi o primeiro a falar:

> Sei que chegamos a preços para as atualizações de dez estações e de 20 estações mas, para termos controle das coisas, vamos discutir primeiro o preço de 20 estações. Uma vez fixado o número, será bem simples fixarmos o preço de dez estações. Como a margem da unidade de 30 estações é a mais alta na linha, penso que deveremos usá-la como base para o preço da atualização.

Dirigiu-se ao quadro branco para mostrar um exemplo:

> Se um cliente está atualizando uma unidade de dez estações para uma unidade de 30 estações, estamos adicionando duas etapas de capacidade que nos custam $ 200 cada, ou $ 400. ($ 400/1 – 0,90) $ 4 mil para o revendedor e $ 8 mil para o usuário final. Mantemos a estrutura da margem no lugar no ponto mais alto da linha. O cliente consegue a capacidade adicional e mantemos nossas margens consistentes.

Sentou-se satisfeito. Dera o primeiro tiro, fora consistente com a estrutura de margem existente e havia arredondado o ponto mais alto da margem na linha.

Brian olhou os cálculos de Rob e comentou:

> Acho que isto será difícil para o cliente perceber sem que precisemos dar informações sobre nossas margens, e não queremos fazer isso, pois elas são bem agressivas para começar. Todavia, penso que já resolvi isso para nós. Finalmente chegamos a uma solução simples e justa para o preço da atualização que funciona para nós e para os clientes.

Andou em direção ao quadro branco e pegou uma caneta:

> Se vamos supor que um cliente existente de dez estações tenha decidido atualizar seu negócio para uma capacidade de 30 estações, devemos cobrar daquele cliente a diferença entre o que o comprador já pagou e o preço da nova capacidade. Assim...

Nova unidade de 30 estações	$ 17.250
Unidade original de dez estações	$ 8.000
Preço pela atualização de 20 estações	$ 9.250

Isso é consistente com nossos preços atuais para o QTX. É justo para o cliente. É fácil para ele entender e ainda nos proporciona toneladas de dinheiro. Também é fácil para o cliente ver que estamos sendo justos com ele. Se ele comprar uma caixa de 20 estações, além da caixa de dez estações que já possui, isso custará muito mais.

Escreveu:

> Nova unidade de 20 estações $ 14.000

Uma nova unidade traz redundância para os clientes que possuem duas caixas, o que podem desejar em caso de falha do produto, mas o custo é bem alto. A atualização torna-se a opção lógica e acessível.

Hillary olhou para os números e sabia exatamente o que iria fazer.

> Isto tudo parece bem lógico, mas não vejo qualquer um de vocês tendo em mente os melhores interesses da empresa. Brian, você só quer uma simples venda que seus vendedores e clientes vão aceitar, e Rob, você está cobrando até menos que Brian. Precisamos levar em conta a questão da receita também. Essas pessoas já compraram de nós; receberam treinamento sobre nossos hardware e software e não querem ter de repetir o processo com outra pessoa. Levaria muito tempo. Não desejam fazer uma mudança e isso significa que os gastos ficarão por nossa conta. O céu é realmente o limite sobre quanto podemos cobrar deles porque eles não têm alternativa real. Devemos aproveitar essa oportunidade para de fato buscar o ouro, digamos $ 15 mil ou até mesmo $ 20 mil. Podemos e devemos ser tão agressivos quanto possível.

Os três continuaram a argumentar sobre os méritos relativos de suas posições quanto ao preço, sem sucesso significativo. Jefferies ouviu cada um deles e, quando terminaram, voltou-se para um quadro branco limpo e pegou a caneta:

> Pensei um pouco mais sobre isso. Para atender às necessidades dos três departamentos, existem três pontos muito importantes que a estrutura de preço para essas atualizações deve atender:
>
> 1. O preço das atualizações não deverá baixar o preço existente do QTX de 30 estações.
> 2. Queremos motivar nossos compradores a adquirir o número máximo de estações na compra inicial. Um dólar hoje é melhor que um dólar potencial depois. Nunca sabemos com certeza se eles farão uma segunda compra. Se não fizermos isso direito, vamos encorajar os clientes a reduzir sua compra inicial. Eles perceberão que podem adicionar capacidade sempre que desejarem, então por que comprar algo de que não precisam? Isso mataria as vendas futuras do QTX.
> 3. Não queremos adiar uma receita quando os compradores decidirem adquirir mais capacidade. Eles já estão comprometidos conosco e com nossa tecnologia e devemos capitalizar sem cobrar caro demais. Assim, enquanto Hillary diz que "o céu é o limite", penso que existe um limite e que precisamos determinar qual é e quão perto dele podemos chegar.
>
> Se supusermos que aqueles são os objetivos, nenhum dos preços que vocês sugeriram responde a todos esses critérios. Alguns se aproximam, mas cada um deles falha. Vejam se conseguem pensar em conjunto e chegar a um consenso sobre um preço que satisfaça aos três objetivos. O.k.?

As cabeças anuíram e, com isso, Jefferies deixou a sala de conferência. Os três ocupantes remanescentes se entreolharam. Brian levantou-se para apagar os números anteriores dos quadros brancos e disse:

> O.k., mais uma vez. Se nossos números não funcionam, por que isso não acontece e qual é o preço correto para a atualização de 20 estações?

ESTUDO DE CASO 7

Barro Stickney, Inc.

Introdução

Com quatro pessoas e vendas de $ 5,5 milhões, a Barro Stickney, Inc. (BSI) tornou-se uma empresa representante de fabricantes bem-sucedida e lucrativa. Desfrutava de uma reputação de notáveis resultados de vendas e cordialidade, por meio de serviços tanto para os seus clientes quanto para as suas empresas representadas. A BSI era considerada um ótimo local de trabalho. O escritório era confortável e a atmosfera, informal, embora profissional. Todos os membros do grupo passaram a valorizar os relacionamentos próximos e amigáveis de trabalho que haviam crescido na organização.

O sucesso trouxe consigo o aumento dos lucros, assim como a decisão inevitável com relação ao crescimento futuro. Os recentes pedidos de duas das empresas representadas, a Franklin Key Electronics e a RD Ocean, forçaram a BSI a voltar a sua atenção para a questão de expansão. Não seria uma decisão fácil, pois a expansão oferecia tanto riscos quanto oportunidades.

Plano de Fundo da Empresa

John Barro e Bill Stickney haviam fundado sua pequena agência de representação de fabricantes, a Barro Stickney, Inc., há dez anos. Os dois homens eram grandes amigos que deixaram diferentes empresas de representação de fabricantes para se unirem como sócios na própria agência de "rep". Os dois trabalhavam muito bem juntos, e seus talentos se complementavam.

John Barro era ativo e gregário. Gostava de conhecer pessoas e enfrentar novos desafios. Foi principalmente por meio dos esforços de John que muitas das oito empresas representadas da BSI firmaram contratos com a empresa. Mesmo depois de gerar $ 1,75 milhão em vendas nesse último ano, John ainda fazia um esforço para contribuir com bastante de seu tempo livre em organizações da comunidade, além de aperfeiçoar o seu *handicap* no golfe.

Este caso foi escrito por Tony Langan, B. Jane Stewart e Lawrence M. Stratton Jr., sob a supervisão da professora Erin Anderson da Wharton School, Universidade da Pensilvânia. A documentação do caso foi patrocinada pela Manufacturers' Representatives Educational Research Foundation. A cooperação da Divisão do Médio Atlântico da Electronic Representatives Association (ERA) foi bastante apreciada. Copyright por Erin Anderson.

Bill Stickney gostava de se ver como alguém com quem se podia contar. Era atencioso e meticuloso. Gostava de imaginar como as coisas poderiam ser feitas, e como poderiam melhorar. Muito do trabalho administrativo da agência, como alocação de recursos e atribuições de território, era feito por ele. Além de sua contribuição de $ 1,5 milhão para as vendas totais da empresa, Bill também tinha um grupo de escoteiros e se interessava por culinária *gourmet*. De fato, ele com frequência preparava algo especial para compartilhar com seus colegas de trabalho.

Alguns anos depois, à medida que a empresa crescia, J. Todd Smith (JT) juntara-se a eles como mais um vendedor. JT havia trabalhado para uma empresa nacionalmente conhecida e trouxera consigo sua experiência em lidar com grandes clientes. Ele e sua família adoravam a área de Harrisburg e JT ficou muito feliz quando foi convidado para se juntar à BSI logo quando sua empresa estava pronta para transferi-lo a Chicago. John e Bill haviam trabalhado com JT em um projeto de captação de recursos para um hospital e ficaram impressionados com sua tenacidade e entusiasmo. Como ele havia gerado vendas de mais de $ 2 milhões nesse último ano, JT agora era considerado qualificado para comprar uma participação acionária na BSI.

Logo após a entrada de JT na BSI, Elizabeth Lee, uma colega de escola da irmã mais velha de John, foi contratada como gerente administrativa. Ela era agradável e esforçava-se bastante em seu trabalho, tanto quanto o fazia ao treinar a equipe de natação local. Os três vendedores sabiam que poderiam contar com ela para rastrear os pedidos e os cronogramas, e ela sempre ajudava muito quando os clientes e as empresas representadas ligavam com pedidos ou problemas.

A maioria das empresas representadas no setor atribuía territórios exclusivos para os seus reps, e a BSI ficava com as áreas de Pensilvânia, New Jersey e Delaware. Os sócios compraram uma pequena casa e a converteram em seu atual escritório, localizado em Camp Hill, um subúrbio de Harrisburg, a capital do estado da Pensilvânia. A casa convertida contribuiu para a atmosfera familiar e para a atitude promovida e presente em toda a agência.

Ao longo dos anos, além de interesses locais, a BSI e seu pessoal fizeram um esforço para participar e apoiar os esforços da Electronics Representative Association (ERA). Uma parede da biblioteca da empresa estava coberta de prêmios e cartas de agradecimento. A BSI havia feito muitos amigos e importantes contatos pela organização. No ano passado, a BSI recebera uma recomendação de Chuck Goodman, um rep de fabricantes de Chicago que conhecia uma empresa que precisava de representação na área da Filadélfia. A linha da empresa funcionava bem com o portfólio existente da BSI, e a resposta do cliente havia sido bem favorável. A BSI planejava dar continuidade à sua participação ativa na ERA.

A cada semana, a BSI realizava uma reunião às 17 horas, na biblioteca do escritório, em que todos os membros da empresa compartilhavam suas experiências da semana. Era o momento em que novas ideias eram encorajadas e todos se mantinham atualizados. Por exemplo, muitos problemas dos clientes eram resolvidos ali, e as sugestões das empresas representadas e dos membros eram discutidas. A existência de uma agenda possibilitava que os membros se preparassem. A maioria das reuniões levava de 60 a 90 minutos, dando ênfase ao consenso do grupo. Seria durante essa reunião de grupo que a BSI discutiria o futuro da empresa.

Oportunidades de Expansão

A RD Ocean era a maior empresa representada da BSI e era responsável por 32% de suas receitas. A Ocean havia acabado de promover James Innve a novo gerente de vendas, e ele sentia que havia necessidade de mais um vendedor para que a BSI alcançasse as novas projeções de vendas. Innve manifestou sua opinião de que os grandes cheques de comissão da BSI justificavam o esforço adicional e ainda comentou que o novo e caro automóvel de JT era a prova de que a BSI poderia arcar com mais esse gasto.

A BSI não estava certa da necessidade de mais um vendedor, mas não desejava perder a boa vontade da RD Ocean ou o [seu] negócio. Da mesma forma, como era costume que todas as empresas representadas se reunissem e aprovassem tacitamente os novos representantes, a BSI queria estar bastante certa de que qualquer novo vendedor se adequasse à sua organização bem estruturada.

A Franklin Key Electronics era a primeira empresa representada da BSI e permanecia sendo uma contribuinte consistente de quase 15% de sua receita. A BSI achava que sua base de clientes era bem adequada para a linha da Franklin e trabalhou duro para firmar o nome Franklin Key junto a esses clientes. Em consequência, a BSI agora considerava a Franklin Key fácil de vender.

Alguns dias antes, Mark Heil, representante da Franklin em Virgínia, faleceu em um acidente com seu avião particular, deixando a Franklin Key sem representação no território de Washington DC/Virgínia. A Franklin não queria prejudicar suas vendas de mais de $ 800 mil e estava desesperada para substituir Heil antes que seus clientes descobrissem outras fontes. A Franklin ofereceu o território para a BSI e estava ansiosa para ouvir a decisão no prazo de uma semana.

A BSI não estava familiarizada com o território, mas entendia que havia um grande número de contas militares. Isso significava que havia um potencial para pedidos de tamanho considerável, embora fosse necessária uma abordagem de vendas diferente e especializada. Os clientes do setor militar são conhecidos por ter a própria abordagem singular às decisões de compra.

Em razão da distância e do tamanho do território, era necessária uma séria consideração para apurar se seria bom ter uma filial ali. Uma filial significaria menos interação com a sede da BSI e maior independência dali. Nenhum dos atuais membros da BSI parecia ansioso em se mudar, mas poderia ser possível contratar alguém que estivesse familiarizado com o território. Sempre havia, é claro, o risco de um vendedor de sucesso sair e começar a própria empresa de representação.

Além das possibilidades de expansão de seu território e de sua força de vendas, a BSI também queria levar em consideração se deveria aumentar ou manter o número de suas empresas representadas. A base estabelecida de clientes da BSI e a sua reputação valorizada a colocavam em uma posição sólida para abordar potenciais empresas a serem representadas. Se, contudo, a BSI tinha empresas representadas demais, poderia não ser capaz de oferecer a elas toda a atenção e serviço de que poderiam necessitar.

Preparação para a Reunião

Cada membro recebeu uma agenda e os dados necessários para a próxima reunião em que seria solicitado que levassem em consideração o assunto da expansão. Precisariam declarar se a BSI deveria ou não expandir seu território, sua força de vendas e/ou o número de suas empresas representadas. A título de preparação, solicitou-se que cada um deles desse uma boa olhada no portfólio atual da BSI e considerasse todas as possibilidades de crescimento, inclusive o efeito que quaisquer mudanças teriam sobre os lucros da empresa, sua reputação e seu ambiente de trabalho.

Tratava-se de uma agenda ambiciosa – algo que determinaria o futuro da empresa. Demoraria até mais tempo que o habitual para que se pudesse discutir tudo e chegar a um consenso. Por isso, a reunião daquela semana ocorreria durante um fim de semana na casa de veraneio de Bill Stickney em Poconos, começando com um jantar *gourmet* às 19 horas em ponto.

Antes da reunião, Bill Stickney analisou as fontes de receita da BSI e o lucro da empresa no exercício anterior. Também avaliou os prospects futuros para cada uma das linhas da BSI, levando em consideração

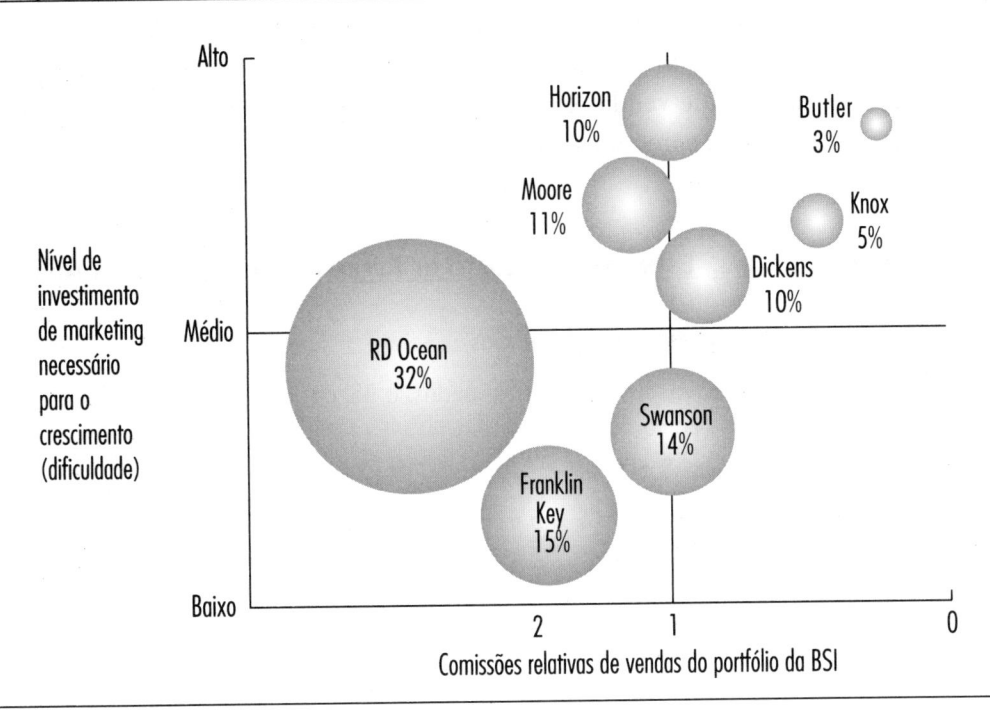

FIGURA C7.1 | RETORNO *VERSUS* DIFICULDADE EM VENDER

Nível de investimento de marketing necessário para o crescimento (dificuldade) — eixo vertical: Alto, Médio, Baixo.

Comissões relativas de vendas do portfólio da BSI — eixo horizontal: 2, 1, 0.

Empresas representadas (bolhas):
- Horizon 10%
- Butler 3%
- Moore 11%
- Knox 5%
- Dickens 10%
- RD Ocean 32%
- Swanson 14%
- Franklin Key 15%

---

o potencial de mercado de cada linha e o nível de saturação da BSI em cada mercado. Por fim, avaliou os custos de se contratar um novo funcionário tanto no atual território de vendas quanto na área de Washington/Virgínia. Logo antes da reunião, Elizabeth terminou de compilar os dados de Bill em quatro quadros.

A Figura C7.1 avalia o valor do esforço de vendas (dificuldade em vender) necessário para se alcançar certo percentual de vendas no portfólio da BSI (retorno). A dificuldade em vender é medida pelo nível de investimento de marketing necessário para o crescimento. As estimativas de Stickney estão demonstradas no eixo vertical. O retorno sobre esse investimento é medido pelas comissões relativas de vendas como um percentual do portfólio da BSI, mostrado no eixo horizontal. Se o tempo da BSI fosse dividido de forma equilibrada entre as suas oito empresas representadas, cada uma receberia 12,5% do tempo da agência. O eixo "x" mostra a alocação de tempo de cada empresa representada como uma proporção dos 12,5% da alocação de tempo "equivalente". A área de cada elipse reflete a participação de cada empresa representada na receita de comissão da BSI.

Bill Stickney apresentou os seguintes comentários adicionais como resultado de sua pesquisa:

1. Os produtos da Swanson estão sendo substituídos pelos equipamentos eletrônicos computadorizados da concorrência, uma categoria de produto que a empresa havia ignorado. Em decorrência, a empresa está perdendo sua posição antes proeminente no mercado.

2. Embora sejam necessárias pequenas quantidades de esforço para a promoção da linha de produtos da Ocean para os clientes no território atual de vendas, a Ocean é extremamente exigente quanto à BSI e às outras empresas que representam os fabricantes.

3. De acordo com um seminário na última reunião da ERA, a proporção máxima segura das comissões de uma empresa de representação para uma única empresa representada seria de 25% a 30%. Da mesma forma, na reunião, um palestrante indicou que, se uma empresa comanda 80% de um mercado, deverá focalizar em outro produto ou expandir seu território em vez de tentar obter o restante do mercado.

4. A receita para investimento da empresa de representação do fabricante vem de uma ou mais entre várias fontes. Essas fontes incluem renda de comissão futura reduzida, retenção da renda anterior e dinheiro emprestado de uma instituição financeira. A maioria das empresas bem-sucedidas expande sua força de vendas ou território de vendas quando vivencia crescimento da receita e usa o investimento como uma baixa fiscal.

FIGURA C7.2 | **BARRO STICKNEY, INC., ESTIMATIVA DE CUSTO DE REPRESENTANTE DE VENDAS ADICIONAL**

Custos de remuneração para o novo representante de vendas

Dependendo do nível de experiência do novo representante de vendas, a BSI pagaria um salário-base de $ 15 mil a $ 20 mil com o seguinte cronograma de bonificação:

0% da receita de comissão da empresa até $ 500 mil em vendas

20% da receita de comissão da empresa no primeiro $ 0,5 milhão em vendas acima de $ 500 mil

25% da receita de comissão da empresa para o próximo $ 0,5 milhão em vendas

30% da comissão da empresa para o próximo $ 0,5 milhão em vendas

40% da comissão para vendas da empresa acima de $ 2 milhões

Estimativa dos custos de apoio[1] para o novo representante[2]

Busca de dados do candidato, testes psicológicos, contratação, treinamento,[3] encaminhando a escolha final para aprovação das empresas representadas[4]	$ 28.000
Despesas com automóvel, custos de telefone, cartões de visita, promoção de entretenimento	22.000
Seguro, impostos sobre a folha de pagamento (previdência social, seguro-desemprego)	16.000
Total das despesas	$ 66.000

Despesas incrementais para o novo território

Transporte (quilometragem adicional de Camp Hill até Virgínia)	$ 2.000
Equipamentos de escritório e aluguel (mesmo independentemente do local da sede)	4.000
Custo de contratação de gerente administrativo[5]	18.000
Total de despesas incrementais	$ 24.000

---

[1] Arredondado para o milhar mais próximo.
[2] No atual território.
[3] Excluindo a receita perdida da venda em vez de se comprometer nessa atividade (custo de oportunidade).
[4] Embora as agências de representação não sejam obrigadas legalmente a apresentar os funcionários potenciais às empresas representadas, isso é geralmente feito por ser considerada uma boa prática industrial.
[5] Arbitrário.

| FIGURA C7.3 | BARRO STICKNEY, INC., DEMONSTRAÇÃO DE RESULTADO DO EXERCÍCIO (TOTAL DE RECEITA DE VENDAS EM 1988, $ 5,5 MILHÕES) |

Empresa representada	Saturação estimada do mercado	Tipo de produto	Percentual de vendas/comissão	Parcela do portfólio da BSI	Receita de comissão
RD Ocean	Alta	Componentes	5,00%	32%	$ 96.756
Franklin Key	Alta	Componentes	5,00	15	45.354
Butler	Baixa	Técnico/computador	12,00	3	9.070
Dickens	Baixa	Componentes	5,00	10	30.236
Horizon	Média	Componentes	5,50	10	30.237
Swanson	Alta	Componentes	5,25	14	42.331
Moore	Média	Bens de consumo/ produtos eletrônicos	5,25	11	33.260
Knox	Baixa	Técnico/comunicações	8,50	5	15.118

| FIGURA C7.4 | BARRO STICKNEY, INC., DEMONSTRAÇÃO DE RESULTADO DO EXERCÍCIO (PARA O EXERCÍCIO QUE ENCERRA EM 31 DE DEZEMBRO DE 1988) |

Receita

Receita de comissão	$ 302.362

Despesas

Salários de vendas e bonificações (inclui Barro Stickney)	130.250
Salário do gerente administrativo	20.000
Total de despesas não relacionadas a pessoal[1]	128.279
Total de despesas	$ 278.529
Lucro líquido[2]	$ 23.833 (7,9% da receita)

[1] Inclui viagem, propaganda, material de escritório, aposentadoria, despesas com veículos, comunicações, equipamentos de escritório e despesas diversas.
[2] Atualmente, é constante de certificados de depósito negociáveis em um banco de Harrisburg.

ESTUDO DE CASO

8

Kone: O Lançamento do MonoSpace© na Alemanha

Das Narayandas e *Gordon Swartz*

Em novembro de 1996, Raimo Hätälä, diretor do setor de novos elevadores da Kone Aufzug, estava em pleno planejamento do lançamento do mais novo produto de sua empresa. O relatório financeiro intermediário que havia recém-recebido pelo correio confirmava que os fracassos da construção por toda a região e a baixa diferenciação entre ofertas competitivas levara à competição significativa de preços e à erosão da margem no setor. O lucro operacional da Kone para os primeiros oito meses de 1996 foi de 6,0% da receita, que se comparava aos 6,7% para o mesmo período em 1995. O relatório também projetou que, na ausência de mudanças significativas, o lucro após a dedução do imposto de renda para 1996 seria de zero e iria piorar no futuro.

Para tirar a empresa do trilho de *commodities*, Hätälä e outros gerentes da Kone estavam voltando sua atenção para o produto mais novo e revolucionário da empresa, o MonoSpace. Embora as notícias sobre o produto MonoSpace o tenham levado, de início, a exclamar para os seus colegas: "Com isso, podemos conquistar o mercado alemão!", os resultados de testes de mercado e do lançamento do produto antecipado deram a Hätälä motivo para preocupação.

Qual, queria saber Hätälä, era o tamanho da oportunidade do MonoSpace na Alemanha? Como deveria precificar e posicionar o MonoSpace? Até que limite o MonoSpace poderia canibalizar as vendas dos elevadores de baixa ascensão existentes? O que seria necessário para garantir um lançamento bem-sucedido? Com mais perguntas do que respostas, Hätälä começou a rever suas opções.

O Setor de Elevadores

Uma reestruturação e consolidação significativas no final da década de 1970 e na década de 1980 encontraram o setor mundial de elevadores dominado, no início da década de 1990, por cinco empresas: Otis dos Es-

---

Gordon Swartz, da Market-Bridge, e o professor Das Narayandas prepararam este caso. Os casos da HBS (Harvard Business School) são desenvolvidos apenas como base para uma discussão em sala de aula. Os casos não pretendem servir como endossos, fontes de dados primários ou exemplos de gerenciamento eficaz ou ineficaz.

Copyright © 2001 de President and Fellows of Harvard College. Para pedir cópias ou solicitar permissão para a reprodução de materiais, escreva para Harvard Business School Publishing, Boston, MA 02163 ou vá até o site http://www.hbsp.harvard.edu. Nenhuma parte desta publicação pode ser reproduzida, armazenada em um sistema de recuperação, usada em uma planilha ou transmitida em qualquer formato ou por qualquer meio – eletrônico, mecânico, de fotocópia, de gravação ou outro – sem a permissão da Harvard Business School.

tados Unidos; Schindler da Suíça; Kone da Finlândia; Mitsubishi Electric do Japão; e Thyssen da Alemanha (ver Anexo 1 para mais detalhes sobre cada concorrente). Embora competissem globalmente, essas empresas em geral permaneciam mais fortes em seus mercados nacionais ou regionais. A Toshiba e a Hitachi do Japão e a Goldstar da Coreia eram importantes concorrentes no mercado asiático em rápido crescimento.

A quantidade e os tipos de elevadores vendidos variavam muito pelo mundo (ver Tabela C8.1), refletindo fatores como urbanização, densidade populacional e apoio do governo para casas populares.

O setor de elevadores estava tradicionalmente dividido em dois setores: novos equipamentos e serviços, responsáveis por aproximadamente $ 9 bilhões e $ 13 bilhões em vendas globais em 1995.

A separação tradicional de produtos e serviços gerou dinâmicas competitivas interessantes no setor de elevadores. A concorrência por instalações de novos elevadores era feroz, levando a equipamentos de novos elevadores que eram, em geral, vendidos pelo custo ou abaixo deste pelos grandes concorrentes. A concorrência por contratos de manutenção de elevadores, por outro lado, era tradicionalmente mais regular. Os fornecedores de equipamentos normalmente tinham uma vantagem em conquistar contratos para prestar serviços em suas bases instaladas. Por acordo tácito, as empresas de elevadores mantinham altas margens sobre contratos anuais de prestação de serviços que eram de mais ou menos cerca de 5% do preço de compra de um elevador.

Poucas barreiras à entrada devido à tecnologia eletromecânica relativamente simples, à demanda uniforme e às altas margens no mercado de prestação de serviços haviam atraído recentemente muitos novos concorrentes. Estes incluíam pequenos prestadores apenas de serviço locais que em geral desfrutavam de uma vantagem sobre os grandes fabricantes em termos de preço, proximidade e rapidez no serviço, fatores importantes para a concessão de contratos de prestação de serviço. A despeito dessa tendência, os grandes fornecedores de equipamentos continuaram a se sair bem, visto que aproximadamente 80% dos contratos de prestação de serviços ainda fluíam de modo automático a partir das vendas de novos equipamentos. No entanto, havia certa dúvida sobre se essa situação perduraria por muito tempo, dado o ambiente econômico atual.

Tecnologia de Elevador

A tecnologia de elevador variava drasticamente no que se refere a altura da viagem, velocidade da viagem, conforto na ascensão, exigências de casa de máquina, sistema de transmissão, controles, tamanho da cabina, acabamento interior e preço. A seleção de uma tecnologia de elevador adequada envolvia, em geral, a realização de vários *trade-offs* que estavam todos relacionados ao tipo de sistema de transmissão usado para içar a cabina do elevador.

Mecanismos de transmissão. As principais tecnologias de transmissão de elevador eram: tração sem engrenagem (alta velocidade) ou tração a engrenagem (velocidade média) (também chamada "por cabo"); e hidráulica. As vendas por tipo, sujeitas a variações significativas por região e país, eram de 10% para tração sem engrenagem, 30% para tração a engrenagem e 60% para hidráulica. Os elevadores com *tração sem engrenagem*, usados principalmente em prédios comerciais, empregavam grandes motores elétricos de baixa velocidade conectados diretamente a polias de transmissão para proporcionar maior conforto na ascensão, altura da viagem e velocidade (2 a 12 metros por segundo). Eles eram, geralmente, a única opção para prédios de ascensão alta (mais de 25 andares). Sendo sem engrenagem, os custos de desgaste e reposição eram inferiores aos dos elevadores com tração a engrenagem. Os elevadores com *tração a engrenagem*, que empregavam uma engrenagem de redução entre o motor e a polia de transmissão para mover a cabina, proporcionavam conforto na ascensão razoável, altura de viagem baixa a moderada e velocidade

ANEXO 1 | DESCRIÇÕES RESUMIDAS DOS PRINCIPAIS CONCORRENTES GLOBAIS DA KONE

Otis

Fundada em 1853, a Otis, subsidiária integral da United Technologies Corporation, era a líder global em participação no mercado na fabricação, venda e serviços de elevadores. Em 1995, vendera mais de 30 mil elevadores e possuía 730 mil sob contrato de manutenção. A Otis empregava 68 mil pessoas pelo mundo em 17 unidades de produção e mais de 600 representações comerciais em 45 países. As receitas para 1995 foram de $ 5,3 bilhões, até 14% acima dos $ 4,6 bilhões em 1994, e os lucros operacionais foram de $ 511 milhões, até 21% acima dos $ 421 milhões em 1994. Os analistas do setor atribuíram esse aumento da lucratividade à reengenharia de processo agressiva e de amplo alcance no início da década de 1990 (a Otis havia fechado fábricas e reduzido a força de trabalho). A empresa investira aproximadamente 1,6% da receita anual em P&D.

A Otis dominava a Europa, os Estados Unidos e o Canadá, com participação no mercado nessas regiões de cerca de 30%. Sua participação no mercado na Ásia era de aproximadamente 20%. A estratégia agressiva de entrada no novo mercado da empresa tornou-a a primeira empresa de elevadores estrangeira nos mercados emergentes da Ásia e da Europa oriental.

Schindler

A empresa suíça de engenharia Schindler estava classificada em segundo lugar nas vendas globais de elevadores. A fabricação e a venda de elevadores e escadas rolantes eram responsáveis por 87% das receitas do Grupo Schindler em 1995. O setor de serviços era responsável por 60% dessas receitas, refletindo a mudança da empresa, durante a década de 1990, de vendas de equipamentos para prestação de serviços. Embora as receitas totais da Schindler estivessem fixas em 1994 e 1995, aproximadamente CHF 4,7 bilhões ($ 4,0 bilhões) nos dois anos, seus lucros após a dedução do imposto de renda em 1995, de CHF 78 milhões ($ 67 milhões), foram de apenas metade daqueles de 1994. A maioria das 20 unidades de produção da Schindler em 15 países europeus havia sido convertida de fabricação para montagem. A empresa também opera mais de 30 unidades de vendas, manutenção e instalação em 23 países.

A estratégia declarada da Schindler era expandir sua posição no setor de elevadores e escadas rolantes e alcançar um desdobramento de mercado igual entre suas operações na Europa, América e Ásia-Pacífico (esse último mercado exigia um plano de crescimento agressivo). A estratégia de lucro da Schindler era manter suas margens acima do volume e, para isso, evitar guerras de preço.

Mitsubishi Electric

Em 1995, 60 anos após dar início à fabricação de elevadores, a Mitsubishi Electric era a fabricante líder de elevadores do Japão, controlando mais de 36% do mercado japonês. A receita, em 1995, foi de ¥ 2.752 bilhões ($ 27,8 bilhões) e o lucro operacional, de ¥ 177 bilhões ($ 1,8 bilhão). A receita foi distribuída entre as cinco divisões da empresa, como segue: Produtos ao consumidor, 22%; Processamento de dados, 21%; Semicondutores, 20%; Equipamentos industriais e automatização, 18%; e Equipamentos elétricos pesados, inclusive elevadores, escadas rolantes, correias transportadoras e transformadores, 24%. Particularmente agressiva na Ásia, a Mitsubishi era a líder do mercado em muitos mercados asiáticos. Em 1996, abriu uma nova fábrica na Ásia, dobrou a produção em duas fábricas asiáticas existentes e lançou duas *joint ventures*.

Thyssen

A Thyssen Aufzüge, a quinta maior fabricante de elevadores do mundo, pertencia à Thyssen AG (vendas líquidas, em 1995, de DM 10,1 bilhões ($ 7,1 bilhões)). As receitas da Thyssen Aufzüge em 1995 foram de DM 2,2 bilhões ($ 1,5 bilhão), até 5,2% acima das de 1994. Em uma operação descentralizada, suas subsidiárias exerciam considerável autonomia sobre as faixas e fontes de produto. A Thyssen Aufzüge fabricava apenas seus componentes mais estratégicos, terceirizando todos os outros. Forte na Europa, com mais de 15% de participação no mercado em 1995, mas fraca na América do Norte e do Sul, com somente 2%, a empresa estava investindo pesadamente na Ásia, havendo construído instalações de fabricação na China e representações comerciais na China e na Coreia.

FONTE: Kone.

TABELA C8.1 | **DEMANDA ESTIMADA POR REGIÃO PARA 1996 (UNIDADES)**

	Ascensão residencial baixa	Outros de ascensão baixa	Ascensão média	Ascensão alta	Total
Europa, Oriente Médio e África	65.000	8.500	4.000	500	78.000
Américas do Norte e do Sul	18.000	10.500	10.000	1.500	40.000
Ásia e Austrália	50.000	10.000	20.000	10.000	90.000
Total	133.000	29.000	34.000	12.000	208.000
Base Instalada de Elevadores Efetiva Total					> 5.000.000

FONTE: Registros da empresa.

baixa a moderada (1 a 2 metros por segundo). Sua velocidade era inadequada para prédios com ascensão alta. Usados apenas em prédios com ascensão baixa (menos de seis andares), os elevadores *hidráulicos* ofereciam conforto mínimo na ascensão, altura de viagem limitada e baixa velocidade (< 0,6 metros por segundo), e podiam ter preço cerca de 50% abaixo dos elevadores com tração a engrenagem substituíveis. Cada elevador hidráulico precisava de mais de 200 litros de óleo que alguns consultores de elevador consideravam como um perigo potencial de incêndio ou ao meio ambiente.

Com base em suas características de desempenho e análise de custo/benefício, os elevadores hidráulicos eram adequados apenas para aplicações de ascensão baixa, e os elevadores sem engrenagem, para ascensões altas. Os elevadores com tração a engrenagem apresentavam aplicação ampla, em particular em prédios de ascensões média e baixa, mas ocasionalmente naqueles de ascensão alta.

Exigências da casa de máquina. O formato de anexo das casas de máquina, um componente inevitável da construção de elevadores, as torna de integração difícil e cara em muitos prédios. Ou ocupavam um espaço potencialmente utilizável do prédio no subsolo ou ficavam acima do poço, ultrapassando e desfigurando o perfil do telhado. (O Anexo 2 representa as várias configurações de casas de máquina.) Em geral, quanto mais alto o prédio, maior deve ser a casa de máquinas.

As casas de máquina do elevador sem engrenagem, sempre localizadas no telhado acima do poço, variavam de 11 a 15 metros quadrados por elevador. As casas de máquina do elevador com tração a engrenagem tinham, em média, 11 metros quadrados por elevador e ofereciam três opções de disposição fixa. A mais comum e menos cara, no topo do poço (chamada PT). O próximo lugar mais comum, no piso mais baixo próximo ao poço (denominada PU), era geralmente mais cara por conta de arranjos de cabeamento mais complexos. O projeto da PU era, em geral, selecionado somente se a casa de máquina não pudesse ser localizada no topo do prédio. A seleção mais cara e menos comum, logo acima do piso superior e ao lado do poço (chamada PS), envolvia os arranjos de cabeamento mais elaborados. As casas de máquina do elevador hidráulico (denominadas PH), em média com 5 metros quadrados, poderiam ser localizadas no piso mais baixo a 10 metros do poço.

O custo total do elevador era cerca de metade em equipamentos e metade na construção do poço e custos da casa de máquina e da instalação.[1] A casa de máquina do elevador com tração a engrenagem geralmente representava cerca de um quarto do custo total do elevador, um pouco menos para o hidráulico.

---

[1] Os elevadores são normalmente instalados pelas empreiteiras que usavam peritos internos ou empregavam subcontratadas especializadas como instaladoras de elevador ou construtoras de elevador para fazer o serviço.

ANEXO 2 | CONFIGURAÇÕES DE CASAS DE MÁQUINA DO ELEVADOR

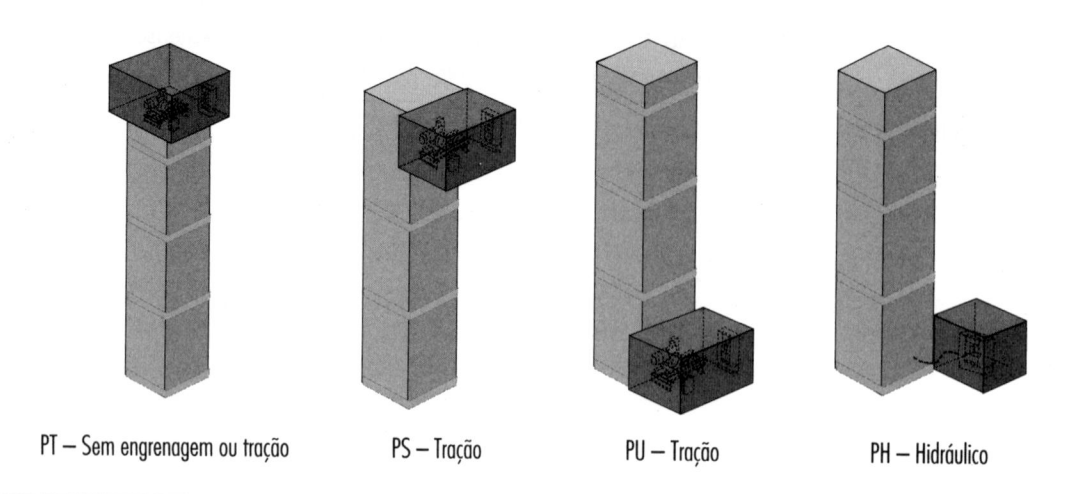

PT – Sem engrenagem ou tração   PS – Tração   PU – Tração   PH – Hidráulico

FONTE: Kone.

A Decisão de Compra do Elevador

A complexidade das decisões de compra do elevador variava conforme o tipo e o projeto de construção. Em geral, quanto mais alto, mais caro e mais complexo for um prédio, e assim o sistema de elevador, maiores serão o número de pessoas envolvidas na decisão e os fatores a serem levados em consideração. A seleção de um sistema de elevador de prédio comercial de ascensão alta, por exemplo, poderia envolver uma incorporadora de imóveis, o dono do prédio, a empreiteira para construção, o arquiteto, o consultor de elevador e os principais locatários.

A priorização das características e propriedades variava entre cada um dos participantes, mesmo dentro de uma classe. As decisões do dono, por exemplo, refletiam a sua finalidade depois da construção. Dono/incorporadoras que pretendiam vender um prédio assim que construído tendiam a estar mais preocupados com os custos iniciais. Dono/locadores podiam se preocupar mais com os custos do tempo de vida, mas, a menos que pudessem impor um preço especial de seus locatários, preocupavam-se menos com o conforto na ascensão e a estética. Dono/locatários, estando envolvidos em todo um ciclo de vida do elevador, em geral levavam em conta a maioria dos fatores.

Uma decisão de compra de elevador residencial de ascensão baixa poderia envolver tanto uma quanto até cinco pessoas, sendo estas, em geral, o dono do prédio, o gerente da empresa de construção, o arquiteto, o agente de compra da empresa de construção e o gerente de serviços do prédio.

KONE

A Kone (pronuncia-se *kô'-ne* e significa "máquina" em finlandês) foi constituída em 1910. Originalmente voltada para o reparo e a venda de motores elétricos recondicionados, expandiu suas atividades industriais durante os anos para incluir a fabricação e a venda de aço, equipamentos marítimos, guindastes, sistemas de manuseio de madeira e analisadores clínicos de produtos químicos. Em 1995, a Kone livrou-se de seu setor não ligado a elevadores e se tornou, por meio de uma série de 19 aquisições, a terceira maior empresa de elevadores do mundo, atrás da Otis e da Schindler.

O setor de elevadores da Kone estava organizado em duas divisões: Novos Equipamentos, chamada V1; e Serviços, denominada V2. Em 1995, a Kone gerou receitas de $ 2,2 bilhões das vendas de 16.500 novas unidades e contratos de prestação de serviço para 425 mil unidades. A V1 foi responsável por 38% e a V2 por 62% dessas receitas. Na V2, os contratos de manutenção foram responsáveis por 78% das receitas; a modernização de elevadores existentes, por 22%. (O Anexo 3 mostra o organograma da Kone. O Anexo 4 resume os dados financeiros.)

A Kone fabricou e vendeu ampla linha de equipamentos, inclusive elevadores de passageiros padronizados de ascensão baixa, sistemas de elevador de ascensão média, sistemas de elevador de ascensão alta, elevadores panorâmicos, elevadores de hospital, elevadores de frete, escadas rolantes e esteiras rolantes e componentes de elevador (ver Anexo 5 para exemplos dos produtos da Kone). Os elevadores de ascensão baixa foram responsáveis por aproximadamente 75% das vendas de equipamentos da Kone; os elevadores de ascensão média e alta, por 15% e 10%, respectivamente. Em 1995, a Kone gastou aproximadamente 1,5% de sua receita em desenvolvimento de novos produtos.

Com 90% de suas vendas fora da Finlândia, a Kone possuía duas sedes, uma em Helsinque e a outra em Bruxelas. As vendas por mercado, em 1995, foram: 53% na União Europeia; 4% no restante da Europa; 29% na América do Norte; 10% na Ásia e Austrália e 4% em outros países.

Kone Aufzug

A Kone Aufzug, que funcionava na Alemanha, o maior mercado de elevadores da Europa continental, gerava receitas de aproximadamente DM 206 milhões e lucros de DM 13 milhões em 1995. O tamanho do mercado alemão e o volume de vendas da Kone na Europa tornaram o desempenho financeiro da Kone Aufzug importante para o sucesso total da Kone (ver Tabela C8.2 para os dados financeiros da Kone Aufzug).

A Kone Aufzug era organizada como uma matriz de divisões industriais e regiões geográficas. As divisões industriais incluíam V1 (novos elevadores), V2 (serviços), finanças e pessoal; as três regiões eram Norte, Sul e Leste. Havia 25 filiais locais de vendas dentro das três regiões. Cada vendedor era subordinado a um gerente de filial que, por sua vez, respondia tanto ao diretor regional quanto aos diretores da divisão industrial.

Em 1996, a Kone Aufzug empregava 23 vendedores em tempo integral e 20 em período parcial nas vendas da V1. Os vendedores em tempo integral atendiam uma média de quatro a cinco visitas de vendas em meio período por semana e gastavam o restante de seu tempo preparando propostas, respondendo a consultas de clientes atuais e potenciais e fazendo a prospecção. Os vendedores em tempo parcial dividiam seu tempo igualmente entre as vendas da V1 e outras responsabilidades; 13 também eram gerentes de filial e sete trabalhavam como vendedores da V2. Ao descrever suas atividades de venda, os gerentes de filial eram rápidos em declarar que "as forças de vendas da Thyssen, da Otis e da Schindler nos superam, cada uma, numa proporção de quatro ou cinco para um".

Quarenta e oito por cento das vendas de 1995 foram residenciais. Destas, 92% foram de PH; 6% de PT; e 2% de PU. Os preços médios para o elevador-padrão de quatro andares, ascensão baixa, residencial e de volume médio da Kone eram: DM 60 mil para PH hidráulico, DM 75 mil para tração tipo PT; DM 80 mil para tração tipo PU; e DM 120 mil a DM 200 mil para tração tipo PS.[2] As perdas da Kone em vendas de novos equipamentos eram, na média, de aproximadamente 8% das vendas para elevadores hidráulicos e cerca de 5% das vendas de elevadores com tração.

---

[2] A taxa de câmbio média DM/$ em 1995 era DM 1,43/$ 1,00.

ANEXO 3 | ORGANOGRAMA DA KONE

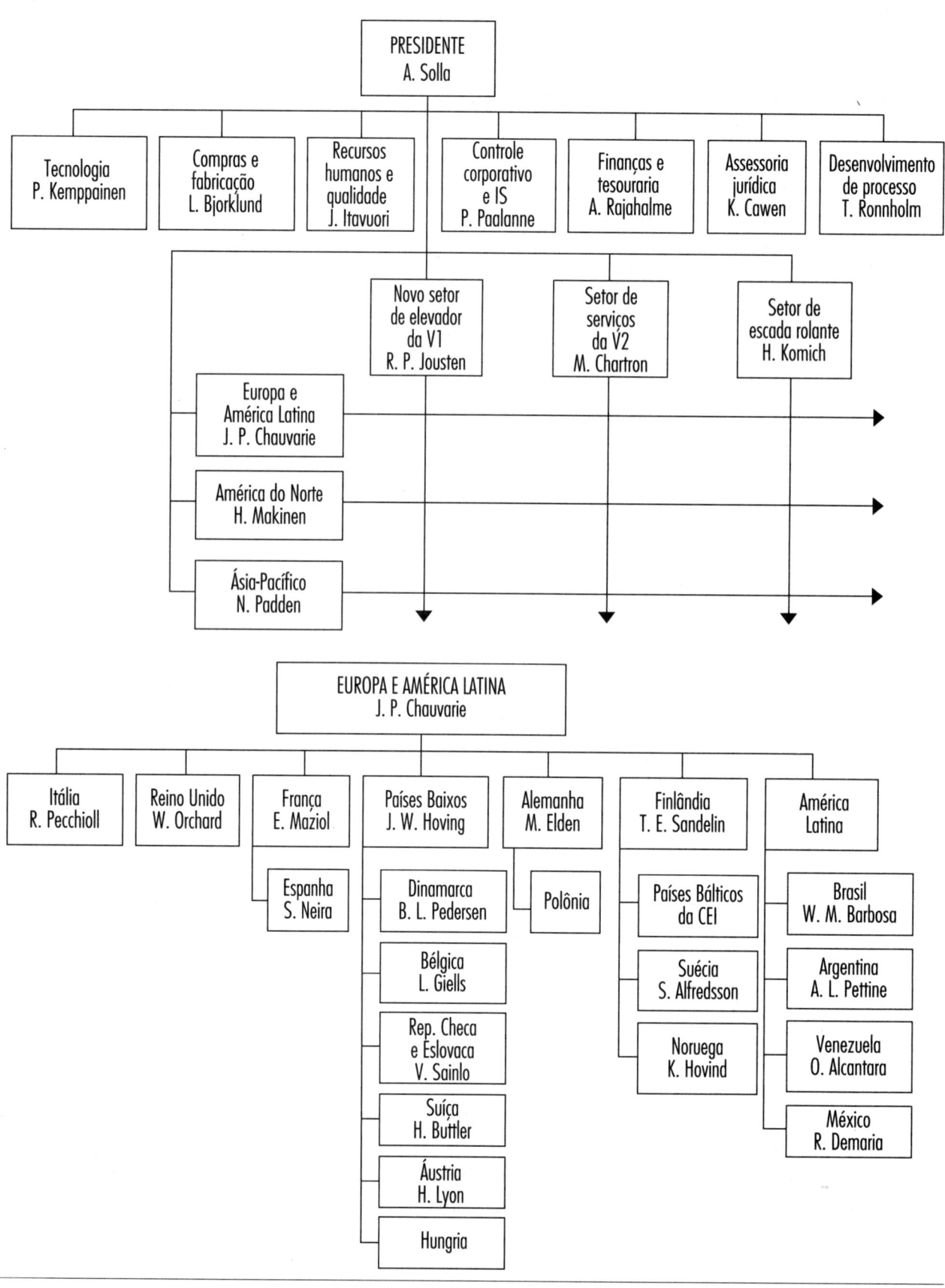

PRESIDENTE — A. Solla

- Tecnologia — P. Kemppainen
- Compras e fabricação — L. Bjorklund
- Recursos humanos e qualidade — J. Itavuori
- Controle corporativo e IS — P. Paalanne
- Finanças e tesouraria — A. Rajahalme
- Assessoria jurídica — K. Cawen
- Desenvolvimento de processo — T. Ronnholm

Sob Controle corporativo e IS:
- Novo setor de elevador da V1 — R. P. Jousten
- Setor de serviços da V2 — M. Chartron
- Setor de escada rolante — H. Komich

Sob Novo setor de elevador da V1:
- Europa e América Latina — J. P. Chauvarie
- América do Norte — H. Makinen
- Ásia-Pacífico — N. Padden

EUROPA E AMÉRICA LATINA — J. P. Chauvarie

- Itália — R. Pecchioll
- Reino Unido — W. Orchard
- França — E. Maziol
  - Espanha — S. Neira
- Países Baixos — J. W. Hoving
  - Dinamarca — B. L. Pedersen
  - Bélgica — L. Giells
  - Rep. Checa e Eslovaca — V. Sainlo
  - Suíça — H. Buttler
  - Áustria — H. Lyon
  - Hungria
- Alemanha — M. Elden
  - Polônia
- Finlândia — T. E. Sandelin
  - Países Bálticos da CEI
  - Suécia — S. Alfredsson
  - Noruega — K. Hovind
- América Latina
  - Brasil — W. M. Barbosa
  - Argentina — A. L. Pettine
  - Venezuela — O. Alcantara
  - México — R. Demaria

FONTE: Kone.

| ANEXO 4 | INFORMAÇÕES FINANCEIRAS RESUMIDAS DE CINCO ANOS DA KONE |

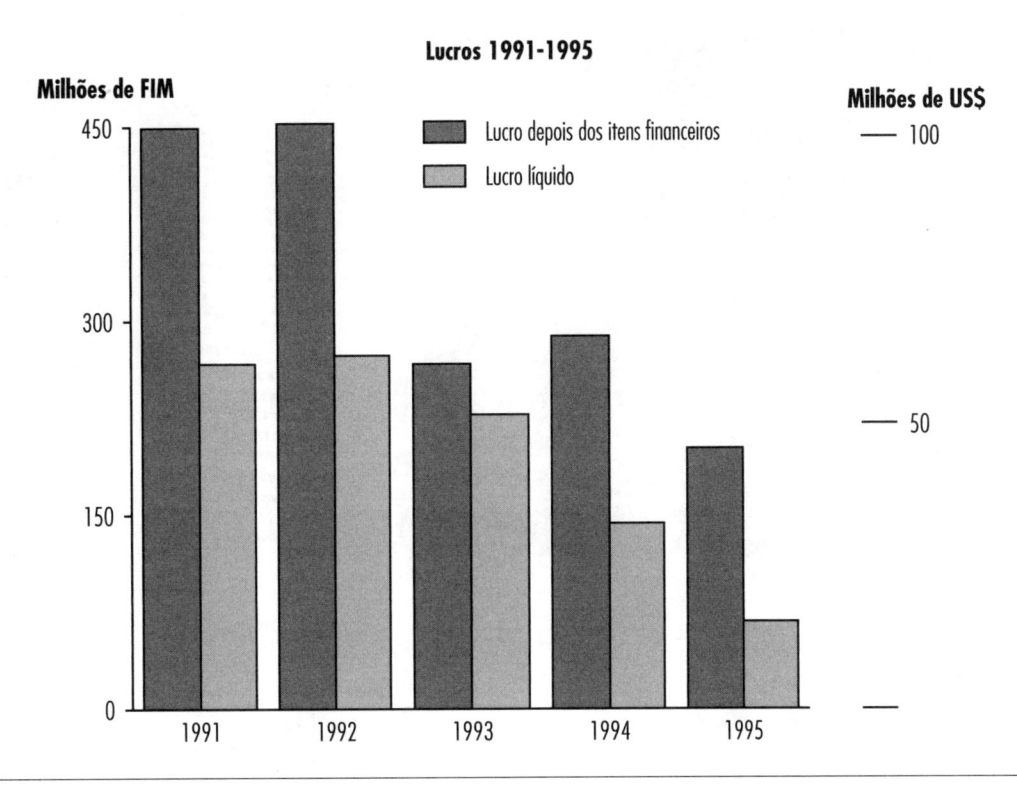

Lucros 1991-1995

(Gráfico de barras mostrando Lucro depois dos itens financeiros e Lucro líquido, em Milhões de FIM e Milhões de US$, para os anos 1991 a 1995.)

FONTE: Kone.

Evolução do MonoSpace da Kone

Um elevador comercialmente viável e sem casa de máquina há muito já era uma noção atrativa para os fabricantes de elevadores, pois acrescentaria espaço utilizável adicional significativo para fins de geração de receita, e maior liberdade arquitetônica. Em 1992, a Otis do Japão introduziu um protótipo de elevador sem casa de máquina com base em um motor de indução linear, mas seu preço especial superava sua economia de custo na construção e as possibilidades de geração de receita, portanto não foi um sucesso comercial.

Com base no conceito de motor de indução, a equipe de P&D da Kone, em 1993, projetou de novo a geometria do motor e usou novos materiais para desenvolver magnetos permanentes finos e leves que eliminaram a necessidade de componentes volumosos e caros. Diferentemente dos sistemas de tração a engrenagem comparáveis, que exigiam uma caixa de engrenagens, a nova máquina da Kone, o "EcoDisc", controlava a velocidade ao variar a frequência da corrente alternada fornecida para o motor, como feito, em geral, nos modernos elevadores sem engrenagem de alta velocidade. O EcoDisc, assim, oferecia conforto na ascensão comparável àquele de um sistema de transmissão sem engrenagem. A necessidade de uma casa de máquina foi eliminada, ao se instalar o EcoDisc no topo do poço, entre um dos trilhos de guia e a parede do poço; dizia-se, então, que o elevador inteiro ocupava um Espaço "Mono". O EcoDisc e o MonoSpace estão representados no Anexo 6.

A unidade de força do EcoDisc também era extremamente eficiente em termos de energia, consumindo apenas a metade da energia da tração a engrenagem comparável, e um terço da energia necessária de um sistema hidráulico comparável. Isso e a corrente de baixo pico se convertiam em menos cabea-

ANEXO 5 | EXEMPLOS DE PRODUTOS

FONTE: Kone.

mento elétrico caro e fusíveis. Mais ainda, diferentemente dos elevadores hidráulicos, o MonoSpace não exigia óleo, eliminando os perigos potenciais de incêndio e ambientais. Seu tempo de instalação era de aproximadamente 190 horas, 60 horas a menos que o elevador tradicional mais simples. (O Anexo 7 compara os diferentes sistemas de transmissão.)

Em teoria, o EcoDisc era aplicável aos elevadores por toda a linha de produtos existente da Kone. Mas, à medida que a carga e a velocidade aumentavam, assim ocorria com o tamanho da máquina, sendo no final muito grande para caber dentro do poço. Com a atual tecnologia do EcoDisc, uma cabina para 16 pessoas exigia uma casa de máquina. Em consequência, com base nos tamanhos de cabina mais comuns, os engenheiros da Kone desenvolveram os sistemas MonoSpace para elevadores de oito pessoas e 13 pessoas com velocidades de operação de um metro por segundo que poderiam ser usados em prédios com 12 andares ou menos. No mesmo período estavam trabalhando para ampliar as capacidades da máquina do EcoDisc e da linha de produtos MonoSpace.

A Experiência do MonoSpace na Europa

A Kone voltou o MonoSpace diretamente para o maior segmento de mercado de novos equipamentos da Europa: o de elevadores residenciais de baixa ascensão. Na época em que Hätälä começou a desenvolver

TABELA C8.2 | INFORMAÇÕES FINANCEIRAS RESUMIDAS DA KONE AUFZUG (VALORES EM DM MIL)

	1993	1994	1995
Receita da V1	88.003	87.876	86.852
Lucro da V1	−4.328 (4,9%)	−1.886 (2,2%)	−6.300 (7,3%)
Receita da V2	114.718	116.762	118.628
Lucro da V2	17.140 (14,9%)	18.140 (15,5%)	19.086 (16,1%)
Receita total	202.721	204.638	205.480
Lucro total	12.812	16.254	12.786

FONTE: Registros da empresa.

ANEXO 6 | MONOSPACE E ECODISC DA KONE

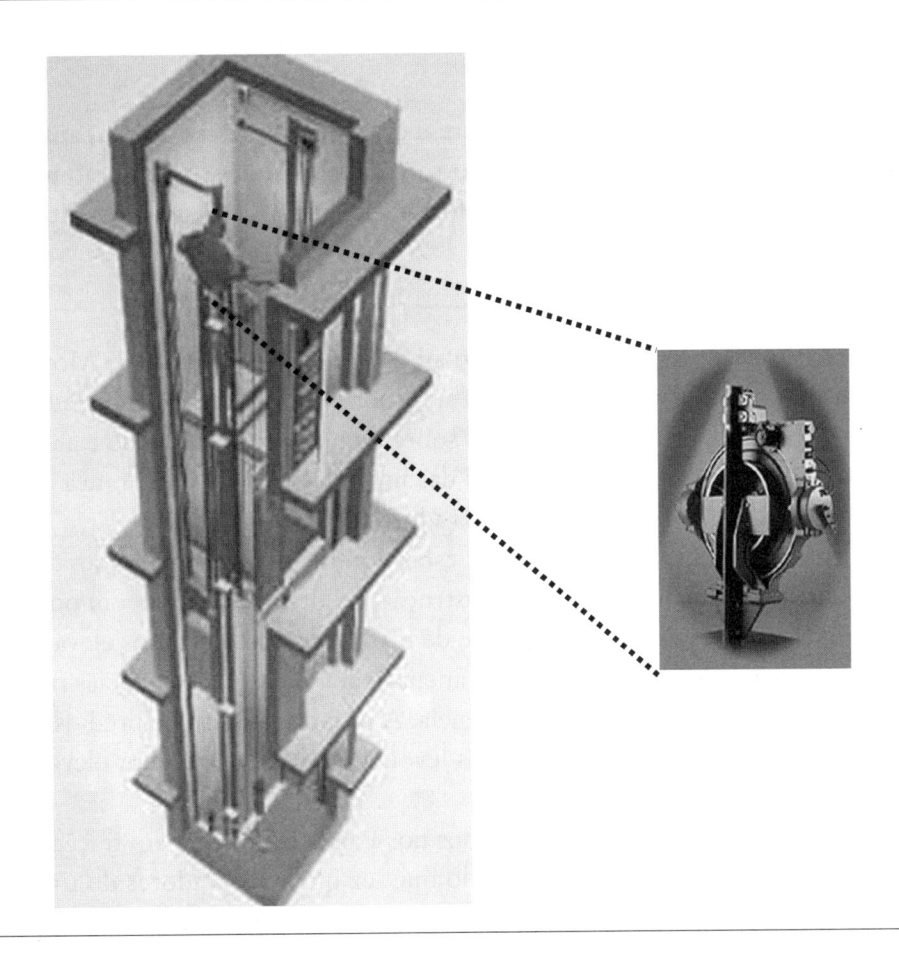

FONTE: Kone.

um plano de lançamento para a Alemanha, o MonoSpace havia sido testado quanto à comerciabilidade nos Países Baixos e lançado oficialmente, com graus variados de sucesso inicial, nos Países Baixos, na França e no Reino Unido. Os gerentes da Kone selecionaram os Países Baixos porque o mercado estava

| ANEXO 7 | COMPARAÇÃO DAS UNIDADES DE TRANSMISSÃO HIDRÁULICA, DE TRAÇÃO E DO ECODISC |

Características	Hidráulica	Tração	EcoDisc
Velocidade (metros/s)	0,63	1,0	1,0
Carga (kg)	630	630	630
Tamanho do motor (kW)	11	5,5	3,5
Tamanho do fusível principal (amp.)	50	35	15
Consumo de energia (kWy)	7.500	5.000	2.500
Perda térmica (kW)	4,3	3,0	1,0
Exigências de óleo (litros)	200	3,5	0
Peso (kg)	650	430	190
Casa de máquina (m^2)	5	11	0

FONTE: Registros da empresa.
NOTA: kWy – quilowatt por ano é uma medida-padrão para a comparação do consumo de energia dos equipamentos.

dominado por elevadores de baixa ascensão, a empresa era a líder no mercado e as autoridades normativas do país, sendo relativamente progressistas, por certo veriam o MonoSpace como uma nova solução de elevador, em vez de algo que não estivesse em conformidade com os códigos existentes.[3]

Lançamentos no Mercado

Embora a construção estivesse relativamente estagnada nos três países em que o MonoSpace fora oficialmente lançado de início, os prédios residenciais eram responsáveis por cerca da metade de toda a atividade de construção (ver Tabela C8.3 para mais detalhes sobre o tamanho do mercado e a participação da Kone no mercado de cada país). Aproximadamente 90% das unidades vendidas na França e 70% daquelas vendidas no Reino Unido e nos Países Baixos eram elevadores de baixa ascensão.

O mercado do Reino Unido era singular por estar dominado por construções de uma estrela (construção de baixa qualidade) e de cinco estrelas (construção de alta qualidade), com poucas entre estas, gerando demanda para elevadores de primeiro nível e de nível mais baixo. Muitos elevadores residenciais de baixa qualidade foram instalados no Reino Unido apenas para atender a exigências normativas de acesso, principalmente para idosos e portadores de deficiência. A preponderância de prédios de duas e três estrelas (qualidade média) na França e nos Países Baixos levou a ampla demanda por elevadores da faixa intermediária e de qualidade média.

De 60% a 70% de todos os elevadores vendidos nos Países Baixos tinham tração a engrenagem, uma consequência de uma situação anômala de mercado que fez que os elevadores do tipo tração a engrenagem fossem 5% menos caros que os elevadores hidráulicos. Com os elevadores de tração a engrenagem substituíveis e de baixa ascensão custando quase duas vezes mais que os elevadores hidráulicos no Reino Unido, os elevadores hidráulicos foram responsáveis por 90%, e os elevadores com tração a engrenagem

---

[3] Como os códigos de elevador existentes foram escritos para instalações com casas de máquina, o MonoSpace, por definição, não estava em conformidade. Havia esforços para promover os padrões da União Europeia, mas a dificuldade de modificar as regulamentações variava drasticamente de país a país. Por exemplo, como as regulamentações de elevadores eram parte da Constituição da Itália, mudá-las visando permitir um elevador "sem casa de máquina" exigiria uma lei do Parlamento italiano.

| TABELA C8.3 | VENDAS UNITÁRIAS E PARTICIPAÇÕES NO MERCADO EM 1995 |

	Unidades	Kone	Otis	Schindler	Thyssen	Outras
França	7.000	14%	41%	20%	18%	7%
Reino Unido	3.300	20%	30%	10%	10%	30%
Países Baixos	2.100	40%	19%	13%	6%	22%

FONTE: Diretor de Comunicações de Marketing da Kone.

por apenas 10%, das vendas de baixa ascensão naquele mercado. O mercado francês estava em posição intermediária, com 80% dos elevadores de baixa ascensão sendo hidráulicos e os restantes 20% sendo de tração a engrenagem.

Preços

Dados os objetivos de diferenciação e de construção de marca da Kone, o MonoSpace tinha, em geral, seu preço determinado de acordo com os equivalentes (e mais caros) elevadores de tração a engrenagem. Os gerentes da sede da Kone em Bruxelas sugeriram que o preço do MonoSpace ficasse acima dos preços existentes caso a Kone detivesse menos de 15% de participação no mercado e de acordo com os níveis de preço existentes caso a participação no mercado da Kone fosse diferente (ver a Tabela C8.4).

Os ágios cobrados sobre o MonoSpace nos Países Baixos e na França estavam baseados na justificativa dos gerentes de filial da Kone de que uma parte significativa da economia proveniente de *não* se construir uma casa de máquina se acumularia para o dono ou para a empresa construtora, motivando-os a especificar o MonoSpace. Na França, os custos de energia do MonoSpace seriam de FF 5 mil por ano, menos do que aquele de um elevador de tração comparável, restituindo de modo efetivo um ágio de FF 30 mil em seis anos. O preço no Reino Unido era ditado principalmente pelo preço de transferência de £ 15 mil para a Kone do Reino Unido, o que o colocava próximo ao preço PT.

Estratégias de Mercado

A Kone viu lançamentos formais e artigos em periódicos locais e nacionais especializados em construção e arquitetura como nada mais que um preâmbulo para a venda pessoal e baseada no relacionamento, a atividade que mais confiava em gerar vendas. Para promover a aceitação inicial do mercado, o MonoSpace foi elogiado como um novo sistema de transmissão cuja totalidade de elementos era idêntica à dos outros elevadores de baixa ascensão da Kone. O estilo e o escopo das atividades de marketing da Kone variavam de acordo com o sucesso das vendas projetadas do MonoSpace nos respectivos mercados.

Os Países Baixos. O MonoSpace foi comercializado nos Países Baixos principalmente por meio de reuniões individuais com cada cliente. Aproximadamente 3.500 arquitetos, empresas de construção, donos e consultores foram convidados por mala direta a comparar, em apresentações individuais, o funcionamento de um MonoSpace com os elevadores hidráulicos e de tração a engrenagem. Mais de cem dessas apresentações foram realizadas no primeiro ano das vendas do MonoSpace. Cada um dos artigos relativos ao MonoSpace publicados a uma taxa de aproximadamente um por mês após o lançamento gerou de 40 a 60 consultas. As especificações de construção do MonoSpace, fornecidas em um disco para permitir

TABELA C8.4 | NÍVEIS DE PREÇO PARA OS ELEVADORES DE ASCENSÃO BAIXA DA KONE, 1996[a]

	PH (Hidráulico)	PT (Tração)	PU (Tração)	MonoSpace
Países Baixos	DG 65.000	DG 62.000	DG 68.000	DG 69.000
França	?	FF 150.000	?	FF 180.000
Reino Unido	£ 15.800	£ 30.000	?	£ 30.750

[a] As taxas médias de câmbio das moedas em 1995 eram: DG 1,60/$ 1,00; FF 5,0/$ 1,00 e £ 0,65/$ 1,00.

que empreiteiras e arquitetos incluíssem esta seção nos planos de construção, estavam para ser aprovadas e incluídas no CD-ROM oficial do Netherlands Building Design, um recurso usado para a maioria dos projetos holandeses de construção.

França. Cartas que anunciavam o MonoSpace para os 22 mil clientes franceses existentes da Kone solicitavam que assistissem a um programa de televisão que falaria sobre o elevador. Simultaneamente, uma propaganda do MonoSpace foi publicada em um jornal especializado em construção. O principal lançamento de mercado tomou a forma de uma série de reuniões ao café da manhã realizadas em grandes cidades pelo país, em que cada escritório convidava de 20 a 30 pessoas, principalmente arquitetos, incorporadoras, donos de prédios, donos ou gerentes de empresas menores de construção e funcionários públicos do setor de segurança. Aproximadamente 20 desses cafés da manhã foram realizados durante os primeiros três meses das vendas. Os vendedores da Kone também fizeram apresentações individuais nas empresas de cada uma das seis maiores empresas de construção do país.

O Reino Unido. Dada a sensibilidade ao preço do mercado de baixa ascensão do Reino Unido, o MonoSpace foi lançado "para lembrar às pessoas de que a Kone é uma líder em tecnologia". A tecnologia subjacente, no lugar da aplicação do elevador de baixa ascensão, era enfatizada em uma série de três apresentações realizadas no Museu de Ciências de Londres. Quinhentas empresas de construção, incorporadoras, medidores orçamentistas, consultores e arquitetos foram convidados; dos 220 que aceitaram, 80 compareceram a pelo menos uma apresentação.

Resultados das Vendas

Os gerentes da Kone nos Países Baixos projetaram que o MonoSpace seria responsável por 70% das vendas unitárias totais e por 100% das unidades vendidas no segmento de baixa ascensão no prazo de três anos. O MonoSpace atingiu a meta de 70% dentro dos primeiros dez meses das vendas oficiais e, no prazo de um ano, a Kone controlava 62% do mercado de baixa ascensão nos Países Baixos (mais de 52% acima do ano anterior) e estava logo abaixo de 44% do mercado total dos Países Baixos (mais de 40%). A Kone dos Países Baixos estava na curiosa posição de se preocupar por haver ganhado muito da participação no mercado e perturbado o mercado. "Não queríamos conquistar o mundo com isso", observou o gerente-geral dos Países Baixos,

> apenas queríamos manter a participação no mercado e obter maiores lucros. Não desejávamos alarmar a concorrência, pois não há forma pela qual possamos eliminar uma Otis ou uma Schindler. Precisaremos conviver com esses concorrentes para sempre. [...] A Otis poderia

comprar a Kone à vista [...] e pode bancar a diminuição de seus preços até o ponto em que as vantagens do MonoSpace – sem casa de máquina, com economia de energia e assim por diante – se tornariam sem significado.

As vendas na França e no Reino Unido contrastavam com o sucesso nos Países Baixos. Na França, a meta de vendas do primeiro ano para o MonoSpace foi de 300 unidades ou 70% das vendas residenciais anuais da Kone. Durante os primeiros três meses, apenas 40 unidades do MonoSpace foram vendidas. No Reino Unido, nenhuma unidade fora vendida um mês após o lançamento.

Reações do cliente e pontos de aprendizagem. Dignas de nota entre as reações em geral, extremamente positivas dos clientes com relação ao MonoSpace, estavam as sempre ouvidas "Pelo menos há algo de novo no setor de elevadores" e "Por que não imaginaram isso antes?" Alguns aspectos do MonoSpace eram recebidos de modo mais positivo que o esperado, outros geravam preocupações não previstas. (O Anexo 8 apresenta um resumo dos pontos de aprendizagem.)

Reações da concorrência. Embora fossem encontradas táticas negativas menores, o diretor de vendas da V1 da Kone observou que "a reação da concorrência foi de um silêncio atordoante da maioria". Um concorrente ofereceu-se para pagar pelas casas de máquina, caso os clientes comprassem seus elevadores; outro concorrente disse aos clientes que não havia fornecimento de ventilação no MonoSpace, o que era verdade – as perdas térmicas eram tão baixas que não havia necessidade de ventilação. Na França, os vendedores de um concorrente disseram aos clientes que a Kone havia recebido aprovação para apenas dez instalações de elevador MonoSpace, o que também era verdade; as autoridades governamentais deviam revisar as dez instalações iniciais e, se comprovadas como aceitáveis, concederiam aprovação total – procedimento-padrão para a aprovação de qualquer nova tecnologia na França.

Preparando-se para o Lançamento do MonoSpace na Alemanha

O preço para o elevador MonoSpace na Alemanha ainda não havia sido fixado, mas os custos de produção foram estimados como quase os mesmos para um elevador hidráulico comparável.

O Mercado de Elevadores Alemão

O setor de construção alemão havia passado por um ciclo de crescimento súbito e colapso desde a reunificação das partes ocidental e oriental em 1988. Com o crescimento súbito na construção, o mercado de novos elevadores cresceu de 8 mil unidades em 1988 para uma alta de 15.500 unidades em 1995, quando o crescimento no setor de construção foi interrompido de modo abrupto. Esperava-se, agora, que a demanda por novos equipamentos de elevador encolhesse em 15% no ano 2000. O mercado de elevadores alemão era dominado pela construção residencial. A proporção de unidades de elevador instaladas em prédios residenciais de baixa ascensão, em 1995, de 74%, não parecia que iria mudar de modo significativo nos próximos cinco anos. Em 1995, os elevadores hidráulicos eram responsáveis por aproximadamente 60% do mercado de elevadores residenciais de baixa ascensão da Alemanha, os elevadores de tração a engrenagem respondendo pelo restante. Dois terços das unidades de tração a engrenagem eram do tipo PU mais caro. A demanda por novo espaço comercial, por outro lado, foi refreada pela capacidade excedente significativa.

ANEXO 8 | PONTOS DE APRENDIZAGEM DO MARKETING EUROPEU

Mensagens de vendas. As empresas de construção, talvez devido à sua ênfase no preço inicial, foram as mais difíceis de vender. A maioria dos aspectos cuja atenção das empresas de construção se esperava chamar – eliminação da necessidade de uma casa de máquina e de sistema de andaimes ou um guindaste e os processos simplificados de instalação – eram uma consequência de não haver casa de máquina a ser construída, uma economia que geralmente beneficiava o dono, ou que eram vantagens não exclusivas do MonoSpace, ou seja, eram oferecidas por todo o setor de elevadores de baixa ascensão.

Os construtores dos Países Baixos economizavam DG 7 mil a DG 8 mil, caso não fosse construída uma casa de máquina que já constava no orçamento. De outra forma, a economia do construtor seria de zero. Com a faixa de ascensão baixa, os construtores raramente precisavam de sistemas de andaime e usavam um guindaste apenas se já estivesse por ali. Embora fosse necessária menor coordenação entre o instalador do elevador e as construtoras, tais economias de processo eram, em geral, não valorizadas nos Países Baixos. Metade de um dia economizado em pleno processo de construção que levava um ano era considerada irrelevante pelas empresas de construção, que justificavam que seus trabalhadores poderiam gastar aquela metade do dia jogando cartas, de qualquer forma. Na França, todavia, onde as regulamentações do sindicato ditavam alto grau de coordenação entre os trabalhadores e reuniões semanais dos chefes do *métier*, qualquer redução do processo era valorizada. A situação era quase a mesma no Reino Unido.

A Kone descobriu que muitos pequenos itens, como o uso de elevadores de mais baixa ascensão, alguma economia de tempo/processo etc., em conjunto, poderiam somar 5% de economia nos custos de construção e instalação para a empresa construtora.

Apelo de economia de energia. Não se esperava que a economia de energia do MonoSpace fosse um ponto importante das vendas nos Países Baixos. Os fornecedores de energia, em particular, contudo, descobriram que o baixo consumo de energia do MonoSpace não diminuía as luzes como acontecia algumas vezes com os elevadores de tração a engrenagem ou hidráulicos, em consequência do pico de energia necessário para a arrancada. Os fusíveis elétricos necessários ao MonoSpace também eram muito mais baratos: DG 60 por ano para o MonoSpace em comparação com DG 1.600 por ano para os fusíveis do elevador hidráulico ou DG 800 por ano para os fusíveis do elevador de tração a engrenagem. A Kone dos Países Baixos descobriu que os fornecedores de energia, um grupo influente para o qual ainda não se voltara de início, estavam, consequentemente, recomendando o MonoSpace.

Etiqueta de advertência. Com sua unidade de transmissão e o controlador localizados no poço, no último andar, o MonoSpace não poderia ser usado em prédios com coberturas (o acesso público era necessário). Como sua temperatura precisava ser mantida entre 5 °C e 40 °C, também não era adequado para uso externo. A Kone dos Países Baixos descobriu que os arquitetos haviam começado a projetar todos os seus prédios, inclusive aqueles com coberturas e elevadores externos, para o MonoSpace, ou seja, sem casas de máquina. Para evitar repercussões, toda a publicidade do MonoSpace continha uma "advertência" que explicava essas duas limitações.

Sobretaxa da empresa de construção. A Kone descobriu que, tanto na França quanto nos Países Baixos, algumas empresas de construção retiveram as economias com a casa de máquina ao cobrar uma sobretaxa dos donos/incorporadoras. Em consequência, toda a literatura futura direcionada para as empresas de construção omitiram as economias de custo resultantes da eliminação da casa de máquina e dos custos de funcionamento mais baixos do MonoSpace.

Preocupações do fornecedor único. Nos três países, e particularmente no Reino Unido, os clientes se preocupavam com o fato de que, se deixassem de fora a casa de máquina dos projetos de prédios, isso os deixaria expostos a preços abusivos. Fora outros fornecedores sem casa de máquina, os clientes temiam precisar pagar o que quer que a Kone exigisse. A Kone contra-argumentou ao dar ênfase ao seu interesse em parcerias de longo prazo e na preservação de sua reputação.

Exemplo de instalações. Os clientes queriam ver um MonoSpace instalado antes de comprar e poucos estavam dispostos a ser "cobaias". Esse problema foi abordado nos Países Baixos ao se instalar um MonoSpace em funcionamento na sede da Kone nos Países Baixos.

FONTE: Kone.

Competição

Os principais. Os seis principais participantes do mercado de elevadores alemão eram Schindler, Otis, Thyssen, Kone, Haushahn e Schmitt & Sohn (ver Tabela C8.5). Todos operavam por toda a Alemanha, e cada um deles mantinha redes de serviço 24 horas e filiais de vendas e instalação de novos elevadores bem como instalações de fabricação na Alemanha e no exterior.

Os participantes intermediários. Aproximadamente 30 participantes de porte intermediário, com vendas de novos equipamentos variando de cem a 300 elevadores por ano, operavam regionalmente, embora alguns produzissem uns poucos componentes importantes (por exemplo, carros), a maioria de fabricação terceirizada.

Os "caubóis". Pequenas empresas locais, chamadas "caubóis", que geralmente operavam dentro de uma única cidade, eram cerca de 150. A maioria, sem capacidades de fabricação interna, estava voltada para a compra e a montagem de componentes, e instalação e serviço local.

Desempenho do Mercado

Com o fim abrupto do crescimento da construção na Alemanha, os preços de novos elevadores caíram entre 5% e 7% em 1994 e 1995. Muitos participantes de pequeno porte e alguns de médio porte reagiram ao abandonar ou reduzir bastante os esforços de venda de equipamentos do novo elevador para se voltar à prestação de serviços, exercendo uma pressão adicional sobre os preços ali também. Entre os principais, a Schindler informou que os prejuízos foram de aproximadamente 11% – 13% para a Otis – da receita. Ademais, a Schindler se voltara, durante esse período, para ganhar participação e se tornar uma evidente líder do mercado em elevadores hidráulicos. O objetivo declarado da Otis, eliminar os prejuízos no setor de novos elevadores, fez que essa empresa perdesse participação no mercado.

Clientes de Elevador de Baixa Ascensão

Incorporadoras de imóveis, empreiteiras e arquitetos estavam entre aqueles envolvidos nas decisões de compra no mercado de elevadores de baixa ascensão na Alemanha. As incorporadoras de imóveis estavam principalmente preocupadas com o custo total do desenvolvimento de um novo prédio ou a renovação de uma propriedade existente e com os fatores que afetaram o valor do investimento de suas propriedades, incluindo a qualidade da construção, a época oportuna da conclusão e os custos operacionais. Como a escolha do elevador era vista como pouco impactante sobre os custos totais da construção, a Kone e outras empresas de elevador, percebendo que as incorporadoras de imóveis estavam poucas vezes envolvidas na decisão, raramente se comunicavam direto com elas.

Para prédios de todos os tipos, as empreiteiras responsáveis pela construção e renovação de acordo com os planos das incorporadoras de imóveis e dos arquitetos exerciam maior influência quanto à compra do elevador. Embora as quatro maiores empreiteiras alemãs controlassem aproximadamente 20%, o mercado de construção estava muito fragmentado, com cerca de 20 mil pequenas empreiteiras competindo por contratos.

As incorporadoras de imóveis usavam consistentemente o processo de licitação, em geral solicitando propostas de três ou quatro, como forma de pressionar as empreiteiras visando reduções no preço. Por sua vez, as empreiteiras geralmente usavam um processo de concorrência pública para obter sistemas especializados de construção como estruturas de aço, elevadores e sistemas de HVAC (calefação, ventilação

TABELA C8.5	SETOR DE ELEVADORES ALEMÃO: PARTICIPAÇÕES NO MERCADO EM 1995			
	Mercado de novos elevadores		Elevadores em unidades de serviço	Valor total das receitas
	Valor	Unidades		
Schindler	17,7%	19,4%	13,3%	21,1%
Otis	13,8%	11,6%	11,3%	19,4%
Thyssen	15,4%	12,9%	12,4%	18,1%
Kone	8,5%	9,2%	4,9%	6,7%
Haushahn	6,5%	5,8%	6,4%	5,6%
Schmitt & Sohn	5,4%	5,8%	3,3%	4,4%
Outros	32,7%	35,5%	48,2%	25,0%

FONTE: Registros da empresa.

e ar-condicionado). De vez em quando, um processo de licitação em duas etapas era utilizado, pelo qual as empreiteiras solicitariam propostas "preliminares", como de fornecedores de elevador, e incorporariam uma oferta de preço baixo em sua proposta total de construção para, então, depois da concessão do contrato de construção, reabrir o processo e pedir que os fornecedores reapresentassem propostas. Caso a incorporadora de imóveis e a empreiteira houvessem negociado uma redução do preço global, a empreiteira tentaria repassar as mesmas reduções no preço para os fornecedores do sistema.

Os prédios residenciais eram normalmente construídos por pequenas empreiteiras que, tendo pouco conhecimento técnico, em geral confiavam nos arquitetos para a escolha dos elevadores. Embora os arquitetos não fizessem, com frequência, a escolha do elevador para hotéis e escritórios de pequeno porte que as grandes empreiteiras comumente construíam, para os quais eram em geral usados elevadores "residenciais" melhores, quase sempre escolhiam opções decorativas de elevadores (por exemplo, porta abrindo no centro ou na lateral, material e cores do revestimento interior e assim por diante). Os gerentes da Kone acreditavam que, no mercado residencial alemão, a decisão final de compra de elevadores era tomada pela empreiteira em 50% das vezes, pelo arquiteto em 40% das vezes e por uma incorporadora de imóveis em 10% das vezes.

Processo de Venda da Kone Aufzug

O processo de venda da Kone Aufzug para novos equipamentos tornara-se bem estruturado ao longo dos anos. Na maioria dos casos (96% das compras), os clientes davam início ao contato ao enviar as especificações do elevador e um pedido de cotação para uma filial local da Kone. Como a empresa era um dos principais participantes, praticamente todos os clientes a incluíam na pré-seleção de fornecedores para quem encaminhavam o pedido de cotação. Assim, a Kone tinha acesso a toda a demanda de elevadores no mercado alemão.

As consultas do cliente eram seguidas por uma visita de um vendedor da Kone Aufzug ao contato do cliente, em geral o gerente da empresa de construção ou o arquiteto. O vendedor revisava os desenhos do arquiteto, as especificações do projeto e quaisquer exigências especiais, e passaria a detalhar as opções de elevador sob a forma de um croqui ou desenho em CAD (*Computer-Aided Design*).

Em geral, as empreiteiras queriam, pelo menor preço possível, elevadores que se adequassem às dimensões planejadas do poço e que não exigissem mudanças nos desenhos arquitetônicos. As decisões de compra eram também influenciadas pela qualidade e relevância das informações recebidas pelo cliente, nível de serviço, elaboração do documento de proposta e pela impressão geral do cliente sobre o vendedor. Um gerente de filial da Kone observou: "O cliente deve sentir que esse vendedor é o perito em atender às necessidades do cliente." Uma vez negociadas as especificações do elevador, o gerente de compras da empreiteira torna-se o principal ponto de contato e a discussão passa a ser sobre as condições de pagamento e o preço. Do início ao fim, o processo de compra dura de oito a 15 meses.

Decisões do Lançamento

O planejamento do pré-lançamento de Hätälä começou pela obtenção da aprovação normativa para o produto MonoSpace. Também incluiu a determinação sobre as instalações-piloto do MonoSpace em prédios por três regiões da Kone Aufzug. Em novembro de 1995, quatro clientes de elevadores hidráulicos receberam a opção de converter seus pedidos existentes em MonoSpace. Foram avisados de que receberiam uma unidade de transmissão nova e aperfeiçoada pelo preço já acordado do elevador hidráulico, mas, com relação às casas de máquina para esses prédios que já haviam sido projetadas e construídas, a tecnologia do MonoSpace eliminava a necessidade de uma casa de máquina. Entre janeiro e junho de 1996, dois vendedores foram encarregados de organizar mais 30 instalações-piloto. Todos os clientes-piloto receberam a opção de trocar de elevadores com tração a engrenagem para o MonoSpace sem custo adicional. As vantagens da eliminação da casa de máquina e da redução do consumo de energia e a forma pela qual o cabeamento funcionava, com ênfase na viabilidade e na confiabilidade, foram explicadas em pormenores. Todos os clientes-piloto potenciais, todavia, foram solicitados a "manter segredo quanto à tecnologia".

Havendo consolidado seu conhecimento sobre o mercado alemão e as lições aprendidas nos Países Baixos, na França e no Reino Unido, Hätälä estava se concentrando na seleção dos melhores recursos de marketing. Tinha à sua disposição um kit de marketing que havia sido desenvolvido pela sede da Kone em Bruxelas e que incluía componentes listados no Anexo 9, que dá detalhes sobre os componentes do kit de marketing e um resumo dos recursos de marketing.

Hätälä conhecia as empresas de elevador da Alemanha, particularmente os maiores concorrentes da Kone, confiava em ampla gama de comunicações de marketing que incluíam propaganda, mala direta, eventos com clientes e de lançamento, exibições, visitas ao cliente e relações públicas. Perguntava-se quais destes eram os mais apropriados para o lançamento do MonoSpace.

ANEXO 9 | DETALHES SOBRE O CONJUNTO DE MARKETING E RESUMO DOS RECURSOS DE MARKETING

O kit de marketing desenvolvido pela sede da Kone em Bruxelas incluía os seguintes componentes:

- Um kit para a imprensa em um CD-ROM e uma página web.
- Um folheto sobre o conceito do MonoSpace para complementar a literatura existente sobre a linha de baixa ascensão.
- Duas apresentações de venda em PowerPoint, uma direcionada para construtoras, arquitetos e proprietários, a outra uma apresentação técnica para consultores e para fins de treinamento.
- Um vídeo de 13 minutos sobre o MonoSpace.

(continua)

| ANEXO 9 | DETALHES SOBRE O CONJUNTO DE MARKETING E RESUMO DOS RECURSOS DE MARKETING (continuação) |

- Comunicados à imprensa especializada direcionados a arquitetos, construtoras e proprietários/gerentes da propriedade.
- Manuais de construção e planejamento que incluíam croquis dimensionais e um CAD de primeira linha apresentando o MonoSpace.
- Especificações de arquitetura do MonoSpace.
- Um formulário de comparação do custo total do elevador.
- Uma propaganda comercial na mídia em CD-ROM; um conjunto de cartazes; uma amostra da mala direta; um modelo estático em miniatura do MonoSpace.
- Uma amostra dos brindes promocionais como canetas e *mouse pads*.

Os recursos de marketing disponíveis para o lançamento do MonoSpace na Alemanha incluíam os seguintes:

Anúncios, que apareciam principalmente em jornais e periódicos (nacionais) sobre elevadores e em jornais e periódicos (locais e alguns nacionais) de arquitetura, eram usados principalmente por empresas de pequeno e médio portes. As grandes empresas de elevador raramente anunciavam. Os anúncios únicos eram mais comuns, os de campanha mais raros.

Mala direta, alvo de grandes empresas, voltada para arquitetos, investidores e empreiteiros.

Eventos de lançamento antes da apresentação do novo produto. Todos os grandes participantes usaram *road shows* entre 1993 e 1995. Os clientes eram convidados a hotéis locais para seminários e lanches e recebiam ligações telefônicas de *follow-up*.

Exibições eram usadas principalmente por empresas de componentes.

Visitas aos clientes com apoio da garantia de vendas eram os meios de comunicação mais comuns das empresas de elevadores. A maioria da literatura possuía uma inclinação técnica, refletindo a média da orientação técnica do cliente alemão.

Relações públicas, em que as atividades estavam centradas em comunicados à imprensa e entrevistas coletivas à imprensa. Otis e Schindler apareciam com regularidade na imprensa local e nacional. Outras empresas geralmente só apareciam em jornais locais ou quando algo extraordinário acontecia.

Opções de lançamento

Mala direta – A experiência da Kone com mala direta era limitada. Cartões prontos para envio/de resposta por fax alcançaram taxas de resposta de três ou quatro por milhares. Um envio de 30 mil cartões de resposta por fax, incluindo compra e impressão da lista, custava DM 60 mil.

Road show – O custo de 12 *road shows* – incluindo duas apresentações por dia, espaço em hotel, refeições, custos de viagem, equipamentos (modelo portátil do EcoDisc e carro), mas excluindo despesas internas (por exemplo, tempo dos funcionários) – era de mais ou menos DM 350 mil.

Visita de venda – Uma visita de venda geralmente exige meio dia do tempo de um vendedor. O custo de materiais e do tempo do vendedor era de mais ou menos DM 500.

Vídeo – A dublagem do vídeo para o alemão custaria DM 20 mil; cada cópia de vídeo, DM 5.

Telemarketing – Uma ligação telefônica de um, dois ou até três minutos para 30 mil pessoas custaria aproximadamente DM 100 mil.

(continua)

ANEXO 9 | DETALHES SOBRE O CONJUNTO DE MARKETING E RESUMO DOS RECURSOS DE MARKETING (continuação)

Seminário – Para uma plateia de cerca de 70 pessoas, espaço em hotel, refeições e impressão e postagem de convites custariam aproximadamente DM 10 mil.

Exibição/feira comercial – Aparecer por três dias no The Konstructor, uma grande feira comercial anual do setor de construção realizada na Alemanha, custaria cerca de DM 300 mil. Antes, a Kone considerou o custo muito alto com relação à resposta que gerava.

Imprensa especializada e anúncio em periódicos – A Alemanha tinha aproximadamente 25 periódicos de arquitetura e quase 12 periódicos de prédios e construção.

- Um anúncio de uma página, em preto e branco, em um periódico gratuito mensal com uma circulação de 25 mil exemplares custaria cerca de DM 3 mil.
- Um anúncio de uma página, em preto e branco, em um periódico semanal que custava DM 3,50, com uma circulação de 17 mil exemplares, custaria DM 2.300.
- Um anúncio de uma página, em preto e branco, em um periódico semanal com uma circulação de 31 mil exemplares custaria DM 2.700.
- Um anúncio de uma página, em preto e branco, em um periódico mensal com circulação de 18 mil exemplares custaria DM 1.600.

FONTE: Kone.

À medida que refletia sobre esses detalhes, Hätälä reconhecia que resultados imediatos e favoráveis do lançamento na Alemanha eram vitais para a Kone. Ainda, precisava se lembrar de que as estratégias de precificação e posicionamento do produto que estabeleceu para o MonoSpace na Alemanha causariam um impacto significativo nos prospects de longo prazo para a Kone. Com tanto em jogo, havia pouco espaço para erros.

ESTUDO DE CASO 9

Infosys Consulting em 2006: Liderando a Próxima Geração de Consultoria Industrial e de Tecnologia da Informação

> Não há dúvida em minha mente de que, daqui a cinco anos, o modelo da Infosys Consulting será o modo padronizado de fazer as coisas em que o desenvolvimento da tecnologia é realizado fora do local de trabalho. Somos uma das empresas de consultoria de TI de crescimento mais rápido no mundo. Nossos principais problemas agora são convencer os clientes a quebrar os velhos hábitos e arriscar um novo modelo melhor e recrutar as pessoas certas – talentos de alto nível que entendam a nossa abordagem inovadora e que estejam adequados à nossa cultura singular.
>
> – Steve Pratt, CEO, Infosys Consulting

Em janeiro de 2006, os cinco sócios-gerentes da Infosys Consulting (ICI), também conhecidos, pela liderança da Infosys Technologies, controladora da ICI, como *the dream team* [a equipe dos sonhos], estavam reunidos no *resort* de St. Regis no Condado de Orange, Califórnia, para a sua primeira reunião de equipe do ano. O CEO e diretor executivo Steve Pratt, o diretor de operações (COO) e diretor executivo Paul Cole, o diretor executivo Romil Bahl, o diretor executivo e fundador Raj Joshi e o diretor executivo Ming Tsai (ver Anexo 1 com as biografias da administração) estavam todos orgulhosos do percurso que a empresa havia percorrido desde o seu início em abril de 2004, sendo agora uma subsidiária integral norte-americana da Infosys Technologies. A empresa possuía mais de cem contratos de consultoria e havia crescido, desde o seu início em abril de 2004, para mais de 200 funcionários em janeiro de 2006, alcançando sua meta de recrutamento de dois anos. Isso também estava planejado tanto para a própria meta de receita quanto para a sua meta de contribuição para a receita da Infosys Technologies até o terceiro trimestre do seu segundo ano de existência. Além disso, os diretores executivos da ICI estavam confiantes de que a subsidiária havia contribuído para a classificação da Infosys Technologies na lista das 10 Melhores Empresas da revista *Wired* em maio de 2005 e para as altas avaliações dos analistas em 2004 e 2005 (ver Anexo 2).

Todavia, os cinco diretores executivos visualizaram vários desafios à frente para a ICI. Levados pela ordem de Kris Gopalakrishnan, diretor de operações da Infosys Technologies, de "competir com o melhor", a equipe aspirava ser classificada lado a lado com a IBM e a Accenture, líderes no setor de consultoria industrial e de tecnologia da informação (ver Anexo 3 com as classificações das empresas). Também enfrentavam desafios internos de alavancagem da Infosys Technologies, interligando-se de modo produtivo com a controladora e gerenciando o crescimento à medida que estruturavam a empresa. Além disso, cada diretor executivo estava comprometido no sentido de "mudar as regras do jogo dentro do setor de

ANEXO 1 | BIOGRAFIAS EXECUTIVAS DOS DIRETORES EXECUTIVOS DA ICI

Steve Pratt, diretor-presidente (CEO) e diretor executivo

Com mais de 20 anos de experiência em consultoria industrial, Pratt possuía um histórico estabelecido de práticas de consultoria inovadoras crescentes que se distinguiam no serviço ao cliente. Antes de se juntar à Infosys Consulting, Pratt foi um sócio da Deloitte Consulting e cofundador do setor de CRM da Deloitte.

Na qualidade de fundador, CEO e diretor executivo da Infosys Consulting, Pratt transformou fundamentalmente o setor de consultoria. Criou uma nova marca de empresa de consultoria – que levava abordagens inovadoras para o fornecimento de operações mais competitivas, com menos risco, a um custo total mais baixo para os seus clientes.

Pratt foi indicado como um dos 25 Melhores Consultores do Mundo em 2003 e 2005 da *Consulting Magazine* e ajudou várias empresas da *Fortune 500*.

Suas principais áreas de especialização incluíam ajudar os clientes a melhorar o valor de seus relacionamentos com os clientes, assim como ajudá-los a se tornar mais competitivos. Em uma pesquisa sobre os clientes do sistema Siebel, os clientes consistentemente classificaram Pratt como o nº 1 em Satisfação do Cliente.

Como cofundador (com Bo Manning, hoje CEO da Pivotal Software) do setor de CRM da Deloitte, de 1995 a 2002, Pratt ampliou o setor em mais de 3 mil pessoas e mais de $ 750 milhões em receita.

Pratt era frequentemente mencionado na imprensa sob os tópicos de Estratégia do Cliente, CRM e Vendas e Serviços baseados na web. Recebeu grau de bacharel e mestre em Engenharia Elétrica.

Paul Cole, diretor de operações (COO) e diretor executivo

Como fundador e diretor executivo da Infosys Consulting, Cole era responsável por todas as vendas e operações. Com mais de 25 anos de experiência em consultoria e Tecnologia da Informação, Cole prestava serviços de consultoria de TI para algumas das maiores empresas do mundo.

Cole tinha grande experiência em gerenciamento do relacionamento com o cliente e foi o líder global para a linha de serviço de DRM [gerenciamento de direitos digitais] na Cap Gemini Ernst & Young. Era responsável por um setor de CRM de $ 1 bilhão na Cap Gemini e renomado perito industrial no setor. Também gerenciou a mobilização e a implantação de um esforço de transformação de três anos por toda a empresa, que alcançou aperfeiçoamentos significativos no desempenho operacional. Foi também vice-presidente na Mercer Management Consulting.

Ao longo de toda a sua carreira em consultoria de TI, Cole atendeu a clientes globais da *Fortune 500* de várias indústrias. Administrou os principais contratos de consultoria para clientes como Lloyds TSB, Hewlett-Packard, Scottish Enterprises, SBC Communications, Walt Disney World, IBM, Texas Instruments e GTE.

Cole era bacharel em Gerenciamento de Marketing pelo Bentley College.

Romil Bahl, diretor executivo

Com mais de 15 anos de experiência ajudando os clientes com estratégias industriais e de negócio eletrônico, orientação estratégica de tecnologia e transformações viabilizadas pelo uso de tecnologia em grande escala, Bahl levou o portfólio de Práticas Industriais e Oferta de Serviço para a empresa. Mais especificamente, levou as áreas de Estratégia Industrial/TI, inclusive Alinhamento Industrial, Próxima Geração de TI e Avaliação de Portfólio, usando a estrutura de Vantagem Competitiva da empresa.

Bahl ficou mais de oito anos na A.T. Kearney/EDS, com seu último papel como líder da unidade de Serviços de Consultoria com mais de 6 mil pessoas na EDS. Especializou-se em planejamento estratégico, idealização e lançamento de novos negócios.

Além de sua experiência em Serviços de Consultoria na EDS, os papéis anteriores de Bahl incluíam líder de Tecnologia Estratégica Europeia e Prática de Transformação na A.T. Kearney, em Londres. Antes disso, trabalhou na Deloitte Consulting e liderou a equipe de Planejamento Estratégico de Sistemas de Informação na região Sudeste.

Bahl possui MBA em Gerenciamento de Sistemas de Informação na Universidade do Texas em Austin e bacharelado em Engenharia na DMET, Índia.

(continua)

ANEXO 1 | BIOGRAFIAS EXECUTIVAS DOS DIRETORES EXECUTIVOS DA ICI (continuação)

Raj Joshi, diretor executivo

Como fundador e diretor executivo da Infosys Consulting, Joshi tinha a responsabilidade de desenvolver e construir os setores de Soluções Empresariais e Estratégia de TI da empresa. Também era o arquiteto do Modelo de Realização de Valor da empresa – uma nova abordagem que orienta os contratos de transformação industrial viabilizados pelo uso de tecnologia enquanto fornece valor industrial mensurável.

Joshi possuía grande experiência em serviços de consultoria de Tecnologia da Informação e organizara contratos com o cliente que abarcavam todo o ciclo de vida do desenvolvimento de sistemas. Ele gerenciou projetos em estratégia de TI, transformação industrial, implantações de ERP (Planejamento de Recursos Empresariais), desenvolvimento de aplicativos personalizados, terceirização de ADM (Desenvolvimento e Manutenção de Aplicativos) e desenvolvimento e manutenção no exterior.

Joshi também elaborou projetos que incluíam aspectos de estratégia industrial, reengenharia de processo industrial, gerenciamento de mudança e desenho organizacional junto com elementos de TI.

Antes de se juntar à Infosys Consulting, Joshi era sócio do escritório norte-americano da Deloitte Consulting, onde detinha uma série de posições de liderança. Fundou a Deloitte Offshore na Índia e foi CEO dessa empresa por mais de três anos. Exercia um papel importante na estruturação e no gerenciamento dos relacionamentos com o cliente que alavancaram o modelo de prestação de serviço no exterior. Algumas de suas outras funções incluíam o gerenciamento de alianças globais e liderar o setor de TI de uma das regiões geográficas da Deloitte.

Por toda a sua carreira em consultoria de TI, Joshi atendeu a clientes globais da *Fortune 500* por vários setores. Administrou importantes contratos de consultoria para clientes como AT&T, Agilent, Alcatel, BP, DHL, Fujitsu, General Motors, Hewlett-Packard, Honeywell, NEC, Nokia, Sun, Texas Instruments e Toshiba.

Joshi obteve um MBA da Universidade do Texas em Arlington e também os graus de bacharel e de mestre em Engenharia Química.

Ming Tsai, diretor executivo

Com mais de 21 anos de experiência em consultoria administrativa, Tsai tinha a responsabilidade total por uma série de grupos industriais na Infosys, inclusive Produtos de Varejo e ao Consumidor, Alta Tecnologia e Fabricação Diferenciada, e setores Aeroespacial e Automotivo. Também tinha responsabilidade total pelo desenvolvimento profissional dos funcionários.

Tsai estava voltado para desenvolvimento da estratégia industrial, transformação industrial e reengenharia de processo, gerenciamento do relacionamento com o cliente e da lealdade e comércio eletrônico. Seus clientes incluíam Wal-Mart, Target, CVS, Royal Ahold, Walgreens, Sears, Boots, Metro, PepsiCo, Kraft Foods, Miller Brewing, Coca-Cola, P&G, American Express, AT&T, McGraw-Hill, Microsoft e Xerox.

Antes da Infosys, Tsai estava no setor de Serviços de Consultoria Industrial da IBM, onde deteve posições de liderança em várias funções, inclusive como Líder Global do Setor de Varejo, onde tinha a responsabilidade total pela condução do setor de varejo da IBM. Antes disso, foi o líder de consultoria estratégica para o setor de distribuição (CPG (Bens de Consumo), Varejo e Viagem e Transporte), onde tinha a responsabilidade intersetorial pelo setor de consultoria de estratégia da IBM. Tsai juntou-se à IBM quando esta adquiriu a Mainspring, uma empresa de consultoria em estratégia de negócio eletrônico, em junho de 2001.

Antes de se juntar à Mainspring, Tsai foi sócio na Ernst & Young, onde fora colíder do setor de Estratégia de Comércio Eletrônico na América do Norte. Mais cedo, Tsai fora um gerente sênior do The Boston Consulting Group e um consultor sênior da Divisão de Consultoria sobre Informações de Gerenciamento da Arthur Andersen & Co. (que se tornou, depois, Accenture).

Tsai obteve um MBA com louvor da Columbia Business School, onde foi eleito para a Beta Gamma Sigma National Honor Society e ganhou o prêmio Benjamin E. Hermann por excelência em marketing. Também obteve o grau de bacharel em Engenharia Mecânica na Universidade de Yale.

FONTE: Infosys Consulting.

ANEXO 2 | CLASSIFICAÇÃO DA EMPRESA E COMENTÁRIO DE ANALISTA

The Wired 4

"Eles são mestres em tecnologia e inovação. São pensadores globais impulsionados pela visão estratégica. São mais espertos que a equipe de RP de Martha Stewart. Estão entre os 40 da Wired."

Revista Wired, maio de 2005

1. Apple Computer
2. Google
3. Samsung Electronics
4. Amazon.com
5. Yahoo!
6. Electronics Arts
7. Genentech
8. Toyota
9. **Infosys Technologies**
10. eBay

"A Infosys toma a liderança"

Forrester Research, dezembro de 2005

A Infosys é bastante capaz de competir tanto com as antigas Cinco Maiores empresas no trabalho de consultoria do processo industrial quanto com os fornecedores indianos de primeiro nível em trabalho técnico de *follow-up*. Antes da fundação da Infosys Consulting, a Infosys, como outros fornecedores de primeiro nível, tinha sólidas capacidades de consultoria técnica gerenciadas por meio de grupos horizontais e verticais. [...] A Infosys Consulting representa o compromisso renovado da Infosys com a capacidade de consultoria do processo industrial em seu esforço para ser levada a sério como uma consultoria global e empresa de prestação de serviços de TI.

"A Índia mostra o caminho para a consultoria da próxima geração"

AMR – Lance Travis & Dana Stiffler, 8 de abril de 2004

O modelo tradicional de consultoria está morto. O modelo de consultoria da próxima geração combina prestação de serviço global que se capitaliza em recursos de baixo custo com consultoria estratégica de alta qualidade.

A consultoria industrial vinculada à perícia de prestação de serviço de baixo custo e centrada no processo da Infosys oferece às empresas um novo parceiro de consultoria estratégica do tipo de alto valor.

"A Infosys busca talento local para o setor de consultoria dos Estados Unidos"

Gartner – Fran Karamouzis, 13 de abril de 2004

Primeira tomada: a criação de uma empresa de consultoria baseada nos Estados Unidos é uma etapa importante em direção à estratégia de longo prazo da Infosys de se apresentar como uma prestadora de serviços global. O investimento de $ 20 milhões da Infosys nessa subsidiária é projetado para enviar um sinal claro ao mercado de que a Infosys está se diferenciando de seus concorrentes indianos e que pretende competir por serviços de consultoria industrial com as consultorias tradicionais.

Gartner acredita que vários outros prestadores de serviço de TI no exterior seguirão a liderança da Infosys. Ao final de 2004, uma série de empresas estrangeiras buscarão disputar a estratégia de fornecimento de uma oferta de consultoria nacional dentro do mercado empresarial norte-americano (probabilidade de 0,7).

FONTE: Informações compiladas da Infosys Consulting.

---

consultoria", nas palavras do sócio-fundador Raj Joshi. Ao aplicar a abordagem da Infosys Technologies à prestação de serviço global, a equipe de liderança na ICI acreditava que a empresa havia criado um modelo singular de consultoria industrial e de tecnologia da informação que abreviava o ciclo de vida desde a consultoria industrial até a implantação da tecnologia, reduzia os custos de um contrato típico com o cliente e fornecia vantagens mensuráveis aos clientes.

580　Estudo de Caso 9　Infosys Consulting em 2006

| ANEXO 3 | MAIORES EMPRESAS DE CONSULTORIA DE INFORMÁTICA E INTERNET (CLASSIFICAÇÃO BASEADA NAS VENDAS, EM MILHARES DE US$) |

Classificação	Empresa	Vendas em 2005 (em milhares)	Vendas em 2004 (em milhares)
1	INTERNATIONAL BUSINESS MACHINES (IBM)	$ 91.134.000[1]	$ 96.503.000
2	ELECTRONIC DATA SYSTEMS CORP (EDS)	$ 19.757.000[2]	$ 19.863.000
3	ACCENTURE	$ 17.094.400	$ 15.113.582
4	COMPUTER SCIENCES CORPORATION (CSC)	$ 14.058.600[3]	$ 14.767.600
5	CAPGEMINI	$ 8.305.300	$ 8.128.161
6	SCIENCE APPLICATIONS INTERNATIONAL CORP (SAIC)	$ 7.187.000	$ 6.720.000
7	ATOS ORIGIN SA	$ 6.519.790	$ 6.332.280
8	UNISYS CORP	$ 5.758.700	$ 5.820.700
9	AFFILIATED COMPUTER SERVICES INC.	$ 4.351.159	$ 4.106.393
10	CGI GROUP INC.	$ 3.173.600	$ 2.574.500
11	WIPRO LTD.	$ 1.863.000	$ 1.349.800
13	INFOSYS TECHNOLOGIES LTD.	$ 1.592.000	$ 1.062.600
N/A	TATA CONSULTANCY SERVICES	N/A	$ 1.614.000

[1] As vendas do segmento industrial de Serviços Globais da IBM em 2005 foram de $ 47,4 bilhões.
[2] As vendas de serviços de BPO da EDS em 2005 foram de $ 2,8 bilhões. Durante 2005, a EDS aprovou um plano para a venda de 100% de sua participação acionária no setor de consultoria de gerenciamento da A.T. Kearney. Aquela subsidiária, cuja venda foi concluída em 20 de janeiro de 2006, é classificada como "detida para venda" em dezembro de 2005 e 2004, e seus resultados para os exercícios encerrados em 31 de dezembro de 2005, 2004 e 2003 estão incluídos em lucro (prejuízo) de operações descontinuadas.
[3] As vendas do segmento industrial de TI & Serviços Profissionais da CSC em 2005 foram de $ 7,0 bilhões.

NOTA: Conforme as notas de rodapé anteriores, com exceção da IBM e da Accenture, as empresas mais bem classificadas derivam vendas de serviços de implantação de TI em vez de consultoria industrial e de tecnologia da informação.

FONTE: Dados sobre vendas totais da Plunkett Research Ltd., www.plunkettresearch.com; dados sobre vendas por segmento dos relatórios anuais da empresa.

Retrospecto a Abril de 2004: o Início da Infosys Consulting

A evolução das empresas globais de prestação de serviço de Tecnologia da Informação (TI) na Índia teve início nos anos 1990, com a aquisição de serviços de desenvolvimento e manutenção de aplicativos por empresas norte-americanas. O trabalho de terceirização do processo industrial (BPO) na Índia foi grandemente conduzido por unidades cativas, por exemplo, empresas como a General Electric realizariam a BPO por meio de subsidiárias na Índia, em vez de trabalhar com empresas terceirizadas como a Infosys Technologies. De 1993 até 1999, à medida que as empresas norte-americanas ganharam a confiança no trabalho com empresas indianas e quiseram alavancar os benefícios da prestação de serviços no exterior ao tirar vantagem de serviços de alta qualidade a baixos níveis de preço, empresas indianas como a Infosys Technologies começaram a expandir a sua área de cobertura ao adicionar linhas de serviço.

Um dos principais objetivos da Infosys Technologies foi aumentar a receita por meio de negócio repetido com a base de clientes da empresa. Para isso, a Infosys Technologies ofereceu aos clientes novas oportunidades de trabalho com a empresa. A Infosys Technologies expandiu sua oferta de serviço para incluir a implantação de pacotes (por exemplo, o software de planejamento de recursos empresariais SAP), P&D, gerenciamento de infraestrutura, integração de sistema, teste como serviço e BPO. À medida que o conjunto de serviços da empresa se ampliou, os relacionamentos com os seus clientes se tornaram mais complexos. A Infosys Technologies começou a trabalhar com o lado industrial das organizações dos clientes, assim como com o setor de TI, para gerenciar essas organizações complexas. A Infosys Technologies visualizou a oportunidade de entrar em um precoce relacionamento com o cliente com o objetivo de definir problemas, identificar soluções e, então, implantar uma solução como evolução natural de sua oferta de serviço. Em 1999, a Infosys Technologies, que tinha, na época, aproximadamente 3.700 funcionários e uma receita anual de cerca de $ 12 milhões, decidiu dar início a uma unidade industrial de consultoria interna. Todavia, o sucesso da empresa em consultoria estava restrito devido ao seu valor de marca, alocação de investimento e capacidades de recrutamento limitadas.

Raj Joshi, que impulsionou o recrutamento da Deloitte Consulting na Índia no final dos anos 1990 e que se tornou, então, o fundador e CEO do Grupo de Tecnologia no Exterior da Deloitte na Índia em 2001, abordou Kris Gopalakrishnan, o diretor de operações da Infosys Technologies, algumas vezes (de 1997 a 2001) para dar início a uma aliança entre as duas empresas. Como explicou Gopalakrishnan, uma parceria de longo prazo não era algo que a Infosys Technologies estivesse disposta a levar em consideração:

> Acreditávamos que, se subcontratássemos alguém mais, a marca Infosys se diluiria. A consultoria gera trabalho de recebimento de dados [*downstream*] e nosso objetivo era ter o controle da conta do cliente; assim, uma parceria não era exatamente algo que estivéssemos buscando. Sempre acreditamos que as *joint ventures* possuem uma vida muito limitada ou uma validade limitada quando se começa a competir com um dos parceiros, à medida que começa a existir uma superposição de negócio com um dos parceiros ou quando os objetivos de longo prazo de um daqueles parceiros passam a conflitar com os objetivos da *joint venture*. Assim, pode ter havido oportunidades para a parceria em uma base por projeto, mas não havia forma de visualizarmos uma oportunidade de parceria de longo prazo com alguma empresa porque a Infosys queria ocupar aquele espaço afinal, então teria estado em conflito com os objetivos de longo prazo da empresa.

Raj Joshi começou a trabalhar com Steve Pratt, que havia feito o setor de Gerenciamento de Relacionamento com o Cliente da Deloitte crescer do nada para $ 750 milhões, para alavancar o modelo estrangeiro na Deloitte Consulting em 2003. Os dois sempre discutiam sobre o conceito de um novo modelo de consultoria e consideravam a Infosys Technologies como um ótimo parceiro potencial.

Em 2004, a Infosys Technologies era uma empresa de um bilhão de dólares com uma base de funcionários de 25 mil e havia estabelecido um sólido valor de marca. A empresa decidiu ainda desenvolver seu setor de consultoria. Na qualidade de CEO da Infosys Technologies, Nandan Nilekani explicou:

> Acreditávamos que a área para serviços de TI estava passando por uma mudança disruptiva e vimos uma nova forma de prestação de serviço ao aplicar nosso Modelo de Prestação de Serviço Global a essa área. Tivemos uma visão de criar a próxima geração da empresa de prestação de serviços de TI ao combinar nossa ótima reputação para a execução de negócios com os serviços de consultoria.

As opções da Infosys Technologies para investimento em sua oferta de consultoria incluíam fazer uma aquisição e desenvolver organicamente o negócio. Uma vez que a Infosys Technologies queria estabelecer um novo modelo na área de consultoria, a empresa decidiu-se contra uma aquisição. A empresa também concluiu, a partir de experiências passadas, que o crescimento orgânico do negócio limitaria sua capacidade de atrair o tipo certo de talento para a consultoria. A Infosys Technologies decidiu criar um modelo híbrido, ao estabelecer uma subsidiária integral baseada nos Estados Unidos.

Tanto Joshi quanto Pratt estavam interessados na ideia de a Infosys Technologies dar início a uma subsidiária baseada nos Estados Unidos e recrutaram uma equipe para liderar a subsidiária de consultoria. Com a equipe de liderança instalada, em abril de 2004,[1] a empresa partiu para a estruturação da organização de consultoria. Os cinco sócios não haviam recebido um plano de negócio; só foram questionados sobre o que poderiam alcançar com um novo setor de consultoria. Estipularam metas agressivas. Uma era ter 500 consultores em três anos. A Infosys Technologies investiu $ 20 milhões na subsidiária de consultoria.

2006: Visão Geral do Setor de Serviços de Tecnologia da Informação (TI)

O mercado para serviços de TI era grande e crescente. A IDC, fornecedora de inteligência de mercado para o setor de TI, previu que o gasto global em serviços de TI pelo mundo cresceria a uma taxa composta anual de 7% até 2009, alcançando $ 803,9 bilhões, com relação aos $ 524 bilhões em 2003. A Forrester Research Inc., empresa de pesquisa de tecnologia, projetou o crescimento da consultoria de TI a uma taxa composta de 5% por ano nos próximos cinco anos. Fora as duas maiores participantes – IBM e Accenture – que ainda possuíam uma parcela relativamente pequena do setor, o mercado para consultoria industrial e de TI estava fragmentado.

À medida que o conceito de prestação de serviço global alcançava o sucesso, as empresas se voltaram aos fornecedores terceirizados para o fornecimento de serviços completos de consultoria industrial para desenvolvimento e implantação de aplicativos, gerenciamento de infraestrutura e BPO, usando esse modelo. Duas abordagens diferentes para a alavancagem da prestação de serviço global emergiram no mercado: empresas nacionais baseadas nos Estados Unidos, como a IBM e a Accenture, alavancaram centros estrangeiros para os aspectos de desenvolvimento e implantação da cadeia de valor, enquanto as empresas do exterior, na Índia, incluindo a Tata Consultancy Services (TCS) e a Wipro Technologies (Wipro) – além da Infosys Technologies –, começaram a oferecer serviços de consultoria sofisticados.

A TCS, a Infosys Technologies e a Wipro geraram receitas combinadas de serviço de $ 4,5 bilhões em 2004, até 47% a mais do que em 2003.[2] Sua participação no mercado, contudo, permanecia pequena: uma combinação de 0,8% do mercado total de serviços no mundo. Caso o crescimento para essas participantes continuasse de 20% a 30% ao ano, sua participação no mercado combinada poderia aumentar para 1,7% em cinco anos.[3]

A competição das empresas indianas fez que a Accenture aumentasse o tamanho de sua força de trabalho na Índia, de menos de 5 mil em 2003 para mais de 11 mil em 2004. Em 2006, a Accenture possuía 18 mil trabalhadores na Índia e planejava alcançar 34 mil em poucos anos. A IBM também acrescentou 6 mil funcionários à sua força de trabalho indiana por meio de sua aquisição, em abril de 2004, da Daksh

---

[1] Ming Tsai se juntou formalmente em maio, mas esteve envolvido desde o início.
[2] Pesquisa de indústria da Standard & Poor, "Computers: Commercial Services", *Standard & Poor's*, 18 de agosto de 2005, p. 5.
[3] Ibid., p. 5.

eServices, uma empresa de BPO e fornecedora de central de atendimento, e lançou um novo Centro de Solução Industrial Global em Bangalore, Índia, em 2006, que expandiu sua presença ali para mais de 38.500 funcionários.

Quanto mais empresas globais de serviços de TI mostravam presença na Índia, mais aumentavam os preços e salários. Ao final de 2004, a Infosys Technologies e a Wipro aumentaram os salários de seus trabalhadores de nível médio entre 15% e 20% para combater a ameaça de atrito (que permaneceu entre 10% e 15%). As empresas indianas também introduziram remuneração com base nas ações para encorajar a produtividade em face do aumento da competição.[4]

Tanto as empresas indianas de TI quanto as norte-americanas estavam focalizadas em desenvolver presença em todos os mercados emergentes como China, Malásia, Brasil e Europa Oriental, além de na Índia.

Participantes Líderes Nacionais (Baseadas nos Estados Unidos)

Serviços de Consultoria Industrial da IBM. A IBM, uma das maiores e mais bem estabelecidas empresas de TI, possuía uma grande presença global com profundidade e amplitudes significativas de capacidades e serviços. As principais operações da empresa compreendiam um segmento de serviços globais (que incluía os serviços de consultoria industrial), um Grupo de Sistemas e Tecnologia, um Grupo de Sistemas Pessoais, um segmento de software, um segmento de financiamento global e um segmento de investimentos empresariais. A IBM alavancou a prestação de serviço global por meio de centros estratégicos baseados em hub: a empresa possuía três hubs principais no exterior, na Índia, no Brasil e na China, que ofereciam escala significativa em serviços de aplicativos e canalizavam o trabalho no exterior para locais secundários no México, Bielo-Rússia, Filipinas, Romênia e Argentina, que ofereciam operações em menor escala com conjuntos de capacidades críticas.

A IBM possuía uma marca global muito sólida, uma base global de clientes bem grande e uma presença global em mercados de cliente e no exterior. A empresa havia estabelecido um histórico de sucesso de serviços de manutenção de aplicativos no exterior por meio de sua presença na China durante mais de 15 anos. Ming Tsai, que fora um antigo líder da Mainspring e, então, se tornara um líder global nos serviços de consultoria industrial da IBM depois que a empresa adquirira a Mainspring, chamou a atenção para os pontos fortes e os desafios associados a uma empresa do porte da IBM:

> Junto com a grande rede de suporte da IBM veio muita coisa, como você pode imaginar. Como o negócio da IBM era hardware, software e serviços, a empresa tinha literalmente um exército de pessoas trabalhando em grandes contas. Assim, era preciso trilhar o caminho com muito cuidado, caso estivesse tentando introduzir uma parte do trabalho de serviços, porque poderia, na teoria, pôr em risco a lucrativa licença de negociação de software ou uma negociação permanente de hardware. Mas a rede de suporte da IBM, felizmente, estava também em todos os lugares. Se você tivesse um ponto de vista ou uma mensagem, ou um produto ou uma oferta que quisesse encaminhar a milhares de empresas, poderia fazê-lo de modo bem rápido. O marketing, o setor de RP e o mecanismo que a IBM possuía eram universais.

Dada a escala de suas operações globais, a IBM enfrentava desafios ao integrar a sua abordagem de prestação de serviço global por todos os seus setores e complexidade ao usar canais apropriados de vendas para gerar o trabalho para a sua prestação de serviço global em alguns mercados. Ming Tsai acreditava

---

[4] A Infosys Technologies começou a oferecer ESOPs (plano para compra de ações por funcionários) em 1994 e interrompeu o processo em 2003.

que a IBM operava mais como uma empresa multinacional do que como uma empresa global[5] e chamava a atenção para obstáculos e inaptidões que enfrentava como líder global na IBM, ao tentar mudar um sócio da Austrália para Londres – um processo que terminava levando até um ano.

A empresa também tinha conflitos potenciais com os seus serviços de consultoria industrial e ofertas de produto de aplicativos personalizados, especialmente quando competia contra concorrentes de consultoria industrial com "investimento centralizado". Ming Tsai descreveu o desafio da IBM com respeito ao fornecimento de assessoria objetiva:

> Na Infosys, prestamos serviços e não assumimos nem gerenciamos os centros de dados das pessoas e não vendemos várias peças de software – a esse respeito, fica realmente mais fácil coordenar e encaminhar uma mensagem que seja centralizada. É mais fácil reivindicar e certamente fornecer uma perspectiva objetiva porque jamais somos acusados de recomendar algo apenas para vender software ou hardware adicionais. Na IBM, você é questionado sobre isso todo o tempo: estávamos tão somente dizendo a um cliente para fazer algo porque isso geraria uma grande venda de software? Dessa forma, creio que esse é um desafio real, embora pense que a parte de serviços da IBM seja tão distinta de hardware e software que a questão não se materializa, de fato, em todas as finalidades práticas. Mas ela existe na mente do cliente. Assim, precisamos gerenciar com atenção a percepção em alguns momentos.

Para o exercício fiscal encerrado em 31 de dezembro de 2005, as receitas da IBM diminuíram 5%, para $ 91,13 bilhões, e o lucro líquido de operações continuadas aumentou 7%, para $ 7,99 bilhões. As receitas refletiram o impacto do desinvestimento da empresa relativo ao seu setor de PCs. Para esse período, o lucro líquido sofreu o impacto de um aumento nas margens brutas de lucro, uma diminuição nas despesas de pesquisa e desenvolvimento e aumentos significativos em outros rendimentos.

Os Serviços de Consultoria Industrial da IBM possuíam 60 mil consultores industriais pelo mundo. Além disso, a IBM tinha aproximadamente 50 mil pessoas localizadas em seus centros no exterior. Os recursos estrangeiros eram compartilhados pelas suas unidades de negócio; todavia, a empresa tinha começado a desenvolver perícia industrial em alguns de seus locais no exterior.

Accenture. A Accenture, uma consultoria de gerenciamento, serviços de tecnologia e organização de terceirização sediada em Nova York, possuía mais de 110 escritórios em 48 países, incluindo operações de serviço na Índia, Filipinas, Espanha, China e República Tcheca, Eslováquia, Brasil e Austrália. O negócio da empresa estava estruturado por cinco grupos operacionais que compreendiam 17 grupos industriais que atendiam clientes pelo mundo. As ofertas da empresa incluíam serviços de projeto diferenciados e trabalho de terceirização de longo prazo para manutenção em curso e gerenciamento. Os serviços de consultoria industrial da Accenture incluíam estratégia e arquitetura industrial, gerenciamento do relacionamento com o cliente, gerenciamento financeiro e de desempenho, desempenho humano, aprendizagem, compra e gerenciamento da cadeia de suprimentos. Os serviços da Accenture abarcavam todas as fases dos serviços de aplicativos, inclusive projeto, desenvolvimento, implantação e suporte em curso de novos e estabelecidos aplicativos personalizados ou predefinidos.

---

[5] "Uma empresa multinacional e uma global não são a mesma coisa. A empresa multinacional opera em uma série de países e ajusta seus produtos e suas práticas a cada um – a altos custos relativos. A empresa global opera com constância determinada – a um baixo custo relativo –, como se todo o mundo (ou suas principais regiões) fosse uma entidade única: ela vende as mesmas coisas da mesma forma em todos os lugares." Theodore Leavit, "The Globalization of Markets", *Harvard Business Review* (maio-junho de 1983), p. 92-93.

A Accenture demonstrou profundidade de indústria e processo de primeira classe nos projetos iniciais, enquanto manteve destinos de baixo custo globalmente, além da Índia.[6] A empresa mantinha relacionamentos duradouros com o cliente, uma marca sólida, profundidade e amplitude de perícia e recursos de capital. Todavia, embora a Accenture obtivesse paridade relativa de níveis de preço no exterior, a empresa ainda precisava alavancar totalmente a prestação de serviço global em termos de processo, métodos e ferramentas, assim como custo.[7]

Para os três meses encerrados em 30 de novembro de 2005, as receitas da Accenture aumentaram 12%, para $ 4,54 bilhões, e o lucro líquido cresceu 10%, para $ 214,9 milhões. As receitas refletiram aumento de rendimento nas divisões de Comunicação e Alta Tecnologia, crescimento global nos grupos industriais de seguro e bancos e aumento nas receitas de terceirização nos Estados Unidos. Para esse período, o lucro líquido foi afetado pelo aumento do custo dos serviços e maiores despesas com vendas e marketing. Para o exercício fiscal encerrado em 31 de agosto de 2005, as vendas foram de $ 17,09 bilhões e o lucro líquido foi de $ 940 milhões.

A Accenture possuía mais de 126 mil trabalhadores pelo mundo. A empresa tinha aproximadamente 17 mil pessoas em sua rede de centro de prestação de serviço global, que compreendia mais de 40 centros de prestação de serviço global ao redor do mundo que forneciam serviços de tecnologia e terceirização.

Participantes Líderes no Exterior (Indianos)

Os prestadores de serviços de TI indianos ofereciam dois tipos distintos de serviços de consultoria: consultoria técnica e consultoria industrial. Enquanto a maioria das empresas indianas ampliava suas sólidas capacidades técnicas ao oferecer sólidos serviços de consultoria técnica, sua estratégia de consultoria industrial e capacidades variavam conforme as habilidades exigidas por essa oferta – identificação e avaliação de questões estratégicas, uma presença no local, um entendimento da cultura e do mercado local do cliente, perícia no domínio –, eram diferentes de suas capacidades principais.

Diferente da abordagem da Infosys Technologies para criar uma subsidiária integral de consultoria baseada nos Estados Unidos, as operações de consultoria de outros prestadores de serviço de TI indianos eram gerenciadas por meio de seu setor de tecnologia.

Tata Consultancy Services (TCS). A TCS, com sede em Bombaim, Índia, uma subsidiária do Tata Group, era a maior prestadora de serviços de TI no exterior. A TCS começou as operações em 1968 e alavancou o modelo estrangeiro durante mais de 30 anos. A TCS possuía locais de prestação de serviço global na Hungria, Brasil, Uruguai e China. A TCS oferecia serviços de consultoria, serviços de TI, soluções baseadas em ativos (por exemplo, software de uso exclusivo FIG e Quartz™ para o setor de serviços bancários e financeiros), infraestrutura de TI (por exemplo, total terceirização de redes de TI), serviços de engenharia e industriais e BPO. A TCS abriu o capital em 2004.

A TCS realizou o trabalho de consultoria em uma base de fim específico e oportunista durante muitos anos, mas apenas recentemente estabeleceu uma estratégia de consultoria e criou uma unidade de negócio de consultoria global em 2004. Em 2005, a TCS trouxe Per Bragee, antigo diretor de TI da Skandia e CEO da Ernst & Young, para a Suécia, a fim de desenvolver e gerenciar um setor de Consultoria Global da TCS.

---

[6] Gartner Research, "Magic Quadrant for Offshore Application Services, 2006", *Gartner, Inc.*, 16 de fevereiro de 2006, p. 9.
[7] Ibid., p. 9.

O Tata Group, composto por noventa empresas que iam desde aço e automóveis a serviços de TI, apresentou receitas pelo mundo de $ 17,8 bilhões para o exercício fiscal de 2005. A empresa era responsável por 3% do PIB da Índia.

A TCS possuía 34 mil funcionários e uma presença em 34 países espalhados por seis continentes.

Wipro Technologies (Wipro). A Wipro, a terceira maior prestadora de serviços de aplicativos indiana, possuía uma série de serviços de TI, soluções de software, consultoria de TI, BPO e serviços de pesquisa e desenvolvimento nas áreas de projeto de hardware e de software. A Wipro era parte da Wipro Limited, que possuía três segmentos industriais: Wipro Technologies, o segmento industrial de serviços e produtos globais de TI, que fornecia serviços de TI para clientes nas Américas, na Europa e no Japão; Serviços e Produtos de TI na Índia e Ásia-Pacífico, que estava voltado para atender às exigências de produtos e serviços de TI de empresas na Índia, Ásia-Pacífico e região do Oriente Médio; e Cuidados com o Cliente e Iluminação, que fornecia sabonetes, artigos de toucador e produtos de iluminação para o mercado na Índia. A Wipro tinha uma sólida presença de mercado nos Estados Unidos e uma representação significativa na Europa. Além do crescimento orgânico, a Wipro realizou uma série de aquisições estratégicas como a SpectraMind em BPO e o setor de serviços públicos da American Management Systems (AMS), bem como a NerveWire em consultoria industrial, para desenvolver oportunidades no mercado emergente. A Wipro, com base em Bangalore, Índia, possuía uma operação de prestação de serviço global na China.

Com 225 consultores em 2005, o braço de consultoria industrial sofisticado da Wipro, WCS, era composto por ativos de duas aquisições: NerveWire e setor de serviços públicos da AMS. Sua equipe de consultoria técnica, um adicional de mil recursos, estava espalhada por toda a Wipro em diferentes setores horizontais e verticais. A empresa contratou um antigo sócio da McKinsey para liderar a unidade de consultoria industrial. A abordagem da Wipro com relação à consultoria não exigia dar o controle de suas operações de consultoria para peritos externos, criando uma equipe separada de vendas ou investindo dinheiro acima e além do que os recursos de consultoria são capazes de gerar.

Para o exercício fiscal encerrado em 31 de março de 2005, a Wipro Limited apresentou vendas anuais de US$ 1,9 bilhão. A Wipro Technologies foi responsável por 75% da receita da empresa e 89% de seu lucro operacional.

A Wipro possuía um total de 5 mil consultores espalhados pela América do Norte, Europa e pelo Japão, e mais de 10 mil funcionários itinerantes. A Wipro tinha uma presença em 35 países, inclusive dez centros de desenvolvimento terceirizados em países próximos.

Estratégia e Organização da ICI

A equipe de liderança na ICI tinha uma missão de liderar a nova geração de consultoria industrial para ajudar os clientes a se tornar mais competitivos e ajudar a transformar seus funcionários em grandes líderes. A estratégia envolvia a prestação de consultoria industrial de alta qualidade e a implantação disciplinada de tecnologia a um preço extremamente competitivo. Como explicado a seguir, a ICI poderia cumprir contratos a uma taxa combinada de aproximadamente $ 100 por hora, enquanto as taxas de participantes líderes como a IBM e a Accenture variavam de $ 175 a $ 225 por hora. A empresa planejou ampliar o Modelo de Prestação de Serviço Global (GDM) da Infosys Technologies para o cenário de consultoria industrial e criar uma estrutura empresarial para uma cultura singular que diferenciaria a ICI das outras empresas de consultoria industrial, permitindo o recrutamento de talentos de nível superior e o fornecimento de valor mensurável para os clientes.

Modelo de Prestação de Serviço Global (GDM)

A Infosys Technologies desenvolveu uma abordagem única para a prestação de serviço global há mais de 20 anos e era considerada líder na prestação de serviço de projetos de implantação de TI usando equipes distribuídas globalmente. Os projetos eram divididos em componentes lógicos e distribuídos para locais diferentes (no local, próximo ao local e no exterior), onde poderiam, então, ser fornecidos pelo valor máximo na forma mais rentável (ver o Anexo 4 para uma aplicação da cadeia de valor da prestação de serviço global para a Infosys Technologies). A Infosys Technologies alegava que o GDM cortava os custos do projeto em 30% e reduzia o tempo para a comercialização porque o trabalho combinado das equipes distribuídas pelo mundo tornava realidade um dia de trabalho de 24 horas do projeto. A ICI aplicou esse modelo para integrar a consultoria industrial e o ciclo de vida da implantação da tecnologia (ver o Anexo 5 para a cadeia de valor do GDM incluindo serviços de consultoria). Essa abordagem, chamada "modelo 1-1-3", dava ao cliente um recurso da ICI no local, um recurso da Infosys Technologies no local e três recursos da Infosys Technologies no exterior (na Índia ou em outros centros da Infosys no exterior, como China, Austrália, Ilhas Maurício, República Checa – ver Apêndice sobre a Infosys no final deste estudo de caso).

Ming Tsai chamou a atenção para o treinamento e o conhecimento sobre prestação de serviço global dos recursos no local da Infosys Technologies como um fator de diferenciação das abordagens da concorrência para a prestação de serviço global:

ANEXO 4 | MODELO DE PRESTAÇÃO DE SERVIÇO GLOBAL DA INFOSYS TECHNOLOGIES

Modelo de prestação de serviço global

Local do cliente/PDC*

- **Projeto de descoberta**
  - Análise e planejamento
  - Desenho de alto nível
  - Desenho da interface do usuário
  - Coordenação do projeto
  - Teste no local
  - Implantação

- **Suporte depois da implantação**
  - Suporte de reação rápida

Centros de desenvolvimento no exterior

- **Projeto**
  - Gerenciamento do projeto
  - Desenho detalhado
  - Codificação
  - Teste
  - Documentação

- **Suporte depois da implantação**
  - Correção de erros
  - Suporte de garantia
  - Manutenção

Detalhamento inteligente do projeto

Alavancar dia de trabalho ampliado

Alavancar eficiências de custo

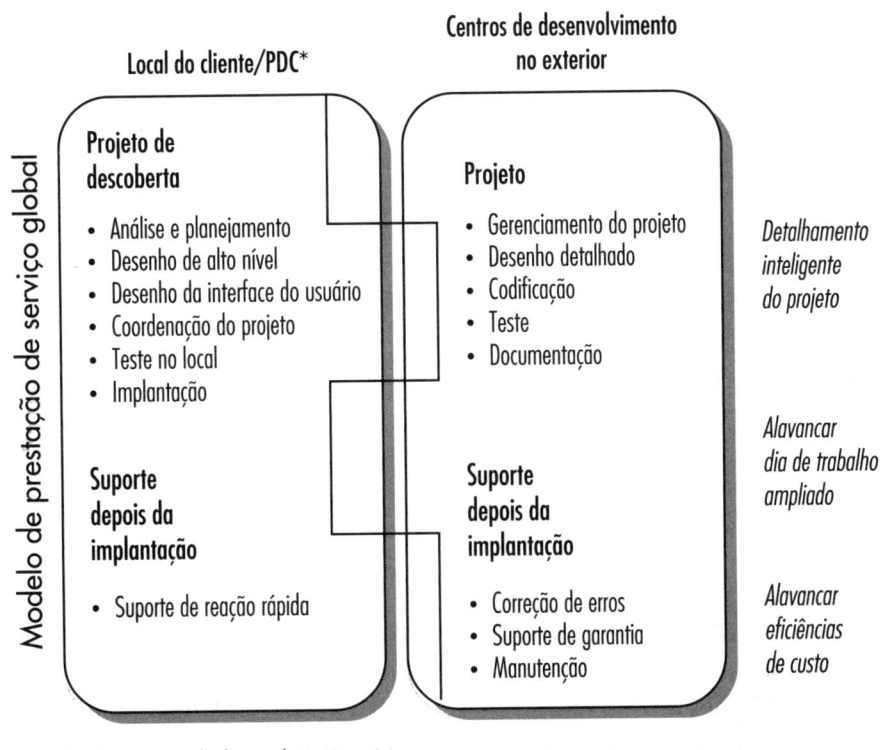

* PDC = centros de desenvolvimento próximos.

FONTE: Dados da Infosys Consulting.

| ANEXO 5 | CADEIA DE VALOR DE SERVIÇOS DE CONSULTORIA E IMPLANTAÇÃO. MODELO DE PRESTAÇÃO DE SERVIÇO GLOBAL DA INFOSYS TECHNOLOGIES AMPLIADO PARA A ICI |

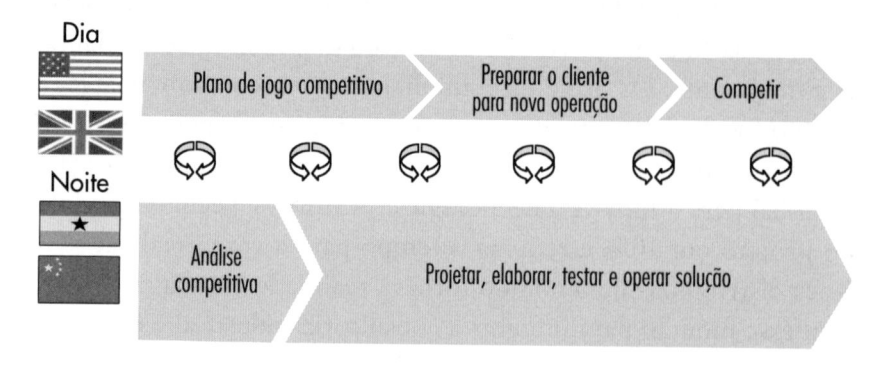

Dia 🇺🇸 🇬🇧 — Plano de jogo competitivo → Preparar o cliente para nova operação → Competir

Noite 🇮🇳 🇨🇳 — Análise competitiva → Projetar, elaborar, testar e operar solução

FONTE: Página web da empresa Infosys Consulting.

Os recursos locais da Infosys Technologies são mais treinados, capacitados e informados sobre a prestação de serviço global. Assim, não se trata apenas de termos muitas pessoas que estão na Índia. É uma questão de um consultor no local ser capaz de entender quais são as limitações da prestação de serviço global e como e quando tirar vantagem da prestação de serviço global. Francamente, existem situações em que você não quer estar no exterior. Você não pode enviar alguém para o exterior se precisar fazer um workshop executivo que necessita ser feito em Nova York, porque é ali que estão todos os banqueiros. A capacidade de reconhecer o que pode e o que não pode ser feito em benefício dos clientes no exterior e no local, e como estruturar uma parte do trabalho ao redor, é, eu diria, contracultural para as equipes medianas de consultoria da IBM ou da Accenture, que estão motivadas a alavancar a utilização de suas equipes no local.

Abreviando o Ciclo de Vida do Projeto da Solução até a Implantação. A empresa possuía uma abordagem diferente para a implantação da tecnologia visando permitir aperfeiçoamentos operacionais. Por exemplo, caso um cliente desejasse implantar o SAP para melhorar suas operações, a abordagem tradicional para o contrato seria analisar os processos da empresa e, então, reprojetá-los. A abordagem tradicional compreendia uma fase de projeto que era diferente de uma fase de desenvolvimento. As especificações seriam escritas seguindo os novos processos ou as exigências do processo. Os processos tendiam a ser agrupados por funções verticais como vendas, marketing, fabricação etc. O SAP, então, seria implantado para fornecer as especificações e os funcionários do cliente poderiam ser treinados quanto ao uso da tecnologia. No ciclo tradicional, o projeto e a configuração das especificações seriam concluídos no local. A conversão de dados e a elaboração de relatórios podiam ser concluídas no exterior.

A abordagem da ICI compreendia analisar as exigências do processo em vez das exigências funcionais. A empresa acreditava que as inaptidões poderiam ser mais bem identificadas se os processos horizontais – por exemplo, o processo de desenvolvimento do produto – fossem levados em consideração em vez dos grupos funcionais verticais, como vendas e marketing. A empresa também estava voltada para as métricas do processo. A fundamentação usada era de que toda mudança recomendada pela ICI precisava causar impacto sobre o desempenho do cliente e, por fim, aumentar seu valor de acionista.

A ICI aplicou o GDM para implantar uma equipe no local para trabalhar com um cliente e perceber como a empresa estava organizada por processo. Havia múltiplos níveis de processos. O Nível 0 era o conjunto mais alto de processos industriais. A maioria das empresas tinha entre cinco e dez processos de Nível 0; por exemplo, o processo de desenvolvimento do produto – para desenvolver um produto desde o surgimento de uma ideia – era um processo de Nível 0. A ICI organizou a equipe de projeto para cada processo identificado como Nível 0. A equipe no local continha peritos em processo e peritos em desenvolvimento de SAP. Essa equipe trabalhava com o cliente durante o dia para capturar o desenho do objeto do processo. À noite, a equipe no exterior convertia os modelos do desenho em uma configuração de software. No dia seguinte, a equipe no local testaria a configuração de software com o cliente e experimentaria uma segunda interação do desenho. À noite, a equipe no exterior desenvolveria a segunda interação.

De modo geral, existiam quatro ou cinco interações para cada objeto do processo. Cada subequipe organizada em cada processo levaria uma semana para desenhar e desenvolver o processo. Caso existissem seis subequipes, seis objetos do processo seriam criados em uma semana. Caso uma empresa possuísse 200 objetos de processo, o desenho e a configuração de software para todos eles seriam concluídos em seis meses, enquanto o uso da abordagem tradicional levasse de dez a 12 meses. Mais ainda, como a configuração estava sendo realizada em tempo real, o resultado final pretendia ser exatamente aquele que o cliente desejava, pois cada interação podia ser testada para aceitação do usuário durante o processo de desenho e configuração.

Redução de Custo. Steve Pratt chamou a atenção para vários aspectos de redução de custo, à medida que descrevia o modelo 1-1-3:

> Trata-se de um modelo industrial inovador porque fornece, em média, um custo mais baixo para os clientes e margens muito mais altas que usamos para pagar bem nosso pessoal, fazer que os investidores fiquem felizes e que possamos investir em nosso negócio. A principal vantagem para os nossos clientes é que eles podem tomar essas economias de custo e reinvesti-las no próprio negócio, tornando-se mais competitivos. Somos os pioneiros na criação do modelo do futuro. Todos estão brigando para pegar nosso modelo, de modo que a competição é no sentido de podermos fazer em escala o nosso modelo com a rapidez necessária. Estando nos dois lados da equação, isso é muito mais divertido: a elaboração e o crescimento mais rápidos são bem mais divertidos que jogar fora um modelo antigo, que é um empreendimento caro, arriscado e desacreditado.

A proposição de valor do modelo 1-1-3 era oferecer recursos de consultoria industrial no local pela taxa de mercado para serviços especiais de consultoria industrial ($ 150 a $ 400 por hora), um recurso de implantação de TI no local por uma taxa que era inferior à média de um desenvolvedor no local ($ 100 a $ 150 por hora) e três desenvolvedores no exterior por taxas mais baixas que as do mercado ($ 105 combinado por hora). Usando esse modelo, a ICI poderia cumprir os principais contratos por uma taxa combinada de aproximadamente $ 100 por hora.

Steve Pratt também levou em consideração o cronograma e os desafios envolvidos na duplicação da estrutura de custo do modelo 1-1-3 da ICI:

> Realisticamente falando, testar a duplicidade de nosso modelo será cansativo nos próximos três a cinco anos, porque é no mínimo um grande problema para as empresas de consultoria como a IBM e a Accenture obter nosso modelo. O problema não é ampliar a escala no exterior, mas reduzi-la aqui. Se seu principal modelo financeiro é construído sobre o compromisso de seus funcionários no local e se as taxas começam a baixar, sua estrutura de custo não é sustentável. O modelo não é difícil de aprender, mas existe um desafio estrutural envolvido na sua duplicação. Outro fator de dificuldade para os nossos concorrentes norte-americanos é que, assim que obtemos escala suficiente, iremos alertar o mercado e fazer baixar os níveis de preço no setor de consultoria. Isso prejudicará os mercados de capital, pois suas margens serão reduzidas. Sua utilização das pessoas, então, precisa aumentar e sua capacidade de investir vai diminuir.

Fornecendo Vantagens Mensuráveis. A ICI seguiu a filosofia da Infosys Technologies de medir tudo. A controladora aumentou a conscientização dos padrões de qualidade nos cenários de software e de serviços ao comercializar a qualidade do trabalho que fornece usando o Capability Maturity Model (CMM) do Software Engineering Institute. O CMM avaliava a maturidade dos processos de software de uma organização e identificava as principais práticas necessárias para o aumento da maturidade desses processos. A Infosys Technologies recebeu a classificação de Nível 5, a qualidade mais alta de fornecimento de desenvolvimento de software, embora, na realidade, a empresa tenha superado em 20 vezes o nível mais alto de qualidade (enquanto os erros máximos permitidos para o Nível 5 são de 0,5, a Infosys Technologies foi classificada em 0,026 – aproximadamente 20 vezes melhor).

O foco da ICI, do ponto de vista de vários serviços, era ajudar os clientes a lidar com desafios/problemas relativos a negócios e tecnologia nas operações do cliente, nas operações do produto e nas operações corporativas. A ICI determinou que um modo claro de fornecer valor seria alcançar o aperfeiçoamento mensurável nas métricas do processo industrial dentro das operações industriais do cliente como resultado de seu contrato de consultoria (ver o Anexo 6 para uma amostra da métrica). Assim, em todos os contratos de transformação industrial e de consultoria de operações, a empresa realizou um esforço combinado e estruturado para fornecer aperfeiçoamento mensurável às métricas do processo como um substituto para causar um impacto positivo sobre o valor do acionista. Para esses contratos, a ICI, de início, analisaria as operações atuais do cliente para estabelecer uma base para o desempenho do processo industrial. A empresa, a seguir, avaliaria a métrica do processo que refletia a eficiência e a eficácia de cada um dos principais processos industriais e, então, projetaria as mudanças na estrutura do processo industrial e permitiria que a tecnologia fornecesse aperfeiçoamento definido às métricas do processo.

Como exemplo, para o processo de gerenciamento de pedidos de um cliente de fabricação (cotação ao recebimento), as métricas do processo como aquelas delineadas a seguir seriam abordadas para gerar aperfeiçoamento mensurável no desempenho do processo:

- tempo decorrido entre a apresentação da cotação e o recebimento de dinheiro do cliente;
- capacidade de processamento de pedidos dentro de um período específico;
- percentual de pedidos configurados com zero erros;
- percentual de pedidos expedidos na data solicitada para embarque;
- número de cotações com preços reajustados;
- número de prazo médio de recebimento por segmento de cliente.

Outro exemplo incluía a métrica de tempo de comercialização que era crítica para o setor de alta tecnologia. Essa métrica era a principal medida de sucesso no setor de alta tecnologia e as empresas reconheciam que o custo de vir em segundo lugar com novos produtos poderia ser grande. Assim, nesse caso, o contrato de consultoria focalizaria a análise do processo de introdução do novo produto com o intuito de usar facilitadores do processo e da tecnologia para reduzir o tempo de comercialização, influenciando assim o sucesso do cliente no mercado ao aumentar sua receita e, daí, causar impacto sobre o valor do acionista.

A ICI também estruturou contratos com os clientes em que as taxas devidas para a empresa dependiam dos resultados do projeto. Um dos clientes da ICI, George Stelling, diretor de TI e líder de serviços globais da NVIDIA Corporation (líder de vários bilhões no mercado de processadores gráficos), trabalhou com a ICI para criar uma estrutura de caso "baseada no valor", em que as taxas tinham como base o sucesso de um contrato de gerenciamento de gasto:

ANEXO 6	AMOSTRA DE PRINCIPAIS MÉTRICAS DO PROCESSO DA ICI – IDEALIZADAS PARA UM PROJETO DE IMPLANTAÇÃO DE ERP PARA O SETOR DE SOFTWARE SUBVERTICAL DENTRO DO SETOR DE FABRICAÇÃO DIFERENCIADA DE ALTA TECNOLOGIA

Estrutura do processo de segmento do setor de software de alta tecnologia

Nível	Nº do nível	Nome do nível (processo)	Objetivo	Métrica
0	1,0	Desenvolvimento da solução no término	Desenvolver e gerenciar soluções que são valorizadas pelos clientes e maximizar a lucratividade para o negócio	• Receitas do produto • Participação no mercado • Custo da venda
0	2,0	Desenvolvimento do canal para acordo	Identificar canais e segmentos do cliente para maximizar a penetração nos mercados existentes, aumentar a base de clientes e gerar crescimento em mercados emergentes	• Participação no mercado por área geográfica • Participação no mercado por canal • Participação no mercado por categoria de produto • Taxas de conversão da linha de produtos • Crescimento da conta • Penetração da conta • Custo de aquisição do cliente/canal
0	3,0	Gerenciamento do canal de alta tecnologia	Gerenciar os clientes do canal de modo eficiente para gerar satisfação do cliente, fortalecer relacionamentos e aumentar as receitas	• Tamanho das contas • Lucratividade das contas • Crescimento da receita dos canais • Número de acordos de novo produto com os canais • Contagens de *feedback* do canal
0	4,0	Gerenciamento da cadeia de suprimentos	Gerenciar de modo eficiente o processo da cadeia de suprimentos para administrar os recursos do parceiro/fornecedor visando minimizar o estoque e otimizar as necessidades de atendimento que antecipam a transparência operacional	• Idade do estoque • Giros do estoque • Estoque obsoleto/excedente por mês • Quociente de estoque gerenciado pela empresa e pelo fornecedor • Variação entre datas de entrega estimada e efetiva • Percentual disponível por promessa satisfeita
0	5,0	Cotação ao recebimento	Fornecer faturamento preciso e imediato para todos os produtos/serviços visando garantir que as receitas sejam totalmente auferidas	• Percentual de expedições faturadas • Prazo médio de recebimentos
0	7,0	Recursos humanos	Contratar talentos para se adequar às definições das funções, planejar treinamento para motivar os funcionários e gerenciar o setor de RP para melhorar a imagem corporativa	• Rotatividade de pessoal • Contagem de *feedback* do treinamento

(continua)

ANEXO 6	**AMOSTRA DE PRINCIPAIS MÉTRICAS DO PROCESSO DA ICI – IDEALIZADAS PARA UM PROJETO DE IMPLANTAÇÃO DE ERP PARA O SETOR DE SOFTWARE SUBVERTICAL DENTRO DO SETOR DE FABRICAÇÃO DIFERENCIADA DE ALTA TECNOLOGIA** (continuação)

Nível	Nº do nível	Nome do nível (processo)	Objetivo	Métrica
0	8,0	Tecnologia da informação	Manter e gerenciar a infraestrutura de TI; planejar e executar as exigências de TI para dar apoio à estratégia industrial	• Tempo inoperante do sistema • Retorno sobre o investimento de iniciativas de TI
0	9,0	Instalações	Gerenciar os ativos da empresa que maximizam o retorno sobre o investimento, dão apoio às operações e minimizam o risco	• Custos de manutenção • Retorno sobre o investimento de bens móveis

FONTE: Dados da Infosys Consulting.

Fizemos com que a ICI colocasse algumas de suas taxas em risco, com base na identificação das economias de custo em determinadas categorias de gasto. Estabelecemos métricas claras no início do contrato, de modo que havia alto grau de transparência para nós e para a ICI. No final do contrato, a ICI recebeu a totalidade de sua remuneração. Para nós, obtivemos valor em termos de focalizar oportunidades de economias de custo "imediatas", assim como estratégias de gerenciamento de gasto de longo prazo. Desde o caso original, incumbimos a ICI com relação à fase de implantação de nossa estratégia de longo prazo. Essas negociações "baseadas no valor" são ótimas, quando é possível estruturá-las. Esses tipos de relacionamentos *win-win* funcionam quando você pode alinhar os incentivos de ambos os lados.

George Stelling acrescentou que a abordagem voltada para as medições da ICI era o fator mais importante em sua decisão de contratar a empresa de consultoria.

A ICI também desenvolveu o próprio conjunto de métricas para rastrear a qualidade do trabalho que a empresa realizava, ao pedir que os clientes classificassem cada contrato (ver o Anexo 7). A empresa evocaria o feedback dos clientes para verificar se havia atendido às expectativas do cliente ou até se as havia superado. A ICI criou uma escala de classificação de 0 a 200, em que 100 indicava que a empresa havia atendido as expectativas do cliente. Em 2006, a ICI manteve uma classificação média acima de 130 com base em mais de cem contratos com clientes.

Organização da Empresa

Embora a Infosys Technologies chegasse ao mercado como uma empresa, visando estabelecer um negócio de consultoria bem-sucedido, a ICI recebeu autonomia para criar a própria cultura, estratégia de recrutamento, estrutura organizacional e pacotes de remuneração.

Construindo uma Cultura Singular. A equipe de liderança da ICI decidiu que precisavam criar uma cultura singular para se diferenciar das outras empresas de consultoria industrial enquanto mantinham os atributos necessários para consultores de sucesso e adotavam os valores essenciais da controladora. Steve Pratt descreveu esse desafio:

ANEXO 7 | FORMULÁRIO DE FEEDBACK DO CLIENTE DA ICI

Infosys CONSULTING

Formulário de Feedback do Cliente

A Infosys Consulting gostaria de agradecer seu tempo em nos fornecer feedback sobre o esforço que recentemente empreendemos para a sua organização. Esse feedback é crítico não apenas para melhorar a qualidade do serviço que forneceremos à sua empresa e aos outros clientes no futuro, mas também na determinação de uma parte da remuneração de nossos consultores. A pesquisa levará apenas de 15 a 30 minutos e poderá ser anônima, caso prefira.

Gostaria de ter anonimato em suas respostas a esse formulário de feedback?   Sim _____   Não _____

Nome		Nome do contrato	
Empresa		Código do projeto (se houver)	
Endereço		Marco	
		Período	

I) Satisfação geral

Em geral, gostaríamos de entender quão satisfeito você está com o trabalho realizado pela Infosys Consulting no (*contrato*).
Usando uma escala de 1 a 7 (em que 7 significa extremamente satisfeito, 6 é muito satisfeito, 5 é satisfeito, 4 é nem satisfeito nem insatisfeito, 3 é insatisfeito, 2 é muito insatisfeito e 1 é extremamente insatisfeito), qual é a sua   **Classificação:** _____

Caso sua classificação seja um 3 ou menos, favor compartilhar conosco as principais áreas em que podemos melhorar.
Podemos dar um retorno disso a você?

Para as Seções 2 a 4, favor classificar cada "atributo", em uma escala de 1 a 7, em termos de *importância para você* na seleção da Infosys Consulting e, seguida, com *relação à equipe*

II) Qualidade

Começando com a qualidade do que foi fornecido, qual é o nível de importância da Infosys Consulting em (*inserir atributo*)? E quão bem se saiu a Infosys Consulting em (*inserir atributo*)?

Importância (1 = nem um pouco importante; 7 = extremamente importante)
Desempenho (1 = desempenho fraco; 7 = desempenho excelente)

a) fornecer percepções industriais significativas
b) fornecer recomendações práticas
c) demonstrar vantagens financeiras quantificadas
d) fornecer a combinação apropriada de análise criativa e baseada em fatos
e) ajudar a sua empresa a se tornar mais competitiva

III) Gerenciamento do projeto

Agora, em termos de gerenciamento global do projeto, quão importante foi (*inserir atributo*)?
E quão bem se saiu a Infosys Consulting em (*mesmo atributo*)?

Importância (1 = nem um pouco importante; 7 = extremamente importante)
Desempenho (1 = desempenho fraco; 7 = desempenho excelente)

a) observância ao cronograma
b) cumprir o orçamento
c) lidar com ambiguidade e com exigências específicas
d) identificar de modo proativo e gerenciar os riscos
e) fechamento oportuno das questões
f) disponibilizar recursos críticos do projeto
g) transferir conhecimento para a sua organização
h) fornecer o nível apropriado de gerenciamento de mudança

IV) Equipe de trabalho/colaboração

Por fim, em termos de quão bem a Infosys Consulting colaborou com a sua organização, quão importante foi/foram (*inserir atributo*)? E quão bem a Infosys Consulting se saiu em:

Importância (1 = nem um pouco importante; 7 = extremamente importante)
Desempenho (1 = desempenho fraco; 7 = desempenho excelente)

a) capacidades de comunicação verbal
b) capacidades de comunicação por escrito
c) conhecimento demonstrado do setor
d) conhecimento funcional demonstrado
e) capacidades analíticas
f) ser segura de si, mas não arrogante
g) interagir de modo eficaz com a sua organização
h) ser proativa
i) usar de modo eficiente os recursos globais
j) adaptar-se à sua cultura

(*continua*)

ANEXO 7 | **FORMULÁRIO DE FEEDBACK DO CLIENTE DA ICI** (*continuação*)

V) Principais valores da Infosys Consulting

Uma das áreas que a Infosys Consulting leva muito a sério na avaliação de seu pessoal são os valores da empresa. Favor ler estas declarações de valor e responder se nosso comportamento foi compatível com cada um.

a) **Satisfação do cliente** (Alcançamos ou superamos os resultados esperados?)   Sim ____   Não ____
b) **Servir de exemplo** (Nossos líderes de projeto serviram de exemplo?)   Sim ____   Não ____
c) **Integridade e transparência** (Fomos sinceros e honestos?)   Sim ____   Não ____
d) **Imparcialidade** (Somos imparciais?)   Sim ____   Não ____
e) **Busca da excelência** (Nós nos esforçamos para alcançar resultados excelentes?)   Sim ____   Não ____

VI) Feedback do cliente

a) Em geral, do que mais gostou sobre o trabalho com a Infosys Consulting?

b) De que formas a Infosys Consulting poderia atender melhor às suas necessidades no futuro? Existem serviços/capacidades/abordagens que poderíamos acrescentar ou fortalecer? Qualquer uma.

c) Ao verificar sua experiência geral com a Infosys Consulting em comparação com nossos concorrentes, como classificaria nosso desempenho?

     A Infosys Consulting saiu-se melhor que as outras empresas ____
     A Infosys Consulting saiu-se igual às outras empresas ____
     A Infosys Consulting saiu-se pior que as outras empresas ____
     Não possui experiência com um concorrente para responder ____

d) Indo mais além, qual é a probabilidade de você recomendar a Infosys Consulting para outra pessoa em sua organização?

     Muito provável ____
     Talvez ____
     Provavelmente não ____

e) Há quaisquer outros comentários/feedback que gostaria de nos dar?

VII) Valor industrial – classificação resumida

A Infosys Consulting empenha-se em maximizar o valor industrial que fornecemos aos nossos clientes. Assim, gostaríamos de entender o nível dado a esse projeto.

Favor nos classificar em uma base de % do valor industrial previsto que o contrato forneceu, em que:

     200% = "A Infosys Consulting superou bastante as expectativas."
     100% = "A Infosys Consulting atendeu às expectativas."   **Classificação:** ____ %
     0% = "A Infosys Consulting atendeu com deficiência as expectativas."

NOTA IMPORTANTE: Esta resposta será usada como dado quantitativo para a remuneração de nossos consultores.
A Infosys Consulting gostaria de agradecer seu feedback sincero e construtivo!

FONTE: Infosys Consulting.

O que precisamos fazer é construir uma empresa que tenha a personalidade de um consultor industrial seguro e assertivo, enquanto nos asseguramos de que estamos integrados à cultura da Infosys. Criar a cultura que seja adequada àquela área é muito importante porque, se formos até o outro extremo e nos tornarmos uma empresa de consultoria arrogante, isso estará em conflito direto com a cultura da Infosys e não funcionará. Da mesma forma, se formos muito longe, no sentido de sermos muito diferenciados, não seremos capazes de dar boa assessoria aos nossos clientes. Um grande desafio interno é construir a cultura correta. Um desafio relacionado é como pegamos um grupo de pessoas de diferentes empresas de consultoria e construímos uma cultura singular. Também estamos enfrentando a mesma questão que sempre tivemos com as nossas carreiras, que é como pegamos pessoas sem qualquer experiência em consultoria e as integramos à nossa cultura.

A equipe de liderança partiu para a elaboração de uma cultura baseada nos valores da Infosys Technologies de prestação de serviço de alta qualidade, medindo todos os aspectos de desempenho e mantendo um senso de humildade. A equipe queria aplicar o rigoroso processo analítico de fornecer assessoria dentro de uma cultura franca e transparente.

Recrutando o Pessoal Certo. A administração da ICI decidiu seguir a filosofia de Narayana Murthy, presidente do conselho da controladora: somente contratar funcionários de primeira linha. Além do recrutamento de MBAs, a empresa usou um sistema baseado em referências para visar os 10% do topo dos talentos de outras empresas de consultoria. Steve Pratt explicou:

> Contratamos uma empresa de busca de executivos e isso não funcionou. Por qualquer motivo que seja, as pessoas precisam concordar emocionalmente com a nossa abordagem. Trata-se de um tipo diferente de recrutamento – mais um tipo de recrutamento "Você quer ser um pioneiro?". E fizemos um bom trabalho convencendo as pessoas que queríamos – pessoas que chegaram a nós por referência – que se juntassem a nós.

A ICI também entrevistou e contratou aproximadamente a metade dos funcionários da unidade de negócio de consultoria original da Infosys Technologies. A ICI descobriu que a maioria desses trabalhadores estavam mais alinhados com as vendas e com o modelo de prestação de serviço da organização controladora e que não possuíam experiência relevante em desenvolvimento industrial e relacionamento com o cliente para a organização de consultoria.

Embora a ICI tenha alcançado sua meta de recrutamento de 200 funcionários ao final de dezembro de 2005, Steve Pratt chamou a atenção aos desafios para que a empresa alcançasse suas metas de recrutamento:

> Estamos tentando contratar mais mulheres. Vimos fazendo um bom progresso, mas gostaria de melhorar isso. Uma das coisas que estamos fazendo estrategicamente para a Infosys Technologies é criar presenças locais. Mais de 80% de nossos consultores são cidadãos do país local. Demos início às operações no Reino Unido e na Alemanha, de modo que desejamos estabelecer uma presença local em todos os mercados em que operamos. É muito importante que a Infosys continue a emergir como uma empresa global. Ainda agora, na maioria, os funcionários da Infosys Technologies são indianos. A meta é termos maior representação em comunidades locais.

Criando uma Abordagem Diferenciada. A ICI decidiu construir uma estrutura organizacional baseada na meritocracia e na transparência. Paul Cole, o diretor de operações, comentou:

> O que me deixa desperto à noite é "Estamos fazendo as coisas de modo diferente?" Se você pegar cinco indivíduos de quatro empresas diferentes, cada um com 20 anos de experiência, Deus nos ajude se estivermos fazendo o mesmo que faziam nossas empresas antecessoras. A grande questão é: como podemos fazer as coisas de modo diferente e aprimorado?

Um exemplo da abordagem da ICI para fazer as coisas de modo diferente era seu modelo de quadro de pessoal, em que a responsabilidade pela contribuição à empresa era dada a cada um dos funcionários. Paul Cole explicou como o modelo era diferente do modelo tradicional de quadro de pessoal de consultoria:

> As empresas de consultoria usam os termos *beach and bench* [tempo de lazer e tempo ocioso entre contratos] para pessoal não utilizado. Não temos isso. Ninguém está descansando, ninguém está sentado na bancada. Estão aprendendo, ensinando, faturando e contribuindo – estão, dessa forma, sempre agregando valor útil à empresa e queremos que assumam o controle de suas carreiras.

A ICI implantou um sistema de quadro de pessoal em que os funcionários podiam lançar suas aptidões em um banco de dados. Um gerente de projeto podia, então, fazer uma busca no banco de dados, equiparar os resultados contra um calendário e ver quais trabalhadores com as aptidões exigidas estão disponíveis para um contrato. Os funcionários podiam solicitar os contratos em que estivessem interessados, e tinham a opção de não serem selecionados para certos contratos. A empresa comprou um módulo de leilão para o seu sistema de quadro de pessoal, para que os colaboradores pudessem apresentar propostas com relação a projetos em um leilão reverso.[8] A ICI também criou a margem de contribuição pessoal, segundo a qual cada funcionário poderia ver sua margem de contribuição ou alocação de receita em cada projeto.

Outro exemplo dos esforços da ICI para criar uma organização meritocrática e transparente incluía a incorporação da indicação de pessoas para promoção. Sob esse sistema, os funcionários mais antigos da empresa, que estavam sendo levados em consideração para promoção, publicavam os critérios em que deveriam estar baseadas as suas promoções e todos os trabalhadores poderiam indicar e pontuar cada líder.

A empresa reconheceu que, ao alavancar o GDM, havia criado um ciclo de trabalho de 24 horas, dado o diferencial de tempo das várias equipes que eram implantadas em um contrato específico. Embora isso parecesse como a próxima onda de produtividade em um ambiente de trabalho global, visando impedir que os funcionários ficassem exaustos por ultrapassar suas horas de trabalho (pois havia potencial para trabalho durante todas as horas do dia), pediram que os funcionários bloqueassem certos horários em seus calendários em que não estivessem disponíveis para o trabalho. Mark Holmstrong, chefe de departamento que fora o sétimo trabalhador a se juntar à ICI, descreveu o desafio de se trabalhar em um ambiente de prestação de serviço global:

> Um dos desafios desse modelo de prestação de serviço global é que ele requer uma forma diferente de se pensar sobre o trabalho que não seja o modelo tradicional oito por cinco ou oito por seis. Muito do que fazemos se torna muito mais assíncrono. O que quero dizer com isso é que ele está muito mais baseado em e-mails. Há momentos em que são realizadas reuniões que duram uma semana. De fato, bloqueei meu calendário em certos momentos nos quais a maioria das pessoas não pensaria em fazê-lo em uma empresa tradicional. Uma das coisas que realmente gosto de fazer é colocar minhas filhinhas para dormir. Assim, bloqueei horários dizendo: "Não vou trabalhar durante estas horas". Todos precisam perceber o próprio ritmo, o próprio passo, e imaginar como é o sucesso dentro do modelo de prestação de serviço global.

Recompensando os Funcionários. A ICI, em geral, remunera os funcionários pelas taxas mais altas do mercado, por exemplo, a remuneração básica para contratações com MBA para 2005 ficou entre $ 110 mil e $ 125 mil.

A estrutura de bonificação da ICI vinculava-se ao valor que a ICI criou para os seus clientes e o valor total do cliente. Steve Pratt explicou: "Somos a única empresa de consultoria que paga com exatidão as pessoas com base no valor fornecido do cliente. Sempre costumava nos aborrecer que as pessoas fossem pagas com base somente na receita da consultoria, pois consideramos isso uma métrica *downstream*, enquanto queríamos uma métrica *upstream*".

Ao final de cada contrato, a ICI pergunta aos seus clientes que percentual do valor do negócio que haviam previsto para o fornecimento da ICI foi de fato cumprido. Aquele percentual é convertido em um multiplicador direto do bônus do funcionário. A empresa também criou um fundo mútuo do cliente em que

---

[8] Um leilão reverso (também chamado "leilão reverso on-line", "e-sourcing", "evento de fornecimento" ou "licitação") é um tipo de leilão em que o papel do comprador e do vendedor são invertidos. Diferentemente de um leilão normal, em que os compradores competem pelo direito de obter um produto, em um leilão reverso os vendedores competem pelo direito de fornecer um produto. (Wikipedia, The Free Encyclopedia, http://en.wikipedia.org/wiki/Reverse_auction.)

a empresa pega o valor total das taxas que cada cliente lhe pagou e converte aquele valor em uma compra do patrimônio de cada cliente. A ICI, então, monitorava como o fundo de seu cliente se desempenhara pelo S&P 500. Aquele diferencial de percentual era convertido em um multiplicador dos bônus do funcionário também.

Gerenciando o Relacionamento com a Infosys Technologies

O gerenciamento tanto da Infosys Technologies quanto da ICI reconheceu que a construção de uma interface direta entre a controladora e a subsidiária foi essencial para o sucesso. A ICI foi organizada para refletir a controladora (ambas as empresas foram organizadas por setor) e foram estabelecidas métricas para medir quão bem as duas empresas trabalhavam em conjunto. Steve Pratt descreveu esse processo:

> Para começar, é muito importante ter uma interface correta com a Infosys Technologies. Ter as métricas certas, ter o planejamento industrial correto instalado. Cada uma das unidades de negócio da Infosys Technologies possui uma meta específica relacionada à consultoria, e temos metas específicas relacionadas à receita para a Infosys Technologies. Assim, as metas são entendidas, e as métricas estão grandemente corretas para gerar o comportamento do trabalho em conjunto. Estamos sempre redefinindo. Existe uma formação constante. Quanto mais contratos firmamos com os clientes, mais entendemos o que a Infosys Technologies realmente faz e eles entendem mais o que realmente fazemos.

Alavancando a Controladora

A ICI alavancou os relacionamentos que já existiam com a Infosys Technologies para conseguir contratos com os clientes. A empresa buscou de modo ativo oportunidades onde havia uma necessidade-alvo para se oferecer serviços de consultoria industrial aos clientes da Infosys Technologies. Ming Tsai forneceu a fundamentação para esta abordagem:

> Das cerca de 450 contas existentes da Infosys Technologies, estamos voltados para aquelas que são as mais estratégicas, mais receptivas ou as mais necessitadas de capacidades que fornecemos, e combinamos isso com as equipes de conta que são mais liberais e dispostas a trabalhar conosco dentro das equipes de conta da Infosys. Assim, elas tendem a ser bons clientes da Infosys, tendo visto e trabalhado com a Infosys por muitos anos. Tendem a ser clientes que possuem pontos problemáticos específicos na transformação industrial – algo em um processo industrial específico ou área industrial que esteja necessitando de mudança, ou que tenha um aspecto técnico ou de tecnologia. Aproximadamente 70% de nossos negócios vêm de clientes existentes da Infosys.

George Stelling explicou que a fundamentação para se contratar a ICI para a celebração de um contrato estratégico, em vez de primeiro realizar um processo de licitação aberto para outras empresas de consultoria, dava-se devido ao relacionamento com o cliente que a Infosys Technologies havia estabelecido com a NVIDIA:

> No passado, utilizamos a Infosys Technologies na área de TI com sucesso em projetos, mas jamais havíamos usado a Infosys Consulting. Havia uma conversa em andamento com nosso CEO, o diretor financeiro (CFO) e a Infosys quando cheguei. Ficou claro que a Infosys Consulting e a

NVIDIA compartilhavam valores em comum quanto à criação de valor. A química era um ponto essencial. É muito importante usar consultores com quem você se sente à vontade e aqueles que refletem seu estilo corporativo.

A Infosys Technologies adaptou seu processo de vendas para incluir a ICI em suas ofertas de serviço. A empresa mudou sua estrutura de incentivos para a sua força de vendas, visando garantir que os contratos firmados com a ICI fossem recompensados tanto quanto os contratos sobre os quais a controladora tinha propriedade exclusiva. A controladora desenvolveu um programa interno chamado "One Infy" para estruturar os incentivos e estabelecer metas para melhorar a colaboração entre funcionários pela empresa. Os objetivos globais da iniciativa eram criar e reforçar o pensamento a respeito do One Infy por meio de programas de treinamento; incluíam o comportamento do One Infy nos sistemas de medição pela organização; recompensavam exemplos de planejamento industrial colaborativo e criavam modelos de papéis para o restante da organização; também criavam mecanismos de integração cultural como fóruns para que as pessoas se encontrassem e aprendessem umas com as outras pelas unidades de negócio.

À medida que a Infosys Technologies cresceu em tamanho e expandiu sua área de cobertura de serviços, tornou-se muito mais importante que todas as capacidades da empresa estivessem alinhadas com a meta de atender os clientes e vencer no mercado. O programa envolvia o aperfeiçoamento dos mecanismos internos de colaboração de modo que os clientes vissem a Infosys Technologies como uma empresa e não como um conjunto de partes. O One Infy estava voltado para o aperfeiçoamento dos programas de treinamento para os funcionários – melhorar o entendimento das ofertas de serviço pela organização, construir capacidades colaborativas e garantir que os novos funcionários passassem pelo treinamento por todas as unidades. A iniciativa do One Infy serviu para focalizar a organização global quanto ao valor de alavancagem das capacidades amplas e profundas da empresa pelas unidades de negócio e subsidiárias. A iniciativa também estava voltada para o planejamento da conta coletiva e a atividade de gerenciamento. A intenção era criar equipes conjuntas de planejamento em nível de conta, com a participação das unidades de negócio relevantes. A posição de líder de conta era vista como esforço de integração pelas diferentes unidades e como garantia de consistência nos processos de fornecimento de valor. A empresa planejava criar fóruns em que os líderes de conta pudessem elaborar estratégias, desenvolver oportunidades e resolver questões de fornecimento em uma base continuada, e não oportunista. O objetivo era tornar a iniciativa autossustentável. A Infosys Technologies planejou estruturar as metas e os incentivos das pessoas de acordo com as estratégias globais da conta.

De início, havia tensões na empresa quanto a qual pessoa jurídica lideraria o relacionamento com o cliente e buscaria firmar contratos. Por exemplo, a força de vendas se deparava com situações do cliente em que uma superposição entre o trabalho de transformação industrial e as ofertas de soluções empresariais causava incerteza quanto a se o cliente buscaria e se o relacionamento iria para a ICI ou a unidade de negócio de Soluções Empresariais da Infosys Technologies. Tanto a controladora quanto a ICI trabalhavam em conjunto para criar uma metodologia, conhecida como "bifurcação na estrada", em que a busca do relacionamento com o cliente seria alocada para a área da empresa que melhor servisse à situação do cliente. Raj Joshi e C. Kakal, o diretor do setor de Soluções Empresariais da Infosys Technologies, formalizaram uma abordagem que tinha dois grupos trabalhando em conjunto para decidir de modo colaborativo que oportunidades eram transformacionais por natureza e mais bem adequadas para a ICI, em comparação com o trabalho mais relacionado à tecnologia, que era mais bem alinhado com o setor de Soluções Empresariais. Essa decisão, que representava a bifurcação na estrada, gerou melhor colaboração e estabeleceu uma propriedade clara sobre a estratégia de busca de vendas e suas táticas. A formulação clara da responsabilidade das tarefas e da tomada de decisão possibilitou que o processo global do trabalho em conjunto buscasse maiores e mais complexas oportunidades de cliente.

Romil Bahl descreveu uma abordagem prática que a empresa empregava quando lidava com contratos de clientes que forneciam uma superposição entre os serviços da Infosys Technologies e da ICI:

> Fica bem confuso saber onde existe uma oportunidade de processo industrial. Francamente, a Infosys Technologies possui um domínio fenomenal de perícia industrial, além de funcionários muito inteligentes. Todos desejam fazer mais de todo modo, então a situação fica realmente interessante e acho que não podemos, em geral, falar sobre isso e formular conceitos, por isso é preciso firmar contratos em conjunto. A Infosys visualiza um produto final melhor quando uma equipe interfuncional de pessoas se reúne para discutir o assunto. Não há um modo mágico para alguém dizer: "Vocês se separam bem aqui." Isso simplesmente não acontece.

A ICI também trouxe relacionamentos com novos clientes para a Infosys Technologies. Ming Tsai descreveu esse segundo canal para a ICI: "Também focalizamos nossos antigos clientes a quem conhecemos pessoalmente no passado, seja na Capgemini, IBM, BCG etc. Trouxemos mais de uma dúzia de clientes bem-sucedidos – clientes da *Fortune 500* para quem a Infosys jamais fizera algum trabalho antes."

Desafios da Interface

A Infosys Technologies reconheceu que todos os setores da empresa precisavam trabalhar em conjunto de uma maneira que otimizasse o desempenho. Um desafio que a Infosys Technologies enfrentava era garantir que a ICI recebesse veiculação suficiente da controladora dado o seu tamanho relativamente reduzido (a ICI possuía 200 trabalhadores em comparação com os 50 mil funcionários da Infosys). A alta administração percebeu ser necessária uma intervenção ativa para garantir que a subsidiária recebesse a atenção de que precisava para ser bem-sucedida. A Infosys Technologies estabeleceu um conselho liderado por Kris Gopalakrishnan para revisar o desempenho da subsidiária. Reuniões trimestrais eram realizadas, nas quais o desempenho da ICI era monitorado e as questões eram discutidas.

A Infosys Technologies também via seu relacionamento com a ICI como uma oportunidade para tornar a cultura da empresa e a marca uma facilitadora global de transformação. A alta administração via as reuniões trimestrais como uma oportunidade para aprender sobre uma nova área e expandir a empresa. As lideranças tanto da Infosys Technologies quanto da ICI concordaram que interagir uma com a outra fornecia regularmente uma formação constante para todos. Paul Cole descreveu a atenção aos detalhes dada pela liderança da Infosys Technologies às operações da ICI, citando que o presidente do conselho, Narayana Murthy, revisava regularmente os relatórios de andamento semanais da subsidiária. Steve Pratt descreveu a abordagem da ICI para a interface com a controladora: "Somos convidados aqui e precisamos ser respeitosos quanto a isso. Estamos aqui para aprender e ouvir mais do que falar. Queremos mostrar, ao longo do tempo, o que já fizemos, que somos uma boa coisa para os clientes da Infosys."

Para ser vista como uma empresa global, a Infosys Technologies reconheceu que precisava incorporar diferentes perspectivas globais ao trazer gerentes dos Estados Unidos e da Europa. A liderança da Infosys Technologies esperava ver a migração da gerência da ICI para a controladora ao longo do tempo.

Conclusão

Steve Pratt estava convencido de que a ICI havia permitido uma mudança disruptiva no setor industrial e de tecnologia da informação por meio de sua abordagem singular e organização. Todavia, ao levar em consideração a estratégia da empresa no futuro, ele avaliou as formas pelas quais a empresa poderia "ficar à frente no jogo". Além dos desafios internos de construção do negócio, do gerenciamento do crescimento e da interface da produtividade com a controladora, acrescido do desafio externo de capturar e manter a participação no mercado no setor de consultoria, a principal preocupação do CEO Steve Pratt era "fazer que as pessoas certas fizessem as coisas corretas":

> Precisamos nos certificar de estarmos voltados para o que tem prioridade mais alta. Estamos gastando a quantidade certa de tempo construindo a conexão com a Infosys Technologies? Estamos gastando a quantidade certa de tempo nas vendas? Estamos gastando a quantidade certa de tempo no desenvolvimento de nosso pessoal, e, quem está fazendo o que e onde estão gastando seu tempo fazendo isso? Os gerentes gerais estão trabalhando juntos? Estamos trabalhando de modo ótimo com os clientes, e, quando existem eventos realmente importantes com os clientes, onde podemos ser úteis? Preciso me certificar de que as pessoas certas estão nas funções corretas.

APÊNDICE | INFOSYS TECHNOLOGIES

A Infosys Technologies Limited (Nasdaq: Infy), uma empresa global de serviços de tecnologia, foi constituída em 1981. A empresa fornecia soluções industriais completas que alavancavam a tecnologia para os seus clientes, inclusive consultoria, projeto, desenvolvimento, reengenharia de software, manutenção, integração de sistemas, avaliação e implantação de pacotes e serviços de gerenciamento de infraestrutura. As subsidiárias integrais da Infosys Technologies incluíam Infosys Technologies (Austrália) Pty. Limited (Infosys Austrália), Infosys Technologies (Xangai) Co. Limited (Infosys China) e Infosys Consulting Inc. (Infosys Consulting). Por meio da Progeon Limited (Progeon), uma subsidiária com participação majoritária, a Infosys Technologies fornecia serviços de gerenciamento de processo industrial, como gerenciamento de relacionamento com o cliente no exterior, finanças e contabilidade, e administração e processamento de pedidos de venda. A Infosys Technologies comercializava na América do Norte, Europa e região Ásia-Pacífico. A empresa atendia a clientes em serviços financeiros, fabricação, telecomunicações, varejo, serviços públicos, logística e outros setores. Em 2006, a empresa possuía mais de 52.700 funcionários pelo mundo e planejava contratar outros 25 mil funcionários no próximo ano.

Por meio de seu Modelo de Prestação de Serviço Global, a Infosys Technologies dividiu os projetos em componentes que eram executados simultaneamente nos locais do cliente e em seus centros de desenvolvimento na Índia e pelo mundo. A empresa possuía 25 centros de desenvolvimento globais, dos quais nove estavam localizados na Índia; 29 escritórios de vendas; um centro de recuperação de desastre e quatro escritórios de subsidiária. As ofertas de serviço da Infosys Technologies incluíam desenvolvimento de aplicativos personalizados, suporte de manutenção e produção, reengenharia de software, avaliação e implantação de pacotes, consultoria de tecnologia da informação (TI) e outras soluções, inclusive serviços de teste, operações e consultoria de processo industrial, serviços de engenharia, gerenciamento de processo industrial, integração de sistemas e serviços de gerenciamento de infraestrutura.

Os concorrentes da Infosys Technologies incluíam Accenture, BearingPoint, Cap Gemini, Deloitte Consulting, HP, IBM, Computer Sciences Corporation, EDS, Keane, Lógica CMG, Perot Systems, Cognizant Technologies, Satyam Computer Services, Tata Consultancy Services, Wipro, Oracle e SAP.

(continua)

APÊNDICE | **INFOSYS TECHNOLOGIES** (*continuação*)

Para os três meses encerrados em 31 de março de 2006, as receitas da Infosys Technologies aumentaram 30,3% para $ 593 milhões e o lucro líquido aumentou 19,6% para $ 152 milhões em comparação com o exercício anterior. As margens de lucro da empresa caíram no trimestre encerrado em março, o quarto trimestre de seu ano fiscal, para 26,3%, em comparação com 29,4% do trimestre anterior. A empresa citou rúpia mais forte, maior depreciação em edificações, e equipamentos e contratação acelerada como responsáveis pelo declínio. Ademais, a despeito dos aumentos de 15% nos salários na primavera, a Infosys Technologies afirmou que esperava que suas margens de lucro para o ano fiscal de 2007 ficassem em quase 28%, inalteradas com relação ao exercício anterior. A Infosys Technologies esperava que as receitas aumentassem de 28% a 30% no ano fiscal de 2007.

Desenvolvimento de Aplicativos Personalizados

A Infosys Technologies fornece soluções personalizadas de software para os seus clientes. A empresa criou novos aplicativos e melhorou a funcionalidade dos aplicativos de software existentes de seus clientes. Seus projetos envolviam todos os aspectos do processo de desenvolvimento de software, inclusive exigências de definição, desenho, protótipos, programação, integração de módulo e instalação do aplicativo personalizado. A Infosys Technologies realizava projeto de sistema e codificação de software, e fez funcionar pilotos principalmente em seus centros de desenvolvimento global, enquanto o planejamento de transição, o treinamento do usuário e as atividades de implantação eram realizados no local do cliente. Os serviços de desenvolvimento de aplicativos da empresa se estenderam por toda a gama de mainframe, servidor do cliente e tecnologias de internet. Os contratos de desenvolvimento de aplicativos da Infosys Technologies estavam relacionados a plataformas emergentes, como a .NET da Microsoft, ou plataformas abertas, como a edição empresarial Java 2 (J2EE) e o Linux.

Suporte de Manutenção e Produção

A Infosys Technologies fornecia serviços de manutenção para os sistemas de software de seus clientes que cobriam uma variedade de tecnologias e negócios, e eram bastante críticos para o negócio do cliente. A empresa focalizava a funcionalidade de longo prazo, a estabilidade e a manutenção preventiva para evitar problemas que surgiam, em geral, de soluções incompletas ou de curto prazo. Enquanto a Infosys Technologies realizava o trabalho de manutenção em seus centros de desenvolvimento global, usando vínculos de comunicação seguros e redundantes aos sistemas do cliente, a empresa também mantinha uma equipe na instalação do cliente para coordenar as principais funções de interface e suporte.

Reengenharia de Software

Os serviços de reengenharia de software da empresa ajudavam seus clientes a converter seus sistemas existentes de TI em tecnologias e plataformas mais novas desenvolvidas por fornecedores terceirizados. Seus serviços de reengenharia incluíam adaptar à web os sistemas herdados existentes de seus clientes, migração de banco de dados, implantação de atualizações de produtos e migrações de plataforma, como de mainframe, para servidor do cliente, e de servidor do cliente para plataformas na internet. A solução da Infosys Technologies fornecia uma plataforma a toda a empresa, para mais de 50 aplicativos e 10 mil usuários espalhados pela América do Norte, Europa e Ásia.

Avaliação e Implantação de Pacotes

A Infosys Technologies ajudava seus clientes na avaliação e na implantação de pacotes de software que eram desenvolvidos por fornecedores terceirizados e fornecia treinamento e serviços de suporte no curso de sua implantação. A empresa especializou-se em pacotes de planejamento de recursos empresariais desenvolvidos por fornecedores, inclusive Oracle, PeopleSoft, Retek e SAP; pacotes de gerenciamento da cadeia de suprimentos desenvolvidos por fornecedores, inclusive i2, Manugistics e Oracle; pacotes de gerenciamento do relacionamento com o cliente desenvolvidos por fornecedores, inclusive PeopleSoft (Vantive) e Siebel; pacotes de inteligência industrial desenvolvidos por fornecedores, como Business Objects e Cognos, e pacotes de integração de aplicativos

(*continua*)

APÊNDICE | INFOSYS TECHNOLOGIES (continuação)

empresariais desenvolvidos por fornecedores como IBM e Tibco. Ela fornecia seus serviços em uma variedade de setores, como automotivo, de bebidas, serviços financeiros, alimentos, cuidados com a saúde, fabricação, produtos farmacêuticos, varejo, tecnologia e telecomunicações.

Consultoria de TI

A empresa fornecia consultoria técnica no desenvolvimento e recomendação da arquitetura apropriada de TI, especificações de hardware e software para fornecer soluções de TI projetadas para atender a objetivos específicos industriais e de informática. Oferecia consultoria de TI em planejamento de migração, implantação por toda a instituição e gerenciamento global do projeto envolvendo vários fornecedores sob uma arquitetura em comum. A Infosys Technologies também conduzia avaliação de infraestrutura de TI, que incluía avaliar as capacidades de TI de seus clientes contra as exigências industriais atuais e futuras, e infraestrutura de tecnologia apropriada, além de desenvolvimento de caminhos da tecnologia, o que permitia que os clientes avaliassem as tecnologias emergentes e desenvolvessem os padrões e as metodologias para aplicação daquelas tecnologias emergentes.

Outras Soluções

A Infosys Technologies oferecia serviços de teste, serviços de engenharia, gerenciamento de processo industrial, integração de sistemas, gerenciamento de infraestrutura e consultoria operacional e de processo industrial. Os serviços de teste ofereciam soluções e serviços de validação completos, inclusive gerenciamento de teste empresarial, análise de desempenho, automatização de teste e certificação de produtos. Seus serviços de consultoria incluíam a análise estratégica e competitiva para ajudar os clientes a melhorar suas operações industriais. Também ajudava os clientes na implantação de mudanças operacionais aos seus negócios. A empresa oferecia serviços de engenharia que ajudavam, principalmente, os clientes no setor de fabricação, no processo de desenvolvimento de seu novo produto e no gerenciamento dos ciclos de vida de suas linhas de produto existentes.

O gerenciamento do processo industrial da empresa oferece serviços para o setor bancário, setores de seguro e de cuidados com a saúde e setor de títulos mobiliários e corretagem. A integração de sistemas desenvolvia e fornecia soluções que melhoravam a compatibilidade entre os vários componentes da infraestrutura de TI de seus clientes. Os serviços de gerenciamento de infraestrutura incluíam gerenciamento de centro de dados, serviços de suporte técnico, serviços de gerenciamento de aplicativos e serviços de implantação/aperfeiçoamento de processos. Os produtos de software bancário englobavam Finacle Core Banking, Finacle eChannels, Finacle eCorporate, Finacle CRM e Finacle Treasury. O conjunto Finacle, uma solução flexível, escalonável e com acesso à web, compreendia *core banking* para bancos, tesouraria, gerenciamento de riquezas, banco eletrônico para o consumidor e a empresa, banco móvel e exigências de gerenciamento de caixa baseado na web.

FONTE: Página web da empresa Infosys Technologies e Reuters, Inc.

ESTUDO DE CASO 10

Telezoo (A): de Mais ou de Menos?

Introdução: 4 de Julho de 2000

Marie-Louise Murville ouviu uma série de barulhos altos do lado de fora de seu escritório na porção da Virgínia do Norte do rio Potomac. Quando surgiu na janela de sua sala, viu fogos de artifício estourando em uma miríade de cores sobre os monumentos de Washington e Jefferson. Murville, a recém-nomeada vice-presidente de marketing e desenvolvimento industrial da Telezoo, percebeu que havia se esquecido do Dia da Independência, porque estava totalmente imersa na preparação de sua apresentação para a próxima reunião do conselho. Sentou-se e apreciou o *grand finale* da celebração, enquanto ponderava sobre o destino da própria empresa. A telezoo.com (Telezoo) desapareceria na obscuridade como outra fatalidade pontocom ou causaria uma impressão indelével sobre o processo de tomada de decisão de compra em telecomunicações?

A empresa havia recentemente investido uma parcela significativa de capital com um retorno sobre o investimento positivo limitado. Além disso, no último mês de abril de 2000, os mercados de capital chegaram a rejeitar o alvoroço dado inicialmente às ações da internet. Embora a equipe fundadora tenha realizado grandes negociações, a equipe e o conselho entenderam desde o início que, para maximizar a potencial alta administração experimentada, executivos de marketing, vendas e finanças precisariam se juntar à empresa. De preferência, um CEO seria contratado primeiro para formar a equipe, mas, à medida que a exuberância do mercado se desvaneceu e as fontes de novo capital de investimento secaram, a Telezoo enfrentou um dilema. Um CEO experiente somente se juntaria a uma empresa iniciante que possuísse bastante dinheiro no banco; ademais, os novos investidores só estariam interessados em empresas com equipes executivas completas já formadas. Murville vinha trabalhando de perto com a equipe de gerenciamento e o conselho por seis meses como uma investidora de risco. Apesar das mudanças no caixa/mercado cada vez mais críticas, ela decidiu se juntar à empresa iniciante de risco, uma escolha que fornecia as capacidades executivas necessárias e garantia tanto para o CEO potencial quanto para os inves-

---

Este caso foi preparado por Neil Campbell, assistente de pesquisa e participante da Incubadora Progressiva, sob a supervisão de Robert E. Spekman, professor de administração de empresas da Tayloe Murphy. Foi escrito como base para discussão em sala de aula, e não para ilustrar o tratamento eficaz ou ineficaz de uma situação gerencial. Copyright © 2001 pela University of Virginia Darden School Foundation, Charlottesville, VA. Todos os direitos reservados. *Para solicitar cópias, envie um e-mail para sales@dardenpublishing.com. Nenhuma parte desta publicação pode ser reproduzida, armazenada em um sistema de recuperação, usada em uma planilha ou transmitida sob qualquer formato ou por qualquer meio – eletrônico, mecânico, de fotocópia, gravação ou de outra forma – sem a permissão da Darden School Foundation.*

tidores que a Telezoo era um investimento sensato. Uma vez a bordo, Murville começou imediatamente a avaliar a situação. Pretendia desenvolver estratégias de novo produto e de marketing que permitiriam à Telezoo alocar melhor seus recursos limitados e realizar seu sonho.

Murville previu pela primeira vez o uso da internet para o comércio eletrônico B2B ao pesquisar e escrever sua tese de mestrado de 1994 para a London Business School sobre páginas e serviços de catálogo eletrônico. A tese fora desenvolvida na época em que o Mosaic foi introduzido e antes da concepção do Netscape. Seis anos depois, ela agora tinha uma oportunidade de implantar sua visão original. Embora estivesse certa quanto ao modelo industrial fundamental, ainda não estava de todo certa sobre como transformar a proposição de valor atrativa em receita e lucros.

Histórico da Empresa

A telezoo.com foi constituída em outubro de 1998 pela equipe de marido e mulher formada por Elias Shams e Sharmine Namazi-Narwani. Shams investira sua parcela de rendimentos da venda da Yurie Systems para a Lucent Technologies no início de 1998. Dada a sua experiência em telecomunicações, estava ansioso para dar início à própria empresa. Shams e Narwani, jornalista, discutiram muitas das oportunidades disponíveis no setor de telecomunicações. Focalizaram o processo de compra complexo e altamente ineficiente. Shams se lembra de suas muitas frustrações na compra e venda de equipamentos de telecomunicação. Da perspectiva do comprador, era difícil encontrar informações sobre produtos adequadas e precisas sobre os milhares de fornecedores e consultores no mercado. Da perspectiva do vendedor, era difícil identificar e conseguir clientes potenciais durante a breve janela de oportunidade em que os compradores ficam engajados ativamente no processo de busca por novos equipamentos.

Como o mercado de telecomunicação era tão fragmentado e ineficiente, Shams e Narwani usaram as metáforas de "selva" e de "zoo" para descrever o setor de telecomunicações. Decidiram que Telezoo, por meio do uso da internet, iria "domesticar as telecomunicações" ao fornecer uma solução de compra melhorada para o $ 1,3 trilhão que era gasto anualmente em equipamentos e serviços de telecomunicação.

Shams e Narwani rapidamente recrutaram e contrataram uma boa equipe de seis desenvolvedores e pessoal operacional para desenvolver as exigências funcionais, construir uma página web amigável ao usuário e integrar informações de fornecedores de conteúdo e fornecedores de telecomunicações (ver Anexo 1 – Organograma e Anexo 2 – Visão geral da administração).

Eles investiram $ 1 milhão dos próprios fundos pessoais durante 1998 e 1999 para financiar o desenvolvimento inicial do empreendimento. Para controlar as despesas, Shams estabeleceu as operações da empresa no porão de sua casa em Washington, D.C. Depois de cumpridas as primeiras etapas da fundação da empresa, mudaram a localização das operações para o seu atual escritório em Arlington, Virgínia. A telezoo.com foi lançada em março de 1999.

Processo Tradicional de Compras

Estima-se que o mercado de telecomunicações gasta $ 1,3 trilhão na compra de produtos e serviços. Cerca de $ 900 bilhões são gastos em compras de business-to-business ou business-to-government. Pequenas, médias e grandes empresas e órgãos governamentais tendem a comprar equipamentos de telecomunicações durante períodos de expansão ou para melhorar o desempenho dos equipamentos existentes. As pessoas envolvidas na decisão de compra variam de pessoal técnico, como administradores de rede e engenheiros de telecomunicações, até a administração executiva, como CEOs e diretores de tecnologia. Dada

ANEXO 1 | ORGANOGRAMA

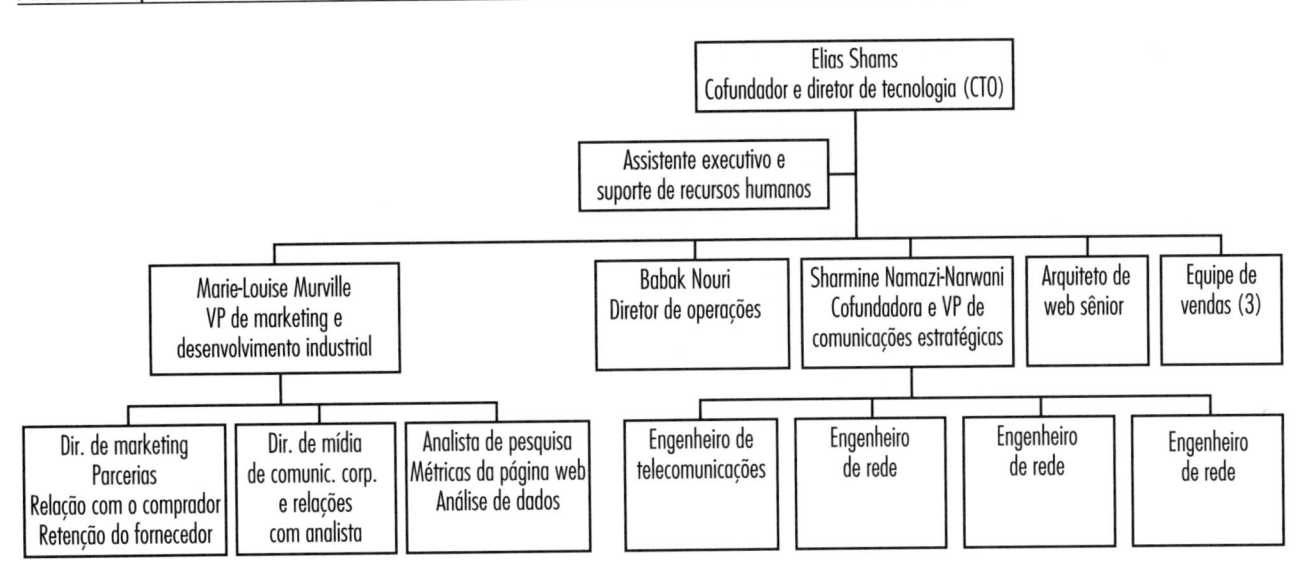

```
                         Elias Shams
              Cofundador e diretor de tecnologia (CTO)
                              |
              Assistente executivo e
              suporte de recursos humanos
                              |
    ┌─────────────────┬───────────────┬──────────────────┬──────────────┬──────────────┐
    │                 │               │                  │              │              │
Marie-Louise      Babak Nouri    Sharmine          Arquiteto de    Equipe de
Murville          Diretor de     Namazi-Narwani    web sênior      vendas (3)
VP de marketing e operações      Cofundadora e VP
desenvolvimento                  de comunicações
industrial                       estratégicas
    │                                  │
┌───┼───┬──────────────┐        ┌──────┼──────┬──────────┐
│       │              │        │             │          │
Dir. de Dir. de mídia  Analista Engenheiro Engenheiro Engenheiro Engenheiro
marketing de comunic.  de       de telecomu- de rede   de rede    de rede
Parcerias corp. e      pesquisa nicações
Relação   relações     Métricas
com o     com analista da página
comprador              web
Retenção               Análise
do                     de dados
fornecedor
```

FONTE: Memorando ao Investidor da Telezoo, abril de 2001.

ANEXO 2 | VISÃO GERAL DA ADMINISTRAÇÃO

Elias Shams, presidente do conselho e diretor de tecnologia (CTO)

Durante mais de uma década, Elias Shams trabalhou no setor de tecnologia, detendo funções em engenharia de software, projeto e implantação de redes, suporte ao cliente, preparação de editais de licitação, vendas, marketing e desenvolvimento industrial global. Tinha trabalhado em empresas de renome como Yurie Systems, Newbridge Networks e Saic. Possuía ampla experiência em gerenciamento de projeto, marketing e suporte de vendas, e projetou redes ATM, Redes de Área Local (LAN) e Redes de Grande Área (WAN) para os departamentos de defesa, transporte e trabalho dos Estados Unidos e para a Federal Aviation Administration, assim como para organizações comerciais. Elaborou propostas de vários milhões de dólares especializadas em análise de custo, projeto, implantação, integração e instalação. Forneceu suporte técnico e ampla gama de soluções em redes e telecomunicações para os clientes. Tem bacharelado em Engenharia Elétrica pela Universidade de Maryland e mestrado em Telecomunicações pela George Washington University.

Sharmine Namazi-Narwani, vice-presidente de comunicações estratégicas

Como cofundadora e vice-presidente de comunicações estratégicas da Telezoo, Sharmine Namazi-Narwani supervisiona todos os aspectos de comunicações estratégicas, inclusive relações com o investidor, para a Telezoo. Antes da Telezoo, Narwani foi diretora de conferência das "Mulheres no Negócio: Vinculando América do Norte, Europa e Oriente Médio", baseada em Londres. A conferência reunia mulheres proprietárias de negócios e executivas de três continentes para moldar redes de relacionamentos em nível internacional e fornecer a base para oportunidades comerciais e de investimento entre as participantes. Narwani trabalhou como jornalista para várias organizações de mídia impressa e televisiva, inclusive a agência de notícias Reuters, onde cobria o plantão de notícias no Oriente Médio. Narwani teve cargos de comunicações e desenvolvimento sênior em dois grupos de interesse distintos baseados em Washington, D.C., onde trabalhou com questões de política estrangeira dos Estados Unidos. Sua formação acadêmica reforçou seu interesse em resolução de conflitos políticos e diplomacia. Narwani tem bacharelado com ênfase em Ciências Políticas pelo Sarah Lawrence College e mestrado em Assuntos Internacionais pela Columbia University.

(continua)

| ANEXO 2 | **VISÃO GERAL DA ADMINISTRAÇÃO** (continuação)

Marie-Louise Murville, vice-presidente de marketing e desenvolvimento industrial

Marie-Louise Murville tem mais de 16 anos de experiência em administração sênior, orientando o desenvolvimento de empresas em seu estágio inicial para se tornarem líderes no mercado. Como vice-presidente, supervisiona marketing, parcerias estratégicas, distribuição e negociações de conteúdo. Antes de se juntar à Telezoo, trabalhou com investimento de risco por seis anos na Lazard Technology Partners em Washington, D.C., na Charles River Ventures em Boston e na Alta Berkeley Associates em Londres, Inglaterra. Além disso, foi presidente de uma empresa de serviços de informação, baseada em rede em Annapolis, MD, um esforço bem-sucedido de recuperação de empresas que envolveu aquisições estratégicas. Depois de um trabalho de cinco anos na Arthur D. Little como consultora, Murville previu o uso da internet para o comércio eletrônico B2B em sua tese de mestrado de 1994 da London Business School sobre páginas e serviços de catálogo eletrônico. Murville formou-se no Massachusetts Institute of Technology, com bacharelado e mestrado em Engenharia Mecânica.

Babak Nouri, diretor de operações

Como diretor de operações da Telezoo, Babak Nouri supervisiona as operações do dia a dia da empresa. Antes de se juntar à Telezoo, Nouri havia sido gerente da Xpedior. Nessa empresa, supervisionara uma equipe de 20 consultores que atendiam a inúmeras empresas de telecomunicação, inclusive MCI WorldCom, Verizon e eSpire. Enquanto nessa função, também atendeu, na qualidade de consultor, tanto a MCI WorldCom quanto a Bell Atlantic. Com relação a essas duas clientes, Nouri obteve a confiança delas pela perícia em tecnologias da internet, infraestrutura de telecomunicações e processos industriais, e por descobrir como os aperfeiçoamentos nessas áreas poderiam melhorar as cifras do faturamento e do lucro líquido de uma empresa.

Doug Humphrey, conselho de administração

Doug Humphrey é um dos mais respeitados empresários da região metropolitana de Washington. É o presidente do conselho, diretor executivo e fundador da Cidera, Inc. (conhecida anteriormente como SkyCache, Inc.). Antes da fundação da Cidera, Humphrey fundou a Digex, prestadora de serviços de internet nacional que fora adquirida pela Intermedia Communications em julho de 1997. Durante sua permanência na Digex, foi o diretor executivo e diretor de tecnologia de 1991 a 1997. Autoridade no setor de difusão de conteúdo por satélite ISP, Humphrey é um palestrante frequente em conferências sobre a internet.

Esther Smith, conselho de administração

Esther Smith é bem conhecida na região de Washington como a fundadora tanto do jornal *Washington Technology* quanto do *Washington Business Journal*. É sempre vista como uma das primeiras a reconhecer Washington como um centro de tecnologia e como visionária prática que foi a pioneira em organizações, programas e alianças para fortalecer a região como um agrupamento global. Entre muitos outros empreendimentos de sucesso, Smith foi a CEO e presidente da *TechNews Inc.*, a antecessora do *Post-Newsweek Business Information, Inc.*, antes de sua aquisição pelo *Washington Post*. Hoje, é sócia da Qorvis Communications (antes, relações entre investidores do The Poretz Group).

Kevin Burns, conselho de administração

Kevin Burns fundou a Intersolv, antes Sage Software, em 1982 e era seu presidente e CEO até outubro de 1996, ocasião em que foi nomeado presidente do conselho. Sob a liderança de Burns, a empresa cresceu para $ 200 milhões em receitas anuais, com mais de mil funcionários e um valor de mercado público de $ 400 milhões. Burns liderou a transição da empresa dos computadores de grande porte da IBM para o ambiente de servidor do cliente e expandiu sua distribuição para incluir Europa e Ásia. Antes de fundar a Intersolv, Burns trabalhou em cargos seniores de vendas, marketing e gerenciamento do desenvolvimento na Cincom Systems, uma empresa de software de gerenciamento de banco de dados. Serviu no conselho de administração das empresas Cyveillance, Essential Technologies, Hardball Software, Merant, Object Design e Terascape.

FONTE: Memorando ao Investidor da Telezoo, abril de 2001.

a complexidade dessas unidades de tomada de decisão, é bem difícil para os fornecedores de equipamentos/serviços de telecomunicações identificar e alcançar os principais tomadores de decisão. Além disso, os canais tradicionais de marketing podem não ser adequados ou rentáveis para essas vendas mais complexas.

As exigências iniciais para equipamentos de telecomunicação podem variar de bem gerais (bom desempenho) até as muito específicas (deve ter dez vezes a capacidade). A especificidade é, em geral, uma função da exigência das necessidades e da importância do produto/serviço para a operação da rede. Depois de identificadas as necessidades, um grupo interno de engenheiros ou uma empresa de consultoria buscará identificar os produtos dos fornecedores e determinar se essas exigências podem ser atendidas. Por exemplo, as categorias podem variar de infraestrutura sem fio para incluir segurança de rede, rede óptica, cache, infraestrutura de LAN e WAN, conferência, comunicações por satélite e serviços de voz, dados e vídeo. Uma série de serviços também é necessária para instalar, manter e atualizar os equipamentos.

Dadas as rápidas mudanças no setor de telecomunicações, os compradores se veem tendo de comparar soluções usando informações do momento e normalmente incompletas. Suas decisões são repletas de risco à medida que o custo é alto, e existe a possibilidade de que a tecnologia mudará bem rapidamente. As informações são em geral coletadas por meio de ampla variedade de fontes independentes e de empresa, inclusive artigos em jornais comerciais, folhetos de marketing e páginas web de empresas. As informações estavam ali. O problema não é a disponibilidade das informações na internet, mas a capacidade de encontrar, interpretar e agir com relação às informações.

Uma vez coletadas as informações, os compradores, em geral, entrariam em contato e qualificariam os vendedores por meio de ligações telefônicas ou visitas ao fornecedor ou aos seus parceiros industriais. Tanto a marca quanto as especificações de desempenho são normalmente levadas em consideração no processo de avaliação. Uma vez estabelecidas as exigências, libera-se uma solicitação de proposta (RFP). Após a revisão das propostas, são marcadas reuniões com um grupo selecionado de fornecedores potenciais para discutir em detalhes as exigências finais e as estimativas de custo. Depois dessa revisão intensiva, o comprador selecionaria a proposta mais atraente e assinaria um contrato. O tamanho de um pedido pode variar de $ 5 mil a $ 5 milhões, e o processo de compra pode durar de duas semanas a um ano e meio. O processo de compra está resumido na Tabela C10.1. Nessa tabela também se pode observar que existe uma série de canais por meio dos quais as informações relativas ao produto podem fluir, o contato com o cliente pode ser feito e os produtos/serviços, instalados e mantidos.

Canais Tradicionais de Vendas

Os fornecedores de equipamentos de telecomunicação vendiam por meio de ampla variedade de canais de distribuição. A maioria do orçamento de marketing, especialmente para os grandes fornecedores, estava alocada para a força de vendas de campo, que já fora vista como crítica dada à natureza complexa e dinâmica dos produtos. Mais de 38,5% das despesas de marketing dos grandes fornecedores estavam alocadas para a força de vendas de campo. A próxima maior despesa era com as centrais de atendimento que lidavam com o telemarketing receptivo e de distribuição (9%). Novos métodos de marketing de telecomunicações incluíam e-mail por adesão voluntária, que permitia que os compradores recebessem e-mails de fornecedores específicos e anúncios em hiperlinks/faixas em páginas web. À medida que clientes isolados eram alcançados com mais facilidade devido à inovação tecnológica, os fornecedores poderiam, agora, atrair segmentos de um cliente. Os vendedores poderiam desenvolver ofertas customizadas e estratégias de comunicação para atender às exigências de um único comprador. O principal diferenciador desses esforços voltados para um alvo estava na capacidade de capturar as informações do comprador. A sabedoria convencional há muito

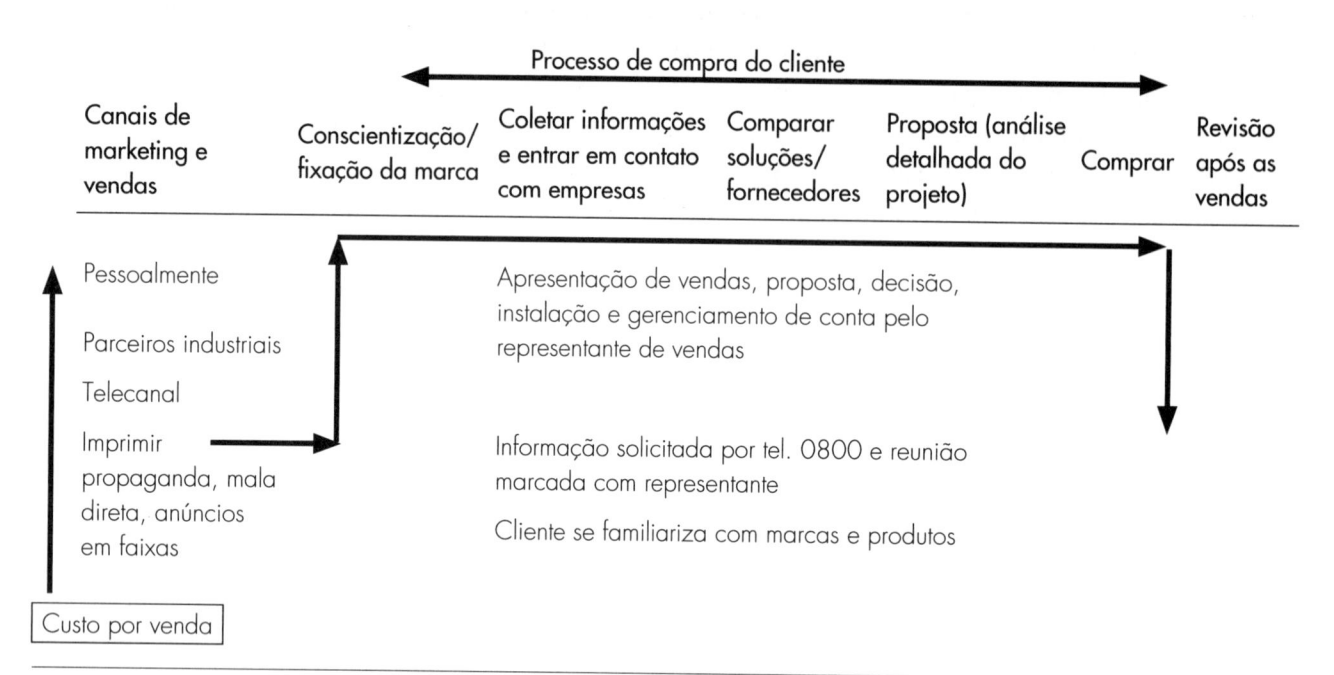

TABELA C10.1 | PROCESSO TRADICIONAL DE COMPRA DO CLIENTE

Processo de compra do cliente

Canais de marketing e vendas	Conscientização/ fixação da marca	Coletar informações e entrar em contato com empresas	Comparar soluções/ fornecedores	Proposta (análise detalhada do projeto)	Comprar	Revisão após as vendas
Pessoalmente		Apresentação de vendas, proposta, decisão, instalação e gerenciamento de conta pelo representante de vendas				
Parceiros industriais						
Telecanal						
Imprimir propaganda, mala direta, anúncios em faixas		Informação solicitada por tel. 0800 e reunião marcada com representante				
		Cliente se familiariza com marcas e produtos				

Custo por venda

FONTE: Documento Interno da Telezoo, junho de 2001.

dita que, se esperasse pela solicitação de propostas, o pedido estaria perdido. Por meio de mensagens voltadas para um alvo, os compradores poderiam receber um produto específico e as informações do fornecedor tão logo dessem início ao processo de busca. Outro ganho da evolução da tecnologia foi que novos canais emergiram como pontos de venda potenciais para o fornecedor conseguir novos clientes. Esses novos canais se tornaram importantes à medida que os grandes fornecedores buscavam o setor mais básico do mercado virtual que eles tendiam a ignorar no passado em virtude das ineficiências de custo da venda direta para aquela parcela do mercado. O mantra para o fornecedor de equipamentos de telecomunicação era determinar quais canais proporcionavam uma solução de baixo custo para se conseguir clientes potenciais. Ver Anexo 3 para aprender como o fornecedor de telecom médio alocava seu orçamento de marketing.

A Solução da Telezoo

A Telezoo foi desenvolvida originalmente como um catálogo interativo que comparava descrições e características de produtos de ampla variedade de fornecedores por uma grande seção de categorias de produto. Todas essas informações estavam disponíveis por meio de um repositório central. A página da Telezoo na web foi organizada hierarquicamente por categoria de produto e permitia a busca rápida. Aquela solução abordava a grande quantidade de tempo gasto durante o estágio de coleta de informação do processo de compra. Uma vantagem importante era que a Telezoo possibilitava uma comparação com critérios semelhantes entre a grande variedade de ofertas de produto e serviço.

O modelo inicial de precificação permitia adesões gratuitas do comprador. Os fornecedores, contudo, precisavam pagar uma taxa de subscrição e taxas de propaganda de $ 100 CPM (custo por milhar de impressão). Essas taxas são relativamente altas em razão do *merchandising* bastante objetivo que focaliza compradores "sérios" de tipos específicos de equipamentos de telecomunicação. Lembre-se de que os visitantes da página da Telezoo não são compradores casuais; eles possuem uma necessidade e estão

ANEXO 3 | ALOCAÇÃO DO ORÇAMENTO DE MARKETING

Canal de marketing	% do orçamento
Vendas de campo	38,5%
Pré-vendas (local)	5,0%
Suporte de marketing	5,0%
Mão de obra indireta e despesas alocadas	2,0%
Telemarketing (de central de atendimento nacional)	9,0%
Gerenciamento de revendedores com valor agregado (VAR)	1,0%
Comissões para VARs	8,0%
Parcerias com outros fornecedores	2,0%
Treinamento (formação de usuários finais e parceiros)	2,0%
Mala direta para alta renda	2,0%
Mala direta para baixa renda	4,0%
E-mails com adesão voluntária	1,0%
Anúncios em hiperlink/faixas	1,0%
Anúncios impressos – corporativos	5,0%
Anúncios impressos – específicos do produto	5,0%
Rádio/TV/patrocínios	1,0%
Feiras comerciais (com estande)	3,0%
Relações públicas	3,5%
Relatórios de pesquisa de mercado/setor	1,5%
Promoções/brindes	0,5%
Total de vendas e despesa de marketing	**100,0%**

FONTE: Documento Interno da Telezoo, maio de 2001.

procurando comprar produtos específicos. Por exemplo, um fabricante de armazenamento de dados poderia colocar um anúncio bastante objetivo na área de armazenamento da Telezoo. A página da empresa também pretendia licenciar seu conteúdo por uma taxa a outros fornecedores potenciais de conteúdo no setor de telecomunicações.

Visando agregar mais valor ao seu conteúdo e complementar o processo de tomada de decisão de compra, a Telezoo desenvolveu ferramentas que geram a proposta. De modo específico, as ferramentas eram usadas para ajudar nas fases de "Contratar/qualificar empresas" e "Pré-vendas/proposta" do processo. Shams e Narwani desenvolveram os primeiros processos de solicitação de proposta (RFP) e de solicitação de cotação (RFQ) baseados na internet que permitiam aos compradores solicitar de modo rápido mais informações ou receber cotações de fornecedores selecionados. À medida que os compradores revisavam os produtos concorrentes, a Telezoo permitia que elaborassem a RFP ou a RFQ on-line com as informações coletadas da página.

ANEXO 4 | EXEMPLO DO PROCESSO DE COMPRA AUTOMATIZADO DA TELEZOO EM FUNCIONAMENTO

1. A fornecedora de rede de IP Tella Global preenche on-line uma solicitação de proposta (RFP) e a submete à telezoo.com

2. A Telezoo filtra as propostas contra seu banco de dados de fornecedores.
   Tempo gasto: 2 horas

3. A Telezoo identifica e consulta cinco fornecedores: Nortel, Foundry, Cisco, Extreme, Sycamore.

4. A Telezoo negocia transações potenciais com os dois melhores prospects, Extreme e Foundry.
   Tempo gasto: 1 semana
   Taxa de transação da Telezoo: $ 350 mil

FONTE: Apresentação em Londres da Telezoo, fevereiro de 2001.

Para compilar e ter essas informações disponíveis a partir de um local, a Telezoo adicionou uma taxa de transação de 5%. Essa taxa seria cobrada dos fornecedores que concluíam com sucesso as transações geradas na Telezoo. O modelo de processo de compra sob a Telezoo está demonstrado no Anexo 4.

Proposição de Valor da Telezoo

A Telezoo oferecia vantagens ao comprador e ao vendedor e valor agregado para ambos os compradores e os vendedores de telecomunicação em várias áreas importantes.

Os compradores da Telezoo podiam:

- Ver informações imparciais sobre vários fornecedores.
- Comparar produtos similares em um formato de comparação com critérios semelhantes.
- Receber propostas personalizadas de vários fornecedores.
- Economizar tempo e esforço no ciclo de vida da compra.

Os fornecedores da Telezoo ofereciam:

- Acesso rentável para perspectivas de venda qualificadas.
- Um ciclo de vendas mais curto.
- Aumento de taxas de remuneração, especialmente para fornecedores menores.
- Mineração de dados sobre o comportamento de compra do cliente por meio de ferramentas de inteligência de mercado.

Oportunidade de Mercado

Todo o mercado virtual de telecomunicações estava estimado em $ 1,3 trilhão em gastos anuais. Com base no modelo de receita original da Telezoo, uma taxa de transação de 5% geraria um potencial de mercado de aproximadamente $ 65 bilhões. Durante a sua primeira semana no trabalho, Murville eliminou as residências do mercado-alvo, focalizando exclusivamente as compras industriais. Dos $ 900 bilhões que compunham as compras business-to-business e business-to-government, a Telezoo focalizou todo o espectro de produtos de telecomunicação, desde componentes complexos e sofisticados, como infraestrutura LAN/WAN, armazenamento de dados e rede de fibra óptica, até produtos básicos de *commodity* como telefones e cabos. Ademais, a Telezoo era mais bem utilizada para produtos complexos sofisticados, que eram responsáveis por $ 139 bilhões. Usando o mesmo percentual de 5%, esse mercado era estimado em aproximadamente $ 7 bilhões.

Competição

A Telezoo competia com uma série de concorrentes on-line e off-line. (O campo de competição está categorizado na Tabela C10.2.) Shams e Narwani pensavam que a Telezoo estivesse posicionada de modo singular no setor como uma solução abrangente de compra business-to-business (Anexo 5).

Estratégia de Marketing

A estratégia inicial de marketing da Telezoo focalizava a aquisição do cliente usando canais tradicionais de marketing. Como a Telezoo precisou elaborar seu estoque de conteúdo com valor agregado e descrições de produtos, o esforço inicial concentrou-se na aquisição de fornecedores. Uma vez compilados os dados sobre os seus produtos, o marketing transferiu sua ênfase para um esforço mais equilibrado de compradores e fornecedores-alvo.

Para maximizar sua exposição no setor, a Telezoo colocou uma série de anúncios em muitas das principais revistas de telecomunicações. Os anúncios elogiavam as vantagens com valor agregado para os compradores. Para complementar a mídia de massa, uma campanha de mala direta estava voltada para os fornecedores. A mensagem tanto reforçava as vantagens da Telezoo para os fornecedores quanto também enfatizava as vantagens para o usuário final.

Um componente importante da estratégia global de marketing foi estar bem visível em feiras comerciais, que proporcionavam a oportunidade de se conhecer um grupo-alvo de compradores e fornecedores em um único local. Os representantes da empresa participavam de feiras comerciais como a

TABELA C10.2 | CATEGORIAS DOS CONCORRENTES

Categoria	Principais empresas	Comentários
Agregadores	VerticalNet	Ampla cobertura do setor com ofertas de conteúdo e comércio
Participantes do nicho	Databid, Simplexity, Telecomsmart, Telebright	Principalmente alvo residencial, Soho [pequeno escritório, escritório residencial] e pequenos compradores industriais
Infomediários	ZDNet, CMPNet	Revistas com ofertas de conteúdo on-line
Revendedores on-line	Telcobuy.com	Principalmente entrega de peças sobressalentes e novos pedidos com cobertura geográfica limitada
Consórcios	E2Open	Foco na eficiência da cadeia de suprimentos e na colaboração
Empresas de pesquisa de mercado em telecomunicação	Gartner Group, Ogilvy, Harte Hanks	Fornecem coleta e análise de informações com valor agregado de dados secundários

FONTE: Memorando interno da Telezoo, abril de 2001.

ANEXO 5 | MATRIZ COMPETITIVA

	Formação							Fixação da marca		Venda				Análise			$$
	catálogo/diretório on-line	dados normalizados	comparações de produto	solução focalizada	documentos técnicos	posicionamento/categorização do produto	conscientização da marca	geração de perspectiva de venda	qualificação de perspectiva de venda	rastreamento de perspectiva de venda	capacidade de transação	consultas técnicas online/offline	contato direto com comprador	serviços/ferramentas de mineração de dados	inteligência de mercado/produto	análise competitiva	valor alto – vendas completas e ciclo de mkt	custo alto
Telezoo	x	x	x	x	x	x	x	x	x	x	x	x	x	x	x	x		
Harte Hanks					x	x	x	x	x	x			x	x	x			x
Gartner Group			x	x	x	x	x	x					x	x	x			x
Ogilvy						x	x	x										x
Double Click						x	x						x					x
Seller Field Sales			x	x	x	x	x	x	x	x	x							
Networld+Interop		x	x								x	x						
Newmediary			x				x			x								

	TZ	HH	GG	OG	DC	SFS	NI	NM
Conscientização da marca	X	X	X	X	X	X	X	X
Diretório de fornecedores	X						X	X
Catálogo de produtos do fornecedor	X	X			X			
Comparações de produtos	X	X	X	X	X	X	X	
Comparações normalizadas de produtos	X							
Documentos técnicos	X		X			X	X	
Geração de perspectiva de venda	X	X	X	X	X	X	X	X
Qualificação de perspectiva de venda	X	X				X		
Roteamento de perspectiva de venda	X	X				X		
Rastreamento de perspectiva de venda	X					X		
Consultoria ao vivo de perito técnico/do projeto	X		X			X	X	
Contato com fornecedor/comprador direto, facilitado	X	X				X	X	
Relatórios atuais de inteligência de mercado	X	X						

Networld+Interop e a Supercomm, no exterior (Brasil, Suíça) ou no país (Las Vegas, Atlanta). A empresa também contava bastante com os esforços de relações públicas que permitiriam que obtivessem de modo rentável uma grande base de clientes.

Resultados do Primeiro Ano (Março de 1999 a Março de 2000)

Por meio dos esforços dos fundadores, líderes do setor como as revistas *Forbes*, que classificou a Telezoo entre as cinco mais importantes no mundo, *Business Week*, *Legg Mason* e uma série de outras revistas bem consideradas e bancos de investimento reconheceram a Telezoo como um mercado virtual de telecomunicações de ponta. Shams e Narwani pensaram que esses respeitados grupos editoriais e financeiros haviam validado a utilidade de sua proposição de negócio. Embora Narwani fosse capaz de gerar comentários bem positivos na imprensa, a Telezoo não era capaz de converter os elogios em sucesso financeiro. A empresa tinha particularmente pouco sucesso em gerar receita por meio de taxas de transação, que eram um grande componente de seu modelo de receita. De fato, a empresa não havia registrado quaisquer transações concluídas, enquanto gastava perto de $ 1,5 milhão por ano em seus programas de vendas e marketing. A Telezoo tinha um produto muito bom que era reconhecido pelos líderes do setor, mas infelizmente o mercado virtual ou não estava ouvindo a mensagem da empresa, ou havia escolhido não responder a ela. Estava se tornando claro que a empresa não seria capaz de se sustentar pela taxa efetiva do momento.

No final de maio de 2000, a Telezoo tinha menos de 5 mil visitantes únicos por mês e nove contratos com fornecedores. Mais importante, a empresa tinha menos de $ 60 mil em receita e queria construir sua base de fornecedores para conseguir mais compradores. Ademais, lutava com a necessidade de minimizar seus custos à medida que construíam o negócio. A empresa de busca de executivos contratada para recrutar um CEO experiente estava progredindo, mas o candidato principal, mesmo que a oferta fosse feita e aceita, não estaria disponível até setembro. Entrementes, a taxa de desperdício permanecia e uma procura por uma nova capitalização estava em plena atividade.

Murville foi trazida para a Telezoo em julho de 2000. Além do mestrado em Ciências e Administração que ela obtivera pela London Business School, Murville tinha bacharelado e mestrado em Engenharia Mecânica pelo MIT. Com mais de 16 anos de experiência em alta administração, orientando o desenvolvimento de empresas nos estágios iniciais para se tornarem líderes no mercado, Murville trabalhou para uma série de investidores de risco de ações de primeira linha e realizou alguns esforços bem-sucedidos de recuperação de empresas para organizações em crescimento. Recebeu uma grande parcela de latitude para trazer uma nova perspectiva para a orientação estratégica da empresa. Seu primeiro objetivo era avaliar a situação e apresentar suas novas descobertas e recomendações na próxima reunião do conselho. Além da pressão, os investidores não estavam mais dispostos a apostar em um conceito. Precisavam visualizar um caminho claro em direção à lucratividade e, nesse ponto, o caminho da Telezoo em direção aos lucros não era de fácil entendimento. Na preparação para a reunião do conselho, Murville fez a si mesma as seguintes questões:

1. Qual era o verdadeiro mercado para a Telezoo?
2. Como a Telezoo pode se diferenciar do campo crescente dos concorrentes?
3. Como a Telezoo pode gerar receitas sem contratar pessoal adicional ou fazer propaganda?
4. Quão viável é o modelo original de taxa de transação?
5. Como seria possível equilibrar a quantidade em comparação com a qualidade dos parceiros?
6. Como ela poderia dar garantia adicional para o conselho e os investidores potenciais de que existia um modelo industrial sustentável?
7. Como a Telezoo poderia permanecer no negócio?

ESTUDO DE CASO 11

Van Leer Packaging Worldwide: a Conta do TOTAL (A)

Em 21 de junho de 1995, às 12h34, Claude Hoareau, gerente de unidade de negócio de tambores de aço da Van Leer, uma divisão da Van Leer France, recebeu uma cópia de uma mensagem enviada por fax pelo departamento de Lubrificantes do Groupe TOTAL para a sede da Van Leer nos Países Baixos. O fax dizia:

> [Nós] ainda estamos muito preocupados com os preços unitários propostos na França e fora dela, que parecem bem altos. Favor investigar a possibilidade de melhorar isso. Ainda gostaríamos de dar continuidade ao nosso relacionamento europeu e esperamos que V.Sª. possa estar em uma posição de oferecer algo melhor.

O Groupe TOTAL era um dos maiores grupos multinacionais franceses e a oitava empresa de petróleo do mundo. A perda da conta do TOTAL seria um sério golpe para Hoareau e para a Van Leer France. Hoareau esperava que essa conta proporcionasse 6% das vendas previstas em 1995.

A mensagem foi uma notícia desanimadora para Hoareau, especialmente porque ele havia falado com o comprador do TOTAL, Paul Laveissiere, mais cedo naquela manhã e havia enviado um fax para Amstelveen:

> No que diz respeito a Van Leer France, não estamos em uma má situação. A decisão final estará baseada na proposta para a Europa e não apenas para a França. Laveissiere está totalmente insatisfeito com nossa última proposta, principalmente devido à situação no Reino Unido; não estamos interessados no TOTAL do Reino Unido?

A questão também era bem preocupante para Johan Ten Cate, gerente de contas internacionais na sede corporativa da Van Leer nos Países Baixos, para quem o fax havia sido encaminhado. O próprio Ten Cate se perguntava se uma perda do TOTAL não era um sintoma do problema que a Van Leer encontrava ao atender e reter mesmo as maiores contas globais. Algumas dessas empresas já tinham entrado em contato com ele, "mostrando os dentes" e exigindo descontos globais significativos e outros benefícios.

Este caso foi escrito por David Weinstein, professor de marketing da Insead, com a ajuda de Alain Debenedetti, assistente de pesquisa. Ele pretende ser usado como uma base para discussão em sala de aula, e não para ilustrar o tratamento eficaz ou ineficaz de uma situação administrativa.
Copyright © 1996 Insead, Fontainebleau, França.

Van Leer

A Royal Packaging Industries Van Leer foi fundada em 1919 por Bernard Van Leer. Desde o início, o capital da empresa pertencia inteiramente à The Van Leer Foundation, uma associação filantrópica nos termos do decreto e da legislação real holandesa, que financiava programas especiais para crianças prejudicadas social ou culturalmente. A Van Leer começou a fabricar tambores de aço nos Países Baixos em 1925, entrando no setor de sistemas de vedação em 1927. Nos anos 1930, a empresa já era a líder europeia para ambos os produtos e, nos anos 1940, havia estabelecido sua presença em sete países por três continentes.

Nos anos 1960 e 1970, a Van Leer expandiu suas linhas de produto para embalagens flexíveis, usando papel e material plástico, o que facilitou a penetração do grupo no setor de bens de consumo. Os anos 1980 marcaram toda uma nova fase de expansão mediante uma série de aquisições, ampliando o escopo de atividades da Van Leer. Em 1992, um novo marco foi estabelecido no setor de embalagem de bens de consumo de massa da empresa, com a aquisição da 4P da Unilever, a subsidiária de embalagens.

As vendas mundiais da Van Leer para 1994 alcançaram NFL 3,958 bilhões (aproximadamente $ 2,5 bilhões), um crescimento de 3% com relação a 1993. Os lucros subiram naquele ano para NFL 67 milhões. A empresa empregava cerca de 16 mil pessoas pelo mundo, metade delas na Europa. A Van Leer detev 25% das vendas mundiais de tambores de aço naquele ano. O Anexo 1 inclui as demonstrações financeiras consolidadas da Van Leer para 1994.

Produtos, Países e Clientes

Em 1994, as atividades de embalagem industrial representavam 46,3% das vendas totais da Van Leer, os principais usos finais industriais sendo líquidos industriais como produtos químicos e lubrificantes. A produção de tambores de aço era responsável por 35% das vendas globais da Van Leer e por 74% de sua divisão de embalagem industrial.

Como os tambores de aço eram um produto volumoso, em geral eram fabricados próximos às unidades de produção dos clientes. A abordagem tradicional da Van Leer para os novos mercados internacionais era ditada por um simples lema: "Onde quer que precise de nós, iremos." A Van Leer contava com os relacionamentos com seus clientes para instalar fábricas no exterior, que lhe davam uma base de operações em economias fortes bem como em mercados emergentes. Em 1994, muitos novos contratos levaram a empresa a fixar operações na Rússia, China e Costa Rica.

A Van Leer era a única participante do setor de tambores de aço a operar em tal escala mundial, ostentando uma presença sólida em cinco continentes: 130 fábricas em 41 países. Em 1994, 57,9% das vendas da Van Leer foram na Europa, 22,5% na América do Norte e no México, 7,9% na Austrália e no Extremo Oriente, 6,4% nas Américas Central e do Sul e 5,3% na África.

A base de clientes da Van Leer era bastante diversificada. A empresa tinha orgulho de ser tanto um fornecedor para grandes multinacionais, especialmente as gigantes de produtos químicos e de petróleo, multinacionais menores e, ao mesmo tempo, empresas familiares locais. O Anexo 2 apresenta algumas cifras das vendas de tambores de aço para os principais clientes.

Organização

A administração da Van Leer refletia genuinamente suas aspirações internacionais, com todos os membros da diretoria de uma nacionalidade diferente (ver Anexo 3). A empresa estava organizada em unidades

| ANEXO 1 | DEMONSTRAÇÕES FINANCEIRAS CONSOLIDADAS DA VAN LEER PARA 1993-1994 |

EM 31 DE DEZEMBRO DE 1994 (DOTAÇÃO ORÇAMENTÁRIA DEPOIS DO LUCRO)

(NLG. 000)	1994		1993	
Ativos empregados:				
Ativos imobilizados tangíveis				
Valor de custo	3.325.879		3.443.947	
Depreciação acumulada	(1.881.311)		(1.898.492)	
		1.444.568		1.545.455
Ativos imobilizados financeiros				
Participações minoritárias	4.360		1.117	
Empréstimos	7.102		9.445	
		11.462		10.562
Total de ativos imobilizados		1.456.030		1.556.017
Ativo circulante				
Ações	534.256		508.867	
Devedores	717.320		668.125	
Caixa e bancos	39.588		49.715	
Total do ativo circulante	1.291.164		1.226.707	
Credores	(714.169)		(645.072)	
Capital de giro líquido		576.995		581.635
Capital líquido investido		2.033.025		2.137.652
Financiado por:				
Empréstimos de médio e longo prazos	662.331		400.201	
Bancos	161.812		498.801	
Provisões para obrigações e encargos		824.143		899.002
Obrigações não financiadas de pensão e obrigações similares	263.547		263.005	
Impostos diferidos	139.438		140.791	
Diversos	141.528		152.759	
Capital e reservas		544.513		556.555
Patrimônio dos acionistas	502.464		514.958	
Participação de terceiros em subsidiárias	161.905		167.137	
Total de fundos dos acionistas		664.369		682.095
Capital de financiamento		2.033.025		2.137.652

(continua)

ANEXO 1 | DEMONSTRAÇÕES FINANCEIRAS CONSOLIDADAS DA VAN LEER PARA 1993-1994 (continuação)

PARA O EXERCÍCIO ENCERRADO EM 31 DE DEZEMBRO DE 1994

(NLG. 000)	1994	1993
Vendas líquidas para terceiros	3.957.640	3.844.497
Movimentação em estoques	15.327	(28.906)
Rendimentos de produção	3.972.967	3.815.591
Consumo de materiais diretos	(1.798.180)	(1.638.026)
Valor agregado	2.174.787	2.177.565
Custos operacionais	(1.968.712)	(1.979.966)
Resultado operacional bruto	206.075	197.599
Despesas com juros	(63.840)	(75.927)
Resultados de câmbio	(5.806)	4.518
Lucro operacional antes dos impostos	136.429	126.190
Tributação sobre lucro operacional	(41.459)	(44.484)
Lucro operacional líquido	94.970	81.706
Despesas extraordinárias líquidas	(13.102)	(18.961)
Lucro após os impostos	81.868	62.745
Participação de terceiros	(14.844)	(15.252)
Lucro líquido	67.024	47.493

de negócio estratégico autônomas, algumas abarcando categorias de produto e outras, área geográfica (ver Anexo 4). Cada unidade de negócio agia como um centro de lucro com o objetivo de explorar oportunidades na própria área de responsabilidade. O desempenho da unidade de negócio era avaliado sob essa luz, e as recompensas financeiras, em bonificações e outros pagamentos, eram concedidas de acordo com esse critério. A bonificação anual de um gerente poderia chegar a 30% de sua renda anual, parte baseada no desempenho da unidade estratégica de negócio e o restante no desempenho da unidade de negócio. Essa estrutura havia sido projetada para se adequar aos mercados internacionais e diversificados da Van Leer.

O Mercado de Tambores de Aço

O mercado de tambores de aço desenvolveu-se em conjunto com o *boom* da extração e refinaria de petróleo, uma vez que os tambores de aço eram o modo mais prático de se transportar e embarcar o petróleo. O mercado era caracterizado por seus inúmeros fornecedores, principalmente empresas locais que atendiam as unidades de fabricação locais usando tambores padronizados, mas também as empresas que desenvolviam produtos bastante específicos. O tambor usado com maior frequência era o de 213 litros e a Van Leer detinha uma participação no mercado de aproximadamente 25% desse item.

Em 1995, o mercado de tambores de aço alcançou 150 milhões de unidades vendidas pelo mundo. No total, o mercado estava crescendo bem lentamente, a uma taxa de aproximadamente 1% ao ano. Apesar de tudo, parecia haver disparidades significativas no crescimento entre as regiões. Na Europa, que era res-

ANEXO 2 | VENDAS DE TAMBORES DE AÇO POR CLIENTE GLOBAL SELECIONADO EM 1995

	Tambores de aço na Europa	América do Norte	América do Sul	Ásia	África	Austrália	No mundo
Shell Oil/Chemical	36,20	1,00	1,00	7,00	4,10	0,60	49,90
ICI	31,60	4,50	–	0,50	0,70	3,90	41,20
Dow Chemical	13,60	6,50	0,60	9,00	–	0,30	30,00
Mobil	14,20	2,40	–	6,10	–	6,60	29,30
Basf	18,30	9,60	0,20	1,00	–	–	29,10
Dow Coming	2,20	18,90	–	–	–	–	21,10
Elf/Atochem	16,50	1,00	–	1,50	–	–	19,00
PPG	5,50	12,00	–	–	–	–	17,50
Burmal/Castrol	8,70	4,50	–	2,20	–	1,40	16,80
Esso/Exxon	13,40	–	0,40	1,90	–	0,30	16,00
DSM (Produtos Químicos e Resinas)	15,30	–	–	–	–	–	15,30
Rhone Poulenc	13,30	0,60	0,40	–	–	0,30	14,60
Akzo/Nobel	12,70	1,30	0,20	0,30	–	–	14,50
BP	11,60	–	–	1,00	1,90	–	14,50
Texaco	4,10	–	6,60	3,80	–	–	14,50
Bayer	7,60	0,80	4,00	0,70	–	–	13,10
Witco	6,30	6,50	–	–	–	–	12,80
Rohm and Haas	5,00	7,30	0,40	–	–	–	12,70
Monsanto	2,30	7,30	0,20	–	0,40	–	10,20
Total Oil/Chem/Bostik	5,90	1,90	–	–	2,20	–	10,00
Hoechst	9,60	–	–	–	–	–	9,60
Union Carbide	2,70	2,90	–	0,90	0,60	–	7,10
Arco	1,80	–	–	5,20	–	–	7,00
IFF	5,50	1,20	0,20	–	–	–	6,90
Dupont	2,20	3,90	0,40	–	–	–	6,50
Cyanamid/Agrar	1,20	2,80	–	–	–	–	4,00
TOTAL	267,30	96,90	14,60	41,10	9,90	13,40	443,20

ponsável por um terço do mercado mundial, o consumo estava diminuindo a uma taxa anual de 1% a 2% desde 1989. Nos Estados Unidos, o consumo havia permanecido estável nos últimos dez anos e não eram previstas mudanças. O consumo nesse país era consistentemente responsável por 20% a 25% do consumo mundial. O panorama dos mercados emergentes como a China e a América Latina era, contudo, otimista.

O setor de tambores de aço era único, no sentido de que incluía tambores novos e recondicionados. O custo de um tambor recondicionado era de cerca de 70% a 80% de um novo, incluindo coleta, limpeza, reparo e remontagem, e poderia ser reutilizado várias vezes.

ANEXO 3 | EXPERIÊNCIAS PESSOAIS DOS MEMBROS DO CONSELHO DA VAN LEER

Willem de Vlugt (nasc. 1942)
Presidente do conselho e CEO da Van Leer desde 1992 e membro do conselho executivo desde 1989. Cidadão holandês que se juntou à Van Leer em 1968 e deteve cargos executivos nos Estados Unidos, na França, na Argentina e no Brasil. Entre 1977 e 1983, De Vlugt exerceu cargos na administração-geral nas divisões de revestimento da Akzo Nobel, o grupo holandês de produtos químicos. Voltou, então, para a Van Leer, onde, antes de participar do conselho executivo, exerceu os cargos de presidente e CEO da Van Leer Containers, incluindo as atividades de contêiner industrial nos Estados Unidos.

André Saint-Denis (nasc. 1944)
Diretor financeiro (CFO) desde 1992. Cidadão canadense que exerceu vários cargos administrativos na Air Canada, Alcan, Canadian and Kinburn Corp., tanto no Canadá quanto na Suíça. Antes de se juntar à Van Leer em 1992, Saint-Denis foi vice-presidente de finanças e tesoureiro do Le Groupe Vidéotron Ltée em Montréal.

Francisco de Miguel (nasc. 1944)
Francisco de Miguel foi nomeado para o conselho executivo em 1995, com uma atribuição especial para as atividades de embalagem industrial da Van Leer. De Miguel, espanhol, juntou-se à Van Leer em 1968 e exerceu vários cargos na Espanha e no Brasil. Antes de participar do conselho executivo, foi responsável pelas operações da Van Leer na América Latina.

Christina Betbeder (nasc. 1942)
Membro do conselho executivo desde 1995, Christian Betbeder era responsável pelo desenvolvimento do setor de embalagens para o consumidor. Antes de se juntar à Van Leer em 1983, Betbeder, cidadã francesa, exerceu vários cargos administrativos na França. Antes de se juntar ao conselho, chefiou os negócios estratégicos no setor de Flexíveis, incluindo as atividades da Van Leer de fortalecimento de filmes, produtos metalizados e flexíveis industriais.

ANEXO 4 | ESTRUTURA ORGANIZACIONAL DO GRUPO VAN LEER (JAN./1995)

- CONSELHO EXECUTIVO
- Funções corporativas
- UNIDADES ESTRATÉGICAS DE NEGÓCIO
  - Contêineres industriais América do Norte
  - Produtos de fibra moldada América do Norte
  - Embalagem flexível Europa/América do Norte
  - Contêineres industriais Reino Unido e Irlanda
  - Contêineres industriais de aço
  - Caixas de papelão dobráveis e tonéis/tampas da 4P
  - Flexíveis e filmes da 4P
  - Contêineres industriais de aço Europa meridional
  - Contêineres de fibra e plástico e IBCs Europa continental
  - Fibra moldada da Europa
  - América Latina
  - Vedações
  - África
  - Extremo Oriente
  - Austrália e Nova Zelândia

A estrutura de custo de um tambor de aço era como segue: aço – 50%, mão de obra, logo abaixo, de 10%; pintura e verniz – 9%; vedações – 8%; transporte – 6%; e despesas indiretas e depreciação perto de 17%. Dada a proporção do teor de aço, os fabricantes de tambores seguiam o preço do aço com atenção, tentando repassar os aumentos de preço para os seus clientes por meio de cláusulas de ajuste nos contratos de fornecimento de tambores. Entre o primeiro trimestre de 1994 e o último trimestre de 1995, o preço do aço disparou de $ 355 para $ 590 por tonelada.

Competição

Em 1994, a Van Leer era a única fabricante realmente global de tambores de aço no mundo. Os concorrentes ficavam principalmente em seus territórios ou formavam alianças internacionais, em um esforço para competir por contas multinacionais. Na Europa, a Van Leer detia uma participação no mercado de 37% em 1995. Um concorrente europeu era a Blagden, a empresa britânica que detinha 20% do mercado europeu. Apesar de estar em segundo lugar no setor de novos tambores, a Blagden liderava o setor de tambores recondicionados com uma participação no mercado na Europa de 35%. Outra importante concorrente na Europa era a Gallay-Mauser, a organização franco-germânica detentora da terceira posição na Europa, com 12% de participação no mercado, e da primeira posição na França e na Alemanha.

Outros tipos de contêineres eram cada vez mais competitivos com relação aos tambores de aço, especialmente desde que o preço do aço ultrapassou o limite de $ 450 por tonelada. Nesse nível, os fabricantes de tambores de aço não eram mais capazes de transferir os custos crescentes do aço para os seus clientes. Assim, embalagens de plástico e de fibra se tornaram substitutos viáveis para muitas aplicações. O resultado foi que alguns fabricantes de tambores de aço precisaram fechar, enquanto alguns um pouco mais afortunados precisaram enfrentar a situação e aumentar a produtividade.

Necessidades do Cliente e Diferenciação

O tambor é um produto crítico para qualquer empresa de produtos químicos ou petróleo. Ele não somente armazena, mas também facilita o transporte de produtos, especialmente porque os tambores podem usar paletes para armazenamento e transporte e podem ser rolados. Com muitos clientes passando por reengenharia e racionalização de sua logística, os fabricantes de tambores de aço esperavam pressão de seus clientes, sob a forma de demanda por preços mais baixos, qualidade melhor, assim como a tentativa de trocar o estoque de tambores vazios na exploração e produção.

A diferenciação do produto em tambores de aço era difícil, pois o processo de fabricação era amplamente acessível e fácil de imitar. Todavia, alguns clientes tinham necessidades específicas de limpeza, revestimentos internos dos tambores, padrões de vedação, cor externa e mistura de tamanhos de tambor, permitindo preços especiais. Tradicionalmente, os gerentes da Van Leer sentiam que a presença global de sua organização era uma fonte de diferenciação, garantindo aos clientes padrões de qualidade, serviço e pronto atendimento que os fabricantes locais não poderiam equiparar.

Estratégia da Van Leer

A administração da Van Leer estava sensível às seguintes tendências: as empresas de clientes globais estavam (1) transferindo a produção para economias mais baratas e emergentes, (2) consolidando suas compras nas mãos de poucos fornecedores para conseguir vantagens nos preços, e (3) buscando racionalizar a faixa de seu material de embalagem. De acordo com os altos executivos da Van Leer, essas tendências resultariam tanto em uma demanda mais baixa por tambores de aço em partes da Europa quanto em um número menor de concorrentes. Sentiam que essas pressões exigiriam uma cooperação eficiente entre as unidades de negócio da Van Leer sobre contratos internacionais e uma revisão da faixa dos produtos.

O cargo de gerente de contas internacionais foi criado em outubro de 1994, como resposta da Van Leer à pressão por contas internacionais. Ten Cate, executivo com mais de 30 anos de experiência na empresa, foi nomeado para esse cargo. Embora Ten Cate não tivesse autoridade formal sobre os gerentes locais, dirigia o vasto conhecimento, a prática, a rede de conhecimento pessoal e o respeito dentro da organização da Van Leer, no setor de embalagens e na base de clientes. A administração esperava que sua formação, junto com sua sensibilidade pessoal e capacidades de negociação, permitisse a Ten Cate contribuir para o sucesso continuado da Van Leer com as contas internacionais à medida que seu processo de compra evoluísse.

A Conta do TOTAL

O Groupe TOTAL era o nono maior negócio de petróleo no mundo e uma das maiores e mais visíveis empresas francesas. Suas vendas chegaram a $ 27 bilhões em 1994. O TOTAL estava bem estabelecido em uma série de setores e suas atividades eram bem diversificadas: extração de petróleo e gás natural, refinaria e distribuição, petróleo bruto e derivados de petróleo, comercialização, produção de produtos químicos como resinas, tintas e corantes e outros. Estabelecido em cinco continentes, o TOTAL ainda era um império em crescimento, operando em 80 países e ostentando sólida saúde financeira e muitos anos de experiência em todos os seus campos de atividade.

A divisão de lubrificantes do Groupe TOTAL era um dos centros de lucro da empresa. E fora segmentada em três unidades: dois departamentos devotados à venda de lubrificantes automotivos e industriais e o terceiro que funcionava como um centro de custo. Esse último era chamado FAL (Logística de Compra para Fabricação) e estava "vendendo" os produtos e serviços que fornecia, a preços internos de transferência, para os outros dois departamentos de "venda". O departamento de compras estava, por sua vez, subdividido em três unidades: Embalagens, Matérias-primas e Materiais Especiais.

Nos meses finais de 1994, o TOTAL passou por um esforço mundial de reengenharia por iniciativa de seu presidente. A consolidação da compra internacional era parte desse exame minucioso, por meio do qual a empresa esperava reduzir os tipos de tambores comprados, assim padronizando e cortando os custos. Um alto executivo do TOTAL comentou:

> Esperávamos, com a consolidação, também instilar uma colaboração genuína entre o TOTAL e seus fornecedores, sob a forma de consultoria, assistência e informações técnicas e talvez formas mais profundas de colaboração, envolvendo o setor de P&D.

Jean-Claude Delvallée, que gerenciava compras, aderiu ao esforço de reengenharia junto com um consultor interno do TOTAL, Michel Chouarain, que se juntou temporariamente ao departamento de lubrificantes durante o projeto de reengenharia. Chouarain participaria, com Delvallée, da implantação da estratégia de compras e da negociação com os principais fornecedores. Sua mensagem era de que todo fornecedor teria de: (1) oferecer produtos em uma escala internacional, (2) influenciar as exigências-padrão internacionais do TOTAL, (3) manter registro dos volumes de vendas e negociar globalmente por meio de um único representante. Um terceiro gerente de compras, Hal Swinson, que representava o TOTAL na América do Norte, juntou-se a eles no contato com os fornecedores globais.

Como ocorre em muitas empresas internacionais, a globalização das atividades de compra não era uma tarefa fácil. A globalização era a decorrência típica de um preço competitivo alcançado localmente, com base nas condições competitivas locais e no estabelecimento de relacionamentos pessoais. Em alguns casos, os contratos globais obteriam, com certeza, reduções significativas de preço, além da capacidade das organizações locais. Todavia, as condições de mercado em outros mercados poderiam proporcionar melhores condições locais do que a compra global obteria. Esse fenômeno criava resistência de alguns países no sentido de estar em conformidade com um arranjo global negociado pelas sedes. Ao comentar sobre isso, um gerente sênior do TOTAL disse:

> Nós também temos nossos problemas de globalização. À medida que a compra local causa um efeito sobre a avaliação de desempenho local, arriscamos interferir em relacionamentos locais com os fornecedores. É claro que um gerente não gostaria que a sede lhe impusesse preços e relacionamentos, principalmente quando isso pudesse prejudicar potencialmente o desempenho local. Como ocorre em todas as organizações, o TOTAL encontrará uma forma de superar essa resistência local.

Treze de Dezembro de 1994

Treze de dezembro de 1994 foi o dia em que tudo começou. Uma carta aparentemente inocente chegou à Van Leer France, assinada por Delvallée, do TOTAL. Nela, ele explicava que o Groupe TOTAL havia decidido adotar uma política de compra global para tambores de aço para todas as suas subsidiárias no mundo. Sob essa nova abordagem, o TOTAL anunciava que estaria, em breve, entrando em contato com a Van Leer para explorar as possibilidades de "colaboração potencial". A carta também dizia:

> Informamos, também, que a nossa Solicitação de Cotação [RFQ] que teria sido aplicável a partir de janeiro de 1995 está agora congelada, e pedimos que V.Sas mantenham os preços dos tambores até 31 de março de 1995.

Hoareau, o gerente da unidade de negócio de tambores de aço da Van Leer France, autorizou seu diretor comercial, a quem a carta do TOTAL havia sido endereçada, a dar a seguinte resposta:

> Agradecemos a V.Sª por associar nosso grupo às necessidades de globalização do Groupe TOTAL. Estamos ao seu dispor e cooperaremos totalmente com sua análise. Entretanto, V.Sª certamente tem conhecimento de que nosso setor tem estado sujeito a altas espetaculares do preço do aço [o preço do aço subiu em 15% em 1994]. Este é o motivo pelo qual somos forçados a reajustar nossos preços a partir de 1º de janeiro de 1995. Não podemos prejudicar a sobrevivência de nossa operação e lastimamos não sermos capazes de satisfazer à sua solicitação de um congelamento de preços. Pedimos que levem em consideração o preço que cotamos em resposta à sua recente RFQ conforme aplicável a partir de 1º de janeiro de 1995. Acreditamos que V.Sª entenderá nossa justificativa.

Reunião em Amstelveen

Ten Cate realizou a reunião com o TOTAL na sede mundial da Van Leer em Amstelveen, em 13 de janeiro de 1995. Antes, havia coletado os dados necessários pertinentes ao volume de vendas da Van Leer para o Groupe TOTAL em diferentes países, como base para a discussão. O Reino Unido e a França eram claramente os dois principais países europeus na compra de tambores de aço pelo TOTAL. O Groupe TOTAL estava representado por Delvallée, Chouarain e também pelo norte-americano Swinson. Hoareau viera da França para participar da reunião.

Swinson, que era responsável pelo setor de compras nos Estados Unidos, foi o participante mais ativo do TOTAL. Após haver delineado as atividades da empresa, apresentou os destaques do plano de compra global de tambores de aço, parecido com aquele já implantado nesse país. O Groupe TOTAL buscava obter (1) melhores preços em cada local, com base no volume total de compras para o grupo, (2) que todos os preços cotados fossem fixos durante um ano, com uma proposta plurianual incluindo cláusulas de reajuste de custo para matéria-prima com início somente no segundo ano, (3) um abatimento anual com base nos níveis globais de compra e (4) que os fornecedores fossem solicitados a incluir informações sobre a sua garantia de qualidade e instalações de coleta de tambores.

Mais tarde, Ten Cate comentou sobre essa reunião:

> Foi estranho que o membro mais ativo dos três executivos do Groupe TOTAL fosse Swinson. Delvallée continuou a agir como o "velho amigo e 'prata da casa'", permanecendo sentado e deixando o palco para Swinson. Chouarain estava em silêncio total e me deu a impressão de que preferia não estar ali e que fora forçado por alguém a estar presente nesta reunião.

Preparação da Proposta

Em 17 de janeiro de 1995, depois da reunião em Amstelveen, Ten Cate enviou uma mensagem para todas as subsidiárias da Van Leer, lançando a preparação de sua proposta para o Groupe TOTAL. Essa nota continha, logo no início, uma cópia da apresentação do TOTAL (ver o Anexo 5) e o plano de consumo de tambores de aço na Europa do Groupe TOTAL para 1995:

Alemanha	45.000
Espanha	17.000
França	458.000
Itália	23.000
Reino Unido	316.000
Suécia	13.000

Além disso, a nota indicava que sua proposta para o Groupe TOTAL incluiria seis países europeus e estabeleceria uma política de desconto cumulativo sobre todas as compras na Europa. Dando ênfase à importância desse mercado para a Van Leer, que significava 872 mil novos tambores por ano, Ten Cate instruiu todas as subsidiárias a entrar em contato com os representantes locais do TOTAL em busca de especificações sobre tipos e quantidades previstos de tambores de aço.

Ten Cate sabia que o Groupe TOTAL estava mantendo discussões similares com os concorrentes da Van Leer. O gerente de tambores de aço do Reino Unido da Van Leer lhe dissera que (1) o relacionamento entre a administração da Van Leer e o TOTAL no Reino Unido era bem sólido, (2) o preço da Van Leer no Reino Unido era competitivo e (3) a Van Leer do Reino Unido sentia que o Groupe TOTAL *em Paris* não seria capaz de "impor um fornecedor" para a sua subsidiária no Reino Unido.

ANEXO 5 | PROGRAMA TOTAL DE COMPRA GLOBAL DE TAMBORES DE AÇO

Elementos da proposta:

- Melhores preços em cada local com base no volume total de compras para o grupo.

- Dados sobre compras e nomes dos contratos locais para que os fornecedores verificassem especificações, padrões de pedido etc.

- Todos os preços a serem cotados em uma base de "na entrega".

- Uma proposta plurianual é encorajada, com aumentos de preço para matéria-prima somente no ano dois, três etc.

- Como um incentivo para o TOTAL, é encorajada uma proposta de abatimento anual com base nos vários níveis de compra.

- Junto com a proposta, o fornecedor é solicitado a incluir informações sobre os seus:
  — programas de garantia de qualidade
  — programa de recuperação e recondicionamento de tambor

Total classificado como o 9º no mundo*

Classificação global		Classificação por critérios	
1. SHELL	(PAÍSES BAIXOS/REINO UNIDO)	Reservas de petróleo	6º
2. EXXON	(ESTADOS UNIDOS)	Reservas de gás	12º
3. MOBIL	(ESTADOS UNIDOS)	Produção de petróleo	10º
4. BP	(REINO UNIDO)	Produção de gás	15º
5. CHEVRON	(ESTADOS UNIDOS)	Capacidade de refino	8º
6. AMOCO	(ESTADOS UNIDOS)	Vendas de produto	7º
7. TEXACO	(ESTADOS UNIDOS)		
8. ELF	(FRANÇA)		
9. TOTAL	(FRANÇA)		
10. ARCO	(ESTADOS UNIDOS)		

Abril de 1994.

* Excluindo-se empresas nacionais de petróleo de países produtores e ENI, PIW – dezembro de 1993.

Com base em suas discussões com as subsidiárias da Van Leer, e em seu conhecimento sobre o mercado, Ten Cate esperava que a concorrência não viesse a oferecer mais do que descontos internacionais comparáveis, enquanto mantinha os preços existentes de mercado.

Ten Cate estava impressionado com a atitude da Van Leer France com relação à situação. Hoareau levava o esforço de reengenharia do TOTAL muito a sério, em particular por causa de um novo gerente, Paul Laveissiere, indicado para suceder Delvallée. Diferentemente do britânico, o francês pensava que não se tratava de "um negócio de costume" e que a nova equipe de compras do TOTAL representava uma ameaça efetiva. Ten Cate não havia se encontrado com o novo gerente de compras e confiava em Hoareau no que dizia respeito a informações e impressões.

ESTUDO DE CASO 12

Dilemas Éticos em Marketing Industrial

As pessoas em cargos de marketing e vendas são frequentemente confrontadas por problemas e dilemas éticos. Os cenários apresentados a seguir são situações reais enfrentadas por pessoas durante seu primeiro ano no trabalho após a graduação na universidade. Depois da leitura de cada um destes cenários, você deverá decidir que ação teria tomado.

1. Atualmente, vendo uma linha de compressores industriais para clientes e a estratégia-padrão de vendas indica que eles são os melhores para o dinheiro disponível no mercado. Infelizmente, também sei que isso não é verdade. Todavia, eles representam 40% de minha linha e não posso cumprir com sucesso minha cota sem vender pelo menos $ 85 mil por mês. Provavelmente está tudo certo, porque todos os vendedores dizem que os seus são os melhores.

   Você usaria a mesma abordagem de venda?

2. Meu gerente de vendas de campo bebe em demasia e me acompanhou em visitas de venda cambaleando e cheirando a álcool. Seu comportamento não ajuda na minha reputação profissional com meus clientes ou a empresa. Decidi não dizer nada, porque o gerente de vendas de campo escreve minha avaliação e pode influenciar bastante em meu sucesso ou fracasso na minha primeira tarefa de venda.

   Você daria essas informações sobre o gerente de vendas para o nível superior da administração?

3. Estou trabalhando para uma grande empresa que está bastante envolvida em contratos com o setor de defesa. Fui recentemente transferido para uma nova divisão que constrói armas nucleares. São armas sobre as quais o público não tem conhecimento e que não aprovo pessoalmente. Todavia, nosso trabalho é legal e classificado como ultrassecreto. Decidi ficar na empresa porque acho meu trabalho desafiador e não estou envolvido de modo direto com qualquer etapa do componente nuclear real do projeto.

   Se você vivenciasse isso, teria ficado na empresa?

4. Recentemente, tive a oportunidade de comprar um novo... computador, impressora e software por $ 1.000 de nosso diretor de MIS [Sistema de Gerenciamento de Informações]. Parece que

---

O contexto foi desenvolvido pelo professor John B. Gifford e Jan Willem Bol, da Universidade de Miami. Ele integra um estudo sobre problemas éticos que alunos recém-graduados na área comercial enfrentam no primeiro emprego. Copyright por John B. Gifford.

ele recebeu aqueles itens "gratuitamente" com um grande pedido de computadores para a empresa. Eu estaria, na maioria das vezes, fazendo trabalhos para a empresa em casa, no computador. Decidi aceitar sua oferta e paguei a ele $ 1.000 à vista.

    O que você teria feito?

5. Depois de um jantar de negócio com um importante cliente na Califórnia, ele sugeriu de sairmos para "botar pra quebrar na cidade" e algo mais. Embora eu não estivesse certo sobre o que "e algo mais" poderia significar, havia uma chance de 50% de que ele quisesse fazer "um programa" com mulheres. Disse que estava cansado e fui embora sozinho. Também perdi a conta, que já estava 90% garantida.

    O que você teria feito?

6. Por coincidência, tanto seu vendedor quanto seu distribuidor estão tentando vender seu produto para o mesmo prospect. O distribuidor, contudo, ainda não sabe disso. Você sabe que, quando ele descobrir, vai oferecer o produto de um concorrente que certamente rebaixará seu preço. Seu vendedor é totalmente dependente da comissão.

    Você deverá pedir que seu vendedor desista?

7. Um comprador de uma grande instituição do governo (um bom prospect com grande volume potencial) lhe oferece informações sobre as propostas lacradas dos concorrentes. Você sabe que a prática é questionável, mas ele é um bom amigo e ninguém deve descobrir. Além disso, você está abaixo da sua cota e precisa demais da comissão.

    Você aceitará a oferta dele?

8. Um cliente industrial informou que nossos lubrificantes estavam cotados cerca de 5% acima daqueles que estão sendo oferecidos pela nossa concorrência. Ele mostrou que, se eu baixasse meu preço em 7,5%, ele cancelaria seu pedido com nossa concorrência e o compraria de mim. Isso significaria uma comissão de $ 1.400 para mim. Concordei.

    O que você teria feito?

9. Como vendedor industrial, você está no escritório de um prospect para dar um preço verbal sobre um projeto. Você e seu gerente de vendas determinaram que um preço específico seria o preço correto para a sua organização e você acredita que conseguirá o contrato. Todavia, quando o prospect sai do escritório, você vê uma cópia da proposta de seu concorrente sobre a mesa com um preço significativamente mais baixo. É preciso dar um preço ao prospect agora, quando ele retornar ao escritório.

    Você mudará seu preço?

10. Tenho uma cota fixada de produtos que preciso vender todos os meses. Algumas vezes, é necessário acumular estoque nos meus clientes para cumprir minha cota. A maioria dos clientes não é muito sofisticada e nem mesmo sabe quanto de estoque deve carregar.

    Esta é uma tática de vendas apropriada?

ÍNDICE ONOMÁSTICO

A

Aaker, David A., 213, 216, 376, 389
Abela, Andrew V., 401, 449
Abell, Derek F., 223
Adams, Arthur J., 147, 150
Aeppel, Timothy, 38, 385
Agrawal, Anupam, 336
Alghalith, Nabil, 314
Allen, Philip, 137
Alonzo, Vincent, 418
Alsop, Stewart, 74, 328
Ambler, Tim, 440, 448
Ames, B. Charles, 12
Anderson, Erin A., 294, 296, 302, 389, 412, 430
Anderson, James C., 10, 97, 108-112, 115, 302, 362, 367
Anderson, Matthew G., 40, 41, 43, 44
Anderson, Scott, 75
Anderson, Steven R., 103, 455
Andzulis, James K., 309
Anthony, Scott D., 245
Armstrong, J. Scott, 150
Arndt, Michael, 190, 191
Assael, Henry, 266, 267
Athaide, Gerard A., 252
Auerbach, Jon G., 280
Avery, Susan, 42, 77

B

Baatz, Elizabeth, 42
Bagozzi, Richard P., 429

Baker, Walter, 364
Balasubramanian, Sridhar, 264
Balinski, Eric W., 137
Banting, Peter, 83
Baptista, João P. A., 128, 130, 219, 243
Barclay, Daniel W., 423
Barnes, Hank, 313
Bartolini, Andrew, 39, 74
Batchelor, Charles, 337
Bearden, William O., 158
Beik, Leland L., 453
Bell, Marie, 6
Bellizzi, Joseph A., 78, 133, 395
Bello, Daniel C., 71
Belonax, Joseph J., 78
Bennion, Mark J., Jr., 140
Bens, Katrina J., 307, 308, 317
Berman, Dennis K., 144
Berry, Leonard R., 269, 278
Beutin, Nikolas, 108, 219, 220, 362, 363, 364
Bharadwaj, Sundar R., 265
Bhattacharya, Arindam K., 14, 184, 193
Bink, Audrey J. M., 79, 420
Bitner, Mary Jo, 267, 272
Blackman, Douglas A., 26
Bloch, Nicholas, 73
Bloomer, John, 382
Boewadt, Robert J., 370
Bogosian, Joseph H., 198
Boles, James, 79
Bolton, Ruth N., 108

627

Bomgar, Joel, 387
Bond, Edward U., III, 164, 460
Bonner, Joseph M., 250
Bonoma, Thomas V., 82, 403, 405, 456, 458
Booker, Ellis, 396
Bossidy, Larry, 440
Boughton, Paul D., 382
Bourde, Marc, 18, 75, 77
Bowman, Douglas, 95, 113
Bowman, Edward H., 458
Bowman, Robert J., 340
Boyd, Harper W., Jr., 224, 226
Boyson, Sandor, 342
Bradley, Peter, 347
Bradtke, Thomas, 184-188
Brady, Diane, 401
Brentani, Ulrike de, 281
Brewer, Peter C., 333, 338, 343
Brickman, Chris, 357
Brodie, Roderick J., 274
Bromley, Philip, 163
Brooks, R., 143
Brown, Eryn, 318
Brown, Robert, 163
Brown, Shona L., 243, 247, 249
Brown, Steven P., 427
Brunell, Tom, 337
Bulik, Beth Snyder, 389, 400
Bunn, Michele D., 69
Burdick, Richard K., 73, 84, 135
Burgelman, Robert A., 237, 239
Burn, Darryl, 270
Bush, Victoria D., 426
Butaney, Gul T., 69
Buzby, Stephen L., 453
Byrne, John A., 159
Byron, Ellen, 25

C
Calantone, Roger, 255
Callahan, Sean B., 75, 327, 452
Callioni, Gianpaolo, 356
Cannon, Joseph P., 96, 97, 100, 419, 421
Carbone, James, 19, 41, 47, 72, 78, 292
Cardozo, Richard N., 129, 131
Carpenter, Gregory S., 8, 440
Castanon, Yvette, 457

Cavusgil, S. Tamer, 198, 203
Cespedes, Frank V., 108, 110, 144, 221, 288, 364, 365, 419, 420, 421
Chambers, John, 9, 95
Chapman, Timothy L., 56
Charan, Ram, 142, 440
Chew, W. Bruce, 372, 453
Choffray, Jean-Marie, 84, 88, 251
Choi, Thomas Y., 343, 344
Chopra, S., 336
Christensen, Clayton M., 130, 223, 228, 239, 241, 243, 244, 246
Christopher, Martin, 341
Churchill, Gilbert A., Jr., 427, 428
Cioffi, Jennifer, 440
Clark, Ann Hojbjerg, 128
Clark, Bruce H., 447, 448
Clark, Don, 92
Clark, Kim B., 242, 243
Clemes, Michael, 270
Cohn, Russ, 399
Coles, Gary L., 138
Collins, David J., 163
Comer, James M., 429
Conlon, Ginger, 317
Cooper, Martha C., 426
Cooper, Robert G., 29, 250, 251, 253, 255, 256
Cooper, Robin, 106, 107, 371, 372, 453, 454
Copacino, Bill, 333
Corey, E. Raymond, 77, 78, 288
Corsi, Thomas, 342
Cort, Stanton G., 398
Court, David, 451
Coviello, Nicole E., 274
Cowell, Donald, 276, 277, 278
Cravens, David W., 430, 431, 432, 433
Cressman, George E., Jr., 366, 377, 378, 379, 380
Cron, William L., 426, 427
Cross, James, 412
Crow, Lowell E., 89
Culley, James D., 138
Czinkota, Michael R., 192, 195

D
Danaher, Peter J., 274
D'Aveni, Richard A., 362, 373
Davenport, Thomas H., 36, 201

Davidow, William H., 270, 275
Davies, Greg, 49
Davis, Donna, 38
Dawes, Philip, 82
Day, George S., 8, 80, 96, 97, 98, 105, 107, 116, 167, 194, 223, 240, 307, 308, 317, 375
De Meyer, Arnoud, 336
Dean, Joel, 375
DeBonis, Nicholas, 137
Debruyne, Marion, 251
Delaney, Laura, 195
Deligonul, Seyda, 198
Dell, Michael, 327
Desai, Mihir A., 197
Deschamps, Jean-Phillippe, 372
Deshpande, Rohit, 8
Devinney, Timothy M., 342
Dickson, Peter R., 83, 84
Dolan, Robert J., 366, 370, 371, 376
Doney, Patricia M., 97
Donnelly, James H., 271
Donthu, Naveen, 66
Dorf, Bob, 110
Dougherty, Deborah, 458
Dowst, Somerby, 72
Doyle, Peter, 140
Dozbaba, Mary Sigfried, 72
Droll, Mathias, 419
Dubinsky, Alan J., 427-428
Ducante, Douglas, 403
Durvasula, Srinivas, 273
Dyer, Jeffrey H., 116, 117, 196

E
Edgett, Scott J., 249, 250, 253, 255
Eggert, Andreas, 11, 101, 102, 108, 219, 365
Eisenhardt, Kathleen M., 243, 247, 248, 249, 256
Eklund, Robert C., 423
El-Ansary, Adel, 426
Ellinger, Alexander B., 309
Elliot, Stuart, 26
Elliott, Heidi, 292
Ellram, Lisa, 348
Engardio, Pete, 14, 190
Erickson, Tamara J., 242
Evans, David, 279
Evans, Kenneth R., 416, 422

F
Fadell, Tony, 236
Faherenwald, Bill, 337
Fahey, Liam, 9
Fang, Eric (Er), 266
Faris, Charles W., 66, 69
Farley, John U., 8
Farrell, Mark A., 84
Fearon, Harold E., 39, 50
Fehle, Frank, 217
Ferguson, Brad, 340
Ferguson, Renee Boucher, 315
Ferguson, Tim, 4
Ferguson, Wade, 218
Ferrin, Bruce, 348
Figueiredo, Bruna, 185
Fisher, Marshall, 342
Fites, Donald V., 201
Flynn, Anna E., 39
Foley, C. Fritz, 197
Ford, David, 83
Ford, Neil M., 427, 428
Fornell, Claes, 192
Foster, Thomas A., 348
Fournier, Susan, 217
Frambach, T., 376
Frankwick, Gary L., 160, 161, 458
Fraser, Cynthia, 140
Fredette, Michael, 37
Freytog, Per Vagn, 128
Friedman, Lawrence G., 286, 287, 289, 290, 291
Friscia, Tony, 337
Frost, Raymond, 325
Fujino, Michimosa, 237, 238
Furey, Timothy R., 287
Fürst, Andreas, 113
Futrell, Charles M., 428

G
Gale, Bradley T., 215, 218, 362
Gamble, Richard H., 343
Ganesan, Shankar, 8
Garda, Robert A., 134
Gardner, Alston, 79
Garten, Jeffrey E., 184
Garrett, Paula L., 398
Gatignon, Hubert, 140

Gebhardt, Gary F., 8
Gentry, Julie, 353
George, William R., 271
Gerard, Michael, 448
Gertz, Dwight L., 128, 130, 219, 243
Ghemawat, Pankaj, 199, 203
Ghingold, Morry, 66, 69, 80
Gillilard, David I., 71
Gilmore, Thomas N., 162
Glazer, Rashi, 75
Godes, David, 425
Gonzalez, Gabriel R., 87
Good, David J., 308
Gooley, Toby, 352
Gopalakrishna, Srinath, 404, 405, 406, 407, 415
Gottfredson, Mark, 76
Gould, Daniel, 423
Green, Jeremy, 145
Gregor, William T., 448
Gremler, Dwayne D., 267, 272
Grewal, Dhruv, 36, 142, 268, 350, 374
Griffin, Abbie, 236, 240, 251
Gronroos, Christian, 272
Gross, Andrew, 83
Grove, Andy, 313
Guiltinan, Joseph P., 279
Gummesson, Evert, 269
Gupta, Ajay, 56

H

Hackett, James P., 259
Haley, George T., 188
Hamel, Gary, 158, 164, 166, 168, 240, 441
Hamilton, David P., 196
Hamm, Steve, 280
Hancock, Maryanne Q., 367
Hancock, William A., 377
Hannon, Neal J., 318
Hansotia, Behram J., 225
Harlan, Robert K., 48, 76
Hardt, Chip W., 4, 38, 42, 77
Harper, Doug, 302
Harris, Jeanne G., 36
Harris, Nicole, 45
Hartley, Steven W., 412
Hauser, John, 236
Hawes, Jon M., 135

Hawker, Charlie, 18, 75, 77
Hayes, Simon, 116, 117
Hebda, John, 240, 241
Heide, Jan B., 69, 75
Hemerling, James W., 14, 184-188, 190
Henderson, John C., 315
Herzog, Raymond E., 389
Heskett, James L., 272, 276
Hesseldahl, Arik, 32
Hill, Ruth, 283
Hines, James, 197
Hoffman, K. Douglas, 38
Hoffman, William, 321, 337
Hofman, Debra, 337
Hogan, John, 377, 382
Holcomb, Mary Collins, 350
Hollis, Judith, 37
Homburg, Christian, 69, 108, 113, 114, 160, 219, 220, 362, 363, 364, 412, 413, 419, 422, 429
Hook, Jeff, 116
Hosford, Christopher, 450
Houston, Mark B., 249, 415
Howard, John A., 69, 89
Howell, Jane M., 240
Hubbard, Katrina J., 80
Huffman, Nicole P., 69
Hult, G. Tomas M., 198
Hunt, Shelby D., 17, 38, 96, 97, 303
Hutt, Michael D., 4, 83, 85, 87, 119, 160, 161, 162, 164, 222, 237, 241, 249, 251, 422, 423, 457, 458, 460

I

Inampudi, Srikant, 44
Ingram, Thomas N., 426, 430

J

Jacobs, Fred A., 453
Jacobson, Robert, 216, 376
Jacoby, David, 185
Jackson, Barbara Bund, 99
Jackson, Donald W., Jr., 73, 83, 135
Jackson, Ralph W., 275
Jackson, Susan A., 423
Jacques, Philip F., 401
Jana, Reena, 259
Jap, Sandy D., 321, 381, 382

Jarboe, Greg, 327
Jaworski, Bernard J., 8
Jayachandran, Satish, 158, 212
Jensen, Ore, 160, 412, 422
Jeuland, Abel P., 376
Joachimsthaler, Erich, 389
Jobber, Damd, 193
Jobs, Steve, 236
John, Roland H., 367
Johnson, James C., 353
Johnson, M. Eric, 335
Johnson, Mark W., 245, 417, 428
Johnson, Michael D., 108
Johnson, Paul, 229
Johnston, Wesley J., 79, 82, 86, 87, 274, 397, 417, 426, 453
Jones, Daniel J., 277
Jones, Eli, 429
Jones, Thomas O., 219, 272
Jubak, Jim, 32

K
Kahl, Steven, 341
Kahney, Leander, 236
Kale, Prashant, 116, 117, 196
Kalkoffen, Malte, 19, 21
Kalkota, Ravi, 309
Kanter, Rosabeth Moss, 95, 118, 328
Kapelianis, Dimitrios, 87, 222, 251, 423
Kaplan, Robert S., 10, 102-107, 143, 171-178, 440, 441, 442, 443, 453, 454, 455
Karpinski, Richard, 450, 451
Katrichis, Jerome M., 83
Katz, Paul B., 40, 41, 43, 44
Kearney, A. T., 83
Keedy, Jennifer, 321
Keiningham, Timothy L., 274
Keith, Janet E., 73, 84, 135
Keller, Kevin Lane, 5, 212-217
Keon, Shawn, 196
Kesseler, Jim, 325, 326
Kijewski, Valerie, 388, 394
Kiley, David, 401
Kim, W. Chan, 140
King, Ronald H., 86
Kippola, Tom, 229
Kirca, Ahmet H., 158

Kleinschmidt, Elko J., 249, 250, 251, 255, 256
Kohli, Ajay K., 8, 36, 83, 84, 265
Kopczak, Laura Rock, 335
Kosnik, Thomas J., 196
Kotchetova, Natalia, 453
Kotler, Philip, 24, 133, 447, 448, 456
Kovar, Joseph, 281
Krapfel, Robert, 97
Krauss, Michael, 451
Kreuze, Deborah, 412
Krisher, Tom, 17
Krishnan, M. S., 192, 219
Krishnan, R., 36, 142, 268, 374
Krishnan, Vish V., 264
Krohmer, Harley, 160, 412
Krol, Carol, 75, 399, 400, 452
Kuester, Sabine, 69
Kuglin, Fred A., 116
Kumar, Nirmalya, 362
Kumar, V., 8

L
Laczniak, Gene R., 82
Lafley, A. G., 142
LaForge, Raymond W., 430, 431, 432, 433
LaLonde, Bernard J., 348
Lambert, David R., 398
Lambert, Douglas M., 334, 349
Lamons, Bob, 138, 212, 225
Lamons, Robert, 395
Lamont, Judith, 313
Lapide, Larry, 141
Larréché, Jean-Claude, 224, 226
Laseter, Timothy M., 40, 76, 133
LeBlanc, Ronald P., 89
Lee, Don Y., 82
Lee, Hau, 339
Leenders, Michael R., 39, 50
Lehman, Donald R., 135, 215, 216
Leigh, Thomas W., 427
Lemon, Katherine N., 108, 112, 143, 274, 446
Leonhardt, David, 261
Levy, Michael, 350
Lewin, Jeffrey E., 66, 79, 86, 87
Li, Tiger, 255
Liakko, Timo, 82
Lichtenthal, J. David, 4, 79, 81

Ligos, Melinda, 49
Liker, Jeffrey K., 343
Lilien, Gary L., 80, 82, 84, 86, 87, 88, 251, 404, 406, 407
Lim, Jeen-Su, 162
Lin, Chia Chia, 206
Lin, Jason, 206
Liukko, Timo, 133
Lococo, Edmond, 54
Lodish, Leonard M., 302
Logovinsky, Irma, 464
Lohtia, Ritu, 397
Lovelock, Christopeher, 269
Loveman, Gary W., 272
Lucke, Tom, 377
Lunsford, Dale. A., 275
Lusch, Robert F., 265
Lynch, David F., 309
Lysonski, Steven, 273

M
Madden, Thomas J., 217
Maddox, Kate, 75, 396, 397, 400, 450, 452
Magee, John F., 242
Magnusson, Liz, 138
Mahajan, Vijay, 376
Maidique, Modesto A., 240
Maier, E. B., 299
Makridakis, Spyros, 147, 149
Malter, Alan J., 8
Mangalindan, Mylene, 47
Mange, Paul O., 56
Marchetti, Michele, 412
Marn, Mike, 364
Marsh, Peter, 357
Marshall, Greg W., 417, 426
Martin, Karla L., 162
Marvel, Matthew R., 240, 241
Mast, Kenneth E., 135
Mathews, Anna Wilde, 354
Mauborgne, Renée, 140
McBurney, Peter, 145
McCaney, Kevin, 54
McCann, Joseph E., 162
McConville, Daniel J., 352
McCormick, Aislinn, 313
McElroy, James C., 427

McGovern, Gail J., 451
McKee, Steve, 395
McKenna, Regis, 212, 222, 373
McNeilly, Kevin M., 429
McQuiston, Daniel H., 83, 84, 294, 302
McTavish, Ronald, 458
McWilliams, Gary, 201
McWilliams, Robert D., 79
Mehrotra, Anuj, 299
Mehta, Stephanie N., 48
Mehta, Subhash C., 273
Mendel, Arthur H., 380
Menezes, Melvin A. J., 299
Menon, Ajay, 108, 219, 220, 362, 363, 364
Mentzer, John T., 146
Morrill, John E., 388
Meyer, Arnoud De, 336
Meyer, Christopher, 253, 261, 262
Meyer, Marc H., 243, 495
Michaels, Ronald E., 428
Micheau, Victoria A., 145
Midgley, David, 82
Milford, Maureen, 283
Millar, Victor E., 17
Miller, Amy, 440
Miller, Chris, 324
Minahan, Tim A., 45, 46, 48, 77
Miner, Anne S., 248
Mintzberg, Henry, 236
Mirani, Robert, 147
Mitchell, Vincent-Wayne, 129
Mittal, Vikas, 107
Moenart, Rudy, 251
Mohr, Jacqueline J., 395
Mokwa, Michael P., 162, 447, 448, 456
Mollenkopf, Diane, 270
Möller, Kristian, 261
Moltzen, Edward, 281
Momin, Zafar, 19, 21
Monroe, Kent B., 372, 376, 377
Montgomery, David B., 375
Montgros, Xavier de, 356
Montoya-Weiss, Mitzi M., 255
Moon, Mark A., 146
Moore, Deanne, 143
Moore, Jeffrey A., 227-231, 374
Moorman, Christine, 248

Morgan, Neil A., 167
Morgan, Robert M., 17, 96, 97, 303
Moriarty, Mark A., 147, 150
Moriarty, Rowland T., 79, 136
Morrall, Katherine, 427
Morris, Michael H., 275
Mosquet, Xavier, 19, 21, 184
Moyer, Reed, 370
Mulcahy, Ann, 9
Mummaleni, Venkatapparao, 4
Murphy, Elena Epatko, 22
Murshed, Feisal, 107

N
Nagle, Thomas T., 362, 366, 367, 368, 369, 377, 378, 379, 380
Narayanan, V. G., 102, 104, 143
Narayandas, Das, 95, 98, 113, 220, 363, 446
Narayandas, Narakesari, 419, 421
Narus, James A., 10, 11, 97, 110, 112, 115, 302, 362, 367
Narver, John C., 8
Naumann, Earl, 79
Nayak, P. Ranganath, 372
Neidell, Lester A., 275
Neilson, Gary L., 162
Nielsen, Jacob, 308
Neisser, U., 85
Nevens, T. Michael, 243
Noble, Charles H., 162, 456
Norton, David P., 10, 103, 171, 176, 440, 441, 442, 443

O
O'Brien, Louise, 336
O'Connell, Patricia, 9
O'Hara, Brad, 404
O'Heir, Jeff, 303
Ohmae, Kenichi, 197
Ohmae, Kenneth, 116
Ojola, Marydee, 311
Oke, Adegoke, 281
O'Leary, Bay, 381
Oliver, Richard L., 219, 430
Olshavsky, Richard W., 89
Olson, Eric M., 158
O'Marah, Kevin, 337

Onyemah, Vincent, 430
Oosthuizen, Pierre, 275
Ormiston, Charles, 73
O'Shaughnessy, John, 135
Osmonbekov, Talai, 71
O'Sullivan, Dan, 401, 449

P
Page, Albert L., 222
Palmatier, Robert W., 95, 98, 266, 413, 414, 415, 416
Parasuraman, A., 269, 278, 428
Park, C. Whan, 401
Parkhe, Arvind, 197
Parsons, Simon, 145
Patten, Carol, 328
Patterson, Laura, 440, 450, 451
Patterson, Paul G., 82
Patton, W.E., III, 86
Peppers, Don, 110, 261, 307, 444
Perreault, William D., Jr., 100
Peterson, Robert A., 428
Phillips, Stephen, 76
Piercy, Nigel, 393
Pitt, Leyland, 275
Plank, Richard E., 348
Plouffe, Christopher R., 423
Porter, Anne Millen, 22, 35, 77
Porter, Michael E., 17, 168-170, 174, 201, 202, 203, 242, 313, 326, 459
Poueymirou, Roger, 380
Powers, Elizabeth, 162
Prahalad, C. K., 219, 243, 264, 265, 320, 389
Puryear, Rudy, 76
Puto, Charles P., 86

Q
Quelch, John A., 451
Quinn, James Brian, 23, 26, 167, 236, 237

R
Rab, Linda, 397
Rajala, Risco, 261
Rajendra, K. Srivastava, 9
Ramani, Girish, 8
Ramaswamy, Venkat, 219, 264, 265, 320
Rands, G., 120

Rangan, V. Kasturi, 6, 98, 136, 288, 297, 298, 299, 300, 301
Ramstad, Evan, 201
Raynor, Michael E., 228, 239, 241
Reichheld, Frederick E., 95, 108, 109, 113, 114, 273
Reid, David A., 162
Reinartz, Werner, 8, 279, 369
Reinecke, Nicholas, 38, 42, 77
Reingen, Peter H., 83, 119, 160, 161, 237, 241, 249, 460
Richard, Pierre J., 342
Richardson, James, 452
Richey, Keith, 217
Rickard, David, 112, 262, 263
Rigby, Darrell K., 108, 109, 114
Ring, Peter Smith, 118, 120
Ritterskanp, James J., Jr., 377
Roberts, Dexter, 190, 191
Roberts, Karl, 321
Robertson, Thomas S., 140
Robinson, Patrick J., 66, 69
Rogers, Martha, 110, 261, 307, 444, 445
Rogers, William, III, 448
Ronchetto, John R., Jr., 83, 237, 241
Ronkainen, Ilka A., 192, 195
Roos, Gina, 10
Root, Franklin R., 192
Rosenbloom, Bert, 286
Rostky, George, 370
Roth, Martin S., 401
Roussel, Philip A., 242
Rozin, Randall S., 138
Rudelius, William, 214
Rudzki, Robert A., 335
Ruekert, Robert W., 250
Rukstad, Michael G., 163
Rule, Eric, 196
Rumar, Dave, 315
Russ, Frederick A., 429
Rust, Roland T., 112, 143, 274, 440, 446
Ryan, Jim, 7
Ryans, Adrian R., 431

S

Saad, Komol N., 242
Sager, Ira, 26
Sager, Jeffrey K., 428
Samuel, David M., 78
Sanders, Nada, 147
Sands, Jeff, 143
Sarkees, Matthew, 107
Sashi, C. M., 381
Sasser, W. Earl, Jr., 219, 273, 274
Satpathy, Aurobind, 44
Saunders, John, 140
Savitz, Eric J., 21
Sawhney, Mohanbir, 47, 264, 266
Scheer, Lisa K., 98, 416
Schefter, Phil, 108, 109, 114
Schnedler, David E., 128, 135
Schroder, Bill, 84
Schiff, Larry, 113, 114, 115, 273
Schultz, Dan, 387
Schultz, Heidi, 387
Schultz, Roberta J., 308, 422
Schwager, Andre, 253, 261, 262
Schwartz, Matthew, 5, 390,
Scott, Stan, 79
Segalo, A. Michael, 147, 149
Seigel, Jason, 76
Selnes, Fred, 108
Serwer, Andy, 167
Shaikh, Muzaffar A., 225
Shankar, Satish, 73
Shapiro, Benson P., 79, 106, 221
Sharma, Arun, 36, 142, 268, 299, 350, 374
Shaw, Gordon, 163
Shaw, Wade H., 308
Shear, Herbert, 346
Sheffi, Yossi, 341
Shermach, Kelly, 452
Sherman, Stratford, 159
Sherry, John F., Jr., 8
Shervauie, Tasadduq A., 9
Sheth, Jagdish N., 69, 84, 86, 87, 89, 225
Shirouzu, Norihiko, 237
Shostack, G. Lynn, 268
Siemplenski, Michael, 222
Silverstein, Barry, 288, 399, 401
Simko, Stephen, 305
Simpson, James T., 86
Singh, Anant, 44
Singh, Habir, 116, 117

Singh, Jagdip, 426
Sirkin, Harold L., 14, 184, 209
Slagmulder, Regine, 371
Slater, Stanley F., 8, 158
Slatter, Stuart St. P., 380
Smith, Frank O., 316
Smith, Gerald E., 366, 367, 369,
Smith, Paul M., 404
Smith, Timothy M., 404
Smock, Doug, 70
Sonnack, Mary, 128, 252, 254
Spekman, Robert, 97, 326
Speh, Thomas W., 4, 162, 333, 338, 343, 346, 355, 458
Spiller, Peter, 38, 42, 77
Srivam, Ven, 97
Stafford, Edwin R., 119
Stallkamp, Thomas W., 335
Steenkamp, Jan-Benedict E.M., 98, 266
Stephenson, Susie, 55
Sterne, Jim, 402
Stevens, Ruth P., 403, 404, 405
Stewart, David W., 389
Stewart, Thomas A., 175, 336
Stock, James, 346
Stock, Ruth M., 114, 370, 413, 420, 429
Stone, Brad, 32
Strauss, Judy, 325
Stump, Rodney L., 252
Summe, Gregory L., 243
Summers, John O., 89
Swanson, Sandra, 452
Swartz, Gordon S., 136

T
Tabrizi, Behnam N., 256, 257
Takahashi, Dean, 25
Tanzer, Andrew, 347
Taylor, Alex, III, 201, 222
Taylor, Thayer C., 418
Teas, R. Kenneth, 427
Tellis, Gerald J., 236
Thedinger, Bart, 131
Theocharides, Theo, 18, 75, 77
Thomas, Robert J., 150
Thomke, Stefan, 128, 252, 254
Thurm, Scott, 56

Tichy, Noel M., 159
Totzek, Dirk, 419
Toupin, Lorie, 333
Trebilcock, Bob, 23
Trinkle, Bob, 294, 296, 389, 412
Troy, David, 313
Tsai, Jessica, 129
Tuli, Kapil R., 265
Tuttle, Al, 293

U
Uchitelle, Louis, 190
Ulaga, Wolfgang, 11, 101, 102, 108, 279, 365, 369
Ungerman, Drew, 357
Usha, C. V., 188
Ustuner, Tuba, 425
Uttal, Bro, 243, 270, 275
Utterback, James M., 243

V
Välikangas, Liisa, 441
Van de Ven, Andrew H., 279, 351
Van Hoek, Remko, 276, 348
Van Mieghan, J. A., 336
van Rossum, Wouter, 10, 11, 110, 367
Varadarajan, Rajan, 212, 428
Vargo, Stephen L., 265
Venkatesh, R., 84
Venkatraman, N., 315
Verhallen, Theo M., 376
Verhoof, Peter, 108
Veverka, Mark, 111
Vigoroso, Mark, 47
Vojak, Bruce, 240, 241
von Hippel, Eric, 128, 252, 254
Vorhies, Douglas W., 167
Vuori, Risto, 82, 133

W
Wailgum, Thomas, 23
Walker, Beth A., 87, 119, 160, 164, 222, 249, 251, 422, 423, 458, 460
Walker, Orville C., Jr., 224, 226, 250, 427, 428
Walker, Richard, 54
Walton, James A., 236
Ward, James C., 160, 161
Washburn, Stewart A., 148

Weber, John A., 147
Weber, Rick, 189
Webster, Frederick E., Jr., 5, 8, 81, 87, 158, 159, 212, 213, 214
Weinberg, Charles B., 431
Weiss, Allen M., 69, 75
Weitz, Barton A., 69, 81, 302
Welch, Jack, 159
Wensley, Robin, 167
Werner, Curt, 311
West, Douglas C., 146
Westerlund, Mika, 261
Wheelwright, Steven C., 147, 242, 243
Whinston, Andrew W., 309
Whitaker, Jonathan, 192
White, Erin, 218
Whitelock, Jery, 193
Williams, Jerome D., 404, 405
Willis, Raymond E., 148
Wilson, David T., 4, 66, 80, 86
Wilson, Dominic F., 129
Wilson, Elizabeth J., 86, 140
Wind, Yoram, 66, 69, 81, 87, 129, 131, 140, 376
Wojcik, Philip J., 367
Womack, James, 277
Wong, M. Anthony, 80, 82
Wood, Donald F., 353
Woodside, Arch G., 78, 79, 82, 133, 140
Workman, Daniel, 6
Workman, John P., Jr., 422
Worthen, Ken, 75
Wren, Brent M., 86

Y
Yip, George S., 79, 420
Yoder, Stephen Kreider, 230
Yoon, Eunsang, 251, 388, 394
Young, Dave, 184-188, 190
Yu, Larry, 107

Z
Zahorik, Anthony J., 274
Zale, Joe, 382
Zarley, Craig, 281
Zaltman, Gerald, 84
Zawada, Craig, 364
Zeithaml, Valarie A., 112, 143, 267, 269, 271, 271, 274, 278
Zimmerman, Eilene, 9
Zou, Shaoming, 203

ÍNDICE REMISSIVO

3M, 159
    criação do produto, 239
    encorajando a inovação, 237
    plano de negócios, 163
    Website para Post-its sob encomenda, 319

A

Abordagem
    de custo total para o gerenciamento de logística, 347
    soluções do cliente para os serviços, 263-266
    soluções para serviços, 263-266
    usuário principal para produzir ideias, 252
Abordagens da decisão de compra (organizacional)
    situação de compra de nova tarefa, 69
    situação de recompra direta, 70
    situação de recompra modificada, 71
Acesso ao mercado em economias em rápido desenvolvimento, 189
Acordo de Livre Comércio da América do Norte (Nafta), 37
Administração das vendas, 425-431
    avaliação e controle, 429
    recrutamento e seleção de vendedores, 425
    supervisão e motivação, 426-429
    treinamento, 426
Administração do canal, 300-303
    conselhos consultivos do revendedor, 302
    construindo a confiança, 302
    margens e comissão, 302
    motivando os membros do canal, 301
    parceria com membros do canal, 301
    seleção de membros do canal, 300
Alianças estratégicas, 115-121
    avaliando capacidades complementares, 116
    determinantes de sucesso da aliança, 116-119
    ingredientes sociais do sucesso da aliança, 119-121
    vantagens das, 116
Alianças globais estratégicas (SGA), 195
Alianças. *Ver* Alianças estratégicas
Alinhamento estratégico, 174, 175
Allegiance Healthcare Corporation, 112
Ampla resolução do problema, 69

Análise
    causal, 149
    da participação no mercado, 450
    das vendas, 449
    de concorrentes no processo da estrutura do canal, 298
    do valor, 41
Aplicação do produto/serviço na segmentação de nível macro, 133
Apple Computer
    comparação do BlackBerry e do iPhone no mercado de business, 32
    iPhone, triunfo do gerenciamento da cadeia de suprimentos, 23
    iPod, desenvolvimento do, 237
Aprendizagem e crescimento, 175
Aquisição não pertencente ao Departamento de Defesa (governo federal), 52
Aquisições do Departamento de Defesa, 52
Aquisições. *Ver* Compra
Áreas de interação (experiência do cliente), 262
Ariba, Inc., 46, 77
Assistente Clínico Móvel (Motion C5), 92
Ativos
    estratégicos, 167-168
    intangíveis, 175
Atmosfera organizacional e satisfação no trabalho, 427-429
Auditoria de marketing, 447
Avnet, gerenciamento da cadeia de abastecimento, 335

B

Balanced scorecard, 171, 441
    aprendizagem e crescimento, 175
    mapa da estratégia, 176-178, 442
    perspectiva do cliente, 173-174
    perspectiva do processo interno do negócio, 174
    perspectiva financeira, 171-173
Base interna local para um negócio, 204
BASF, construção de marca sólida com serviços, 225
Benefícios adicionados ao valor para o cliente, 363
BlackBerry, comparação com o iPhone, 32
Boeing
    colaboração do fornecedor, 42
    previsão de vendas e colaboração com a Alcoa, 145

Bolsas privadas, 45
Bomgar Corporation, 387
Brasil, economia em rápido desenvolvimento, 14, 73, 184

C

Cadeia de suprimentos ambientalmente responsável, 357
Cadeia de suprimentos verde, 357
Cadeia de suprimentos, 17-22
    empresas comerciais como clientes, 20
    gerenciamento de relacionamentos na, 18
    integração através do uso da internet, 315
    iPhone, triunfo do gerenciamento da cadeia de suprimento, 23
    previsões de venda, vital para facilitar o funcionamento da, 145
    verde, 357
Callaway Golf, 45
Canais de business marketing, gerenciamento, 285-305
    administração do canal, 300-303
    canais diretos, 287-288
    canais indiretos, 288-289
    canal de distribuição, 286
    considerações de marketing pela Internet, 324-325
    estrutura do canal, 296-300
    Estudo de caso da SunPower Corporation, 305
    gerenciando os pontos de contato do cliente, 289-290
    Internet como uma alternativa de canal, 325
    mapa de integração multicanal, 291
    modelos multicanais integrados, 289-291
    participantes do canal de marketing industrial, 291-296
    usando sistemas de gerenciamento do relacionamento com o cliente (CRM), 290
Canais de distribuição, 286
Canais diretos, 287
Canon, estratégia global, 201
Capacidade (prestadoras de serviços), 269
Capacidade de ligação com o cliente, 8
    parcerias com os clientes, 10
Capacidade de percepção do mercado, 8
Caterpillar
    estratégia global, 201
    serviços logísticos, 356
Centralização da aquisição, 77
Centro de compras, 80-84
    envolvimento dos participantes nas etapas do processo de aquisição, 82
    estrutura do, como base da microssegmentação, 138
    identificação de com poder do, 85
    identificação de padrões de influência, 82
    papéis dos membros no processo de aquisição, 81-84
    prognosticando a composição do, 81
Centro de estratégia de marketing, 162, 458
Centros de Apoio à Exportação (EAC), 193
China, 14, 184. *Ver também* Economias em rápido desenvolvimento
    economia em rápido desenvolvimento, 73
    papel crescente como mercado, 190
    riscos na fabricação e na venda, 206
    subsídios do governo, 187
    vantagem de capacidades da mão de obra, 190
Ciclo de vida da adoção de tecnologia, 227-231
    analogia da pista de boliche para o mercado de tecnologia, 228
    estratégias para, 227
    tipos de clientes de tecnologia, 227

Ciclo de vida do produto, precificação pelo, 374-377
    novos produtos, 374
    valor econômico dos novos produtos, 377
Cisco Systems, 35, 95
    alianças estratégicas, 116
    gerenciamento de embarques de peças pela FedEx, 26
    poder do mais forte em mercados de alta tecnologia, 229
    tecnologia do sistema TelePresence, 234
    trajetória da carreira para diretor executivo (CEO), 9
Clientes,
    características dos clientes do mercado industrial, 18
    colaborativos, 100
    comunicação com, capacidade da internet, 326
    de alto custo para servir, 105
    de baixo custo para servir, 105
    do mercado industrial, 6
    exigências, atendendo à estratégia da internet, 327
    gerenciamento como ativos, 8
    grupos que apresentam maiores oportunidades de crescimento, 223
    insumo ao desenho do produto, 254
    julgamentos sobre marcas, 214
    relacionamento com representantes dos fabricantes, 294
    satisfação e lealdade do cliente, serviços industriais, 272
    sensibilidade ao preço e satisfação do cliente, 370
    transacionais, 101
    vantagens do gerenciamento da cadeia de suprimentos, 339
    vantagens do uso industrial da internet, 313
Cognição, 86
    competitiva, 423
Comércio eletrônico interorganizacional, 310
Comércio eletrônico, 26, 307-316
    B2B e varejo, 307
    B2M (business-to-machine), 312
    definição, 308-310
    papel estratégico de, 311-316
    suporte por intranets e extranets, 311, 312
    tipos de, 310
Comissões
    margens e comissão em canais de marketing, 302
    representantes dos fabricantes, 294
Competências principais, 167
Competição, 373
    respondendo a ataques de preço pela concorrência, 377-380
Comportamento de consumo, organizacional, 65-93
    etapas principais do processo de compra, 67
    forças ambientais no, 73-75
    forças de grupo no, 79-84
    forças individuais no, 84-87
    forças organizacionais no, 75-79
    forças que influenciam, resumo de, 73
    inovação baseada no cliente na Johnson Controls, 66
    principais elementos do comportamento de consumo, 87
    processo de compra organizacional, 66-73
Comportamento estratégico
    autônomo, 237-239
    induzido, 237
Composição da força de vendas (técnica de previsão), 147
Composto de marketing para empresas de serviço industrial, 274-281
    desenvolvendo novos serviços, 281
    distribuição de serviços, 280

pacotes de serviços, 275-278
preço dos serviços industriais, 278
promoção de serviços, 280
segmentação, 275
Compra
alavancada, 41
aquisição estratégica, 40
casada, 41
centralização da aquisição, 77
centralização *versus* descentralização, 78
compradores institucionais, 55-58
compras que afetam o desempenho, 42
do governo, 48-54
do governo federal, 53
entendimento do custo total, 40
e-procurement, 45-48
influência crescente da, 75
metas da função de compras, 39
níveis de desenvolvimento de aquisições, 41-45
organização de, 38
pelo valor, 41
por contrato negociado (governo federal), 54
posicionamento organizacional da, 76
prioridades estratégicas, 76
segmentação das categorias de compras, 42
Comprador, 82
Compradores, organizacionais, 34-62. *Ver também* Compra
empresas comerciais, 34-45
e-procurement, 45-48
governos, 48-54
Compras de grupo (instituições), 56
Compressão do tempo no ciclo de logística, 338
Comprometimento de relacionamento, 97
Comunicação em tempo real (inovação do produto), 248
Comunicações de business marketing
estratégia de feira comercial, 402-407
gerenciamento da função de venda pessoal, 411-436
gerenciando a propaganda business-to-business, 390-401
medindo a eficácia da propaganda, 401-402
papel da propaganda, 388-390
propaganda, 387
Conceito de benefício do cliente (serviços), 276
Conceito de serviço, 276
Concorrência pública, 380-383
Conexões de intermediação do processo, 118
Confiança, construção em canais de marketing, 302
Configuração (no mercado global), 199
Conjunto viável de alternativas, 89
Conselhos consultivos do revendedor, 302
Considerações legais sobre preços, 376
Consumo enxuto, 277
Contratação (estratégia de entrada no mercado global), 194
Contratos
com preço fixo, 50
com reembolso de custo, 50
de gerenciamento, 195
governo, 49
psicológicos, 118
Controle da eficácia e da eficiência, 452
Controle da estratégia de marketing. *Ver* Controle de marketing
Controle da lucratividade (estratégia de marketing), 453

Controle de marketing, 442, 447-455
auditoria de marketing, 447
controle da eficácia e da eficiência, 452
controle da lucratividade, 453-455
controle do plano anual, 449
controle estratégico, 447
estratégias de medição do desempenho em marketing (MPM), 448-449
painel de desempenho em marketing, 450-452
Controle do plano anual (estratégia de marketing), 449-450
Controle estratégico (estratégia de marketing), 447
Coordenação (no mercado global), 199, 205
Coordenadores, 81
CPO (diretor de aquisições), 38
Critérios avaliativos, 84
CRM. *Ver* Gerenciamento do relacionamento com o cliente
Curva da baleia da lucratividade acumulada, 104
Custeio baseado em atividades (ABC), 103, 453
calculando os custos de logística, 348
Custo posto no destino, 186
Custo total da propriedade (TCO), 41
calculando os custos de logística, 348
Custo total do uso, 364
Custo total e valor de um produto ou serviço, 40
Custo-alvo, 371
Custos da transação, redução com o uso da internet, 315
Custos de troca, 99, 370
Custos de uso para o cliente, 364
Custos operacionais, vantagens em ERDs, 186
Custos para servir o cliente, 105, 351

D

Dar presentes em marketing industrial, 49
Decisão de compra, impactos da propaganda sobre, 401
Decisão de terceirizar, 191
Decisões estratégicas de nova tarefa, 69
Declaração de estratégia criativa (propaganda), 391
Deere & Company
impacto sobre o lucro do gerenciamento de estoque, 357
ofertas de serviço, 265
Dell, Inc.
competição pelo mercado global de computadores, 201
conteúdo de marketing da internet, 75
diversificação da carteira de clientes, 111
gerenciamento da cadeia de suprimentos, 336
Internet e comércio eletrônico na estratégia corporativa, 307
o mercado do consumidor e o mercado industrial, 6
sucesso lendário com comércio eletrônico, 318
Demanda, 12, 13
combinando várias técnicas de previsão, 150
CPFR, abordagem colaborativa para a estimativa da, 150
derivada, 12
determinantes da, 366-368
elasticidade-preço da, 370
estimando a demanda do segmento do mercado, 144-146
técnicas qualitativas de previsão, 146-148
Desafios de marketing para os serviços, 266-270
diferenças entre produtos e serviços, 267
não propriedade do serviço, 269
perecibilidade do serviço, 269
produção e consumo simultâneos, 268

tangibilidade *versus* intangibilidade, 267
variabilidade do serviço, 269
Desempenho
  compras que afetam o, 42
  estratégias de medição de desempenho em marketing (MPM), 448-450
  medidas de desempenho da força de vendas, 430
  painel de desempenho em marketing, 450-452
  seleção de fornecedor e revisão do, 68
Desenvolvendo a mensagem da propaganda, 394
Desenvolvimento de novo produto. *Ver* Inovação e desenvolvimento de produto
Desenvolvimento do produto de passo rápido, 256
Desenvolvimento do produto. *Ver também* Inovação e desenvolvimento do produto
  criação do produto e a rede informal, 239
  desenvolvimento de passo rápido, 256
  determinantes do sucesso de novo produto, 255
  envolvimento do fornecedor em, 42
  principais impulsionadores do desempenho de novo produto, 251
  processo de desenvolvimento de novo produto, 249-254
  tecnologia de gerenciamento, 241-249
Desenvolvimento rápido do produto, 256
Desintermediação, 324
Desnatamento (Precificação), 375
Determinantes do custo, 371-373
  classificação de custos, 372
  custo-alvo, 371
Diferenciação de produtos e serviços, 167, 203, 265
  por meio da criação de valor, 364
Dilema do suborno em mercados globais, 198
Diretor de compras (CPO), 37
Diretrizes de estratégia para profissionais de marketing
  estratégia responsiva de marketing, 84
  gerenciamento de contas-chave para aquisição centralizada
  gerenciamento dos relacionamentos comprador-vendedor, 98-102
  participantes do centro de compras, 82
  situação de compra de nova tarefa, 69
  situação de recompra modificada, 71
  situações de recompra direta, 70
Distribuição dos serviços, 280
Distribuidores, 291-294
  classificação dos, 292
  distribuidor como um parceiro valioso, 293
  efeitos do marketing na internet sobre, 324
  escolha de um distribuidor, 293
  responsabilidades dos, 292
DLA (Agência de Logística da Defesa), 52
DOD (Departamento de Defesa), compras pelo, 52
Dow Chemical, internet comércio-eletrônico em estratégia corporativa, 307
Dow Corning
  anúncio vencedor de prêmio por seu modelo de negócio com base na web, 139
  segmentação de mercado industrial, 137, 138
DuPont
  administrando a oficina da Ford, 264
  análise da segmentação do mercado, 139
  propaganda de produtos para os clientes finais, 14

E
EACs (Centros de Apoio à Exportação), 193
E-commerce
  B2B (business-to-business), 307, 310
  B2C (business-to-customer), 310
  B2M (business-to-machines), 312
  business-to-business, 307, 310. *Ver também* E-commerce
  business-to-customer (B2C), 310
  business-to-machine (B2M), 312
Economias em rápido desenvolvimento (ERDs), 73, 184-192
  custo oculto das operações em ERD, 188
  gerenciando o risco em, 206
  obtendo vantagem global em, 184
  seguindo os principais clientes para as, 190
  tomando a decisão de terceirizar, 191
  vantagem de acesso ao mercado, 189
  vantagem de capacidades da mão de obra, 190
  vantagem de custo em, 186-189
Efeitos indiretos da comunicação na propaganda, 401
Eficiência na identificação de prospects, 406
E-Government, 51
Elasticidade, elasticidade-preço da demanda, 370
Empacotamento de serviços, 279
Empacotamento de serviços, 279
Empregados, motivando, 113
Empresa de pequeno e médio portes (SMB)
  Federated Insurance almeja setor de clientes de pequeno e médios portes, 153
  importância como clientes de TI, 111
  mercado industrial na Dell Computers, 6
  setor de pequenos e médios negócios - alvo da Microsoft, 181
Empresas com base no mercado, capacidades distintas, 8
Empresas comerciais, 35-45
  como clientes do mercado industrial, 6, 20
  classificação, usando o NAICS, 37
  distribuição por tamanho, 36
  concentração geográfica de fabricantes nos Estados Unidos, 36
Entendendo as motivações de compra de clientes comerciais, 22
Entusiastas da tecnologia, 227
Envolvimento interfuncional em tomada de decisões em marketing, 162-165
E-Procurement, 45-48
  aprimorando as capacidades do comprador, 46
  avaliação do desempenho dos fornecedores, 48
  compra de produtos diretos e indiretos, 47
  definição, 46
  leilões reversos, 47
  resultados mensuráveis entregues por, 46
Equipamentos auxiliares, 25
Ericsson, 341
Escopo do produto/mercado, 167
Espírito empreendedor. *Ver também* Inovação e desenvolvimento do produto
  condições que apóiam o, 240
  motivações de empreendedores corporativos, 240
Estratégia
  corporativa, 159
  da rua principal, 231
  de compressão (desenvolvimento do produto), 256
  de desvinculação, 112

de marketing. *Ver* Diretrizes de estratégia para profissionais de marketing
    do furacão, 230
    do novo produto, 250
    focalizada, 229
    funcional, 159
    global, 200, 203-206
    no nível do negócio, 159
    principal, 166
    responsiva de marketing, 84
Estratégia de feira comercial, 402-407
    avaliação de desempenho, 406
    gerenciando a exposição, 406
    planejando a estratégia, 404
    retornos do investimento, 404
    seleção das feiras, 405
    vantagens da, 402
Estratégia de marketing industrial, 26, 155-182
    componentes de um modelo de negócio, 164-170
    construindo o plano estratégico, 170-178
    controle de marketing, 447-455
    desenvolvimento, processo de, 442-445
    estratégia corporativa, 159
    estratégia funcional, 159
    estratégia no nível do negócio, 159
    formulação de estratégia e a hierarquia, 160-161
    hierarquia de estratégias em grandes organizações, 158
    Intuit, Inc., estudo de caso, 464
    mapa de estratégias, 441
    papel estratégico do marketing no desenvolvimento da estratégia, 158-164
    para mercados globais, 183-210
    planejamento funcionalmente integrado, 162-164
    posicionamento estratégico, 168-170
Estratégia de precificação, 361-385
    ataques de preço pela concorrência, 377-380
    competição, 373
    concorrência pública, 380-383
    considerações legais, 376-377
    considerações sobre a linha de produtos, 376
    determinantes da demanda, 366-368
    determinantes do custo, 371-373
    efeitos da internet sobre, 326
    estudo de caso da Parker Hamlin Corporation, 385
    objetivos do preço, 366
    precificação baseada no valor, 368-371
    precificação de novos produtos, 374
    valor nos mercados industriais, 361
Estratégia experimental (rápido desenvolvimento), 256
Estratégias com base no valor em microssegmentação, 137
Estratégias de comércio eletrônico, 316-329
    considerações do canal com marketing na internet, 324
    delineando os objetivos do comércio eletrônico, 316-318
    efeito da internet sobre a estratégia de preço, 326
    estudo de caso de W.W. Grainger, 330
    implantação da estratégia na internet, 320-323
    Internet como alternativa de canal, 325
    objetivos das estratégias de marketing na internet, 318-320
    questões para guiar a formulação da estratégia, 317

Estratégias
    de medição do desempenho em marketing (MPM), 448-449
    de redução de risco, 86
    de relacionamento em marketing de serviços, 274
    multidomésticas *versus* globais, 198-203
    promocionais para serviços, 280
Estrutura de interação (centro de compras), 89
Estrutura do canal, 296-300
    análise dos concorrentes, 298
    avaliação das capacidades de canal da empresa, 298
    avaliação e escolha das opções do canal, 299
    criação de soluções do canal para as necessidades latentes dos clientes, 299
    definição dos segmentos do cliente, 297
    estrutura do canal, 297
    identificação das necessidades do canal dos clientes por segmento, 297
    pontos cruciais na transformação do canal, 300
Estrutura limitada (inovação do produto), 247
    estrutura para o processo, 29, 461
Etapa de colheita, 172
Etapa de crescimento, 172
Etapa de manutenção, 172
Ética
    dar presentes em marketing industrial, 49
    dilema do suborno em mercados globais, 198
Europa Central e Oriental, economias em rápido desenvolvimento, 73, 184
Exigências de investimento de capital, vantagens em ERDs, 187
Experiência do cliente, 261-262
Experimentação: investigando o futuro (inovação do produto), 248
Exportação, 193
Extranets, 312

F

Fabricação sob contrato, 195
Fabricantes de equipamentos originais (OEMs), 21
Família do produto, 243
Fatores do processo de desenvolvimento no sucesso de novo produto, 255
Fatores estratégicos no sucesso de novo produto, 255
FedBizOpps (*FBO*), 53
Federated Insurance: visando aos pequenos negócios, 153
FedEx, 36, 261
    gerenciamento da cadeia de suprimentos, 342
    gerenciamento dos embarques de partes da Cisco, 26
    lucratividade do cliente, 143
    tecnologias integradas vinculando clientes e SCM, 342
Ferramenta de gerenciamento do lucro, custo-alvo como, 372
Ferramentas
    de marketing direto, 398
    de venda com base no valor, 45
Foco exclusivo, 169
Foco no lucro, 10
Foco no mercado final, 371
Força de vendas,
    especializada em serviços, 279
    modelos para o gerenciamento da força de vendas, 431-433
    papel da, impacto das estratégias da internet sobre, 327

Forças
    ambientais no comportamento de compra, 73-75
    de grupo em comportamento organizacional de compras, 79-84
    organizacionais influenciando o comportamento de compra, 75-79
Formas de pensar o mundo, 160
Formato de leilão público on-line, 381
Formato de oferta lacrada on-line, 381
Fornecedores,
    avaliação por compradores organizacionais, 48
    envolvimento no desenvolvimento de novo produto, 42
    geradores de valor em relacionamentos com fornecedores principais, 101
    seleção e revisão de desempenho por compradores organizacionais, 68
Fuji Photo Film Company, 196
Função de armazenagem, terceirizando, 353
Função de venda pessoal, gerenciamento, 411-436
    administração das vendas, 425-431
    estratégia de marketing de relacionamento, 413-417
    gerenciando a força de vendas, 417-422
    modelos para gerenciamento de força de vendas business-to-business, 431-434
    processo de gerenciamento de conta, 422-425
Futuro, investigando o (inovação do produto), 248

G
Gastos em propaganda, 392-394
GE (General Electric), 159
    campanha de fixação, 212
    Capital, 158
    fornecedor da Kanthal e lucratividade do cliente da GE, 103
    iniciativa de qualidade, 218
    insumo do cliente no desenho do produto, 254
    trajetória da carreira do CEO, 9
GE Healthcare, 56, 190
    usando a web para criar novos serviços, 320
GE Medical, vendas pela internet, 80
General Services Administration (GSA), compras pela, 52
Geradores de valor em relacionamentos colaborativos, 101
Gerenciamento da cadeia de suprimentos (SCM), 18, 37, 332-360
    calculando os custos de logística, 348
    composição da cadeia de suprimentos, 341
    conceito de, 334-336
    da complexidade, 42
    etapas na adoção do, 337
    fazer funcionar os relacionamentos com o fornecedor, 344
    geradores de inflamação e tecnologia, 340
    gerenciamento de logística business-to-business, 352-357
    gerenciando a logística na TransPro, 360
    logística como elemento crítico, 343-346
    metas do, 338
    perspectiva de vantagens financeiras, 340
    práticas de sucesso da cadeia de suprimentos, 343
    serviço de logística business-to-business, 349-352
    software de SCM, 340
    vantagens para o consumidor final, 339
Gerenciamento da equipe de vendas, 417-422
    gerenciamento de contas-chave, 422-425
    modelos para o gerenciamento de B2B da equipe de vendas, 431-433
    organizando o esforço de venda pessoal, 417
    sucesso das contas nacionais, 421
Gerenciamento da experiência do cliente, 262
Gerenciamento de conta, 422-425
    ciclo de sucesso do gerenciamento de conta, 424
    construindo relacionamentos internos, 423
    gerenciamento de contas-chave, 419-421
    sucesso das contas nacionais, 421-422
    YRC Worldwide, estudo de caso, 436
Gerenciamento de contas-chave, 419-421
    contas-chave *versus* contas regulares, 419
    seleção de contas-chave, 420
Gerenciamento de estoque, 349, 355
    estoque em mercados sob mudança rápida, 356
    impacto sobre o lucro do, 357
    redução ou eliminação de estoques, 355
    sistemas just-in-time (JIT), 347
Gerenciamento de logística business-to-business, 352-357
Gerenciamento de marketing industrial, 5
    estrutura para o processo, 29, 461
Gerenciamento do relacionamento com o cliente (CRM), 107-115, 147
    ajuda da tecnologia de CRM, 109
    conseguindo os clientes certos, 108
    definição, 107
    diversificar também a carteira de clientes, 111
    etapas na criação de uma estratégia de CRM, 109
    moldando a proposição de valor correta, 110-112
    rastreando resposta do cliente à propaganda, 400
    ruptura do novo mercado na tecnologia de CRM, 245
    sistemas CRM, coordenando canais de vendas, 290
Google, marketing do mecanismo de busca, 387, 399
Governos, 48-54
    como clientes do mercado industrial, 6
    compras federal, 53
    contratos do governo, 49
    e-government, 49
    estratégia de marketing para, 54
    influências sobre a compra do governo, 49
    organizações compradoras e procedimentos, 52-54
    programa de vendas da IBM para, 49
    publicações para fornecedores potenciais, 50
    volume de compras por unidades do governo, 48
Grade de oportunidade dos recursos de vendas, 432
Grainger. *Ver* W.W. Grainger, Inc.
GSA (General Services Administration), compras pela, 52

H
Harley-Davidson, 12
Hewlett-Packard (HP), 128
    base interna local para os negócios, 204
    conteúdo de marketing na internet, 75
    desafios de clientes exigentes e diversos, 123
    estratégia da rua principal, 231
    estratégia do furacão, 230
    gerenciamento de estoque, 355
    página web para clientes da área médica, 311
    vantagem em mercados de alta tecnologia, 229
Honda, 17
    aquisição estratégica, 40, 92
    estratégia global, 204

HondaJet, 235
relacionamentos com o fornecedor, 344

I

IBM
    carteira diversificada de clientes, 111
    colaboração com parceiros de canal através da internet, 288
    compra eletrônica, 45
    construindo a confiança em canais, 302
    gerenciamento de contas-chave, 79
    gerenciamento de relacionamentos na cadeia de suprimentos, 18
    melhores práticas no gerenciamento do relacionamento com o cliente, 113
    ofertas de serviço, 261, 273, 280
    relacionamentos colaborativos com clientes, 98
    soluções do cliente, 76
    venda para unidades do governo, 49
Ideias de novo produto, fontes de, 252-254
IDEO, 253
Implantação da força de vendas, 431-433
    organização geográfica, 417
Implantação de estratégia de marketing. *Ver* Implantação do marketing
Implantação do marketing, 456-461
    adequação da implantação da estratégia, 456
    capacidades de implantação, 456
    centro de estratégia de marketing, 458
    envolvimento interfuncional em, 459
Improvisação (inovação do produto), 247
Índia, 14, 73, 184. *Ver também* Economias em rápido desenvolvimento
    riscos exclusivos em, 191
    vantagem das capacidades da mão de obra, 190
Índice de pessoas influentes na compra, 405
Indústrias multidomésticas, 199
Influências econômicas sobre o comportamento de compra, 73
Influências tecnológicas sobre o comportamento de compra, 74
Ingredientes sociais em alianças estratégicas, 119
Inovação e desenvolvimento do produto, 235-259
    comportamento estratégico autônomo, 237-239
    comportamento estratégico induzido, 237
    condições que apoiam o empreendedorismo corporativo, 240
    criação do produto e a rede informal, 239
    modelo de inovação disruptiva, 243-245
    práticas de gerenciamento e inovação, 236
    processo de desenvolvimento de novo produto, 249-254
    tecnologia de gerenciamento, 241-249
    vencedores da inovação em mercados de alta tecnologia, 247-249
Inovação sustentadora, 244
Inovações descontinuadas, 227
Instalações, 25
Integração em alianças estratégicas, 118, 119
Integração entre vendas, marketing e logística, 346
Intel Corporation
    Assistente Clínico Móvel Motion C5, 92
    custo das operações na China, 189
    parceria com clientes, 10
    propaganda, mudança para mídia eletrônica, 26
    uso de representantes, 295
    vantagem em mercados de alta tecnologia, 229

Interface do cliente (modelo de negócio), 166
Intermediários. *Ver também* Participantes do canal; Representantes dos fabricantes
    desintermediação, 324
    efeito do marketing na internet sobre, 324
    garantindo bons intermediários para o canal de marketing, 300
International Circuit Technology, 72
Internet. *Ver também* E-commerce
    comunicações de marketing interativo, 389
    distribuição dos serviços através da, 280
    implantação da estratégia na, 320-323
    objetivos de marketing na, 318-320
    vantagens aos negócios, 314
    visando pessoas influentes de compras, 80
Intranets, 311
Intuit, Inc., 181, 464
iPhone, 23, 32
iPod, 236

J

J.M. Smucker Company, 15, 16,
Johnson Controls, Inc., 66
    estudo de caso de estratégia de propaganda, 410
    gerenciamento da cadeia de suprimentos, 333, 336
Joint ventures, 196-197
Julgamento por executivos (previsão da demanda), 146, 147

K

Kanthal, lucratividade do cliente da GE, 103

L

Lei Robinson-Patman, 377
Leilão público, 381
Leilões (pregões) reversos, 47, 54, 321
    abordagem estratégica a, 382
Licenciamento (estratégia de entrada no mercado global), 194
Linha de tempo para resultados de estratégia de marketing, 443
Linhas de produtos,
    considerações na precificação, 376
    tipos de, 221
Logística, 343-357
    abordagem de custo total para gerenciamento logístico, 347
    calculando os custos de, 348
    elementos controláveis no sistema de, 349
    elementos de um sistema de, 347
    gerenciamento da cadeia de abastecimento *versus*, 345
    gerenciamento de logística business-to-business, 352-357
    gerenciamento na Trans-Pro, 360
    gerenciando fluxos, 345
    integração entre vendas, marketing e logística, 346
    papel estratégico da, 346
    serviço de logística business-to-business, 349-352
    sistemas just-in-time (JIT), 347
Lotus Notes, 228
Lucratividade,
    do serviço, 280
    impacto do gerenciamento de estoque, 357
    lucratividade do cliente, 102-107
    nível de serviço logístico, 350
    segmento de mercado, 143

M

Macrossegmentação, 131
- características de nível macro de organizações compradoras, 132-134
- exemplo da indústria aeronáutica, 135

Mapas, estratégia, 176-178, 442, 445

Marcas, 5, 212-218
- etapas de construção da marca, 213-215
- modelo de sistema para gerenciamento, 215-218
- peculiaridades da personalidade da marca corporativa, 217
- significado, 213
- valor da marca, 213

Margem líquida, 105

Margens e comissões (canais de marketing), 302

Marketing de bens de consumo, marketing industrial *versus*, 15-17

Marketing de relacionamento, 17, 96-98, 413-417
- avaliando relacionamentos, 115
- escolhas estratégicas em, 98
- geradores da eficácia do marketing de relacionamento, 413-414
- natureza dos relacionamentos, 97
- programas de marketing de relacionamento (MR), 414-417
- tipos de relacionamentos, 96
- trocas que agregam valor, 97

Marketing industrial, 4
- marketing de bens de consumo *versus*, 15-17
- organização centrada no mercado, 58

Marketing interativo ou em tempo real, 268

Marketing por e-mail, 400

Marketing, integração entre vendas e logística, 346

Materiais manufaturados e peças, 24

Material de consumo, 25

Matérias-primas, 23

McDonald's
- cadeia de suprimentos para McNuggets, 40
- uso de matérias-primas, 23

Medindo a prontidão estratégica, 176

Melhores práticas no gerenciamento do relacionamento com o cliente, 113

Mercado de computadores, batalha global pelo, 201

Mercado de produtos, definição, 222

Mercado institucional, 6, 54-58
- compras em grupo, 56
- estratégia de marketing-alvo para, 56
- práticas de compras, 57
- procedimentos de compra para compradores institucionais, 55

Mercados de bens de consumo
- clientes da Dell Computer, 6
- comércio eletrônico, 307
- mercados industrial *versus*, 7

Mercados globais, 183-210
- acesso pela internet, 316
- decisão de terceirizar, 191
- escolha de um modo de entrada, 197
- estratégia global, 203-206
- estratégia multidoméstica *versus* global, 199-203
- obtendo vantagem global em ERDs, 184-185
- opções de entrada, 192-198
- riscos exclusivos na ERD, 191
- vantagem de acesso ao mercado em ERDs, 189
- vantagem de capacidades da mão de obra em ERDs, 190
- vantagem de custo ao mudar para fornecedores de ERD, 186-189

Mercados industriais
- características dos clientes, 18
- características dos, 12
- classificação de produtos para, 22-26
- clientes, categorias de, 6
- compradores corporativos, 34-62
- definição, 4
- empresas comerciais como clientes, 20, 35-48
- mercado do governo, 48-54
- mercado institucional, 54-58
- mercados de bens de consumo *versus*, 7

Mercados internacionais. *Ver* Mercados globais

Mesa digitalizadora de computador para enfermeiros, 92

Meta de redução do custo unitário de SCM, 338

Metas de crescimento e produtividade, definição para estratégia de marketing, 443

Método de tarefa por objetivo (orçamento de propaganda), 393

Método Delphi (previsão), 148

México, economia em rápido desenvolvimento, 14, 73, 184

Microsoft
- aliança estratégica com a Cisco Systems, 116
- carteira diversificada de clientes, 111
- ferramentas de venda com base no valor, 45
- vantagem em mercados de alta tecnologia, 229
- visando clientes de pequenos e médios negócios, 181

Microssegmentação, 131
- características pessoais de tomadores de decisão, 140
- critérios principais como bases de segmentação, 135
- estratégias com base no valor, 137
- estratégias de compra, 137
- estrutura da unidade de tomada de decisão, 138
- exemplo de relação de preço *versus* serviços, 136
- exemplo de, 140
- propensão para a inovação organizacional, 140
- seleção de bases de segmentação em nível micro, 136

Missão do negócio, 166

Modelo de inovação disruptiva, 243-245
- estratégias disruptivas, 244
- teste decisivo final, 245
- testes da estratégia básica, 244
- testes da estratégia do novo mercado, 245

Modelo de negócio, 164-170
- componentes do, 166
- estratégia principal, 166
- interface do cliente, 166
- posionamento estratégico, 168-170
- recursos estratégicos, 167
- rede de valor, 168

Modelos multicanais integrados, 289

Motion Computing, Inc., 92

Motivação, força de vendas, 426-429

Motivações de compra, clientes comerciais, 22

Motores de Avião da GE, 200, 271

Motorola
- aquisição centralizada, 78
- envolvimento do fornecedor no desenvolvimento do produto, 76
- e-procurement, 47
- gerenciamento da cadeia de suprimentos, 357

Mudanças no preço *versus* serviços, importância para os compradores, 136

N

Nafta (Acordo de Livre Comércio da América do Norte), 37
NAICS (Sistema de Classificação da Indústria Norte-Americana), 37, 131
Necessidades latentes dos clientes, criando soluções de canal para, 299
Negócio principal, internet permitindo o foco no, 315
Nokia, 341

O

Objetivos financeiros, definição para estratégia de marketing, 443
OEMs. *Ver* Fabricantes de equipamentos originais
Oferta de serviço, 276
Ofertas com preço fechado, 381
Oportunidade de UCP, 432, 433
Oracle Corporation
    estratégia multicanal, 289
Orçamento para propaganda, 392-394
Organização do produto (força de vendas), 418
Organização geográfica da força de vendas, 417
Organizações centradas no mercado, 58, 418
Organizações de compras, características em nível macro, 132-134
    aplicação do produto/serviço, 133
    valor em uso, 133
Orientação de mercado, 8
Orientação internacional em inovação do produto, 255
Orientação no concorrente, 251
Orientação para relacionamento (OR), 416

P

Pacotes de serviços, 275-278
Padrões ISO 9000, 218
Painel de desempenho em marketing, 450-452
Parceria com clientes, 10
Parcerias no gerenciamento da cadeia de suprimentos, 335
Parker Hannifin Corporation, estudo de preços, 385
Participação no orçamento do cliente, 446
Participantes do canal, 291-296
    distribuidores, 291-294
    fatores que influenciam a escolha de intermediários, 295
    membros que prestam serviços, 280
    representantes dos fabricantes, 294-296
Participantes periféricos em alianças estratégicas, 118
Patching (estratégia nos mercados dinâmicos), 249
Penetração (precificação), 376
Perecibilidade de serviços e gerenciamento de demanda/capacidade, 278
Perspectiva
    do cliente (*balanced scorecard*), 173
    do mercado global, 14
    do processo interno do negócio (*balanced scorecard*), 174
    financeira (*balanced scorecard*), 171-173
Pessoal de serviço, 278
Pessoas influentes, 81
Philips Lighting Company, 140
Phillips Electronics, 341
Planejamento, Previsão de Vendas e Reposição Colaborativos (CPFR), 150
Plano de ação (estratégia de marketing), 444-445
Plano estratégico, construção, 170-178
Planos totais de compra, 405
Pontos de contato do cliente, gerenciamento em canais, 289
Pontos de diferenciação, 11
Pontos de paridade, 11
Posicionamento do produto, 225-226
Posicionamento estratégico, 168-170
Pragmáticos (clientes de tecnologia), 227
Precificação baseada no valor, 368-371
Precificando serviços, 278
Previsão. *Ver* Demanda
Principais participantes em alianças estratégicas, 118
Principais pessoas influentes na compra, 11
Prioridades estratégicas em compras, 76
Priorização do cliente, 419
Processamento de informações, 85
Processo (desenvolvimento de novo produto), 249
Processo de busca em compras organizacionais, 68
Processo de compra organizacional, 66-73
    abordagem de recompra direta, 70
    principais pessoas influentes na compra, 11
    processo de busca, 68
    recompra modificada, 71
    seleção de fornecedor e revisão do desempenho, 68
    situação de compra de nova tarefa, 69
Processos
    principais, 168
    processos internos causando impacto na estratégia de marketing, 444
Processos principais, 168
Processos seletivos (em cognição), 85
Procter & Gamble (P&G), 25
    iniciativa na internet, trabalho com a Cisco, 35
Produtos
    de base, 24, 25
    de entrada (matéria-prima, produtos semiacabados e componentes), 23, 47
    diretos, 47
    exclusivos ou de catálogo, 221
    facilitadores, 24, 25
    indiretos, 47
    projetados sob encomenda, 222
    sob medida, 221
Produtos, classificação para o mercado industrial, 22-26
    categorias de produtos, 22
    produtos de base, 24, 25
    produtos de entrada, 23
    produtos facilitadores, 24, 25
Produtos, gerenciamento para o mercado industrial, 211-234
    ciclo de vida da adoção da tecnologia, 226-231
    construindo uma marca B2B sólida, 212-218
    estratégia de suporte ao produto, 221
    planejando a estratégia do produto industrial, 224-226
    política do produto, 221-223
    qualidade do produto e valor do cliente, 218-221
Programa
    de conformidade (para contratadas do governo), 50
    de minorias (contratos do governo), 50
    de subcontratação de minorias (contratos do governo), 50
    Federal da Lista de Abastecimento, 53

Programas de marketing de relacionamento (MR), 414-415
Projetos de desenvolvimento, tipos de, 242
Promoção de páginas web para e-commerce, 328
Prontidão estratégica, medição, 176
Propaganda formal (governo), 53
Propaganda impressa, publicações industriais, 396-398
Propaganda on-line, 396
    avaliação de, métrica da web, 402
    marketing de mecanismo de busca, 399
Propaganda, 386-402. *Ver também* Comunicações de business marketing
    definindo os objetivos, 390-392
    desenvolvendo a mensagem, 394
    determinando gastos, 392
    especificação do público alvo, 391
    etapas do desenvolvimento do programa de propaganda, 392
    Johnson Controls, Inc., estudo de caso, 410
    medindo a eficácia da propaganda, 401-402
    papel na estratégia de business marketing, 388-390
    propaganda formal pelo governo, 53-54
    selecionando mídias para a, 396-401
Propensão para a inovação organizacional, 140
Proposição de valor distinta, 170
Proposição de valor para o cliente, 10-14
    características dos mercados industriais, 12
    decisão sobre o que importa mais, 11
    definição, 11
    definindo para os segmentos-alvo, 443
    ilustração da, Sonoco, 11
    perspectiva do mercado global, 14
    relacionamentos de trabalho, 12
    relacionamentos interfuncionais em marketing, 11
Proposição de valor, moldando, 110-112. *Ver também* Proposição de valor para o cliente
    aprendendo a manter clientes, 114
    chamando atenção com desenvolvimento da oferta com acréscimo, 112
    chamando atenção pela desvinculação, 112
    em alianças estratégicas, 117
    faixas de relacionamento do setor, 111
    instituindo os melhores processos, 112
    motivando os funcionários, 113
    ofertas de serviço flexíveis, 112
    proposição de valor distinta, 170
    proposições de valor principais e estratégias do cliente, 173
    proposições únicas de valor para contas-chave, 419
Publicações industriais, propaganda em, 396-398
Publicações para fornecedores potenciais do governo, 50
Público-alvo para propaganda, 391

Q
Qualidade, 218
    eliminação de estoques em programas de gerenciamento de qualidade total (GQT), 355
    qualidade do serviço, 270-274
Questões de território e diferentes formas de pensar o mundo, 160
Quociente de despesas com relação às vendas, 450

R
Raytheon, estratégias de compra, 137
Recompensas (força de vendas), 427

Recompra
    modificada complexa, 72
    modificada, 71
Recrutamento e seleção de vendedores, 425
Recuperação do serviço, 273
Recursos
    alocação para a estratégia de marketing, 445-447
    comprometimento de recursos (desenvolvimento de novo produto), 250
    estratégicos, 167
    identificação para a estratégia de marketing, 444
    operacionais, 70
Rede de valor, 168
Redução do custo com SCM, 339
Redução do desperdício por meio do gerenciamento da cadeia de suprimentos, 338
Regressão, 149
Relacionamento com o cliente, gerenciamento do, 9, 110-123
    alianças estratégicas, 115-121
    CRM (gerenciamento do relacionamento com o cliente), 107-115
    gerenciamento dos relacionamentos comprador-vendedor, 98-102
    marketing de relacionamento, 96-98
    medindo a lucratividade do cliente, 102-107
Relacionamento transacional, 99, 111
Relacionamentos colaborativos, 99, 111
    geradores de valor em, 101
Relacionamentos entre comprador e vendedor, gerenciamento de, 98-102. *Ver também* Gerenciamento do relacionamento com o cliente
    avaliando relacionamentos, 115
    custos de intercâmbio considerados pelos compradores, 99
    diretrizes de estratégia para profissionais de marketing, 100
    troca colaborativa, 99
    troca transacional, 99
Relacionamentos interfuncionais em marketing, 11
Representantes dos fabricantes, 294-296
    em base de comissão, 295
    experiência em mercados a que servem, 295
    fatores que influenciam a escolha de, 295
    garantindo bons intermediários, 300
    relacionamentos entre *rep* e cliente, 294
Research in Motion Ltd. (RIM), 32
Resolução de problema,
    ampla, 69
    de rotina, 70
    limitada, 71
Resposta de vendas do território, 431
Resposta flexível por toda a cadeia de suprimento, 336
Resultados negociados em decisões coletivas, 160
Revendedores e distribuidores (empresas comerciais), 22
Risco, gerenciamento em mercados emergentes, 206
Rivalidades hipercompetitivas, 373
Rússia, importância crescente no mercado global, 14
Ryder Truck Company, 312

S
SafePlace Corporation, 283
Salesforce.com, 246
Satisfação no trabalho (força de vendas), 427-429

Schwinn, estudo de caso, 209
Scorecard. Ver Balanced scorecard
Sealed Air Corporation, 61
Segmentação
    baseada no valor, 371
    das categorias de compras, 42, 44
    do preço (precificação), 375
    do serviço ao cliente, 141
Segmentação de mercado de business, 125-154
    análise de lucratividade por segmento, 453
    bases de nível micro da segmentação, 134-140
    bases do nível macro da segmentação, 132-134
    bases para a segmentação, 131
    definição da proposição de valor do cliente para segmentos, 443
    definição dos segmentos do cliente do canal e necessidades por segmento, 297
    escolhendo os segmentos do mercado, 142-143
    estimativa de demanda do segmento, 144-146
    exigências para, 129
    implantando uma estratégia de segmentação, 143-144
    isolando a lucratividade do segmento de mercado, 143
    mercado de prestação de serviços, 275
    reconhecimento de novas oportunidades de mercado, 130
    segmentação baseada no valor, 371
    vantagens da, 130
Segmento de mercado, definição, 129
Segmento, 453
    lucratividade por segmento de mercado, 453
Seleção de mídias para propaganda, 396-401
Sensibilidade aos preços, satisfação do cliente e, 370
Serviço ao cliente, terceirização no exterior, 192
Serviço Comercial do Departamento de Comércio, 193
Serviço de logística business-to-business, 349-352
Serviço, produto, 221
Serviços industriais, 222
Serviços, 26, 260-284
    composto de marketing para empresas de serviço industrial, 274-281
    construção de marca forte com (Basf), 225
    desafios no marketing de serviços, 266-270
    experiência do cliente, 261-263
    gerenciamento da experiência do cliente, 262
    industriais, 222
    perspectiva centrada na solução, 263-266
    qualidade do serviço, 270-274
    SafePlace Corporation (estudo de caso), 283
Setor global, 199
Siemens, rastreando o sucesso em marketing, 457
Sinergia de marketing, 255
Sinergia técnica (no desenvolvimento de novo produto), 255
Sistema de Classificação da Indústria Norte-Americana (NAICS), 37, 131
Sistema de gerenciamento, 171
Sistema de prestação do serviço, 276
Sistemas just-in-time (JIT), 347, 355
    relacionamentos com o fornecedor e, 347
Situação de compra de nova tarefa, 69
Situação de compra na macrossegmentação, 134
Situação de recompra direta, 70
Smucker Company. *Ver* J. M. Smucker Company
Soluções, implementação via marketing pela internet, 307, 315, 320, 324

Sonoco, proposição de valor para o cliente, 11
Sony, relacionamentos com fornecedores, 122
Staples, soluções customizadas via internet, 325
Steelcase, Inc., 259
Sucesso das contas nacionais, 421
Sudeste asiático, economias em rápido desenvolvimento, 73, 184
SunPower Corporation, 305
Superação das necessidades dos usuários de tecnologia do mercado principal, 244
Suporte de consultoria, 26
Suporte de manutenção e reparo, 26

T
Tabelas de responsabilidade, 162
Tarefas de marketing para gerentes, 9
Técnicas de série de tempo (previsão de vendas), 149
Técnicas subjetivas (previsão da demanda), 146
Terceirização do processo de negócio, 186
Terceirização em logística, 356
Teste de estratégia disruptiva
    de novo mercado, 245
    para a baixa renda, 245
Time pacing (inovação do produto), 248
Tomadores de decisão, 82
Tópicos estratégicos, críticos, 444
Toyota
    identificação de fornecedores de dar sugestões de aperfeiçoamento, 137
    relacionamentos com o fornecedor, 19, 344
Transporte, 353-355
    critérios de desempenho, 354
    rapidez do serviço, 354
    serviço de logística e, 353
TransPro, gerenciando a logística na, 360
Treinamento (força de vendas), 426
Troca colaborativa, 96, 99
Troca transacional, 96, 99
Trocas privadas, 321
Trocas que agregam valor, 97

U
Unidade de negócio estratégica (UNE), 159
Unidades de planejamento e controle (UPCs), 431
UPCs (unidades de planejamento e controle), 431
    oportunidade de UPC, 432, 433
UPS
    Soluções da, 264
    tecnologia de comércio eletrônico, 314
Usuários (centro de compras), 81
Usuários (empresas comerciais), 21

V
Valor, 108, 176, 177
    da marca com base no cliente, 214
    de *commodity*, 366
    de diferenciação, 366
    econômico, 366
    em uso, 133
    valor do cliente, 219-220, 362-365
Valor para o cliente, 219-220, 362-365
    benefícios, 363

custo por uso do produto, 363
diferenciando por meio da criação de valor, 364
sacrifícios, 364
Vantagem
competitiva, 95
do produto, 255
Vantagens de custo em ERDs, 186-189
custo oculto das operações na ERD, 188
Vantagens financeiras do gerenciamento da cadeia de suprimentos, 340
Vendas. *Ver* Função de venda pessoal, gerenciamento,
Vietnã, 185
Vínculos operacionais, 96
Visionários (clientes de tecnologia), 227

W
W. W. Grainger, Inc., 7, 320
Internet e estratégias de comércio eletrônico, 330
Walt Disney Company, 77

Web, sincronizando com a estratégia de marketing, 318
Websites. 320-323. *Ver também* E-commerce
catálogos na internet, 321
design de sucesso, 321
Exemplo de W.W. Grainger, 322
pregões reversos em, 321
promoção de, 328
trocas privadas, 321
Wendy's International, Inc., 37

X
Xerox Corporation, 242
estratégia global, 201
joint venture com a Fuji Film, 196
trajetória da carreira de CEO, 9

Y
YRC Worldwide, gerenciamento de conta, 436

Este livro foi impresso na
LIS GRÁFICA E EDITORA LTDA.
Rua Felício Antônio Alves, 370 – Bonsucesso
CEP 07175-450 – Guarulhos – SP
Fone: (11) 3382-0777 – Fax: (11) 3382-0778
lisgrafica@lisgrafica.com.br – www.lisgrafica.com.br